- 马克思主义理论一级学科项目
- 习近平新时代中国特色社会主义思想研究中心
- 教育部社科司重点项目“高校思想政治理论课信息化教学建设研究”
- 国家民委人文社会科学重点研究基地云南民族大学民族关系和谐治理研究基地
- 国家民委民族理论政策云南民族大学研究基地
- 国家民委环喜马拉雅国别与区域研究中心
- 云南省重点马克思主义学院项目
- 云南省族际政治和谐治理创新团队

思想政治理论课研究丛书

思想政治理论课
实践教学研究

刘荣　苏丽杰　主 编

云南大学出版社
YUNNAN UNIVERSITY PRESS
·昆　明·

图书在版编目（CIP）数据

思想政治理论课实践教学研究 / 刘荣，苏丽杰主编
. -- 昆明 : 云南大学出版社，2019
（思想政治理论课研究丛书）
ISBN 978-7-5482-3830-0

Ⅰ. ①思… Ⅱ. ①刘… ②苏… Ⅲ. ①高等学校－思想政治教育－教学研究－中国－文集 Ⅳ. ①G641-53

中国版本图书馆CIP数据核字(2019)第278006号

策划编辑：张丽华
责任编辑：石　可　张丽华
装帧设计：卢　俊　张琳娜

思想政治理论课研究丛书

思想政治理论课实践教学研究

刘荣　苏丽杰　主　编

出版发行：云南大学出版社
印　　装：昆明理煋印务有限公司
开　　本：787mm×1092mm　1/16
印　　张：51
字　　数：1210千
版　　次：2020年5月第1版
印　　次：2020年5月第1次印刷
书　　号：ISBN 978-7-5482-3830-0
定　　价：188.00元

地　　址：昆明市一二一大街182号（云南大学东陆校区英华园内）
邮　　编：650091
发行电话：0871-65033244　65031071
网　　址：http://www.ynup.com
E-mail：market@ynup.com

目　录

第一部分　经济建设

第二部分　政治建设

第三部分　文化建设

第四部分　社会建设

第五部分　生态文明建设

第六部分　党的建设

第七部分　高校思想政治理论课实践教学经验交流

第一部分　经济建设

深化供给侧结构性改革　提高经济体系发展质量

——以百色市为例

王文亮

摘　要：为适应经济发展新常态，党中央于2015年开始推进供给侧结构性改革，取得了良好成效。党的十九大报告又强调，要紧扣我国社会主要矛盾新变化，深化供给侧结构性改革，以“三去一降一补”为主要任务，以调结构、促升级、提质增效为目的，以满足人民美好生活需要为目标，以补好基础设施和民生领域短板为重点，以发展经济实体，建立现代化经济体系为手段，深化农业、工业和服务业等结构性改革，推动“四化”同步发展。

关键词：供给侧改革；结构性；提质增效；推进；深化

党的十九大向世人明确宣示，中国特色社会主义已经进入新时代，我国社会主要矛盾已经发生变化。我们要深刻领会十九大报告精神，深入总结前两年推进供给侧结构性改革的成效，紧扣社会主要矛盾变化的实际，深刻分析认识当前供给侧结构性改革面临的困难、问题和任务，不断深化供给侧结构性改革，提高现代化经济体系发展质量，推动中国特色社会主义发展，完成新时代赋予的历史使命。

一、深入总结推进供给侧结构性改革取得的成效

党的十八大以来，以习近平同志为核心的党中央坚持以新理念引领经济发展新常态，坚持稳中求进的工作总基调，特别是2015年中央经济工作会议以来，坚持以推进供给侧结构性改革为主线，以“三去一降一补”五大任务为抓手，在全国范围内推动经济结构战略性调整和经济转型升级，国民经济呈现了结构改善、动力增强和质量提升的新局面，产业结构不断优化，需求结构持续改善，新型城镇化稳步推进，区域发展格局优化重塑，收入分配结构加快调整，发展的协调性和可持续性不断增强，人民生活水平不断得到提高。

作为集革命老区、民族地区、边疆地区、贫困地区于一体的百色市，各级党委、政府认真贯彻发展新理念，推进供给侧结构性改革，奋力实施“三中心两区一市”战略，推动经济结构调整和产业转型升级，经济发展能力不断增强，经济发展的质量和效益不断得到提高，经济新业态不断产生，产品和服务更受消费者青睐，人民群众的收入大幅提高，扶贫脱贫实现历史性跨越，民生得到明显改善。

二、深刻认识供给侧结构性改革面临的新挑战

当前，全社会面临的突出矛盾和问题是：发展不平衡不充分，发展质量和效益还不高，创新能力不够强，民生领域短板多，脱贫攻坚任务艰巨、生态环境保护任重道远等。那么，深化供给侧结构性改革要紧扣社会主要矛盾和问题来进行，必然面临着新的挑战和问题。

（一）改革认识问题

供给侧结构性改革的主要任务是“三去一降一补”，改革的目的是通过调结构、转方式、促升级，实现提质增效，满足人民需要。在认识上要正确理解，实践上正确实施，不能简单化和“一刀切”。

1. “三去”问题

由于生产和市场信息的非计划对接，区域性、动态性、结构性的产能过剩问题将长期存在。去产能、去库存不仅要削减已经过剩产品的产能，消化存量，不能靠政府的行政手段来实施，而必须立足于市场调节，把着力点放到完善使市场在资源配置中起决定性作用的体制机制创新上来，还要加强产品生产供给和市场消费需求的信息搜集和预测工作，动态调整结构，减少低端产品，增加中高端产品，有减有增。农业、工业和服务业都要发展符合时代需要的中高端产品，淘汰低端产品，发展新兴产业。去杠杆，既要力求便捷服务于经济实体，又要防范金融风险发生。

2. 降成本问题

降低企业税费负担的主要目的在于降低企业成本，提高供给质量，是结构性调整而非总量性调节，着力点在于供给侧，因而减税降费绝不能走以往通过扩大赤字、增发国债来支撑的老路，而应使削减政府支出与减税降费相联动，以政府支出规模的削减为企业降低税费负担腾挪空间，只有这样，企业税费负担才能真正得到降低，才能改善资源配置格局，有利于企业的发展。

3. 补短板问题

事实上，各个地方、各个经济实体和各种产业的短板是不尽一致的。如基础实施、就业、教育、医疗、居住、养老等民生方面的短板比较普遍，文明程度、制度安排、技术创新、市场监管等短板也相当突出，而从全国来看，重点是西部和“三农”，从百色市来看，重点是北部五县和脱贫与投资。必须突出重点和关键环节，狠抓落实，不能简单采取“和面”的做法。各级政府要更好地发挥作用，补好民生建设和市场监管的短板，要从严重制约经济社会发展的重要领域和关键环节入手，从人民群众迫切需要解决的突出问题入手，既补硬短板也补软短板，既补发展短板也补制度短板。

4. 提质增效问题

提质增效就是要通过“三去一降一补”，促进调结构、转方式、促升级，提高供给产品和服务质量，使其不仅适合而且契合市场需求（人民需要），从而增加效益。提质和增效，两者是一个矛盾统一体，不能割裂开来，增效是目的，提质是手段，增效要通过提质来实现，而不能采用其他非正常手段实现。

5. 实体经济问题

人民需要的产品都是实体经济提供的，因此，经济建设要把着力点放在发展实体经济上，资金要从股票、证券、期货、期权、房地产交易等虚拟经济领域向实体经济回归，从根本上改变“脱实向虚”状况。虽然虚拟经济的最终目的是服务于实体经济，但它具有明显的不稳定性、高风险性和高投机性。因此，虚拟经济应以满足市场资源配置需要为适度，过度发展容易产生金融风险和泡沫经济，对“保稳定、保增长”不利。

（二）理论指导问题

供给侧结构性改革的理论体系虽然已基本构建起来，但如何与马克思主义立场观点方法相对应，与社会主义市场经济理论的基本框架和体制机制相对接，与中国特色社会主义新时代相呼应，与解决我国社会主要矛盾相适应，需要在供给侧改革与经济体制改革、供给与需求、实体经济与虚拟经济之间的关系等问题及其基本概念、基本命题和基本方法等方面，从理论上更加丰富化、系统化和通俗化，需要在“三去一降一补”和调结构、促升级、提质增效及制度供给等方面做出更多、更有效的理论指导工作。

特别是对激活市场主体和生产要素、促进生产力发展的政策制度供给方面的理论问题需要进行深入研究，如计划经济时期的生猪生产实行“派一留一”派购政策，使生猪生产长期供不应求，直到20世纪80年代初期，四川省首先取消了生猪派购政策，结果生猪大量供应市场。这种调整制度供给及其适应环境的做法值得研究并可以从中获得启发。

（三）贯彻落实问题

在过去两年供给侧结构性改革的推进中我们发现了一些矛盾和难题。一是执行偏差。各级政府和实施部门对于供给侧结构性改革的顶层设计及理论基础存在理解偏差，导致基层在推进落实中简单化、被动化，没有贯彻好顶层设计与基层创新相结合。二是行政化。一些领域过度依赖行政化措施，缺乏市场基础和制度基础，改革效果不理想甚至存在反复。三是重点不突出。没有抓住主要矛盾来推进改革，导致部分改革未能产生实效。四是无人实施。主要是一些农村地区劳动力基本外出务工，村里只有老人和小孩，无人具体实施改革。五是生产标准化问题。工业生产标准化趋势虽然已经呈现，但还需要进一步打破市场壁垒。主要问题是农业和服务业由于经营分散而粗放，要实现生产和服务标准化，任重道远。六是市场监督问题。从产品生产标准化过程到产品进入市场消费的全过程监督和处置未形成常态化。

供给侧结构性改革不同于需求管理与调节，只有围绕市场需求确定生产供给，完善市场资源配置职能的体制机制，并以此推进新的经济政策制度出台与落实，才能推动经济朝着更高质量、更有效率、更可持续的方向发展。

三、深化新时代供给侧结构性改革实践

供给侧结构性改革不能一蹴而就，需要我们坚定不移地推进和深化。党的十九大报告把深化供给侧结构性改革放在经济建设的首位，强调指出：建设现代化经济体系，必须坚持质量第一、效益优先，深化供给侧结构性改革，把发展经济的着力点放在实体经济上，把提高供给体系质量作为主攻方向，增强经济质量优势。我们要认真理解报告精

神，结合本地实际，深入实施“321”战略，深化各个产业供给侧结构性改革。

（一）深化农业供给侧结构性改革

要按照十九大提出坚持农业农村优先发展，实施乡村振兴战略，加快推进农业农村现代化的要求，围绕建设区域性现代生态农业中心，加强生态文明建设和环境保护，保持山清水秀、气候宜人、土质优良的生态环境。运用现代生态理念和技术装备管理手段，发展和提升各级农业科技园区、现代特色农业示范区和各类生态有机农业示范园区，培育壮大农业龙头企业、农民专业合作组织、家庭农场和种植大户等新型农业经营主体，完善现代农业基础设施和服务体系，推进农业现代化。

1. 发展绿色农业

做大做强特色、生态、有机、富硒、品质农业。不仅要注重发展高效农业，更要注重发展无公害、绿色、有机农业，减少施用化肥农药，提高农业品质，减少低端产品生产，创造创新高端产品生产。家禽、生猪等牲口及鱼类饲养禁用含有超标催长素饲料；水稻、玉米、小麦等五谷杂粮等食用消费品和牧草及青饲料植物都要向绿色、有机发展。如杧果的生产，不仅要做到要大得大要小得小、要圆得圆要方得方、要短得短要长得长，而且要做到甜香适度、色泽鲜艳、质量达标。家禽和生猪等牲口饲养，肉联、水果、茶叶、茶油等饮品食品加工等，应结合农业旅游使其生产加工流程可体验化，让需求方和消费者放心购买和食用。

2. 调结构，做品牌

要优化农业区域结构、品种结构、产品结构、经营结构。如由原来的种杂交稻到种有机稻和稻田养鱼，从种蔬菜到种野菜，使生产出来的农产品品质和价值都得到提高。要推动科技创新、要素驱动、金融保险，强化农产品标准化生产和品牌建设，挖掘和争取更多国家和省级地理标志保护产品，加强质量安全监管，不断增加绿色优质安全的农产品供给。

3. 补好发展短板

要通过加大投入和扶持、土地整理、开发新业态、采用新品种、创新经营模式等办法，补好交通、管道、电网、信息、物流等基础设施网络和扶贫脱贫的短板，补好水利与地力、产业与产品、良种与科技、龙头与品牌的短板。在制度供给上，要避免土地私有化并向适度集体经济方向发展。

（二）深化工业供给侧结构性改革

围绕建设区域性铝制造业中心，发挥百色丰富的铝土矿资源优势，深化“三去一降一补”，以质量、创新、品牌和“工匠精神”振兴工业实体经济，加快推进工业化发展。

1. 优化“三铝”结构

以“铝二次创业”、建设国家生态型铝产业示范基地为契机，以“煤电铝一体化”循环经济产业链条为突破口，推进电源建设，稳定氧化铝产能，扩大电解铝产能，提高铝精深加工产能。通过完善铝配套产业，创新“产学研用”平台建设，加快精铝、高纯铝、铝合金以及航空航天、船舶、轨道交通用铝、锻造铝轮毂等铝精深加工产品研发，提升加工水平，推动铝土矿—氧化铝—电解铝—铝加工—铝精深加工全产业链协同发展，形成产业集群。

2. 推动工业转型升级

实施锰、铜、制糖、石化、建材、造纸等传统优势产业技术改造，推动传统工业提质增效和转型升级，淘汰落后铁合金产能，将煤炭产能转化为电能。

3. 发展新兴工业产业

发展肉联、水果、油料、茶叶、竹木等农林产品精深加工业，发展新材料、新能源等新兴工业产业，发展实体经济，推动技术创新，不断提高工业化水平。

（三）深化服务业供给侧结构性改革

围绕建设区域性休闲旅游健康养生中心，推进现代服务业发展。

1. 发展休闲旅游健康养生产业

充分利用山清水秀、气候宜人、土质优良的生态环境和自然资源等优越条件及长寿品牌，科学规划，整合资源，加快发展休闲旅游、特色医疗、疗养康复、康体活动、休闲体育、特色饮食等独特优势产业，培育“吃、住、行、游、购、娱、学、医、养”一体化的旅游康养产业集群，适应人民对休闲旅游健康养生养老的需求。

2. 发展新兴服务业

在原来发展商贸物流、人员流动运输服务、工农业生产服务、山水和红色旅游服务的基础上，大力推进三次产业融合，发展工业旅游、乡村旅游、边境旅游、水运货运、现代物流、对外贸易、现代金融、科技服务等。

3. 发展信息服务业

加快发展移动互联网、物联网、大数据、云计算、电子商务等新一代信息服务业，推动信用、交通、医养等数据库及信息和技术平台建设，公共数据资源开放共享，以“互联网+”为抓手，发展电子政务、网络教育、在线医疗、智慧养老以及金融、交通、餐饮等便民益民服务，催生其他相关服务业的快速发展。

（四）推进开放型城镇化建设

在城镇化建设上，要按照“四化同步、城乡一体、绿色节约、突出特色”的要求，以深化城乡一体化发展体制机制改革为动力，以统一规划建设为抓手加快城乡融合，力推智慧城市和开放城市建设。

1. 推进城乡融合

要建立健全城乡融合发展体制机制和政策体系，重点加快推动右江河谷城乡实现空间、产业、交通、公共服务设施、市政公用设施一体化建设发展，把它建成全市城乡融合发展示范区；南北两翼各县也要以点带面，逐步推开。

2. 建设智慧城市

发挥互联网作用，运用越来越先进的信息和通信技术手段，在区域中心城市、次中心城市和县城所在地城市重视并着手智慧城市建设，逐步扩大辐射范围，推动“互联网+”发展。

3. 建设开放城市

要充分发挥百色面向东盟和背靠大西南的区位优势，加快建设各类合作产业园区和保税物流区，完善现代综合交通枢纽和国际商贸物流集散体系，推动口岸提级升格，提高通关便利化水平，构建大西南通边便捷大通道，把百色建设成为面向东盟、内连大西南、紧密联系周边的重要开放门户城市，以开放促改革，以改革促发展。

4. 建设文化城市

充分发挥红色、古色、民族文化优势，广泛开展理想信念教育和公民道德教育，弘扬民族精神和时代精神，践行社会主义核心价值观；坚持以人民为中心，发展社会主义文艺、文化事业和文化产业，提高广大干部群众的思想觉悟、道德水准和文明素养。

百色市广大干部群众要以十九大精神为动力，以解决社会主要矛盾、满足人民对美好生活需求为着眼点，以提高经济质量和效益为目标，深化供给侧结构性改革，推动经济持续健康发展，为同步全面建成小康、实现社会主义现代化和中华民族的伟大复兴而不懈奋斗。

参考文献

[1] 刘元春. 坚定不移深化供给侧结构性改革. http：//ex. cssn. cn/zx/yw/201709/t20170915_ 3641256. shtml，2017 -09 -15.

[2] 高培勇. 打赢供给侧结构性改革这场攻坚战. http：//theory. people. com. cn/n1/2017/0706/c40531 -29386206. html，2017 -07 -06.

（作者系中共百色市委党校教授）

《摆脱贫困》对打赢脱贫攻坚战的启示

方进普

摘　要：《摆脱贫困》一书围绕经济建设这个中心，聚焦脱贫这个主题，阐述了一系列发展经济、治理贫困的思想观点和思路方法。《摆脱贫困》一书中蕴含的脱贫致富思想与方法对于我们今天打赢脱贫攻坚战具有重要启示。

关键词：调查；精准；摆脱贫困；思想脱贫

在习近平同志看来，贫困地区的发展，最根本的要靠党的领导和人民群众的力量，要坚持把党的领导与依靠人民群众结合起来。一方面，注重强化党的核心领导作用。在《加强脱贫第一线的核心力量——建好农村党组织》一文中，习近平同志指出，党对农村的坚强领导，是使贫困的乡村走向富裕之路的最重要的保证。在他看来，农村党组织领导核心作用的发挥，关系到脱贫致富事业的凝聚力。他强调，建设好农村党支部，一方面，要增强党组织的凝聚力，才能加强脱贫第一线的核心力量。另一方面，要注重发动群众、依靠群众。在习近平同志看来，人民群众是我们党的力量源泉，规律性的东西蕴藏在广大群众的实践中。他主张在脱贫致富进程中，注重调动人民群众艰苦创业的主动性、积极性，依靠群众改变贫困落后的面貌。

一、摆脱贫困要注重发挥精神力量的作用

摆脱贫困首先要使思想脱贫。习近平同志在《摆脱贫困》一书的跋中指出：“摆脱贫困，其意义首先在于摆脱意识和思路的‘贫困’，只有首先‘摆脱’了我们头脑中的‘贫困’，才能使我们所主管的区域‘摆脱贫困’，才能使我们整个国家和民族‘摆脱贫困’，走上繁荣富裕之路。”在《摆脱贫困》的开篇之作《弱鸟如何先飞——闽东九县调查随感》一文中，习近平同志提出著名的“弱鸟先飞”“扶贫先扶志”的思想。针对当地干部群众中存在的安贫乐道、穷自在、等靠要、怨天尤人等消极思想，习近平同志一针见血地指出，“地方贫困，观念不能贫困”，他号召党员、干部、群众“都要来一个思想解放，观念更新，四面八方去讲一讲‘弱鸟可以先飞，至贫可能先富’的辩证法”。他引导当地干部群众在思想观念上，增强改革意识、开放意识和商品观念、市场观念、竞争观念，树立起鸿鹄之志，依靠自身努力在某些领域“先飞”。习近平同志非常重视精神力量的作用，在《摆脱贫困》一书中，他重点强调了发扬四种精神。一是发扬老区革命精神。在习近平同志看来，老区革命精神是脱贫致富的强大精神支柱，需要大力弘扬这种精神。二是倡导敢闯敢干的精神。针对当地干部群众中存在的保守思想和畏难情

绪，习近平同志大力倡导敢闯、敢试、敢为天下先的精神。三是发扬默默奉献的艰苦创业精神。四是推崇滴水穿石的实干精神。习近平同志提倡实干、埋头苦干，反对好高骛远，强调以锲而不舍、持之以恒的韧劲，一步一个脚印地实干，一棒一棒接力干。

二、摆脱贫困要注重调查研究

没有调查，就没有发言权，更没有决策权。《摆脱贫困》一书是习近平同志在对闽东地区进行深入调查研究的基础上经过认真思考而完成的，是调查研究的重要成果。为了让闽东地区的群众尽快摆脱贫困，习近平同志深入群众，开展调研，探索思考，倡导并提出了许多富有远见的工作思路和对策。比如，关于弱鸟先飞的思想就是他在对闽东九个县进行为期两个月的调查研究之后形成的。再比如，习近平同志提出的“大农业”的理念，就是在通过大量调研把握闽东基本区情的基础上形成的。习近平同志提出的一系列发展经济的思路办法，之所以能够见实效，根本在于其符合实际，前提是深入细致的调查研究。习近平同志在闽东地区探索实践的“四下基层”（信访接待下基层、现场办公下基层、调查研究下基层、宣传党的方针政策下基层）的工作制度，凸显了对调查研究工作的极度重视，为掌握闽东地区贫困的特点，采取有针对性的脱贫措施提供了制度保障。

三、摆脱贫困要因地制宜，精准施策

“一把钥匙只能开一把锁”，凡事都必须具体问题具体分析。在习近平同志看来，弱鸟要飞得高、飞得快、飞得远，必须探讨一条因地制宜发展经济的路子。在指导思想上，习近平同志提出了坚持“因地制宜、分类指导、尽力而为、量力而行、注重效益”的方针。在经济发展思路上，习近平同志从闽东的实际出发，提出“农业、工业两个轮子转”的思想。他立足于闽东大农业的实际，提出“围绕农业发展工业、以发展工业支援农业”来制定产业政策的思路。在产业政策上，习近平同志强调因地制宜，发挥区域优势。在《制定和实施产业政策的现实选择》一文中，习近平同志根据闽东的山海资源既具有差异性又均衡分布的双重特点，强调产业政策应着眼于不同区域的优势，确定不同区域的产业结构调整的重点。在脱贫手段上，他认为无论是种植、养殖还是加工业，都要推广“一村一品”（每个村都要抓一种有特色的产品）。在发挥比较优势上，在《闽东的振兴在于“林”——试谈闽东经济发展的一个战略问题》一文中，习近平同志指出，山林资源是闽东的一个重要优势，闽东经济发展的潜力在于山，兴旺在于林，发展林业是闽东脱贫致富的主要途径。这些思想观点体现了按照比较优势发展的“扬长补短”战略。

四、摆脱贫困要坚持科学的方法论

《摆脱贫困》一书蕴含了许多正确的思想方法和工作方法。一是抓主要矛盾的方法。在脱贫致富工作中，发展经济是主要矛盾。没有发展，脱贫就是空谈。在《提倡经济大合唱》一文中，习近平同志形象地提出了“经济大合唱”的思想，明确了围绕经济建设这个中心汇聚发展合力的基本思路，强调党委、政府、人大、政协四大班子统筹协调，团结协作，发挥整体功能，凝聚发展经济的合力。这就抓住了脱贫工作中的主要矛盾，找到了脱贫工作的着力点和主攻方向。二是群众路线的方法。在《干部的基本功——密切联系人民群众》一文中，习近平同志指出，走群众路线首先要有群众观点；其次要深入基层、深入群众，积极疏通和拓宽同人民群众联系的渠道。在《把心贴近人民——谈新形势下领导的信访工作》一文中，习近平同志提出了领导干部主动上门走访的思路，并将其作为改进工作作风、克服官僚主义的重要举措。在他看来，领导干部上门走访，变被动为主动，既摆正了同群众的关系，强化了公仆意识，又达到倾听群众呼声、接受群众监督、团结群众的目的。三是统筹兼顾的方法。在《正确处理闽东经济发展的六个关系》一文中，习近平同志深刻认识到闽东贫困是由诸多因素造成的实际，综合考虑闽东地区所具备的各种有利条件和不利条件，着眼于脱贫致富，提出了闽东经济发展的指导思想，强调处理好六大关系：长期目标与近期规划相互结合的关系；经济发展速度与经济效益的关系；资源开发与产业结构调整的关系；生产力区域布局中山区与沿海的关系；改革开放与扶贫的关系；科技教育与经济发展的关系。这六大关系，是系统思维和统筹兼顾原则在经济发展和扶贫开发工作中的具体运用。在《新形势下闽东财政经济的辩证观》一文中，习近平同志提出正确处理财政经济的几种关系，即全局和局部的关系、紧缩和发展的关系、增加财政收入与搞活企业的关系、多办事和量力而行的关系。体现了统筹兼顾的思想方法和工作方法。

党的十八大以来，以习近平同志为核心的党中央把精准扶贫作为全面建成小康社会的三大攻坚战之一。围绕“扶持谁”“谁来扶”“怎么扶”等基本问题，习近平同志提出了包括实施精准扶贫等一系列新思想。这些新思想与《摆脱贫困》一书中的许多重要思想观点既一脉相承而又与时俱进。贯彻落实党的十九大精神，打赢脱贫攻坚战，需要各级干部将《摆脱贫困》一书中的重要思想与十八大以来习近平同志的精准扶贫思想贯通起来，在行动上扑下身子到扶贫一线调查研究，了解民意，掌握实情，找到脱贫攻坚的对策，奋力打赢脱贫攻坚战。

参考文献

［1］习近平．摆脱贫困．福州：福建人民出版社，2014.
［2］习近平．之江新语．杭州：浙江人民出版社，2007.

（作者系云南民族大学云南民族研究所讲师，民族学2018级博士研究生）

党员领导干部要密切联系群众

——读《摆脱贫困》与《之江新语》有感

姜佩琳

摘　要：《摆脱贫困》与《之江新语》都是习近平同志的早期个人著作，是他早年在地方工作时的经验总结，同时体现了习近平同志的党员领导干部要密切联系群众的思想，对现在中国的发展与党建工作仍有重要的指导意义。在习近平同志的文章中处处可见“以人民为中心”的理念，时时刻刻把人民的事情摆在首位。通过学习总书记的著作，我们不仅能学习到他的执政理念和科学的工作方法，更能感悟到其中的人生哲理。“不忘初心，继续前行”。

关键词：党员领导干部要密切联系群众；摆脱贫困；群众路线；之江新语

《摆脱贫困》与《之江新语》都是习近平同志的早期著作。前者是习近平同志任福建宁德地委书记时所做工作的心得总结，收录内容是他从1988年至1990年，针对闽东宁德地区脱贫问题在理念、观点、制度等方面发表的看法与意见等；而后者是习近平同志自2003年至2007年间，以“哲欣”为笔名，在《浙江日报》“之江新语”专栏所做的短评，这些文章短小精悍，直指当时社会发展的痛点。该书之得名缘自浙江的第一大河——钱塘江，在古代名叫“浙江”，亦名“之江”，据说此名最早见于《山海经》，因此专栏名为“之江新语”。这两本个人专著的共同特点是：始终以人民的利益为核心，不说假话空话套话。习近平同志在文章中，谈百姓最关心的社会问题，并且都指出了问题的根源，提出了切实有效的解决方法，而在现在党制定的政策当中，这些理念与想法也被付诸实践了。

一、为何要密切联系群众

自人类的城邦出现、阶级分化出现之日起，治国理政的观念就随着统治阶级意志的变化而改变，说到底治国是为统治阶级服务的。

中华人民共和国的统治阶级是工人阶级，他们代表了最广大的劳动人民，这就决定了中国共产党是全心全意为人民服务的，这就决定了治国工作要与群众密切联系才行。

习近平同志强调，党员干部要把群众工作放在首位，要深入群众，深入基层，善于与工人、农民、知识分子和社会各界人士交朋友，到田间、厂矿、群众和社会各层面中去解决问题。[1]美国哈佛大学费正清教授在他所著的《伟大的中国革命》一书中曾提出这样的问题：“1928年中国的希望似乎在国民党一边，为什么20年后形势颠倒了呢?”

因为，“国民党领导陈腐了，失掉了民心。”[1]真可谓得民心者得天下。就在前几年，“反腐倡廉”大快人心，使得百姓对我党执政更有信心，反腐倡廉是从严治党的重要手段，习近平同志说：“从严治党，最根本的是要通过肃正风气、恢复和发扬党的优良作风，取得人民群众的信赖与拥护。”[2]

从历史唯物主义的角度去看，人民群众才是推动历史发展的主体。此外，联系群众不能只停留在形式上，不能只是说说而已。要把工作落到实处，实事求是，深入基层。用习近平同志的话讲，就是不能在“温室”中培养党员干部。联系群众，一定要实事求是，要采取实际行动。

要想国家长治久安，干部、领导就要有号召力、领导力。那么领导们的威信如何树立？领导人的水平在哪里体现？那就是要全心全意为人民服务、坚持不懈为人民办事，要坚持从群众中来，到群众中去，才能树立威信。

这种治国的政治概念，涵盖了经济、政治、文化等多方面，是一个多元一体的概念。所谓“为官一场，造福一方”就是要确定本地经济发展的路子。要从全局出发，从全局的大背景、大前提和本地区的实际情况来考虑。此外还要为官清廉，“能否保持廉洁，关系到党的生死存亡和人心向背”，要奉献乡里，不能贪占便宜。

另外，中国是一个统一的多民族国家。经济发展成果由各族人民共享，而不是某一个民族的功劳。这是各民族人民长期奋斗的结果而非一日之功。

习近平同志所提的“五位一体”以及“四个全面”，是一种全方位的发展理念，体现了一种发展的总体规划与战略布局。要实现这种战略，中国共产党必须要领导全国各族人民努力奋斗，因此中国共产党必须要与人民群众建立密切联系，获得人民群众的信任。获得“四个自信”中的文化自信，也可以视为一种治国理念。一个民族、一个国家首先要对自己的历史文化有自信，要保护好我们的物质文化遗产与非物质文化遗产。习近平同志说：中华优秀传统文化是中华民族的“根”和“魂”。中华优秀传统文化对建设中国特色社会主义、实现中华民族伟大复兴有重要作用。[2]

“以人民为中心”的发展思想，是习近平新时代中国特色社会主义思想体系的核心组成部分，是改革开放以来体现党的根本宗旨的理论成果。群众的实践是最丰富最生动的实践，群众中蕴藏着巨大的智慧和力量。我们一定要认真贯彻党的群众路线，坚持从群众中来到群众中去，一切相信群众，一切依靠群众，一切为了群众。[2]

二、如何密切联系群众

“实践是检验真理的唯一标准。”党员领导干部一定要有全局意识，坚持大局观念、按政策办事，还要讲求办实事的科学性和办实事的能力水平，抓住群众迫切需要解决的“热点”“难点”，办好办实。习近平同志强调党员领导干部要做“人民群众的贴心人”，一定要将心比心，以心换心，切实把党的发展理念转变到科学发展观上来，转变到以人为本上来。另外，在这个过程中，党员领导干部一定要服务群众并教育群众，努力做为人民群众服务的带头人，只有这样才能赢得百姓的信任与拥护。[2]

深入基层了解社情民意，体察百姓的疾苦，帮助群众解决生活实际问题。《摆脱贫困》中介绍了习近平同志在宁德工作期间，提出宣传党的路线、方针、政策下基层，调查研究下基层，信访接待下基层，现场办公下基层的“四下基层”工作制度，并组织开展地县领导下基层现场办公、各级领导建立群众接待日制度、领导干部同基层单位挂钩联系等三项活动。[5]通过开展这些活动，得到了人民群众的欢迎和称赞，进一步密切了干部与群众的关系。

三、习近平同志的“扶贫”攻略

总体上看，面对区域整体贫困，习近平“摆脱贫困”重要论述提倡“经济大合唱”，围绕社会主义经济建设主旋律，在地方党委、政府的总指挥下，各单位部门相互协调配合，尤其要加强位于脱贫第一线的农村党组织建设，形成“整体功能效益最大化”的垂直管理体制，以此协调完成各项经济建设任务。[3]

从《摆脱贫困》到《之江新语》，我们都能切实感受到习近平同志每时每刻都挂念着广大人民群众。特别是那些生活困难的群众，习近平同志始终把帮扶他们的工作摆在突出位置。习近平同志对扶贫工作的指示是要“精准扶贫”。全国各地的贫困家庭的致贫原因各不相同，我们要防止“大水漫灌”式的工作方式，具体问题具体分析，对症下药。

习近平同志关于贫困治理的重要论述来源于马克思主义反贫困思想，依托他丰富的从政经历和实践反思而逐步系统化，在《摆脱贫困》中从“摆脱贫困”到精准脱贫，其价值内涵历经二十多年的时代变革却不失连贯，起承转合清晰合理，或传承甚至超越，每一处逻辑衔接都紧贴中国扶贫开发的阶段性规律。它紧紧围绕以人民为中心的发展思想，是关于贫困治理的重要论述，是马克思主义中国化的重要科学成果。

关于“扶贫”，习近平同志在《摆脱贫困》中对福建省宁德地区的扶贫工作方法做了系统的总结。其中有一章关于少数民族地区脱贫的工作总结中提到“扶贫”不应该只“输血”，更重要的是“造血”——充分发挥当地人民的积极性：支持和帮助的意义主要在于增强少数民族地区自身的“造血功能”，起决定作用的还是少数民族地区的自我发展能力。[1]换句话说，就是要让少数民族地区的自身生产力水平同外部支持力量相结合以发挥最佳效益，要提高他们内部的生产力，增强对外部援助力量的吸引和吸收能力。[1]主要表现在接受国家帮助时要有相应的辅助能力，不能说国家给多少钱就是多少钱，如果把补助看成孤立的经济项目，而不投入相应的力量以扩大效益，那么，一旦补助中断，工程就无法继续进行。[1]扶贫工作应该从长远利益出发，做到外力扶持与内力即自身生产力的提高紧密结合。在起步阶段，需要的外力扶持可以多一些，但犹如羊羔断奶一样，这种经济上的扶持只是暂时的，必须逐步增加断奶后的独立生活能力，而且，在接受国家的帮助时，少数民族地区本身也应具有最起码的生产辅助能力。否则，很容易助长当地懒惰的氛围，生产自主性和积极性会不断下降。

习近平同志的“扶贫”思想体系也是在他的实践中慢慢成熟起来的，在陕北梁家河时期，习近平曾担任大队党支部书记，他第一次亲密接触人民群众，深刻理解老百姓的生活艰难。他对农村贫困问题的切身感受逐渐成为“扶贫”的初心；在河北正定，习近平曾任正定县委书记，他在当地极力推动家庭联产承包制，强调科技兴农和农业现代化，并带领全县人民脱掉了“高产穷县”的帽子。从梁家河到正定，习近平在扶贫领域不断实践、不断验证，积累了大量感性的实践经验，逐步展现出其理论层面的才华。

在福建任宁德地委书记时期，是习近平同志贫困治理理念快速发展的重要阶段。在20世纪80年代宁德还是全国18个集中连片贫困地区之一，9个县中有6个为国家级贫困县，近一半的乡镇是省级贫困乡镇，当时整个宁德地区基础设施薄弱、产业发展滞后。面对扶贫重任，习近平同志提出要“弱鸟先飞”“因地制宜”“滴水穿石”，提出“扶贫先扶志”“加强农村基层党建”“做大农村集体经济”等经典论断，其扶贫认知宽广而犀利，直切中国贫困问题的“痛点”。

“精准扶贫”是我国实现全面建成小康社会的必然要求。因为只有这样，才能提高扶贫效率，节约建设资源，最终实现共同富裕，让经济发展成果由全社会共享。

读完习近平同志的《摆脱贫困》与《之江新语》之后，我作为读者收获了许多。他的文章没有华丽的辞藻，没有繁杂的修饰，就和他本人一样平易近人。从他的文章中能够学习到许多做人做事的哲理，对我们当代青年有重要的指导意义。他告诉我们，今天的美好生活不是天上掉下来的，而是用我们自己的双手创造出来的。他的工作方法和领导方法，对今天打赢脱贫攻坚战，决胜全面建成小康社会有着重要的现实指导意义。

注　释

[1] 习近平．摆脱贫困．福州：福建人民出版社，2014.

[2] 习近平．之江新语．杭州：浙江人民出版社，2018.

[3] 学习小组．习近平谈依法治国：任何人都不得凌驾于法律之上．http：//news. cctv. com/2016/08/19/ARTI0NJZtn9QajSvyZJuj8rq160819. shtml，2016.

[4] 任贵祥．中共十八大的灵魂、创新及历史特点．中共党史研究，2013（3）：11—20.

[5] 陆芳．《摆脱贫困》：总书记脱贫致富思想的闽东实践及现实意义．福建广播电视大学学报，2018（5）：1—4.

[6] 陈华森．坚持“以人民为中心”发展思想．贵州日报，2018－12－11（011）.

（作者系云南民族大学马克思主义学院2018级研究生）

新时代扶贫开发之路的探讨

——《摆脱贫困》中的脱贫思想

段凌枫

摘　要：贫困，曾经是制约中国前进的重大问题，如今依旧是限制中国发展和强大的重要因素。城乡发展不平衡，贫富差距较大等现象依然是中国所面临的问题。如今到了决胜全面建成小康社会的重要时刻，脱贫成了重中之重，通过阅读习近平同志写的《摆脱贫困》，我看到了一个有抱负、有作为的领导是如何运用自己的智慧，带领人民走出贫困、发家致富的，其中蕴含的脱贫思想对如今的脱贫工作实践有巨大的指导意义。

关键词：爱民情怀；“造血式”脱贫；脱贫意识

一、廉政爱国爱民的情怀

俗话说：“得民心者得天下”，党的宗旨始终是全心全意为人民服务，人民群众始终是我们党坚实的执政基础，始终是我们党最强劲的动力。只有时刻铭记人民群众、始终将人民群众的利益放在心上、密切联系人民群众，才能建设一个活力四射、永葆青春的国家。从古到今，国家的繁盛都离不开民心所向。项羽和刘邦就是很好的例子，项羽随意屠杀，苛刻待民，固执己见，即使有一身的功夫也没能最终得到天下；相反，刘邦平易近人，爱惜百姓，善待投降的士兵，珍惜人才，虽然没有项羽那一身的本领，但因深得民心，最终受到世人的爱戴登基称帝。朱元璋虽然在历史上被称为暴君，但出身卑微的他很能理解民间的疾苦，经常微服私访，体察民情，只要见到街上有冻死饿死的百姓而官员没有上报，该地的官员就将被罢官；虽然朱元璋不允许官员私自做主、滥用权力，但有一件事他允许官员先斩后奏——救灾，若是灾情传到他耳朵里，那么官员就要等着受罚了。历朝历代的例子告诉我们，只有从群众中来、再到群众中去，走群众路线，为群众办事，才能了解基层人民过着怎样的生活，才能明白群众的艰辛和不易，才能获得最真实的情况，做出最利于人民群众的决定。习近平同志正是坚持和贯彻了这点，心系百姓，深得民心，让闽东地区的人民过上了安居乐业、幸福安康的生活。

自习近平同志担任党和国家领导人以来，一直强调党风廉政建设和反腐倡廉，注重政府官员的廉洁奉公，严惩官员中贪污受贿的行为。2014 年 5 月，习近平同志在同中央办公厅各单位领导班子成员和干部职工代表座谈时谈道：“一个人能否廉洁自律，最大的诱惑是自己，最难战胜的敌人也是自己。”在《摆脱贫困》一书中，习近平同志更是重视廉政，指出领导班子要有“先天下之忧而忧，后天下之乐而乐”的忧国忧民思想，不能一味享乐，更不能贪污腐败。他在闽东地区任职期间，很重视查处重大案件，查处各种贪污受贿官员，建立廉政责任制度。要想带领闽东地区的人民脱贫，政府官员必须廉洁，不拿百姓的一分一毫，一心为百姓。若官员心中只有自己，只想着如何发自己的家、致自己的富，不做一名清正廉洁的官，那么百姓的日子将会更加贫穷，脱贫的任务将会越来越重。其实，人们很早就认识“廉政”一词了，它最早出现在《晏子春秋》。可见，廉政是自古至今治国的重要方针，只有廉洁的政治环境，人民的生活才会日益幸福安康。

二、“绿水青山就是金山银山”，治山治水首在“治官”

早在2005年，习近平同志在浙江就提出了“绿水青山就是金山银山”[①] 这样的科学论断。更早的时候在《摆脱贫困》这一著作中，习近平同志表示“‘此地有崇山峻岭，茂林修竹’，强调在闽东这样一个贫困地区，山林资源是一个重要的优势。‘什么时候闽东的山都绿了，什么时候闽东就富裕了’”。[②] 人人都想要金山银山，但是守护着绿水青山是重要的前提，说明自然界是人类社会形成的前提，人类在实践活动中按照自己的意愿去改造自然界的同时必须遵循自然规律，否则将会导致人与自然界之间的失衡。只有尊重了自然的规律，才能充分发挥主观能动性，而尊重自然界的客观规律是发挥主观能动性的前提。绿水青山也是自然界的一部分，对绿水青山的开采，必须保持科学严谨的态度。十九大报告中指出：人与自然是生命共同体，人类必须尊重自然、顺应自然、保护自然。人类只有遵循自然规律才能有效防止在开发利用自然上走弯路，人类对大自然的伤害最终会伤及人类自身，这是无法抗拒的规律。[③] 人们在创造金山银山的同时，要注意经济效益与生态效益的统一，掌握适度原则，让人与自然界达到一个平衡的状态，坚持绿色经济，提高生态文明意识，合体地调节人类与自然之间的物质交换。在19世纪和20世纪的时候，人类就曾经大力开采自然资源，对生态造成破坏，最终也遭到自然界的报复。我国在发展经济的同时，更要注重生态的保护，因地制宜，尊重自然，从而营造出一个“美丽中国”。

然而，仍然有一些企业没有这样的想法，甚至还和黑势力进行勾结，如之前被曝光的山西三维集团，记者实地采访开展舆论监督却遭村干部围堵强行搜身，并被恐吓“走不出村子”，对于三维集团无休止地倾倒工业废物，周围的百姓却敢怒不敢言。2018年4月，三维集团环境违法事件曝光并受到严肃处理，人们不仅震惊于上市公司公然违法排污，将工业废渣倒入巨大的深坑中，将污水排入山西的“母亲河”，引发阵阵恶臭，更对当地干部给环境生态领域涉黑涉恶势力充当“保护伞”的行为愤慨至极。三维集团的被曝光只是一个缩影，绝非个例。许多企业与个人在生产活动中曾经蓄意破坏生态环境的行为令人发指，并且当地还有许多的黑势力“保护伞”在帮助这些企业继续这样做，不法分子靠着黑势力保护伞，肆意践踏绿水青山，让当地的人也是敢怒不敢言。

---

① 习近平．之江新语．杭州：浙江人民出版社，2007.

② 习近平．摆脱贫困，福州：福建人民出版社，2017.

③ 习近平．决胜全面建成小康社会　夺取新时代中国特色社会主义伟大胜利——在中国共产党第十九次全国代表大会上的报告．人民日报，2018－02－02.

出现这样的情况，是因为黑势力保护伞通过为破坏环境的不法分子提供权力庇护换取“保护费”，而人们明知企业做出了违法乱纪的事，但是却因为黑势力的庇护而不敢揭发，这样最终危害的是生态环境以及人民的生命财产安全。2018 年中央开展了扫黑除恶的专项斗争，以保障人民安居乐业、社会安定有序、国家长治久安。“绿水青山就是金山银山”，治山治水首在“治官”。随着全面从严治党和扫黑除恶的推进，2018 年多起为破坏生态环境充当“保护伞”的案件被严肃查处，无疑是给黑势力敲响了警钟。

三、推动“造血”

如果说路、家、家具、钱这些是“输血”，那么教贫困人口怎样用手上的资源去创造财富，就是“造血”，并且，从长远来看，进行“造血”的产业扶贫才是扶贫的长久之计。俗话说：“授人以鱼不如授人以渔”，然而在进行“造血式”扶贫前，首先应对贫困户进行“扶智”，贫困家庭是精准扶贫的目标主体，只有其全面参与到精准扶贫的工作中来，才可能全面实现精准脱贫和全面小康。其次要提高贫困户的积极性，在扶贫的过程中，会有一些贫困户仍然有懒惰、酗酒的习惯，仍然在等着国家和政府对自己进行“输血式”的扶贫，因此对待这类贫困户，首先应让他们树立正确的脱贫意识，其次应加大对精准扶贫政策的宣传，让贫困户能更深入地了解到精准脱贫对他们所带来的意义以及信息，提高扶贫工作的宣传度以及贫困户的积极性，让贫困户家家户户参与到脱贫的攻坚战中来。最后，贫困户需要转变想法，摆脱落后的思想，重新树立脱贫的意识，把脱贫为荣的思想放在首位。并积极配合社会以及政府人员，努力学习技术和知识，办好自己的扶贫产业。

如今，我国已稳定解决了十几亿人口的温饱问题，实现了总体小康，不久将全面建成小康社会，人民不仅对物质文化生活提出了更高要求，对文化、法治、环境等方面的需求也在日益增加，因此我国的主要矛盾也发生了变化，而这样的变化，也对党和国家提出了许多新要求，在着力解决“绝对贫困”的基础上，要解决不充分不平衡的“相对贫困”，更好地满足人们对文化、法治、环境等方面的需求。中国特色社会主义进入了新时代，党的十九大根据新的发展形势和时代要求，在全面建成小康社会的基础上，又乘势提出全面建设社会主义现代化国家。发展不是一味地增加 GDP，而是更好地推进绿色经济，并且对于部分贫困群众，在脱贫的道路上首先要对观念进行脱贫。脱贫任重道远，不仅需要政府社会人员的努力，而且也需要贫困户主动参与到其中，努力打好脱贫攻坚战。

（作者系云南民族大学 2018 级政治与公共管理学院硕士研究生）

民族地区精准扶贫难题及对策浅析

——以青海省为例

陈冬霞　王申萍

摘　要：习近平同志在湖南湘西考察时第一次提出精准扶贫的概念，在召开一系列扶贫开发工作会议和深入贫困地区调研的基础上，最终形成“精确识别、精确帮扶、精确管理”的科学精准扶贫理念。新时代背景下，精准扶贫工作面临新的机遇和挑战。民族地区扶贫开发关系全面建成小康社会全局，是打赢全国性扶贫攻坚战的关键。青海省作为深度贫困区，扶贫开发难度大，扶贫任务繁重。我们需要系统分析和把握现阶段青海省精准扶贫面临的难题，提出甄别致贫原因、增强扶贫合力、加强组织管理、健全制度体系等一系列可行性对策，尽最大努力改善民族地区贫困现状，推动新时代精准扶贫更上新的台阶。

关键词：精准扶贫；新时代；民族地区

一、精准扶贫概念简介

“精准扶贫”这一概念最先是习近平同志2013年在湖南湘西考察时提出的，之后随着扶贫会议的召开和贫困地区实地调研的开展，这一概念得到不断完善和发展。“精确识别、精确帮扶、精确管理”的精准扶贫理念，是马克思主义贫困理论与中国实际相结合的，民族化、时代化的产物；是以习近平同志为核心的党中央着眼于我国扶贫攻坚关键期的实际，提出的对当前农村扶贫工作的新理论和新见解。

精准扶贫是与粗放扶贫相对的一个概念，指的是根据不同贫困地区、不同贫困人口的实际情况，运用科学程序和手段有针对性地对扶贫对象实施精确识别、精确帮扶、精确管理的治贫方式。精确识别致力于识别贫困主体，着力解决“扶持谁”的问题。精确帮扶是对帮扶任务的明确，力图解决“怎么扶”的问题。精确管理是对扶贫工作责任的强化，是对扶贫效果的动态把握和有效保障。精准扶贫是一项复杂且系统的工程，需要对精确识别、精确帮扶、精确管理三者进行区分理解。

第一，精确识别是精准扶贫的基础。精确识别是指通过科学的方式把低于贫困标准线以下的家庭和人口识别出来，同时找出致使他们贫困的原因，从而制定有针对性的扶贫政策。

第二，精确帮扶是精准扶贫的关键。精准帮扶以精确识别为基础，坚持具体问题具体分析的原则，针对贫困家庭和贫困户的致贫原因，因地因人制宜地采取有针对性的扶贫政策。

第三，精确管理是精准扶贫的保障。扶贫是一个系统的过程，需要对实施的每个环节加强管理。精确识别阶段为了确保贫困信息科学准确，应建立信息管理，动态把握贫困现状、致贫原因、脱贫情况等。精确管理阶段，是扶贫资金的管理运用和扶贫工作责任到人的关键阶段，应加强资金操作管理、事权管理力度，确保精准扶贫达到预期的效果和目标。

二、新时代背景下的精准扶贫

习近平同志在十九大报告中指出“中国特色社会主义进入了新时代，这是我国发展新的历史方位”①。这一时代是承前启后、继往开来的时代。在新时代背景下，精准扶贫也进入坚决打赢脱贫攻坚战的关键期。新时代精准扶贫工作要牢牢把握新时代指导思想与时俱进、主要矛盾转化升级、奋斗目标深化具体的新特征，服从并且服务于新时代的工作部署和战略要求。新时代背景下精准扶贫须做到以下方面。

第一，习近平新时代中国特色社会主义思想是新时代精准扶贫的行动指南和根本遵循。时代是思想之母，实践是理论之源。习近平中国特色社会主义思想从理论和实践两个层面科学回答了新时代坚持和发展什么样的中国特色社会主义、怎样坚持和发展中国特色社会主义的问题。精准扶贫是脱贫致富、实现发展的工作方式，为了确保工作的科学性和有效性，必须以科学的理论为根本遵循。

第二，社会主要矛盾的转化升级是新时代精准扶贫的出发点和立足点。中国特色社会主义进入新时代，我国社会主要矛盾已从人民日益增长的物质文化需要同落后的社会生产之间的矛盾，转化为人民日益增长的美好生活需要和不平衡不充分的发展之间的矛盾，从生产力和生产关系的单一矛盾转化为多元的、复杂的矛盾。社会主要矛盾的变化是我们调整工作方式的考量，新时代精准扶贫要打“组合拳”，创新扶贫方式，既要重视经济发展改善贫困地区人口的物质生活条件，又要重视他们对精神层面的追求。

第三，让贫困人口和贫困地区同全国一道进入全面小康社会是新时代精准扶贫的奋斗目标。全面建成小康社会的实现是全局性的战略目标，区域性的贫困是当前阻碍全面建成小康社会目标实现的短板，从根本上缩小贫富差距是实现共同富裕的根本前提。新时代到来后，这一目标进入决胜阶段。贫困问题的解决事关全局，精准扶贫要加大扶贫力度和强度，牢牢把握精准扶贫精准脱贫这条扶贫开发的主线，力求与全面建成小康社会同步完成脱真贫、真脱贫的目标。

三、民族地区精准扶贫面临的难题

十八大以来，党中央把贫困人口脱贫看作全面建成小康社会的底线任务和标志性指标，在全国范围全面打响了脱贫攻坚战，制定了一系列力度大、范围广、影响深的扶贫举措，脱贫攻坚成效显著。但因为发展不平衡不充分，我国贫困问题区域性特征明显，脱贫攻坚的重点和难点集中在包括民族地区在内的深度贫困区，现阶段而言脱贫攻坚面

① 习近平．中国共产党第十九次全国代表大会报告，2017－10－18.

临的任务仍然十分艰巨。

“青海省属于全国特殊困难地区和深度贫困区，贫困面广、贫困程度深、贫困人口多。省内尚有53.97万贫困人口，且大多数居住在干旱地区和高寒牧区。”① 青海扶贫开发工作难度大，扶贫攻坚任务十分繁重。

（一）致贫原因复杂，扶贫针对性弱

作为深度贫困区，青海省致贫原因复杂，大大降低了扶贫攻坚的针对性。致贫原因具体体现在以下方面：

第一，青海省集革命老区、民族地区、边疆地区于一体。民族多元，有不同的宗教形态、伦理形态和观念形态，在生活习惯、语言风俗、宗教信仰、价值观念等方面都存在极大的差异；再者其地处边疆、经济发展落后等问题交织在一起，使得青海脱贫攻坚的复杂性和难度加大。

第二，公共基础设施落后。青海省因为地处高原、空气稀薄、常年冻土，基础设施建设成本高、施工难度大，与全国其他公共基础设施建设先进地区相比存在很大差距。

第三，思想观念落后，社会文明程度低。由于历史遗留原因，青海省部分贫困区与外界发展脱离，社会文明程度低。尤其是人口集中的藏区，因为受人口众多、医疗卫生条件差、受教育水平低、宗教势力等因素的影响，不少群众在脱贫方面缺乏积极性，脱贫内生动力不足。

第四，生态环境脆弱。青海省是全国重要的生态功能区和资源储备库，生态环境保护和经济发展矛盾突出。三江源地处青藏高原腹地和主体，素有“中华水塔”之称，但是由于自然因素和不合理的人类活动的双重作用，生态系统日显脆弱，环境日益恶化。恶化的生态环境严重影响和制约了当地各民族的发展，实现脱贫和巩固脱贫成果存在很大的不确定性。

（二）扶贫发展举措缺乏创新，扶贫效益低

长期以来，国家致力于扶贫开发事业，尤其把民族地区的扶贫开发看作重中之重，但是因为扶贫发展举措缺乏创新，扶贫效益有负期待。原因如下。

第一，扶贫发展与当地实际相脱离。一直以来受地理条件的限制，青海省人们增收和发展的渠道主要依赖传统农业和单一畜牧业。传统产业的发展在一定程度上促进了当地经济的发展，改善了人们的生活条件，但也带来了一系列经济发展遗留下来的生态问题，区域内资源环境和居住环境遭到的破坏较为明显。同时，没有深入挖掘当地特色资源和特色产业的潜在价值，人们增收和就业的渠道有限。

第二，缺乏与外界的合作，扶贫开发参与度低。扶贫开发是一项系统而重大的工程，光靠国家政策和政府支持是不够的。就目前青海省扶贫开发的现状来说，政府与社会各界、其他地区在扶贫开发方面的合作程度不深、力度不够。再加上青海省特殊的贫困状况，政府所面临的责任重、压力大，人们的参与积极性和配合度不高，因而所获得的扶贫效益不明显。

---

① 落实扶贫开发立法，确保扶贫攻坚实效. 青海日报，2017-03-28.

（三）组织建设不合理，帮扶工作不到位

精准帮扶是精准扶贫的关键，包括党的书记、民族干部、青年干部在内的群体是脱贫攻坚的关键。党的各项政策的下达，离不开他们的宣传和落实，民族地区农村经济的持续发展，也离不开他们的努力和奋斗。目前青海省扶贫开发工作量大，扶贫任务繁重，但是因为在强化书记责任和扶贫队伍管理方面存在缺陷，新时代民族地区扶贫攻坚遭遇又一轮难题。表现如下。

第一，党的书记工作落实不到位。从整体扶贫效果来看，青海省各地党的书记能够主动担当负责，在精准帮扶方面做了大量工作，为全省脱贫攻坚做出了巨大贡献。但仍有个别书记存在能力不够、思路不宽、政策不熟、工作不实、对实际情形把握不准等问题，使所负责区域内的贫困问题不能得到及时有效解决。

第二，扶贫队伍流动性大。实施精准帮扶的工作者大多从其他单位选配和调任，具有临时驻村帮扶的特征。并且因为身兼其他工作职责，不能把全部精力放在扶贫工作上，会出现两头无法兼顾的现象。

第三，对专业干部队伍和民族干部培养的重视不够。对口支援单位选派的精准扶贫干部不具备与农村发展有关的专业知识和技能，同时对民族地区独特的省情认识和理解不深，与帮扶地区人口交流沟通存在语言、宗教信仰等方面的问题，工作开展不顺畅。

（四）法律体系不完备，监督体制失灵

完善的法律体系是民族地区精准扶贫的法律指导，到目前为止，我国还没有形成完善的少数民族法律体系，尤其是专门针对少数民族精准扶贫体系的法律体系。一直以来，扶贫都是以中央召开的会议、制定的政策、下达的指令为依据，而与法治政府建设趋势相脱离。不完备的法律体系，不利于精准扶贫工作的推进。在今天建设法治中国的背景下，精准扶贫必须坚持依法治贫、依法脱贫共同推进，实现“依法治国、依法执政、依法行政的一体化”。①

同时，政策落实监督体制是民族地区精准扶贫工作的保证，也是考核民族地区精准扶贫政绩的参考指标。虽然国家层面制定了精准扶贫的一些优惠政策，但与其相配套的政策和措施尚未跟进。在政策落实到地方的过程中，政府部门和扶贫官员对精准扶贫工作的部署不到位，扶贫形象工程往往取代扶贫惠民工程。在少数民族脱贫攻坚的关键期，上级部门应该强化扶贫领域执纪问责，建立奖惩机制，维护贫困群众切身利益，提升脱贫攻坚成效。

四、加强民族地区精准扶贫的具体对策

习近平同志在贵阳主持扶贫座谈会时指出：“全面建成小康社会最艰巨最繁重的任务在农村，特别是在贫困地区。扶贫开发工作进入啃硬骨头、攻坚拔寨的冲刺期。”② 民族地区属于深度贫困区，是扶贫攻坚决胜的重中之重。我们应对现阶段民族地区精准扶

① 郭锦辉．完善制度构建　确保精准扶贫．http：//www. Cet. Com. cn/ycpd/xbtj/1236962. shtml，2014－07－01.

② 习近平．在深度贫困地区脱贫攻坚座谈会上的讲话．新华社，2017－08－31.

贫遇到的难题进行系统分析和把握，从精确识别、精准帮扶、精确管理等角度提出具体可行的对策，尽最大努力改善民族地区贫困现状，推动新时代精准扶贫更上新的台阶。

（一）立足致贫实际，提高扶贫针对性

为了确保“扶真贫、真扶贫”① 目标的实现，我们应对致贫原因进行系统分析，制定出有针对性的扶贫措施。

第一，继续把握以经济建设为中心这条主线，致力于青海省经济的发展。坚持民族平等、团结、共同繁荣的基本原则不动摇，鼓励宗教信仰自由，巩固民族团结，增强民族凝聚力和向心力。

第二，加强公共基础设施建设，改善人们基本的生存生活条件。加大对公共基础设施建设方面包括资金、技术在内的投入，加强对移民在教育和技能方面的培训，加大对贫困地区的补助和帮扶力度，增加公共基础设施在全省尤其是贫困地区的覆盖面，满足群众对美好生活的需求。

第三，重视教育发展，建立健全社会保障体系。加大对教育方面的投资力度，重视各个阶段的教育，提高人们的思想文化素质和道德水平，以促使人们转变思维方式，增强扶贫攻坚的内生力。建立健全包括医疗、住房、就业、养老、工伤、生育等在内的社会保障体系，保障已经取得的扶贫结果，降低返贫出现的可能性。

第四，重视生态文明建设，建立专门的生态保护区和国家公园。三江源生态保护区和国家公园的建立，是青海省致力于生态环境保护的有力举措。只有协调处理好经济发展和生态保护之间的矛盾，处理好人与自然的关系，青海省才能实现真正意义上的可持续发展，为贫困地区贫困人口脱贫提供更多可能。

（二）创新扶贫举措，增强扶贫合力

深度贫困地区的区域发展是精准扶贫的基础，是精准扶贫的重要组成部分。青海省作为深度贫困区，扶贫效益的提高事关扶贫事业的全局。因此在制定扶贫措施时，既要从贫困地区的实际出发，通过加大投入激发和发掘内生动力，又要主动寻求与各方的合作增强扶贫合力。具体措施如下。

第一，立足当地实际，发展特色产业和优势产业。一方面，坚持扶贫和扶智、扶志相结合的举措。青海省属于多民族地区，区域内人口受教育水平普遍偏低。加大对教育和技能培训方面的财政投入，充分调动贫困人口的积极性、主动性和创造性，提高他们实现自我发展的能力。另一方面，加强产业扶贫、旅游扶贫的扶贫力度。转变经济发展方式，依托特色产业，开发乡村旅游业，最大限度地保障人们增产增收。青海省最大的潜力和价值都在生态，独特的自然资源、丰富的民族文化、优美的自然风光为青海省精准扶贫提供了更多可能。

第二，继续重视推进易地扶贫搬迁，完善好生态补偿机制。易地扶贫搬迁是解决生态环境破坏区发展问题的有力举措，三江源生态保护区的建成，在一定程度上缓解了生态压力，保证了经济可持续发展，保障了人们的生产生活。此外，对为了保护生态环境

---

① 习近平的“扶贫观”：因地制宜“真扶贫，扶真贫”. 人民网，2014－10－17.

和缓解地区人口压力而进行的生态移民，要建立完善的补偿机制，以调动移民对移民工程的信心，自觉投入到攻坚脱贫中来。

第三，深化东西部扶贫协作，加大与各方合作力度。在西部大开发战略的基础上继续深化东西部扶贫协作，是让东西部双向受益的有力措施。西部地区拥有着发展所需要的重要资源库，东部则在资金、技术、人才等方面领先于西部地区。扶贫协作的过程也是资源有效整合的过程，同时可在一定程度上打破原有发展不平衡的格局，推动东西部协同发展，解决区域性整体贫困难题。应积极引导金融企业、公益事业等社会力量参与到脱贫攻坚中，帮助深度贫困群众解决生产生活困难。

（三）加强组织管理，重视扶贫队伍建设

精准帮扶是精准扶贫目标实现的根本所在，精准帮扶的顺利开展，需要进行科学化、秩序化、合理化的组织管理，重视扶贫队伍建设，强化和落实扶贫工作者的责任。具体措施如下。

第一，强化党的书记的责任。扶贫部门发挥监督作用，督促他们掌握贫困群众基本信息和扶贫攻坚基本政策。对扶贫先进工作者进行表彰和奖励，调动和提高他们工作的积极性。同时，尽可能创造条件满足他们在工作中的要求。

第二，创建村级基层干部团队。一方面，通过主动申请、公开选举等形式，从大学生群体、当地致富能手中挑选出一批专业知识过硬、管理经验丰富、志愿服务基层的人才，在基层组织内部任职。另一方面，加强对驻村精准帮扶工作人员和原有能人的技能培训，在开阔他们眼界的同时，拓宽致富渠道。

第三，大力培养和使用民族干部。民族干部因为长期在民族地区工作生活，对当地经济社会和文化状况有着深入了解，再加上精通当地语言，在掌握贫困情况和政策传达过程中与贫困户的交流障碍较小，方便开展精准扶贫工作。

（四）完善法律体系，健全监督机制

有关少数民族特有的扶贫体系尚未形成或者不完善，致使精准扶贫开展缺乏完整的科学理论指导和具体的实施路径，国家层面应制定出精准扶贫相关法律，民族地区出台相关条例，使精准扶贫的各项事业进入法治轨道。为了依法推进和规范农村牧区扶贫开发工作，加快贫困地区经济社会发展，实现贫困地区和贫困人口脱贫致富，青海省第十二届人大常委会第二十次会议表决通过了《青海省农村牧区扶贫开发条例》，对扶贫开发对象、扶贫开发工作机制、扶贫开发措施以及扶贫开发项目与资金管理等内容做了明确规定。

针对精准扶贫落实情况和存在问题，国家建立了省际交叉考核和第三方评估的考核机制，在发挥政府主导作用的同时调动社会力量共同打好打赢扶贫攻坚战。同时，根据民族地区具体情况制定不同的考核标准，坚决避免浪费资源，减少形象工程。为了全面做好 2017 年度扶贫开发成效考核工作，青海省在全面摸清年度计划退出村、脱贫人口的基本情况，落实书记和扶贫队伍责任、提高群众对政策的知晓度和满意率等方面做了大量工作，为迎接年度“国考”做了全面安排和部署。

参考文献

［1］汪三贵，郭子豪．论中国的精准扶贫．贵州社会科学，2015（5）．

［2］刘涛．西部少数民族地区精准扶贫的困境与出路．攀枝花学院学报，2016（6）．

［3］杨军．民族地区旅游精准扶贫研究．云南民族大学学报（哲学社会科学版），2017（2）．

［4］林源聪，张培源．民族地区精准扶贫困境及对策分析——以内蒙古为例．中国商论，2017（10）．

（作者系青海大学硕士研究生）

第二部分　政治建设

习近平新时代中国特色社会主义思想开创了中国特色社会主义理论体系新境界

苏丽杰

摘　要： 习近平新时代中国特色社会主义思想是新时代中国特色社会主义实践的理论凝结，是中国特色社会主义时代课题的深刻解答，是全党全国人民为实现中华民族伟大复兴而奋斗的行动指南，是科学社会主义理论在当代中国的新发展。这一思想实现了马克思主义基本原理同中国实际相结合的又一次历史性飞跃，开辟了马克思主义新境界、开辟了中国特色社会主义新境界、开辟了党治国理政的新境界、开辟了管党治党的新境界，为新时代坚持和发展中国特色社会主义、推进党和国家事业提供了基本遵循，为发展21世纪马克思主义、当代中国马克思主义作出了历史性重大贡献。

关键词： 习近平；新时代；中国特色社会主义思想；新境界

“党的十八大以来，以习近平同志为主要代表的中国共产党人，顺应时代发展，从理论和实践结合上系统回答了新时代坚持和发展什么样的中国特色社会主义、怎样坚持和发展中国特色社会主义这个重大时代课题，创立了习近平新时代中国特色社会主义思想。习近平新时代中国特色社会主义思想是对马克思列宁主义、毛泽东思想、邓小平理论、‘三个代表’重要思想、科学发展观的继承和发展，是马克思主义中国化最新成果，是党和人民实践经验和集体智慧的结晶，是中国特色社会主义理论体系的重要组成部分，是全党全国人民为实现中华民族伟大复兴而奋斗的行动指南，必须长期坚持并不断发展。”① 党的指导思想发展史充分说明，旗帜就是方向，旗帜就是力量，旗帜就是形象。

习近平新时代中国特色社会主义思想以全新的视野深化了人民对共产党执政规律、社会主义建设规律、人类社会发展规律的认识，为发展21世纪马克思主义、当代中国马克思主义作出了历史性、原创性、独创性贡献，成为马克思主义中国化进程中具有里程碑意义的又一座高峰，开辟了马克思主义中国化的新境界，在马克思主义发展史、中华民族复兴史、人类文明进步史上都具有重大而深远的意义。习近平新时代中国特色社会主义思想开创了中国特色社会主义理论体系新境界。具体体现在以下几个方面。

① 中国共产党章程．北京：人民出版社，2017：5—6.

一、新时代中国特色社会主义实践的理论凝结

实践性是马克思主义理论最突出的本质特征，实践在认识中具有决定性作用，实践是认识的来源、认识发展的动力，也是检验真理的唯一标准。中国共产党的历史就是不断把马克思主义理论普遍真理与中国革命、建设和改革开放事业相结合的历史，就是以问题为导向，不断破解革命、建设和发展中的问题，从而不断取得发展和进步，取得一项项成就、夺取一个个胜利的历史。《中国共产党章程》指出："改革开放以来我们取得一切成绩和进步的根本原因，归结起来就是：开辟了中国特色社会主义道路，形成了中国特色社会主义理论体系，确立了中国特色社会主义制度，发展了中国特色社会主义文化。全党同志要倍加珍惜、长期坚持和不断发展党历经艰辛开创的这条道路、这个理论体系、这个制度、这个文化，高举中国特色社会主义伟大旗帜，坚定道路自信、理论自信、制度自信、文化自信，贯彻党的基本理论、基本路线、基本方略，为实现推进现代化建设、完成祖国统一、维护世界和平与促进共同发展这三大历史任务，实现'两个一百年'奋斗目标、实现中华民族伟大复兴的中国梦而奋斗。"①

与时俱进是中国共产党最鲜明的本质特征。从马克思主义发展史的向度来说，进入21世纪，世界和中国发展变化的广度、深度都远远超出了马克思主义经典作家当时的想象，也与先前几代中国共产党人所遭遇的国际国内环境有了很大的变化，过去的理论对于今天的实践而言，有的论断不管用了，有的命题不够用了，有的具体结论不能用了，这些都是毋庸避讳的事实。党的十八大以来，以习近平同志为核心的党中央以问题为导向，以我们正在做的事情为中心，以马克思主义为指导，着眼于对实际问题的理论思考，着眼于新的实际和新的发展，提出了一系列治国理政的新理念、新思想、新战略，开辟了21世纪马克思主义发展的新境界。

二、中国特色社会主义时代课题的深刻解答

时代是思想之母，实践是理论之源。"实践没有止境，理论创新也没有止境。世界每时每刻都在发生变化，中国也每时每刻都在发生变化，我们必须在理论上跟上时代，不断认识规律，不断推进理论创新、实践创新、制度创新、文化创新以及其他各方面创新。"② 中国的事情只能由中国人来办，中国共产党、中国人民有智慧、有信心、有决心、有能力办好中国的每一件事情。在新时代，只有把马克思主义同中国具体实际和时代特征结合起来的习近平新时代中国特色社会主义思想，而没有别的什么思想能够解决社会主义的前途和命运问题，解决中华民族的前途和命运问题。在当代中国，坚持习近平新时代中国特色社会主义思想，就是真正坚持和发展马克思主义，就是真正坚持和发展科学社会主义。习近平新时代中国特色社会主义思想为应对新时代发展面临的风险挑战提供了科学思想和方法。

思想建党、理论强党是我们党的传家宝。恩格斯说："每一个时代的理论思维，从

① 中国共产党章程．北京：人民出版社，2017：6—7.
② 本书编写组．党的十九大报告辅导读本．北京：人民出版社，2017：26.

而我们时代的理论思维，都是一种历史的产物，它在不同的时代具有完全不同的形式，同时具有完全不同的内容。”① 人类社会思想成果的创造，并不是随心所欲的，而是在自己所处的特定时代中进行的。习近平新时代中国特色社会主义思想，是在具有许多新的历史特点的伟大斗争实践中形成的，既继承了马克思主义的理论智慧和精华，又根据新时代的发展特点、发展形势，不断深化完善和开拓创新，具有强烈的时代气息。

习近平同志在党的十九大报告中指出：“我们党要团结带领人民有效应对重大挑战、抵御重大风险、克服重大阻力、解决重大矛盾，必须进行具有许多新的历史特点的伟大斗争，任何贪图享受、消极懈怠、回避矛盾的思想和行为都是错误的。”② 每个时代都面临和其他时代截然不同的新问题新矛盾，回答和解决这些新问题新矛盾呼唤新思想新理论。中国特色社会主义进入新时代，迫切要求我们比过去任何时候都要有坚定的理论自觉和充分的思想准备。

习近平新时代中国特色社会主义思想，基于我国发展新的历史方位，新时代的社会主要矛盾、新时代的历史使命、拓展新时代的开放格局，围绕怎样坚持和发展中国特色社会主义，深刻回答了新时代坚持和发展中国特色社会主义的总目标、总任务、总体布局、战略步骤、外部条件、政治保证等基本问题，深刻揭示了新时代中国特色社会主义的本质特征、发展规律和建设路径，为在新的时代条件下坚持和发展中国特色社会主义提供了科学的理论指引，深刻回答了事关国家富强、民族复兴、人民幸福和实现伟大梦想的一系列重大理论和现实问题，展现了时代的新气象，顺应了时代的新要求。我们必须坚持以习近平新时代中国特色社会主义思想为指导，在进行伟大斗争、建设伟大工程、推进伟大事业、实现伟大梦想的实践进程中，直面困难矛盾和风险挑战，不懈探索破解难题、推进事业发展的新路径。

三、实现中华民族伟大复兴中国梦的行动指南

习近平新时代中国特色社会主义思想是中国特色社会主义理论的重要组成部分和最新成果。“八个明确”和“十四个坚持”概括了习近平新时代中国特色社会主义思想的精神实质、丰富内涵和实践要求，是党团结带领人民为决胜全面建成小康社会、开启全面建设社会主义现代化国家新征程、实现“两个一百年”奋斗目标的行动纲领。从中华民族复兴史的向度来说，习近平新时代中国特色社会主义思想是全党全国人民为实现中华民族伟大复兴而奋斗的行动指南。根据党和国家事业发展的迫切需要、宪法发展的内在规律，第十三届全国人大第一次会议通过了《中华人民共和国宪法修正案》，把习近平新时代中国特色社会主义思想载入宪法，通过修改宪法及时把党的指导思想转化为国家的指导思想，以国家根本法的形式确立习近平新时代中国特色社会主义思想在国家政治和社会生活中的指导地位，充分反映了全党全国各族人民的共同愿望，体现了党章和宪法规定的内在统一，实现了国家指导思想的与时俱进，实现了党的主张与国家意志、人民意愿的高度统一，有力地推动和保障了党和国家事业的发展，有力地推动和加强了

---

① 马克思恩格斯选集（第4卷）. 北京：人民出版社，1995：284.

② 本书编写组. 党的十九大报告辅导读本. 北京：人民出版社，2017：15.

我国的法治建设。

习近平新时代中国特色社会主义思想是实现中华民族伟大复兴中国梦的重要思想保证。中国特色社会主义是改革开放以来党和国家全部理论和实践的主题。习近平新时代中国特色社会主义思想，从理论与实践结合上系统回答了新时代坚持和发展什么样的中国特色社会主义、怎样坚持和发展中国特色社会主义这个重大的时代课题，把我们党对中国特色社会主义本质和规律的认识提高到了一个前所未有的高度，为我们坚持和发展中国特色社会主义提供了基本遵循。经过长期努力，中国特色社会主义进入新时代，确立习近平新时代中国特色社会主义思想在国家政治和社会生活中的指导地位，对于凝聚全党全国人民的意志和力量，坚定不移地贯彻落实党的十九大精神，保证国家的长治久安，民族的兴盛、人民的幸福，把中国特色社会主义事业不断推向前进，具有十分重大的指导意义、政治意义、理论意义和实践意义。

习近平新时代中国特色社会主义思想是坚持和加强党的全面领导的根本制度保障。没有共产党就没有新中国，就不能坚持和发展中国特色社会主义，就没有中国的社会主义现代化建设。中国共产党的领导地位是党在领导中国人民进行革命、建设、改革的长期实践中形成的。“中国共产党领导是中国特色社会主义最本质的特征，是中国特色社会主义制度的最大优势。”① 中国特色社会主义把党的领导与社会主义制度内在统一起来，从社会主义本质属性的高度确定党在国家中的领导地位。坚持党对一切工作的领导，首先要坚持党在思想上的领导，指导思想上的统一。将习近平新时代中国特色社会主义思想载入宪法，将党的指导思想转化为国家的指导思想，赋予其最高法律权威和法律效力，使之成为全体人民的共同意志，成为国家各项事业、各方面工作的根本遵循，为确保习近平新时代中国特色社会主义思想在国家工作中的指导地位、进一步巩固党的执政地位和执政基础提供了宪法依据，为早日实现国家富强、民族振兴、人民幸福提供坚强的政治保证。

因此，对于中国和中国人民来说，今后最重要的事就是要把中国特色社会主义坚持好、发展好，努力实现“两个一百年”奋斗目标和中华民族伟大复兴的中国梦，使社会主义取得更加辉煌的成就、展现更加光明的前景，为人类探索更好发展道路作出更大贡献。而要努力做到这一点就必须毫不动摇地坚持和发展马克思主义，必须毫不动摇坚定社会主义、共产主义信念，必须毫不动摇地坚持和发展中国特色社会主义，必须毫不动摇地坚持党对中国特色社会主义事业的坚强领导，必须毫不动摇地推进人类和平与发展的崇高事业。

四、科学社会主义理论在当代中国的新发展

马克思主义不仅改变了世界，也深刻改变了中国。中国共产党是用马克思主义武装起来的政党，中国共产党人是马克思主义的忠诚信奉者、坚定实践者、开拓开创者，以马克思主义理论为指导思想的中国特色社会主义在中国的成功实践，证明马克思主义是对的，具有普遍的真理性和强大的生命力，中国特色社会主义是科学社会主义。特别是

① 本书编写组．党的十九大报告辅导读本．北京：人民出版社，2017：19—20.

在世界科学社会主义仍处于低潮的今天，中国的成功实践和改革开放所取得的巨大成就证明社会主义制度具有无比优越性，让世界发展中国家和民族看到了曙光，找到了希望。

马克思主义是科学的理论、人民的理论、实践的理论、不断发展的开放理论。马克思主义揭示了人类社会发展的规律，创立了人民实现自身解放的思想体系，指引着人民改造世界的行动，始终站在时代前沿。无论时代如何变迁，科学如何进步，马克思主义依然占据着真理和道义的制高点。“实践还证明，马克思主义为中国革命、建设、改革提供了强大思想武器，使中国这个古老的东方大国创造了人类历史上前所未有的发展奇迹。历史和人民选择马克思主义是完全正确的，中国共产党把马克思主义写在自己的旗帜上是完全正确的，坚持马克思主义基本原理同中国具体实际相结合、不断推进马克思主义中国化时代化是完全正确的！”① 铁一般的事实证明：只有社会主义才能救中国，只有中国特色社会主义才能发展中国，只有坚持和发展中国特色社会主义才能实现中华民族的伟大复兴；全面深化改革开放是新时代的必然要求，只有改革开放才能发展中国、发展社会主义、发展马克思主义。在人类思想史上，没有一种思想理论像马克思主义那样对人类产生了如此广泛而深刻的影响。

新时代的基本特征和基本要求决定了中国特色社会主义必然需要新的思想和新的方略。党的十八大以来，在领导全党全国人民推进国家各项事业的伟大实践中，习近平同志以马克思主义政治家、理论家的深刻洞察力、敏锐判断力和战略定力，提出了一系列具有开创性意义的新理念新思想新战略，为新时代中国特色社会主义思想的创立发挥了决定性作用、作出了决定性贡献。习近平新时代中国特色社会主义思想，实现了马克思主义基本原理同中国实际相结合的又一次历史性飞跃，开辟了马克思主义新境界、开辟了中国特色社会主义新境界、开辟了党治国理政的新境界、开辟了管党治党的新境界，为新时代坚持和发展中国特色社会主义、推进党和国家事业提供了基本遵循，为发展21世纪马克思主义、当代中国马克思主义作出了历史性贡献。

习近平新时代中国特色社会主义思想是对马克思列宁主义、毛泽东思想、邓小平理论、“三个代表”重要思想、科学发展观的继承和发展，是马克思主义中国化最新成果，是党和人民实践经验和集体智慧的结晶，是中国特色社会主义理论体系的重要组成部分，是全党全国人民为实现中华民族伟大复兴而奋斗的行动指南，是被实践证明了的科学社会主义，是21世纪马克思主义发展史上取得的最新成就。刘云山同志指出：“习近平新时代中国特色社会主义思想的理论特色体现在，一是坚守真理、传承文明的继承性；二是与时俱进、引领未来的创新性；三是不忘初心、践行宗旨的人民性；四是实事求是、把握规律的科学性。”②

这一科学理论体系紧密结合新的时代条件和实践要求，开辟了马克思主义新境界，使当代中国马克思主义展现出更强大、更有说服力的真理力量。这一科学理论体系不仅

---

① 习近平：在纪念马克思诞辰200周年大会上的讲话. http：//news. 21cn. com/caiji/roll1/a/2018/0504/18/32912326. shtml.

② 深入学习贯彻习近平新时代中国特色社会主义思想. 人民日报，2017-11-06.

是新的历史条件下我们党治国理政的伟大纲领，而且为解决人类问题贡献了中国智慧和中国方案，具有深远世界意义。

坚持和发展中国特色社会主义是当今中国全部理论和实践的主题。这是一个产生重大理论、应当产生重大理论和必然产生重大理论的时代。学马列要精，要管用。在实践中不断丰富和发展中国特色社会主义理论是党中央集体和全党的责任。习近平同志在纪念马克思诞辰200周年纪念大会上指出：“当前，改革发展稳定任务之重、矛盾风险挑战之多、治国理政考验之大都是前所未有的。我们要赢得优势、赢得主动、赢得未来，必须不断提高运用马克思主义分析和解决实际问题的能力，不断提高运用科学理论指导我们应对重大挑战、抵御重大风险、克服重大阻力、化解重大矛盾、解决重大问题的能力，以更宽广的视野、更长远的眼光来思考把握未来发展面临的一系列重大问题，不断坚定马克思主义信仰和共产主义理想。”① 因此，学习和坚持马克思主义一定要在学习和掌握马克思主义的基本立场、基本态度、基本观点、基本理论、基本方法上下工夫，在学精、悟透、管用上下工夫，在历史前进的逻辑中前进，在时代发展的潮流中发展。

总之，中国的事一定要由中国人民自己办，各国的事一定要由各国的人民自己办，中国特色社会主义的生机和活力展示了理论自主创新的重要性。科学社会主义理论在当代中国的新发展取得的最新成果就是中国特色社会主义理论及其科学体系。习近平新时代中国特色社会主义思想回答了中国特色社会主义的时代之问、实践之需，为我们决胜全面建成小康社会、实现中华民族的伟大复兴提供了科学的理论指导和行动指南，探索出一条合作共赢、共同发展的现代化实现途径，为人类对更好社会制度的探索提供了中国方案，探索出一条既维护自身独立又同世界和平共处的外交发展道路，为21世纪科学社会主义发展注入了中国力量。

（苏丽杰，云南民族大学马克思主义学院院长、教授）

① 习近平：在纪念马克思诞辰200周年大会上的讲话 . http：//news. 21cn. com/caiji/roll1/a/2018/0504/18/32912326. shtml.

习近平关于新时代中国特色社会主义理想信念教育的重要论述

丛松日

摘　要：理想信念是党的“优势”和“政治灵魂”。青年有理想信念，国家和民族才有希望。对马克思主义的“深刻把握”，就是对规律的认同，对中国特色社会主义规律的认同，对共产主义理想的认同。只有用习近平新时代中国特色社会主义思想武装全党，教育青年，让理想信念教育置于规律上，落实到行动上，我们才能无往而不胜。

关键词：习近平；人类社会发展规律；理想信念教育

习近平同志非常重视青年工作，尤其重视对青年的理想信念教育。他说，青年的人生价值取向，决定着祖国的未来。通过学习习近平关于青年理想信念教育的若干论述，笔者认为理想信念教育的有效性必须置于规律之上。

一、理想信念是党的“优势”和“政治灵魂”

中国近现代史一再证明，理想信念是我们党取得胜利的“优势”。1985 年 9 月，邓小平同志在中国共产党全国代表会议上说过：“过去我们党无论怎样弱小，无论遇到什么困难，一直有强大的战斗力，因为我们有马克思主义和共产主义信念。有了共同的理想，也就有了铁的纪律。无论过去、现在和将来，这都是我们真正的优势。”[1]习近平同志也说，中国共产党之所以“能够历经挫折而不断奋起，历尽苦难而淬火成钢，归根到底在于千千万万中国共产党人心中的远大理想和革命信念始终坚定执着，始终闪耀着火热的光芒”，我们“任何时候都不要丧失理想信念”。[2]新形势下，习近平同志同样非常重视对党员的理想信念教育。2012 年 11 月，他在党的十八届中央政治局第一次集体学习时强调：“对马克思主义的信仰，对社会主义和共产主义的信念，是共产党人的政治灵魂，是共产党人经受住任何考验的精神支柱”，[3]任何时候都不能放弃。2013 年 3 月，习近平同志在十二届全国人大一次会议闭幕会上还总结说，中华民族经过几千年的沧桑岁月，能够把 56 个民族、13 亿多人紧紧凝聚在一起，“贯穿其中的、最重要的是我们共同坚守的理想信念”。[3]我国改革开放已走过 40 年，我们坚定不移走中国特色社会主义，“党的面貌、国家的面貌、人民的面貌、军队的面貌、中华民族的面貌发生了前所未有的变化，中华民族正以崭新姿态屹立于世界东方”。[4]这种巨大成功，是中国共产党人理想和信念的胜利，再次证明理想信念是我们党的“优势”。中国革命的胜利、社会主义建设成就、中国特色社会主义成功，都是中国共产党人坚定理想信念的结果，是理想信念的胜利。“我们党之所以能够经受一次次挫折而又一次次奋起，归根到底是因为我们党有远大理想和崇高追求。”[5]2016 年 10 月，在纪念红军长征胜利 80 周年大会上，习近平同志再次很自信地说：“崇高的理想，坚定的信念，永远是中国共产党人的政治灵魂。”[6]并且告诫全党：“世界社会主义实践的曲折历程告诉我们，马克思主义政党一旦放弃马克思主义信仰、社会主义和共产主义信念，就会土崩瓦解。”[7]2017 年 10 月 18 日，习近平同志在党的十九大报告中再次强调：“革命理想高于天。共产主义远大理想和中国特色社会主义共同理想，是中国共产党人的精神支柱和政治灵魂。”[4]我们党只要始终坚定理想信念不动摇，保持我们的“优势”，不丢“政治灵魂”，中华民族就不可战胜！

二、青年有理想信念，国家和民族才有希望

实现中华民族伟大复兴，需要一代又一代有志青年的接续奋斗。“青年是祖国的未来、民族的希望，也是我们党的未来和希望。”[5]理想信念是精神上的“钙”，没有理想信念，就会导致精神上“缺钙”，就会得“软骨病”，事业就会遭受挫折和失败。习近平同志十分重视青年工作，尤其重视对青年的理想信念教育。崇高的信仰、坚定的信仰不会自发产生。“理想信念决定着我们的方向和立场，也决定着我们的言论和行动。”[2]2013 年 6 月，习近平同志在同共青团中央新一届领导班子成员集体谈话时强调：“正确的思想、坚定的信念必须从青年抓起”，“青年时代树立正确的思想、坚定的信念十分紧要，不仅要树立，而且要在心中扎根，一辈子都能为之奋斗。”[8]我们党一代又一代优秀青年的奋斗史表明：“理想指引人生方向，信念决定事业成败。”[3]2013 年 5 月，习近平同志同各界优秀青年代表座谈时对青年寄予厚望，他说：“历史和现实都告诉我们，青年一代有理想、有担当，国家就有前途，民族就有希望，实现我们的发展目标就有源源不断的强大力量。”[9]用理想之光，照亮奋斗之路！“青年兴则国家兴，青年强则国家强。我们党自建立之日起，就始终代表广大青年、赢得广大青年、依靠广大青年。”[3]2017 年 10 月 18 日，在党的十九大上，习近平同志再次强调：“青年一代有理想、有本领、有担当，国家就有前途，民族就有希望。”他说，我们处在“一个伟大时代”，“责任重大”。青年作为祖国的未来，理应紧跟共产党，不忘“为中国人民谋幸福，为中华民族谋复兴”的“初心”和“使命”。他号召：“广大青年要坚定理想信念，志存高远，脚踏实地，勇做时代的弄潮儿，在实现中国梦的生动实践中放飞青春梦想，在为人民利益的不懈奋斗中书写人生华章！”[4]新民主主义革命时期、社会主义建设时期和改革开放新时期，“我们党所取得的所有成就都凝聚着青年的热情和奉献”。他说：“中国共产党从来都把青年看作是祖国的未来、民族的希望，从来都把青年看作党和人民事业发展的主力军，从来都支持青年人在人民的伟大奋斗中实现自己的人生理想。”[3]我国已进入新时代中国特色社会主义，到 2020 年全面建成小康社会，到 2035 年基本实现社会主义现代化，到本世纪中叶把我国建成富强民主文明和谐美丽的社会主义现代化强国，不仅离不开青年的奉献，而且必须依靠一代又一代青年来努力奋斗才能实现！

三、理想信念教育必须“建立在对历史规律的深刻把握之上”

2016 年 7 月 1 日，习近平同志在庆祝中国共产党成立 95 周年大会上说：“坚定的理

想信念，必须建立在对马克思主义的深刻理解上，建立在对历史规律的深刻把握之上。”[5]这两个“建立在”本质上都是“对规律的深刻把握”，也就是应该把理想信念教育置于规律之上。

第一，理想信念“建立在对马克思主义的深刻理解上”，本质是建立在规律上。恩格斯说过：“正像达尔文发现有机界的发展规律一样，马克思发现了人类历史的发展规律。”[10]马克思主义本质上是不断解放和发展生产力的规律，是人类社会从低级阶段向高级阶段发展的规律。这里说的“深刻理解”，就是从精髓或本质上把握马克思主义。习近平同志说：“理想信念的坚定，来自思想理论的坚定。认识真理，信仰真理，捍卫真理，是坚定理想信念的精神前提。”“中国共产党人的理想信念，建立在马克思主义的科学真理之上。”[6]2017 年 9 月 29 日，习近平同志在中共中央第四十三次集体学习时还说：“马克思主义是我们共产党人理想信念的灵魂”，也是我们的“看家本领”。[11]可以说，对马克思主义的“深刻把握”，就是从人类社会发展一般规律角度把握。信仰马克思主义，就是信仰规律。2016 年 7 月 1 日，习近平同志在庆祝中国共产党成立 95 周年大会上说：“无论是处在顺境还是逆境，我们党从未动摇对马克思主义的信仰。”[5]“背离或放弃马克思主义，我们党就失去灵魂、迷失方向”，这是一个“根本问题”[10]。这是我们革命、建设、改革在遵循规律基础上取得胜利和成功的根本思想保证。换一句话来说，就是无论处在顺境还是逆境，从未动摇对规律的探索和遵循。因为我们党知道，脱离实际或背离规律，党就会失去灵魂、迷失方向，就会遭受挫折和失败。“只有按历史规律办事，我们才能无往而不胜。”[3]

第二，理想信念“建立在对历史规律的深刻把握之上”，还意味着对中国特色社会主义规律的认同。中国特色社会主义理论体系是包括邓小平理论、“三个代表”重要思想、科学发展观在内的理论体系，“是以马克思主义基本理论为指导的”，是把“基本理论同中国具体实际相结合的结果”[7]，是当代中国的马克思主义。马克思主义本质上讲的是规律，那么这个理论体系，从本质上看讲的也是规律，是对中国特色社会主义规律的总结。对马克思主义有“深刻理解”，就必然会对中国特色社会主义理论体系有“理性认同”，从而坚定对马克思主义、中国特色社会主义理想信念的“理性认同”。所以，习近平同志要求，坚定理想信念，就要努力学习马克思主义和中国特色社会主义理论体系，为一生成长奠定科学的思想基础。只有领会了“马克思主义立场、观点、方法，才能心明眼亮，才能深刻认识和准确把握共产党执政规律、社会主义建设规律、人类社会发展规律，才能始终坚定理想信念”[12]。我们党 90 多年的历史，是在不断“总结历史经验、把握历史规律”[5]的过程中走过来的。改革开放新时期，我们党总结社会主义建设的经验教训，从社会主义初级阶段的国情出发，制定了一系列符合社会发展规律的路线、方针、政策，向世界显示了中国特色社会主义的成功和优越性。现在，我们党必将在全面深化改革的基础上，进一步总结出中国特色社会主义规律，更加坚定中国特色社会主义共同理想。

2017 年 9 月 29 日，习近平同志在中共中央第四十三次集体学习时说：“要坚持不懈用马克思主义中国化最新成果武装头脑、凝心聚魂，坚定全党马克思主义信仰和共产主义理想。”[11]2017 年 10 月 18 日党的十九大召开，习近平同志指出：十八大以来，我们党“以全新的视野深化对共产党执政规律、社会主义建设规律、人类社会发展规律的认识，进行艰辛理论探索，取得重大理论创新成果，形成了新时代中国特色社会主义思想”[4]。这个“思想”“是对马克思列宁主义、毛泽东思想、邓小平理论、‘三个代表’重要思想、科学发展观的继承和发展，是马克思主义中国化最新成果，是党和人民实践经验和集体智慧的结晶，是中国特色社会主义理论体系的重要组成部分。”这个“思想”本质上同样是对新时代中国特色社会主义发展规律的总结。十九大报告强调“用新时代中国特色社会主义思想武装全党”，[4]教育青年，本质上是用新时代中国特色社会主义规律武装全党教育青年。唯有如此，我们坚韧不拔、锲而不舍，才能奋力谱写出社会主义现代化新征程的壮丽篇章，用自己的实际行动坚持和发展中国特色社会主义！

第三，“对马克思主义的深刻理解”，必然坚定共产主义理想，坚定中国特色社会主义共同理想。共产主义，是坚持马克思主义，遵循人类社会发展规律，实现社会形态不断更迭的必然趋势和结果，是全人类的共同理想，是人类社会文明发展的高级阶段。因此，坚持马克思主义，必然要坚定共产主义共同理想。马克思主义、科学社会主义、共产主义，是理论逻辑和历史逻辑的统一。列宁说：“马克思和恩格斯的具有世界历史意义的伟大功绩，在于他们用科学的分析证明了，资本主义必然崩溃，资本主义必然过渡到不再有人剥削人现象的共产主义。”[13]可以看出，马克思主义，就是科学社会主义，就是共产主义。邓小平同志也说：“马克思主义的另一个名词就是共产主义。”[1]137习近平同志还说：“中国共产党之所以叫共产党，就是因为从成立之日起我们党就把共产主义确定为远大理想。”[5]对马克思主义的信仰、对社会主义的信念、对共产主义的理想追求与共产党人的政治灵魂是一致的，都建立在对人类社会发展一般规律“理性认同”上。用习近平同志的话说，对于共产主义，“我们坚定，是因为我们遵循的是规律。”[6]中国特色社会主义，就源于这个理想信念。“没有马克思主义信仰、没有共产主义理想，就没有中国特色社会主义。”[7]

四、把理想信念教育落实到建设中国特色社会主义的行动上

2016年5月17日，习近平同志在哲学社会科学工作座谈会上说：“坚持以马克思主义为指导，最终要落实到怎么用上来。”[14]具体说，就是要落实到建设中国特色社会主义的伟大实践中。中国特色社会主义，是从中国改革开放的伟大实践中总结出的科学和真理，体现了中华民族优秀传统文化，更体现了在吸取长期历史经验教训基础上总结出来的中国社会发展规律。从一定意义上说，坚持中国特色社会主义，就是遵循规律。习近平同志说：“要教育引导学生正确认识世界和中国发展大势，从我们党探索中国特色社会主义历史发展和伟大实践中，认识和把握人类社会发展的历史必然性，认识和把握中国特色社会主义的历史必然性，不断树立为共产主义远大理想和中国特色社会主义共同理想而奋斗的信念和信心。”“把远大抱负落实到实际行动中。”[15]“自觉做共产主义远大理想和中国特色社会主义共同理想的坚定信仰者和忠实实践者。”[4]

2016年9月23日，习近平同志在参观“英雄史诗不朽丰碑”主题展览时强调：“现在，时代变了，条件变了，我们共产党人为之奋斗的理想和事业没有变。”[16]中国特色社会主义共同理想，承载着几代中国共产党人的理想和探索，是共产主义这一全人类远

大理想在中国的阶段性理想，把共同理想和远大理想统一起来，“做到虔诚而执着、至信而深厚”，为崇高理想信念而矢志奋斗。我们对青年进行理想信念教育，就是要把他们培养成“自觉做共产主义远大理想和中国特色社会主义共同理想的坚定信仰者、忠实执行者”[5]11。“永远为了真理而斗争，永远为了理想而斗争。”[6]理想信念，坚不可摧！

“青春是用来奋斗的”！这是习近平同志对青年的告诫，也是对青年的期待。他说：“实现伟大的理想，没有平坦的大道可走。”[6]新时代中国特色社会主义现代化建设，还会遇到重大挑战、重大风险、重大阻力、重大矛盾，还有许多“雪山”“草地”需要跨越，还有许多“娄山关”“腊子口”需要征服，实现中华民族伟大复兴是一项艰巨的历史任务。“为实现中华民族伟大复兴的中国梦而奋斗，是中国青年运动的主题。”[9]只要我们尤其是青年有牢不可破的理想信念，无论遇到什么困难，都会风雨如磐不动摇，就一定能在建设社会主义现代化国家新征程中不断取得新胜利。青年是历史的接力棒，只有把每个人的理想融入国家和民族的事业中，才能最终成就一番事业，圆满完成好建设富强民主文明和谐美丽的社会主义现代化强国，实现中华民族伟大复兴的历史答卷。

注　释

[1] 邓小平文选（第三卷）. 北京：人民出版社，1993.

[2] 习近平. 在纪念周恩来同志诞辰120周年座谈会上的讲话. 人民日报，2018-02-02.

[3] 习近平谈治国理政. 北京：外文出版社，2014.

[4] 习近平. 决胜全面建成小康社会　夺取新时代中国特色社会主义伟大胜利. 人民日报，2017-10-28.

[5] 习近平. 在庆祝中国共产党成立95周年大会上的讲话. 北京：人民出版社，2016.

[6] 习近平. 在纪念红军长征胜利80周年大会上的讲话. 人民日报，2016-10-23.

[7] 习近平. 在全国党校工作会议上的讲话. 人民日报，2015-12-13.

[8] 习近平. 同共青团中央新一届领导班子成员集体谈话. 人民日报，2013-06-20.

[9] 习近平. 在同各界优秀青年代表座谈时的讲话. 人民日报，2013-05-05.

[10] 吴英. 马克思恩格斯列宁斯大林论历史科学. 北京：中国社会科学出版社，2014. 48.

[11] 习近平. 深刻认识马克思主义时代意义和现实意义　继续推进马克思主义中国化时代化大众化. 人民日报 2017-09-30.

[12] 习近平. 在中央党校建校80周年庆祝大会暨2013年春季学期开学典礼上的讲话. 人民日报，2013-03-03.

[13] 列宁专题文集（论马克思主义）. 北京：人民出版社，2009.

[14] 习近平. 在哲学社会科学工作座谈会上的讲话. 北京：人民出版社，2016. 13.

［15］习近平．把思想政治工作贯穿教育教学全过程，开创我国高等教育事业发展新局面．人民日报，2016－12－09.

［16］铭记红军丰功伟绩，弘扬伟大长征精神．人民日报，2016－09－25.

（作者系青岛大学马克思主义学院常务副院长，教授，硕士生导师）

论习近平关于少数民族青年的重要论述

赵绍成　曹剑华

摘　要： 青年是民族的希望，祖国的未来。党的十八大以来，中国特色社会主义进入新时代，以习近平同志为核心的党中央继承和弘扬中国共产党重视青年、关怀青年和信任青年的优良传统，十分重视少数民族青年的成长成才教育和社会主义核心价值观教育，发挥少数民族青年维护社会稳定，推进民族地区建设的重要作用，形成了系统完整的关于少数民族青年的重要论述。这些论述是习近平新时代中国特色社会主义理论的组成部分，是马克思主义民族理论同当今中国具体实际结合的成果。把“青年梦”与“中华民族伟大复兴梦”、青年的特点与民族问题、青年的教育培养与民族发展以及青年价值与社会价值结合起来，对于推进新时代中国特色社会主义建设，实现中华民族伟大复兴具有非常重要的理论价值和实践意义。

关键词： 习近平；少数民族青年

马克思指出：“一个时代的精神，是青年代表的精神；一个时代的性格，是青年代表的性格。”列宁指出：“真正建立共产主义社会的任务正是由青年来担负。”中国共产党自成立之日起，就始终代表青年、赢得青年、依靠青年，在革命、建设和改革各个历史时期，始终高度重视青年、关怀青年和信任青年。党的十八大以来，中国特色社会主义进入新时代，以习近平同志为核心的党中央继承和弘扬中国共产党重视青年、关怀青年和信任青年的优良传统，十分重视少数民族青年的成长成才教育和社会主义核心价值观教育，让各族青年敢于有梦、勇于追梦、勤于圆梦，以实现中华民族的伟大复兴。

一、习近平关于少数民族青年的重要论述的形成依据

时代是思想之母。实践是理论之源。习近平关于少数民族青年的重要论述，是立足于我国的基本国情，科学分析现阶段民族问题和民族工作的新特点及其青年思想新形势，以马克思主义民族理论为指导，在继承党的民族理论与政策的基础上提出和形成的。它是马克思主义民族理论在新时代条件下的运用和发展，立足于时代特点，扎根于民族工作实际和青年意识形态，在马克思主义青年思想和民族理论的滋养下形成的。

（一）马列主义民族青年理论

1. 马克思、恩格斯民族青年理论

马克思、恩格斯在《共产党宣言》中提出了关于民族问题的根源和实质、资产阶级是造成殖民地问题出现的关键因素、资本主义社会时期是“现代”民族或资本主义民族

形成时期等基本观点。民族问题的本质是阶级关系所产生的剥削以及压迫，民族剥削和压迫的出现主要是阶级关系导致的，可以根据剥削的主体将其分为压迫和被压迫的国家，只有消除压迫以及阶级，国家才能真正成为一个自由民族国家。关于民族关系，论述了民族关系产生的根源和实质，提出了平等观念是人类社会发展的结果的观点。关于民族问题，对民族的基本特征、形成以及消亡的一般规律提出了一系列科学的思想。马克思民族理论提出的一系列科学的理论观点，阐明了国家民族政策的理论基础，为习近平民族理论科学体系的建立提供了必要的理论指导。

马克思、恩格斯对自己的青年思想虽未作出专门阐述，也没有形成系统的、明确的青年观，但有关青年的论述散见于他们的经典著作中。马克思认为青年工人是工人阶级乃至于无产阶级的未来，要高度重视青年工人的教育，曾说："最先进的工人完全了解，他们阶级的未来，从而也是人类的未来，完全取决于正在成长的工人一代的教育。"[1] 2013 年 12 月 5 日，习近平同志给华中农业大学"本禹志愿服务队"的回信中指出："青年的历史使命是通过一代又一代的努力，实现社会进步和人类的解放。"由此可见，习近平关于少数民族青年的重要论述与马克思恩格斯的思想是一致的，它们都重视青年，它们都把青年看作是实现人类解放的最终目标的重要力量。习近平关于少数民族青年的重要论述把伟大复兴的中国梦放在中国青年的身上，把实现人类解放的最终目标也放在了青年身上。

2. 列宁主义民族理论

列宁在俄国十月革命前的著作中，主要论述了解放殖民地民族的理论、无产阶级政党的民族纲领的基本原则以及民族区域自治解决民族问题的理论原则，"凡是居民生活习惯特点或民族成分不同的国内的各个区域，都应当享有广泛的自我管理和自治"的民族和民族问题的基本原理。列宁民族理论和观点的提出为解决民族问题提供了科学的指导。

此外，列宁青年思想理论提出，青年对革命政党具有特殊的作用，青年的地位非常重要。列宁把无产阶级政党看做是未来的党，而青年更乐于接受新事物，所以青年是拥护无产阶级政党的重要力量。他说："我们是未来的党，而未来是属于青年的。我们是革新者的党，而青年总是更乐于跟着革新者走的。"列宁也十分注重青年的学习，并鼓励青年努力学习。认为青年是无产阶级政党的未来，要实现人类解放的任务要靠青年，要实现国家和社会的发展也要靠青年，青年要想实现这些目标，必须要学习，因此列宁认为："全体青年的任务，尤其是共产主义青年团及其他一切组织的任务，可以用一句话来表达：就是要学习。"习近平同志也多次劝诫青年要努力学习，告诫青年梦想从学习开始，事业靠本领成就，青年要不断学习，炼就过人本领。

3. 从毛泽东到习近平一脉相承的民族理论

从毛泽东到习近平，中国共产党人一脉相承的多民族观集中体现在几个方面：一是指导思想上，马克思主义民族理论是中国共产党人积极的多民族观的理论指南。在中国民族民主革命时期，毛泽东提出多民族"帮助论""贡献论"，彰显毛泽东积极的多民族观；邓小平以马克思主义民族发展论、民族关系论为指针，强调民族资源和民族关系和谐对社会发展的推动作用；江泽民依据马克思主义关于民族共同发展繁荣的原则，制定西部大开发战略；胡锦涛以马克思主义民族问题发展规律、民族工作方法论为原则，坚持多民族“两个始终”思想不动摇；习近平则在综合把握马克思主义民族理论基础上，创造性地提出多民族是中国社会发展“一大有利因素”的论断，可以说，马克思主义民族理论贯穿中国共产党人积极的多民族观理论体系建构的始终。二是从中国民族实际出发的意识，毛泽东从旧中国民族压迫民族歧视实际出发，看待多民族在推进中国革命中的作用，并以此解决民族问题；邓小平从民族地区贫困实际出发审视少数民族资源在促进民族地区发展中的价值；江泽民、胡锦涛站在中华民族振兴实际需要立场上看待多民族对拓展中国社会发展空间的支撑作用；习近平多民族存在“有利因素论”则完全是基于中华民族伟大复兴的实际要求。

毛泽东在关于青年的论述中讲道：“世界是你们的，也是我们的，但归根结底是你们的。”毛泽东认为，我们要大胆地相信青年，并任用青年，使青年能够真正担负起历史赋予他们的神圣使命。邓小平认为青年是“我们的未来，我们的一切事业的继承者”。他反复强调要关心青年，关心青年就是关心未来，要教育好青年；高度重视青年的教育。提出了“三个面向”的教育方针，强调教育要面向现代化，面向世界，面向未来。教育青年要争做“四有新人”，要“五讲”“四美”“三热爱”。江泽民同样也注重对青年干部的任用，重视高素质青年人才的培养。他认为，要想使国家在二十一世纪中叶基本实现现代化，“归根到底取决于广大青年一代及年轻干部的健康成长”。胡锦涛指出：“青年如果没有明确的信仰，就会在混沌的生存状态中失去自我；一个国家或民族如果没有具有坚定信仰作支撑的青年，将失去凝聚力，失去前进的动力，无法实现真正复兴和繁荣。”他还指出：“每一位有志青年，无论身在何处，无论在什么岗位，都应当心系祖国，心系民族，自觉把个人的抱负同全民族的共同理想统一起来，把个人奋斗融汇到振兴中华的历史洪流中去，这样才能获得强大而持久的前进动力，才能在服务祖国和人民中实现自己最大的人生价值。”

（二）中国历史上的民族青年理论

自中华民族产生以来，历代圣贤先哲们从不同的视角和层面对民族进行了认识和解读。春秋公羊学者在大一统的民族观方面将政治、经济和文化等方面相统一的理论；孔子以“仁”和“礼”为准则来“和夷”，并倡导“仁爱”天下各民族，四海之内皆兄弟，兼容并包，修文德来远人；墨子以“平等、尚利”为标准来“兼爱”各民族。自周朝以来，我国历朝历代大多设有大行人、鸿胪寺、宣政院、理藩院等官职和民族事务机构，对少数民族地区进行管理。汉代开始推行的“和亲”政策、封赏制度等，目的就是将各民族和封建王朝紧密联系起来，形成千丝万缕的联系，不断加强中国统一的多民族的局面。在民族政策方面主张“因俗而治”“以夷治夷”来制定和实施民族政策，展开民族工作。司马光提倡各民族要和睦相处、平等互助、诚信交往；梁启超的民族观主张要将各民族的文化相融合，结合各民族的多元化文化，平等地进行竞争和交流；孙中山主张各民族要在平等的基础上团结一心实现胜利，从而建立中华民族的新族体等，这些都为习近平民族工作理论的产生提供了有益的客观历史性借鉴。

2016 年 4 月 26 日，习近平同志在知识分子、劳动模范、青年代表座谈会上引用南北朝北齐文学家刘昼所撰《刘子》：“凿井者，起于三寸之坎，以就万仞之深。”告诫青年从现在做起、坚持不懈，必然成就事业。此外，要从自己做起，自觉践行社会主义核心价值观，并积极在全社会倡导社会主义核心价值观，带头倡导良好的社会风气。也是在这次座谈会上，习近平同志用“人才有高下，知物由学”这句古语来告诫青年，希望青年用好好学习来实现梦想，用锻炼本领来成就事业。他还引用了陆游的诗句“纸上得来终觉浅，绝知此事要躬行”，以此来强调知行合一。习近平同志的讲话为青年成就自己的梦想和他们的成长成才指明了方向，动员青年为实现中国梦贡献自己的力量。习近平同志在北京大学师生座谈会上的讲话中告诫青年要实干，说：“道不可坐论，德不能空谈。于实处用力。”指出“空谈误国，实干兴邦”，告诫青年要以踏踏实实的实干精神为实现梦想而努力。

（三）部分少数民族青年思想状况存在问题的分析

少数民族青年思想主要包括他们的“三观”和伦理道德观在内的认识体系。少数民族青年对于少数民族地区和全国的发展和稳定具有重要意义，他们是一个庞大的充满活力的群体，其素质的高低直接关系到少数民族地区经济发展和全国社会稳定。[2]当今社会环境的变化给部分少数民族青年的思想带来了巨大冲击，主要呈现以下几个方面的新状况。

1. 部分少数民族地区青年对国家和民族的认同感低

当前，少数民族青年思想政治状况整体上是向上的，但也存在一些问题。大多数人在对党和国家的态度上，有着坚定的政治立场，热爱祖国，拥护党的领导，支持党的路线方针政策，但少数人也存在着对党和国家不信任，对政治淡漠，缺乏爱国主义精神和社会主义信念的现象；在处理民族关系，加强民族团结方面，存在着对其他民族情感冷漠，对民族分裂主义和非法宗教活动危害性认识不足；在宗教信仰方面，存在盲目信仰和过度痴迷现象，对国家的宗教政策了解不够，没有树立科学的马克思主义宗教观。[2]

2. 部分少数民族青年存在着好逸享乐思想，缺乏自力更生精神

改革开放以来，考虑到少数民族地区经济结构单一，产业水平低，原始农业劳作方式的限制，缺乏工业基础等，国家为了帮助少数民族地区的经济发展，在多次会议上制定了一系列诸如“西部大开发”“对口支援”“三支一扶”“惠农”等“援边援少”的有力政策措施，帮助少数民族尤其是边境少数民族地区经济提速发展，让少数民族地区尤其是农村少数民族地区生活条件得到切实改善，物质水平得以显著提高。然而，国家政策的倾斜和扶持力度的大力加强，加之少数民族地区地少人多、生产生活路子狭窄，在一定程度上却催生了少数民族地区一些青年坐等帮扶、好吃懒做的陋习，尤其是个别文化程度低和缺乏劳动技能的青年逐渐养成闲散在家、安于现状、不思进取和不愿外出务工勤劳致富的懒惰思想，个别地区政府和机构担心他们闹事和滋生事件，只能通过安抚采取大力度物质补偿机制，进而促成少数民族地区个别青年更不愿外出自力更生，尝试新的生产方式或学习新的产业致富路子，接受新的职业谋生技能的培训，日益依赖地方政府的单一物质帮扶和政策扶持，滋生了“要、等、靠”的思想，自身却缺乏吃苦耐劳艰苦创业精神。

3. 部分少数民族地区青年的社会交流融合能力较差

我国部分少数民族青年因受民族语言、文化差异、主观愿望等因素的影响，在政治交融、经济文化交流、人际交往、教育就业各方面出现局部障碍，这就必然导致他们在与外界的交往中产生消极抵触心理，给他们的就业、社会融合造成影响，这些如果处理不当，势必加剧少数民族青年的心理负荷和经济负担，进而使其滋生诸多思想问题。

二、习近平关于少数民族青年的重要论述的基本内容

党的十八大以来，习近平同志立足我国统一多民族国家基本国情，正确认识现阶段国家的发展、民族的问题和青年思想基本特点，形成了将马克思主义民族理论与我国民族工作和青年思想问题的新实践相结合的习近平关于少数民族青年的重要论述。

（一）将青年的特点与民族问题相结合

民族问题在当今时代多民族国家的社会问题中普遍存在。习近平同志指出："处理好民族问题、做好民族工作，是关系祖国统一和边疆巩固的大事，是关系民族团结和社会稳定的大事，是关系国家长治久安和中华民族繁荣昌盛的大事。"十八大以来，民族地区发展取得了可喜的成绩。但境内外"三股势力"以民族和宗教为借口，鼓吹民族分裂言论，实施暴力犯罪活动，对各族群众的利益和身心造成了极大的伤害，危害了社会的稳定发展。习近平同志在2015年新疆乌鲁木齐市火车南站站外爆炸案件发生后，立即做出指示："必须深刻认识新疆分裂和反分裂斗争的长期性、复杂性、尖锐性，反暴力恐怖斗争一刻也不能放松，必须采取果断措施，坚决把暴力恐怖分子的嚣张气焰打下去。"要结合新时期反分裂斗争的特点对全国各族群众干部以各种形式开展反分裂的教育活动，使维护国家统一和民族稳定的观念真正深入人心，增强各族人民对国家安全的信心。

习近平同志指出，青年马克思主义者既是社会主义事业的建设者，同时也是中国共产党队伍建设的主要人才源泉，是我党持续巩固国家统治、强化执政能力、扩大群众基础的重要人才储备和源泉，是社会主义建设事业的接班人。因此马克思主义青年必须着眼政治思想意识强化，一定要具备鲜明的政治立场和信仰，必须要以马克思列宁主义、毛泽东思想、邓小平理论等一系列无产阶级先进的政治理论思想强化青年的政治性。在新的社会发展形势下、在新的国内国际环境下，去用更加具有先进性和创新性的方法解决社会问题，承担新的使命，自觉为维护民族地区的长治久安而奉献力量。

（二）将青年的教育培养与民族发展相结合

青年是国家的未来，中华民族的崛起和发展离不开青年的努力，中国青年的健康成长离不开党和国家的教育和领导。青年是连接民族现在与未来的关节点，中国革命、建设、改革事业和民族的发展复兴都要赢得青年的拥护和支持才能成功。青年作为民族发展的未来力量，赢得青年就赢得未来。因此，习近平同志在全面深化改革和民族发展大背景下高度重视新时期青年工作中遇到的新问题、新情况，非常关注青年的教育与培育工作。[3]

1. 重视青年对中华民族优秀传统文化的传承

习近平同志十分注重中华民族优秀文化的传承和发展，强调要突出中华民族优秀的文化底色和精神内核，构建我国的文化软实力，多次强调青年作为社会未来发展的推动者和实践者，应该具有强烈的民族自豪感。习近平同志强调弘扬中华民族优秀文化传统就一定要从娃娃抓起，从青年抓起，要强调后来者对中华文明的正确价值认知，继而积极主动地继承和发展中华文化。“中华民族要继续前进，就必须根据时代条件，继承和弘扬民族精神和优秀文化。”[5]面对教育界冒出的一些“去中国化”的不良思潮，习近平同志也曾旗帜鲜明地表示不赞同把古代经典诗词、散文从学校教材中去掉，认为“这是很悲哀的”。习近平同志要求，教育系统要将传统文化教育摆在正确的、关键的位置上来，同时要通过中华传统文化教育让广大青年拥有崇高的气节和情操，拥有高洁的个人道德和家国情怀，要增强民族自豪感，坚持“四个自信”，让青年更加自信和自强，让中华民族更加自信和自强。

2. 重视青年知识技能的教育

习近平同志从社会主义经济建设发展的现实需求和民族地区发展出发，突出强调了在广大青年中间开展职业技术教育的重要性。习近平同志倡导“空谈误国，实干兴邦”，认为当前的青年教育必须立足社会需求，必须重视应用型和实用型人才培养，要通过职业技术教育培养一批能够立即投身社会主义建设事业的有为青年，既要帮助青年打开成功大门，实现个人价值和社会价值的统一；也要求广大青年勇于承担历史使命，不断通过接受教育强化知识技能，为社会主义经济发展贡献力量。科教兴国已经上升为我国的基本国策，科技是第一生产力也已经成为我党和全社会的共识。大力发展教育从来都是我党在新的历史时期坚持不懈的大政方针。习近平同志也继承并弘扬了这一基本理念，并在新的时期对其作出更具现实意义和战略价值的阐述，提出了“知识＋技能”的创新要求。习近平同志告诫广大青年要“勤奋好学，刻苦钻研，不断提高社会主义社会发展所需要的素质和能力”。

3. 重视青年民族观培养与人才选拔

习近平同志指出：“做好民族工作关键在党、关键在人。只要我们牢牢坚持中国共产党的领导，就没有任何人任何政治势力可以挑拨我们的民族关系，我们的民族团结统一在政治上就是有充分保障的。”2014 年，习近平同志在新疆调研时强调，“实现新疆社会稳定和跨越式发展，关键在党，根本靠坚强的干部队伍，严密的基层组织……建设一支政治上坚强有力、经得起风浪考验的高素质干部队伍”，“加大少数民族干部培养力度，对经过实践检验是思想作风正派、对党忠诚、能力较强的少数民族干部，积极培养、放手使用”，发挥他们在民族事务管理中的积极作用。少数民族大学生是少数民族干部的后备生力军，是推动民族地区经济建设、政治建设、文化建设、社会建设、生态文明建设的重要力量。但是，当前国际国内形势错综复杂，境外敌对势力大肆鼓吹“西藏独立”“泛伊斯兰主义”和“泛突厥主义”，利用民族问题对我国进行渗透和分化瓦解活动，制造事端，破坏民族团结，其重要的手段就是在高校争夺少数民族青年学生的心。因此高校要从思想上全面认识少数民族青年学生教育培养的重要性，在工作中加大教育培养力度。重视少数民族大学生的教育培养是贯彻习近平民族工作认知观的题中之义，也是破解民族问题制约社会发展和国家长治久安的重要举措。[4]

（三）将青年价值与社会价值相结合

在全球化的影响下，价值观逐步向多元化方向发展，一些青年出现了信仰缺失、信仰迷茫等问题。在这样的状况下，共青团必须引领青年的价值取向，引领青年树立正确的理想信念。习近平同志指出要“高举理想信念旗帜”，“提高团的吸引力和凝聚力”。青年的健康成长需要树立坚定的理想信念，只有增强了理想信念，青年才能实现自由全面发展，逐步增强青年的社会使命感，不断推动社会向前进步。

习近平同志指出：“青年最富有朝气、最富有梦想。”青年扎根于基层是人力资源得到最充分发挥的体现，基层是青年人生价值得到最大实现的地方，也是党和人民最需要的地方，是国家的最薄弱环节，因此，青年选择了基层也就选择了成功。习近平同志结合自身青年时代的7年基层经历，深知基层对于一个青年人的重要性，知道青年所需。正因为如此，习近平同志十分看重青年的基层实践成长过程，并鼓励广大青年到基层去奉献青春。习近平同志指出：“青年时代，选择吃苦也就选择了收获，选择奉献也就选择了高尚。青年时期多经历一点摔打、挫折、考验，有利于走好一生的路。”在此过程中，青年也就实现了自己的人生价值，自身的价值只有融入党和人民的建设事业，满足社会的发展和需要，才是最有意义的价值实现。这就体现了自我价值和社会价值的关系，即在实现社会价值的同时也将实现自我价值。习近平同志指出，要在广大青年中加强和改进理论武装工作，引导广大青年运用马克思主义立场、观点、方法观察分析问题，从而坚定正确政治方向，增强道路自信、理论自信、制度自信、文化自信，坚定听党话、跟党走的人生追求。[6]

（四）将“青年梦”与“中华民族复兴梦”相结合

中国梦是全国各族人民共同的梦。习近平同志指出：“新时代的青年工作要毫不动摇坚持党的领导，坚定不移走中国特色社会主义群团发展道路，紧紧围绕、始终贯穿为实现中国梦而奋斗的主题，让广大青年敢于有梦、勇于追梦、勤于圆梦。”2012年11月29日，习近平同志在参观“复兴之路”基本陈列展时首次公开谈论中国梦。他指出：“实现中华民族的伟大复兴就是中华民族近代最伟大的中国梦。”中国梦的内涵，就是“要实现国家富强、民族振兴、人民幸福”。实现这些目标，需要一代又一代的人的共同努力，青年作为最具活力的群体，实现伟大复兴中国梦的伟大历史责任就不可避免地落到了他们的肩上。青年充满了生机和活力，他们是整个社会最具创造力的群体。青年一代充满着其他群体都无法比肩的活力和创造力，他们更容易接受新鲜事物，他们充满正能量，他们更具创造能力，时代的不断发展需要青年的推动，需要青年增强自己的创新和创造能力，不断开拓进取，为发展提供不竭的动力，为时代注入年轻的气息。中国梦所要求的国家富强需要青年不断开发先进技术，运用自身的创造能力推动生产力的发展，从而使国家的经济实力不断增强。

习近平同志多次强调，中国梦是我们的，更是青年一代的。中国梦是整个中华民族的梦，青年也包含在内。中国梦不是短暂的，是近代以来整个中华民族一直孜孜追求的梦想。当今时代的青年人在建设美好中国、实现中国梦的过程中具有非常明显的优势，在中国梦的实现过程中，青年所能获得的机会明显是最多的，在未来的一段时期之内，中国梦的实现将会由青年来领导。从长远来看，实现中国梦，建设富强、民主、文明、和谐的社会主义现代化国家，需要广大青年的矢志奋斗，他们已经站在时代的十字路口，他们是“中国梦”的“织梦者”，是实现中国梦的主力，是民族的骄傲，是国家的未来。在逐步实现中国梦的过程中，广大青年不断在挫折中前进，在磨砺中成长。回顾历史我们可以发现，中国梦与青年梦目标是一致的，中国梦的实现进程与青年的成长历程是一致的。

（五）将青年的使命责任与实现“四个全面”战略相结合

中共一大的 13 名代表平均年龄仅 27.7 岁。回望历史，我们党自成立之日起，就始终代表广大青年、赢得广大青年、依靠广大青年。一直以来，党和人民对广大青年充分信任、寄予厚望。我们党取得的所有成就都凝聚着青年的热情和奉献。2013 年 5 月 4 日，习近平同志来到中国航天科技集团公司中国空间技术研究院，参加“实现中国梦、青春勇担当”主题团日活动，同各界优秀青年代表座谈，共话中国梦。习近平同志指出，“要广泛动员青年建功新时代，全面贯彻党的十九大精神，围绕统筹推进‘五位一体’总体布局和协调推进‘四个全面’战略布局，主动配合党和国家重大工作部署，动员广大青年把报国之志转化为实际行动，努力成为担当民族复兴大任的时代新人。”[6] 青年作为人才培养的主力军，是实现民族振兴的主要力量。青年一代不断进步，国家和民族就能不断进步，人民的幸福生活也就有了强大的保障和支持。

此外，习近平同志在谈到中国共青团组织的领导与建设问题时，站在党和国家发展全局的战略高度，结合了共青团发展多年的历史与现实，多次对青少年和共青团工作作出了重要指示，要求要深刻把握中国特色社会主义群团发展道路“六个坚持”的基本要求和“三统一”的基本特征，解决共青团发展过程中的突出问题，勇于改革创新，带领青年群众紧密团结在党的周围，为协调推进“五位一体”总体布局和“四个全面”战略布局、实现“两个一百年”奋斗目标作贡献。[7]

三、习近平关于少数民族青年的重要论述的重要价值

习近平关于少数民族青年的重要论述，作为习近平新时代中国特色社会主义理论的有机组成部分，在理论上和实践上具有理论价值和实践意义。从实现“中国梦”和推进“四个全面”战略目标出发，与青年实践和时代特征相结合，对怎样进行少数民族青年发展、协调民族关系、解决少数民族青年问题、科学制定少数民族青年培养政策等的论述，在很大程度上对全面建成小康社会、维护祖国的安定团结起到了重要的作用，具有极高的理论价值。

（一）是马克思主义青年观和马克思主义民族理论中国化相结合的最新成果

十八大以来，以习近平同志为核心的党中央站在新的战略高度，坚持马克思主义青年观，坚持正确的政治方向，联系社会主义现代化新阶段青年工作的新问题、新特征，着眼于全面深化改革时期我国社会转型发展的新要求，继承党一直以来重视青年、关心青年的一贯优良传统，为新时期的青年工作的开展提供了新的理论指导。习近平青年观

是在继承前人经验的基础上，根据现实需要和青年特征形成的，习近平青年观作为马克思主义青年观和中国特色社会主义理论体系的重要组成部分，具有非常鲜明的时代特征，是不断发展的马克思主义理论，对于以后的青年发展和青年工作具有重要的理论意义。

同时，习近平同志在完成“一个使命”和实现“四个伟大”的关键期提出了一系列关于民族理论的新内容和新观点，提出了“两个结合”的理论原则。这对培养新时代青年马克思主义民族观具有重要的理论价值，是马克思主义青年观与马克思主义民族理论中国化相结合的最新成果。

（二）丰富和发展了中国特色社会主义青年民族观

在建设中国特色社会主义，在加强民族地区的稳定和团结、加强民族地区民生建设、加强党的建设、增进民族团结进而实现中华民族的伟大复兴中国梦，实现“四个全面”战略目标关键期，习近平同志清楚地认识到青年在国家和社会发展过程中的地位和作用，他多次强调要加强对青年的社会主义核心价值观教育和伟大复兴的中国梦的教育，对各级党委和政府，中国共青团以及广大教师所要进行的工作和担负的责任做出了新的要求，这些观点丰富和发展了中国共产党关于青年和青年工作思想的具体内容。这些论述内容非常丰富，涉及青年的方方面面，是新时期把马克思主义青年思想与中华民族复兴发展相结合的一种全新的表达，丰富了中国化的马克思主义青年民族观。

（三）是我党新时期民族青年工作的理论指南

新形势下，少数民族大学生中国特色社会主义理想信念教育的内容更加特定和具体，主要是加强“五个认同”教育和中华民族命运共同体教育。习近平同志强调，中华民族是一个命运共同体，对少数民族大学生进行中华民族命运共同体教育，有利于让他们意识到，只有把自己的命运同整个中华民族的命运紧密相连，个人发展才有出路、有希望；有利于他们树立“一荣俱荣，一损俱损”的意识，自觉承担起维护民族团结的责任与义务。民族工作关乎党的命脉，关乎国家长治久安、民族命运和少数民族人民的幸福。少数民族青年尤其是少数民族青年党员是未来民族地区建设的骨干和中坚力量，他们既是现阶段民族工作的客体，也是将来做好民族工作重要的主体。习近平民族青年理论对新时期少数民族青年工作的方向作出了科学的指导，是我们党新时期民族工作的理论指南。

（四）习近平关于少数民族青年的重要论述的实践意义

1. 有利于少数民族青少年用核心价值观助力民族团结和文化融合发展

习近平同志指出：“如果一个民族、一个国家没有共同的核心价值观，莫衷一是，行无依归，那这个民族、这个国家就无法前进。”他号召广大青年，要从现在做起、从自己做起，使社会主义核心价值观成为自己的基本遵循，并身体力行大力将其推广到全社会去。青年正处在价值观形成和确立的时期，抓好这一时期的价值观养成十分重要。

当今世界，各种思想文化既相互吸引又相互排斥，既有渗透又有抵制，面对西方发达资本主义国家文化渗透的严峻挑战，国际政治斗争日趋复杂，中国青年越来越成为西方敌对势力推行“西化”“分化”战略的主要对象。在这种形势下，加强社会主义核心价值观对青年的引领，增强广大青年抵御西方敌对势力“西化”“分化”战略的能力，使广大青年在国际政治、经济和文化交往中坚持马克思主义，自觉地抵制西方不良社会思潮和文化对马克思主义的冲击，实现和维护本民族利益和文化的认同，从而自觉抵制盲目崇拜西方的错误倾向，能够客观认识和理解中西方的差异，增强民族自信心具有非常重要的现实意义。

此外，社会主义的核心价值观映射出了各民族共同追求的权益和美好的期望，是中国先进文化具有代表性的理论精华，是引领各民族多元文化的精神纽带。因此，少数民族青年应以社会主义核心价值观为准绳推动民族地区民族团结和精神文化融合发展。

2. 有利于增强当代青年的责任担当，为实现“中国梦”凝聚民族力量而奋斗

2017 年五四前夕，习近平同志参加了中国政法大学青年学生们的主题团日活动，勉励当代青年要树立与这个时代主题同心同向的理想信念，勇于担当这个时代赋予的历史责任。青年的发展决定了将来，他们是祖国的前途，是民族的希望。

习近平青年观尤其是关于少数民族青年的重要论述科学地认识了我国现阶段民族工作和青年思想所面临的具体实际问题，对民族工作的完善和青年工作的培育做了重大的战略部署，为民族地区的发展提供了理论支持。习近平同志从中华民族伟大复兴的美好前景中看到了各民族自身利益的实现，欲使各民族干部群众牢固树立“利益共同体”和“命运共同体”的思想，为实现各民族的共同理想信念、共同奋斗目标和共同繁荣发展提供所需的强大凝聚力。青年一代的理想信念、精神状态、综合素质，是一个国家发展活力的重要体现，也是一个国家核心竞争力的重要因素。习近平同志深刻指出：青春理想，青春活力，青春奋斗，是中国精神和中国力量的生命力所在。青年作为社会主义建设的主力军，是实现民族振兴的主要力量。

3. 有利于为新形势下党的各项青年工作提供理论指导

2018 年 5 月 2 日，在五四青年节和北京大学建校 120 周年校庆即将来临之际，习近平同志再次来到北京大学考察，同师生座谈并发表重要讲话，向广大青年提出“爱国、励志、求真、力行”的四点希望，传递出祖国的未来和中华民族的未来也必定属于青年的信念。然而，随着信息化和全球化的不断推进，国与国之间各种不同的文化和价值观之间的碰撞日渐加深，我国青年在这一背景下所面临的文化环境变得多样化、复杂化，当代青年的一些思维和行为方式呈现出了新的特点。面对新时期青年工作出现的新情况、新问题，需要更加与时俱进的青年观来指导青年工作。[8]

青年工作历来都是党和国家工作的一项重要内容，在党和国家的整个工作布局中都占有着特殊的地位。习近平同志指出：“古今中外，每个国家都是按照自己的政治要求来培养人的，我衷心希望每一个青年都成为社会主义建设者和接班人，不辱时代使命，不负人民期望。”党的十八大以来，习近平同志多次发表讲话，阐释了更好地促进青年工作有效开展的一系列的观点和看法。

习近平关于少数民族青年的重要论述更加全面系统地阐释了新时期党和政府对于少数民族青年工作更好地开展所面临的责任，更好地揭示了新情况下少数民族青年工作的一些基本规律，为少数民族青年工作更好地适应时代发展，更加高效地解决当前少数民族青年工作面临的新情况，确保在新环境下少数民族青年工作能够更加切实有效地开展提供了理论指导，有利于增强高校研究和引导中国少数民族青年的能力，有利于高校的

思想政治教育工作坚持围绕培养中国特色社会主义事业合格建设者和可靠接班人这一根本原则来推进，进而正确引领社会思潮、教育后代。

注 释

［1］白伟涛，赵彩莉．马克思论教育与人的全面发展．社会科学论坛，2013（3）：237—241.

［2］褚阿芳．新疆农村少数民族青年思想现状及引导对策探析．中共伊犁州委党校学报，2016（4）：33—35.

［3］习近平青年观研究．http：//theory. people. com. cn/n1/2018/0516/c40531 - 29993969. html.

［4］习近平民族观与高校少数民族学生教育培养．http：//politics. people. com. cn/n/2015/0824/c1001 - 27508701 - 3. html.

［5］继承和弘扬民族精神和优秀文化．https：//wenku. baidu. com/view/0b02122bfab069dc51220138. html.

［6］心系青年，总书记为共青团工作指明方向．http：//news. youth. cn/jsxw/201807/t20180705_ 11660904. htm.

［7］准确把握全国总工会改革试点的总体要求．http：//www. acftu. org/template/10041/file. jsp? aid = 92068.

［8］在新时代党的阳光照耀下前进．http：//zqb. cyol. com/html/2018 - 06/26/nw. D110000zgqnb_ 20180626_ 1 - 01. htm.

（作者分别系四川理工学院马克思主义学院教授，四川理工学院马克思主义学院讲师）

论习近平青年观及其时代价值

贺彦凤　王雪琪　程守梅

摘　要： 习近平同志以中国特色社会主义实践为基础，进一步创新发展了马克思主义青年观，创立了具有浓厚的时代特点的习近平青年观，为全面深化新时期青年工作提供了理论指导。习近平青年观对于在新时代把握青年脉搏，引领青年发展，做好青年工作具有重要的理论与实践指导意义。

关键词： 习近平；青年；青年观；当代价值

习近平青年观是在新时代背景下，积累前人经验，对青年的成长成才理论进行总结后形成的。习近平青年观对于在新时代把握青年脉搏，引领青年发展，做好青年工作，具有重要的理论与实践指导意义。

一、习近平青年观形成的背景

（一）习近平青年观形成的国内背景

回顾历史，中国发展的每个历史阶段都离不开先进青年的奋斗。青年作为国家发展的重要支柱，应该肩负起实现国家伟大复兴中国梦的责任。国家需要有激情有希望有雄心的有志青年人，因此我们青年人要有自己的理想和抱负，要积极投身于中国梦的发展中，要学习老一辈敢为人先的精神，不断创新，提升自己，不能忘记自己的初衷，不怕困难，勇往直前。中国梦的实现是一个长期的过程，中国梦的实现是不容易的。但是，只要青年人一步一步向前，层层推进，我国的两个百年目标以及百年梦想终将实现。

在党的正确领导下，我国在经济、政治、文化、社会和生态建设方面取得了巨大的成功，国家的综合实力有了很大的提高，但是我国未来的发展仍然存在着很大的风险，现在是我国全面建成小康社会的关键时期，经济增长的压力以及经济发展的不稳定性和不确定性，使调整经济结构成为我国发展的重要环节。面对当前复杂的国内环境，青年作为我们国家的接班人，是我们党和国家事业发展的主力军。因此，要相信青年，激发青年报效祖国的奋斗热情，使其更加积极地参与到社会主义建设中去。在这样的国内背景下，习近平青年观理论的提出对我国的发展是非常重要的，意义也是深远的。

（二）习近平青年观形成的国际背景

由于经济全球化程度的日益加深，西方的思想开始不断传入中国，而西方思想和中国的一些观念有着极大的不同，这可能会影响青年形成正确的世界观、人生观、价值观，从而影响中国青年的思想及其能否成为合格的社会主义事业建设者和接班人。我们在提高国家的综合国力的同时，也要注意抵御外来意识形态侵蚀。青年是国家的，青年也是世界的。而当代中国青年作为社会主义事业的接班人，中国与世界沟通交流的重担就落在了青年朋友的身上。而国家与世界的交流是国家发展的一个主要方式，这会促进中国与世界文化的交流和意识形态的碰撞。因此在这样的国际背景条件下，习近平同志对青年提出了新要求，指出了青年在国家发展中的重要任务。

二、习近平青年观的主要内容

党的十八大以来，习近平同志坚持马克思主义基本观点和立场，从历史唯物主义角度出发，就青年的地位、作用、成长、成才等发表了系列重要讲话，提出了许多新的观点，习近平同志的青年观是马克思主义青年观中国化的最新成果，它进一步发展和丰富了马克思主义青年观。

（一）青年的地位及作用

1. 青年是党和人民事业发展的生力军

在2015年7月致全国青联十二届全委会的信中，习近平同志指出："国家的前途，民族的命运，人民的幸福，是当代中国青年必须承担的重任。"2016年习近平同志在庆祝建党95周年大会上的讲话中再次强调："青年是祖国的未来、民族的希望，也是我们党的未来和希望。"习近平同志的这些论述，充分肯定了我们青年在历史变革和促进社会进步方面作出的巨大贡献，强调了青年是我们国家和社会发展中最具活力最具创造性的力量之一，是推动社会变革的强大动力，是中华民族强国路上的重要力量之源。青年人一直在用自己的实际行动向国家和人民群众证明其在国家发展中的作用。近代以来，我国青年的梦想一直与中华民族复兴的历史进程密切相关。绝大多数青年在战争年代始终坚持要革命要斗争的理想信念，积极为民族独立和人民解放事业贡献自己的力量。在未来，我们更应该对青年充满信心，我们要相信青年是党和人民事业发展的生力军。

2. 青年是实现中国梦的主力军

习近平同志强调，中国梦是我们的，更是青年一代的。在新时代，中国梦的实现会为青年的发展提供更广阔的空间，创造更大的舞台。习近平同志的论述说明了中国梦对青年的作用，以及青年在中国梦的实现中的主力军地位。回想中国百年来的发展历程，青年作为实现中国梦的主力军一直发挥着重要的作用。习近平同志在2016年出席全国高校思想政治工作会议并发表重要讲话时提出，我们引导学生的一个重要任务就是通过中国梦来激荡青春梦，要向学生讲清楚伟大复兴的中国梦是中华民族近代以来最伟大的梦想，要想实现这个梦想需要青年人的不懈努力。因此在国家发展的新时期，青年人应该艰苦奋斗，自立自强，学会与时俱进，既要吸收以前先进青年在中国梦发展中的经验，也要在其基础上创新创造。青年作为中国梦实现的主力军，要发挥带头作用，不仅要谦虚谨慎，也要踏踏实实，脚踏实地，一步一个脚印。这样我们离伟大的中国梦才会越走越近，而我们离中国伟大复兴的目标也会越来越近。

3. 青年是中外友好关系的继承者

在会见参加第十五届中越青年友好活动代表时，习近平同志提出"国之交在于民相亲"，而"民相亲"要从青年做起。青年是国家建设的主要力量，更是中越两国未来发展的主要力量。中国与世界各国关系的发展在于人与人之间的交流，而推动青年的交流往来工作更是构建国与国之间和谐友好关系的关键所在。现今，互联网事业不断发展，人与人之间的交流更加便捷，国家之间的交流日益频繁。由于青年人思想活跃、熟悉互联网等新媒体工具，除面对面交流外，青年还可以运用互联网等方式相知相识相交，深入了解对方，多发出正面声音，努力传递正能量，不断增进国与国、人民与人民之间相互理解，推进国与国互利合作。在近年来开展国际外交工作过程中，青年作为中外友好关系的继承者，在增进国与国之间相互了解、认知等方面发挥了巨大的作用。

（二）青年价值观的养成

1. 青年要树立正确的社会主义核心价值观

青年人核心价值观的形成对于国家的发展是重要的，因此习近平同志根据青年的实际情况和国情提出了新时期青年人应该树立正确核心价值观的要求。习近平同志指出，青年的价值取向决定了未来整个社会的价值取向，而青年又处在价值观初步形成时期，抓好这一时期的价值观养成很重要，就像扣扣子，如果第一粒扣子扣错了，剩余的扣子都会扣错。习近平同志的论述指出了青年价值观形成的重要性，那么我们青年应该怎么树立正确的核心价值观呢？习近平同志提出了"勤学""修德""明辨""笃实"。青年要努力学习，要有良好的品德，要学会辨别好坏，要脚踏实地，不要好高骛远，在国家发展中也要踏实肯干，稳扎稳打，要吸取之前历史经验教训。

2. 青年要发扬艰苦奋斗的民族精神

2014 年 5 月，习近平同志在北京大学师生座谈会时提到："有人说：'圣人是肯做工夫的庸人，庸人是不肯做工夫的圣人。'"① 青年有着大好机会，关键是要迈稳步子、夯实根基、久久为功。"天下难事，必作于易；天下大事，必作于细。"要想成功，不付出艰辛努力是不行的。《习近平的七年知青岁月》提到了习近平同志不畏艰难、百折不挠的顽强意志和自强不息、志存高远的赤子情怀，而且不断磨炼意志、品格和能力，并发扬"苦其心志、劳其筋骨、饿其体肤、空乏其身"的艰苦奋斗精神，敢于经受各种风险和困难考验，形成实干创业、努力拼搏的良好品质。习近平同志在七年知青岁月中提炼出"敢于吃苦、乐于吃苦、善于吃苦、不忘吃苦"的精神值得我们青年人学习。一个人要想成就一番事业，历经磨难吃一点苦是必要的。如果没有吃苦耐劳的精神，极易被困难吓倒，被挫折击垮。所以发扬我们民族艰苦奋斗的民族精神是很有必要的。

（三）青年的成长成才

1. 青年要勤奋学习，实现自身价值

青年要实现自身价值就要练就过硬本领，提高能力水平最关键的一点就是勤奋学习。学习是习近平同志反复阐述的重大问题，他指出："学习是立身做人的永恒主题，也是报国为民的重要基础。"② 青年正处在学习的黄金时期，应"把学习作为首要任

① 习近平．青年要自觉践行社会主义核心价值观——在北京大学师生座谈会上的讲话．人民日报，2014-05-04（01）.

② 习近平．习近平谈治国理政（第 1 卷）．北京：外文出版社，2014：59.

务”，“为学之要贵在勤奋、贵在钻研、贵在有恒”。[①] 青年不能仅仅依靠书本的知识，也要学会融会贯通，将学到的知识合理运用到实践中去。要知道我们都不是天才，我们需要通过努力学习来获取知识提高自身的文化素养。我们只有不断提升自己，才能更好地运用我们的知识为国家进步和中国百年目标的实现提供强大的理论支撑。青年时期是学习的最好时期，青年在学习的时候要懂得学习的方法，应该时刻关心国家的实际情况和国情，要学习对国家和自身发展有用的知识，不能盲目学习。习近平同志的这些重要论述，说明了青年应怎样学习，青年学习知识的作用。

2. 青年要勇于创新，不断开拓进取

习近平同志一直强调创新在青年成长成才的过程中的作用，也说明了创新在国家发展社会进步中的重要作用。习近平同志提出：“创新是一个民族进步的灵魂，是一个国家兴旺发达的不竭动力，也是中华民族最深沉的民族禀赋。在国际竞争中，唯创新者进，唯创新者强，唯创新者胜。”[②] 他指出：“青年是社会上最富活力、创造性的群体，应走在创新创造前列。”[③] 习近平同志对创新的重要论述，引导了青年创新的正确方向。青年要有敢拼搏的精神，树立勇于创造的信念，将自己投身到创新实践中去。

三、习近平青年观的时代价值

习近平青年观丰富了中国特色社会主义青年观的内容，为巩固党的执政基础和实现伟大的中国梦提供了理论支撑，也为新时期的青年工作提供了指导。

（一）丰富了中国特色社会主义青年观

习近平青年观是对马克思主义青年观的继承，同时也丰富了中国特色社会主义青年观的内容。马克思指出：“一个时代的精神，是青年代表的精神；一个时代的性格，是青年代表的性格。”[④] 党和国家始终坚持马克思主义青年观，在推动中国青年运动的发展中，不断丰富和发展着马克思主义青年观，形成了中国特色社会主义的青年观。邓小平同志指出：“青年——是我们的未来，我们的一切事业的继承者。”[⑤] 胡锦涛同志强调，青年是祖国的未来，民族的希望。党的十八大以来，习近平同志从坚持和发展中国特色社会主义、实现中华民族伟大复兴中国梦的全局高度，对青年学生成长成才提出了一系列富有创新意义的新思想新观点，深刻回答了“培养什么样的人、如何培养人、为谁培养人”，“如何认识青年学生、如何教育引领青年学生、如何发挥青年学生作用”等一系列重大问题，形成了思想深邃、内涵丰富、科学完整的思想理论体系，对中国特色社会主义青年观进行了丰富和发展。

---

① 习近平．青年要自觉践行社会主义核心价值观——在北京大学师生座谈会上的讲话．人民日报，2014-05-04（01）．

② 习近平．习近平谈治国理政（第1卷）．北京：外文出版社，2014：59.

③ 习近平．青年要自觉践行社会主义核心价值观——在北京大学师生座谈会上的讲话．人民日报，2014-05-04（01）．

④ 马克思恩格斯全集（第11卷）．北京：人民出版社，1964：256—257.

⑤ 邓小平文选：第3卷．北京：人民出版社，1994：254.

（二）为巩固党的执政基础，实现伟大中国梦提供了支撑力量

列宁曾指出：“要相信青年一定能够顺利成长起来，到未来世界革命成熟时就能够完全胜任自己的任务。”① 习近平同志站在中国共产党长期执政、国家长治久安的战略高度指出，学校必须要培养为国家和人民服务的优秀青年，要有正确的思想方向。习近平同志说过，在实现中国梦的过程中，青年要树立坚定的理想信念，发挥其自身的创造能力，这样中国梦的实现才会拥有不竭的力量源泉；青年有了共同的理想和目标，中国梦的实现就会有更加坚实的群众基础。中国梦是历史的、现实的，也是未来的；是我们这一代的，更是青年一代的。中华民族伟大复兴的中国梦终将在一代代青年的接力奋斗中变为现实。习近平青年观的提出有利于巩固党的执政基础，使我们党永葆青春活力，为实现伟大的中国梦提供了基础支撑力量。

（三）为新时代的青年工作提供了指导意义

习近平同志指出，青年是新时代最具有创新能力、最有活力的一支队伍，也是实现中国梦不可缺少的重要部分，也是国家发展的中坚力量。在经济发展、国际交流频繁的时代，青年工作成为国家的重要工作。要注重青年工作，要根据新时代青年的特点形成一个青年工作体系。怎样培养青年，青年工作的重要性以及关于青年工作的一系列重要的决定，组成了习近平同志对青年工作的新思想，明确了中国青年的责任和使命，也为青年工作指出了正确的方向，对新时代青年工作有重要的指导意义。

（作者分别系牡丹江师范学院马克思主义学院教授，法学博士，硕士生导师；牡丹江师范学院马克思主义学院思想政治教育专业本科生；牡丹江师范学院马克思主义学院教授，法学硕士）

① 列宁全集（第十六卷）. 北京：人民出版社，1988：300—301.

立足新时代，接力推进马克思主义中国化、时代化、大众化

王国春

摘　要：马克思主义是我们立党立国的根本指导思想。在长期的实践中，我们党努力把马克思主义的普遍真理与中国的具体实际相结合，推动中国革命、建设和改革取得了一系列重大成就，同时也使马克思主义不断实现自身的中国化、时代化、大众化。当前，我们要实事求是，推进马克思主义中国化；与时俱进，推进马克思主义时代化；坚持不懈，推进马克思主义大众化。

关键词：新时代；马克思主义；中国化；时代化；大众化

2018 年是马克思主义的主要创始人马克思诞辰 200 周年。马克思主义是我们立党立国的根本指导思想，在长期的实践中，我们党努力把马克思主义的普遍真理与中国的具体实际相结合，推动中国革命、建设和改革取得了一系列重大成就，同时也使马克思主义不断实现自身的中国化、时代化、大众化。习近平同志指出："马克思主义为中国革命、建设、改革提供了强大思想武器，使中国这个古老的东方大国创造了人类历史上前所未有的发展奇迹。"如今纪念马克思，就是要在新的发展阶段上继续坚持马克思主义的指导地位，并以新的实践为基础，不断推进马克思主义中国化、时代化、大众化。

一、实事求是，推进马克思主义中国化

马克思主义作为一种科学的思想体系，是人类思想史上最重要的科学认识成果。马克思和恩格斯对资本主义社会进行了深入的研究和批判，特别是从政治经济学的层面上揭示了资本主义生产方式的内在矛盾及其运动规律。继而以此为基础，深刻阐明了社会主义取代资本主义的客观必然性，使社会主义从空想变成了科学。马克思主义的思想体系博大精深，为我们的社会实践提供了科学理论的指导。但同时也应看到，马克思主义没有也不可能为现实实践中的各种具体问题提供现成答案。对此，恩格斯曾有过明确的论述，马克思的整个世界观不是教义，而是方法。它提供的不是现成的教条，而是进一步研究的出发点和供这种研究使用的方法。因此，要把马克思主义理论运用于指导实践，就不能教条主义地对待它，而是要从我们所处的具体实际出发，运用马克思主义的立场、观点、方法去研究和探索所遇到的问题，并努力得出自己的结论。

在我们党的历史上，对于如何运用马克思主义科学理论解决中国的实际问题，曾经历过一个长期探索的过程。在革命和建设时期，中华民族实现从东亚病夫到站起来的伟

大飞跃，证明只有社会主义才能救中国；改革开放以来，中华民族实现从站起来到富起来的伟大飞跃，证明只有中国特色社会主义才能发展中国；在新时代，中国共产党人团结带领人民推动党和国家事业取得全方位、开创性历史成就，发生深层次、根本性历史变革，中华民族迎来了从富起来到强起来的伟大飞跃，证明只有坚持和发展中国特色社会主义才能实现中华民族伟大复兴。从站起来、富起来到强起来，在马克思主义的思想指引下，经过与中国实际相结合，中国革命、建设和改革过程中先后形成了毛泽东思想、邓小平理论、“三个代表”重要思想、科学发展观和习近平新时代中国特色社会主义思想。科学社会主义在21世纪的中国焕发出强大生机活力，在世界上高高举起了中国特色社会主义伟大旗帜。

党的十八大以来，中国特色社会主义进入新时代。以习近平同志为核心的党中央领导全党统筹推进“五位一体”总体布局、协调推进“四个全面”战略布局，为实现“两个一百年”奋斗目标和中华民族伟大复兴中国梦而奋斗，取得了历史性成就。在这一新的实践过程中，形成了习近平新时代中国特色社会主义思想，这是马克思主义中国化的最新成果，是当代中国的马克思主义。党的十九大对实现“两个一百年”奋斗目标作出了新的战略安排，我们将在决胜全面建成小康社会的基础上，开启社会主义现代化建设的新征程。新的任务仍然十分艰巨，这就要求我们继续坚持以马克思主义为指导，运用马克思主义的立场、观点、方法探索和解决各种新的问题，从而推动马克思主义中国化取得更多新的成果。

二、与时俱进，推进马克思主义时代化

理论的生命力在于不断创新，推动马克思主义不断发展是中国共产党人的神圣职责。虽然一个多世纪以来世界发生了许多变化，但马克思主义的基本原理并不过时。它所揭示的自然、社会以及人类思维等领域的一般规律，在历史发展的各个阶段都普遍存在，并不会因为过了一百多年就发生改变。的确，当代资本主义与以往相比有了很大的不同，而世界社会主义运动也出现了许多新的情况，但马克思主义所揭示的资本主义生产方式的运动规律依然存在，社会主义取代资本主义的必然趋势也并没有改变。因此，马克思主义理论在当代实践中依然具有根本指导意义，其基本立场、观点和方法必须继续坚持。

马克思主义不是一个僵死、封闭的体系，而是在实践的基础上不断生长着的活的理论，是随着时代发展不断认识客观世界又不断改造客观世界的科学方法。它并没有结束真理，而是开辟了通向真理的正确道路。按照马克思主义的观点，人们对外部世界的认识是一个不断深化和拓展的过程，每一代人的科学认识活动都为绝对真理的长河增添了新的成果，但他们的认识又不可避免地受到当时历史条件的制约，因而又只具有相对真理的属性。后人总是要在继承前人成果的基础上，继续做出新的探索，将认识过程不断推向前进。正如恩格斯所指出的，人的思维是至上的，同样又是不至上的。这个矛盾只有在无限的前进过程中……才能得到解决。对于马克思主义理论来说，也同样是如此。马克思和恩格斯是在19世纪的特定历史条件下进行理论创造的，他们所取得的认识成果也只能是当时条件下所能够取得的认识成果。在历史已进入21世纪的今天，我们当

然不能停留在这些已有的成果上，而应与时俱进，从时代的高度研究新阶段上的新问题，推动马克思主义理论不断丰富和发展，推进马克思主义的时代化。

在革命、建设和改革的实践中，我们党努力把坚持与发展马克思主义结合起来，在坚持马克思主义指导地位的同时，积极开展新的理论探索。马克思主义的中国化与时代化是紧密联系着的，把马克思主义基本原理与中国具体实际相结合、推动马克思主义不断中国化的过程，同时也是从这一具体实际出发进行马克思主义理论创新的过程。这一过程不仅会取得新的具体认识成果，而且还会不断加深我们对马克思主义基本原理的认识和理解，促使我们从这一层次做出新的反思，使马克思主义不断融入新的时代内涵。

进入中国特色社会主义的新时代，以习近平同志为核心的党中央对于在新的历史条件下坚持和发展马克思主义提出了新要求。习近平同志指出，马克思主义是不断发展的开放的理论，始终站在时代前沿。马克思一再告诫人们，马克思主义理论不是教条，而是行动指南，必须随着实践的变化而发展。一部马克思主义发展史就是马克思、恩格斯以及他们的后继者们不断根据时代、实践、认识发展而发展的历史，是不断吸收人类历史上一切优秀思想文化成果丰富自己的历史。我们要坚持用马克思主义观察时代、解读时代、引领时代，用鲜活丰富的当代中国实践来推动马克思主义发展。习近平同志指出，把坚持马克思主义和发展马克思主义统一起来，结合新的实践不断做出理论创新，这是马克思主义永葆生机活力的奥妙所在。他特别强调，要聆听时代的声音，回应时代的呼唤，关注当代实践中提出的新问题，努力推进马克思主义的时代化，发展21世纪的马克思主义。中国特色社会主义事业的不断发展，为马克思主义理论的创新研究提供了新的实践基础；而当代世界的深刻变化和人类社会所面临的新矛盾、新挑战，也给马克思主义理论研究提出了新课题。我们要深入贯彻落实习近平新时代中国特色社会主义思想和党的十九大精神，进一步把握好坚持和发展之间的关系，推动马克思主义理论研究不断深入展开，使之始终走在时代的前列。

三、坚持不懈，推进马克思主义大众化

马克思说过："理论一经掌握群众，也会变成物质力量。理论只要说服人，就能掌握群众；而理论只要彻底，就能说服人。"要真正发挥马克思主义在实践中的指导作用，就不能将这一理论局限于少数人之中，而必须使之面向最广大的人民群众，为群众所了解和掌握。在马克思主义看来，人民群众是社会实践的主体和创造历史的决定力量，人类社会的发展进步最终都要通过群众的实践来实现。只有把马克思主义的科学理论交给群众，并把它转化为群众手中的锐利思想武器，才能更为直接地进入社会实践的层面，促进各领域实践更加自觉和有效地展开。正如马克思所指出的，批判的武器当然不能代替武器的批判，物质的力量只能用物质力量来摧毁，但是理论一经掌握群众，也会变成物质力量。因此，对于无产阶级政党来说，开展马克思主义理论的宣传教育，推进马克思主义的大众化，用马克思主义理论武装广大干部群众的头脑，是一项十分重要的工作任务。

我们党历来重视思想建设，并采取了多种有效措施积极加以推进。早在艰苦的革命战争年代，就克服种种困难，编译出版了许多马克思主义著作以及介绍马克思主义的书

籍，开展了多种形式的宣传活动，努力促进马克思主义的广泛传播。同时重视开展干部教育，创办了各级党校及其他干部培训机构，对广大党员干部进行系统的马克思主义理论训练。中华人民共和国成立后，马克思主义成为国家主流意识形态，加强全社会的马克思主义理论教育和宣传普及，在更大范围内推进马克思主义大众化，便成为宣传思想文化领域的根本任务。马克思主义理论教育全面进入国民教育体系，以各级党校、行政学院为主干的干部教育体系更是把马克思主义理论教学作为主课。报刊、出版、广播、电视等各种媒体共同发挥作用，马克思主义的立场、观点、方法通过社会意识的多种形式展现出来。可以说，在长期的革命、建设和改革实践中，我们党能够团结带领广大群众齐心协力干事业，表现出强大的凝聚力和感召力，与马克思主义大众化在全社会所形成的共同思想基础是分不开的。

当然，推进马克思主义大众化是一项长期的任务，需要我们继续坚持不懈地努力。在中国特色社会主义新时代，这方面工作同样面临着新形势和新要求。习近平同志指出，新时代宣传思想文化工作的根本任务，就是要巩固马克思主义在意识形态领域的指导地位，巩固全党全国人民团结奋斗的共同思想基础。而要做到这“两个巩固”，就必须进一步加强马克思主义理论宣传教育，着力推进马克思主义大众化。要继续依托国民教育体系和干部教育体系，进一步加强和改进马克思主义理论教育，使马克思主义理论更好地进课堂、进教材、进头脑。同时，要采取更为有效的措施，广泛开展面向大众的马克思主义理论宣传。改进宣传方式和手段，在广泛性和实效性上下工夫，使理论宣传更好地为广大干部群众所接受。通俗化是马克思主义大众化的宣传方式和手段之一，通俗不等于庸俗、低俗和媚俗，而是深入浅出，贴近群众，艾思奇的《大众哲学》应该给我们很多的启发。毛泽东主席和习近平同志的讲话更是马克思主义大众化的示范，他们在宣传马克思主义时善于打比方、讲故事，通俗易懂，理论联系实际，接地气，有温度。当前，特别是要组织广大干部群众认真学习习近平新时代中国特色社会主义思想，用当代中国的马克思主义武装头脑、引领实践、指导工作，从而更好地把新时代中国特色社会主义伟大事业推向前进。

（作者系马鞍山职业技术学院思政部教授，硕士）

十九大精神和习近平新时代中国特色社会主义思想若干重要问题的解析

左邱宇

摘　要：本文对十九大和习近平新时代中国特色社会主义思想的若干重要问题作了初步的解析，以供各方面的学习和研究作参考。

关键词：十九大；习近平新时代中国特色社会主义思想；若干问题

党的十九大是一次具有重要历史意义的会议。这次会议引起了全球性的关注，特别是会议提出了习近平新时代中国特色社会主义思想，并确立了其在全党的指导地位。这在中共党史、中华人民共和国国史上是具有重大现实意义和深远历史意义的事件。

新时代需要新的理论，新的理论指导新的实践，新的实践又丰富和发展新的理论，这是理论创新和发展的基本规律。党的十九大提出中国进入了中国特色社会主义的新时代，这是我国发展新的历史方位。① 党的十九大以一系列马克思主义的理论创新和实践创新丰富和发展了马克思主义，认真学习、宣传和研究党的十九大报告精神，学习、研究习近平新时代社会主义思想已经成为全党的重要任务。

下面，笔者以十九大报告精神为指导，对习近平新时代中国特色社会主义思想的若干重要问题作一些初步的分析，为深入研究习近平新时代中国特色社会主义思想提供参考。

一、关于马克思主义中国化的历史、理论和实践问题的研究

十九大报告指出，习近平新时代中国特色社会主义思想“是马克思主义中国化的最新理论成果”。② 因此，对马克思主义中国化的研究成为首要课题。重点是马克思主义中国化的历史过程、取得的理论成果、实践的探索和发展以及经验教训等问题。核心是论证为什么说习近平新时代中国特色社会主义思想是马克思主义中国化的最新理论成果；习近平新时代中国特色社会主义思想对马克思主义的理论创新。

二、关于马克思主义全球化问题的研究

马克思主义从诞生起就是全球化的理论。马克思、恩格斯创立的第一国际、第二国

① 习近平．决胜全面建成小康社会　夺取新时代中国特色社会主义伟大胜利．人民日报，2017－10－18.

② 习近平．决胜全面建成小康社会　夺取新时代中国特色社会主义伟大胜利．人民日报，2017－10－18.

际，列宁领导的共产国际，都是推进马克思主义全球化的组织，它们为马克思主义全球化发挥了积极作用。因此，马克思主义全球化是马克思主义研究的题中应有之义。只是因为20世纪末，社会主义遭到严重挫折，马克思主义全球化的研究才受到一些影响。从全球化的角度来看，马克思主义全球化在中国“风景这边独好”。可以说，中国为马克思主义全球化做出了榜样。从前瞻性的角度来看，马克思主义和社会主义必将从少数几个国家向全球发展。因此，马克思主义全球化问题的研究就成为中国特色社会主义思想研究的重要课题。

三、关于马克思主义发展史的研究

马克思主义的产生和发展，第一个阶段是1848年《共产党宣言》的发表，标志着马克思主义的诞生，社会主义从空想变成了科学。第二个阶段是1917年俄国的“十月革命”，标志着社会主义从理论变成了现实。第三个阶段是第二次世界大战结束以后，全球一系列社会主义国家的成立，标志着社会主义从俄国“一国模式”到“多国模式”的发展，即全球化的发展。第四个阶段是20世纪末，随着苏联和东欧社会主义国家的解体，社会主义在全球遭遇了重大挫折。第五个阶段是中国特色社会主义的崛起，20世纪末社会主义在全球遭遇重大挫折以后，中国坚持走中国特色的社会主义道路，坚持马克思主义，特别是十八大以来形成了以习近平同志为核心的党中央，十九大提出了习近平新时代中国特色社会主义思想并载入党章。中国特色社会主义一枝独秀，取得了具有历史性意义的伟大成就。可以说，中国为马克思主义全球化做出了榜样。正如习近平同志在庆祝中国共产党成立95周年大会上指出的：“中国共产党领导中国人民取得的伟大胜利，使具有500年历史的社会主义主张在世界上人口最多的国家成功开辟出具有高度现实性和可行性的正确道路，让科学社会主义在21世纪焕发出新的蓬勃生机。”① 习近平关于社会主义500年历史的新概念，为社会主义发展史和马克思主义发展史提供了新视角。

四、关于马克思主义中国化、时代化、大众化的研究

十九大报告指出要注意研究马克思主义中国化、时代化、大众化的问题。这个问题，从中国特色主义的角度来讲，包括三个大的方面。第一个是马克思主义中国化的问题。即什么是中国化？如何实现中国化？马克思主义中国化的历史进程。第二个是马克思主义时代化的问题。马克思主义必须与时俱进地发展，在不同时代，马克思主义应该有新的发展及特点。十九大报告指出：“中国特色社会主义进入了新时代，这是我国发展新的历史方位。”② “中国特色社会主义进入新时代，在中华人民共和国发展史上、中华民族发展史上具有重大意义，在世界社会主义发展史上、人类社会发展史上也具有重

---

① 习近平．在庆祝中国共产党成立95周年大会上的讲话．人民日报，2016-07-01.

② 习近平．决胜全面建成小康社会　夺取新时代中国特色社会主义伟大胜利．人民日报，2017-10-18.

大意义。”[①] 新时代的依据、内容、特点等等都是新时代研究的主要问题。第三个是马克思主义大众化的问题。马克思主义是科学的理论，不是少数人的专利而是全球的财富，马克思主义只有大众化才有生命力。科学理论只有被群众掌握才能变成改造世界的力量。因此，如何实现马克思主义的大众化是马克思主义研究的重要课题。

五、关于马克思主义中国化与习近平新时代中国特色社会主义思想的关系研究

马克思主义中国化与习近平新时代中国特色社会主义思想的关系是一个核心问题。由于十九大报告把习近平新时代中国特色社会主义思想定义为马克思主义中国化的最新理论成果，所以，二者的关系就成为研究的重要课题。主要内容是：马克思主义中国化的历史研究；马克思主义中国化的理论研究；马克思主义为习近平新时代中国特色社会主义思想奠定了理论基础、方法论基础的研究；习近平新时代中国特色社会主义思想对马克思主义的运用和发展的研究。

六、关于习近平新时代中国特色社会主义思想对马克思主义创新和发展的研究

十九大报告指出：“新时代中国特色社会主义思想，是对马克思列宁主义、毛泽东思想、邓小平理论、‘三个代表’重要思想、科学发展观的继承和发展，是马克思主义中国化最新成果。”[②] 继承发展，发展创新，成为习近平新时代中国特色社会主义思想研究重中之重的问题。主要内容包括：一是理论创新。习近平新时代中国特色社会主义思想在许多方面创造性地发展了马克思主义的理论，做出了重要的理论贡献。二是实践创新。习近平新时代中国特色社会主义思想在实践中创造了一系列建设中国特色社会主义的新举措、新方法、新模式，在实践中创新和发展了马克思主义。因此，习近平新时代中国特色社会主义思想成为马克思主义中国化的最新理论成果。

七、关于毛泽东思想和习近平新时代中国特色社会主义思想的关系研究

关于毛泽东思想和习近平新时代中国特色社会主义思想的关系研究的主要内容：一是对毛泽东思想的研究。毛泽东思想的体系研究、毛泽东思想历史地位的研究、毛泽东思想的时代意义研究。二是毛泽东思想为习近平新时代中国特色社会主义思想奠定了理论基础的研究。三是习近平新时代中国特色社会主义思想对毛泽东思想的继承和发展的研究。四是习近平新时代中国特色社会主义思想对于毛泽东思想的创新发展的研究。

八、关于习近平新时代中国特色社会主义思想产生的时代条件、理论基础、实践基础的研究

从哲学来讲，任何思想的产生都必须具备一定的条件。从习近平新时代中国特色社会主义思想产生来看，主要是对三个必要条件的研究：第一，是时代条件的研究。即习

---

① 习近平．决胜全面建成小康社会　夺取新时代中国特色社会主义伟大胜利．人民日报，2017－10－18.

② 习近平．决胜全面建成小康社会　夺取新时代中国特色社会主义伟大胜利．人民日报，2017－10－18.

近平新时代中国特色社会主义思想产生的新时代研究，这个新时代，主要是十九大报告指出的三个方面。第二，是理论基础的研究。即马克思主义、毛泽东思想和中国特色社会主义理论体系奠定了习近平新时代中国特色社会主义的理论基础。理论基础的研究主要是一脉相承的关系研究。第三，是实践基础的研究。任何理论的产生都来自于实践，必须具备实践基础。十八大以来深化改革开放的伟大实践，就是习近平新时代中国特色社会主义思想的设计基础、实践条件。这个问题研究的重要之处在于科学阐释习近平新时代中国特色社会主义思想产生的必然性问题。

九、关于习近平新时代中国特色社会主义思想理论体系的研究

根据十九大报告的概括，习近平新时代中国特色社会主义思想的理论体系，是以中国梦，即中华民族伟大复兴为理论主题，以“四个全面”等八个主要内容，以及“十四条”治国理政的基本方略所构成。习近平新时代中国特色社会主义思想的构成、主要内容、特点、理论意义、现实意义和历史意义，以及习近平新时代中国特色社会主义思想与马克思主义理论体系的关系等等，都是研究的重要课题。

十、关于习近平新时代中国特色社会主义思想的形成发展研究

关于习近平新时代中国特色社会主义思想的形成发展研究的主要内容是：习近平新时代中国特色社会主义思想的形成过程、确立标志、形成条件、时代背景的研究；十八大以来习近平思想形成的阶段研究；十九大形成并且确立了习近平新时代中国特色社会主义思想的研究；等等。特别需要注意，十九大不仅形成了习近平新时代中国特色社会主义思想，而且载入党章，确立了习近平新时代中国特色社会主义思想在全党的指导地位。即习近平新时代中国特色社会主义思想的形成和确立指导地位是同一个过程、同一个标志，十九大形成，十九大确立指导地位。形成和确立是同步的，这一点，也需要充分重视。

十一、关于习近平新时代中国特色社会主义思想与党的集体智慧的关系研究

十九大报告指出：习近平新时代中国特色社会主义思想“是中国共产党集体智慧的结晶”。① 因此，如何理解二者的关系就成为习近平思想研究的重要问题。这个问题主要包括：习近平新时代中国特色社会主义思想为什么以习近平的名字命名？习近平同志在新时代中国特色社会主义思想形成过程中的重要贡献；如何理解党的集体智慧的科学含义？党的集体智慧在习近平新时代中国特色社会主义思想形成过程中的重要作用等问题。

十二、关于习近平新时代中国特色社会主义思想的方法论研究

关于习近平新时代中国特色社会主义思想的方法论的研究主要包括：一是马克思主

① 习近平．决胜全面建成小康社会　夺取新时代中国特色社会主义伟大胜利．人民日报，2017－10－18.

义的立场、观点和方法的研究。二是马克思主义中国化的研究，马克思主义中国化本质上就是方法论的问题，是方法论的研究，“中国化”就是方法论，即马克思主义同中国实际相结合的方法论研究。三是习近平在创立新时代中国特色社会主义思想过程中的方法论运用和发展的新的研究，即方法论的创新研究。

十三、关于习近平新时代中国特色社会主义思想的理论意义、现实意义、实践意义、国际意义的研究

理论意义主要是习近平新时代中国特色社会主义思想是对马克思主义的理论创新和发展，是马克思主义中国化的最新理论成果；现实意义主要是习近平思想的形成并载入党章，必将对中国特色社会主义的发展产生重大影响；实践意义主要是由于习近平新时代中国特色社会主义思想指导地位的确立，成为全党所有实践的指导思想，从而具有重要的实践意义；国际意义主要是：“意味着科学社会主义在二十一世纪的中国焕发出强大生机活力，在世界上高高举起了中国特色社会主义伟大旗帜；意味着中国特色社会主义道路、理论、制度、文化不断发展，拓展了发展中国家走向现代化的途径，给世界上那些既希望加快发展又希望保持自身独立性的国家和民族提供了全新选择，为解决人类问题贡献了中国智慧和中国方案。”①

十四、关于习近平新时代中国特色社会主义思想历史地位的研究

关于习近平新时代中国特色社会主义思想历史地位的研究主要包括：一是关于马克思辩证唯物主义和历史唯物主义的历史观的研究；二是历史人物及其历史地位的评价标准的研究；三是习近平新时代中国特色社会主义思想在中共党史、国史上的地位的研究，主要包括习近平新时代中国特色社会主义思想在理论创新、实践创新、方法创新等方面的历史地位评估问题的研究。

十五、关于习近平新时代中国特色社会主义思想的专题研究

习近平新时代中国特色社会主义思想的专题研究包括关于哲学、科学社会主义、中国特色社会主义政治经济学、“四个全面”、“四个自信”、中国梦、外交思想和外交战略、军事、反腐败思想的研究等。专题研究是习近平思想研究的重要方面。

十六、关于习近平对民族团结、民族问题、民族理论的研究

习近平关于民族问题的一系列重要讲话和指示，在民族理论和实践方面都有不少的创新，特别是在民族地区，习近平关于民族问题和民族理论的思想是民族地区一切工作的指导思想，认真学习研究这些思想，具有重要的理论意义和实践意义。

十七、关于十九大报告一系列新概念、新判断、新理论的研究

党的十九大报告提出了一系列新概念、新思想，主要是“中国特色社会主义进入新

---

① 习近平．决胜全面建成小康社会　夺取新时代中国特色社会主义伟大胜利．人民日报，2017－10－18.

时代”这一全新的判断、关于中国社会主要矛盾的新判断、新表述、新概念。特别重要的是十九大报告第一次提出了“习近平新时代中国特色社会主义思想”这一全新的科学概念，以及报告中提出的其他新内容，都是对马克思主义理论的创新和发展，具有极其重要的理论意义和现实意义。对于马克思主义的创新和发展，是习近平新时代中国特色社会主义思想研究的重要内容。

十八、关于习近平著作的研究

习近平同志的著作，是习近平新时代中国特色社会主义思想的集中体现。十八大以来，全国出版了各种各样的习近平同志的重要讲话、摘要、汇编等。这些资料对于习近平新时代中国特色社会主义思想的学习和研究发挥了重要的作用。但是，由于中央尚未出版类似《毛泽东选集》《邓小平文选》这样的权威性著作，目前习近平思想的研究资料比较分散，给研究工作带来了一定困难。不过，可以相信，不久的将来习近平著作将面世，将为学习和研究习近平新时代中国特色社会主义思想提供权威性的丰富资料。习近平著作的研究，是学习、研究习近平新时代中国特色社会主义思想的基础，是习近平思想研究的重要课题之一。

十九、十九大报告精神的研究

十九大是一次具有重要历史意义的大会，这次会议提出并确立了习近平新时代中国特色社会主义思想，作为全党和全国人民的指导思想，这必将对中国的未来发展产生决定性的影响。这次会议必将以新时代、新起点、新方向载入史册，在中共党史、国史上具有重要历史地位。作为十九大会议的核心内容——十九大报告，也将作为马克思主义中国化的重要文献载入史册。首先，十九大报告最重要的部分，就是形成了习近平新时代中国特色社会主义思想，这是研究十九大报告的首要课题。其次，是十九大报告一系列新判断、新概念、新思想，这是对马克思主义理论的创新和发展，这也是十九大报告研究的重要课题。再次，是十九大报告精神的研究。十九大报告精神就是：“不忘初心，牢记使命，高举中国特色社会主义伟大旗帜，决胜全面建成小康社会，夺取新时代中国特色社会主义伟大胜利，为实现中华民族伟大复兴的中国梦不懈奋斗。”① 最后，要研究实践。即研究如何以十九大报告精神为指导，在实践中全面贯彻执行十九大提出的一系列新任务、新使命，是有待解决的重大课题。

总之，以上这些研究课题以及对于这些课题的初步解析，旨在抛砖引玉，并未提供回答这些问题的全部正确答案。实际上，以上的每一个问题都可写出一系列研究论文，或者成为某一次学术会议的主题。本文提供的这些研究课题以及要点，仅仅是为习近平新时代中国特色社会主义思想的研究提供基础性选题和方向参考。真正的研究成果仍然有待于研究机构、研究者的辛勤工作和努力！需要强调的是，所有课题的研究工作，都必须以马克思主义基本立场、观点、理论为指导，理论联系实际，切忌空谈。正如十九

---

① 习近平．决胜全面建成小康社会　夺取新时代中国特色社会主义伟大胜利．人民日报，2017－10－18.

大报告指出："要深刻领会新时代中国特色社会主义思想的精神实质和丰富内涵，在各项工作中全面准确贯彻落实。"① 在学习研究习近平新时代中国特色社会主义思想的过程中，使习近平新时代中国特色社会主义思想的研究兴起一个新高潮，以高质量、高水平的研究成果为习近平新时代中国特色社会主义思想的学习研究做出应有的贡献！

（作者系云南民族大学马克思主义学院副教授、硕士生导师）

① 习近平．决胜全面建成小康社会　夺取新时代中国特色社会主义伟大胜利．人民日报，2017-10-18.

习近平理想信念观对当代大学生共同理想教育的引领研究

吕卓超　刘义华　雷艳妮

摘　要：习近平同志关于共产党员树立坚定理想信念，关于人民有信仰、民族有希望、国家有力量、青年有理想等一系列事关国家前途命运的战略思考和精辟论述，不仅强调了在全党、全国人民和广大青年中开展理想信念教育的极端重要性，更为我们研究和开展大学生理想教育指明了方向。

关键词：习近平理想信念观；大学生理想信念

一、坚定理想信念是习近平新时代中国特色社会主义思想之“魂”

以习近平同志为核心的党中央和习近平理想信念观，就是坚信马列主义、坚信共产党的领导、坚信中国道路，把实现中华民族的复兴，为实现共产主义远大理想和中国特色社会主义共同目标作为坚定的理想信念。我们认为，习近平理想信念观对中华民族的共同理想发挥着思想引领作用，其关乎党坚持什么指导思想、举什么旗、走什么路、沿着什么方向向前的根本问题，也是习近平新时代中国特色社会主义思想之“魂”。因此，如何铸魂立心，坚持信仰为基础，无疑是十九大精神融入思政课教学，着力培养大学生的共同理想需要解决的一个重点、难点问题。

（一）指导思想维度

创立习近平新时代中国特色社会主义思想。党的纲领是“一面公开树起来的旗帜，而外界就是根据它来判断这个党”。毛泽东曾经指出：“主义譬如一面旗子，旗子立起来，大家才有所指望，才知所趋赴。”中国共产党成立之初，就郑重地把马克思列宁主义写在自己的旗帜上。井冈山斗争时期，面对红军队伍中“红旗到底能打多久”的悲观思想和怀疑情绪，毛泽东写下了《星星之火，可以燎原》，表达了中国革命高潮“快要”到来的革命信念。毛泽东形象地比喻说，中国革命“它是站在海岸遥望海中已经看得见桅杆尖头的一只航船，它是立于高山之巅远看东方已见光芒四射喷薄欲出的一轮朝日，它是躁动于母腹中的快要成熟了的一个婴儿”。通过这个形象的比喻，毛泽东表达了高举革命旗帜的坚定决心和道路自信。党的七大，我们党把毛泽东思想郑重地写在党的旗帜上。科学评价毛泽东和毛泽东思想是改革开放启动的思想条件和政治前提。针对党内外否定毛泽东和毛泽东思想的错误思潮，邓小平指出，毛泽东思想是我们党的伟大旗帜，“不仅今天，而且今后，我们都要高举毛泽东思想的旗帜”。世纪之交，党的十五大我们党又与时俱进地高举邓小平理论旗帜，把中国特色社会主义事业成功推向21世纪。进入21世纪后，党的十六大、十七大、十八大、十九大，一路走来，我们党都高举中国特色社会主义伟大旗帜。高举旗帜，坚持党的指导思想不动摇，是我们党不断实现指导思想与时俱进的政治前提，如果不高举旗帜，创新党的指导思想就会迷失方向，接力探索的路子就会走偏，无产阶级的解放，人类的解放，就会半途而废。

中国共产党创造一个又一个人间奇迹，不仅是因为无论何时何地都公开树立旗帜制定纲领，更重要的是善于结合新的发展形势不断实现党的指导思想的与时俱进，这是我们党不断夺取新胜利的思想根源。“每一个时代的理论思维，包括我们这个时代的理论思维，都是一种历史的产物，它在不同的时代具有完全不同的形式，同时具有完全不同的内容。”就中国特色社会主义发展史而言，我们党实现了指导思想的四次飞跃。第一次是党的十五大把邓小平理论确立为党的指导思想并写入党章。第二次是党的十六大把“三个代表”重要思想确立为党的指导思想并写入党章。第三次是党的十八大把科学发展观上升为党的指导思想并写入党章。第四次是党的十九大提出习近平新时代中国特色社会主义思想并将其确立为党必须长期坚持的指导思想写入党章，实现了我们党指导思想的又一次与时俱进，成为中国特色社会主义进入新时代的思想引领。“一切划时代的体系的真正内容，都是由于产生这些体系的那个时期的需要而形成起来的。所有这些体系都是以本国过去的整个发展为基础的。”党的十九大提出的习近平新时代中国特色社会主义思想在深刻总结过去五年历史性变革经验基础上，牢牢把握我国社会主要矛盾新转化的现实特征，着眼于决胜全面小康社会，开启社会主义现代化新征程，实现新时代中国特色社会主义集成创新，集中体现了以习近平同志为核心的党中央和习近平同志的政治判断、价值判断和务实创新的理想信念，开辟了新时代中国特色社会主义理论体系新境界。

（二）唯物史观维度

人民有信仰，民族有力量，国家有希望。这集中体现了以习近平同志为核心的党中央和习近平理想信念观牢牢扎根于群众之中。十九大精神向全党和全国人民传递了“以人民为中心的发展思想”，进一步阐明中国共产党的服务宗旨，立党为民。人民立场是中国共产党的根本政治立场，是马克思主义政党区别于其他政党的显著标志。

党的十九大提出“中国共产党人的初心和使命，就是为中国人民谋幸福，为中华民族谋复兴”“全党同志一定要永远与人民同呼吸、共命运、心连心，永远把人民对美好生活的向往作为奋斗目标”“坚持以人民为中心。人民是历史的创造者，是决定党和国家前途命运的根本力量”“增进民生福祉是发展的根本目的”“全党必须牢记，为什么人的问题，是检验一个政党、一个政权性质的试金石”等思想；在人的全面发展部分，提出“必须认识到，我国社会主要矛盾的变化是关系全局的历史性变化，对党和国家工作提出了许多新要求。我们要在继续推动发展的基础上，着力解决好发展不平衡不充分问题，大力提升发展质量和效益，更好满足人民在经济、政治、文化、社会、生态等方面日益增长的需要，更好推动人的全面发展、社会全面进步”，向全党和全国人民传递了“人民主体思想”之根这一根本观点。如何将之融入思政课教学，培养大学生正确的历史观，树立全心全意为人民服务思想是思政教学又一重点和难点。

（三）主体条件维度

在中国只要共产党的理想信念不动摇不滑坡，中国就有希望，国家就会富强。因为共产党员理想信念的滑坡是最危险的滑坡，共产党员理想信念的动摇是最危险的动摇。党的十九大向全党和全国人民传递了以习近平同志为核心的中国共产党新的领导集体是中国特色社会主义事业建设的领导核心，共产党领导是中国特色社会主义的一个本质特征。这是习近平新时代中国特色社会主义思想之核心。因此，如何保持共产党的先进性，坚定理想信念，无疑是习近平新时代中国特色社会主义思想之核心。

党的领导与中国特色社会主义的发展不能相互割裂，什么时候党的领导得到加强，什么时候中国特色社会主义事业就得到发展，这可以说是改革开放以来中国特色社会主义发展的重要经验之一。对于这两个问题的着力解决，也是以习近平同志为核心的党中央治国理政的基本特点。党的十八大以来，习近平同志反复论证和强调，中国共产党领导是中国特色社会主义的最本质特征，是中国特色社会主义制度的最大优势。党的十九大创立习近平新时代中国特色社会主义思想，明确“中国特色社会主义最本质的特征是中国共产党领导，中国特色社会主义制度的最大优势是中国共产党领导，党是最高政治领导力量，提出新时代党的建设总要求，突出政治建设在党的建设中的重要地位”，强调新时代“实现伟大梦想，必须建设伟大工程”，“没有中国共产党的领导，民族复兴必然是空想”，深刻揭示了党的领导与中国特色社会主义之间的辩证关系。

党的十八大以来，在以习近平同志为核心的党中央带领下，新一届领导班子遵循“打铁还需自身硬”的执政逻辑，在“全面从严治党”的深入推进过程中，锻造了以习近平同志为核心的党中央，为新时代中国特色社会主义新发展提供了主体条件。根据党的十八大以来“党情”新变化，党的十九大科学总结全面从严治党新实践、新经验，对新时代党的建设的目标、主线、总体布局和原则等作了新的概括，确立了新时代加强和改进党的建设的正确方向和基本要求。党的十九大在继承以往我们党对“建设一个什么样的执政党”的问题逻辑基础上，根据新时代历史方位和社会主要矛盾转化的条件下，提出要把我们党“建设成为始终走在时代前列、人民衷心拥护、勇于自我革命、经得起各种风浪考验、朝气蓬勃的马克思主义执政党”。同以往相比，这次大会对党建目标的新界定，着重突出了新时代全面从严治党的新气象和新作为，反映了党在历史方位发生变化以后，执政思路、执政方式的重大变化，更加体现了我们党主动面对问题、迎接挑战的执政自信和历史担当。党的十九大把“党的政治建设”单列出来，强调它在新时代党的建设总要求中的“统领”作用。这次大会对党的建设的布局增添了“政治建设”，并把“党的政治建设摆在首位”，充分突出了政治建设在党的全面建设中的统领作用和龙头作用，体现了马克思主义执政党的根本要求，也体现了中国特色社会主义的最本质特征。党的十九大还对全面提高党的执政能力和领导水平作出了一系列新部署，同十八大报告一样从八个方面提出了党建工作的重点任务：一是要把党的政治建设摆在首位。二是用新时代中国特色社会主义思想武装全党。三是建设高素质专业化干部队伍。四是加强基层组织建设。五是持之以恒正风肃纪。六是夺取反腐败斗争压倒性胜利。七是健全党和国家监督体系。八是全面增强执政本领。这些新时代党的建设的着力点和重点任务，都是针对党长期执政条件下自身存在的现实问题而提出的，既有很强的现实性、针对性，也具有长期性、战略性，形成一个具有内在严密逻辑的党建体系，表明我们党对新时代党的执政规律认识上升到了一个新的水平。

二、习近平理想信念观与青年大学生励志成才

纵观习近平同志系列重要讲话，我们可以发现“理想信念”一词出现的频率极高，坚定理想信念是贯穿系列讲话的重要内容。习近平同志把坚定理想信念视为“强基固本”“凝魂聚气”的基础性工程。因此，我们认为：习近平理想信念观是习近平新时代中国特色社会主义思想之魂。在当前党员理想信念滑坡、人民理想信念淡薄、大学生理想信念缺失的形势下，习近平同志关于共产党员树立坚定理想信念，关于人民有信仰、民族有希望、国家有力量和青年有理想事关国家前途命运的战略思考和精辟论述，不仅强调了在全党、全国人民和广大青年中开展理想信念教育的极端重要性，更为我们研究和开展大学生理想信念教育指明了方向。

（一）习近平同志关于理想信念重要性的论述

1. 崇高的革命理想是我们党团结奋进的力量之源

习近平同志指出：“坚定崇高的政治理想和政治信仰以及由此产生的百折不挠的革命意志，始终是中国共产党人战胜各种艰难险阻，不断夺取革命、建设、改革胜利的强大力量源泉，也是我们党的巨大的政治优势。”综观我们党成立以后九十多年的历史，中国共产党之所以能一步步成长壮大起来，取得一个又一个胜利，归根结底是因为我们党在身处绝境、经受挫折、面临失败时都能做到理想信念不动摇、政治本色不改变、革命立场不偏移，无论任何时候、任何情况下永远保持着共产党人的精神追求和崇高信念。对于有些党员干部思想颓废、不求上进、毫无追求的问题，习近平同志一针见血地指出：“没有理想信念，理想信念不坚定，精神上就会‘缺钙’，就会得‘软骨病’，就可能导致政治上变质、经济上贪婪、道德上堕落、生活上腐化。”因此，习近平同志特别强调共产党员要加强党性修养和理想信念教育，必须坚守共产党员崇高的精神追求。

2. 坚定的理想追求是中华民族生生不息、繁荣发展的精神之源

习近平同志强调“把我们56个民族、13亿多人紧紧凝聚在一起的，是我们共同经历的非凡奋斗，是我们共同创造的美好家园，是我们共同培育的民族精神，而贯穿其中的、最重要的是我们共同坚守的理想信念”。综观中华上下五千年沧桑历史，特别是近代以来，中华民族身陷苦难，命运多舛，但我们通过艰苦奋斗、攻坚克难，取得了国家的独立解放，继而迈入了国富民强的新时代。而贯穿其中的是中华儿女对理想信念的坚守和对民族振兴的不懈追求。现如今，中国梦已深入人心，但民族振兴之路从来不是一帆风顺的，面对复杂的国际国内形势和我国经济转型发展的压力，此时更需坚定的理想信念做支撑。

3. 理想信念是所有人成长发展之根本

习近平同志用生动、形象的语言阐述了理想信念对人生发展的重要意义，指出“如果第一粒扣子扣错了，剩余的扣子都会扣错。人生的扣子从一开始就要扣好”。崇高的理想信念是立身之本，它从一开始就指引着每个人的人生方向，决定着各人的事业成败。一个人只要心中有理想、有追求，就能站位高、眼界宽、心胸开阔，就能经受住各

种物质利益诱惑，抵制各种形式的思想侵蚀；就能经受各种风浪的考验，经受住任何的困难和挫折；就能在任何时候都坚持正确的政治方向，并在任何情况下保持积极的人生态度。

（二）习近平理想信念观的当代意义

一直以来，崇高而坚定的理想信念，关系到我们党和人民群众各项事业的前进方向和前途命运。习近平理想信念观，有利于全国人民凝心聚气，实现伟大复兴的“中国梦”；有利于中国共产党增强民众信任，避免执政危机；有利于个体重塑精神世界，消解功利主义的侵蚀，是当代思想政治工作的行动指南，具有十分重要且深远的当代意义。

1. 有利于全国人民凝心聚气，实现伟大复兴的“中国梦”

中华民族是世界文明的发源地之一，文化悠久而灿烂，在人类文明长河中具有重要的地位。但近代以来，国力衰弱，战乱不断，饱受屈辱。实现民族复兴成为百年来中华儿女的共同心声和执着追求的目标。“中国梦”就是中国人民跨世纪的梦想，就是实现中华民族伟大复兴的光荣梦想。这是我们现阶段和今后一个时期承载的崇高使命。但是“中国梦”的实现面临着严峻的挑战，社会转型带来的思想认识多元、价值取向多元、利益格局多元等现状，党内严重的腐败现象，都在一定程度上影响了“中国梦”实现的力量凝聚。

理想信念作为一种精神力量，是我们的精神家园和价值归宿，为我们提供前进的动力和目标。习近平理想信念思想，不仅有远大的理想目标，还有近期的共同理想，不仅有对美好社会的向往和追求，还有评价的标准和实施的具体途径，不仅强调理想信念对于党的整体事业的意义，还强调对每个个体的生存和发展的价值。这样的理想信念思想，宏大而具体、超越而现实，让我们既能仰望天空，又能脚踏大地，让每个组织、群体和个人都能找到自己努力的方向，都能知道自己在实现“中国梦”的实践中应该做什么，应该怎么做。

2. 有利于中国共产党增强民众信任，避免执政危机

在不断推进改革开放和建立社会主义市场经济体制的过程中，民众对我们党的信任明显下降。出现这一现象的根本原因，是因为我们有些党员干部，放弃了对马克思主义的信仰，放弃了理想信念，忘记了对美好社会的追求，忘记了共产党的宗旨。党内的这种状况，影响了党与群众的关系，甚至丧失了群众的信任，而信任是执政合法性的重要基础，失去信任意味着执政将面临危机。

理想信念是确保共产党始终坚强有力的强大精神支柱，理想信念是否坚定，决定着新形势下，我们党能否抵御“四大风险”，能否经得住“四大考验”的问题，进而关系到党群关系，关系到民众的信任问题，关系到民族复兴的中国梦的实现，关系到中国特色社会主义事业的顺利与否。

3. 有利于个体重塑精神世界，消解功利主义的侵蚀

市场经济追求经济利益最大化，诱发和助长功利主义倾向，颠倒人与物的关系，引发拜金主义、享乐主义盛行，导致部分人心灵追求、精神享受缺失。有些人把过去对理想信念的追求转换成对金钱财富的追求、对权力地位的崇拜。对物质性、功利性的追求

替代了人的意义世界，于是变得精神痛苦、意义失落，人们处在无根、漂泊状态中，放弃崇高，嘲笑信仰，没有理想激情和为之而奋斗的英雄行为，有的只是冰冷的钱在白昼中流动，有的只是孤独的我在黑夜里徘徊。

理想信念能够赋予物质生活以价值的诠释和引领，加强人们对生命意义的思考，关乎每个人的安身立命。坚定的理想信念能使我们站稳立场，自觉抵制各种诱惑，正确地引领我们人生的方向，决定我们事业的成败，正如习近平同志所说："理想指引人生方向，信念决定事业成败。"崇高的理想信念能够净化思想，塑造人格，开阔眼界，引导人们不断追求更高的目标，真正实现人们的幸福生活。

（三）青年大学生要提高对理想信念的认识

党的十八大以来，习近平同志从各方面深刻阐述了新时期理想信念的内在规定、具体表现、衡量标准以及实现途径、具体举措。特别是对广大青年，习近平同志指出，树立正确的理想信念如穿衣服扣扣子，一开始就要扣好，并要求广大青年要"勤学""修德""明辨""笃实"。这些论述为进一步加强大学生思想政治教育提供了科学的理论指导，具有方法论意义。现如今，贯彻习近平理想信念观，要使广大学生"把理想信念建立在对科学理论的理性认同上，建立在对历史规律的正确认识上，建立在对基本国情的准确把握上"，这要求我们要帮助学生厘清以下几个问题。

1. 认清共产主义实现的必然性和曲折性问题

共产主义是人类最高理想，这已形成共识。但对共产主义的理解不仅于此。我们一要完整准确地理解其丰富的内容，要知道它不仅是人类孜孜以求的最高社会形态，还是科学的理论体系和现实的社会运动，三者是统一的整体。因此，科学理论的正确指导、客观的社会现实活动两者是必不可少、缺一不可的。但学生更多是把共产主义简单化为一种美好的社会制度，产生这一问题的原因是过去我们更多的是对学生进行共产主义社会的描述，而对共产主义现实运动的讲述较少，造成学生理解上的片面性。二要让大学生理解理想的实现不是一蹴而就的。共产主义是人类最高理想，但部分学生却认为理想虽然很美好，但却如空中楼阁，是可望而不可即的。共产主义必然实现不是凭空捏造，而是科学分析了社会发展规律后得出的真理性判断。马克思和恩格斯系统阐明了人类社会发展的一般规律，并一针见血地揭示出了资产阶级剥削工人的秘密，从而指出共产主义的实现是历史之必然。但"共产主义绝不是'土豆烧牛肉'那么简单，不可能唾手可得、一蹴而就"，共产主义只有到它所需的物质财富达到一定条件时才能最终实现。共产主义社会不是自然而然产生的，不能坐等其来。它的实现是一个客观历史长期发展的过程，其中会遇到意想不到的各种困难，需要我们不断探索，接续努力，脚踏实地，不断创造出更加丰富的社会财富。同时，共产主义在实现过程中还会有挫折和失败。特别是面对20世纪八九十年代苏联解体、东欧剧变，有的同学对共产主义失去信心，认为共产主义在当今社会行不通。我们要认清，东欧剧变并不是社会主义制度出现问题，恰恰相反，而是由于这些国家抛弃了马克思主义的科学指导，背离社会主义的基本原则。要明确资本主义国家现如今暂时的繁荣是因为这些国家通过社会改革缓解了阶级矛盾，并利用技术革命获得发展潜能，但由于其根本的矛盾和深层次的问题依然存在，因此，其灭亡的命运终将是改变不了的必然趋势。

2. 认清社会主义共同理想和共产主义远大理想的关系问题

实现共产主义理想是一个道路坎坷、充满艰辛的历史过程，其间分为不同的发展阶段，任何时候都需要我们不畏艰难、脚踏实地去实现每一个目标。当前，我国还处于社会主义初级阶段，经济文化发展还比较落后，人们的生活水平也不高，与共产主义的要求还有很大差距。结合国情，中国共产党提出了分步骤发展战略，从温饱问题的解决到全面小康的实现，再到21世纪现代化的实现，在此基础上继续前进，最终实现共产主义远大理想。现如今，我国现代化建设也取得了巨大成就，全国人民正为中国梦的实现而不断努力。中国梦是中华儿女的共同理想，它的提出丰富了理想信念的时代内涵，极大地调动了中国人民建设祖国的积极性和创造性。然而，由于一些片面理解，有部分学生却对中国梦产生一些误读。

一是“中国特色社会主义是社会主义，不是别的什么主义”。中国特色社会主义“是植根于中国大地、反映中国人民意愿、适应中国和时代发展进步要求的社会主义”。它集理论、实践、制度于一体，是我国独立自主、不断探索的产物。它不是对马克思主义的抛弃，也不是对我国社会主义建设历史的否定，是我们在失败教训中总结出来的，是在艰难探索中磨炼出来的。特别是改革开放以来，我国着眼于社会主义初级阶段这一实际，在社会主义实践中不断进行理论创新，形成了中国特色社会主义理论成果，进一步丰富了马克思主义理论宝库。现如今，我国经济社会发展取得的巨大成就，有力地说明中国特色社会主义充满生机与活力。随着我国社会主义事业的不断推进，相信我们的理论成果将更加丰富、制度优势将更加显现、建设道路将越走越宽。中国特色社会主义来之不易，要倍加珍惜，大学生要认识我国改革开放前后两个不同历史时期，不断吸取其中的经验和教训，了解我国现代化建设中遇到的新情况、新问题，树立信心，振奋精神，鼓励学生努力学习，勇于创新，不断创造社会主义建设新成就。

二是共产主义是现实运动，离不开一代又一代人的接续奋斗。现如今，坚持共产主义最高理想，最直接、最重要的就是立足现实，坚持发展，不断创造更多的社会财富，为共产主义的实现打下坚实的基础。我们要处理好共同理想和最高理想的关系，既不能超越又不能落后于时代发展，既要看到社会发展的光明前途，又要认识到理想实现的困难挫折。现阶段，我国社会主义共同理想集中体现为中国梦的实现，大学生要加强对中国梦的认识，正确掌握中国梦的科学内涵、具体要求、实现途径，了解中国梦与共产主义的关系，明确中国梦的实现与自己肩上的重任。使自己胸怀理想，不忘初心，脚踏实地，求真务实，做到胜不骄、败不馁，保持清醒头脑，努力学习，勤奋工作，为社会主义和共产主义事业献出自己的青春热血。

3. 认清现阶段社会现实和美好理想差距问题

共产主义理想是美好的，由于我国还处于社会主义初级阶段，因此，理想和现实之间还有一些差距，在有些方面可能还存在一些不合理的现象。大学生思想单纯，阅历不深，看事情不全面，在面对理想和现实的差距时，容易悲观失望、理想信念动摇。因此，大学生要全面认识理想和现实的差距，理性认识我国社会发展中的困难和挫折，坚定理想信念。

理想超越于现实。从唯物主义观点看，理想和现实的差距是客观存在的，正是这些差距为现实社会的发展指明了前进的方向，它激励着人们不断改造客观现实社会。现阶段，我国虽然在各方面均取得了巨大成就，但和发达国家相比还有很大差距，距离共产主义的要求还是有很长的路要走。同时，在社会变革中还出现了一些贫富差距、社会公平等问题，特别是在个别党员干部中甚至还出现了消极腐败的现象。针对这些问题，学生要逐个分析，找出问题症结，指出哪些是在社会发展中不可避免的问题、哪些是由于操作失误造成的问题、哪些是计划经济时期遗留的老问题、哪些是社会变革中出现的新问题。同时，大学生要明确我国在促进经济社会发展、缩小贫富差距、维护社会公平正义、反对消极腐败等方面所取得的成就，用事实证明，现阶段我们面临的一切困难和挫折都是暂时的，我国社会主义事业充满希望，具有旺盛的生命力。社会发展总是曲折发展、螺旋上升的，其间也会遇到一系列的问题和挫折。大学生要树立科学态度，当遇到困难时，不能抱怨、妥协，更不能以我国经济社会发展中出现的问题来否定中国共产党的领导、否定社会主义。相反，坚定的理想信念不仅体现在胸怀远大理想，更应体现为在艰难困苦中、在失败挫折中都能不忘初心，继续前进，更应体现在将崇高的理想信念转化为不断改造客观现实的行动和实践中。大学生应刻苦学习，努力钻研，勤于实践，敢于创新，学好本领，主动肩负起建设祖国的重任。

4. 认清个人理想和社会理想的关系问题

当代大学生有理想有抱负，但随着全球化的到来和市场经济的发展，在部分学生中出现了理想信念现实化、功利性的问题。有些学生认为社会共同理想与自己无关，只要个人发展好了就行。他们孤立于社会理想之外，缺乏社会历史责任感，没有为远大理想奋斗的政治热情，只追求个人事业成功。对此，大学生应该明确个人理想和社会共同理想的关系，将个人理想融入中华民族伟大复兴的中国梦中。马克思恩格斯在《共产党宣言》中指出，共产主义社会“将是这样一个联合体，在那里，每个人的自由发展是一切人自由发展的条件”。自由人不是孤立的，每个人的自由全面发展只有在真实的社会联合体中才能实现，联合体是个人自由发展的基础和条件，一个人能发展到什么程度受社会关系的制约。社会共同理想和个人理想是客观联系的有机体。社会理想是社会成员普遍认同的共同追求，它指引、规约每个社会成员，并且是个人追求的最终目的和归宿，社会理想的实现也为个人的发展创造条件。目前，我国正处于实现中国梦的关键时期，此时是广大学生大有作为、不断绽放人生光彩的重要人生阶段。大学生应正确处理好个人发展和国家兴旺、民族振兴的关系，主动投身于中国梦建设之中，并在建设祖国、服务人民的伟大实践中成就自己的一番事业，最终实现自己的人生理想和目标。

（四）以习近平理想信念观引领青年书写人生华章

习近平同志在党的十九大报告中指出，青年兴则国家兴，青年强则国家强。青年一代有理想、有本领、有担当，国家就有前途，民族就有希望。中国梦是历史的、现实的，也是未来的；是我们这一代的，更是青年一代的。

1. 大学生理想信念存在的问题

理想信念缺失、社会责任感弱化、道德滑坡等现象是很多学者针对大学生理想信念得出的共性问题。大学生出现理想信念淡薄甚至缺失，并不是说大学生彻底没有理想信念，他们也对美好生活有向往，只是他们的理想信念存在不同程度的功利主义，表现出一定的狭隘性和对共产主义的远大理想和中国特色社会主义的共同理想的淡漠。大学生的理想信念观的问题要从学生自身、家庭教育、学校环境、社会环境等多个方面去寻找。

2. 习近平理想信念观对大学生理想信念塑造的引领作用

树立坚定理想信念有利于保障中国社会发展的道路和方向，有利于将个人的青春梦与中国梦相结合，更好地实现中华民族的伟大复兴，有利于大学生勇担历史责任。习近平理想信念观辩证地引导当代青年大学生科学地认识理想信念的重要意义，指引当代青年大学生在实践中不断坚定理想信念。

3. 习近平理想信念观引领大学生理想信念的路径与机制

理想信念是由外到内的教化，但更是由内到外的领悟与坚守。我们应该通过马克思主义经典原著研读养成勤学、自律的好习惯，树立坚定的马克思主义信仰。要加强国家政策引导，抓好“三全育人”的大思政格局建设、针对信息化发展加强现代化设施及手段的运用，加强“全员育人、全过程育人、全方位育人”的机制建设，高度重视网络资源的开发和利用，加强对互联网的监管，不断提高主流媒体的综合实力和竞争力，真正建立起一个覆盖范围广、影响力强大的马克思主义网络传播阵地。恢复及加强对包括传统节日在内的传统文化的宣传及重视，引导青少年树立四个自信等。加强学校意识形态教育引导，从青年大学生信仰产生的心理及内驱力等角度解决信仰危机，不断完善党建工作，提高党在青少年心目中的形象，用制度的刚性力量来杜绝、驱除党员干部的信仰疾病，及时正本清源，坚定党员干部的马克思主义信仰。

4. 青年梦是中国梦的重要组成部分，而当代青年是实现中国梦的坚强后盾和储备力量

青年的健康成长是一个国家健康持续发展的决定因素之一。对于国家来说，青年的“兴”与“强”至关重要；对于企业来说，青年的“兴”与“强”为企业发展注入了源源不断的创新动力；对于个人来说，青年时代怀揣梦想，勇敢奋斗，敢于担当，这才是新时代的社会主义青年好榜样。

新时代青年，应树立终身学习的理念，为报效祖国奠基。青年时代是学习的“黄金期”，养成良好的学习习惯将受益终身。很多名人，例如，鲁迅、季羡林、钱学森等，都是活到老学到老的榜样。“人生易老学难成，一寸光阴不可轻”，要想在日趋激烈的竞争中站稳脚跟，就必须博览群书，不断充实提高自己的能力。“既知其然，又知其所以然”，不仅要爱读书，更要善读书，将理论与实践相结合，全面地充实和提高自己才能打好基础。在现今激烈的社会中，青年一代更应该戒骄戒躁，永葆学习的心态，不断充实提高自己。

青年梦也是中国梦。中国梦是国家的、民族的，更是青年的，实现青年梦与实现中华民族的伟大复兴相辅相成。新时代青年要不忘初心，坚持理想信念。党的十八大以来，习近平同志反复强调理想信念是精神之钙；在谈到青年成长道路问题时，每次必讲理想，而且都是第一位的要求。一个青年如果想成功，除了要有他自身的智慧、敏锐的眼光之外，还有一点不容忽视，应始终不忘初心，坚持理想信念，梦想才能实现。青年是一个朝气蓬勃的群体，是一个拥有无限可能的群体。不忘初心，坚持理想才是合格的

新时代青年，才能实现人生价值，为推动中华民族的伟大复兴贡献自己的力量。

（作者分别系西安思源学院思想政治理论教学科研部主任，教授；西安思源学院思想政治理论教学科研部讲师；西安思源学院思想政治理论教学科研部讲师，在读博士研究生）

习近平关于民族工作的重要论述探赜

袁名松

摘　要：习近平关于民族工作的重要论述是习近平新时代中国特色社会主义思想的重要组成部分。本文探讨习近平关于民族工作的重要论述，集中体现在生成逻辑、依据、结构、涵盖深意以及重大意义方面。习近平关于民族工作的重要论述的逻辑主要体现为肩负起新时代的历史使命、继承民族工作理论创新，马克思主义和国家社会主义民族理论以及中国特色的科学评判三重逻辑；以准确把握多民族国家为创新起点，紧扣民族平等、团结与发展的主线，追求“中华民族一家亲，同心共筑中国梦”的共同目标构成了习近平关于民族工作的重要论述的基本理论架构；如何认识民族工作、如何做好民族工作是习近平关于民族工作的重要论述的重中之重；习近平关于民族工作的重要论述对于解决民族矛盾以及处理好相关工作至关重要。

关键词：习近平；习近平关于民族工作的重要论述；生成逻辑；主要内容

党的十八大以来，习近平同志就民族工作提出了许多重要论述，这些重要论述是习近平新时代中国特色社会主义思想的重要组成部分。新时期，民族工作者应该探求并掌握好习近平关于民族工作重要论述的生成逻辑、基本理论架构、主要内容、精神实质、主要特点和重大意义，自觉地把习近平关于民族工作的重要论述贯穿于民族工作的全过程和各环节。

一、习近平关于民族工作的重要论述产生的依据来源

习近平关于民族工作的重要论述，是最近一段时期以来在民族工作领域的最新理论成果。这是马克思主义民族理论与中国民族工作现实相结合的成果核心，其形成体现了历史逻辑、文化逻辑和理论逻辑三重逻辑。

（一）历史逻辑：肩负新时代民族工作的历史使命

习近平同志在中共十九大报告中明确指出：“在艰苦卓绝努力下，我国社会主义进入了一个新时代，一个中国发展的新的历史方向。”① 我国民族工作进入了一个崭新的飞跃时代，形成了习近平新时代民族工作思想。在新的历史时期，需要肩负起新时代民族工作的历史使命：坚决落实党的民族政策，不断拓展民族团结和民族进步的范畴，强化

---

① 《天津教育》编辑部．中国特色社会主义进入新时代是我国发展新的历史方位．天津教育，2017（11）：1.

我国民族一荣俱荣一损俱损的命运观念，不断延伸各民族之间的合作与沟通，争取繁荣，共同发展。这是习近平关于民族工作的重要论述的创新发展，表明党在新的历史时期非常重视民族工作。

在中国特色社会主义新时期，党的民族工作取得了历史性成就，民族经济发展突飞猛进，人民生活水平显著提高，其根本原因在于我们党始终坚持以团结保发展，以发展促团结。在新的历史时期，我国社会的主要矛盾已经转化为人民日益增长的美好生活需要和不平衡不充分的发展之间的矛盾。实现各民族人民的美好生活，需要解决各民族不平衡不充分发展问题，同步实现全面建成小康社会，建设一个更全面美好的社会，从而实现中华民族真正意义上的伟大复兴。在这一关键的时间节点，以习近平同志为核心的党中央在当代民族工作实践活动的基础上，形成了习近平关于民族工作的重要论述。习近平关于民族工作的重要论述，科学地解决了新的历史时期民族工作的主要难点和问题。例如，要坚持和完善民族区域自治制度、做好城市民族工作、在民族地区推进实现跨越式发展、维护国家统一和各民族也必须达到全面建成小康社会的目标，共同实现中国梦。习近平同志一再表示，“全面实现中国梦，不能缺少任何一个民族”。少数民族和民族地区团结进步是我们事业不断推进的坚定基石以及先决条件。

（二）理论逻辑：继承马克思主义民族理论和创新中国特色社会主义民族理论

习近平关于民族工作的重要论述不仅包括马克思主义民族理论、毛泽东的民族理论，而且集成了新阶段民族工作的发展。习近平关于民族工作的重要论述独具风格、自成体系，不是任意编造、主观臆断的理论，属于特定的理论谱系。它以马克思主义民族理论、毛泽东民族理论和中国特色社会主义民族理论为理论基础，以中华民族一家亲，同心共筑中国梦为总目标，核心是尊重差异、包容多样、增进一体，加强融合，加强中国民族社会意识，具有更强的凝聚力，是对马克思主义民族理论的继承和发展，是中国特色社会主义民族理论的创新发展。

（三）实践逻辑：在新时期民族工作基础上的新情况评判

就现在的情况而言，我国民族工作的新形势，是习近平关于民族工作的重要论述形成的现实基础。列宁明确认为，实践高于理解，这是因为它不仅具有普遍性，而且具有直接的现实性。实践是理论的源泉，没有实践的营养，理论之花将枯萎。我们党的民族工作的创新思维是一种基于实践的理论创新。

自党召开十八大以来，社会上出现一些质疑党的民族理论政策的声音，部分干部群众对民族工作何去何从产生了思想和行动上的困惑。在这最紧要的关头，习近平同志围绕“如何评价党的民族理论政策和我国民族工作实践”“怎样加强和改进新形势下党的民族工作”等重大问题，拨开云雾，正本清源，提出了一系列新思想、新论断。我们党提出和实施的民族理论、民族工作政策之所以正确，是因为它们以我国现在的社会存在为基础。新时期民族工作出现了“五个并存”的特点：一是改革开放和社会主义市场经济并存驱动的机遇和挑战；二是民族地区经济加速发展和发展水平低并存；三是国家对民族地区的支持继续增加、民族地区基本公共服务建设能力依然薄弱；四是不同民族之间的交往交流交融的趋势较好同涉及民族因素的矛盾和分歧并存；五是对民族分裂、宗教极端主义、暴力恐怖主义的战斗取得了巨大成果，地方暴力和恐怖主义活跃并存①。“五个并存”的科学判断显示了现阶段我国民族工作面临的新情况和新矛盾。围绕民族工作“五个并存”的矛盾，需要用科学理论指导实践，凝聚精气神做好新时代的民族工作。

二、习近平关于民族工作的重要论述的基本理论框架是在新时期形成的

自党的十八大以来，习近平同志就国家工作领域的重大民族问题发表了重要讲话。习近平关于民族工作的重要论述是习近平新时代中国特色社会主义思想意识形态的重要组成部分。习近平关于民族工作的重要论述是一个完整的科学理论体系。以“维持一个统一的多民族的国家”作为创新的出发点，以“民族平等、民族团结、民族发展”为主线，按照“中华民族一家亲，共同建设中国梦”的共同目标，构成了习近平新时代民族工作思想的“起点—主线—目标”的基本理论构架。

（一）创新起点：准确把握“统一多民族国家”

在2014年中央民族工作会议上，习近平同志明确阐述，中国的多民族国家是我国基本国情和民族工作思想形成的客观基础。习近平关于民族工作的重要论述创新的出发点在于对“统一的多民族国家”的理解。其一，多民族是我国的一大特色，也是我国发展的一大有利因素。在中国，各族人民都为实现国家统一、维护社会稳定和民族团结、国家的长治久安和中华民族的繁荣做出显著贡献。其二，民族的大一统与各民族的多元一体。大一统是中华民族大团结的思想基础和政治制度的规约力量，也是我国统一多民族国家建设的政治文化基因。秦汉时期首次实现统一的多民族政治格局，经历魏晋南北朝时期的民族大融合，元、明、清进一步发展了大一统的民族观。习近平同志从大一统的形成与发展、中华民族命运共同体的形成与发展，揭示了我国各族人民追求大一统和大团结的历史基因，也是中华民族的光荣传统。其三，民族地区的“多维特性”。习近平同志提出的民族地区集“六区”于一身，是从区域地理的角度对于民族地区的内涵和外延进行了概括性的阐释，民族地区是中国资源的综合区，主要包括水资源区、生态区、屏障区、特色文化区、边境地区和贫困地区。其四，包括所有民族在内的中华民族是一个大家庭。这是关于统一多民族国家的民族关系的哲学思辨。中华民族是一个大家庭，所有民族都是家庭成员。中华民族与各民族的关系是大家庭与家庭成员的关系，民族之间的关系是一个伟大的家庭不同成员之间的关系。习近平同志用“中华民族一家亲”来比喻一个统一的多民族国家的民族关系，这是一个创新的概念。

（二）紧扣主线：平等、团结与发展

习近平同志从人类、民族、国家政治等多方面、多层次、多角度，分析在现代民族国家框架下，作为历史文化群体的各传统民族，结合为统一的现代中华民族共同体；中华人民共和国成为各民族共同的政治屋顶；社会主义国家政权在边疆民族地区构建了一整套新的族际政治整合方式，民族压迫被彻底打破，各民族间政治关系的和谐程度得到

① 王希恩．从新的阶段性特征把握中国民族问题．中国民族，2015（3）：38—43.

巨大提升，并对当前的现状进行归纳，提出可行性的发展战略和形势布局，对今后的实践有借鉴和参考的意义和作用。平等、团结、发展是新时期国家民族政策的重中之重。坚决反对民族压迫和歧视，各族人民在国家政治和社会生活中依法享有相同权利和履行相同义务。我国有 56 个民族，每个民族共同奔向全面小康。这一重要论述，彰显了“共同团结奋斗，共同繁荣发展”的民族工作主旨，实现各民族群众共同发展繁荣。① 新时代随着社会主要矛盾的转变，发展的任务比以前变得更重了。当前，民族地区发展不平衡不充分，仍处于社会主义初级阶段。若要加快全面建成小康社会的步伐，则少数民族和民族地区要坚持“创新、协调、绿色、开放、共享”五大发展理念，特别是要提质增效，不断跨越赶超。

民族平等、民族团结和民族发展是相互联系，不可分割的。民族平等是民族团结的政治先决条件，民族平等和民族团结是民族发展的重要基础，民族发展是民族平等和民族团结的坚固堡垒。在新时代，民族平等、团结与发展三者内在统一于习近平关于民族工作的重要论述之中，做好民族工作，继续坚持以民族平等、民族团结、各民族共同发展为核心的民族理论，解决中国特色民族问题的确切方法以及正确道路。比如，发挥中央、发达地区和民族地区的共同作用，促进少数民族和民族地区的发展。民族地区由于自然环境、社会历史基础等因素，经济处于欠发达状况，通过中央和发达地区对这些边远民族地区的大力支持，民族地区后发赶超，实现经济跨越式的快速发展。这不仅促进各民族共同发展，而且促进各民族的平等与团结。

（三）追求目标：中华民族一家亲，同心共筑中国梦

在 2015 年 9 月 30 日，习近平同志会见了民族团结的杰出代表，他明确指出：“中华民族一家亲，同心共筑中国梦，这是所有中国人的共同心愿，也是全国各族人民的共同目标。”这充分表明，党中央对民族工作的高度重视，把实现中华民族的伟大复兴中国梦的历史使命融入民族工作，为新时代的民族工作指明了方向，是全体中华儿女共同追求的目标。中华民族一家亲与同心共筑中国梦相互依存，不可分离。中华民族一家亲是指民族之间的团结关系，是同心共筑中国梦的前提条件；同心共筑中国梦是指各民族共同发展，是中华民族一家亲的奋斗目标。中华民族建设中国梦的共同宗旨是，要在新时代，帮助和指导全国各族人民共同努力，携手共进，同心同德，齐心协力，富有时代特色与感召力。

三、习近平关于民族工作的重要论述的主要内容、精神要义和主要特点

习近平关于民族工作的重要论述是习近平新时代中国特色社会主义思想的重要组成部分。在 2014 年 9 月，习近平同志在中央民族工作会议上强调：“解决民族的问题，并做好民族工作，是影响民族团结和社会稳定的重要事件，是关系国家长期繁荣发展的大

① 王立华．民族地区全面建成小康社会的挑战与应对．内蒙古民族大学学报（社会科学版），2015，41（2）：62—66.

事。”①在新的历史时期，我们需要掌握习近平关于民族工作的重要论述的主要内容，准确把握其精神实质和特有属性。

（一）习近平关于民族工作的重要论述的主要内容

1. 了解民族工作：如何认识民族工作的内容

民族工作历来是我们党和国家十分重视的大问题，新时代的民族工作是服务于中华民族伟大复兴的总目标，是56个民族的熔铸中华民族的伟大事业。党的十八大以来，民族工作的新观点、新要求，使我们能够更好地了解民族工作内容，并加强民族工作信念。中国的民族工作是非常成功的，我们必须认识到少数民族和民族地区的位置特性，少数民族和民族地区已成为中国最有后发优势的领域。坚持民族的平等、团结和发展的民族政策。有必要知道中国民族一家亲，共同打造中国梦，实现中国民族伟大复兴的共同目标。有必要明白，建成全面小康社会，一个民族不能少，而且一个也不能落后，为实现全面建设小康社会的奋斗目标打下了坚实基础。必须认识到，民族团结是中国各族人民生命线，各族人民如同石榴籽牢牢环抱在一起。必须要了解配套和完善的民族区域自治制度，着眼于民族团结和国家主权、民族因素与区域因素相结合的重要性。必须认识到做好民族工作的关键是党的坚强领导和人民的支持。要认识到用法律来保障民族团结，增强各族群众法律意识，强调民族事务治理的法治化路径。

2. 民族工作之路径：如何做好新时代的民族工作

新时期的民族工作建立在民族平等的基础上，有力地促进了民族团结、民族发展，坚定不移地走上了解决中国特色民族问题的康庄大道。

（1）实现民族之间的平等。促进各民族平等，是要推进各民族在社会各个方面、领域、环节等都有着平等的地位，享受同等的权利，反对民族压迫、民族歧视，实现实质上的平等。

（2）大力促进民族团结。促进各民族团结，就是要深入推进各民族交往交流交融。加强各民族交往交流交融是新时代巩固发展民族团结的根本途径，我们必须率先把习近平新时代中国特色社会主义思想作为巩固民族团结发展大局的指南。推进各民族交往交流交融全方位、多层次、立体化发展。当前，需要从三方面着力强化：一是着力强化主导。在党和政府的主导下，深入推进“民族团结一家亲”、民族团结“结亲周”和“三进两联一交友”活动；大力推动建立各民族相互嵌入的社会结构和社区环境，使各民族共居、共学、共事、共乐。二是着力强化引导。运用教育、医疗、住房、就业、社会保障等政策手段，引导和鼓励各族群众深度交往交流交融，密切各民族的经济交往。三是着力强化倡导。新闻媒体要强化各民族交往交流交融的宣传，及时报道各民族交往交流交融的决策部署、生动讲述各民族交往交流交融的感人故事、宣传各地的新鲜经验做法，大力宣传模范典型，营造各民族交往交流交融的良好氛围。

（3）着力促进民族发展。为了促进繁荣和民族地区的发展，就必须坚持民族区域自治制度，根据少数民族和民族地区的实际情况，加大对民族地区发展的扶持力度。促进

① 兰红光．中央民族工作会议暨国务院第六次全国民族团结进步表彰大会在北京举行．人民日报，2014-09-30（01）．

所有民族共同发展与繁荣要做好以下工作：其一，全面建设更美好的社会，加快民族地区发展的速度，实现民族地区和少数民族的跨越发展。其二，促进民族平等，民生改善，不断实现民族团结。坚持和实施民族区域政治制度，实现各民族不分大小政治上一律平等，改善民族地区基础设施的生产条件、壮大民族产业和打造民族地区生态文明高地，让民族地区发展成果落实到改善民生、增进民族团结上，促进民族事业共同进步。其三，充分调动中央、发达地区和民族地区的主动热情。党的中央委员会、发达地区和少数民族地区应该增加其边境地区的差异性政策，支持边疆地区、贫困地区和环境保护地区发展，如转移支付和同源支持。优先发展民族地区，将政策动态与内生潜力有机结合，不断提升少数民族和民族地区自身的实力。

（4）不断走正路，解决中国特色民族问题。新时代民族工作要稳步推进，除了做好民族平等、民族团结和民族发展外，我们还必须贯彻和坚持党的领导、贯彻中国特色社会主义不动摇、继续维护一个中国不动摇、维护和完善民族区域自治制度、贯彻依法治国，要依法处理涉及民族因素的矛盾纠纷，旗帜鲜明地捍卫社会主义法律尊严。

（二）习近平关于民族工作的重要论述的精神要义

习近平关于民族工作的重要论述博大精深、思想深邃、内容丰富。其精神要义主要体现在：第一，坚持和完善民族区域自治制度是促进“中国特色政治发展的社会主义道路”的主要抓手以及必经途径，是推进新时期社会主义政治文明的根本指针。坚持走中国特色政治发展道路，就必须坚持党的领导、人民当家做主和依法治国的统一。贯彻好民族区域自治制度，就是要切实保障人民当家做主的权利，促进民族地区的经济快速发展，不断增强民族凝聚力。第二，把铸牢中华民族共同体意识作为深化民族团结进步的价值追求。中华民族是一个遭遇困难不可动摇的伟大民族。习近平同志指出：“中国56个民族是大家庭的平等成员，共同构成了中国各民族同甘苦、共患难的中华民族命运共同体。”① 把“打造中国民族的命运共同体意识”作为一种价值追求和不断深化民族团结的教育，我们的目标是不断加强各族人民对多民族国家的认同感，对多元一体的中国民族认同感。第三，促进各民族共同团结奋斗、共同繁荣发展，是新时期民族团结进步的主题。我们必须增强民族团结，维护正确的祖国观和民族观，全面贯彻党的民族政策。

（三）习近平关于民族工作的重要论述的主要特征

习近平关于民族工作的重要论述，科学地回答了民族工作的理论和实践问题。这是新时期马克思主义民族理论中国化和中国特色社会主义民族理论的最新成果，具有科学、实用、继承和创新等特征。首先，具有科学性。习近平关于民族工作的重要论述是马克思主义中国化的理论，是新时代我们党处理国内民族问题的锐利武器，是一套严密的科学体系。其次，具有实践性。习近平关于民族工作的重要论述，是由中国革命实践和建设为首的具有中国特色的方式，来自于新时代民族工作面临的“五个并存”的阶段性特征的现实状况。再次，具有继承性。习近平关于民族工作的重要论述的理论基础是

---

① 崔清新．党的十八大以来以习近平为总书记的党中央推进民族工作创新发展纪实．人民日报，2016-10-10（01）．

马克思列宁的民族理论、毛泽东民族理论、邓小平民族理论和“三个代表”重要思想与科学发展观的民族理论，在一些基本观点乃至语言表述上，都是一贯相通、一脉相承的，都是来自马克思、列宁、毛泽东、邓小平、江泽民、胡锦涛的经典论述。最后，具有创新性。除了继承前人的民族工作思想，习近平关于民族工作的重要论述根据新时期民族工作实际和新时代的变化进行不断创新。比如，强调坚持中国特色解决民族问题的正确道路、着重强调做好民族工作关键在党、关键在人，着重强调民族团结是各族人民的生命线等观点，就是对马克思主义民族理论的重大创新。

四、习近平关于民族工作的重要论述的重要性在新时代得到了验证

中国属于多民族国家，探索如何处理民族问题，做好民族工作，是中国共产党一贯高度重视的工作。在新时期，少数民族和少数民族地区全面建成小康社会，实现中华民族伟大复兴的中国梦，各民族应共同努力，做好民族工作，实现突破式的进步。就新时代而言，习近平关于民族工作的重要论述对探索民族问题的解决和做好民族工作具有重要的理论意义和现实作用。

（一）习近平关于民族工作的重要论述的理论意义

习近平对新时期民族工作的看法，是马克思主义民族理论的最新理论成果。它推动了中国民族理论和民族政策的进一步系统化与科学化，具有重要的理论意义。20 世纪 70 年代以来，少数民族和民族地区进入跨越式发展的轨道，但也遇到一些问题和挑战，如果在如何看待和解决这些问题，解读党的民族理论时产生了分歧，就会不利于民族工作的发展。在新时代，习近平同志注重民族理论的创新，对认识民族工作、做好民族工作等进行深入阐述，解答民族工作理论政策的思想困惑，有利于统一共识、凝聚人心，实现中华民族的伟大梦想。

（二）习近平关于民族工作的重要论述在新时期的现实意义

习近平关于民族工作的重要论述是新时期民族工作的指导方针，对开展民族工作具有现实指导意义。我国步入 21 世纪以来，对少数民族和民族地区实施“西部大开发”“支持人口较少的民族”的发展等政策，已经在这些地区的经济、政治和文化发展方面取得了不小成就。但也出现一些矛盾和问题，全面建成小康社会的难度较大，“一带一路”倡议在为民族地区带来机遇的同时，也带来新的挑战。在新时代，如何看待民族问题，如何做好民族工作，成为民族工作的重中之重。习近平关于民族工作的重要论述为民族工作实践提供基本遵循，指导各族人民团结合作、共同繁荣发展，同心共筑中国梦。

（作者系安顺学院马克思主义学院副教授，东北林业大学博士研究生）

木桶原理与民族共同体意识的初步思考

李桂仙

摘　要：本文借助“木桶理论”，把木桶盛水的总容量比作一个国家经济社会发展的综合实力，把木桶中的木板比作中国56个民族。“木桶理论”在民族平等团结中给人们的启示有两个方面：一方面，木桶的盛水量取决于桶壁上最短的那块木板；另一方面，木桶的容量也取决于木板之间的缝隙，木桶再高再大，只要有缝隙，水就会漏光。因此，坚持各民族均衡发展、充分发展、可持续发展，对建设社会主义现代化强国，实现中华民族伟大复兴中国梦，具有十分重大的现实意义和深远的历史意义。

关键词：民族共同体；木桶理论；民族复兴

习近平同志先后在中央民族工作会议、中央第六次西藏工作座谈会、党的十九大多次提到了“中华民族共同体”意识。

在党的十九大报告中，“民族”一词出现了80余次。习近平同志在十九大报告中指出：“深化民族团结进步教育，铸牢中华民族共同体意识，加强各民族交往交流交融，促进各民族像石榴籽一样紧紧抱在一起，共同团结奋斗、共同繁荣发展。”他在报告中进一步站在党、国家和民族的整体利益制高点上，提出要增强民族共同体意识，号召全体中华儿女团结，齐心协力共创民族复兴的美好未来，勾勒出我们海内外中华儿女意志的最大公约数和描绘出我们全民族团结统一的最大的同心圆。他把民族团结问题和振兴战略、创新驱动发展战略、区域协调发展战略、可持续发展战略、全民融合发展战略，并列为党和国家未来发展的“重大战略”，足见对其的高度重视。需要注意的是，民族振兴战略是十九大报告中的最新提法，民族振兴战略是新时代的最新战略。不同历史发展阶段，党总是根据当时社会主要矛盾而制定有针对性化解矛盾的路线方针政策和国家战略，这正是中国共产党坚持实事求是思想路线、解决中国问题的正确治国理政理念。民族团结与振兴战略的制定，正是针对中国特色社会主义建设进入了新时代，为解决人民对美好生活需要与发展不平衡不充分的矛盾而提出的重大战略。

为此，我们对党、国家和民族共同体意识须开展全方位多角度的分析、探讨和研究。秉持这种精神，本文拟借木桶原理，就相关问题作初步分析思考。

一、木桶理论及其认识

木桶理论由劳伦斯·彼得（Laurence J. Peter）提出，指一只木桶想盛满水，必须每块木板都一样平齐且无破损，如果这只桶的木板中有一块不齐或者某块木板下面有破洞，这只桶就无法盛满水，说的是一只木桶能盛多少水，并不取决于最长的那块木板，而是取决于最短的那块木板。木桶理论也可称为短板效应。

而新木桶理论则将之进一步衍生。木桶能够装多少水，不光取决于最短的短板，更取决于木桶的有无缝隙。若有缝隙则木桶中的水，将逐渐从木桶中泄出。

也有另一种说法：上述两种说法都是将木桶放在一个平面上。但把木桶放置在一个斜面上，木桶倾斜的方向的木板越长，则木桶内装的水越多。我们把它称为斜木桶原理。

总之，木桶理论是劳伦斯·彼得提出的用于企业管理方面的原理，但是将其置身于商业、工业、政治、行政、军事、宗教、教育等事业其也有发挥的场地。现在“木桶理论”已为很多人所熟悉，该理论的核心内容：一只木桶盛水的多少，并不取决于桶壁上最高的那块木板，而恰恰取决于桶壁上最短的那块木板。“木桶理论”为很多经济界人士所看重，并引用到经济发展中。为此，我们可以进一步加以新的引申和阐释。

（一）木桶理论1.0版

从生活中我们可以知道，一只木桶能装多少水取决于它最短的那块木板，有管理学者曾经用“木桶”形象地提示，在组织的管理中需要及时发现“管理短板”并采取措施将其提升，从而系统地提高组织的管理能力，这样一来“木桶”能容纳的水就能更多一些了。这是“木桶理论”最早的含义，本人称之为“木桶理论1.0版”。

（二）木桶理论2.0版

在现实中，我们经常可以发现这样一些组织，它们在经营、管理个别的领域拥有强势，如技术、市场，而在其他领域表现平平。这就好像一个木桶，大部分的桶片在一个高度、少数桶片明显高于其他，造成了一种“鹤立鸡群”的态势。最近看到有人发文章说，这也是好事儿，有个性，还进而号召大家强化“长板”。且慢！在本人看来，这样的“优势”往往超越了组织发展阶段的应有状态，是依靠大投入或个人智慧形成的，不带有普遍意义，在大部分情况下，不仅不能准确反映组织的系统经营、管理水平，还会带来盲目的乐观、骄傲。从另一个角度看，如果这种“优势”不能在可接受的时间内转化为经济效益、社会效益、品牌效益，对于组织来讲，那就是浪费，就是包袱。理性的、负责任的组织，应该及时识别那些无意义的“长板”，采取必要的措施进行调整、处置，消除“管理浪费”，以避免其拖累组织正常的经营、管理。在“木桶理论”针对短板的理念基础上，增加一个针对“长板”的说法儿，本人称之为“木桶理论2.0版”。

（三）木桶理论3.0版

见过木桶的人都知道，木桶的桶片看似一致，实质上还是有些差异的，有的厚些、有的薄些，这些差异大部分情况下并不妨碍木桶发挥盛水、运输的功能。但是，从尽善尽美的角度看，这些差异可能造成美观上的问题，或自重过大造成使用不便，真正的工匠肯定看不下去。同样的问题反映在组织管理上，那就是提供资源的水平不一致，也有浪费的嫌疑，对于追求卓越的组织来说，也是不能容忍的。于是，我们在“木桶理论”中又可以增加一个值得注意、研究、解决的问题，那就是“厚板/薄板”，我把它称之为“木桶理论3.0版”。

（四）木桶理论4.0版

上述“木桶理论3.0版”提供了一个观察资源提供水平的视角，但这对于组织来说还不够，看到了表象问题还得进而研究内在问题。木桶能否安全地盛水、运输以完成其使命，还有个因素不得不察，那就是桶片的质量，如果不定期对桶片的牢固程度进行检查、忽视桶片腐朽的风险，那就可能造成“千里之堤毁于蚁穴”的颠覆性后果，木桶也就没有使用价值了。组织在经营、管理过程中，一定要定期评价所提供资源的运行状况，如人力资源方面的能力水平、财务资源方面的周转效率和安全性、信息和知识资源的可应用性、技术资源与战略目标的匹配程度、基础设施资源的稳定性等，防微杜渐，避免这些资源在应用中出现问题。因此，对“朽板”的认识扩充了对木桶的研究成果，我又把它称之为“木桶理论4.0版”。

看到一个木桶，从短板看到长板、厚板、薄板、朽板，这是深度认识事物的结果，从传统的发现短板并予以解决到意识到木桶可能存在的风险并采取措施降低风险，这是管理成熟度提高的体现。希望以上“木桶理论全概念”对从事组织经营、管理的同仁有提示作用。另外，关于木桶的铁箍强度、接缝严密程度、桶底直径、拎手承载力等与木桶板片无关，故本文没有必要细加分析，特作说明。

通过上述简单的分析，不难看出，其实，无论新老“木桶理论”，对于我们看待民族的基本问题和民族共同体的构筑，同样有着现实的意义。

二、木桶原理与民族团结融合思考

平等、团结、互助、和谐是我国社会主义民族关系的本质特征，平等是基石，团结是主线，互助是条件，和谐是本质。而在“木桶理论”中，人们如果把木桶盛水的总容量比作一个国家经济社会发展的综合实力，把木桶中的木板比作中国56个民族，如何实现木桶最大的容水量呢？“木桶理论”在民族平等团结中给人们的启示有两个方面：一方面木桶的盛水量取决于桶壁上最短的那块木板；另一方面，木桶的容量也取决于木板之间的缝隙，木桶再高再大，只要有缝隙，水就会漏光。

因此，在我国这个多民族的大家庭中，56个民族首先要平等。56块“木板”，只要有一块短板，就不能实现木桶盛水容量的最大化。苏联解体的原因是多方面的，其中民族之间的不平等就是一个重要的原因。当政者推行大俄罗斯主义，战后对10多个民族进行惩罚性的迁移流放，强化推广俄语，对非俄罗斯民族文化统统予以打击，严重伤害了少数民族的感情，导致民族关系日趋紧张，民族矛盾越积越深。因此，只有平等才能使各民族形成更大的凝聚力和向心力，推动社会的进步；只有平等才能使各民族的经济社会实现全面、协调、可持续发展；只有平等才能使国家真正实现繁荣富强。

平等是基石，团结是主线。在木桶中，盛水量与木桶之间的缝隙也有着直接的联系，缝隙大了，水桶不但不能盛多少水，而且可能连原来盛的水也会漏掉。纵观世界民族问题，不少国家出现风云动荡，都与民族之间出现严重的矛盾有关。

没有民族的团结，国家就不可能稳定，民族的复兴更是一句空话。因此，“木桶理论”带给人们的启示是：56个民族必须要紧密团结在一起，才能“形成一只牢不可破的大木桶”，才能使中华民族拥有更强的凝聚力和向心力。只有各民族“共同团结奋斗、共同繁荣发展”，中华民族才能实现伟大复兴！习近平同志在党的十九大报告中强调，要“引导人们树立正确的历史观、民族观、国家观、文化观”。因此，坚定正确的历史观、民族观、国家观、文化观，是中华各民族团结统一、中华民族共同繁荣发展的精神基础和行动指南。

三、结　语

民族共同体意识是全面实现小康、中华民族伟大复兴中国梦的重要基础之一，也是实现中华民族团结和社会稳定的前提和条件。形成民族共同体意识的关键在于达成共识。共识有几个基本的要素：长期共同生活、有约定俗成的行为规范和相应的文化制度，成员之间都认可和遵循。目前看来，民族共识面临两个方面的挑战：一是中华文化基础有待加强，二是自治体系的逐渐强化和振兴。其主要原因是转型期间，大量传统文化被忽视，源于社会环境的改善造成文化和理念上的脱节，形成短期内无法调和的矛盾。这种文化上的断裂是造成人们无所适从的重要原因，同时也是民族秩序失范的症结之一。

民族文化振兴战略的核心是构建和谐社会，和谐社会的本质是人与人之间的关系是平等的、均衡的和稳定的。互惠互利是构成均衡社会关系的重要原则之一。当下各民族文化虽然经历了巨大的变化，也都处于转型的重要时期，但其物质基础和社会关系仍然较强。在广大民族地区，内部的文化本色依然有顽强的生命力，相互之间的边界仍然存在，在这种既相互独立，又有着复杂社会关系的地区，实现互惠对于关系的稳固与均衡、秩序的形成和遵守有着十分重要的作用。民族文化振兴战略的实施，离不开互惠文化的创建。一是要在民族内部，通过情感、道德、传统习俗和文化制度等方面的力量来增强民族之间的联系，培养各民族对自身文化的情感和道义感，使之在不断变化的外部环境下仍能保持自身凝聚力。二是协调在不同民族及社会力量之间的利益，建立互惠协商机制。当下面临着大量外来利益集团的影响，如何在不同利益群体之间实现新的均衡是一个亟待解决的问题，互惠原则为这个问题的解决提供了有益的借鉴和参考。在利益交换过程中，唯有坚持互惠，社会秩序和民族关系才会稳定和发展。所以说，实现互惠是民族振兴战略中的关键一环。

参考文献

［1］《党的十九大报告辅导读本》编写组．党的十九大报告辅导读本．北京：人民出版社，2017.

［2］本书编写组．十九大报告关键词．北京：党建读物出版社，2017.

［3］［美］劳伦斯·J. 彼得（Laurence J. Peter）．彼得原理．北京：机械工业出版社，2013.

［4］石磊．木桶效应．北京：地震出版社，2004.

［5］金圣荣．彼得原理．北京：电子工业出版社，2011.

（作者系玉溪师范学院马克思主义学院副教授）

习近平新时代中国特色社会主义思想探析

李雪章

摘　要：习近平新时代中国特色社会主义思想是马克思主义中国化最新成果，是当代中国马克思主义，是在回答时代和实践提出的新课题中形成的新理论。其理论观点和基本原理构成了系统完备的科学体系，为中国特色社会主义理论体系增添了新的时代内涵，为发展马克思主义做出了原创性贡献。

关键词：习近平新时代中国特色社会主义思想；客观依据；基本内容；历史地位

"习近平新时代中国特色社会主义思想"这一概念是我们党的十九大提出来的。这是马克思主义中国化的最新理论成果，是以习近平同志为核心的党中央把马克思主义基本原理与当代中国实际紧密结合起来的理论创新，是我们党团结带领全国各族人民，决胜全面建成小康社会，进而推进社会主义现代化建设、实现中华民族伟大复兴中国梦宏伟目标的理论指南和行动纲领。习近平新时代中国特色社会主义思想体现了一脉相承又与时俱进的特点，不仅丰富了马克思主义理论，也进一步丰富了中国特色社会主义理论体系。

一、习近平新时代中国特色社会主义思想形成的客观依据

党的十八大以来，习近平同志围绕改革发展稳定、内政外交国防、治党治国治军发表了一系列重要讲话，形成一系列相互联系、相互贯通的治国理政新理念、新思想和新战略，进一步丰富和发展了马克思主义理论。2014 年 10 月，党的十八届四中全会公报首次将"深入贯彻习近平同志系列重要讲话精神"与邓小平理论、"三个代表"重要思想和科学发展观并列，成为中国共产党指导思想的组成部分。

（一）新的世情激发了新思想

唯物史观认为："一切划时代的体系的真正的内容都是由于产生这些体系的那个时期的需要而形成起来的。"① 习近平新时代中国特色社会主义思想的形成，有着一定的世情背景。当前，中国经济总量在世界主要国家中名列前茅，成为世界第二大经济体。2016 年中国 GDP 已达到 11 万亿美元，仅次于美国稳居世界第二，相当于排名其后的日、德、法 GDP 的总和。中国经济保持中高速增长，对世界经济增长的贡献率超过了 30%，成为拉动世界经济增长的最大引擎。换句话说，中国经济的持续稳定发展与世界

① 《马克思恩格斯全集》（第 3 卷），人民出版社 1960 年版，第 544 页。

前所未有地紧密联系在一起，并为世界提供了广阔空间。与此同时，中国在国际体系中的制度性权利得到显著提升，国际货币基金组织中国的份额和投票权升至第三位，人民币加入特别提款权货币篮子，中国成为欧洲复兴开发银行成员。另外，中国发起成立亚洲基础设施投资银行、丝路基金、金砖银行。中国对联合国的贡献综合评估已达到第二位，正在从国际体系的参与者迅速转向国际公共产品的提供者，成为国际主导议题和重大方略的提出者和推进者，各国普遍更加看重中国、倚重中国。无论是国际性事务还是地区性事务，无论是经济、贸易、文化还是政治、安全等领域，国际社会更加期待听到中国声音，看到中国方案，期望中国承担更多的国际引领责任。中国积极发挥负责任大国的作用，为解决人类问题贡献中国智慧和力量、提供中国方案和建议，成为当今国际格局变动的重要表征。

（二）新的国情催生了新思想

国情是执政党治国理政的立足点和出发点。以习近平同志为核心的党中央准确判断和理性把握中国发展新阶段的国情特征，明确提出经济发展进入新常态的重大命题乃是习近平新时代中国特色社会主义思想形成的重要现实条件。

今天，中国实现了突飞猛进的发展，正在进行历史上罕见的和平崛起。与此同时，发展的粗放式问题更加显现，能源、资源、环境的承载能力已达上限，发展的不可持续性越来越突出。十八大以来，党中央审时度势，果断决策，改变主要靠投资拉动经济增长的模式，将经济工作的重心转到转方式、调结构、稳增长、防风险，追求经济发展的质量和效益，主动下调经济增长速度上来。伴随国际金融危机和欧债危机爆发，世界经济复苏乏力，国际需求不振。正是在这种情形下，习近平同志指出，中国经济发展已经进入速度变化、结构优化、动力转换的新常态。经济发展新常态是中国经济向更高发展水平跃升的必经阶段，也是社会主义初级阶段此时此刻所呈现出来的一个重要的阶段性特征。众所周知，社会主义初级阶段是一个比较漫长的历史过程，其间必然会经历若干发展阶段。这样的基本国情，是推进改革开放和现代化建设的现实依据，也是中国特色社会主义的重要基石。社会主义初级阶段经济发展新常态作为经济发展的一个新阶段，会引起政治、文化、社会、生态等发生阶段性变化，标示着中国社会主义建设进入一个新的历史时期。

（三）新的社情孕育了新思想

以习近平同志为核心的党中央根据中国社会性质、政治、经济、文化等方面的基本情况和特点，把完善和发展中国特色社会主义制度，推进国家治理体系和治理能力现代化，作为全面深化改革的总目标，使习近平新时代中国特色社会主义思想的形成展现出中国特色和中国气派。

随着冷战结束，两极格局瓦解，制度和意识形态之争让位于经济社会发展和综合国力的竞争，全球治理和国家治理问题凸显。特别是当前世界经济低迷，恐怖主义、极端主义蔓延，生态环境问题严峻，如何实现更好的全球治理以推动经济增长、促进各国共同发展，成为世界性重大课题。改革开放以来，我们以全新的角度思考国家治理体系问题，强调领导制度、组织制度带有根本性、全局性、稳定性和长期性，并充分认识到治理能力是影响社会主义制度优势性发挥、影响党和国家事业顺利发展的重要因素。中国共产党以宽广的全球视野和长远的时代眼光，加快推进改革开放，使国家发展始终走在快车道上，一跃成为世界经济大国。中国的社会主义制度得到越来越多国家的认同，中国的政府、社会显示出强大的治理能力，取得显著的治理成效，得到国际社会的普遍认可和肯定。中国的国家治理和社会治理具有独特的优势，总体上是成功的。

正是在这种背景下，党的十八届三中全会把完善和发展中国特色社会主义制度、推进国家治理体系和治理能力现代化，作为全面深化改革的总目标，强调以人民为中心的工作导向，强调全面依法治国，推动国家治理、政府治理和社会治理的法治化，在经济、政治、文化、社会和生态等各方面加快完善制度体系，治理体系和治理能力现代化水平明显提高，全社会发展活力和创新活力明显增强。党的十九大进一步提出，打造共建共治共享的社会治理格局，完善党委领导、政府负责、社会协同、公众参与、法治保障的社会治理体制，提高社会治理社会化、法治化、智能化、专业化水平，实现政府治理和社会调节、居民自治良性互动。国家和社会治理需要学习借鉴现代文明优秀成果，这个过程要去伪存真，注意分辨，警惕西方“西化分化陷阱”。

（四）现实党情需要新思想

从现状来看，党的领导是中国特色社会主义最本质的特征和最大优势。同时，党的建设面临着许多新的情况，国内外形势环境变化之快、改革发展稳定任务之重、矛盾风险挑战之多、治国理政考验之大，都是前所未有的，具有新的历史特点，迫切需要党的创新理论指导。

历史选择了中国共产党，其从诞生之日起就肩负着领导中国人民实现中华民族伟大复兴的历史重任。90多年来，历经革命、建设和改革的不同历史时期，我们党始终牢记历史使命，迎接风险挑战，解决时代课题。时至今日，执政党处在新的时代坐标和历史方位上，正领导中国走向世界舞台的中心，领导亿万人民进行决胜全面建成小康社会和实现中华民族伟大复兴的宏伟事业。

要进行伟大斗争、推进伟大事业、实现伟大梦想，必须毫不动摇坚持和完善党的领导，毫不动摇推进党的建设新的伟大工程，把党建设得更加坚强有力。越是靠近我们的奋斗目标，越是面临严峻的客观形势，越需要集中全党的智慧、勇气和力量，加强党自身的建设。管党治党是完成历史使命的政治保障和政治前提。在不同的历史阶段，我们党已经积累了宝贵的管党治党经验，大大提升了应对曲折、风险、挑战、考验的能力。

以习近平同志为核心的党中央勇于面对党面临的重大风险考验和党内存在的突出问题，以顽强意志品质持续推进全面从严管党治党。强调坚定理想信念，坚持“三严三实”，补钙壮骨，固本培元；强调把党的政治建设摆在首位，思想建党和制度治党同向发力，完善各种体制机制和制度体系，把权力关进制度的笼子里；强调把纪律挺在前面，贯彻落实“八项规定”，严厉整治形式主义、官僚主义、享乐主义和奢靡之风，坚决反对特权；强调反腐败无禁区、全覆盖、零容忍，坚定不移“打虎”“拍蝇”“猎狐”，刮骨疗毒，壮士断腕；强调抓住“关键少数”，建设铁一般信仰、铁一般信念、铁一般纪律、铁一般担当的干部队伍，不断提高党的建设质量，把党建设成为始终走在时代前列、人民衷心拥护、勇于自我革命、经得起各种风浪考验、朝气蓬勃的马克思主义执政党。全面从严管党治党是习近平新时代中国特色社会主义思想形成的主体因素。

二、习近平新时代中国特色社会主义思想的基本内容和基本方略

习近平新时代中国特色社会主义思想的基本内容，从理论层面对“新时代坚持和发展什么样的中国特色社会主义”作了深刻回答。目前，我们已经阶段性地实现了中华民族伟大复兴的目标，但这个目标还没有完全实现，还需要一代代中华儿女不断奋斗。“总目标”是一个综合指标，它是由各个领域的目标汇集而成的。如坚持和发展“五位一体”和“四个全面”战略布局；坚持“中国特色社会主义是社会主义而不是其他什么主义”的根本方向；坚持科学发展，坚定不移贯彻创新、协调、绿色、开放、共享发展理念；坚持“创新是引领发展的第一动力”，把以科学技术为先导的社会生产力作为发展中国特色社会主义的根本动力，为建设现代化经济体系提供战略支撑；在全面建成小康社会的基础上，分两步走，建成社会主义现代化强国；推进国家治理体系和治理能力现代化；全面推进依法治国的总目标是建设中国特色社会主义法治体系，建设社会主义法治国家；党在新时代的强军总目标是建设一支听党指挥、能打胜仗、作风优良的人民军队，建成世界一流军队；构建合作共赢的新型国际关系，推动构建人类命运共同体；坚持党对一切工作的领导，坚持打铁必须自身硬，毫不动摇坚持和完善党的领导，毫不动摇把党建设得更加坚强有力，确保党和国家长治久安，确保中国特色社会主义不断得到发展。这些观点，是习近平新时代中国特色社会主义思想的基本内容，构成了新思想的基本理论框架，形成了严密的逻辑体系。

习近平新时代中国特色社会主义思想的基本方略，从实践层面对“怎样坚持和发展中国特色社会主义”作了系统阐释。要求全党必须不断增强“四个意识”，自觉维护党中央的权威和集中统一领导，不断完善党的领导体制机制，提高党把方向、谋大局、定政策、促改革的能力和定力，确保党始终总揽全局、协调各方；必须坚持人民主体地位，坚持立党为公、执政为民，努力践行全心全意为人民服务的根本宗旨，必须把人民对美好生活的向往作为奋斗目标，依靠人民创造历史伟业；坚持全面深化改革，明确只有社会主义才能救中国，只有改革开放才能发展中国、发展社会主义、发展马克思主义；坚持新发展理念，坚持推动新型工业化、信息化、城镇化、农业现代化同步发展、协调发展；必须坚持开放发展，主动参与和推动经济全球化进程，发展更高层次的开放型经济，不断壮大国家经济实力和综合国力；坚持人民当家做主，必须健全民主制度，丰富民主形式，拓宽民主渠道，保证人民当家做主落实到国家政治生活和社会生活之中；坚持全面依法治国，必须把党的领导贯彻落实到依法治国全过程和各方面，坚持中国特色社会主义法治道路、法律体系、法治体系、法治国家、法治理论；坚持社会主义核心价值体系，必须坚持马克思主义，培育和践行社会主义核心价值观，不断增强意识形态领域主导权和话语权，发展社会主义先进文化；坚持在发展中保障和改善民生，在发展中补齐民生短板、促进社会公平正义，不断促进人的全面发展和全体人民共同富裕；坚持总体国家安全观，加强国家安全能力建设，坚决维护国家主权、安全和发展利益；坚持党对人民军队的绝对领导，建设一支听党指挥、能打胜仗、作风优良的人民军队，实现党的新时代强军目标；坚持“一国两制”和推进祖国统一，推动两岸同胞共同

反对一切分裂国家的活动，共同为实现中华民族伟大复兴而奋斗。

三、习近平新时代中国特色社会主义思想的历史地位

习近平新时代中国特色社会主义思想是科学社会主义基本原则的体现，是对中国特色社会主义本质特征的呈现，是中国特色社会主义理论的新发展，是马克思主义中国化的最新成果。

（一）开辟了马克思主义中国化的新境界

习近平新时代中国特色社会主义思想立足于新时代中国特色社会主义的实践，进行理论创新，深化了对共产党执政规律、社会主义建设规律、人类社会发展规律的认识，既运用了马克思主义基本原理，又发展了马克思主义基本原理。其中，以人民为中心的思想是对马克思主义关于人民群众是历史创造者原理的运用和发展；国家治理体系和治理能力现代化思想是对马克思主义国家理论的运用和发展；将政治建设作为党的建设的统领是对马克思主义党的建设理论的运用和发展。习近平新时代中国特色社会主义思想是马克思主义中国化的最新成果，开辟了马克思主义中国化的新境界，成为中国特色社会主义理论体系的有机组成部分。

（二）实现中华民族伟大复兴的行动指南

实现中华民族伟大复兴是近代以来中华民族最伟大的梦想，需要科学的理论指导。只有科学的理论指导，才能确立民族复兴的具体目标，才能解决民族复兴过程中面临的各种问题，才能凝聚各方面的力量。习近平同志在党的十九大报告中指出："中华民族伟大复兴，绝不是轻轻松松、敲锣打鼓就能实现的。全党必须准备付出更为艰巨、更为艰苦的努力。"① 因此，党的十九大修改通过的《中国共产党章程》确立了习近平新时代中国特色社会主义思想的指导地位，强调习近平新时代中国特色社会主义思想"是全党全国人民为实现中华民族伟大复兴而奋斗的行动指南，必须长期坚持并不断发展"。②如前所述，习近平新时代中国特色社会主义思想是基于新时代中国特色社会主义实践的理论创造，已形成了一个完整的理论体系，具有科学性、人民性、实践性等显著特征，经受了实践的检验，赢得了人民群众的支持，这是习近平新时代中国特色社会主义思想被确立为指导思想的主要依据。将习近平新时代中国特色社会主义思想确立为指导思想，既实现了党的指导思想的与时俱进，又为实现中华民族伟大复兴提供了保障。

（三）向全球展现了世界社会主义的生机与活力

习近平新时代中国特色社会主义思想开辟了中国特色社会主义的新境界，既推进了中国特色社会主义理论与实践的发展，又展现了世界社会主义的光明前景，为世界社会主义带来了生机和活力。中国共产党肩负引领世界社会主义发展的历史重任，中国要为人类做出更大贡献，首先要为世界社会主义发展做出贡献。党的十九大报告指出，中国特色社会主义进入新时代，"在世界社会主义发展史上"具有重大意义。习近平新时代

① 《中国共产党第十九次全国代表大会文件汇编》，人民出版社 2017 年版，第 12 页。
② 《中国共产党第十九次全国代表大会文件汇编》，人民出版社 2017 年版，第 69 页。

中国特色社会主义思想对于世界社会主义的发展具有引领作用，将进一步推动世界社会主义的发展，彰显社会主义制度的优越性。

（四）为国际社会奉献了中国智慧与中国方案

习近平新时代中国特色社会主义思想实现了对西方“历史终结论”“文明冲突论”和西方中心主义的超越。美国学者福山认为，世界历史终结于资本主义，自由民主可能形成“人类社会形态进步的终点”与“人类统治的最后形态”。中国特色社会主义的成功与习近平新时代中国特色社会主义思想所展现的社会主义前景，是对“历史终结论”的有力驳斥。美国学者亨廷顿认为，冷战结束后，主宰全球的将是文明的冲突。习近平新时代中国特色社会主义思想所倡导的“共同、综合、合作、可持续的新安全观”“开放创新、包容互惠的发展前景”“和而不同、兼收并蓄的文明交流”，实现了对“文明冲突论”的超越。不少西方学者、政要认为，西方的发展道路是人类文明发展、人类社会演进的唯一道路，西方的今天就是世界的明天。中国道路的成功以事实表明，人类文明发展可以有而且也应该有另外的道路，不应该是西方模式一统天下，习近平新时代中国特色社会主义思想阐明了中国道路的内涵，实现了对西方中心主义的超越。习近平新时代中国特色社会主义思想彰显了中国特色社会主义道路自信、理论自信、制度自信、文化自信，是用中国概念、中国话语总结中国经验、表达中国主张、讲述中国故事的新时代中国化马克思主义，是奉献国际社会的中国智慧和中国方案。

综上所述，习近平新时代中国特色社会主义思想是发展中的理论，随着中国特色社会主义实践的发展，习近平新时代中国特色社会主义思想也将进一步丰富和发展。

参考文献

[1]《马克思恩格斯文集》，人民出版社2009年版。

[2]《习近平谈治国理政》，外文出版社2014年版。

[3] 肖贵清:《习近平新时代中国特色社会主义思想的重大意义》，《中共中央党校学报》2017年第12期。

[4] 段华明:《习近平新时代中国特色社会主义思想形成的历史方位》，《岭南学刊》2017年第6期。

（作者系云南民族大学马克思主义学院副教授、博士）

习近平新时代中国特色社会主义思想形成的历史逻辑

蒋　丽

摘　要：“中国特色社会主义进入了新时代，这是我国发展新的历史方位。”在这一新时代开启的关键点上，回顾社会主义建设过程中出现的一次次危机，正是我们党回答了“坚持和发展什么样的中国特色社会主义、怎样坚持和发展中国特色社会主义”，才在十九大上，孕育出“新时代中国特色社会主义思想”这一引领中华民族伟大复兴的行动指南。要深刻领悟这一思想，必须反思历史，精准把握它的历史逻辑。

关键词：社会主义危机；习近平新时代中国特色社会主义思想；历史逻辑

习近平同志在十九大报告中庄严宣布：“经过长期努力，中国特色社会主义进入了新时代，这是我国发展新的历史方位。”[1]这一新时代命题的提出，使我们不禁想到社会主义发展历史上的几次重大的危机，正是一次次地对危机的思考才让习近平新时代中国特色社会主义思想得以孕育形成，新时代中国特色社会主义的历史逻辑得以构建。正如习近平同志指出的：“中国特色社会主义不是从天上掉下来的，是我们党和人民历尽千辛万苦、付出巨大代价取得的根本成就。中国特色社会主义，既是我们必须不断推进的伟大事业，又是我们开辟未来的根本保证。”

一、社会主义建设的第一次危机与马克思主义中国化

1956 年 2 月，苏联领导人赫鲁晓夫在苏共二十大上做了一份秘密报告，即《关于个人崇拜及其后果》，这一报告在国际共产主义运动中引起了强烈反响。紧接着在 1956 年 6 月和 10 月，就分别爆发了波兰事件和匈牙利事件，这就是社会主义建设的第一次危机。[2]

当时包括中国在内的很多社会主义国家，都面临着对未来道路的选择难题，是继续走斯大林之路，还是要向赫鲁晓夫学习，走斯大林之后的苏联之路。可以说这次危机，引起了人们对苏联模式的怀疑和批判，第三世界国家根据本国国情都在独立探索本国道路。

早在 1955 年底毛泽东同志就提出了对苏联模式的不满意，并提出“以苏为戒”的问题。1956 年危机爆发后，毛泽东同志说：“特别值得注意的是，最后苏联方面暴露了他们在建设社会主义中的一些缺点和错误，他们走过的弯路你还想走？过去我们就是鉴于他们的经验教训，少走了一些弯路，现在当然更要引以为戒。”[3]从此之后，我们党下

决心开始自主寻找适合我国国情的社会主义道路。紧接着中共八大召开，毛泽东同志《论十大关系》和《关于正确处理人民内部矛盾》两篇重要文章的发表，标志我党开始独立自主探索中国特色社会主义道路。

中国共产党自从1921年建党开始，就始终如一地把马列主义作为自己的指导思想。但是，我们即使找到了马克思主义这个伟大的思想武器，也不能解决中国发展过程中的全部问题，我们还面临怎么样把马克思主义基本原理同中国具体实际相结合的事情，也就是马克思主义中国化的问题。中国共产党人对这个问题进行了漫长的探索和思考。1938年，毛泽东同志在党的六届六中全会上强调指出："马克思主义的中国化，使之在其每一表现中带着中国的特性，即是说，按照中国的特点去应用它，成为全党亟待了解并亟须解决的问题。"[4]这是党首次明确提出"马克思主义中国化"的重大命题，对后来党的理论发展和事业推进产生了深远影响。

毛泽东同志曾经说过："我们要把马、恩、列、斯的方法用到中国来，在中国创造出一些新的东西。只有一般的理论，不用于中国的实际，打不得敌人。但如果把理论用到实际上去，用马克思主义的立场、方法来解决中国问题，创造些新的东西，这样就用得了。"[5]"解决中国问题"和"创造些新的东西"，是马克思主义中国化的两个目标。

二、社会主义建设的第二次危机与建设有中国特色的社会主义理论

中国社会主义道路探索刚刚孕育，正确的理论还没有来得及实施，"文化大革命"的开始就把其给扼杀在萌芽期了。1966年到1976年间的十年"文化大革命"，给党和国家造成巨大的损失，也给社会主义的建设带来了第二次危机。

1976年"文化大革命"结束之后，世界形势发生了较大变化，邓小平眼光独到地提出和平与发展已成为时代主题。同时世界各国都开始进行改革，如匈牙利模式，各国逐渐开始探索把马列主义和本国实际相结合的道路，世界出现不同流派的社会主义。"文化大革命"后的中国面对自己道路的选择，也出现了多种声音，一种有人提出，继续走"文化大革命"之路，坚持"两个凡是"思想，即老路；另一种是全面否定，提出像苏联否定斯大林那样，全面否定毛泽东和毛泽东思想，即邪路。面对其他社会主义国家在建设过程中出现的教训，在新的历史条件下，以邓小平同志为核心的党和国家领导集体也一直在反思第二次危机的经验教训，并且总结我国社会主义建设的正反经验，重新开始探索适合中国国情的社会主义道路。提出了走自己的路，即"建设有中国特色的社会主义"。1982年，党的十二大正式提出了"建设有中国特色的社会主义"这一重大命题。1987年党的十三大，第一次比较系统地论述了社会主义初级阶段理论和基本路线，构成了"建设有中国特色的社会主义理论"的轮廓。

三、社会主义建设的第三次危机与中国特色社会主义的发展

（一）东欧剧变与社会主义第三次危机

从1989年6月至1990年12月，在波兰、匈牙利、捷克斯洛伐克、南斯拉夫、民主德国、罗马尼亚、保加利亚、阿尔巴尼亚等国的原共产党政权相继倒台，并被反对派所取代。国内外形势十分复杂、世界社会主义出现严峻考验。1991年"8·19"事件发生

后，苏联共产党解散，苏维埃社会主义共和国解体，原有的各加盟共和国纷纷宣布脱离苏联独立，世界上第一个社会主义国家垮台。东欧剧变、苏联解体的同时，我国也发生严重政治风波。这一系列的剧变，使全世界的社会主义运动陷入低潮，导致了社会主义建设历史上的第三次危机。

在对第三次社会主义建设的危机的反思中，邓小平同志得出了以经济建设为中心，发展才是硬道理等许多积极的理论成果，1992 年初，邓小平同志在南方讲话中，富有创造性地阐述了什么是社会主义、社会主义也可以有市场和“三个有利于”等一系列人们关注度非常高的问题，极大地解放了思想。同年，党的十四大高度概括了这一思想，称之为“邓小平同志建设有中国特色社会主义理论”，开启了中国特色社会主义发展的新阶段。

（二）邓小平逝世，中国向何处去

十四大之后，世情、国情、党情发生变化。国际上出现了经济全球化、政治多极化、文化多元化的新的发展趋势，国内面临着从总体小康到全面小康的发展任务。1997 年 2 月，邓小平同志逝世，有人趁机否定“四项基本原则”，有人借改革中出现的失误，否定改革开放，更有甚者对照科学社会主义理论，提出有中国特色社会主义名为社会主义，实际实行资本主义的那一套，试图否定中国特色社会主义。中国特色社会主义面临向何处去的困境。

1997 年，党的十五大正式使用“邓小平理论”概念，第一次明确指出邓小平理论是马克思主义、毛泽东思想在中国的最高境界，因此我们要高举邓小平理论的大旗，并指出邓小平理论第一次比较系统地初步回答了在中国这样的经济文化比较落后的国家如何建设社会主义、如何巩固和发展社会主义的一系列基本问题，是中国特色社会主义理论体系的开创之作。随后，江泽民同志提出了“三个代表”重要思想，总体来说加深了对中国特色社会主义话语体系的建构，捍卫了中国特色社会主义，把中国特色社会主义成功地推向 21 世纪。

（三）新世纪新阶段的新挑战

进入 21 世纪，我国的社会主义现代化建设进入新阶段，主要的标志有三个：第一，2001 年美国发生“9・11 事件”，使美国的外交政策发生新的变化；第二，2001 年，中国人均 GDP 超过 1000 美元；第三，2001 年，中国加入 WTO。世界逐渐出现了多极化、经济全球化、政治民主化和科技信息化的新局面。而十六大以来，我国出现多种社会思潮，学术界对社会主义道路的探讨呈现多元化，提出多种选择：有的提出走新自由主义之路，实现私有制，有的认为走民主社会主义之路，搞多党制。

面对新世纪新阶段出现的一系列新挑战，胡锦涛同志形成了科学发展观，强调坚持以人为本、全面协调可持续发展，提出构建社会主义和谐社会、加快生态文明建设，形成中国特色社会主义事业总体布局，成功在新的历史起点上坚持和发展了中国特色社会主义。

四、新时代的新问题与新时代中国特色社会主义思想

我们党已经走过了从一开始完成“新民主主义革命”，中国人民“站起来”到开始

改革开放历史新篇章，加强以“经济建设为中心”，中国人民“富起来”两个时代。现在中国进入了一个全新的新时代，就是中国人民要“强起来”的新时代，我们要实现中国梦和中华民族伟大复兴。这一新时代既是对前两个时代的继承，又要纠正我们在深化改革过程中出现的一系列新问题。新时代，中国全面深化改革发展遇到很多陷阱，如何跨越？中国经济社会发展面临一系列问题和挑战，如何解决？改革中出现许多新的特点，如何把握？我国发展所处的历史方位已经发生了重大变化，中国需要新的智慧，需要新的思维，需要新的改革方略，更需要新的重大理论创新和思想指导。

习近平同志在党的十九大上提出了“时代是思想之母，实践是理论之源”的重要观点，立足历史、时代之高度，孕育出“新时代中国特色社会主义思想”这一引领中华民族伟大复兴的行动指南。其应时而生、顺应时代、水到渠成，具有科学的、严密的逻辑性。习近平新时代中国特色社会主义思想是建立在马克思主义中国化基础上的，它是顺应时代发展的思想产物，系统地、完整地阐明了新时代背景下中国共产党建设和发展中国特色社会主义的理论和实践内涵。

注 释

［1］习近平．决胜全面建成小康社会　夺取新时代中国特色社会主义伟大胜利——在中国共产党第十九次全国代表大会上的报告．http：//news. xinhuanet. com/politics/19cpcnc/2017 - 10/27/c_ 1121867529. html，2017 - 10 - 18.

［2］杨素群．传统社会主义模式的危机与建设有中国特色社会主义理论的孕育、形成和发展．社会主义研究，1997（3）：20—23.

［3］毛泽东选集（第5卷）．北京：人民出版社，1977：267.

［4］中共中央文件选集（第11册）．北京：中共中央党校出版社，1991：658—659.

［5］毛泽东文集（第2卷）．北京：人民出版社，1993：408.

（作者系辽宁现代服务职业技术学院思政部副教授，哲学博士）

关于美好生活需要的三维解读

郝东升　刘　博　章爱先

摘　要：本文将“美好生活需要”区分为“物质领域的美好生活需要”“精神领域的美好生活需要”和“民生领域的美好生活需要”三个层次，探索其巨大的包容性和扩张性。

关键词：社会主要矛盾；物质美好生活；精神美好生活；民生美好生活

党的十九大报告的重大亮点之一就是对进入新时代的中国的社会主要矛盾进行了崭新政治研判，报告指出：“中国特色社会主义进入新时代，我国社会主要矛盾已经转化为人民日益增长的美好生活需要和不平衡不充分的发展之间的矛盾。”① 这是对之前我国社会主要矛盾是“人民日益增长的物质文化需要同落后的社会生产之间的矛盾”② 的重大转变。很明显，相较于36年前的表述，社会主要矛盾的两个方面都发生了重大变化，一方面，由过去人民群众追求的“物质文化需要”转变为“美好生活需要”；另一方面，由过去我国“落后的社会生产”转化为新时代中国“不平衡不充分的发展”。

囿于篇幅，本文仅关注第一个方面的转变。提及美好生活需要，马克思的经典表述是：“代替那存在着阶级和阶级对立的资产阶级旧社会的，将是这样一个联合体，在那里，每个人的自由发展是一切人的自由发展的条件。”③ 可见，马克思是从人的自由发展的角度描述人类美好生活愿景的。美国心理学家马斯洛在其著名学说需要层次论④中将人类需要像阶梯一样区分为生理需要、安全需要、爱的需要、尊重需要、自我实现需要5个位阶。我国当代学者也对“美好生活需要”进行了深入细致的研究。如李火林研究员将其区分为“硬性需要”和“软性需要”。⑤ 童之伟将人民的需要区分为“无效需要”和“有效需要”。⑥ 顺应上述研究，笔者认为，相对于“物质文化需要”，“美好生活需要”有着巨大的包容性和扩张性，其多方面、多层次、多样化、多元性、个性化的特征十分明显，无论在内涵还是在外延上，都是一个全新的“需要体系”。本文尝试将“美

---

① 习近平．决胜全面建成小康社会　夺取新时代中国特色社会主义伟大胜利．人民日报，2017－10－28.

② 十一届三中全会以来重要文献选读（上）．人民出版社，1987：345.

③ 马克思恩格斯选集．北京：人民出版社，1995：294.

④ 马斯洛．动机与人格，载罗国杰：人道主义思想库论，华夏出版社，1993：671—673.

⑤ 李火林．科学认识和把握我国社会主要矛盾的深刻变化，浙江学刊，2018（1）.

⑥ 童之伟．社会主要矛盾与法治中国建设的关联．法学，2017（12）.

好生活需要”区分为“物质领域的美好生活需要”“精神领域的美好生活需要”和“民生领域的美好生活需要”三个层次，陈述于此，求教于同仁。

一、物质领域的美好生活需要

美好生活首要的是物质生活的美好。恩格斯指出：“人们首先必须吃、喝、住、穿，然后才能从事政治、科学、艺术、宗教等等。”① 这其实是在告诉我们一个深刻而又普世的基本逻辑，即物质资料的生产是人类生存和发展的基础，物质需要是人的第一需要，人们只有在物质需要基本满足之后，才能向精神文化、社会尊重、政治参与等更高层次需要发展。美好生活，首先是物质上的富裕，具体表现为吃、喝、住、穿、行、用等方面得以无忧和富足。这些方面都满足不了，生活自然不可能美好。

在旧社会，我国人民长期处在“食不果腹、衣不蔽体”的悲惨境地，根本谈不上生活美好。中华人民共和国成立后，为解决温饱问题，我们党带领中国人民进行了艰苦的探索和尝试，取得了宝贵经验，也遭遇过严重挫折。改革开放以来，党对我国社会主义现代化建设作出新的战略安排，提出了“三步走”的发展战略，其中，第一步就是解决人民的温饱问题。第二步是在温饱问题解决后，人民生活达到小康水平。经过全党和全国人民的共同努力，到 20 世纪末，我国总体上达到小康水平，这是中华民族发展史上一个新的里程碑。但是，总体上的小康是低水平的、不全面的、发展很不平衡的小康。21 世纪初，我们党提出要全面建设小康社会，即要建设一个“经济更加发展、民主更加健全、科教更加进步、文化更加繁荣、社会更加和谐、人民生活更加殷实”的更高水平的小康社会。此后，我们党顺应广大人民群众对更好生活的新期待，提出“确保到 2020 年实现全面建成小康社会宏伟目标”。由此，从温饱到总体小康，从全面建设小康到全面建成小康，我们党始终把改善人民的物质生活作为第一要务。

进入新时代的中国，随着我国综合国力和经济社会全面发展，人民群众普遍对美好生活充满向往和期待。其中，美好生活最首要的就是美好的物质生活。在这方面，人们的需求越来越多样化、多层次、个性化、高档次，比如，人们更加注重产品的质量、功能、个性、设计、包装、仪式、造型、档次，更加注重唯美精致、花色品种、更新换代、造型独特、时尚典雅，甚至高档华美。商品的个性化和符号化必将体现更多人性的温情和温度，无缝契合人民日益增长的美好物质生活的需要。尤其是人们期待的物质美好生活还体现在对奢侈品的追求上。据“人民论坛问卷调查中心”调查，超过三分之一的受访者对“名牌、奢侈品”“现在比过去更在乎”（32.4%）。②《麦肯锡 2017 中国奢侈品报告》显示，2016 年有 760 万户中国家庭购买了奢侈品，其中，购买奢侈品的中国家庭年均奢侈品消费额高达 7.1 万元人民币，是法国或意大利购买奢侈品的家庭的两倍。总体来看，中国消费者的奢侈品年支出超过 5 000 亿元人民币，相当于贡献了近三分之一的全球市场。

① 马克思恩格斯选集：第 3 卷，人民出版社，1995：776.

② 社会主要矛盾转化，公众对美好生活有哪些新期待，人民论坛问卷调查中心，2017（11）：3.

二、精神领域的美好生活需要

在美好物质生活得以满足的基础上，人们对精神生活的期待和追求日趋旺盛，求知求乐求美的愿望更加强烈。人们对更高生活质量的企求，越来越表现为向往丰富多彩的精神文化生活。对精神生活的需求，不仅是生活内容和目标的变化，更是人的文化品位的提升，丰富的精神生活是对物质生活的超越。

与人民群众过上美好精神生活的新期待相比，目前我国文化发展的整体水平不高，文化产品服务在数量与质量方面都不能很好地满足人民群众日益提高的多方面、多层次、多样化的文化需求。我国文化产品“存在着有数量缺质量、有‘高原’缺‘高峰’的现象，许多作品存在着抄袭模仿、千篇一律的问题，存在着机械化生产、快餐式消费的问题”。[①] 因此，文化发展不能在市场经济大潮中迷失方向，不能在为什么人创作的问题上发生偏差。尤其是在互联网领域，在当今时代，互联网已成为各种利益诉求汇聚的平台、各种思潮交流交融交锋的重要渠道和意识形态斗争的前沿阵地。网上庞杂海量的信息内容、纷繁复杂的文化生态、多元多样多变的思潮纷争，无时无刻不在影响着人们的思想观念、行为方式。十九大报告提出，建立网络综合治理体系，营造清朗的网络空间，可谓是对人民呼声的有力回应。

文化是一个国家、一个民族的灵魂。文化兴国运兴，文化强民族强。民众对文化产品的需求是社会进步的必然结果，也是人们追求美好生活的重要内容。只有大力发展文化事业和文化产业，才能满足人民群众多样化、多层次、多方面的精神需求，让百姓享受丰富多彩的“文化盛宴”。要优化文化产业布局，发挥东中西部地区各自优势，加强文化产业基地规划和建设，发展文化产业集群，提高文化产业规模化、集约化、专业化水平。要繁荣文化市场，创新商业模式，拓展大众文化消费市场，开发特色文化消费，扩大文化服务消费，提高文化消费水平，为文化产业发展提供内生动力。

三、民生领域的美好生活需要

“民生”一词最早出现在《左传·宣公十二年》，所谓“民生在勤，勤则不匮”。《辞海》对“民生”的解释是“人民的生计”，即老百姓的生活来源问题。在现代社会中，民生主要是指民众的基本生存和生活状态，以及民众的基本发展机会、基本发展能力和基本权益保护的状况等等。民生是人民幸福之基、社会和谐之本。民生连着民心、民心凝聚民力。民生的改善是最根本的改善，民生的发展是最本质的发展。

要让人民普遍过上美好生活，就要建立广泛而高水平的社会保障制度。社会保障越充分，越有助于满足人民的美好生活需要。因此，进入新时代的中国，我们必须把解决民生问题特别是社会治安、公平正义、食品安全、环境污染、城市交通、看病就医、养老保障、入学入托、社会就业、居民住房等问题，作为党和国家事业的基础工程、民心工程，作为我们一切工作的出发点和落脚点来抓紧抓好，使人民学习得更好、工作得更好、生活得更好。

---

① 习近平同志在主持召开文艺座谈会上的讲话，人民日报，2014-10-17.

改革开放40年后，我国人民在物质美好生活方面得到了基本的满足。但是，与人民日益增长的精神美好生活和民生美好生活相比，我们还有很多工作要做。“我们的人民热爱生活，期盼有更好的教育、更稳定的工作、更满意的收入、更可靠的社会保障、更高水平的医疗卫生服务、更舒适的居住条件、更优美的环境，期盼孩子们能成长得更好、工作得更好、生活得更好。”“人民对美好生活的向往，就是我们的奋斗目标。”[①] 习近平同志朴实亲切、饱含深情的话语，温暖了亿万人的心。因此，新时代的中国必须满足人民的新期待，在“十大期盼”上努力实现人民过上美好生活的梦想。

（作者分别系陆军军医大学士官学校基础部政治理论教研室讲师；陆军军医大学士官学校基础部政治理论教研室副主任，讲师；陆军军医大学士官学校基础部政治理论教研室主任，副教授）

① 习近平谈治国理政．北京：外文出版社，2014：4.

试论习近平新时代中国特色社会主义思想的“三重维度”

胡　华

摘　要： 党的十九大确立了习近平新时代中国特色社会主义思想，这是十八大以来以习近平同志为核心的党中央领导全党全国人民治国理政的智慧结晶。深入学习贯彻习近平新时代中国特色社会主义思想，应着重把握好其“三重维度”。一是鲜明的文化要义：汲取了中华传统文化、弘扬了民族精神文化、彰显了时代品格文化；二是深厚的理论内涵：正本清源的继承性、与时俱进的创新性、返本开新的发展性；三是深刻的实践进路：拥护党对一切工作的领导、引领人的思想行为发展、加强中国特色社会主义文化建设、培养担当民族复兴大任的时代新人。

关键词： 习近平新时代中国特色社会主义思想；文化要义；理论内涵；实践进路

“中国特色社会主义进入了新时代，这是我国发展新的历史方位。”[1]在党的十九大上，以习近平同志为核心的党中央领导集体着眼于“两个百年”的奋斗目标以及中华民族伟大复兴的历史使命，提出了全党全国人民共同的奋斗指南——习近平新时代中国特色社会主义思想，对于深化认识党的十八大以来的最新理论创新成果，继承和发展21世纪的马克思主义，具有全局性、本质性的理论指导价值。学习、贯彻、践行习近平新时代中国特色社会主义思想，必须深刻把握其文化内涵，探寻其理论价值，领会其实践指向。

一、习近平新时代中国特色社会主义思想的文化要义

习近平新时代中国特色社会主义思想的形成、发展、丰富，根植于五千多年来中华民族的历史发展过程之中，是中华民族文脉传承、道德传统和心理特征的集中映照。

（一）汲取了中华传统文化

中华传统文化历经五千多年绵延不绝，已深深内化为中华民族生生不息的思想之根。习近平同志指出：“中华文化积淀着中华民族最深层的精神追求，为中华民族发展壮大提供了丰厚滋养。”[2]深刻阐释了中华传统文化几千年来积淀的精神成果的重要性，有力确证了中华传统文化在习近平新时代中国特色社会主义思想形成过程中发挥的独特功能。

博大精深的中华传统文化是推动中华民族发展进步的精神动力。“中华文明的结构和机制已形成了一套相当成熟的协调模式，充分体现了中华民族深厚的文化底蕴。”[4]中

华传统文化之所以有此功效，就在于马克思主义所强调的社会历史具有承继性，在于文化本身具有的社会性和历史性的深刻内涵，这在党的十九大报告中有集中体现。如报告中提出的“坚持以人民为中心的发展理念”，这与中华传统文化当中“民贵君轻”的朴素民本思想旨归相投；又如报告中提出的“中国将恪守维护世界和平、促进共同发展的外交政策宗旨”，这与中华传统文化当中“兼爱非攻”的和平思想一脉相承，再如报告中提出的“加快生态文明体制改革，建设美丽中国是新时代党的奋斗目标”，这与中华传统文化中“天人合一”的人与自然和谐共生思想息息相关。

（二）弘扬了民族精神文化

精神文化的意义在于具有人类文化基因的延续性以及在实践中不断丰富的待完成性。民族精神文化熔铸于中华民族历史演进过程中，“受到特定时代生产力发展与生产关系等方面的历史发展规律限制，必然需要承载和表达人民实践、人民关切的新的时代诉求”[5]，使其成为极具中国特色、中国气象、中国气派的精神文化统一体，成为激励中华儿女昂扬奋进、永葆活力的精神之基和文化之脉，为习近平新时代中国特色社会主义思想提供生长根基和发展动力。从词源意义角度看，赋予“民族精神”一词以现代意义的是毛泽东同志的著作《目前形势和党的任务》一书[6]；改革开放的总设计师邓小平同志曾强调：“要一手抓精神文明，一手抓物质文明，两手抓，两手都要硬”[7]，这里的“精神文明”就是要弘扬民族精神；党的十八大以来，习近平同志多次强调指出：“实现中国梦必须弘扬中国精神”[3]，这里的“中国精神”也涵盖了民族精神。“精忠报国”的爱国文化、“天下兴亡，匹夫有责”的爱国情怀，深深浸润着所有中华儿女的心田，激励着每一位中华儿女不懈奋斗、勇往直前。爱国主义在不同时期呈现为各种具体精神形态，我们把握民族精神的科学内涵，在关照其核心内容的同时，也应厘清各具体形态的精神标识。弘扬以爱国主义为核心的民族精神，要聚焦社会主义革命时期、建设时期和改革开放的伟大实践过程中培育形成的民族精神形态，这些民族精神形态包含了倡导“爱国、民主、进步、科学”的五四精神，融汇“首创精神、奋斗精神、奉献精神”于一体的红船精神，汇聚“革命、学习、民主、创业”的西柏坡精神，内化“顽强拼搏、团结协作、艰苦训练、牺牲风险”的女排精神等具体精神标识，这就是中华民族和中华儿女共同的民族精神。这些民族精神形态汇聚了时代力量，注入了精神动力，彰显了思想价值，确证了党性本质。

中华民族要在新时代走向世界舞台中央，就是要以习近平新时代中国特色社会主义思想为思想引领和判断旨归，深刻把握当代国际国内新格局、新变革、新发展的变化趋势，高扬民族精神的伟大旗帜，维护民族精神的文化尊严，坚定民族精神的文化自信，在为中华民族和中华儿女提供精神滋养的同时，也为世界贡献中国智慧和中国方案。

（三）彰显了时代品格文化

这里所指“时代品格文化”，是在深度吸纳人类社会发展成果的基础上，“以马克思主义为指引，以辩证思维为视角，审视时代发展、推进时代进步、彰显时代精神”[8]的一种文化样态。习近平同志在党的十九大报告中以“八个明确”与“十四个坚持”深刻阐述了习近平新时代中国特色社会主义思想的精神实质和丰厚内涵，充分彰显了习近平新时代中国特色社会主义思想为新时代培育践行社会主义核心价值观凝聚人心、为新时代建设社会主义意识形态构筑基石、为新时代实现伟大梦想增添动能的时代品格。精确把脉习近平新时代中国特色社会主义思想的时代际遇，是凝练其时代品格文化的重要前提。

一是为新时代培育践行社会主义核心价值观凝聚人心。社会主义核心价值观凝结着全体人民共同的价值追求，需要习近平新时代中国特色社会主义思想强大的理论内涵和精神力量为培育践行社会主义核心价值观凝聚人心，其现实表征是全面建成小康社会与中华民族伟大复兴伟大梦想，最终目标是实现马克思主义强调的那种摆脱了人对“人的依赖关系”、对“物的依赖关系”，实现人的“全面自由发展”的状态，实现路径是构筑文化形态上的时代品格，以新思想蕴含的中国精神为培育践行社会主义核心价值观创生动力。

二是为新时代社会主义意识形态建设夯实基础。十九大报告指出：“建设具有强大凝聚力和引领力的社会主义意识形态，使全体人民在理想信念、价值理念、道德理念上团结在一起。”[1]从这个层面讲，在全社会倡导树立促进人的全面发展、社会的全面进步的共同信仰至关重要。“一个社会要是没有这样的信仰，就不会欣欣向荣。”[9]纵观中国革命建设和改革开放时期，我国从未缺乏过这样的共同信仰，从“井冈山精神”“长征精神”“延安精神”到“大庆精神”“两弹一星精神”“载人航天精神”，无不体现了我国在各个时期构筑共同信仰、彰显时代品格的真实写照。习近平新时代中国特色社会主义思想蕴含的民族精神文化和中华传统文化作为中华民族长期发展而积淀形成的智慧结晶，遵循马克思主义关于生产力与生产关系、经济基础与上层建筑的逻辑规律，承载人民关切和历史实践的新的时代诉求。习近平新时代中国特色社会主义思想是民族精神和中华传统文化的统一体，并以精神文化信仰的整体视域契合与引导社会主义意识形态建设，使其既来源于人民生活，又以满足人民精神文化需求而更好地服务人民生活。

三是为中华民族伟大复兴中国梦助力。十九大报告中提出了“2020 年全面建成小康社会”以及“两个十五年”战略部署的具体时间节点，意味着我们比历史上任何一个时期都更加接近中国梦的实现。在这个伟大征程中，生产力的发展是“社会进步的最高标准”[10]和直接动力、物质力量，习近平新时代中国特色社会主义思想这一精神力量如何有效转化为物质力量，助力中华民族伟大复兴中国梦的实现？我们可以从马克思主义的经典论述中追寻答案：“批判的武器不能代替武器的批判，但理论一经掌握群众，也会变成物质力量。”[11]思想是精神文化的精华，它一经掌握广大人民群众就会变为强大的精神力量。换言之，习近平新时代中国特色社会主义思想通过其理论彻底性感召人民群众、影响人民群众、滋养人民群众、融入人民群众，并依托人民群众的伟大实践转化为物质力量，推动生产力的持续发展与中国梦的早日实现。

二、习近平新时代中国特色社会主义思想的理论内涵

完备而严密的思想理论是推动国家发展和政党建设的强大精神动力。恩格斯在《反杜林论》中指出：“一个民族要想登上科学的高峰，究竟不能离开理论思维。”[12]习近平同志对此也有深刻论述：“90 年来，我们党所以能够不断发展壮大，带领人民创造举世

瞩目的伟业，一个根本原因就在于始终坚持科学理论指导，实现了党的指导思想和基本理论的与时俱进。”[13]这是新时代凝练科学指导理论和理论思维最基础也是最关键的路径选择。习近平新时代中国特色社会主义思想将马克思主义中国化理论新成果、中国特色社会主义理论体系新境界与21世纪世界科学社会主义新贡献深度融合，具有强大的生命力、高度的自觉性与全局的前瞻性，集中体现了正本清源的继承性、与时俱进的创新性与返本开新的发展性。

（一）正本清源的继承性

习近平新时代中国特色社会主义思想与马列主义、毛泽东思想和中国特色社会主义理论有着内在的一致继承性。“思想进程的发展是历史进程在通向理论上前后一贯的形式上的反映，这种反映是按照现实的历史进程本身的规律修正的。”[14]也就是说，理论的逻辑进程与实践的历史发展进程往往呈现出走向基本一致的内在特质。这一内在特质集中体现为对马克思主义世界观和方法论的继承和发展。“马克思主义哲学深刻揭示了客观世界特别是人类社会发展的一般规律，在当今时代依然有着强大的生命力，依然是指导我们共产党人前进的强大思想武器。”[3]马克思主义哲学是世界观和方法论的有机统一，是对自然界、人类社会和人的思维世界的规律性认识，深度观照了人与自然、社会、人的相互关联。我们党历来重视思想建党，历来重视运用马克思主义哲学武装全党、教育群众，历来重视运用马克思主义哲学中辩证唯物主义和历史唯物主义的基本观点、基本方法，历来重视把握中国革命、建设、改革的运行规律，最终夺取了新民主主义革命、社会主义革命以及改革开放的伟大胜利。

习近平新时代中国特色社会主义思想作为继承和发展了的马克思主义的思想体系，坚持了“一切从实际出发”这一凸显马克思主义强大生命力的重要论断，从我国基本国情和发展阶段出发，精准提出了在我国基本国情未变的前提下，当前中国进入了中国特色社会主义新时代的历史方位，并将新时代我国社会的主要矛盾凝练为：“人民日益增长的美好生活需要和不平衡不充分的发展之间的矛盾。”“人民日益增长的美好生活需要”这一论断，科学回答了为何发展的根本问题，明确提出了以人民为中心的发展思想；坚持具体问题具体分析这一马克思主义“活的灵魂”，强调“改革要从具体问题抓起，着力提高改革的针对性和实效性，把有利于稳增长、调结构、防风险、惠民生的改革举措，聚焦聚神聚力抓落实”[15]。这些都集中体现了以习近平同志为核心的党中央在继承前人理论成果和实践经验的基础上，在新时代新征程中开拓进取、不断发展的初心与使命。

（二）与时俱进的创新性

有人用“四个新境界”概括了习近平新时代中国特色社会主义思想与时俱进的创新性，即“马克思主义新境界、中国特色社会主义新境界、党治国理政新境界、管党治党新境界”[16]。可以说，习近平新时代中国特色社会主义思想是以全新视野进一步深化了对“三大规律”的认识，以逢山开路的勇力、抓铁留痕的韧劲，经过艰辛理论探索而取得的重大理论创新成果。创新是中华儿女勠力向前的不竭动力，是中华民族深沉持久的源头活水。以改革创新凝聚起的时代精神，激励着全党全国人民在建设中国特色社会主义的伟大征程中勠力同心、奋勇前行。这一征程是前人未曾走过的，也是没有任何历史经验可以参照的。中国共产党人发扬敢啃硬骨头、涉险滩的自信和伟力，经过不断的理论研究和实践探索，终于走出了一条改革开放的中国特色社会主义发展创新之路，并确立了中国特色社会主义市场经济体制，创立了奠定国家统一和主权完整坚实基础的“一国两制”，推行了保障少数民族当家做主政治地位的民族区域自治制度等系列重大理论创新制度。

十八大以来，以习近平同志为核心的党中央提出了“四个全面”战略布局、“五大发展理念”、“四个自信”、“两个一百年”伟大复兴中国梦、“四个伟大”、经济发展新常态、供给侧结构性改革和创新型国家、总体国家安全观、国家治理现代化、“一带一路”与人类命运共同体等新论述、新理念。这些创新性内容都是党的十八大以来提出的“具有完整逻辑体系与明确框架内涵的理论阐释”[17]，涉及党的建设、经济改革、治军强军、生态环保、文化繁荣、反腐倡廉等中国特色社会主义的各个层面，习近平新时代中国特色社会主义思想用“八个明确”与“十四个坚持”进行了高度概括，为中国特色社会主义开启了新维度、书写了新篇章，为中国特色社会主义伟大事业迈向新时代夯实了理论根基，为中国人民追求更美好的生活提供了精神动能。

（三）返本开新的发展性

“马克思主义必定随着时代与实践的发展而发展。”[18]习近平新时代中国特色社会主义思想是中国特色社会主义理论体系的进一步发展，充分体现了以习近平同志为核心的党中央在探索中国特色社会主义伟大征程中的传承发展性。它源于对马克思列宁主义和中国特色社会主义理论的发展，是在实践中不断发展前行的。习近平新时代中国特色社会主义思想从我国基本国情和生产力发展实际情况出发，提出了我国社会基本矛盾的新变化；从马克思主义关于人民群众是历史创造者的观点出发，提出了以人民为中心的发展理念；从适应新时代经济发展的需要出发，提出了“认识新常态、适应新常态、引领新常态”的经济建设思想；从完善国家治理体系和治理能力现代化的目标出发，深化了政治、经济、文化、生态、国防等领域的全方位改革；从构建全球命运共同体的需要出发，提出了“一带一路”合作发展倡议；从我国全面深化改革的需要出发，统筹推进“四个全面”战略布局、协调推进“五位一体”总体布局。其中，“四个全面”战略布局与“五位一体”总体布局的提出集中反映了这种“发展性”。就“四个全面”战略布局而言，从党的十六大报告提出的“一个全面”到党的十七大报告提出的“两个全面”，再到党的十八届四中全会提出的“三个全面”，再到习近平同志 2014 年 12 月在江苏考察调研时提出的“四个全面”战略布局；就“五位一体”总体布局而言，从邓小平同志提出的“两个文明”一起抓的战略布局到江泽民同志提出了中国特色社会主义“三大纲领”的战略布局，从胡锦涛同志提出的“四位一体”战略布局，再到习近平同志在党的十八大报告中首次提出的“五位一体”总体布局，并在十九大报告中强调了其总体布局的历史地位。从中可以清晰看出这两大战略既继承又发扬的发展逻辑和发展历程。

习近平新时代中国特色社会主义思想的提出，源于其对“新时代中国特色社会主义的基本国情和具体实践”[19]的深刻认知和准确把握，它是发展着的中国特色社会主义思想体系，是在中国特色社会主义已有理论成果的基础上不断发展推进与丰富深化而来的。我们通过探寻其完整发展轨迹，揭示其完备衍展图谱，才能深刻把握其思想全貌。

三、习近平新时代中国特色社会主义思想的实践进路

理论联系实际是马克思主义的基本观点和显著特征。马克思主义认识论和其他认识论的根本区别就在于将实践观引入了认识论，我们党正是在这一科学认识论的指引下，从一个胜利走向了另一个胜利。恩格斯指出："我们的理论是发展着的理论，而非机械地加以重复的教条"[20]；毛泽东同志曾指出，理论与实践联系起来，才会变成有对象的理论与有针对的实践[21]；邓小平同志指出："要用新思想、新观点去继承和发展马克思主义"[22]；习近平同志强调，历史唯物主义要"不断推进实践基础上的理论创新"[23]。习近平新时代中国特色社会主义思想结合新的实践不断作出新的理论创造，体现出"服务中心、回应本质、打牢基础、突出重点"的实践指向，充分彰显了实践的优先性。

（一）服务中心：坚定拥护党对一切工作的领导

习近平同志在党的十九大报告中系统阐述了"十四个坚持"的基本方略，将"坚持党对一切工作的领导"放在基本方略的头条位置，并在《中国共产党章程（修正案）》中将其作为最高政治原则予以确认。这充分显示了我们党在中国特色社会主义伟大实践中的领导核心地位，是习近平新时代中国特色社会主义思想理论体系中全面加强党的建设的中心，也是我们党在新时代领导全国各族人民建设中国特色社会主义伟大事业的根本政治保证和重要指导方略。

习近平新时代中国特色社会主义思想服务中心，就是集各方力量和资源动员与带领全党全国人民在思想上和实践上坚定拥护党对一切工作的领导。一是切实加强党的领导与建设，坚决拥护以习近平同志为核心的党中央权威和集中统一领导，以适应新时代背景下党建工作新的实践变化和任务要求。二是在全国各级党组织深入开展"三大规律""四个意识""五大发展理念""八个明确""十四个坚持"相关思想理论的学习教育，将先进理论转化为人民群众的理论认同和情感认同；深入开展社会主义意识形态教育，引导人民群众在政治信念、理想观念、道德理念上形成思想共识与价值遵循，自觉在政治思想行动上同党中央保持高度一致；深入开展党的思想政治工作，引导思想政治工作始终贯穿新时代中国特色社会主义伟大事业的各个环节，切实增强党谋大局、把航向、定举措的定力和能力，保障党始终总揽全局、协调各方。三是要集中体现党管干部原则，坚决贯彻"好干部"标准，立足党的建设和国家社会事业发展实际，牢牢把握党性意识和政治导向，公开公正公平做好选人用人工作，切实将信念坚定、为民服务、勤政务实、敢于担当、清正廉洁的好干部选出来用上去，使好干部标准落地生根。

在新时代的历史方位上，坚定拥护党对一切工作的领导是统筹推进"四个伟大"、实现"两个一百年"奋斗目标的必由之路。唯有如此，才能不负时代和人民的重托，肩负新时代新征程赋予我们党的新使命。

（二）回归本质：始终坚守引领人的思想行为发展

马克思指出："问题就是时代的口号，是它表现自身精神状态的最实际的呼声。"[24]而发展是解决一切问题的基础和关键所在，习近平新时代中国特色社会主义思想指认意

义上的发展观不仅包含社会的全面发展，也包含了人的全面发展。“人的全面发展过程是人的各种文明能力尤其是精神文明能力不断提升的过程。”[25]习近平同志在党的十九大报告中对我国所处的历史方位作出了全新研判：“中国特色社会主义进入了新时代。”其重要标志就在于我国社会主要矛盾发生了变化——已转化为人民日益增长的美好生活需要和不平衡不充分的发展之间的矛盾。“满足人民日益增长的美好生活需要”回应了发展为了谁的重大问题，体现了以人民为中心发展的本质。

发展性是习近平新时代中国特色社会主义思想体系中坚持以人民为中心发展的集中体现，从这个角度出发，习近平新时代中国特色社会主义思想的重要实践任务就是以科学理论为指引，在思想认知上、政治认同上、价值选择上、情感皈依上始终引领人的思想行为发展，涵盖契合人的思想需要、激励人的日常行为、调适人的思想活力，促进人与社会的全面发展和进步。一是引领享受美好生活的思想需要。既要将满足个体需要与满足集体需要有机结合，又要将满足物质文化生活需要与提升人民对社会发展的获得感和幸福感有机结合。二是激励人民追求美好生活的精神活力。人的社会性在人的属性结构中占主导作用，这一属性决定着人一切需要的满足都应通过实践创造实现，人的实践创造是个体需求满足和社会需求满足的有机结合，激发每个社会成员的精神动力和创造活力。三是调适人民创造美好生活的思想行为。人是社会关系的总和，这决定了人的多层次需求要以社会发展和社会文明的方式表现出来，要通过对主体与客体、主我与客我思想认识的提升，才能有效约束带有负面性的人的社会需求行为，升华那些暂时满足人的感官需要的自然需要行为，有效处理好个体与个体、个体和社会之间的互动关系。

自党的十八大以来，面对世情国情、党情社情的深刻变化和不断发展，以习近平同志为核心的党中央坚持以人民为主体地位的宗旨，确立了五大发展理念，特别是党的十九大提出的习近平新时代中国特色社会主义思想，将以人民为中心的发展作为重要内容，全面贯彻新时代坚持和发展中国特色社会主义的基本方略。集中体现了人民共建共享的价值诉求，有力地彰显了人民至上的目标指向，更是对《共产党宣言》中所憧憬的旨在实现人自由全面发展的“自由人联合体”[26]美好愿景的实践发展。

（三）打牢根基：切实加强中国特色社会主义文化建设

习近平新时代中国特色社会主义思想对中国特色社会主义文化的作用与定位进行了更为清晰的论述和确认。习近平同志在党的十九大报告中强调，中国特色社会主义文化是激励全党全国各族人民奋勇前进的强大精神力量。这是对中国特色社会主义道路自信、理论自信、制度自信、文化自信内在逻辑内涵的进一步丰富和完善。

习近平新时代中国特色社会主义思想继承和发展了马列主义、毛泽东思想和中国特色社会主义理论，与中国特色社会主义进入新时代的历史方位提出的新要求、新任务相适应，为加强中国特色社会主义文化建设提供新的重要遵循。在新时代中国特色社会主义文化建设中弘扬先进思想文化，强化社会主义思想文化建设，应在以下几个层面加以推进：一是始终把握思想文化建设价值遵循。强化社会主义核心价值观教育，习近平新时代中国特色社会主义思想极大地提升了社会主义核心价值观的感染力和凝聚力。在新的时代方位下，用社会主义核心价值观教育激励全社会成员的人生信念和价值理想，引导广大人民群众自觉将个人的价值追求与国家强盛、民族复兴深度融合，争做走在新时代前列的奋起者。二是牢牢坚持思想文化建设政治方向。要以习近平新时代中国特色社会主义思想的传播、引领、宣扬和占领思想文化建设的主阵地与主渠道，科学区分政治认同与学术研究的不同语境范畴，立场鲜明地抵制各种不良思潮和论调。三是科学构建思想文化理论体系。习近平新时代中国特色社会主义思想将中华文化、民族文化、中国特色社会主义文化三种文化有机融合于新时代的伟大实践中，对社会主义思想文化进行了创造性转化和创新性发展，打造既坚持立足中国国情，又兼具世界眼光的中国特色社会主义思想文化理论体系，不断增强中国特色社会主义文化的感召力。

（四）聚焦重点：大力培养担当民族复兴大任的时代新人

习近平同志在党的十九大报告中提出了“培养担当民族复兴大任的时代新人”的重要论断。这一论断深刻回答了“培养什么样的人”以及“如何培养人”的根本问题，科学规定了“时代新人”的基本含义是“时代品格精神”，核心含义是“肩负民族复兴大任”，集中反映了新时代中国特色社会主义建设的新任务与新要求。

学习、贯彻和践行十九大报告中关于“培养担当民族复兴大任的时代新人”的重要论断，既要依靠理想信念坚定的领导者和建设者，又要培育德才兼备、全面发展的社会主义合格建设者和可靠接班人，保证新时代中国特色社会主义伟大事业后继有人。一是在国民教育方面。要将“肩负民族复兴大任”融入国民教育全过程，“担当民族复兴大任”不仅是国家发展之大义，也是个体发展之大义。“培养担当民族复兴大任的时代新人”是新时代中国特色社会主义开展国民教育的题中应有之义，这就需要坚持从现在做起，从学校抓起、将“担当民族复兴大任”列入国民教育发展总体规划，覆盖高等教育、职业教育、继续教育和基础教育等各个领域，贯穿人才培养、教育教学、社会服务等各个环节，构建集课堂教学、校园文化、网络教育平台、社会实践于一体的育人阵地，大力培育德智体美全面发展的社会主义现代化的建设者和接班人。二是在党员干部层面。要将“肩负民族复兴大任”融入党员干部培养全过程，强化党在政治、思想、组织、文化等领域的领导水平，真正将那些想干事、能干事、干成事的优秀青年干部选拔到各级领导班子上来，引导广大党员干部和人民群众始终践行党的宗旨和使命，切实增强战略思维能力、创新思维能力、辩证思维能力、法治思维能力、底线思维能力，不忘初心，牢记使命，在实践中提升适应新时代中国特色社会主义发展要求的专业水平和工作能力，成为时代发展和民族复兴的中流砥柱。三是在青少年层面。要将“肩负民族复兴大任”融入引领青少年健康成长全过程，坚持从小抓起，从日常行为养成抓起，全面贯彻习近平新时代中国特色社会主义思想，落实“立德树人”根本任务，注重引导青少年学生正确认识党领导全国各族人民在探索中国特色社会主义伟大实践中取得的伟大成就和经历的困难挫折，正确认识自身肩负的时代责任和重大使命，将个人发展与社会发展、国家发展融为一体，志存高远，脚踏实地，勇做新时代建设中国特色社会主义现代化强国和实现中华民族伟大复兴实践洪流中的弄潮儿。

注 释

[1] 习近平．决胜全面建成小康社会　夺取新时代中国特色社会主义伟大胜利——在中国共产党第十九次全国代表大会上的报告．北京：人民出版社，2017：10.

［2］［3］习近平谈治国理政．北京：外交出版社，2014：164、40.
［4］费孝通．文化与文化自觉．北京：群言出版社，2016：454.
［5］黄蓉生，赵成林．新时代构筑中国精神的价值论析．长白学刊，2018（1）：15—21.
［6］毛泽东选集（第1卷）．北京：人民出版社，1991：236.
［7］邓小平文选（第1卷）．北京：人民出版社，1994：267.
［8］丁晋清．中国特色社会主义理论体系的丰富和发展．光明日报，2014－12－06（05）.
［9］［法］托克维尔．论美国的民主．董果良译，北京：商务印书馆，1988：524.
［10］列宁全集（第16卷）．北京：人民出版社，1988：209.
［11］马克思恩格斯选集（第1卷）．北京：人民出版社，2012：9.
［12］马克思恩格斯文集（第9卷）．北京：人民出版社，2009：437.
［13］习近平．中国共产党90年来指导思想和基本理论的与时俱进及历史启示．学习时报，2011－06－27（01）.
［14］马克思恩格斯选集（第2卷）．北京：人民出版社，1995：43.
［15］习近平．改革要聚焦聚神聚力抓好落实，着力提高改革针对性和实效性．人民日报，2014－06－07（01）.
［16］包心鉴．习近平新时代中国特色社会主义思想的鲜明特质和社会主义核心价值观的本质规定．学校党建与思想教育，2018（1）：4—9.
［17］关锋．“新时代中国特色社会主义思想”的多维解读．华南师范大学学报（社会科学版），2017（6）：53—62.
［18］习近平．毫不动摇坚持和发展中国特色社会主义　不断推进理论创新实践创新制度创新．人民日报，2013－01－06（01）.
［19］刘德林，王栋．习近平新时代中国特色社会主义思想的文化底蕴与理论气质．兵团党校学报，2017（6）：21—28.
［20］马克思恩格斯选集（第4卷）．北京：人民出版社，1995：681.
［21］毛泽东选集（第1卷）．北京：人民出版社，1991：293.
［22］邓小平文选（第3卷）．北京：人民出版社，1993：292.
［23］习近平．在纪念毛泽东同志诞辰120周年座谈会上的讲话．新华网，http://news.xinhuanet.com/politics/2013－12/26/c_118723453.htm.
［24］马克思恩格斯全集（第40卷）．北京：人民出版社，1982：289.
［25］熊晓琳，马超林．马克思“人的全面发展”思想在当代中国的发展与实践．学校党建与思想教育，2017（5）：4—9.
［26］马克思恩格斯文集（第2卷）．北京：人民出版社，2009：53.

（作者系茂名职业技术学院思政部基础教研室主任，讲师）

习近平新时代中国特色社会主义思想的国际话语权建构

刘 勇

摘 要： 党的十九大首次提出“习近平新时代中国特色社会主义思想”这一科学概念，详细阐述了其深刻的思想内涵，并确立其指导思想地位。建构习近平新时代中国特色社会主义思想的国际话语权具有重大的理论与实践价值。当前，习近平新时代中国特色社会主义思想的国际话语权建构具备战略机遇与条件，首先，和平发展与合作共赢的时代潮流并未改变、中国硬实力显著增强，为其国际话语权建构提供了历史契机；其次，中国主流媒体国际传播力的提升、政治话语国际传播经验的积累，为其国际话语权建构提供了有利条件；最后，习近平新时代中国特色社会主义思想既具有显著的中国性，同时也具有鲜明的世界性，积极关照当今国际社会现实，具备建构国际话语权内在条件。要围绕强化话语主体的话语自觉，提升该思想的对外话语阐释力，促进政府外交、公共外交以及传播媒体的协同发力，增强中国特色社会主义理论智库的智力支持力四大方面推进习近平新时代中国特色社会主义思想的国际话语权建构。

关键词： 习近平新时代中国特色社会主义思想；国际话语权；中国特色社会主义

2017 年 10 月召开的党的十九大，将“习近平新时代中国特色社会主义思想”与马克思列宁主义、毛泽东思想、邓小平理论、“三个代表”重要思想、科学发展观一道写入党章，确立为党的指导思想，这是党的十九大的最大亮点。而国际话语权的概念是在冷战之后被国际社会所普遍认知与运用的。国际话语权可以从“权利”“权力”两个角度来理解，但它其实更为强调的是国际的“话语权力”，尤其强调国际影响力、国际感召力等等。习近平新时代中国特色社会主义思想的国际话语权主要探讨的就是习近平新时代中国特色社会主义思想的国际影响力、国际感召力等问题。探讨习近平新时代中国特色社会主义思想国际话语权建构问题具有重大意义。

一、习近平新时代中国特色社会主义思想国际话语权建构的价值定位

习近平新时代中国特色社会主义思想是准确把握国内外形势的理论应答，也是新的历史发展阶段的科学指南。建构习近平新时代中国特色社会主义思想的国际话语权既具有理论价值，同时也具有重要的实践价值。

（一）有助于进一步深化对习近平新时代中国特色社会主义思想的理论研究

当前学术界对于习近平新时代中国特色社会主义思想从形成背景、基本内容、科学

体系、主要特征以及历史地位等方面进行了热烈的探讨。比如，在基本内容方面，邸乘光认为，习近平新时代中国特色社会主义思想分成基本思想理论、基本方针方略、具体理论政策三个层面。[①] 也有学者从新理念、新思想、新战略的角度来探讨习近平新时代中国特色社会主义思想的科学内涵。比如，王骏认为，习近平新时代中国特色社会主义思想是由两大架构所构成：即党中央强国方略和构建中国与世界命运共同体思想，[②] 这一解读突出了习近平新时代中国特色社会主义思想对于国家治理的指导意义，以及其显著的时代性、包容性特征。也有不少学者特别从党的十九大报告中所强调的"八个明确"和"十四条坚持"来理解习近平新时代中国特色社会主义思想的基本内容。比如，林建华就认为，"八个明确"和"十四条坚持"二者有机统一，共同构成了习近平新时代中国特色社会主义思想的主导框架和理论体系。秦刚也有类似观点，他认为，"八个明确"着重阐明新时代坚持和发展中国特色社会主义的总目标、总任务、总体布局、战略布局和发展方向、发展方式、发展动力、战略步骤、外部条件、政治保证等基本问题，着重说明的是在新时代坚持和发展什么样的中国特色社会主义的问题；"十四个坚持"则着重阐明在新时代怎样坚持和发展中国特色社会主义，谋划了新时代中国特色社会主义的发展蓝图，是习近平新时代中国特色社会主义思想中的方略体系。[③]

从总体上看，当前学术界广泛认为，习近平新时代中国特色社会主义思想把坚持和发展中国特色社会主义作为主线，把实现中国梦作为奋斗目标，把协调推进"四个全面"战略布局作为重要方略，把新发展理念作为发展航标，把"五位一体"发展布局作为总布局，深入推进国防以及军队建设，构建新型国际关系的军队战略以及外交战略，始终坚持以人民为中心。同时，学术界也普遍认为，习近平新时代中国特色社会主义思想具有科学性、人民性、实践性、时代性等特点，是进一步推进社会主义现代化建设的行动指南。

可以说，当前学术界对于习近平新时代中国特色社会主义思想的研究取得了不少成果，但是也存在一些不足。比如，对于如何提升习近平新时代中国特色社会主义思想的对外影响力、对外感召力的研究关注度不够。而关于对外影响力、对外感召力的研究其实是该理论研究中不可忽视的问题领域，且极为关键。建构习近平新时代中国特色社会主义思想的国际话语权，其中一个重要方面就是探讨如何增强该思想的对外影响力、对外感召力的问题。因此，加强对习近平新时代中国特色社会主义思想国际话语权的建构研究，显然是具有重要的理论价值。此外，探讨建构习近平新时代中国特色社会主义思想的国际话语权问题，也会涉及该思想基本理论问题的研究（比如，该思想的历史定位、世界意义、主要内容、结构体系、基本特征等方面研究）。因此，从国际话语权的角度来探讨习近平新时代中国特色社会主义思想，也能够为这些基本理论问题的深入研究提供新的思路。

---

① 邸乘光：《论习近平新时代中国特色社会主义思想》，《新疆师范大学学报》（哲学社会科学版）2018 年第 2 期。

② 王骏：《论习近平新时代中国特色社会主义思想的两大架构》，《探索》2017 年第 5 期。

③ 秦刚：《深入学习和研究习近平新时代中国特色社会主义思想》，http://dangjian.people.com.cn/n1/2017/1027/c117092-29612078.html。

（二）有助于国际社会增进对“中国模式”的科学认知

改革开放以来，中国在现代化建设上取得了显著的成就。尤其是进入21世纪以来，崛起、活力的中国与衰落、滞涨的西方形成鲜明的对比，那么，为何出现如此现象？西方社会纷纷关注中国，尤其是聚焦于中国模式，研究中国模式。当前国内学术界、理论界的主流观点认为，中国模式具有显著的中国特色社会主义的属性。比如，季小江等认为：“中国模式是将市场经济与社会主义相结合的一种新兴体制。”① 程恩富更是具体指出，“中国模式”既坚持了科学社会主义的基本原则，又赋予了鲜明的中国特色；既坚持了社会主义的一般规律，又反映了社会主义初级阶段的特殊性。中国模式是“社会主义本质的中国实现形式”，中国模式是具有中国特色的社会主义发展模式。② 陈曙光认为，中国模式的社会主义属性是其重要的确定性。③ 从某种意义而言，中国模式可以理解为中国特色社会主义的模式，既包括发展模式，也包括制度模式和改革模式。纵观改革开放以来中国的各项建设成就，从本质上来看都是中国特色社会主义价值指引的结果。中国模式具有“社会主义属性”这一论断是具有显著说服力的。然而，在西方社会，对于中国模式则存在多种解读。当然，也有学者认为中国模式是具有社会主义属性的，但是还有不少学者对“中国模式”存在误读与曲解。有的观点认为，中国模式是具有中国特色的资本主义的模式，并没有超越西方的发展模式。黄亚生在《“中国模式”到底有多独特?》一书中认为，“中国发展的方向和原则并没有任何独特之处……所谓的‘中国模式’并不独特：在大的原则问题上，中国如果要成功，必须和西方的体制接轨”。④

习近平同志把坚持和发展中国特色社会主义比作一代又一代中国共产党人需要持续书写的“一篇大文章”，他特别强调指出：“邓小平同志为它确定了基本思路和基本原则，以江泽民同志为核心的党的第三代中央领导集体、以胡锦涛同志为总书记的党中央在这篇大文章上都写下精彩的篇章。现在，我们这一代共产党人的任务，就是继续把这篇大文章写下去。”⑤ 可以说，坚持和发展中国特色社会主义是习近平新时代中国特色社会主义思想的逻辑主线，也是在新的历史征程中实现更好治国理政的道路遵循。“四个全面”战略布局、“五位一体”整体布局、五大发展理念等都是紧密围绕发展中国特色社会主义而提出的。从某种意义上而言，习近平新时代中国特色社会主义思想是“中国模式”在当代中国思想理论层面的显著体现。建构习近平新时代中国特色社会主义思想的国际话语权，将会加强对该思想的对外话语阐释、优化话语传播，显然有助于让西方更好地了解中国模式的“社会主义属性”，减少误读与曲解。

（三）有助于彰显“中国方案”的独特魅力，推进全球治理

西方主要的治理理论基本上是西方资本主义主流价值观的逻辑反映，未能突破资本

① 季小江、尚会永：《论中国模式的社会主义特征》，《马克思主义研究》2012年第10期。

② 程恩富：《中国模式：社会主义本质的中国实现形式》，《中国社会科学报》2011年1月11日。

③ 陈曙光：《中国模式：确定性与不确定性——兼评西方话语中的“中国模式观”》，《教学与研究》2014年第2期。

④ ［美］黄亚生：《“中国模式”到底有多独特?》，中信出版社2011年版，第3页。

⑤ 《十八大以来重要文献选编》（上），中央文献出版社2014年版，第114页。

主义本身“趋利避害”的现代性窠臼，其本质还在于最大限度维护资产阶级的全球利益，是“治标”之理论。当前，西方国家在治理思想创新上显得较为乏力，全球治理陷入困境。随着中国与世界的交往日益紧密，全球治理日益成为我国实现国家利益的重要途径，是习近平新时代中国特色社会主义思想极为关注的问题。在推进全球治理方面，2013 年 3 月，习近平主席在俄罗斯莫斯科国际关系学院演讲时指出：“这个世界，各国相互联系、相互依存的程度空前加深，人类生活在同一个地球村里，生活在历史和现实交汇的同一个时空里，越来越成为你中有我、我中有你的命运共同体。”① 2015 年 9 月，习近平主席在参加第七十届联合国大会时进一步指出，要建立平等相待、互商互谅的伙伴关系，营造公道正义、共建共享的安全格局，谋求开放创新、包容互惠的发展前景，促进和而不同、兼收并蓄的文明交流，构筑尊崇自然、绿色发展的生态体系。② 倡导构建人类命运共同体以及共商共建共享的理念是中国参与全球治理的核心方案，它着眼于人类社会的共同利益，重视并努力维护各国在全球化进程中的平等发展权利与机会，力求共享人类发展成果，有效契合了国际社会求和平、谋发展、促合作的共同愿望，为世界各国共同应对全球性挑战明确了路径。

建构习近平新时代中国特色社会主义思想的国际话语权，将会进一步丰富人类命运共同体以及共建共享共商理念话语的国际表达，比如，会更加积极运用国际会议场合，深入阐释人类命运共同体思想的世界价值；会积极探讨如何优化这些理念话语的表达方式，以更好地让海外受众理解；也会努力运用多种传播渠道和手段，使这些理念话语能够实现广泛而又精准的传播；此外，也会注重这些理念的话语实践，比如说，在话语实践中会深入探讨推进“一带一路”倡议建设的具体实施路径，将“人类命运共同体”和共商共建共享理念融入“一带一路”倡议建设的全过程，使沿线的话语受众能够更加直观地理解“中国方案”的科学性、价值性以及现实性。总之，习近平新时代中国特色社会主义思想国际话语权的建构，将会有助于“中国方案”的国际传播，有助于海外更好地理解“中国方案”的要义与精髓，增强“中国方案”对于海外受众的吸引力以及感召力，从而更好地助力全球治理。

二、习近平新时代中国特色社会主义思想国际话语权的建构具备战略机遇与基础条件

话语权建构需要具备相应的外部与基础条件。不处于战略机遇期，没有相应的基础条件，话语权是无法建构的。从当前现实来看，习近平新时代中国特色社会主义思想国际话语权建构具备战略机遇以及基础条件。

（一）和平发展与合作共赢的时代潮流并未改变、中国硬实力显著增强，为习近平新时代中国特色社会主义思想国际话语权的获得与提升提供了历史契机

话语环境是影响话语权生成与提升的重要因素。从广义上看，话语环境可以理解为

① 《国家主席习近平在莫斯科国际关系学院的演讲（全文）》，http：//www. gov. cn/ldhd/2013 - 03/24/content_ 2360829. htm。

② 《十八大以来重要文献选编》（中），中央文献出版社 2016 年版，第 695—697 页。

话语所处的环境以及影响话语生成以及发展的一切因素的总和。习近平新时代中国特色社会主义思想的国际话语权的获得与提升必须要具备良好的话语国际环境。

20世纪40年代二战结束之后，特别是20世纪70年代以来，和平与发展成为时代的主题。当今世界，尽管一些国家和地区存在冲突与动荡，但是从整个世界大格局来看，和平与发展这一时代主题并未发生改变。从政治领域看，随着20世纪90年代东欧剧变以及苏联解体，美苏两极格局彻底瓦解，与此同时，第三世界的兴起改变了世界政治力量的对比，多极化成了国际政治格局发展的新趋向，追求并维护和平是全人类的共同愿望。从经济领域看，随着经济全球化的发展，世界各国的交往日益加深，世界各国逐渐摆脱了自然因素以及人文因素的差异与影响而日益融为一个有机体，在这个有机体中，一荣俱荣、一损俱损，彼此经济依赖度日益增强。马克思恩格斯指出："人们奋斗所争取的一切，都同他们的利益有关。"① 对于国与国之间的交往来说，其核心更是跟利益有关。随着经济全球化的深入推进，各国之间的共同利益也日益交融。加强交往与合作，不断扩大共同利益，努力实现共赢，是当今国际社会的价值追求。总之，和平与发展、合作与共赢是当今世界的潮流。这种相对稳定的国际环境，显然有利于习近平新时代中国特色社会主义思想的国际话语权建构。

然而，具备良好的话语国际语境只是影响话语权生成与提升的因素之一。现实中的国际话语权常常被赋予更丰富的内涵，它也是一国"软实力"的重要构成和体现。美国著名学者约瑟夫·奈最早提出了"软实力"这一学术概念，他认为，软实力是通过吸引的手段而不是强迫或收买的手段从而达己所愿的能力。软实力是相对于硬实力而言的，人口、领土、自然资源、经济实力、科技实力以及军事实力等是硬实力的主要构成要素。软实力与硬实力紧密关联，软实力的消长与发挥，都需要以国家的硬实力作为基础与后盾。依此逻辑，不难看出，习近平新时代中国特色社会主义思想的国际话语权要想获得提升，必然也离不开以经济、科技与军事实力为核心的强大国家硬实力作为支撑。而改革开放四十多年来，中国经济、科技、军事等各领域都取得了巨大成就。从2010年开始，中国的GDP总量一直稳居世界第二位。伴随着经济实力的增强，中国的军事实力、科技实力也有明显提升。国家的军事科技尖端领域新成果集群式涌现，国家也加大了科技创新投入，高质量科研论文的数量，高技术制造附加值都有显著增加，国家整体科技创新能力稳步提高，中国整体的科技水平与国家先进水平的差距渐趋缩小，一些领域已逐步迈入世界先进行列。当前中国具有较强的硬实力，这是有目共睹的。日益增强的国家硬实力，使中国在国际上影响力日益扩大，作为新兴的经济体、最大的发展中国家，国际社会中的许多政治议题都需要倚重中国的力量才能实现有效推动与解决。可以说，中国在各类国际和地区事务中发挥着日益重要的作用，承担着越来越多的国际责任。此外，中国所广泛参与的全球与区域性合作已被国际社会看作世界经济发展的重要推动力。显然，在和平与发展、合作与共赢的时代潮流以及中国的国家硬实力不断增强的背景之下，作为当前中国发展与改革的重要理论指导的习近平新时代中国特色社会主义思想的对外话语传播，获得并提升话语权，显然具有有利的契机。

---

① 《马克思恩格斯全集》第1卷，人民出版社1956年版，第82页。

（二）中国主流媒体国际传播力的提升、政治话语国际传播经验的积累，为习近平新时代中国特色社会主义思想的国际话语权建构提供了有利条件

话语传播是国际话语权的重要构成要素，“一个国家国际话语权的大小，很大程度上来源于媒体的传播能力，包括媒体的规模、实力、传播的影响力”。① 马克思充分肯定传播手段对于人类发展以及思想传播的重要性，“交往手段的增加与改良……建立了精神与贸易的发展所必需的交往”，② 并且，明确指出了印刷术的伟大历史意义。他在《机器、自然力和科学的应用》中说：“印刷术则变成新教的工具，总的来说变成科学复兴的手段，变成对精神发展创造必要前提的最强大的杠杆。”③ 列宁也十分重视媒体在推动政治思想传播中的作用。他曾说：“无论是就进行宣传鼓动（特别是对没有文化的群众进行宣传鼓动）来说，还是就举办讲座来说，‘广播’都是我们绝对必要的。”④ 当今时代，以广播、报纸、电视等为核心的传统主流媒体仍然是一国政治话语传播的重要渠道。近些年来，我国主流媒体在国际传播力建设上取得了显著成就。比如，中央电视台除了在全球施行频道落地入网工程外，也积极与境外媒体合作，在媒体融合方面进行了许多探索，相继建立了一云多屏⑤、两微一端⑥、全球传播的新兴传播体系。此外，国内的主流媒体也积极整合国际媒体资源，凝聚国际传播力量，助力中国话语的国际传播。比如，中国网络电视台（CNTV）就在国外建立了镜像站点，直接为境外用户提供服务，同时进驻国际知名的新媒体平台，如 YouTube 等视频网站以及 Facebook 以及 Twitter 等社交媒体，基本形成电视荧屏、社交媒体与客户终端等平台联动的境外传播格局，极大地提高了我国主流媒体的传播能力。对于主流媒体而言，宣传意识形态以及政治话语是其最重要的使命之一，中国主流媒体的国际传播力的提升，显然为习近平新时代中国特色社会主义思想的国际传播提供了平台支撑。

此外，当前，我国学术界已积极与国际学术界交流、对话。我国也积极通过参与国际事务、强化对外援助等方式，使“新兴大国关系”“新安全观”“人类命运共同体”“共商共建共享”等许多反映习近平新时代中国特色社会主义思想的话语得到国际社会的认同。比如，在对外援助方面，近年来，中国进一步优化了对外援助的战略举措，不仅扩大了对外援助的规模，而且更加突出基础设施、气候变化、减贫与可持续发展等重点领域。尤其值得指出的是2014 年中国将减贫纳入对外援助的工作范畴，不仅同非洲联盟发布了《中非减贫合作纲要》，而且还提出了首个“东亚减贫合作倡议”。这些举措的提出与实施，显然使国外民众更能够体会到中国所提出的“人类命运共同体”思想的科

---

① 谢新洲、黄强、田丽：《互联网传播与国际话语权竞争》，《北京联合大学学报》（人文社会科学版）2010 年第 3 期。

② 《马克思恩格斯全集》第 47 卷，人民出版社 1974 年版，第 584 页。

③ 《马克思恩格斯文集》第 8 卷，人民出版社 2009 年版，第 338 页。

④ 《列宁全集》第 43 卷，人民出版社 1987 年版，第 192 页。

⑤ “一云”指的是我们以国家网络视频数据库为核心的内容产品体系的建设；所谓“屏”是指电脑屏、手机屏、PAD 屏、电视屏以及户外屏。“一云多屏”体系的建设，意味着任何一个节目都可以通过首尾的终端进行传播和互动，任何一个用户都可以通过一个账号来浏览收看任何的节目，并且可以进行互动。

⑥ “两微一端”指的是微信、微博以及客户端。

学性以及合理性，增强对其的认同。正是因为国际社会对中国政府所做努力的理解与认同，2017 年 9 月联合国大会已通过决议，将“共商共建共享”的话语理念纳入全球经济治理。① 可以说，目前我国已积累了出口思想、贡献智慧、输出话语的有益经验。这些有益的传播经验，对于习近平新时代中国特色社会主义思想国际话语权的实现与提升来说，显然具有重要意义。

（三）习近平新时代中国特色社会主义思想既具有显著的中国性，同时也具有鲜明的世界性，积极关照当今国际社会的现实，具备建构国际话语权的内在条件

一种政治思想理论要想获得国际话语权，除了需要具备良好的国际环境以及传播条件之外，其本身的科学体系与主要内容是否具有显著的价值特性也极为重要。从一定意义上来说，一国的政治思想理论要想获得国际话语权，首先必须要获得国内话语权，该政治思想理论只有能够有效解决国内的经济、社会发展问题，赢得国内民众的认同，才能为国际话语权的获得奠定基础。此外，还必须要有鲜明的世界属性，要能关照当前国际社会的现实，能够为国外提供有益的借鉴，助力其他国家国内问题的解决，才能获得国际话语权。

习近平新时代中国特色社会主义思想，既具有显著的中国性，能够有效地推动我国的国家治理，同时也能够为国际问题的解决提供有益的参考借鉴，可以说是中国性与世界性的有机统一。无论是中国梦、“四个全面”战略布局还是“五大发展”理念、人类命运共同体、新兴大国关系等新思想中的诸多内容都能体现这一特征。我们可以以“四个全面”战略布局中全面建成小康社会这一战略目标为例来展开分析。

习近平同志指出：“全面建成小康社会，强调的不仅是‘小康’，而且更重要的也是更难做到的是‘全面’。”② 不仅要包括农村的全面小康，也包括革命老区以及贫困的地区的小康。他特别强调，没有农村的小康，特别是没有贫困地区的小康，就没有全面建成小康社会。③ 全面小康社会的建设，高度重视扶贫工作，尤其强调以精准识别、精准帮扶以及精准管理为核心的精准扶贫，使扶贫工作取得了显著成效。根据相关研究数据显示，2013 年至 2016 年，我国现行标准下的农村贫困人口由 9899 万人减少至 4335 万人，年均减少 1391 万人；农村贫困发生率由 10.2% 下降至 4.5%。④ 中国使数千万贫困人口全面脱贫，消除绝对贫困，无疑是一个壮举，是对国际减贫事业的伟大贡献。同时，脱贫的成就也间接彰显了中国现代化发展道路的正确性。可以说，全面建成小康社会为世界各国尤其是亚非拉的发展中国家的脱贫提供了有益的借鉴。

脱贫是全面建成小康社会的重要任务，而发展经济、保持经济平稳健康发展也是全面建成小康社会的目标指向。党的十八届五中全会提出，全面建成小康社会必须使经济保持中高速增长，在提高发展均衡性、包容性、可持续性的基础上，到 2020 年翻一

① 《第 71 届联合国大会通过决议要求推进共商共建共享的全球经济治理》，http://world.people.com.cn/nl/2017/0912/c1002-29530691.html。

② 习近平：《在党的十八届五中全会第二次全体会议上的讲话》（节选），《求是》2016 年第 1 期。

③ 习近平：《在河北省阜平县考察扶贫开发工作时的讲话》，《人民日报》2012 年 12 月 29 日。

④ 《2013 年至 2016 年年均减贫 1391 万人》，http://www.gov.cn/shuju/2017-08/30/content_5221384.htm。

番……人民生活水平和质量普遍提高。[①] 在全面建成小康社会战略目标的价值指引下，面对复杂多变的国际局势以及国内繁杂艰巨的改革任务，我国经济发展依然保持平稳健康发展。国家统计局2017年2月28日发布的《2016年国民经济和社会发展统计报告》显示，2016年国内生产总值744127亿元，比上年增长6.7%；人均国内生产总值53980元，比上年增长6.1%；全国居民人均可支配收入23821元，比上年增长8.4%，扣除价格因素，实际增长6.3%。[②] 全面小康社会建设的推进，不仅有利于促进中国经济的发展，人民生活水平的提高，同时对于世界经济增长也带来机遇，是世界经济的重大利好。世界银行测算，2013年至2016年，中国对世界经济增长的贡献率平均为31.6%，超过美国、欧元区和日本贡献率的总和。[③] 伴随着中国对世界经济的贡献日益增大，全世界越来越多的经济体受益于中国的发展。

由于习近平新时代中国特色社会主义思想是中国性与世界性的有机统一，既能助力中国的社会主义现代化建设，也能够促进全球经济的发展以及国际社会问题的解决，显然具备建构国际话语权的内在基础条件。

三、习近平新时代中国特色社会主义思想国际话语权建构的实践路径

建构习近平新时代中国特色社会主义思想的国际话语权，涉及多方面因素，强化话语主体的话语自觉，提升习近平新时代中国特色社会主义思想的对外阐释力，促进政府外交、公共外交以及传播媒体的协同发力以及增强中国特色社会主义理论智库的智力支持力，直接关乎该思想的国际话语权建构。

（一）强化话语主体对习近平新时代中国特色社会主义思想的话语自觉，增强主体使命担当意识

话语是一种极具现实实践性的言语符号，它本身就是主体的一种实践活动。可以说，话语实践与话语主体密不可分。缺少话语主体，话语实践仅能停留于理论甚至空想的层面。话语主体是话语权的重要构成要素。话语权就集中体现在话语主体的话语所产生的感召力、影响力上。就习近平新时代中国特色社会主义思想的国际话语权而言，其话语主体既包括政治家、相关的理论工作者、新闻媒体工作者等，也包括领袖人物以及领导集体、党员领导干部以及普通民众等。话语主体对习近平新时代中国特色社会主义思想的国际话语权建构来说发挥着极为重要的作用。只有让话语主体成为新时代中国特色社会主义思想的积极传播者、践行者，才能扩大该思想在国外受众的影响力、感召力。笔者认为要想使话语主体成为积极的传播者与践行者，必须要强化话语主体对于该思想的话语自觉，增强主体使命担当意识。

对于习近平新时代中国特色社会主义思想来说，所谓的话语自觉，是指话语主体对于习近平新时代中国特色社会主义思想的一种觉悟，它包括对该思想主要内容以及科学体系的深刻理解，对其价值特性以及历史地位的深度认可，从而形成强烈的对外传播该

---

① 《十八大以来重要文献选编》（中），中央文献出版社2016年版，第790—791页。

② 《中华人民共和国2016年国民经济和社会发展统计公报》，http://www.stats.gov.cn/tjsj/zxfb/201702/t/20170228_1467424.html。

③ 《"中国数据"提振世界预期与信心》，《经济日报》2017年9月2日。

思想的使命担当意识。要想实现这一目标，必须从话语主体本身着手，要对不同类型的话语主体采取有针对性的策略与方法。下文以领导干部话语主体为例，展开论析。

领导干部是习近平新时代中国特色社会主义思想国际话语权的重要话语主体，这类话语主体会经常性地参与对外交流活动以及接见国外友人。向外介绍、传播当前我国的治国理念、战略、思想是该类话语主体的重要任务。而领导干部，一般而言，具有较好的文化基础，阅读以及领悟能力相对较高。习近平新时代中国特色社会主义思想是一个庞大的思想理论体系，对于领导干部话语主体的话语自觉的提升来说，尤其要注重理论的学习。列宁曾说："没有革命的理论，就不会有革命的运动。"[①] 没有符合时代发展要求、与现实国情相适应的理论，就不可能开启新的历史征程。要让这类话语主体通过系统深入的理论学习深刻体会到习近平新时代中国特色社会主义思想绝非是书斋式的静态演绎的产物，而是深植于每一寸中华大地之上，是对当代中国社会主义发展新时期出现的新形势、新问题的科学解答以及目标指引。对此，可以经常邀请该问题研究领域知名的专家、学者进行理论宣讲，尤其要讲深、讲透习近平新时代中国特色社会主义思想的主要内容、精髓、特质以及历史地位。马克思在《〈黑格尔法哲学批判〉导言》中说："理论只要彻底，就能说服人。"[②] 所谓的彻底，就是抓住事物的根本。只有讲深讲透该思想的要义，才能深度理解该话语主体，并增强话语国际传播的担当力。当然，领导干部本身也必须要主动研读有关习近平新时代中国特色社会主义思想的重要著作，既要阅读专门的学习读物，比如《"四个全面"战略思想党员干部读本》等，也要阅读与该思想相关的读物，尤其是能体现习近平新时代中国特色社会主义思想的形成历程、价值意蕴的著作等，比如《摆脱贫困》《之江新语》《习近平用典》等，推动新时代中国特色社会主义思想学习向广度和深度拓展。以《习近平用典》一书为例，该书是从数百篇讲话和文章中遴选出的频率高、最能体现习近平思想精髓的历史典故汇集，分为敬民、为政、修身、任贤、天下、法治等 13 篇章。针对每则典故，该书都深入解读了总书记用典的现实意义。习近平新时代中国特色社会主义思想是具有浓厚的优秀传统文化意蕴的，领导干部通过加强对《习近平用典》的学习，显然有助于更好地把握习近平新时代中国特色社会主义思想的传统文化意蕴，增强对其科学性、价值性的深度认知，提升话语自觉。

（二）努力提升习近平新时代中国特色社会主义思想的对外话语阐释力

话语表征着一定的语言和结构，语言与结构具有相对的稳定性，但是语言与结构所蕴含的意义往往是不稳定的，会随语境、用法以及历史境遇的变化而变化。[③] 因此，话语是有待于进一步阐释的。话语权在很大程度上表现为话语主体对话语的解释权。习近平新时代中国特色社会主义思想话语内容极为丰富，包括许多的概念、范畴，要想建构国际话语权，对外阐释好这些话语内容是极为重要的任务。只有对外阐释好该思想话语

① 《列宁选集》第 1 卷，人民出版社 2012 年版，第 153 页。

② 《马克思恩格斯文集》第 1 卷，人民出版社 2009 年版，第 11 页。

③ ［英］斯图尔特·霍尔：《表征——文化表象与意指实践》，陆兴华译，商务印书馆 2003 年版，第 9 页。

内容，才能让海外民众真正了解该思想的独特魅力，提升对外感召力以及说服力。对此，需要做好以下两大方面。

首先，对外话语阐释必须要坚持客观性与全面性的有机统一。当前，以美国为首的西方发达国家垄断了国际的话语权。西方的政府、媒体、学者往往会利用资本主义的价值立场解读当代中国的政治话语，常常颇有微词。比如，对于“中国梦”，西方有媒体就曾声称：“‘中国梦’在众多许诺中显得过于宽泛，政府所做任何举措都可将其纳入为实现‘中国梦’而进行的努力之中，执政者可任意作出美好的许诺，但无需承担无法兑现承诺的后果。”[①] 就我国而言，要想提升习近平新时代中国特色社会主义思想的话语阐释力，话语主体首先必须要坚守自己的立场，不能跟着西方的话语舆论走，成为西方话语的追随者，要增强话语勇气、话语自信，客观地对外阐释新时代中国特色社会主义思想。尤其是中国的外宣媒体以及相关的发言人，面对西方对习近平新时代中国特色社会主义思想相关内容的不实解读与指责，一定要敢于“亮剑”，要务实、自信地阐述新时代中国特色社会主义思想的科学内涵以及价值特性。在坚持客观性的同时，也必须坚持全面性。当前国外对于“中国梦”、“四个全面”战略布局、“人类命运共同体”、“一带一路”等理念有一定程度的了解，但是除了这些理论话语之外，新时代中国特色社会主义思想中还有许多经典的话语，比如“以人民为中心”的价值立场话语、总体国家安全观、现代化强军新战略等话语，尤其是“以人民为中心”价值立场话语，它深刻表征着习近平新时代中国特色社会主义思想的价值取向。习近平同志曾深刻指出：“老百姓是天，老百姓是地。忘记了人民，脱离了人民，我们就会成为无源之水、无本之木，就会一事无成。”[②]“检验我们一切工作的成效，最终都要看人民是否真正得到了实惠，人民生活是否真正得到了改善。”[③] 从一定意义上而言，中西方治国理政理念的最大区别就在于价值立场的不同以及由此所决定的价值目标的差异。当前，这些话语海外民众的了解程度相对较低，因此，话语主体在进行对外话语阐释中，必须要坚持全面性的原则，既要深入阐释当前海外已经有所了解的新时代中国特色社会主义思想话语，也要阐释海外熟识度相对较低的话语，使海外民众能够对习近平新时代中国特色社会主义思想有全面、理性的认识，增强该思想的国际影响力。

其次，要加强海外受众的文化背景、语言习惯、思维方式等方面的分析，优化对外话语的表达方式。西方国家善于通过受众分析来传播政治思想以及价值观。美国总统奥巴马曾在向国会提交的名为《战略沟通的国家框架》报告中指出：“美国政府努力与外国公众沟通和接触，这些努力取决于针对关键受众的信息、研究和分析。”[④] 我国政治思想、价值观的对外话语表达存在不少问题，其中一个很重要的因素，就是在海外受众分析方面与西方发达国家相比相对不足。我们在对外表达政治思想时，往往只是简单的符号化处理，缺乏有效的叙事编码，表达方式常常较为生硬，说教意味较浓，没有充分考

① Minxin Pei. “China Dream” needs clearer vision & substance. Project Syndicate, April 1, 2013.

② 习近平：《在纪念红军长征胜利80周年大会上的讲话》，《人民日报》2016年10月21日。

③ 《十八大以来重要文献选编》（上），中央文献出版社2014年版，第698页。

④ 姚晓东：《如何向世界讲述中国故事——美国媒体国际传播的经验及启示》，《江海学刊》2010年第6期。

虑海外受众的具体特点。这样，难免会让海外受众认为，这只是一种“灌输”，难以增强相关政治思想在海外民众中的说服力。西方著名的传播学家菲利克斯·格林就曾针对中国的对外话语表达问题说道：“我坦率地说，你们的对外宣传是失败的，你们的对外宣传没有说服力，有的反而会引起外国人的误解。从事国际传播的每一个作者、翻译和编辑，都应该在他的写字台上放一个标语牌，上面写着‘外国人不是中国人’。”① 尽管他的观点过于偏激，但在一定程度上确实反映了我们没有重视国外思维习惯等方面的因素。习近平新时代中国特色社会主义思想具有深厚的理论性，倘若只是简单的符号化处理，没有充分根据海外受众的文化背景、价值观念、语言习惯、思维方式等方面的差异，进行有针对性的话语表达与阐释，是难以增强新时代中国特色社会主义思想的对外影响力，获得国际话语权的。因此，必须要加强对海外受众的分析，不断优化对外话语表达方式，要增强对外话语表达的亲和性、通俗性以及生动性。此外，不仅要用中文来对外表达，也要运用英语、德语、法语、西班牙语、日语等发达国家语言来表达，还要努力探索运用亚非拉各发展中国家的语言来表达，使海外受众能够更加有效地认知习近平新时代中国特色社会主义思想的话语内容。

（三）促进政府外交、公共外交以及传播媒体的协同发力

传播渠道也是话语权的重要因素。国际话语权的实现与提升，必须要重视运用传播渠道，并积极拓展传播渠道。笔者认为，要想建构习近平新时代中国特色社会主义思想的国际话语权，必须要促进政府外交、公共外交以及传播媒体的协同发力。

政府外交是指以国家以及政府为主体的，以维护本国国家利益为最终价值目标，具有官方的、正式的国家外交资格的对外交涉或交往的活动。党的十八大以来，在国事访问、接待外宾、双边会谈以及多边会谈等多种外交场合，介绍中国治国理政的重要理念，积极参与全球治理，推进国际政治经济新秩序的建立是中国国家领导人对外交流活动的重要内容和目标，不仅取得了良好效果，同时也逐渐强化了议题设置的主动性。例如，2016 年的杭州 G20 峰会，会议把“构建创新、活力、联动、包容的世界经济”作为峰会主题，并设置了“创新增长方式”“更高效全球经济金融治理”“强劲的国际贸易和投资”“包容和联动式发展”四大议题板块。该会议主题以及相应议题充分体现了习近平新时代中国特色社会主义思想所强调的要推动构建合作共赢的新型国际关系的理念。2017 年 5 月、9 月分别在我国北京和厦门举办的“一带一路”国际高峰论坛以及金砖国家峰会的会议议题、成果、精神，更是充分体现了人类命运共同体、共商共建共享等基本理念。比如，《金砖国家领导人厦门宣言》中强调：“我们致力于在可持续发展和消除贫困的框架内继续推动发展绿色和低碳经济，加强金砖国家应对气候变化合作，扩大绿色融资。”② 今后，在国际舆论高度关注的场合，尤其是重要的国际组织（比如联合国）所举办的会议活动中，更要积极地加强议题设置，不失时机地介绍新时代中国特色社会主义思想。

然而，政府外交往往是一种单边思维以及单边活动。其活动的范围基本限于国家元

① 刘洪潮：《怎样做对外宣传报道》，中国传媒大学出版社 2005 年版，第 66 页。

② 《金砖国家领导人厦门宣言》，http：//news. xinhuanet. com/world/2017 -09/04/c_ 1121603652. htm。

首、政府以及外交部门。而习近平新时代中国特色社会主义思想要想建构国际话语权，必然需要提高传播的覆盖面，因此，该思想的对外传播，不仅需要政府外交来助推，同时也需要积极借助公共外交。所谓的公共外交，是由一个国家为了提高本国知名度、美誉度和认同度，由中央政府或者通过授权地方政府和其他社会部门、委托本国或者外国社会行为体通过传播、公关、媒体等手段与国外公众进行双向交流，开展针对另一个国家民众的外交活动。[①] 公共外交与政府外交是一种互补的关系，共同组成国家的整体外交。公共外交以国外公众为着力点，能够加强对对象国民众观点以及需要的认知，可以及时将对象国民众的现实、真实想法反馈于实施公共外交国的国内，为该国政府外交政策调整与完善提供很好的参考。公共外交涉及政府系统，涉及许多非政府组织（比如，中国红十字会、中国人民对外友好协会），也涉及社会的精英以及公民个人。总体而言，公共外交的传播方式的柔和力、灵活度相对较高。积极运用公共外交手段，显然有助于推动习近平新时代中国特色社会主义思想海外受众覆盖面的扩大，也能够进一步增强海外民众对该思想的正确认知。

随着信息产业的发展，当前已进入“互联网+”时代，要想推进习近平新时代中国特色社会主义思想的对外传播，不仅需要运用外交手段，也要更加重视传播媒体的舆论宣传作用。比如，可以建立相关的网络平台，围绕着新时代中国特色社会主义思想，拍摄思想宣传片，形象生动、深入浅出地阐述“中国梦”“两个百年”奋斗目标、“四个全面”“共商共建共享”“一带一路”“人类命运共同体”“新兴大国关系”等思想，力求达到通俗易懂、融通中西，提高新时代中国特色社会主义思想的国际亲和力。事实上，近年来，我国已打造了一些围绕着习近平新时代中国特色社会主义思想相关理念的精品海外宣传片。比如，2015 年中美联合制作的宣传片《一带一路，连接你我》在美国的主流电视媒体播放。该片以恢宏的画面以及简洁醒目的字幕介绍了“一带一路”的合作倡议，引发了美国人极大的兴趣，通过此片的播出，美国民众增进了对“一带一路”倡议的理解与认知，显然促进了“一带一路”建设的对外传播。今后，必须要进一步推进新兴媒体与传统媒体的有机融合，打造出更多精品的对外宣传片、纪录片，提高习近平新时代中国特色社会主义思想的对外感召力以及影响力。

总之，政府外交、公共外交与媒体传播是习近平新时代中国特色社会主义思想国际话语权建构必须要重视的传播渠道。各传播渠道相互联系、相互影响。只有积极运用这些渠道，协同发力，才能实现该思想的国际有效传播。

（四）努力增强中国特色社会主义理论智库的智力支持力

智力资源是一个国家、一个民族最为宝贵的资源。智库是以政策为导向（policy-oriented）的，拥有知识密集型的生产和处理者的集合。[②] 智库的核心在“智”，贡献智慧、提供谋略、提出策略，这是智库建设的核心。一国的智库发展水平不仅能够反映一国的对外开放水平、社会进步程度，同时，也能够反映一国的治理能力。中国特色社会

---

① 赵可金：《公共外交的理论与实践》，上海辞书出版社 2007 年版，第 15—16 页。

② Diane Stone and Andrew Denham eds. Think Tank Traditions: Policy Research and the Politics of Ideas. Manchester University Press, 2004: 123—156.

主义理论智库是我国的重要智库。中国特色社会主义理论智库专门服务于中国特色社会主义理论发展，具有鲜明的研究、宣传、咨询、育人与打造等基本功能。① 从当前现实来看，中国特色社会主义理论智库主要集中于党政军系统、社科院系统以及高校系统。比如，当前社科院系统基本都设有中国特色社会主义理论研究中心；许多高校设有与中国特色社会主义理论相关的研究基地。当前，不少相关的研究智库经过多年的努力，国际影响力不断提升。而习近平新时代中国特色社会主义思想与中国特色社会主义理论内在关联，它是中国特色社会主义理论在当代中国的最新成果。因此，要想实现与提升习近平新时代中国特色社会主义思想的国际话语权，必须要中国特色社会主义理论智库提供坚实的智力支持。对此，需要重视以下两大方面。

第一，中国特色社会主义理论智库必须要加强对习近平新时代中国特色社会主义思想系统的全面研究，并努力推出高质量的研究成果。首先，有必要深入阐析这一思想的生成逻辑，讲清楚“源流”问题，使国际受众更加深入理解新时代中国特色社会主义思想的科学性以及合理性，增强对其的认同。因此，中国特色社会主义理论的智库人员必须要充分论述这一思想形成的历史基础、政治基础以及哲学基础。其次，要深入调研与论证，进行定性研究与定量研究相结合的方法，充分论证习近平新时代中国特色社会主义思想对于解决当前国内现实问题的重要指导意义，尤其要深入研究全面建成小康社会、全面深化改革、全面依法治国以及全面从严治党的具体进展以及现实效果。从而充分彰显中国政党治理、国家治理的显著优势，在此基础上深度思索习近平新时代中国特色社会主义思想对于推进全球治理体系变革以及政党治理、国家治理的重大意义。要根据这些研究，力争创造出一批高质量的理论研究成果。并且要重视翻译工作，将这些高质量的研究成果翻译成英、法、俄、德、日、西、葡、韩、越等多国语种，促进这些高质量研究成果的海外全面传播。

第二，中国特色社会主义理论智库要加强同国外一流智库的交流与合作。首先，可以围绕习近平新时代中国特色社会主义思想的理论与实践，构建智库对话平台。比如，可以围绕“一带一路”建设，设立一个由“一带一路”沿线的国家和地区参与的智库对话平台。可以设立智库大会，并将该智库大会常态化、机制化。通过智库大会的交流与互动，“一带一路”的沿线国和地区的相关智库人员将会对“一带一路”建设有更多地理解，同时也会进一步增强认同感，而这些智库人员也会将相关的思考、认识反馈给本国、本地区的政府部门以及相关机构，而政府及相关机构也会根据智库人员的反馈信息，进一步向民众宣传、介绍“一带一路”建设对本国、本地区发展的重大意义，这样，会有助于“一带一路”建设在海外的深入传播。其次，中国特色社会主义理论智库也可以探索在国外建立分支机构，比如可以派遣一些优秀的智库人员常驻国外相关智库，深度宣讲、阐释习近平新时代中国特色社会主义思想的重要理念，尤其是在能源、环保和全球气候变化以及反恐等诸多领域，深度解读习近平新时代中国特色社会主义思想所蕴含的解决问题的智慧。也可以邀请海外一些智库专家、学者来中国智库常驻交

---

① 黄蓉生：《推进中国特色社会主义理论智库建设的现实路径》，《西南大学学报》（社会科学版）2016 年第 1 期。

流，增强对习近平新时代中国特色社会主义思想理论与实践的切身体会，从而减少误解与分歧。这对于习近平新时代中国特色社会主义思想国际话语权的实现与提升来说，也极为有益。

（作者系安徽大学马克思主义学院暨科学发展观研究中心讲师、博士）

改革开放以来民族区域自治制度的实践与完善

林丽拉

摘　要： 改革开放40年以来，在民族区域自治制度的推动下，少数民族地区已经发生了翻天覆地的变化，经济社会取得很大的发展。但是，民族区域自治制度优越性还没有充分发挥出来，在民族区域自治制度的实践中仍然面临着相关法律法规可操作性不强、区域差距比较大、国家认同感弱化等问题，因而，应大力发展民族地方经济，完善《民族区域自治法》及相关配套法治建设，强化中华民族的认同感，筑牢中华民族共同体意识。

关键词： 改革开放；民族区域自治制度；实践与完善

一、改革开放以来民族区域自治制度的发展历程

民族区域自治制度的确立经历了一个艰辛探索的过程，在中国共产党成立之初，由于当时党还处于幼年时期，对马克思主义民族理论及中国国情还缺乏了解，我们党曾经提出过不切合中国实际的解决民族问题的纲领和主张，直到抗战胜利结束后，共产党根据形势的变化，放弃用“民族自决”和“联邦制”来解决民族问题的政策主张，明确以民族区域自治作为解决民族问题的方针政策。并在1949年9月通过的《共同纲领》中正式确立民族区域自治政策。在1954年《宪法》中进一步总结了实行民族区域自治的经验，对民族区域自治制度作了较完备的规定。民族区域自治的顺利实施和贯彻，带来了中国少数民族地区的经济、政治、社会发展和民族关系的深刻变化，各民族在政治上、法律上的平等激发出空前的爱国热情，维护了国家的统一。而从1957年到1976年是民族区域自治制度充满坎坷、曲折发展的20年。民族区域自治制度遭到严重破坏，民族工作完全处于停滞甚至倒退状态，社会主义民族关系受到严重干扰。

党的十一届三中全会以后，中国进入社会主义建设新时期，随着中国共产党指导的拨乱反正工作的开展，在民族工作方面，重新恢复了民族区域自治制度在解决中国民族问题上的基本政策的地位，并把巩固和发展民族区域自治制度，作为国家建设的一项长期的重要任务。1981年中共十一届六中全会通过的《关于建国以来党的若干历史问题的决议》指出：“必须坚持实行民族区域自治，加强民族区域自治的法制建设，保障各少数民族地区根据本地实际情况贯彻执行党和国家政策的自主权。”1984年4月，六届全国人大第二次会议通过了中国历史上第一部《中华人民共和国民族区域自治法》，具体规定了民族自治地方的建立和自治机关的组成、自治机关的自治权、民族自治地方人民

法院和人民检察院的地位和职责、民族自治地方内的民族关系和上级国家机关的职责等内容。这使民族区域自治制度进一步走向规范化和法制化，标志着我国民族区域自治制度发展到了一个新阶段。

1997 年 9 月，党的十五大报告把民族区域自治制度与人民代表大会制度、中国共产党领导的多党合作和政治协商制度一道确立为中国的三大基本政治制度。2001 年，全国人大常委会对 1984 年颁布的《中华人民共和国民族区域自治法》进行了修改，新修改的《中华人民共和国民族区域自治法》，以法律形式进一步确定了民族区域自治制度在国家政治体制中的重要地位，把民族区域自治制度提升为国家的一项基本政治制度，并将其纳入依法治国的方略之中；2005 年 5 月，国务院颁布了《国务院实施〈中华人民共和国民族区域自治法〉若干规定》，进一步完善了民族区域自治法律制度。2009 年 9 月 29 日，胡锦涛在国务院第五次全国民族团结进步表彰大会上的讲话中，总结了中华人民共和国成立 60 年来中国民族团结进步事业发展的基本经验，强调坚持党的民族政策不动摇，一切从中国民族问题实际出发，坚定不移地走中国特色解决民族问题的正确道路。在新时代的历史方位下，习近平同志深刻阐述了民族区域自治及民族理论相关问题，对民族区域自治的历史原因、优越性、特征和意义，及对如何坚持和完善民族区域自治，在理论、政策、制度三方面进行了创新。

总的来说，中国是一个多民族国家，自古以来各族人民团结互助，共同创造了辉煌灿烂的中华文明。中华人民共和国成立 70 年来，如何处理民族关系与民族问题始终是中国社会主义建设面临的重要思考。中国共产党在实践中，坚持马克思主义基本原理，紧密结合中国实际，创造出了中国特色社会主义的民族理论，并取得了伟大的实践成果——民族区域自治。民族区域自治是符合中国国情和历史发展规律的伟大创造，具有强大的政治生命力和无比的优越性。

二、改革开放以来民族区域自治制度的实践

（一）民族区域自治制度概述

中国的民族区域自治制度具有鲜明的中国特色。概括起来主要包括建立民族自治地方、设立民族自治机关和行使民族自治权三个部分。建立民族自治地方是实行民族区域自治的首要问题。实行民族区域自治制度必须要有一个行政区划的基础，而民族自治地方就是这一基础，它是民族区域自治制度的起点。一般来说，中国民族自治地方按其行政单位分自治区、自治州、自治县（旗）三级；民族自治机关是指在中国少数民族自治地方设立的行使同级相应地方国家机关职权并同时行使自治权的国家机关，包括自治区、自治州、自治县的人民代表大会和人民政府，设立民族自治机关是民族区域自治制度的保障，其职责是保障少数民族人民行使当家做主权利及管理民族事务等；行使自治权是民族区域自治制度的核心和实质。民族自治地方的自治机关，除了可以行使和它同级的一般国家机关的职权之外，还可以行使民族立法权，变通执行权利，文化、语言、文字自主权，培养民族干部自治权，组建公安部队的权利，自主发展经济的权利，进行贸易活动的权利，管理财政的权利，自主发展文化教育的权利等自治权。

可见，民族区域自治制度体现了国家统一因素与地方自治因素、民族因素与区域因

素、经济因素与政治因素、历史因素和现实因素相结合的特征。从整体上看，中国是一个单一制国家，不是联邦制国家，体现了国家统一领导的特点。但是国家又在单一制政体框架内，在少数民族聚居的地方设立自治机关，行使自治权。因此，中央政府与民族自治地方的自治机关之间不是简单的分权关系，而是统一与自治辩证结合的关系。这样，民族区域自治就把国家的整体利益和各民族的具体利益结合起来，有利于保障国家的统一和各民族的团结。另外，中国的民族区域自治包含“民族”和“区域”两个基本要素，既不是单纯的民族自治，也不是单纯的地方自治，而是二者的有机结合；同时，民族区域自治是经济因素和政治因素的结合，要考虑民族构成，以利于少数民族自治和民族团结，也要考虑地域经济和文化发展，以利于共同繁荣。

（二）民族区域自治制度的实践

从运行实效看，我国坚持贯彻民族团结、民族平等、各民族共同繁荣的原则，在民族区域自治的推动下，自治地方的自治机关依法享有形式广泛的自治权，少数民族地区发生了翻天覆地的变化，经济社会取得了全面发展。从党的民族理论和政策的发展历程看，党的民族理论和政策随着时代的发展而不断发展完善。到目前为止，我国已召开四次中央民族工作会议，第一次是在 1992 年 1 月，江泽民提出解决好民族工作的八点主张，同时提出解决民族问题的基本途径之一为坚持民族区域自治制度，强调民族区域自治制度是完全适合我国国情的解决民族问题的基本制度。第二次是 1999 年 9 月召开的中央民族工作会议，在民族工作上概括出十点内容，提出解决好民族问题的基本途径方面，在发展经济上突出了改善各族人民生活的内容，体现出执政为民的宗旨；强调民族区域自治制度是我国的一项基本政治制度，不能动摇和改变。2005 年 5 月召开的第三次中央民族工作会议，从十二个方面对民族理论和政策作出新的总结，内容更为具体充实、逻辑关系更为严密，胡锦涛提出民族区域自治制度是符合各族人民根本利益的一项基本政治制度，不容置疑，不容动摇，不容削弱。2014 年召开的第四次中央民族工作会议上，习近平同志强调，民族区域自治是党的民族政策的源头，要把宪法和民族区域自治法的规定落实好。针对民族地区存在的经济、社会、生态等问题，指出要通过制定区域性政策加以解决，还要从培养和任用少数民族干部、完善民族工作法律、积极发展经济和解决社会民生问题等多方面完善和落实民族区域制度。

三、改革开放以来民族区域自治实践中的问题及完善对策

（一）民族区域自治实践中存在的问题

改革开放以来，在民族区域自治的推动下，少数民族地区的经济社会发展取得了巨大的进步，同时，我们应该看到，民族区域自治制度优越性还没有充分发挥出来，在民族区域自治制度的实践中仍然面临着一些不容忽视的问题。

第一，民族自治地方的自治权有待于进一步充分落实。自治权是实行民族区域自治制度的核心，但是，《宪法》《民族区域自治法》两个法规的内容比较抽象，缺乏可操作性，与自治法相配套的法规、自治条例和单行条例至今难以出台，民族自治权难以充分落实。

第二，部分民族区域自治地区经济、社会发展落后，在思想观念、人力资源、技术等方面都比较落后，与一些发达地区经济发展还存在较大差距。虽然国家有政策扶持，但是，多数的民族地区由于基础差、底子薄、起点低，与全国平均水平相比差距仍然很大，与发达地区相比差距更大。

第三，有些自治地方的少数民族国家认同弱化。国家认同是一个国家的公民对自己归属那个国家的政治、文化、族群等要素的评价和情感。应该说，中国各族人民对统一的多民族国家有比较强的认同。当然，国内不同民族的国家认同程度是存在差异的。中华民族的主体是汉族，汉族的国家认同度较高，且较稳定，有些边疆地区的少数民族的国家认同相对低些，且容易受各种因素的影响。随着改革开放不断深入，国际环境对少数民族地区的影响也日渐强烈。国际上一些分裂势力、极端势力、恐怖势力在中国周边通过各种手段对中国进行渗透、破坏活动。这助长了国内少数民族的一些人的狭隘的民族意识，民族认同强化，国家认同弱化①。

（二）完善民族区域自治制度的路径分析

民族区域自治政策的坚持和完善是一项复杂的系统工程，应从以下几个方面来完善。

1. 大力促进民族区域自治地方的经济发展

促进各民族共同繁荣是我们处理民族问题的出发点和落脚点。加快少数民族和民族地区经济社会发展，是各族群众的迫切要求，也是现阶段解决民族问题的根本途径，经济上不去，讲稳定、讲国家的长治久安、讲民族问题的解决只能是一句空话。党的十八大以来，以习近平为总书记的党中央高度重视人口较少民族的发展，习近平明确要求："全面实现小康，一个民族都不能少。"应该从加快基础设施建设，加强生态环境保护和建设，积极调整产业结构，确保教育优先发展，提高教育水平，提升劳动者素质水平，同时要从国内外招贤纳士，引进人才等方面来推进少数民族地区经济社会的全面发展。

2. 完善《民族区域自治法》及相关配套法治建设

在新时代历史方位下，各民族自治地方应总结中华人民共和国成立以来实施民族区域自治法的经验，结合本地区的实际情况和经济、文化及社会发展的需要，提出补充、修改和进一步完善民族区域自治的具体意见，以此丰富和完善民族区域自治法和民族区域自治制度。同时，在相关配套法治建设方面，一是要尽快制定出台相关法律解释或实施细则，明确民族区域自治法律关系主体的权利和义务，提升基本法的规范性和权威性。二是要加快完善民族自治地方自治法规，长期以来受各种问题的困扰，自治区自治条例一直难以出台，这是一大困境。自治区和上级国家机关必须达成共识，积极、稳妥地推进五大自治区自治条例的制定工作，还要不断健全管理机制，加强对民族法律的执行过程及执行结果的检查。

3. 筑牢中华民族共同体意识

新时代背景下，关于民族工作问题，习近平同志提出"中华民族和各民族的关系，

---

① 辛向阳，陈建波，郑曙村．中国特色社会主义政治制度研究．北京：经济科学出版社，2013：181.

是一个大家庭和家庭成员的关系，各民族的关系是一个大家庭里不同成员的关系”①，要强化对中华民族的认同，一是要强化中华民族认同感宣传教育。要加强公民意识教育，通过公民意识教育和宣传，构建现代法治观念下的国家认同和公民身份认同，推动单一民族认同向国家公民认同发展。要充分发掘和有效整合中华文化资源，不断促进各民族之间的密切交往和文化融合。二是要旗帜鲜明地反对民族分裂主义，我们与民族分裂势力的斗争既不是民族问题，也不是宗教问题，而是一场你死我活的政治斗争，必须在意识形态领域旗帜鲜明地同民族分裂主义分子作斗争，帮助广大群众提高思想认同，看清分裂分子的真面目，增强中华民族的向心力和凝聚力，才能进一步增进中华民族的认同意识。②

（作者系泉州师范学院马克思主义学院讲师）

---

① 中央民族工作会议暨国务院第六次全国民族团结进步表彰大会在北京举行．中国民族，2014（10）．

② 辛向阳，陈建波，郑曙村．中国特色社会主义政治制度研究．北京：经济科学出版社，2013：184.

论铸牢中华民族共同体意识的实施路径

——以地级市社会主义学院深化民族团结进步教育为例

刘　杰

摘　要：民族团结进步教育是铸牢中华民族共同体意识的重要途径，是一个系统性的社会工程。深入贯彻党的十九大关于“深化民族团结进步教育，铸牢中华民族共同体意识”的要求，要做到增进民族院校与地方社会主义学院合作力度，推动交流平台共建；深入挖掘民族团结进步教育资源，助推教育资源共享；完善民族团结进步教育体制机制，增进政策共通；抓牢民族团结进步教育的目标指向，增进成果共赢。

关键词：民族团结进步教育；中华民族共同体；实施路径

党的十九大提出：“深化民族团结进步教育，铸牢中华民族共同体意识，加强各民族交往交流交融，促进各民族像石榴籽一样紧紧抱在一起，共同团结奋斗、共同繁荣发展。”[1]社会主义学院（以下简称为社院）系统作为民族团结进步教育不可或缺的重要力量，有着自身特殊的办学任务和办学性质，特别在深化民族团结进步教育方面承担着义不容辞的重要责任。社院系统应牢牢抓住中华民族共同体意识的核心内层——共同体，在“共”字上着力，深化民族团结进步教育促进交流平台共建、教育资源共享、民族政策共通、教育成果共赢。

一、增进民族院校与地方社院合作力度，推动平台共建

马克思主义认为，交往与生产一起构成人的实践活动的两个方面，生产活动反映人与自然之间的关系，交往活动则反映人与人之间的关系。交往形成社会组织、社会团体，进而形成国家（整个社会）。因此，不难看出，交往是增强个体与个体、个体与群体、群体与群体之间凝聚力的重要手段和内在方式，必然在民族生产发展、民族文明延续、民族社会文化遗传、民族文化事业繁荣发展等方面起到重要作用。社院是民族团结进步教育的主阵地和主渠道，其教育质量在一定基础上对民族地区干部本领的提升和社会稳定发挥着重要作用。而民族院校与社院在教学目标、教学方法、教学重点、教学难点等方面又有着比较大的差异，加强社院与民族院校在民族团结进步教育领域的交流互鉴，相互学习办学经验，将民族院校民族团结进步教育的理论优势和社院民族团结进步教育的实践优势有机融合，是铸牢中华民族共同体意识的重要实践路径。具体可做好以下工作。一是共建多层次学术交流平台。如可举办社院与民族院校关于民族常识，党的民族理论、民族政策、民族法律法规等方面的教学研讨会，交流分享教学经验，提升课

堂教学效率；也可举办全国社院院长与全国民族地区、民族院校联席会和由地方民族院校民族学、马克思主义民族理论与政策专业研究生和社院学员共同参加的民族团结进步教育论坛，以不同学科、不同地域视角，紧紧围绕“马克思主义民族观与民族团结进步”“多民族优秀传统文化与中华民族共有精神家园”“社院与各民族共有精神家园的建设”等主题深入探讨，共议民族团结进步教育，探索铸牢中华民族共同体意识的方式方法。二是推动社院民族团结进步教育向民族地区的基层延伸。马克思指出：“人的本质不是单个人所固有的抽象物，在其现实性上，它是一切社会关系的总和。”[2] “一个人的发展取决于和他直接或间接进行交往的其他一切人的发展。”地方社院应以“铸牢中华民族共同体意识”为宗旨，一方面，推动民族常识，党的民族理论、民族政策、民族法律法规等课程在民族地区进村入户，实现“中国特色政党制度的理论与实践”“新时期统一战线理论方针政策”“基层民族宗教工作”“宪法知识和法治文化”等知识深入人心；另一方面，以民族节庆文化活动为主线，以民族人物、民族村寨、民族团结进步示范区为主体，突出地域特色，擦亮“共”字名片，综合运用新兴媒体和传统媒体等传播载体，开展“民族团结一家亲”“民族团结文化节”“民族文化长廊”“民族风·团结情”“铭记党恩感恩祖国”等活动，搭建民族干部群众、民族地区、社院之间的互通桥梁，实现社院理论研究、教学研究与民族地区团结进步实践活动共建一体化，充分让民族团结进步教育因子在社院、民族院校、民族地区之间尽情涌流，释放民族文化魅力，进而增强文化认同感、政治认同感、心理归属感。

二、深入挖掘民族团结进步教育资源，助推资源共享

民族团结进步教育旨在使各民族干部群众“深入理解各民族团结友爱，是中华民族的生命、力量与希望所在，维护民族团结和祖国统一是各族人民的最高利益；深入理解民族大团结是我国各民族自强不息、共同奋斗的基石，是战胜一切艰难险阻、共同发展的力量源泉；深入理解中华民族‘多元一体格局’的发展历史，牢固树立民族团结意识，坚定‘汉族离不开少数民族，少数民族离不开汉族，各少数民族之间也相互离不开’的思想观念”。[3]民族关系、民族认同、祖国统一、共同团结奋斗与共同繁荣发展是民族团结进步教育的重要领域，是各民族坚定文化自信、树立文化自觉的重要前提。“文化自信是一个国家、一个民族发展中更基本、更深沉、更持久的力量。”[4]在建设中国特色社会主义伟大实践中，民族团结进步教育是树立文化自觉、强化文化担当、坚定文化自信的重要一环。一是要不断深化民族文化的资源挖掘，与弘扬和培育社会主义核心价值观有效衔接。深入提炼各民族在其历史长河中创造和发展起来的“团结和进步”故事，融入现代元素，实现创造性转化、创新性发展。将中华优秀传统文化、革命文化、社会主义先进文化的深刻内涵和精神实质融入国家层面的价值目标：富强、民主、文明、和谐，社会层面的价值取向：自由、平等、公正、法治，公民层面的价值准则：爱国、敬业、诚信、友善，切实推动践行社会主义核心价值观成为民族团结进步教育资源开发的源头活水，形成正确坚定的世界观、人生观、价值观，夯实中华民族共同体意识的思想基础。二是推动民族院校特色课程的资源共享。全国各民族院校有着自身的专业优势，因地方文化的不同而独具魅力。社院可以在教学大纲、案例库、试题库、教

案、教学课件和教学素材、教师教学指导资料以及精品课程建设工作等方面与民族院校或者其他院校进行深度合作，优化教学课程的设置，构建现代学科教学内容，抓住领导干部迫切需要提高的“八种本领”，即学习本领、政治领导本领、改革创新本领、科学发展本领、依法执政本领、群众工作本领、狠抓落实本领、驾驭风险本领，持续有序开发，加强理论与实际紧密结合，推动特色资源双向流动，优质教育资源向社院流动，使所设学科都能体现民族团结进步教育的内容和特点，最大限度地丰富中华民族共同体意识的教育资源，提升民族团结进步教育整体水平和质量，让少数民族学生和民族地区的干部学员学习到更实用、更前沿的知识。

三、完善民族团结进步教育体制机制，加强政策共通

“政策是国家意志观念化、主体化和实践化的反映，体现了国家意志的政治理念、人民利益、法律精神、权力限定和权益保障等效应，是社会各个领域的工作指导原则和工作行为规范。”[5]共建交流平台、共享教育资源都需要建立在协同机制之上，以政策共通为前提。就民族院校和社院而言，铸牢中华民族共同体意识迫切需要政策的共通。教育资源的共享应以共享共通为核心的政策法规和管理制度为基础，加强顶层设计，促进国家及院校间出台相应法律法规和订立合同，规范民族团结进步教育中的行为方式，确定资源共享中的资源应用范围、主体、内容、方式，明确知识产权与利益分配在教育资源共享中的具体关系，切实厘清社院与民族院校之间的责、权、利关系，让跨校选修课程、学分互认等有法可依，提供政策上的保障。同时建立健全地方社院和民族院校民族团结进步教育合作成效的考核机制，推动民族社院与民族院校在今后深化民族团结教育、铸牢中华民族共同体意识方面主动作为、积极创新，制定相应的长效机制，使社院民族团结进步教育作为一项长期性、重要性的工程常抓不懈、推向深入，使其作为社院的重点工作、特色工作、亮点工作开展下去，切实将社院关于“深化民族团结教育、铸牢中华民族共同体意识”的工作，打造成社院的一张崭新名片。因此，规范化和科学化的制度体系是民族院校开展民族团结进步教育工作的前提和保证，只有民族团结教育工作做到有章可循，才能持续有效发挥教育的政治、经济、文化等功能，形成团结合力，推动进步，化解民族团结进步教育过程中存在的不平衡的新情况、不协调的新问题、不可持续的新挑战，切实做到政策共通，筑牢共同体意识。

四、抓牢民族团结进步教育的目标指向，增进成果共赢

2014 年 9 月，习近平同志在中央民族工作会议上指出：“加强中华民族大团结，长远和根本的是增强文化认同，建设各民族共有精神家园，积极培养中华民族共同体意识。”讲话深刻指出了加强中华民族大团结的根本路径，提供了开展民族团结进步教育的根本遵循。实施民族团结进步教育互动共赢战略，既符合建设各民族共有精神家园和铸牢中华民族共同体意识的方式方法，又能促进社院和民族院校共同发展。它有以下益处。一是大胆创新教育理念，建立健全具有地方特色、民族特性、时代特征的现代教育机制。使自身民族团结进步教育机制与学习习近平新时代中国特色社会主义思想有机融合起来，防止理论学习与具体工作脱节，强调学与用结合；防止教学立场和教学目标脱

轨，严格教与学纪律，力求学而信、学而用、学而行。社院在加强与高校的交流与合作中，不断提升自身科研能力与水平，为建设各民族共有精神家园，铸牢中华民族共同体意识，贡献更新更多的科研成果。二是继续积极有效加强教师队伍建设，着力提高教学水平。社院以及合作高校的教学水平高低直接影响着共享的效果，也将对教育效果的实现带来不同程度的影响。要加大教师队伍的继续教育，采取社院老师到高校做访问学者、高校老师到社院做访问学者的方式，深化教法学习和理论学习，倡导启发式、开放式、流动式教学方法，切实让干部学员和大学生对中华民族共同体的概念进行自我思考、自我感悟，真正把情感贯穿教学始终。三是支持有条件的社院"走出去"，走出课堂，深入社会、深入基层、深入群众，关注社会热点、焦点、难点问题，让长期调研和蹲点调研常态化、制度化，防止用座谈会取代深入调研，用总结材料取代实地真实考察，切实让调研贴近实际、贴近生活、贴近群众，坚持把民族团结进步教育的教学科研体系，立足于社会主义初级阶段这个最大的实际，抓住新时代人民日益增长的美好生活需要和不平衡不充分的发展之间的矛盾，深化思想认识，提高实践能力，使社院工作在体现时代性、把握规律性、富于创造性的基础上，推动民族团结进步教育工作充满生活色彩，富于生活气息，反映生活本质。

参考文献

［1］［4］习近平．决胜全面建成小康社会　夺取新时代中国特色社会主义伟大胜利——在中国共产党第十九次全国代表大会上的报告．北京：人民出版社，2017：65.

［2］中共中央马克思恩格斯列宁斯大林著作编译局．马克思恩格斯选集（第1卷）．北京：人民出版社，2013：60.

［3］徐柏才．论民族团结进步教育的实施路径．北京：中南民族大学学报（人文社会科学版），2013（1）：7.

［5］郝时远．中国共产党怎样解决民族问题．南昌：江西人民出版社，2017：85.

［作者系中共玉溪市委党校（玉溪市社会主义学院）党史党建教研室教师，校刊编辑部主任］

习近平关于民族工作的重要论述的实践路径探析

李　晓　高淑桃

摘　要： 党的十八大以来，习近平同志在许多重要场合对我国民族工作作出了一系列重要论述，这些论述理论上是对马克思主义民族理论的丰富与发展。总结习近平关于民族工作的重要论述内容和精神实质，其实践路径一是立足“我国是统一的多民族国家”基本国情，坚持民族工作的正确方向；二是重视民族工作历史经验总结，加强民族地区党组织和干部队伍的建设；三是注重民族地区全面发展，增强民族地区内生动力；四是加强民族团结，建立和谐稳定的民族关系。

关键词： 新时代；民族工作；实践路径

党的十八大以来，以习近平同志为核心的党中央十分重视民族问题，先后在2014年新疆调研座谈会、2014年中央民族工作会议，以及2018年四川凉山州考察等多个重要场合均强调了处理好民族问题的重要性，并对如何做好新时代的民族工作作了重要讲话。这些关于民族工作的重要论述在理论上是对马克思主义民族理论的丰富与发展，在实践中为我们探索新时代民族工作的实践路径指明了方向。当前，我国正处于决胜全面建成小康社会、夺取中国特色社会主义伟大胜利的关键时期，如何处理好我国的民族问题直接关系整个国家与社会的发展与进步。因此做好新时代的民族工作，必须以习近平关于民族工作的重要论述为指导，不断探索解决我国民族问题的实践途径。

一、立足“我国是统一的多民族国家”基本国情，坚持民族工作的正确方向

马克思主义民族理论指出，民族是“人们在历史上形成的一个有共同语言、共同地域、共同经济生活以及表现在共同文化上的共同心理素质的稳定的共同体①”。我国是统一的多民族国家这一基本国情，是在几千年的历史演变过程中，各个民族通过地域迁徙、政治经济交往、民族文化交流、朝代更迭、战争等等，逐渐形成的。多民族国家往往存在着三种发展模式：一是多民族国家的各个民族相互分离，最终形成各自的单一的民族国家；二是各个民族融合在一起，多个多民族国家转换为单一民族国家；三是各民族联合成为一个多民族国家，国家权力没有集中。我国统一的多民族国家形成机理和模式不同，是由于受到半封闭的地理环境、农业与畜牧业的经济结构、以汉族为主体民族的凝聚作用、海纳百川的中华文化和“大一统”国家观的影响，我国统一的多民族国家

① 中共中央编译局．斯大林全集（第2卷）．北京：人民出版社，1953：294.

的基本国情是“我们现在的统一，这就是社会主义多民族的统一”①。

作为统一的多民族国家要如何做好民族工作？一方面，要正确认识我国当前民族问题的现状。在马克思主义民族理论视域下，民族有其自己的产生、发展和消亡的规律。中国特色社会主义已经进入新时代，各个民族相互学习、交往、发展的机会也在逐渐增多。但由于我国还处于并将长期处于社会主义初级阶段，地区之间、城乡之间的发展仍不平衡不充分，我国大部分民族地区受到自然原因和历史遗留原因影响，各民族在经济、文化等方面还存在着事实上的不平等，因此，统一的多民族国家还将长期存在，不同民族之间的特点、差异亦将长期存在。民族自身发展的问题、民族之间的交往问题、民族与国家的关系问题成为当前我国民族问题的主要表现。新时代民族工作需要从物质方面满足民族地区人民的生活需求，提升其经济、政治、文化等方面的水平，促进其全面发展，更要从精神方面加强民族地区人民对祖国、中华民族、中华文化、中国特色社会主义和党的宗旨的认同，构建中华民族共同的精神家园。另一方面，要以习近平新时代中国特色社会主义思想为指导，坚持我国正确的民族工作方向，坚持走中国特色解决民族问题的正确道路。习近平新时代中国特色社会主义思想是对马克思列宁主义、毛泽东思想、邓小平理论、“三个代表”重要思想、科学发展观既一脉相承又与时俱进的科学理论，是马克思主义中国化的最新理论成果。习近平关于民族工作的重要论述作为其思想体系的重要组成部分之一，更是得到了丰富和发展。习近平同志在2014年9月中央民族工作会议上指出，要坚定不移走中国特色社会主义民族道路，就是要做到“坚持在中国共产党领导下，坚持中国特色社会主义道路，坚持维护祖国统一，坚持各民族一律平等，坚持和完善民族区域自治制度，坚持各民族共同团结奋斗、共同繁荣发展，坚持打牢中华民族共同体的思想基础，坚持依法治国②”。民族工作要在新形势下把握好政治方向，牢牢掌握根本立场、观点、方法和原则，善于运用辩证唯物主义和历史唯物主义的观点去认识民族问题，用发展、联系、辩证的思维分析民族问题的主要矛盾和主要方面，要时刻践行群众路线，善于运用、总结党长期以来的民族工作经验，做好民族工作，不断与时俱进、创新发展我国民族工作理论体系。

二、重视民族工作历史经验总结，加强民族地区党组织和干部队伍的建设

中国共产党自诞生之日起，就十分重视民族问题，在长期的革命、建设和改革的过程中，我们在民族工作方面积累了许多宝贵的经验。在处理西藏地区民族关系的问题上，中国共产党坚决打击“藏独”分子的分裂行为，强烈反对外来势力对中国内政的干涉，并且对西藏的主权归属、人权等方面发表了一系列白皮书，证明了西藏历来是我国的领土。在对于民族区域自治制度的探索方面，结合马克思主义民族理论针对民族政治制度问题提出了民族自决、联邦制以及民族区域自治制度三种解决方式，在中共二大上提出了“用自由联邦制度，统一中国本部，蒙古、西藏、回疆，建立中华联邦共和

① 白寿彝．关于统一的多民族国家的几点体会．史学研究，1991（2）．
② 吴月刚，肖瑞，金炳镐．试论习近平新时代民族工作思想体系．民族研究，2017（6）．

国”。[1] 抗日战争以后，以毛泽东为代表的第一代中国共产党人根据实际情况开始建立一些自治区域，进行试点，在中华人民共和国成立后将民族区域自治制度写入宪法。在培养少数民族干部的问题上，邓小平曾就如何解决西南地区民族问题谈到，要重视对少数民族地区本民族干部的培养，以保证少数民族地区人民政治参与权利。党的十八大以来，习近平同志在多个重要会议上对民族地区党的制度和干部队伍建设作出重要指示，“要坚持党的领导，是做好民族工作的根本保证”。[2] “培养少数民族干部作为干部队伍建设的重中之重”[3]，“做好民族工作关键在党、关键在人”。[4] 这些重要讲话也体现了党中央对民族地区党的制度和干部队伍建设的高度重视。

韩非曾说过，宰相必起于州部，猛将必发于卒伍。对于民族地区党和干部队伍的建设要做好两方面的工作。一方面要牢牢坚持中国共产党的领导，加强民族地区党组织建设。党的力量来自于组织，民族地区的党组织要全面贯彻新时代中国特色社会主义思想，建设完善的组织体系，提高组织力，实现全面领导民族地区的各项事务。要加强民族地区的基层党组织建设，从严抓好落实，从企业、农村、机关、事业单位、社会组织等多方面推动基层党组织的全面进步。要完善支部建设，要使民族地区的支部建设标准化、规范化。另一方面要在民族地区选用一批新时代好干部。在2018年7月3日至4日的全国组织工作会议上，习近平同志提出了新时代党的组织路线，对于如何选择人才和干部作了重要批示。民族地区人才、干部的培养要全面贯彻、落实习近平同志在全国组织工作会议上的讲话精神。首先，要选用好干部人才。人才选用要把政治标准放在第一位，坚持以德为先、德才兼备的选人用人原则，杜绝任人唯亲，坚持事业为上、以事择人。其次，要广开选人用人渠道。民族地区不仅要培养本民族的党员干部，更要从全国各地选择适合的干部、人才，重视有基层经历的、年轻党员干部人才选拔，为民族工作准备好可靠的接班人。最后，要培养好新时代的党员干部。好的干部不是自然而然就产生的，既需要自身的努力，更需要组织的培养。耳闻之不如目见之，目见之不如足践之，组织上要以锻炼干部实践能力为重点，加强对民族地区党员干部的全方位管理，加强党内监督，“管好关键人、管到关键时[5]”；民族地区的党员干部要加强对理论知识的学习和提升自身实践能力，积极主动去条件困难的基层锻炼，成为一名信念坚定、为民服务、勤政务实、夙夜在公、敢于担当、清正廉洁的好干部。

三、注重民族地区全面发展，增强民族地区内生动力

党和国家始终将民族自身发展问题放在民族工作的首要位置，给予政策支持，进行相关项目建设，帮助民族地区实现自身发展。在20世纪50年代初，中共中央就曾明确

---

① 中共中央统战部．民族问题文献汇编．北京：中共中央党校出版社，1991：18.

② 习近平．在中央民族工作会议上的讲话．中国民族报，2014-09-30（01）.

③ 习近平．坚持依法治疆团结稳疆长期建疆，团结各族人民建设社会主义新疆．人民日报，2014-05-30（01）.

④ 习近平．在中央民族工作会议上的讲话．中国民族报，2014-09-30（01）.

⑤ 习近平在全国组织工作会议上强调切实贯彻落实新时代党的组织路线，全党努力把党建设得更加坚强有力．新华每日电讯，2018-07-05（01）.

指出要逐步地发展各民族的政治、经济、文化，消灭历史上遗留下来的各民族间事实上的不平等，使落后的民族得以跻身先进民族的行列，过渡到社会主义社会。①

我国民族地区现阶段的发展是不全面的。虽然近几年民族地区有所发展，但在经济方面受到自然条件的限制，基础设施薄弱，发展模式简单，产业结构失衡，生产力的发展速度较慢，与其他地区的经济差距拉大。在政治方面，相较于东部沿海城市，民族地区信息获取渠道不畅，互联网等便捷的信息渠道建设不完善，导致一些少数民族群众民主观念不强，参与国家管理意识薄弱。从文化方面来看，由于经济利益的驱动和现代文明的冲击，民族地区部分群众注重经济而不重视对自身民族文化的传播，部分群众缺乏进取和创新精神。

马克思主义民族理论认为，在认识、处理民族问题时，需要将其置于整个社会的大环境之中，找到解决民族问题的正确方法。所以要逐渐消除各民族事实间的不平等，还需要解放和发展生产力，在政治文明建设、构建和谐社会主义、全面建成小康社会的过程中，帮助少数民族地区实现自身的全面发展。一是要因地制宜，发展民族地区特色产业。我国大多数民族地区有着丰富的自然资源和旅游资源，民族区域自治地方多与其他国家接壤，这为我国民族地区发展特色产业、加强对外合作提供了机遇。民族地区利用好民族地区优势资源，深化产业改革，在发展原材料加工、服务业、旅游业等优势产业的同时保护其当地生态环境，促进经济又好又快发展。国家要加大对民族地区的政策支持，加强民族地区与外部联系通道的建设，实现基础设施的互联互通，提高开放程度；政府加强协调配合，提高公共服务效率；同时要鼓励沿海等发达地区加大对民族地区在资金、技术和民生方面提供相应的支持。二是紧抓发展滞后的民族地区扶贫建设，建立民族地区精准扶贫机制。在实现全面建成小康社会的决胜阶段，必须要补齐部分民族地区发展滞后这块“短板”，不让一个贫困地区、贫困人口掉队。“要加大扶贫资金投入，重点向农牧区、边疆区、特困人群倾斜，建立精准扶贫工作机制，扶到点上、扶到根上，扶贫到家。”② 立足当时当地的具体情况，因地制宜，才能更好更快帮助其脱贫。习近平同志 2018 年 2 月在三河村调研时，针对当地的具体情况提出了加大易地搬迁力度、发展地方特色种植产业、加大地区教育等方面的意见。三是落实民族地区民生建设，加快民族地区全面建成小康社会步伐。习近平同志 2013 年 11 月在湘西土家族苗族自治州花垣县排碧乡调研时以及 2014 年全国民族工作会议上对发展民族地区的民生事业作了重要强调，民生问题同样也是关乎民族地区是否可以实现全面小康的重要问题。要完善民生服务体系，加强民族地区教育脱贫的服务体系建设，如增加教育投入、搞好双语教学、增设职业学校；健全民族地区留守儿童、妇女、老人和残疾人的服务体系，全面开展民族地区低保兜底、医疗保险和医疗救助工作。要充分发挥地区自然、文化、旅游等资源优势，将资源转化为资本，同时落实好生态补偿机制，实现又好又快发展。要做好基础设施建设和对外开放，完善信息渠道建设，畅通交通要道，打通对外联系的“大通

① 王惠岩．政治学原理．北京：高等教育出版社，2006：185.

② 习近平．坚持依法治疆团结稳疆长期建疆，团结各族人民建设社会主义新疆．人民日报，2014-05-30（01）.

道”，让民族地区与外界交流更加便捷，让企业、人才、技术等资源充分“引进来”，从而提高对外开放水平。

四、加强民族团结，建立和谐稳定的民族关系

俗话说，家和万事兴。我国各个民族如同一个大家庭的家庭成员一般，而家庭成员之间的相处更需要建立平等、独立、团结的成员关系。首先，在缩小各民族之间的发展差距的同时，要反对民族歧视，坚持民族区域自治制度。对于汉族群众来说要向他们积极传达少数民族在中华民族的历程中所起的重要作用，对于少数民族群众来说要引导他们积极与外界交流交往。“民族区域自治制度是我国的一项基本政治制度，是中国特色解决民族问题的正确道路的重要内容。”① 事实证明，该制度在维持地区发展与稳定、增进民族团结等方面都起到过重要作用，所以应当不断坚持并完善民族区域自治制度。其次，要做好民族地区意识形态工作，加强“五个认同”。国家、政府要善于运用宣传工具，做好少数民族地区的精神工作，通过正确的民族观引导、教育，消除各民族之间存在的偏见和隔阂，形成“各美其美、美人之美”的共同观念。要引导汉族人抛开偏见，尊重其他民族的文化；还要培养少数民族群众对汉族人民的信任感，提高相互之间的亲密度；做好民族地区群众思想教育工作，让党的知识、思想、理论和精神成果进课堂、进社区、进工厂。最后，要相互尊重国家主权，与各个民族国家友好交往，实现互惠共赢。在2018年博鳌亚洲经济论坛会上习近平同志强调，中国的大门将不会关闭，只会越开越大。在改革开放40周年之际，中国大力实施开放政策之时，既要立足国内、放眼国外，坚持独立自主解决本国民族问题；又要尊重他国的主权，不恃强凌弱，也不拉帮结派，绝不因为地区差异而对不同的民族国家进行差别化对待，与世界各国民族国家友好往来。

（作者分别系四川农业大学马克思主义理论学科2017级硕士研究生；四川农业大学马克思主义学院教授、硕士生导师）

① 习近平．在中央民族工作会议上的讲话．中国民族报，2014－09－30（01）．

中华民族共同体意识形成的历史趋势

刘再营

摘　要：党的十八大以来，以习近平同志为核心的党中央，高度重视中华民族共同体意识建设。党的十九大报告，再次阐明“中华民族共同体意识”在全面建设小康社会中的重要作用。“中华民族共同体意识”是在历史的发展中形成的，早期华夏族向汉族的融合发展，奠定了中华民族共同体意识的历史基础；近代以来中华民族思潮的觉醒与初建，加速了中华民族共同体意识的凝聚；党的几代领导人注重民族发展和理论创新，促成中华民族共同体意识的形成。习近平关于民族工作的重要论述，是筑牢中华民族共同体意识的时代要求。

关键词：中华民族共同体意识；形成；趋势

从历史上的“华夷之辩”到“四海一家”的“大一统”思想，是中华民族共同体意识形成的思想基础。由近代以来的“五族共和”思想到“中华民族多元一体格局”转变，标志着中华民族共同体意识的基本确立。新时期以来，加强中华民族共同体意识建设，是贯彻落实习近平新时代中国特色社会主义思想的时代要求。

一、长期的交往交流交融，是中华民族共同体意识形成的历史必然

（一）从“华夷之辩”到“华夷一家”，确立“华夏”族融合的基础

“华夷之辩”，亦称“夷夏之辩”，是先秦以来关于民族争论的思想源泉，经过后世不断完善，成为中国古代民族理论的重要内容。何谓“诸夏”？最初指周王室及诸侯封国等以血缘关系为纽带，“是非王之支子母弟甥舅也，则皆蛮、荆、戎、狄之人也。非亲则顽，不可入也……夫成天下之大功者，其子孙未尝不章，虞、夏、商、周是也”。[1]进而延伸到王畿地区，则表现为五服之制。“邦内甸服，邦外侯服，侯、卫宾服，蛮夷要服，戎、狄荒服。甸服者祭，侯服者祀，宾服者享，要服者贡，荒服者王。”[2]华夷之辩的发展到最后，主要是在文化上的区分。“中国有礼仪之大，故称夏；有服章之美，谓之华。”[3]

早期的夷夏观念认为，“夷”和“夏”之间是对立、不可逾越的。管仲曰：“戎狄豺狼，不可厌也，诸夏亲昵，不可弃也。”《孟子》：“吾闻用夏变夷者，未闻变于夷者也。”《后汉书》：“夫戎狄者，四方之异气也。蹲夷踞肆，与鸟兽无別。若杂居中国，则错乱天气，污辱善人，是以圣王之制，羁縻不绝而已，不以伤害中国也。”[4]江统在《徙戎论》中说：“《春秋》之义，内诸夏而外夷狄。以其言语不通，贽币不同，法俗诡异，

种类乖殊；或居绝域之外，山河之表，崎岖川谷阻险之地，与中国壤断土隔，不相侵涉，赋役不及，正朔不加，故曰‘天子有道，守在四夷’。禹平九土，而西戎即叙。”[5]

遵循“华夷之辩”的义理关系，“华夏”与“夷狄”之间并不是严格的对立、静止不动的固化，是可以进退、可以转化的。“夷狄”可以德化为中国，诸夏亦可沦为夷狄。“孔子之作《春秋》也，诸侯用夷礼则夷之，进于中国则中国之。”孟子认为，“舜生于诸冯，迁于负夏，卒于鸣条，东夷之人也。文王生于岐周卒于毕郢，西夷之人也。地之相去也，千有余里；世之相后也，千有余岁。得志行乎中国，若合符节，先圣后圣，其揆一也。”[6]而《全唐文》收录的《内夷檄》中道：“四夷之民长有重译而至，慕中华之仁义忠信，虽身出异域，能驰心于华，吾不谓之夷矣。中国之民长有倔强王化，忘弃仁义忠信，虽身出于华，反窜心于夷，吾不谓之华矣。”唐太宗进一步发展了“夷夏之辩”思想，使“夷夏”融合、一体同视，不分你我的大民族观。“夷狄亦人耳，其情与中夏不殊。人主患德泽不加，不必猜忌异类。盖德泽洽，则四夷可使如一家。自古皆贵中华，贱夷狄，朕独爱之如一，故其种落皆依正如父母。”[7]

自秦汉以来“大一统”帝国的建立，帝国版图内各民族之间的交往交流更加频繁，在一定程度上冲击了旧有的“华夷之辩”。秦汉帝国内生活的各族人民，不再是之前的“诸夏”和“四夷”，而是有新的时代称谓，即“秦人”或者“汉人”。自此，“华夷一家”逐渐取代“华夷之辩”。

（二）“大一统”的思想，促成封建王朝体系政治统一体的形成

“大一统”表述源于《公羊传》：“元年者何？君之始年也。春者何？岁之始也。王者孰谓？谓文王也。曷为先言王而后言正月？王正月也。何言王正月？大一统也。”所谓的“大一统”，政令皆出于周天子。汉武帝采纳董仲舒的“罢黜百家”思想的精华，在于其“天无二日、地无二主”的政治宣教，认为“《春秋》大一统者，天子之常经，古今之通宜也”。司马迁最早提出夷夏皆是同宗思想，丰富了“大一统”的种族来源，《史记》：“夏、商、周三代之君，秦汉帝王，春秋以来列国诸侯，四方民族，无不为黄帝子孙，匈奴是夏桀之后，勾吴与中国之虞为兄弟，越王勾践是禹之后，楚是颛顼之后，其苗裔为滇王。”[8]在这一思想的影响下，急于入主中原的少数民族地方政权，一直以“大一统”的后继者自称。如匈奴人自称为大禹的后裔。“匈奴人与汉人本为兄弟，匈奴中乱，孝宣皇帝辅立呼韩邪单于，故称臣以尊汉。今汉亦大乱，为王莽所篡，匈奴亦出兵击莽，空其边境，令天下骚动思汉，莽卒以败而汉复兴，亦我力也，当复尊我。”[9]鲜卑人也自认为是黄帝苗裔，据《慕容廆载记》：“其先有熊氏（黄帝）之苗裔，世居北夷，邑于紫蒙之野，号曰东胡。”[10]

在“大一统”思想影响下，少数民族统治者纷纷接受并自称华夏先王之后，以符合“大一统”政权的合法身份。匈奴人赫连勃勃自认为：“夏后代之苗裔。”“帝王者系天为子，是为微赫，实为天连，今改姓曰赫连氏，庶协皇天之意，永享无疆大庆，系天之尊，不可令支庶同之，其非正统，皆以铁伐为氏。”[11]鲜卑族拓跋氏建立北魏，更是具有“大一统”的合法性。《魏书·帝纪第一》：“黄帝以土德王，北俗谓土为托，谓后为跋，故以为氏。”延至孝文帝时，更是采取大规模的汉化进程，在行动上符合“华夏”之礼，进而实现大一统的政治目标。“北魏以汉魏正统的继承者自居，重用汉族士人，

依靠鲜卑族的武力和汉族的文化"，完成了对北方地区的统一，结束了五胡十六国的混战局面。这一时期的大迁徙、大融合，促进了各民族之间的政治、经济、文化等方面的交流和发展，进一步增强了中华各民族之间的内在联系和密不可分的一体性。[12]

隋唐时期的多民族中央集权国家的建立，使"大一统"的实践得到充分的发展。宋朝建立之后，常面临强敌入侵，根本无法建立"大一统"的中央政权。宋、辽、金、西夏政权的相继并存，宋人只能强调自身政权的"正统"地位取代"大一统"理想。而隋唐之后的"大一统"，只能由蒙古人建立的元朝来完成。1260 年，忽必烈在大都即位，次月颁布《即位诏》："朕惟祖宗，肇造区宇，奄有四方，武功迭兴，文治多缺……祖述变通，正在今日。"宣布新政权采取中原王朝的传统体制，以改变"文治多缺"的不足。次月，改国号为"元"，"朕获瓒旧服，载扩丕图，稽列圣之洪规，讲前代之定制。建元表岁，示人君万世之传；纪时书王，见天下一家之义，法《春秋》之正始，盖取《易经》乾元之义。"雍正认为："我朝肇基东海之滨，统一诸国，君临天下。所承之统，尧舜以来中外一家之统也；所用之人，大小文武中外一家人也；所施之政，礼乐征伐中外一家之政也；……夫满汉名色，犹直隶之各有籍贯，并非中外之分别也。"[13]

（三）交往、交流与交融，是促进中华民族形成的内在动力

在悠久的历史进程中，中原民族和边疆民族通过交往、交流与交融，共同铸就中华民族主体意识。这一进程主要是在和平环境下进行的，如互市、朝贡、和亲等形式进行，有时候是战争情形下进行，不管是和平往来还是战争融合，客观促进了民族之间的发展融合。

互市贸易。互市主要是农耕民族与游牧民族之间在经济领域的往来互动。互动的前提是经济上的互补，处于中原地区的农耕民族与草原地区的匈奴、突厥、契丹、吐蕃、蒙古等游牧民族之间进行。前者以农业生产为生，后者以牧业为主，在互市交往的基础上，情感上得到了交流，经济上增强了依赖。自汉朝开始就与匈奴进行贸易，延至明、清，影响深远。其中，最为典型的属茶马互市。茶马互市起源于唐朝，盛行于宋、明。黄庭坚诗云："蜀茶总入诸蕃市，胡马常从万里来。"通过茶马古道，将中原地区的茶等生活必需品，与吐蕃的马、骡、羊毛、麝香、药材等互换，达到共赢的目的。

和亲政策。和亲是古代民族关系中的重要方面，一般发生在政治集团上层人物之间，以达到特有的政治目的。历史上的和亲，主要发生在汉与匈奴之间、唐与吐蕃之间、清朝的蒙满联姻时期。以文成公主入吐蕃为例，除带去了丰厚的嫁妆外，还有大批的手工艺者、中原地区的农耕技术、纺织、建筑、冶金等生产技术传入吐蕃，促进吐蕃经济社会的发展。清朝奉行的蒙满联姻的政策，"入关以后，满洲贵族和蒙古王公之间形成了一种具有特殊君臣身份的政治结盟关系，蒙古王公地位的升降，爵号的封削，联姻关系的连续发展还是就此中止，无一不以王公额附对清廷效忠程度为转移"。[14] 和亲在客观上促进民族之间的友好往来，推动民族在政治、经济、文化上的交流与发展。

民族战争。马克思说："战争本身还是一种通常的交往形式。""野蛮的征服者总是被那些他们所征服的民族的较高文明所征服。"自秦汉以来，农耕文明与游牧文明之间的冲突与战争时有发生，延续数千年。其中汉与匈奴之间，唐朝与契丹、吐蕃之间，宋与辽、金、西夏及后面崛起的蒙古之间的民族战争，是农耕文明与游牧文明两大集团之

间的冲突。一方面，游牧文明集团战争胜利后，进入生产力比较先进的农耕地区，受农耕文明的影响而仰慕中原文化；另一方面，农耕文明集团胜利后，通过“归顺”“降服”的措施，同化大量的游牧民族，丰富了人种和文化的多元性。五胡十六国时期的民族融合过程，促进游牧文明向农耕文明的融合，加速了“汉”族主体的扩大，提升了“汉”族的文明水平。

二、近代以来的民族思潮，是中华民族共同体意识形成的时代必然

（一）鸦片战争以来的民族思潮，是中华民族意识觉醒的时代条件

近代以来，西方的民族思想传入中国，促进了中华民族主体意识的觉醒。其中，最具代表的是立宪派和革命派之间的争论。立宪派领袖的康有为其“民族”意识深受春秋公羊派大同思想的影响。他认为，所谓的“大同”，是华夷间在文化上的差异，随着文化的普及和发展，华夷之间的差别趋于消失，会融合为一个整体的“华”族。“黄种”各族之间的纷争造成种族意识蔓延，必然造成“大同”社会的障碍。他认为中国是黄种之国，包括满洲人、蒙古人和汉人，不要将他们进行区分，“满族和汉族原本宗教是相同的。沈文定公以来汉人一直高居政权之位，同治以来总督巡抚几乎都是汉人，汉满之间没有什么芥蒂。”[15]“满洲种族自黄帝、夏、殷之时就有了，以后其政教、礼数全同化于中华。”[16]他认为所谓的“汉族”和“排满”思潮，只不过是革命派的工具而已。

1896 年，梁启超在《论不变法之害》中提到，只有变法，才能“保国保种”。他所指代的“种”，包括了生活在中华帝国版图内的所有人，因为环境、文化等因素的差异，分为不同的“种”，因为进化迟缓，有些“种族”制度低下，有“今之蒙古、回疆也、苗也、黎也、生番也、土司也……”还没有达到孔子所谓的由“多君”向“一君”转变的“小康”阶段。他认为，由“汉种”的高度进化，带动满洲、蒙古将来达到“汉种”进化的程度。梁启超针对革命派的“排满”主义，则主张将诸民族统一为一体，组建融合统一为一个民族的“大民族主义”，只有这样，才能建立统一的国家。“吾中国言民族者，当于小民族主义之外，更提倡大民族主义。小民族主义者何？汉族对于国内其他民族是也，大民族者何？合国内的本部属部之诸族，以对于国外之诸族也……合汉合满合蒙合回合苗合藏组成一大民族。全球的三分有一之人类，……此者大民族必以汉人为中心点，且其组织者，必成于汉人之手。”[17]

革命派认为汉族是黄帝的子孙，中国境内生活的其他“种”不是黄帝的子孙。给“排满”革命做好理论工具，鼓吹“汉族”团结，加强“排满”主义思想的宣传。章炳麟在给《革命军》的序文中写道：“同族相代谓之革命，异族攘窃谓之灭亡；改制同族谓之革命，驱逐异族谓之光复。今中国既已灭亡于逆胡，所当谋者，光复民，非革命云尔。”[18]他认为革命就是易姓的变革，而光复就是驱逐异族，当前就是排满复汉。同为革命派的陈天华，在其《敬告湖南人》一文中道：“民族帝国主义渐渐推广，初以我为奴隶，即将以我为牛马，终则等诸草芥，观于澳、美之土人及中国之苗、瑶，可以省也。”[19]他认为，革命的宗旨，不仅仅是驱逐满族的统治，而是排满和反抗帝国主义的亡国灭种的两大任务。为了凝聚汉族的民族意识，推出“黄帝”这一远古的民族印记。“汉种是一个大姓。黄帝是一个大始祖。凡不同汉种，统统都是外姓，断不可帮他的。

若帮了他，是不要祖宗了。你不要祖宗的人，就是畜牲。”[20]他所界定的“汉族的祖先是黄帝”，意在排满和反帝思想是一致的，其秉持的“民族”等同于“汉族”，具有时代的狭隘性。

1897年，孙中山在与日本人宫崎寅藏的谈话中，明确了汉人是“汉种”的种族意识。认为：“清虏执政于兹三百年矣，以愚弄汉人为治世第一要义，吸汉人之膏血，锢汉人之手足。……方今世界文明日益激增，国皆自主，人尽独立，独我汉种每况愈下，濒于死亡。”“欲以救支那四万万之苍生，雪东亚黄种之屈辱，恢复域内之人道”就是革命的目的。受其狭隘的民族理论影响，1905年中国同盟会成立之时，将“驱逐鞑虏、恢复中华、创立民国、平均地权”作为革命的纲领。

（二）“五族共和”思想，初步铸成中华民族形成的雏形

五族共和的提出。清末立宪运动的“五族大同”思想，主张“宪政之基在弭隐患，满汉之界宜归大同”，“放弃满洲根本，化除满汉畛域，诸族相忘，混成一体”。这些思想建议，还强调满汉民族之间的一体性。“时至今日，竟言和群保种矣，中国之利害满与汉共焉者也。夫同舟共济，吴越尚且一家，况满汉共戴一君主，共为此国民，衣服同制，文字同行，言语同声。”[21]与此一致，一批留日满族学生在东京创办《大同报》，提倡“汉满人民平等，统合满、汉、蒙、回、藏为一大国民”为宗旨，宣传“五族大同”。

孙中山的五族共和思想。1912年元旦，孙中山在《中华民国临时大总统宣言书》中宣告：“国家之本，在于人民。合汉、满、蒙、回、藏诸地为一国，即合汉、满、蒙、回、藏诸族为一人。是曰民族之统一。”[22]后来，在《中华民国临时约法》中，以法律形式确定民族平等，五族共和，“中华民国人民一律平等，无种族、阶级、宗教之区别”[23]。在《五族国民合进会启》一文中提出：“五族国民，固同一血统，同一枝派，同是父子兄弟之俦”“合汉、满、蒙、回、藏五族国民，合一炉冶之，成为一大民族；即合汉、满、蒙、回、藏五族豪杰之才识知能，成为一大政党”“五族国民果能终成一大民族，一大政党，并此汉、满、蒙、回、藏之名词且将消弭而浑化之。”[24]

宣统三年，清廷颁布《退位诏书》：“当兹新旧代谢之际，宜有南北统一之方，即由袁世凯以全权组织临时共和政府，与民军协商统一办法，总期人民安堵，海宇乂安，仍合汉、满、蒙、回、藏五族完全领土，为一大中华民国。”展示出清政府对“五族共和”民族思想的认可。1912年4月，袁世凯在《大总统袁世凯命令》中强调：“现在五族共和，凡蒙、藏、回疆各地方，同为我中华民国领土，则蒙、藏、回疆各民族，即同为我中华民国国民。……此后，蒙、藏、回疆等处，自应统筹规划，以谋内政之统一，而冀民族之大同。”

1913年，《庸言》杂志刊载了吴贯因的《五族同化论》：“汉、满、蒙、回、藏五民族，起初固非单纯之种族，而实由混合而成之民族也。夫人种相接近，由种族之事故，而融合交通，世界史上实数见不鲜，而非独中国而已。……况今日国体改为共和，五族人民负担平等之义务，亦享受平等之权利，既已无所偏重，以启种族之猜嫌，自可消灭鸿沟，以使种族之同化。则合五民族而成一更大之民族，当非不可能之事。”[25]吴氏认为：“今后全国人民，不应有五族之称，而当通称为中国民族，可称中国国民也亦可。”[26]民国初年的历史环境下，他没有使用“中华民族”称谓中国国民，但中华民族

共同体的意识已经在他的思想中得以体现。

（三）从“中华民族”到“中华民族是一个”，中华民族观的初步形成

1917 年，首先倡导“中华民族”旗帜的是李大钊。他在《新中华民族主义》一文中指出：“共和建立之初，尚有五族之称耳。以余观之，五族之文化已渐趋一致，而又隶于一自由平等共和国国体之下，则前之满云、汉云、蒙云、回云、藏云，乃至苗云、瑶云，举为历史上残留之名辞，今已早无是界，凡籍隶于中华民国之人，皆为新中华民族矣。然则今后民国之政教典刑，当悉本此旨以建立民族之精神，统一民族之思想。此之主义，即新中华民族主义也。”[27]五四运动之后，毛泽东同志在《湘江评论》发表《民族的大联合》一文，指出：“我们中华民族原有伟大的能力……他日中华民族的改革，将较任何民族为彻底。中华民族的社会，将较任何民族为光明。中华民族的大联合，将较任何地域任何民族而先告成功。”[28]表明了对“中华民族”整体认同的立场。1922 年，党的“二大”宣言，正式提出了“推翻帝国主义的压迫，达到中华民族完全独立”的目标。

南京国民政府建立之后，在民族问题上继承和发展“中华民族”理论。1927 年 4 月 18 日的《国民政府定都南京宣言》中宣称：“中华民族，都是炎黄子孙。因为受封的地点不同，分散各地，年代悠久，又为气候悬殊，交通阻隔，而有风俗习惯之不同，言语口音之歧义，虽有汉满蒙回藏等之名称，如同张王李赵之区别，其实中华民族是整个的，大家好像一家人一样，因为我们中华，原来是一个民族造成的国家。……所以说五族，就是中华民族，就是国族。”[29]

1938 年，抗日战争进入最为艰苦的阶段。日本人为加强殖民统治，在东北建立了伪满洲国，积极鼓动内蒙古地区自治，企图利用民族问题，从思想上分化和瓦解中国。而此时，传诵广泛的《康藏民众代表慰问前线将士书》指出：“中国是包括固有之二十八省、蒙古、西藏而成之整个国土，中华民族是由我汉、满、回、藏及其他各民族而成的整个大国族。日本帝国主义肆意武力侵略，其目的实欲亡我整个国家，奴我整个民族，凡我任何一部分土地，任何一部分人民，均无苟全幸存之理。”[30]更加凝聚起全体中华儿女的抗战信心。

顾颉刚先生对日本侵略者的险恶用心深表担忧，在《益世报·边疆周刊》第 9 期发表《中华民族是一个》指出：“凡是中国人都是中华民族——在中华民族之内我们绝不该再析出什么民族——从今往后大家应当留神使用这‘民族’二字。”[31]通过论述，得出“我们只有一个中华民族，而且久已有了这个中华民族。我们要逐渐消除国内各种各族的界限，但我们仍尊重人民的信仰自由和各地原有的风俗习惯，我们从今以后绝对郑重使用‘民族’二字，我们对内没有什么民族之分，对外只有一个中华民族”的结论[32]。这篇文章发表之后，引起了关于“中华民族”的大讨论。

1988 年，费孝通先生提出“中华民族多元一体格局”。在几千年的密切交往中，共同的地理疆域、共同的历史使命、共同的传统文化使 56 个民族形成了一个“多元一体”的复合型民族——中华民族，因此也必然形成“汉族离不开少数民族，少数民族离不开汉族，各少数民族之间也相互离不开”。多元一体的民族格局，对中华民族意识形成意义重大。

三、中国共产党的领导，是中华民族共同体意识形成的现实必然

（一）中华人民共和国成立以来的民族政策，是中华民族共同体意识形成的社会条件

马克思、恩格斯关于民族的形成、融合与消亡理论，是马克思主义民族理论的重要组成部分。关于民族的形成，“民族是一个历史范畴，是人类历史发展到一定阶段的产物”，“从部落发展成民族和国家”。“语言、地域是民族形成的必备条件”。“部落联盟及后来这些部落领土联盟的融合，使各个部落融合为一个民族的整个领土”。民族的交流，必然导致民族的同化，“民族自然同化是在民族发展过程中一定范围和程度上自然地、自由地发生的必然现象，是有利于民族交往和接近历史发展中的进步现象”。[33]关于民族的消亡，“在共产主义阶段各民族在公有制基础上通过民族融合走向民族消亡的一般规律，说明民族消亡是各民族在共产主义阶段的自然历史过程，而不是共产党人强制取消的结果”。

列宁进一步发展了马克思主义民族理论，他认为：“社会主义的目的不只是要消灭人类分为许多小国家的现象和各民族间的任何隔离状态，不只是要使各民族互相接近，而且要使各民族融为一体。”斯大林指出：“列宁不是把民族消亡和民族融合的过程归入社会主义在一个国家内胜利的时期，而仅仅归入无产阶级专政在全世界范围内实现以后的时期。”

中国共产党的民族理论政策，是经过了长期的探索和实践后形成的。在抗日战争时期，“争取少数民族在中国共产党与中华苏维埃政府领导之下，对于中国革命胜利前途有决定的意义”，[34]“学习马克思、列宁、斯大林关于民族问题的理论和方法，是目前我们全党的迫切任务”。[35]同时，“中国境内的一切被压迫的民族（蒙、回、朝、藏、苗、瑶、黎等）和汉族一起团结起来，共同反对日本帝国主义的侵略”，“实行中国境内各民族一律平等的政策”。[36]在解放战争时期，“团结国内各民族人民，建立人民民主国家，实现民族平等，实行民族区域自治。[37]”

中华人民共和国成立后，中国共产党在民族平等、民族团结、民族发展方面做出努力。一是确定民族平等。1949 年的《共同纲领》和 1954 年的《宪法》都规定：“中华人民共和国境内各民族一律平等，禁止任何民族歧视、压迫和分裂团结的行为，各民族享有平等权利。”同时，从我国的国情出发，将民族区域自治作为解决中国民族问题的基本政策。二是做好民族团结。坚决反对两种民族主义，毛泽东同志指出：“汉族和少数民族的关系一定要搞好，这个问题的关键是克服大汉族主义，在存在有地方民族主义的少数民族中间，则应当同时克服地方民族主义。无论是大汉族主义或者地方民族主义，都不利于各民族人民的团结，这是应当克服的一种人民内部矛盾。”[38]三是发展民族经济。毛泽东同志认为：“我们国民经济没有少数民族的经济是不行的。”[39]1963 年，在对新疆工作的指示中强调：“要把发展少数民族地区的经济放在民族工作的第一位，以加快缩小和消除各民族间事实不平等的差距。”[40]在谈西藏工作方针时，认为：“帮助少数民族恢复和发展经济不仅是经济工作，而且是关系到民族工作成败的根本，否则就失去存在的物质基础。”[41]

（二）中国特色社会主义民族理论，是中华民族共同体意识形成的时代要求

改革开放以来，我国进入经济建设的新时期，党对民族地区的工作也有新的要求。

邓小平同志高度重视民族地区工作，提出“两个离不开”，即“在我国建设社会主义中，汉族离不开少数民族，少数民族离不开汉族”，这是党的第二代领导集体对我国社会主义时期汉族和少数民族亲密关系的科学总结。同时，大力发展经济，促进各民族共同发展繁荣。“改革是需要的，不搞改革，少数民族的贫困就不能消灭，不能消灭贫困，就不能消灭落后。”1987 年 4 月，党中央、国务院确定了新时期民族工作的主要任务，“坚持四项基本原则，坚持改革、开放、搞活的基本国策，紧密结合少数民族地区和少数民族的实际，从民族平等、民族团结、民族进步、相互学习、共同致富出发，以经济建设为中心，全面发展少数民族的政治、经济和文化，不断巩固社会主义的新型民族关系，实现各民族的共同繁荣”。

江泽民同志高度重视民族工作。1990 年，他在新疆考察时指出：“我们伟大的中华民族，是由五十多个民族构成的。在我们祖国的大家庭里，各个民族的关系是平等、团结、互助的社会主义新型民族关系，汉族离不开少数民族，少数民族离不开汉族，少数民族之间也相互离不开。”[42]“三个离不开”的思想，表明各民族同呼吸、共命运、心连心，谁也离不开谁，是新时期民族关系的科学总结。同时，对民族工作的长期性、重要性也进行了充分的认识。“只要有民族存在，就有民族问题存在。民族差别、民族问题将存在很长很长时间。”[43]从历史上进行梳理，“历史发展表明，国家统一、民族团结，则政通人和、百业兴旺；国家分裂、民族纷争，则丧权辱国、人民遭殃。中国是这样，外国也是这样”。[44]在 1999 年的中央民族工作会议上，他指出：“以经济建设为中心，加快少数民族和民族地区的经济发展的社会进步，提高少数民族人民群众的生活水平，加强民族团结、维护祖国统一和社会稳定，巩固和发展平等、团结、互助的社会主义民族关系，逐步实现各民族的共同发展和共同繁荣。”[45]

胡锦涛同志在学习马克思主义经典作家关于民族理论的同时，结合我国民族工作的现实，提出新的定义。他认为：“民族是在一定的历史发展阶段形成的稳定的人们共同体。一般来说，民族在历史渊源、生产方式、语言、文化、风俗习惯以及心理认同等方面具有共同的特征。有的民族在形成和发展的过程中，宗教起着重要作用。”[46]同时，对“民族”的概念进行了新的描述，不仅富有鲜明的时代特征，而且把宗教作为一些民族形成和构成的因素，富有时代气息，对于正确处理新时期的民族问题，做好民族工作，促进社会和谐、全面建设小康社会，具有重要的理论和现实意义。[47]

（三）新时代党的民族理论的指导，是中华民族共同体意识形成的时代条件

十八大以来，以习近平同志为核心的党中央，抓紧时代发展的必然趋势，探索党在民族地区的执政经验，创造性地提出来一系列新思想、新理论。2014 年 9 月，习近平同志在中央民族工作会议上指出：“多民族是我国的一大特色，也是我国发展的一大有利因素。”[48]2014 年 12 月 22 日，中共中央、国务院印发了《关于加强和改进新形势下民族工作的意见》。该意见指出，要全面理解中国特色解决民族问题正确道路的基本内涵，必须做好八个坚持：“坚持党的领导，坚持中国特色社会主义道路，坚持维护祖国统一，

坚持各民族一律平等，坚持和完善民族区域自治制度，坚持各民族共同团结奋斗、共同繁荣发展，坚持打牢中华民族共同体的思想基础，坚持依法治国。”[49]

2014年，习近平同志在第二次新疆工作会议上讲话指出：“坚决贯彻党中央关于新疆工作的大政方针，围绕社会稳定和长治久安这个总目标，以推进新疆治理体系和治理能力现代化为引领，以经济发展和民生改善为基础，以促进民族团结、遏制宗教极端思想蔓延等为重点，坚持依法治疆、团结稳疆、长期建疆，努力建设团结和谐、繁荣富裕、文明进步、安居乐业的社会主义新疆。”[50]2015年，第六次西藏工作座谈会召开，他强调：“坚持‘四个全面’战略布局，坚持党的治藏方略，把维护祖国统一、加强民族团结作为工作的着眼点和着力点，坚定不移开展反分裂斗争，坚定不移促进经济社会发展，坚定不移保障和改善民生，坚定不移促进各民族交往交流交融，确保国家安全和长治久安，确保经济社会持续健康发展，确保各族人民物质文化生活水平不断提高，确保生态环境良好。”[51]

党的十九大报告中指出：“全面贯彻党的民族政策，深化民族团结进步教育，铸牢中华民族共同体意识，加强各民族交往交流交融，促进各民族像石榴籽一样紧紧抱在一起，共同团结奋斗，共同繁荣发展。”[52]实践证明，中华民族共同体意识对于国家统一、民族团结具有重大意义。

注 释

［1］《国语·郑语》。

［2］《国语·周语》。

［3］《春秋左传正义·定公十年》。

［4］《全后汉文》卷三十三。

［5］《全晋文》卷一百六。

［6］《孟子·离娄下》。

［7］《资治通鉴·唐纪》。

［8］张大可．史记研究．北京：商务印书馆，2011：341.

［9］莫炳坤．中国少数民族与大一统思想认同．湖北社会科学，2017（5）：105.

［10］张云．少数民族与中国历史上的大一统．学海，2008（5）：45.

［11］莫炳坤．中国少数民族与大一统思想认同．湖北社会科学，2017（5）：106.

［12］刘正寅．试论中华民族整体观念的形成和发展．民族研究，2000（6）：72—73.

［13］清世宗实录，卷一三零．北京：中华书局，1985：696.

［14］王瑜卿．民族交往的多维审视．北京：中央民族大学出版社，2013：55.

［15］［16］松本真澄．中国民族政策之研究——以清末之1945年“民族论”为中心．鲁忠慧译．北京：民族出版社，2003：44.

［17］松本真澄．中国民族政策之研究——以清末之1945年“民族论”为中心．鲁忠慧译．北京：民族出版社，2003：63.

［18］松本真澄．中国民族政策之研究——以清末之1945年“民族论”为中心．鲁

忠慧译．北京：民族出版社，2003：50.

［19］松本真澄．中国民族政策之研究——以清末之1945年“民族论”为中心．鲁忠慧译．北京：民族出版社，2003：54.

［20］［24］松本真澄．中国民族政策之研究——以清末之1945年“民族论”为中心．鲁忠慧译．北京：民族出版社，2003：80－81.

［21］马戎．中华民族是一个——围绕1939年这一议题的大讨论．北京：社会科学文献出版社，2016：234.

［22］［23］马戎．中华民族是一个——围绕1939年这一议题的大讨论．北京：社会科学文献出版社，2016：240.

［25］［26］马戎．中华民族是一个——围绕1939年这一议题的大讨论．北京：社会科学文献出版社，2016：243.

［27］李大钊文集．北京：人民出版社，1984：302—303.

［28］毛泽东早期文稿．长沙：湖南人民出版社，1995：393—394.

［29］邵元冲．中国民族志．北京：商务印书馆，1933：54.

［30］马戎．中华民族是一个——围绕1939年这一议题的大讨论．北京：社会科学文献出版社，2016：262.

［31］马戎．中华民族是一个——围绕1939年这一议题的大讨论．北京：社会科学文献出版社，2016：3.

［32］马戎．中华民族是一个——围绕1939年这一议题的大讨论．北京：社会科学文献出版社，2016：43.

［33］金炳镐．民族理论通论．北京：中央民族大学出版社，1994：151.

［34］中共中央统战部．民族问题文献汇编．北京：中央党校出版社，1991：306.

［35］中共中央统战部．民族问题文献汇编．北京：中央党校出版社，1991：307.

［36］中共中央统战部．民族问题文献汇编．北京：中央党校出版社，1991：301.

［37］吴仕民，中国民族理论新编．北京：中央民族大学出版社，2016：13.

［38］中国共产党主要领导人论民族问题．北京：民族出版社，1994：145.

［39］毛泽东选集（第5卷）．北京：人民出版社，1977：214.

［40］朱培民，段良．中共三代中央领导集体与新疆．乌鲁木齐：新疆人民出版社，2002：124—125.

［41］中国共产党主要领导人论民族问题．北京：民族出版社，1994：81.

［42］中国共产党主要领导人论民族问题．北京：民族出版社，1994：237—238.

［43］民族工作文献选编．北京：中央文献出版社，2003：2.

［44］民族工作文献选编．北京：中央文献出版社，2003：30.

［45］李赞．中国特色社会主义民主理论的体系建构及发展创新．北京：中国社会科学出版社，2016：73.

［46］［47］李赞．中国特色社会主义民主理论的体系建构及发展创新．北京：中国社会科学出版社，2016：83.

［48］李赞．中国特色社会主义民主理论的体系建构及发展创新．北京：中国社会

科学出版社，2016：100.

［49］李赞．中国特色社会主义民主理论的体系建构及发展创新．北京：中国社会科学出版社，2016：101.

［50］李赞．中国特色社会主义民主理论的体系建构及发展创新．北京：中国社会科学出版社，2016：99.

［51］李赞．中国特色社会主义民主理论的体系建构及发展创新．北京：中国社会科学出版社，2016：103.

［52］党的十九大报告学习辅导百问．北京：党建读物出版社，2017：32.

（作者系陕西师范大学中国西部边疆研究院2016级博士研究生）

我国社会主要矛盾的变化

马琳瑛

摘　要：党的十九大报告指出，中国特色社会主义进入新时代，我国主要矛盾已经转化为人民日益增长的美好生活需要和不平衡不充分的发展之间的矛盾。

关键词：主要矛盾；提出依据；意义

一、我国社会主要矛盾变化历程

1957 年，毛泽东在《关于正确处理人民内部矛盾的问题》一文中，首次明确地把“生产关系和生产力之间的矛盾，上层建筑和经济基础之间的矛盾”提炼上升为“社会主义基本矛盾”。他指出了社会主义社会的基本矛盾与以往社会的基本矛盾具有不同的性质和表现形式。①

1949 年中华人民共和国成立后，我国曾先后三次提出并分析当时社会的主要矛盾。

第一次是 1956 年 9 月，中国共产党第八次全国代表大会（简称八大）提出，“一化三改”基本完成后，国内的主要矛盾“已经是人民对建立先进的工业国的要求同落后的农业国的现实之间的矛盾，是人民对于经济文化迅速发展的需要同当前经济文化不能满足人民需要的状况之间的矛盾”②。因此，在对农业、手工业、资本主义工商业的社会主义改造完成、社会主义制度基本建立之后，党和人民当前的主要任务，就是要集中力量把工作中心转移到社会主义建设事业上来，尽快把我国由落后的农业国家变为先进的工业国家。

第二次是 1981 年 6 月，党的十一届六中全会指出，当时社会主要矛盾“是人民日益增长的物质文化需要同落后的社会生产之间的矛盾”③。经过 25 年的建设，我国已经建立了雄厚的经济基础，人民对物质条件和精神条件的要求提高。

第三次是 2017 年 10 月，十九大报告指出：“中国特色社会主义进入新时代，我国社会主要矛盾已经转化为人民日益增长的美好生活需要和不平衡不充分的发展之间的矛盾”。经过 36 年的建设，我国经济实力和综合实力显著增强，主要矛盾发生了改变。

---

① 毛泽东文集（第七卷）. 北京：人民出版社，1999：214.

② 中共中央党校党史研究室. 中共党史参考资料. 北京：人民出版社，1980.

③ 中共中央党校出版社. 中共党史文献选编（新民主主义革命时期）. 北京：中共中央党校出版社，1992.

二、中国特色社会主义新时代社会主要矛盾提出依据

一是自1978年我国实行对内改革对外开放以来，我国的经济实力、国防实力、社会生产力水平已经有了大幅度的提升，“落后的社会生产”的提法已经不能真实反映我国当今社会生产力的发展水平。我国的经济保持中高速增长，在世界主要国家中名列前茅；国内生产总值稳步增加；高铁、公路、桥梁、港口、机场等基础设施建设快速推进；农业生产水平不断提高；创新性国家建设成果丰硕，天宫、蛟龙、天眼、悟空等重大科技成果相继问世。

二是人民生活水平显著提高，不仅对物质条件要求提高，而且对居住环境、教育、医疗、卫生、民主等方面的要求也越来越高，1981年6月提出的“物质文化需要”已经不能全面地反映人民群众的愿望。

三是我国现在在发展过程中虽然有很多成就，也有很多问题，但目前制约我们发展的主要是不平衡不充分问题。发展不平衡，主要是指区域间发展不够平衡，比如东中西发展不平衡，沿海和内地发展不平衡等等。除了区域间发展不平衡，还包括经济社会发展领域不平衡，存在“一条腿长、一条腿短”的失衡现象。发展不充分，主要是指地区发展不充分或行业发展不充分，还有很大的提升空间。

“五位一体”是在2017年中国共产党第十八次全国代表大会上提出来的，主要包括经济建设、政治建设、文化建设、社会建设、生态文明建设五个方面。其中，虽然经济建设居于首位，但其他几个方面也不容忽视。只有在促进我国经济建设健康迅速发展的同时促进政治建设、文化建设、社会建设、生态文明建设，实现五个方面平衡发展、充分发展，才能满足人民群众日益增长的物质、文化需求。

从城乡区域发展情况来看，我国东部、中部、西部地区之间，城市和乡村之间，发展差距仍然很大，在东部发达地区和一些大城市，比如北京、上海、广州、深圳等，发展水平同西方发达国家差不多，有些方面甚至超过西方国家的大城市，但在中西部地区和农村地区，经济社会发展还十分落后。

从我国收入分配水平来看，虽然我国在绝大部分地区解决了基本的温饱问题，但地区与地区之间收入分配差距仍然很大，而且有几千万人口尚未实现脱贫，城市中还存在很多需要帮扶的家庭和弱势群体。这些发展不平衡不充分问题相互制约，带来许多社会矛盾，是当前和今后一个时期我国需要着重解决的问题。

综上所述，党的十九大报告把我国社会主要矛盾的表述修改为“人民日益增长的美好生活需要同不平衡不充分的发展之间的矛盾”是从历史和现实、理论和实践、国内和国际等各个维度的综合思考下，得出的正确结论。

三、中国特色社会主义新时代社会主要矛盾与社会主义初级阶段理论

社会主义初级阶段不是泛指任何国家进入社会主义都会经历的起始阶段，而是特指我国在生产力水平落后、商品经济不发达的条件下建设社会主义必然要经历的特定阶段。1987年邓小平在中国共产党第十三次全国代表大会上阐述了社会主义初级阶段理论，提出了党在社会主义初级阶段的基本路线。

社会主义初级阶段的论断包括两层含义：一是我国已经进入社会主义社会，我们必须坚持而不能离开社会主义；二是我国的社会主义社会正处于并将长期处于初级阶段，我们必须正视而不能超越这个初级阶段。社会主义初级阶段的时间是从1956年一化三改基本完成社会主义制度确立到21世纪中叶社会主义现代化基本实现的整个历史阶段。

我国社会主要矛盾已经转化为人民日益增长的美好生活需要和不平衡不充分的发展之间的矛盾。但必须认识到，我国社会主要矛盾的变化，没有改变对我国社会主义所处历史阶段的判断。社会主要矛盾的变化，只是在一定历史时期内，我国经济发展水平和综合国力提高造成的。但不足以说明由生产力和生产关系、经济基础和上层建筑这一社会基本矛盾所决定的社会发展阶段发生了变化。“我国仍处于并将长期处于社会主义初级阶段的基本国情没有变，我国是世界上最大发展中国家的国际地位没有变。”①

四、中国特色社会主义新时代社会主义主要矛盾提出的意义

（一）我国社会主要矛盾的变化标志着我国取得巨大成就

我们要走中国特色社会主义道路，就是要把马克思主义基本原理同中国具体实际相结合，探索适合我们自己的发展方式。1949年推翻“三座大山”，成立中华人民共和国后，我们党不断探索在一个经济文化比较落后的东方大国怎样发展经济、提高综合国力的问题。在我国要发展经济，首先要明确我国社会主要矛盾。1956年9月，中国共产党第八次全国代表大会指出，我们国内的主要矛盾，已经是人民对于建立先进的工业国的要求同落后的农业国的现实之间的矛盾，已经是人民对于经济文化迅速发展的需要同当前经济文化不能满足人民需要的状况之间的矛盾。1981年党的十一届六中全会指出，我国所要解决的主要矛盾，是人民日益增长的物质文化需要同落后的社会生产之间的矛盾。

1949年中华人民共和国成立后特别是1978年改革开放以来，我们党着力解决社会主要矛盾，社会生产力水平和人民生活水平不断提高，经过长期努力，我国的经济实力、国防实力、综合国力等显著增强，在此基础上指出了社会主要矛盾的变化。

新时代我国社会主要矛盾的变化具有非同寻常的意义，标志着我国在几十年来的经济发展中取得巨大的成就，科学社会主义在21世纪的中国焕发出强大生机活力。社会主要矛盾变化是1921年中国共产党在上海成立以来，一代代中国共产党人带领中国人民经过北伐战争、土地革命战争、抗日战争、解放战争，建立新中国、建设新中国，为实现中华民族伟大复兴的中国梦勠力同心、努力奋斗的结果。社会主要矛盾变化有力证明：把马克思主义基本原理同中国具体实际相结合，坚持党的基本理论、基本路线、基本方针、基本制度，坚持党同人民紧密联系在一起，就能实现人民对美好生活的向往，就能实现中华民族的伟大复兴。

（二）我国社会主要矛盾变化标志着解决矛盾的方法、重点、机制等都有了新的变化

主要矛盾发生了变化，解决主要矛盾的方法也发生了变化。中国共产党第十九次全

---

①　习近平．决胜全面建成小康社会　夺取新时代中国特色社会主义伟大胜利：在中国共产党第十九次全国代表大会上的报告．北京：人民出版社，2017.

国代表大会既明确指出我国社会主要矛盾的变化，同时也提出了解决社会主要矛盾的新思路新方法。

党的十九大报告指出，我国社会主要矛盾的变化是关系经济社会发展全局的历史性变化。我们要在继续推动经济社会全面发展的基础上，着力解决好发展不平衡和发展不充分的问题，要不断提升发展质量和效益，力求更好满足人民群众在经济、政治、文化、社会、生态等方面日益增长的需要，更好推动人的全面发展、社会全面进步。

在实现2020年全面建成小康社会的过程中，要紧紧跟随我国社会主要矛盾的发展变化，统筹推进经济建设、政治建设、文化建设、社会建设、生态文明建设五位一体，突出抓重点、补短板、强弱项，特别是要坚决打好防范化解重大风险、精准脱贫、污染防治的攻坚战。坚持创新、协调、绿色、开放、共享的发展理念，推动新型工业化、信息化、城镇化、农业现代化同步发展，主动参与和推动经济全球化进程，发展更高层次的开放性经济，不断壮大我国的经济实力和国防实力。

（三）我国社会主要矛盾转化是制定党和国家大政方针的重要依据

对于我国社会主要矛盾的判断，是制定党和国家大政方针的重要依据。长期以来，我们党就是从我国经济社会变化发展的特点揭示社会主要矛盾、分析和把握我国当前社会发展的阶段性特征，从而科学制定党在各个阶段的路线、方针、政策的。

1978年改革开放之初，邓小平同志根据1956年中国共产党第八次全国代表大会对我国社会主要矛盾的判断，指出："我们的生产力发展水平很低，远远不能满足人民和国家的需要，这就是我们目前时期的主要矛盾，解决这个主要矛盾就是我们的中心任务。"后来我们党经过深入研究，将这个重大的理论表述提炼为："在社会主义改造基本完成以后，我国所要解决的主要矛盾，是人民日益增长的物质文化需要同落后的社会生产之间的矛盾。"

党的十九大报告提出"我国社会主要矛盾已经转化为人民日益增长的美好生活需要和不平衡不充分的发展之间的矛盾"，对我国经济社会发展来说意义十分重大。这不仅是因为社会主要矛盾的变化是关系我国经济社会发展全局的历史性变化，而且还因为社会主要矛盾的变化意味着我国的社会主义道路展现出新的阶段性特征。只有牢牢把握我国发展的阶段性特征，才能针对社会主要矛盾的新变化提出新的思路、新的方法、新的举措。

继续统筹推进"五位一体"（经济建设、政治建设、文化建设、社会建设、生态文明建设）总体布局、协调推进"四个全面"（全面建成小康社会、全面深化改革、全面依法治国、全面从严治党）战略布局，决胜全面建成小康社会，夺取中国特色社会主义伟大胜利，为实现中华民族伟大复兴的中国梦贡献我们的智慧和力量。

我们学习贯彻党的十九大报告中关于社会主要矛盾的重大政治论断，就是要认识到它集中反映了我国经济社会发展的新的阶段性特征，对党和国家工作提出了许多新要求，因此要深入贯彻创新、协调、绿色、开放、共享的新发展理念，着力解决好发展不平衡不充分问题，更好满足人民在经济、政治、文化、社会、生态文明等方面日益增长的需要，更好推动人的全面发展、社会全面进步。

（作者系天津现代职业技术学院思想政治理论课教学部助教）

习近平新时代中国特色社会主义思想的形成条件、历史地位及重大意义

王大春　张庆久　李　娜

摘　要：新时代铸就新思想，新思想引领新时代。随着社会主要矛盾的转化、国内外的变化发展，在传承马克思主义和中华传统文化以及结合习近平总书记个人成长经历的基础上，植根于我国各阶段建设、改革和发展的实践，习近平新时代中国特色社会主义思想孕育而生，并散发着伟大的时代光芒。习近平新时代中国特色社会主义思想是马克思主义中国化的最新理论成果，是中国特色社会主义理论体系的重要组成部分，续写了世界社会主义运动的新篇章，这一伟大思想开辟了马克思主义中国化的新境界，为全党全国各族人民提供了实现中华民族伟大复兴而奋斗的行动指南，为解决人类面临的共同难题贡献了中国智慧和方案。

关键词：新时代；中国特色社会主义；地位意义；思想

一、习近平新时代中国特色社会主义思想的形成条件

（一）时代背景：彰显中国特色社会主义进入了新时代

时代是思想之母，思想是时代之帆。正是由于时代诉求与时代需要，促进了马克思主义的诞生；正是由于时代发展与时代变革，引发了马克思主义的变革与演进。习近平新时代中国特色社会主义思想同样是时代的产物。

习近平同志在十九大报告中指出："经过长期努力，中国特色社会主义进入了新时代，这是我国发展新的历史方位。"这个新时代的基本指向是中国发展新的历史阶段，是中国从站起来、富起来到强起来的新的历史跨越，是实现社会主义现代化、实现中华民族伟大复兴的新的历史进程。党的十八大以来不平凡的五年，我们党取得全方位、开创性成就和深层次、根本性变革，解决了许多长期想解决而没有解决的难题，办成了许多过去想办而没办成的大事。我国社会主要矛盾已经转化为人民日益增长的美好生活需要和不平衡不充分的发展之间的矛盾。这是习近平新时代中国特色社会主义思想形成的国内背景。

从国际上看，当今世界多极化也进入了新时代，同世界其他"极"相比，中国的发展最为耀眼，风景这边独好。另外，经济全球化也进入了新时代。自2001年中国加入世贸组织后，我们已经从经济全球化的后来者一跃成为领跑者。与此同时，以往作为"世界领袖"的美国却打起了"贸易保护主义"的大旗，从某种意义上看，美国成了经济全

球化的阻碍者。近期的中美贸易战就是美国单边主义和贸易保护主义抬头的表现。与此同时，社会信息化、文化多样化正在深入发展，局部冲突和动荡频发、全球性问题加剧的状况未从根本上缓解。

新的时代必然孕育新的理论，也必然需要新的理论来指导。正是基于这样的形势变化、这样的大背景，习近平新时代中国特色社会主义思想应运而生。

（二）实践基础：植根于我国各阶段建设、改革和发展的实践

实践是理论之源，实践进程决定思想进程。历史表明，实践越是艰苦卓绝、越是波澜壮阔，越是呼唤科学管用的理论、越是催生博大精深的思想。毛泽东思想是这样诞生的，邓小平理论、“三个代表”重要思想、科学发展观是这样诞生的，习近平新时代中国特色社会主义思想也是这样诞生的。习近平新时代中国特色社会主义思想正是在一系列伟大实践的丰厚沃土中长成的参天大树：

一是中共十八大以来坚持和发展中国特色社会主义的实践，为习近平新时代中国特色社会主义思想的形成提供了丰富的实践资源。

二是改革开放近 40 年的实践经验，是习近平新时代中国特色社会主义思想形成的肥田沃土。

三是习近平同志在思考和回答新时代坚持和发展中国特色社会主义问题时，也借鉴了中华人民共和国成立以来社会主义建设的经验。

（三）理论渊源：传承马克思主义和中华传统文化

根深叶茂，源远流长。习近平新时代中国特色社会主义思想之所以博大精深，就在于这一新思想是站在巨人肩上的集大成之作。这里的巨人，主要是指马克思主义和中华优秀传统文化。

1. 马克思主义是中国共产党的指导思想，是习近平新时代中国特色社会主义思想形成的基本理论来源

习近平同志十分重视对马克思主义基本原理的学习，十八届中央政治局集体学习，四次以马克思主义为主题，表明习近平同志对马克思主义的推崇和肯定，对当代世界马克思主义思潮的关注和重视。

习近平新时代中国特色社会主义思想蕴含了历史唯物主义与辩证唯物主义的精华。如在论及新发展理念时，习近平同志指出：“新发展理念的提出，是对辩证法的运用；新发展理念的实施，离不开辩证法的指导。”围绕贯彻落实新发展理念，习近平同志要求坚持系统论的观点、“两点论”和“重点论”的统一，遵循对立统一规律、质量互变规律、否定之否定规律，坚持继承和创新相统一、具体问题具体分析，这是对辩证唯物主义的具体运用和发展。

2. 习近平新时代中国特色社会主义思想还继承了中华优秀传统文化

习近平同志指出：“抛弃传统、丢掉根本，就等于割断了自己的精神命脉。博大精深的中华优秀传统文化是我们在世界文化激荡中站稳脚跟的根基。中华文化源远流长，积淀着中华民族最深层的精神追求，代表着中华民族独特的精神标识，为中华民族生生不息、发展壮大提供了丰厚滋养。”在阐释治国理政思想、方法和全球治理理念时，习

近平同志充分吸收了中华优秀传统文化的智慧。习近平同志还大量引用中国古代的名言、警句、诗文、典故来表达新时代中国特色社会主义思想的具体观点。例如，在4月10日博鳌亚洲论坛2018年年会的主旨演讲中，说到变革创新时，习近平同志引用了《淮南子》中“苟利于民，不必法古；苟周于事，不必循俗”这句古语。中华优秀传统文化在习近平新时代中国特色社会主义思想中得到了充分体现。

（四）成长历程：展现领袖的成长之路

专题片《将改革进行到底》介绍：“从陕北梁家河到河北正定，从福建到浙江，从上海到北京，一路走来，人民群众的冷暖与期盼，党长期执政面临的挑战和压力，沉淀在习近平同志的心中，成为他带领新一届党中央担负起最大责任的认识起点。”学习研究习近平同志的成长轨迹，有助于全面深入理解习近平新时代中国特色社会主义思想的形成发展。

1. “以人民为中心的发展思想”萌芽于习近平的知青岁月

“以人民为中心的发展思想”是习近平新时代中国特色社会主义思想14个基本方略之一。这一思想在习近平在陕西省延川县梁家河村插队时期就奠定了坚实基础。当时他“立志要为老百姓办好事”的思想，就是“以人民为中心的发展思想”的最初表达。从“为老百姓办好事”，到以“百姓之心为心”，再到“让人民群众参与、让人民群众做主、让人民群众受益、让人民群众满意”，“以人民为中心的发展思想”最终瓜熟蒂落。

2. “四个自信”的思想基础肇始于习近平在梁家河插队时树立的个人自信

习近平青年时代所形成的个人自信对“四个自信”的形成产生了重要影响。他说：“艰难困苦能够磨炼一个人的意志。七年上山下乡的艰苦生活对我的锻炼很大，后来遇到什么困难，就想起那个时候在那样的困难条件下还可以干事，现在干嘛不干？你再难都没有难到那个程度。这个对人的作用很大。”他认为这一时期获益最大的有两条，其中之一就是培养了自信心。

3. 改革创新的思想在习近平担任正定县委书记期间奠定基础

改革创新是十八大以来以习近平同志为核心的党中央治国理政的鲜明特色。习近平的改革创新思想，在河北正定县工作期间就开始萌发。那时，正定是有名的“高产穷县”，习近平结合实际提出了盘活本地经济的大思路，实施后收到很好的效果。《人民日报》以《正定翻身记》为题，报道了这场改革。习近平在接受采访时指出：“在改革进程中，要研究国情，要把握群众心理，要避免破坏性震动，否则，盲目改革只会是一首浪漫的抒情诗，弄不好，还会给事业带来损失。”

“要研究国情，要把握群众心理，要避免破坏性震动”的思想，与“7·26”重要讲话中关于“谋划和推进党和国家各项工作，必须深入分析和准确判断当前世情国情党情”的思想极其相似。党的十八大以来，习近平同志反复强调，中国是一个大国，决不能在根本性问题上出现颠覆性错误，这其实就是30多年前他关于“要避免破坏性震动”思想的另一种表达。

4. 精准扶贫思想萌发于习近平知青时期、成形于任职宁德的实践中

2013年11月，习近平同志在湖南湘西十八洞村考察时首次提出“精准扶贫”的概念。而“精准扶贫”的思想基础，可以追溯到1969年习近平到延安农村插队时期，在

梁家河提出的命题，在福建宁德进行初步试验，十八大之后得到系统升华。

5. “不敢腐、不能腐、不想腐”思想的早期版本是习近平在浙江任职时提出的“不能为、不敢为、不想为”

早在浙江工作期间，习近平对构建“三不为”反腐机制就进行了大胆探索。担任中共中央总书记后，习近平不断推动“三不为”思想的丰富完善。2014 年，中央纪委三次全会提出，“形成不想腐、不能腐、不敢腐的有效机制”。十八届四中全会正式提出“形成不敢腐、不能腐、不想腐的有效机制”。“三不腐”排序有了变化，从“不能、不敢、不想”到“不敢、不能、不想”，体现了由浅到深的认识规律和先治标后治本的工作规律，强调最初目标是“不敢腐”，靠制度实现“不能腐”，最终结果是“不想腐”。

二、习近平新时代中国特色社会主义思想的历史地位

（一）马克思主义中国化的最新理论成果

十月革命一声炮响，为中国送来了马克思列宁主义，毛泽东思想实现了马克思列宁主义中国化的第一次历史性飞跃。包括邓小平理论、“三个代表”重要思想、科学发展观在内的中国特色社会主义思想实现了马克思主义中国化第二次历史性飞跃。

习近平同志在党的十九大报告中，第一次把新时代中国特色社会主义思想同马克思列宁主义、毛泽东思想、邓小平理论、“三个代表”重要思想、科学发展观一道，作为我们党必须长期坚持的指导思想，高度概括和明确提出新时代中国特色社会主义思想。

习近平新时代中国特色社会主义思想是对马克思列宁主义、毛泽东思想、邓小平理论、“三个代表”重要思想、科学发展观的继承和发展，是马克思主义中国化的最新成果，以鲜明的中国特色、时代特征和大众特点载入马克思主义发展史册。

（二）续写世界社会主义运动的新篇章

早在 2013 年 1 月 5 日，在新进中央委员会委员、候补委员学习贯彻党的十八大精神研讨班上的讲话中，习近平同志就把世界社会主义 500 年发展史划分为六个时间段：空想社会主义产生和发展、马克思恩格斯创立科学社会主义理论体系、列宁领导十月革命胜利并实践社会主义、苏联模式逐步形成、中华人民共和国成立后我们党对社会主义的探索和实践、我们党作出进行改革开放的历史性决策并开创和发展中国特色社会主义。在这次讲话中，习近平同志首次明确地把中国特色社会主义作为世界社会主义五百年发展的六个时间段中的一个完整阶段并加以论述，从历史纵深揭示了中国特色社会主义的必然性和真理性，指出了中国特色社会主义从哪里来、又往哪里去，揭示了中国特色社会主义的历史方位和发展规律。

习近平新时代中国特色社会主义思想既源于对科学社会主义的继承发展，也源于对苏联社会主义旧模式的反思超越；既是基于对时代脉搏的准确把握，也是基于对中国国情的深刻洞悉，将指导我们继续书写世界社会主义运动的新篇章。

（三）中国特色社会主义理论体系的重要组成部分

中国特色社会主义理论体系是包括邓小平理论、“三个代表”重要思想以及科学发展观等重大战略思想在内的科学理论体系。它们之间既一脉相承又与时俱进，既有建设

中国特色社会主义这一共同主题，又科学地回答了不同时期不同阶段所面临的新矛盾和新问题，是一个相互衔接、相互贯通的科学理论体系。习近平新时代中国特色社会主义思想是对“三个代表”重要思想、科学发展观的继承与发展，是中国特色社会主义理论体系的重要组成部分，对中国特色社会主义建设中面临的新矛盾和新问题又有了新的认识。

1. 深化了中国特色社会主义发展的阶段目标认识

1987 年 10 月，党的十三大对我国社会主义现代化建设进程提出了分三步走的阶段性发展目标：第一步目标，1981 年到 1990 年实现国民生产总值比 1980 年翻一番，解决人民的温饱问题；第二步目标，1991 年到 20 世纪末国民生产总值再增长一倍，人民生活达到小康水平；第三步目标，到 21 世纪中叶人民生活比较富裕，基本实现现代化，人均国民生产总值达到中等发达国家水平，人民过上比较富裕的生活。

2017 年 10 月，党的十九大报告指出，从 2020 年到本世纪中叶的三十年，全面建设社会主义现代化国家分两个阶段来安排，每个阶段十五年。第一个阶段，从 2020 年到 2035 年，在全面建成小康社会的基础上，再奋斗十五年，基本实现社会主义现代化。第二个阶段，从 2035 年到本世纪中叶，在基本实现现代化的基础上，再奋斗十五年，把我国建成富强民主文明和谐美丽的社会主义现代化强国。

“两步走”战略谋划，既是对“三步走”战略目标一脉相承又与时俱进的深化和推进，也是“三步走”战略目标的升级版。首先，战略目标完成的时间作了调整：把原定的基本实现现代化的时间提前了十五年。其次，战略目标的内容更丰富：增加了美丽这一生态文明的内容，形成了五位一体的奋斗目标。最后，战略目标的指向性更加明确：把现代化国家变成社会主义现代化强国。

2. 深化了对中国特色社会主义发展的历史方位认识

习近平同志在十九大报告中指出：经过长期努力，中国特色社会主义进入了新时代，这是我国发展新的历史方位。改革开放之初，我们党发出了走自己的路、建设中国特色社会主义的伟大号召。邓小平根据世界格局变化新特点提出时代主题的变化新特征，实现了一个由“战争与革命”到“和平与发展”的重大转变。习近平同志提出我国社会主要矛盾已经转化为人民日益增长的美好生活需要和不平衡不充分的发展之间的矛盾。近代以来久经磨难的中华民族迎来了从站起来、富起来到强起来的伟大飞跃，迎来了实现中华民族伟大复兴的光明前景。

3. 深化了对中国特色社会主义发展的文明价值认识

习近平新时代中国特色社会主义思想是人类文明发展中的“璀璨明珠”。从人类文明视野看，习近平新时代中国特色社会主义思想为人类文明的丰富与灿烂作出了独特贡献，建构着人类文明的新型话语，找到了现代人的出路。

三、习近平新时代中国特色社会主义思想的重大意义

（一）开辟了马克思主义中国化的新境界

习近平新时代中国特色社会主义思想作为马克思主义中国化最新成果，突破了西方世界炮制的诋毁社会主义和东方文明的“历史终结论”“西方中心论”“文明冲突论”

等多重理论包围，证明了社会主义是人类走向文明的必然选择；打破了以往对社会主义建设规律探索的历史局限，必将推动中华民族伟大复兴中国梦的实现；扭转了自 20 世纪 80 年代以来，世界社会主义运动陷入低潮的困境，证明科学社会主义具有不同模式和强大的生命力；改变了管党治党宽松软的状况，实现了由“宽松软”到“严紧硬”的深刻转变，全面从严治党成效卓著。上述突破和改变开辟了马克思主义中国化的新境界，丰富和发展了科学社会主义理论，使科学社会主义理论与时俱进，彰显蓬勃生机，在当今时代放射出新的理论光芒。

（二）提供了全党全国人民为实现中华民族伟大复兴而奋斗的行动指南

实践丰富理论，理论指导实践。习近平新时代中国特色社会主义思想为道路自信、理论自信、制度自信和文化自信提供了最坚实的战略定力，为新时代提供了最根本的战略指引，是凝聚全党全国各族人民为实现中华民族伟大复兴中国梦奋斗的思想基础，是在中国特色社会主义进入新时代的历史方位下，在新的历史起点上进一步开创中国特色社会主义新局面、决胜全面小康社会、建设社会主义现代化强国、实现中华民族伟大复兴中国梦的行动指南。

（三）贡献了解决人类面临的共同难题的中国智慧和中国方案

中国在世界上高举中国特色社会主义伟大旗帜，在习近平新时代中国特色社会主义思想指引下，取得了巨大成功，彰显了科学社会主义在 21 世纪的强大生机和活力，日益引起世界的关注。习近平新时代中国特色社会主义思想为世界经济发展提供中国方案。

“一带一路”倡议提出以来，目前已经有 80 多个国家和国际组织同我国签署了合作协议。“一带一路”倡议在给沿线国家带来发展机遇的同时，影响范围还在扩大，德国席勒研究所这样评价“一带一路”倡议：“虽然这项倡议最初集中在中亚和中东的东南亚邻国，但通过与金砖国家合作，成为惠及亚太地区、非洲、中东和拉丁美洲的策略。”

党的十九大召开，600 多个外国领导人、政党和组织致电或致函表示热烈祝贺，130 多个国家逾千名外国记者来到一线采访，各国专家学者密切关注、悉心研究。

俄罗斯科学院维诺格拉多夫说，中国特色社会主义道路的成功实践，拓展了发展中国家走向现代化的途径。英国广播公司报道说，中国正在成为全球市场之网中“新的服务器”，“站在世界地图前”谋划维护世界和平与促进共同发展的中国共产党，将为世界经济的未来提供新的智慧与方案。

《习近平谈治国理政》已出版 21 个语种，24 个版本，共发行 642 万册，发行到世界 160 多个国家和地区，海外发行突破 50 万册，成为改革开放以来在海外最受关注、最具影响力的中国领导人著作。

随着中国日益走近世界舞台中央，中国理念、中国智慧、中国方案、中国机遇日益受到全球关注。中国故事，为世界上其他国家谋求发展提供借鉴，为各国共同发展提供启示。

（作者单位：黑龙江工程学院思政部）

习近平新时代中国特色社会主义思想整体性解读

李秀娟

摘　要： 习近平新时代中国特色社会主义思想是对整体性的马克思主义的继承和发展，是新时代马克思主义的现实视域和马克思主义的历史视域相融合而创生的马克思主义新成果，是基于中国社会发展的现实问题的“问题逻辑”生成的一以贯之的理论整体，蕴含着实现中华民族伟大复兴和社会主义现代化强国的实践智慧，为我们提供了多维、立体的建构中国特色社会主义事业的总体性图景，从而构成了当代中国马克思主义的主题话语。

关键词： 习近平；新时代；中国特色社会主义

习近平新时代中国特色社会主义思想，是党的十八大以来以习近平同志为核心的新一届中央领导集体在新时代对什么是中国特色社会主义，如何建设中国特色社会主义的历史任务的科学回答，是对整体性的马克思主义的继承和发展，是新时代马克思主义的现实视域和马克思主义的历史视域相融合而创生的马克思主义新成果，开辟了中国马克思主义发展的新境界。它既鲜明体现了整体性的马克思主义与时俱进的理论特色与品质，又以高屋建瓴、继往开来的战略思维为我们提供了多维的建构中国特色社会主义事业的总体性图景，从而构成了当代中国马克思主义的主题话语。

一、习近平新时代中国特色社会主义思想：一以贯之的理论整体

党的十八大以来，习近平同志立足于新课题，运用马克思主义立场观点方法，将马克思主义的普遍原理和中国特色社会主义事业的新实践、新创造、新经验相结合，提出了一系列治国理政的新理念、新思想、新战略，创造性地回答了我们党新时代坚持和发展什么样的中国特色社会主义、怎样坚持和发展中国特色社会主义这个重大时代课题，形成了习近平新时代中国特色社会主义思想，深刻揭示了中国从大国走向强国的理论与实践逻辑，以全新的视野深化了对共产党执政规律、社会主义建设规律、人类社会发展规律的认识，又一次发展和丰富了马克思主义学说，是马克思主义中国化最新的理论成果，是全党全国人民为实现中华民族伟大复兴而奋斗的行动指南。

习近平新时代中国特色社会主义思想，作为中国特色社会主义理论的重要组成部分，与马克思主义是一脉相承的，是一个集顶层设计、基本方略、领导核心等为一体的完整的、逻辑严密的科学理论体系，具有鲜明的时代主题、丰富的思想内涵，它与中国特色社会主义理论是一个整体。它突出了一个主题：新时代条件下不忘初心，牢记使

命；它立足于一个基本立场：致力于实现最广大人民群众的根本利益；它贯穿着一个灵魂：解放思想、实事求是；它坚持着一个科学的方法论和世界观：辩证唯物主义和历史唯物主义；它回答了一个新课题：什么是中国特色社会主义，如何建设中国特色社会主义；它承担着一个伟大的历史使命，即实现中华民族伟大复兴和实现社会主义现代化强国；它描绘了一张实现中国特色社会主义的宏伟蓝图。正是这七个“一”的相互作用，使其成为指导中国社会发展的总体谋略和建设指南，具有重大的理论和现实意义。

从总体上看，习近平新时代中国特色社会主义以坚持和发展中国特色社会主义为主题，以建设什么样的社会主义现代化强国、怎样建成社会主义现代化强国、实现中华民族的伟大复兴为主线，以人民为中心的发展核心。围绕这一主题和主线以及核心形成的理论整体包括了中国特色社会主义事业总体布局、国家治理体系与治理能力现代化、中国特色社会主义法制建设、强军目标、基于人类命运共同体思想的全球治理理念，以及中国特色社会主义的本质特征等。对于如何发展中国特色社会主义，习近平同志提出了从坚持党对一切工作的领导、坚持以人民为中心、坚持全面深化改革、坚持发展新理念、坚持人民当家做主、坚持全面依法治国、坚持社会主义核心价值体系、坚持在发展中保障和改善民生、坚持人与自然和谐共生、坚持总体国家安全观、坚持党对人民军队的绝对领导、坚持“一国两制”和推进祖国统一、坚持推动构建人类命运共同体、坚持全面从严治党十四条来建构中国特色社会主义的基本方略，全面务实地建构起严密的新时代中国特色社会主义思想体系，从而科学地回应了中国特色社会主义建设的实践需要。

二、整体性的马克思主义：习近平新时代中国特色社会主义思想生成的“正确前见”

任何一种思想都是在特定时代的政治、经济和文化条件下产生的，而这些条件在哲学诠释学看来，就是理解的“前见”“前结构”。“四个全面”的生成是新的历史条件下对时代任务给定的历史回答，是对整体性的马克思主义的继承和发展，是以习近平同志为核心的新一届党中央领导集体将自己的视域和马克思主义的历史视域相融合而创生的马克思主义新成果，是对整体性真实现实的恳切回答。列宁曾说：“在社会现象方面，没有哪种方法比胡乱抽出一些个别事实和玩弄实例更普遍、更站不住脚的了。挑选任何例子是毫不费劲的，但这没有任何意义，或者有纯粹消极的意义，因为问题完全在于，每一个别情况都有其具体的历史环境。”

习近平同志认为，马克思主义是一个完整的科学体系。他指出，马克思主义经典作家眼界广阔、知识丰富，马克思主义理论体系和知识体系博大精深，涉及自然界、人类社会、人类思维各个领域，涉及历史、经济、政治、文化、社会、生态、科技、军事、党建等各个方面。作为一个完整的理论整体，马克思主义深刻地揭示了自然界、人类社会、人类思维发展的普遍规律，为人类社会发展进步指明了方向；坚持了实现人民解放、维护人民利益的立场，以实现人的自由而全面的发展和全人类解放为己任，反映了人类对理想社会的美好憧憬；揭示了事物的本质、内在联系及发展规律，是“伟大的认识工具”，是人们观察世界、分析问题的有力思想武器；它还具有鲜明的实践品格，不仅致力于科学地“解释世界”，而且致力于积极地“改变世界”。习近平同志多次强调，这个理论体系并不是一个僵死的体系，而是一个随着时代、实践、科学发展而不断发展的开放的理论体系；它并没有结束真理，而是开辟了通向真理的道路。因此，在对待马克思主义的过程中，需要有正确的科学态度。对此，他明确地批评了对待马克思主义的两种错误态度：教条主义和实用主义。在他看来，如果我们不顾历史条件和现实情况的具体变化，而拘泥于马克思主义经典作家在特定历史条件下、针对具体情况作出的某些个别论断和具体行动纲领，那么我们就会因为思想脱离实际而不能顺利前进，甚至发生失误。同时，也不能到处寻找马克思主义经典作家的语录，随意生硬地“裁剪”活生生的实践发展和创新。因而，只有把坚持马克思主义和发展马克思主义统一起来，结合新的实践不断作出新的理论创造，才是马克思主义强大生命力之所在。

三、中国社会发展的现实问题：习近平新时代中国特色社会主义思想生成的“问题逻辑”

整体性的马克思主义在与当下中国具体社会实践之整体的结合中，其产生的新时代中国特色社会主义思想的理论新成果也必然具有整体性、实践性的特质与本色。习近平同志强调，习近平新时代中国特色社会主义思想是从我国发展现实需要中得出来的，是从人民群众的热切期待中得出来的，是为推动解决我们面临的突出矛盾和问题提出来的。新的党中央领导集体立足于当下中国的现实问题，在解决各种不同问题中同社会生活的各个方面展开多领域、多途径、多方位的“对话”，鲜明地体现了马克思主义的“问题逻辑”，充分体现了马克思主义“改变世界”的原意。

习近平同志在十九大报告中深入分析了十八大以来我国社会主义建设处于国际、国内环境发生深刻变化的现实状况中，从经济建设、全面深化改革、民主法治建设、思想文化建设、人民生活、生态文明建设、强军兴军、港澳台工作、全方位外交布局、全面从严治党十个方面全方位、总体性地概括和总结了五年来紧紧围绕贯彻十八大精神所开展的新实践及取得的历史性成就，这些实践和历史性成就使党和国家事业发生了历史性变革，具有重大的历史意义。正是基于对中国特色社会主义新实践及其新经验和历史性成就的充分梳理和总结上，习近平同志提出了两个非常重要的新判断。

（一）新时代

作为表述特定社会历史的范畴，时代在不同社会形态、不同历史时期、不同发展阶段，有着不同内涵和表征。习近平同志指出我国的社会主义事业已经进入了新时代，这是我国发展新的历史方位。就国内成就而言，经过改革开放以来四十多年的快速发展，今天的中国已经由站起来、富起来，步入强起来的新阶段，处于决胜全面建成小康社会、进而全面建设社会主义现代化强国的新时代。就国际影响而言，今天中国的发展已经越来越受到其他国家的关注，不仅表现在国际地位与国际影响力显著提高，日益走近国际舞台的中央上，而且更表现为中国开始进入为世界的发展贡献中国智慧与中国方案、不断为人类做出更大贡献的新时代。对于这个新时代，习近平同志从五个方面进行了明确的指认，认为它是承前启后、继往开来、在新的历史条件下继续夺取中国特色社会主义伟大胜利的时代；是决胜全面建成小康社会、进而全面建设社会主义现代化强国的时代；是全国各族人民团结奋斗、不断创造美好生活、逐步实现全体人民共同富裕的时代；是全体中华儿女协力同心、奋力实现中华民族伟大复兴中国梦的时代；是我国日益走近世界舞台中央、不断为人类做出更大贡献的时代。这五个方面的精准定位，更加清晰地表明了这一美好新时代所具有的独特性，表明了我国战略任务的变化、发展坐标的前进以及国际影响的增强。

（二）新矛盾

习近平同志指出，当下中国社会主要矛盾是人民日益增长的美好生活的向往和发展的不平衡性不充分性的矛盾，这就进一步深化了中国共产党对社会主义初级阶段我国社会主要矛盾的认识，及时科学地对社会生活中主要矛盾变化的具体现实作出了理论上的创新。辩证唯物主义认为，主要矛盾是矛盾体系中处于支配地位，对事物发展起决定作用的矛盾。因而，对社会主要矛盾的判断，直接决定和规定着社会的根本任务和发展方向。自1956年我国进入社会主义初级阶段以来，对社会主要矛盾的界定经历了三次变化，一是党的八大中确定的“人民对于建立先进的工业国的要求同落后的农业国的现实之间的矛盾，是人民对于经济文化迅速发展的需要同当前经济文化不能满足人民需要的状况之间的矛盾”，这一界定是符合当时的历史实际的科学概括，但随着国际国内形势的变化，这一界定又被界定为“两个阶级”“两个主义”之间的斗争。二是改革开放后，党及时对社会主要矛盾作出了新的判断，在继承了八大的主要矛盾的一个方面的基础上，提出新形势下我国社会主要矛盾是“人民日益增长的物质文化需要同落后的社会生产之间的矛盾”的新判断，在随后的36年中，一直沿用这个判断。三是随着我国改革开放取得了巨大成就，尤其是近五年来所取得的历史成就，处于新时代的人民随着物质文化生活水平的提高，其现实需要不只是简单的物质方面的需要，还有对更好的教育、更稳定的工作、更满意的收入、更可靠的社会保障、更高水平的医疗卫生服务、更舒适的居住条件、更优美的生活环境、更丰富的精神文化生活等多方面美好生活的向往。因而，习近平同志对社会主要矛盾作出的新表述、新判断真实、全面、科学地反映了人民的现实需要，反映了人们的需要随着新实践的发展由单一性向多样性、由最基本的物质需求到更高层次的社会需要的转变。当前，发展的不平衡不充分，既有经济的，也有政治、文化、社会、生态领域的；既有城乡发展不平衡，也有区域发展不平衡。解决社会主要矛盾，就是要着力解决好发展不平衡不充分问题，提升发展质量和效益，满足人民在各方面日益增长的需要。当然这样的新判断、新表述是完全符合我国当前还处于而且还长期处于社会主义的初级阶段的最大国情的现实状况的，也是完全符合我国是世界最大的发展中国家的国际地位的现实的。

习近平同志曾提出：“马克思列宁主义、毛泽东思想一定不能丢，丢了就丧失根本。同时，我们一定要以我国改革开放和现代化建设的实际问题、以我们正在做的事情为中心，着眼于马克思主义理论的运用，着眼于对实际问题的理论思考，着眼于新的实践和新的发展。”他多次强调要坚持问题导向，注重回答人们普遍关注的问题，注重解答干部群众思想上的疙瘩。当前，面对社会思想观念和价值取向日趋活跃、主流和非主流同时并存、社会思潮纷纭激荡，社会改革进入攻坚区和“深水区”，各种深层次矛盾和问题不断呈现，各类风险和挑战不断增多，在这样的新形势下如何巩固马克思主义在意识形态领域的指导地位，培育和践行社会主义核心价值观，如何贯彻落实新发展理念、加快转变经济发展方式、提高发展质量和效益，如何更好保障和改善民生、促进社会公平正义，如何提高改革决策水平、推进国家治理体系和治理能力现代化，如何加快建设社会主义文化强国、增强文化软实力、提高我国在国际上的话语权，如何不断提高党的领导水平和执政水平、增强拒腐防变和抵御风险能力，使党始终成为中国特色社会主义事业的坚强领导核心，这些问题都需要重点回答和解决。这就需要从理论上做出回应。正如习近平同志指出的："首先要认真学习马克思主义理论，这是我们做好一切工作的看家本领，也是领导干部必须普遍掌握的工作制胜的看家本领。""只有学懂了马克思列宁主义、毛泽东思想、邓小平理论、'三个代表'重要思想、科学发展观，特别是领会了贯穿其中的马克思主义立场、观点、方法，才能心明眼亮，才能深刻认识和准确把握共产党执政规律、社会主义建设规律、人类社会发展规律，才能始终坚定理想信念，才能在纷繁复杂的形势下坚持科学指导思想和正确前进方向，才能带领人民走对路，才能把中国特色社会主义不断推向前进。"

四、实现中华民族伟大复兴和社会主义现代化强国：新时代中国特色社会主义"实践智慧"

每一历史时代都有其特定的历史任务和课题，诚如为了解决资本主义该往何处去的历史课题，当资产阶级的哲学家、经济学家一筹莫展、束手无策的时候，马克思主义应运而生，指出了资本主义必将被社会主义所取代。新时代、新实践孕育了新课题，需要新思想的武装和指导。正如习近平同志所言："时代是思想之母，实践是理论之源。"处于国际、国内环境都发生深刻变化的新时代，中国共产党必须要从理论和实践的结合上来整体性地回答新时代生成的新课题，即坚持和发展什么样的中国特色社会主义、怎样坚持和发展中国特色社会主义这样带有根本性、总体性的巨大问题。这一总体性的问题中包括诸多细节，如新时代坚持和发展中国特色社会主义的总目标、总任务、总体布局、战略布局和发展方向、发展方式、发展动力、战略步骤、外部条件、政治保证等基本问题，还要根据新的实践对经济、政治、法治、科技、文化、教育、民生、民族、宗教、社会、生态文明、国家安全、国防和军队、"一国两制"和祖国统一、统一战线、外交、党的建设等各方面作出理论分析和政策指导，以利于更好坚持和发展中国特色社会主义。

习近平同志在从理论上回答了新时代的历史课题后，又以新时代下我们正处于决胜全面建设小康社会这样一个关键历史阶段为起点，为我们指出了实现社会主义现代化强国的具体路径，凸显了其治国理政的实干精神、务实精神，开启了全面建设社会主义现代化国家的新征程。按照改革开放之后我国社会主义现代化建设的战略任务，提出"三步走"的战略安排，在经过四十多年的改革开放后，党领导国家和人民已提前实现了解决温饱问题、人民生活总体上达到小康水平这两个目标，在这样的具体的现实的基础上，习近平同志以总览全局的磅礴气势提出了"两个一百年"的总任务、总目标，并且提出了为实现这样一个总目标要在社会生活中统筹协调好经济、政治、文化、社会、生态五位一体建设，坚定地实施包括科教兴国、人才强国、创新驱动发展、乡村振兴、区域协调发展、可持续发展、军民融合发展七大战略，尤其是首次提出乡村振兴战略，强调确保国家粮食安全，把中国人的饭碗牢牢端在自己手中，还对如何实施这一战略提出了具体的制度及途径。在总体绘就强国路径后，习近平同志依据当前国际国内环境的新特点，又进一步具化了实现总体目标“两步走”的路径，这样的新时代中国特色社会主义发展的战略安排，具有强烈的现实的可操作性，不仅有利于我们最终实现社会主义现代化强国之梦，而且对其他社会主义国家或经济文化相对落后国家的社会发展、国家富强提供了直接的可咨借鉴的新模式、新经验。

新时代中国特色社会主义是一项伟大的事业，在习近平新时代中国特色社会主义思想的指导下，全党全国人民不忘初心，牢记使命，坚定方向，砥砺前进，必将会实现富强、民主、文明、和谐、美丽的社会主义现代化强国的奋斗目标。

（作者系湖州师范学院马克思主义学院教师、博士）

习近平新时代中国特色社会主义思想大众化：意义、挑战、原则与路径

王　磊

摘　要：习近平新时代中国特色社会主义思想大众化是当代中国马克思主义大众化最紧迫的工作和任务，这对增强意识形态领域主导权和话语权，以及更好地构筑中国精神、中国价值、中国力量具有重要意义。习近平新时代中国特色社会主义思想大众化面临着复杂的现实问题和巨大挑战，我们需要把握习近平新时代中国特色社会主义思想大众化的多维原则，创造性地探索习近平新时代中国特色社会主义思想大众化的实践路径。

关键词：习近平新时代中国特色社会主义思想；当代中国马克思主义；大众化

党的十七大报告提出了“开展中国特色社会主义理论体系宣传普及活动，推动当代中国马克思主义大众化”[①] 的艰巨使命。党的十九大通过的《中国共产党章程》明确指出：“习近平新时代中国特色社会主义思想……是中国特色社会主义理论体系的重要组成部分。”[②] 这就有力昭示且内在规定着，在当前“建设具有强大凝聚力和引领力的社会主义意识形态”[③] 背景下，我们亟须开展习近平新时代中国特色社会主义思想的理论宣传教育活动，推动习近平新时代中国特色社会主义思想这个马克思主义中国化最新成果大众化。我们知道，所谓马克思主义大众化，“是指马克思主义基本原理由抽象到具体、由深奥到通俗、由被少数人理解掌握到被广大群众理解掌握的过程”。[④] 那么，习近平新时代中国特色社会主义思想大众化，就是要运用广大民众容易领会、理解和接受的方式方法，把习近平新时代中国特色社会主义思想与他们的日常生活紧密联系起来，与他们的思想观念确切地结合起来，由此推动习近平新时代中国特色社会主义思想深入民心。唯其如此，全党全国各族人民才可以“深刻领会新时代中国特色社会主义思想的精神实质和丰富内涵，在各项工作中全面准确贯彻落实”。[⑤] 由此可言，习近平新时代中国特色

---

① 胡锦涛：《高举中国特色社会主义伟大旗帜　为夺取全面建设小康社会新胜利而奋斗》，《求是》2007 年第 21 期。

② 《中国共产党章程》，人民出版社 2017 年版，第 5—6 页。

③ 习近平：《决胜全面建成小康社会　夺取新时代中国特色社会主义伟大胜利》，《人民日报》2017 年 10 月 28 日。

④ 《推动当代中国马克思主义大众化》，《人民日报》2008 年 1 月 1 日。

⑤ 习近平：《决胜全面建成小康社会　夺取新时代中国特色社会主义伟大胜利》，《人民日报》2017 年 10 月 28 日。

社会主义思想大众化是当代中国马克思主义大众化最紧迫的任务和最亟待解决的问题。

一、习近平新时代中国特色社会主义思想大众化的重大意义

习近平新时代中国特色社会主义思想大众化是运用习近平新时代中国特色社会主义思想武装人们头脑，推动习近平新时代中国特色社会主义思想与人民群众相结合。当前阶段，习近平新时代中国特色社会主义思想大众化在当代中国马克思主义大众化的进程中处于前沿位置，在学习实践习近平新时代中国特色社会主义思想活动和夺取新时代中国特色社会主义伟大胜利中具有特殊的重要意义。

（一）习近平新时代中国特色社会主义思想大众化是当代中国马克思主义大众化的首要任务

“习近平新时代中国特色社会主义思想，是对马克思列宁主义、毛泽东思想、邓小平理论、‘三个代表’重要思想、科学发展观的继承和发展，是马克思主义中国化最新成果，是党和人民实践经验和集体智慧的结晶，是中国特色社会主义理论体系的重要组成部分，是全党全国人民为实现中华民族伟大复兴而奋斗的行动指南。”① 无论是从纵向的马克思主义中国化的演进逻辑来看，还是从横向的中国特色社会主义理论体系内在要素的承继关系来看，党在新时代新阶段形成的习近平新时代中国特色社会主义思想，标志着中国特色社会主义理论的创新实现了新的历史跃升、达到了新的时代高度，是新时代马克思主义中国化的最新成果，也是中国特色社会主义理论体系不断发展的最新理论成果。

众所周知，马克思主义大众化的重点任务是当代中国马克思主义大众化，马克思主义大众化的重中之重便是习近平新时代中国特色社会主义思想大众化。习近平新时代中国特色社会主义思想是中国特色社会主义理论体系在不断丰富和发展的过程中形成的最新理论成果，推进中国特色社会主义理论体系大众化的首要任务是推动习近平新时代中国特色社会主义思想大众化，就是要促使广大人民群众全面把握习近平新时代中国特色社会主义思想的精神实质、丰富内涵和实践要求，增强贯彻落实习近平新时代中国特色社会主义思想的自觉性、自主性和坚定性，着力转变和调整不适应、不符合习近平新时代中国特色社会主义思想的思想观念和实践方式，把习近平新时代中国特色社会主义思想贯彻落实到全面建设社会主义现代化国家的各个方面和全过程。开展习近平新时代中国特色社会主义思想宣传普及活动，推动习近平新时代中国特色社会主义思想大众化，必然成为当代中国马克思主义大众化的根本要求。

（二）习近平新时代中国特色社会主义思想大众化是维护和巩固全党全国各族人民共同思想基础的重要工作

改革开放以来的四十多年中，随着世界经济全球化进程的不断加快和我国社会主义市场经济的深入发展，我国社会结构也在经历深刻变革和巨大调整，在这个剧变过程中，各种社会矛盾交织叠加、错综复杂，人们思想活动日益呈现出鲜明的独立性、选择性、多变性和差异性，社会思想纷繁活跃，文明的冲突、对抗也愈演愈烈。在当前阶段

① 《中国共产党章程》，人民出版社2017年版，第5—6页。

的中国，中国特色社会主义理论体系是统领和引导诸多社会思潮健康发展的科学旗帜，是全党全国各族人民团结奋斗的共同思想基石。习近平新时代中国特色社会主义思想是中国特色社会主义理论体系创新发展的最新理论成果，具有鲜明的时代气质，最大限度地聚合反映了全国各族人民的社会发展思想共识。用习近平新时代中国特色社会主义思想指导人们的思想观念与行为实践，增强习近平新时代中国特色社会主义思想的整体主导性，是维护社会主义意识形态安全的坚强思想保证，是增强社会主义意识形态吸引力、凝聚力和引领力的时代使命。在这样的现实条件下，推进习近平新时代中国特色社会主义思想大众化，可以进一步引导和解决全党全国各族人民的理想信念问题，统领整合纷繁多元的社会思潮，夯实巩固全国各族人民团结奋斗的共同思想基础。所以，习近平新时代中国特色社会主义思想是在中国特色社会主义现代化建设事业凯歌行进的新时代新阶段对全国各族人民共同思想基础的充实和丰富。

（三）习近平新时代中国特色社会主义思想大众化是决胜全面建成小康社会的现实要求

党的十九大报告指出："经过长期努力，中国特色社会主义进入了新时代，这是我国发展新的历史方位。"[①] 正是在"新的历史方位"下，以习近平同志为代表的中国共产党提出了"把我国建设成为富强民主文明和谐美丽的社会主义现代化强国"[②] 的奋斗目标，这是中国特色社会主义新时代综合性的宏大目标体系，包含了社会主义经济、政治、文化、社会、生态文明建设等诸多要素。习近平新时代中国特色社会主义思想着眼于"新时代坚持和发展中国特色社会主义的总目标、总任务、总体布局、战略布局和发展方向、发展方式、发展动力、战略步骤、外部条件、政治保证等基本问题"[③] 提出了一系列新的思想观点，是建设中国特色社会主义和决胜全面建成小康社会必须坚持和贯彻的重大战略思想。习近平新时代中国特色社会主义思想作为一种科学理论，只有被广大民众认识、理解、认同和信任，成为全社会的基本共识和自觉行动，才能把习近平新时代中国特色社会主义思想的理论观点、战略思想、工作方略落实到决胜全面建成小康社会的实践中，转化为人民群众建设社会主义现代化国家的强大力量，实现科学理论的伟大价值。因此，习近平新时代中国特色社会主义思想大众化是贯彻落实十九大精神，决胜全面建成小康社会、夺取新时代中国特色社会主义伟大胜利的根本要求。

（四）习近平新时代中国特色社会主义思想大众化是学习实践习近平新时代中国特色社会主义思想的基础环节

我们知道，"把习近平新时代中国特色社会主义思想确立为我们党必须长期坚持的指导思想，是党的十九大的历史性贡献，对于在新的历史起点上进行伟大斗争、建设伟

① 习近平：《决胜全面建成小康社会　夺取新时代中国特色社会主义伟大胜利》，《人民日报》2017年10月28日。

② 习近平：《决胜全面建成小康社会　夺取新时代中国特色社会主义伟大胜利》，《人民日报》2017年10月28日。

③ 习近平：《决胜全面建成小康社会　夺取新时代中国特色社会主义伟大胜利》，《人民日报》2017年10月28日。

大工程、推进伟大事业、实现伟大梦想，具有重大现实意义和深远历史意义”。[①] 所以，“学习宣传贯彻党的十九大精神……最重要的就是学习宣传贯彻习近平新时代中国特色社会主义思想”。[②] 当前，中共中央宣传部正在全党全国大力开展深入学习实践习近平新时代中国特色社会主义思想活动。但我们必须清醒地认识到，由于人民群众是践履习近平新时代中国特色社会主义思想的最广泛主体，习近平新时代中国特色社会主义思想的学习和实践效果与人民群众对于习近平新时代中国特色社会主义思想的理解领会程度和贯彻执行能力密切相关。马克思曾指出：“思想本身根本不能实现什么东西。思想要得到实现，就要有使用实践力量的人。”[③] 就习近平新时代中国特色社会主义思想大众化而言，习近平新时代中国特色社会主义思想是人民群众的理论主体，人民群众是习近平新时代中国特色社会主义思想的实践客体。而就贯彻落实习近平新时代中国特色社会主义思想而言，习近平新时代中国特色社会主义思想就成了人民群众的理论客体，人民群众则成为实践主体。因此，习近平新时代中国特色社会主义思想与人民群众之间存在着指导与被指导、统领与被统领的关系；人民群众与习近平新时代中国特色社会主义思想之间存在着贯彻与被贯彻、落实与被落实的关系。习近平新时代中国特色社会主义思想唯有被广大人民群众最大限度地接受和认同，才能更加系统、更加深刻、更加全面地贯彻落实到社会主义现代化建设事业的各个领域。在全社会大力宣传和普及习近平新时代中国特色社会主义思想，“以高度的政治责任感使命感，推动习近平新时代中国特色社会主义思想深入人心”,[④] 是树立和落实习近平新时代中国特色社会主义思想的基础性工作。通过习近平新时代中国特色社会主义思想大众化，把习近平新时代中国特色社会主义思想转化为广大人民群众的自觉实践，把精神力量转化为物质力量，实现习近平新时代中国特色社会主义思想指导价值的最大化。可以说，习近平新时代中国特色社会主义思想在广大人民群众中的普及程度和掌握程度，决定着习近平新时代中国特色社会主义思想实践的广度和深度。

二、习近平新时代中国特色社会主义思想大众化面临的现实挑战

在当前各种社会思潮纷繁活跃、复杂多变的转型期，习近平新时代中国特色社会主义思想大众化作为当前马克思主义大众化的最新工作和最紧迫任务，承担着引领社会思想、破解社会难题、化解社会矛盾的重大使命。然而，当前习近平新时代中国特色社会主义思想大众化正面临着诸多现实挑战，这对习近平新时代中国特色社会主义思想大众化工作的进程与实效产生着重要影响。

（一）当今中国各种社会思潮纷繁缭乱，多元取向的价值观在思想和行为上影响着人们对习近平新时代中国特色社会主义思想的认知和践行

急速转型和深刻变革的当今中国，社会结构发生了巨大调整和变化，人们的思想观念、文化心理和理想信念在传统宏大叙事背景的当代转换下呈现出多元的演化趋向，意

① 《推动习近平新时代中国特色社会主义思想深入人心》，《人民日报》2017 年 11 月 6 日。
② 《推动习近平新时代中国特色社会主义思想深入人心》，《人民日报》2017 年 11 月 6 日。
③ 马克思、恩格斯：《马克思恩格斯文集》（第 1 卷），人民出版社 2009 年版，第 320 页。
④ 《推动习近平新时代中国特色社会主义思想深入人心》，《人民日报》2017 年 11 月 6 日。

识形态步入了一个“众神狂欢”的时代，日益表现出个性化、多样化和自主性特点，更加呈现出一种“碎片化”特征。所谓碎片化，“就是人们在经济、政治、文化、生活等各领域的行为策略和社会态度，不再是按照传统的阶级模式分野，而是根据具体的焦点问题产生的不同的分野”。[①] 在各种西方社会思潮蓄势涌入和诸多本土思潮共存交汇的时代背景下，思想文化领域流派林立、错综复杂，必然冲击着人们对习近平新时代中国特色社会主义思想的理解、认同和接受。当前充斥在我国意识形态领域的主要有“新自由主义、民主社会主义、新左派、复古主义、折衷马克思主义、传统马克思主义和创新马克思主义七大社会思潮”。[②] 这些思潮有历史的和现实的、有本土的和外来的、有进步的和落后的、有积极的和消极的，可谓是异彩纷呈、纷繁缭乱。在这种境况下，一些非马克思主义思潮甚至反马克思主义思潮也就必然会对占主导地位的正统马克思主义思潮产生冲击和侵蚀，所以，如何在推进习近平新时代中国特色社会主义思想大众化过程中有效规避或有力消解那些落后、消极和颓废社会思潮的干扰对我们党来说无疑是一个无比巨大的挑战。

（二）目前中国发展变革过程中存在的一系列深层次矛盾和问题，影响到民众对习近平新时代中国特色社会主义思想的坚守定力和信心

当前阶段的中国正处在一个最好的时期，与此同时，一系列深层次矛盾和问题也在凸显。一方面，改革开放以来，以经济建设为中心，集中精力促改革、一心一意谋发展，我国各项事业均取得了前所未有的显著成就；另一方面，国内政治、经济、文化等体制机制深刻变革，社会结构剧烈变动，利益格局深刻调整，思想观念深刻变化，诸多深层次矛盾和隐性问题逐渐凸显。由此衍生出的负面效应不仅对经济社会的发展造成重大而持久的影响，而且对我们加深习近平新时代中国特色社会主义思想的理解和认同也提出了紧迫要求。习近平新时代中国特色社会主义思想是对当前我国社会的突出问题与解决思路方法在理论上的高度凝练和集中反映，它需要相关条件和一定时间在社会各领域和各方面得以落地生根，并遵循理论自身生长发展的内在规律。因为囿于认识能力和客观条件，习近平新时代中国特色社会主义思想不可能穷尽当代经济社会改革发展实践的一切真理，就如马克思所言：“我们只能在我们时代的条件下去认识，而且这些条件达到什么程度，我们就认识到什么程度。”[③] 同时，理论和实践之间存在的历时性反差，又对习近平新时代中国特色社会主义思想大众化的进程与效果产生着重要影响。还应看到，人们思想观念和理想信仰的牢固确立，不单是理性精确把握的单向度过程，而且还是心理和情绪引导的结果。习近平新时代中国特色社会主义思想承担着解决丛杂的社会发展矛盾和推动社会发展进步的双重使命，在论证实践正确性上会不可避免地存在着滞后性。广大民众对愈加扩大的贫富两极分化问题、愈益恶化的生态环境问题、恣意肆虐的官僚腐败问题、经济社会发展的不平衡不充分问题等存在着诸多困惑，这些都会从感性上离散民众对习近平新时代中国特色社会主义思想的坚守定力和信心。

① 李培林等：《社会冲突与阶级意识》，社会科学文献出版社2005年版，第38页。

② 程恩富、侯为民：《当前中国七大社会思潮评析——重点阐明创新马克思主义观点》，《陕西师范大学学报（哲学社会科学版）》2013年第2期。

③ 马克思、恩格斯：《马克思恩格斯选集》（第3卷），人民出版社2012年版，第933页。

（三）对习近平新时代中国特色社会主义思想的宣传教育，在“化”大众上力度不够且系统性不强，学习和实践习近平新时代中国特色社会主义思想有脱离群众的倾向

在学习和实践习近平新时代中国特色社会主义思想的过程中，有一种不良倾向始终“在场”，即广大党员干部和高校师生始终是我们重点关注的群体，而对社会其他群体特别是人数众多的劳动人民群众这一实践主体的理论需要，往往难以满足甚至被忽视。这种“化”大众的群体偏向亟待扭转，必须加大习近平新时代中国特色社会主义思想在人民群众中学习和传播的力度，否则对习近平新时代中国特色社会主义思想大众化的速度、质量和效果就会大打折扣。从当前的学习实践活动来看，习近平新时代中国特色社会主义思想相关学习资料数量繁多，但主要是面向知识结构全面、文化水平和理论素养较高的一些高知群体，真正契合基层老百姓思想层次、阅读口味的通俗普及性理论读物比较缺乏，由此就造成了“有书无人看，有人无书看”的尴尬局面。在电视、广播、报纸和其他一些传播媒体上所宣讲、介绍的习近平新时代中国特色社会主义思想的相关内容和知识也都是一种专业性很强的“新闻式语言”或“学术式话语”，对广大普通老百姓而言无疑会感到晦涩难懂且不知所云。因此，我们必须进一步解放思想，要以创造性的工作思路来开辟新的传播路径和学习渠道，以更为贴近百姓语言范式和思维习惯的“化”众方式来满足他们简明而不失深度、通俗而不肤浅的理论需求。

（四）对习近平新时代中国特色社会主义思想的宣传和解读大多抽象有余而通俗不足，不利于普通人民群众准确把握和深入理解

习近平新时代中国特色社会主义思想是以习近平为核心的新一届中央领导集体，围绕“坚持和发展什么样的中国特色社会主义、怎样坚持和发展中国特色社会主义”① 这个重大的时代课题，针对新时代新阶段我国社会主义现代化建设的伟大实践，对改革开放前 30 年建设经验和改革开放后 40 年发展方略进行高度概括和抽象升华的理论产物，是内涵丰富、思想深刻、理论性强的宏大思想体系。而对于习近平新时代中国特色社会主义思想的宣讲、阐释和研究也呈现出专业性强、学术味浓、逻辑严密、体系繁杂等特点，这就造成了习近平新时代中国特色社会主义思想“小众化”的局面，即习近平新时代中国特色社会主义思想的话语权被一些特定机构如人文社会科学研究中心、高等院校、党政机关和一些特殊人群（如党政干部、专家学者）所掌控，并由此形成了在特定群体间交流和沟通的特定话语体系和表达方式，而对于广大普通民众来说，很少有能对“中国特色社会主义”“社会主义现代化强国”“党对一切工作的领导”“以人民为中心”“全面建成小康社会”以及“全面从严治党”等的内涵实质真正理解的。再加之，在推进习近平新时代中国特色社会主义思想大众化过程中所存在的唯书至上、照本宣科，忽视不同受众在接受程度上的差异，宣传渠道单一，教育手段落后，表达方式呆板等弊病，使得广大普通百姓对习近平新时代中国特色社会主义思想的精神实质和根本要求难以做到简单明了地认识和掌握，进而对习近平新时代中国特色社会主义思想宣传教育的实际效果带来诸多不利影响。

---

① 习近平:《决胜全面建成小康社会　夺取新时代中国特色社会主义伟大胜利》,《人民日报》2017 年 10 月 28 日。

三、习近平新时代中国特色社会主义思想大众化应遵循的主要原则

（一）系统性原则

习近平新时代中国特色社会主义思想实现了马克思主义与当代中国实践相结合的历史性新飞跃，是中国特色社会主义理论体系的最新理论成果，是在新的时代起点上坚持和发展中国特色社会主义的科学指南。习近平新时代中国特色社会主义思想是在中国特色社会主义理论体系指导下创立的，二者担负着共同的历史重任、面临着共同的时代命题、具备着共同的理论品质，二者都以社会主义初级阶段这个未曾改变的基本国情为立足点，都以社会主义初级阶段的基本理论、基本路线、基本方针为根本遵循，都以坚持和发展中国特色社会主义为一贯主题。从立足习近平新时代中国特色社会主义思想与中国特色社会主义理论体系的内在逻辑关系视角来看，习近平新时代中国特色社会主义思想大众化不是一项片面、孤立的线性工作，而与当代中国马克思主义大众化是紧密联系、不可分离的有机整体。习近平新时代中国特色社会主义思想大众化是当代中国马克思主义大众化的重要组成部分，是当代中国马克思主义大众化的最新使命和紧迫任务。在具体推进过程中，我们绝不能把习近平新时代中国特色社会主义思想大众化与当代中国马克思主义大众化完全割裂分离开来，而只是简单机械地推进习近平新时代中国特色社会主义思想大众化。如若看不到习近平新时代中国特色社会主义思想与马克思主义特别是当代中国马克思主义的必然性联系，我们就不能正确地理解和把握习近平新时代中国特色社会主义思想的内涵实质和精神要求，进而也就无法切实推进习近平新时代中国特色社会主义思想大众化的历史进程。

（二）通俗性原则

列宁指出："最高限度的马克思主义 = 最高限度的通俗化。"① 推进习近平新时代中国特色社会主义思想大众化的最重要和最艰巨工作，"就是要实现从精英话语到大众话语的转变"。② 习近平新时代中国特色社会主义思想大众化需要在保持习近平新时代中国特色社会主义思想理论的基本原理的前提下进行话语方式的转换，从学术性、文本性和政治性语言向日常性、通俗性的大众语言转换，让广大群众在"听得懂"的语言环境中接受其理论的熏陶。诚如毛泽东所言，"要打成一片，就应当认真学习群众的语言"，③ 这一过程是由抽象走向具体、由理论走向现实，既通透明了，又易于深刻记忆。在这一过程中，我们需要遵循大众的思维逻辑审读文件、采用大众的语言范式阐释理论，依托大众日常生活中的所见所闻去阐发、讲解习近平新时代中国特色社会主义思想，以这样一种老百姓易学易懂、喜闻乐见的方式在不知不觉中完成习近平新时代中国特色社会主义思想的宣讲工作，避免了教科书说教式的、呆板僵硬的灌输套路。人民大众的语言是生动活泼且具有亲和力、说服力和感染力的，只有把他们最关心的问题用他们最熟悉的

① 列宁：《列宁全集》（第 36 卷），人民出版社 1959 年版，第 468 页。

② 邵军：《从客体角度解读"推动当代中国马克思主义大众化"》，《当代世界与社会主义》2008 年第 2 期。

③ 毛泽东：《毛泽东选集》（第 3 卷），人民出版社 1991 年版，第 851 页。

语言和他们最容易接受的方式表达出来，才能使习近平新时代中国特色社会主义思想真正成为融进民众的诉求心声、思想情感和激发他们的创造力量的伟大理论。

（三）现实性原则

“正确理解当代中国马克思主义大众化的内涵，就是要求我们在理论宣传普及活动中要对群众的现实生活和实践做出积极回应，直面经济社会发展所带来的新情况、新问题，从群众的需要出发设计当代中国马克思主义大众化的目标和内容，富有针对性地进行宣传和教育，而不能一味停留在‘自说自话’的小天地里，或者向群众传授那些与现实生活相去甚远、并且不能对实践产生实际指导作用的陈旧呆板的教条与规范。”① 习近平新时代中国特色社会主义思想是对党的十八大以来治国理政磅礴实践经验的概括与总结，是我们党对新时代背景下世情、国情、党情的科学判断，是全党全国各族人民为全面建成小康社会、实现中华民族伟大复兴而奋斗的行动指南。坚持用习近平新时代中国特色社会主义思想指导当代经济社会发展，强调“坚持以人民为中心”“满足人民日益增长的美好生活需要”“不断促进人的全面发展”“奋力实现全体人民共同富裕”等都与人民群众的生活密切相关。推进习近平新时代中国特色社会主义思想大众化，要求我们必须始终坚持“贴近实际、贴近生活、贴近群众”的“三贴近”原则，把广大群众所关心的经济社会发展的一系列问题与习近平新时代中国特色社会主义思想的理论观点、奋斗目标、具体方略充分结合起来，将理论宣传教育的重心和群众切身相关的利益点有机结合在一起，充分发挥习近平新时代中国特色社会主义思想对当代社会发展变革的重大价值，彰显习近平新时代中国特色社会主义思想的伟大实践意义，拉近理论与普通民众之间的距离，从而最大限度地发挥出理论力量。

（四）实践性原则

无论是“实现人的自由全面发展”还是“人民群众是历史的创造者和推动历史不断前进的决定性力量”都旨在说明，“人”是马克思主义的核心命题。党的十九大在新的历史方位下提出的习近平新时代中国特色社会主义思想，其核心焦点依然是“人”，即“以人民为中心”，因为坚持和发展中国特色社会主义的最终落脚点就是为了实现全国各族人民对日益增长的美好生活的需要。恰如习近平同志所言：“我们要继续努力，把人民的期待变成我们的行动，把人民的希望变成生活的现实。”② 实践表明，习近平新时代中国特色社会主义思想大众化不是一种单纯的说服教育问题，而是一项实践操作性很强的探索性工作。我们需要重点掌握习近平新时代中国特色社会主义思想的基本理论观点、思维逻辑和根本方法，并善于把这些内容有机融入各项具体工作中，通过丰富、生动的实践不断推动习近平新时代中国特色社会主义思想从抽象走向具体，从“小众化”走向“大众化”，通过习近平新时代中国特色社会主义思想指导之下的民生实践做好联系、沟通、服务群众的各项工作。马克思曾指出，民众的“需要即他们的本性”，③ 唯有真正关注民众需求，认真倾听民众心声，切实解决他们面临的现实难题，他们才会从心

---

① 罗会德：《当代中国马克思主义大众化的三维解读》，《马克思主义研究》2009年第10期。
② 《国家主席习近平发表二〇一五年新年贺词》，《人民日报》2015年1月1日。
③ 马克思、恩格斯：《马克思恩格斯全集》（第3卷），人民出版社1960年版，第514页。

底悦纳习近平新时代中国特色社会主义思想，由此方可显示出习近平新时代中国特色社会主义思想无比巨大的理论力量。所以，推进习近平新时代中国特色社会主义思想大众化务必要及时了解我国社会不同阶层民众的所思、所想、所念、所愿，并不断想办法、寻思路、找对策，只有充分解决广大民众最关心、最直接、最现实的各种利益问题，把习近平新时代中国特色社会主义思想真正贯彻落实到整个社会的各个领域，才能在尊重多元差异中将民众的思想统一并引领起来。只有不断增强习近平新时代中国特色社会主义思想的说服力与亲和力，才能真正赢得民众的信任和支持。

四、习近平新时代中国特色社会主义思想大众化的实践路径

推进习近平新时代中国特色社会主义思想大众化需要与实践紧密结合起来。同时，还必须把中国当前存在的各种社会现实问题作为习近平新时代中国特色社会主义思想大众化推进的基本依据，尊重习近平新时代中国特色社会主义思想大众化的主体地位，创造性地探索习近平新时代中国特色社会主义思想大众化的多维实践路径。

（一）理论联系实际是习近平新时代中国特色社会主义思想大众化的基本途径

习近平新时代中国特色社会主义思想来源于人民群众所创造性开拓的中国特色社会主义伟大实践，那么，唯有回到这种伟大实践中去才能被广大人民群众认识、理解和接受，才能实现大众化，也唯有在此伟大实践中得到进一步应用和检验，才能不断丰富、完善和发展。就如马克思所指出的："人的思维是否具有真理性，这并不是一个理论的问题，而是一个实践的问题。人应该在实践中证明自己思维的真理性，即自己思维的现实性和力量，亦即自己思维的此岸性。"[①] 推进习近平新时代中国特色社会主义思想大众化的基本途径就是把理论和实际紧密结合起来。在习近平新时代中国特色社会主义思想大众化的过程中，要使习近平新时代中国特色社会主义思想紧密结合人民群众的日常生活、工作和学习实际，紧密结合人民群众所关心的难点、焦点问题，紧密结合人民群众自由全面发展的实际诉求。把习近平新时代中国特色社会主义思想中蕴含的"马克思主义基本原理"以最恰切的方式嵌入人民群众日常生活的各个方面和经验体悟之中，并赋予其鲜活生动的载体形式，这才是推进习近平新时代中国特色社会主义思想大众化的便捷有效通道。正如列宁所明确要求的，务必要把马克思主义"渗透到群众的意识中去，渗透到他们的习惯中去，渗透到他们生活常规中去"。[②] 所以，在宣传普及习近平新时代中国特色社会主义思想的整个过程中应自觉地把理论观点与群众日常生活紧密结合起来，使广大人民群众在接受理论沐浴的同时，也能充分领略理论所具有的"亲和力、吸引力、感染力"等特质魅力。

（二）群体细分是习近平新时代中国特色社会主义思想大众化的有效方法

习近平新时代中国特色社会主义思想大众化所面向的"大众"，是在文化素养、学历层次、知识结构、职业身份、收入水平、生活状况、年龄阶段、兴趣爱好等诸多方面存在多样差异的社会阶层，这既包括党员干部，涉及社会中工农兵学商新（即新社会阶

① 马克思、恩格斯：《马克思恩格斯选集》（第1卷），人民出版社2012年版，第134页。
② 列宁：《列宁全集》（第39卷），人民出版社1986年版，第100页。

层）等不同群体，也包括广大非党员的普通人民群众。毋庸置疑，不同的社会群体对理论的认识、理解、认同和实际需求必然会大相径庭。前已述及，由于民众在年龄阶段、文化素养、思想认识水平、经济状况、生活环境、职业特点等方面存在较大差异，那么对不同人群或同一人群的不同年龄段进行习近平新时代中国特色社会主义思想宣讲教育的方式、方法、途径和手段等也应有所不同，“因群体施教”是习近平新时代中国特色社会主义思想大众化的重要原则。在习近平新时代中国特色社会主义思想的宣讲普及过程中，必须对不同受众群体进行分层细分，按群体和层次施以不同的教育内容和教育方式，这样才能收到良好的预期效果，这是长期以来我们在推进马克思主义大众化过程中取得的重要经验总结。

（三）多样化的教育模式是习近平新时代中国特色社会主义思想大众化的科学渠道

推进习近平新时代中国特色社会主义思想大众化，必须不断拓宽习近平新时代中国特色社会主义思想理论教育的渠道和途径，改变教育渠道狭窄和途径线性单一问题，实现多维教育渠道和途径协同综合运用。习近平新时代中国特色社会主义思想大众化不仅需要以通俗的语言和朴实的文字获得群众的青睐，也要以丰富多彩的形式赢得大众的喜爱，就是通过多样化的宣讲教育形式来增强习近平新时代中国特色社会主义思想的亲和力、吸引力、感染力等理论魅力。比如，我们可以组织编写习近平新时代中国特色社会主义思想的相关普及宣传读物，推出一系列通俗理论读本和文章；组织不同级别的理论宣讲团和讲师团既要对党员干部进行习近平新时代中国特色社会主义思想的教育宣讲，也要对广大普通群众进行习近平新时代中国特色社会主义思想的理论宣讲和学习辅导；各类高等教育院校、各省区市党校和各地方科研院所等从事人文社会科学研究的相关单位可以组织开展习近平新时代中国特色社会主义思想学习教育下基层活动；各级共青团、工会、妇联可以将其所联系的群众组织起来进行习近平新时代中国特色社会主义思想的理论学习；可以探索公益广告、微电影、动漫、电子邮件等多种现代化表达形式，使习近平新时代中国特色社会主义思想的内容具象化、生动化地呈现出来，使之真真切切为广大群众所认识、理解和接受。实现习近平新时代中国特色社会主义思想理论教育渠道和途径的多元化，是全面推进习近平新时代中国特色社会主义思想大众化的科学渠道和必然选择。

（四）充分运用现代媒体是习近平新时代中国特色社会主义思想大众化的必要手段

随着当今科技日新月异的发展，我国已经进入自媒体时代，这对当前推进习近平新时代中国特色社会主义思想大众化无疑是一个非常好的机遇。第40次《中国互联网络发展状况统计报告》显示，截至2017年6月，我国互联网普及率为54.3%，我国网民规模达到7.51亿；我国手机网民规模达7.24亿，较2016年年底增加2830万人，网民使用手机上网的比例持续提升。[①] 再加上报纸、书刊、广播、电视等传统媒介，这就为习近平新时代中国特色社会主义思想的交流传播提供了广阔平台。在推进习近平新时代中国特色社会主义思想大众化的进程中，务必要高度重视对现代传播媒体的充分利用，

① 李政葳：《我国网民规模达7.5亿》，《光明日报》2017年8月5日。

尤其是QQ、微信、微博、博客、易信等自媒体平台，在群众教化和价值引领方面起到非常大的促进作用。如果在推进习近平新时代中国特色社会主义思想大众化过程中充分发挥这些现代化媒体的作用，无疑可以取得事半功倍的良好效果。在现代新兴媒体上，对习近平新时代中国特色社会主义思想的社会价值、精神实质和根本要求及时、客观、真实地普及宣传，积极引领社会的主流舆论风向，大力弘扬社会的正能量和主旋律，对各种形式的“负能量”和各种面相的非马克思主义特别是反马克思主义思潮进行反击批驳、揭除“面纱”，揭示其本质和危害，让广大民众在潜移默化的氛围中不知不觉对什么是习近平新时代中国特色社会主义思想、怎样贯彻落实习近平新时代中国特色社会主义思想、习近平新时代中国特色社会主义思想的历史地位、重大理论和现实意义是什么等有了科学的认识，进而达到内化于心、外化于行的“大众化”效果。

（五）典型示范和打造精品是习近平新时代中国特色社会主义思想大众化的重要方式

推进习近平新时代中国特色社会主义思想大众化需要进行典型示范和打造精品工程。由于榜样的力量是无穷的，先进典型和实践精品的示范导向作用无疑是无比巨大的。中国近百年的马克思主义中国化和大众化的历史实践充分证明，榜样的示范和经典的影响比纯粹的理论说教更具有影响力、说服力和感染力。我们打造和利用习近平新时代中国特色社会主义思想大众化的精品工程，把不同社会群体、不同领域和行业中学习践行习近平新时代中国特色社会主义思想的先锋人物、优秀团体、典型案例推向社会，发挥榜样代表的示范教育效应。在推进习近平新时代中国特色社会主义思想大众化过程中，应遵循层次多样、主体多元的原则，把不同领域和层次的先进标杆树立起来，让其在广大民众中的引领示范价值充分彰显出来。在全社会打造和树立学习践行习近平新时代中国特色社会主义思想的精品工程，可以使广大人民群众的思想和精神在榜样的感召下得到洗练和升华，对习近平新时代中国特色社会主义思想形成更为直观的印象、更为科学的认识和理解，从而对习近平新时代中国特色社会主义思想大众化产生强有力的促进和导向作用。

（作者系南京师范大学马克思主义学院博士研究生）

习近平新时代中国特色社会主义思想理论逻辑探析

汪大本

摘　要： 作为中国特色社会主义理论体系的重要组成部分和马克思主义中国化的最新理论成果，习近平新时代中国特色社会主义思想集中回答新时代坚持和发展什么样的中国特色社会主义、怎样坚持和发展中国特色社会主义的问题，是指导新时代进行伟大斗争、建设伟大工程、推进伟大事业和实现伟大梦想的理论武器和指导思想。作为马克思主义中国化最新理论成果，习近平新时代中国特色社会主义思想坚持了以问题意识为导向，将人民利益的实现作为逻辑起点；将坚持党的领导、加强执政党建设作为理论发展的逻辑中项；将实现“两个一百年”和中华民族伟大复兴的奋斗目标作为逻辑终点，以上即为习近平新时代中国特色社会主义思想的内在理论逻辑。

关键词： 习近平新时代中国特色社会主义思想；理论逻辑；发展方略

十九大报告指出，我国社会发展进入一个新时代，中国特色社会主义发展进入新的历史方位和发展阶段。实践发展的变化促进了理论的创新，理论的与时俱进也是指导实践发展的需要。报告与时俱进地提出习近平新时代中国特色社会主义思想是党和人民智慧的结晶，是马克思主义中国化的最新理论成果。报告中将习近平新时代中国特色社会主义思想精练解读为坚持党对一切工作的领导、坚持以人民为中心、坚持全面深化改革、坚持新发展理念、坚持人民当家做主、坚持全面依法治国、坚持社会主义核心价值体系、坚持在发展中保障和改善民生、坚持人与自然和谐共生、坚持总体国家安全观、坚持党对人民军队的绝对领导、坚持“一国两制”和推进祖国统一、坚持推动构建人类命运共同体、坚持全面从严治党十四个主要方面，并具体论述了十四个方面的内涵。习近平同志指出，这十四条构成新时代坚持和发展中国特色社会主义的基本方略，并要求全党同志必须全面贯彻党的基本理论、基本路线、基本方略，更好引领党和人民事业发展。

习近平新时代中国特色社会主义思想是在新时期建设中国特色社会主义事业的实践中形成的具有指导意义的思想，是党和人民在实践探索过程中经验的总结和智慧的结晶，也是新时期中国特色社会主义事业发展的指导思想。习近平新时代中国特色社会主义思想以人民利益为出发点，以加强党的执政能力建设为逻辑中项，以实现中华民族伟大复兴的中国梦为奋斗目标，构成了习近平新时代中国特色社会主义思想的内在理论逻辑，形成了马克思主义中国化的最新理论成果，指导中国特色社会主义事业的不断发展。

一、以人民为中心是习近平新时代中国特色社会主义思想的逻辑起点

中国共产党从成立初期就将人民的利益写进自己的章程，将为人民服务作为自己的宗旨。中国共产党在长期发展过程中，牢记初心，将人民的拥护作为执政的基础，将人心向背作为决定党的前途命运的关键，始终认为人民是决定党和国家前途命运的根本力量。从社会主义本质发展来讲，社会主义建设必须坚持立党为公、执政为民，全心全意为人民服务的宗旨，这就是党的初心和执政的出发点。

（一）群众观点作为马克思主义的基本观点，理应是习近平新时代中国特色社会主义思想的理论立足点

新时期中国特色社会主义思想是马克思主义中国化最新理论成果，当然是马克思主义性质的理论，与马克思主义理论以及马克思主义中国化理论成果保持理论基础的一致性，将群众观点作为理论形成的基础，并在理论指导实践的过程中一以贯之。毛泽东在《青年运动的方向》中指出："看他是假三民主义者还是一个真三民主义者，是一个假马克思主义者还是一个真马克思主义者，只看他和广大的工农群众的关系如何，就完全清楚了。"① 背离了群众观点，不仅是背离了中国共产党的初心，更是背离了马克思主义的初衷，因为没有马克思主义就没有中国共产党，更不会有中国特色社会主义的理论与实践。

（二）习近平新时代中国特色社会主义思想是党和人民实践经验和集体智慧的结晶

中国特色社会主义事业是党的事业，更是人民的事业，党带领全国各族人民进行社会主义现代化建设的实践是习近平新时代中国特色社会主义思想形成的实践基础，理论在一个国家实现的程度取决于该理论满足这个国家需要的程度，正是由于中国特色社会主义建设进入一个新的时代，习近平新时代中国特色社会主义思想才会伴随着实践的需要应运而生。党的十九大报告中"人民"字眼就出现202次之多，这体现了中国共产党在执政过程中牢固树立起来的人民群众观点和人民思想，人民的需要是习近平新时代中国特色社会主义思想形成的意义所在。"真正的理论在世界上只有一种，就是从客观实际中抽出来又在客观实际中得到了证明的理论，没有任何别的东西称得起我们所讲的理论。"② 人民的生产和社会实践是习近平新时代中国特色社会主义思想形成的实践根源，只有牢牢把握人民的利益，习近平新时代中国特色社会主义思想才会更具生命力，才能在实践的沃土中结出果实，这个果实就是中国特色社会主义建设中形成的中国特色社会主义理论体系、中国特色社会主义道路和中国特色社会主义制度。

（三）社会矛盾是习近平新时代中国特色社会主义思想发展的动力

十九大报告指出，中国特色社会主义进入新时代，我国社会主要矛盾已经从人民日益增长的物质文化需要同落后的社会生产之间的矛盾转化为人民日益增长的美好生活需要和不平衡不充分的发展之间的矛盾。中国特色社会主义是科学社会主义的时代表达，回答当代中国"举什么旗、走什么路""以什么样的精神状态肩负什么样的历史使命"

---

① 毛泽东：《毛泽东文选》，人民出版社1991年版，第567页。
② 毛泽东：《毛泽东文选》（第三卷），人民出版社1991年版，第849页。

“实现什么样的伟大梦想”等重大课题。习近平新时代中国特色社会主义思想是在中国特色社会主义历史性展开中形成和发展起来的，展现了我们党与时俱进的品质，也展示了我们党的科学理论把握当代中国实践矛盾的能力。

中国特色社会主义是在中国社会的矛盾解决中形成和发展的，中国特色社会主义理论体系也是在矛盾的解决中实现与时俱进的理论体系。马克思主义认为，矛盾是事物发展的动力，主要矛盾决定事物的性质，社会主义社会主要矛盾的变化是我们确定当前历史方位和发展阶段的基本依据，两者辩证统一。对当前矛盾的准确把握是党进一步开展工作的着力点，就其内涵来讲，生产力的发展已经基本解决群众的基本物质需要，人民群众对实现更高层次的美好生活的需要和当前发展中暴露的不平衡不充分发展之间的矛盾成为主要的矛盾。对矛盾的解决要从社会的实际出发，从所处的历史阶段和历史方位出发来进行社会主义建设的实践，而习近平新时代中国特色社会主义思想就是在这种实践过程中得到形成和发展的，是指导这一实践的理论成果的概括总结，也是继续推进新时代社会主义建设实践的指导思想。

二、加强执政党建设是习近平新时代中国特色社会主义思想的逻辑中项

2014 年 6 月 30 日，习近平同志在主持中共中央政治局第十六次集体学习时提出了“中国特色社会主义最本质的特征就是坚持中国共产党的领导”① 的重大论断。十九大再次重申，中国特色社会主义最本质的特征是中国共产党领导，中国特色社会主义制度的最大优势是中国共产党领导。推进新时代中国特色社会主义建设更需要加强执政党建设，确保党在中国特色社会主义事业发展中的领导核心地位。

（一）中国共产党是中国特色社会主义事业的奠基人

中国共产党是中国特色社会主义事业的开创者，中国共产党从成立之初就将推倒三座大山，建立一个新民主主义的社会主义国家作为自己的奋斗目标，将实现共产主义作为最终价值追求。正是中国共产党带领全国各族人民在社会主义建设的实践中形成了以毛泽东思想、邓小平理论、“三个代表”重要思想、科学发展观以及马克思主义中国化最新理论成果的习近平新时代中国特色社会主义思想为主要内容的中国特色社会主义理论体系，这些理论与马克思列宁主义一道作为我们党进行中国特色社会主义事业发展的行动指南。中国共产党从成立之日起就肩负着实现社会主义现代化和中华民族伟大复兴中国梦的历史使命，是中国特色社会主义事业的领导核心，更是中国特色社会主义理论体系的积极践行者和中国特色社会主义事业的领路人，带领中国特色社会主义事业建设从一个胜利走向另外一个胜利，从一个辉煌走向另一个更高的辉煌。

（二）中国共产党是中国特色社会主义事业的领导核心

中国共产党的成立使中国人民谋求民族独立、人民解放和国家富强、人民幸福的斗争就有了主心骨，中国人民就从精神上由被动转为主动。“在不同的历史时期，党始终成为全国人民应对国内外各种风险和考验的主心骨，始终成为发展中国特色社会主义事

---

① 中共中央文献研究室：《习近平关于全面从严治党论述摘编》，中央文献出版社 2017 年版，第 6 页。

业的领导核心。”[①] 回顾过去，中国特色社会主义处在历史的转折点时，是中国共产党将马克思主义理论与中国特色社会主义的实践相结合，使中国特色社会主义事业得以继续推进。面对未来，“实现中华民族伟大复兴，关键在党”。[②] 党的十八大强调：“我们党担负着团结带领人民全面建成小康社会、推进社会主义现代化、实现中华民族伟大复兴的重任。党坚强有力，党同人民保持血肉联系，国家就繁荣稳定，人民就幸福安康。”[③] 只有紧紧围绕在党的周围进行社会主义现代化建设，中国特色社会主义现代化建设才能够在稳定中推进。

（三）加强执政党建设是推进中国特色社会主义事业的保证

十九大庄严宣告，中国特色社会主义进入一个新时代，我们比历史上任何时期都更接近、更有信心和能力实现中华民族伟大复兴的目标和梦想，但是伟大梦想不是靠敲锣打鼓就能实现的，全党必须为实现伟大梦想进行伟大斗争、建设伟大工程、推进伟大事业。中国特色社会主义的成功实践面临许多具有新特点的斗争和挑战，中国共产党必须在坚持和发展中国特色社会主义的历史进程中始终是坚强的领导核心。“中国特色社会主义最本质的特征就是坚持中国共产党的领导。中国的事情要办好，首先中国共产党的事情要办好。”[④] 十八大以来，以习近平同志为核心的党中央持续推进全面从严治党，严抓党员干部的理想信念教育和作风建设，以刮骨疗毒、壮士断腕的决心推进反腐倡廉建设，净化了党内风气，为加强党的执政能力建设营造了良好环境。进入新时代，我们必须准备进行许多具有新的特点的斗争，“全面从严治党，是我们党在新时期进行具有许多新的历史特点的伟大斗争的根本保证”。[⑤] 国内外形势的变化对我们的党提出了新的挑战，主要可以总结为党长期执政过程中面临“四大风险”和“四大考验”，只有加强执政党的执政能力建设，中国特色社会主义建设才能确保有一个坚强的领导核心，才不至于出现不可挽回的挫折和损失。

中国共产党的执政地位不是一劳永逸的，我们要牢记西柏坡“赶考之问”，将人民对党的选择作为一场赶考，以党的政绩来给人民交上一份满意的答卷。习近平同志在接受俄罗斯电视台专访时指出：“中国共产党坚持执政为民，人民对美好生活的向往就是我们的奋斗目标。我的执政理念，概括起来说就是：为人民服务，担当起该担当的责任。”[⑥] 九十八年来，中国共产党始终牢记使命，将人民的利益作为自己的奋斗目标，将人民的事业作为党发展的事业。在长期的发展过程中，党以先进性纯洁性和改革发展的魄力来推进社会主义建设事业，人民的生活水平持续提升，精神生活日益丰富，民族凝聚力日益加强，人民的自豪感显著增强，这些成就是党对人民交复的最好的答卷。“我

① 《党的群众路线教育实践活动学习文件选编》，北京党建读物出版社 2013 年版，第 9 页。

② 《十八大以来重要文献选编（上）》，中央文献出版社 2014 年版，第 701 页。

③ 《十八大以来重要文献选编（上）》，中央文献出版社 2014 年版，第 3 页。

④ 中共中央文献研究室：《习近平关于全面从严治党论述摘编》，中央文献出版社 2017 年版，第 6 页。

⑤ 中共中央文献研究室：《习近平关于全面从严治党论述摘编》，中央文献出版社 2017 年版，第 9 页。

⑥ 中共中央文献研究室：《习近平关于全面从严治党论述摘编》，中央文献出版社 2017 年版，第 61 页。

们要牢牢把握我国发展的阶段性特征，牢牢把握人民群众对美好生活的向往”，为中国特色社会主义事业伟大胜利和实现中华民族伟大复兴的中国梦不懈奋斗。

三、实现中华民族伟大复兴是习近平新时代中国特色社会主义思想的逻辑终点

中国共产党从一个几十人的党小组发展成为世界第一大党，从农村基层党组织发展成为世界上人口最多国家的执政党，不仅改变着中国的面貌，也同样影响着世界发展的进程。在党的发展过程中，历史见证了封建王朝的陨落，资产阶级革命的失败和中华人民共和国的蓬勃发展。中国共产党在发展过程中从实际出发，制定了实践发展的方略，也从长远出发，制定了国家发展建设的长期规划，包括“两个一百年”的奋斗目标和中华民族伟大复兴的梦想，这也贯穿于中国特色社会主义理论体系发展过程中。

（一）中华民族伟大复兴是中国人民近代以来最伟大的梦想

“中国梦是国家的、民族的，也是每一个中国人的。”① 作为世界四大文明发源地之一，中华文明始终以兼收并蓄的态度借鉴吸收其他文明的优秀成果，在文明陨灭或者中断的过程中，始终保持自己的良性发展和繁荣，创造了灿烂的中华文明。封建王朝唐、宋时期的文明成就让世人叹为观止。以宋朝为例，宋朝在中国历史上是一个值得反复研究的封建王朝，尤其是在对中国经济发展方式的变革上对我国经济社会的发展起着重要的作用并产生了极其深远的影响。南宋朱熹在《楚辞后语》中自豪说过：“国朝文明之盛，前朝莫及。”在早清时期中国的财富顶峰时也曾达到世界总财富值的三分之一以上，曾经是世界其他各国纷纷前来学习的国家，所以才会有《马可·波罗行纪》等帮助世界了解中国的著作问世。中华文明是唯一不曾中断的文明，也是最为辉煌的文明之一。

但是近代以来中华文明在帝国主义的炮火中一度岌岌可危，面临着文明陨灭的风险，一批批先进爱国分子对中国的发展道路进行了可歌可泣的探索。尤其是五四运动以来，先进的知识分子以饱满的爱国情怀和时代责任担当，承担起历史使命，探索符合中国发展的道路。伟大的中国共产党领导中国人民推翻三座大山，实现了人民民主专政的社会主义制度，为社会主义建设确立了道路选择；进行社会主义建设的探索，找到一条符合中国发展的道路，实行改革开放，为中国的发展进行了一系列制度的探索；在新的时代，在取得成就的基础上，中华民族的民族自豪感和自信心油然而生，我们有最优越的制度，有最坚强的领导，有最勤劳奋进的人民，相信中华民族的发展如初升的太阳，一定能在中国特色社会主义发展的实践中走向辉煌。

近代以来，中华民族与帝国主义、封建主义作斗争，以华夏子孙坚韧不拔的品质屹立于世界之林，尤其是近代以来，从农民战争对封建主义和帝国主义的反抗、资产阶级对中国发展道路的探索，中华民族始终心怀民族复兴的伟大梦想，习近平同志指出：“实现中华民族伟大复兴，是近代以来中国人民最伟大的梦想，我们称之为‘中国梦’，基本内涵是实现国家富强、民族振兴、人民幸福。”② 我们今天比任何时候都更加接近中

① 《在同各界优秀青年代表座谈时的讲话》（2013 年 5 月 4 日），《人民日报》2013 年 5 月 5 日。

② 《顺应时代前进潮流，促进世界和平发展——在莫斯科国际关系学院的演讲》，《人民日报》2013 年 3 月 24 日。

国梦，中国人民近代以来最伟大的梦想已经看到曙光。

（二）中国特色社会主义道路是中华民族伟大复兴的路径选择

没有共产党就没有新中国，没有社会主义道路就没有中国特色社会主义现代化。中国的事要靠中国人民自己来做，中国的道路选择当然也要依靠中国社会的探索。从实际出发，选择一条符合中国发展的道路是近代以来中国社会发展经验的总结。只有在先进的无产阶级政党的领导下进行社会发展道路的探索，紧紧依靠人民，从人民的利益出发，社会主义现代化建设才能够成为可能。“中国共产党在中国执政，就是要带领人民把国家建设得更好，让人民生活得更好。”①

中国特色社会主义道路是中国共产党带领全国各族人民在社会发展过程中选择的适合中国社会实际状况的道路，这条道路的根本精神实质就是实事求是，从实际出发。毫无疑问，中国特色社会主义道路就是从中国社会发展的特点、特色出发进行的道路选择，没有任何一条其他的路比中国特色社会主义道路更适合发展中国。“党和国家的长期实践充分证明，只有社会主义才能救中国，只有中国特色社会主义才能发展中国。”②同时，中国特色社会主义道路也是实现中国梦和中华民族伟大复兴的必然路径。“实现中国梦，必须坚持走中国特色社会主义道路。我们已经在这条路上走了三十多年，历史证明，这是一条符合中国国情、富民强国的正确道路，我们将坚定不移地沿着这条道路走下去。”③ 因此，习近平同志告诫全党，我们既不走封闭僵化的老路，也不走改旗易帜的邪路，必须走中国特色社会主义道路。

（三）中华民族伟大复兴是中国特色社会主义的目标追求

中国特色社会主义道路的选择，不仅是因为中国特色社会主义道路发展了中国，更因为中国特色社会主义有着更加光明的前景。“中国特色社会主义，是党和人民九十多年奋斗、创造、积累的根本成就，是改革开放三十多年实践的根本总结，凝聚着实现中华民族伟大复兴这个近代以来中华民族最根本的梦想，也体现着近代以来人类对社会主义的美好憧憬和不懈探索。”④ 中华文明的发展是在不断创新的过程中实现发展的，这种创新的动力就是发展的实践，就是实现民族复兴的目标，这个目标激励着中国人民团结奋斗，为实现民族的复兴贡献力量。坚定地走中国特色社会主义发展道路，实现民族复兴。

习近平新时代中国特色社会主义思想作为马克思主义中国化的最新理论成果，作为新时代指导中国特色社会主义建设发展的重要理论内容，它是根据中国特色社会主义事业发展所形成的理论内容和思想内涵，是在推进中国特色社会主义历程中根据社会主义建设发展规律形成的党和人民智慧的结晶。中国特色社会主义事业是党带领全国各族人民进行的社会主义建设，是以人民利益的实现为出发点，以实现中华民族的伟大复兴为

---

① 《习近平接受金砖国家媒体联合采访》，《人民日报》2013 年 3 月 20 日。

② 《紧紧围绕坚持和发展中国特色社会主义学习宣传贯彻党的十八大精神》（2012 年 11 月 17 日），《人民日报》2012 年 11 月 19 日。

③ 《习近平接受拉美三国媒体联合书面采访》，《人民日报》2013 年 6 月 1 日。

④ 《在新进中央委员会的委员、候补委员学习贯彻党的十八大精神研讨班上的讲话》，2013 年 1 月 5 日。

奋斗目标的征程。站在新时代的起点上，开创新的事业和新的局面需要坚持习近平新时代中国特色社会主义思想的指导，继续坚持党的领导和民族复兴的宏伟目标，牢固树立马克思主义历史唯物主义基本观点，将中国特色社会主义作为党的事业、国家的事业、人民的事业，紧紧依靠人民，坚持发展成果由人民共享的发展理念是中国特色社会主义的本质要求，也是习近平新时代中国特色社会主义思想的主旨内容。

（作者系云南大学马克思主义学院思想政治教育专业2016级硕士研究生）

正确把握新时代和新思想的五大维度

周　虎

摘　要： 党的十九大报告从坚持和发展中国特色社会主义这一重大的时代课题出发，指出中国特色社会主义进入了新时代，并正式提出了新时代中国特色社会主义思想。基于这一点，我们可以从以下五大维度进行总体上的解读。一是主题维度，即坚持和发展中国特色社会主义；二是理想维度，即实现中华民族伟大复兴的中国梦；三是战略维度，即“四个全面”和“两个一百年”重大治国方略；四是布局维度，即经济、政治、文化、社会、生态文明、党建“六大建设领域”；五是理念维度，即创新、协调、绿色、开放、共享“五大发展理念”。以上五大维度和习近平新时代中国特色社会主义思想以及中国特色社会主义进入新时代有着千丝万缕的内在逻辑。其中，主题维度是紧扣环节，理想维度是实现目标，战略维度是治国方略，布局维度是实施领域，理念维度是发展指南。

关键词： 中国特色社会主义；新时代；习近平新时代中国特色社会主义思想；中国梦

党的十八大以来，习近平同志紧紧围绕治国理政这一话题，发表了一系列重要讲话。这些讲话内含新思想、新论述、新观点以及新主张、新论断、新战略，并在生动活泼的实践中逐渐形成了习近平治国理政思想。2017 年 10 月 18 日，党的十九大报告正式提出了“习近平新时代中国特色社会主义思想”，这是对党的十八大以来的习近平治国理政思想的总体概括和历史定位，同时还指出“中国特色社会主义进入新时代”。我们身处伟大的新时代，站在新的历史条件下，应该进一步认真学习和深入理解党的十八大以来的习近平治国理政思想，以便更好地系统梳理和科学把握新时代中国特色社会主义思想和中国特色社会主义进入新时代的命题。这就要求我们要从主题、理想、战略、布局、理念五大维度出发，慢慢解读出其基本内容以及内在逻辑。这对于加深对以习近平同志为核心的党中央高超政治智慧的理解，进一步增强文化自觉、理论自信和看齐意识，意义重大，影响深远。

一、从五大维度来解读习近平新时代中国特色社会主义思想

（一）主题维度：“三位一体”坚定中国特色社会主义高度自信

主题就好比众星捧月般的星空布局，五年来，习近平同志的全部治国理政思想都紧紧围绕着一个共同的理论和实践主题，即坚持和发展中国特色社会主义。

而关于中国特色社会主义的构成问题，习近平同志强调：“中国特色社会主义是由道路、理论体系、制度三位一体构成的。”[①] 由此一一对应：“全党要坚定这样的道路自信、理论自信、制度自信!”[②] 这“三个自信”源于实践探索，源于建设成就，源于改革成果。社会主义初步探索时期，由于人们对社会主义这一新生事物还不太了解，并且缺乏建设社会主义的具体实践经验，因而中国人民为此走了不少弯路。但如今“中国人民正走在正确的道路上”。[③] 这条道路就是中国特色社会主义道路，这是实现国家现代化的必经之道，也是创造亿万人民美好生活的必由之路。中国特色社会主义理论体系是紧随实践和时代发展不断有所创新、有所丰富的理论，而在新的历史条件下，这一理论体系的最新理论成果就是习近平新时代中国特色社会主义思想，它是党的第十八届中央领导集体治国理政的思想结晶和全党全国人民为实现中华民族伟大复兴而奋斗的行动指南。中国特色社会主义制度是一个符合中国特点、适应中国国情、具有中国特色的制度体系，它包括根本政治制度、基本政治制度、基本经济制度以及其他方面的制度和一些具体的体制机制，这一制度体系需要在具体实际的运行过程中不断完善、更趋稳定，其巨大优越性的发挥也会日益凸显。总之，当代中国的自信，主要来源于中国人民对中国特色社会主义道路、理论体系、制度的高度自信，这种前所未有的自信必将为我们在新时期勠力同心、攻坚克难提供基本遵循和精神支撑。

（二）理想维度：“民族复兴梦”与中国人民的美好梦想相联通

理想是基于现实并对未来生活的一种美好希冀，它承载着人们的美好期盼和一份光明的前景。新时期，中国人民最激动人心的理想，就是顺利实现民族复兴中国梦。

中国梦在与世界各国人民的美好梦想相通之前，首先是与中国人民的美好梦想相联通。我们每个人都有自己的理想和抱负，也都有自己的梦想和追求。无数具体的个人梦想和集体梦想经过交流、交汇与交融，最终都化为了同一个梦想——民族复兴梦。国家的走向、民族的前程都与我们每一个人的未来紧密相连，这种命运共同体意识具有一荣俱荣、一损俱损的特征，只有国家好、民族好，人民才会好。中国梦不仅是国家和民族的美好梦想，同时也是中国人民的美好梦想。因此，实现中国梦是我们每一位中国人应尽的义务。中国梦的实现，归根到底是要扩大团结面。因此，实现中国梦，必须紧紧依靠和团结全国各族人民，必须凝聚起十三亿多人民、五十六个民族和八千九百多万名党员的磅礴力量，必须不断巩固和继续壮大新时期的爱国统一战线。为此，我们每一个人都要通过坚持不懈的持续奋斗，努力实现个人梦与中国梦的完美对接，在实现个人价值的同时，创造并贡献出自身的社会价值。只有人人都肩负起对国家和对民族的责任与担当，中国梦的实现才能始终拥有源源不断的鲜活血液。总之，中国梦与中国人民的美好梦想是息息相通、紧密相连的。中国人民的美好梦想必然会在中国梦的具体实现过程中得到很好的满足。同时，实现中国梦的过程，也必然会是实现中国人民美好梦想的过

---

① 习近平：《紧紧围绕坚持和发展中国特色社会主义　学习宣传贯彻党的十八大精神》，《人民日报》2012 年 11 月 19 日第 2 版。

② 《坚定不移沿着中国特色社会主义道路前进　为全面建成小康社会而奋斗》，《人民日报》2012 年 11 月 9 日第 2 版。

③ 习近平：《共倡开放包容　共促和平发展》，《人民日报》2015 年 10 月 23 日第 2 版。

程。二者的实现过程是互联互通的，是互为依托、相互促进的。

（三）战略维度：“四个全面”和“两个一百年”赢得战略主动

战略，是既能立足整体又能突破重点，既能把握全局又能安稳各方的战术和谋略。“治大国，若烹小鲜”是古代中国治理国家的实践智慧。

如今，党要像“烹小鲜”一样精心治理好我们这样的发展中大国着实不容易，光是了解这些问题和基本国情就很不容易。作为世界第一大执政党，面对八千九百多万名党员和四百五十多万个基层党组织，全面从严治党的目标是何其波澜壮阔，任务又是何其艰巨、何其艰险！作为世界人口第一大国，面对五十六个民族和十三亿多人民，光是要解决好这么多人的衣食住行和吃穿冷暖问题就很不容易。尽管社会上各种各样的不和谐因素仍在增长，但与此同时遏制这些不良势头的积极因素也在增长。如何积极防范这些风险和挑战，如何妥善解决这些问题和矛盾，如何有效破除我国在多年发展中所累积的体制机制弊端，如何永葆我们党的领导核心地位和马克思主义政党性质，如何确保各项改革和建设事业继续顺利向前推进，如何让每一位中国人都过上更好更优质的生活，等等，这些问题都迫切需要党和国家从宏观层面的战略高度加以把握。新时期，以习近平同志为核心的这一届中央领导集体，不仅具备刮骨疗毒的政治勇气和高超娴熟的政治智慧，还拥有自警自律的政治定力和为国为民的政治情怀，既胸怀战略全局又着眼局部落实，既注重总结经验又强调实践创新，并以独到的战略眼光准确把握中国和世界的未来发展大势，最终在理论与实践的结合中形成了“四个全面”和“两个一百年”的战略思想，这就为中国的发展赢得了战略主动、战略优势和战略机遇。到建党一百周年即2021年实现第一个百年奋斗目标；到中华人民共和国成立一百周年即2049年实现第二个百年奋斗目标。总之，要想实现这“两个一百年”，就必须贯彻实施“四个全面”。

（四）布局维度：“六大建设”完善中国特色社会主义实施领域

布局，是对中国特色社会主义的建设领域和实施环节进行合理规划与安排。2012年党的十八大报告在“四位一体”的基础上提出了包括生态文明建设在内的“五位一体”总布局，2015年十八届五中全会又着重强调要统筹推进包括党的建设在内的六大建设。至此，中国特色社会主义的实施领域越来越宽广，框架布局也越来越合理。

经济建设方面，经济发展迈入新常态，创新成为新时期中国经济发展新的驱动力和增长点。新常态下，我国的经济增速虽然转为了中高速，但由于经济规模壮、基数大的特点和优势，决定了我国经济每一个百分点的增长所带来的实际增长量依然十分庞大。政治建设上，法治中国建设正在向前深入推进，中国人民正坚定不移地走中国特色社会主义法治道路。全面依法治国作为“四个全面”的重要组成部分，不仅是全面建成小康社会的战略举措之一，也为全面深化改革提供了法律依据和法制保证，同时还为全面从严治党提供了制度治党、依规治党的治理理念和治理框架。文化建设上，社会主义文化强国建设目标扎实推进，文化自信和价值观自信逐渐成为一种基础、广泛而深厚的自信。社会主义核心价值体系与核心价值观因其更具亲和力、感召力与凝聚力，所以日益深入人心，逐渐成为国民共识。社会建设上，人民既是发展的参与者和建设的贡献者，同时又是发展成果的获得者和建设成就的享有者。民生工作是社会建设的关键环节和重要任务，让老百姓都过上美好生活是我们党坚持和发展中国特色社会主义的本质要求和价值追求。生态文明建设上，建设美丽中国，营造蓝天、白云、青山、绿水的生产、生活、生态环境，已经成为中国梦的题中应有之义和重要实现内容。中国梦的科学内涵必然包括生态梦的要义，中国梦的实现过程也必然要有一个生态修复和改善的过程。2017年党的十九大报告把从2020年到本世纪中叶的这段历程又划分为了两个阶段来安排，指出在第二个阶段要“把我国建成富强民主文明和谐美丽的社会主义现代化强国”。[①] 也就是说，在原先“富强民主文明和谐”的基础上又增添了一个“美丽”，这也就意味着社会主义生态文明建设已经成为我国在未来所要建成的社会主义现代化强国的题中应有之义。在党的建设上，全面从严治党已经上升为国家战略布局的高度，成为“四个全面”中的重要战略举措之一。并且，党的十九大提出要全面推进党的政治、思想、组织、作风、纪律和制度建设，它们作为日常党建工作的重要实践环节和内容，在当下的中国正井然有序地向前推进，已经在伟大的斗争实践中不断得到了全面加强。总之，当前和今后一个时期，继续统筹和协调好以上“六大建设”，必将促使中国特色社会主义进入一个全面发展、全面进步的崭新时代。

（五）理念维度：“五大理念”引领中国发展全局实现深刻变革

2015年党的十八届五中全会公报正式提出“创新、协调、绿色、开放、共享”[②] 的发展理念，这是我们党统筹国内国外两个大局、顺应时代发展进步潮流的现实诉求和应然性要求。新发展理念是在深刻把握当代世情和国情、科学总结发展思路和经验的基础上逐步形成的，这一正确的发展理念对于当下中国的发展实践具有鲜明的指导意义。

新发展理念，从理论和实践两个层面为着力解决中国式发展难题提供了可资借鉴的有益探索和宝贵经验。第一，创新为发展提供了源源不断的驱动力，是持续推动发展、不断实现发展的第一要素。只有始终坚持创新发展，才能赢得发展先机和发展优势，从而不断开创发展新局面。第二，协调为不平衡性的发展找到了战略平衡点，是补齐各种短板、实现强基固本的重要抓手。只有始终坚持协调发展，才能进一步巩固薄弱环节，有效破除发展“瓶颈”。第三，绿色为不可持续的发展找到了可持续性，是化解生态危机、实现人与自然和谐共生的重要推手。只有始终坚持绿色发展，才能在实现生产发展和生活富裕的同时，取得良好的生态效益和社会效益。第四，开放为改革和发展提供了催化剂和助推力，是进一步推动改革、谋得发展的引擎。只有始终坚持开放发展，才能及时捕捉和主动适应国内外发展大势，并在经济全球化的浪潮中站稳脚跟，从而在激烈的国际竞争中始终立于不败之地。第五，共享即人人都公平地享有各方面的发展成果和建设成就，它解决的是一个发展逻辑的问题。既然人人都是改革开放和现代化建设事业的参与者和贡献者，那么改革和建设所取得的发展成果理应人人共同享有。只有始终坚持共享发展，才能最大限度地无愧于亿万人民群众的劳动实践。总之，五大发展理念是

① 习近平：《决胜全面建成小康社会　夺取新时代中国特色社会主义伟大胜利——在中国共产党第十九次全国代表大会上的报告》，《人民日报》2017年10月28日第1版。

② 《中国共产党第十八届中央委员会第五次全体会议公报》，《共产党员》2015年第29期，第4—7页。

引领当代中国加快转变发展方式、不断实现科学发展的引擎，必将对中国的未来发展产生重大而深刻的影响。

二、五大维度与新时代中国特色社会主义思想和中国特色社会主义进入新时代的内在逻辑

（一）中国特色社会主义依然是新时代中国特色社会主义思想的理论和实践主题

坚持和发展中国特色社会主义既是改革开放和现代化建设的全部实践内容，也是党的十八大以来习近平同志在治国理政中紧紧围绕的话题，同时它还是新时代中国特色社会主义思想的理论和实践主题。党的十八大以来至党的十九大之前，十八届中共中央政治局就不同的专题，已经进行了四十三次集体学习。其中，首次学习的主题就是坚持和发展中国特色社会主义。这是习近平治国理政的开局之篇，这一主题一直贯穿于之后的四十二次学习之中，并且习近平治国理政的一系列重要讲话也是紧紧围绕于此展开的。

对于坚持和发展中国特色社会主义，就要从理论与实践两个层面出发。首先是实践基础上的理论升华，即通过总结成功经验和汲取失败教训，把它们及时地升华和深化为科学理论；其次是理论指导下的实践操作，即以先前总结出的理论来指导新的实践，在新的实践中检验既有理论的科学性；最后是实践检验下的制度生成，即把那些经得起实践检验并最终取得良好预期的方针和策略及时地上升为一种制度或体制。由此，中国特色社会主义理论与实践必将在习近平治国理政中有所丰富、有所发展、有所创新。

（二）实现民族复兴是新时代中国特色社会主义思想的伟大愿景和重要价值追求

以习近平同志为核心的这一届中央领导集体胸怀人民的期望，勇担历史的使命，并致力于实现民族复兴大业。习近平同志所肩负的重大责任，即是对民族的责任、对人民的责任和对党的责任。忠实履行好这“三大责任”，就要始终坚定实现民族复兴的初心、决心和信心，并把它及时地上升为国家层面的战略任务和宏伟目标。

中国梦，是中华民族一百七十多年以来苦苦追寻并上下求索的梦想。中华民族在古代曾创造过辉煌，在近代却遭受了苦难，在现代还历经风雨。因此，只有像我们这样的古老民族才深深地渴望实现复兴。实现民族复兴中国梦是中国共产党在新的历史条件下对全党全军全国各族人民的一项政治承诺，是党、国家和政府正面回应人民期待并且确定能够实现的梦想。中国梦是习近平新时代中国特色社会主义思想中的重大战略思想和重要组成部分，不但体系科学完整，而且内容丰富深邃。在这一思想体系中，坚持和发展中国特色社会主义、坚定不移地走中国特色社会主义道路是中国梦的根本实现途径，同时也是富强国家、复兴民族、幸福千万家的必经之道和必由之路。有了这样的唯一正确的道路，中国共产党和中国人民就完全有自信也完全有能力去实现这一梦想。

（三）“四个全面”和“两个一百年”是中国特色社会主义进入新时代的治国方略

“四个全面”和“两个一百年”是新的历史条件下我们党治国理政的大方略和大手笔，其中，“四个全面”是战略性举措，“两个一百年”是阶段性目标。并且，在具体的实践中，“四个全面”要服从和服务于“两个一百年”，力争铸就实现这两个百年目标。

“四个全面”是紧扣中国实际、解决中国问题的切实抓手，也是解读中国道路、展

现中国自信的战略平台，更是增进人民福祉、引领国家富强、实现民族复兴的战略策划。“四个全面”一方面铸就实现“两个一百年”奋斗目标；另一方面也支撑起了美丽中国梦的基本框架。全面建设小康社会意味着“全民小康梦”的实现，全面深化改革意味着“励精图治梦”的实现，全面依法治国意味着“法治中国梦”的实现，全面从严治党意味着“长期执政梦”的实现。总之，“四个全面”是当代中国梦在不同领域的生动实践和真实写照，必将为中国梦的实现写下光辉灿烂的篇章。并且，其中的每一个“全面”都是一项重大的战略部署，都有着极其重要的战略意义，它们共同支撑起了中国各项改革和建设事业的高楼大厦，同时也为顺利实现“两个一百年”的奋斗目标提供了重要的支撑和保障。要想顺利实现“两个一百年”奋斗目标，就必须协调推进“四个全面”战略布局。这就要求我们：首先要保证党的执政基础和领导地位稳固；其次还要保证各项改革张弛有度，稳中求进；再次还要保证人民生活幸福安康，持续改善；最后还要保证法治建设扎实推进，力促和谐。

（四）“六大建设”是中国特色社会主义进入新时代的总体布局和重要实施领域

2012年党的十八大报告提出了大力推进生态文明建设的总体要求，由此，中国特色社会主义总体布局由“四位一体”开始过渡到“五位一体”，在建设领域上又多了一个生态文明建设。在经济建设这一中心工作毫不动摇的前提下，生态文明建设在当下的中国更具严峻性和紧迫性。而要想实现人与自然和谐共生，就必须在发展经济的过程中更加注重保护生态环境，决不能走西方发达国家“先污染后治理”的老路。新时代背景下，建设美丽中国已然成为中国梦的重要实现内容，进一步推动生态文明建设走进新时代也已经上升为社会共识和国家意志，其极端重要性早已不言而喻。

2015年党的十八届五中全会公报又强调要统筹推进包括党的建设在内的六大建设，由此，党的建设成为新时期习近平治国理政的重要组成部分。并且，伴随着反腐倡廉工作和从严治党实践的深入推进，党的建设实际上已经成为中国特色社会主义总体布局的重要组成部分。党的十八大以来的这五年，面对党情的深刻变化，习近平同志反复强调“从严治党”，并以壮士断腕的勇气和决心，坚持“老虎”和“苍蝇”一起打。后来随着反腐工作和党风建设的深入开展，“全面从严治党”上升到了战略的高度，并与其他“三个全面”共同构成了一个新的战略布局，即“四个全面”战略布局。其中，“全面从严治党”为顺利实现这一战略布局提供了根本的组织保证。而在当代中国，最大的优势就在于全党全军全国各族人民一致坚决拥护中国共产党的领导，就在于我们如众星捧月般地共同拥护一个集中统一的领导核心。党的执政和领导地位决定了治国理政必须首先就要抓好党建工作，落实从严治党。因为只有这样，全体人民才能始终拥有一个共同团结奋斗的主心骨。

（五）“五大发展理念”是中国特色社会主义进入新时代的科学指南和行动先导

“五大发展理念”是习近平同志以人民为中心的工作导向在我国发展实践中的深刻体现，是引领当代中国实现全面发展和全面进步的一面思想旗帜。它表明，发展的力量和依靠都来源于人民，发展的目的和归宿都是为了人民，发展的成就和果实均由人民共享。人民群众对于实现科学发展的诉求，就是我们接力奋斗的工作导向。站在新的历史起点上，以新的发展理念来引领中国特色社会主义继续向前发展，这就赋予了其新的时代内涵和实践要义，进一步明确了中国未来的发展方向。

针对经济发展长期依赖资源、要素驱动的现状，我们提出创新发展，依靠创新，可以为今后的发展增添新的驱动力；针对工业与农业、城市与乡村、东部与中西部发展相对失衡的事实，我们提出协调发展，注重协调，可以为今后的发展厚植优势和补齐短板；针对各种由于发展过度所导致的生态破坏和环境污染问题，我们提出绿色发展，涵养绿色，可以为今后的发展拓展出更多更优越的地理空间；针对中国发展与世界发展内外联动、互联互通的趋势，我们提出开放发展，倡导开放，可以为今后的发展融入许多外来的新鲜血液。由此，自觉树立并践行“五大发展理念”必将促使中国发展全局实现广泛而深刻的变革。

总之，习近平同志十八大以来的治国理政思想，对党和国家的未来发展大势都给予了高度关注，对一些重大的理论和实践问题也做出了正面回应。诸如我们党指出并明确了坚持和发展中国特色社会主义这一条主线，提出并畅想了实现中华民族伟大复兴的中国梦这一重要战略思想，制定并实施了“四个全面”战略布局和“两个一百年”奋斗目标，统筹并协调了经济、政治、文化、社会、生态文明建设以及党的建设，树立并践行了创新、协调、绿色、开放、共享的发展理念，等等。这五个方面的基本内容分别对应着主题、理想、战略、布局、理念五大维度，是我们深入学习和深刻理解习近平新时代中国特色社会主义思想和中国特色社会主义进入新时代命题的重要抓手。因此，从理论和实践两个层面紧紧把握以上五大维度，对于进一步领悟党的十九大报告中关于“新时代”的描述必将大有裨益。

（作者单位：吉林大学马克思主义学院）

“人类命运共同体”理念发展演变的再阐释

——兼论党的十九大对“人类命运共同体”理念的创新发展

陈　鑫

摘　要：“人类命运共同体”作为我们党在新时期提出的治国理政新理念，其形成发展既不是凭空创造的，也不是一蹴而就的，而是一个循序渐进、逐步完善的过程。在十余年的历史积淀中，“人类命运共同体”理念完成了21世纪初的萌芽酝酿，历经了十八大的确立形成，并随着习近平主席的外交步伐实现了深入发展，最终在党的十九大中被写入党章，成为习近平新时代中国特色社会主义思想的重要组成部分，实现了成熟完善。

关键词：人类命运共同体；发展演变；治国理政；十九大

当今世界正处于一个大发展大变革大调整时代，世界多极化、经济全球化持续推进，社会信息化、文化多样化深入发展，人类社会越来越表现为一个“一荣俱荣、一损俱损”的利益共同体，越来越成为一个“你中有我、我中有你”的命运共同体。与此同时，金融危机所带来的经济增长乏力，发展失衡所带来的南北贫富鸿沟，以及传统安全问题与非传统安全问题的相互交织，更是在严重威胁着人类社会的生存发展。“没有哪个国家能够独自应对人类面临的各种挑战，也没有哪个国家能够退回到自我封闭的孤岛。”① 在此背景下，以习近平同志为核心的党中央，从全人类的根本利益出发，统筹国内国际两个大局，顺应时代潮流，把握时代大势，创造性地提出了“人类命运共同体”这一科学理念，为新时期的全球治理提供了“中国方案”，更为人类未来的生存发展提供了路径指南。

“人类命运共同体”理念的形成发展既不是凭空创造的，也不是一蹴而就的，而是一个循序渐进、逐步完善的过程。对于这一过程的发展演变，目前学术界已有“三阶段说”“三飞跃说”等不同观点，但遗憾的是，这些观点都未能对“人类命运共同体”理念的发展演变有一个较为准确且细致的阐述划分。尤其是党的十九大胜利召开，更是极大地丰富了“人类命运共同体”理念的科学内涵，实现了“人类命运共同体”理念的历史新飞跃。因此，我们有必要以时代发展为基础，重新梳理“人类命运共同体”理念的来龙去脉，概括总结“人类命运共同体”理念的阶段历程，并在此基础上厘清“人类命

① 习近平．决胜全面建成小康社会　夺取新时代中国特色社会主义伟大胜利——习近平同志代表第十八届中央委员会向大会作的报告摘登．人民日报，2017－10－19（04）．

运共同体”理念在不同时期的发展演变。

一、“人类命运共同体”理念的初步萌芽

实事求是地讲，“人类命运共同体”的思维理念并不是在党的十八大之后才开始出现的，反而是由来已久的。早在2004年，曾任中央党校副校长的郑必坚教授就在人民大会堂举办的“中国科学与人文论坛”中明确提出了“利益共同体”这一概念范畴，他认为在当今时代下，中国不论是与周边国家，还是与亚洲、美洲，甚至与全世界都形成了一种互利、共赢的发展关系，整体世界日趋成为一个利益共同体。此后，郑必坚教授又多次对这一理念进行深入阐释，强调要在全球变局中，不断扩大深化各方的利益共同点，进而推动建设更深层次、更广领域的利益共同体。

2007年10月15日，胡锦涛同志在党的十七大报告中，针对两岸关系又提出了“命运共同体”这一理念，胡锦涛指出：“十三亿大陆同胞和两千三百万台湾同胞是血脉相连的命运共同体。凡是对台湾同胞有利的事情，凡是对维护台海和平有利的事情，凡是对促进祖国和平统一有利的事情，我们都会尽最大努力做好。”① 这就首次明确地提出了“命运共同体”这一概念范畴，实现了单一层面的利益共同体向多个层面的命运共同体的转变，进而丰富了“命运共同体”的科学内涵。此后，随着全球化的深入发展，中国积极推动与美国、欧盟的经济合作，并在2010年5月和2011年9月的中美、中欧经济贸易对话中，又先后两次提出“命运共同体”思想，② 强调了全球化背景下世界各国深化经贸合作的重要意义。

而到了2011年9月，国务院发布的《中国和平发展》白皮书又一次将“命运共同体”纳入其中，书中写道：“国际社会应该超越国际关系中陈旧的‘零和博弈’，超越危险的冷战、热战思维，超越曾把人类一次次拖入对抗和战乱的老路；要以命运共同体的新视角，以同舟共济、合作共赢的新理念，寻求多元文明交流互鉴的新局面，寻求人类共同利益和共同价值的新内涵，寻求各国合作应对多样化挑战和实现包容性发展的新道路。”③ 这就进一步将“命运共同体”的科学内涵扩延至世界安全与文明交流的范畴中来，极大地推动了这一理念的发展完善。

综上可以看出，“人类命运共同体”并非在党的十八大之后才开始出现。早在21世纪初，国内就已经出现了“人类命运共同体”理念的种种萌芽。从单一经济层面的利益共同体，到十七大的两岸命运共同体，再到《中国和平发展》白皮书中的安全共同体，这些概念范畴在内涵上由最初的经济层面，不断延伸到政治、文化、安全等领域，呈现出一个逐步发展、渐次完善的过程，为“人类命运共同体”理念的正式提出奠定了坚实的理论基础。

二、“人类命运共同体”理念的形成确立

“人类命运共同体”作为一个外交层面的科学理念，它的形成确立不仅要立足国内，

---

① 胡锦涛文选（第2卷）. 北京：人民出版社，2016：648.
② 陈须隆. 人类命运共同体理论在习近平外交思想中的地位和意义. 当代世界，2016（7）：8.
③ 陈须隆. 人类命运共同体理论在习近平外交思想中的地位和意义. 当代世界，2016（7）：9.

同时更要放眼国际，唯有国内人民与国际社会同时认同，才标志着“人类命运共同体”理念的正式形成。

2012年11月8日，中国共产党第十八次全国代表大会在北京隆重开幕，时任中共中央总书记的胡锦涛同志在会上作报告，他指出：“合作共赢，就是要倡导人类命运共同体意识，在追求本国利益时兼顾他国合理关切，在谋求本国发展中促进各国共同发展，建立更加平等均衡的新型全球发展伙伴关系，同舟共济，权责共担，增进人类共同利益。”① 这就首次明确地提出了“人类命运共同体”这一科学理念，并将其写入党的正式文献之中。与此同时，在党的十八大报告中，“人类命运共同体”理念还被空前地提升为国家战略思想，提高到外交旗帜的高度，成为党在新时期必须坚持的重要方针政策，标志着“人类命运共同体”理念在国内的正式确立。

2013年初春，习近平同志应邀对俄罗斯进行正式的国事访问。此次出访，作为习近平担任国家主席后的首次外交活动，不论是对中国未来的外交方向，还是对世界未来的发展格局，都存在着深远影响。但就是在这样一场重要的外交首秀中，习近平主席专程来到享有盛誉的莫斯科国际关系学院，并发表了题为《顺应时代前进潮流，促进世界和平发展》的主旨演讲，他指出：“这个世界，各国相互联系、相互依存的程度空前加深，人类生活在同一个地球村里，生活在历史和现实交汇的同一个时空里，越来越成为你中有我、我中有你的命运共同体。”② 首次向全世界提出了“人类命运共同体”理念，庄严宣告了中国未来的外交方向，推动了“人类命运共同体”理念由国内迈向世界，实现了其在国际层面的确立，并标志着“人类命运共同体”理念的最终形成。

三、“人类命运共同体”理念的深化发展

“人类命运共同体”作为我们党在新时期提出的科学理念，其本身就是一个立足时代、时讲时新的概念范畴，自提出伊始，便不断发展、不断完善，尤其是习近平主席在国内外各类外交舞台上对“人类命运共同体”的阐释论述，更是极大地推动了这一科学理念的深化发展。

从坦桑尼亚尼雷尔国际会议中心上庄严宣告“中非从来都是命运共同体”,③ 到印尼国会上积极倡议“讲信修睦、合作共赢、守望相助、心心相印、开放包容”,④ 努力构建中国—东盟命运共同体；从亚太经合领导人峰会上有力呼吁“牢固树立亚太命运共同体意识”,⑤ 到周边外交工作座谈会上着力强调让“命运共同体意识在周边国家落地生根”;⑥ 从中阿部长论坛上积极倡导“打造中阿利益共同体和命运共同体”，到中拉领导

---

① 胡锦涛．坚定不移沿着中国特色社会主义道路前进 为全面建成小康社会而奋斗——在中国共产党第十八次全国代表大会上的报告．人民日报，2012-11-09（02）.

② 习近平．顺应时代前进潮流，促进世界和平发展——在莫斯科国际关系学院的演讲．人民日报，2013-03-24（02）.

③ 习近平．永远做可靠朋友和真诚伙伴．人民日报，2013-03-26（02）.

④ 习近平．携手建设中国—东盟命运共同体．人民日报，2013-10-04（02）.

⑤ 习近平．发挥亚太引领作用，维护和发展开放型世界经济．人民日报，2013-10-08（02）.

⑥ 习近平．为我国发展争取良好周边环境，推动我国发展更多惠及周边国家．人民日报，2013-10-26（01）.

人会晤时倡导构建“中拉命运共同体”;① 从巴基斯坦会议上真诚勉励双方要“不断充实中巴命运共同体的内涵”,② 到乌兹别克斯坦的署名文章中坚定发声：“中乌是平等互利、安危与共、合作共赢的利益共同体和命运共同体”;③ 从会见中国国民党荣誉主席吴伯雄时真情呼吁“增进对两岸命运共同体的认知”,④ 到联合国教科文组织上铿锵宣告“各国人民形成了你中有我、我中有你的命运共同体”;⑤ 从网络安全与信息化工作座谈会上努力倡导“尊重网络主权，构建网络空间命运共同体”,⑥ 到国际刑警组织大会上强力呼吁“共同构建普遍安全的人类命运共同体”。⑦ 可以说，习近平同志的外交步伐走到哪里，哪里就会有对“人类命运共同体”的精彩阐述。

尤其是2015年9月，习近平同志应邀出席第七十届联合国大会，首次在联合国的舞台上详细阐释了“人类命运共同体”理念，他不仅强调：“我们要继承和弘扬联合国宪章的宗旨和原则，构建以合作共赢为核心的新型国际关系，打造人类命运共同体。”⑧ 同时更从“建立平等相待、互商互谅的伙伴关系；营造公道正义、共建共享的安全格局；谋求开放创新、包容互惠的发展前景；促进和而不同、兼收并蓄的文明交流；构筑尊崇自然、绿色发展的生态体系”⑨ 五个方面论述了构建“人类命运共同体”的现实路径，构成了“五位一体”的总布局和总路径。随后，在日内瓦联合国总部的演讲中，习近平同志再次阐发这一理念，并将“五位一体”的总布局和总路径进一步概括为“坚持对话协商，建设一个持久和平的世界；坚持共建共享，建设一个普遍安全的世界；坚持合作共赢，建设一个共同繁荣的世界；坚持交流互鉴，建设一个开放包容的世界；坚持绿色低碳，建设一个清洁美丽的世界”⑩ 五个方面，这就进一步明确了构建“人类命运共同体”的现实路径，实现了“人类命运共同体”由理论层面向现实层面的飞跃。

五年来，习近平同志以强烈的时代担当，紧紧抓住每一次外交机会，竭力向世界各国人民阐释“人类命运共同体”这一科学理念。据不完全统计，自党的十八大以来，习近平同志在国内外各类舞台上先后提及“命运共同体”竟高达一百三十余次。就是在这样的密集阐释中，“人类命运共同体”实现了由国家层面的“命运共同体”向区域层面的“命运共同体”的转变，实现了由民族层面的“两岸命运共同体”向全球层面的“人类命运共同体”的转变，实现了由现实层面的“利益共同体”向虚拟层面的“网络

---

① 习近平．弘扬传统友好，共谱合作新篇．人民日报，2014－07－18（03）.

② 习近平．构建中巴命运共同体，开辟合作共赢新征程．人民日报，2015－04－22（02）.

③ 习近平．携手共创丝绸之路新辉煌．人民日报，2016－06－23（02）.

④ 本报记者．中共中央总书记习近平会见中国国民党荣誉主席吴伯雄．人民日报，2013－06－14（01）.

⑤ 习近平．在联合国教科文组织总部的演讲．人民日报，2014－03－28（03）.

⑥ 习近平．在践行新发展理念上先行一步，让互联网更好造福国家和人民．人民日报，2013－04－20（01）.

⑦ 习近平．坚持合作创新法治共赢，携手开展全球安全治理．人民日报，2017－09－27（02）.

⑧ 习近平．携手构建合作共赢新伙伴，同心打造人类命运共同体：在第七十届联合国大会一般性辩论时的讲话．人民日报，2015－09－29（02）.

⑨ 习近平．携手构建合作共赢新伙伴，同心打造人类命运共同体：在第七十届联合国大会一般性辩论时的讲话．人民日报，2015－09－29（02）.

⑩ 习近平．共同构建人类命运共同体．人民日报，2017－01－20（02）.

安全共同体”的转变。这种由小到大、由内到外、由实到虚的转变，不仅丰富了“人类命运共同体”的科学内涵，同时更扩大了“人类命运共同体”的外延范围，极大地推动了“人类命运共同体”的深化发展。

四、“人类命运共同体”理念的成熟完善

2017 年 10 月 18 日，中国共产党第十九次全国代表大会在北京人民大会堂隆重开幕。中共中央总书记、国家主席、中央军委主席习近平代表第十八届中央委员会向党的十九大做报告。报告中，习近平主席总结了过去五年的辉煌成就，明确了社会主要矛盾的转化，界定了新时代的历史方位，并在此基础上，创造性地提出了“习近平新时代中国特色社会主义思想”，为实现中华民族的伟大复兴提供了新的行动指南。而“推动构建人类命运共同体”作为我们党在新时期提出的治国理政新理念，更是被纳入“习近平新时代中国特色社会主义思想”的科学内涵之中，成为“新时代坚持和发展中国特色社会主义的基本方略”。① 习近平在十九大报告中指出：“我们呼吁，各国人民同心协力，构建人类命运共同体，建设持久和平、普遍安全、共同繁荣、开放包容、清洁美丽的世界。”② 同时也倡导世界各国：“要相互尊重、平等协商，坚决摒弃冷战思维和强权政治，走对话而不对抗、结伴而不结盟的国与国交往新路。要坚持以对话解决争端、以协商化解分歧，统筹应对传统和非传统安全威胁，反对一切形式的恐怖主义。要同舟共济，促进贸易和投资自由化便利化，推动经济全球化朝着更加开放、包容、普惠、平衡、共赢的方向发展。要尊重世界文明多样性，以文明交流超越文明隔阂、文明互鉴超越文明冲突、文明共存超越文明优越。要坚持环境友好，合作应对气候变化，保护好人类赖以生存的地球家园。”③ 在此基础上，习近平同志更是向全世界庄严承诺：“中国坚定奉行独立自主的和平外交政策；积极发展全球伙伴关系；秉持共商共建共享的全球治理观。”“中国人民愿同各国人民一道，推动人类命运共同体建设，共同创造人类的美好未来！”④ 这就进一步丰富了“人类命运共同体”的科学内涵，明确了中国推动构建“人类命运共同体”的坚定信念，进而促进了“人类命运共同体”理念的发展完善。

纵观中国共产党的发展历程，党的十九大不仅首次将“人类命运共同体”作为一个单独部分在党的报告中予以阐发论述，同时更将其纳入“习近平新时代中国特色社会主义思想”的科学内涵之中，提升为“新时代坚持和发展中国特色社会主义的基本方略”。更为重要的是，党的十九大审议并通过了《中国共产党章程（修正案)》，历史性地将“人类命运共同体”写入了党章，实现了“人类命运共同体”由深入发展向成熟完善的质的飞跃。

---

① 习近平．决胜全面建成小康社会　夺取新时代中国特色社会主义伟大胜利——习近平同志代表第十八届中央委员会向大会作的报告摘登．人民日报，2017－10－19（02)．

② 习近平．决胜全面建成小康社会　夺取新时代中国特色社会主义伟大胜利——习近平同志代表第十八届中央委员会向大会作的报告摘登．人民日报，2017－10－19（04)．

③ 习近平．决胜全面建成小康社会　夺取新时代中国特色社会主义伟大胜利——习近平同志代表第十八届中央委员会向大会作的报告摘登．人民日报，2017－10－19（04)．

④ 习近平．决胜全面建成小康社会　夺取新时代中国特色社会主义伟大胜利——习近平同志代表第十八届中央委员会向大会作的报告摘登．人民日报，2017－10－19（04)．

时代是思想之母，实践是理论之源。“人类命运共同体”作为我们党在新时期提出的治国理政新理念，它的发展变革始终以时代特征为依据，以具体实践为根基。在十余年的历史积淀中，“人类命运共同体”完成了21世纪初的萌芽酝酿，历经了十八大的确立形成，并随着习近平同志的外交步伐实现了深入发展，最终在党的十九大中被写入党章，成为习近平新时代中国特色社会主义思想的重要组成部分，实现了“人类命运共同体”理念的成熟完善。纵观这一发展进程，“人类命运共同体”由最初的理论阐释，到后来的外交实践，再到十九大的理论升华，实现了从理论到实践再到理论的历史性飞跃。不可否认的是，随着时代形势的变化发展，以及亚投行、“一带一路”等建设的现实推进，“人类命运共同体”理念必将在指导实践中进一步发展完善，必将在现实传播中成为各国人民的共识，必将在未来发展中成为人类社会进步的科学指南。

（作者系国防大学政治学院博士研究生）

“新时代”的科学内涵及当代价值

万坤利

摘　要：习近平同志关于新时代的定位及思想，是在中国特色社会主义伟大旗帜引领下做出的理论创新的最新成果，是中国共产党和全体中国人民的宝贵思想财富，是马克思主义普遍原理与中国具体实践相结合的产物，具有十分重要的理论意义和现实价值。

关键词：新时代；科学内涵；当代价值

一、“新时代”的历史方位及发展定位

马克思曾指出：“任何真正的哲学都是自己时代精神的精华，并将发展成为文明的活的灵魂。”① 以习近平同志为核心的党中央准确把握国际发展形势，结合我国发展实际和客观规律，带领中国人民走进了中国特色社会主义新时代。这是在中国特色社会主义伟大事业的征程中谱写出的历史新篇章，是夺取新时代中国特色社会主义伟大胜利、实现中华民族伟大复兴的中国梦、实现人民对美好生活向往的重大方位判断，合乎时代潮流，顺应党心民心，推动党和国家发生历史性变革。

西方资本主义旧时代的衰落为中国新时代的发展提供了前所未有的发展机遇。英国历史学家汤因比说过：“19 世纪是英国的世纪，20 世纪是美国的世纪，21 世纪将是中国的世纪。”② 19 世纪上半叶，英国基本完成了工业革命，大机器生产使英国很快由农业国转变为工业国，世界经济格局也因此由农业文明转变为工业文明。英国凭借强大的综合实力对外进行殖民掠夺和扩张，开辟世界市场，在世界市场中处于核心地位，成为当时的“世界工厂”；19 世纪末 20 世纪初，由于英国在第二次工业革命中不愿采用先进的技术和设备，致使其经济增速缓慢。与此同时，美国经济迅速发展，赶超英国。二战后，美国成为资本主义头号强国；20 世纪 70 年代，美苏争霸大大削弱了美国实力，其霸主地位开始丧失。资本主义私有制和资产阶级的内在矛盾造成资本主义经济危机的周期性爆发，尤其是2007 年由美国的次贷危机引发的全球性经济危机，给世界尤其是以美国为首的资本主义国家带来严重创伤。党的十八大以来，以习近平同志为核心的党中央高度重视中国经济的发展，实施经济新举措，我国经济保持中高速增长，“对世界经济

---

① 马克思恩格斯全集：第 1 卷．北京：人民出版社，1956：120—121.

② 范旰阳．投资 21 世纪的中国——访世界投资大师 Jim Rogers. 浙江金融，2004（6）.

增长贡献率超过30%”。[①] 中国犹如快速行进的“火车头”，在促进自身经济发展的同时，也为世界经济的发展做出越来越大的贡献。在全球化的发展时代，我国积极谋求与志同道合的国家开展国际交流与合作，坚持走和平发展道路，构建以合作共赢为核心的新型国际关系，打造人类命运共同体，推动全球治理体制变革。

二、“新时代”具有丰富深刻的科学内涵

习近平同志在十九大报告中对新时代进行了五个层面的理论概括并形成科学定位：“这个新时代，是承前启后、继往开来、在新的历史条件下继续夺取中国特色社会主义伟大胜利的时代，是决胜全面建成小康社会、进而全面建设社会主义现代化强国的时代，是全国各族人民团结奋斗、不断创造美好生活、逐步实现全体人民共同富裕的时代，是全体中华儿女勠力同心、奋力实现中华民族伟大复兴中国梦的时代，是我国日益走近世界舞台中央、不断为人类作出更大贡献的时代。”[②] 这五个新时代的阐述内涵丰富，紧紧围绕着“以人民为中心”的思想之魂，系统地回答了“我们要走什么样的道路、我们要建设什么样的国家、我们要实现什么样的发展、我们要达到什么样的目标、我们要做出什么样的贡献的问题”。[③] 这五个新时代相互依存，密不可分，统一于中国特色社会主义伟大事业中，是马克思主义中国化最新理论成果的重要组成部分。

第一，新时代是承前启后、继往开来、在新的历史阶段条件下继续夺取中国特色社会主义伟大胜利的时代。1949年中华人民共和国的成立，开辟了中国历史的新纪元，中国真正进入了独立自主的新时代；1956年底，三大改造的完成，社会主义基本制度在我国初步建立；1978年，我们党做出了决定当代中国命运的重要抉择，实行改革开放的伟大决策，我国进入了改革开放的新时代。改革开放开启了中国的新时代，同样也开启了世界的新时代。而中国特色社会主义新时代是继邓小平改革开放新时代以来的又一个历史性新时代，这一新时代意义重大、影响深远，体现了中国共产党不忘本来、吸收外来、面向未来的精神。

新时代是在新的历史阶段条件下继续夺取中国特色社会主义伟大胜利的时代。中国的发展变化与世界的发展变化息息相关。邓小平同志有句名言：“中国的发展离不开世界。”[④] 而针对具体的方法论，习近平同志则指出，要从马克思主义关于人类社会发展规律的高度来认识当今世界的变化及趋势。[⑤] 当今国际局势复杂多变，但和平与发展仍然是时代主题，和平、发展、合作、共赢的时代潮流更加强劲。[⑥] 我们要牢牢把握发展机遇，坚持大力发展生产力，同时要认清我国与发达资本主义国家的差异，求同存异，以

---

① 胡鞍钢，王蔚．中国越强大，世界越受益．经济时报，2017-10-22.

② 习近平．决胜全面建成小康社会　夺取新时代中国特色社会主义伟大胜利——在中国共产党第十九次全国代表大会上的报告．人民日报，2017-10-28（1）.

③ 习近平．决胜全面建成小康社会　夺取新时代中国特色社会主义伟大胜利——在中国共产党第十九次全国代表大会上的报告．人民日报，2017-10-28（1）.

④ 邓小平文选：第3卷．北京：人民出版社，1993：78.

⑤ 王伟光．马克思主义中国化的当代理论成果——学习习近平总书记系列重要讲话精神．中国社会科学，2015（10）.

⑥ 习近平总书记系列重要讲话读本．北京：学习出版社，人民出版社，2016：260.

开放包容的心态推动世界发展，加快我国新时代发展步伐。我国虽进入改革的攻坚期和深水区，但物质资料的生产方式依旧是社会存在的核心。我国坚持绿色发展、协调发展、开放发展、共享发展的发展理念，不断推动我国生产方式的发展与变革，促使我国经济实力有了前所未有的发展，中国民族的面貌有了前所未有的变化，国际地位有了前所未有的提升。

第二，新时代是决胜全面建成小康社会、进而全面建设社会主义现代化强国的时代。从《礼记》中对大同社会的描述，到东晋陶渊明在《桃花源记》中对理想社会的向往，人民对安定祥和的小康社会的憧憬由来已久。改革开放之初，我们党提出人民生活总体达到小康水平这一目标。随着实践的发展，我们党结合我国发展实际和社会发展规律又提出了人民生活更加殷实的小康社会构想。在此基础上，党的十八大又提出了全面建成小康社会的奋斗目标，且在“四个全面”战略布局中居于引领性地位。从国家的角度来看，我们党的奋斗目标实现了从建设社会主义现代化国家向建设社会主义现代化强国的历史性转变。从人民的角度看，中国共产党坚持以人民为中心的思想之魂，坚持打赢扶贫攻坚战，消除绝对贫困，解决相对贫困。这是根据新时代我国发展现状抓矛盾、作转折的具体体现。从全面建成小康社会到基本实现现代化，再到全面建成社会主义现代化强国，是新时代中国特色社会主义发展的战略安排。

第三，新时代是全国各族人民团结奋斗、不断创造美好生活、逐步实现全体人民共同富裕的时代。人民群众是历史的创造者。“从整体的历史过程来考察和说明历史的创造者及其活动。社会发展过程虽然离不开个人的活动，但整体的历史并非是个人历史的简单堆砌。”① 从历史规律的实现途径看，人民群众是历史的创造者。新时代的产生离不开个人的行动，但绝不仅限于个人的奋斗，而是靠全体各族人民这个整体的共同努力实现的。在新时代的背景下，全体各族人民在中国共产党的领导下，团结一心，为实现共同富裕的目标而不懈奋斗。

第四，新时代是全体中华儿女勠力同心、奋力实现中华民族伟大复兴中国梦的时代。治理国家犹如种树，只要树根稳固，就能枝繁叶茂。习近平同志说过，中国共产党的领导和社会主义制度是根本。根本不动摇，“五位一体”等方面的改革就能不断推进，发展才能不断前行。

第五，新时代是我国日益走近世界舞台中央、不断为人类做出更大贡献的时代。中国梦与世界梦紧密相连，密不可分。中国的发展离不开世界，同样，世界的发展也离不开中国。中国在不断走向世界的过程中，坚持以大国姿态去应对和处理国际问题，解决国际争端，坚持做世界和平的使者，为解决人类问题贡献了中国智慧和中国方案。此外，中国在促进自身经济发展的同时，也尽己所能，竭力推进世界的经济发展。

三、“新时代”具有影响深远的当代价值

习近平同志在十九大报告中指出，中国特色社会主义进入新时代，在中华人民共和国发展史上、中华民族发展史上具有重大意义，在世界社会主义发展史上、人类社会发

---

① 辩证唯物主义和历史唯物主义原理．北京：中国人民大学出版社，2004：219.

展史上也具有重大意义。中国始终坚持走中国特色社会主义道路，不断实现理论创新和实践创新。新时代就是中国共产党和全体中国人民坚持在中国特色社会主义道路的引领下做出的理论创新和实践选择，是中国共产党和全体人民的宝贵财富，是马克思主义普遍原理与中国具体实践相结合的产物，具有十分重要的理论意义和现实意义。

第一，中国特色社会主义进入新时代，在中华人民共和国发展史上具有重要意义。在建成全面小康的决胜阶段，以习近平同志为核心的党中央提出了新时代中国特色社会主义的论断，回答了坚持和发展什么样的中国特色社会主义、怎样坚持和发展中国特色社会主义的问题，指出现阶段的社会的主要矛盾是人民日益增长的美好生活需要和不平衡不充分的发展之间的矛盾。这是从富起来到强起来的伟大历史性跨越，在中华人民共和国史上具有重要意义。

第二，中国特色社会主义进入新时代，在中华民族发展史上具有重大意义。新时代的中国明确要坚持和发展中国特色社会主义，总任务是实现社会主义现代化和中华民族伟大复兴，分两步走在21世纪中叶建成富强民主文明和谐美丽的社会主义现代化强国。新思想提出，在实现全面小康的基础之上，用15年的时间基本实现社会主义现代化，在此基础之上再用15年时间建成富强民主文明和谐美丽的社会主义现代化强国，实现中华民族伟大复兴的中国梦。习近平新时代中国特色社会主义思想是全党全国人民为实现中华民族伟大复兴而奋斗的行动指南。

第三，中国特色社会主义进入新时代，在世界社会主义发展史上具有重大意义。世界社会主义从空想到科学，从理论到实践，取得了伟大的历史成就，也有过重大挫折。中国共产党领导的中国人民建立社会主义制度，把马克思主义基本原理同中国实际相结合，创立了中国特色社会主义理论体系，走出了一条有中国特色的社会主义道路，克服了以苏联为首建立的社会主义的弊端。如今以习近平同志为核心的党中央在理论和实践上取得了伟大的历史性成就，将为世界社会主义发展注入中国智慧，贡献中国力量。

第四，中国特色社会主义进入新时代，在人类社会发展史上具有重大意义。中国特色社会主义进入新时代是中国共产党带领中国人民实现的伟大历史成就，是从站起来、富起来到强起来的伟大历史性跨越，是中国伟大的历史性变革。马克思主义指出，人类必将从资本主义社会过渡到社会主义社会，最终实现共产主义。中国特色社会主义是马克思主义与中国具体实践相结合的产物，新时代中国特色社会主义是中国共产党根据新情况新问题提出的社会主义建设的新论断。新时代中国特色社会主义取得的成就不仅是中国人民的成功，而且为整个人类社会的发展提供了范本，中国模式将为人类社会发展注入中国智慧，贡献中国力量，必将推进人类社会历史发展的进步。

（作者系中国农业大学马克思主义学院硕士研究生）

人类命运共同体意识下中国话语权的变化及路径发展

张倩倩

摘　要：2017 年联合国社会发展委员会、安理会分别引入“构建人类命运共同体”理念以及使其首次进入联大安全领域，世界逐渐听到中国发声。人类命运共同体理念是为全球治理提供中国方略，得到国际社会的认可，这说明中国即将走进世界话语权的中央，未来必须通过坚定中国道路，建设核心价值观，强化中国话语权的辐射力；增强中国实力，主动参与国际事务，提高中国话语权的影响力；讲好中国故事，推动文化交流，增强中国话语权的亲和力；传播中国声音，展现国家形象，扩大中国话语权的宣传力来更好地构建中国话语权体系。

关键词：人类命运共同体；中国话语权；中国道路；中国声音

“大道之行，天下为公。”习近平主席面对全球治理的困境提出构建人类命运共同体，向世界展现中国方略，在过去五年的外交中，习近平主席在不同的场合超过百次提到“人类命运共同体”。十九大报告中再次提出“我们呼吁，各国人民同心协力，构建人类命运共同体，建设持久和平、普遍安全、共同繁荣、开放包容、清洁美丽的世界”。从国与国之间的命运共同体，到区域之间的命运共同体，最后到人类命运共同体，超越了民族国家和意识形态的“全球观”，展现了中国致力于建立公正合理的国际新秩序，推动世界共同繁荣和人类文明进步的新理念，为世界未来的发展提供“中国方略”，展现中国话语权时代的来临，为全球治理做出更大的贡献。

一、时代的困境对新理论的呼唤：西方话语权面临的危机

自地理大发现开始，西方国家依靠侵略与扩张进行原始积累，相继进入资本主义制度。随着资本主义经济的发展，其以强大的经济与军事为基础，开始了一套维护自己本国利益以“自由与民主”为框架的话语体系，并引领了世界话语潮流，在国际交往中逐渐垄断了世界话语权。这一局面曾被第一个社会主义国家苏联的诞生和中华人民共和国的成立而暂时被削弱过，但是随着苏联解体、两极格局的结束，美国成为唯一的超级大国，“一超多强”局面形成，以美国为首的西方话语体系进一步得到巩固，在近百年的历史中，西方国家的话语权仍极其强大，影响世界格局，一直处于西方的话语体系主导之中，处于一种相对不合理的国际政治经济秩序之中。进入 21 世纪之后，西方主导的话语权发生了新的变化，已无法解决世界面临的难题，迫切需要新理论的出现。2008 年

美国由次贷危机引发经济危机波及全世界，不仅给经济领域带来难以估计的损失，同时波及政治、文化领域等，以西方为主导的全球治理出现了重大危机，“占领华尔街”运动、“阿拉伯之春”、“阿拉伯之冬”、难民危机、英国脱欧、特朗普当选等一系列重大事件不断地出现，挑战着西方社会已经稳定了上百年的体制、价值观、思维方式以及利益格局，冲击着以美国为首的西方话语权的主导地位，同时使世界人民开始思考西方道路存在的价值与意义，其已无法向全球问题提出具体方略。当今世界处于大发展大变革的时期，和平与发展是时代的主题，世界多极化与经济全球化发展迅速，但是不容忽视的是，世界的不稳定因素仍然存在，世界贫富差距扩大，恐怖主义、全球气候变化等非传统安全威胁着我们，以西方为主的话语体系，却由于种族、宗教、利益等因素的掺杂，无法给世界一个解决方案；当面对失业、难民、种族、宗教等问题，西方以自由民主主导的核心价值观无法给出具体的措施，其“普世价值”仅仅停留在语言上面。

国际金融危机爆发后，世界力量对比出现了新的变化，以中国为首的新兴大国与组织不断崛起，使得西方的话语体系衰落，特别是十八大以来，中国的发展取得了举世瞩目的成就，其国际影响力日益扩大，国际地位不断提升的同时在全球治理上发挥了大作用。首次举办 G20 峰会，开启“中国引领、大国共治”的全球经济治理新纪元，倡导“一带一路”惠及 60 多个国家，创建亚洲基础设施投资银行，为援助亚太地区国家的基础设施建设做出重要贡献，中国一直致力于建立合作共赢的新型国际关系、公平公正的国际政治经济新秩序。当前世界面临许多难题与挑战，“没有哪个国家能够独自应对人类面临的各种挑战，也没有哪个国家能够退回到自我封闭的孤岛”。习近平主席站在全球的高度上提出共建人类命运共同体，“要相互尊重、平等协商，坚决摒弃冷战思维和强权政治，走对话而不对抗、结伴而不结盟的国与国交往新路”。当面临问题时各国共进退，同患难，方能互利共赢，是中国为全球治理提供的中国方略，当世界面临挑战时，我们不退缩，担负起一个大国的责任与义务，为世界的发展而思考。习近平同志提出的命运共同体意识以天下大同为己任，符合《联合国宪章》的宗旨，符合全球治理的共商、共建、共享原则的核心理念，将各国的发展真正地做到休戚与共，相互联结。

2017 年 2 月 10 日在联合国社会发展委员会上，人类命运共同体理念首次被写入联合国决议中。3 月 17 日，“构建人类命运共同体”的理念被联合国安理会首次引入，呼吁全球各国共同推进“人类命运共同体”建设。2017 年 10 月 30 日“构建人类命运共同体”理念首次进入联大安全领域。从先后写入联合国和安理会决议到进入国际人权话语体系作为中国理念的“人类命运共同体”广泛得到国际的认可，“人民对美好生活的向往就是我们的奋斗目标”“人能全面而自由的发展”是习近平主席全球治理所追求的目标，引起了世界共鸣，让世界听到了中国声音，看到了中国方案，这标志着中国的国际话语权走向了世界舞台的中央，未来世界舞台必将出现更多的“中国方案”。

二、中国方略：人类命运共同体意识下中国话语权的位移

“世界那么大，问题那么多，国际社会期待听到中国声音、看到中国方案，中国不

能缺席。”① 中国的话语权位于世界舞台的中央，在一些方面也处于领先地位，习近平主席更是对“全球治理”治理这一问题提供了“中国方略”——人类命运共同体。

（一）“人类命运共同体”中平等互利的权力观

自古以来国与国之间权力、利益之争数不胜数，当前世界局部仍有冲突，但是和平、发展已成为时代发展的主流，合作共赢成为新型的国家关系。随着全球化的发展，世界各国日益成为一个“共同体”，因此要倡导平等互利的新型的权力理念。2013 年习近平主席在博鳌论坛上提出：“国家无论大小、强弱、贫富，都应该做和平的维护者和促进者。”② 2014 年习近平主席提出中国的安全方案——国家总体安全观，以此打造国家安全“命运共同体”，同时加强非传统安全领域合作，与世界各国共同应对恐怖主义、气候变化、网络安全、自然灾害，为世界提供中国方案。2015 年习近平主席在联合国大会发言指出：“没有一个国家能凭一己之力谋求自身绝对安全，也没有一个国家可以从别国的动荡中收获稳定。弱肉强食是丛林法则，不是国与国相处之道。穷兵黩武是霸道做法，只能搬起石头砸自己的脚。”在日益发展的今天，国与国之间所追求的不再是零和博弈而是合作共赢。合则强，分则弱，进入新时代的中国，中国不仅是“人类命运共同体”平等互利的权力观的提出者，也是示范者，对于所谓的大国威胁论，中国决不会以牺牲别国利益为代价来发展自己，也决不放弃自己的正当权益，任何人不要幻想让中国吞下损害自身利益的苦果。中国无论发展到什么程度，永远不称霸，永远不搞扩张。近年来，中方积极参与反恐维和行动，为世界安全做出了卓越贡献，例如，2003 年至 2017 年 3 月，中国先后向利比里亚派出 10297 名官兵参加维和行动，同时在南苏丹、马里等地为世界和平发展做出重要贡献。马克思主义基本原理告诉我们，世界是普遍联系的，各国同属于地球，“合则盛，分则乱”，各国应当树立平等互利、合作共赢的权力观。

（二）“人类命运共同体”蕴含合作共赢的义利观

“人类命运共同体”中所包含的权力观是中国传统“义利相兼，以义为先”的传统义利观在新时代基础上的传承与发展，既突出以义为先，又注重义利平衡。习近平主席在访问非洲时提出“坚持正确义利观，永远做发展中国家的可靠朋友和真诚伙伴”。中国外交部部长王毅说：“义，反映的是我们的一个理念，共产党人、社会主义国家的理念……利，就是要恪守互利共赢原则，不搞我赢你输，要实现双赢。”③ 人类命运共同体理念中的义利观便是在坚持利益的同时守道义。作为社会主义国家的中国，要体现中国特色社会主义制度的优越性，将中国的发展和世界的发展相结合，不忘“人类命运共同体”，谋利不忘义，给一些国家另一条道路的制度选择。习近平主席在韩国国立首尔大学演讲时强调：“只有义利兼顾才能义利兼得，只有义利平衡才能义利共赢。”这并不违背国际交往中要把国家利益作为处理国家关系、确定中国对外行为的最高准则的原则，

---

① http：//news. xinhuanet. com/world/2016 - 01/01/c_ 128588623. htm.

② 习近平．共同创造亚洲和世界的美好未来——在博鳌亚洲论坛 2013 年年会上的主旨演讲．人民日报，2013 - 04 - 08.

③ 王毅．坚持正确义利观　积极发挥负责任大国的作用．人民日报，2013 - 09 - 10.

合作共赢的义利观将义和利相结合，在讲“利”的同时讲“义”。中国这样认为并一直在这样做，例如，20世纪六七十年代中国派出万名专业人员赴非洲援建坦赞铁路，其中数十人献出生命，到2006年，中国在非洲开展了800多个援建和合作项目、提供600亿美元支持对非“十大合作计划”等。中国秉持正确义利观，在国际事务中更加凸显大国风范，以及责任与担当。合作共赢的义利观，旨在世界共同发展，全球共同进步，为全球治理提供中国典范。

（三）“人类命运共同体”蕴含交流互鉴的文明观

亨廷顿认为：“冷战所造成的人类分裂已经结束，但种族、宗教和文明所造成的人类更根本的分裂依然存在，而且产生着大量新的冲突。”① 他认为在冷战结束之后，冲突的基本根源在于文化之间的差异，主宰全球的将是七大文明或八大文明②之间的“文明的冲突”。并且在文中明确指出：“文化相似的民族和国家走到一起，文化不同的民族和国家则分道扬镳……文明间的断层线正在成为全球政治冲突的中心界线。”③ 各国之间的文明异彩纷呈，各国文明不分优劣，不分强弱，皆是世界文明的一部分，都应该得到世界的尊重，都应以包容宽广的胸怀来看待其他文明。“一花独放不是春，百花齐放春满园。”正是习近平主席对待各国文明的态度写照。2014年习近平主席在联合国教科文组织总部发表演讲指出：“文明因交流而多彩，文明因互鉴而丰富。文明交流互鉴，是推动人类文明进步和世界和平发展的重要动力。”④ 并深刻地指出，不存在所谓的“文明的冲突”，只有文明的和谐，中华文明也是在历史过程中不断与其他文明相互交流借鉴而形成的。在新时代，习近平同志在党的十九大报告中指出：“要尊重世界文明多样性，以文明交流超越文明隔阂、文明互鉴超越文明冲突、文明共存超越文明优越。”各国文明之间应相互尊重，让文明之间的交流、交融促进国与国之间的交流、人与人之间的交流，增进各国友谊，推动社会进步。维护世界各国文明的多样性促进各国文明之间和而不同，兼收并蓄，这样世界文明才能保持生机与活力并不断传承下去。中国人类命运共同体意识为世界提供了交流互鉴的文明观，为推动世界各国异彩纷呈的文明领航，续写促进世界文明交流，和平发展新篇章。

（四）“人类命运共同体”蕴含和谐发展的生态观

“不违农时，谷不可胜食也……斧斤以时入山林，材木不可胜用也”⑤ 是古代先贤对保护生态环境，顺应自然，保护自然，注重和谐发展的精辟之论。“生态兴则文明兴，生态衰则文明衰。”⑥ 习近平主席在继承的基础上就当前全球生态问题以及中国在经济发

① ［美］塞缪尔·亨廷顿．文明的冲突与世界秩序的重建．周琪，等译．北京：新华出版社，2002：19.

② 即中华文明、日本文明、印度文明、伊斯兰文明、西方文明、东正教文明、拉美文明，还有可能存在的非洲文明。

③ ［美］塞缪尔·亨廷顿．文明的冲突与世界秩序的重建．周琪，等译．北京：新华出版社，2002：129.

④ 杜尚泽．习近平在联合国教科文组织总部发表演讲．人民日报，2014-03-28（01）.

⑤ 孟子·梁惠王上.

⑥ 王丹．生态兴则文明兴　生态衰则文明衰．光明日报，2015-05-08（02）.

展中遇到的环境问题，提出生态文明建设这一思想，习近平主席指出："我们既要绿水青山，也要金山银山。宁要绿水青山，不要金山银山，而且绿水青山就是金山银山。"将可持续发展与经济发展以及人的全面发展相统一。发展经济绝不以牺牲生态环境为代价，体现了中国特色社会主义制度的优越性。一方面，将生态文明建设写入"五位一体"的治国方略中，上升到国家层面；另一方面，将代表可持续发展的绿色发展理念写入"五大发展理念"，为世界的可持续发展提供中国版全球生态治理方案。习近平主席指出："建设生态文明关乎人类未来。国际社会应该携手同行，共谋全球生态文明建设之路……在这方面，中国责无旁贷，将继续做出自己的贡献。"① 在中国步入新时代的时刻，习近平同志在党的十九大报告中提出"构筑尊崇自然、绿色发展的生态体系"，表明中国在未来的可持续发展上将继续发力。人类共处一个地球，中华民族与全世界人民同呼吸共命运，中国一直是世界上生态保护的重要参与者，并取得了一定的成就："最近 10 年，中国在经济增长的同时减少了 41 亿吨的二氧化碳排放，做到应对气候变化与经济社会发展双赢。""2016 年我国碳排放强度下降了 6.6%，今年前三季度又进一步下降了 4% 左右"② 等。中国迈入了生态文明新时代，全面推行生态文明建设，以绿色可持续发展为己任，发挥全球生态文明建设的重要参与者、领导者的作用，为推动全球生态治理，提出中国方案，为全球生态文明做出贡献。

三、开拓创新：构建中国未来国际话语权的出路

（一）坚定中国道路，建设核心价值观，强化中国话语权的辐射力

1991 年由于苏联解体，苏联式的社会主义道路历史性地关闭。目前中国特色社会主义道路成为世界社会主义运动的一面旗帜。站在世界的历史角度上，中国道路承载的不仅是中国人民的幸福与发展，更承载着全世界包括发达资本主义国家备受异化之苦的广大人民群众的希望。针对目前地区、局部冲突不断，恐怖主义蔓延，一些国家的发展总是以掠夺、侵略其他民族为基础的现状，中国提出了合作共赢、和平发展、人类命运共同体理念，获得了国际社会的普遍认可。中国在这种理念的指导下发展自身并努力和致力于为和平发展的国家建立一个公正合理的世界秩序，得到了国际社会的认可。当人们把"中国道路"和"西方道路"相比较，中国道路就有了深远的历史意义，中国国际地位也在发生变化。中国要坚定走中国特色社会主义道路，给一些国家另一种道路选择。世界开始关注中国的发展，在十九大召开后我们应该抓住机遇，积极向世界宣传马克思主义，主动传播中国特色社会主义制度的优越性，展现中国最新的马克思主义中国化成果，并且中国将继续沿着中国特色社会主义道路走下去，这符合历史发展的规律，让世界看得到中国的核心价值观，为世界的繁荣发展提供另一种道路理论可能性。党的十八大提出"社会主义核心价值"，③ 它是当代中国精神的集中体现，充分体现了全体人民共

---

① 习近平．携手构建合作共赢新伙伴　同心打造人类命运共同体．人民日报，2015－09－29（2）．

② http：//www. gov. cn/xinwen/2017－10/31/content_ 5235818. htm.

③ 指倡导富强、民主、文明、和谐，倡导自由、平等、公正、法治，倡导爱国、敬业、诚信、友善，积极培育和践行社会主义核心价值观。

同的价值追求，用中国的发展向世界证明社会主义核心价值观。中国人现在拥有深深的道路自信、制度自信、理论自信、文化自信，要抓住新时代这个机遇，增强社会主义核心价值观的宣传，展现中国特色社会主义的优越性，使中国的核心价值观向世界传播，推动中国国际话语权辐射全球，让中国道路的历史价值在人类历史的发展进程中真切体现。

（二）增强中国实力，主动参与国际事务，提高中国话语权的影响力

经济基础决定上层建筑，要想增强中国国际话语权的地位，就要有强硬的话语基础，首先最重要的是发展中国实力。十八大以来的五年中国国民经济发展迅速，经济总量稳居世界第二的水平，为世界经济增长贡献率超过30%，充分体现了中国特色社会主义道路的优越性。正是因为我们经济的发展，才使得世界上越来越多的国家愿意听“中国讲话”，让世界各国看到“中国道路”正如习近平主席所说：“中国特色社会主义道路、理论、制度、文化不断发展……给世界上那些既希望加快发展又希望保持自身独立性的国家和民族提供了全新选择，为解决人类问题贡献了中国智慧和中国方案。”因此，在未来的发展中仍然要坚持以经济建设为中心，时刻牢记中国社会主义初级阶段的国情并没有变，要进一步增强我国经济硬实力，巩固我国在国际话语权中的地位。随着中国的发展，西方一些国家开始提出“中国威胁论”“中国称霸论”“中国崩溃论”，认为中国会陷入“修昔底德陷阱”，但是中国却用行动在践行“人类命运共同体”的理念。2013年习近平主席提出“一带一路”倡议，得到许多国家与国际组织的支持，成为沿路国家的合唱；签订“中匈协议”，修“蒙内铁路”等惠及广泛；领头成立亚洲基础设施投资银行、金砖国家新开发银行，成为全球经济发展新动力等，中国用行动告诉世界，永不会称霸，走和平发展的道路。展望未来，习近平主席站在中国发展角度和全球视野的基础上，为中国制定全新的历史定位，明确未来的奋斗方向，指出中国特色社会主义进入新时代，中国硬实力发展更上一层楼，以更加积极的态度参与国际事务的讨论。提出“中国方案”，必将在推动人类命运共同体建设、完善全球治理等方面发挥建设性作用，将会给世界人民带来更多的福祉。中国绝不走“国强必霸”的路，而是走与世界各国共商共建共享共赢之路。

（三）讲好中国故事，推动文化交流，增强中国话语权的亲和力

冯友兰在《西南联合大学纪念碑》中写道：“并世列强，虽新而不古，希腊罗马，有古而无今，唯我国家，亘古亘今，亦新亦旧……”① 这里所指的便是中华文明是世界唯一未曾中断的文明，源远流长且博大精深，理应自信。文化作为一种软实力，在国际综合竞争力中占有重要的比重，一个国家文化软实力的强弱影响着其国际话语权的强弱。当今世界拥有话语权的国家都以丰厚的文化软实力资源做依撑，因此增强国际话语权，对内要增强国家软实力建设，传承中华民族优秀的传统文化，并以包容的胸怀吸收别的先进文明“以我为主，为我所用”，发扬以爱国主义为核心的爱国主义精神和以改革创新为核心的时代精神；对外要使中华文化“走出去”，让世界了解中国传统的优秀

① 张绪山．中国文明是世界唯一未曾中断的文明吗？．光明日报，2014－08－13（14）．

文化，推动世界文化之间的交流。世界对中华历史悠久的文化充满好奇，当代学者必须肩负起向西方讲述中华民族的历史与成长轨迹。让普通大众了解中华民族从哪里来，走什么道路，未来将去往何处，消除西方某些国家对中华民族传统文化的误解，增强中国话语权的亲和力。博大精深的中华文化，是中华民族独特的精神标志，为当代世界的发展贡献了不朽的智慧。例如，当前全球面临越来越严峻的生态环境问题，习近平主席以中国优秀传统文化中的“天人合一”为根基提出生态文明建设思想；当今社会有许多国家或民族局部冲突不断，习近平主席以“和实生物、同则不继”为根基提出“人类命运共同体”的理念，为世界各种利益冲突提供另一种解决方式。深入挖掘中华优秀传统文化，为全球发展提供中国智慧，讲好中国故事，让中华文化深入各国。2004 年 11 月 21 日，全球第一所孔子学院在韩国首尔挂牌，迄今为止，中国已在 140 个国家和地区建立 511 所孔子学院和 1073 个中小学孔子课堂，举办了“中英文化交流年”“中拉文化交流年”等，为世界各国对中华文化的了解以及学习中国话提供了平台，为推动世界国与国和谐发展做出贡献，推动中华文化走向世界，让世界认识中国，增强中国话语权的亲和力。

（四）传播中国声音，展现国家形象，扩大中国话语权的宣传力

马克思说：“理论只要说服人，就能掌握群众；而理论只要彻底，就能说服人。”① 充分说明理论要广泛传播的重要性。提高中国话语权，展现中国的国家形象，让世界听得见中国的声音，得到人民群众的了解与认可。纵观各国历史，在国际话语权上占有重要位置的国家无不拥有广泛的媒体宣传本国的理论。美国拥有世界上最发达的传播媒介系统，包括电视、广播、报纸、杂志、互联网等所有主要的形式，其传播经营范围超越国界，在全球范围内影响深远。如美国奥巴马的演讲可以通过 CNN 等媒体全球直播，中国尚未达到这种程度。且西方国家擅长于“无声的宣传”，通过电影、电视等形式来传播其所谓“自由”“民主”“个人主义”的价值观，让人民群众在不知不觉中按照其所想的方向前进。习近平主席谈道：“在宣传方面，西方国家是很有一套的。做‘看不见的宣传’，他们的策略是，上乘的宣传看起来要像从未进行过一样。最好的宣传应该是能让被宣传的对象沿着你所希望的方向行进，而他们却认为是自己在选择方向。”在其主流媒体报道中由于意识形态的偏见抹黑中国国家形象的事件很多，因此“要加强国际传播能力建设，精心构建对外话语体系，发挥好新兴媒体作用，增强对外话语的创造力、感召力、公信力，讲好中国故事，传播好中国声音，阐释好中国特色”。② 发挥广大民间媒体的巨大作用，培育一批有坚定政治立场的媒体人才，充分发挥互联网的作用，对外宣传好中国特色社会主义道路的特色。中国为世界的合作共赢、和平发展做出了卓越的贡献。提出人类命运共同体，为联合国维和行动贡献最多力量，资助非洲，从 G20 峰会到“一带一路”国际合作高峰论坛，再到金砖国家领导人厦门会晤等，不断地证明中国正在为全球治理贡献中国智慧与力量，为有效推进国际秩序朝着更加公正合理的方向转型不断努力着。中国正在做，所以中国的国际宣传工作也要做到位，让世界了解

① 马克思恩格斯选集：第 3 卷．北京：人民出版社，1995：166.

② http：//cpc. people. com. cn/xuexi/n/2015/0819/c385474 – 27483230. html.

“中国道路”、中国智慧，看到国家形象，让更多的国家听到中国声音，认可中国为全球治理所做的贡献，改善国家形象，扩大中国话语权的影响力。

正处在世界舞台中央的中国势必为全球治理贡献更多的中国智慧，发出更多的中国声音，承担更多的责任，让世界看得到中国道路的可行性。

参考文献

[1] 谢文娟．“人类命运共同体”的历史基础和现实境遇．河南师范大学学报（哲学社会科学版），2016（5）：39—46.

[2] 徐艳玲，李聪．“人类命运共同体”价值意蕴的三重维度．科学社会主义，2016（3）：108—113.

[3] 郭海龙，汪希．习近平人类命运共同体思想的生成、价值和实现．邓小平研究，2016（3）：40—46.

[4] 李爱敏．“人类命运共同体”：理论本质、基本内涵与中国特色．中共福建省委党校学报，2016（2）：96—102.

[5] 蒋新卫．论国际话语权视角下的中国文化软实力建设．新疆师范大学学报（哲学社会科学版），2013（1）：20—26.

[6] 梁凯音．论国际话语权与中国拓展国际话语权的新思路．当代世界与社会主义，2009（3）：110—113.

[7] 左凤荣．建设人类命运共同体，引领世界走向美好未来——新时代下中国共产党的国际情怀与全球担当．人民论坛·学术前沿，2017－10－24.

（作者系新疆师范大学马克思主义学院马克思主义中国化研究专业硕士研究生）

从“四个维度”把握中国特色社会主义进入新时代

李建坤

摘 要：按照习近平同志在“学懂弄通做实上下功夫”的指示要求，我们从“四个维度”即中华民族发展史的维度、社会主义发展史的维度、人类社会发展史的维度、社会矛盾运动发展的维度，全面深刻把握“中国特色社会主义进入新时代”这个新的历史方位。

关键词：党的十九大；四个维度；中国特色社会主义；新时代

党的十九大报告指出：“中国特色社会主义进入了新时代，这是我国发展新的历史方位。”① “新时代中国特色社会主义”是党的十九大报告的重要主题，也是贯穿其中的一条主线。把握好中国特色社会主义进入新时代，是学习领会贯彻落实十九大精神的重要内容。我们将从“四个维度”，即中华民族发展史的维度、社会主义发展史的维度、人类社会发展史的维度、社会矛盾运动发展的维度，深刻领会把握中国特色社会主义进入新时代。

何谓“新时代”?“从社会历史的角度看，不同的社会形态中有不同的历史时期、不同的发展阶段。这样，在不同的社会形态、不同的历史时期、不同的发展阶段，社会发展的主要矛盾也不同，由此就构成了不同内涵的时代表述。”② 我们认为，伟大的实践产生伟大的理论，实践的展开需要新的理论做指导。如何把握“中国特色社会主义进入了新时代”这个判断？我们从以下几个方面进行思考。

一、中华民族发展史的维度

中华民族有着悠久的历史、灿烂的文化，在世界民族发展史上长期处于领先地位，但1840年鸦片战争给中华民族带来近代屈辱的历史。近代以来，中华民族无数仁人志士进行了艰难探索，特别是在中国共产党的领导和艰苦奋斗下，1949年中国结束了鸦片战争以来的屈辱历史，中华民族的历史翻开崭新的一页，中华民族从此站起来了；1978年党的十一届三中全会，作出了把工作中心转移到经济建设上来、实行改革开放的重大历史性决策。事实证明，改革开放是决定当代中国命运的关键抉择，中华民族进入富裕起

① 党的十九大报告．新华网，2017－10－18.

② 颜晓峰．新时代中国特色社会主义的历史使命和重大实践．宣讲家网，2017－11－29.

来的时代。党的十八大以来的五年，是党和国家发展进程中极不平凡的五年。五年来，以习近平同志为核心的党中央，举旗定向、运筹帷幄，以巨大的政治勇气和强烈的责任担当，提出一系列新理念新思想新战略，出台一系列重大方针政策，推出一系列重大举措，推进一系列重大工作，解决了许多长期想解决而没有解决的难题，办成了许多过去想办而没有办成的大事，推动党和国家事业发生历史性变革。正如习近平同志在十九大报告中指出，五年来的成就是全方位的、开创性的，五年来的变革是深层次的、根本性的。这些历史性变革，对党和国家事业发展具有重大而深远的影响。

中国特色社会主义进入新时代，是中华人民共和国成立以来特别是改革开放以来取得的重大实践成果，是我国发展的新的历史方位，标志着中华民族迎来了强起来的伟大飞跃的时代。因此，从中华民族发展史的维度上看，中国特色社会主义进入新时代，意味着近代以来久经磨难的中华民族迎来了从站起来、富起来到强起来的伟大飞跃。

二、社会主义发展史的维度

江河万里总有源，树高千尺也有根。习近平同志指出："道路决定命运，找到一条正确道路是多么不容易。中国特色社会主义不是从天上掉下来的，是党和人民历尽千辛万苦、付出各种代价取得的根本成就。""中国特色社会主义是科学社会主义理论逻辑和中国社会发展历史逻辑的辩证统一。"社会主义已有500年时间，科学社会主义也有170多年的历史，社会主义经过了从空想到科学、从理论到实践、从一国到多国、从普遍到特殊的发展过程。2013年1月，在新进中央委员会的委员、候补委员学习贯彻党的十八大精神研讨班上，习近平同志从六个阶段分析社会主义思想从提出到现在的历史过程，展现了中国特色社会主义的历史渊源和发展进程。第一个时间段，空想社会主义产生和发展。第二个时间段，马克思、恩格斯创立科学社会主义理论体系。第三个时间段，列宁领导十月革命胜利并实践社会主义。第四个时间段，苏联模式逐步形成。第五个时间段，中华人民共和国成立后我们党对社会主义的探索和实践。第六个时间段，我们党作出进行改革开放的历史性决策、开创和发展中国特色社会主义。① 十九大报告指出，大会的主题是：不忘初心，牢记使命，高举中国特色社会主义伟大旗帜，决胜全面建成小康社会，夺取新时代中国特色社会主义伟大胜利，为实现中华民族伟大复兴的中国梦不懈奋斗。"高举中国特色社会主义伟大旗帜"，是郑重宣誓，在未来的征程上，我们既不走封闭僵化的老路，也不走改旗易帜的邪路，而是要坚定不移地走中国特色社会主义道路。

历史和现实都告诉我们，只有社会主义才能救中国，只有中国特色社会主义才能发展中国。这是历史的结论、人民的选择。党的十八大以来，以习近平同志为代表的中国共产党人，坚持以马克思列宁主义、毛泽东思想、邓小平理论、"三个代表"重要思想、科学发展观为指导，坚持解放思想、实事求是、与时俱进、求真务实，坚持辩证唯物主义和历史唯物主义，从理论和实践结合上系统回答新时代坚持和发展什么样的中国特色社会主义、怎样坚持和发展中国特色社会主义这个重大时代课题，为科学社会主义注入

① 习近平同志系列重要讲话读本．北京：人民出版社，2016：19—24.

了勃勃生机。

从社会主义发展史的维度上看，正如十九大报告指出的中国特色社会主义进入新时代“意味着科学社会主义在21世纪的中国焕发出强大生机活力，在世界上高高举起了中国特色社会主义伟大旗帜”。

三、人类社会发展史的维度

历史唯物主义是关于人类社会发展一般规律的科学。马克思、恩格斯深刻揭示了生产力与生产关系、经济基础与上层建筑矛盾运动等一系列规律，为人们正确认识人类社会历史及其发展趋势，正确认识资本主义社会和社会主义的发展规律，提供了科学的指导原则。中国特色社会主义的建设正是符合这一科学规律，在人类社会发展史中走出了一条“自己的路”，它包含着对人类社会发展趋势的深刻理解和对人类美好未来的切实追求，为人类文明发展作出了新贡献。习近平同志曾指出：“中国特色社会主义，是科学社会主义理论逻辑和中国社会发展历史逻辑的辩证统一，是根植于中国大地、反映中国人民意愿、适应中国和时代发展进步要求的科学社会主义。”

随着人类社会的不断向前发展，实现现代化是当今世界的潮流，世界各国特别是许多发展中国家，都希望能够进入现代化的行列。但发展中国家在实现现代化的课题上，都面临着各种各样的难题和考验。中国作为世界上最大的发展中国家，展示出了完全不同于西方设定的发展路径和辉煌成就，从建设道路、理论指导、制度建设、领导体制、发展路径等对如何实现现代化，怎样建成一个社会主义现代化国家的实践探索、经验成果，为广大发展中国家提供了中国智慧、中国方案。中国特色社会主义现代化建设，既坚持了现代化的普遍性，又坚持了中国自身的特点，从而解决了发展中国家所共同面临的保持国家独立性、特殊性和实现现代化的发展性之间的矛盾。

党的十九大报告指出：“中国特色社会主义进入新时代，意味着中国特色社会主义道路、理论、制度、文化不断发展，拓展了发展中国家走向现代化的途径，给世界上那些既希望加快发展又希望保持自身独立性的国家和民族提供了全新选择，为解决人类问题贡献了中国智慧和中国方案。”① 从人类社会发展史的角度看，表明我们进入了新的时代。

四、社会矛盾运动发展的维度

列宁指出：“统一物之分为两个部分以及对它的矛盾着的部分的认识……是辩证法的实质。”② “可以把辩证法简要地规定为关于对立的统一学说。”③ 矛盾是反映事物内部和事物之间对立统一关系的哲学范畴，它是推动事物发展的动力。在社会领域也不例外。马克思主义认为，生产力与生产关系、经济基础与上层建筑的矛盾是社会的基本矛盾。正是这一基本矛盾的运动和发展，决定社会历史的一般进程，推动人类社会不断向

① 党的十九大报告. 新华网，2017-10-18.
② 列宁文选第2卷. 北京：人民出版社，1995：556.
③ 列宁文选第2卷. 北京：人民出版社，1995：412.

前发展。在人类社会发展过程中，同时存在着许多对矛盾，其中起到支配性作用的矛盾是主要矛盾。社会主要矛盾体现着社会基本矛盾的性质，反映出一种社会形态某个发展阶段存在的最突出问题。

中国共产党始终坚持辩证唯物主义和历史唯物主义的基本要求，正确判断和处理社会主要矛盾。在不同的历史时期，中国共产党正是正确分析了不同阶段的社会主要矛盾，确定党在不同时期的任务，才保证党带领中国人民从一个胜利走向另一个胜利。特别是中华人民共和国成立以来，我们党对社会主要矛盾的认识不断深化。1956 年党的八大指出，国内的主要矛盾是“人民对于经济文化迅速发展的需要同当前经济文化不能满足人民需要的状况之间的矛盾”，这是对当时国情的一个基本判断。1981 年党的十一届六中全会，将社会主义初级阶段的主要矛盾确定为“人民日益增长的物质文化需要同落后的社会生产之间的矛盾”。2017 年党的十九大报告指出，“我国社会主要矛盾已经转化为人民日益增长的美好生活需要和不平衡不充分的发展之间的矛盾”。① 对社会主要矛盾作出新判断是中国特色社会主义发展到一定阶段的深刻总结，是党的十九大的重大理论创新和历史贡献。

十九大报告对我国社会主要矛盾的判断，构成了我国进入新时代的一个基本依据和基本动力，是中国特色社会主义进入新时代的一个显著特征。中国特色社会主义进入新时代，这一重大命题的提出，彰显了我们党的高度自信，同时也对中国特色社会主义的未来发展提出全新的、更高的要求。

进入新时代，扬帆新航程。中国人民和中华民族前程伟大、前景光明，中国特色社会主义事业生机勃发、任重道远。我们要更加紧密地团结在以习近平同志为核心的党中央周围，高举中国特色社会主义伟大旗帜，把思想和行动统一到党的十九大精神上来，把智慧和力量凝聚到贯彻落实党的十九大确定的目标任务上来，不忘初心、牢记使命，以永不懈怠的精神状态和一往无前的奋斗姿态创造无愧于新时代的新业绩，我们党才能不负人民重托、无愧历史选择，凝聚起同心共筑中国梦的磅礴力量，谱写好新时代中国特色社会主义新的辉煌篇章。

（作者单位：昆明工业职业技术学院思政部）

① 党的十九大报告. 新华网，2017－10－18.

新时代习近平对马克思主义群众观的发展探析

邬春红

摘　要：习近平同志在马克思主义群众观的指导下，不断与时俱进，继承并发展了马克思主义群众观。在中国特色社会主义的新时代，习近平群众观对于加强党的自身建设、密切党同群众的血肉联系、实现中华民族的伟大复兴有着重大的时代价值。

关键词：习近平；马克思主义群众观；当代价值

马克思主义群众观就是马克思主义政党对待群众的立场和态度。中国共产党始终以马克思主义群众观为理论指导，并在实践中不断认识和发展，取得了丰硕的理论成果与实际效益，推动着中国特色社会主义事业不断向前发展。在中国特色社会主义的新时代，习近平同志十分重视群众工作，积极回应人民呼声，多次强调领导干部要虚心向人民群众学习。在党的十九大报告上，习近平同志进一步提出："中国共产党人的初心和使命，就是为中国人民谋幸福，为中华民族谋复兴。全党同志一定要永远与人民同呼吸、共命运、心连心，永远把人民对美好生活的向往作为奋斗目标。"① 探究习近平新时代中国特色社会主义思想对马克思主义群众观的发展，对把握党的路线方针政策具有重要的指导意义。

一、马克思主义群众观的主要内容

马克思主义群众观是马克思主义关于人民群众的根本观点和基本立场，是由马克思主义的群众观点、群众路线与群众工作理论等构成的理论体系。从历史进程看，马克思主义群众观包括马克思主义经典作家的群众观以及中国化了的马克思主义群众观，两者一脉相承并不断与时俱进。概括地说，马克思主义群众观的主要内容包括以下方面。

（一）人民群众是历史的创造者

马克思、恩格斯认为人民群众是处于社会底层、承担生产劳动并遭受剥削的大多数人。"人们自己创造自己的历史，历史的发展是由许多单个人的意志和力量相互作用的结果。"② 在马克思、恩格斯看来，人民群众是历史的创造者，这表现在人民群众不仅是物质财富的创造者，也是精神财富的创造者。1847 年马克思在《哲学的贫困》中写道："在一切生产工具中，最强大的一种生产力是革命阶级本身。""革命阶级"也就是人民

---

① 党的十九大报告辅导读本．北京：人民出版社，2017：1.

② 马克思恩格斯文集：第 10 卷．北京：人民出版社，2009：592.

群众，他们之所以是“最强大的一种生产力”，是因为人民群众是物质财富和精神财富的创造者。人民群众是历史的创造者还表现在人民群众是社会变革的决定力量。马克思在《黑格尔法哲学批判导言》中指出：“不是国家制度创造了人民，而是人民创造了国家制度。”社会变革本质上是人民群众组织起来摧毁腐朽的社会制度，建立新的社会制度，无论哪个时代，人民群众始终是社会变革的决定力量。

（二）密切联系群众

马克思、恩格斯意识到人民群众是历史的创造者，无产阶级政党要取得革命的胜利，必须把群众组织起来。密切联系群众，是由无产阶级政党的性质和任务所决定的。列宁继承发展了马克思主义群众观，并始终强调无产阶级政党的先进性，认为无产阶级政党是阶级的先锋队，注重党与群众的密切联系，提出“我们需要的是能够经常同群众保持真正的联系的党，善于领导这些群众的党”。[①] 中国共产党历届领导集体也非常重视党与人民群众的血肉联系。毛泽东曾多次强调中国共产党要从人民的利益出发，紧紧地依靠人民群众，密切联系群众，形成了党的群众路线即“一切为了群众，一切依靠群众，从群众中来，到群众中去”。江泽民也曾提出“我们党有许多优势，根本一条是同人民群众保持血肉联系”。[②] 密切联系群众，了解人民群众的愿望与要求，才能取得人民群众的信任与支持，更好地建设社会主义。

（三）全心全意为人民服务

马克思主义的基本观点就是无产阶级政党要争取全人类的彻底解放，为人民的根本利益服务。马克思、恩格斯早在1848年就明确提出“无产阶级的运动是绝大多数人的、为绝大多数人谋利益的独立的运动”。[③] 无产阶级政党代表的是广大人民群众的利益，必定要全心全意为人民服务，这是区别于其他政党的显著特征。一切为了群众，一切服务人民，是中国共产党领导社会主义革命和建设事业的出发点和归宿。以毛泽东为代表的第一代中央领导人深切领悟到党的一切工作都是为人民群众谋福祉，并把全心全意为人民服务作为党的根本宗旨。邓小平继承了马克思主义群众观，提出了“领导就是服务”的科学论断，要求党员干部要树立公仆意识，更好地为百姓服务。中国共产党正是在马克思主义群众观的指导下，始终坚持一切从人民的利益出发，全心全意为人民服务，也因此获得了人民群众的真心拥护，取得了革命和建设事业的伟大成就。

（四）人民群众的根本利益高于一切

马克思曾说：“人们为之奋斗的一切，都同他们的利益有关。”[④] 无产阶级政党之所以能组织群众发动革命、取得最终胜利，是因为它所代表的是人民群众的利益。列宁曾多次告诫党员干部在制定方针政策时要反映群众的利益要求，符合人民群众的根本利益。中国共产党自成立以来，始终把维护人民群众的根本利益作为一切工作的最高标准。毛泽东多次指出要把群众的利益放在第一位，搞好人民群众的生活。江泽民“三个

---

① 列宁全集：第39卷．北京：人民出版社，1986：225.
② 江泽民．论党的建设．北京：中央文献出版社，2001：281.
③ 马克思恩格斯选集：第1卷．北京：人民出版社，1995：283.
④ 马克思恩格斯全集：第1卷．北京：人民出版社，1956：82.

代表”重要思想中强调中国共产党始终代表最广大人民群众的根本利益，把是否能实现好、维护好、发展好最广大人民群众的根本利益作为党一切工作的出发点和落脚点。胡锦涛提出：“坚持以人为本，就是要以实现人的全面发展为目标，从人民群众的根本利益出发谋发展、促发展……”① 把以人为本作为发展的核心，体现了人民利益至上原则。马克思主义政党来自于人民，服务于人民，是人民群众根本利益的捍卫者。

二、新时代习近平对马克思主义群众观发展的主要内容

在中国特色社会主义的新时代，以习近平同志为核心的党中央从全面建成小康社会的战略高度出发，在全面深化改革、全面依法治国、全面从严治党的新形势下，将工作重心依然放在实现广大人民群众的根本利益上，强调要把群众路线贯彻到治国理政的方针中，继承并发展了马克思主义群众观。

（一）肯定了人民群众的主体地位

我们党来自于人民，根基在人民，人民群众是中国共产党赖以生存和发展的基础。马克思主义理论指出人民群众是历史的创造者和推动历史前进的动力，习近平同志也多次强调并肯定了人民群众在推进历史进程中的主体地位和作用。习近平同志在有关“中国梦”的论述中，反复强调中国梦是民族的梦，也是每个中国人的梦，一定要由每一个中国人去实践，去奋斗。党的十八大以来，为保持和发展党的先进性和纯洁性，全党深入开展了以“为民务实清廉”为主题的群众路线教育实践活动，要求领导干部要树立群众观点，倾听群众意见建议，虚心向群众学习，明白人民群众的主体地位。虽然中国共产党现已有几千万名党员，但力量是有限的，要带领中华民族实现伟大复兴，必须紧紧依靠人民群众，尊重人民群众的首创精神，调动人民群众的积极性。“人民是历史的创造者，群众是真正的英雄”②“人民创造历史，劳动开创未来”，③ 实现中华民族的伟大复兴依靠的力量是人民群众，“只有每个人都为美好梦想而奋斗，才能汇聚起实现中国梦的磅礴力量”。④ 人民群众在社会历史中的主体地位不容动摇，要真正意识到人民群众才是实现“两个一百年”目标的根本力量和最终受益者。

（二）发展了群众路线的实践方式

党的十八大以来，新一届领导集体更加重视党的群众路线，明确提出“群众路线是我们党的生命线和根本工作路线”，彰显了新一届领导集体对党的群众路线的坚持与创新。习近平同志深刻认识到群众路线对党的生存与发展的重要性，并多次强调在新的历史时期，会面对许多新情况、新问题，我们仍要心中装有百姓，虚心向群众学习，坚持和发扬党的群众路线。以习近平同志为核心的党中央审核并通过了“八项规定”“六项禁令”，分批开展了党的群众路线教育实践活动，并推行了雷霆万钧的反腐败工作，这充分表明了新一届中央领导集体用坚定意志造福百姓、以实际行动服务人民。坚决反对

① 十六大以来重要文献选编（上）．北京：中央文献出版社，2005：850.

② 习近平谈治国理政．北京：外文出版社，2014：5.

③ 习近平．在全国劳动模范代表座谈时的讲话．人民日报，2013－04－29（1—2）.

④ 习近平．在同各界优秀青年代表座谈时的讲话．中国高等教育，2013（10）：3.

“四风问题”，努力贯彻“三严三实”，认真落实“两学一做”，十八大以来，党的新风新政与群众路线紧密联系，中国共产党正用新的工作方法践行着新时期的群众路线，赢得了广大人民群众的支持与拥护。

（三）完善了检验党一切工作的评价标准

习近平同志在党的十九大报告中强调：全党必须牢记，为什么人的问题，是检验一个政党、一个政权性质的试金石。并且在开展党的群众路线教育实践活动中指出：“检验我们一切工作的成效，最终都要看人民是否真正得到了实惠，人民生活是否真正得到了改善，这是坚持立党为公、执政为民的本质要求，是党和人民事业不断发展的重要保证。”习近平同志将人民是否得到实惠、群众满意与否作为衡量党和国家全部工作绩效评价的根本标准，他心中装有老百姓，始终坚持把为群众谋利益、提高人民幸福指数作为一切工作的出发点。他指出：“我们党的执政水平和执政成效都不是由自己说了算，必须而且只能由人民来评判。人民是我们党的工作的最高裁决者和最终评判者。”① 这要求党员干部必须深入基层，关心人民群众所需，不断培养与人民群众的感情，增强与人民群众的血肉联系。

（四）确立了人民对美好生活向往的奋斗目标

中国共产党自成立起就把紧密联系群众作为党的要求，并注重党的一切工作都应考虑人民群众的利益需求，把全心全意为人民服务作为党的宗旨。进入改革开放深水区，习近平同志郑重承诺：“人民对美好生活的向往，就是我们的奋斗目标。”这体现了以习近平同志为核心的党中央坚守以人为本、执政为民的理念和切实提高人民生活水平的愿望与决心，指明了新形势下党的奋斗目标和根本方向，也是新时期中国共产党对马克思主义群众观的继承与创新。当然，这不是一句宣示，而是要落到实处，为老百姓做实事。办好中国的事关键在党，从党的自身建设做起，“党要管党，从严治党”，把工作重点放在基层，极力解决医疗、教育、住房、养老等各个方面的民生问题，为早日实现这一伟大目标而奋斗。

三、新时代习近平对马克思主义群众观发展的时代价值

马克思主义群众观是党的群众观点和群众路线的直接理论基础，其真理性和时代性决定了它永远不会过时。马克思主义群众观作为一种科学的群众观，在全面建成小康社会的攻坚期，马克思主义群众观更具有重要价值。

（一）有助于促进党的自身建设

党的自身建设是中国共产党的一项重要工作，对中国特色社会主义事业有着深远影响，党的历届领导人都高度重视并不断加强党的自身建设，在理论上取得了丰富的成果，在实践中积累了许多经验。党的十八大以来，习近平同志反复强调，在新形势和新任务下，我们党面临着许多考验，要坚持党的领导必须不断加强党的“五大建设”，增强“四种能力”，落实“党要管党，从严治党”，确保党的生机与活力。党的生机与活力

① 习近平．在纪念毛泽东同志诞辰120周年座谈会上的讲话．党的文献，2014（1）．

离不开人民群众，中国共产党与人民群众的鱼水深情是永恒的，必须要依靠人民群众，发挥人民群众的创造性。正如习近平同志所说：“责任重于泰山，事业任重道远。我们一定要始终与人民心心相印、与人民同甘共苦、与人民团结奋斗，夙夜在公，勤勉工作，努力向历史、向人民交出一份合格的答卷。”① 事实证明，以习近平同志为核心的党中央在马克思主义群众观的指导下，不断与时俱进，通过群众路线教育实践活动、反腐败工作和脱贫摘帽政策，得到了广大人民群众的支持与拥护。

（二）有助于加强党同人民群众的血肉联系

马克思主义群众观是我党群众路线和群众观点的理论基础，它充分尊重人民群众的历史地位和社会作用，始终强调党与人民群众要紧密相连。保持同人民群众的血肉联系，是共产党自身建设和发挥作用的先决条件，有利于新形势下各项工作的顺利开展，推进全面深化改革。中国共产党长久以来注重党群关系，毛泽东把共产党人比作种子，把人民比作土地；邓小平提出善于做群众的学生的人才有可能做群众的先生；江泽民强调要同人民群众保持血肉联系；胡锦涛坚持“三为民”原则；习近平同志提出：“在人民面前，我们永远是小学生。”② 我党在革命、改革和建设的实践中形成了与人民群众的血肉联系，培养了与人民群众的鱼水深情。当前正处于改革的攻坚期，党员干部在推行各项政策和调整措施时，更需要把群众放在心上，深入群众，体察民情，时刻保持党与人民群众的血肉联系，全心全意为人民服务。

（三）有助于推进中国梦的实现

党的十八大以后，习近平同志率先提出并深刻阐释了中国梦的内涵，进一步揭示了中国特色社会主义的发展方向，明确了全国人民的奋斗目标。“人民的中国梦，一定是靠人民去完成。”③ 要想实现中华民族的伟大复兴，必定要以马克思主义群众观为指导，坚定不移地走群众路线。因此，以习近平同志为核心的党中央更加重视党同人民群众的联系，强调在新的形势下，切实增进人民福祉，把实现中国梦作为我党治国理政的首要目标。现阶段，我国已处于发展的攻坚期，实现中国梦的任务非常艰巨，因此，党中央开展了一系列活动，如群众路线教育实践活动、“三严三实”专题教育活动和“两学一做”学习教育活动。这是新时期对马克思主义群众观的新发展，也是实现中国梦的必经阶段。我们要以中国梦凝聚人心，深入基层，发挥人民群众的积极性与创造性，牢固树立并自觉践行马克思主义群众观，使中华民族伟大复兴的中国梦早日实现。

马克思主义追求的是无产阶级和全人类的解放，自其产生以来，就随着人民群众的实践活动而不断发展，马克思主义群众观就是在这种持续发展的过程中显现出与时俱进的理论品质的。只有牢固树立并自觉践行马克思主义群众观，才能把党的群众路线落到实处，解决好“依靠谁”“为了谁”“谁评价”等根本性问题。

（作者系西华师范大学硕士研究生）

---

① 习近平谈治国理政．北京：外文出版社，2014：5.

② 习近平．在纪念毛泽东同志诞辰120周年座谈会上的讲话．党的文献，2014（1）.

③ 习近平．共圆中华民族伟大复兴的中国梦．人民日报，2014－02－19（2）.

浅析习近平新时代中国特色社会主义思想的人民情怀特征

肖　珍

摘　要：保持同人民群众的血肉联系，来自人民、根植人民、服务人民，是我们党的最大政治优势。人民情怀是贯穿习近平新时代中国特色社会主义思想的主线，这突出地表现为以人民地位为中心的基本立场、以人民利益为中心的价值追求、以人民作用为中心的历史基础、以人民满意为中心的最终归宿。人民情怀也是习近平新时代中国特色社会主义的强大精神动力。

关键词：习近平；习近平新时代中国特色社会主义思想；人民情怀；基本特征

马克思、恩格斯在《共产党宣言》中指出："过去的一切运动都是少数人的或者为少数人谋利益的运动。无产阶级的运动是绝大多数人的、为绝大多数人谋利益的独立的运动。"习近平新时代中国特色社会主义思想就是旗帜鲜明地为人民群众谋利益、谋幸福。在十九大报告中，有很多精彩的表述，例如，"要坚持把人民群众的小事当作自己的大事""从人民群众关心的事情做起""从让人民群众满意的事情做起"，这些表述，十分生动地体现了习近平中国特色社会主义思想的人民情怀特征。

一、习近平新时代中国特色社会主义思想中的人民情怀

"治国有常，而利民为本。"坚持以人民为中心，是习近平新时代中国特色社会主义的核心和灵魂。在十九大报告中，从大会的主题"不忘初心"，到"新时代"的特征，从"新矛盾"的新判断，到具体的方略布局，都凸显了人民情怀的理念。

习近平新时代中国特色社会主义思想所提出的奋斗目标体现了一种伟大的人民情怀。习近平同志在十九大报告中专门用了一节阐述新时代中国共产党人的伟大梦想，指出实现中华民族的伟大复兴，是中国共产党成立以来矢志不渝的历史使命。十九大报告指出，"实现中华民族伟大复兴是近代以来中华民族最伟大的梦想。中国共产党一经成立，就把实现共产主义作为党的最高理想和最终目标，义无反顾肩负起实现中华民族伟大复兴的历史使命"。"新时代中国特色社会主义思想，明确坚持和发展中国特色社会主义，总任务是实现社会主义现代化和中华民族的伟大复兴，在全面建成小康社会的基础上，分两步走在本世纪中叶建成富强民主文明和谐美丽的社会主义现代化强国是习近平新时代中国特色社会主义思想所提出的奋斗目标。"这是对近代以来中华民族救亡图存的重大历史性命题的深切回应，是对中华民族前途命运的关切，是决心要让广大人民群众尽快过上美好生活，表现出一种伟大的人民情怀。

习近平新时代中国特色社会主义思想中直面问题的政治勇气内含着一种深沉的人民情怀。纵览习近平同志在十九大报告中的论述，一个重要特点，就是从问题出发，敢于正视问题，真正地而不是表面地解决问题。这种直面问题的政治勇气，体现的是一种深沉的人民情怀。习近平同志在十九大报告中指出："人民群众反对什么、痛恨什么，我们就要坚决防范和纠正什么。"在谈到为什么要聚焦到"四风"上时，指出："因为这'四风'是违背我们党的性质和宗旨的，是当前群众深恶痛绝、反映最强烈的问题。"这种对群众意见的重视，是对群众的一种关切，是忧民意识的强烈反映。习近平同志指出，对腐败分子，我们决不能放过去，放过他们就是对人民的犯罪、对党不负责任！我这么强力反腐，对腐败采取零容忍的态度，目的是什么呢？是为了赢得党心民心。习近平同志在治国理政中总是把民族命运、党的建设和人民福祉联系起来，体现了深沉厚重的人民情怀。

习近平新时代中国特色社会主义中蕴含的以身许国的责任体现了一种强烈的人民情怀。责任意味着担当，没有了责任，就没有了对于党的事业、人民的事业的担当精神，强烈的人民情怀通过责任担当体现出来。通读习近平同志的著作，可以发现，朴实的文字表述中蕴含着深沉的历史使命感，字里行间充溢着以身许国、舍我其谁的豪迈情怀，那种担当精神确实是感人至深的。习近平同志论述新时代中国特色社会主义事业必须坚持党的领导的理直气壮的担当态度，体现了无产阶级革命领袖的责任担当。习近平同志指出，人民把权力交给我们，我们就必须以身许党许国、报党报国，该做的事就要做，该得罪的就得得罪。以身许党许国、报党报国，为了国家、人民的利益，牺牲自己的生命，也在所不惜，这就是责任，就是担当，就是强烈的人民情怀。

二、习近平新时代中国特色社会主义思想的人民情怀的基本特征

习近平新时代中国特色社会主义思想中的人民情怀是对马克思主义政党性质的规定性的生动诠释。

（一）以人民地位为中心的基本立场

马克思主义认为，人民群众是历史的创造者，是历史的主体，是主宰历史沉浮的真正英雄。历史是在由无数互相交错的单个意志力量相互冲突形成无数个力的合力作用下产生的，单个意志力量的载体是人民群众，人民群众在社会历史发展中处于根本地位。习近平新时代中国特色社会主义思想，首要的是坚持以人民地位为中心。党的十八大以来，习近平同志多次强调要坚持"把人民放在心中最高位置"，坚持人民群众主体地位，并在党治国理政的各项活动中尊重群众、信赖群众、依靠群众、团结群众、动员群众，把"为中国人民谋幸福，为中华民族谋复兴"作为党矢志不移的奋斗目标。

（二）以人民利益为中心的价值追求

马克思主义认为每一既定社会的经济关系首先表现为利益。列宁指出，利益推动着民族的生活。因此，中国当下的社会变革与发展归根到底是对人民群众利益关系的调整，是在社会生产力与社会生产关系的双重变奏中，实现人民群众的各种利益。党的十八大以来，习近平同志明确提出了"以人民利益为中心"的发展思想，尤其重视人民群

众的利益维护。习近平同志指出，如果不能给老百姓带来实实在在的利益，改革就失去意义，也不可持续。以习近平同志为核心的党中央从各个方面坚持以人民利益为中心。从执政党建设来看，坚持以人民利益为中心，全面从严治党，坚持为民立命、为民谋利、为民造福、为民执政；从经济建设来看，坚持以人民利益为中心，把人民群众利益的满足与维护作为经济发展的根本目的，不断维护好、发展好、实现好人民群众的各项利益；从文化建设来看，坚持以维护人民群众的文化权益为中心，充分实现文化发展为了人民、文化成果由人民共享的根本目的；从社会建设来看，坚持以人民的各项民生需求为中心，切实维护人民群众的各项社会权益，让人民群众在良好的社会治理环境与氛围中愉快幸福地生活；从生态文明建设来看，坚持以人民群众的生态利益为中心，让人民群众在山清水秀、空气清新、环境秀美的现实空间中愉快地生活，建构美丽中国。

（三）以人民的作用为中心的历史基础

马克思主义唯物史观认为人民群众是历史的创造者。正如习近平同志指出，人民是历史的创造者，是我们的力量源泉。以人民作用为中心是对历史经验的深刻汲取，是对唯物史观现实运用，是依靠人民群众进行社会主义建设的集中体现。以人民作用为中心是对历史发展深层动力与历史教训的认知与总结。人民群众犹如汪洋之水，统治阶级犹如汪洋中一叶扁舟，水可载舟，亦可覆舟。习近平同志非常注重对历史经验的总结与汲取，他强调“水能载舟，亦能覆舟”的道理必须牢记，不能忘却。人民群众的历史作用在历史发展中从来没有缺位，封建王朝的兴衰荣辱，从根本上说是人民群众历史作用的表征。人民群众犹如水，历代封建统治阶级犹如鱼，鱼失水则死，水失鱼犹为水也，历代王朝更替、天下易姓，看似“舟水”“鱼水”关系，实质上是人民群众是历史创造者与历史发展根本动力的表现与确证。

（四）以人民满意为中心的最终归宿

以人民满意为中心是习近平新时代中国特色社会主义思想的最终落脚点。以人民满意为中心是在现实实践的基础上人的主观目的与社会客观发展规律的辩证统一。以人民满意为中心既是生产力辩证运动发展的动态过程，也是人民群众主体需要基础上的基本标准。习近平同志指出群众满意是我们党做好一切工作的价值取向和根本标准，群众意见是一把最好的尺子。以人民满意为中心与党的宗旨是完全一致的，是党的宗旨的具体化、现实化的集中体现与最终结果。党的一切活动的效果，要以人民群众是否赞同、是否支持、是否拥护、是否满意为基本判断标准。鉴于此，坚持以人民满意为中心，中国共产党要把人民群众的苦乐情愁放在心上，要把人民群众的冷暖疾苦记在心上，要把人民群众的嘱托诉求印在心上，要把人民群众根本利益的维护当成第一要务，要把以人民满意为中心作为执政目标。

三、习近平新时代中国特色社会主义思想中人民情怀特征所具有的实践意义

以人民为中心是马克思主义政党的本质规定性，是习近平新时代中国特色社会主义思想的一个鲜明特征，体现了习近平同志作为全党的领导核心所具有的杰出的精神品质，而对于我们共产党人来说，则是一个合格共产党员应有的政治修养，是十八大以来

所以能够成功应对各种挑战、取得历史性成就的重要因素，也是新时代继续将中国特色社会主义推向前进不可或缺的精神状态和政治担当。

首先，这种人民情怀是共产党员应有的政治修养，是检验党员合格与否的重要标尺。革命战争年代，入党随时有生命的危险，贪图享受的投机分子不容易混到共产党的队伍之中，而在今天党成了执政党，特别是在对外开放、发展市场经济党掌握了巨大的执政资源的情况下，党内出现腐败分子的可能性则前所未有地增加。因而新时期党的建设面临的一个突出问题是，如何做一个合格党员？判断一个党员是否合格，是一个系统的动态的过程，但是一些核心的要素还是必不可少的，“以人民为中心”就是一个核心要素。如上所述，“以人民为中心”是马克思主义政党的本质规定性，实现人的解放，促进人的自由全面的发展是马克思政党与生俱来的历史使命，是其安身立命的重要基础，使命丧失之日，便是其生命力衰竭之时，作为整体的马克思主义政党如此，作为个体的党员也是如此。有无强烈的使命自觉，是检验一个共产党员是否真正合格的重要标尺。

其次，这种人民情怀是十八大以来取得历史性成就的强大精神力量。正如习近平同志指出的，党的十八大以来的五年，是党和国家发展进程中很不平凡的五年，解决了许多长期想解决而没有解决的难题，办成了许多过去想办而没有办成的大事。那么，我们自然要问，十八大以来的五年为什么中国特色社会主义取得如此足以永载史册的历史性成就？原因当然是多方面的，其中一个极为重要的原因是以习近平同志为核心的党中央具有“以人民为中心”的人民观，对党对国家对人民的深切的忧患意识、深沉的历史使命感，敢于担当，敢于负责，匡扶社稷、重整河山，是与作为党的领导核心的习近平同志的使命自觉分不开的。习近平同志总结十八大以来九个方面的历史性成就，可以说这九个方面，每一个方面都是紧紧围绕人民而展开的，离开共产党人的责任，离开了舍我其谁的担当精神，都是做不到的。

最后，这种人民情怀是推进新时代中国特色社会主义伟大事业的锐利武器。党的十八大以来，中国特色社会主义进入了新时代，这是具有历史、时代和世界意义的大事情。新时代党所处的历史方位是制定新的路线方针的现实基础，由此出发，我们面对的矛盾与过去相比有所不同，我们发展的目标和任务也有了更高的要求。十九大报告指出，从2020年到2035年，在全面建成小康社会的基础上，再奋斗十五年，基本实现社会主义现代化。从2035年到本世纪中叶，在基本实现现代化的基础上，再奋斗十五年，把我国建成富强民主文明和谐美丽的社会主义现代化强国。到那时，我国人民将享有更加幸福安康的生活，中华民族将以更加昂扬的姿态屹立于世界民族之林。习近平同志为我们指出的目标非常远大，任务也非常艰巨，可以说任重道远。没有人民情怀，没有直面问题的政治勇气，没有责任担当，没有一往无前的斗争精神，是不可能实现这样崇高的奋斗目标的。正如十九大报告所指出的：“中国共产党人的初心和使命，就是为中国人民谋幸福，为中华民族谋复兴。这个初心和使命是激励中国共产党人不断前进的根本动力。”简言之，在新时代，完成我们党的历史任务，实现我们的奋斗目标，必须保持强烈的人民情怀意识。

参考文献

［1］习近平．为决胜全面小康社会实现中国梦而努力奋斗．人民日报，2017－07－27.

［2］习近平．决胜全面建成小康社会　夺取新时代中国特色社会主义伟大胜利——在中国共产党第十九次全国代表大会上的报告．人民日报，2017－10－28.

［3］共产党宣言．北京：人民出版社，2014.

［4］龚少情，齐卫平．使命自觉：习近平新时代中国特色社会主义思想的鲜明特征．学术探索，2017（11）.

（作者系西华师范大学马克思主义学院研究生）

习近平关于国家治理现代化重要论述研究

方智坤

摘　要：十八届三中全会以来，以习近平同志为核心的党中央在全面深化改革的顶层设计上提出“推进国家治理能力和治理体系现代化”的总目标，国家治理现代化的议题被提升到国家战略层面并加以重视。在十九大报告中，习近平同志再次重申国家治理现代化的重要性。深入贯彻领会习近平关于国家治理现代化重要论述的精神实质和丰富内涵，是推进全面深化改革的战略要义，对推进中国特色社会主义伟大事业具有现实指导意义。

关键词：习近平；新时代国家治理现代化思想；习近平新时代中国特色社会主义思想

十八届三中全会以来，以习近平同志为核心的党中央团结带领全党全国人民进行中国特色社会主义伟大实践，不断摸索和总结新时代中国特色社会主义国家建设的规律，形成了习近平关于国家治理现代化重要论述。

一、习近平关于国家治理现代化重要论述的理论来源

十八大以来，面对国际国内形势的新变化和我国各项事业发展的具体实际情况，以习近平同志为核心的党中央，在实践和理论建设中，不断摸索和总结新时代中国特色社会主义国家建设的规律，形成了习近平关于国家治理现代化重要论述。这一重要论述是习近平同志带领我们党在全面深化改革伟大实践中总结出的理论精华，是马克思主义中国化的最新理论成果之一，是中国特色社会主义思想的重要组成部分。

（一）习近平关于国家治理现代化重要论述是马克思主义中国化的最新成果之一，继承和发展了马克思、恩格斯的国家治理思想

马克思、恩格斯关于无产阶级专政下国家治理思想和社会主义国家政权建设的一些原则，是新时代国家治理现代化借鉴的理论来源之一。虽然马克思、恩格斯没有就国家治理进行直接的理论阐发，但其不少著作如《哥达纲领批判》《法兰西内战》《家庭、私有制和国家的起源》等体现了关于无产阶级专政下国家治理思想和社会主义国家政权建设的一些原则，主要有以下几点：一是在《法兰西内战》中，从马克思对巴黎公社政权工作人员的选用原则的看法，我们可以看出马克思认为国家治理应体现人民当家做主；二是坚持无产阶级政党的领导是无产阶级国家治理的前提；三是生产资料公有制要成为市场运行模式；四是要以实现人的全面发展为根本价值；五是无产阶级专政是无产

阶级国家治理的根本原则；六是国家基于公共性需要的服务功能，将是未来社会中不可或缺的一项重要职能等。

习近平同志指出："要坚持马克思主义的指导地位，坚持把马克思主义基本原理同当代中国实际和时代特点紧密结合起来，推进理论创新、实践创新，不断把马克思主义中国化推向前进。"① 在团结带领全党全国人民进行中国特色社会主义建设中，习近平同志不断把马克思主义国家治理思想的一些建设原则同具体实际相结合，加快推进国家治理能力和治理体系现代化的进程。

（二）习近平关于国家治理现代化重要论述是我们党在新时代推进中国特色社会主义国家治理的最新指导思想，继承和发展了中华人民共和国成立以来党的历代领导人的社会主义国家建设思想，主要包括毛泽东思想和中国特色社会主义理论

中华人民共和国成立后，毛泽东同志带领全党全国人民进行了社会主义改造，基本确立了社会主义制度，对社会主义国家建设理论和实践进行了初步探索。毛泽东在《论十大关系》和《关于正确处理人民内部矛盾的问题》中对社会主义国家建设进行了初步探索，为中国特色社会主义道路的开辟奠定了基础，该阶段的国家建设以巩固社会主义国家政权的统治为主要特征。进入改革开放时期，以邓小平同志为核心的党中央带领全国人民进行了改革开放的初步探索，确立了社会主义的本质是解放和发展生产力，国家建设回到以经济建设为中心的轨道上来，开辟了中国特色社会主义道路，该时期的国家建设以加强国家各方面管理为主要特征。进入20世纪末，以江泽民同志为核心的党中央继续推进改革开放，确立了社会主义市场经济体制，对国家的分配制度、具体的经济制度等进行初步探索，确立了"三个代表"重要思想，对加强党的建设在国家建设中的重要性进行了明晰。在新的历史时期，胡锦涛同志带领全党全国人民创立了科学发展观战略思想，对国家治理中以人为本的思想、统筹兼顾、全面协调可持续的发展理念进行了概括，推动国家建设科学发展，促进社会和谐。

从"统治"到"管理"到"治理"的变化，体现了我们党与时俱进，不断在社会主义的具体实践中探索国家治理的规律。党的历代领导人的社会主义国家建设思想，主要包括毛泽东思想和中国特色社会主义理论，为习近平关于国家治理现代化重要论述的形成奠定了理论基础和实践基础。同时，习近平关于国家治理现代化重要论述丰富和发展了中国特色社会主义的国家建设经验，是新时代背景下实现中华民族伟大复兴强国梦的强大理论支撑。

二、习近平关于国家治理现代化重要论述的具体内涵

在十九大报告中，全文共有六处直接提到"国家治理现代化"的字眼。其中习近平同志在阐释新时代中国特色社会主义思想的具体内涵中强调："明确全面深化改革总目标是完善和发展中国特色社会主义制度、推进国家治理体系和治理能力现代化。"② 习近

① 习近平．在庆祝中国共产党成立95周年大会上的讲话．北京：人民出版社，2016.

② 习近平．决胜全面建成小康社会　夺取新时代中国特色社会主义伟大胜利——习近平同志代表第十八届中央委员会向大会作的报告摘登．人民日报，2017-10-19.

平关于国家治理现代化重要论述植根于中国特色社会主义伟大实践，是习近平同志团结带领党和人民在决胜全面建成小康社会中不断总结、不断探索、不断成就的社会主义国家建设规律，是具有中国特色和遵循马克思主义唯物辩证观和历史唯物主义的深刻理论成果，并且随着实践不断更新理论体系，保持着不断创新、不断包容前进的强大理论。

（一）国家治理现代化包括治理体系和治理能力两个方面的现代化

习近平同志深刻指出："国家治理体系是在党领导下管理国家的制度体系，包括经济、政治、文化、社会、生态文明和党的建设等各领域体制机制、法律规范安排，也就是一整套紧密相连、相互协调的国家制度。"① 他还指出："国防和军队改革是全面改革的重要组成部分，也是全面深化改革的重要标志。"② 由此可知，国家治理涵盖了上述七大方面等的治理体系和制度，国家治理现代化是涵盖上述七大方面的全方位的指导国家建设的实践指南，其思想内涵丰富、体系严密。

习近平同志指出："治理能力建设，增强按制度办事、依法办事意识，善于运用制度和法律治理国家，把各方面制度优势转化为管理国家的效能，提高党科学执政、民主执政、依法执政水平。"③ 习近平同志对国家治理能力的理论概括精要地阐明了制度、法律和党的执政能力对治理能力建设的重要性，体现对国家制度建设规律、法治建设规律与共产党执政能力和执政规律的深刻把握。

（二）国家治理现代化的七个方面

根据习近平同志的总设计，推进国家治理现代化要在社会主义国家建设的方方面面着力，尤其要在经济、政治、文化、社会、生态文明、党的建设、国防和军队改革这七个领域下功夫。

1. 加强现代化经济体系建设，完善社会主义市场经济体制

推进国家治理现代化首先要从建设现代化经济体系入手，坚持维护和发展中国特色社会主义市场经济体制，不断解放和发展社会生产力，从而不断改善"不平衡不充分的发展"现状，以满足人民对美好生活的需要。习近平同志深刻指出，建设现代化经济体系，要贯彻落实好新发展理念，在供给侧结构性改革中下功夫，在创新型国家建设上铆足劲，在乡村振兴战略推进中不放松，在区域协调发展上聚能量，在坚持和完善社会主义市场经济体制上有定力，在建立全面开放新格局中凝气神。

2. 促进社会主义民主政治发展，健全人民当家做主制度体系

推进国家治理现代化要在健全完善现代化民主政治制度和体系中发力，不断推进新时代中国特色社会主义民主政治的发展，充分保证人民当家做主的实现。习近平同志深刻指出："要长期坚持、不断发展我国社会主义民主政治，积极稳妥推进政治体制改革，推进社会主义民主政治制度化、规范化、法治化、程序化，保证人民依法通过各种途径和形式管理国家事务，管理经济文化事业，管理社会事务，巩固和发展生动活泼、安定

---

① 习近平．切实把思想统一到党的十八届三中全会精神上来．人民日报，2014-01-01（2）．

② 习近平．坚持以强军目标引领改革　围绕强军目标推进改革　为建设巩固国防和强大军队提供有力制度支撑．人民日报，2014-03-16（1）．

③ 深入领会习近平同志重要讲话精神（上）．北京：人民出版社，2014：390.

团结的政治局面。”习近平同志强调：要不断推进依法治国实践，“全面依法治国是国家治理的一场深刻革命”，加强人民当家做主的制度建设，不断促进各类行政机构和体制改革，增强政府公信力和执行力，努力提高政府为人民服务的本领。

3. 加快社会主义文化强国建设，树立文化自信

推进国家治理现代化要坚持繁荣和发展好社会主义文化。习近平同志强调：“文化是一个国家、一个民族的灵魂。要坚持中国特色社会主义文化发展道路，激发全民族文化创新创造活力，建设社会主义文化强国。”发展社会主义文化要立足新时代伟大实践，坚持面向现代化、面向世界、面向未来发展社会主义文化，主要要把握以下几个方面：一是要牢牢掌握意识形态工作的领导权，推动理论建设、新闻舆论传播阵地建设以及网络综合治理体系建设；二是要培育和践行社会主义核心价值观；三是加强思想道德建设，推进思想政治工作更好开展，培育塑造社会美德，推动精神文明建设；四是推动社会主义文艺繁荣，坚持为人民、为社会主义的文化艺术发展导向；五是促进文化事业和文化产业繁荣进步，建立更加完备的社会主义文化事业和产业体制、体系，增强文化传播力，提高国家文化软实力。

4. 推动社会治理现代化，最终落脚点在提高民生福祉

习近平同志始终坚持为人民的发展理念：“带领人民创造美好生活，是我们党始终不渝的奋斗目标。必须始终把人民利益摆在至高无上的地位，让改革发展成果更多更公平惠及全体人民，朝着实现全体人民共同富裕不断迈进。”该论述也是我们党不忘初心的具体体现。推进国家治理现代化要推动社会治理现代化，提高和改善民生水平，增强人民的收获感、满足感和幸福感。习近平同志指出，改善民生要抓住人民最关心的利益问题入手，在做好以下几个方面下功夫：一是发展好、建设好我国教育事业；二是解决好就业问题，提高人民收入水平；三是完善社会保障体系；四是做好精准扶贫工作；五是推动健康事业发展和提高医疗服务水平；六是形成良好互动、共享共建的社会治理体系；七是维护国家安全。

5. 建设社会主义生态文明，建设美丽中国

推进国家治理现代化要推进生态文明建设，习近平同志深刻指出：“我们要建设的现代化是人与自然和谐共生的现代化。”要不断提供美好生态产品以满足人民对优美环境的需要。一是要秉承绿色发展理念，构建绿色生产和消费的体制机制；二是加快突出环境问题的解决，整治污染，坚持环境保护人人参与原则，抓好环境整治；三是保护好生态系统，提高生态系统稳定性；四是推动生态环境监管体制机制建设，构建有效力、监管到位的监管体制机制，加强对自然资源和生态的保护。

6. 加强党的建设，全面提高党的执政能力和水平

推进国家治理现代化就要牢牢把握党的领导这个根本保证，不断提高党在各方面的治理能力，全面从严治党，推进党的建设伟大工程。习近平同志始终强调党的建设的重要性，始终坚持“必须毫不动摇坚持和完善党的领导，毫不动摇把党建设得更加坚强有力”。加强新时代党的现代化能力建设是面对新形势发展的时代课题，要深刻意识到党面临的各种考验，加强党的纯洁性和先进性建设，一是要把党的政治建设放在首位；二是坚定党的理想信念；三是加强党员干部队伍建设，增强党的执政本领；四是坚定反腐

斗争持续推进；五是加快构建监督体系，完善监察和政治巡视制度。

7. 推进国防和军队现代化，实现强军兴军

国家治理现代化的一个重要方面是国防和军队的现代化，要深入贯彻落实习近平同志强军思想，建设一支始终保持运行高效、具有现代化作战体系和联合作战能力的信息化强大军队。习近平同志强调："军队是要准备打仗的，一切工作都必须坚持战斗力标准，向能打仗、打胜仗聚焦。"人民军队要加快现代化建设步伐，打造坚强高效的联合作战指挥机构，构建现代化作战体系，确保在本世纪中叶把我军全面建成世界一流军队。

三、深入贯彻落实习近平关于国家治理重要论述需要把握的几个着力点

（一）始终坚持党对一切工作的领导

"党政军民学，东西南北中，党是领导一切的。"要加强党对各项工作的政治领导力、思想引领力、群众组织力和社会号召力，牢固树立政治意识、大局意识、核心意识、看齐意识，确保党在推进国家治理现代化的全过程、各方面始终起到总揽全局、协调各方的坚强作用。

（二）坚持以人民为中心

国家治理现代化最终的落脚点是增进人民福祉，习近平同志在十九大报告中明确中国共产党人的使命和初心，我们党在推进中国特色社会主义伟大建设的过程中也始终秉持党的宗旨，在推动国家治理现代化体系和能力建设中，要充分依靠人民，为了人民，让人民共享共建国家治理现代化的成果。

（三）协调推进"五位一体"总体布局和"四个全面"战略布局

"五位一体"总体布局是推进国家治理现代化的顶层设计，"四个全面"发展战略是推进国家治理现代化的战略抓手。习近平同志在阐述新时代中国特色社会主义思想时提出的"八个明确"中就有一点指出："明确中国特色社会主义事业总体布局是'五位一体'，战略布局是'四个全面'。"

（四）坚持各方面全方位的制度体系建设

习近平同志强调："为党和国家事业发展、为人民幸福安康、为社会和谐稳定、为国家长治久安提供一整套更完备、更稳定、更管用的制度体系。这项工程极为宏大，必须是全面的系统的改革和改进，是各领域改革和改进的联动和集成，在国家治理体系和治理能力现代化上形成总体效应、取得总体效果。"① 据此，习近平同志指出，要在2020年时"构建系统完备、科学规范、运行有效的制度体系，使各方面制度更加成熟更加定型"。②

---

① 习近平．完善和发展中国特色社会主义制度 推进国家治理体系和治理能力现代化．人民日报，2014－02－18（1）．

② 习近平．关于《中共中央关于全面深化改革若干重大问题的决定》的说明．人民日报，2013－11－16（1）．

习近平关于国家治理现代化重要论述具有鲜明的时代价值，是对共产党执政规律、社会主义建设规律、人类社会发展规律的科学探索和总结，是我们党和国家在新时代实现长足发展的行动指南，为实现中华民族伟大复兴的中国梦提供了治理思想保障。深入贯彻领会习近平关于国家治理现代化重要论述的精神实质和丰富内涵，是推进全面深化改革的战略要义，对推进中国特色社会主义伟大事业具有现实指导意义。

（作者系国防大学政治学院马克思主义理论2016级硕士研究生）

试析习近平关于“以人民为中心”重要论述的理论渊源

马春玉

摘　要：“以人民为中心”重要论述，是十八大以来以习近平同志为核心的党中央领导集体关于发展的最新理论成果，是马克思主义中国化的创新发展。习近平同志提出“以人民为中心”重要论述主要吸取了中华民族优秀传统文化中民本思想和“马克思主义群众主体观”经典理论，同时，还吸取人类文明的一切优秀文明成果，并根据当前中国的国情，明确地对发展为了谁、依靠谁、成果由谁共享等一系列问题作出了科学而深刻的回答。因此，习近平同志“以人民为中心”重要论述是对中华民族优秀传统文化中的民本思想和“马克思主义群众主体观”的继承和发展，对此研究具有重大的理论价值和实践价值。

关键词：习近平；“以人民为中心”重要论述；“马克思主义群众主体观”；理论渊源

一、中国传统民本思想的精华与不足

中国传统民本思想既是中华民族优秀传统文化的重要内容，又是中华民族优秀传统政治思想的一个亮点。民本思想对中华民族在封建社会的繁荣发展、社会稳定、人民的安居乐业等方面起到了重要的积极作用，但也有不少的消极作用。所以，我们要用辩证的观点来看待中华民族的传统民本思想。

（一）中华民族传统民本思想的核心内容

中华民族传统民本思想是中华民族的优秀传统文化和优秀传统政治思想的一个亮点，但中华民族传统民本思想的“民本”主要指封建社会的国家社稷之本，主要强调了中国封建王朝的“水能载舟，亦能覆舟”的执政思想理念，其间我国的儒家哲学、道家哲学等派系提出了许多的关于民本思想的主题或口号，诸如“政得其民”“得道多助，失道寡助”等等。归纳起来，中华民族传统民本思想的核心内容主要有以下几个方面。

1. 民为邦本

《古文尚书·五子之歌》记载：“皇祖有训，民可近，不可下；民为邦本，本固邦宁。”① 史书上的“民为邦本，本固邦宁”是中华民族传统民本思想，也是中国封建王

① 江灏．古今文尚书全译．贵阳：贵州人民出版社，2009：28.

朝君主对民众在封建社会发展中起决定作用的肯定，主要原因是由于中国古代封建社会是以农业为主，除此之外，社会底层的民众还担负着中国古代封建社会的兵役、劳役、各种税赋等苛捐杂税，由此可见，中国古代封建社会的经济发展、社会和边疆的稳定、封建王朝统治的合法性，都与生活在社会底层的民众关系密切。因此，中国封建王朝的更替和发展和底层的人民群众有重大且直接的关系，此即所谓“民为邦本”。

2. 重民

如：君舟民水；君轻民贵。荀子曰：“君者，舟也；庶人者，水也。水可载舟亦可覆舟。”① 孟子曰：“民为贵，社稷次之，君为轻。”② 关于“重民”的思想虽说是中国古代封建统治阶级根据当时封建统治者的需要提出来的，最终目的是为了维护当时封建统治的需要，但仍是中华民族传统民本思想的精华内容，因此，我们要采取取其精华、弃其糟粕的态度来对待。

3. 爱民、富民

如：“仁政爱民”“因民之利而利之”，董仲舒所说“天为民立居，故君要行德治施仁政”。③ 李世民所说“为君之道，必须先存百姓。若损百姓以奉其身，犹割股以啖腹，腹饱而身毙”。管仲所说“凡治国之道，必先富民”。中国古代封建统治者往往在获得统治权初期、统治权受到威胁时等特殊时期采取爱民、惠民等政策以减轻人民群众的人生束缚，使人民群众获得休养生息的机会，提高人民群众的物质生活水平，实现社会秩序的稳定，尽量避免兵荒战乱，主要是为了服务封建统治阶级。

（二）中国传统民本思想的历史价值和局限

1. 中国传统民本思想的历史价值

首先，肯定“民”是国家的主体，“民”决定国家的繁荣稳定和兴亡更替。中国封建统治阶级实施传统民本思想的目的是为了让人民群众认可其统治的合法性，争取人民群众对其统治的支持和拥护，保护社会秩序的稳定，积极发展农业生产，快速积累社会财富，壮大封建统治阶级的国库，最终目的是为了达到封建统治阶级长期统治的目的。但同时，中国古代封建统治阶级实施的民本思想对封建君主的统治也起了一定的制约作用，如“民本思想”中的“重民”等内容促进了封建统治阶级采取积极措施改善民生，从某种程度上说不仅改善了底层人民群众的物质生活质量而且维护了当时的社会秩序的稳定。因此，能够说中国每个封建王朝的兴衰稳定与否和“民本思想”的积极实施有着非常密切的关系，故“民本思想”可称之为封建王朝治国安邦的“稳定器”。其次，封建统治者尊重“民”意，重视民众的利益，采取富民的政策，推动社会经济的发展。“民本思想”也让中国封建统治阶级注重保护底层平民百姓的经济利益，采取制定并实施有利于人民群众的经济政策，也就是“富民”政策，这在当时的历史条件下有力地推动了封建王朝社会经济的发展，大大缓和了尖锐的阶级矛盾。最后，促使封建统治阶级不断采取惠民、利民政策。中国封建社会的中后期，汲取前代封建王朝兴亡更替的经验

---

① 荀子．荀子．北京：西苑出版社，2016：66.

② 南怀瑾．孟子与尽心篇．上海：东方出版社，2014：42.

③ 吴克克．贞观政要．长春：吉林出版集团有限公司，2011：23.

教训，封建统治者已经意识到了“民众”是封建国家的基础，故广为“民众”着想而制定惠民、利民政策，使民众安居乐业，促进封建社会的繁荣稳定。

2. 中国传统民本思想的历史局限性

从上述可知，中国传统“民本思想”对中国封建社会的发展具有很高的历史价值，但封建社会的本质决定着中国传统的民本思想存在不少缺陷。首先，中国封建社会统治阶级采取“民本思想”的目的是为了长久地保持和维护封建统治权。中国传统的“民本思想”建立在承认并肯定封建君主专制统治的基础之上，不敢根本否定中国的封建君主专制，实质是为封建君主专制统治服务的一种工具和手段。因为中国封建社会统治阶级的根本利益和当时广大人民群众的根本利益是基本对立的，这证明了中国封建社会统治阶级不能真正地“尊民”“爱民”，所以，“以民为本”只是中国封建统治阶级维护封建统治权的一时的权宜之策。中国封建统治阶级对人民群众在思想上、文化上实行愚民政策。如宣扬“三纲五常”，规定人民群众必须服从君主，下层必须服从上层，人民群众对君主是人身依附关系，等等。中国封建社会在政治上对人民群众实行野蛮、残酷的暴力统治，因此，中国传统的“民本思想”使当时社会条件下的人民群众处在一种恐惧、麻木、不思进取的心理状态中，基本放弃了对自身权益主动争取的行动认识。其次，中国封建社会专制统治制度抹杀了当时社会条件下民主制度的产生和发展。中国由于封建社会时间较长，直到清末才结束封建统治，因此，中国传统的民本思想根本没有任何制度来保障其有效实施。例如，中国传统民本思想的“民贵君轻”，在当时现实的条件下不可能真正实行“民贵君轻”，实际情况是“民必顺服从君”“民对君是依附关系”。虽然中国的封建社会也有法令，但法令主要是由君主等封建统治阶级制定的，并且，君主等封建统治阶级不受法令的监督和约束。

综上所述，中国的传统民本思想固然有其积极之处，但由于没有科学的唯物史观，加上历代统治者具有剥削性质，所以民本思想虽然对劳动人民的生活生存和发展起到了一定的积极作用，但究其根本出发点而言，并不能形成真正的“以民为本”。

二、习近平“以人民为中心”重要论述的理论基础

马克思主义唯物史观是中国共产党领导中国人民在长期的革命、建设和改革开放事业中始终遵循的基本观点，马克思主义人民观是马克思主义唯物史观的重要内容。中国共产党继承并发展了马克思主义的人民观，因此，“以人民为中心”重要论述具有科学、深厚的哲学基础。

（一）马克思主义唯物史观是“以人民为中心”思想的理论基石

马克思主义唯物史观认为，人民群众是社会历史的创造者，是社会物质财富和精神财富的创造者，是社会变革的决定力量。首先，人民群众是社会历史的创造者，马克思在《1844年经济学哲学手稿》中指出：“整个所谓世界历史不外是人通过人的劳动而诞生的过程。”① 这句话中，马克思特别强调、肯定了人民群众在社会历史发展过程中所处的重要地位和所起的重要作用。其次，人民群众是社会物质财富的创造者，人民群众是

① 马克思．1844年经济学哲学手稿．北京：人民出版社，2012：89.

社会活动实践的主体，人民群众参加社会活动实践的前提条件是必须要生存下来，人民群众生存的基础必须依靠社会物质生活资料，而社会物质生活资料是社会物质财富的组成部分。因此，人民群众为了获得更丰富的物质财富，必须从事创造社会物质财富的生产活动并在生产活动中持续不断地改革生产方式、生产工艺，发明创造新的生产工具来提高生产效率，促进生产力的发展。再次，人民群众是社会精神财富的创造者。人民群众在社会实践活动中通过一定的物质生产、生活资料以及相关物质设施进行艺术、科学、文化等智力创造活动，创造了社会精神财富并不断丰富社会精神财富。最后，人民群众是社会变革的决定力量。人民群众在创造社会物质财富和社会精神财富的过程中，不断推动社会生产力的持续提高，从而从根本上改变社会生产关系。马克思在《共产党宣言》中精确论述了人民群众主体地位的实现路径和过程，马克思还论断："代替那存在着阶级和阶级对立的资产阶级旧社会的，将是这样一个联合体，在那里，每个人自由发展是一切人的自由发展条件。"① 这是马克思主义思想的经典论断，对马克思主义唯物史观的科学认识和发展有着重要作用，是"以人民为中心"思想的应有之义。

（二）马克思主义中国化理论成果中的人民观是"以人民为中心"思想的直接来源

马克思主义中国化的人民观是指毛泽东思想中的人民观、邓小平理论中的人民观、"三个代表"重要思想中的人民观、科学发展观中的人民观等。

首先，毛泽东思想中的人民观。毛泽东思想是以毛泽东同志为代表的中国共产党第一代领导集体的智慧结晶。毛泽东同志始终坚持人民群众是历史创造者的唯物史观。毛泽东同志曾论断："人民，只有人民，才是创造历史的动力。"② 毛泽东同志始终把人民的利益作为一切工作的出发点和立足点，全心全意为人民服务。"人民观"是毛泽东思想的本质，是以毛泽东同志为代表的中国共产党第一代领导集体领导人民进行革命和建设取得成功的"法宝"之一。毛泽东思想"人民观"包括以下四个方面：其一，彻底的唯物史观。毛泽东同志始终坚持人民群众是创造历史的唯物史观，坚决而彻底地反对英雄创造历史的唯心史观。其二，始终坚持群众路线。毛泽东思想的"人民观"既包括人民群众创造历史的观点，也包括从群众中来到群众中去的工作方法，把群众路线作为我们党的生命线。其三，对人民群众的深厚感情。毛泽东同志时常强调对人民群众的感情是共产党人的根本态度和根本立场问题。其四，廉洁清正的为民作风。毛泽东同志指出："只有让人民起来监督政府，政府才不敢松懈，从立法和制度上打牢防腐的围墙。"

其次，邓小平理论中的人民观。邓小平理论是以邓小平同志为主要创立者，以建设有中国特色社会主义为主题的理论。它是马克思列宁主义同当代中国相结合的产物，是对毛泽东思想的继承和发展。邓小平同志始终坚持人民是历史创造者的观点，郑重指出："群众是我们力量的源泉，群众路线和群众观点是我们的传家宝。"改革开放的实践证明："党只有紧紧地依靠群众，密切地联系群众，随时听取群众的呼声，了解群众的情绪，代表群众的利益，才能形成强大的力量，顺利地完成自己的各项任务。"

再次，"三个代表"重要思想中的人民观。"三个代表"重要思想是对马克思列宁主

① 马克思恩格斯选集：第一卷．北京：人民出版社，2012：422.

② 毛泽东选集：第三卷．北京：人民出版社，1991：1031.

义、毛泽东思想、邓小平理论的继承和发展，是我们党的立党之本、执政之基、力量之源。“三个代表”重要思想人民观是“始终代表最广大人民的根本利益”。江泽民同志指出：“我们讲政治离不开人民群众。实现、维护和发展人民群众的利益，始终是我们最大最重要的政治。马克思主义的政治观点中，第一位的是群众观点。”①

最后，科学发展观中的人民观。科学发展观中人民观的核心是“以人为本”，科学发展观是构建我国社会主义和谐社会的根本指导原则和价值指针。胡锦涛同志强调指出：“坚持以人为本，就是实现人的全面发展为目标，从人民群众根本利益出发谋发展，促发展。”②

毛泽东思想、邓小平理论、“三个代表”重要思想、科学发展观等马克思主义中国化的理论成果中蕴含的人民观，为习近平“以人民为中心”重要论述的形成，奠定了深厚的理论基础。有了传统民本思想的精华历史、马克思思想理论基础的理论保障和中国几代领导人的为人民服务的执政理念，习近平“以人民为中心”重要论述再一次将“为民”提上了历史的新高度，在中国特色社会主义新时代继续发挥其重要作用。

三、习近平“以人民为中心”重要论述在新时代中国的具体体现

习近平同志在党的十八届五中全会上全面而深刻地论证了“如何发展、发展依靠谁、发展为了谁”，随后提出了“以人民为中心”重要论述。

（一）习近平“以人民为中心”重要论述首先坚持人民主体地位

人民主体地位是“以人民为中心”思想的理论基石。习近平同志强调指出：“人民是历史的创造者，群众是真正的英雄。”人民群众是社会发展和变革的主力和主体。习近平同志特别指出：“一定要把人民群众作为化解改革进程遇到艰难险阻的主力军和坚强后盾。”人民群众是破解难题、开拓创新的主体。习近平同志强调：“好办法、好措施哪里来？答案是从群众中来。”

（二）习近平“以人民为中心”重要论述与“五大发展理念”的一致性

“五大发展理念”包括创新、协调、开放、绿色、共享，是在党的十八届五中全会中提出并确立的。“五大发展理念”的内涵：坚持创新发展，意味着“创新”在国家发展整体中居于核心位置，着力破解发展的动力问题；坚持协调发展，亦即实行辩证发展、整体发展、系统发展，化解不平衡发展问题；坚持绿色发展，就是在发展中解决人与自然生态环境和谐相处的问题；坚持开放发展，就是要把发展的眼光放眼全世界，用积极的姿态参与全球的经济发展治理，解决世界范围内的发展联动问题；坚持共享发展就是发展成果由全体人民共享，增强人民幸福感，破解社会公平正义问题，是其他四种发展理念的出发点和落脚点。共享发展将为其他四种发展提供动力和伦理支持。“五大发展理念”相互联系，形成一个有机整体，缺一不可。

（三）习近平“以人民为中心”重要论述确立了文化建设的基本立场

文化是促进一个国家、一个民族繁荣昌盛的重要力量。在国际上，文化是一个国家

---

① 江泽民思想年编（1989—2008）. 北京：中央文献出版社，2010：371.

② 胡锦涛文选：第二卷. 北京：人民出版社，2016：166—167.

软实力的重要体现。“以人民为中心”思想对文化事业的指导作用主要体现在：其一，把文化事业界定为人民的文化。习近平同志强调指出：“社会主义文艺从本质上讲就是人民的文艺。”其二，强调鼓励文化由人民创造，文化成果由人民共享。习近平同志在党的十八大报告中强调：“建设社会主义文化强国，关键是增强全民族文化创造活力。”习近平同志指出：“要大力繁荣文化事业，以基层特别是农村为重点，深入实施重点文化惠民工程，进一步提高公共文化服务能力，促进基本公共文化服务标准化、均等化。”

（四）习近平“以人民为中心”重要论述是建设美丽中国的本质要求

建设美丽中国必须坚持习近平“以人民为中心”重要论述，因为建设美丽中国既是我国广大人民群众今天的美好愿望，符合广大人民群众利益，又是协调我国人与自然生态环境和谐发展的内在要求。习近平同志强调：“保护生态环境就是保护生产力，改善生态环境就是发展生产力。”保护我国的自然生态环境必须坚持习近平“以人民为中心”重要论述，将全国广大人民群众渴望建设美丽生活环境的“环境梦”融入建设美丽中国的进程中，这也是习近平“以人民为中心”重要论述在生态环境方面的科学体现。

四、习近平“以人民为中心”重要论述是对中国传统民本思想的精华在新时代的体现

（一）对传统民本思想的继承和发展

在中国封建社会，封建统治阶级已经意识到人民群众在国家中的地位和作用，封建统治者懂得了如果要长久维持封建统治，就必须要得到基层人民群众的拥护和支持。中国传统民本思想中所谓的“民为邦本”“德治”“君轻民贵”“重民、富民、爱民、利民、惠民”等思想均包含着对基层人民群众的关爱、重视，这些积极的思想基础，成了“以人民为中心”重要论述的重要渊源。“民为邦本”是“以人民为中心”重要论述的基础；“君轻民贵”是“以人民为中心”重要论述群众观的历史渊源；而中国传统民本思想中的“重民、富民、爱民、利民、惠民”只是封建统治者的一个策略，而“用民”是封建统治阶级的本意，因此，在中国封建社会不可能实现真正的“以人民为本”。虽然如此，但其思想有其合理性，终究是中华民族优秀文化的组成部分。

所以，习近平“以人民为中心”重要论述汲取和继承了中国传统民本思想的精髓，摒弃了封建性的糟粕。首先，习近平“以人民为中心”重要论述完成了实质上的化“子民”到“人民”的飞跃。习近平“以人民为中心”重要论述破除了中国传统民本思想的“子民”的狭隘内涵，破解了将“民”与“君”“官”处在相互对立状态的思维定式，使人民成为民本思想的真正主体。其次，习近平“以人民为中心”重要论述做到了从“要民服务”到“为民服务”质的飞跃。习近平“以人民为中心”重要论述强调必须坚持“执政为民”“为民服务”，把为人民服务作为党的宗旨，时时维护人民群众的切身利益。最后，习近平“以人民为中心”重要论述实现从“人治”到“法治”转变的民本。习近平“以人民为中心”重要论述强调应在法制规定的范围内做到“为民服务”，对国家治理方式应用“法治”而非“人治”，人民当家做主的权利应在法律规定的范围内行使。

习近平“以人民为中心”重要论述汲取了中国传统民本思想优秀传统内容，抛弃了

如“君民关系相对立”等消极糟粕内容，始终坚持“以人民为中心”，肯定了人民群众的中心地位，真正完成了由传统的民本思想到现代民本思想的质的飞跃。在这个过程之中，“以人民为中心”重要论述将传统民本思想积极的一面与马克思主义哲学理论相结合，更好地完成了这一过程。

（二）习近平“以人民为中心”重要论述对马克思哲学理论的继承和发展

习近平“以人民为中心”重要论述有着深厚的马克思主义哲学理论基础，继承并丰富发展了马克思主义哲学唯物史观和人民群众史观。如学者蔡昉在《坚持以人民为中心的发展思想》一文中论述，“以人民为中心”发展思想的理论渊源体现在两个方面：一是人民是推动社会发展的根本力量的唯物史观；二是实现共同富裕这一中国特色社会主义的根本原则和本质特征。①学者王青、李先伦在《习近平以人民为中心的发展思想论析》一文中论述，“以人民为中心”发展思想既从马克思主义唯物史观的基本立场对人民的主体地位给予了充分的肯定，又根据当前中国社会改革和发展实际对人民的主体地位作出更加透辟的全新的阐析；在他们看来，广大人民群众是社会发展、社会改革和社会创新的主体，坚持人民主体地位是“以人民为中心的发展思想”得以形成的理论基础。②学者何艳玲、李志军在《论习近平“以人民为中心”发展思想构建的三重维度》一文中论述，马克思主义以人为本、人民至上的发展观为“以人民为中心”的发展思想铸造了灵魂，习近平“以人民为中心”的重要论述是对马克思主义——这一科学理论来源的直接借鉴。③

由以上学者的论述可知，习近平“以人民为中心”重要论述是在马克思主义唯物史观和人民群众观哲学理论的基础上，汲取和继承了我国传统民本思想的精华内容后，逐步形成和发展起来的马克思主义中国化的最新理论成果。

由于中国传统民本思想是中国封建统治阶级为长久维持和巩固其封建统治地位而提出的，因此，在我国古代封建社会不会实现真正的“以民为本”。所以，习近平“以人民为中心”重要论述是建立在马克思主义唯物史观和人民群众观的理论基础上，在此基础之上吸收、消化中国传统民本思想精华，并把马克思主义中国化的理论成果——毛泽东思想中的人民观、邓小平理论中的人民观、“三个代表”重要思想中的人民观、科学发展观中的人民观作为其思想的直接来源，而逐步形成的马克思主义中国化的最新理论成果，是贯穿中国特色社会主义新时代的一条主线。

（作者系云南民族大学马克思主义学院马克思主义基本原理专业2017级硕士研究生）

---

① 蔡昉．坚持以人民为中心的发展思想．人民日报，2016-08-03.

② 王青，李先伦．习近平以人民为中心的发展思想论析．理论学刊，2017（1）.

③ 何艳玲，李正军．论习近平“以人民为中心”发展思想构建的三重维度．湖湘论坛，2017（2）.

民族事务治理现代化

——基于马俊毅《多民族国家民族事务治理现代化》的再思考

杨　凰　李郡萍

摘　要： 民族事务是社会事务的重要组成部分，民族事务治理体系和治理能力的现代化应该紧追国家治理能力和治理体系现代化的步伐。本文基于马俊毅的《多民族国家民族事务治理现代化》一书，对该书中的新思路进行总结，并在借鉴学界相关理论的基础上进行了思考，以期对进一步推进我国民族事务治理体系和治理能力现代化的工作有所启示。

关键词： 民族事务治理；构建民族精神共同体；现代化

一、创新性概念的提出

（一）"族元"

习近平同志在中国共产党第十九次全国代表大会报告中提出："深化民族团结教育，铸牢中华民族共同体意识，加强各民族交往交流交融，促进民族像石榴籽一样紧紧抱在一起，共同团结奋斗、共同繁荣发展。"① 这段话肯定了"三个离不开"的重要性，也就是汉族与少数民族之间，少数民族与汉族之间，少数民族之间是紧紧联系在一起，历史与未来都不可分离的现实。这一论述也对未来我国民族工作的推进作出了重要的指示。新时代中国特色社会主义对于民族事务治理提出的要求就是推进民族事务治理现代化，国家治理体系现代化包含着民族事务治理这一环节。民族事务治理现代化水平的提升将必然为构建中华民族共同体作出重要的理论贡献。在民族理论界，各个学者都为实现这一目标作出了自己的贡献。马俊毅女士经过多年的研究，在《多民族国家民族事务治理现代化》（以下简称为该书）中提出了创新性的理论。该书从现代多民族国家的构建与治理、民族事务治理的价值理念、中国民族事务治理、少数民族的权力以及共同体的构建五个部分进行阐述。笔者提取以下几个值得我们去思考与关注的创新性概念进行说明。该书研究民族概念，提出了"族元"这一创新性概念，并提出了可以用英译 national ethnic unit 来指代我国亚国家层次的民族。其实，对于民族理论与民族政治学界有了解的同志都知道，对于"民族"这一概念的说法，已经在学界讨论了多年。最有代表性也是最有争议的是马戎提出的"族群"概念，但由于"族群"这一概念涉及了"去政治化"，所以一经提出就遭受理论界多位学者的质疑。最具有代表性的是金炳镐先生

① 党的十九大报告．新华网，2017－10－18.

认为民族具有政治性、稳定性等特征，用具有文化属性的“族群”代替政治属性的“民族”是完全不可取的。基于各种讨论，该书作者马俊毅女士在分析与总结美国、西班牙、加拿大、法国、英国等国家民族政治后，基于中国的国情与56个民族形成的历史渊源等，认为我国的民族政治的相关问题一定要基于本国国情，不能简单借用他国的话语来界定我国的民族概念。针对国家层次的中华民族与亚国家层次的民族都统称为民族的现象，马俊毅女士提出了用“族元”——共同形塑中华民族、共同创造中华文化、共同缔造中华人民共和国的族类单元，指代亚国家层次的56个民族，英译为“National ethnic unit”①。中华人民共和国就是一个大家庭，各个民族就是大家庭中的兄弟姐妹，全家人一起实现中华民族的伟大复兴。作者马俊毅女士提出的“族元”理论其含义与费孝通先生提出的“多元一体”理论是相通的，但对于这一提法是否恰当还需要后续进行更多的研究与讨论。

（二）“族格”

作者马俊毅女士还提出了“族格”这一创新性的理论，“族格”理论的提出在一定程度上肯定了我们民族区域自治制度的优势。“人有人格，国有国格，族有族格。族格就是指各民族无论大小、强弱都平等具有的尊严和权利。”② 历史上一直存在着一种狭隘的民族主义，这种错误的观念将少数民族视作“包袱”，否定了各民族共同缔造中华民族的历史事实，还质疑了我国民族区域自治制度的合理性。针对这一点，马俊毅女士肯定了各个少数民族本来就已经存在，并且得到国家制度保障的权利。其中不仅有公民权利平等还存在民族群体权利平等。因为在族格的背后是蕴含着深刻文化记忆的民族文化。肯定了“族格”也就肯定了各个民族的优秀文化，也就肯定了各个民族一律平等。近些年提出的“第二代民族政策”主张淡化公民的民族意识，但是该观点一出现就遭到了各个学者专家的强烈抨击，郝时远提到“第二代民族政策”从根本上否定了实现“各个民族的真正的平等”。马俊毅女士也同样否定了“第二代民族政策”，分析了民族区域自治制度的优势，以人格、族格为基础，从而论证了民族平等，在理论基础上进一步肯定了我国现阶段的民族区域自治制度并提出对于民族区域自治制度的优越性要从各个视角进行分析，从根本上解决民族问题。

（三）多民族国家民族精神共同体

在该书中马俊毅女士强烈抨击了极端民族主义和种族主义，历史上甚至今天错误的民族主义观念依然存在，造成世界上多民族国家动荡不安。基于此，马俊毅女士提出了“多民族国家民族精神共同体”，与其他国家相比，中华民族在马克思主义民族理论的指导下，取得了今天各民族共同繁荣发展、团结奋斗的美好局面。但是，我们不能只看到光明的一面，在互联网急速发展的今天，网络上依然会有传递错误民族主义的言辞，类似的行为会极大损害我们民族团结取得的成果。用正确的价值观进行民族团结教育，肯定少数民族对于中华民族的历史贡献与现实贡献，这也是民族精神共同体建设当中重要

---

① 马俊毅．多民族国家民族事务治理现代化．北京：社会科学文献出版社，2017：132.

② 马俊毅．论多民族国家族际政治及其价值理念——基于族格的视阈．中央民族大学学报（哲学社会科学版），2013（1）.

的一个环节，需要正确对待各个民族之间的差异以及共性。该书也提到了中华人民共和国是各个民族共同建立的，民族与民族之间是不存在从属关系的，从而也就不存在什么主体民族或者从属民族的概念之分。用中华民族共同体的观念，正确处理好各个民族之间的关系，维护我国的国家统一和社会稳定。马俊毅女士认为，要重视各个民族的“善”，也就是说，在构建多民族国家民族精神共同体的时候务必保持各个民族优良的传统文化，坚持以马克思主义的民族理念为指导，树立社会主义核心价值观，使各个民族之间平等、和谐，强化对中华民族的认同，才能构建多民族国家民族精神共同体。

二、强化文化认同意识

文化认同意识是指在历史的发展过程当中生活在同一国家或者同一地域的人对于自己所在环境中文化的认同。文化认同意识是公民对于自己国家与文化的一种归属感，尤其是在一个多民族国家里面，公民不仅有对国家的认同，还存在对于民族的认同。党中央提出了“共同的精神家园”这一概念，而“共同精神家园”的核心就是共同的文化认同感，也就是公民对于所在文化环境的认同感、归属感。多民族国家里公民的身份具有双重属性，一个是社会属性，一个是文化属性，所以对于国家而言进行文化整合、强化公民的共同意识，对于上层的治理是不可或缺的。公民有共同的文化意识、共同的心理素质，那么就可以减少因为文化差异而导致的摩擦。从理论上来说，首先，“共同的精神家园”的构建需要在国家内部形成共同的历史和共同的文化认同，有了共同的文化认同，将可以减少因为差异而导致的动荡。其次，在一个多民族国家的内部，不仅需要有文化的认同，还需要有对政治系统的认同，让公民认可现行国家体系内部的政治体系，有利于推行国家治理体系和治理能力现代化。同样的，在少数民族地区，各个少数民族都能认同民族地区的现行政治体系，也必将会有利于少数民族事务治理的现代化。政治体系只有被广大公民认可了，才能显示出该体系应有的意义。伴随着社会、经济的快速发展，各个地域之间因为文化差异而导致的矛盾也在日益加剧，只有把文化认同与政治认同二者合二为一，才能维护国家的稳定和社会的和谐。对于国家层次来说，只有形成更为多样、更具包容性的政治运行体系，才能从根本上消除因“异”而导致的“不和”。

三、多民族国家民族精神共同体构建

正如上文所说，中国多民族国家的民族政治目前的工作重点在于构建民族精神共同体，马克思主义的民族平等原则指导我们，正是因为民族的政治性才能从根本上保证各民族的平等，在中国这样的多民族国家里，每一个公民的身份都具有多重属性，他不仅仅是民族的一员，更是国家的一员，每一个公民正确认识自己的社会身份，是构建多民族国家的基本前提。民族个性与国家共性之间的权衡关系着整个国家的稳定与和谐。基于此，在多民族国家构建民族精神共同体要平衡民族的个性和国家的共性，尊重个性，强化共性，在两者之间合理分配政治资源是必不可少的。在 21 世纪的今天，各个多民族国家由于自身的历史发展以及各国国情的不同，各个民族国家都或多或少地存在本国的政治问题。因为历史发展以及本国国情的不一致，各个多民族国家都有自己独特的解决方式。我国的民族事务复杂，必须尊重与发展各个民族文化，使得各个少数民族之间和谐相处，保障民族权利，坚持在少数民族区域自治的基础上，推动国家治理现代化的稳步前进。在马克思主义的指导下，尊重差异，将民族认同逐步上升为国家认同，是构建多民族国家民族精神共同体的必要条件。

四、坚持和完善我国民族区域自治制度

社会的和谐稳定与国家制度的完善与落实是密不可分的，在现代多民族国家，制度的完善显得尤为重要，科学的制度可以为多民族国家的事务治理提供科学的借鉴。国家治理能力与治理体系的现代化转型与国家的制度完善程度呈现正相关的关系，也就是说，多民族国家的制度越完善，民族事务治理也会越科学。制度的完善是各种政治力量之间不断的博弈，但是这种博弈的过程对于该国基础的制度不会有太大的影响。通过不断完善多民族国家的制度从而推进国家治理体系与治理能力的现代化转型，使整个国家的民族政治朝着良性发展。在国家治理能力与治理体系的现代化转型过程当中，必须对民族的多样性引起足够的重视。我国基本的政治制度包括民族区域自治制度，民族区域自治制度充分地展示了我国政治制度对于文化多样性的包容。但是随着社会经济的发展，社会现代化的发展，利益主体之间的资源分配必然会产生诸多的矛盾，要不断科学地完善政治制度，使得资源在各个利益主体之间尽可能均匀地分配。为了适应民族地区的社会转型，需要在国家层面上建立更加科学的、完善的政治制度，不断满足社会治理体系与治理能力现代化转型的需要，缓解转型带来的阵痛，适应民族地区民族事务治理现代化的需要。将“公共治理”的相关概念融入民族区域自治制度当中是完善该制度必须的要求。而“公共治理”最主要的就是规范公共权力的使用，使公共权力的使用更加透明化，防止绝对权力的形成，最终的目标就是促进国家事务治理的现代化，而国家治理能力与治理体系的现代化最明显的表现，就是政府从管理型政府向服务型政府转变。将“公共治理”的理念引入民族区域自治制度，有助于民族事务治理现代化的转型。

总的来说，完善民族区域自治制度务必从我国的基本国情出发，坚持马克思主义的民族政策，根据民族地区的具体实际，解决发展与转型当中出现的问题，完善民族区域自治制度。另外，还需要利用法律法规，用制度的力量推进现代化转型。具体来说，完善我国民族区域自治制度，需要改善以下几个方面：首先，增强公民的共同体意识，使得人们对于民族认同与国家认同结合起来，从根本上改善治理主体的意识；其次，地方政府要从少数民族的具体实际出发实事求是地解决民族地区出现的具体问题，具体问题具体分析，因地制宜地采取相应的解决方案；最后，顶层设计也需要提供理论、经济、制度上的支持，各方面齐心协力推进民族地区民族事务治理现代化转型。

五、推动民族事务治理法治化进程

2013 年 11 月，党的十八届三中全会通过的《中共中央关于全面深化改革若干重大问题的决定》将推进国家治理体系和治理能力现代化纳入我国全面深化改革的总目标之中。十八届四中全会通过的《中共中央关于全面推进依法治国若干重大问题的决定》明确提出依法治国是实现国家治理体系和治理能力现代化的必然要求。可见，法治是治国理政的基本方式。加快法治建设，对于全面推进依法治国、建设中国特色社会主义法治

体系、建设社会主义法治国家，具有决定性意义。法治建设是促进国家治理体系和治理能力现代化的必然选择。“国家治理体系和治理能力现代化的核心是法治化。”① “法治作为现代执政党和政府治国理政的基本方式，既是推进国家治理体系现代化必须遵循的基本原则，也是提升国家治理能力现代化的根本手段和可靠保障。”② 民族事务是社会事务的重要组成部分，民族事务治理能力和治理体系的现代化自然也离不开法治化。民族事务治理的法治化，就是要注重发挥法治对民族关系、民族发展的规范和引领作用。

民族事务治理法治化是实现各民族一律平等的基本保障。现阶段，我国民族事务治理中的立法方面存在一些问题，比如民族立法大多集中在保障少数民族文化权益方面，保障少数民族政治权利方面的立法少；民族地区根据当地具体情况制定的单行条例较少，立法工作得不到持续推进，等等，阻碍了民族事务治理体系的现代化进程。所以，要推动民族事务治理体系和治理能力的现代化，一是要加强民族立法工作，让民族事务治理有法可依，并进一步提高立法工作的质量，提高民族立法的可操作性和实用性，推动民族事务治理体系向着法治化、科学化、现代化的方向发展。二是要完善民族事务治理的顶层设计，在坚持民族区域自治制度的基础上，尽力弥补民族区域自治制度在实施的过程中可能存在的问题和发展的不足，才能逐步完善民族事务治理的法制体系。三是要提高民族事务组织机构的治理能力，在民族事务组织机构功能合理化改革过程中，必须坚持党的领导，突出国家民族事务委员会的宏观管理功能，推进相关民族法律政策在全国各地区的执行，通过适度分权和特殊措施，进一步厘清中央和地方（特别是民族自治地方）在民族事务治理方面的职能和权限，并制定相关实施细则，使地方民族事务组织机构可以在充分调动人民群众积极性的基础上，在更能满足民族需求和民族利益的前提下，保障中央和地方民族政策法律的执行效力。

结　语

自古以来，传统的国家治理主要还是把权力集中于顶层设计当中，治理的权力集中在少数人的手中，而伴随着国家现代化的转型，传统的治理模式已经无法满足利益主体的需要。在国家治理现代化的过程当中处理好民族政治是极为重要的一个环节，换句话说也就是，国家治理现代化促进民族政治的发展，而处理好民族政治也为国家治理现代化发挥重要的推动作用。在推动民族政治发展的过程当中，总的来说，推进多民族国家民族事务治理现代化需要加强各个民族的国家认同、坚定不移地推行与科学合理地完善民族区域自治制度、重视民族事务治理法制化进程，是多民族国家民族事务治理现代化的重要内容。民族事务治理现代化为国家治理现代化作出贡献，而国家治理能力与治理体系的现代化又会推动民族事务治理现代化，最终形成民族团结进步、国家稳定和谐的美好局面。

（作者分别系云南民族大学政治与公共管理学院2018级硕士研究生；云南民族大学马克思主义学院2017级硕士研究生）

---

① 莫纪宏．国家治理体系和治理能力现代化与法治化．法学杂志，2014（4）：21—28.

② 唐皇凤．构建法治秩序：中国国家治理现代化的必由之路．新疆师范大学学报，2014（4）：19—28.

民族事务治理现代化的问题和对策

王有靖

摘　要：民族事务治理现代化，是国家治理现代化的重要组成部分，受到党和国家的高度重视。随着时代变迁和社会发展，世情、国情、党情不断变化，民族事务治理现代化进程中的问题和矛盾也不断凸显出来。对此，要深刻认识到治理过程中存在的问题，深入分析产生的原因，并提出相应的解决对策，以更快更好地推进民族事务治理现代化的进程。

关键词：民族事务治理；现代化；问题对策

我国是统一的多民族国家，民族地区分布广阔，民族成分复杂，民族问题和矛盾处理起来涉及的范围较大。从中华民族演进的历史长河来看，各民族共同繁衍生息、共同繁荣进步，在民族事务治理方面，基于长期的经验积累，我国已经探索出了一些解决民族问题的道路，并且形成了相应的理论阐释和经验总结。民族事务委员会主任王正伟提出："以推进民族事务治理体系和治理能力现代化为目标，依靠并服务各族人民，加快民族地区全面建成小康社会进程。"[1]这为我国民族事务治理现代化的改革发展确立了方向及目标，也就是说，"在全面深化改革的进程中，坚定不移走中国特色解决民族问题的正确道路，推进民族事务治理体系和治理能力现代化，是民族团结进步事业创新发展的动力，也是做好民族工作的根本保障"。[2]本文将围绕民族事务治理现代化方面展开叙述，分析当下民族事务现代化治理体系和治理能力所面临的一些困境，并针对性地提出相应的解决对策。

一、民族事务治理体系和治理能力现代化

党的十八届三中全会提出了全面深化改革的总目标："完善和发展中国特色社会主义制度，推进国家治理体系和治理能力现代化。"[3]在推进国家治理体系和治理能力现代化的进程中，民族事务治理的现代化，作为一个重要的组成部分，受到党和国家高度的重视。党和国家围绕如何推进国家治理现代化的进程，作出了明确指示，并展开了相应的工作。同样的，在民族事务治理工作方面，党和国家也已经明确提出了民族事务治理现代化这一观念。这表明，民族事务治理现代化不仅是民族地区发展中必不可少的条件，也是民族地区治理现代化不可缺少的环节，同时也反映了党和政府对我国社会现代化建设特征、趋势和目标的准确把握。可以看到，作为发展中国家，我国在民族事务治理方面不断地得以提升和改进。

民族事务治理能力现代化的推进，指的是通过民族事务管理部门与治理主体之间的沟通、协调与合作，促进现代治理体系的现代化和民族事务治理能力的提高，共同促进民族事务的治理，从而使得多元民族事务治理主体积极主动加入治理过程，充分运用多元民族事务治理主体的信息、资源与能量整合的功能，缓解民族事务现代治理过程中可能出现的问题和矛盾。“推进民族事务治理体系和治理能力现代化，必须以党的十八大和十八届三中、四中全会以及中央民族工作会议精神为指导，牢牢把握中国特色解决民族问题的正确道路，牢牢把握民族团结是各族人民的生命线，牢牢把握在民族事务治理中依法治国的基本方略，牢牢把握加快民族地区全面建成小康社会的主题。”[4]不断践行以民族工作促进全局的思想，牢固树立民族团结一家亲的信念，坚决兑现给予民族地区和人民的承诺，有力抓好民族团结进步示范区的建设，做好民族工作，更快更好地推进实现民族事务治理现代化的进程。

二、民族事务治理现代化进程中存在的问题

在全球化的背景之下，民族地区发展和建设等问题，已经不再是单一的民族问题。由于地理和历史等原因，民族事务治理过程中存在着许多的复杂因素。也就是说，民族事务治理本身所具有的复杂性、广泛性和特殊性等，这些都影响着民族事务治理现代化的推进和发展。尽管在党和国家的支持和帮扶下，民族事务治理在一定程度上取得成效，但是落实执行起来仍然存在着一些问题，阻碍着民族事务治理过程的推进，亟待解决。

第一，民族事务治理的经济基础相对薄弱。经济基础决定上层建筑，合理的财政收支是民族事务治理决策得以实现的有力保证，也是政府能力得以肯定的重要保障。邓小平在谈到新疆工作时曾指出：“解决民族问题的基础是经济。要提高其生活水平，与我们一道前进。当经济问题一天未解决，民族问题即未能解决。”[5]可以看出，由于民族地区财政收支不平衡，民族地区的基础设施和保障做不到位，人们对公共服务的需求得不到满足，地方政府缺乏公共服务，使得民族地区经济发展相对滞后，生产条件有所欠缺、技术水平相对较弱。尽管中央对民族地区的下拨款项不断增加，对民族地区的帮扶力度加大，财政资金的作用仍然得不到充分发挥，财政收支的缺口仍然存在。这就在一定程度上制约了地方政府的治理能力，相应地就削弱了民族地区招商引资的能力，影响地方企业的发展，进而使得民族地区的经济发展缺乏动力和活力。

第二，民族事务治理主体的能力较为有限。一方面，由于特殊的地理环境和人文历史，民族地区聚居地分散，医疗、教育等基础设施欠缺，治理民族事务的成本相对较高，人多事杂，地方政府管理的范围较为宽泛，但尽管如此，也难以涵盖到所有方面；另一方面，民族区域自治的相关法规过于笼统烦琐，落实起来有些难度，这就导致了地方政府的公务人员难以准确把握。此外，地方政府干部的整体素质和办事效率相对有限，面对民族地区广大的人民群众，沟通过程中会存在一定的偏差，这些都直接影响到民族地区的人民群众对地方政府的信任，间接地弱化了地方政府的公信力，种种因素叠加起来，都给地方政府的管理带来挑战和阻碍。

第三，民族事务治理客体的发展意识理念不强。少数民族地区的人民长期生活在封

闭的环境中，受教育的程度较低，封建传统思想较为严重，对民族地区的发展观念的认识相对滞后，尽管随着时代的转变，人们的发展观念有所改观，但还是难以从根源上改变。对于那些要打破传统规则的发展，民族地区的人们多持保守的态度，不愿意当下的生活环境、生活方式有太大的改变。可以看到，当下开展民族地区脱贫攻坚工作的过程中民族地区的人们，积极性和主动性不强，仅仅靠各方力量的支持，经济发展得尤为缓慢。地方政府的治理工作也因此难以开展，人们参与政府的治理工作的意识薄弱，甚至会产生一些抵触心理，引发一系列的难题。

第四，民族事务的治理模式相对陈旧。在民族事务治理过程中，政府的职能过多过杂，管理的范围、权限不明确，该管的不该管的都统揽其下，阻碍了市场的自由发挥，限制了经济的发展，不能够简政放权、充分发挥市场机制。“民族地区事务管理，民族地区公共事务治理主要是借助政府的权威性和强制力，通过各种政策措施直接或间接地指导、干预少数民族地区的社会发展进程，实现资源的合理配置和有效运行，以引导和推动其快速发展。”[6]“民族自治地方政府过于重视经济发展，有忽视政治发展，在经济手段、行政手段及其他手段的运用上错位、越位、缺位等问题，在利用信息化技术再造公共服务组织流程和处理事务方面意识和能力不强，导致地方政府公共事务治理现代化创新能力较弱。”[7]

三、推进民族事务治理现代化的对策建议

近年来，我国民族治理现代化的进程已经发生了整体性改变，人民群众对有效治理的需求逐渐增加。民族事务治理的各个方面都发生了深刻变化，机遇和挑战并存，这不仅促使着民族治理体系和治理能力现代化的推进，也成为民族事务治理的必然选择。但是，在我国的民族事务治理现代化进程中，实际上还存在一些问题和矛盾。此外，我国民族事务治理体系现代化和能力现代化又是一个涉及一系列重大问题的复杂系统。在此背景之下，针对存在的问题，需要采取相应的对策加以解决。

第一，针对民族事务治理的经济基础较为薄弱的问题，就要建立健全民族地区的财政体制机制，完善民族地区各项保障制度。精简办事的流程，公开透明财政信息，让人民群众知根知底，知道地方政府下拨款项用了多少、用到了哪里，用得是否合理有效。同时，要加大中央对民族地区的财政拨款的监察力度，保证专款专用，提升民族地区对民族事务治理的规范性。同时，提高民族地区地方政府税收的能力，增强财政收支的自主性，对于其他地区与民族地区形成的经济救援机制要充分发挥效能，比如上海对口帮扶新疆、北京对口帮扶内蒙古、全国对口帮扶西藏等，都应抓紧实干，以此加快推动民族地区经济建设的进程。

第二，针对民族事务治理主体的能力较为有限的问题，就要不断增强地方政府对民族事务治理的能力，对民族地区治理政策的实施要落到实处，不浮于表面。加快完善好民族事务管理的制度，建立起问题矛盾的解决措施。同时，维系好地方政府与民族地区人民的关系，共同促发展、谋利益，共同推动服务型政府的建立。此外，要根据民族地区的实际情况，建立起一支干练的干部队伍，为民族地区的建设提供不断的人才输入。对于地方政府的基层干部要加大学习力度，定期进行培训和教育，加快建立一整套完整

的培养体系和合理有效的考评体系，以此提升民族地区公务人员的整体业务能力和综合素质。

第三，针对民族事务治理客体的发展意识理念不强的问题，就要想办法从思想上改变人们的观念，加大宣传教育的力度，让人们从真正意义上改变发展的思路，地方政府要逐渐引导人们放手去做，逐步认同政府提出的发展理念，不要故步自封。对于发展过程中存在的难题，要及时给予帮助和解决，让民族地区的人们充分信任地方政府，愿意积极参与到民族事务的治理中。发挥基层的作用，协同发展机制，针对不同的村子、寨子，地方政府要懂得因地制宜，提出符合当地群众的发展路子，不盲目、不夸大，虚心听取人们的建议和意见，不断改进方针政策，落实发展的事宜，实实在在为人民群众做好事、做实事。

第四，针对民族事务的治理模式相对陈旧问题，要创新民族事务的治理模式，与时俱进，适应新的管理模式，拉近政府与人民的距离。通过建立网格化的民族事务治理模式，确立民众需求的反馈机制，搭建政府和民众沟通的渠道，广泛听取人民群众的意见，及时解决群众反映的问题，以最大限度满足公众的需求。比如采取开通政务微博、微信公众平台、政府信箱等形式，来增加政府和民众的互动。同时，地方政府要转变治理的模式，摒弃老旧的管理模式，适当地把权力下放，让民族地区的老百姓管理自己的民族事务，以实现民族事务治理的现代化进程。

结　语

总的来说，当下民族事务治理现代化仍然是一个重要的议题，我国民族事务治理现代化虽然已经初步形成了良好的基础，但随之而来的又是新的挑战和新的问题，要实现民族事务的现代化治理，就需要不断向现代治理体系的模式转型。与此同时，要立足于中国实际情况，找到符合中国的民族事务治理的模式。正如习近平同志指出的："一个国家选择什么样的治理体系，是由这个国家的历史传承、文化传统、经济社会发展水平决定的，是由这个国家的人民决定的。"[8]也就是说，在民族事务治理体制机制上，我们不能"看到别的国家有而我们没有就简单认为有缺陷，要搬过来；或者，看到我们有而别的国家没有就简单认为是多余的，要去除掉。"[9]我国是一个地域辽阔、民族分布状况复杂的国家，人口基数大，各种小问题汇聚起来就成了一个大问题，经济社会发展基础相对缓慢和薄弱，这也决定了民族事务治理现代化路子并不平坦的事实。

尽管如此，只要围绕着发展的方向和目标，确立合适的立足于当下的路子，遵循本国民族事务治理的规律，协调好治理过程中的各方力量，维系好政府和民众之间的关系。坚持从群众中来、到群众中去的理念，以人民为中心，满足人民群众的需求，最大限度让民众参与到政府的民族事务治理过程当中来，共同推进民族事务治理的现代化进程。推进民族事务治理现代化进程，就要坚持在党和国家的带领之下，广泛学习国内外民族事务治理现代化的经验和教训，转变治理理念，创立新的治理模式，形成责任意识、人本意识，不断解决民族事务治理中存在的问题和矛盾，就能够更快更好地推进民族事务治理体系和治理能力的现代化进程。

注 释

[1] 王正伟．推进民族事务治理体系和治理能力现代化．2013－12－30.

[2] 云南省民族宗教事务委员会办公室．推进民族事务治理体系和治理能力现代化的对策建议．今日民族，2015（5）：44—46.

[3] 中共中央．中共中央关于全面深化改革若干重大问题的决定．2013－11－12.

[4] 云南省民族宗教事务委员会办公室．推进民族事务治理体系和治理能力现代化的对策建议．今日民族，2015（5）：44—46.

[5] 邓小平．解决民族问题的基础是经济//中共中央文献研究室，中共新疆维吾尔自治区委员会．新疆工作文献选编（1949—2010）．北京：中央文献出版社，2010.

[6] 韦福斌．中国少数民族地区社会发展与民族政策的优化创新研究．北京：中央民族大学，2013.

[7] 李珍刚．民族地区公共事务治理现代化问题分析．广西民族大学学报（哲学社会科学版），2015（3）：123.

[8] 习近平．习近平谈治国理政（第二卷）．北京：外文出版社，2017：105.

[9] 习近平．习近平谈治国理政（第二卷）．北京：外文出版社，2017：286.

（作者系云南民族大学行政与公共管理学院 2018 级硕士研究生）

习近平新时代中国特色社会主义思想对马克思主义的创新和发展

杨永颖

摘　要：习近平新时代中国特色社会主义思想，是在中国特色社会主义的实践过程中逐步形成的，是马克思主义中国化最新的理论成果，是实现中华民族伟大复兴中国梦的行动指南。习近平新时代中国特色社会主义思想是对马克思主义哲学、马克思主义政治经济学和科学社会主义理论的丰富和创新，深刻推动了马克思主义中国化的发展进程，是马克思主义发展史上重要的里程碑。

关键词：习近平新时代中国特色社会主义思想；马克思主义；创新；发展

伟大的理论应伟大的时代而生，也为引领伟大的时代而成。十八大以来，以习近平同志为核心的党中央从理论和实践上系统全面地回答了在新时代应该"坚持和发展什么样的中国特色社会主义、怎样坚持和发展中国特色社会主义"，提出了一系列具有原创性的新理念、新思想、新战略，逐步形成了习近平新时代中国特色社会主义思想，充分展现了21世纪马克思主义中国化强大的生命力。

马克思主义是科学的世界观、方法论，具有与时俱进的内在要求。要坚持马克思主义的指导地位就必须不断赋予马克思主义新的时代价值。马克思主义不是简单的教条，而是具有科学性的世界观和方法论。自十月革命以来，中国共产党人始终坚持在实践中丰富和发展马克思主义，不断开辟马克思主义理论创新的新境界。社会主义现代化建设的实践使马克思主义在21世纪的中国焕发出了强大的生机与活力。

一、习近平新时代中国特色社会主义思想丰富和发展了马克思主义基本原理，进一步推进了马克思主义哲学中国化进程

马克思主义哲学揭示了人类社会发展的本质规律，是科学的世界观、方法论，是我们建设各项工作和事业的强大思想武器。十八大以来，习近平同志在多个场合强调我们要加强对马克思主义理论的学习，特别是要学会在社会实践中运用辩证唯物主义和历史唯物主义。习近平同志指出："马克思主义哲学在今天这个时代仍然有着强大的生命力，仍然是指导共产党人前进的强大思想武器。"我们要学好、用好马克思主义哲学，不断提高分析问题和解决问题的能力。学习和运用马克思主义理论，一直以来都是我们所坚持的优良传统和成功经验。

十八大以来，中国共产党人运用马克思主义理论紧密结合当前中国社会主义建设的

伟大实践，提出了很多治国理政方面的新理论，为马克思主义提供了新的内涵，全面地推进了马克思主义中国化的发展进程。习近平新时代中国特色社会主义思想中蕴含着丰富的历史唯物主义观点和辩证法精神，是中国共产党人自觉运用马克思主义分析和解决中国现实问题而产出的重大理论成果。

首先，世界的物质性是辩证唯物主义的核心，要求我们认识和处理问题应当从存在的客观实际出发。我们党正是遵循这一基本理论，全面总结了改革开放以来我国社会主义现代化建设所取得的各项伟大成就，作出了中国特色社会主义建设已经进入了新时代的重要判断，为中国下一步的发展确定了新的起点。其次，生产力和生产关系、经济基础与上层建筑是推动社会向前发展的两对基本矛盾。从目前中国生产力和生产关系的深度改革以及社会经济发展的状况来看，我国现阶段的社会主要矛盾已经转化为“人民日益增长的对美好生活的需要和发展的不平衡不充分之间的矛盾”，我们下一步工作的主要目标便是实现各地区各民族的均衡发展，解决人民对美好生活的向往和发展不平衡不充分之间的矛盾，提升人民的幸福感。再次，人民群众始终是历史的主体和创造者。习近平新时代中国特色社会主义思想坚定了唯物史观以人民为中心的基本立场，明确了以人为本的发展理念，强调了人民的主体性和创造性，坚持在发展中稳步保障和改善民生，将历史唯物主义的群众史观贯穿于社会主义现代化建设的各项工作中。十九大进一步强调“以人民为中心”的发展理念，这充分体现了我们党对人民群众主体地位的尊重，以及对人民群众的责任意识和担当精神。除此之外，中国特色社会主义现代化建设还强调了“五位一体”总体布局和“四个全面”战略布局，强调坚持“四个自信”，建立“人类命运共同体”等。这一系列发展理念，既在社会实践中具体地运用了辩证唯物主义和历史唯物主义，又在新的历史时期丰富和发展了马克思主义哲学研究的范畴和视域，赋予了马克思主义基本原理崭新的时代内涵。

二、习近平新时代中国特色社会主义思想丰富和发展了马克思主义政治经济学，开启了中国特色社会主义政治经济学的新篇章

“时代是思想之母，实践是理论之源。”习近平新时代中国特色社会主义思想在政治经济学方面的论述，就是随着中国改革开放和社会主义现代化建设进程不断加深而发展出的理论。十八大以来，党中央将马克思主义政治经济学的研究范畴与中国改革开放的具体实际相结合起来，在把握中国经济发展规律的基础上形成了内涵丰富的、具有中国特色的政治经济学理论体系。创新和发展了马克思主义政治经济学，标志着中国化的马克思主义政治经济学的研究进入了一个新的阶段。从社会主义实践进行深入的思考和研究可以发现，习近平新时代中国特色社会主义思想中的经济思想是在马克思主义政治经济学的基础之上，提出了许多原创性的观点，是对马克思主义政治经济学的发展与创新。

（一）坚持以人民为中心的发展理念

马克思主义政治经济学的根本目标是提升人民幸福感、促进人类自由而全面发展。习近平新时代中国特色社会主义思想，坚持把人民的利益放在首位，始终把不断地满足人民对美好生活的向往作为各项工作的出发点和落脚点。十八大以来，以习近平同志为

核心的党中央大力推进民生工程的建设，健全社会保障体系，调节收入分配，实施精准扶贫工作，努力缩小贫富差距，坚决打赢脱贫攻坚战，保障社会发展成果由全体人民共享，从而实现人们共同富裕的发展目标。

（二）把握和引领经济发展新常态

目前，我国社会进入新常态是经济发展的一个阶段性特征，也是经济发展的客观结果和必然反映。在新常态下，我国经济社会的表现形式主要是发展速度合理、产业结构优化以及发展动力转换三大特点。具体来说，经济增长的速度从以往的高速发展转向中高速平稳发展，发展方式从大规模人力劳动密集型转向资源集约效率型，产业结构从追求数量转向调整存量与追求质量并举，发展动力从主要依靠生产资料的投入转向由创新驱动发展的道路。

（三）以“五大发展理念”推动我国经济社会发展

“五大发展理念”指的是：创新、协调、绿色、开放、共享。创新是引领经济社会发展的第一动力，协调是经济社会持续健康发展的内在要求，绿色是实现中华民族永续发展的必要条件，开放是世界共同繁荣发展的应然选择，共享是全面建成小康社会的必然结果。在我国经济社会发展的过程中，我们必须处理好发展的动力问题、发展不平衡的问题以及人与自然和谐相处的问题。虽然目前我国的经济总量已经跃居世界第二位，但经济发展不平衡和不协调的问题依然较为突出。习近平同志多次强调我们要坚持实施创新驱动发展的战略，只有坚持全面创新，才能促进我国经济平稳健康的发展。

（四）发挥政府作用使市场在资源配置中起决定性作用

十八大以来，党中央为了加快推进社会主义市场经济的发展，全面深化改革，在处理政府与市场的关系问题上进行了原创性的理论创新。党的十八届三中全会提出，要使市场在资源配置中起到决定性的作用，更好地发挥政府职能。政府要做到不越位、不缺位，市场自身解决不了的问题，就由政府来负责，这样能使政府与市场各自负责的范围更加清晰，明确了政府与市场在资源配置中的作用和角色定位。除此之外，大力推进供给侧结构性改革，也是新常态下我国经济发展基本的要求，目前我国的发展模式正处在转换增长动力的攻坚期，为解决经济发展中的结构性问题，保障我国经济长期稳定的发展，必须从供给侧的结构性改革方面入手，通过减少低端供给来扩大有效供给，提高生产效率，增强供给对需求的灵活性和适应性，努力寻求供求关系新的平衡。

习近平新时代中国特色社会主义思想对马克思主义政治经济学的发展集中体现了我国经济体系现代化建设的根本方向和目标。首先，放眼当前中国和世界发展的状况，我们党在努力发展好自身经济的同时，不断推进世界各国经济的共同繁荣与和平发展，先后提出了“构建人类命运共同体”和“一带一路”倡议等一系列惠及世界各国的新方案。其次，习近平新时代中国特色社会主义思想，对我国经济发展的目标、动力和方法等多个方面做出了重要的决策和判断，充分体现了党对我国的经济建设有了新的规律性认识，形成了一套中国特色的经济理论体系，创新和发展了马克思主义政治经济学，标志着马克思主义中国化在政治经济学领域的研究进入了新的阶段。

三、习近平新时代中国特色社会主义思想开创了科学社会主义在21世纪中国发展的新境界

习近平新时代中国特色社会主义思想，系统地回答了在新时代我们应该“坚持和发展什么样的中国特色社会主义，怎样坚持和发展中国特色社会主义”，科学社会主义是马克思主义的核心内容，其根本的落脚点就是如何科学地建设和坚持社会主义的问题。近年来，我们党不断从中国特色社会主义现代化建设的实际出发，对新时代中国特色社会主义的建设和发展作出了系统和全面的回答，并根据新的实践需要作出了一系列重大的战略分析和政策指导，进一步丰富和发展了中国特色社会主义理论体系，为科学社会主义在中国取得新的发展打下了坚实的基础。

（一）习近平新时代中国特色社会主义思想的“八个明确”

习近平新时代中国特色社会主义思想的“八个明确”，从理论层面上回答了“是什么”的问题，即我们应该坚持和发展什么样的社会主义的问题，“八个明确”在内容上包括新时代我们坚持和发展中国特色社会主义的总任务和总目标、我国社会主要矛盾的转变、我国社会主义事业的总体布局和战略布局、全面深化改革的总目标、全面依法治国的总目标、强军目标、大国外交以及党的领导等问题。

首先，明确了新时代中国特色社会主义的总任务和总目标，即实现社会主义现代化强国和中华民族伟大复兴的目标，把实现共产主义作为我们的最高理想。以全面建成小康社会作为坚实的基础，推进“两个一百年”奋斗目标的实现。其次，经过一段时间的不懈努力，我国的社会主要矛盾已经转化为“人民日益增长的美好生活需要和不平衡不充分的发展之间的矛盾”，我们要始终坚持以人为本的思想，不断促进人们自由而全面的发展，从而实现全体人民共同富裕的目标。再次，我们要协调推进经济、政治、文化、社会和生态文明“五位一体”建设的总体布局，以及全面建成小康社会、全面从严治党、全面依法治国、全面深化改革的“四个全面”战略布局，坚定“四个自信”。明确全面深化改革的总目标，改革是社会向前发展的必由之路，我们要不断推动实践的创新。全面推进依法治国，坚持中国共产党的领导、人民当家做主、依法治国三者的有机统一，维护法治的权威和人民的利益。坚持和发展新时代下的强军目标，建设一支听党指挥、能打胜仗、作风优良的人民军队。在外交方面，中国也将高举和平发展、合作共赢的旗帜，在和平共处五项原则的基础上同世界各国开展友好的合作，积极推进“一带一路”建设，构建人类命运共同体，推动国际秩序朝着更加公正合理的方向发展。党的十九大报告明确指出，中国特色社会主义现代化建设必须始终坚持中国共产党的领导，这既是中国特色社会主义的优势所在，也是这一制度的本质特征。

（二）习近平新时代中国特色社会主义思想的“十四个坚持”

习近平新时代中国特色社会主义思想的“十四个坚持”，是从实践层面回答了“怎么办”的问题，即我们应该怎样坚持和发展中国特色社会主义，对我国社会主义现代化建设各项事业发展的工作作出了具体的要求和分类部署，从政策上指导和阐明了新时代我们坚持和发展中国特色社会主义事业的基本方略。

第一，要坚持党的领导，建设中国特色的社会主义事业，核心本质是中国共产党的领导，必须全面提高党的执政能力，从严治党，党要管党。第二，要坚持以人民为中心的工作思路，把全心全意为人民服务和党的群众路线落到实处，把实现人民对美好生活的向往作为开展一切工作的出发点和落脚点，做到发展依靠人民，发展成果由人民共享；坚持全面深化改革，改变一切不符合时代发展的思想观念，破除旧的体制机制弊端，构建一套运行有效的制度体系，凸显社会主义制度的优越性。第三，从建设中国特色社会主义的具体要求来看。在经济上要做到坚持“创新、协调、绿色、开放、共享”五大新发展理念；在政治上坚持人民当家做主和全面依法治国；在文化上坚持社会主义核心价值体系的引领作用及文化发展的多元化问题；在社会建设方面要坚持在发展中保障民生、改善民生；在生态文明建设方面，坚持人与自然的和谐共生的发展理念，不走西方资本主义国家“先污染，后治理”的老路；坚持总体国家安全观，在港澳台工作方面必须坚持“一国两制”方针，努力推进祖国统一；坚持党对人民军队拥有绝对的领导权，做到“党指挥枪”而不是“枪指挥党”；坚持党要管党，全面从严治党；在外交方面，坚持推动“一带一路”建设及人类命运共同体的构建。习近平同志以“十四个坚持”的系统思维，推动了中国特色社会主义在理论和实践上的升华。

新时代需要新的理论来指导，新的时代也必将孕育出新的理论。正如习近平同志在哲学社会科学工作座谈会上的讲话中提到的：“这是一个需要理论而且一定能够产生理论的时代，这是一个需要思想而且一定能够产生思想的时代。”党的十九大把习近平新时代中国特色社会主义思想确立为全党的指导思想，其中，“八个明确”侧重理论层面的发展和思想层面的要求，“十四个坚持”侧重行动纲领与方针策略的要求，二者是有机联系、相互渗透、相互融合的理论体系，具有内在同一性，既描绘了发展理念与实现路径的规划蓝图，又凸显了认识论和方法论相统一的理论特色。总之，“八个明确”和“十四个坚持”是习近平新时代中国特色社会主义思想的核心要义，也是全党和全国人民的智慧结晶，开创了新时代中国特色社会主义建设的新视野，补充、发展和完善了马克思主义理论，彰显了马克思主义在21世纪的中国所展示出的真理力量！

参考文献

［1］中共中央宣传部．习近平同志系列重要讲话读本．北京：学习出版社，人民出版社，2016.

［2］杨金海．习近平新时代中国特色社会主义思想的几条重大理论主线——十八大以来马克思主义理论创新的辉煌历程与丰硕成果．人民论坛·学术前沿，2017（21）：14—22.

［3］孙玉娟．习近平新时代中国特色社会主义思想是马克思主义中国化的新飞跃．东北农业大学学报（社会科学版），2017，15（6）：8—13.

［4］邸乘光．论习近平新时代中国特色社会主义思想．新疆师范大学学报（哲学社会科学版），2018，39（2）：7—21.

［5］王晓广．马克思主义发展史上的又一座思想丰碑——论习近平新时代中国特色社会主义思想对马克思主义的发展和贡献．人民论坛，2018（12）：57—59.

（作者系云南民族大学马克思主义学院硕士研究生）

新形势下推进民族事务治理现代化的对策研究

李郡萍　杨　磊

摘　要：民族事务治理现代化在国家治理体系和治理能力现代化中占有重要地位，是新形势下推进国家治理现代化的内在要求，也是应对当前我国民族事务日趋复杂化的一个有效举措。本文就“新形势下我国民族事务治理现代化”这一命题，从民族事务治理体系、民族事务治理能力的内涵，推进民族事务治理现代化的必要性，推进民族事务治理现代化的对策三个方面进行描述，旨在通过推动和完善民族事务治理体系和治理能力现代化建设回应国家治理体系和治理能力现代化建设的战略目标，以马克思主义理论为指导，也在一定程度上创新和发展解决民族问题的方法与思路。

关键词：民族事务；治理体系；治理能力；现代化

党的十八届三中全会首次提出将“完善和发展中国特色社会主义制度，推进国家治理体系和治理能力现代化”作为我国现阶段全面深化改革的总目标。当前民族工作面临的新形势、新任务，也要求在坚持根本原则不变的前提下有新的政策理念，通过加强民族事务治理体系建设和提升民族事务治理能力，开辟解决民族问题的新思路，把我国的民族工作推向新的台阶。因此，进一步加强民族事务治理体系和治理能力现代化研究，是深入贯彻落实中央精神的重要举措，也是做好民族政策顶层设计、更好地解决民族问题的有效方法。

一、民族事务治理体系和治理能力现代化

关于民族事务治理体系和治理能力现代化的定义，目前学界仍未有统一的表述，但可以明确的是，民族事务治理体系和治理能力现代化是国家治理体系和治理能力现代化的重要组成部分。以下是笔者基于对国家治理体系和治理能力现代化的理解，总结归纳的关于民族事务治理体系和治理能力现代化的主要内涵。

（一）民族事务治理体系现代化的含义

民族事务治理体系，是党和政府基于民族地区的实际情况，在坚持维护国家统一和民族团结这一基本原则的基础上，制定出一系列适应于、辅助于民族区域自治的包括治理主体、治理客体、治理方式、治理机制、治理法律法规等在内的一个有机系统。民族事务治理现代化一个重要内容就是民族事务治理体系现代化，它是民族事务治理现代化的前提和基础，是在坚持和完善民族区域自治制度的基础上逐渐形成的一个行之有效、协调有序的解决民族问题的有机系统。

（二）民族事务治理能力现代化的含义

民族事务治理能力主要指治理主体处理民族问题和民族关系的综合能力，包括领导能力、组织能力、管理能力、规划和发展能力等。民族事务治理的内容不仅包括处理民族矛盾以及各民族之间的关系，还包括如何进一步发展民族经济，增强民族地区的国家认同等。推进民族事务治理能力现代化，是一个逐渐完善治理方式、统筹协调各个部门、积极调动社会各种力量而使民族事务治理更加科学化、系统化、法治化的一个动态过程。

二、新形势下进一步推进民族事务治理体系和治理能力现代化的必要性

我国正处于经济转型期和改革深水区，显现在民族事务方面的问题也越来越具有时代性。推进民族事务治理现代化是应对新形势下新的民族问题特征的有效举措。

（一）应对新形势下民族区域自治面临的诸多挑战的需要

民族事务治理现代化的推进和实现，建立在坚持和完善民族区域自治的基础上，要求民族事务治理体系的科学化、系统化、规范化趋向。实践证明民族区域自治制度是符合我国民族情况的基本制度，也是正确处理民族问题的基本保障，民族区域自治与民族事务治理现代化相辅相成、相互促进。

一是应对新形势下民族自治区居民国家认同感意识淡化的挑战的需要。改革开放以来，我国大部分民族地区经济发展、生活水平改善，信息化、全球化程度加深，各少数民族的民族文化保护意识增强、民族意识觉醒，我国各少数民族民主自治意识、主体意识、法制平等意识不断增强，“相对剥夺感”也不断增大。尤其是新形势下，我国贫富差距加大，东西部发展差距大，民族地区发展仍落后于非民族地区等这些矛盾日趋尖锐，致使我国民族地区各民族的国家认同意识逐渐淡化。

二是应对新形势下民族区域自治的环境日趋复杂化的需要。改革开放以来，我国人口流动现象日益加剧，民族地区居民不断向东部发达地区流动，东部发达地区的居民也随着政府政策导向，逐步向西部民族地区流动，我国各民族杂居情况愈加明显，民族问题伴随着越来越多的城市民族工作方面的问题。少数民族面临着越来越多的社会融入问题，而我们的民族事务治理能力应该更加与时俱进。

三是应对新形势下民族区域自治自我发展和自我完善的需要。民族区域自治制度作为我国处理民族事务的基本制度，在面临很多新的形势和挑战的情况下，也有很多需要进一步完善的地方。地方自治权的实现和落实因各级自治机关面临的不同情况，以及职责分工等方面的问题，长期得不到保障。地方单行条例和自治条例的颁布也过少，内容方面也大多侧重于保护少数民族传统文化，发展民族经济方面的条例相对较少，存在严重的发展不平衡状况。近年来，由于民族地区人口出现大量外流现象，民族地区少数民族干部队伍建设无法满足当地发展建设情况。

推进民族事务治理现代化，需要逐渐完善相关法律、宣传和教育体系。民族地区各民族的理解和支持是民族政策得以实施的先决条件，各级机关及其工作人员应该加强对民族政策的宣传教育，加深各民族对民族政策的认识和理解，提升民族政策或法律法规

实施的可操作性。非民族地区也要认真学习贯彻各类民族政策、法律法规，尽量避免只在民族地区讲民族政策这一现象。

（二）应对国家治理体系治理能力现代化的需要

“国家治理体系和治理能力现代化”作为党的十八届三中全会上首次提出的新命题，是我国治国理念上的重要革命，意味着我国的治理理念向民主和科学迈进了一大步。民族事务治理现代化是顺应国际国内发展新态势和国家现代化总进程的需要，也是新形势下应对我国民族问题显现的新的阶段性特征、民族区域自治面临的诸多困境以及有效转变民族工作方式的现实要求。

第一，民族事务治理是国家事务治理的重要组成部分，民族事务是国家事务的重要方面。多民族是我国的一大特色，自中华人民共和国成立以来，我国的民族事务就被放在一个重要位置上，民族事务是否处理得好，决定着我们国家的民族是否团结，社会是否稳定。如今，我国的治理体系和治理方式面临重大变革，民族事务方面的改革也应该随着顶层设计而改变。

第二，事务治理现代化是国家治理现代化的应有之义。民族事务治理体系现代化，旨在形成各地实际情况所需要的运行机制，逐步形成一个协调有序、科学高效的统一整体。致力于民族工作的各部门应加强机构设置的合理性，逐步形成有序、稳定的治理体系。民族事务治理能力现代化中，最主要的是提升治理主体包括领导能力、危机处理能力、规划能力、治理能力等等在内的综合能力，同时，也要求治理主体的能力能随着民族矛盾的变化而不断更新，加强处理城市民族问题的能力。民族事务治理能力现代化弥补和改善我国民族区域自治实践中存在的各种不足，是民族地区正确和充分行使自治权的保证，其建设结果直接关系民族团结、社会稳定，也关系地区发展和社会建设。

三、推进民族事务治理体系和治理能力现代化的对策建议

2014 年，第四次中央民族工作会议就新形势下我国民族事务治理面对的新问题，做出了新的部署与指示。从国家治理能力的视角来看，这次会议的主要精神、顶层设计与实施细则，体现了党和国家在坚持民族区域自治制度的前提下，将通过体制机制的有效变革与完善，加强国家认同、提升政府资源再分配的合理性，形成多元治理主体的格局，从而推动国家治理体系和治理能力的现代化。

（一）科学认识新的阶段性特征，坚定道路自信、理论自信与制度自信

2014 年召开的中央民族工作会议，明确表示“取消民族区域自治制度这种说法可以休矣”，坚定了中国特色社会主义解决民族问题的道路自信、理论自信和制度自信。对于处理民族问题的道路问题自中华人民共和国成立以来，我国在实践中不断摸索，也走了不少弯路，发现唯有坚持民族区域自治制度是经历时间和实践考验的，是我国前进道路上必须坚持和完善的，这也是党和国家始终坚持把民族区域自治制度作为我国基本制度之一的原因。

首先，此次会议再次强调了我国是统一多民族国家的基本国情，并强调指出，多民族是我国的一大特色。回顾了中华人民共和国成立以来我国民族工作的实践经验以及存

在问题，充分证明了中国特色解决民族问题道路的正确性，坚定了我国民族事务治理体系的制度自信。

其次，这次会议指出了民族工作正面临新的阶段性特征。“在发展社会主义市场经济和实行对外开放的历史条件下，我们的民族工作面临‘五个并存’的阶段性特征。”① 地区发展不平衡、不稳定因素增多、城市民族工作繁重、国家认同意识淡薄等因素相互作用，形成了现阶段我国民族工作面临问题的新特征。

最后，这次会议将“适应新形势下的阶段性特征，加快民族地区经济发展，改善民生，提高做好民族工作能力和水平”作为主要任务，体现了党和政府应对经济社会转型过程中民族工作的阶段性特征的要求，推进民族事务治理体系和治理能力现代化。

（二）建设各民族共有精神家园，增强各民族的国家认同

国家治理体系的整体构建运行离不开社会主义核心价值观的引导。2014 年召开的中央民族工作会议特别提出民族事务治理的价值目标，即“加强中华民族大团结，长远和根本的是增强文化认同，建设各民族共有精神家园，积极培养中华民族共同体意识”。

社会主义核心价值观是构建中华民族共有精神家园的重要内容。要发挥社会主义核心价值观的凝聚和引领作用，关键要处理好社会主义价值观与中华民族传统优秀文化之间的内在联系，两者辩证统一，相辅相成、密不可分。各民族优秀文化作为中华民族传统优秀文化的重要组成部分，在提倡和弘扬社会主义价值观的过程中，发挥着不可替代的作用。在国家认同的构建上，亦即筑牢中华民族共同体意识方面，中国仍旧面临着很多困境，意识形态方面的治理还需要做出更多的努力。

（三）推动政府治理创新，强化资源再分配能力

推进民族事务治理现代化，相对于优化主体而言，主要体现在对价值理念与体制机制的更新与发展，以及追求治理主体的多元化上。从强化政府的资源再分配能力出发，政府治理创新包括如下内容。

首先，为了充分提高政府管理的科学性、有效性与合法性，以及有效提升政府的制度执行力，政府要简化工作流程，完善工作方式，优化组织结构，认真贯彻和落实好《民族区域自治法》，遵守民族法律法规。在处理民族事务时，要始终坚持高层形成的“认知一致、行动一致、协调一致”的工作基调。同时要不断完善民族事务有关的领导部门和组织协调机关的工作机制，认真做好少数民族干部的培养与选拔工作，加强各部门之间的协调合作，明确各自的职责与分工，充分做好民族工作，为少数民族全面发展谋利益。

其次，明确政府的职能定位，转变和优化政府职能，强化政府的资源再分配能力。社会转型期，我国的贫富差距问题日益凸显，当社会资源的走向越来越不利于低收入者时，政府调控在缩小社会结构发展不平衡的过程中将发挥重要作用。各级政府应发挥主

① “五个并存”是指改革开放和社会主义市场经济带来的机遇和挑战并存，民族地区经济加快发展势头和发展低水平并存，国家对民族地区支持力度持续加大和民族地区基本公共服务能力建设仍然薄弱并存，各民族交往交流交融趋势增强和涉及民族因素的矛盾纠纷上升并存，反对民族分裂、宗教极端、暴力恐怖斗争成效显著和局部地区暴力恐怖活动活跃多发并存。

导作用，解决好民族地区与其他地区在基础设施建设、公共服务建设、生态环境保护等方面发展不平衡的问题。

（四）改进社会治理方式，形成多元治理格局

我国是统一的多民族国家，民族事务存在于社会事务的方方面面。实现对民族事务的科学治理，单靠政府部门的力量是不够的，很容易造成决策的片面性以及活动的单一化，需要大力调动社会各界的力量，实现社会各界的共同治理，逐步形成多元的治理格局。在民族事务社会治理的主体上，要充分发挥党政机关的主导作用，充分调动有关部门以及社会各界参与民族事务治理的积极性，妥善利用党政已有的社会治理网络，加强与群众性团体的交流与合作，并不断加强与治理客体的沟通与交流。同时，正确使用政府的资源再分配权利，积极培育和扶持各种社会性与民间性组织的发育与发展，形成主体多元的民族事务治理格局，增强民族事务治理的科学性、民主性和稳定性。

总之，推进民族事务治理体系和治理能力现代化任重道远、道阻且长，必须坚持和完善民族区域自治制度，增强国家认同，推动政府治理创新，做好国家治理能力和治理体系现代化在民族事务方面的变革与创新，从而尽快实现全面深化改革的战略目标，这也是现阶段我国民族工作的重要任务。

参考文献

[1] 中央文献研究室，中国外文局．习近平谈治国理政．北京：外文出版社，2013.

[2] 王希恩．全球化中的民族过程．北京：社会科学文献出版社，2009.

[3] [美] 菲利克斯·格罗斯．公民与国家——民族、部族和族属身份．王建娥、魏强译．北京：新华出版社，2003.

[4] 中国社会科学院民族研究所．列宁论民族问题．北京：民族出版社，1987.

[5] 俞可平．国家治理体系的内涵本质．理论导报，2014（4）.

[6] 习近平．切实把思想统一到党的十八届三中全会精神上来．人民日报，2014－01－01.

[7] 辛向阳．推进国家治理体系和治理能力现代化的三个基本问题．理论探讨，2014（2）.

[8] 江必新．推进国家治理体系和治理能力的现代化．光明日报，2013－11－15.

[9] 林振义．如何认识推进国家治理体系和治理能力现代化？．光明日报，2013－11－28.

[10] 陈金龙．治国理政基本理念的重大突破．中国社会科学报，2013－11－22.

[11] 韩振峰．怎样理解国家治理体系和治理能力现代化．人民日报，2013－12－16.

[8] 秋石．为了国家长治久安——怎样理解全面深化改革的总目标．求是，2014（1）.

[12] 丁志刚．如何理解国家治理与国家治理体系．学术界，2014（2）.

[13] 蓝志勇，魏明．现代国家治理体系．顶层设计、实践经验与复杂性．公共管

理学报，2014（1）.

［14］朱军．推进民族事务治理体系和治理能力现代化之我见．中国民族报，2015－04－17.

［15］李鸣．中国近代民族自治法制研究．北京：中央民族大学出版社，2008.

［16］曹爱军，杨鹍飞．论中国民族事务治理现代化：阻滞因素与破解思路．云南社会科学，2016（2）.

［17］杨鹍飞．论我国民族事务治理法治化：理念转变、现实困境与路径选择．广西民族研究，2015（5）.

［18］赵孟营．治理主体意识：现代社会治理的技术基础．中国特色社会主义研究，2015（3）.

［19］王允武，王杰．国家治理现代化背景下的民族自治地方社会治理．民族学刊，2015（1）.

［20］唐洲雁．全面深化改革必须坚持和完善中国特色社会主义制度．科学社会主义，2015（1）.

［21］商爱玲．各级政府事权规范化：民族事务治理体系现代化的着力点．当代世界与社会主义，2015（4）.

［22］贺金瑞．当代中国民族问题治理体系和治理能力现代化初探．中央民族大学学报哲社版，2014（4）.

［23］余思新．“国家治理现代化”目标下现代“政党治理”研究．昆明理工大学学报（社会科学版），2014（3）.

［24］刘宝明．推进民族事务治理现代化的途径．中国民族报，2014－03－28.

［作者分别系云南民族大学马克思主义学院2017级硕士研究生；云南民族大学东南亚学院硕士研究生，团省委委员、团省委宣传部副部长（兼）、大理州青联常委、副秘书长］

浅析习近平同志系列重要讲话对当代马克思主义大众化的创新和发展

陶剑波

摘　要：习近平系列重要讲话是习近平新时代中国特色社会主义思想中的核心组成部分，因此在推进当代马克思主义大众化过程中有必要分析研究习近平系列重要讲话大众化的内在缘由、特点和表现及其发展的重大意义，这对于更好地推进马克思主义中国化、时代化、大众化具有不可估量的价值。

关键词：习近平；系列重要讲话；马克思主义大众化；发展

一、习近平同志系列重要讲话大众化的内在缘由

习近平同志系列重要讲话是马克思主义中国化最新理论成果的核心思想体系，推动习近平同志系列重要讲话大众化，是马克思主义理论中国化、时代化、大众化之需要，是马克思主义理论建设之需要，也是在中国坚定马克思主义信仰之需要。

（一）习近平同志系列重要讲话大众化是马克思主义中国化时代化的发展需要

马克思主义中国化是被实践证明了的，指导我国社会主义革命、建设和改革的科学理论和思想。马克思主义的发展不仅需要列宁、毛泽东、邓小平等伟大的历史人物来推进，更需要在全社会向前发展中引导广大人民群众自觉学习和运用马克思主义理论知识，从而不断推进马克思主义大众化。

习近平同志指出，“我们要以更加宽阔的眼界审视马克思主义在当代发展的现实基础和实践需要，坚持问题导向，坚持以我们正在做的事情为中心，聆听时代声音，更加深入地推动马克思主义同当代中国发展的具体实际相结合，不断开辟21世纪马克思主义发展新境界。”① 当前我国社会主义发展已经进入全面建成小康社会的关键期，进入国家社会发展深化改革重要阶段，进入“三步走”战略的顺利完成和“中国梦”能否实现的关键期。与此同时，在继续全面改革开放背景下，国内外各种思想复杂交织，西方国家亡我之心不死，企图通过自身强大的舆论宣传攻势和通信全球化的便利渠道，兜售西方价值体系，妄图以和平演变之方式动摇马克思主义在我国的指导地位，妄图让社会主义苏联的悲歌在中国大地上重演。

当前，以习近平同志为核心的党中央与时俱进采取新形式、新方法、新战略，推进

① 习近平．在庆祝中国共产党成立95周年大会上的讲话．人民日报，2016－07－02.

马克思主义大众化工程，根本目的就是让马克思主义理论为人民群众所学习、接受和运用，进而让广大青年树立马克思主义信仰，从而使我们党和国家的建设者和接班人能够秉承和传承、坚持我们科学的思想武器——马克思主义。正如习近平同志所强调的："马克思主义是我们立党立国的根本指导思想。背离或放弃马克思主义，我们党就会失去灵魂、迷失方向。在坚持马克思主义指导地位这一根本问题上，我们必须坚定不移，任何时候任何情况下都不能有丝毫动摇。"①

（二）习近平同志系列重要讲话大众化是马克思主义理论建设的迫切需要

习近平同志曾强调："要坚持不懈传播马克思主义科学理论，抓好马克思主义理论教育……要坚持不懈培育和弘扬社会主义核心价值观……做社会主义核心价值观的坚定信仰者、积极传播者、模范践行者。"② 马克思主义理论工作者，尤其是开展社会主义大众化工作的理论工作者、专家等，是践行马克思主义大众化的标杆和引渡人。这些引渡人理论素养高低与否、理论功底如何将直接影响到马克思主义大众化的实践效果。从现实来看，当前我国马克思主义理论队伍的理论水平和专业素养是比较高的，加之党和国家领导集体的高度重视，近年来，以习近平同志为核心的党中央高度重视马克思主义理论的发展和国家意识形态领域的提升，马克思主义理论工作队伍的专业化水平有了显著提高。教育部从2018年开始将实施"高校思想政治理论课教师队伍后备人才培养专项支持计划"，表明国家迫切需要打造一支高学历、高水平、高素质的马克思主义理论工作者队伍，从而更加有效地推动马克思主义的大众化建设。

与此同时，随着经济全球化的不断深入发展，网络全球化程度加深，各种复杂交错的思想和非马克思主义思潮的侵蚀和潜移默化的影响，加之社会不良风气的侵蚀，在一定程度上影响了马克思主义思想政治教育工作的效果和广大人民大众对马克思主义的认知，也使得一部分社会群体对马克思主义的"形象定位"出现了偏差，弱化了马克思主义大众化教育的实效。我们应该清醒地认识到当前的国内外形势还很严峻，不断提升马克思主义的理论素养，真懂真信真用马克思主义，把马克思主义的科学思维当做行动指南，这样才能吸引、感染更多人民大众自觉走马克思主义道路，真正使马克思主义落地生根，使得马克思主义大众化落到实处。

（三）习近平同志系列重要讲话大众化是坚定马克思主义信仰的现实需要

习近平同志指出："坚持以马克思主义为指导，首先要解决真懂真信的问题，核心要解决好为什么人的问题，最终要落实到怎么用上来。"③ 推进马克思主义大众化，其实质与核心就是使人民大众树立坚定的马克思主义理想信念，增强人民大众思想上防腐拒变、行为上勇于同错误思潮言行斗争的能力，从而不断提升他们的马克思主义理论水平和实践能力，坚定他们走社会主义的道路的信心，以此促进马克思主义大众化不断深化。从当前我国的教育现状来看，马克思主义信念依然占据主流地位，马克思主义在意

① 习近平．在庆祝中国共产党成立95周年大会上的讲话．人民日报，2016－07－02.

② 习近平．把思想政治工作贯穿教育教学全过程．人民日报，2016－12－09.

③ 习近平．结合中国特色社会主义伟大实践加快构建中国特色哲学社会科学．人民日报，2016－05－18.

识形态领域仍然处于主导地位。但是，我们也应该清楚地认识到，由于国内外复杂因素的影响，依然存在部分人民群众对马克思主义理想信念和基本内容一知半解，更有甚者怀疑马克思主义，这样的情况只要深入了解便不难发现，这些现象的存在表明在我国部分群体和个体在对待马克思主义理想信念方面还依然存在问题，这也就为马克思主义大众化的理论工作者敲响了警钟，警示工作者们在马克思主义大众化的道路上不可能一帆风顺，也不是敲锣打鼓就能轻轻松松地完成自己的工作的。

因此，当前我们的马克思主义大众化工作，不但要夯实多年的马克思主义信仰教育成果，还要继续加强和深化马克思主义教育工作，尤其要探索使多数理想信念坚定的人民群众影响和带动少数理想信念不坚定的社会群体和个人的有效途径和因材施教的措施。值得指出的是，要不断探索新时代背景下特别是网络时代背景下的马克思主义大众化的新举措，逐步接近或实现马克思主义大众化的“全员化”，这才是真正的马克思主义大众化。

二、习近平同志系列重要讲话大众化的特点及其表现

（一）习近平同志系列重要讲话简洁通俗

习近平同志系列重要讲话大众化话语创新重要特点之一就是简洁通俗，具体而言就是习近平同志的各种形式的话语都非常简单明了。这种简洁通俗的特点主要表现如下。

首先，2012 年 11 月 29 日，习近平同志在参观国家博物馆“复兴之路”展览时，深情指出：“现在，大家都在讨论中国梦，我以为，实现中华民族伟大复兴，就是中华民族近代以来最伟大的梦想。”① “中国梦”一词，简洁明了地把国家的发展、民族的强盛、人民的幸福紧密结合起来，既体现了党和人民的理想追求，也昭示出中华民族实现伟大复兴的夙愿。“中国梦”精练表达出国家发展所蕴含的丰富内涵以及中华民族的情感内核，它是具有深厚的历史文化底蕴，又带有鲜明的时代特点，是中国特色社会主义共同理想的通俗化表达。

其次是“补钙”理念的提出，习近平同志曾指出：“理想信念是共产党人精神上的‘钙’，理想信念坚定，骨头就硬；没有理想信念，或理想信念不坚定，精神上就会‘缺钙’，就会得‘软骨病’，就可能导致政治上变质、经济上贪婪、道德上堕落、生活上腐化。”② 全面从严治党，坚定党员干部的理想信念是第一位的。习近平同志指出：“对马克思主义的信仰，对社会主义和共产主义的信念，是共产党人的政治灵魂，是共产党人经受住任何考验的支柱。”③ 习近平同志把全面管党治党精练地概括为“补钙”，展示了中国共产党自我纠正自我学习的优良品质，始终保持党的先进性和纯洁性。

（二）习近平同志系列重要讲话坚持马克思主义

习近平系列重要讲话精神大众化话语创新的另一个特点就是充分坚持马克思主义。习近平系列重要讲话精神在大众化过程中坚持以马克思主义中国化中的科学发展观和马

① 习近平同志系列重要讲话读本．人民出版社，2016：8.
② 习近平同志系列重要讲话读本．人民出版社，2016：106.
③ 习近平同志系列重要讲话读本．人民出版社，2016：107.

克思主义中的辩证法精神为指导。

第一，紧扣科学发展的主题。在中国发展路径的选择上，习近平同志面对新时代背景下复杂的国内国际环境，敏锐地捕捉到时代的发展新变化，抓住时代发展机遇，紧扣时代主题，创新性地提出了一系列治国理政的科学理念。他指出："我们党始终强调，中国特色社会主义，既坚持了科学社会主义基本原则，又根据时代条件赋予其鲜明的中国特色，这就是说，中国特色社会主义是社会主义，不是别的什么主义。"[①]

第二，充分体现辩证法的精神。在论述国家的总体发展布局时，习近平同志强调："在任何工作中，我们既要讲两点论，又要讲重点论，没有主次，不加区别，眉毛胡子一把抓，是做不好工作的。"[②] 习近平的系列讲话处处体现了辩证法。在判断国内外经济形势问题上，他指出："面对错综复杂、快速变化的形势，我们要保持清醒头脑，既看到我国经济社会发展基本面长期向好的态势，也要看到国际国内各种不利因素的长期性、复杂性、曲折性，不回避矛盾，不遮盖问题。"在论述科学发展的理念时，习近平同志指出："不能简单以国内生产总值增长率论英雄。"衡量经济发展好坏，不是速度高一点，形势就"好得很"，也不是速度下来一点，形势就"糟得很"，而是要看有没有质量和效益，就是投资有回报、产品有市场、企业有利润、员工有收入、政府有税收、环境有改善，这才是我们要的发展。习近平同志指出："我们既要绿水青山，也要金山银山，宁要绿水青山，不要金山银山，而且绿水青山就是金山银山。"[③]

（三）习近平同志系列重要讲话借鉴中国传统文化

习近平同志非常善于引用中国的诗词、谚语以及典故来阐述中国故事，从中国传统文化中汲取养分来建设社会主义，用人民群众所喜闻乐见的话语形式来推动马克思主义大众化，例如：

借鉴中国传统文化来解释中国梦。在谈到实现"中国梦"的动力源泉上，习近平同志引用了《尚书·周书》中的"功崇惟志，业广惟勤"[④]，指出只有劳动才是获得财富的唯一的正当途径，也只有通过劳动人民群众才能奔向幸福。它深刻剖析了人类只有通过劳动，人类社会的各种各样的幸福与美好理想才能得以实现；只有通过劳动才能解决与战胜各种困难。他指出了只要每个人都把人生理想融入国家和民族的伟大梦想之中，敢于有梦、勇于追梦、勤于圆梦，就会汇聚成实现中国梦的强大力量。习近平同志还借鉴中国传统文化来解释党纪国法的重要性。在谈到法治的重要性时，引用《论语》中的"举直错诸枉，则民服；举枉错诸直，则民不服"[⑤]，指出各级党组织和领导干部不能干涉司法部门行使司法权，为了确保社会公平公正，司法部门不能以权谋私，以确保维护人民群众自身的合法权益。司法部门的工作人员在做好本职工作以外，不能受外界以及个人因素的左右，导致司法公正权威性降低。

① 习近平谈治国理政．北京：外文出版社，2014：9.
② 习近平同志系列重要讲话读本．北京：人民出版社，2016：48.
③ 习近平同志系列重要讲话读本．北京：人民出版社，2016：230.
④ 习近平用典．北京：人民日报出版社，2015：105.
⑤ 习近平用典．北京：人民日报出版社，2015：275.

三、习近平同志系列重要讲话大众化的重大意义

在新时代背景下助推习近平系列重要讲话实现大众化，有利于深化其思想内容、传承思想方式和语言艺术的大众化，实现马克思主义最新理论成果的大众化，才能更好地让习近平新时代中国特色社会主义思想为广大人民群众所知晓和接受，为实现中华民族伟大复兴的“中国梦”推波助澜。

（一）有利于深化思想内容的大众化

习近平同志系列重要讲话思想源于马克思主义科学理论基础，在治国理政的实践中需要将其思想内容大众化，以便更好地为广大人民群众所了解、所接受。党的十八大以来，以习近平同志为核心的新一代党中央领导集体以前所未有的理论智慧和勇气，坚持和发展中国特色社会主义，在新时代下提出了一系列新思想、新观点、新论断、新举措，搭建起了一个具有实践性、开放性的科学理论体系，丰富和发展中国特色社会主义理论体系。恩格斯说：“我们的理论是发展着的理论，而不是必须背得烂熟并机械地加以重复的教条。”[①] 马克思主义科学理论的根本特性是发展。习近平同志系列重要讲话以其发展的视域对待马克思主义，在发展的基础之上有所进步、有所创造、有所突破，在治国理政的实践中，不断丰富和发展中国特色社会主义的内涵和特质。

习近平同志系列重要讲话蕴含着坚持和完善中国特色社会主义理论与实践等诸多治国理政思想。坚持和完善中国特色社会主义，是习近平同志系列讲话精神的鲜明主题。针对当下我国社会中的模糊认识和一些错误思潮，系列讲话在其内容上及时回答了新时代下中国的发展方向、战略问题，从根本上为当代中国的发展排忧解难，清除思想故障，创造出具有中国特色和中国气派的治国理政体系。习近平同志用质朴的话语坦言道：“我的执政理念，概括起来说就是：为人民服务，担当起该担当的责任。”[②] 习近平同志系列重要讲话具有强烈的现实针对性与深厚的民生情怀，在治国理政实践中赢得广大群众的信任和支持，有利于当代马克思主义思想内容的大众化。

（二）有利于传承思想方法的大众化

习近平同志系列重要讲话精神大众化的根本目的，就是要引导广大人民群众掌握科学的世界观和方法论，不断提高马克思主义素养和马克思主义运用能力，学会运用马克思主义的立场、观点和方法研究并解决当代中国面临的实际问题。早在1934年，毛泽东就指出：“我们不但要提出任务，而且要解决完成任务的方法问题。我们的任务是过河，但是没有桥或没有船就不能过。不解决桥或船的问题，过河就是一句空话。不解决方法问题，任务也只是瞎说一顿。”[③] 习近平同志系列重要讲话，坚持和运用马克思主义立场观点方法，既部署“过河”的任务，又指导解决“桥或船”的问题，为我们认识问题、

① 马克思恩格斯文集：第10卷．北京：人民出版社，2009：562.
② 习近平．习近平谈治国理政．北京：外文出版社，2014：101.
③ 毛泽东选集：第1卷．北京：人民出版社，1997：139.

分析问题、解决问题树立了典范。[①] 习近平同志系列重要讲话结合新实践与新发展，坚持问题导向，以责任意识、担当精神、创新理念、底线思维分析、解决实际问题，创造性地回答党和国家发展的一系列基本问题，传承思想方法的大众化。

（三）彰显语言艺术的大众化

习近平同志系列重要讲话具有独特的语言风格，他的话语能充分把握广大人民群众的理解能力和接受习惯，语言展现出极强的感染力和独特的语言魅力，总书记的语言或简洁明了，或掷地有声，或语重心长，或激情澎湃，能轻易捕捉到人民群众内心的认同感，系列重要讲话通过其特有的语言艺术形式实现大众化。总书记还擅长把思想融入故事中，小故事蕴含着大道理，触动人民大众的心灵，引起百姓的共鸣，有利于凝聚共识，也紧紧地拴住世界民众的心。用聊天谈心式朴素语言表达治国理政思想，直抵人心，温暖而有力量，如“中国梦归根到底是人民的梦”，以质朴的语言把治国理政思想灌输到人民大众的心中，并在人民群众的心上生根发芽。系列重要讲话还体现理论的价值诉求，人民“共同享有人生出彩的机会，共同享有梦想成真的机会，共同享有同祖国和时代一起成长和进步的机会”[②]，让人民生活更幸福、人生更出彩的执政思路鼓舞人心。这样的语言满怀真挚的感情，设身处地从群众切身利益出发，牢牢抓住大众最关心的问题。

（作者系云南民族大学马克思主义学院硕士研究生）

① 中共中央宣传部．习近平同志系列重要讲话读本：2016 年版．北京：人民出版社，2016：278.

② 习近平．习近平谈治国理政．北京：外文出版社，2014：40.

浅析习近平关于青年思想政治工作的重要论述的主要内容

张馨予

摘　要：新时代习近平关于青年思想政治工作的的重要论述是我国青年思想政治工作实践的理论表达，是我国青年思想政治工作的行动指南。研究习近平青年思想政治工作的重要论述的主要内容和方法，有利于更好地指导青年思想政治工作，有利于新时代青年更好地成长成才。

关键词：习近平；青年；思想政治工作

习近平同志在党的十九大报告中特别强调："中华民族伟大复兴的中国梦终将在一代代青年的接力奋斗中变为现实。全党要关心和爱护青年，为他们实现人生出彩搭建舞台。广大青年要坚定理想信念，志存高远，脚踏实地，勇做时代的弄潮儿，在实现中国梦的生动实践中放飞青春梦想，在为人民利益的不懈奋斗中书写人生华章！"我们学习贯彻落实十九大精神，研究习近平同志关于青年思想政治工作的一系列重要论述，有利于明确习近平同志关于青年思想政治工作的新思想和新要求，能够为青年思想政治工作提供科学的理论指导和实践指南，以及为新时代青年的成长成才和未来发展提供时代航标。只有真正了解青年、正确地认识青年、科学地对待青年，才能更好地做好青年的思想政治工作，才能有助于整个人类社会的发展、国家的繁荣和民族的进步。

一、习近平对新时代青年的定位

青年是有理想、有本领、有担当的一代。青年的发展关乎国家的前途和民族的希望，中国梦的实现必须靠一代代青年的奋进接力才能实现。思想政治工作是我党的生命线，青年是我党思想政治工作的重点对象。习近平同志强调，要围绕"培养什么样的人、如何培养人以及为谁培养人"这个根本问题，要把思想政治工作贯穿教育教学全过程。对青年进行思想政治工作，是思想政治工作规律、社会发展规律和青年成长规律的必然要求，是增强青年理想信念，牢记使命、勇于担当的必由之路。

新时代青年是走在时代前列的奋进者、开拓者和奉献者。习近平同志指出，青年人正处于学习的黄金时期，应该把学习作为首要任务，把学习作为一种责任、一种精神追求、一种生活方式。既要刻苦钻研理论知识，又要积极掌握技能，不断提高与时代发展和事业要求相适应的素质和能力，学以致用、掌握真才实学，才能在改革开放和社会主义现代化建设的大熔炉中，成为可堪大用、能担重任的栋梁之材，才能做面向现代化、面向世界、面向未来的时代奋进者、开拓者和奉献者。

二、习近平关于青年思想政治工作的重要论述的主要内容

习近平关于青年思想政治工作的重要论述涵盖了青年成长的诸多方面，是青年思想政治工作的理论指导，更是青年学习生活及未来发展的实践指导。总的来说，习近平关于青年思想政治工作的重要论述的主要内容有理想信念教育、社会主义核心价值观教育、中华优秀传统文化教育。

（一）理想信念教育

重视青年的理想信念教育是中国共产党的优良传统。十九大召开后，新时代的中国共产党更是将实现中华民族伟大复兴作为近代以来中华民族最伟大的梦想，把实现共产主义作为党的最高理想和最终目标，义无反顾肩负起实现中华民族伟大复兴的历史使命。习近平同志在同各界优秀青年代表座谈时的讲话中指出青年不能没有理想信念，如果没有理想信念就会导致精神上“缺钙”，[①] 强调了理想信念教育的重要性。青年的理想信念教育主要是为当代青年指明他们的历史使命和成长道路，引导青年将实现中华民族伟大复兴的中国梦作为自己人生奋斗的终极目标，将自己个人的前途命运融入国家和民族的前途命运中，并为之而不懈奋斗。

习近平同志多次指出，中国特色社会主义是我们党带领人民历经千辛万苦找到的实现中国梦的正确道路，也是广大青年应该牢固确立的人生信念。为实现中华民族伟大复兴的中国梦而奋斗，是中国青年运动的时代主题。一个没有理想信念的人，就如同一只没有翅膀的鸟儿；一个没有理想信念的青年，注定没有前途和希望。中华民族之所以能从积贫积弱的旧时代走向国家富强、人民幸福的新时代，之所以能从半殖民地半封建社会走向社会主义新社会，很重要的一个原因是千千万万中华儿女始终怀揣着坚定的理想信念，拥有着不懈的精神追求和奋斗目标。习近平同志对青年的理想信念教育正是为青年注入精神上的“钙”，为当代青年规划了人生的坐标和前进的方向。

（二）社会主义核心价值观教育

青年时期是世界观、人生观、价值观形成和发展的重要时期。对青年进行社会主义核心价值观教育，引导青年牢固树立社会主义核心价值观，并形成符合时代要求和社会发展的个人正确的世界观、人生观和价值观，是青年应基本遵循的行为准则，是培养社会主义合格建设者和可靠接班人的根本要求。社会主义核心价值观教育具有强大的吸引力和感召力，从思想的源头出发，贯穿在行为规范中，既可内化于心又能外化于行，从国家层面、社会层面和个人层面引导广大青年做社会主义核心价值观的坚定信仰者、积极传播者和模范践行者，并且对于全面实施科教兴国和人才强国战略，确保全面建成小康社会、加快社会主义现代化建设的进程，具有重大而深远的战略意义。

2013 年 5 月 4 日，习近平同志同各界优秀青年代表座谈时，第一次对广大青年提出“树立和培育社会主义核心价值观”的要求。青年的价值取向决定了未来整个社会的价

---

① 《在同各界优秀青年代表座谈时的讲话》（2013 年 5 月 4 日），《十八大以来重要文献选编》（上），中央文献出版社 2014 年版，第 278 页。

值取向，之所以要对青年进行社会主义核心价值观教育，是因为要让青年扣好人生的“第一颗扣子”，明白“我们要建设什么样的国家、建设什么样的社会、培育什么样的公民”,① 明白“富强、民主、文明、和谐”是我国社会主义现代化国家的建设目标，在社会主义核心价值观中居于最高层次，是经济社会和谐稳定、持续健康发展的重要保证；“自由、平等、公正、法治”是对美好社会的生动描述，是人类所追求的社会价值目标；“爱国、敬业、诚信、友善”是公民的基本道德规范，是每个中国公民的行为准则。

（三）中华优秀传统文化教育

中华优秀文化是中华文化的精髓，是中华民族的精神血脉，是所有中国人文化自觉、文化自信和文化自强的底气。从十八大到十九大的这五年，以习近平同志为核心的党中央大力推进中国特色社会主义文化大繁荣大发展，使中华优秀传统文化得到了广泛弘扬、文艺创作持续繁荣、文化事业和文化产业蓬勃发展。党的十九大报告中还特别指出：中国特色社会主义文化，源自于中华民族五千多年文明历史所孕育的中华优秀传统文化，熔铸于党领导人民在革命、建设、改革中创造的革命文化和社会主义先进文化中，植根于中国特色社会主义伟大实践。党和国家高度重视文化建设和以文化育人在思想政治工作中的重要作用，把以文化育人的方针融入教育政策和文化政策中。

对新时代青年进行中华优秀传统文化教育，即对青年进行中华优秀传统文化、中国红色革命文化、新时代社会主义先进文化三方面的内容教育，引导青年更加准确地认识中华民族的历史传统、文化积淀，明白今天所拥有的幸福生活都是革命先辈在民主革命、社会主义革命和社会主义建设的长期斗争中得来的，是中华儿女集体智慧的结晶。新时代的青年仍需要以爱国主义精神为核心，将民族精神、道德情操和人文涵养融入日常生活中，了解经典、体味经典、传承经典，吸收中华民族的优秀文化成果，吸取文化精髓，做中华优秀传统文化的忠实传承者和弘扬者，并担任起新的文化使命，弘扬时代精神，在时代的浪潮中取其精华剔除糟粕，不断在实践中进行文化创造和文化进步。

三、习近平关于青年思想政治工作的重要论述的方法

习近平关于青年思想政治工作的重要论述闪耀着辩证唯物主义和历史唯物主义的光芒，既有世界观，又有方法论，是内在统一的整体。习近平关于青年思想政治工作的重要论述主要有以下几个方面。

（一）坚持党的领导，把对青年的思想政治工作放在首位

在习近平同志的直接关心和指导下，党和国家制定出台了《中长期青年发展规划（2016—2025年）》，这是新中国历史上第一个青年发展规划，在我国青年发展事业进程中具有重要里程碑意义。该规划明确提出“坚持党管青年原则”，这是党的青年工作的重大原则，是党的青年工作理论的重大创新。党管青年原则既包含着青年在党的事业发展中重要性的充分肯定，又包含着党对青年一代的关心爱护、殷切期望和严格要求。坚

① 《青年要自觉践行社会主义核心价值观》（2014年5月4日），《十八大以来重要文献选编》（中），中央文献出版社2016年版，第3页。

持党管青年原则，就是要坚持中国共产党对青年工作的统一领导，用习近平同志系列讲话精神和治国理政新理念新思想新战略武装青年，用中国特色社会主义共同理想教育、团结青年；落实好青年政策，促进青年发展，赢得青年人的心，让青年有更多的获得感；把握青年运动方向和青年工作主动权和领导权，坚持以青年为本、尊重青年的主体地位，把服务与成才紧密结合，促进青年在投身实现中华民族伟大复兴中国梦的实践中实现全面发展，进一步明确中国特色社会主义青年运动的方向，为青年的发展创设良好的社会环境。

（二）鼓励青年投身社会实践，把书本知识和社会实践相统一

习近平同志非常强调青年的学习，告诫青年学习是成长进步的阶梯，实践是提高本领的途径。强调学习的三种境界：一是立志高远的追求，心怀国家和未来；二是刻苦钻研，奋勇向上的勤奋拼搏；三是独立思考，能够学以致用。习近平同志还借用古语“学如弓弩，才如箭镞”，来激励青年不断学习，提出青年要在实践中“接地气、长底气、养正气、有活气”。首先，要求青年在实践中找问题、直面问题，解决问题；其次，要求在加强青年思想政治教育过程中，传递正能量，讲好中国故事，传播好中国声音，塑造好中国形象；最后，要求青年发挥创造力和创新力，经受历练，走群众路线，以朝气蓬勃之气辐射社会其他群体，以源源不绝的动力促进社会发展。当代青年要在实践中不断成长锻炼，把书本知识和社会实践相统一，做到既可“仰望星空”，又能“脚踏实地”，以顽强拼搏的奋斗精神磨砺意志，在社会实践锻炼中增长才干、积累经验，为实现中国梦做出积极贡献，为中华民族凝聚起砥砺前行的磅礴力量。

（三）特别重视网络时代对广大青年的影响，开展好网络宣传教育

加强网络安全宣传教育，提高网络安全意识和基本技能，构筑网络安全的第一道防线是国家网络安全保障体系建设的重要方面。重视网络时代对广大青年的影响，开展好网络宣传教育，要做好以下工作。首先，要建立网络文化育人的整体格局，利用网络的开放性、虚拟性、共享性的特点，对社会上的各类网吧加强监督管理，对各色各样的网站加大监控，充分发挥思想政治教育的主体功能，充分实现正能量信息的有效传播，营造风清气正的网络环境。其次，学校要根据国家有关政策、法律以及自身实际情况，制定完善相关的管理制度，加强对学生的网络道德与网络法制教育，将思想政治工作在网上延伸和拓展，引导广大青年合理运用各种新媒体。最后，要引导青年加强理论武装，用习近平关于网络强国的重要论述武装头脑，学会有效辨别各种网络信息，抵制虚假和不良的网络信息，在上网时遵守网络行为规范，自觉地依法、科学、文明、理性使用网络，让青年文明上网、上文明网。

参考文献

［1］习近平．习近平谈治国理政．北京：外文出版社，2017.

［2］习近平．习近平关于青少年和共青团工作论述摘编．北京：中央文献出版社，2017.

［3］黄蓉生，白云华．新时期青年思想政治教育工作的行动指南——学习习近平同

志关于青年教育的论述．思想理论教育导刊，2016（6）.

［4］黄蓉生，石海君．党的十八大以来习近平青年论述浅析．思想教育研究，2016（8）.

［5］万美容．青年学概论．北京：中国人民大学出版社，2016.

（作者系云南民族大学马克思主义学院思想政治教育专业2016级硕士研究生）

第三部分　文化建设

网络时代民族地区大学生的社会主义核心价值观认同培育研究

李艳萍

摘　要：网络在民族地区大学生社会主义核心价值观认同的教育中既发挥着重要作用，也带来了负面影响。为此，要利用网络，切实加强社会主义核心价值观的理论教育，不断增强大学生对社会主义核心价值观的认知度，有效提升高校思想政治理论课的实效性，促进社会主义核心价值观由认知向认同的转化；要充分运用大数据优势，推动社会主义核心价值观由认同向信念的转化；多渠道开展活动，促进社会主义核心价值观由理论向实践的外化。

关键词：网络时代；民族地区大学生；社会主义核心价值观

在党的十九大报告中，习近平同志将培育和践行社会主义核心价值观作为坚定文化自信，推动社会主义文化繁荣兴盛的一项重要内容提了出来，他明确指出，社会主义核心价值观是当代中国精神的集中体现，凝结着全体中国人民共同的价值追求。要以培养担当民族复兴大任的时代新人为着眼点大力弘扬和践行社会主义核心价值观。民族地区的大学生作为新时代中国特色社会主义事业的建设者，如何结合时代形势和社会发展过程中出现的新情况来对他们进行社会主义核心价值观的认同教育，既是高校思想政治理论课教学履行好政治使命的题中应有之义，更是关乎民族团结、地区稳定、国家发展的重要课题。

一、网络视域下民族地区大学生社会主义核心价值观认同教育的现实意义

（一）民族地区大学生社会主义核心价值观认同教育的意义

作为人们认定事物价值、分辨是非的一种观点、思维或取向，社会价值观是社会系统得以运转、社会秩序得以维持的基本精神依托和文化规范力量。我们党历来重视理想信念教育，重视文化建设。进入新的历史时期，社会的急剧转型、市场经济的迅速发展所带来的人们思想信仰上的迷茫和缺失，促使党更加高度重视社会主义核心价值体系的建设、培育和践行。建设社会主义核心价值体系的战略任务首次被提出是党的十六届六中全会，党的十八大进一步将社会主义核心价值观凝练为“富强、民主、文明、和谐，自由、平等、公正、法治，爱国、敬业、诚信、友善”，党的十九大则进一步强调要“培育和践行社会主义核心价值观，不断增强意识形态领域主导权和话语权”。这一历史脉络清晰地表明，我们党对社会主义核心价值观的认识达到了一个新的、自觉的高度。

任何健康有序的社会都有自己的核心价值观，任何核心价值观也都要以一定的方式为自己的国民所接受、认同，才能外化为行动。在今天，对民族地区大学生的社会主义核心价值观教育认同具有重要的现实意义。

1. 加强民族地区大学生的社会主义核心价值观认同教育是高校思想政治理论课教学的题中应有之义

思想政治理论课教育教学是民族高等教育、进而是国家教育的重要组成部分，而民族地区大学生的社会主义核心价值观认同教育又是思想政治理论课教学不可分割的部分。中华人民共和国成立 70 年来，国家对民族地区高等教育的发展给予了政策上的极大倾斜，促进了民族地区高等教育事业的长足发展。少数民族大学生作为民族地区发展最重要的人才资源和人力资本，其行为直接受到价值评价的影响：价值评价作为大学生对价值现象的认知、作为他们实践活动的规范尺度和要素，以及实践活动的目标，具有对实践活动发生导向作用、规范作用和精神驱动的作用。

在社会主义社会中，社会主义核心价值观认同居于个体价值评价的核心地位，思想政治理论课教育教学结合民族地区大学生的特点，对他们进行关于民族、国家的历史文化传统、核心价值观、理想信念等系统教育，既是提升思想政治理论课教学实效性的需要，又是培养大学生正确价值评价的最有效渠道。

2. 加强民族地区大学生的社会主义核心价值观认同教育是帮助他们形成正确的国家认同，最终促进民族地区发展的需要

边疆的稳定和发展历来不仅是一个重大的经济问题，也是一个重大的政治问题，事关民族、国家的核心利益。边疆民族地区的发展离不开大量合格人才，这些人才不仅要有丰富的专业知识和技能，更要有忠诚于民族、国家和人民的认知和情感，有牢固的思想防线。

经济全球化时代的到来使得西方的价值观、意识形态向全球扩散，西方国家从商品到文化、从生活方式到价值观，利用网络、宗教、跨国公司、文化产品等对社会主义国家的青少年尤其是大学生等进行渗透和“西化”。近年来在民族地区大学生中出现的新型宗教渗透说明，敌对势力一刻也未放弃以影响下一代而达到对中国西化与和平演变的目的，社会主义国家传统国家安全的一个新挑战便是文化安全。对大学生进行社会主义核心价值观认同教育有助于培养和强化爱国主义，维护国家的稳定，也是应对各种敌对势力渗透，维护边疆民族地区安全、稳定，巩固和发展新型民族关系的需要。

3. 加强民族地区大学生的社会主义核心价值观认同教育是解决民族问题，实现中华民族伟大复兴中国梦的必然要求

作为一个发展中的社会主义国家，作为一个现代多民族国家，实现中华民族伟大复兴的中国梦是全国人民共同的愿望和理想。这是一个经济、政治、文化、生态、社会“五位一体”的目标，也是一个包括不同地域、民族在内实现和谐发展、科学发展的愿景。但是，世界范围内民族问题的复杂性势必影响到我国的国内形势。学者欧以克曾指出，民族问题产生的根源不外乎两个因素：“一个是自然因素，即由民族本身的特征、特点所引起的民族差别，这是民族问题得以产生和存在的最基本前提；二是社会因素，即人类进入阶级社会以后，因阶级矛盾和剥削制度而引发的种种民族问题，这是阶级社

会中民族问题得以存在的最重要条件。”①

当前，我国各民族实现了政治上的平等，但仍存在着民族利益上的差别，这些差别的存在及其在一定范围和程度上的扩大乃至激化仍然会引发民族问题。大学生作为民族地区未来发展最宝贵的人才资源，对他们进行社会主义核心价值观的认同教育，不断增强其对国家的依附感，提高其政治鉴别力，是解决民族问题的有效手段。

（二）社会主义核心价值观认同教育的网络境遇

任何社会的核心价值观都是在一定的社会环境和活动中形成的，都具有鲜明的时代特点。网络是民族地区大学生认识、了解社会的一个非常重要的渠道，这一渠道以其开放性、自由性、平等性、包容性、便捷性等优势在大学生社会主义核心价值观的认同教育中发挥着不可替代的作用，但同时也以其复杂性、无序性、随意性、高度隐蔽性等劣势严重地影响着大学生的社会主义核心价值观认同。

1. 从认知角度出发，网络在民族地区的迅速发展和普及，在扩大和丰富大学生社会主义核心价值观的认同途径、内容的同时，造成了认知上的负面影响

网络是一个开放的大系统，具有开放性。我们通常说互联网是全球性的，这种“全球性”建立在技术保证之上，是其区别于传统媒介的最大特点，它打破了传统社会的生产、生活、思维和交往方式，使人们从相对封闭的地域、单位、社交圈子走向开放的世界。近年来，网络在民族地区，尤其是在高校中的发展和普及，一方面为社会主义核心价值观在大学生中的认同教育提供了更多更充分的内容，扩大了认知途径。另一方面也带来了对社会主义核心价值观认知上的误区，这些误区主要是基于大学生对网络的认知不足，表现为：网络功能认知方面，学生对网络的正功能认识较为充分，而对其负功能的认识明显不足；大学生上网的目的不一，且差异较大。网络责任认知方面，很多大学生在网络中的社会责任意识和社会责任感在弱化，他们认为网络是一个虚拟的世界，因此往往将这种虚拟性解读为不必要对自己的行为负责。与此同时，他们对网络世界中的社会责任的内容应如何界定也是模糊的，尤其忽视了不同意识形态领域的思想斗争。网络道德认知方面，很多大学生重视网络道德，但自律性差；有加强网络道德建设的意愿，但并不清楚加强网络道德建设的具体内容。对网络认知的片面、不科学，必然影响社会主义核心价值观在大学生中的传播和认同。

2. 从情感归属角度出发，网络在民族地区大学生的情感归属中占据越来越重要的地位，也带来了严重的情感依附

大学生这一群体本身在身心方面就具有一定的特殊性，他们喜欢追求新鲜事物，能快速地接受、吸收新的科技知识、观念，同时也存在自身社会阅历少、政治鉴别力低、意志力弱等缺点。而少数民族大学生在心理和认知上还具有一些另外的特点，在进入大学之前，大多数少数民族学生生活、学习的环境相对单一，同质性较高。进入大学后，这些学生不论是在学习方式和水平、思维方式、交往方式，还是行为方式上，都与周围的同学、老师呈现出较明显的异质性。

而网络具有平等性，不受现实生活中地位和身份的制约，每个人都可以是主体，按

① 欧以克. 民族高等教育学概论. 北京：民族出版社，2005：41.

照自己的意愿，以任何虚拟的身份同他人进行网络对话和网络活动，可以自由地发表观点，可以展示自己内心不为人知的一面。因此，网络在少数民族学生的情感认同方面发挥着越来越重要的作用。但同时，一些与社会主义核心价值观相悖的言论、一些负面的社会热点问题，甚至是一些否定和质疑马克思主义、社会主义的言论，会通过网络成千上万倍地放大和传播，这对于大学生社会主义核心价值观的认同具有巨大的负面作用。

二、网络视域下民族地区大学生社会主义核心价值观认同教育的实现路径

（一）切实加强社会主义核心价值观的理论教育，不断增强大学生对社会主义核心价值观的认知度

对大学生进行社会主义核心价值观认同教育的最终目的是增强他们的国家认同，提升中华民族的凝聚力和向心力，并促使其将此外化为行动，推动社会主义现代化和中华民族伟大复兴中国梦的实现。国家认同的主要内容是政治认同和文化认同。民族地区的大学生除了受到中国社会的急剧转型、市场经济的利益驱动、社会价值观念的深刻变化的影响之外，还受到诸如地区发展程度、少数民族传统文化和价值观念、生产方式等的影响，在国家认同方面上存在的问题是：普遍具有较高的国家认同，但其支撑主要是情感倾向，以感性因素居多，而理性认知因素较少。表现在现实中就是对社会中的一些现象缺乏理性思考，对一些理论问题仅停留在浅层次的讨论，缺乏深层次的探究和分析。同时，部分学生对本民族、国家的历史文化知识既不够了解，也不够重视。

鉴于此，我们要高度重视社会主义核心价值观的理论传播，也即大众化的问题，社会主义核心价值观的理论大众化程度越高，其吸引力、表现力就越强。为此，要充分利用网络覆盖面广、传播信息速度快、生动形象等特点，利用电子媒介体积小、容量大、阅读方便的特点，利用网络信息量大、更新速度快的特点，一是结合爱国主义教育的内容，以中华民族的发展史、文化史来对大学生进行国家认同教育；二是结合少数民族优秀传统文化，利用诸如专题网站、网络知识竞赛等多种形式展开宣传，多渠道增强大学生对社会主义核心价值观的认知度。

（二）有效提升高校思想政治理论课的实效性，促进社会主义核心价值观由认知向认同的转化

高校思想政治理论课的教学应始终贯穿社会主义核心价值观这一红线，对大学生进行包括马克思主义指导思想、中国特色社会主义共同理想、以爱国主义为核心的民族精神和以改革创新为核心的时代精神、社会主义荣辱观等在内的公民教育。

为此，要充分发挥网络在高校思想政治理论课教学中的作用。在内容上，获取大量信息资源，如背景材料、历史事实、社会评论、正面案例。在形式上，教师可以充分利用技术手段，结合多种多样的图像、文字、声音，同时播放如《复兴之路》《百年潮·中国梦》《大国崛起》等视频，也可以利用翻转课堂的形式进行教学。在语言风格上，借用网络语言、网络词汇，促进理论用语的通俗化。在渠道上，利用微博、微信、微话等渠道，在开展教学的同时，增强学生对祖国统一大业和中国特色社会主义的认识，激发学生的情感和想象，保护和传承中华民族文化，高扬社会主义主旋律、集体主义价值观、爱国主义的主题。这些内容最终必将促进大学生的社会主义核心价值观由认知向认

同的转化。

（三）充分运用大数据优势，推动社会主义核心价值观由认同向信念的转化

社会主义核心价值观是我国社会的主流价值观，是我国各民族价值观的“最大公约数”。在信息化时代，要充分利用大数据优势，推动民族地区大学生对社会主义核心价值观由认同向信念的转化。

具体而言，要做好以下工作。一是树立大数据思维。所谓大数据思维，就是从大数据角度思考问题，以大数据价值标准衡量事物，用大数据手段解决问题的思维。以此为指引，强化“虚拟空间”主流意识形态话语权。二是采用大数据技术，以此为依托创新主流意识形态的宣传教育方式。三是健全保障机制，加强大数据条件下的法律保障、技术保障、人才保障等机制。

（四）多渠道开展活动，促进社会主义核心价值观由理论向实践的外化

要实现社会主义核心价值观由理论向实践的外化，就要多渠道开展活动：一是加强校园文化建设，既要以社会主义核心价值观为灵魂，又要结合民族地区大学生的身心特点，结合民族地区实际展开。以云南民族大学为例，学校多个部门在出台文件、提供各种机会帮助贫困学生的同时，也鼓励学生成立各种与少数民族文化相关的社团，如“景颇文化研习会”“哈尼族文化研习会”“回族文化传习会”“白族文化发展研究协会”等，利用少数民族节庆文化，开展诸如“民族风情文化周”等各种活动，甚至校园的窨井盖上面都由学生绘上民族风情图案。二是要充分发挥社会实践的功能。要选择好的教学实践基地、选择好的实践方式。基地的选择宜精不宜多，且要具有鲜明的特色，满足多样化的教学主题，还要鼓励大部分学生参与，定期进行活动和总结。

（作者系云南民族大学马克思主义学院副教授）

习近平新时代中国特色社会主义思想“文化自信”优势理论体系研究

沈 航 闫振伟 李光明

摘　要：习近平新时代中国特色社会主义思想“文化自信”优势理论体系包括革命文化和社会主义先进文化优势、中华优秀传统文化优势、中国人民优势、中国精神优势四大优势理论，其理论体系的发展有一个历史递进的过程，根据习近平同志在不同工作时期所形成的理论成果进行划分，可分为三个阶段。其科学地阐释了革命文化和社会主义先进文化、中华优秀传统文化、中国人民与中国精神的新时代内涵，以及在中国特色社会主义建设发展过程中的作用问题，是指引全党全国各族人民在意识形态领域决胜全面建成小康社会，夺取新时代中国特色社会主义伟大胜利，实现中华民族伟大复兴的中国梦的真理与伟大旗帜。

关键词：文化自信；中国特色；人文优势

习近平同志高度重视文化在决胜全面建成小康社会，实现中华民族伟大复兴的中国梦的道路上的作用。2014 年 2 月，习近平同志在中央政治局第十三次集体学习中，提出“增强文化自信和价值观自信”的观点。2016 年 5 月，习近平同志对文化自信与道路自信、理论自信、制度自信的关系进行论述，强调：“我们要坚定中国特色社会主义道路自信、理论自信、制度自信，说到底是要坚持文化自信。”2016 年 7 月，在庆祝中国共产党成立 95 周年大会上，习近平同志对文化自信的内涵再度进行阐释，他指出：“文化自信，是更基础、更广泛、更深厚的自信。”2017 年 10 月，在党的十九大报告中，习近平同志再次提到了“文化自信”，指出：“文化是一个国家、一个民族的灵魂。文化兴国运兴，文化强国运强。没有高度的文化自信，没有文化的繁荣兴盛，就没有高度的文化自信。”① 在新修订的《中国共产党章程》中，也加入了文化自信的表述。也就是说，“文化自信”通过党的代表大会以及党章修正案，得到进一步明确与深化，已完全成为习近平新时代中国特色社会主义思想的重要组成部分，已完全上升到党最高意志的理论层面，已完全上升到实现中华民族伟大复兴的中国梦的最高实践层面。“文化自信”不仅仅是一个概念和一种提法，更为重要的是，“文化自信”是党的十八大以来，以习近平同志为核心的党中央深刻把握我国改革与发展实际，形成的具有新时代特征、具有新

① 习近平：《决胜全面建成小康社会　夺取新时代中国特色社会主义伟大胜利——在中国共产党第十九次全国代表大会上的报告》，人民出版社 2017 年版，第 40—41 页。

时代指向、具有新时代意义的重大理论成果，其理论已形成了较为完备的理论体系。习近平同志提出的“文化自信”是根据历史唯物主义与辩证唯物主义的基本原理，结合中国的实际所形成的理论，是被实践检验，具有严密逻辑，具有中国特色的理论体系。深入理解习近平新时代中国特色社会主义思想“文化自信”理论体系的内涵，首先要从习近平同志提出“文化自信”这个概念入手，追寻“文化自信”理论的发展脉络。一般而言，文化自信是指“建立在文化自觉、文化认同基础之上对国家民族文化精神的坚定信念与自觉实践，是民族成熟进步的标志之一”。[①] 这里讲的文化自信还有一个隐含的意思，可以拓展理解为文化领域“人无我有，人有我优”的优势。翻阅习近平同志的论著以及讲话稿，笔者发现，习近平同志在提出“文化自信”之前，虽然没有提到过“文化优势”的概念，但他在浙江主政时期多次讲到过“人文优势”这个概念。

一、“人文优势”词汇的产生及由来

“人文优势”这个词汇就笔者所知，最早见于李晓帆、冯根福1985年的《论地区经济优势》一文，他们认为人文优势是“包括一切人的因素，起主导作用技术的有利条件，如智力资源的优厚程度，包括科技人员的素质、数量及与此相联系的生产力组织水平、设备的先进程度等等”。[②] 作者在这里显然只强调了“人文优势”中“人”的主观作用，而忽略了“人文”概念中“文”的内涵与作用。廖泉文1986年的《浅析厦门经济特区的系统环境与开发》一文中提到，“厦门历史上是五口通商之一，便于与外国人贸易，并融洽相处。这是厦门的历史、人文优势”。[③] 这里的“人文优势”就明显具有文化交流、传播的意味。沈峻坡、钟哲的《论“金三角”对外开放的战略》一文提到了长三角、珠三角“社会人文优势”的概念，“突出的是文化教育事业较发达”的特点。[④] 可见，作者认为“文化教育优势”是“人文优势”的重要内涵。陈森镇的《略论泉州伊斯兰史迹人文优势对振兴海上丝绸之路的作用》[⑤] 一文，则提出历史文化遗迹是人文优势的观点。

查阅相关文献，我们遗憾地发现马克思、恩格斯并未提到过“人文优势”的概念，但对于“文化优势”这个词汇，马克思似乎比较上心，遗憾的是其并未亲自对这个概念进行解释。“文化优势”的概念早在1873年就由国际工人运动史上无政府主义的主要代表巴枯宁在其《国家制度和无政府状态》一文中提出，而马克思在其《巴枯宁〈国家制度和无政府状态〉一书摘要》中摘抄，并将包含“文化优势”词汇的语句翻译成了德文。原文如下：“德国人是‘国家主义者’和官僚主义者，他们可以说是生来就是一方面以自己的历史权利，即以侵略和‘历史悠久’的权利，另一方面以自己所谓的文化优

① 陆卫民、孙泽海：《论习近平的文化自信思想》，《北京工业大学学报》（社会科学版）2017年第5期，第50页。

② 李晓帆、冯根福：《论地区经济优势》，《陕西财经学院学报》1985年第2期，第22页。

③ 廖泉文：《浅析厦门经济特区的系统环境与开发》，《数量经济技术经济研究》1986年第8期，第18页。

④ 沈峻坡、钟哲：《论“金三角”对外开放的战略》，《社会科学》1986年第1期，第39页。

⑤ 陈森镇：《略论泉州伊斯兰史迹人文优势对振兴海上丝绸之路的作用》，《厦门大学学报》（哲社版）1988年第2期。

势作为他们高傲自大的依据。”① 在这里马克思并没有直接对“文化优势”进行分析，但根据马克思在《人类学笔记》《“古代社会”摘要》《巴黎手稿》等论著中对文化概念的认识，我们不难看出马克思对“文化优势”的理解。马克思认为“文化是人改造自然的劳动对象化中产生的，是以人化为基础，以人的本质或本质力量的对象化为实质的，它包括物质文化、精神文化、制度文化等因素”。② 那么马克思对“文化优势”概念的理解可以是某些地区、某些民族、某些阶级的人在改造自然过程中产生的一切物质、精神、制度等因素的总和，而这些总和因素是其余地区、其余民族、其余阶级人们所未有或者是缺乏的。这个理解可以在不少苏联学者的论著中得到印证。如在《马克思辩证法史》一书中，编者阿·库尔萨诺夫就提到了“文化优势”。“党的第十三次代表大会《关于对青年的工作》的决议中指出：‘问题是社会主义经济获得胜利呢，还是资本主义社会的干练职员（有旧观点的知识分子、商人、私人资本家等等）的文化优势和技能迫使我们节节退让，使我们从内部发生蜕化呢?’”③ 这里的“文化优势”指的就是当时资产阶级相对于无产阶级在物资资源、知识水平等方面具有的优势的总和。

从马克思摘抄翻译的内容，以及苏联学者对“文化优势”的理解，我们似乎可以发现，在他们看来“文化优势”这个概念既带有阶级属性，又带有霸权主义与强权政治的标签。“文化优势”是资产阶级用来压迫无产阶级，帝国主义用来压迫欺凌弱小民族的工具。因此在社会主义中国，很少有学者正面使用“文化优势”这个词汇。那么，“人文优势”这个词汇因未带有政治意味，从 20 世纪 80 年代后期开始，被我国学者用来解释文化在改革开放与现代化建设中发挥的作用问题。

二、“人文优势”理论与“文化自信”优势理论体系的发展

第一次从党和政府层面提到“人文优势”的概念的是习近平同志主政浙江时期所提出的“八八战略”。他对“八八战略”中的“人文优势”概念与内涵进行了深入的剖析，由此初步形成了“文化自信”优势理论体系的最初构思。这个理论体系有一个传承与创新的过程，首先是他在河北、福建工作时期形成的“人文优势”观；其次是他在浙江工作时期形成的“人文优势”理论；最后是他调任中央工作，尤其是党的十八大至党的十九大时期，最终形成了“文化自信”优势理论体系。由此，我们可将习近平新时代中国特色社会主义思想“文化自信”优势理论体系分为三个发展阶段。

第一阶段（1982—2002 年）形成“人文优势观”。

习近平新时代中国特色社会主义思想“文化自信”优势理论体系的萌芽阶段。这一阶段正是习近平同志在河北省、福建省工作期间。在正定主持工作时，习近平同志就强调文化对经济社会发展起到的重要作用，主要成果是形成了“人文优势观”，有以下四个层次。

第一，习近平同志强调要继承发扬好革命文化。1982 年 12 月，习近平同志提到

---

① 中共中央马克思恩格斯列宁斯大林著作编译局：《马克思恩格斯全集》第十八卷，人民出版社 1964 年版，第 666 页。

② 王仲士：《马克思的文化概念》，《清华大学学报》（哲学社会科学版）1997 年第 1 期，第 26 页。

③ ［苏］阿·库尔萨诺夫：《马克思辩证法史》（列宁主义阶段），人民出版社 1987 年版，第 240 页。

“要办好公社文化站和文化中心”，要“大力恢复和建立俱乐部、青年民兵之家”，要“大力举办农民夜校，开办文化、技术培训班”，要“根据群众的传统习惯，组织各种专业和业余文化团体为人民群众演出健康愉快、生动活泼、丰富多彩的文艺节目”。①

第二，习近平同志强调要借鉴传统文化来推动经济社会的发展。1987 年 5 月，习近平同志为《正定古今》一书作序，他指出：“我们有了这本书，就可以更好地鉴古知今，从实际情况出发，制定经济、技术、社会发展战略规划，对正定繁荣昌盛起到一定推动作用。”②

第三，习近平同志强调精神的作用。1994 年春，在福建工作的习近平同志为纪念吕玉兰同志，撰写了《高风昭日月　亮节启后人——深切怀念吕玉兰同志》一文。文中他回忆了吕玉兰同志的事迹，高度赞扬了她“朴实无华，任劳任怨，严于律己，处处表现出劳动模范的崇高风范”的精神。他指出“玉兰同志虽然离开了我们，但她给我们留下了宝贵的精神财富。她的品德和风范，将永远激励我们为党和人民的事业努力奋斗”。③ 1998 年 7 月，在《忆大山》一文中，习近平同志回忆了他的好友贾大山同志的事迹，指出“他那忧国忧民的情愫、清正廉洁、勤政敬业的作风，襟怀坦荡、真挚善良的性格，刚正不阿、疾恶如仇的精神，都将与他不朽的作品一样，长留人间”。④

第四，习近平同志强调人的能动性问题。1983 年 4 月，习近平同志在正定县三级干部会议上谈到人才的问题，指出“要做好本地、本单位科技人员、技术骨干的管理使用工作。对于那些确有真才实学的同志，要大胆信任，放手使用，用其所长，避其所短”。⑤ 1984 年 5 月，在河北省县委书记会议上，习近平同志谈到“大胆选拔，做到大‘才’者大用”。⑥ 在他看来，充分发挥人的主观能动性作用，发挥人的创造力，是实现社会经济发展的一大优势所在。综合起来看，从 1982 年到 2002 年，习近平同志关于“人文优势”的观点已经形成，其中包括革命文化优势、历史文化优势、精神优势以及人民的优势四个方面的内容，标志着习近平新时代中国特色社会主义思想“文化自信”优势理论体系的萌芽已经产生。

第二阶段：（2002—2007 年）形成“人文优势理论”。

习近平新时代中国特色社会主义思想“文化自信优势理论”的初步形成与发展阶段，主要是形成了浙江特色“人文优势理论”。这一阶段正是习近平同志主政浙江、上海期间，主要是主政浙江期间。2003 年 7 月，在浙江省委十一届四次全会召开，将“发挥浙江的人文优势”作为“八八战略”的重要组成部分。2005 年 7 月，习近平同志指出：“加快建设文化大省，就是要顺应时代大潮，提高文化自觉，始终坚持用先进文化

---

① 习近平：《搞好教育文化事业》，《爱之深爱之切》，河北人民出版社 2015 年版，第 16 页。

② 习近平：《我爱自己的第二故乡》，《爱之深爱之切》，河北人民出版社 2015 年版，第 215—216 页。

③ 习近平：《高风昭日月　亮节启后人——深切怀念吕玉兰同志》，《爱之深爱之切》，河北人民出版社 2015 年版，第 222、224 页。

④ 习近平：《忆大山》，《爱之深爱之切》，河北人民出版社 2015 年版，第 231 页。

⑤ 习近平：《人才对发展经济的作用不可估量》，《爱之深爱之切》，河北人民出版社 2015 年版，第 53 页。

⑥ 习近平：《念好“人才经”开拓翻番路》，《爱之深爱之切》，河北人民出版社 2015 年版，第 157 页。

牢牢占据思想文化阵地、统领意识形态领域，坚决抵御西方敌对势力‘西化’‘分化’的政治图谋和各种腐朽、落后的思想文化的渗透，确保文化安全。”① 同时他指出：“浙江老百姓聪明，干部精明，出的招数很高明。其背后是浙江的人文优势，是深厚的文化底蕴和‘浙江精神’在起作用。”之后，他又谈到了浙江人：“浙江人更以善闯天下著称，浙江籍的各类人员遍布中国、遍布世界。”② 事实上，习近平同志已将浙江的人文优势概括为社会主义先进文化优势、浙江文化底蕴优势、浙江人的优势、浙江精神优势四点。以此为标志，习近平新时代中国特色社会主义思想“文化自信”优势理论体系的基本框架已有了初步的雏形。此后，习近平同志在各种场合，以浙江为例，对“人文优势”的内涵不断进行补充完善，使之不断发展。浙江特色“人文优势”理论是习近平同志在河北、福建工作时期所形成的“人文优势”观的继承和深化，是其根据浙江改革与发展实际作出的科学论断，是习近平新时代中国特色社会主义思想“文化自信”优势理论体系的重要理论来源与组成部分。

第一，先进文化优势。2002 年 12 月，习近平同志在浙江省记协第七届理事会和省作协第六次代表大会上对社会主义先进文化的内涵进行了解析，他指出：“先进文化在启迪人民始终保持奋发有为、昂扬向上的精神状态，促进全社会形成共同的理想和精神支柱，激励全民族万众一心、不懈奋斗等方面，有着强大的号召力、吸引力和凝聚力。”同时他指出，坚持社会主义先进文化，最根本的是“要求我们坚持马克思列宁主义、毛泽东思想、邓小平理论和‘三个代表’重要思想的指导地位，用‘三个代表’重要思想统领文化建设”。③

第二，浙江文化底蕴优势。2003 年 7 月，习近平同志在浙江省文化体制改革和文化大省建设座谈会上结合浙江实际对浙江“人文优势”的内涵进行具体解析。他指出，浙江之所以能成为全国发展最好最快的省份，其深层原因，就在于文化传统，在这里习近平同志将浙江悠久的历史文化传统纳入浙江文化底蕴优势之中，进一步丰富了他浙江特色人文优势理论的内涵。2006 年 2 月，习近平同志在接受《国际金融报》专访时，对浙江“人文优势”的文化底蕴优势进行深度解析，他指出：“浙江确实是一个又文又商的地方，浙江大地不仅培育出大批实业家，也培育出很多思想家。浙江在历史上有许多著名的学派，如以吕祖谦为代表的金华学派……近代以来浙江名人辈出，如有国学大师章太炎、王国维，教育家蔡元培……这些学派和人物在中国文化史上独树一帜，有较高的地位，他们的思想、观点已经成为浙江的文化基因，形成了浙江特有的人文优势。”④

第三，浙江人民优势。习近平同志高度重视人在“文化优势”中的地位，不止一次指出浙江人民的优秀品质是浙江经济社会发展的一大优势。2003 年 7 月，在浙江省委十

① 习近平：《干在实处走在前列——推进浙江新发展的思考与实践》，中共中央党校出版社 2006 年版，第 242 页。

② 习近平：《干在实处走在前列——推进浙江新发展的思考与实践》，中共中央党校出版社 2006 年版，第 263—264 页。

③ 习近平：《干在实处走在前列——推进浙江新发展的思考与实践》，中共中央党校出版社 2006 年版，第 250 页。

④ 《浙江新传奇：“八八战略”从头越——专访中共浙江省委书记习近平》，《国际金融报》2006 年 2 月 9 日。

一届四次全会上，他评价浙江人民“既有山的韧劲，又有海的胸襟；既具内陆文化吃苦耐劳、顽强拼搏的优点，又有海洋文化勇于开拓、勇于冒险的胆气。浙江人的这种‘文化基因’，一旦遇到改革开放的阳光雨露，必然‘一有雨露就发芽，一有阳光就灿烂’，迸发出巨大的创造力，极大地推动浙江社会生产力的解放和发展”。① 习近平同志对浙江人民的评价，其实就是基于他对人主观能动性的认识基础上做出的。浙江在没有特殊政策和特殊资源的情况下，能取得现在的成就，其中最为关键的因素就是浙江人民能发挥自身的主观能动性，能自觉主动地站在改革开放的时代前列。2005 年 7 月，习近平同志在浙江省委十一届八次全会上谈到文化时，专门提到人的主观能动性问题。他指出“文化”即人化，文化事业即养人心志、育人情操的事业。人，本质上就是文化的人，而不是“物化”的人；是能动的、全面的人，而不是僵化的、“单向度”的人。② 2006 年 10 月与 11 月，习近平同志再次谈到浙江人民的优势，他指出：“浙江人敏于挖掘文化传统中的经济元素和商业契机，善于向经济活动中注入更多文化内涵，以文化的力量推动经济发展。”③ 同时，他总结了浙江人民的优势经验，就是“不仅敢于走出去创业，更重要的是有诚信合作的团队精神，能组成能量巨大的商团，可以实现‘小商品大市场’的运作。既能够单打独斗，又善于相互合作，这是浙江人的优秀品质”。④ 这些重要论断，进一步丰富了浙江特色“文化优势”理论的内涵。

第四，“浙江精神”优势。翻阅材料，笔者发现“浙江精神”最早进入公众视野是在 1999 年。1999 年 12 月 12 日《浙江日报》头版头条刊登了题为《省社科联第四次代表大会昨开幕》的新闻。时任浙江省委书记的张德江同志提出了“提炼浙江精神，总结浙江经验，开拓浙江未来”的要求。浙江精神一词就是由此而来。习近平同志主政浙江期间，对浙江精神进行了高度的概括，给予了高度的评价。2003 年 7 月，习近平同志在省委第十一届四次全会上概括了浙江精神的内涵，指出“自强不息、坚韧不拔、勇于创新、讲求实效”是浙江精神的内涵。2003 年 11 月，习近平同志在浙江陕西经济社会发展情况交流会上对浙江精神的内涵与优势作了生动的阐释。他指出，“自强不息”就是说：“浙江人不奢望天上掉馅饼，找不到国有企业的‘铁饭碗’，就办乡镇企业和个私企业，由此走出了一条有浙江特色的工业化道路。”“坚韧不拔”就是说：“浙江人宁肯苦干，不肯苦熬，为了创业，可以四海为家。”“勇于创新”就是说：“浙江人敢闯敢干，敢为天下先，在改革开放实践中进行了许多卓有成效、在全国颇有影响的探索创新。”“讲求实效”就是说：“浙江人不尚空谈，不图虚名，不争论、不攀比、不张扬、踏踏实实地从小事做起，一步步地创业，一点一点地积累。”这是习近平同志立足浙江，参照其余省份情况，对浙江精神的独有优势进行科学的解释。⑤ 2006 年到 2007 年期间，习近

---

① 习近平：《干在实处走在前列——推进浙江新发展的思考与实践》，中共中央党校出版社 2006 年版，第 264 页。

② 习近平：《干在实处走在前列——推进浙江新发展的思考与实践》，中共中央党校出版社 2006 年版，第 246 页。

③ 习近平：《“文化经济”点亮浙江经济》，《之江新语》，浙江人民出版社 2007 年版，第 232 页。

④ 习近平：《“浙江人经济”拓展浙江经济》，《之江新语》，浙江人民出版社 2007 年版，第 233 页。

⑤ 习近平：《干在实处走在前列——推进浙江新发展的思考与实践》，中共中央党校出版社 2006 年版，第 265 页。

平同志不止一次提到“与时俱进的浙江精神”的概念。最具代表性的是，2006 年 4 月，习近平同志在《哲学研究》上发表了《与时俱进的浙江精神》一文，他站在理论高度，明确“与时俱进”是浙江精神的重要组成部分，进一步丰富了浙江精神的内涵。他指出：“在新的历史起点上，大力培育和弘扬与时俱进的浙江精神，进一步激发浙江人民的无穷智慧和伟大创造，必将有力推进‘十一五’规划起好步，开好局，推动浙江实现又快又好发展，开辟更加和谐美好的未来。”①

第三阶段（2007 年至今）形成“文化自信”优势理论体系。

习近平新时代中国特色社会主义思想“文化自信”优势理论体系的形成与成熟阶段，这是习近平同志将浙江特色“人文优势”理论补充并提升到新时代中国特色社会主义思想“文化自信”理论体系的时期，这是浙江“人文优势”经验向全国推广的时期。

2015 年 5 月，习近平同志在浙江考察时指出：“我在浙江工作时，省委就提出了‘八八战略’。这不是拍脑瓜子的产物，而是经过大量调查研究提出来的发展战略。”“‘八八战略’和‘四个全面’在精神上是契合的。”② 随后，时任浙江省委书记的夏宝龙同志强调：“习近平同志在浙江工作期间作出的‘八八战略’等一系列重大决策部署，在理论渊源、实践基础、思想内涵上与‘四个全面’的一些战略举措具有内在的一致性。”③ 从“人文优势”层面来看，十八大以来，以习近平同志为核心的党中央高度重视革命文化、社会主义先进文化、传统文化、人文精神、人的能动作用在全面建成小康社会、实现中华民族伟大复兴的中国梦过程中发挥作用的问题，我们能明显地感到浙江特色“人文优势”理论已提升到习近平治国理政的新理念、新思想、新战略的高度，成为习近平新时代中国特色社会主义思想文化自信优势理论体系的重要组成部分。

三、“文化自信”优势理论体系的成熟与提升

相较人文优势观与浙江特色人文优势理论，习近平新时代中国特色社会主义思想“文化自信”理论体系内容上是成熟，层次上是丰富、具体与全面，理论上是系统、创新与突破，思想上是高度契合，其成熟与提升主要有以下四个方面。

（一）“先进文化优势”提升为“革命文化和社会主义先进文化优势理论”

党的十八大以来，习近平同志在继承与发扬在浙江工作时期形成的“先进文化优势论断”的基础上，提出了新的观点，形成了新的理论。在党的十九大报告中，习近平同志提出中国特色社会主义文化“熔铸于党领导人民在革命、建设、改革中创造的革命文化和社会主义先进文化”的论断。④ 从这里我们可以清晰地看到习近平新时代中国特色社会主义思想“文化优势”理论体系的发展脉络，其萌芽于在河北、福建工作时期形成的“文化优势观”，初步形成并发展于在浙江工作时期形成的浙江特色“文化优势理论”，形成并成熟于党的十八大以来五年治国理政的过程之中。革命文化和社会主义先

① 习近平：《与时俱进的浙江精神》，《哲学研究》2006 年第 4 期，第 3 页。

② 《一步一履总关情——习近平同志在浙江考察纪实》，《浙江日报》2015 年 5 月 30 日。

③ 《全力推动“四个全面”战略布局在浙江的生动实践》，《今日浙江》2015 年第 6 期。

④ 习近平：《决胜全面建成小康社会 夺取新时代中国特色社会主义伟大胜利——在中国共产党第十九次全国代表大会上的报告》，人民出版社 2017 年版，第 41 页。

进文化优势理论的核心和要义是坚持党对一切工作的领导，牢牢掌握意识形态的领导权，培育和践行社会主义核心价值观，加强思想道德建设，繁荣发展社会主义文艺，以此推动文化事业和文化产业的发展。

（二）“浙江文化底蕴优势”提升为“中华优秀传统文化优势理论”

习近平同志在党的十九大报告中指出：“中国特色社会主义文化，源自中华民族五千多年文明历史所孕育的中华优秀传统文化。”[①] 也就是说，我们要坚持的“文化自信”源自中华优秀传统文化，我们要发挥的“文化自信优势”源自中华优秀传统文化所具有的优势。党的十八大以来，习近平同志结合在浙江工作的经验，将“浙江文化底蕴优势论断”提升到国家治理的高度。他指出：“提高国家文化软实力，不仅关系我国在世界文化格局中的定位，而且关系我国国际地位和国际影响力，关系‘两个一百年’奋斗目标和中华民族伟大复兴中国梦的实现。”[②] 在他看来，全面建成小康社会不能仅仅依靠经济的发展，还需要大力发扬中华传统优秀文化的优势。他指出：“中华民族有着五千多年的文明史，创造和传承下来丰富的优秀文化传统。”“我们决不可抛弃中华民族的优秀文化传统，恰恰相反，我们要很好传承和弘扬，因为这是我们民族的‘根’和‘魂’。”[③] 习近平同志善于利用中华优秀传统文化经验、中华优秀传统文化智慧治国理政。在谈到全面深化改革和全面依法治国问题时，他借用战国时期商鞅变法、宋代王安石变法、明代张居正变法的历史事实向广大党员干部讲解了“改革和法治相辅相成、相伴而生”的道理，[④] 同时，他指出：“数千年来，中华民族走着一条不同于其他国家和民族的文明发展道路。我们开辟了中国特色社会主义道路不是偶然的，是我国历史传承和文化传统决定的。”在谈到全面从严治党时，习近平同志强调运用历史智慧从严治党，推进反腐倡廉建设。他强调：“需要积极借鉴我国历史上反腐倡廉的宝贵遗产。研究我国反腐倡廉历史，了解我国古代廉政文化，考察我国历史上反腐倡廉的成败得失，可以给人以深刻启迪，有利于我们运用历史智慧推进反腐倡廉建设。”[⑤] 同时，他也以“求木之长者，必固其根本；欲流之远者，必浚其泉源”的道理告诫党员干部，注意思想意识上的滑坡。[⑥]

（三）“浙江人民优势”提升为“中国人民优势理论”

习近平同志在党的十九大报告中多次提到“中华民族是历经磨难、不屈不挠的伟大民族，中国人民是勤劳勇敢、自强不息的伟大人民”，同时他进一步强调“人民是历史

---

① 习近平：《决胜全面建成小康社会 夺取新时代中国特色社会主义伟大胜利——在中国共产党第十九次全国代表大会上的报告》，人民出版社 2017 年版，第 41 页。

② 中共中央文献研究室：《习近平关于协调推进“四个全面”战略布局论述摘编》，中央文献出版社 2015 年版，第 36 页。

③ 中共中央文献研究室：《习近平关于实现中华民族伟大复兴的中国梦论述摘编》，中央文献出版社 2013 年版，第 33 页。

④ 中共中央文献研究室：《习近平关于协调推进“四个全面”战略布局论述摘编》，中央文献出版社 2015 年版，第 15 页。

⑤ 习近平：《习近平谈治国理政》，外文出版社 2014 年版，第 390 页。

⑥ 中共中央文献研究室：《习近平关于协调推进“四个全面”战略布局论述摘编》，中央文献出版社 2015 年版，第 140 页。

的创造者，是决定党和国家前途命运的根本力量”，他指出“历史只会眷顾坚定者、奋进者、搏击者，而不会等待犹豫者、懈怠者、畏难者”“我们走中国特色社会主义道路，具有无比广阔的时代舞台，具有无比深厚的历史底蕴，具有无比强大的前进定力”。[①] 也就是说，在实现中华民族伟大复兴的中国梦道路上，中国人民要发挥自身的优势，做历史的坚定者、奋进者和搏击者。

党的十八大以来，习近平同志将已经形成的“浙江人民的优势论断”进行提升，多次总结中国人民身上具有的优良品质的内涵，形成了“中国人民优势理论”。他指出：“在漫长的历史进程中，中国人民依靠自己的勤劳、勇敢、智慧，开创了各民族和睦共处的美好家园，培育了历久弥新的优秀文化。”[②] 在他看来，实现“两个一百年”战略目标，就需要发扬中国人的优秀品质，发挥各行各业人民群众“人”的主观能动作用。在文艺工作座谈会上，习近平同志谈道：“我国作家艺术家应该成为时代风气的先觉者、先行者、先倡者，通过更多有筋骨、有道德、有温度的文艺作品，书写和记录人民的伟大实践、时代的进步要求。”[③] 在哲学社会科学工作座谈会上，习近平同志指出：“一切有理想、有抱负的哲学社会科学工作者都应该立时代之潮头、通古今之变化、发思想之先声，积极为党和人民述学立论、建言献策，担负起历史赋予的光荣使命。”在全国科技创新大会上，习近平同志指出：“我国要建设世界科技强国，关键是要建设一支规模宏大、结构合理、素质优良的创新人才队伍，激发各类人才创新活力和潜力。”习近平同志的这些论述，归根结底就是要求中国人民积极行动起来，发挥各自“人”的主观能动的优势，为实现中华民族伟大复兴的中国梦而奋勇前进。

（四）“浙江精神优势”提升为“中国精神优势理论”

党的十八大以来，习近平同志将在浙江工作时期形成的“浙江精神优势论断”提升到治国理政的新高度，形成了“中国精神优势理论”。习近平同志在各种场合多次提到“中国精神”的内涵以及“中国精神”的作用。他指出：“中国精神”就是“以爱国主义为核心的民族精神，以改革创新为核心的时代精神”。[④] 民族精神的基本内涵是“中华民族有着不屈不挠、生生不息、顽强奋斗的精神”。[⑤] 他指出实现社会主义现代化的宏伟目标就应当发挥“中国精神”的优势。

2013 年 3 月，习近平同志在十二届全国人大一次会议辽宁代表团审议时以雷锋、郭明义、罗阳等人为例，对民族精神的内涵进行进一步阐释，他强调：“信念的能量、大

---

① 习近平：《决胜全面建成小康社会　夺取新时代中国特色社会主义伟大胜利——在中国共产党第十九次全国代表大会上的报告》，人民出版社 2017 年版，第 69—70 页。

② 中共中央文献研究室：《习近平关于实现中华民族伟大复兴的中国梦论述摘编》，中央文献出版社 2013 年版，第 13 页。

③ 中共中央宣传部：《习近平同志在文艺工作座谈会上的重要讲话学习读本》，学习出版社 2015 年版，第 7 页。

④ 中共中央文献研究室：《习近平关于实现中华民族伟大复兴的中国梦论述摘编》，中央文献出版社 2013 年版，第 35 页。

⑤ 中共中央文献研究室：《习近平关于实现中华民族伟大复兴的中国梦论述摘编》，中央文献出版社 2013 年版，第 33 页。

爱的胸怀、忘我的精神、进取的锐气，正是我们民族精神的最好写照。”① 在谈到时代精神时，习近平同志指出：“改革创新始终是鞭策我们在改革开放中与时俱进的精神力量”，② 他要求要“用先进思想、模范行动影响和带动全社会，不断为中国精神注入新能量”。③ 在这里，先进思想、模范行动就是指在改革开放中形成的改革与创新的精神动力。

总之，习近平新时代中国特色社会主义思想“文化自信”优势理论体系是马克思主义基本原理同中国实践相结合的产物，创造性地发展了马克思主义“文化优势”相关理论，是马克思主义文化观中国化的最新理论成果。

（作者单位：浙江工业职业技术学院马克思主义学院）

① 中共中央文献研究室：《习近平关于实现中华民族伟大复兴的中国梦论述摘编》，中央文献出版社 2013 年版，第 34 页。

② 中共中央文献研究室：《习近平关于实现中华民族伟大复兴的中国梦论述摘编》，中央文献出版社 2013 年版，第 35 页。

③ 中共中央文献研究室：《习近平关于实现中华民族伟大复兴的中国梦论述摘编》，中央文献出版社 2013 年版，第 36 页。

新时代坚定文化自信的几个维度

——从列宁对“无产阶级文化派”的批判谈起

曹 芸

摘 要：坚定文化自信是新时代中国特色社会主义的内在要求。列宁与“无产阶级文化派”的思想交锋对当今的文化建设具有重要意义。针对“无产阶级文化派”放弃马克思主义指导思想、否定无产阶级政党的领导以及拒绝接受人类一切传统文化遗产的错误思想，列宁通过批判的方式阐明了无产阶级文化建设的基本原则和指导思想。新时代坚定文化自信必须以马克思主义为指导思想，坚持党对文化事业的领导，并以扬弃的态度正确对待历史文化遗产。

关键词：文化自信；列宁；“无产阶级文化派”

习近平同志在党的十九大上向世界庄严宣告，中国特色社会主义进入了新时代，这是我国社会发展新的历史方位。新时代实现中华民族伟大复兴的历史使命必须推进中国特色社会主义的伟大事业，其中“中国特色社会主义文化是激励全党全国各族人民奋勇前进的强大精神力量”，并再次明确提出“全党要更加自觉地增强道路自信、理论自信、制度自信、文化自信”。① 古往今来，文化作为一种无形却至关重要的精神力量，与民族复兴、国家兴盛息息相关。文化自信蕴含着对自身民族文化的坚定信念，是事关国运兴亡、文化安全与民族独立的关键所在。纵观世界历史，一个民族如果缺乏文化自信，没有强大的民族文化为其提供精神支柱，终究会走向没落或者为其他民族所同化；相反，一个民族的崛起和复兴，往往伴随着振作起来的民族精神与逐渐坚定的文化自信。中国特色社会主义文化源自于中华民族在悠久历史中所孕育的优秀传统文化，熔铸于近代中国人民在革命、建设和改革中创造的革命文化和社会主义先进文化，这是我们坚定文化自信的历史渊源。但在当前文化全球化的汹涌浪潮中，发达资本主义国家对我国的文化渗透力有增无减，蕴含着西方价值观的文化商品带来了历史虚无主义、新自由主义和民主社会主义等各种否定马克思主义和社会主义的思潮，使我们的文化自信受到严重冲击。

在社会主义历史上，无产阶级政党遭遇文化危机问题不是偶然现象。十月革命胜利

① 习近平．决胜全面建成小康社会 夺取新时代中国特色社会主义伟大胜利——在中国共产党第十九次全国代表大会上的报告．http：//news. xinhuanet. com/2017 – 10/27/c _ 1121867529. htm，2017 – 10 – 27.

后，成立于十月革命前的俄国无产阶级文化协会这一群众性文艺团体的领导权和主要刊物逐渐被以波格丹诺夫为首的小资产阶级知识分子控制，他们开始散布马赫主义等反马克思主义观点。他们拒绝苏维埃政府和教育人民委员部及苏共（布）的领导，要求文化脱离政治实行所谓自治；他们摒弃文化遗产，认为只有在铲除一切旧文化的基础上才能创造出新文化，主张在纯净如“实验室”般的条件下建立所谓“纯粹的”无产阶级文化。列宁对“无产阶级文化派”这种极端化思潮十分担心，多次在演讲和文章中予以揭露和批判。通过对“无产阶级文化派”的批判，列宁间接阐述了在无产阶级文化的理论指导、政治领导、与传统文化及外来文化的关系等问题上的观点，及时纠正了苏维埃文化事业领域的错误思想，教育了广大干部和人民群众，推动了俄国社会主义文化事业的顺利发展。今天我们回顾一个世纪前列宁与“无产阶级文化派”之间的斗争，对新时代我们坚定文化自信建设中国特色社会主义文化仍然具有重要的启迪意义。

一、列宁批判“无产阶级文化派”经验批判主义的哲学立场——马克思主义世界观是新时代坚定文化自信的理论根基

“无产阶级文化派”的形成肇始于俄国社会民主工党内以波格丹诺夫为首的“前进派”，在哲学立场上，波格丹诺夫信奉的是19世纪末20世纪初流行于德国、奥地利以及欧洲大陆其他国家的马赫主义。由于19世纪20世纪之交物理学上的大发现冲击了以往物理学中的经典定律，出现了所谓的现代物理学危机，这同时也是对物理学的客观性和外部世界实在性的否定。一些唯心主义哲学家利用物理学界的混乱，加剧并扩大了这种危机，使之成为颇为流行的反科学的论调。物理学家马赫基于唯心主义立场提出构成世界的是要素，即感觉，客观事物是“感觉的复合”。与马赫持相同立场的另一位创始人阿芬那留斯发表了《纯粹经验批判》的代表作，因此马赫主义又被称为经验批判主义。这一理论强调经验优先于存在，指出作为世界第一性的东西既不是物质也不是精神，而是感觉经验，把感觉经验看作是认识的界限和世界的基础，物质和精神、主观和客观的区别都只是经验内部的区别。从这一立场出发，经验批判主义认为一切科学理论都不过是涉及经验世界的各种假说，只有方便与否之分，没有正确与错误之别。他们主张取消现象范围以外的存在和本质问题，试图建立一种超越唯物唯心对立的中立的哲学。经验批判主义在俄国的代理人波格丹诺夫试图用这一理论来修正和取代马克思主义理论，在文化问题上，他们提出文化是“社会地组织起来的经验”，不同阶级和群体有不同的“阶级经验”，无产阶级文化就应当是无产阶级阶级经验的总结。[①] 可见，波格丹诺夫的用意是用马赫主义的认识论取代马克思主义认识论从而取消马克思主义在文化领域的指导地位。

列宁早在1908年就曾专门著文批判经验批判主义所谓的中立原则不过是唯心主义的一种表达形式，其实质不过是贝克莱的主观唯心主义与休谟不可知论的翻版。针对十月革命后波格丹诺夫大肆鼓吹所谓“纯粹的”无产阶级文化，列宁一针见血地指出了其哲学实质指的就是“马赫主义”“无产阶级的科学”“无产阶级的艺术”“无产阶级的文

① 马龙闪．列宁同“无产阶级文化派”的斗争．世界历史，1981（4）：3—13.

化”等词句“正是用来掩饰同马克思主义的斗争的”①“波格丹诺夫在‘无产阶级文化’的幌子下偷贩着资产阶级的反动观点”。② 列宁指出，“无产阶级文化派”否定马克思主义理论在文化艺术领域的指导地位，不仅在理论上是错误的，在实践上也是有害的，导致文化艺术工作者陷入主观唯心主义和形而上学的泥潭。在“破”的同时，列宁也正面回应了苏维埃共和国的整个文化教育事业，“都必须贯彻无产阶级阶级斗争的精神”“只有以马克思主义世界观为指导，在吸收和改造两千多年来人类思想和文化发展中的一切有价值的东西的基础上，才能‘发展真正的无产阶级文化’”③。

列宁对“无产阶级文化派”否定马克思主义在文化事业中的指导地位的批判在当前仍有重要的现实意义。习近平同志在十九大报告中强调：“发展中国特色社会主义文化，就是以马克思主义为指导，坚守中华文化立场，立足当代中国现实，结合当今时代条件，发展面向现代化、面向世界、面向未来的，民族的科学的大众的社会主义文化，推动社会主义精神文明和物质文明协调发展。”自五四运动以来，中国文化的指导思想一直是个颇有争议的问题，这一问题实质上是中国人民进行实践活动的指导思想问题。围绕中国发展的指导思想先后出现了儒家思想论、西方自由主义思想论等各种主张，实践证明，这些主张都不符合中国文化实践的客观要求。在马克思主义传入中国之初，思想界也曾争论过它能否成为中国社会发展的指导思想，近百年后的今天，这一争论并未因为中国特色社会主义的伟大成就而销声匿迹，相反，仍有人认为马克思主义作为舶来品导致了中国传统文化的失落和断裂，中国现代文化的核心和指导思想只能是本土的儒家或其他思想体系。在某种程度上，这一观点与俄国“无产阶级文化派”有一定相似之处，即都试图割裂马克思主义与民族传统文化之间的联系，从而取消马克思主义在思想文化领域中的指导地位。

然而，近一个世纪的实践已经证明，唯一可能而且实际对中国文化建设起指导作用的只有马克思主义，这首先是由马克思主义本身的科学性所决定的。马克思主义基本原理正确揭示了自然界、人类社会及思维发展的客观规律，作为最高层次的指导思想，它不是以其纯粹的原生形态而是通过其中国化的形态发挥作用，因此只要在中国寻找到使它发挥作用的具体形式，它就能与中国国情相适应并正确指导中国社会发展。历史已经表明，毛泽东思想、邓小平理论、“三个代表”重要思想和科学发展观、习近平新时代中国特色社会主义思想等都是在马克思主义指导下对中国实践经验的正确总结，同时它们也深深植根于中国本土，是对传统文化的扬弃与现代文化的创新。这就证明，马克思主义作为科学的理论体系与中国民族文化并不是非此即彼毫不兼容的，相反，它可以成为我们重新认识和评价传统文化的参考标准，也可以为我们继承和发展传统文化提供科学依据。其次，作为中国共产党的指导思想，马克思主义也需要成为文化建设的指导思想。中国特色社会主义事业是在中国共产党的领导下的伟大事业，是在马克思主义科学指导下的伟大事业，可见，新时代仍然必须毫不动摇地坚持马克思主义在文化领域的指

① 列宁．列宁选集：第4卷．北京：人民出版社，1995：287.
② 列宁．列宁选集：第4卷．北京：人民出版社，1995：347.
③ 列宁．列宁选集：第4卷．北京：人民出版社，1995：351.

导地位，马克思主义为中国特色社会主义文化建设提供了方向、纲领和旗帜，是我们坚定文化自信的理论根基。

二、列宁批判“无产阶级文化派”的自治要求——新时代坚定文化自信必须坚持党的领导

“无产阶级文化派”在指导思想上用马赫主义取代马克思主义，在政治上则提出了所谓的“自治”要求。在波格丹诺夫等人看来，“如同工人政党是无产阶级的政治组织，工会是它的经济组织一样，无产阶级文化协会是无产阶级文化创作的阶级组织”。[①] 也就是说，他们认为文化组织与政治组织、经济组织之间是彼此独立存在的实体，无产阶级文化协会这个群众性文化艺术组织应当取得与无产阶级政党与工会平等的地位。在这一主张下，1918 年 4 月国家教育委员会讨论无产阶级文化协会的性质和它同党中央及教育人民委员部的关系问题，协会的领导人坚持协会的独立性，强烈要求取消教育委员会对文化协会的监督和领导，在他们一再要求下，会议删去了“无产阶级文化协会应向共产党中央委员会汇报工作”这句话。[②] 此后协会领导人又多次发表声明，认为苏维埃政权是由多个阶级组成的“政治联盟”而不是纯粹的无产阶级专政，因此无产阶级文化事业拒绝接受这个“政治联盟”的监督和领导。

这种论调迎合了当时许多小资产阶级和无政府主义者的趣味，十月革命后无产阶级文化协会不断发展壮大，到 1920 年秋已经在全国有两百多个地方组织共四五十万人。如果这支庞大的文化建设力量脱离党的领导，必将给社会主义文化事业带来巨大损失。列宁意识到这个问题的严重性，在 1920 年 10 月全俄无产阶级文化协会第一次代表大会召开前，专门召见了教育人民委员卢那察尔斯基，向他说明了协会服从党和教育委员部领导的必要性，委托他在大会上代为转达。但卢那察尔斯基却在大会上支持了“无产阶级文化派”不受监督完全自治的要求，甚至表示允许无产阶级文化协会派遣自己的代表参加教育人民委员来发挥作用。列宁看到讲话内容后十分震惊，他立即起草了《关于无产阶级文化》的决议草案，这一草案涉及“无产阶级文化派”及其协会的政治问题、理论问题和组织问题。列宁在草案中明确强调：“无产阶级文化协会的一切组织必须无条件地把自己完全看做教育人民委员部机关系统中的辅助机构，并且在苏维埃政权（特别是教育人民委员部）和俄国共产党的总的领导下，把自己的任务当做无产阶级专政任务的一部分来完成。”[③] 此后不久俄共中央委员会也以自己的名义发表了致无产阶级文化协会的公开信，重申了党在文化事业领域的领导地位。这两项举措在协会会员中引起了较大影响，无产阶级文化派的几名领导人亲自去找列宁辩解。经过一次次的思想论争，列宁的正确思想教育了“无产阶级文化协会”的广大会员，“无产阶级文化派”的思想实质逐渐为学者和群众所认清，无产阶级文化协会的组织规模也大幅缩小，慢慢走向了衰亡。

---

① 戈尔布诺夫．列宁与无产阶级文化协会．北京：人民文学出版社，1980：146.
② 戈尔布诺夫．列宁与无产阶级文化协会．北京：人民文学出版社，1980：120—121.
③ 列宁．列宁专题文集（论社会主义）．北京：人民出版社，2009：167.

列宁批判“无产阶级文化派”脱离党的监督和领导要求自治的思想对新时代坚定文化自信依然具有重要意义。党的领导是中国特色社会主义最本质的特征，“历史已经并将继续证明，没有中国共产党的领导，民族复兴必然是空想”。[①] 中国共产党是新时代中国特色社会主义先进文化的代表，是引领社会主义文化不断繁荣发展的根本保证。党历来高度重视运用文化引领前进方向、凝聚奋斗力量，团结带领全国各族人民不断以思想文化新觉醒、理论创造新成果、文化建设新成就推动党和人民事业向前发展。在中国特色社会主义实践历史中，党带领群众不断增强文化自觉和文化自信，促进文化事业和文化产业共同发展，推动文化建设不断取得新成就，逐步形成了新的文化发展理念，走出了一条中国特色社会主义文化发展道路。

“文化自信，是一个国家、一个民族、一个政党对自身文化价值的充分肯定，对自身文化生命力的坚定信念。”[②] 2016 年 7 月 1 日，习近平同志在庆祝中国共产党成立 95 周年大会上指出，我们的文化自信源于“5000 多年文明发展中孕育的中华优秀传统文化，在党和人民伟大斗争中孕育的革命文化和社会主义先进文化”。中国共产党是传统优秀文化的继承者和弘扬者、人民美好文化生活的建设者、先进文化的开拓者、高尚精神的追求者、中华美德的示范者，代表着中国特色社会主义文化事业的前进方向。在苦难辉煌的革命年代，党带领全国人民锻造了革命文化，孕育了红船精神、井冈山精神、伟大长征精神、抗日战争精神、延安精神、西柏坡精神等，这些精神是我们党弥足珍贵的红色基因。在社会主义建设时期，涌现出了以雷锋、王进喜、焦裕禄、钱学森等为代表的先进分子，孕育了雷锋精神、“铁人”精神、焦裕禄精神、“两弹一星”精神等。改革开放的伟大实践又孕育了抗洪抢险精神、抗击“非典”精神、“载人航天”精神等。在党和人民伟大斗争中孕育的革命文化和社会主义先进文化，与在5000 多年文明发展中孕育的中华优秀传统文化一道，积淀着中华民族最深层的精神追求，代表着中华民族独特的精神标识。

中国共产党成立 90 多年来，始终不忘初心，努力前行，缔造了崭新的中国，建立了社会主义制度，推进改革开放，开创和发展了中国特色社会主义。中国共产党始终坚持马克思主义，始终坚持人民立场，与人民风雨同舟、生死与共，把带领人民创造幸福生活作为自己始终不渝的奋斗目标。中国共产党坚持真理，修正错误，把党的自身建设始终作为一项伟大工程持续全面推进。中国共产党 90 多年来取得的历史成就，积累的革命和执政经验，沉淀的深厚底蕴和精神财富，早已孕育形成了中国共产党自身独特的价值文化。在这种价值文化的自觉中，党的坚强领导成为中国特色社会主义文化自信的决定性力量。

---

① 习近平. 决胜全面建成小康社会 夺取新时代中国特色社会主义伟大胜利——在中国共产党第十九次全国代表大会上的报告. http://news.xinhuanet.com/2017-10/27/c_1121867529.htm, 2017-10-27.

② 云杉. 文化自觉、文化自信、文化自强——对繁荣发展中国特色社会主义文化的思考. 红旗文稿, 2010 (16).

三、列宁批判“无产阶级文化派”的历史虚无主义——新时代坚定文化自信必须正确对待历史文化遗产

作为社会历史领域的基本问题，社会意识虽然由社会存在所决定，但也具有一定的独立性，最典型地表现在社会意识具有历史继承性，而不是单纯地被社会存在所规定。马克思指出：“人们自己创造自己的历史，但是他们并不是随心所欲地创造，并不是在他们自己选定的条件下创造，而是在直接碰到的、既定的、从过去继承下来的条件下创造。”[①] 文化的进步更是如此，任何文化都是在继承以往文化遗产的基础上的批判性创造性发展，不可能割裂历史联系，这是文化发展过程中不以人的意志为转移的客观规律。“无产阶级文化派”却无视这一规律，其代表人物普列特涅夫根据马克思在《〈政治经济学批判〉序言》中的一段话——“随着经济基础的变更，全部庞大的上层建筑也或慢或快地发生变革”[②] ——认为在无产阶级取得政权后，应当在真空的环境里通过“实验室式”的方法生产创造出“纯洁的”不受污染的无产阶级文化。显然这是一种对待传统文化的历史虚无主义态度。

列宁对“无产阶级文化派”拒斥文化遗产的做法给予了严肃而尖锐的批评。他以嘲讽的语气说明脱离历史创作“纯洁的”无产阶级文化是荒谬的不可能的：“无产阶级文化是某种像化学试剂的东西，它可以靠一批特选人物在无产阶级文化协会的曲颈瓶中取得。在他们那里，新的无产阶级文化成分从无产阶级文化协会的工作室中产生，其情景就像从前古代女神从大海的泡沫中出现一样。”[③] 同时他也在《青年团的任务》中指出：“应当明确地认识到，只有确切地了解人类全部发展过程所创造的文化，只有对这种文化加以改造，才能建设无产阶级的文化，没有这样的认识，我们就不能完成这项任务。无产阶级文化并不是从天上掉下来的，也不是那些自命为无产阶级文化专家的人杜撰出来的。如果硬说是这样，那完全是一派胡言。无产阶级文化应当是人类在资本主义社会、地主社会和官僚社会压迫下创造出来的全部知识合乎规律的发展。”[④] 同时，列宁又以马克思主义理论的发展为例，就无产阶级思想文化与人类文化遗产的关系进行了特别阐明，他指出：“为什么马克思的学说能够掌握最革命阶级的千百万人的心灵……这是因为马克思依靠了人类在资本主义制度下所获得的全部知识的坚固基础……”[⑤]

列宁对“无产阶级文化派”的这一批评在今天依然有其积极意义。中国特色社会主义进入新时代并不意味着历史虚无主义思潮销声匿迹，相反，一些人在这一思潮影响下不但竭力贬损和否定革命历史和革命文化，诋毁和嘲弄为争取民族独立和人民解放而奉献生命的英雄人物，而且对我们以爱国主义为核心的民族精神、源远流长的中华民族灿烂文化也恣意矮化、丑化，甚至以“愚昧”“奴性”“丑陋”等词汇来描写我们的民族。这样一种错误思潮的流传和泛滥必然会导致严重后果。文化的发展是一个前后相继的历

① 马克思，恩格斯．马克思恩格斯选集：第1卷．北京：人民出版社，1995：585.
② 马克思，恩格斯．马克思恩格斯选集：第2卷．北京：人民出版社，1995：83.
③ 列宁．列宁文稿：第3卷．北京：人民出版社，1978：247.
④ 列宁．列宁专题文集（论无产阶级政党）．北京：人民出版社，2009：281.
⑤ 列宁．列宁专题文集（论无产阶级政党）．北京：人民出版社，2009：280—281.

史过程，一个民族文化的发展，离不开对优秀传统文化的继承，文化自信首先就是对历史文化传统的自信。为此要全面认识传统文化，取其精华、弃其糟粕。列宁在这方面做了许多有益的探索。他非常重视文化遗产的继承，但并不是对人类文化遗产全盘吸收，而是采取科学的批判继承的方法对人类文化遗产进行“扬弃”，取其精华、弃其糟粕，改造地利用。正如他所说的，要“根据马克思主义世界观和无产阶级在其专政时代的生活和斗争条件的观点，去发扬现有文化的优秀典范、传统和成果”。[①] 中华民族的优秀传统文化凝聚了我们世世代代的创造和智慧，中国共产党带领中国人民在近代革命史上前赴后继创造的革命文化积淀着中华民族最深沉的精神追求，是我们赖以生存的精神力量，中国社会主义改革开放实践是中国特色社会主义文化发展的源头活水。因此，我们必须要全力抵制和批判历史虚无主义思潮，正确对待历史文化遗产，既不盲目崇拜，又不全盘否定，而是着眼于新的时代特征，不断革除陈旧的、过时的旧文化，充分汲取传统历史文化的营养和智慧，推出体现新时代精神风貌的中国特色社会主义新文化。

总之，“文化是一个国家、一个民族的灵魂。文化兴国运兴，文化强民族强。没有高度的文化自信，没有文化的繁荣兴盛，就没有中华民族伟大复兴”。[②] 坚定文化自信，是事关国运兴衰、事关文化安全、事关民族精神独立性的大问题。新时代在实现“中国梦”的路上，我们需要致力于中国文化的伟大复兴，进一步增强民族文化自信、提高文化自觉，消除文化自卑、重拾文化自信，让社会主义核心价值观和中国特色社会主义文化融入人民的精神信仰，成为中华民族砥砺奋进的力量源泉。

（作者系湖北第二师范学院马克思主义学院讲师、博士）

---

① 列宁．列宁文稿：第3卷．北京：人民出版社，1978：309.

② 习近平．决胜全面建成小康社会　夺取新时代中国特色社会主义伟大胜利——在中国共产党第十九次全国代表大会上的报告．http：//news. xinhuanet. com/2017 - 10/27/c _ 1121867529. htm，2017 - 10 - 27.

习近平关于青年大学生思想政治教育的重要论述的演化过程研究

张　根　苏　谏

摘　要： 习近平关于青年大学生思想政治教育的重要论述是21世纪马克思主义与新时代中国特色社会主义教育事业相结合的实践产物，为高校“立德树人”“培养什么样的人、如何培养人以及为谁培养人”等问题提供了科学的理论基础和行动指南，开辟了新时代青年思想政治教育工作新局面。习近平关于青年大学生思想政治教育的重要论述有着深刻的时代背景和现实依据，与习近平同志的个人成长经历、受教育经历和工作经历等密不可分。进一步学习和把握习近平同志关于青年大学生政治教育思想的重要论述，对推进新时代高等教育事业的发展和青年大学生的发展都具有重要的现实意义。

关键词： 习近平；青年大学生；思想政治教育

青年作为最具活力的社会群体，他们是祖国的未来，是民族的希望，是我们党的事业兴旺发达的支柱，是实现“中国梦”和“两个一百年”目标的关键所在。党中央领导集体，特别是以习近平同志为核心的党中央历来十分重视青年和青年思想工作，特别关注青年的成长问题。习近平同志从马克思主义的基本立场、观点和方法出发，结合中国的实际情况，形成了较为系统的关于青年大学生实现自身成长、成才、成人的理论，为广大青年朋友内化社会主义核心价值观，努力成为合格的社会主义的建设者和接班人提供了行动指南。

学习和把握习近平同志关于青年思想政治教育工作的重要论述，有助于提高广大青年的历史使命感与责任感，有助于深化、提高他们对社会主义核心价值观的认识和学习积极性，从而更好地发挥青年在建设中国特色社会主义事业中突击队和生力军的作用。

一、习近平关于青年大学生思想政治教育的重要论述提出的时代背景和现实依据

（一）时代背景

习近平同志在与年轻人谈到中国梦时指出：“中国梦是我们的，更是你们青年一代的。中华民族伟大复兴终将在广大青年的接力奋斗中变为现实。”[①] 习近平同志认为，青年是党和人民事业发展的生力军，是实现中华民族伟大复兴中国梦的中坚力量，是中国特色社会主义事业建设不竭的力量源泉。

① 习近平．在同各界优秀青年代表座谈时的讲话．新华网，2013－05－04.

作为世界上最大的发展中国家，经过党和人民的不懈努力，中国综合国力显著增强、对外开放程度不断加深，中国国际地位也不断提高，在国际交往中产生了持久深远的影响。中国的社会主义现代化之路、中华民族的复兴之路更是同人类命运、世界社会主义命运紧密联系在一起，更是作为人类文明发展、科学社会主义发展的重要方面呈现在世人面前。为实现中华民族伟大复兴中国梦与建设社会主义现代化强国，习近平同志做出了科学系统的分析和判断，推进“四个全面”战略布局和“五位一体”总体布局，这成为习近平新时代中国特色社会主义思想形成的时代背景。

（二）历史基础

中国共产党自成立之初就对青年工作十分重视，从来没有放弃过青年工作。中国共产党领导中国青年工作是一个不断发现青年、确认青年、解放青年、发展青年和服务青年的历史进程，是一个始终代表广大青年、赢得广大青年、依靠广大青年的过程，更是一个历史选择并将继续选择中国共产党作为青年工作领导力量的必然过程。特别是党的十八大以来，作为新一届党中央领导集体的核心，习近平同志多次走进青年群体、发表系列重要讲话，结合实现中华民族伟大复兴中国梦的伟大实践，对青年与青年思想政治教育的有关问题作出深刻论述，形成了富有时代特色的青年思想政治教育思想体系，继承发展了马克思主义青年思想政治教育思想，开拓了马克思主义青年思想政治教育的新境界，为当代中国开展青年工作和青年思想政治教育工作指明了方向，提供了行动指南。

（三）现实依据

新时代我国高校大学生思想政治教育工作面临着新形势、新任务。“培养什么样的人、如何培养人以及为谁培养人”是高校思想政治工作的根本问题，当前，面对一系列新形势、新问题、新任务，必须有针对性地加以重新认识和改进。当前高校大学生思想政治教育的现状集中体现在高校大学生价值选择的转变、新媒体对高校大学生思想政治教育提出了新的要求和大学生思想认知道德上。

二、习近平关于青年大学生思想政治教育的重要论述的演化过程

习近平关于青年大学生思想政治教育的重要论述的形成与习近平同志的个人成长经历、受教育经历和工作经历密不可分。青年时期的知青生涯、大学生活经历和多年基层青年干部经历，让他对中国前途命运尤其是青年一代的发展有着切身感受，所以无论在基层工作，还是担任福建、浙江地方主要领导，以及成为党的领导核心，他对青年工作的重要关切、对青年大学生群体的亲切期望都是一以贯之的。

（一）青年时期（1969—1985）：从梁家河当知青到赴福建之前

习近平 16 岁去梁家河，当了 7 年知青，上了 4 年大学，做了 3 年秘书和 3 年正定县委干部。16 岁到 33 岁之间的经历为习近平青年大学生思想政治教育思想的形成奠定了坚实的基础。正如 2013 年 5 月 4 日他在同各界优秀青年代表座谈时的讲话中说：“青年时代，选择吃苦也就选择了收获，选择奉献也就选择了高尚。青年时期多经历一点摔打、挫折、考验，有利于走好一生的路。”“现在，青春是用来奋斗的；将来，青春是用

来回忆的。”

习近平是到梁家河插队的人员中“年龄最小、去的地方最苦、插队时间最长”的知青。在这样艰苦的环境中，他没有意志消沉，反而使他形成更为稳重顽强的性格，比同龄人更具有刻苦学习的精神和拼搏奋进的顽强意志。他始终坚定对党和马克思主义的信仰，先后写了 8 份入团申请书、10 份入党申请书。知青时代的习近平通过不断学习和实践，7 年的梁家河岁月，他从懵懂的少年历练成村党支部书记。青年习近平不断向人民学习，以人民为师，时刻不忘读书，逐渐形成了自己独特的思想意识，赢得了梁家河乡亲们的高度认可。他在梁家河的 7 年知青岁月中的人生经历、人生历练值得当代青年认真学习，细细回味。《习近平的七年知青岁月》这部以 29 名采访对象口述习近平同志青春奋斗故事的书籍，再现了习近平同志知青时期的艰苦生活，勾勒了青年习近平的成长历程，是当代青年树立人生观、世界观、价值观的生动教材，是当代青年励志成才的一面人生镜子。“青年时代是学习知识、陶冶情操、增长本领的黄金时期。”1975—1979 年，习近平在清华大学化工系基本有机合成专业度过了大学生活。正是凭着这种勤奋好学、坚忍不拔的劲头，知识改变了习近平的命运。插队时“带了沉甸甸一箱书”“边吃饭边看砖头一样厚的书”的青年习近平，终于圆了读书梦。1979 年，习近平从清华大学学成毕业后，分配到中央军委办公厅，担任当时的国防部长、政治局委员耿飚的秘书。1982 年习近平到正定县委工作，任职期间招贤纳士，助力经济腾飞。习近平说：“人才是发展经济的根本，应该把人才的开发视为战略重点来抓。没有人才，民不能富，县不能强，翻两番的目标就不能实现。”同时，习近平非常重视教育，他说：“教育是立国之本，是富国强兵之路，人人有责，必须抓好。”

（二）在福建和浙江任职期间

1989 年 5 月，时值“五四运动”七十周年，习近平做了题为“未来属于勇于开拓，奋发进取的青年一代”的讲话，寄语当时的闽东青年。《摆脱贫困》《干在实处，走在前列》和《之江新语》等著作中都蕴含着习近平关于青年思想政治教育的大量真知灼见。

一是在习近平任福州市委书记期间，亲自兼任闽江职业大学（闽江学院前身）校长 6 年，高度重视学院长远发展，高瞻远瞩地形成了“不求最大、但求最优、但求适应社会需要”的办学理念和“立足福州、面向市场、注重质量、突出应用”的办学定位，并亲自关心和推动学院发展，与师生结下了深厚情谊。

二是 1998—2002 年，习近平在清华大学读马克思主义理论与思想政治教育博士时，写了博士论文《中国农村市场化研究》，对于受限于户籍不能落户城市的农民等人群予以关注。

（三）进入中央任职，尤其是十八大担任中央总书记之后

在繁重工作之中，他仍然对青年大学生工作作出了许多重要讲话和指示。据统计，自 2012 年以来，习近平同志对青年大学生来信的回信和口头回复至少有 13 次，出席与青年大学生工作相关会议并作重要讲话 12 次，十八大以来五四青年节、教师节到北京大学、中国政法大学等作重要视察至少有 8 次。其中到北京大学 2 次，对青年工作、青年大学生教育提出了许多精彩论断，如“扣子论”“补钙论”和“志存高远、德才并

重、情理兼修、勇于开拓”16字口诀等。

党的十八大以来，习近平同志将马克思主义基本观点与青年思想政治教育工作牢牢结合在一起，对青年工作进行了科学的、必要的分析和判断，进一步对青年在国家和社会发展中的地位和作用、青年的健康成长、青年运动的时代主题等内容提出了许多新观点，大大地丰富和发展了马克思主义青年观，也为青年工作和青年思想政治教育工作指明了思路和方向。

每个时代都有每个时代的历史使命，一代青年有一代青年的使命。习近平同志指出，当今中国最鲜明的时代主题，就是实现“两个一百年”奋斗目标、实现中华民族伟大复兴的中国梦。他强调，青年要勇于担当这个时代赋予的历史责任。青年的价值取向决定了未来整个社会的价值取向。在北京大学考察时，习近平同志以“穿衣服扣扣子”为喻，形象地指出，人生的扣子从一开始就要扣好，如果第一粒扣子扣错了，剩余的扣子都会扣错。对于广大青年来说，扣好人生“第一粒扣子”就是要坚定理想信念。习近平同志语重心长地告诫青年，“功崇惟志，业广惟勤”，没有理想信念，就会导致精神上“缺钙”。广大青年对五四运动的最好纪念，就是在党的领导下，勇做走在时代前列的奋进者、开拓者、奉献者，同全国各族人民一道，担负起历史重任，让五四精神放射出更加夺目的时代光芒。换言之，就是要求广大青年“不忘初心”。

习近平同志到中国政法大学考察时明确指出，不忘“坚定跟党走”这个初心，是我国广大青年的政治选择，也是我国广大青年的人生航向。在中国政法大学主题团日活动上，习近平同志深情回忆起他上初中一年级时学习穆青等人撰写的有关焦裕禄文章的感受，说焦裕禄精神“一直是一盏明灯”，突出的就是焦裕禄同志坚定跟党走，一生都在为党分忧、为党添彩的坚定理想信念。

三、习近平关于青年大学生思想政治教育的重要论述的根本任务和主要内容

2016年12月7日至8日，全国高校思想政治工作会议在北京召开。习近平同志强调，高校思想政治工作关系高校培养什么样的人、如何培养人以及为谁培养人这个根本问题。

（一）根本任务

习近平同志把立德树人作为高等教育的根本任务，拓展为坚持把立德树人作为中心环节，提升为高校立身之本在于立德树人。习近平同志在全国高校思想政治工作会议上强调，把思想政治工作贯穿教育教学全过程，实现全程育人、全方位育人，努力开创我国高等教育事业发展新局面。因此，要立足于社会主义核心价值观，培养学生的历史责任意识、世界眼光胸襟、责任使命担当、脚踏实地作风，最终达到培养德智体美全面发展的社会主义事业建设者和接班人，新时代民族团结的践行者、促进者、守护者。

立德树人，教师是关键。传道者要明道、信道，教育者自己要先受教育。在视察北京师范大学与师生座谈时，习近平同志提出新时代教师要做“有理想信念、有道德情操、有扎实学识、有仁爱之心”的“四有”教师，要率先垂范、以身作则，引导和帮助学生把握好人生方向，特别是引导和帮助青少年学生扣好人生的第一颗扣子。

（二）主要内容

习近平同志系列重要讲话中蕴含丰富的大学生思想政治教育的重要论述，内容博大精深，贴近时代和大学生学习生活实际，主要观点如下。

1. 社会主义和共产主义事业理想信念教育

党的十八大以来，习近平同志高度重视理想信念教育。在十八届中共中央政治局第一次集体学习时的讲话中指出："理想信念是共产党人精神上的'钙'，理想信念坚定，骨头就硬；没有理想信念，或理想信念不坚定，精神上就会'缺钙'，就会得'软骨病'。"① 共产党人包括青年学生一定要坚定崇高的理想信念和坚守远大的精神追求，切实解决好世界观、人生观、价值观这个"总开关"问题。习近平同志强调了在新时代背景下进一步加强青年大学生思想政治教育工作的重要性和急迫性。充分发挥社会主义政治、制度和道路的优越性，切实把青年大学生思想政治教育放在重要的位置上，不断培养青年大学生共产主义事业的理想信念，为实现中华民族伟大复兴和中国梦注入无限的活力。

2. 社会主义核心价值观教育

习近平同志语重心长地说，青年处在价值观形成和确立的时期，抓好这一时期的价值观养成十分重要。这就像穿衣服扣扣子一样，如果第一粒扣子扣错了，剩余的扣子都会扣错。人生的扣子从一开始就要扣好。习近平同志殷切希望青年学生要自觉践行社会主义核心价值观，"努力在实现中国梦的伟大实践中创造自己的精彩人生"。

加强青年大学生思想政治教育，是实现习近平同志关于青年学生要"扣好人生第一颗扣子"的教育目标。同时，要善于依据新常态，着力于高等教育供给侧改革，及时更新思想政治教育工作建设理念，主动适应国家战略和发展需求，培养适应社会需求和未来发展的高级专门人才。

3. 中国特色社会主义文化的继承与发展

习近平同志强调要加强培育与弘扬民族精神。习近平同志不仅精辟阐明了"红船精神"和苏区精神的科学内涵，而且，他在西柏坡考察时指出，一定要以历史为依据，挖掘内涵，创新形式，"把西柏坡精神传播好""把西柏坡精神传播到千家万户。"② 2013年11月25日，习近平同志莅临位于山东临沂的华东革命烈士陵园，向革命烈士纪念塔敬献花篮，并参观沂蒙精神展。在展厅会见了"沂蒙母亲"王换于孙女于爱梅等模范人物，强调"沂蒙精神要大力弘扬！"③ 习近平同志十分重视历史文化教育，强调用中国优秀传统文化开展思想政治教育。他深刻指出："历史的经验值得注意，历史的教训更应引以为戒。""对我们共产党人来说，中国革命历史是最好的营养剂。多重温这些伟大历史，心中就会增加很多正能量。"④ 习近平同志谆谆告诫我们要认真学习党的历史，明确

---

① 习近平．紧紧围绕坚持和发展中国特色社会主义，学习宣传贯彻党的十八大精神．人民日报，2012-11-19.

② 习近平．中国革命历史是最好的营养剂，永远和群众心连心．河北日报，2013-07-15.

③ 习近平．沂蒙精神要大力弘扬．新华网，2013-11-25.

④ 习近平．党面临的"赶考"远未结束——习近平同志再访西柏坡侧记．人民日报，2013-07-14.

指出，党的历史具有不可分割的连续性，改革开放前后两个三十年不能互相否定。2014年5月4日，五四运动95周年之际，习近平同志在北京大学师生座谈会上的讲话指出："尤其是鸦片战争之后，中华民族更是陷入了积贫积弱、任人宰割的悲惨状况。这段历史悲剧决不能重演!"① 以此教育青年学生要通过认真学习党史国史来培育和树立中国特色社会主义核心价值观，更加坚定地肩负起深化改革开放的重大责任。

4. 青年大学生教育工作方式方法创新

习近平同志在全国高校思想政治工作会议上指出："做好高校思想政治工作，要因事而化、因时而进、因势而新；要遵循思想政治工作规律，遵循教书育人规律，遵循学生成长规律，沿用好办法，改进老办法，探索新办法，不断提高工作能力和水平。"高校思想政治教育工作要与时俱进，推陈出新，坚持党的领导、坚持问题导向、遵循育人规律，切实结合高校发展实际，改革创新高校思想政治教育工作方式方法。

5. 协同育人，打造育人共同体

青年大学生思想政治教育不是一个孤立的过程，而是一个多维度的过程。习近平同志特别强调要协同育人，打造育人共同体。把"教师育人"协同"家庭育人"作为高校大学生思想政治教育两翼驱动，并协同"课程育人""实践育人""网络育人"和"组织育人"，多视角、多维度地构建高校思想政治工作"十大育人"协同机制，建立健全全员育人机制、全过程育人的内部整合机制以及全方位育人的外部协同机制。

四、习近平关于青年大学生思想政治教育的重要论述的演变过程对青年大学生的启示

习近平关于青年大学生思想政治教育的重要论述是马克思主义与中国教育实践相结合的产物，是当代中国青年思想政治教育和青年人才培养工作的理论基础和行动指南，开辟了当代青年思想政治教育工作新局面。通过对习近平青年大学生思想政治教育思想演变过程的学习，青年大学生应当坚持将个人前途与国家民族命运结合在一起，将理论与实践结合起来，做有为青年。

（一）个人发展目标与国家、社会和民族命运紧密联系在一起

广大青年学生是中国特色社会主义事业的生力军、创造者和践行者，在实现中华民族伟大复兴和中国梦的伟大征程中要有使命意识和责任担当。以马克思主义为导向，坚持党的领导，树立"四个全面"和"四个意识"，切实将个人发展目标与国家、社会和民族命运紧密联系在一起，将中国梦与个人梦融合在一起。中国梦既是国家梦、民族梦，也是人民梦、个人梦。因此，广大青年要有大局意识和整体意识，不断学习党的理论知识、学习马克思主义基本理论，提升党性修养和理论素养，脚踏实地，勤于学习，练就逐梦本领，担当社会责任；从我做起，共筑中国梦、个人梦。

（二）理论与实践要结合起来，既要读"有字之书"，也要读"无字之书"

新时代，呼唤新理论；新时代，新征程。习近平同志鼓励大学生要"努力扩大知识

① 习近平．青年要自觉践行社会主义核心价值观——在北京大学师生座谈会上的讲话．人民日报，2014－05－05.

半径，既读有字之书，也读无字之书，砥砺道德品质，掌握真才实学，练就过硬本领”。[①] 也就是说青年学生要切实结合自身实际情况，明确目标和方向，努力学习相关专业理论知识并提升专业技能，将理论与实践牢牢结合起来，塑造和培育独特的人格魅力。注重青年大学生的认识与实践导向，让学生学会慎思、明辨、笃行，促进学生的生理和心理、智力和非智力、认知与意向等因素全面而和谐发展，使学生整体素质得以不断提升。

（三）做有理想、有担当的时代青年

青年大学生是时代的希望，是民族的希望，要树立远大理想，坚定理想信念，牢牢把握理想信念的高度、硬度、黏度、纯度、深度和效度。树立责任意识，勇于承担个人责任和社会责任，积极探索新知，坚定政治方向，用长征精神激励自己学习，以顽强的斗志、坚忍不拔的意志、虚怀若谷的态度，做走在时代前面的奋进者、开拓者、奉献者。做有理想、有担当的时代青年，全身心地投入学习生活中，努力地尽快让自己发展成为社会主义现代化建设的有用之才、栋梁之材。

（作者分别系云南民族大学政治与公共管理学院学工办主任、少数民族地区社会发展研究所副所长，云南民族大学马克思主义学院思想政治教育专业研究生）

① 习近平．在欧美同学会成立一百周年庆祝大会上的讲话．人民日报，2013－10－22（02）．

试论少数民族对中华文化认同的路径

张艳飞

摘 要：民族工作是新时代中国特色社会主义建设的一项重点工作，增强少数民族对中华文化的认同是做好民族工作的关键。少数民族对中华文化的认同，应包括对本民族自身文化的认同、对中华优秀传统文化的认同以及对中国特色社会主义文化的认同三个方面。加强少数民族对中华文化的认同，不仅能促进少数民族自身的文化发展，而且对改善民族关系、推动国家重大战略目标的实现、维护国家的文化安全有重要意义。因此，必须正确处理好中华文化“一元主导”和少数民族文化“多元共生”的关系；引导各少数民族树立尊重差异、包容多样的文化态度；奠定少数民族对中华文化认同的物质基础；在少数民族地区实行双语教学。

关键词：少数民族；中华文化；中华文化认同

党的十九大报告指出：“全面贯彻党的民族政策，深化民族团结进步教育，筑牢中华民族共同体意识，加强各民族交往交流交融，促进各民族像石榴籽一样紧紧抱在一起，共同团结奋斗、共同繁荣发展。”[①] 中国特色社会主义步入新时代，民族团结教育工作仍然是促进社会和谐进步的重点，增强少数民族对中华文化的认同尤为重要。2015 年 8 月 24 日，习近平同志在第六次西藏工作座谈会上指出，要不断增强各民族对伟大祖国、中华民族、中华文化、中国共产党、中国特色社会主义的认同。[②] 在“五个认同”中，最深层次的是要加强对中华文化的认同，文化认同解决了，其他四个认同才能在共同的理想信念和价值观念的基础上更加牢固。在我国这样一个多民族国家，要解决少数民族对中华文化的认同问题，应深入了解少数民族对中华文化认同的内容和意义，并在此基础上积极探寻增强少数民族对中华文化认同的各种途径。

一、少数民族对中华文化认同的内涵与内容

中华文化历经五千年绵延不断，经久不衰，其所含内容博大精深，是各族人民智慧的结晶，是各族人民的共有精神家园，是中华民族生生不息、团结奋斗的力量源泉。要进一步增强各少数民族对中华文化的认同，促进各族人民大团结，有必要对中华文化的

① 习近平．决胜全面建成小康社会 夺取新时代中国特色社会主义伟大胜利．北京：人民出版社，2017：40.

② 习近平在中央第六次西藏工作座谈会上强调 依法治藏 富民兴藏 长期建藏 加快西藏全面建成小康社会步伐．人民日报，2015－08－26（01）.

内涵及所要认同内容进行辨析和厘定。

（一）中华文化及中华文化认同的内涵

要增强少数民族对中华文化的认同，首先要明确中华文化的内涵，这是增强少数民族对中华文化认同的前提。中华文化是一个非常宽泛的概念，在以往的研究中，有若干专家学者从不同的角度对中华文化进行了解读和划分。具体包括：首先，从广义和狭义来划分，广义的中华文化是指“生活在中国领土上的古今各民族人民共同创造的物质产品和精神产品的总和”；[①] 狭义的中华文化是指某一层次或某一方面的中华文化，如物质文化或精神文化。其次，从民族的角度来划分，中华文化包括以汉族为主要组成部分的华夏文化和各少数民族在历史发展过程中形成的少数民族文化，如藏族文化、回族文化等。最后，从区域的角度来划分，中华文化包含长江流域文化、黄河流域文化以及草原文化等。总之，中华文化是一个整体概念，是由汉族和各少数民族人民在历史实践过程中共同创造的所有精神产品和物质产品的总和。

所谓文化认同，“是指个人或群体将一定的文化系统，如信仰、价值观、规范等内化在自己的心理和人格结构中，有意识的以此为行为标准的过程”。[②] 文化认同有三个不同的层次：首先是认可，即承认一种文化存在的合理性、承认其优越性；其次是接受，即愿意以某种文化作为自己的行动准则；最后是践行，这是最高层次的文化认同，即将某种文化切实融入自己的活动，知行合一。文化认同是产生共同价值标准的前提和社会群体的黏合剂，是各族人民团结一致、形成向心力的重要支撑。中华文化认同，是对中华文化尤其是对其精髓与优秀部分的继承和弘扬，是整个民族在多元文化的背景下，支配自己日常行为的思想和准则。具体表现为民族内部成员保持对中华文化的自豪感，不崇洋媚外，始终尊重、热爱和维护中华文化，从合理的角度看待中华文化、用理性的态度捍卫中华文化、用合理的方式传承中华文化。

（二）少数民族对中华文化认同的内容

总的来说，少数民族对中华文化认同的内容应包括以下三个方面。

1. 对民族自身文化的认同

各少数民族自身的文化是民族自身赖以生存和发展的精神土壤，象征着民族身份和民族地位，是一个民族和其他民族相互区别的根本标识。对中华的认同首先应是对本民族自身文化的认同。总的来说，“我国民族地区的文化地图可以用‘六圈四线’来概括，即新疆文化圈、青藏文化圈、陕甘文化圈、蒙宁文化圈、川渝文化圈、云贵文化圈和丝绸古道、唐蕃古道、草原古道、南方丝路”。[③] 各民族文化犹如满天星斗一般，在中华大地上熠熠生辉。陕西的仰韶文化、青海的马家窑文化、内蒙古的红山文化等都是我国优秀传统文化的重要代表；蒙古族的《江格尔》、藏族的《格萨尔王传》和柯尔克孜族的《玛纳斯》并称为我国少数民族的三大“英雄史诗”，是我国乃至世界文学宝库中的瑰

① 艾克拜尔·吾斯曼．发挥民族文化资源优势　推进新疆文化统战工作．实事求是，2010（3）．

② 郑晓云．文化认同论．北京：中国社会科学出版社，2008：4．

③ 田联刚．多元共生，和而不同——关于少数民族文化在中华文化格局中的地位思考．中南民族大学学报，2015（5）．

宝；雄伟的布达拉宫、美丽神奇的丽江古城等是中华建筑的杰出代表。每个民族都有自己的文化个性，对民族自身文化的认同和对中华文化的认同是同一个过程的两个方面：对本民族自身文化的认同是低层次的认同；对中华文化的认同是高层次的认同。因此，对本民族自身文化的认同也是对中华文化认同的一种表现，对民族自身文化的认同是实现对中华文化认同的基础和前提。

2. 对中华优秀传统文化的认同

所谓中华优秀传统文化，是指在中华民族漫长历史发展过程中形成的、经过了时间检验而保留下来，能推动社会进步和民族发展的一切有重大价值的优秀成果的总和。① 优秀传统文化是中华文化的核心和精髓，是中华民族的“根”和“魂”。以爱国主义为核心的民族精神、自强不息的奋斗精神、天人合一的整体精神、天下为公的无私精神、海纳百川的包容精神等都是中华优秀传统文化的重要内容。在历史发展过程中，各民族披坚执锐、奋斗不息，共同创造了具有中国特色的优秀传统文化。因此，优秀传统文化是各族人民勤劳和智慧的结晶，是中华文明绵延不绝的精神动力，是现阶段中华民族实现复兴梦的历史渊源。增强各少数民族对中华优秀传统文化的认同是增强对中华文化认同的题中应有之义。

3. 对中国特色社会主义文化的认同

中华文化之所以能够源远流长，是因为中华文化具有兼收并蓄、与时俱进的特点。中国特色社会主义文化是中华文化与时俱进的时代产物，具有先进性、时代性和创新性。现阶段，少数民族对中华文化的认同应该是对其先进文化的认同，即对中国特色社会主义文化的认同。中国特色社会主义文化，“就是以马克思主义为指导，以培育有理想、有道德、有文化、有纪律的公民为目标，发展面向现代化、面向世界、面向未来的，民族的科学的大众的社会主义文化”。② 中国特色社会主义文化是中国共产党领导人民在新的历史时期所创造的优秀文化，是对中国特色社会主义道路的精神引领，既凝结着以往，又联结着未来，在中华文化体系中的地位举足轻重。2012 年党的十八大报告又在社会主义核心价值体系的基础上进一步凝练出社会主义核心价值观，社会主义核心价值观是中国特色社会主义文化的核心，是现阶段全体中国公民应该深刻理解并践行的文化准则，少数民族同胞更应在文化冲击和交融中坚持对核心价值观的认同感。

二、少数民族对中华文化认同的意义

对中华文化的认同是“五个认同”中最深层次的认同，是民族团结的根本，是民族和睦的灵魂。面对我国多民族、多文化共同发展的现实国情，加强少数民族对中华文化的认同，不仅关系到少数民族自身文化的生存和发展，而且对巩固祖国统一，加强民族团结，维护我国的文化安全也具有重要的现实意义。

（一）促进少数民族文化的传承和创新

在历史进程中，各少数民族之间的文化相互交流、交融和认同，使中华文化生生不

① 李申申，等．传承的使命：中华优秀文化传统教育问题研究．北京：人民出版社，2011.

② 江泽民文选．北京：人民出版社，2006：17—18.

息，历久弥新，少数民族文化和中华文化逐渐形成你中有我、我中有你的关系，二者水乳交融、密不可分。各少数民族文化作为中华文化的重要组成部分，对中华文化的认同必然包含着对自身文化的认同，中华文化的欣欣向荣，也必然能够使各少数民族文化蓬勃发展。同时，一个民族的文化如果离开中华文化这个母体，就犹如割断血脉，往往容易丧失根本。这也就意味着如果不能以中华文化为依托，各少数民族文化的发展便难以为继，只有融入中华文化这个奔流不息的长河之中，才能获得不竭的发展动力和鲜活的文化活力。

（二）改善民族关系，促进民族团结

我国民族众多，维护民族团结是每个时代的重要任务，在全面建成小康社会、实现中华民族伟大复兴的关键时期更是如此。“对于多民族国家而言，在统一的政治架构下，还需要在文化层面‘拥有共同的价值和准则’，及形成某种‘共同的文化’，这才是一个有文化基础的、完整的、可持续的政治实体。”① 做好多民族国家的民族工作，最管用的是争取民心，民心的凝聚需要有共同的文化血脉和文化理念，而中华文化在历史传承中便具有这种优势。增强少数民族对中华文化的认同，树立整体性的民族观，使少数民族更多地看到民族共性，尊重民族间的文化差异，只有这样，才能使民心更齐，才能为我国“持续的政治实体”提供共同的价值基础，才能更深层次地巩固国家统一和民族团结。

（三）推动国家重大战略目标的实现，促进社会发展

中华民族是一个命运共同体，各民族的生存发展与国家的兴衰成败息息相关，要实现国家和民族的发展，就需要各族人民的共同努力。中华文化便是将各民族凝聚在一起的精神纽带和精神桥梁，是各民族人民共同为祖国的繁荣富强艰苦奋斗的力量源泉。对中华文化的认同能够最大限度地调动各族人民建设祖国的热情和积极性，共同为祖国的社会主义现代化建设贡献智慧和劳动。反之，如果各族人民消极涣散、离心离德，那么党和国家的重大决策便难以贯彻执行，经济社会发展便失去保障，就会给社会稳定造成极大的威胁。即使各项政策得到实施，那么在没有共同价值目标的情况下，也极易发生变质和歪曲，从而使党和国家的良好初衷与政策的实际效果产生重大偏离，不仅不能发挥正面作用，反而容易使各少数民族削弱对国家的信任。因此，对中华文化的认同是推动国家重大战略目标的实现，是促进社会发展的重要条件。

（四）保证国家文化安全

“文化安全是指国家的主流文化体系不受威胁，文化与国家的政治经济发展协调互动的一种理想状态。”② 当今时代，文化作为一种软实力，越来越成为综合国力的重要支撑。在国际竞争中，西方国家对其他国家进行文化渗透，通过传播本国的思想观念瓦解其民族观念，甚至恶意制造民族冲突，分裂其他国家的行为，我国的文化安全也同样面临着这些威胁。加之我国少数民族分布区域广泛，并且边疆地区居多，由于地理位置的偏远，其政治经济文化发展相对滞后，更易受他国腐朽文化的影响，被其利用。因此我

① 马戎．民族社会学．北京：北京大学出版社，2004：618.

② 崔榕．少数民族中华文化认同的几个基本问题．中南民族大学学报，2016（3）.

国民族地区的文化安全面临着重大威胁。一个民族，只有在不断发展政治经济的同时，保持和发扬自己的民族特色和民族传统，并使之与国家的主流价值观相结合，增强对中华文化的认同，才能真正保持文化的独立性，进而保护国家的文化主权。

三、增强少数民族对中华文化认同的有效路径

增强少数民族对中华文化的认同是一项庞大而复杂的工程，不仅要从理论层面思考新思路，而且要从实践层面奠定少数民族文化认同的物质基础；不仅要求民族自身积极响应，还要有社会和国家的积极引导。这样才能不断加强不同民族文化之间的交流、借鉴、合作，减少文化之间的冲突，增强文化的向心力。

（一）正确处理“一元主导”和“多元共生”的关系

中华文化最明显的特征是多元一体，一体是指各民族文化共生共融在中华文化这个共同体之中，多元则是中华民族这个共同体之中又存在着丰富多彩、各具特色的民族文化。在奔流不息的文化浪潮中，受世界多元文化的冲击，我国各民族人民传统单一的文化观念被打破，出现了多元化、分散化的趋势。现阶段，多元一体的中华文化的核心是社会主义核心价值观，保持各少数民族对中华文化的强烈认同感和身份归属感，必须要用“一元主导”的社会主义核心价值观引领各种多元文化，使多元文化能够坚持社会主义的方向。否则，一旦离开“一元主导”的核心价值观，不仅会使各少数民族文化失去可以依靠的核心力量，而且还会进一步威胁我国的国家统一和民族团结。

当然，坚持“一元主导”并不是要“一元独行”，不加选择地排斥少数民族的多元文化。没有各少数民族文化的交流融合，中华文化就会失去应有的活力和生机，中华文化的“多元一体格局”[①] 也将面临瓦解。要辩证地对待二者的关系，既不能因为“一元主导”而否认少数民族文化的多样性和独特性，也不能因为“多元共生”的少数民族文化而怀疑“一元主导”的核心价值观的引领和整合作用。要在“一元主导”下坚持“多元共生”，顺应多元文化共同发展的趋势。具体包括鼓励不同民族文化的相互交往、交流、交融，尊重各少数民族传统习俗、生活方式和接人待物的礼仪；保护各少数民族的优秀传统建筑；鼓励少数民族优秀的文学艺术和传统手工艺等非物质文化遗产的继承和创新。努力形成一个各民族文化大发展大繁荣的美好局面。

（二）引导各少数民族树立尊重差异、包容多样的文化态度

人类社会演进的历史，总是和文化的多样性与差异性互相伴随的。尤其是中国幅员辽阔，民族众多，各民族在长期的发展实践中形成了具有民族传统的民族文化，同时也形成了各民族文化之间的差异。由于生产发展能力的不同和物质资源互补的需求，不同民族之间不可避免地要进行广泛的跨区域交流。那么各族人民应该以什么样的态度来对待其他民族的文化，便是我们首先要思考和解决的问题。历史的经验告诉我们，尊重差异、包容多样是各少数民族对待丰富多彩的中华文化的首要态度。要在中华民族多元一体格局中“各美其美，美人之美，美美与共，天下大同”，[②] 就要有尊重差异、包容多样

---

① 费孝通．中华民族多元一体格局．北京：中央民族大学出版社，2003：13.

② 费孝通．中华民族多元一体格局．北京：中央民族大学出版社，2003：149.

的宽广心胸。中华文化是共性，各少数民族文化是个性，共性使中华文化成为不可分割的整体，个性使这一整体丰富多彩。正确处理共性和个性的关系，就要在尊重多元文化并存这一客观存在的基础上，扩大交流，增进共识，坚持和而不同。

一个音符难以谱成优美的乐曲，一支画笔难以绘成多彩的画卷，一种文化也难以充分展现其魅力。本着开放包容、和而不同的心态，增进不同文化的交流和传播，博采众长，取其精华、去其糟粕，促进文化创新，共同构筑一个欣欣向荣的文化生态圈，才能使各民族文化在良好的文化环境中各美其美。需要注意的是，尊重差异并不意味着与其他民族划定文化边界甚至将二者对立起来，包容多样也不是不加辨别地放纵和迁就其他民族的腐朽文化，而是要坚持先进性和广泛性的统一，多样性和整体性的统一，互相学习优秀文化。因为优秀文化没有高低优劣之分，各民族既要认同本民族的优秀文化，又要克服民族狭隘主义，尊重和认同其他民族的优秀文化，只有这样才能美美与共，天下大同。

（三）推动少数民族地区经济发展，奠定少数民族对中华文化认同的物质基础

恩格斯认为："每一时代的社会经济结构构成现实基础，每一个历史时期的观念形式所构成的全部上层建筑，归根到底都应由这个基础来说明。"[①] 一定社会的经济基础决定上层建筑，要增强少数民族对中华文化的认同，不能空喊口号，要从各少数民族地区发展的实际情况出发，制定有针对性的具体措施，提高少数民族地区的经济发展水平，改善少数民族地区群众的生活水平，为加强少数民族对中华文化的认同奠定坚实的物质基础。相反，如果少数民族地区群众脱离全面建成小康社会的伟大进程，不能共享社会主义市场经济发展所带来的巨大成果，一些群众便会由于生活困难等经济原因受"宗教极端主义""民族分裂主义""恐怖暴力主义"三股势力的影响，或受到别有用心的非法组织的蛊惑和利用，与其他民族产生文化冲突，削弱对中华文化的认同。

提高少数民族地区经济发展水平，要做好以下工作。首先，要不断加快少数民族地区产业结构的调整。可以通过发掘各民族的独特文化来带动经济的发展，如少数民族的特色手工业、特色旅游业以及其他文化产品，争取在内容和形式上进行创新，让这些特色的文化产品更符合消费者心理，树立民族地区的文化品牌。这样既可以为少数民族地区带来文化效益，也可以增强少数民族可持续发展的内在动力。其次，要在"精准扶贫"的背景之下，加强少数民族地区基础设施的建设，如交通、水利、电力、信息、医疗等，改善贫困地区人民的生活。最后，在"知识经济"的时代，要提高少数民族地区的教育水平，加强与发达地区的文化交流，实现优质教育资源的共享，用人才做支撑，为少数民族地区经济发展做好长远规划。

（四）在少数民族地区推行双语教育，减少文化交流障碍

语言是文化的载体，各民族在历史实践过程中，都形成了自己的民族语言。语言的差异对各民族进行文化交流、形成文化认同造成了一定的障碍。而社会成员所使用的语言和文化认同之间又有一种天然的联系。汉语作为我国社会成员使用最多的语言，在增强文化认同方面有着重要的作用。因此，要增强少数民族对中华文化的认同，学习汉语

---

① 马克思恩格斯选集：第3卷．北京：人民出版社，2012.

是必不可少的。

在少数民族在地区推行双语教育，重点在学校，既包括基础教育阶段的中小学，也包括高等教育阶段的大学。而在学校中，教师是教育的主导者，提高少数民族地区学生的汉语水平，要做好以下工作。首先，培养一批专门的能够实施双语教学的师资队伍。为此，政府要提高少数民族地区双语教学老师的薪酬待遇，提高行业吸引力。对教师进行定期的教育培训，提高师资队伍的整体水平。其次，学校也要发挥自身的主观能动性，努力营造有利于学生进行双语学习的环境。比如在课程设置上，充分发挥思想政治理论课的教育作用，营造学习中华文化的浓厚氛围；利用社团组织、学校宣传栏等载体，进行汉语的宣传和弘扬，让学生在无形之中接受汉语的熏陶；在高校中，实行汉族学生和少数民族学生混合上课、混合住宿、开展联谊活动，密切他们的交往。最后，少数民族地区的学生也要自觉加强汉语的学习。我国经典的文献典籍，丰富多彩的文学艺术很多都是以汉语的形式呈现的，各少数民族学生要想深刻地感受中华文化的精深，就要精通汉语。同时由于经济发展水平的差异，很多少数民族大学生毕业后都会选择到一线城市落户就业，要促进自身的更好发展，有必要自觉地学习汉语。

增强少数民族对中华文化的认同任重而道远，但随着实践的发展和社会的进步，我们相信，少数民族对中华文化的认同将会不断加强，中华民族共有精神家园的建构将会随着中华民族伟大复兴中国梦的实现而实现。

参考文献

[1] 胡锦涛. 坚定不移沿着中国特色社会主义道路前进，为全面建成小康社会而奋斗——中国共产党第十八次全国代表大会上的报告. 人民日报，2012－11－19.

[2] [美] 塞缪尔·亨廷顿. 文明的冲突与世界秩序的重建. 周琪，等译. 北京：新华出版社，2010：24.

[3] 冯大彪. 蒙古族大学生的中华文化认同研究. 北京：北京科技大学，2015.

[4] 苏布道. 蒙古族大学生民族文化认同现状研究. 呼和浩特：内蒙古师范大学，2012.

[5] 龚婕. 新疆少数民族大学生中华文化认同研究. 乌鲁木齐：新疆师范大学，2013.

[6] 李芳芳. 新疆少数民族大学生中华文化认同研究. 乌鲁木齐：新疆师范大学，2013.

[7] 秦宣. 关于增强中华文化认同的几点思考. 中国特色社会主义研究，2010 (6).

[8] 陈先达. 马克思主义和中国传统文化. 光明日报，2015－07－03 (01).

[9] 彭谦，陈永亮. 如何增强各民族的中华文化认同. 中国民族报，2015－03－06.

[10] 李宗桂. 试论中国优秀传统文化的内涵. 学术研究，2013 (11).

[11] 郝亚明. 中华民族认同：中华民族共有精神家园的建设. 广西民族研究，2011 (1).

（作者系中央民族大学马克思主义学院马克思主义基本原理专业2016级硕士研究生）

新时代坚定文化自信的路径选择

杨彦京

摘　要：中国特色社会主义进入新时代，坚定文化自信，有助于实现中华民族伟大复兴的中国梦，有助于建设社会主义文化强国，有助于反对文化建设上的错误思潮。新时代坚定文化自信面临着一些现实挑战，主要包括当代中国的文化安全、主流文化和民族文化的认同、文化建设与经济发展不协调、积极的文化社会氛围有待进一步营造，以及网络新媒体快速发展的负面影响等。因此，探析文化自信的路径选择，应在经济全球化进程中，加强维护当代中国的文化安全；坚持马克思主义的指导地位，增强当代中国主流文化和民族文化的认同；促进文化与经济协调发展，加强文化产业和文化事业建设；培养良好的文化社会氛围，促进公民道德素质的提升；创建互联网时代的文化自信，注重网络新媒体文化建设。

关键词：新时代；文化自信；文化安全；现实挑战；路径选择

文化自信，在内涵上主要包括以下几个层面。其一，一定的文化主体对自身文化的肯定性评价和内心由衷的自豪感，并积极传承本民族文化的特色；其二，一定的文化主体能理性和客观地看待自身文化，并对自身文化创造力和生命力具有坚定的信念；其三，文化自信是一种文化包容，并在与外来文化不断融合和竞争中逐步树立自信。文化自信具体主要是指中国特色社会主义文化，而核心是社会主义核心价值观。

一、新时代坚定文化自信的现实意义

近年来，习近平同志多次强调要坚定文化自信和树立民族自豪感。习近平同志不仅将文化自信视为道路自信、理论自信和制度自信的基础，而且使其具有国家战略意蕴。中国特色社会主义进入新时代，十九大报告中尤其强调坚定文化自信，具有重要的现实意义。

（一）有助于实现中华民族伟大复兴的中国梦

党的十九大报告提出，没有高度的文化自信，没有文化的繁荣兴盛，就没有中华民族伟大复兴。文化，在当代中国特色社会主义建设中发挥着越来越重要的作用，并成为评价一个国家综合国力的重要指标之一。增强文化自信，是弘扬民族优秀文化传统的必然要求，是深化改革发展稳定的必然要求，是坚定道路自信、理论自信和制度自信的必然要求。[①] 坚定文化自信，不断深化文化体制改革，并通过发展文化产业和文化事业，不断促进经济发展。坚定文化自信，加强马克思主义意识形态的主导地位建设，落实中华优秀传统文化传承发展工程，促进红色文化的现代转化，建设社会主义先进文化，从而在文化复兴的基础上实现民族复兴。因此，坚定文化自信对于民族自强和国家发展具有重要的精神支撑作用，从而为实现中华民族伟大复兴的中国梦提供重要的精神力量。

（二）有助于建设社会主义文化强国

虽然我国是拥有丰富历史文化资源的文化大国，但是离文化强国还有一定的差距。当前，我国在文化资源的转化能力、文化创新能力和传播能力等方面有待进一步提高。十九大报告指出，要坚持中国特色社会主义文化发展道路，激发全民族文化创新创造活力，建设社会主义文化强国。坚定文化自信，能为文化资源的转化能力和文化创造力提供精神动力，有助于推动文化的创新发展。坚定文化自信，需要进一步提升文化传播能力，提升我国的国际话语权。新时期建设社会主义文化强国，提高当代中国国际竞争力和中华文化的国际影响力，都应坚定文化自信，减少文化自卑和文化自大的消极影响。因此，文化自信是文化自强的重要前提条件，是建设社会主义文化强国的必由之路，是增强民族文化创造活力的重要手段。

（三）有助于反对文化建设上的错误思潮

当代中国在文化建设方面，仍然面临着新自由主义、普世价值、民主社会主义、历史虚无主义和文化保守主义等错误思潮的消极影响。这些错误思潮不仅给人们思想方面造成混乱，而且影响了中华民族和中国人民在文化上的自信心。新自由主义、普世价值和民主社会主义等错误理论，在实质上是消解了马克思主义在我国的指导地位，否定中国共产党的执政地位。坚持文化自信，就是要坚持马克思主义唯物史观的指导，拥护中国共产党的执政地位，运用唯物史观来反对和抵制这些错误思潮。唯物史观中从现实的个人和物质生产出发，论述了社会结构、社会形态和社会动力等方面的理论；在方法上包括阶级和利益分析法、唯物主义和实践的方法、经济分析法和交往分析法等，有助于反对和抵制文化建设上的错误思潮。

二、新时代坚定文化自信面临的现实挑战

经济全球化、文化多元化和信息网络化不仅促进了当代中国文化与国外文化的交流和传播，而且有利于创新发展中华优秀传统文化、弘扬红色文化和建设社会主义先进文化。新时代坚定文化自信在迎来机遇的同时，也面临着一些现实挑战。

（一）经济全球化背景下，西方文化冲击着当代中国的文化安全

经济全球化背景下，一些西方国家在经济交往中往往附加着文化霸权，不断挑战影响着发展中国家的文化主权。西强东弱的整体形势下，坚定文化自信仍需要不断增强本民族文化的自豪感，维护我国的文化主权，抵制西方国家的文化霸权和文化殖民。2016年人民论坛问卷调查中心对“中国公众文化自信指数”进行了调查，调查研究报告中指

① 彭劲松，孙浚铭．增强文化自信的思考．理论视野，2016（9）：18—19.

出对建党立国精神的认知与认同以及国际文化发展意识有待提升。[①] 在经济全球化进程中，还面临着处理好文化民族性与世界性之间关系的问题，以及文化和意识形态的安全问题等。

当代中国文化建设，不论在理论文化形态上，还是在世俗文化形态上，在一定程度上面临着维护自身文化安全的使命和责任。在理论文化形态上，存在着质疑马克思主义和中国特色社会主义的文化思潮。例如，新自由主义思潮，主张个人主义，倡导私有化和自由放任的市场经济，反对集体主义和国家对经济的过分干预。在世俗文化形态上，对于中华民族的历史、节日和民间文化等方面缺乏有效的保护、传承和创新。例如，现实生活中存在过分注重外语的学习，忽视对汉字、成语和诗词等优秀传统文化的学习；不关心本民族和地方的历史文化，过于崇拜西方文化；盲目重视国外影视作品和注重过"洋节"，忽视中华民族传统节日和习俗等的现象。因此，我们不仅要注重在理论上文化形态的自信，而且还应关注世俗文化形态的自信。

（二）文化多元化趋势下，当代中国主流文化和民族文化认同有待增强

在文化多元化进程中，出现了各种非马克思主义思潮冲击着马克思主义的指导地位，并影响着马克思主义主导文化与传统文化、红色革命文化和西方文化之间的关系，存在着割裂历史文化传统的历史虚无主义和文化虚无主义。历史虚无主义和文化虚无主义思潮否定了马克思主义在文化建设中的指导地位，抹杀了中华民族优秀传统文化和红色革命文化。同时，西方的后现代主义思潮曲解唯物史观，注重话语和社会发展的"欲望动力"等非理性形式，强调多元主义和相对主义，否定历史的客观性和社会发展的规律性，在某种程度上为历史虚无主义和文化虚无主义提供了理论基础。

每个民族独特的价值观和思维方式，是其文化的深层核心。从这个意义上来说，文化多元化在其实质上是价值观和思维方式的多元化。由此，文化多元化不仅引起人们价值观的冲突与分歧，而且造成人们对当代中国主流文化和民族文化的认同危机。当代中国文化充斥着相对主义、拿来主义和实用主义等观念的消极影响，加上一些人对马克思主义和传统文化存在错误理解和偏见，往往容易导致出现错误的文化观念。另外，不同的宗教信仰文化也会引起人们对理想和信仰之间的关系产生困惑，进而导致对当代中国主流文化和民族文化缺乏认同感。

（三）文化建设与经济发展不协调，文化产业和文化事业有待进一步发展

改革开放以来，中国在经济上取得了巨大的成就，而文化建设上却落后于经济的快速发展，进而引起一些人在文化心态上的不自信。在文化建设方面，存在由于缺乏对本民族文化的自知和反思，而未能遵循文化的发展规律的现象。例如，一些文艺工作者存在过于急躁的心态，一些哲学社会科学工作者缺乏相应的社会责任感。同时，在中国文化走出去中，缺乏中国文化的独特性，这就容易导致中国文化的影响力降低。

在文化产业上，文化作为商品和社会产品之间的矛盾、主流意识形态和大众意识形态的不一致性以及文化治理体系方面存在一些困境。[②] 在打造文化品牌和文化产品上也

---

① 陈琳，贾晓芬．中国公众的文化自信指数调查报告（2016）．人民论坛，2016（36）：122.

② 马草．文化产业发展现状之反思三题．理论导刊，2016（5）：78—80.

存在不足。我们要打造具有影响力的民族文化品牌，打造具有中国风格和中国特色的优质文化产品，进一步挖掘当代中国文化资源，提高文化产品的科技应用水平和创新其传播方式，发展文化创意产业。在文化事业上，我们要认识到城乡和区域之间的文化发展仍存在较大差距，文化事业的创新性和公益性仍需要不断提高。

（四）积极的文化社会氛围有待进一步营造，公民的道德素质有待提升

社会现实中文化市场化的消极影响，市场经济的功利性使一些人忽视对精神文化追求的需要。例如，城市和农村的婚丧嫁娶中攀比、奢侈的不良风气，造成了较高的随礼人情数额和不必要的浪费；社会交往中，过分的“劝酒”和“送礼”等风气也异化了人与人之间的关系；网络语言污秽不堪，消解人们对语言和文字的敬畏；人与人之间信任度较低，互助和公益的伦理社会文化风气有待进一步培育。同时，在教育、看病和就业等方面，仍存在一些重人情而缺乏自觉遵循法律和制度的现象。从整体上来看，尽管大力弘扬社会道德模范和英雄人物等积极方面的影响，但是积极的文化社会氛围仍然有待进一步营造。

部分公民的个人道德、婚姻家庭观念、职业伦理和社会公德等方面仍存在一些问题，社会文明的提升仍有待公众的积极参与。如在个人道德建设上，存在一些过分注重物质利益，忽视个人自身的道德修养的现象；在婚姻家庭观念上，婚姻双方的忠诚和信任有所下降，以及家庭成员之间感情有所淡化；在职业伦理上，一些公务人员缺乏坚定的马克思主义信仰，部分企业家缺乏诚信意识和社会责任感；在社会公德上，一些人缺乏对公共规则的遵守，缺少自觉保护环境的文明行动等。实质上，公民道德建设上的问题会导致社会伦理的危机感，进而导致人们难以坚定文化自信。由此，有必要提升公民的道德素质，培养良好的社会风尚，从而坚定人民的文化自信心。

（五）网络新媒体快速发展的负面影响，网络新媒体文化建设有待加强

由于文字数码化、书籍图像化、阅读网络化等的发展，文艺乃至社会文化面临着重大变革。[①] 尤其是网络的虚拟性、开放性、隐匿性、自由性和共享性，使社会交往虚拟化，消解文化的主体性，弱化政府和集体权威，削弱国家、民族和集体的认同感和归属感，往往容易导致自由主义和无政府主义等错误观念出现。这些错误观念，直接挑战着社会主义的价值观、国家观和集体主义的道德原则。网络文化的生活化、碎片化和感性化等特点，在给文化传播带来机遇的同时，也冲击着马克思主义的主导文化。例如，近年来通过微博和网络等方式，有的人调侃和戏谑革命英雄人物，这将会导致民族精神被消解，在一定程度上解构中国共产党所形成的红色革命文化。

随着新媒体的不断发展，其传播的广泛性、即时性和相对隐蔽性，传播主体和方式的多样性，在丰富人们精神生活的同时，也存在着不利于坚定文化自信的方面。其具体表现主要包括：在对待传统文化上存在非理性的态度，表现为过于肯定其积极性或全盘否定等片面性的态度；在对待红色革命文化上，缺乏对其深入认识和精神上的认同；对于西方文化，过于盲目崇拜西方学术理论和学术话语；对社会主义先进文化，呈现出漠

① 中共中央文献研究室编．十八大以来重要文献选编（中）．北京：中央文献出版社，2014：126.

视、排斥和质疑的现象。同时，针对一些过于消极的媒体舆论导向，有待进一步加强对媒体舆论的监督和管理。

三、新时代坚定文化自信的路径选择

新时代坚定文化自信，实质上是在马克思主义的指导下，结合中国特色社会主义文化建设的实际情况，来不断推进文化建设的新发展。坚持运用马克思主义的原理和方法，在深入认识文化自信面临的现实挑战上，进一步探析坚定文化自信的路径选择。

（一）经济全球化进程中，加强维护当代中国的文化安全

当代中国在与其他国家进行经济和文化等方面的交往中，应增强文化安全意识，自觉维护文化主权，正视不同文化间的差异性。世界上不同国家和民族在经济交往的同时，增进了不同民族文化之间的交流和融合，并促使不同民族文化逐步趋向文化全球化。在经济全球化进程中，我们要在增强红色革命精神文化认知与认同的基础上，提升公民的国际文化发展意识。在文化民族性与世界性之间的关系方面，既要充分认识到文化上的共识，也要认识到文化上的差异性和民族性；既要认清不同民族文化的多样性和主体性，也要反对和抵制文化霸权和文化殖民。在当代中国特色社会主义文化建设进程中，批判和反对错误的文化思潮，进一步讲好中国故事，不断丰富人们的精神生活。激活优秀传统文化的话语，增强文化话语和传播能力建设，积极塑造良好的国家文化形象。同时，借鉴其他国家文化建设的经验，努力建设中华民族共有的精神家园。例如，美国文化的内容创新、科技支撑和传播方式等方面、法国对法语的推广以及日本对传统文化的保护等方面都值得学习。另外，还应借鉴美国的电影产业和日本动漫产业的发展经验等，来促进中国电影产业和动漫产业等方面的发展。

（二）坚持马克思主义的指导地位，增强当代中国主流文化和民族文化的认同

马克思主义揭示了人类社会发展的一般规律性，不仅为人类文明新形态指明了方向，而且揭示了社会现实的发展道路。纵观中国近代的历史，证明了只有马克思主义才能救中国。中国改革开放以来取得的伟大成就以及东欧剧变和苏联解体的反面教训，都证明了马克思主义的指导思想不能丢。因此，当代中国必须坚持马克思主义的指导地位。坚持马克思主义在文化领域中的指导地位，就应不断推进马克思主义和民族文化相结合，并通过广泛的文化认同来涵养文化自信。在增强对我国主流文化和民族文化的认同的实践中，应自觉应用马克思主义的理论和方法来指导文化建设。

文化自信的核心，主要是价值观自信。这是因为价值观是文化的核心，所以说文化认同其实是价值观的认同。① 当代中国坚定文化自信，在发挥人民的主体性作用的同时，还应不断增强对社会主义核心价值观的认同。其一，注重从认知理论、情感价值以及实践行为这三个方面，对不同社会群体进行有针对性的宣传和教育。其二，应与当代中国社会变革结合起来，尤其注重与家庭和学校等社会生活方面相结合，来共同促进对社会主义核心价值观的认同和践行。

---

① 李晶．文化认同视域下社会主义核心价值观的培育研究．学校党建与思想教育，2017（10）：60.

（三）促进文化与经济协调发展，加强文化产业和文化事业建设

从唯物史观来看，属于上层建筑的文化与经济是相互作用和相互影响的。由此，我们不仅反对过于注重经济的“经济决定论”，而且还应反对过于强调文化的“文化中心论”。坚定文化自信，既要发挥文艺工作者的工匠精神，使其创作出优秀的文艺作品，也要使哲学社会科学工作者承担应有的社会使命和历史责任，为中国特色社会主义建设的伟大事业服务。同时，还应遵循文化发展的规律，反对在文化建设上的急躁和冒进。在中国文化走出去过程中，我们要注重中国文化独特性的传播，扩大中华文化的吸引力和影响力。

在文化产业上，始终将社会效益放在首位，坚持社会效益和经济效益的统一，处理好意识形态属性和产业属性之间的关系，促进主流意识形态和大众意识形态的不断融合。深入挖掘当代中国文化资源，注重文化产品的科学技术和传播方式，制定相关制度，反对文化产品的低俗化和过分娱乐化，大力推进文化创意产业。在精神文化产品上，处理好文化传统化与文化现代化之间的关系，解决好文化产品与文化作品之间的矛盾关系，不断满足人们的精神文化需求；在文化事业上，注重城乡和不同区域之间文化的共同发展，不断增强人民群众的文化获得感；在城市文化自信方面，用创新社会治理方式来解决“城市病”问题，不断挖掘本城市的历史文化资源，针对城市的“洋名”现象应加强相关制度建设；在乡村文化自信方面，在重视乡村经济建设发展的基础上，注重对乡村的教育和公共文化服务的建设。同时，注重发挥村民对特色民俗文化和建筑文化等乡村特色文化的保护作用。

（四）培养良好的文化社会氛围，促进公民道德素质的提升

马克思主义唯物史观的实践性特点要求我们，既要推动其理论上的创新发展，也要注重社会现实生活中问题的解决。在社会主义市场经济条件下需要发挥传统美德的向善性、理想信念的坚定性和先进文化的积极性，激发人们对精神文化的追求。在理论上，针对中国传统日常交往礼俗的重建，一方面采取扬弃的方式来形成理性化的交往规则，另一方面应借鉴西方文化模式与现代批判理论。① 针对某些不良的文化社会氛围，应加强相关制度约束。例如，2017 年 3 月，安徽省岳西县针对婚丧嫁娶中攀比浪费的不良风气，对礼金收受、邀请对象和操办的规模场次等都出台了相关规定，这对于民间习俗文明化和良好社会风尚的形成起到了积极的推动作用。

近年来，反对腐败的高压态势和对党员干部的相关教育，对于良好的政治生态和廉洁的政治文化建设起了重要的推动重要。在个人和家庭道德建设方面，我国通过重视家书和家训等家庭文化建设，从而有助于个人良好品德的形成和家庭成员之间的和睦；在职业伦理方面，通过相关教育、完善制度和强化职业信仰等方面，来加强公务员、医生和教师等人员职业伦理的培养；在社会公德方面，注重制度伦理的路径创新，积极推进传统美德和革命精神的现代转化，在促进公民道德素质不断提升的基础上，逐步形成良好的道德风尚。

---

① 李涵．中国传统日常交往礼俗的文化批判．学术交流，2016（4）：42.

（五）创建互联网时代的文化自信，注重网络新媒体文化建设

网络上的历史虚无主义、无政府主义和新自由主义等错误思潮，抹杀中华民族优秀传统文化，否定权威和排斥政府，在实质上反映出个人主义世界观和自由主义的政治倾向，对此应加强相关网络监管和治理措施。互联网时代，需要不断创新马克思主义的话语方式和传播方式，促进马克思主义的大众化和时代化。在运用网络新媒体的传播方式时，还应挖掘人们社会生活中积极的价值观念，加大其正面宣传和引导。例如，新时代传统美德的孝顺父母、见义勇为和敬业爱国等方面，可以借助互联网和新媒体平台，通过微博、微信和微视频等传播方式，并丰富传播其内容和创新传播的话语形式，进而引起人们心灵的共鸣和认同，从而积极转化为实际行动。

大力倡导积极和健康的网络新媒体文化，建设一批具有中国特色社会主义文化特点的高质量中文网站和新媒体平台，并注重突出文化网站和新媒体平台的价值导向。在建设传统文化网站和新媒体平台中，注重全面、客观和辩证看待传统文化，反对全盘肯定和全盘否定的片面观点，注重与当代人们的社会生活方式相结合；在红色革命文化网站建设中，注重对革命英雄人物的宣传，反对戏谑和否定革命英雄人物的光荣事迹，用法律制度维护革命英雄人物的尊严；在建设社会主义先进文化网站方面，注重宣传对社会主义先进文化的认同，从理论和实践上充分展现其先进性和历史进步性。此外，社会现实生活中，在坚持问题导向的基础上，应注重培养良好的新媒体文化舆论导向，避免过于消极的舆论导向。

（作者系河北师范大学马克思主义学院博士研究生）

习近平关于文艺的重要论述的哲学底蕴

谢宝利　王凤侠

摘　要：习近平关于文艺的重要论述从物质本源论的维度指出了社会生活是文艺取之不尽、用之不竭的创作源泉；从反映论的向度提出文艺是对现实生活能动的反映；从辩证法的深度指出了文艺的现状、发展、存在的问题以及文艺创作需要注意的事项；从群众史观和认识论的高度提出了文艺创作要以人民为中心、走群众路线。四个方面相互观照，反映了习近平文艺思想深厚的哲学底蕴。

关键词：习近平；文艺；哲学底蕴

"哲学正变成文化的活的灵魂，哲学正在世界化，而世界正在哲学化。"[1]马克思的这句话指出了哲学和文化相互影响、相互交融的关系。而"文化与哲学的联姻使文化获得哲学的支持，哲学化为文化'活的灵魂'"[2]。如果一个时代的哲学失去了对文艺的引导，不能指导文艺的良性发展，这不仅是哲学作为世界观和方法论的失职，也是文艺发展日渐衰微的征兆。同样，文艺思想要指导文艺健康发展，必然有与之相应的哲学理论做底蕴。

党的十八大以来，面对文艺发展中出现的新情况、新问题，习近平同志发表了关于如何进一步繁荣、发展社会主义文艺的系列讲话。习近平关于文艺的重要论述与马克思主义文艺观一脉相承，不仅内容丰富、脉络清晰，而且流淌着哲学的新鲜血液，闪耀着马克思主义哲学的智慧光芒，是新的时代背景下马克思主义哲学创新成果的具体体现，对于引领文艺工作健康发展、推动我国文化强国建设具有重大的意义。

一、物质本源论：习近平关于文艺的重要论述的唯物论基础

物质与意识、思维与存在，究竟谁是世界的本源，这是全部哲学的首要的问题。"全部哲学，特别是近代哲学的重大的基本问题，是思维和存在的关系问题。"[3]马克思在批判黑格尔哲学的过程中，摒弃了黑格尔哲学思想体系中的唯心主义成分，开创了唯物主义的新时代。在黑格尔看来，世界是由"独立主体的思维过程"创造的，马克思则把这一倒错结构进行重置，指出观念的东西"不外是移入人的头脑并在人的头脑中改造过的物质的东西而已[4]"。无论是"物质的东西"还是"观念的东西"，其在本源论的意义上都属于物质，这就是"世界的真正统一性在于它的物质性"。这是习近平关于文艺的重要论述的唯物论基础。

（一）社会生活是文艺取之不尽、用之不竭的创作源泉

坚持世界的物质统一性这一基本观点在实践中必然会提出一切从实际出发的要求。“实事求是，是马克思主义的根本观点，是中国共产党人认识世界、改造世界的根本要求，是我们党的基本思想方法、工作方法、领导方法。”[5]从实际出发，要求文艺创作从中国特色社会主义事业进入新时代这一伟大实践出发，从人民生活的切身实际出发。“走入生活、贴近人民，是文艺创作的基本态度”，必须“从人民的伟大实践和丰富多彩的生活中汲取营养，不断进行生活和艺术的积累，不断进行美的发现和美的创造”，“文艺只有植根现实生活、紧跟时代潮流，才能发展繁荣”，因为“人民生活中本来就存在着文学艺术原料的矿藏，人民生活是一切文学艺术取之不尽、用之不竭的创作源泉”。在这样的基础上，习近平同志强调“艺术可以放飞想象的翅膀，但一定要脚踩坚实的大地”，“关在象牙塔不会有持久的文艺灵感和创作激情”，要求文艺创作“要走进生活深处”，“吃透生活底蕴”，“把生活咀嚼透”，“闭门觅句非诗法，只是征行自有诗”。[6]习近平关于文艺的重要论述继承和发扬了马克思主义哲学关于世界的物质统一性和一切从实际出发的观点，是对于马克思主义文艺观在中国特色社会主义进入新时代的创新和发展。

（二）对文艺创作的唯心主义倾向的严厉批评

改革开放以来，我国文艺事业取得了显著成就，文艺园地百花齐放、硕果累累，呈现出繁荣发展的生动景象，文艺创作进入一个新的繁荣阶段，产生了大量的文艺精品。当然也不可否认，受多元价值观、多元文艺思潮激荡以及消费主义之风盛行的影响，文艺创作还存在模仿抄袭、扭曲经典、颠覆历史、丑化人民群众和英雄等现象，有些文艺家为文艺而文艺，文艺创作的形式高于内容，甚至创作动机媚俗、格调庸俗、内容低俗的“三俗文艺”还大量存在。一些文艺家们不愿深入实践、深入生活，用想象代替体验，用互联网资源取代从实际生活获取第一手材料，从而成为书斋里的创作者，这种闭门造车的创作脱离了人民生活与实践，创作日益变得没有灵魂和真情实感，变得空洞虚无[7]。对当前文艺创作脱离人民群众、脱离现实生活这一唯心主义创作倾向，习近平同志进行了严肃的批评，“在有些作品中，有的调侃崇高、扭曲经典、颠覆历史，丑化人民群众和英雄人物；有的是非不分、善恶不辨、以丑为美，过度渲染社会阴暗面；有的搜奇猎艳、一味媚俗、低级趣味，把作品当作追逐利益的‘摇钱树’，当作感官刺激的‘摇头丸’；有的胡编乱写、粗制滥造、牵强附会，制造了一些文化‘垃圾’；有的追求奢华、过度包装、炫富摆阔，形式大于内容；还有的热衷于所谓‘为艺术而艺术’，只写一己悲欢、杯水风波，脱离大众、脱离现实”[8]。

二、能动反映论：习近平关于文艺的重要论述的反映论基础

承认物质决定意识是唯物论成立的前提，但是如果到此止步，这样的唯物论还不是辩证唯物主义。马克思主义哲学对旧哲学的突破就在于在物质与意识的关系上，提出了二者双向互动的观点，即能动反映论。能动反映论的第一原则是承认社会生活是不以人的意志为转移的客观存在，而观念形态（包括文艺）则是对社会生活的反映，是客观存

在在人类头脑中积极的、创造性的反映。诚如列宁所言：“反映可能是对被反映者近似正确的复写，可是如果说它们是等同的，那就荒谬了。”[9]这即是说，能动反映论不但强调没有反映就没有反映者这一唯物主义立场，同时也强调反映的能动性。因此，马克思主义的能动反映论与本源论紧密相连，是同一个问题的两个方面，即我们常说的“文艺源于生活又高于生活”。

（一）能动反映论要求创作主体必须“用现实主义精神和浪漫主义情怀观照现实生活”

毛泽东曾指出：“作为观念形态的文艺作品，都是一定的社会生活在人类头脑中的反映的产物。”[10]文艺作品作为物化的意识，是对存在、对人们现实生活的反映，但文艺对生活的反映是能动的，不是被动的、直线的、机械的照相式、照镜子般的反映，而是一种通过主体的头脑，对客体进行选择、改造、虚构、提炼等动作的反映。因此，文艺对世界的认识是一种能动的反映，文艺作品所反映的社会生活，是作为实践者和认识者的主体对社会生活能动认识的过程。习近平同志指出：“社会上并非到处都是莺歌燕舞、花团锦簇，社会上还存在许多不如人意之处、还存在一些丑恶现象。对这些现象不是不要反映，而是要解决好如何反映的问题。”“文艺创作如果只是单纯记述现状、展示原始丑恶，而没有对光明的歌颂、对理想的抒发、对道德的引导，就不能鼓舞人民前进。”因此，文艺创作要“以高于生活的标准来提炼生活”，“标准”高于“生活”才能提炼和刻画出代表时代精神的人物形象，这是一条艺术的“铁律”，因此，他指出：“用现实主义精神和浪漫主义情怀观照现实生活，用光明驱散黑暗，用美善战胜丑恶，让人们看到美好、看到希望、看到梦想就在前方。”[11]

（二）对于文艺创作中机械反映论的严肃批判

能动反映论认为文艺能全面地反映社会生活，而且也是一把斧头，能创造生活创造美。当前，有些文艺工作者在文艺创作过程中脱离了生活体验，导致文艺创作中还存在机械反映论的趋向。有的文艺作品为反映而反映，忽略了“文艺要高于生活”这一本性。为此，习近平同志强调：“广大文艺工作者要对生活素材进行判断，弘扬正能量。广大文艺工作者要提高阅读生活的能力，善于在幽微处发现美善。”“文艺创作的目的是引导人们找到思想的源泉、力量的源泉、快乐的源泉。”[12]同时，习近平同志也要求文艺工作者要“给人以价值引导、精神引领、审美启迪的，艺术家自身的思想水平、业务水平、道德水平是根本。文艺工作者要自觉坚守艺术理想，不断提高学养、涵养、修养，加强思想积累、知识储备、文化修养、艺术训练，努力做到“笼天地于形内，挫万物于笔端”[13]。可见，习近平同志十分重视文艺创作主体主观能动性的发挥。

（三）培育和弘扬社会主义核心价值观是文艺作为社会意识形态的题中应有之义

文艺作为一种特殊的精神文化现象，本身具有意识形态的属性，且自身会受到意识形态的影响[14]。“政治、法律、哲学、宗教、文学、艺术等等的发展是以经济发展为基础的。但是，它们又都互相作用并对经济基础发生作用。”[15]也就是说，文艺作为一种意识形态，是由一定的经济基础和社会存在决定的，它既是一定的历史条件的产物，又是艺术家对其所属时代生活反映的结晶。我国作为社会主义国家，培育和弘扬社会主义核心价值观理应是文艺创作的题中应有之义。这是习近平同志提出“文艺在培育和弘扬社会主义核心价值观方面具有独特作用”的哲学依据。在中国文联十大、中国作协九大开幕式上的讲话中，习近平同志强调：“文艺的性质决定了它必须以反映时代精神为神圣使命。”“广大文艺工作者要高扬社会主义核心价值观的旗帜，充分认识肩上的责任，把社会主义核心价值观生动活泼、活灵活现地体现在文艺创作之中，用栩栩如生的作品形象告诉人们什么是应该肯定和赞扬的，什么是必须反对和否定的，做到春风化雨、润物无声。”他进一步指出：“在社会主义核心价值观中，最深层、最根本、最永恒的是爱国主义。”“我们当代文艺更要把爱国主义作为文艺创作的主旋律，引导人民树立和坚持正确的历史观、民族观、国家观、文化观，增强做中国人的骨气和底气。”[16]

三、对立统一：习近平关于文艺的重要论述的辩证法基础

辩证法是马克思主义哲学的重要组成部分，是中国共产党人的世界观和方法论。方法论就是人们运用世界观去认识和改造世界的根本方法。马克思主义哲学方法论最基本的内容有：世界是普遍联系和总体发展的，矛盾规律（对立统一规律）是事物发展的根本规律，矛盾分析法是认识世界和改造世界的根本方法。

在马克思主义经典作家看来，万物的普遍联系和总体发展是世界的基本特征。恩格斯认为在看待事物普遍联系的“辩证图景”时，“首先呈现在我们眼前的，是一副由种种联系和相互作用无穷无尽地交织起来的画面”[17]。辩证分析“非此即彼”与“亦此亦彼”的界限，“使对立的各方相互联系起来”[18]。万物总是处于变化发展之中，这种变动有时会出现暂时的倒退，但是“前进的发展终究会实现”[19]。

在我国马克思主义文艺思想发展过程中，马克思主义者总能根据具体的历史条件和文艺实践不断调整、丰富文艺思想，但不管怎么变化，都深刻地体现了唯物辩证法的要求。习近平同志在一方面对文艺的发展进行了肯定，但是也一针见血地指出了在文艺发展中的负面现象。他认为，在当代文艺创作和文艺思潮中，出现了用事物的一个方面替代另一个方面、一个倾向替代另外一个倾向的现象，存在着文艺工作者过于看重文艺的经济效益而忽视了文艺的社会价值，过于追求文艺的形式美而忽视文艺内容的真善美，过于追求文艺与国际接轨而忽视了对中华传统优秀文化与民族精神的传承，过于追求文艺作品的数量而降低文艺作品的质量等现象。针对文艺发展中的顾此失彼、形而上学现象，习近平同志进一步阐明了文艺创作的“高原”与“高峰”、经济效益与社会效益、继承与创新、党性与人民性、创作内容的多样性与倾向性[20]等问题。2014 年 3 月 27 日，习近平同志在联合国教科文组织发表演讲时用“一花独放不是春，百花齐放春满园”[21]的诗句来比喻中国文化与世界文化的关系。在文艺座谈会的讲话中，习近平同志指出要繁荣社会主义文艺，除了要继承和发扬中华民族优秀传统文化，还“必须认真学习借鉴世界各国人民创造的优秀文艺”，坚持“洋为中用”，做到“中西合璧”。习近平同志坚持用辩证法看待文艺创作，不仅丰富、拓展了马克思主义文艺思想，而且为社会主义文艺的发展指明了前进的方向。

四、以人民为中心：习近平关于文艺的重要论述的群众史观和认识论基础

历史唯物主义是马克思主义哲学的主要组成部分。习近平同志强调：“历史和现实

都表明，只有坚持历史唯物主义，我们才能不断把对中国特色社会主义规律的认识提高到新的水平，不断开辟当代中国马克思主义发展新境界。”[22]唯物史观的实质是群众史观，它是马克思主义哲学最富创见的学说和最根本的立场。在马克思主义哲学产生以前，人民群众在历史上是没有地位的。在黑格尔那里，群众乃是一群没有理性的“群盲”；在古斯塔夫·勒庞那里，群众不过是一群“乌合之众”；在尼采那里，群众再多也没有意义，只有“超人”才有意义。马克思主义哲学是人民群众的哲学，“它的心脏是无产阶级”[23]。马克思、恩格斯认识到了文艺运动与人民群众的关系，希望无产阶级革命与革命的文艺结合起来，利用革命文艺教育人民。列宁提出了“艺术属于人民”，它必须扎根于广大劳苦群众中间。[24]中国共产党人历来重视“文艺为了谁，文艺依靠谁”这一问题，强调处理好文艺与人民群众的关系。1942 年，在《在延安文艺座谈会上的讲话》中，毛泽东指出：“为什么人的问题，是一个根本的问题。”[25]邓小平提出“我们的文艺属于人民”，“人民是文艺工作者的母亲”[26]。新时代，习近平同志提出了“以人民为中心的创作导向”，这是关于文艺本质的最直接、最深刻的揭示。

（一）以人民为中心的创作导向，是习近平关于文艺的重要论述的群众史观

坚持以人民为中心的创作导向，是习近平同志对马克思主义群众史观的生动阐释，是习近平文艺观的核心和精髓。习近平同志指出：“社会主义文艺，从本质上讲，就是人民的文艺。”“文艺要反映好人民心声，就要坚持为人民服务、为社会主义服务这个根本方向。”“只有牢固树立马克思主义文艺观，真正做到了以人民为中心，文艺才能发挥最大正能量。”“以人民为中心，就是要把满足人民精神文化需求作为文艺和文艺工作的出发点和落脚点，把人民作为文艺表现的主体，把人民作为文艺审美的鉴赏家和评判者，把为人民服务作为文艺工作者的天职。”“文艺不能在市场经济大潮中迷失方向，不能在为什么人的问题上发生偏差。”“文艺要热爱人民。热爱人民不是一句口号。如果不爱人民，那就谈不上为人民创作。”[27]

（二）以人民为中心的创作导向，实现了群众路线与马克思主义认识论的结合

群众史观是群众路线的理论基础，并不等于群众路线。因为“批判的武器当然不能代替武器的批判”[28]。“思想根本不能实现什么东西。思想要得到实现，就要有使用实践力量的人”[29]。唯物主义认为，人类认识的总路线是：实践—认识—再实践—再认识，循环往复以至无穷。由于人民群众是历史的创造者，是认识世界和改造世界的主体，认识来源于实践，社会实践从根本上说是千百万人民群众的实践。群众路线的内容是“一切为了群众，一切依靠群众，从群众中来，到群众中去”，这样，马克思主义认识论的总公式“实践—认识—再实践—再认识”就具体化为“群众—文艺创作—群众—文艺创作”。习近平同志认为，人民群众是历史的“剧作者”和“剧中人”，是文艺创作的力量源泉，号召文艺工作者要做“人民的艺术家”。针对一些文艺家的创作脱离人民、不愿意深入人民的不良倾向，习近平同志强调，“人民的需要是文艺存在的根本价值所在”，文艺工作者要“虚心向人民学习，从人民的伟大实践和丰富多彩的生活中汲取营养”[30]。

结　语

习近平同志关于文艺的重要论述结合文艺的发展状况和现实问题，从物质本源论的维度正确指出了社会生活是文艺取之不尽、用之不竭的创作源泉，从反映论的向度提出文艺是对现实生活能动的反映，从辩证法的角度指出了文艺的现状、发展、存在的问题以及文艺创作需要注意的事项，从群众史观和认识论的高度提出了文艺创作要以人民为中心、走群众路线。四个方面相互观照，共同体现了“辩证唯物主义和历史唯物主义”作为“哲学武器”解决当代中国文艺发展问题的强大功效，反映了习近平关于文艺的重要论述深厚的哲学底蕴。

注　释

[1] 马克思，恩格斯．马克思恩格斯全集（第1卷）．北京：人民出版社，1995：220.

[2] 张永奇．文化“活的灵魂”的时代价值与实践价值．学习论坛，2015（10）.

[3] 马克思，恩格斯．马克思恩格斯文集（第54卷）．北京：人民出版社，2009：277.

[4] 马克思，恩格斯．马克思恩格斯文集（第5卷）．北京：人民出版社，2009：22.

[5] 习近平．习近平谈治国理政．北京：外文出版社，2014：25.

[6][8][11][13][16][20][27][30] 习近平．在文艺工作座谈会上的讲话．光明日报，2014－10－15.

[7] 王洪斌．用社会主义核心价值体系引领文艺思潮与文艺创作．中共济南市委党校学报，2016（6）.

[9] 列宁．列宁全集（第18卷）．北京：人民出版社，1988：338.

[10] 毛泽东．毛泽东选集（第3卷）．北京：人民出版社，1991：860.

[12] 习近平．在中国文联十大、中国作协九大开幕式上的讲话．光明日报，2016－12－01.

[14] 董学文．怎样看待文艺的意识形态属性．浙江师范大学学报（社会科学版），2006（3）.

[15] 马克思，恩格斯．马克思恩格斯选集（第4卷）．北京：人民出版社，1995：732.

[17] 马克思，恩格斯．马克思恩格斯文集（第3卷）．北京：人民出版社，2009：538.

[18] 马克思，恩格斯．马克思恩格斯文集（第9卷）．北京：人民出版社，2009：471.

[19] 马克思，恩格斯．马克思恩格斯文集（第4卷）．北京：人民出版社，2009：298.

[21] 习近平．习近平谈治国理政．北京：外文出版社，2014：258.

［22］习近平．在中央政治局第十一次集体学习时的讲话．人民日报，2013－12－04.

［23］马克思，恩格斯．马克思恩格斯文集．北京：人民出版社，2009.

［24］侯焕闳译．回忆列宁（第5卷）．北京：人民文学出版社，1982：8.

［25］毛泽东．毛泽东选集（第3卷）．北京：人民出版社，1991：857.

［26］王文章．邓小平文艺思想研究论集．北京：文化艺术出版社，2005：438－439.

［28］马克思，恩格斯．马克思恩格斯文集．北京：人民出版社，2009：11.

［29］马克思，恩格斯．马克思恩格斯文集．北京：人民出版社，2009：320.

（作者单位：西安音乐学院）

文化自信视域下高校学生党员的教育路径

刘文晴

摘　要：高校学生党员是广大青年中的优秀代表，肩负着崇高的历史使命和重大的社会职责，在我国社会主义现代化过程中起着中流砥柱的作用。随着世界经济全球化大趋势的强劲发展和我国社会主义市场经济建设的不断深入，我国出现了多元文化共存的状态。多元文化的发展一方面开阔了人们的文化视野；另一方面又潜移默化地影响了人们的文化观念和价值选择，对处于世界观、人生观和价值观形成期的高校学生党员的文化素养提出了严峻挑战。为了应对挑战，我们必须大力弘扬传统文化、坚定继承革命文化、继续发展先进文化，从而打造特色校园文化环境。

关键词：文化自信；高校学生党员；教育路径

文化自信，是一个国家及其人民对自身文化的价值肯定与充分践行的总和，表现出对文化生命力的信心与决心。一个国家如果想长期屹立于世界民族之林且经久不衰，不仅要有经济硬实力的基础，更要有文化软实力的支撑。建立文化自信，不仅有助于深化国家的精神文明建设，有助于形成良好的社会道德风尚，更有利于培育有理想、有道德、有文化、有纪律的合格共产主义接班人。在庆祝中国共产党成立95周年大会上，习近平同志明确指出："全党要坚定道路自信、理论自信、制度自信、文化自信。"其中，"文化自信，是更基础、更广泛、更深厚的自信"。① 在党的十九大报告中，习近平同志更是旗帜鲜明地指出"文化自信是一个国家、一个民族发展中更基本、更深沉、更持久的力量"，树立文化自信，必须"推动中华优秀传统文化创造性转化、创新性发展，继承革命文化，发展社会主义先进文化"，从而"更好构筑中国精神、中国价值、中国力量，为人民提供精神指引"。② 然而，随着网络传播技术不断发展、多元文化不断交织碰撞，一些高校学生党员却出现了文化信仰缺失的现象。他们不仅全盘否定或部分否定我国的优秀传统文化、革命文化和社会主义先进文化，而且对外来文化盲目跟风、崇拜，甚至对西方资本主义价值观深信不疑。文化自信是高校学生党员未来成为社会主义事业建设者和接班人不可或缺的基础，是抵御外来不良文化入侵的精神屏障。一旦在文化信仰上路子走歪了，不仅会影响整个高校学生思想境界的提高，更会危及中国共产党

① 习近平．在庆祝中国共产党成立95周年大会上的讲话．人民日报，2016-07-02（1）.

② 习近平．决胜全面建成小康社会　夺取新时代中国特色社会主义伟大胜利．人民日报，2017-10-19（1）.

执政地位的巩固。因而，引导高校学生党员在多元文化的激荡和碰撞中树立高度的文化自信，重视并培养高校学生党员的文化素养，提出并践行高校学生党员的文化教育路径，是当前高校迫切的教育任务。

一、以课堂教育为基础，大力弘扬中华优秀传统文化

中华文明源远流长，是世界上唯一一个从古代延续至今的文明；中国文化博大精深，是世界上影响最大、最深远的文化。习近平同志指出："中华文明经历了5000多年的历史变迁，但始终一脉相承，积淀着中华民族最深层次的精神追求，代表着中华民族独特的精神标识，为中华民族生生不息、发展壮大提供了丰富滋养。"① 自古以来，中华优秀传统文化始终是中国屹立于世界民族之林最坚实的根基，是中华民族最突出的优势。当代中国的一切发展成果都离不开中华优秀传统文化这一深厚的历史底蕴。

不忘本来才能开辟未来，善于继承才能更好创新。但是，当前有相当部分的高校学生党员认为中国传统文化就是封建专制文化，已经不能适应现代社会的发展，我们应该多多学习西方文化，才能跟上时代的步伐。日本动漫、韩国综艺和美国大片已经构成了当代许多大学生的娱乐三部曲。不可否认，这些外来产业文化丰富了高校学生党员的课余生活，开阔了他们的眼界。但是，这些外来产业文化背后所宣传的资本主义价值观也像毒瘤一样时刻侵蚀着他们原本纯净的灵魂。中华优秀传统文化能够传承到现在，必然有其自身存在的价值和发展的优势。那种将传统文化一棒子打死的态度，严重犯有以偏概全的错误，缺乏辩证看待事物的能力，同时也是历史虚无主义的表现。为了改变这种过度推崇外来文化而使优秀传统文化在高校学生党员中日渐式微、疏离的现状，我们要把党课作为对高校学生党员进行优秀传统文化教育的主阵地，充分发挥课堂教学的主渠道作用，通过系统地讲授中华优秀传统文化知识，使其内化为高校学生党员的内在素质，外化为自觉的行为。高校学生党员在进行中华优秀传统文化教育时，应遵循以下文化教育路径。

（一）要培育高校学生党员的家国情怀

家国情怀是一个人对自己国家和人民所表现出来的深情大爱，是对自己国家的一种高度认同感、归属感、责任感和使命感。一个不热爱自己国家和民族的人，又怎么能"以天下为己任"，又怎么能"先天下之忧而忧，后天下之乐而乐"，又怎么能"苟利国家生死以，岂因祸福避趋之"，更谈不上有"捐躯赴国难，视死忽如归"这样的大义凛然。

周恩来自中学就有"为中华之崛起而读书"的豪情壮志，并用尽一生诠释了共产党人应有的责任和担当。为了祖国的事业，他一生无儿无女无存款，他对祖国的热爱之情让世界都为之动容。邓小平在马克斯韦尔整理收集的《邓小平文集》序言中，也曾满怀深情地写下序言："我荣幸地以中华民族一员的资格，而成为世界公民。我是中国人民的儿子，我深情地爱着我的祖国和人民。"字里行间流露出了他对祖国和人民的无限忠诚和热爱。陈毅在年轻时，就因参加中国留法学生的爱国运动，被武装押送回国，但是

① 习近平．习近平谈治国理政．北京：外文出版社，2014：260.

他并没有因此而忘记自己的国家，仍然用“祖国如有难，汝应作前锋”深厚的爱国之情谱写了人生乐章。这是国家领导人的家国情怀。

“国家是大家的，爱国是每个人的本分”，这是陶行知先生的爱国名言。他以“捧着一颗心来，不带半根草去”的赤子之忱，毕生致力于中国的教育事业，为中国的教育开辟新路，在特殊年代以特殊方式救中国。“横眉冷对千夫指，俯首甘为孺子牛”是鲁迅先生一生人格情怀的真实写照。在革命战争年代，他毅然选择弃医从文，立志用手中的笔做刀枪，唤醒沉睡的广大民众，与反动势力作坚决斗争。“为什么我的眼里常含泪水？因为我对这土地爱得深沉”。这是爱国诗人艾青真实情感的流露。无论是在国家战乱的岁月里，还是在以后的生活里，他都始终用一首首爱国诗歌抒发自己心中深沉的爱国之情。这是知识分子的家国情怀。

（二）要增强高校学生党员的克己修身意识

克己修身是儒家的重要思想，是中国传统文化中宝贵的思维经验和思想财富。习近平同志在北京大学师生座谈会上曾谈道：“广大青年树立和培育社会主义核心价值观，要在以下几点上下功夫。一是要勤学，下得苦功夫，求得真学问。二是要修德，加强道德修养，注重道德实践。三是要明辨，善于明辨是非，善于决断选择。四是要笃实，扎扎实实干事，踏踏实实做人。”① 勤学、修德、明辨、笃实，就是高校学生党员克己修身的标准。克己修身作为古人提升个人修养的重要精神支撑，对于高校学生党员同样具有塑造完美人格的作用。克己，就是要严于律己，不仅在做人上，在学习中同样要用严标准要求自己。修身，是指修养身心，修身的具体行为表现在日常生活中就是择善而从，博学于文，并约之以礼。“修身”是“齐家、治国、平天下”的基础。高校学生党员作为党在高校领导的中坚力量，必须要秉持克己修身的准则，自觉抵御各种拜金主义、利己主义、享乐主义，扎扎实实做学问，踏踏实实学做人。

（三）要激励高校学生党员的自强不息精神

自古以来，自强不息就是中华儿女的优秀品质。《周易·乾》中说“天行健，君子以自强不息”，意思是君子处事应像天一样，刚毅坚卓，积极进取，发愤图强。改革开放以来，国家的经济发展水平和人民的生活条件都有了质的飞跃，国民经济总量也跃居世界第二。古人言“饱暖思淫欲”，人民在物质财富极大丰富的同时，精神境界却遭受到了空前绝后的危机。懒惰、不思进取等一些不良习气弥漫在社会中。一些高校学生党员，由于缺少对艰难时期生活的体验，很容易贪图享乐安逸的生活方式，滋生拜金主义、享乐主义。勤劳、自强不息不再是他们追求的人生境界，在某种程度上反而成为了大家嘲笑的生活方式。中华优秀传统文化中蕴藏着自强不息的优秀基因，饱含着自强不息的优秀精神。通过中华优秀传统文化教育，可以为高校学生党员注入自强不息的血液，使他们能够以自强不息的品质面对生活中遇到的困难。

① 习近平．青年要自觉践行社会主义核心价值观——在北京大学师生座谈会上的讲话．人民日报，2014－05－05（1）．

二、以实践活动为载体，坚定继承党和人民自五四运动以来形成的革命文化

五四运动以来，中国共产党和中国人民在伟大的革命斗争中形成了内容丰富的革命精神，其中包括五四精神、红船精神、井冈山精神、苏区精神、长征精神、延安精神、西柏坡精神等等，这些崇高的革命精神同时也孕育了中国独树一帜的革命文化。高校学生党员大多都是“九〇后”，由于计划生育政策的实施，很多又是独生子女。他们不仅没有亲身经历过那个党领导人民浴血奋战、艰苦创业的革命年代，而且由于生活条件的优越，又很难深刻体会战争年代的那种艰苦奋斗、无私奉献的大无畏精神，因而对革命文化兴趣不高，难以产生共鸣，缺乏情感认同，甚至漠视革命文化。受社会不良风气和高校教育体制影响，许多高校学生党员功利心也比较强。他们不再把革命英雄的无私奉献精神作为自己为人处世的基本准则，遇到事情也不是先考虑国家和他人的利益，而是以自己的利益为重，以自己为中心。革命文化作为一种高尚的文化对道德修养的潜移默化作用，他们往往不会重视。

作为革命理论、革命经验和革命精神凝结的革命文化是在新民主主义革命时期形成且发展起来的，对高校学生党员有资政育人的作用。虽然大多数高校学生党员没有经历过革命年代，但是，那个年代留下的许多宝贵的物质和非物质文化遗产同样可以感染高校学生党员。为了促进高校学生党员积极主动地继承革命文化，高校在对学生党员进行革命文化理论培训的同时，更应该注重组织一系列实践活动让学生党员感受到最真实、最震撼的革命文化。高校在对学生党员进行革命文化教育时，应遵循以下文化教育路径。

（一）用科学的革命理论武装头脑，坚定高校学生党员崇高的理想信念

我国的革命文化是在马克思主义理论传入中国后形成的。可以说，马克思主义理论为我国的革命文化指明了前进的方向，革命文化开启了马克思主义中国化的历史进程。高校学生党员要继承革命文化，必须先系统且深入地学习科学的革命理论，同时要在马克思主义理论学习过程中，树立远大的革命理想。一个共产党员如果没有理想信念就会迷失前进的方向，丧失奋发向上的勇气和动力。习近平同志在十八届中共中央政治局第一次集体学习时曾强调，理想信念就是共产党人精神上的“钙”，没有理想信念，理想信念不坚定，精神上就会“缺钙”，就会得“软骨病”。[①] 高校学生党员正处于价值观形成、精神境界构建时期，如果出现信仰迷茫、精神缺失的状况，不仅会影响到整个学生群体的意识形态，而且会危及中国共产党的执政地位。因此，高校要以学生党员为本，采取强有力的措施加强他们的理想信念教育，把马克思主义理论课纳入他们的必修课中，努力把高校学生党员培养成坚定的青年马克思主义者。

（二）用流传的红色故事感染心灵，培养高校学生党员乐于奉献的精神品质

红色文化资源具有育人功能。红色文化资源中的红色故事往往能够以直观的方式再现革命战争年代那一幕幕感人的情景，以鲜活的革命事迹给人以强烈的心灵震撼，以红色故事背后的革命精神鼓舞高校学生党员。一些耳熟能详的红色经典人物故事，比如：面对敌

① 习近平．在十八届中共中央政治局第一次集体学习时的讲话．人民日报，2012－11－19（1）．

人的步步逼近，毅然跳下悬崖的狼牙山五壮士；面对敌人的威逼利诱，宁死不屈的年仅15岁的刘胡兰；手举炸药包，与敌人同归于尽的董存瑞。这些党经常宣传的红色故事，大家对故事情节比较熟悉，我们要善于深入地挖掘它的历史背景、历史细节和思想内涵，使高校学生党员能够从内心真正感动。对于一些鲜为人知的红色故事，比如：周春秀老大娘在革命年代为红军战士洗衣做饭，甚至不顾个人安危，掩护这群可爱的红军战士；暴动队长邹文楷为了支援前线，寒冬腊月把家里的棉被全部捐了出来；村民李恩发和妻子，面对敌人的刺刀，毫不畏惧，誓死守护红军的粮仓。这些党宣传较少的红色故事，我们要充分地挖掘和整理，使高校学生党员从中体会到乐于奉献的价值真谛。

（三）用神圣的红色之旅震撼心灵，培育高校学生党员艰苦奋斗的革命精神

习近平同志考察革命老区时曾谈道：“每到井冈山、延安、西柏坡等革命圣地，都是一种精神上、思想上的洗礼……对我们共产党人来说，中国革命历史是最好的营养剂。多重温我们党领导人民进行革命的伟大历史，心中就会增添很多正能量。”① 红色圣地记录着党带领人民进行艰苦斗争的革命历程，传承着中华民族可歌可泣的英雄史诗，传颂着革命英烈艰苦奋斗的感人事迹。高校可以组织重走长征路等一系列实践活动，带领学生党员踏着长征的足迹去一些红色旅游圣地参观，体验红色的革命历史。只有亲自参观过革命战士曾经抛头颅、洒热血的革命圣地，只有亲眼见过那一件件珍贵的革命文物，只有亲手触摸过革命先辈们曾经用过的桌椅笔墨，高校学生党员才能受到最虔诚的红色洗礼，体会到艰苦奋斗的革命精神，领悟到最深刻的红色内涵。

三、理论与实践相结合，继续发展中华人民共和国成立以来的社会主义先进文化

我们一般把1949年以来特别是改革开放以来，中国共产党带领中国人民进行社会主义现代化建设过程中创造的文化称之为社会主义先进文化。社会主义先进文化是在继承中华优秀传统文化的基础上，对中国革命文化的继续发扬和创新。社会主义先进文化以马克思主义为指导思想、以“三个面向”为特点、以“民族的、科学的、大众的”为发展方向、以培养“四有”公民为目标、以社会主义核心价值观为思想精髓。② 在社会主义现代化建设下，我国的主流文化就是社会主义先进文化，主导价值观就是社会主义核心价值观。因而，对高校学生党员进行社会主义先进文化教育不仅有利于传播主流文化，而且有利于促进高校学生党员树立正确的价值观。当代中国正处于社会转型期，随着我国改革开放和社会主义市场经济体制的不断深入，我国在出现文化多元现象的同时也出现了价值多元的情况，高校学生党员正处于价值观形成时期，对各种错误的价值观缺乏辨识力，核心价值观不坚定。同时，由于高校的社会主义先进文化教育理论性较强，缺乏实践性，很少有学生能够沉下心来，对社会主义先进文化进行深入探究和系统学习。

社会主义先进文化具有政治性、先进性和创新性，高校在对学生党员进行社会主义先进文化教育时，应遵循以下文化教育路径。

---

① 习近平．习近平在河北调研指导党的群众路线教育实践活动——把人民对党的考试“考”好．人民日报，2013-07-13（1）．

② 宁先圣．社会主义先进文化的特征及重大意义．理论观察，2011（6）．

（一）提高高校学生党员的政治理论素质，坚定共产主义信念

社会主义先进文化是以马克思列宁主义为指导，在运用毛泽东思想、邓小平理论、“三个代表”重要思想、科学发展观以及习近平新时代中国特色社会主义思想的基础上进行的文化创造。高校学生党员作为学生中的优秀分子，要发挥党员的先锋模范带头作用，系统地学习毛泽东思想、邓小平理论、“三个代表”重要思想、科学发展观和习近平新时代中国特色社会主义思想，特别要深入学习贯彻十九大精神，不断地加强政治理论的学习，完善自身的政治理论素质，坚定自己的政治立场，坚定共产主义信念。高校学生党员的政治理论素质直接决定了他们的政治立场。只有具备扎实的政治理论素质，高校学生党员才能在国家危难之际挺身而出，才能在大是大非面前站稳立场、旗帜鲜明，才能自觉抵制资本主义腐朽思想和生活方式的侵蚀，坚定共产主义信念永不动摇。

（二）提高高校学生党员的思想道德素质，践行社会主义核心价值观

国无德不兴，人无德不立。作为中国共产党在高校的储备干部，高校学生党员的思想道德素质水平不仅关系到个人的发展，更关系到国家的未来。提高高校学生党员思想道德素质，核心是进行社会主义核心价值观教育，使社会主义核心价值观内化为高校学生党员的基本遵循心理，外化为自觉的行动。习近平同志强调：“青年的价值取向决定了未来整个社会的价值取向，而青年又处在价值观形成和确立的时期，抓好这一时期的价值观养成十分重要。这就像穿衣服扣扣子一样，如果第一粒扣子扣错了，剩余的扣子都会扣错。人生的扣子从一开始就要扣好。”① 社会主义核心价值观是当代中国精神的集中体现，凝结着全体人民共同的价值追求。高校学生党员作为青年的杰出代表，他们的价值观必然会影响到整个青年群体。因此，高校学生党员如果能自觉提高思想道德素质，主动践行社会主义核心价值观，无形之中会感染整个青年群体，整个国家就会充满希望。核心价值观，其实就是一种德。高校学生党员思想道德上出问题，价值观必然出问题，同样，价值观错误或扭曲，思想道德水平也必定不高。因此，高校要将社会主义核心价值观融入学生党员教育培训之中，使他们自觉地将核心价值观转化为意识形态并成为他们的基本遵循。

（三）提高高校学生党员的科学文化素质，培育改革创新精神

高校学生党员承担着学生和党员的双重身份，不仅要具备扎实的专业基础知识和现代科学技术知识，树立终身学习的理念，更要培育冒险意识和改革创新精神。创新是一个民族进步的灵魂，是一个国家兴旺发达的不竭动力。高校学生党员是朝气蓬勃的一代，他们出生于改革开放后，因而接受了许多外来文化，具备强大的创新基因，同时，改革创新的欲望也最强烈。高校要利用学生党员的这一优势，在注重提高他们的科学文化素质的基础上，更要培育他们的改革创新精神，使其发挥在改革创新中的先锋模范作用，争做学生队伍中改革创新的排头兵。

（作者系中国青年政治学院马克思主义学院马克思主义基本原理专业2016级硕士研究生）

① 习近平．青年要自觉践行社会主义核心价值观——在北京大学师生座谈会上的讲话．人民日报，2014－05－05（1）．

社会主义核心价值观与民族观教育深度融合的路径探索

——以民族院校为例

杨　扬

摘　要：社会主义核心价值观是国家主导的、占统领地位的价值观，是社会实践活动的基本原则和要求。教育作为一项育人的社会实践活动，既是社会主义核心价值观培育的重要方式，同时也是社会主义核心价值观引领的对象。民族院校的民族观教育尤其需要社会核心价值观的引领，是因为民族院校的民族成分复杂，学生价值观呈现多元化，民族观教育的程度以及教育的效果直接影响着民族院校人才培养质量和学校的稳定。社会主义核心价值观引导民族观教育是巩固马克思主义意识形态地位的迫切要求，也是培养少数民族人才的题中之义。本文旨在通过对当前民族院校民族观教育的现状进行分析，明确需要社会主义核心价值观深度融合民族观教育的必然性和可能性，以期提供深度融合的路径，积极应对当前民族观教育遇到的挑战，进而增强民族团结教育，维护社会的稳定和谐。

关键词：社会主义核心价值观；民族观教育；深度融合；民族院校

以“富强、民主、文明、和谐、自由、平等、公正、法治、爱国、敬业、诚信、友善”为主要内容的社会主义核心价值观，是中国特色社会主义的价值表达，是国家治理体系和国家治理能力现代化过程中的重大战略思想。党的十九大报告指出：“发挥社会主义核心价值观对国民教育、精神文明创建、精神文化产品创作生产传播的引领作用，把社会主义核心价值观融入社会发展各方面。”① 明确地强调了把社会主义核心价值观的作用发挥到社会发展的各方面、全过程。

在全球化快速发展、社会价值观呈现多元化特征的背景下，新时代中国特色社会主义的建设需要一套与当前经济、政治发展相适应的且具有广泛共识的价值观，引领意识形态。民族院校是社会主义核心价值观必须覆盖的阵地，因为民族院校是培养少数民族人才的摇篮，少数民族大学生的价值观正确与否直接关系到民族地区的发展和民族地区的稳定和谐。社会主义核心价值观如何与民族观教育深度融合，解决当前民族观教育出现的问题，进而凸显长期有效的教育效果，是当前社会主义核心价值观培育在民族院校

① 习近平：《决胜全面建成小康社会　夺取新时代中国特色社会主义伟大胜利》（单行本），人民出版社 2017 年版，第 11 页。

初见成效之后需要进一步思考的问题。

一、民族院校民族观教育的内涵

民族观教育的内容主要包括三个大的方面，即“马克思主义民族观教育、中国共产党民族理论与民族政策教育、中华民族认同教育和民族团结教育等方面的内容”。① 一是金炳镐教授提出马克思主义民族观教育主要包括四个方面的内容，首先，民族是一个历史范畴，并不是先天就存在的，民族有其特有的产生、发展和消亡的规律；其次，民族问题是社会总问题的一部分，民族问题是否能够解决依赖于社会问题的解决；再次，民族平等、团结、共同繁荣是解决我国民族问题的基本原则，坚持让各族人民均衡平等享有社会发展成果；最后，坚持贯彻和落实民族区域自治制度，有利于各少数民族积极性和创造性的发挥。② 二是中国共产党民族理论与民族政策教育主要包括民族平等、民族团结、各民族共同繁荣以及民族区域自治。其中民族平等是基石，民族团结是主线，各民族共同繁荣是根本宗旨，民族区域自治是基本制度。③ 三是徐伯才教授认为，中华民族认同教育和民族团结教育主要内容包括费孝通先生提出的“中华民族多元一体格局”理论，以及各少数民族自古以来就是休戚与共的共同体，彼此之间相互离不开。④

对于民族院校来说，民族观教育应该根据少数民族大学生民族观所呈现的特点有针对性地进行。一方面，民族院校的少数民族学生人数和成分较多，思想多样，价值观复杂，应该有统一的主导价值观深度融合于民族观教育，主导价值观是方向旗帜和精神纽带，有益于巩固主流意识形态的地位和影响力。另一方面，部分少数民族大学生对于民族问题的认识较为片面。民族问题不是民族之间的对立，不是单纯的民族与民族之间的问题，而是社会问题的一部分，是客观存在的，民族问题的解决需要各族人民的共同努力。民族观教育应该引导少数民族大学生正确认识民族问题的性质，以及民族问题的复杂性和长期性，加强理论的解析教育，进而培养少数民族大学生的中华民族共同体意识，加强校园民族团结和稳定。

根据学者们对民族观教育的论述并结合当前民族院校民族观教育的现状，新时代背景下的民族院校民族观教育应该以马克思主义为指导，社会主义核心价值观与民族平等教育深度融合，民族团结教育、各民族共同繁荣教育深度融合，坚持民族区域自治，增强“五个认同”和中华民族共同体意识，同心共筑中国梦。

---

① 徐柏才：《论大学生马克思主义民族观教育》，《中央民族大学学报（哲学社会科学版）》2011年第2期。

② 金炳镐、何山河：《民族政策体系：马克思主义民族理论中国化的体现》，《黑龙江民族丛刊》2011年第3期。

③ 金炳镐：《试论当代少数民族大学生民族观、宗教观、祖国观教育》，《黑龙江民族丛刊》2011年第2期。

④ 徐柏才：《论大学生马克思主义民族观教育》，《中央民族大学学报（哲学社会科学版）》2011年第2期。

二、社会主义核心价值观深度融合于民族院校民族观教育的必然性与可能性

（一）社会主义核心价值观深度融合于民族院校民族观教育的必然性

社会主义核心价值观深度融合于民族观教育，是巩固主流意识形态、防止不良思想文化侵袭的需要；是培养合格的民族地区社会主义事业建设者和接班人的需要；是建设和谐社会、和谐校园，更好地处理民族关系的需要。

巩固主流意识形态、防止不良思想文化侵袭。一方面，中国的快速发展受到了国际上的高度关注，一些西方敌对势力企图通过思想文化渗透的方式阻碍和扰乱中国的发展步伐。高校为各种社会思潮和意识形态的聚居和传播提供了场所，而民族院校思想文化领域较为敏感，有较大的可乘之机。另一方面，我国的改革开放进入了深水区，各种社会矛盾有了新的表现，民族院校也就成了各个利益主体传播意识形态的重要阵地。在国际国内的背景下，迫切需要在民族院校中加强以社会主义核心价值观深度融合于民族观的教育，正如十九大指出“牢牢把握住意识形态的领导”,① 才能抵御各种不良思想文化的侵袭。

培养合格的民族地区社会主义事业建设者和接班人。中国特色社会主义建设需要坚强而巩固的马克思主义信仰者，需要始终以社会主义核心价值观为价值导向的践行者，因为社会主义核心价值观是社会主义建设强有力的精神支持和保障。民族院校有其特殊性，少数民族大学生有自己的信仰，如何处理民族信仰与马克思主义信仰之间的关系，如何应对一些不良的价值观对大学生思想的腐蚀，在这种形势下，民族院校的思想政治教育应该使社会核心价值观深度融合于民族观教育，对少数民族大学生的民族信仰进行方向、立场的引导，坚定少数民族大学生对马克思主义的信仰和社会主义的信念。

更好地处理民族关系，维护民族团结。一方面，学校作为社会系统中的一个子系统，深受社会环境的影响；另一方面，学校是为社会输送人才的摇篮，学校教育深刻地影响着国民素质的质量与水平。社会主义核心价值观是中国特色社会主义价值的核心体现，有凝聚共识的作用，而民族观教育是民族认同的教育，前者是抽象的、高度概括的价值观，后者是具体的、详细的理论说明。把社会主义核心价值观深度融合于民族观教育，有利于凝聚共识，增强少数民族大学生对伟大祖国的认同和伟大民族的认同，进而减少民族矛盾，维护民族团结。

（二）社会主义核心价值观深度融合于民族院校民族观教育的可能性

社会主义核心价值观与民族观教育共融互哺，有着多样的内在联系，为社会主义核心价值观深度融合于民族观教育提供了可能。

理论解释与价值追求的共同性。社会主义核心价值体系是以马克思主义为指导思想，社会主义核心价值观是社会主义核心价值体系的核心内容，十九大报告指出：“社

---

① 习近平：《决胜全面建成小康社会　夺取新时代中国特色社会主义伟大胜利》（单行本），人民出版社 2017 年版，第 10 页。

会主义核心价值观凝结着全体人民共同的价值追求。”① 民族观教育包括马克思主义民族观教育，体现着马克思主义的立场、方法和观点。这就决定了社会主义核心价值观与民族观教育有共同的理论渊源和价值追求。

爱国主义与塑造信仰的一致性。社会主义核心价值观在国家层面倡导的“富强”“民主”观，是对爱国主义、社会主义、集体主义信仰的塑造，体现了个人理想与国家建设过程中价值追求的融合。民族观教育的目标之一是促进大学生能够站在国家的立场上客观地对待民族问题，而不是从个人或者本民族的利益出发，进而增强对中华民族的认同。

社会主义价值理念与民族政策的连续性。社会主义核心价值观在社会层面倡导的“平等”“公正”观，深刻地体现着当今中国特色社会主义建设的理念与追求。中国共产党坚持在处理民族关系的过程中遵守民族平等、团结、各民族共同繁荣原则，坚持民族区域自治政策，解决了历史遗留下来的民族隔阂，促进了中华各民族的团结稳定、发展繁荣。

国家意识形态与个体发展需求的统一性。社会主义核心价值观在个人层面倡导的“爱国”“敬业”观，提出了公民在处理个人与国家、个人与社会、个人与集体关系过程中应当遵循的价值规范，体现了公民教育的目标。民族观教育所培养的人也是为了适应国家建设的需要，其培养目标与社会主义核心价值观的培养目标一致，使民族观教育成为国民教育的内容之一。

三、社会主义核心价值观深度融合于民族院校民族观教育的路径探究

十九大报告指出“强化教育引导、实践养成、制度保障”，② 充分发挥社会主义核心价值观的引领作用。

（一）在教育引导上加强社会主义核心价值观对民族观教育的立场引领，巩固马克思主义在意识形态领域的主导地位

用马克思主义中国化的最新理论成果增强民族观教育的生命力。民族观教育要深入贯彻习近平新时代中国特色社会主义思想，把党的基本理论、基本路线、基本方略及时更新到教育当中，同时要根据少数民族大学生成长成才的规律把理论教育大众化、简洁化、通俗化，从而用理论解析当前的民族问题和宗教信仰问题等热点问题、敏感问题，让少数民族大学生在理论层面把握民族问题的实质，真切地感受到马克思主义理论的魅力，加强对马克思主义理论的认同。

用中国特色社会主义共同理想增强民族观教育的凝聚力。教育的实质是为了实现人的全面发展，而人的发展离不开对社会的责任和贡献，人的价值必须在社会中实现。用中国特色社会主义理想填充民族观教育，提高少数民族大学生对伟大祖国和伟大民族的认同，激发广大民族院校师生积极承担助力国家富强的学术探索和理论创新的时代责

---

① 习近平：《决胜全面建成小康社会　夺取新时代中国特色社会主义伟大胜利》（单行本），人民出版社2017年版，第11页。

② 习近平：《决胜全面建成小康社会　夺取新时代中国特色社会主义伟大胜利》（单行本），人民出版社2017年版，第12页。

任，为同心共筑中国梦贡献力量。

用民族精神和时代精神增强民族观教育的创造力。爱国是社会主义核心价值观中居于最高层次的价值观，创新是“五大发展理念”的内容，是时代发展的有力武器。培养少数民族大学生树立以爱国主义为核心的民族精神和以改革创新为核心的时代精神是民族观教育的任务之一，是高素质人才的必备条件，有利于增强少数民族大学生的创造力，助力国家繁荣发展。

用社会主义荣辱观增强民族观教育的感召力。社会主义荣辱观是社会主义核心价值观的具体表现，是少数民族大学生在学习、生活、工作中应该遵循的行为准则和规范。民族观教育中融入社会主义荣辱观，是把社会主义核心价值观转化为现实的驱动力，对于少数民族大学生更好地践行社会主义核心价值观提出了具体的要求，彰显了民族观教育的感召力，同时也是塑造少数民族大学生人格和学术品格的有力武器。

（二）在实践养成上强化社会主义核心价值观与民族观教育的目标引领，培养民族地区中国特色社会主义事业的建设者和接班人

民族观教育的目标多种多样，包括民族实体观目标，即引导学生正确看待民族实体，民族不分大小，尊重不同民族实体所表现的民族特征；民族问题观目标，即引导学生正确看待民族问题，从理论与实践层面解析民族问题的实质，认识到民族问题不是民族对立问题，而是社会问题；民族关系观目标，即引导学生树立民族平等、团结和各民族共同繁荣的民族关系观，不能区别对待任何一个民族；民族认同观目标，即引导学生正确对待本民族认同与中华民族认同之间的关系，认识到对自己本民族的认同是对中华民族认同的一部分，对中华民族的认同是对本民族认同的基础和前提；民族政策观目标，即引导学生正确理解中国共产党的民族政策和民族理论，坚定地成为民族政策和民族理论的贯彻者和执行者；等等。

民族观教育的目标有多种层次、多个方面，但是归根到底来说，都是为了“增强少数民族大学生对中华民族的认同感、归属感、自豪感和责任感”，① 都是为了让学生正确看待民族问题，维护民族团结，都是为了让学生更好地投身于社会主义现代化建设。而社会主义核心价值观是对社会主义现代化建设目标的高度概括，王永贵教授提出：“社会主义核心价值体系决定着社会发展的体制模式和价值目标”，② 对于社会意识的整合发挥着关键性的作用。社会主义核心价值观是社会主义核心价值体系的内核，用社会主义核心价值观深度融合于民族观教育的培养目标，在价值观的最高层面对民族观教育目标进行统领，让少数民族大学生清晰地认识到所有的价值观的形成必须遵循社会主义核心价值观的规范，这对于民族院校马克思主义意识形态地位的巩固、对于在复杂多样的少数民族大学生群里中形成统一的思想共识、对于民族地区培养具有民族复兴大任的时代新人具有很强的现实意义。

---

① 金炳镐：《试论当代少数民族大学生民族观、宗教观、祖国观教育》，《黑龙江民族丛刊》2011年第2期。

② 王永贵：《社会主义核心价值观培育的目标指向和实现路径》，《思想理论教育》2013年第2期。

（三）在制度保障上把社会主义核心价值观的引领作用发挥到民族观教育的全过程，形成深度融合的制度化和长效化

十九大报告提到“要把社会主义核心价值观融入社会发展各方面”，① 要求扩大和增加社会主义核心价值观覆盖的广度和深度。广度的扩大需要制度的保障，深度的增加需要长效机制的建立。

形成社会主义核心价值观深度融合于民族观教育的制度化。制度化建设是中国共产党领导中国特色社会主义建设经验的总结，是社会主义核心价值观深度融合于民族观教育的载体和保障。任何一种外化的行为要想取得效果，缺少不了与之相适应的制度，如果仅仅在理论层面强调社会主义核心价值观对于民族观教育的深度融入，会大大减弱深度融入效果，影响民族观教育的实际成效。把社会主义核心价值观对于民族观教育的深度融入在制度的层面树立起来，用规章制度确立社会主义核心价值观在民族观教育中的独特地位，有利于增强社会主义核心价值观作用的发挥。而社会主义核心价值观深度融合于民族观教育只是其深度融入社会发展各方面的一个方面，社会主义核心价值观在其他方面融合的制度化，也是充分发挥其深度融合作用的有效方式。

形成社会主义核心价值观深度融入民族观教育的长效化。长效化是指促进社会主义核心价值观对民族观教育的深度融合长期有效，进而实现深度融合效果的长期有效，这也是制度化的另一种表现方式。这就要求社会主义核心价值观对民族观教育的深度融合成为系统、体系，让每一个子要素都能够在系统、体系当中有效运行，贯穿到民族观教育的全过程，从而使在社会主义核心价值观深度融合下的民族观教育转化为少数民族大学生的情感认同和行为习惯，增强教育效果。

（作者系中央民族大学马克思主义学院思想政治教育专业2016级硕士研究生）

---

① 习近平：《决胜全面建成小康社会　夺取新时代中国特色社会主义伟大胜利》（单行本），人民出版社2017年版，第11页。

五大发展理念与大学生社会主义核心价值观的培育与践行研究

陈　婷　李正林

摘　要：五大发展理念集中体现了社会主义发展的本质要求和方向，是社会主义核心价值观在发展理念上的集中体现，是对我国改革开放三十多年来的发展经验的系统总结和理论升华。培育与践行社会主义核心价值观有利于建设中国特色社会主义和实现中华民族的伟大复兴，而大学生是建设中国特色社会主义和实现中华民族伟大复兴梦的主力军，在大学生中培育与践行社会主义核心价值观是极其重要的。

关键词：五大发展理念；社会主义核心价值观；大学生、培育；践行

党的十八大提出了“倡导富强、民主、文明、和谐，倡导自由、平等、公正、法治，倡导爱国、敬业、诚信、友善，积极培育和践行社会主义核心价值观”。① 党的十八届五中全会确立了“创新、协调、绿色、开放、共享”的发展理念，这被视为关系中国发展全局的一场深刻变革，五大发展理念为实现“两个一百年”的奋斗目标，为实现中华民族的伟大复兴提供了强有力的理论支撑。五大发展理念有着丰富的价值内涵，全面理解五大发展理念与社会主义核心价值观的内在关系，是把握五大发展理念价值内涵的关键。大学生是民族的希望、国家的未来，是社会主义的建设者，在大学生中培育社会主义核心价值观并积极地践行社会主义核心价值观，认知认同五大发展理念的价值内涵，有利于促进大学生的成长成才，成为社会主义事业的建设者。

一、大学生培育与践行社会会主义核心价值观的必要性

大学生肩负着建设国家的使命，为了能够使大学生发挥出更大的创造力，更好地投身于国家的建设，就必须培育大学生的社会主义核心价值观，使其主动践行社会主义核心价值观，这对于每个大学生而言都是一项义不容辞的责任。

（一）有利于缓解市场经济对大学生价值观的影响

社会主义市场经济的不断发展，不仅为人们带来了丰富的文化生活，而且也造成了社会群体价值取向的多样性。市场经济具有自身的缺点，可以折射到人们的精神生活当中，从而诱发一系列消极价值观的产生。比如拜金主义、个人极端主义、享乐主义等，还有一些损人利己、唯利是图等情况滋生。大学校园当中，盲目攀比和盲目随从等情况

① 中共中央宣传部．习近平同志系列重要讲话读本．北京：人民出版社，2016：170.

层出不穷，比如说为了达到自己的目的而不择手段等，很多大学生没有正确的价值观，对判别是非的标准已经丧失了最基本的原则，再加上一些功利主义和一切向金钱看的现象普遍存在，在一定程度上造成大学生中的各种扭曲价值观的出现。因此，培育和践行大学生社会主义核心价值观迫在眉睫。

（二）有利于改善社会环境中一些负面因素对大学生核心价值观形成的不良影响

社会环境的改变，使得社会对当代大学生提出了越来越高的新要求。大学生毕业以后，由于各个单位的用人标准不断提高，使得大学生的就业压力与日俱增。为了能够在毕业后找到一份稳定的工作，很多大学生在平时的学习中只专注于对专业知识的学习，忽视了对自身思想道德的学习与培育，导致其没有一个完整正确的思想体系来指导自己树立正确的价值观。部分学生在思想领域没有树立正确的价值观，这样的人即使有很强的工作能力也不会为社会发展提供必要动力，甚至还会阻碍社会的发展。从自身来看，在其未来的职业生涯当中也不会有长远的发展。大学生如果想要更好地实现自身的人生价值，在建设中国特色的社会主义事业中有所作为，就必须积极地培育与践行好当代社会主义核心价值观。

（三）有利于改变互联网对大学生核心价值观形成的不良影响

随着互联网迅猛的发展，大学生使用互联网日益普遍。互联网是一把“双刃剑”，一方面，通过互联网可以查阅相关的学习资料，免费观看一些教学视频和对当前的一些时事政治进行初步把握和了解，这对于大学生了解前沿信息具有十分便捷的作用，从而提高了当前大学生认识和改造世界的能力；另一方面，互联网是一个十分开放的环境，它会给大学生的意识形态带来一定的消极影响。比如，在互联网上可以搜索到不同国家和民族的思想文化，这也不乏会传播一些极端和不良的思想，这样就很有可能在客观上对大学生正确人生观的形成起到消极作用，使大学生的思想意识发生混乱。此外，还有一些不法分子会通过互联网来误导大学生从事某些违法犯罪的活动。所以从全局考虑，培育和践行大学生社会主义核心价值观是一个必然的选择。

二、五大发展理念与社会主义核心价值观的内在关系

在党的十八届五中全会上，习近平同志提出了“创新、协调、绿色、开放、共享”五大发展理念。五大发展理念为实现“两个一百年”的奋斗目标，为实现中华民族的伟大复兴提供了系统的理论支持。五大发展理念有着丰富的价值内涵，全面理解五大发展理念与社会主义核心价值观的内在关系，是把握五大发展理念价值诉求的关键。

（一）社会主义核心价值观是对发展理念和实践的总结与升华

在我国，发展的价值定位经历了三次重大变化。第一次是从“以阶级斗争为纲”到“以经济建设为中心”的转变。在经济实力得到增强、人民生活不断得到改善的同时，也在一定程度上存在着经济力量被放大的现象，以至于认为只要经济发展了，其他问题都可以迎刃而解。历史和现实的经验告诉我们，偏重于物质的经济增长方式，会带来两个方面的问题。一方面，使资源与环境承载了越来越大的压力，长期靠资源消耗所带来的经济增长难以维系；另一方面，以物质财富衡量发展也容易在社会上滋生腐败，助长

拜金主义、享乐主义和急功近利的不良社会风气，甚至在某些领域和人群中出现了善恶不分、美丑不辨、把腐朽当神奇的现象。

第二次是从以经济建设为中心到科学发展的转变。发展是科学发展观的第一要义，但同时应注意强调发展的全面性、协调性和可持续性，发展不仅仅是经济发展，而且是经济、社会与人的全面发展。伴随着这种转变的是价值观上经历了从“物本”到“人本”的回归，从唯 GDP 增长论到经济、政治、文化、社会与生态全面协调发展。围绕科学发展，党的十八大提出社会主义核心价值观，社会主义核心价值观从国家、社会和个人三个价值维度对经济、社会和人的全面发展进行了深刻的价值诠释和精神升华。

第三次就是在党的十八届五中全会上提出了五大发展理念，五大发展理念是社会主义核心价值观在发展理念上的集中体现和反映，是对我国改革开放数十年来的发展经验的系统总结和理论升华。从两个文明一起抓到三位一体的奋斗目标，再到五位一体的现代化总体布局，从发展是硬道理到全面协调可持续的科学发展，再到五大发展理念的提出，充分反映了我们党在发展问题上的高度的理论自觉，反映了我们党处理发展问题的丰富经验。

（二）五大发展理念集中体现了社会主义核心价值观的基本要求

五大发展理念是社会主义核心价值观在发展观上的具体体现和反映，社会主义核心价值观为五大发展理念提供了基本的价值遵循，社会主义核心价值观引导发展理念的规划和实施。

五大发展理念体现了社会主义核心价值观对全面协调发展的基本要求。从国家、社会和个人三个层面界定社会主义核心价值观，就是要全面推进经济、政治、文化、社会和生态文明建设，推进经济、政治、文化、社会和生态文明建设的各个环节相协调，实现经济发展和人口、资源、环境相协调。五大发展理念体现了社会主义核心价值观对和谐发展的基本要求。社会和谐是人类梦寐以求的理想社会状态，是中国特色社会主义的本质属性。

五大发展理念体现了社会主义核心价值观对创新发展和开放发展的基本要求。解决发展过程中出现的问题，必须用发展的办法来解决发展中出现的问题，这是一种唯物辩证的发展观，反思和批判是为了更好地发展。用发展的办法解决发展过程中出现的问题，必须坚持创新发展的理念。正如习近平同志所说：“创新是一个民族进步的灵魂，是一个国家兴旺发达的不竭动力，也是中华民族最深沉的民族禀赋。在激烈的国际竞争中，唯创新者进，唯创新者强，唯创新者胜。”① 以开放促进创新发展，当今的世界是开放的世界，中国的发展离不开世界。我们通过借鉴、吸收人类社会的一切优秀文明成果，根据国情，结合新的实践进行创新，才能赢得同资本主义相比较的优势；我们通过与国际的接轨，才能不断促进制度创新、体制创新、科技创新和文化创新，为我们努力做到扩大引进技术和全面增强自主创新能力相结合创造了良好的外部条件。

（三）核心价值观与五大发展理念是实现民族复兴的价值引导和路径选择

实现中华民族伟大复兴的中国梦，必须有共同的价值追求，社会主义核心价值观代

① 习近平谈治国理政．北京：外文出版社，2014：212.

表了中华民族的共同利益，是全国各族人民共同的价值追求，而五大发展理念则指明了当代中国走向现代化和实现民族复兴的发展方针和路径。

社会主义核心价值观解决的是发展的价值目标和价值引领问题。发展就是通过解决理想和现实之间的矛盾，实现从实然状态到应然状态的飞跃。社会主义核心价值观指明了国家发展的应然状态，即“富强、民主、文明、和谐”；社会发展的应然状态，即“自由、平等、公正、法治”；个人安身立命所应有的道德操守，即“爱国、敬业、诚信、友善”。在这三个价值维度中，“富强、民主、文明、和谐”的社会主义现代化建设目标，在社会主义核心价值观中居于最高层次，对其他层次的价值理念具有统领作用。五大发展理念解决的是发展的路径选择问题，即实现价值目标的具体途径和方法，五大发展理念的提出表明，党中央将影响我国持续发展的主要因素集中在着力解决创新、协调、绿色、开放、共享五个问题上。在五大发展理念中，创新是动力，解决的是如何激发发展动力和活力的问题；协调是方法，解决的是发展的平衡性问题；绿色是条件，解决的是人与自然和谐的问题；开放是战略，解决的是国内发展与对外开放的关系问题；共享是要求，解决的是社会发展的公平正义问题。协调、绿色和共享都是社会主义和谐社会的重要特征，通过改革创新促进社会和谐发展，通过开放为和谐社会创造良好的外部条件。

三、对策与建议

（一）抓创新，搭建践行核心价值观平台

学生社团是传承校园文化的重要载体，对广大青年学生知识、能力的塑造和思想道德品质的培育起着十分重要的作用。我们要坚持创新引领发展，利用好高校学生社团这一平台，将社会主义核心价值观融入校园文化，为加强大学生社会主义核心价值观的培育与践行搭建良好的平台。

在学生社团中践行社会主义核心价值观有利于推进社会主义核心价值观在学生群体中的培育工作。党和国家十分重视大学生思想政治工作，当前社会主义核心价值观的培育和践行是当前大学生思想政治工作的重点。学生社团具有自身的特殊性，可以充分发挥社团本身的自主性、实践性、灵活性、直观性和主动性等特点，举办丰富多彩、形式多样的活动，并以这些活动为载体，把社会主义核心价值观寓于活动之中，潜移默化地对社团成员进行有效的社会主义核心价值观教育，以此来弥补课堂教学“说教”方式的各种弊端，有利于社会主义核心价值观入耳、入脑、入心。高校学生社团践行社会主义核心价值观有利于形成良好的校园文化氛围，更加有利于社会主义核心价值观影响全体大学生，使社会主义核心价值观真正走进校园，形成良好的校园文化氛围。

（二）重协调，拓展核心价值观覆盖领域

学校应该将核心价值观宣传教育与思想政治工作、大学学生党员教育相融合，强化整体协调与均衡，使核心价值观深入人心。

首先，加强宣传教育与思想政治工作，当代大学生在世界观、人生观和价值观上既有稳定性的一面，也有可塑性的一面，抓住这一特点，必须把培育和践行社会主义核心

价值观融入高校思想政治理论课教育教学全过程，充分发挥思想政治理论课的主渠道作用。以社会主义核心价值观为主线，对高校思想政治理论课进行整体规划和修订完善，使社会主义核心价值观进教材、进课堂、进大学生头脑。

其次，要加强对学生党员的教育。一是把核心价值观融入学生党员的选拔环节。比如，把社会主义核心价值观作为入党积极分子培训的重要内容，采取学生易于接受的方式开展教育活动，着力提高教育培训效果。二是融入学生党员管理环节。高校要建立全方位、立体性、可操作的考评体系：在考核的内容上，突出“四结合”，即党章规定与高校学生行为准则相结合，社会主义核心价值观与党员道德相结合，学习成绩与综合素质相结合，横向进步与纵向进步相结合。三是融入党员社会实践。开展围绕社会主义核心价值观教育的活动。通过组织考察民情国情活动，使大学生党员亲身感受社会主义核心价值观，通过亲身实践，使大学生党员能够坚定共产主义信念，树立为实现中华民族伟大复兴而努力学习的远大理想，增强社会责任感和使命感，在磨砺党性的同时提升道德境界，主动体会、感知、内化、实践社会主义核心价值观。

（三）强绿色，营造践行核心价值观建设的生态环境

绿色是发展的必要条件。高校要以绿色发展推动生态文明建设，必须加强法治学校建设、净化学生网络空间、打造学校绿色文化，努力营造校园生态环境。

重学校法治建设。青年学生是最富朝气和社会责任感的一个群体，同时又具有相对高质量的知识储备。因此，学校应鼓励大学生积极走入社会，参与法治实践，让大学生在参与法治实践活动的同时了解更多的法律知识，强化或树立相应的法治意识，使法治成为大学生的文化共识、价值取向和行为方式，进而使得学生信仰法治，最终形成法治信仰。

净化网络空间。首先，高校要积极地推进新媒体新技术的开发与应用，紧跟时代步伐，做到与时俱进，积极主动地更新观念，大力支持宣传部门组建团队，迎接网络空间迅速的、巨大的技术变革所带来的诸多挑战。其次，高校要理直气壮地加强主流意识形态的高势位引领。网络技术只是途径和手段，掌握了网络空间的运营技术，还不等于掌握了网络空间的话语权，高校必须通过理论本身的科学性和说服力来吸引大学生，必须把意识形态教育理念贯穿于网络空间的各个环节、各个角落。最后，高校要高度负责地配齐宣传思想工作队伍。宣传思想工作队伍不仅仅是指宣传部门的工作人员，它应是大宣传格局中处在多个工作层面的、肩负共同的意识形态教育职责的一支队伍，既包括思想政治理论课教师，同时也包括党政工团干部。

建设绿色文化。在高校绿色文化的建设中最重要的是应充分重视人性化管理，深入贯彻科学发展观，大力弘扬生态文明，增强师生的生态文明意识。在学术环境方面为教职工提供专业文化平台，让他们切实感受到平等、尊重、互助、共赢、发展的人文关怀，提高物质生活的同时丰富精神生活。在学院建设方面，增加以绿色为主题的项目，全面有效地扩大校园绿化面积，增加绿地覆盖率，丰富绿化植物品种和园林景观内涵，让广大师生自觉地爱绿、护绿，全力打造与自然和谐的校园环境。

（四）重开放，促共享，不断提升大学生幸福指数

在开放与共享的校园环境中，有利于大学生感受到新时代的新成果，加深对五大发

展理念和社会主义核心价值观的认同认知，有利于其形成正确的价值观，对自身有更加明确的定位，在未来的人生中实现其自身的价值，为实现中华民族的伟大复兴梦积极做贡献。

学校是一个培养人才、发展科学的殿堂，国家繁荣离不开发展这一条必由之路，共享是中国特色社会主义的本质要求，学校也是如此。所以我们必须以开放发展推动对外合作交流、汇聚育人资源，从而增强办学实力，把更多社会资源转化为育人资源，同时实现高校资源向社会开放。通过“一带一路”高校联盟，深化人才培养、科学研究、学科建设和师资队伍等领域合作，充分发挥高校在“一带一路”建设中的重要作用。坚持对外开放，做到以我为主、双向交流、合作共赢，提升办学竞争力。与此同时，我们要以共享发展推动优质教育资源共建共享。促进信息技术与教育教学深度融合，实施线上线下互动融合式教学，推进教学方式方法和学习方式方法变革，实现名师、名课、名教材在各层次各类型高校广泛共享。更加主动对接国家战略、社会需求，更多关注师生员工所盼所需，推改革、调结构、促发展、上水平，实现高校更高质量、更大效益、更可持续的发展，使广大师生员工对高等教育改革发展的成果有更多获得感。

（作者系云南民族大学马克思主义学院思想政治教育专业2016级硕士研究生）

坚定文化自信　推动社会主义文化繁荣兴盛

张　娟

摘　要：文化是一个国家、一个民族的灵魂。文化兴国运兴，文化强民族强。只有深刻领会坚定文化自信、推动社会主义文化繁荣兴盛的重大部署，才能坚持中国特色社会主义文化发展道路，激发全民族文化创新创造活力，建设社会主义文化强国。

关键词：中国特色社会主义文化；文化自信

改革开放四十多年以来，中国已成为世界第二大经济体，经济、政治、文化、社会、生态等各项事业全面发展，综合国力逐步增强。党的十八大以来，我国思想文化建设取得了重大进展。党对意识形态工作的领导不断加强，党的理论创新全面推进，马克思主义在意识形态领域的指导地位更加鲜明，中国特色社会主义和中国梦逐渐深入人心，社会主义核心价值观和中华优秀传统文化广泛弘扬，群众性精神文明创建活动扎实开展。公共文化服务水平不断提高，文艺创作活力持续繁荣，文化事业和文化产业蓬勃发展，互联网建设管理运用不断完善。总之，我国文化实力不断增强，文化活力进一步彰显，文化事业更加蓬勃兴旺，为增强文化自信奠定了更加广泛而深厚的基础。

习近平同志在十九大报告中提出，要坚定文化自信，推动社会主义文化繁荣兴盛。他说，没有高度的文化自信，没有文化的繁荣兴盛，就没有中华民族伟大复兴。要坚持中国特色社会主义文化发展道路，激发全民族文化创新创造活力，建设社会主义文化强国。十九大报告将高度的文化自信和文化的繁荣兴盛上升到了关系中华民族伟大复兴的历史高度，是指导我们今后工作的重要依据。文化是一个国家、民族生存发展的根基，文化自信是一个国家、一个民族发展中更基本、更深沉、更持久的力量，没有高度的文化自信，没有文化的繁荣兴盛，就没有中华民族伟大复兴。文化工作者深入挖掘中华优秀传统文化蕴含的思想观念、人文精神、道德规范，结合时代要求继承创新，让中华文化展现永久魅力和时代风采，这是我们义不容辞的使命。

一、牢牢掌握意识形态工作领导权

一是必须推进马克思主义中国化时代化，建设具有强大凝聚力和引领力的社会主义意识形态，使全体人民在理想信念、价值理念、道德观念上紧紧团结在一起。

二是加强理论武装，推动习近平新时代中国特色社会主义思想深入人心。深化马克思主义理论研究和建设，加快构建中国特色哲学社会科学，加强中国特色新型智库建设。高度重视传播手段建设和创新，提高新闻舆论传播力、引导力、影响力、公信力。

三是加强互联网内容建设，建立网络综合治理体系，营造清朗的网络空间。落实意识形态工作责任制，加强阵地建设和管理，注意区分政治原则问题、思想认识问题、学术观点问题，旗帜鲜明反对和抵制各种错误观点。牢牢把握意识形态的领导权，严格落实意识形态工作责任制实施细则和“三办法”“两清单”，构建党委统一领导、党政齐抓共管、宣传部门组织协调、有关部门分工负责的全覆盖工作格局；加强对文化市场、讲座论坛、报告会研讨会等各类阵地的管理。①

四是完善热点问题引导和突发事件舆论引导体系，不断提高对网络舆情、突发事件的处置能力。

五是抓好新闻舆论引导。坚持团结稳定鼓劲，正面宣传的方针，做深新闻宣传、做大对外宣传、做强网络宣传；瞄准有影响力的主流媒体，多上重要版面，多上黄金时段，多上有分量的稿件，尤其注重抓好网络、微博、微信等舆论，宣传习近平新时代中国特色社会主义思想，宣传全国各地学习贯彻党的十九大精神的发展新思路、经济新成就、民生新举措，汇聚正能量。

二、培育和践行社会主义核心价值观

以培养担当民族复兴大任的时代新人为着眼点，强化教育引导、实践养成、制度保障，发挥社会主义核心价值观对国民教育、精神文明创建、精神文化产品创作生产传播的引领作用，把社会主义核心价值观融入社会发展各方面，转化为人们的情感认同和行为习惯。坚持全民行动、干部带头，从家庭做起，从娃娃抓起。深入挖掘中华优秀传统文化蕴含的思想观念、人文精神、道德规范，结合时代要求继承创新，让中华文化展现出永久魅力和时代风采。

（一）强化载体化融入

大力实施社会主义核心价值观植入城市建设工程，按照“以点带面、全面推进”的工作思路，建设一批主题鲜明、特色突出的公园、广场、街区、单位等，设置公益广告牌，更换围挡等，实现社会主义核心价值观抬眼即见、驻足即观。

（二）推进生活化实践

持之以恒地深化拓展“德润中华”主题道德实践活动，精心组织“中国梦·群众情”百姓故事汇，倡导良好“家风、家教、家训”，广泛开展中华优秀传统文化宣传，抓好青少年的教育引导，从娃娃抓起，从学校抓起，帮助引导青少年从一开始就“扣好人生的第一粒扣子”。

（三）完善制度化保障

建立社会主义核心价值观工作目标考核体系，修改完善市民公约、村规民约、学生守则、行业规范，实现德法并举，教管并重，推动社会主义核心价值观落实于街头巷尾、落实于行为举止和日常生活。

---

① 本报评论员．深刻领会坚定文化自信、推动社会主义文化繁荣兴盛的重大部署．北京日报，2017-11-06（001）.

三、加强思想道德建设

人民有信仰，国家有力量，民族有希望。要提高人民思想觉悟、道德水准、文明素养，提高全社会文明程度。广泛开展理想信念教育，深化中国特色社会主义和中国梦宣传教育，弘扬民族精神和时代精神，加强爱国主义、集体主义、社会主义教育，引导人们树立正确的历史观、民族观、国家观、文化观。深入实施公民道德建设工程，激励人们向上向善、孝老爱亲，忠于祖国、忠于人民。

以人民为中心。只要我们深深扎根于人民、紧紧依靠人民，就可以获得无穷的力量，风雨无阻，奋勇向前。在凝聚群众思想共识上，要从工作的大局出发，在推动产业转型、城市建设、精准扶贫、民生事业等这些与群众利益息息相关的活动中积极作为、有理有节、化解矛盾、控制情绪；多看本质，不受表面现象迷惑，使人们认清客观形势，理性看待问题，增强信心，振奋精神，营造崇德向善、遵纪守法、见贤思齐的良好风尚。加强和改进思想政治工作，深化群众性精神文明创建活动。弘扬科学精神，普及科学知识，开展移风易俗、弘扬时代新风行动，抵制腐朽落后文化侵蚀。推进诚信建设和志愿服务制度化，强化社会责任意识、规则意识、奉献意识。①

四、繁荣发展社会主义文艺

一是繁荣文艺创作，坚持思想精深、艺术精湛、制作精良相统一，加强现实题材创作，不断推出讴歌党、讴歌祖国、讴歌人民、讴歌英雄的精品力作，并结合十九大的会议精神，适时举办党的十九大精神作品集中展示活动，弘扬社会主义主旋律。

二是发扬学术民主、艺术民主，提升文艺原创力，推动文艺创新。倡导讲品位、讲格调、讲责任，抵制低俗、庸俗、媚俗。加强文艺队伍建设，造就一大批德艺双馨名家大师，培养一大批高水平创作人才。组织和培养乡土文化能人、文艺工作者创作一批主题鲜明、内涵丰富、鼓舞人心的文艺作品，把党的十九大精神落实到创作实践中。

三是努力繁荣文艺精品创作，尤其是人民群众喜闻乐见的创作形式和艺术形式，在满足群众文化需求基础上，以省级公共文化服务体系示范区建设为统领，实施文化惠民工程，文化馆实行开放办馆，图书馆实行开架借阅，高标准建设一批农村文化礼堂、城市文化广场、社区文化家园。充分挖掘民间文化资源，充分发挥乡土文化能人的作用，开展以村镇文化、社区文化、校园文化、农村文化为主体的全年系列文化活动，组织“乡村大舞台”“春节文艺演出”“百鼓擂鸣”城乡花会汇演等农民乐于参与、便于参与的活动，丰富活跃农村精神文化生活。在提升群众文明素质基础上，围绕省级文明城区创建，深入推进文明村镇、文明单位、文明校园、文明家庭等群众性精神文明创建活动，组织好“最美中国人”评选活动，选树一批老百姓信得过、看得懂、学得到的先进典型。

五、推动文化事业和文化产业发展

要满足人民过上美好生活的新期待，必须提供丰富的精神食粮。要深化文化体制改

---

① 刘淼，刘修兵，薛帅，李静．为推动社会主义文化繁荣兴盛砥砺前行．中国文化报，2017－11－3（002）．

革，完善文化管理体制，加快构建把社会效益放在首位、社会效益和经济效益相统一的体制机制。完善公共文化服务体系，深入实施文化惠民工程，丰富群众性文化活动。加强文物保护利用和文化遗产保护传承。健全现代文化产业体系和市场体系，创新生产经营机制，完善文化经济政策，培育新型文化业态。广泛开展全民健身活动，加快推进体育强国建设，筹办好北京冬奥会、冬残奥会。加强中外人文交流，以我为主、兼收并蓄。推进国际传播能力建设，讲好中国故事，展现真实、立体、全面的中国，提高国家文化软实力。

文化自信是对自身文化生命力的坚定信念。当今世界，秉持什么样的文化定力、坚持什么样的文化道路，弘扬什么样的核心价值观，是一个政党、一个民族、一个国家的重大精神标识和实践动力源泉。习近平同志在十九大报告中指出，从夺取新时代中国特色社会主义新胜利的全局和战略的高度，明确提出“坚定文化自信，推动社会主义文化繁荣兴盛”，深刻阐述了当代中国文化发展，特别是社会主义核心价值观建设的立足点和着力点、目标、方针和路线。这些重要论述为全党全国人民在全面建成小康社会决胜阶段，担负起新的文化使命，提供了行动指南。①

文化自信是对我们党、国家和民族文化的历史传统、价值内涵和现实意义的认识、认同以及在此基础上建立起来的自信。坚定文化自信，就是坚持发展中国特色社会主义文化。中国特色社会主义文化，源自于中华民族五千多年文明历史所孕育的中华优秀传统文化，熔铸于党领导人民在革命、建设、改革中创造的革命文化和社会主义先进文化，植根于中国特色社会主义伟大实践。坚定文化自信，是全面推进“四个自信”的坚实基础，是开启中国特色社会主义新时代的伟大力量。②

没有高度的文化自信，没有文化的繁荣兴盛，就没有中华民族伟大复兴。十九大报告强调“全党要更加自觉地增强道路自信、理论自信、制度自信、文化自信”。坚持社会主义核心价值体系是新时代坚持和发展中国特色社会主义的一项基本方略。

我们也应看到，随着改革进入攻坚期和深水区，深层次的矛盾和问题不断出现，各种思想文化的交融交锋激烈，思想文化领域各类风险和挑战增多，一些人表现出鄙视传统文化、盲目认同西方外来文化、对当代中国先进文化不够关注的问题。近年来，历史虚无主义沉渣泛滥，否定中国文化、中国道路，妨碍人们树立中国特色社会主义文化自信。在思想文化领域，少数人唯外来思潮马首是瞻，对西方迷思难以破除，马克思主义在意识形态领域的指导地位面临新的挑战。究其原因，涉及国际环境、理想信念、社会心理、自身素质等多方面，但根本原因是部分人对中国特色社会主义文化的认知不足、定力不够、文化自信的缺失。这些问题如不能妥善解决，不仅会带来思想意识混乱，也会干扰改革开放的进程和中华民族伟大复兴中国梦的实现。

文化承载着民族发展的命脉，是构筑民族精神的基石，也是衡量一个国家软实力和综合国力的重要指标。恩格斯曾说过，文化上的每一个进步，都是迈向自由的一步。拥有文化自信，表明一个国家、一个民族对自身文化价值、发展理念的充分肯定，也彰显出对文

---

① 雷县鸿．全面提升文化自信　推动文化繁荣兴盛．西安日报，2017－10－24（001）．

② 冯晨．推动社会主义文化繁荣兴盛．学习时报，2017－11－03（002）．

化生命力的坚定信念。十九大报告指出："中国特色社会主义文化是激励全党全国各族人民奋勇前进的强大精神力量。"这一重要论述基于对新时代文化重大历史价值的深刻理解，构成了文化自信的科学内涵。当今世界，信息化、全球化、现代化带来了严峻挑战。只有充分认识当代中国文化的特质和优势，才能在思想环境复杂、多元文化交织碰撞的世界中保持独有的文化定力，形成文化自觉，才能确立文化发展的正确方位，获得坚守文化方向的定力，焕发出创新创造的文化活力，激发文化奋发进取的勇气。

十九大报告还阐明了发展中国特色社会主义文化的科学内涵，"就是以马克思主义为指导，坚守中华文化立场，立足当代中国现实，结合当今时代条件，发展面向现代化、面向世界、面向未来的，民族的科学的大众的社会主义文化，推动社会主义精神文明和物质文明协调发展"。对于如何担负起新的文化使命，报告作出五大方面的要求。一是牢牢掌握意识形态工作领导权。二是培育和践行社会主义核心价值观。三是加强思想道德建设。四是繁荣发展社会主义文艺。五是推动文化事业和文化产业发展。报告充分体现了文化发展的传承与创新、时代化与大众化、中国化与全球化的辩证关系，在坚持为人民服务、为社会主义服务的"二为"方向和百花齐放、百家争鸣的"双百"方针基础上，提出了坚持创造性转化、创新性发展的"两创"原则，体现了"不忘本来、吸收外来、面向未来"的时代特征和进取精神。[①]

十九大报告关于文化建设的一系列的新理念新思想新战略，是十八大以来党领导人民进行伟大实践的深刻总结和理论升华，将新时代中国特色社会主义文化发展的内涵、目标、方针和路线的认识提升到新的高度，是对马克思主义文化理论的坚持和发展，必将积淀出中华民族最基本、最深沉、最持久的力量，成为铸就中华文化新辉煌的思想引领和行动指南，鼓舞全党和全国人民在实践中进行新的文化创造，在历史进步中实现新的文化进步。

习近平同志指出，中国特色社会主义文化，源自于中华民族五千多年文明历史所孕育的中华优秀传统文化，熔铸于党领导人民在革命、建设、改革中创造的革命文化和社会主义先进文化，植根于中国特色社会主义伟大实践。发展中国特色社会主义文化，就是以马克思主义为指导，坚守中华文化立场，立足当代中国现实，结合当今时代条件，发展面向现代化、面向世界、面向未来的，民族的科学的大众的社会主义文化，推动社会主义精神文明和物质文明协调发展。要坚持为人民服务、为社会主义服务，坚持百花齐放、百家争鸣，坚持创造性转化、创新性发展，不断铸就中华文化新辉煌。

习近平同志指出，当代中国共产党人和中国人民应该而且一定能够担负起新的文化使命，在实践创造中进行文化创造，在历史进步中实现文化进步。弘扬主旋律，筑牢文化自信。文化自信是一个民族长期立于不败之地的重要根基，是一种更基本、更深沉、更持久的力量。把握主基调，构建价值体系。核心价值观是一个国家、一个民族价值追求和文化理想的精髓，能激励全体人民为共同的美好愿景而戮力同心、不懈奋斗。

（作者系云南民族大学马克思主义学院马克思主义基本原理专业2016级硕士研究生）

---

① 南方日报评论员．推动社会主义文化繁荣兴盛．南方日报，2017－11－06（F02）．

边疆少数民族大学生对社会主义核心价值观的培育与践行

——以云南部分高校为例

杨永颖

摘　要： 边疆少数民族大学生对社会主义核心价值观的认同和实践，既是实现其自身成长成才的重要保障，也是构建中华民族共同体、维护民族团结与国家安定的现实需要。受民族意识、宗教信仰等内在因素与社会全面快速转型、西方不良价值观冲击和教学体系不健全等外部因素的双重制约，少数民族大学生核心价值观培育和践行面临一些现实困境。强化少数民族大学生对核心价值观的培育与践行，可从三个路径展开：帮助少数民族大学生对社会主义核心价值观形成稳定、正面的认知是首要前提；推进核心价值观与各民族优秀文化的有效对接与有机融合是关键环节；构建多元的实践转化机制，将核心价值观内化为少数民族大学生的行为自觉是最终落脚点。

关键词： 边疆少数民族大学生；社会主义核心价值观；培育与践行

社会主义核心价值观的主要内容从国家、社会和公民三个层面进行了高度概括：国家层面倡导富强、民主、文明、和谐，社会层面倡导自由、平等、公正、法治，个人层面倡导爱国、敬业、诚信、友善。构建社会主义核心价值体系的关键是人们要认同社会主义核心价值观并将其外化为实际行动、内化为自身信仰，做到知行统一。社会主义核心价值观是凝聚全党全社会价值共识的精神力量和精神纽带。大学生作为传承历史、实现“两个百年”奋斗目标的建设者和接班人，理应牢固树立社会主义核心价值观。在少数民族聚集的西南边疆地区，加强少数民族同胞尤其是少数民族大学生群体的社会主义核心价值观认同教育，对培育、践行社会主义核心价值观具有重要意义。

习近平同志用穿衣服第一颗扣子扣错就会颗颗都错的形象比喻，阐述了青年人树立正确价值观的重要意义，并寄语青年：“人生的扣子从一开始就要扣好。”少数民族大学生具有独特的文化背景和民族心理，在接受和践行社会主义核心价值观过程中除可能面临普通大学生所面临的普遍性问题外，还面临一些特殊的难题。只有深刻分析原因、有效解决这些特殊问题，才能使社会主义核心价值观真正得到少数民族大学生的认同与践行，从而帮助少数民族大学生更好地成长成才，也才能更好地构建中华民族共同体，促进中华民族的伟大复兴。

一、边疆民族地区大学生社会主义核心价值观培育与践行的必要性

社会主义核心价值观作为当代中国的主流意识形态，是国家文化软实力的本质体

现，不断提升其外部吸引力以建构牢固的价值观认同，是民族共同体生命延续的精神基因，更是实现中华民族复兴的重要前提。少数民族大学生是民族地区未来社会发展的后备军，也是促进民族团结和维护民族地区稳定的中坚力量，其对社会主义核心价值观的认同和践行不仅关系到自身政治素质的发展水平，还会对其他少数民族群众形成一定的示范效应。因此，在当前多元文化并存、文化冲突日趋凸显的背景下，通过社会主义核心价值观来引领少数民族大学生日益多样化的价值观，就显得尤为必要。

（一）培育与践行社会主义核心价值观是边疆民族地区大学生提升综合素质实现全面发展的重要保障

促进人的全面发展、提升综合素质，是教育活动的最终落脚点。而社会主义核心价值观的培育，作为少数民族大学生素质教育体系的有机组成部分，其核心要义就在于促进少数民族大学生身心发展的和谐统一。随着外部社会环境的变化，少数民族大学生所面对的是一个更加复杂多变的社会，各种文化价值观念和社会思潮的碰撞，难免会使他们的价值取向、道德判断、政治信仰和社会责任感等许多方面受到不同程度的干扰和冲击。由此，培育少数民族大学生对社会主义核心价值观的内在认同，不断提高其思想觉悟和道德水平，引导其形成良好的道德品质和崇高的人生信念，对于保障少数民族大学生的健康成长和全面发展，具有至关重要的意义。

（二）边疆民族地区大学生对社会主义核心价值观培育与践行是维护边疆民族地区和谐稳定的现实需要

民族地区与边疆地区在地域上高度重合，是我国民族分布的重要特征。边疆民族地区特殊的地理环境、社会构成和地缘政治格局，导致其稳定问题相对突出。维护边疆民族地区的社会稳定，需要多管齐下。作为文化认同核心的社会主义核心价值体系则具有强大的思想凝聚功能，它能够最大限度地形成价值共识，避免因价值观念的混乱和对立而导致个体行为失范和社会失序，从而为实现边疆民族地区的和谐与稳定提供了观念基础。

（三）强化边疆民族地区大学生对社会主义核心价值观的培育与践行是引领科学思潮、增强国家认同的内在要求

当前由于多种因素的影响使大学生的人生价值选择日趋多元，在社会各个阶层里，青年学子的思想最为活跃，容易受到物质和精神的影响。当前，增强边疆民族地区社会主义核心价值观的认同与践行能力，是强化对国家认同的内在要求。民族地区往往处于文明发展的发源地，是中华优秀文化传承与创新不可缺少的一部分，少数民族地区的大学生必须坚定共同理想、做时代的弄潮儿，通过对社会主义核心价值观的培育与实践来加快整个中华民族伟大复兴的时代进程。

二、边疆民族地区大学生社会主义核心价值观培育与践行的困境及影响因素

（一）影响边疆民族地区大学生社会主义核心价值观培育与践行的内部因素

1. 边疆民族地区大学生多元价值与核心价值的对立

在政治多极化、经济全球化的世界中，价值观也趋向于多元化，随着全球化而来的多元文化对当前我国青年的价值观念带来了诸多影响，在多元文化的时代里，人们利益的诉求多样化，利益群体多层次化，不同利益群体需求多面化，在利益诉求中呈现出多

重性的矛盾。

中华民族传统文化本身包含各个民族的文化，在汉族文化与少数民族文化相互交融的过程中，难免会存在着融入和排斥的二元对立状态，因此，社会主义核心价值观在少数民族地区的培育与认同存在一定的排异性与滞后性。

2. 宗教信仰

经过长久的历史积淀，宗教元素的影响已经渗透到部分少数民族大学生生活的很多方面，并融入道德规范、价值观念和民族文化之中，对少数民族大学生主流价值观的塑造发挥着潜移默化的作用。不可否认，无论是从社会意义上还是从文化意义上看，宗教与社会主义核心价值观有一些关联，宗教信仰对真、善、美的人文关怀，以及对忠、信、爱的现实追求，也都可以构建宜于社会主义核心价值观认同的社会环境。但宗教的非科学性、封闭性等局限性容易使部分少数民族大学生在遇到困难时选择逃避而非正视，选择听任命运摆布而非积极寻求改变，从而陷入精神麻痹。

3. 心理特征及学生自身因素的影响

少数民族大学生社会主义核心价值观认同的生成受家庭、学校以及社会三方面环境的影响。少数民族大学生主体意识的觉醒和个性的发展，使其心理特征呈现出独特而鲜明的时代印记，并影响少数民族大学生对社会主义核心价值观的认同，其一，一些少数民族大学生自我独立意识的发展，容易导致集体主义所主导的公共精神和社会责任感弱化，在行为上片面强调自我需求，忽视集体利益，容易转化为自私自利的个人主义思想；其二，处于青春期的少数民族大学生容易情感冲动、个性张扬，他们渴望摆脱约束，思想活跃开放，不再拘泥于单一的价值取向，有的少数民族大学生对社会主义核心价值观内容的合理性、有效性提出了质疑，这势必会造成社会主义核心价值观在少数民族大学生的价值观结构中逐渐边缘化，进而导致认同感淡化。

（二）影响边疆民族地区大学生社会主义核心价值观培育与践行的外部因素

1. 经济社会全面快速转型及发展水平的总体滞后性

从社会结构转型来看，经济社会全面快速转型改变了原有的利益格局以及社会资源分配模式。一些少数民族大学生可能因为个人或社会条件约束和获取社会资源的能力欠缺，强化了心理上的不平衡，甚至产生被剥夺感，从而产生对社会主义核心价值观中公正的认同危机。从经济体制改革来看，社会主义市场经济建设过程中的核心价值观建设滞后，使得一些少数民族大学生的思想认知带有强烈的实用主义色彩，在利益原则的驱动下，注重物质享受和拜金主义倾向，价值取向功利化，逐利的现实和道德的滑坡，侵蚀着他们对社会主义核心价值观的认同。

云南省是边疆民族地区省份，经济发展是其一大短板，就云南省经济发展情况而言，容易受到金融危机的冲击。边疆民族地区由于受各方面条件的限制，经济、文化等领域发展相对滞后。经济的滞后会导致其他领域的发展动力不足，这将会影响边疆民族地区大学生社会主义核心价值观的认同。

2. 西方不良价值观的冲击以及文化的多样性影响

随着全球化和现代化的进程不断加快，各民族之间隔绝封闭的状态逐渐被打破，社会主义核心价值观的培育和践行必然面临着与西方价值观的激烈碰撞。当前，形形色色的西方价值观的蔓延，对主流意识形态进行持续的冲击并挤压社会主义核心价值观的生长空间，使少数民族大学生对社会主义核心价值观的认同更加容易碎片化和脆弱化。此外，西方国家还将资产阶级的意识形态嵌入西方文化中，经由“自由、平等、人权”等普世价值的刻意包装和文化装饰，对少数民族大学生进行意识形态的隐蔽性渗透，使社会主义核心价值观的培育和中华民族共同体的建构变得更加复杂和困难。

一方面，民族地区处于边疆且居住着多个不同民族，不同的民族有不同的宗教信仰与民族风俗习惯。在社会主义核心价值观的培育过程中，部分边疆民族地区大学生会受到本民族宗教信仰的影响，有时甚至会与社会主义核心价值观所倡导的理念相冲突。另一方面，边境外来的其他民族文化有可能与本民族文化产生冲突。云南是我国的边境省份之一，一些外来文化的传入，有可能与中华文化或边疆民族地区各民族的文化形成对比或冲击，甚至有时会受到外来不良思想的侵蚀。基于以上两方面的分析，可以看出不同文化、不同信仰的冲击会成为影响社会主义核心价值观认同至关重要的因素。

3. 边疆民族地区大学生社会主义核心价值观的教育路径存在不足

第一，教育的实施路径单一。当前学校的社会主义核心价值观教学体系与少数民族大学生的思维方式和行为习惯的契合度还较低，表现为对核心价值观与少数民族传统文化价值观的有机结合不足以及感染式和参与式体验教育不足，导致少数民族大学生的主体功能难以充分发挥。社会主义核心价值观的培育不应局限于某一种路径，应丰富且多样。思想政治理论课固然是重要渠道，但不应仅限于此。对于边疆民族地区大学生社会主义核心价值观的培育工作，不仅要采取多种方式进行教育教学，还要努力拓展培育社会主义核心价值观教育教学的其他渠道。

第二，教育教学方式不能够适应新时期学生的要求。新时期，学生的发展体现出了新的需求，具有新时代的特点。提升边疆民族地区大学生社会主义核心价值观的认同感，要有与大学生发展相适应的新的教学方式。当前的课堂教学模式与学生喜欢的方式相矛盾。很多学生希望在课堂中进行师生互动、实践性的教学，但在实际教学过程中，大部分教师仍然坚持传统式的“满堂灌”，这与新时期大学生发展的新需求不相符，导致了边疆民族地区大学生认为社会主义核心价值观的内容与现实差距较大，阻碍了边疆民族地区大学生对社会主义核心价值观认同感的提升。最后表现为社会实践教学环节的缺失，教育者教学与实践的衔接不足，“应试教育”体制与教学管理制度影响了少数民族大学生对社会主义价值观的培育与践行。

三、强化边疆民族地区大学生社会主义核心价值观培育与践行的路径

（一）帮助边疆地区少数民族大学生对社会主义核心价值观形成稳定、正面的认知

1. 要学会对社会主义核心价值观进行理论再生产

针对不同年级、不同专业的少数民族大学生存在的心理和认知水平的差异，通过思想政治理论课改革，系统整合社会主义核心价值观的内容，改变过去抽象的、零散的说教式讲解，使之转化为大众化语言的理论阐释，与边疆少数民族大学生的情感需要、发展兴趣和利益诉求紧密结合，使社会主义核心价值观更加深入人心，成为少数民族大学生喜闻乐见的价值观。

2. 注重对教学载体和教学方法进行创新

一方面充分发挥互联网、多媒体等现代教学技术的优势，以短信、微信、微博为载体，将社会主义核心价值观渗透到大学校园的日常生活之中；另一方面借助专题讲座、知识竞赛、辩论研讨等丰富的形式，力求对社会主义核心价值观的解读深入浅出、通俗易懂，从而提升边疆少数民族大学生学习和贯彻社会主义核心价值观的主体自觉性。

3. 加快社会主义核心价值观的话语体系建设

着力打造符合各民族特点的话语传播平台，增强社会主义核心价值观的理论支撑能力和话语说服力，以消除不同少数民族大学生之间的误解和偏见，让他们看到坚守社会主义核心价值观的客观必然性。

（二）挖掘少数民族优秀文化特色，推进社会主义核心价值观与各民族优秀文化的有效对接与有机融合

社会主义核心价值观的宣传教育并不是与民族地区多民族文化相冲突的，也不是要取代各民族文化，相反，两者之间是相互促进、相辅相成、辩证统一的，社会主义核心价值观对民族文化起到引领和指导的作用，为民族文化发展指明方向，各民族的优秀文化反过来对社会主义核心价值观起到丰富、充实和促进的作用，为社会主义核心价值观提供丰富的文化材料支撑，两者共同服务于中国特色社会主义伟大事业。因此，在宣传教育中应该用各民族的语言形式来阐述社会主义核心价值观，使之与各民族优秀文化结合起来，并植根于各民族优秀文化的土壤之中，使之生长和繁荣起来，使社会主义核心价值观更具有民族的特色，使边疆民族地区大学生坚定选择并积极坚持社会主义核心价值观，并从内心深处将之作为学习、生活的价值选择。

1. 要传承和弘扬少数民族文化中蕴含的优秀传统和价值观

通过理论阐释、典故介绍等方式，将尊老爱幼观念、爱国奉献精神、勤劳勇敢品质、团结互助精神和诚实守信品质等融入社会主义核心价值观，兼收并蓄，博采众长，充分展现社会主义核心价值观的民族性和传承性。

2. 引导少数民族大学生对其民族文化中与现代社会发展不相适应的成分进行改革与创新

立足我国现代化建设的实践，结合社会发展的特点和趋势，引导少数民族大学生对本民族的传统文化进行梳理，对背离现代社会基本价值规范和有违社会主义核心价值观的文化进行否定；对优秀传统文化和价值理念进行弘扬，并赋予其符合时代要求的科学内涵，做出现代性的新诠释，使各民族传统优秀文化和价值理念成为少数民族认同与践行社会主义核心价值观的宝贵资源。

（三）构建多元的实践转化机制，拓宽边疆民族地区大学生的实践平台，将社会主义核心价值观内化为少数民族大学生的行为自觉

少数民族大学生的社会主义核心价值观教育要从外在灌输转化为内在认同，关键在于增强其践行社会主义核心价值观的行为自觉。坚持知行合一、实现从理论向实践的转化是少数民族大学生对社会主义核心价值观认同的最终归宿和落脚点。

1. 更加注重和发挥社会实践在少数民族大学生社会主义核心价值观培育与践行中的作用

鼓励少数民族大学生开展志愿服务、主题活动、义务劳动、参观考察等各类社会实

践活动，加强对社会实践活动成效的管理与考核，并将社会实践环节纳入少数民族大学生思想政治理论课等课程的考核范畴。

2. 建立完善的榜样示范机制

树立践行社会主义核心价值观的榜样模范和先进典型，发挥少数民族大学生党员弘扬和践行社会主义核心价值观的先导作用，通过他们的实际行动，感染和带动其他少数民族大学生，使其体会到社会主义核心价值观的意义并自觉践行。

3. 学校应丰富学生的实践渠道

边疆民族地区大学生在思想上认同社会主义核心价值观，就应在实践中强化这种意识。提升边疆民族地区大学生对社会主义核心价值观的认同与践行，学校应针对边疆的少数民族大学生提供一些有利于践行社会主义核心价值观的机会，以此增强大学生的实践意识。大学生的社会实践形式多种多样，且正在不断地发展和丰富，这些形式不应局限于校园中，更应该结合校外，深入社会的各个行业、各个领域，在社会上形成稳定的、全方位的学生社会主义核心价值观践行基地。

（四）建立全方位、多层次的社会主义核心价值观宣传体系，拓宽民族宗教政策的教育形式和宣传途径，加强对边疆民族地区大学生的宣传教育

1. 把教育融入学校的社会主义核心价值观宣传教育工作中

边疆民族地区应该加强对社会主义核心价值观的宣传与教育，应抓住宣传教育工作的关键作用，使社会主义核心价值观在校园落地生根。学校可以通过有目的、有意识、有计划、有组织地，定期或不定期地对学生进行社会主义核心价值观的宣传与教育。如以宣传展板、宣传专题、宣传手册等一些方式，促使边疆民族地区大学生自觉坚持党的领导，自觉增强爱国动力与诚信意识，正确处理好自身与国家、社会与他人的利益，自觉践行社会主义价值观，对边疆民族地区大学生找到正确的人生方向、实现人生价值具有根本性的指导意义。

2. 在社会主义核心价值观的宣传与教育中体现边疆民族地区的文化优势

边疆民族地区的民族文化与社会主义核心价值观是辩证统一、相互融合的，边疆民族地区优秀民族文化可以丰富和充实社会主义核心价值观的内容，同时边疆民族地区民族文化的发展和繁荣以社会主义核心价值观为向导，这既体现了多元的民族文化特色，又坚持了多元民族文化中的主流价值观。一方面，应把握多元民族文化与社会主义核心价值观的内在联系；另一方面，应丰富社会主义核心价值观的民族特色与文化内涵，提升边疆民族地区大学生社会主义核心价值观的认同感。

（作者系云南民族大学马克思主义学院思想政治教育专业2017级硕士研究生）

弘扬德孝文化　践行社会主义核心价值观

——以山西省运城市为例

赵　莎

摘　要：德孝文化是中国传统道德文化的核心，其思想精髓对当下中国社会的发展具有重大的意义和价值。德孝文化是社会主义核心价值观的重要思想来源，通过弘扬德孝文化，可以唤醒公民的道德自觉，提高践行社会主义核心价值观的实效性。山西省运城市实现了以德孝文化弘扬社会主义核心价值观的路径创新，其经验具有一定的宣传与借鉴价值，能够为当下中国社会主义核心价值观的建设提供新思路。

关键词：德孝文化；社会主义核心价值观；道德自觉；运城

2017年10月18日，中国共产党第十九次全国代表大会在北京召开，习近平同志在工作报告中强调，要弘扬中华优秀传统文化，推进社会主义核心价值观的培育和践行。他指出："要把社会主义核心价值观融入社会发展的各个方面，转化为人们的情感认同和行为习惯。深入挖掘中华优秀传统文化蕴含的思想观念、人文精神、道德规范，结合时代要求继承创新，让中华文化展现出永久魅力和时代风采。"这也就是说，核心价值观的培育和践行要从中华民族深厚的传统文化底蕴中汲取营养，如此方能切实有效。德孝文化是中国优秀的传统道德文化，通过弘扬德孝文化来践行社会主义核心价值观是一种有效的路径选择。以习近平同志的报告内容为依据，研究德孝文化与社会主义核心价值观的思想关联，探讨以德孝文化弘扬社会主义核心价值观的路径创新，对于我们挖掘德孝文化的时代价值，培育和践行社会主义核心价值观具有重大意义。

一、德孝文化的内涵与时代价值

德孝文化是以中华民族千百年来代际和谐为核心，以个人、家庭、社会对长者和老年人的尊敬、帮助、赡养为主要内容的优秀传统文化。① 舜帝文化是德孝文化的直接来源，2010年山西省运城市盐湖区区委、运城市政府将舜帝文化的精髓提炼为"德孝文化"，至此便形成了以"德政千秋，孝行天下"为主题的运城市德孝文化。所谓"德政千秋"，就是倡导以德为政，弘扬以德治国；所谓"孝行天下"，就是倡导百善孝为先，尊崇孝老敬亲，褒扬善行义举。具体来说，其核心主张就是：执政者施德政，为人者行

① 张恒玮、严雄飞：《弘扬中华德孝文化　加强城市文化建设——论基于德孝文化的运城城市文化建设》，《科教文汇》2013年第5期。

孝举。

德孝文化是一种基于家庭伦理的社会政治文明。孝乃德之本，德政即主张以“德”修身、齐家、治国，而以“德”修身、齐家、治国的核心是以“孝”修身、齐家、治国。“孝”不只是家庭内部的伦理规范，它与国家治理紧密相连，所谓“百教孝为始”，通过一家之孝，就有可能教化一方水土，进而引领社会风气，最终达到治理一个国家的目的。《孝经》中记载，子曰：“先王有至德要道，以顺天下，民用和睦，上下无怨，汝知之乎?”曾子避席曰：“参不敏，何足以知之?”子曰：“夫孝，德之本也，教之所由生也。”意思是，先王使天下人心归顺，人民和睦相处，人们无论是尊贵还是卑贱，都没有怨恨不满，其根本原因就是“孝”。孝是一切德行的根本，是教化产生的根源，以“孝”修身则身修，以之齐家则家齐，以之治国则国治。

德孝文化的内涵极为丰富，它实际上包括了前后几代人之间、同代人之间甚至于人与自然宇宙之间的关系。大致可以将其概括为：父义、母慈、兄友、弟恭、子孝的家庭伦理道德；专于事业、精益求精、勤勉向上的职业道德；诚实守信、谦恭礼让、乐于助人的社会道德；勤政爱民、为政以德、选贤任能的政治道德；保护生态、天人合一、和谐共生的宇宙道德。这些有益的道德思想是今人可以借鉴的一笔宝贵的文化遗产。在现阶段，弘扬德孝文化、推进德孝文化建设对于解决我国当前严峻的养老问题、全面推进依法治国，以及促进社会主义精神文明建设进程都具有十分重要的意义。

弘扬德孝文化有助于解决已经步入老龄化社会的养老问题。人口老龄化，是指 60 岁以上的老年人口或 65 岁以上的老年人口在总人口中所占的比例超过 10% 或 7%。2014 年 10 月 10 日《人民日报》的报道称，民政部门新调查的数据显示，截至 2013 年底，我国 60 岁以上的老年人口占总人口比例为 14.9%，已逾 2 亿人。这表明我国已经进入了老龄化社会。我国人口老龄化最大的特点就是基数大、增速快，这使得我国的养老问题显得尤为严峻。发展经济，构建完善的养老保障体系是必然之举，但必须注意的是，养老不单单只是一个经济问题，更重要的还是一个精神慰藉的问题。《成都商报》报道民政部门的调查数据显示，目前大约只有 1% 的老人选择在社会机构养老，其余 99% 的老年人口都更愿意选择在家养老。可见，家庭养老仍然是我国老年人最认可的养老模式。弘扬德孝文化，倡导孝老敬亲，营造家庭养老的良好氛围，为老年人提供高品质的家庭养老环境，成为当下解决我国严峻的养老问题的关键所在。

弘扬德孝文化有助于全面推进依法治国建设进程。2017 年 10 月，习近平同志在中国共产党第十九次全国人民代表大会的工作报告中对十八大以来中国法治建设的进程作出回顾与总结。他指出中国的民主法治建设已经迈出重大步伐，并且强调要“坚持全面依法治国，坚持依法治国与以德治国相结合”。在全面推进依法治国、建设法治中国的时代背景下，弘扬德孝文化，尤其是德孝文化所主张的“以德治国”的思想，可以促进依法治国的全面顺利推进。其原因就在于，法治与德治是相辅相成、不可分割的统一体，二者相互促进，相互为用。在现实生活中，法治并不能解决一切问题，就如犯法的行为一定违背道德，但违背道德的行为却不一定都犯法，在这些法治达不到的地方，就需要依靠道德来调节。弘扬德孝文化，实现依法治国与以德治国的协调统一，就可以为“依法治国”的全面顺利推进起到协调保障的作用。

弘扬德孝文化有助于促进社会主义精神文明建设。目前我国正处于决胜全面建成小康社会、进而全面建设社会主义现代化强国的时代，我国社会的主要矛盾已经转化为人民日益增长的美好生活需要和不平衡不充分的发展之间的矛盾。新的时代、新的矛盾也带来了新的价值观要求。在新旧交替之际，价值观的迷茫导致了各种社会失范现象的发生，诚信缺失、拜金主义、腐败堕落等道德滑坡现象引人担忧。社会主义核心价值观作为我国社会主义精神文明建设中引领和整合多样化社会思潮的精神力量，是我国社会多元价值中的主导价值。培育社会主义核心价值观的关键在于唤醒公民的道德自觉，道德自觉在一定程度上根植于我国的优秀传统文化。德孝文化是我国优秀传统文化的组成部分，弘扬德孝文化，挖掘其现代意义和价值，从而唤醒公民道德自觉，实现“公民自己为自己立法”（康德语），就可以极大地提高培育和践行社会主义核心价值观的实效性，从而促进我国社会主义精神文明建设进程。

二、德孝文化与社会主义核心价值观的思想关联

恩格斯曾说：“同任何新的学说一样，它（科学社会主义理论）必须首先从已有的思想材料出发，虽然它的根子深深扎在物质的经济的事实中。”① 这启示我们构建任何一个新的学说、理论都必须从其思想渊源出发。没有一个民族是在一个理想的环境、站在一片空白的土地上走向现代化的，传统是现代化的基础，任何一个民族的文化传统都是其文化走向现代化的出发点和根据地。

（一）德孝文化与社会主义核心价值观具有内在一致性

社会主义核心价值观是基于我国转型时期对新型价值观的需求而提出的完全不同于以往的新时代核心价值观，它充满了以改革创新为核心的时代价值。但是任何一个民族的道德都有其自身发展的连续性和继承性，核心价值观同样也不例外，它也离不开对中国优秀传统文化的继承发展。作为中国优秀传统文化核心的“德孝文化”与社会主义核心价值观具有高度的内在统一性。一方面，德孝文化与社会主义核心价值观所隐含的治国理念、执政理念相一致；另一方面，德孝文化为社会主义核心价值观提供内容借鉴。

1. 二者隐含的治国理念、执政理念相一致

习近平同志在关于传统文化的论述中指出，核心价值观其实就是一种德。这就把核心价值观同道德联系起来。就核心价值观国家层面的“富强、民主、文明、和谐”而言，与之相应的就是以德发展经济、以德发展政治、以德发展文化，最后建成一个弘德行德的和谐社会。由此可见，核心价值观所隐含的治国理念其实就是“以德治国”，这与德孝文化所主张的“德政”思想不谋而合。德孝文化主张“德政”“孝行”，德政思想就包含了立党为公、执政为民的理念，强调全心全意为人民服务。《孝经》中讲“夫孝，始于事亲，中于事君，终于立身”，“事君”已经过时，可代之以“为人民服务”。孝主张“立身行道”，立身行道就包括了品行端正、奉公守法、为人民服务、为祖国争光。在此基础上，中国人民大学郝立新教授指出：“社会主义核心价值观‘三个倡导’归结到一点，就是要努力实现人民的根本利益和最大幸福。为人民服务的理念体现在社

① 李爱华：《马克思主义经典著作导读》，北京师范大学出版社2008年版，第250页。

会主义核心价值观的各个层面上：在国家层面体现为人民至上；社会层面体现为以人为本；公民层面体现为与人为善。”① 可见，二者所主张的执政理念如出一辙，即“全心全意为人民服务”。

2. 德孝文化为社会主义核心价值观提供内容借鉴

社会主义核心价值观包含了三个层面的内容，就国家层面而言，是“富强、民主、文明、和谐”；就社会层面而言，是“自由、平等、公正、法治”；就个人层面而言，是“爱国、敬业、诚信、友善”。其中，“自由”“平等”思想主要是借鉴了西方资本主义核心价值观。“自由”“平等”的思想是资本主义适应社会化大生产的要求进行种种努力所形成的思想观念，这对于同样处于社会化大生产阶段的社会主义，具有重要的启发和借鉴意义。除此之外，国家层面的“富强、文明、和谐”、社会层面的“平等、公正、法治”、公民层面的“爱国、敬业、诚信、友善”几乎都可以在德孝文化中找到其思想渊源。尤其是公民层面的核心价值观更是与德孝文化的主张高度契合。

一方面，德孝文化主张“以德治国”。以德治国的目的就是建立一个“富强、文明、和谐”的国家。以德治国的前提是道德面前人人平等，“涂之人可以为虞”“人人皆可以为尧舜”，这就蕴含了“平等、公正”的核心价值观理想。德治与“法治”相辅相成，是不可分割的统一体，关于二者的关系前一部分已作论述，在此不予赘述。

另一方面，德孝文化的落脚点在于“孝”。曾子曰：“居处不庄，非孝也；事君不忠，非孝也；莅官不敬，非孝也；朋友不信，非孝也；战陈无勇，非孝也。”夫子曰：“伐一木，杀一兽，不以其时，非孝也。”可见，孝敬不仅在于事亲，对国家不忠诚、做官不尽责、对朋友不诚信，滥杀滥伐都是不孝之举。孝是爱国意识的源头。“祖”与“国”的连用就是孝与爱国意识的完美结合。《礼记》有云：“亲亲故尊祖，尊祖故敬宗，敬宗故收族，收族故宗庙严，宗庙严故重社稷。”“亲亲”情感即为孝，“重社稷”即关心国家。缘孝而思祖，思祖必爱其家，爱家必爱其国；“孝”提倡“老吾老以及人之老”的推己及人的社会之爱，这对于培养人民的责任意识具有一定程度的促进作用，将这种社会之爱和责任意识扩充到职业领域，转化成对职业的爱，就形成了敬业意识。以孝敬父母之心、感恩戴德之情来指导言行，为人处世，则恭敬诚信。《孝经》曰：“立身行道，扬名于后世，以显父母，孝之终也。”这里的“立身行道”就包括了言行端正、诚信待人。可见，一个具备孝敬美德的人，必然是诚信之人。“孝”讲“亲亲而博爱”，《礼记》有云：“爱亲者，不敢恶于人；近亲者，不敢慢于人。”《孟子》中记有五不孝，其中一个就是“好勇斗狠，以危父母为不孝”，可见，“孝”本身就蕴含着待人友善的核心价值观理念。

（二）弘扬德孝文化是践行社会主义核心价值观的有效途径

弘扬德孝文化，可以唤醒公民的道德自觉，提高践行社会主义核心价值观的实效性。道德自觉是相对于道德强制而言的，是指个体将外在的社会道德要求转化为自身的认识、情感、信念、意志、行为和习惯，从而实现从外部调节到内心自觉、发自内心地

① 刺蓟：《“培育和弘扬社会主义核心价值观座谈会”专家发言摘要》，《中国教育报》2014 年 7 月 11 日。

从事道德活动并自觉自愿地追求一种道德上的完善。①

践行社会主义核心价值观，需要唤醒公民的道德自觉。原因在于，缺乏道德自觉，践行社会主义核心价值观将失去动因。社会主义核心价值观的践行动力，一是来自于道德自觉激发践行责任。责任是道德的反映，社会主义核心价值观的践行，不能依靠生理需要的“第一内驱力”，只能依靠基于道德需要的“第二内驱力”激发主体的责任意识。二是来自于道德自觉引领践行理性。社会主义核心价值观是在对当代中国多元价值的理性判断中所确立的主导价值观，因而也需要践行主体通过道德自觉的内省、自我批判功能来明辨是非，提高践行理性。三是来自于道德自觉提升践行情感。社会主义核心价值观的践行，需要公民投入真情实感，只有全体公民凝心聚力，才能实现。② 而要唤醒公民的道德自觉，就必须弘扬德孝文化。

德孝文化，尤其是德孝文化所蕴含的“孝”思想是个体道德自觉的集中体现。孝是一种泛德，“夫孝，始于事亲，中于事君，终于立身”。首先，孝是一种自然的家庭伦理道德，是人内心情感的自然表达，它来自于人类内心深处的真实自然的“是非之心”“羞恶之心”，是子女对父母的本能的情感表现。《孝经》曰：“父子之道，天性也。”孝这种与生俱来的情感表达，就是个体在家庭中道德自觉的表现。其次，孝主张“泛爱众，而亲仁”，孝的这种辐射外推的功能，就是对他人的爱和对社会秩序的维护，它能够转化为自己内心的道德规范，是个体在社会中道德自觉的表现。最后，孝不仅实现了个体在家庭和社会中的道德自觉，而且还以“圣人”作为预设的最高理想人格，③ 以“圣人与我同类者”“人皆可以为尧舜”的最高境界作为指引，从而不断促进个体德行完善。

当然，德孝文化能够唤醒公民的道德自觉，最根本的原因还在于它能够满足公民利益诉求。马克思曾说：“思想一旦离开利益，就一定会使自己出丑。”④ 对正当利益诉求的满足是唤醒公民道德自觉的前提。德孝文化包含朴素实用的共赢理念，对亲子双方具有互益性，它所主张的“父慈子孝”的理念就说明了这一点。子代对担当“家庭顶梁柱”的父代行孝，是以父代对家庭的巨大贡献为前提的，父代担当了家庭发展和照顾子代的重任。“父慈”的这种先在性使子代在行孝之前就获得了丰厚的先期收益。此外，由于亲子角色具有互换性，“孝”的代际可传递性使子代也能获得自己子代行孝的预期收益。这两个收益之和大于子代为行孝而付出的利益损失，更不用说还有政府或社会对孝行的奖励所带来的额外收益。⑤ 可见，子代借助“行孝”这一利他形式，其实是在自觉或不自觉地实现着自身利益的最大化。总而言之，德教文化有助于唤醒公民的道德自觉，提高培育和践行社会主义核心价值的实效性。

---

① 张海瑞：《德育中“转知成行”的困境与出路——论道德自觉的养成》，《教书育人·高教论坛》2009 年第 11 期。

② 严志明：《核心价值观培育需唤醒道德自觉》，《光明日报》2012 年 12 月 29 日。

③ 陆爱勇：《孔子“孝”的伦理意蕴与道德自觉》，《东南大学学报》2012 年第 1 期。

④ 《马克思恩格斯全集》第二卷，人民出版社 1957 年版，第 167 页。

⑤ 李歆立：《孝精神及其价值的理性观照与解析》，《孝感学院学报》2011 年第 1 期。

三、以德孝文化弘扬社会主义核心价值观的路径创新

实现社会主义核心价值观的“落地生根”——社会主义核心价值观与地方文化、历史、资源相契合，以地方文化诠释社会主义核心价值观的内涵，使民众理解并认同社会主义核心价值观，进而培育并践行社会主义核心价值观，是当前各地培育和践行社会主义核心价值观的重要路径。[①] 运城市德孝文化与社会主义核心价值观高度契合，是核心价值观在运城落地生根的基源。运城市充分发挥当地德孝文化优势，以社会主义核心价值观的话语体系呈现运城德孝文化，开展丰富多彩的活动使核心价值观嵌入民众的日常生活之中，实现了践行社会主义核心价值观的路径创新。

（一）运城市弘扬德孝文化，践行社会主义核心价值观具有独特优势

运城市具有深厚的德孝文化底蕴。运城是“德圣孝祖”舜帝的故里，是舜帝德孝文化的发源地。舜是“德”的化身，“天下明德，皆自虞舜始”，舜帝“勤民事，苦忧人，只为苍生不为身”，他德化众生，以身作则，“耕历山，历山之人皆让畔；渔雷泽，雷泽之人皆让居”以致“一年而所居成聚，二年成邑，三年成都”，堪称中国早期社会公仆的楷模。[②] 舜是“孝”的典范，他幼年丧母，父亲愚昧，后母凶傲，二人“皆欲杀舜，舜顺适不失子道”，终因“孝感天地”，舜得以继承尧位。舜帝的德孝精神形成了传承效应，于是便有了“德政千秋，孝行天下”的运城德孝文化。

德孝文化是运城城市文化中最具生命力的部分。2010 年之前，运城市每年都举行“舜帝金秋大祭”以弘扬舜帝德孝文化，2010 年之后开始代之以“德政千秋，孝行天下”为主题的“中国·运城舜帝”德孝文化节，通过多种形式的宣传活动取得了广泛的社会影响，在运城市营造了德孝文化的浓厚氛围，获得了群众高度认可。

运城市具有丰富的德孝文化旅游资源。运城市现有文化旅游景点1600 余处，其中全国重点文物保护单位达 90 多处，著名的景点有中华祭祀圣地后土祠、关帝庙、鹳雀楼、永乐宫、普救寺、青龙寺等等。尤其是全国闻名的舜帝陵，成为山西省乃至全国重要的德孝文化教育基地。

（二）运城市以德孝文化弘扬社会主义核心价值观的经验及创新点

社会主义核心价值观是一种高度凝练、概括的价值观表达，它对于普通民众来说具有理论抽象性和高瞻远瞩性。只有将其嵌入人民的日常生活中才能使其从意识形态理论转化为民众的行为自觉。运城市以德孝文化弘扬社会主义核心价值观始终以日常生活作为其落脚点和归宿，“让核心价值观的影响像空气一样，无所不在，无时不有”。[③]

践行社会主义核心价值观的基础是让核心价值观为民众全面正确地理解，为民所懂。这就要求核心价值观的表达要实现话语体系的转换，从理论术语转向大众话语，从“基本原理”转向“生活道理”。运城市以德孝文化弘扬社会主义核心价值观的宣传实践需要实现话语体系的两次转换。第一次是以核心价值观的话语体系呈现德孝文化；第二

① 韩彦军：《保定文化特质与社会主义核心价值观的落地生根》，《保定学院学报》2014 年第 6 期。

② 李良铁：《舜帝文化与构建和谐社会》，《学习导报》2006 年第 1 期。

③ 习近平：《使社会主义核心价值观的影响像空气一样无所不在》，《人民日报》2014 年 2 月 26 日。

次是德孝文化由理论术语转向大众话语。基于此，运城市针对不同受众群体采用平实质朴的语言赋予德孝文化新内涵：对机关干部提出了“做好本职工作是最大的德，廉洁从政，让老人放心是最好的孝”；对农民群众提出了“勤劳致富是最大的德，让老人衣食无忧是最好的孝”；对企业经营者提出了“诚信守法经营是最大的德，为敬老爱老事业贡献一份力量是最好的孝”的理念，从而将“爱国、敬业、诚信、友善”的核心价值观同德孝文化相融合，同时也实现了德孝文化的具体化，将抽象深邃的理论用民众熟知的语言诠释。总之，运城市通过话语体系的转换使德孝文化真正嵌入人们简单易懂的日常生活认知图式中，促进了民众对核心价值观的理解。

社会主义核心价值观能否真正深入人心关键在其是否能够满足人们的需求。对正当利益诉求的满足是唤醒公民道德自觉的前提，道德自觉是提高践行核心价值观实效性的关键。运城市以德孝文化弘扬社会主义核心价值观的实践活动充分尊重了不同阶层德孝文化需求，将核心价值观嵌入人们日常生活的现实诉求之中。通过德孝文化进农村，以“敬老爱老建幸福家庭、和睦邻里兴文明村风”为主题，创建幸福村庄；进社区，以“遵守公德争做文明市民，创优环境构建和谐社区”为主题，创建文明和谐家园；进机关，以“清正廉洁让父母家人放心，建功立业让父母家人自豪”为主题，创建德政单位；进企业，以“饮水思源担当社会责任，诚信经营树立盐湖品牌”为主题，创建诚信企业；进学校，以“尊师敬老争做文明学生，品学兼优争当祖国栋梁”为主题，创建爱心校园的“五进五创”活动，满足了不同群体的利益诉求，使民众认识到践行社会主义核心价值观于自身是有利的，从而使核心价值观的践行具有生命力。

列宁曾经指出：“没有人的感情，就从来没有也不可能有人对于真理的追求。”[①] 对社会主义核心价值观的认同，需要以理服人，更要以情感人，只有将社会主义核心价值观嵌入日常生活的情感需要之中，才能使其内化于心。运城市以德孝文化弘扬社会主义核心价值观的实践活动充分利用榜样效用，通过对“十大道德楷模”“十大孝顺媳妇”“百佳道德模范”等道德楷模的评选激发民众情感认同，唤醒民众道德自觉。此外，运城市将德孝文化宣传同党的建设相结合，倡导党员干部将转变作风的实际成效体现在各项惠民德政之中，弘扬“老吾老以及人之老，幼吾幼以及人之幼”的传统美德，彰显共产党员“全心全意为人民服务”的执政追求，促进共产党员先进性建设，搞好价值示范，从而利用德孝文化与人民利益的一致性建立党和群众之间情感认同的通道，实现民众对核心价值观的情感认同，这也是核心价值观建设同群众路线相结合的创新之举。

只有将社会主义核心价值观渗透到生活事件中，才能将其外化于行，这是社会主义核心价值观的最终落脚点。运城市以德孝文化弘扬社会主义核心价值观的宣传实践同社会治理相结合，通过“老年日间照料中心”，以政府定额补贴、激励社会群众出资出力的形式，为孤寡老人提供饮食、娱乐等全方位服务，使民众在真真切切的生活事件之中自觉或不自觉地弘扬德孝文化，践行社会主义核心价值观，这也是核心价值观建设同社会治理相结合的创新之举。

简言之，运城市弘扬德孝文化，践行社会主义核心价值观的经验就是充分利用当地

---

① 《列宁选集》第2卷，人民出版社1995年版，第96页。

独特的文化资源优势，将核心价值观真正嵌入民众的日常生活之中。创新点在于将核心价值观建设同党的建设、社会治理相结合。总之，运城市充分利用德孝文化优势，遵循道德建设的规律，并实施了一系列体现时代精神的创新之举，使其弘扬德孝文化、践行社会主义核心价值观取得了实质性的突破和进展。其经验具有一定的宣传价值，可以为当下中国培育和践行社会主义核心价值观提供一条可资借鉴的现实路径。

（作者系上海理工大学马克思主义学院硕士研究生）

新时代铸牢中华民族共同体意识的文化路径探析

王秀娟

摘　要： 中国特色社会主义进入新时代的历史进程中，多民族国家团结统一、稳定发展的凝聚力和向心力的形成，需要增强对中华文化的认同，坚定中国特色社会主义文化发展道路，协调文化均衡充分发展等多方面同向发力。这也是铸牢中华民族共同体意识，构建各民族和谐共生的团结局面的重要保障。

关键词： 新时代；中华民族共同体意识；文化认同；文化路径

以习近平同志为核心的党中央站在历史和现实发展的高度，立足于世情、国情、党情和民情的变化，在党的十九大报告中对中国发展所处的历史方位做出了“中国特色社会主义进入新时代”的论断，并对新时代党的各项工作做了全局性、整体性、开创性的统筹安排。特别是在民族工作方面，强调要铸牢中华民族共同体意识，营造“美美与共、天下大同”的多元一体格局，构建“谁也离不开谁”的命运共同体。

新时代，在中国特色社会主义文化的引领之下，弘扬各民族优秀文化，强化各民族对共同的历史记忆的认同，助益社会主义文化繁荣，才能更有效地铸牢中华民族共同体意识，营造“民族团结一家亲”的和谐氛围。

一、增强中华文化认同

思想文化是一个民族的精神脊梁，是一个民族自尊、自信、自强的心理基础。因此，弘扬各民族优秀文化，建设各民族共有精神家园，调动一切有利于社会主义现代化文化强国建设的积极要素，是强化中华文化认同，实现共同愿景的文化纽带。

（一）弘扬各民族优秀文化

在哈贝马斯看来，“不同信仰、价值观、生活方式和文化传统之间，必须实现符合交往理性的话语平等和民主”。[①] 各民族都有自己的特定存在方式，都有自己“美丽”的文化，这是历史积淀的结果，是不容忽视和否定的。

因此，新时代铸牢中华民族共同体意识需要做好以下两方面工作。一方面，增强各民族对中国特色社会主义文化的自觉认同，在文化互鉴中弘扬各民族优秀传统文化，倡导多元平等的观念，共享现代文化；承认不同民族各自享有发展的权利，给予各民族优

① ［德］哈贝马斯．现代性的地平线：哈贝马斯访谈录．李安东，段怀清译．上海：上海人民出版社，1997：13.

秀传统文化发展的空间；承认不同民族文化和信仰的差异性和多样性，平等对待、兼收并蓄、包容共生、良性互动。在多元交往中，碰撞出利于各民族文化、中国特色社会主义文化发展的火花，迸发多样文化的精彩，形成推动人类文明进步、中国特色社会主义文化繁荣发展的精神合力。另一方面，在不同文化的碰撞中，各民族文化要注意吸收借鉴符合本民族发展的内容，为我所用，不断为本民族文化、中国特色社会文化的繁荣注入新的活力；积极引导各族群众意识到中国特色社会主义文化是中华民族大家庭共同智慧的结晶，增强对中国特色社会主义文化的认同感、归属感和责任感，为中华民族共同体意识的构建注入强劲的文明动力，努力做到“美美与共，天下大同”，增强对中华民族共同体的认同，构建起对中华文化的认同和自信。

（二）建设各民族共有精神家园

各民族共有精神家园是人们在生活中形成的信仰、信念、动力、支柱的概括和升华，① 它根植于优秀的民族文化之中，是塑造中华民族形象、凝聚民族力量、增强文化认同、力促民族团结、增强中华文化认同和自信的需要。

实现中华民族伟大复兴是近代以来无数仁人志士的目标，新时代，也正是这个目标将各民族拧成一股绳，聚成一团火。各民族在历史发展过程形成了“多元一体”的格局，中华民族命运共同体意识和对中华民族认同感不断增强，各民族之间利益共同性、整体相关性和共生共荣性日渐深入，在社会生活的各个方面形成休戚相关、荣辱与共、你中有我、我中有你的良性发展局面。

建设各民族共有精神家园需注意以下环节。首先，要正确处理中华民族和各民族之间的关系，这是增强中华文化认同、中华民族认同，促进民族团结的重要环节。如果把中华民族看作是“石榴”，各个民族则是“石榴籽”，而中国共产党则是在“石榴”成长壮大过程中的培育人。正是在中国共产党的悉心培育之下，“石榴”才能源源不断地给每个“石榴籽”提供充足的养分，“石榴籽”才能美味甘甜，否则，“石榴籽”就会干瘪苦涩。同样，唯有“石榴籽”存在，“石榴”也才能存在。其次，要逐步解决民族地区“发展不平衡不充分”的问题。党的十九大在解决这方面已经有布局、有举措、有政策，即贯彻新发展理念，建设现代化经济体系，实施区域协调发展战略；加大力度支持民族地区、边疆地区、贫困地区加快发展，强化举措推进西部大开发形成新格局；加快边疆发展，确保边疆巩固、边境安全，推动形成全面开放新格局，加大西部开放力度。这些新举措夯实了中华民族共同体意识的经济基础。最后，要不断推进国家治理体系和治理能力现代化。特别是在民族地区要全面贯彻落实新时代党的民族工作思路，满足人民在民主、法治、公平、正义、安全等方面日益增长的美好生活要求，建设美丽家园，搭建好中华民族共同体意识的社会阶梯。

二、坚定中国特色社会主义文化发展道路

中国特色社会主义文化将社会主义先进文化、革命文化和中华优秀传统文化囊括其

① 刘吉昌，金炳镐．构筑各民族共有精神家园，培养中华民族共同体意识．西南民族大学学报（人文社会科学版）2017（11）：28.

中，是中华优秀文化的重要组成部分，是各民族优秀传统文化的集合体，是“美丽中国”的构成要素。中国特色社会主义文化发展道路是对中国特色社会主义道路的深化和拓展，以坚持党的统一领导，掌握文化领导权为基本前提；以传承和弘扬中华文化，提升中国特色社会主义文化软实力，增强对中华文化的认同和中国特色社会主义文化的自信为主题；以创新文化发展理念，培育和践行社会主义核心价值观为根本任务；以满足人民美好生活的需求为出发点和落脚点，把我国建设成为社会主义文化强国；为社会主义文化繁荣和中华民族共同体意识的铸就夯实基石。

（一）掌握文化领导权

文化领导权是否牢牢掌握在党的手里，是中国特色社会主义道路、制度、理论和文化发展方向的决定性环节，是坚定中国特色社会主义文化自信的保障，更是铸牢中华民族共同体意识的重要保证。历史和现实告诉我们，铸牢中华民族共同体意识最根本和最基础的是要保证党把文化领导权紧紧掌握在自己手里，建设文化自信的共有心理归宿，使全体人民在理想信念、价值理念、道德观念上紧紧团结在一起。[①]

早在新民主主义革命时期，毛泽东就意识到马克思主义执政党的“可能失败”，并不在于其经济基础首先被动摇，而在于其“文化合法性”率先丧失；[②] 同时强调“文化的军队”同样是战胜敌人至关重要的力量。因此，无产阶级必须意识到“思想领导的问题”，[③] 更是起决定性的问题。毛泽东《在延安文艺座谈会上的讲话》更是以一个文化领导者的权威，为新民主主义革命时期文化的创作、发展方向制定了原则和秩序。[④]

中国共产党作为中华民族大家庭的“圆心”，作为铸牢中华民族共同体意识的焦点、中心、重心、核心的“圆心”，肩负着让中华民族坚定中国特色社会主义道路的重任。党的十九大报告中也强调党唯有“掌握意识形态工作领导权”，才能在建设中国特色社会主义文化事业的过程中，为民族团结事业提供良好的政治纲领和方向指引。为使党掌握文化领导权，全体人民坚定中国特色社会主义道路，特别需要强化党的理论武装。

首先，坚持以马克思主义在意识形态领域的主导地位，掌握好主流意识形态的话语权和解释权，是掌握文化领导权的重要保障。同时，注意在意识形态上获得群众的支持和肯定，让文化领导权牢牢掌握在群众手里，为建设和巩固文化领导权夯实基石。

其次，立足于多元世界文化格局发展趋势和中国特色社会主义道路实践的具体实际，将理论建设与现实情况、与世界接轨。伴随着我国综合国力和国际地位的提升，世界也更加关注中国文化的发展，这为扩大中国特色社会主义文化的影响提供了重要契机。因此，我们要把发展中国特色社会主义文化道路，放在中国和世界发展的大背景下来审视和推进，牢牢把握中国和世界发展大势，不断彰显新优势、开拓新天地，为意识形态建设和文化发展奠定民族情感和价值认同。

---

① 习近平．决胜全面建成小康社会　夺取新时代中国特色社会主义伟大胜利——在中国共产党第十九次代表大会上的报告．北京：人民出版社，2017.

② 韩毓海．漫长的革命——毛泽东与文化领导权问题（上）．文艺理论与批评，2008（1）：10.

③ 毛泽东选集：第3卷．北京：人民出版社，1991：1094.

④ 张士海，施秀莉．毛泽东论中国共产党“文化领导权”建设．马克思主义研究，2011（4）：35.

最后，在坚守中华文化立场和党的立场的同时，积极主动地在网络化和信息化的领域中抢占先机，不断完善文化建设体系，打造特色文化发展模式，创新理论宣传和传播载体，为文化领导权的建设注入新的动力要素，也为中华民族共同体意识的构建添砖加瓦。

（二）树立中国特色社会主义文化自信

中国特色社会主义文化自信是在中国共产党的旗帜之下，以中华优秀传统文化为根基，以马克思主义思想为指导，形成的对中华优秀文化、中国特色社会主义文化及理论价值的坚定信念。中国特色社会主义文化自觉、自信是铸牢中华民族共同体意识的心理根基，更是实现中华民族伟大复兴的强大精神动力。

首先，传承中华优秀传统文化。从古至今，无论哪个国家的崛起，都离不开自身深厚的传统文化，正是这一方文化养育了这一方水土，所以在任何时间和任何时候，都不能抛弃自身的传统文化。如果一个民族、一个国家忘记了自己的初心，置传统文化而不顾，无异于自取灭亡，割断了自己发展的动力，更是抛弃了自己民族的精神命脉。中华文化是各民族文化的大花园，中华文化以其自身的包容性为各民族文化的繁荣发展提供了充足的发展空间。对于拥有厚重历史的中华民族而言，我们的文化发展至今都是一脉相承的，我们必须立足于当今社会，用历史的眼光去看待问题、解决问题，结合科学的理论作为指导，在实践中不断地完善自身的社会主义文化建设，树立坚定的文化自信。

其次，整合革命文化资源，提升中国特色社会主义文化软实力。中华民族之所以能够屹立于世界民族之林而不倒，就在于中华民族有优秀的传统文化精神和深厚的革命土壤，在血与火的历练中铸成了独具特色的革命文化，并成为中国人的“骨骼”和“脊梁”。这些革命文化在中国社会主义文化的引领之下，二者相得益彰、交相辉映，各自发挥着自己的价值，为树立中国特色社会主义文化自信提供了思想“活水”。同时革命文化又具有强大生命力和活力，是我们今天探寻“文化自信”源头的窗口，洞悉“文化自信”精髓的管道，践行“文化自信”价值的动力。

最后，在传承弘扬本民族优秀传统文化的基础上，以开放的姿态“吸收外来”。借鉴外来文化发展理念和思路，把握文化发展前景，推动文化事业和产业“比翼双飞”，创新文化载体，让更多的文化产品“走出去”，提高中国特色社会主义文化在世界上的竞争力和影响力，为中国特色社会主义文化自信心的形成开辟新航路。

文化领导权的巩固、中国特色社会主义文化自信的提升以及坚定中国特色社会主义道路的决心，都为中华民族共同体意识的构建提供了精神支撑和保障，是铸牢中华民族共同体意识的重要文化路径。

三、协调文化平衡充分发展

新时代，美好生活需要同不平衡不充分的发展之间的矛盾已是社会主要矛盾，文化是否均衡发展已成为民族团结能否实现的重要影响因子。以习近平同志为核心的党中央把文化建设摆在更加突出的位置，提出了一系列新的文化发展理念，从体制创新、政策扶持、经费投入等方面作出了一系列关乎文化建设全局的重大部署，给予文化建设有力的领导和全方位的推动，也让我们看到了中华优秀传统文化的发展前景。铸牢中华民族共同体意识更重要的是让中华文化“强”起来，精神上的吸引力、辐射力和道德感召力增强；逐步解决文化上不平衡不充分的发展矛盾，使全体人民可以共享文化发展成果。

（一）推动文化创造性转化、创新性发展

创造性转化，是根据时代变革与完善，新创建出前人没有的东西；创新性发展，是指在原有的基础上对一事物的新发现和新创造，是向前延伸和拓展。[①] 中华文化之所以能够绵延几千年而不断，就在于其自身独有的包容性和开放性，能够及时调整、创新其存在形式以符合时代发展趋势和要求。这是中华文化的生命力、凝聚力和感染力所在，是推动中华文化创造性转化、创新性发展的可能性所在，同样是增强对中华文化认同感的前提所在。

建设社会主义现代化强国，不仅需要政治、经济、科技、军事等各方面上的“强起来”，同样需要文化上的“强起来”，以更坚定的步伐、更昂扬的姿态走向世界舞台中心。中华文化唯有不断创新发展，才能更准确地把握好时代跳动的脉搏、反映时代精神、贴近建设社会主义现代化强国的现实生活，才能成为社会进步的动力，才能真正实现文化上的“强起来”。

现代文化与传统文化是相对而言的，其在继承中发展，在开拓中创新了传统文化，是对传统文化的扬弃。新时代推动中华文化创新、创造性转化和发展，一方面，需要在现代文化的引领之下，为传统文化注入时代意蕴，不断推陈出新，从传统文化中汲取符合时代要求的养分，使传统文化得到有效的传承和保护，彰显民族文化的厚重底蕴；也需要将中华优秀传统文化的创造性发展根植于传统文化和各民族优秀文化的沃土之中，始终秉承传统文化中合乎时代要求的价值理念和精神风范，在交往交流交融中以开放包容的姿态吸纳各民族文化的优秀文化，挖掘潜在的优秀资源。另一方面，由于各民族在其历史形成过程中，形成了具有本民族特色的价值认同和文化共识，这就需要在推动中华优秀传统文化创新性发展的过程中，注意以现代文化引领各民族文化前进的航向，将具有民族特色的文化共识与中华优秀文化共识相结合，与国家主流意识形态保持一致，画出“共有精神家园”的最大同心圆。

（二）共享文化发展成果

毛泽东在《矛盾论》中指出：“不同质的矛盾，只有用不同质的方法才能解决。”[②] 党的十九大也强调，要着力解决好发展不平衡不充分的问题，满足人民的对美好生活的需要。同样，铸牢中华民族共同体意识不仅需要经济的发展，民主法治的不断完善，还需要协调推进共享文化发展成果，调整利益关系，以潜移默化的形式构建民族团结和发展中国特色社会主义事业的社会认同基础。

文化服务体系的完善能够为实现文化发展成果的共享提供服务保障。一方面，要逐步丰富文化产品和服务供给，将文化成果与现代科技相结合，创新文化服务模式，拓展文化服务空间和范围，通过多元化和多样性的文化载体将丰富多彩的文化产品输送给人民群众，满足人民对美好生活的需要，真正让人民群众有获得感和幸福感，感受到文化

---

① 冯远．推进中华文化的创造性转化和创新性发展．光明日报，2014-07-03（02）.

② 毛泽东选集：第1卷．北京：人民出版社，1991：311.

发展带来的社会效益。另一方面，财政保障和人才队伍建设也是完善文化服务体系的重要支撑。因此，在财政充分支持的基础上，要积极引进和吸收优秀人才，创新用人机制，充分调动人才队伍对提升文化生产力、文化服务质量的能力。当然，提升文化服务水平只是在一定程度上能够为共享文化发展成果提供保障，在文化共建共享的过程中仍有许多需要改进的地方，以逐步推动文化均衡发展，为铸牢中华民族共同体意识提供文化基础，为实现民族团结凝聚文化力量。

中华民族共同体既是全体中国公民的共同体，又是中华文化共同体、政治共同体、命运共同体。新时代铸牢中华民族共同体意识不仅需要增强文化上的认同，同样需要党牢牢掌握文化领导权。坚定中国特色社会主义文化发展道路和理念，也需要全社会共同参与文化的共建共享，为民族团结进步事业助力，也为中华民族伟大复兴事业夯实基础。

（作者系中央民族大学马克思主义学院硕士研究生）

实现人民美好生活的期待是新时代青年的理想信念与价值追求

赵　莉

摘　要：党的十九大对我国社会主要矛盾有了重新定义。实现人民美好生活的期待不仅仅是我们党的担当和责任，也是新时代青年的理想信念与价值追求。作为新时代的青年，坚定“四个自信”，培养浓厚的人民情怀，锤炼扎实的实践本领，努力成为有理想、有本领、有担当的新时代青年，自觉树立问题意识，坚持问题导向，积极响应时代的呼唤，认真研究当下中国特色社会主义建设过程中亟须解决的重大和紧迫的问题，承担起新时代的历史使命，以实现人民的美好生活作为己任，为全面实现小康社会，为实现“两个一百年”奋斗目标贡献自己的力量。

关键词：十九大；新时代；大学生；美好生活

一、青年与国家：“青年兴则国家兴，青年强则国家强”

一直以来，党和国家的领导人都十分关注广大青年的成长和成才。习近平同志的“中国梦是每一个中国人的梦，从根本上说更是青年梦”的重要论述，是当代青年奋斗的行动指南和力量源泉，为广大青年群体实现群体自觉指明了具体奋斗方向，更对青年个体实践和实现中国梦提出了具体要求。“青年兴则国家兴，青年强则国家强”，他反复强调，青年最富有朝气、最富有梦想。在多个场合用多种形式表达了对广大青年的亲切关怀和殷切期望。习近平同志对青年在国家和社会发展中的地位和作用、青年的健康成长、青年运动的时代主题等内容提出了许多新观点，进一步丰富和发展了马克思主义青年观，同时也为青年工作和青年思想政治教育工作指明了思路和方向。“青年是祖国的未来、民族的希望，是实现中国梦的重要力量”“青年是民族的未来，是人民友谊的生力军”“青年是促进世界各国友好交往的使者”等青年在国家、社会乃至世界发展中的地位和作用的观点，为拓展和创新新时期青年思想政治教育工作，推进和完善青年人才培养机制和体系，创造性开展高校立德树人工作等，具有重要理论意义和实践指导价值。

党的十九大提出：“人才是实现民族振兴、赢得国际竞争主动的战略资源。要坚持党管人才，聚天下英才而用之，加快建设人才强国。”国与国之间的竞争归根到底是人才的竞争。为中国特色社会主义事业储备青年人才，是全面建成小康社会、实现中华民族伟大复兴的必由之路，也是对全面建成小康社会、实现中华民族伟大复兴中国梦的重要考量，更是我们实现中国梦的重要保障。习近平同志在十九大上再次深情寄语青年一代：“青年兴则国家兴，青年强则国家强。青年一代有理想、有本领、有担当，国家就有前途，民族就有希望。中国梦是历史的、现实的，也是未来的；是我们这一代的，更是青年一代的。中华民族伟大复兴的中国梦终将在一代代青年的接力奋斗中变为现实。”在新时代中国特色社会主义建设强国之路上，青年是国之重器。青年是中国特色社会主义事业的主要建设者和接班人，是社会主义现代化强国的建设者、主力军，是十九大精神的宣传者、践行者，是民族伟大复兴、人民幸福生活的奋斗者、圆梦者。作为青年大学生更需要认清自己的命运、勇挑自己的责任、实现自己的人生价值、发挥出自己的能力水平，并主动融入社会实践，把自己锤炼成时代需要的可信、可贵、可为、可靠、可爱的高素质全面发展的人才。时刻坚定自己的理想信念，特别是坚定实现中华民族伟大复兴中国梦的远大理想和中国特色社会主义人生信念，为实现建设社会主义强国而不断努力。

二、青年与社会新矛盾：实现人民美好生活的期待是新时代青年的理想信念与价值追求

理想指引人生方向，信念决定事业成败。理想信念是对美好未来和价值实现的一种憧憬，是实现自我、塑造自我、发展自我、面对未来、努力实现更高价值的自我意识。新时代青年的理想信念不仅仅是自身的选择，对其自身精神境界产生极其重要的影响，对一个国家而言，还涉及社会主义现代化建设和中国特色社会主义道路是否能够顺利地走下去的关键性问题。价值取向是我们新青年基于自己的价值观在面对或处理各种矛盾、冲突、关系时所持的基本价值立场、价值态度以及所表现出来的基本价值取向。价值取向决定了我们为啥学习、为谁服务的立场和行为。价值取向决定和支配了青年的价值选择，具有实实在在的实践品格，价值取向的合理化是进步人类的信念。

我们青年人既要坚定自己的理想信念，坚定不渝地走社会主义道路，还要牢记“青年的价值取向决定了未来整个社会的价值取向”，勤学、修德、明辨、笃实，做到由易到难、由近及远，把核心价值观的要求变成日常的行为准则，扣好青年时代的“第一粒扣子”，从现在做起、从自己做起，从一言一行做起，以人民利益为重，坚定为人民服务的决心，坚定为祖国贡献力量的红心，自觉地付诸行动，为祖国的富强、民主、和谐、文明、美丽而不懈奋斗，把真正意义上实现中国梦和人民美好生活当成自己的理想信念和价值取向。

在社会主义建设进入决胜全面建成小康社会夺取新时代中国特色社会主义伟大胜利的阶段，我们青年要用社会主义核心价值观引领自己，运用优秀传统文化熏陶自己，运用投身中国梦的伟大实践来锤炼自己，用营造共享人生出彩的机会来激励自己。正确认识社会主要矛盾的变化，从而不断加强学习，不断地增强为人民服务的信念，早日实现人民的美好生活的愿望。

（一）正确认识新矛盾，用习近平新时代中国特色社会主义思想武装青年头脑

新时代的社会主要矛盾是人民日益增长的美好生活需要同不平衡不充分的发展之间的矛盾。十九大报告指出：“进入新时代，人民对美好生活的需要日益广泛，不仅对物

质文化生活提出了更高要求，而且在民主、法治、公平、正义、安全、环境等方面的要求日益增长。”人民对美好生活的向往，不再局限于过去对物质的追求，更多的是多元化多层级的精神满足。实现人民美好生活，是人民群众的根本需要和最积极的生活向往，也是我们党的使命、宗旨、愿景与目标。这关乎全国人民的衣食住行和心理需求，也关乎每一个人的生活品质和快乐指数，承载着党和人民群众饱满的情感与丰富的价值内涵。目前，我们党正聚合13亿多中国人民，以磅礴之力将更美好的生活从图景变为现实。

正确认识新时代社会的主要矛盾，用习近平新时代中国特色社会主义思想武装新时代的大学生，是培养中国特色社会主义事业的建设者和接班人的基础性工程，也是我们青年大学生将党的新思想、新战略、新目标、新远景、新蓝图付诸社会主义建设的实践活动的指南。中国当下已进入了中国特色社会主义新时代。但我们必须清醒地认识到，我国的基本国情没有变。我们仍处在社会主义初级阶段，我们任重道远。要想满足人民过上美好生活的新期待，就必须坚持党对一切工作的领导，坚持以人民为中心，坚持全面深化改革，坚持新发展理念，坚持人民当家做主，坚持全面依法治国，坚持社会主义核心价值体系，坚持在发展中保障和改善民生，坚持人与自然和谐共生，坚持总体国家安全观，坚持党对人民军队的绝对领导，坚持“一国两制”和推进祖国统一，坚持推动构建人类命运共同体，坚持全面从严治党。这是新时代坚持和发展中国特色社会主义的基本方略，也是我们党为了更好地满足人民日益增长的物质、精神、民主、法治、公平、正义、安全、环境等需要和不断创造美好生活的根本途径与手段。青年要想成为“有理想、有本领、有担当”的中国特色社会主义事业建设者、接班人，就必须认清我们所担负的使命是实现中华民族伟大复兴中国梦，提高政治站位，全面推进社会主义现代化建设。

新时代的青年必须加强学习、研究中国特色社会主义进入新时代的新论断，把握我国社会主要矛盾发生变化的特点，深刻领会并贯彻习近平新时代中国特色社会主义思想，坚持党的基本理论、基本路线、基本方略，统筹推进“五位一体”总体布局、协调推进“四个全面”战略布局，把发展作为解决我国一切问题的基础和关键。深化改革，开拓进取，着力解决发展不平衡不充分的突出问题，不断满足人民日益增长的美好生活需要，更好地推动人的全面发展、社会全面进步。从“人民美好生活”的视野出发，把实现人民美好生活的期待当作新时代青年的理想信念与价值追求，向人民和全世界传递出中国新生力量的声音。

（二）植根于人民，争做“一爱三有”的优秀青年，为人民服务

十九大报告指出：“人民是历史的创造者，是决定党和国家前途命运的根本力量。必须坚持人民主体地位，坚持立党为公、执政为民，践行全心全意为人民服务的根本宗旨，把党的群众路线贯彻到治国理政全部活动之中，把人民对美好生活的向往作为奋斗目标，依靠人民创造历史伟业。”人民群众是中国特色社会主义事业的主体。坚持人民主体地位，就必须牢牢把握人民对美好生活的向往和期待。人民对美好生活的向往和期待，体现了人民群众的根本利益诉求与价值共识。把握人民对美好生活的向往和期待，符合人民创造历史的客观规律和群众观点，体现了为人民谋幸福、全心全意为人民服务

的价值理想，在中国特色社会主义伟大实践中彰显出强大的真理力量、价值力量、物质力量。

青年学生终成为时代先锋、民族脊梁，作为祖国的未来，在不久的将来，必将担负起民族复兴的历史重担，因此，要培养他们具有深厚的人民情怀，植根于人民，心中装有人民，自觉站在“服务人民”的立场上练就过硬本领、勇于创新创造、矢志艰苦奋斗、锤炼高尚品格。只有这样，在不久的将来，他们才能担当起新时代赋予我们的光荣使命，并将这种基于人民立场的复兴使命一代一代传承下去；他们才能植根于人民群众，用中国特色社会主义理论团结群众、服务群众，尊重群众主体地位，发挥群众精神，在思想上牢固树立群众观点，从群众的实践中汲取加强和改进工作的经验和智慧，想人民之所想，树立全心全意为人民奋斗的思想，把实现人民美好生活的向往和期待作为终身努力奋斗的目标。

新时代青年作为人民群众中的优秀群体，要植根于人民群众，坚持正确的政治方向，把自己的命运和祖国的命运紧紧联系在一起，争做“一爱三有”的优秀青年。养成爱学习的习惯，积极学习现代科学知识和历史文化知识，将中国优秀传统文化知识与现代科学技术融会贯通，使之成为未来无往不胜的宝贵财富和武器。有理想、有本领、有担当，使自己成长为优秀的社会主义事业的核心建设者。有理想，我们才能翻越高山、战胜困苦、迎难而上；有本领，我们才能不断汲取知识和营养，练就一身过硬的本领，自觉投入社会主义现代化强国的建设中；有担当，我们才能始终把为人民服务放在首位，在党的领导下，与全国人民一同携手砥砺前行。

（三）坚持四个自信，提升国家文化软实力，青年肩负重任

中国特色社会主义道路自信、理论自信、制度自信、文化自信，本质上是中国特色社会主义自信。信仰中国特色社会主义，做中国特色社会主义的坚定信仰者，只有让信仰始终在科学理论的指引下，才能为伟大事业的蓬勃发展提供不竭动力，也只有让信仰贯穿于伟大事业的实践中，才能为科学理论的不断丰富提供牢固基础。青年大学生的四个自信，是把成长成才作为永恒动力，把发展进步作为重要阶梯，深入学习和掌握马克思列宁主义、毛泽东思想，深入学习和掌握中国特色社会主义理论体系和习近平新时代中国特色社会主义思想，牢固树立辩证唯物主义和历史唯物主义世界观和方法论，不断加深对我国现在处于并将长期处于社会主义初级阶段基本国情的认识和把握，不断加深对我国发展的阶段性特征的认识和把握来作为基础。我们作为新时代的青年，尤其是大学生，要进一步坚定理想信念，积极传承创新传统文化，传承和传播中国优秀传统文化、展示新时代新青年的精神风貌，展示中华文化的独特魅力，提升国家文化软实力。带头倡导良好的社会风气。加强思想道德修养，自觉弘扬爱国主义、集体主义、社会主义思想，积极倡导社会公德、职业道德、家庭美德。要牢记“从善如登，从恶如崩”的道理，始终保持积极的人生态度、良好的道德品质、健康的生活情趣。倡导社会文明新风，带头学雷锋，积极参加志愿服务，主动承担社会责任，热诚关爱他人，多做扶贫济困、扶弱助残的实事好事，以实际行动促进社会进步。

（四）学好专业知识，培养创新精神，为实现社会主义强国奋斗

青年是国家的未来，国家的发展离不开青年的奋斗，青年的成长也离不开国家的精

心培养。创新是国家和民族进步的灵魂，是一个国家兴旺发达的不竭源泉。作为一名新时代的大学生，我们要带着感情、带着使命、带着问题、带着任务，学好专业知识，掌握科研技能，提高综合素质，跟上时代步伐，在实现中国梦的生动实践中放飞青春梦想，用自己的专业知识和本领奉献党的事业和国家的发展，用智慧和汗水书写新的青春华章。要坚持改革创新，勇于变革、勇于创新，永不僵化、永不停滞，不为任何风险所惧，不被任何干扰所惑，改革创新。中国特色社会主义，希望系于改革创新，前途系于改革创新，命运系于改革创新，要坚持和发展中国特色社会主义，就必须坚持改革创新的精神。牢记“空谈误国、实干兴邦”，立足本职、埋头苦干，从自身做起，从点滴做起，用勤劳的双手、一流的业绩成就属于自己的人生精彩。要不怕困难、攻坚克难，勇于到条件艰苦的基层、国家建设的一线、项目攻关的前沿，经受锻炼，增长才干。要勇于创业、敢闯敢干，努力在改革开放中闯新路、创新业，不断开辟事业发展新天地。

在改革进入深水区的今天，青年大学生要富有改革创新精神，注意精神引领，以人民利益为重，注重自我革新，勇敢地站出来研究改革和创新理论，自我改革力求学以致用，使知识沉淀，使智慧升华，立足实践、与时俱进，梳理自我革新对国家改革之作用，以增强中国改革的时效性和自觉性，解放思想、与时俱进，敢于上下求索、开拓进取，树立在继承前人的基础上超越前人的雄心壮志，勇往直前，求真务实，不断积累经验、取得成果，彰显自我的价值。

新时代青年一定要坚定理想信念，践行自己的价值取向，牢固树立远大理想，不断增强道路自信、理论自信、制度自信、文化自信，练就过硬本领，学以致用，深入基层、深入群众，掌握真才实学，增益其所不能，成为能担重任的栋梁之材。勇于创新创造，为实现人民美好生活的目标，锲而不舍地奋斗。

参考文献

［1］赵爱玲．党的十八大以来习近平青年思想政治教育思想研究综述．学校党建与思想教育，2017（3）．

［2］张云英．新时代与青年使命——学习“十九大精神”的心得体会．中国研究生，2017（11）．

［3］李林．新时代新征程　做有理想有本领有担当的新时代青年——党的十九大精神学习体会．中国研究生，2017（11）．

（作者系云南民族大学马克思主义学院思想政治教育专业在读研究生）

浅论文化自信对中华民族共同体意识构建的积极意义

韩剑和

摘　要：中华民族共同体意识的构筑和稳固，直接关乎中华民族伟大复兴中国梦的顺利实现。在民族工作面临新情况和挑战的背景下，增进文化自信、进一步夯实中华民族共有精神家园对进一步铸牢中华民族共同体意识将具有更多的现实价值。

关键词：中华民族共同体意识；中华民族伟大复兴；新情况；文化自信；现实价值

当前中华民族共同体的相关研究多侧重于中华民族共同体意识重要性以及实现路径，但对民族工作新情况和新问题对中华民族共同体意识带来的潜在性威胁、指明增强文化自信是我国民族工作的出发点和重要目标的研究则较少。而中华民族共同体意识的进一步增强不仅能促进经济发展的均衡性和可持续性，更能强化对中华民族共有文化的归属和自信。突出文化自信对增强中华民族共同体意识的现实价值，是本文写作的主要目的和内容。

一、稳固和发展中华民族共同体意识对实现中华民族伟大复兴的重要性

（一）增进中华民族共同体意识是新形势下维护国家统一和稳定的重要保证

中华民族作为中国境内各族人民共同缔造的民族复合体，是随着近代中国遭受西方列强殖民入侵而逐步形成和巩固的。它的形成和巩固，脱胎于中华各族人民交往、交流和交融的悠久历史进程。正是各民族之间长期的交往以及近代以来共同面对帝国主义的入侵，才造就和强化了中华各族人民之间相互依存、不可分离的情感依赖。中华民族共同体意识是对历史上中华各民族在政治、经济、文化方面交往交流交融的继承，是对56个民族同呼吸、共患难，“你中有我，我中有你，谁也离不开谁”[1]认识的发展。只有中华民族共同体意识不断得到维护、巩固和增强，中华民族伟大复兴中国梦的宏伟目标才能得到顺利实现。归纳中华民族共同体意识，主要有以下几个方面的特征。

1. 中华民族共同体意识的基础性

中华民族共同体意识的基础性，从实质上来说即是对中华民族统一性与整体性的归属与认同。费孝通先生指出：“中华民族作为一个自觉的民族实体，是在近百年来中国和西方列强的对抗中出现的，但作为一个自在的民族实体，则是在几千年的历史过程中形成的。”[2]中华民族与中国国家是二位一体的。因此，中华民族认同实即中国国家认同。[3]相较民族对自身的认同，中华民族认同则是处于更高层次的认同形式，是实现国

家认同的重要基础，也是维系多民族国家统一和稳定的重要精神纽带。

中华人民共和国的成立标志着我国民族国家构建的完成，即各族人民对统一国家的归属感和认同感。因而，维系中华民族政策共同体的稳定和统一，实现中华民族伟大复兴的中国梦，维系对中华民族以及统一国家的认同，中华民族共同体意识的构建和巩固则成为重要条件之一。

2. 中华民族共同体意识的动态性

作为对中华民族大家庭归属感和认同感的心理表达，中华民族共同体意识不会一成不变，它会随着时代的变化而出现起伏和波动。中华人民共和国成立后，中国共产党将马克思主义民族理论与中国的民族实际状况结合起来，实施了以民族平等、团结和共同繁荣为根本原则的民族区域自治制度，并在政策方面给予少数民族和民族地区广泛的优惠和扶持，对改善民族地区经济水平发挥了显著的积极作用，有效地维护和保障了少数民族人民群众在政治、经济以及文化和社会方面的发展需求，有效地维护和保障了中华民族共同体意识。可见，要实现中华民族共同体意识的长期稳定和维护，离不开对少数民族人民群众发展利益的保障和促进；同时，随着时代的不断发展和进步，中华民族共同体意识也要通过制度、理论以及道路的不断丰富和创新加以不断巩固和提高。

（二）维系和巩固中华民族共同体意识，关键在于增强对中华民族共有文化的认同

简要回顾中华各族人民的交往历史可以发现中华各民族文化之间相互了解、碰撞、互补以及认同的历史。众所周知，中国古代是中华文化孕育与形成的关键时期。中华民族多元一体的基本特性也决定了中华文化在起源上的多元性以及发展归宿的一体性。各民族之间不同形式的交流与互动，是生产力驱动下民族活动范围拓宽的必然结果。一方面，民族之间的交往进一步激发了维护本民族传统文化价值观以及基本表达形式的本能冲动；另一方面，为了实现和谐共存的目的，各民族之间也在不同文化形态的交流甚至碰撞过程中进行了取舍，从而实现了不同文化形态之间的互补与认同；此外，封建王朝运用强大的政治整合力进行外力推动和引导，也为形式上多元而具有高度内在关联的中华文化的最终形成发挥出了重要作用。

因而，中华文化的形成与发展对中华民族共同体构建与巩固的价值已为历史所充分证明。只有在文化上实现充分的相互认同与汇聚，才能为政治上的认同以及各族人民对统一国家的归属与拥护打下基础；此外，实现文化的交流汇聚首先在于尊重民族文化的多样性与差异性，而非以行政或者人为的手段强制进行，否则只会造成民族间隔阂的不断增大甚至是敌视。中国古代虽然属于阶级社会，但封建统治者对于如何处理民族问题以及民族文化的态度与方式在今天看来仍旧具有积极意义，历史上也不乏这样的实例。诸如元王朝虽然实现了对西南地区的统治，但实现对西南地区政治统治的稳定性这一目的最终方式乃是通过儒家文化与当地民族文化的交流进行的；其后的明清两朝，面对西南地区民族成分复杂的历史现实，采取了与中原地区迥然相异的因俗而治政策，赋予民族地区在政治上较大的自主性与灵活性，同时通过经济贸易以及人口迁移等手段加强民族之间的交往与融合。之所以采用这样的灵活策略，从根本上可以说是封建统治者也注意到了文化对于社会发展具有更深层次的影响这一定律。民族共同体意识的维系与发展，固然离不开政治上的保障与经济上的推动，但从根本上说，中华文化这一孕育与积

淀了千年之久的宝贵财富与资源，则是实现政治认同与国家认同的根本。

二、我国民族关系在新时代背景下面临的新特点、新挑战对中华民族共同体意识造成了一定的冲击

中华民族共同体意识的进一步构建和稳固，不仅关乎和谐民族关系的健康发展，更直接影响到中华民族伟大复兴的建设大局，其重要性和全局性不言而喻。我国民族关系发展在我国现阶段民族方针政策的指引下总体保持着和谐稳定的状态。然而，随着国内外发展形势日益呈现出复杂多变的态势，我国的和谐民族关系也不可避免地受到影响。在市场经济作用下的少数民族和民族地区利益多元化与由此引发的民族间利益纠纷，以及民族利益和自我意识的不断增强，成为新形势下民族关系发展呈现出的新特点、新问题，这对中华民族共同体意识产生了一定的消极影响。应当指出的是，我国民族工作出现的阶段性矛盾从表面上看涉及政治、经济以及社会等诸多领域，但从本质上则最终会动摇维系和巩固中华民族共同体意识的共有精神基础。总结起来，新时代背景下我国民族关系发展呈现出的新特征主要有以下几点。

（一）民族地区社会经济在高速发展的同时，不平衡、不充分的态势日趋显著

社会基本矛盾的变化是习近平同志在十九大报告中做出的全新判断。我国社会的基本矛盾是人民日益增长的物质文化需要同落后的社会生产力之间的矛盾，这是改革开放以来我国的社会基本矛盾，也是我国以经济建设为中心的基本任务的现实依据，是社会主义初级阶段基本国情的阶段性显现。区域经济发展不平衡、不充分的问题也日益凸显，对中国特色社会主义事业建设的稳定与持续带来了诸多不确定因素，这一问题也深刻影响着民族事业的发展进程，对中华民族共同体意识的稳定和持续带来了一定的威胁。此外，受到市场经济体制的强烈冲击，虽然我国民族地区经济得到快速发展和提高，但由于地理环境、历史发展的制约，基础差、底子薄的天然弱势无法在短期内彻底改变。

区域经济发展不平衡，看似是经济方面的问题，实则关乎族际互动的良性发展，关乎不同民族文化之间的和谐共存。区域发展不均衡，是我国当下面临的一大社会难题。汉族地区与少数民族地区的发展不均衡，则是我国区域发展不均衡问题的一个大方面。民族文化的交流和交融应以经济水平的良性发展为基础，如果这一条件无法得到充分满足，则势必会引起区域之间以及民族之间的心理失衡甚至是相互歧视，对民族事业的发展必然会造成十分消极的影响。

（二）少数民族的民族意识与自我意识也随着社会经济的发展而不断增强

少数民族与民族地区由于地理以及历史因素的影响，与东部地区的经济发展差距长期存在，成为我国实现平等、团结以及共荣民族关系的重要“瓶颈”。对此，我国在民族区域自治制度的指导下施行了一系列对少数民族以及民族地区的优惠政策措施，对促进少数民族以及民族地区的社会经济发展发挥了重要作用。但同时，少数民族的自我意识与利益意识也在不断增强，对国家认同带来了一定的威胁。少数民族民族意识的增强，会直接对民族意识与国家意识之间的平衡、民族认同与国家认同之间的平衡构成挑

战，进而影响到国家统一和稳定的心理基础[4]。少数民族自我意识同时也会带来利益纠纷与利益争夺，不利于和谐民族关系的健康发展。

（三）民族地区法制建设问题也随着民族关系的发展而日益突出

虽然我国少数民族与民族地区的社会经济在民族区域自治制度的推动下得到快速发展，但是由于各种因素的影响，《民族区域自治法》并没有得到很好地贯彻落实，民族自治地方自治权没有得到充分运用。如今，随着我国社会基本矛盾的变化，发展的不平衡与不充分成为制约社会经济发展的主要因素，在民族地区存在的不平衡不充分问题也同样突出，这就客观上要求民族自治地方自治机关必须充分行使立法自治权，满足民族地区人民群众在政治、经济、文化以及社会方面的需要。

（四）城市民族工作日益成为民族事业发展必须关注的重要方面

随着社会主义市场经济的快速发展，民族地区人口流动日益频繁，民族地区与东部地区的交流互动日益紧密，城市民族工作逐渐成为我国民族事业发展的重要方面。少数民族进入城市、融入城镇化进程是民族关系发展的客观规律，是民族关系不断进步的重要体现。但同时城市民族工作同样存在一些问题，制约城市民族工作的顺利开展。民族风俗习惯问题、语言文字问题、宗教信仰问题，历来是民族问题上敏感的三个因素。城市少数民族虽然在地域上与聚居区的本民族分离，但在风俗习惯、宗教信仰、心理素质等方面，还保持着本民族的固有特性[5]。同时，少数民族在城市经济发展结构中仍旧处于较低水平，发展力量不足。由此可见，城市民族工作同样面临着较为复杂与长期的问题。随着市场经济以及城镇化趋势的不断加强，如何在尊重和包容少数民族人民群众独特风俗习惯和宗教信仰的基础上消除文化之间的误解、歧视甚至是敌对，实现不同文化的交流、互信以及和谐共存，则是未来城市民族工作的主要内容和发展方向。

（五）西方国家分裂、颠覆和破坏我国民族关系发展大好形势的图谋不断加剧

进入21世纪以来，国际形势变化很大，一些国家和地区的民族宗教冲突持续不断，各种民族主义、宗教极端势力不断滋长和膨胀，并企图渗透我国，扰乱民族宗教事务；地缘政治影响扩大，国际一些敌对势力打着民族宗教旗帜、人权旗帜等，破坏我国民族团结，企图分化、“西化”我国的企图不死和运作不断。[6]西方国家对我国的不断崛起和发展始终心存忌惮，加之民族地区大多处于边境地区，战略地位敏感，因而对民族关系的挑拨和破坏、从根本上动摇中华民族共同体的精神基础，就成为西方国家遏制中国进一步发展和进步的首要选择。

从国际经验来看，一个社会是否和谐稳定，一个国家是否安全，既取决于国家的硬实力如经济实力、军事实力、技术实力等，也在很大程度上取决于国家的文化“软实力”如民族精神感召力、民族凝聚力、意识形态的整合力、全民族的思想道德素质等。[7]我国新时代背景下民族事业发展进程在取得阶段性重要成就的同时也面临着诸多新的矛盾与挑战，意味着我国民族事业发展将面临更加复杂、艰巨的任务。这些在民族事业发展进程出现的阶段性矛盾和挑战，无疑会对中华民族共同体意识产生一定的削弱作用；当今世界随着全球化以及区域发展不均衡日趋显著的趋势，文化软实力已逐渐成为国际竞争的主要手段。文化输出已成为国家之间相互交流和影响，尤其是西方发达国

家实现其霸权主义战略目的的重要方式。因而，维系和增强文化软实力已成为一国在当代世界得以生存、发展和进步的核心路径。经济全球化浪潮下的当代中国，面对国外，尤其是西方文化及其价值观的冲击和影响，进一步构建和增强中华文化的自信心，以深厚的中华文化底蕴作为维系和巩固中华民族共同体意识的精神黏合剂，成为党和国家实现民族政治共同体稳定和统一的一项长远的战略决策和目标。

三、文化自信对实现未来中华民族共同体意识进一步构建的重要意义

习近平同志在庆祝中国共产党成立95周年大会上提出“四个自信”，即“全党要坚定道路自信、理论自信、制度自信、文化自信。当今世界要说哪个政党、哪个国家、哪个民族能够自信的话，那中国共产党、中华人民共和国、中华民族是最有理由自信的”[8]。在“四个自信”理论体系中，对中华优秀传统文化的自信更是起到了维系中华民族共同体稳定与持续的精神纽带作用，中国特色解决民族问题的制度、道路和理论，都是以维系和发展中华优秀传统文化、构建中华民族共同体意识的精神基础这个中心展开的。因而，深入理解文化自信在新形势下对构建中华民族共同体意识的积极作用，将有助于未来我国民族事业的良性发展与和谐民族关系的稳定和持续。

我国民族事业发展在新形势下出现的阶段性矛盾以及复杂化趋势，虽然大都属于经济方面的问题，但它们都会触及中华民族共同体意识精神基础的稳定性。因而，以文化这一高度审视未来中华民族共同体意识健康发展面临的严峻挑战以及对国家整体发展进程的重要性，将会对党和国家提出文化自信战略命题的前瞻性有更加深刻的认识；此外，面对未来物质世界的不断丰富，人对物质的依赖程度不断增强的现实考验，尤其是西方资本主义国家利用其物质上的优势不断对其他国家进行文化输出，以商品这把“软刀子”作为瓦解和分化其他国家文化体系的重要手段这一严峻形势，凸显文化自信对巩固和发展中华民族共同体意识的积极作用将具有重要的现实意义。总体来说，文化自信对中华民族共同体意识的重要现实意义，可以表现在以下几个方面。

第一，文化自信有助于增强少数民族对中华文化的高度认同与依赖，有助于抗拒全球化趋势日益加深背景下外国文化对中华民族共同体认同向心力的冲击和弱化。增强中华民族凝聚力，文化与一国的发展休戚相关，伴随一国强盛的历程是文化的同步繁荣[9]。对文化的自信来源于对文化的认同，而对文化的认同则来源于中华孕育千年之久的文化积淀对中华民族生存发展以及中华民族共同体意识的构建所起到的强大精神作用，以及以马克思主义主流价值观对中华文化在新时代背景下重新焕发生机活力的引领作用。中华文化是中华各族人民共同创造的精神财富，是我国屹立于世界民族之林的重要精神基础。当代世界许多国家面临民族分裂的风险，文化因素在其中扮演着相当重要的角色。我国之所以能够在民族主义思潮中始终保持团结统一，对中华文化的高度认同是其中的重要原因之一。无论哪一个国家、哪一个民族，如果不珍惜自己的思想文化，丢掉了思想文化这个灵魂，这个国家、这个民族是立不起来的。[10]中华民族的共有文化，是基于中华各族人民历史交往的长期积淀。文化自信不单是对各个少数民族传统文化的尊重与保护，同时也是对中华民族共有精神家园的归属与认同，对中华民族的进一步团结与发展具有重要意义；此外，中华文化只有在以辩证唯物主义为哲学基础、以彻底的

人民性为政治取向、以实现人的全面发展为最终目的的马克思主义文化观为指导，才能进一步实现中华文化凝心聚力的作用，实现中华民族在团结中复兴。

第二，文化自信有助于坚定中国特色民族理论以及克服错误的理论导向。文化自信中的文化，不仅指中华各族人民的共有文化，同时也指各民族本身的特有文化。中国特色民族理论，是中国共产党在马克思民族理论观点的指导下结合我国实际民族状况进行的理论创新，民族区域自治理论就是这一理论创新的集中体现。民族区域自治制度的重要特征之一就是在承认与尊重各民族间差异性长期存在，体现出我国民族问题的长期性与复杂性。现阶段出现了诸多有关民族政策的片面性观点，例如第二代民族政策、取消民族差异性等错误观点，都忽视了民族问题长期性与复杂性的本质特征，以行政化手段取消民族间的差异性，同时也就从根本上否定了民族文化的多样性，使各民族文化的繁荣发展失去了前提和基础，也就背离了马克思主义尊重和维护民族文化多样性的基本主张和要求。

第三，文化自信有助于坚定对中国特色解决民族问题道路的正确性认识。中国特色解决民族问题的基本道路，是中国共产党在运用马克思主义基本民族理论与价值取向为指导，就如何解决我国民族问题进行长期探索与经验总结的重要成果。它以民族平等、团结以及各民族共同繁荣为根本原则、以民族区域自治制度为具体措施和办法，是现阶段解决我国民族问题的主要政策形式。民族问题的核心是国家认同问题。[11]如何实现国家认同？最根本的途径在于文化上的认同。而实现文化认同，关键在于尊重和保护各族人民在文化上的差异性，在各民族文化取得不断发展的前提下实现“百花齐放”的繁荣局面，从而促成各族人民在文化上的互动、了解与汇聚。而我国民族政策体系之所以正确，正在于尊重和保护文化的多样性，通过经济扶持与政策优惠实现少数民族文化的繁荣复兴，进而推动各民族文化的交流互动。稳固国家统一与民族团结，文化上的相互了解、欣赏与交融，相较于政治上的平等化与经济上的现代化更加具有不可替代的认同力与向心力，对增强中华民族共同体意识的作用也是最为深刻的。

要实现文化上的交往、交流和交融，夯实中华民族凝聚力的精神基础，就必须以发展民族地区经济为主要推手，促进各民族之间发展的均衡化与可持续化。换言之，要实现中华民族伟大复兴，一个重要维度即是实现中华民族共有文化的复兴，而这一远大目标的最终达成，势必要以对民族问题长期性与复杂性的科学态度为原则，以社会主义处于并长期处于初级阶段的国情为基本依据，以民族地区经济社会发展薄弱的客观矛盾为立足点与主攻方向，以经济发展作为促进各民族之间联系程度进一步加深的重要推动力，从而筑牢中华民族共同体意识。因此，现阶段我国的民族政策体系，虽然从表面上看是以对少数民族和民族地区进行全面性帮扶为主要内容和形式，但从深层次看乃是以推动中华各族人民的交流、交往和交融，从而增强中华各族文化交流汇聚、增进中华民族共同体意识为最终目标，是我国民族工作的出发点和最终归宿。

结　语

文化对维系民族生存和发展的作用是不言而喻的。当前我国民族工作面临的新情况和新问题，对中华民族共同体意识造成的冲击是显而易见的。因而，党和国家对文化自信的强调充分体现出中华文化对促进中华民族共同体意识的重要现实价值。以文化的高度审视当前我国民族工作面临的各类问题和情况，既是正确看待当前我国民族事业发展过程中存在的阶段性特征的重要视角，也为未来我国民族事业发展提供了重要方向。对于在未来文化自信如何促进中华民族共同体意识的巩固和增强，也是一个值得深入探讨的课题。

注　释

［1］沈桂萍．铸牢中华民族共同体意识是民族工作的核心理念．中央社会主义学院学报，2017（6）：103—107.

［2］费孝通．中华民族多元一体格局．北京：中央民族学院出版社，1989.

［3］柏贵喜．民族认同与中华民族认同浅论．西南民族大学学报（人文社会科学版），2011，32（11）：34—39.

［4］周平．中国民族政策价值取向分析．当代世界与社会主义，2010（2）：135—141.

［5］邢淑芳．新时期城市民族工作的几点思考．中南民族学院学报（人文社会科学版），2000（3）：28—30.

［6］张丽红，金炳镐．新时期民族工作的根本遵循——学习习近平同志在中央民族工作会议上的重要讲话．贵州民族研究，2014，35（11）：1—4.

［7］秦宣．关于增强中华文化认同的几点思考．中国特色社会主义研究，2010（6）：18—23.

［8］习近平．在庆祝中国共产党成立95周年大会上的讲话．前进，2016（7）.

［9］周素伟．从三个自信到四个自信：向文化强国迈进．长春工业大学学报（高教研究版），2015，36（2）：107—110.

［10］全燕黎．论“四个自信”与中华民族伟大复兴．西安政治学院学报，2016，29（4）：22—27.

［11］沈桂萍．民族问题的核心是国家认同问题．中央社会主义学院学报，2010（2）：53—57.

（作者系大理大学马克思主义学院硕士研究生）

民族社区和合共生传统文化融入民族团结教育研究

周金凤

摘　要：民族社区和合共生传统文化是中华文化的精髓，其中所体现的和睦的族内关系、融洽的族际关系以及民族认同和国家认同的一体化对于民族团结教育有重要的意义。民族社区和合共生传统文化与民族团结教育有着内在的一致性，这些内在一致性构成了民族社区和合共生传统文化融入民族团结教育的可能性。从主体优化、平台建设、制度保障三个方面推动民族社区和合共生传统文化在民族团结教育中的融入，对于实现民族团结教育的良好效果有重要意义。

关键词：和合共生；民族社区；民族团结教育

中国特色社会主义已进入新时代，党的十九大报告指出在这个新时代要“全面贯彻党的民族政策，深化民族团结进步教育，筑牢中华民族共同体意识，加强各民族交往交流交融，促进各民族像石榴籽一样紧紧抱在一起，共同团结奋斗、共同繁荣发展”。[①] 报告指出，在中国特色社会主义发展的新时代，全党要更加自觉地维护我国主权、安全、发展利益，坚决反对一切分裂祖国、破坏民族团结和社会和谐稳定的行为。这表明在中国特色社会主义建设的新时代，民族团结教育仍然是民族工作的重点。中国传统文化博大精深，和合共生文化构成了中华文化人文精神的精髓，在民族社区，和合共生文化的重要性尤为凸显，探索民族社区和合共生传统文化的内核及其与民族团结教育的契合性，对实现民族团结教育的良好效果有重要意义。

一、民族社区和合共生传统文化的内核

文化是一个国家和民族灵魂，中华民族在漫长的历史发展过程中形成了本民族固有的文化，和合思想贯穿中华民族文化发展的始终，是中华文化人文精神的精髓，也是当代和谐社会的民族文化根基。“和”指和谐统一，即对具有差异性的事物，在承认、包容差异性的基础上实现的和谐共存的状态。“合”字的含义包括相合、聚合、会合。相比起“和”字，“合”更加强调过程性、动作性。“和合学”作为一种理论形态，首先是由张立新教授提出的，他认为：“和合是指自然、社会、人际、心灵、文明中诸多形

① 习近平：《决胜全面建成小康社会　夺取新时代中国特色社会主义伟大胜利》，人民出版社2017年版，第40页。

相和无形相的相互冲突、融合，与在冲突、融合的动态变易过程中诸多形相和无形相和合为新结构方式、新事物、新生命的总和。”① 这也是学术界普遍认可的关于“和合”的解释。“和合共生”就是在承认事物具有差异性、文明具有多样性的基础上，通过协调平衡达到共存、共赢的状态。

郑杭生在《民族社会学概论》中将民族社区定义为“居住在某一特定地域，成员为单一的少数民族，或是以某个少数民族为主体，几个民族杂居的，具有某种互动关系和共同的文化认同感而强有力地联系在一起的群体构成的区域”。② 民族社区在文化上具有包容性、历史性和传承性，中华民族的和合共生传统文化在民族社区得到淋漓尽致的表现。民族社区和合共生传统文化的基本内容主要表现在各民族族内关系和睦、族际交往融洽、民族认同和国家认同相统一三个方面。

（一）族内关系和睦

族内关系指同一个民族内部人与人之间的社会关系。和睦的族内关系是多民族社区和合共生传统文化的基本内容之一。同一个民族的成员的语言、节日习俗、服饰、宗教信仰基本一致，但同一民族的每一个个体都有自身的独特性，人和人之间具有差异性。和合共生传统文化就要求在差异的基础上实现人与人之间的和谐共处。中华人民观天象察地理，思己身考外物，把握天、地、人、物的关系，形成了和谐、和平的民族性格和价值取向。何谓“和而不同”？史伯说：“夫和实生物，同则不继。以他平他谓之和，故能丰长而物归之。若以同裨同，尽乃弃矣。故先王以土与金木水火杂，以成百物。”史伯指出简单的同一不可能生成新的东西，多样性的统一（也就是和）是人与万物生存发展的必要条件。这种和合共生的价值取向也体现在各少数民族的传统文化之中。

（二）族际交往融洽

人类社会集多样性与统一性于一体，由56个民族构成的中华民族更是如此。56个民族交错杂居，尤其是在少数民族集中分布的西部少数民族地区，民族成分更加复杂。比如在新疆维吾尔自治区的昌吉回族自治州，有汉族、回族、维吾尔族、哈萨克族、蒙古族、塔塔尔族、乌孜别克族、东乡族等42个民族，这里有着典型的多民族社区。在多民族社区中每个民族都有本民族的情感归属、价值体系、行为规范以及在此基础上形成的民族认同。而民族意识和民族认同一旦产生，就会在与他族交往过程中不断明确和强化本民族的边界。这就是民族与民族之间的差异性。民族与民族之间在承认差异的基础上融洽相处，求同存异，融洽的族际交往催生了和谐的民族社区。这种和合共生的传统文化思想也深刻地反映在各少数民族的传统文化之中。

（三）民族认同与国家认同相统一

“认同”源自英文单词“identity”，意即“在人与人，群体与群体的交往中，所发现的差异、特征及其归属感”。③ 民族认同是一个民族内部的成员对其民族的自然文化及

① 张立文：《和合学》（上卷），中国人民大学出版社2006年版，第56页。

② 郑杭生：《民族社会学概论》，中国人民大学出版社2005年版，第61页。

③ 贺金瑞、燕继荣：《论从民族认同到国家认同》，《中央民族大学学报（哲学社会科学版）》2008年第3期。

人们的相互关系的认同，是民族成员确认自己属于本民族而不是其他民族的心理归属过程。学界一般认为国家认同有国际和国内两个层面，这里的国家认同强调国内层面的，即“国家认同是指一个国家的公民对自己祖国的历史文化传统、道德价值观念、理想信念、国家主权等的认同”,① 是一个国家公民对自己国家所具有的心理上的归属感。民族认同与国家认同是不同层面的认同，个体的认同可以是多层次的，正确的民族认同不仅不会弱化国家认同，而且“在某种意义上，‘民族认同’的‘向心力’可以增强国家认同的‘凝聚力’”。② 对于多民族社区的各民族人民，一方面，由于本民族的独特的历史文化传统，具有强烈的民族认同感；另一方面各民族人民又是中华人民共和国这个国家共同体中的一员，对国家有着强烈的国家认同感。国家认同是民族认同的前提，国家认同是民族认同的保障，“获得了国家形式的民族才有现代意义”。③

二、多民族社区和合共生传统文化与民族团结教育的内在一致性

56个民族在漫长的历史发展中交融互通，共同塑造了中华民族优秀传统文化，其中，和合共生传统文化不仅促进了各民族之间的友好互动，而且对当代我国的民族团结教育政策有着重要的借鉴意义。这是因为多民族社区的和合共生传统文化与民族团结教育有着内在的契合性基础，这些契合性基础表现在多民族社区中各民族生存的相同背景环境、共同的历史流变和一致的价值追求之中。

（一）相同的背景环境

多民族社区的和合共生传统文化是各个民族在相同的自然环境和精神环境下交流互动形成的。

经过历史上各民族数次的融合、互动，今天我国的少数民族分布呈现大杂居、小聚居的分布特点。汉族主要聚居在中东部地区，少数民族聚居在西部地区，但是在汉族聚居区也有少数民族，在少数民族聚居区同样也有汉族。一方面，由于民族社区各民族在历史上形成了不同的经济发展模式、生活习惯等，同一自然地域中不同模式的存在也为多民族社区不同民族之间的交流互动提供了可能。在这种交流互动中各民族间相互取长补短、互通有无，共同促进了各民族的进步和民族社区经济、文化的发展。另一方面，56个民族共同生活于中华大地，东西部自然条件、经济发展程度、文化发展水平的差异又促进了东西部各民族的互动。西部优越的资源、环境与东部发达的经济、技术优势互补，共同促进了各民族的共同发展，尤其给多民族社区带来了良好的发展契机。

各民族还有着相同的精神环境。虽然每个民族都具有本民族自身的宗教信仰、节日风俗、生活习惯等，但是在中国朝代更迭、分分合合的历史河流中，各民族形成了共同的精神纽带。中国历史上有两次民族大融合时期：魏晋南北朝时期和辽金元时期，在这两个时期，统治者既尊重儒学又大力发展少数民族教育，推动了中华民族文化和中华民

① 贺金瑞、燕继荣：《论从民族认同到国家认同》，《中央民族大学学报（哲学社会科学版）》2008年第3期。

② 陈茂荣：《论民族认同和国家认同》，《学术界》2011年第4期。.

③ 贺金瑞、燕继荣：《论从民族认同到国家认同》，《中央民族大学学报（哲学社会科学版）》2008年第3期。

族的形成。自秦汉以来，中国就是统一的多民族国家，在中华民族的近代史上，面对日本帝国主义的侵略，各民族团结一致，共同对外；在现代史上，中国共产党领导各民族推翻“三座大山”，成立起新中国；在社会主义建设时期，在改革开放时期，在新时代，56 个民族在中国共产党的领导下团结互助，取得了巨大的共同进步。在这漫长的历史长河中，正是各民族共有的中华民族精神作为纽带连接着各民族，支撑着各民族同呼吸、共命运的亲密关系。

（二）一致的历史流变

中华大地自古以来就承载着多民族，古老民族的消亡、新民族的诞生、多民族的融合，中国在各民族历史演变中形成了统一的多民族国家。中华民族的形成大致经历了四个发展阶段：“夏至秦，中华民族主体——汉族的形成；三国至隋唐第一次大融合；五代至元第二次民族大融合；明清至近代中华各民族不断融合。”① 先秦时期，在古老的中华大地上有着华夏、西戎、东夷、南蛮、北狄的民族分布。公元前 221 年，秦国成为中华民族历史上第一个多民族统一的王朝，虽然秦王朝历经二世而亡，但是汉朝继承并发展了秦王朝开创的“大一统”的局面，“华夏族因为汉朝数百年的统治完成了凝聚的过程，并因此得名为汉民族”。② 汉王朝以后，分裂的状态长期存在，各政权开始争取边疆民族为自己所用，而对边疆民族的迁徙成为一种经常采取的政策。西晋时期以后，陕西、甘肃、山西等地已经呈现民族大杂居的状态，史书上称入居这些地区的民族为“五胡”，即匈奴、鲜卑、羯、氐、羌。这种民族大杂居的状况为民族大融合提供了前提条件。魏晋南北朝时期，中华大地上分布着由各民族分别建立的数十个政权。十六国时期，各个政权间的斗争一方面给社会、经济造成了破坏，但另一方面促进了民族之间的大融合，边疆少数民族迁入内地，弃牧从耕，弃胡姓用汉姓，与汉族通婚；部分汉族为躲避战乱迁移到边疆地区，弃耕从牧。这极大地加深了各民族的融合，促进了各民族之间经济和文化的交流。隋唐王朝不仅任用了大量少数民族出身的官吏，而且采取了具有民族平等因素的民族政策以及开放性的文化政策，加深了民族融合和各民族对大一统王朝的认同。唐王朝灭亡后，先是五代十国并立，后是两宋和辽、金、夏、蒙古对峙，直至蒙古人建立元朝，中华大地再一次从分裂走向统一，带来了中华民族历史上的第二次大融合，在这一时期，俘掠、戍守、出仕、流放、经商成为各民族迁移融合的最主要途径，这就在全国范围内形成了民族大杂居的状况。明朝时实行民族同化政策，规定进入中原的蒙古族等少数民族必须改汉姓、穿汉服，这巩固了元朝民族融合的成果。清朝是中华民族历史上第二个由少数民族建立的统一政权，清朝统一全国后继承了中原传统文化，56 个民族在清朝已确立，中国统一多民族国家最终形成。近代以来，各民族相互联合完成了反帝反封建斗争，成为国家的主人。

中华民族形成和发展的历史表明中华大地上的各民族虽然各自的起源、发展不尽相同，但 56 个民族的最终历史流变是一致的，即最终形成统一的中华民族共同体。各民族一致的历史流变是多民族社区和合共生传统文化的基础，也是民族团结教育的历史基础。

---

① 杨盛龙：《民族交往与发展》，民族出版社 2010 年版，第 7 页。
② 杨盛龙：《民族交往与发展》，民族出版社 2010 年版，第 8 页。

（三）共同的价值追求

在中华民族形成和发展的历史长河中，中华各民族人民形成了以爱国主义为核心的民族精神和以改革创新为核心的时代精神，形成了对祖国统一、社会和谐、各民族共同发展的共同价值追求。历史实践证明，祖国统一、社会和谐，各民族就能发展进步；祖国分裂、社会动荡不安，各民族的发展就会受到阻碍。

祖国统一是各民族进行一切工作的基础和保障。新中国成立之前，各民族发展状况极不均衡。部分边疆少数民族地区甚至存在落后的原始社会奴隶制度，这使得少数民族人民的政治权利和生存权利都得不到保障。在新中国成立初期，毛泽东同志便明确指出："国家的统一，人民的团结，国内各民族的团结，这是我们的事业必定要胜利的基本保证。"① 中国共产党从国家统一和民族共同发展的战略高度出发，对边疆少数民族地区进行财力、物力、人力等的帮扶，为少数民族地区的后续发展奠定了基础。今天，面对历史上残留的民族分裂势力和国际敌对势力企图对国家统一、民族团结的破坏，各民族更是为祖国统一奉献着自己的力量。

社会和谐为各民族共同发展进步创造了良好的环境。和谐的社会环境是和合共生传统文化在现代社会的体现，促进了各民族之间互帮互助、团结合作、共同发展。正是在和谐的社会环境下，各民族在文化上相互交流，在经济上相互合作，共同促进了祖国的繁荣进步。发展是各民族的共同诉求。社会主义的本质是实现全体人民的共同富裕，经济上繁荣发展、人民生活水平提升是人民的根本利益所在。

三、民族社区和合共生传统文化融入民族团结教育的路径

民族社区和合共生传统文化作为中华传统文化精华的重要组成部分，对民族团结教育的开展有着重要意义。将民族社区和合共生传统文化融入民族团结教育，使民族社区和合共生传统文化充分渗透到各民族人民的生活之中，是实现民族团结教育良好效果的有效方式。为此，可以从主体优化、平台建设、制度保障三个方面促进民族社区和合共生传统文化融入民族团结教育。

（一）主体优化：加强多方主体互动

将民族社区和合共生传统文化融入民族团结教育需要政府、民族社区、学校多方合作。对于政府而言，方向引导、政策支持是关键。政府尤其是民族地区政府作为民族社区的领导力量要发挥统筹能力，把握民族社区和合共生传统文化融入民族团结教育的政治方向，制定支持社区进行民族社区和合共生传统文化资源挖掘、创新以及融入民族团结教育的政策，并予以资金帮扶。而民族社区是将和合共生传统文化融入民族团结教育这一过程的具体实施者，这就需要建设一支民族社区文化建设队伍，将民族社区和合共生传统文化与社区文化建设相结合，为民族团结教育创造浓厚的民族文化氛围。如：大力挖掘各民族和合共生传统文化资源；充分利用各民族模范人物的典型示范作用；将民族团结教育与各民族传统节日相结合，在节日文化活动中促进民族团结。学校作为对各

① 《毛泽东著作选读（下册）》，人民出版社1986年版，第757页。

民族青少年进行教育的主体更应利用学校场所、教育资源、师资队伍等优势将民族社区和合共生传统文化融入民族团结教育。学校可以与社区联合充分挖掘各民族和合共生传统文化资源，编写校本教材；建设一支专门利用和合共生传统文化进行民族团结教育的师资队伍；开展与和合共生传统文化及民族团结教育相关的知识竞赛或活动；利用学校教育设施和资源与社区联合对民族社区人民开展民族团结教育公益讲座。

总之，将民族社区和合共生传统文化融入民族团结教育需要多方共同努力，只有政府、民族社区、学校各自充分发挥自己的职能优势、携手合作，才能使民族社区和合共生传统文化真正融入民族团结教育之中。

（二）平台建设：完善公共服务平台

民族社区和合共生传统文化在民族团结教育中的融入需要依托于包括电视、报纸、新媒体等在内的公共服务平台。社会文化氛围对人的影响是潜移默化而又深刻的，在信息化的今天，依托媒体进行文化宣传和建设无疑是非常重要的。首先，以大众媒介为主的公共服务平台建设要坚持正确的政治方向；其次，公共服务平台的建设要对民族社区和合共生传统文化资源进行甄选，要考虑到大众的文化水平和接受能力；再次，公共服务平台建设需要发挥自身的优势，利用媒体技术通过生动形象的动画、影视等形式进行民族团结教育；最后，要充分改造原有的公共服务平台，整合平台资源，做到物尽其用。

公共服务平台建设是进行民族社区和合共生传统文化宣传和民族团结教育的重要手段，是在信息化社会中对人们产生影响的有效方式，完善公共服务平台建设对于各民族内部、民族与民族之间的相互了解和沟通有着至关重要的作用。

（三）制度保障：健全制度规范体系

民族社区和合共生传统文化的挖掘、创新和运用需要在制度体系的保障下才能持续进行，将民族社区和合共生传统文化融入民族团结教育的具体过程需要制度体系的规范，对融入效果的评价需要以制度规范体系的规定为衡量标准。健全相关制度规范体系才能保证民族社区和合共生传统文化融入民族团结教育这一过程的良性运行。

首先，需要建立激励制度，以促进对民族社区和合共生传统文化的挖掘、创新和运用。对民族社区和合共生传统文化的挖掘、创新和运用是一项复杂而艰巨的工作，需要政府、高校、科研院所、社区、各民族人民的相互配合，需要建立起配套的激励机制，以物质和精神的回报激励各个机构以及参与这项工作的人们，使他们能积极有效地对民族社区和合共生传统文化进行挖掘、创新和运用。

其次，针对民族社区和合共生传统文化融入民族团结教育的过程，需要建立具体的可操作的制度规范体系。民族社区和合共生传统文化融入民族团结教育最终要落实于实践，而只有使参与这项实践活动的各个主体有章可循，这项工作才具有可操作性。

最后，要建立起对民族社区和合共生传统文化融入民族团结教育效果的评价体系。对一项活动的评价是进一步总结经验、反思教训、改善工作的必要步骤，因此需要制定对融入工作进行评价考核的具体指标。如：对学生相关知识的考核，对社区文化建设的考核。切实考察融入工作的具体成效，以考核评价体系推动融入工作的落实。

健全制度规范体系是推进民族社区和合共生传统文化融入民族社区的关键，只有充分发挥制度规范体系的保障作用，才能促进融入工作的真正落实，才能实现民族团结教育的良好效果。

民族社区和合共生传统文化在今天仍然具有重要的意义。以族内关系和睦、族际关系融洽、民族认同与国家认同一体化为基本内容的民族社区和合共生传统文化为民族团结教育注入了新的精神力量。因此，我们要深入认识民族社区和合共生传统文化与民族团结教育的内在一致性，促进民族社区和合共生传统文化融入民族团结教育，以增强民族团结教育的实效性，以各民族的共同繁荣发展促进社会的和谐稳定，共同实现中华民族的伟大复兴。

（作者系中央民族大学马克思主义学院研究生）

第四部分　社会建设

民族团结进步创建活动评价指标体系构建研究

陈鲁雁

摘　要： 开展民族团结进步创建是中国特色解决民族问题正确道路的重要组成部分，对于增强中华民族凝聚力、向心力意义重大。民族团结进步创建活动是做好民族工作的有效载体、有力抓手，建立对其进行评价的指标体系，对规范、引导和推动民族团结进步创建活动的深入发展十分必要。必须结合创建活动的目标，以民族团结进步以及民族事务治理的相关理论为依据；遵循系统性、科学性、差异性、可操作性和动态性原则，根据不同类型、特点来构建民族团结进步创建活动的评价指标体系。

关键词： 民族团结进步；理论；创建；实践；评价指标

中国共产党自建党以来就非常重视民族工作，早在1931年的《中华苏维埃共和国宪法大纲》中就明确规定了国内各民族一律平等。在中华人民共和国成立前夕颁布的《中国人民政治协商会议共同纲领》以及1954年颁布的第一部《中华人民共和国宪法》中，都明确地把民族平等写入民族政策部分。党和人民政府为增进民族团结互助、民族团结进步长期不懈地开展了大量富有建设性的工作。开展民族团结进步创建是中国特色解决民族问题正确道路的重要组成部分，对于增强中华民族凝聚力、向心力意义重大。因此，为提升民族团结进步工作的科学性、有效性，构建一套可以科学、客观反映民族团结进步创建活动水平和质量的评价指标体系，成为时代之必然。构建民族团结进步创建活动评价指标体系，旨在探究出一套在全国范围内普遍适用，能全面系统、客观公正、准确有效地对各类民族团结进步创建活动开展考核评价的指标体系，并通过指标体系的转化应用促进创建活动更进一步的开展。

一、理论依据及基本原则

（一）理论依据

深入贯彻落实习近平新时代中国特色社会主义思想和中央民族工作会议精神，紧扣“共同团结奋斗、共同繁荣发展”的民族工作主题，牢牢把握“中华民族一家亲，同心共筑中国梦”的目标任务，把发展作为解决民族地区各种问题的总钥匙，促进各民族交往交流交融，构建各民族共有精神家园，是构建“民族团结进步创建活动评价指标体系”的指导思想。

《中央宣传部中央统战部国家民委关于进一步开展民族团结进步创建活动的意见》

（民委发〔2010〕13号）、《国家民委关于推动民族团结进步创建活动进机关企业社区乡镇学校寺庙的实施意见》（民委发〔2014〕94号）、《国务院办公厅关于印发全国民族团结进步模范评选表彰办法的通知》（国办发〔2013〕6号）等文件是研究编制评价指标体系的政策依据。坚持和完善民族区域自治，坚持各民族一律平等，坚定地推进民族事务治理体系和治理能力现代化的民族团结理论，以及威廉·邓恩的公共政策评估观点与方法等构成了研究编制评价指标体系的理论依据。

笔者认为，所谓民族团结进步创建活动评价或评估，就是依据一定的标准和程序，对民族团结创建活动的效益、效率、效果及价值进行判断的一种政治行为，目的在于对不同民族地区、不同行业、不同部门等的民族团结进步创建活动的开展情况进行全面、系统、综合的评价，评价与此相关的民族政策的贯彻落实情况、有效性，评价相关的职能部门的工作状况，分析利弊得失，并以此作为进一步推动和深化民族团结进步创建工作的主要依据。若把该套指标体系纳入民族工作绩效标准和考核体系，还可以充分发挥其导向功能。

（二）基本原则

目前，国家已将民族团结进步的评价指标列入全国文明城市创建的指标体系之中。为了进一步加强创建活动的实效性，必须结合实际情况，设计面向不同测评对象的创建活动评价指标体系。指标体系的设计是否科学、合理，直接关系到指标体系的科学性与可行性。因此在设计指标体系时应遵循以下基本原则。

1. 系统性原则

民族团结进步创建活动的内容广泛、形式多样、载体丰富，所以指标体系的设计应能系统地综合反映民族团结进步创建活动的内容、特点和成效等方方面面，因此在指标体系选构上必须系统考虑其完备性，力求涵盖得全面一些，不遗漏重要的方面，同时要避免指标之间的相互重叠。

2. 科学性原则

指标体系的构建必须有理论依据，无论是指标体系框架结构的选择、理论模型的确定，还是指标权重的确定等，都要有科学的理论依据，并经过科学严谨的论证，不能随意分类、设置或堆砌指标。

3. 差异性原则

为了进一步加强评价指标体系的准确有效性，需要设计面向不同测评对象的创建活动评价指标体系。因此在设计指标体系时，要注意反映不同单位、行业民族团结进步创建活动的不同特点，结合实际情况，充分体现其特色与侧重点，合理恰当地对指标体系做出相应的调整。

4. 可操作性原则

指标内容应简单明了，容易理解，并且具有较强的可比性，同时，指标的基础数据要容易获取，要能够通过一般统计和调查获取，并能从较大程度上保证指标数据的可信度和横向可比性。另外，构建此套指标体系的目的就是为了指导实践活动，所以在选择指标时，必须充分考虑其在将来实际工作中的可行性、便利性和可操作性。

5. 动态性原则

指标设计不仅要能够反映民族团结进步创建的开展情况，更重要的是要根据开展情况，把握其开展创建活动的主观核心和客观基础。因此，指标的选择要充分考虑民族团结进步创建活动的动态变化特点，从而更客观和准确地描述、刻画与度量创建活动的真实状态、效果。

二、民族团结进步创建活动评价指标体系的具体构成及其运用

（一）评价指标体系的具体构成

为使民族团结进步创建活动的考核、评估更加规范化、科学化，根据国家民委发布的〔2010〕13 号文件提出的总体目标，结合不同创建单位的目标要求，主要依据我国行政体系结构，结合民族团结进步创建活动“六进”（进家庭、进机关、进社区、进乡村、进学校、进企业），指标体系具体由“州（市、盟、地区）民族团结进步创建活动评价指标体系”等八个子系统构成。

八个子系统又包括组织保障、民生改善、团结和谐、工作推进、群众满意、特色创新六个一级指标，下设了若干二级指标。总的来说是从整体到部分，将考评覆盖民族团结进步创建活动的各个方面。

从六个一级指标的分值设置上可以看出其权重。组织保障部分 10～15 分，考察各级党政部门、组织对创建活动的总体把握情况；民生改善、团结和谐、工作推进具体工作作为整个指标体系的重点考察部分，分值权重分配每部分为 20～30 分；此外，群众满意、特色创新部分是整个指标体系设置的一亮点，分值权重在 10 分左右。指标体系考评重点在于对创建活动开展的工作、成效方面的考察。

1. 州（市、盟、地区）民族团结进步创建活动评价指标体系

州（市、盟、地区）民族团结进步创建活动重点在组织保障、民生改善和工作推进上。

2. 县（区、市、旗）民族团结进步创建活动评价指标体系

县（区、市、旗）民族团结进步创建活动指标体系一级指标设置与州（市、盟、地区）相同，分为组织保障、民生改善、团结和谐、工作推进、群众满意、特色创新六部分。县（区、市、旗）民族团结进步创建活动主要体现在以下几方面。

一是民族团结和谐。要规范和完善民族工作机制，增进各民族交往交流交融；坚持走群众路线，做到温暖人心、凝聚人心、争取人心；落实民族平等原则，充分尊重各民族风俗习惯。

二是推进工作。要重视和支持少数民族干部人才培养工作；推进创建活动全覆盖；建立健全民族团结进步活动平台和机制；开展并报送民族团结进步创建活动调研成果。

三是群众满意。加强民族团结进步宣传教育，扩大群众的知情权；丰富民族团结进步活动内容与形式，提高群众的参与权；建立创建工作群众评价机制，强化群众评判权。

表1 评价指标体系

一级指标	二级指标	分值	评分标准	评价方法
组织保障（10分）	党委政府坚持高位推动，把创建工作列入重要议事日程	4	党政领导班子高度重视创建工作，纳入当年党委政府重要工作任务，得2分；对创建工作做到全员动员，全面部署，得2分	听取汇报、材料审核
	创建工作组织机构健全，抓好建章立制工作	3	设立创建工作领导小组，创建工作有专门机构和人员负责，得1分；制定有创建工作实施意见和实施办法，得1分；层层签订创建工作目标管理责任制，得1分	听取汇报、材料审核
	工作经费足额到位	3	安排有创建工作年度专项资金，得1分；创建工作经费纳入当地财政预算，得1分；积极争取和整合各方面经费投入，得1分	听取汇报、材料审核
民生改善（25分）	完成年度精准扶贫攻坚计划任务	4	辖区内所有县（市、区、旗）如期完成年度精准扶贫攻坚计划任务，得4分；有1个县（市、区、旗）没有如期完成，扣1分，扣完4分为止	听取汇报、材料审核和实地考察
	培育发展特色优势产业群，就业水平有效提升	3	落实国家民贸民品政策，满足少数民族特殊需要，得1分；民族手工艺品、特色优势资源得到有效开发，形成产业集群，得1分；年度新增就业人数达到所在省（市、区）平均水平，得1分	听取汇报、材料审核和实地考察
	城乡居民人均可支配收入不低于所在省（市、区）平均水平	3	城乡居民人均可支配收入达到或超过所在省（市、区）平均水平，得3分；辖区内有1个县（市、区、旗）没有达到州（市、盟、地区）平均水平，扣0.5分，扣完3分为止	听取汇报、材料审核
	城乡居民生产生活条件明显改善	3	辖区内抗震安居房完成政府年度计划目标，得1分；城乡居民安全饮用水得到保障，并有长效机制，得1分；城乡居民通网率达到政府年度规划目标，得1分	听取汇报、材料审核和实地考察

续　表

一级指标	二级指标	分　值	评分标准	评价方法
民生改善（25分）	民族教育法规政策全面落实	3	义务教育入学率、完学率、毕业率达到国家法律法规规定的指标要求，得1分；全面落实国家义务教育“两免一补”及所在省（市、区）有关少数民族学生生活补贴政策，得1分；重视“双语”教育教学，开展民族团结进步教育进课堂活动，得0.5分；落实普及国家通用语言文字教育工作，得0.5分	听取汇报、材料审核和实地考察
	医疗卫生和社会保障水平不断提高	3	医疗卫生设施条件达到或超过所在省（市、区）平均水平，得1分；城乡居民养老、医疗保险覆盖率达到州（市、盟、地区）常住人口的90%以上，得1分；城乡常住人口预期寿命达到或超过所在省（市、区）平均水平，得1分	听取汇报、材料审核和实地考察
	社会综合治理能力显著提升	3	制定完善的社会综合治理体制机制和实施方案，得1分；制定和实施针对城乡流动人口的管理制度与办法，得1分；城乡“脏、乱、差”环境整治成效显著，年度社会治安事件发生率低于所在省（市、区）平均水平，得1分	听取汇报、材料审核和实地考察
	生态环境得到有效保护	3	城乡居民生产生活中的“三废”排放量及无害化处理率达到所在省（市、区）平均水平，得1分；耕地保有量、森林覆盖率、人均公园绿色面积达到所在省（市、区）平均水平，得1分；近3年内未发生重大环境污染事件，得1分	听取汇报、材料审核和实地考察

续 表

一级指标	二级指标	分 值	评分标准	评价方法
团结和谐（25分）	认真排查、妥善处理涉及民族宗教因素和影响民族团结稳定的突发事件	5	制定防范、化解涉及民族因素的突发事件工作方案或应急处理突发事件预案，得1分；定期召开专题会议研究部署民族团结稳定工作，并向上级党委政府提交民族关系及民族团结稳定形势工作报告，得1分；签订民族团结进步示范区建设目标责任制，形成维护民族团结稳定的长效机制，得1分；及时排查和处置民族宗教日常矛盾纠纷和隐患，近3年内没有发生重大社会影响的涉及民族宗教因素的群体事件和突发事件，得2分	听取汇报、材料审核
	建立少数民族和宗教界代表人士联系机制	3	建立党委政府主要领导定期对口联系少数民族和宗教界代表人士制度，得2分；配备有少数民族和宗教界代表人士联系工作专兼职干部或信息员，得1分	听取汇报、材料审核
	规范和完善民族工作机制，铸牢中华民族共同体意识，增进各民族交往交流交融	5	定期开展民族宗教政策法规贯彻情况监督检查，并上报督查报告，得1分；制订实施民族宗教事务行政审批工作计划，规范落实权责清单各项职能职权，年度内未出现行政审批事项违规，得1分；在省（市、区）民族宗教委部署下定期开展民族团结进步表彰活动，积极开展内容丰富、形式灵活多样的民族团结进步专题活动，得1分；依法保障各民族公民婚姻自由的权利，没有干涉跨民族通婚现象，得1分；重视信息网络管理运行，把网络建设成为促进各民族交往交流交融的新平台，得1分	听取汇报、材料审核

续　表

一级指标	二级指标	分　值	评分标准	评价方法
团结和谐（25分）	坚持走群众路线，做到温暖人心、凝聚人心、争取人心	4	构建各级党政领导干部联户、包产、热线电话、群众接待日、对口帮扶等直接服务群众制度机制，得1分；党委政府每年为各族群众办实事、做好事，少数民族群众的诉求得到及时反馈和有效解决，做到温暖人心，得1分；制定并落实定期接待少数民族群众来信来访和开展下基层、走访慰问制度，做到与民交心、凝聚人心，得1分；充分尊重各族群众的合理意见，保护各族群众的合法权益，没有少数民族群众上访事件，做到争取人心，得1分	听取汇报、材料审核和实地考察
	落实民族平等原则，充分尊重各民族风俗习惯	4	保证县（市、区、旗）民族宗教部门行政执法主体资格和基本人员编制，做到有机构牌子、编制人员和专项工作经费，得1分；注重传承和保护各民族优秀传统文化，未发生破坏优秀传统文化设施等事件和行为，得1分；各民族互相尊重各自的风俗习惯，年度内未发生某个民族以自身的好恶歧视其他民族的风俗习惯的现象与事件，得1分；党委政府召开专题会议或部署城市民族工作，制定少数民族流动人口网络化服务管理政策措施和协作机制，得1分	听取汇报、材料审核

续　表

一级指标	二级指标	分　值	评分标准	评价方法
团结和谐（25 分）	依法管理宗教事务，促进宗教和谐和顺	4	党委政府及时学习贯彻中央、省（市、区）宗教工作精神和决策部署，年内召开宗教事务专题工作会议，得 1 分；制定依法管理宗教事务细则和应急处置工作预案，涉及宗教因素的矛盾纠纷和隐患问题得到及时妥善处置的，得 1 分；加强宗教团体和宗教场所管理，落实宗教团体、宗教教职人员、宗教活动管理备案工作，得 1 分；落实和谐寺观教堂创建机制，坚持宗教工作的中国化方向，引导宗教与社会主义社会相适应，得 1 分	听取汇报、材料审核和实地考察
工作推进（20 分）	重视和支持少数民族干部人才培养工作	5	州（市、盟、地区）少数民族公务员比例达到少数民族人口所占比例，得 1 分；在公务员招录、事业单位招考中专设一定岗位或确定比例招收少数民族，得 2 分；州（市、盟、地区）党政领导班子中至少配备 1 名少数民族领导干部，得 2 分	听取汇报、材料审核
	推进创建活动社会全覆盖	11	按照“6 + n”模式，创新创建载体，深入推进创建工作，开展创建活动的机关单位达到 100%、企业达到 20%、乡镇达到 100%、社区达到 20%、学校达到 100%、宗教场所达到 30%，各得 1 分，共 6 分；每创新 1 个载体加 1 分，最高加 5 分	听取汇报、材料审核和实地考察
	建立健全民族团结进步活动平台和机制	2	设有民族团结进步“宣传月、宣传周、宣传日”，并开展民族团结进步活动，得 1 分；利用民族传统节日、各类媒体、教育基地、示范单位宣传、开展民族团结进步活动，得 1 分	听取汇报、材料审核和实地考察

续　表

一级指标	二级指标	分　值	评分标准	评价方法
工作推进（20分）	开展民族团结进步创建活动调研，并报送调研成果	2	按照省（市、区）民族宗教事务委员会部署，年内开展民族团结进步创建活动调研，得1分；撰写并报送调研成果，得1分	听取汇报、材料审核
群众满意（10分）	加强民族团结进步宣传教育，扩大群众的知情权	3	年度创建工作有计划，并提前通过主流媒体向社会宣传，征求群众意见建议，得1分；群众可以通过宣传栏、文件资料、媒体、网络等途径了解和获取创建工作资讯，得1分；创建工作中取得的成绩和存在的问题，党委政府及时向社会公开、发布，得1分	听取汇报、材料审核和实地考察
	丰富民族团结进步活动内容与形式，提高群众的参与权	3	制定有突出群众在创建活动中主体性地位的工作机制与方案，得1分；年内组织参加或举办群众性民族团结进步文体活动，得1分；年内基层组织或单位开展民族团结进步创建活动，得1分	听取汇报、材料审核和实地考察
	建立创建工作群众评价机制，强化群众评判权	4	建立有创建工作群众满意度调查工作机制和专项经费，得1分；年内开展创建工作群众满意度随机问卷调查或网络测评，得1分；群众满意度达到80%以上，得2分	听取汇报、材料审核和实地考察
特色创新（10分）	评估专家根据创建工作的特色、亮点及获奖情况，给予相应加分	10	结合州（市、盟、地区）创建工作活动实际，自行总结特色、亮点及创新之处，成果真实，成效突出，有示范推广意义，最高可加10分，具体得分由专家组商议	听取汇报、材料审核和实地考察

3. 乡（镇、街道、苏木）民族团结进步创建活动评价指标体系

乡（镇、街道、苏木）民族团结进步创建活动指标体系一级指标设置除组织保障、民生改善、团结和谐、群众满意、特色创新外增加了创新载体。主要体现在以下几

方面。

一是组织保障。要学习宣传贯彻民族团结方面的法律法规，建立健全民族团结创建工作推进机制，制定工作实施办法，积极主动争取和整合各方面资金投入创建工作。

二是民生改善。要使居民生产生活环境明显改善，医疗卫生和社会保障水平不断提高，民族教育政策完全落实，生态环境得到有效保护。

三是创新载体。要在宣传教育平台机制化、民族宗教工作法治化、创建示范村户工程，以及制定民族文化的传承与保护措施等方面下功夫。

4. 村寨（嘎查）民族团结进步创建活动评价指标体系

村寨（嘎查）民族团结进步创建活动评价指标体系一级指标设置有保障措施、加强和改进民族宗教工作、实施乡村振兴战略、团结和谐、乡风文明、特色创新六个方面。主要体现在以下几方面。

一是加强和改进民族工作。要结合本村民族关系实际，加强农村普法教育工作，制定村内民族团结公约，维护民族团结稳定；对民族团结创建工作进行规范建档；民族团结进步创建工作机制和措施有所创新。

二是实施乡村振兴战略。推进农村现代化；实现村民收入稳步增长，生活富裕；落实党的各项民族政策，各民族像石榴籽一样紧紧抱在一起。

三是乡风文明方面。乡村治理要有一定成效；造就一支懂农业、爱农村、爱农民的“三农”工作队伍；设立村级产业发展互助资金，并运行良好；农村环境卫生干净，生态宜居。

5. 机关、事业单位（含群团组织）民族团结进步创建活动评价指标体系

机关、事业单位民族团结进步创建活动评价指标体系一级指标分为组织保障、工作机制、工作实践、工作成效、群众满意、特色创新六部分。主要体现在以下几个方面。

一是工作机制方面。要建立民族团结进步教育常态化机制，建立少数民族干部人才培养、选拔机制，建立少数民族代表人士和宗教界代表人士联系座谈工作机制，建立群众路线工作机制。

二是工作实践方面。民族团结进步创建活动要扎实开展，少数民族干部人才培养选拔成效要显著，少数民族工作人员生产技能有明显提升，少数民族工作人员生产生活条件得到有效改善。

三是工作成效方面。单位财政、财务要管理规范，每年民族团结进步创建要有一定资金投入，单位履行社会职能成效显著，重视生态文明建设，建设美丽新单位。

6. 社区民族团结进步创建活动评价指标体系

社区民族团结进步创建活动评价指标体系一级指标分为保障措施、构建和谐共居环境、健全社区服务管理、促进民族团结进步活动广泛开展、特色创新五部分。主要体现在以下几个方面。

一是构建和谐共居环境。体现在社区基础设施完备，居民生活状况良好，构建嵌入式和谐社区，制定并推行社区民族团结公约，积极开展民族互助帮扶活动，充分尊重各民族生活习俗和宗教习惯等方面。

二是健全社区服务管理。要健全完善社区网络化管理；建立相关服务平台，例如，

建立少数民族信息服务平台；提供相关社会服务，提供就业务工服务，提供针对非城镇户口社区居民的相关服务（如开展外来务工人员适应城市管理的相关培训，提供外来务工人员子女就近入学等服务）。

三是促进民族团结进步活动广泛开展。要大力开展民族团结宣传教育活动，积极开展形式多样的民族团结进步创建活动，推进社区民族团结进步工作社会化。

7. 学校民族团结进步创建活动评价指标体系

学校（包括民办学校）民族团结进步创建活动评价指标体系一级指标设置有组织保障、工作实践、团结和谐、注重民生、维护稳定、特色创新六个部分，整套指标体系除了纳入对大学、中学、小学的考评外，还纳入了对学前教育的考评。主要体现在以下几个方面。

一是注重教育。将民族团结进步教育作为社会主义核心价值体系教育的重要组成部分，与培养“四有”新人目标融为一体；将民族团结进步教育贯穿于学校教书育人的各个环节；采取措施，加强“一条道路”“两个共同”“三个离不开”“五个认同”“五个维护”“六观”（世界观、人生观、价值观、民族观、宗教观、祖国观）的教育。

二是培养社会服务典型。推动民族团结进步模范班组建设；树立先进典型，定期评选表彰模范集体和个人；组织各族学生赴民族地区开展田野调查、文化交流、科技培训、志愿服务等活动；有明确社会实践工作方案，列入学分管理，组织师生广泛参与社会实践，引导学生将个人成长与各民族共同繁荣发展相结合。

三是保障权益。在招生等方面，对少数民族学生适当倾斜；积极接纳少数民族流动人员子女就读；提高内地民族班的教学管理水平；促进内地与民族地区学生和家长的交流交往；尊重少数民族的风俗习惯，认真落实《教育部国家民委关于在各级各类学校设置清真食堂、清真灶有关问题的通知》要求等。

8. 企业民族团结进步创建活动评价指标体系

企业（包括混合所有制、非公有制企业）民族团结进步创建活动评价指标体系一级指标设置有组织保障、落实民族政策、维护民族团结、履行社会责任、企业文化建设、群众广泛参与、示范引领作用。主要体现在以下几个方面。

一是落实民族政策。尊重各民族职工的风俗习惯和宗教信仰；依法保障各民族职工合法权益；保障民族群众就业，积极解决企业落户地的少数民族群众就业；确定招收少数民族员工的一定比例；在同等条件下优先招收当地少数民族人员；无歧视少数民族人员的招工现象，积极引导培养少数民族骨干人才；形成民族团结与企业发展相互促进的良好态势。

二是履行社会责任。把民生就业和民族团结创建工作结合起来共同谋划和落实；帮助少数民族群众发家致富；在资源开发、扩大生产时，兼顾各方利益；在民族地区投资建设时，切实保护生态环境；妥善解决资源开发的补偿问题；积极开展扶贫开发、捐资助学、建桥修路，热心参与社会公益事业；帮助解决少数民族和民族地区突出的民生问题。

三是企业文化建设等方面。把民族团结宣传教育纳入企业文化建设过程中；结合每月党员教育学习活动，深入开展民族团结教育活动，进一步增强各民族职工的民族团结意识；根据企业特点，以开展文艺演出、民族知识问答、知识讲座、演讲比赛等活动为载体，利用民族节庆开展联谊活动和各类民族文化体育活动，开展民族团结宣传教育，促进民族团结、企业和谐。

（二）评价指标体系的运用

本评价指标体系适用于全国范围内各级党委、政府、各个行业、各类单位民族团结进步创建活动的考核评价。主要采用的测评方法为材料审核、实地考察、听取汇报、问卷调查等方式。不同类型的民族团结进步创建活动的指标偏向及侧重点不同。

1. 考评方式

由被考核评价对象向省级民宗委提交申请和相关材料，省级民宗委汇总后报送国家民委，再由国家民委授权委托第三方评估机构通过听取汇报、材料审核、实地考察、情况介绍、参阅档案、座谈交流、群众评议、个别访谈等方式，对参评的各级地方、各单位的民族团结进步创建工作开展全面的考核评估。

2. 考评时间

对新申报单位的考核评价原则上每年进行一次；对已挂牌单位的考核评价原则上每三年进行一次。

3. 等次划分

考评等次分为优秀、合格、不合格三个等级，85 分及以上为优秀，60 ~ 84 分为合格，59 分及以下为不合格。

4. 结果应用

新申报单位考核评价等次在合格以上者，授予“全国民族团结进步创建活动示范单位”称号，并予以挂牌。已挂牌单位考核评价等次在合格以上者，继续保留“全国民族团结进步创建活动示范单位”称号；已挂牌单位考核评价不合格的，取消“全国民族团结进步创建活动示范单位”称号，并直接摘牌。

参考文献

［1］［美］弗兰克·费希尔（Frank Fischer）. 公共政策评估. 北京：中国人民大学出版社，2003.

［2］刘延东. 大力提升民族团结进步创建工作水平. 中国民族，2017（7）.

（作者系中共云南民族大学党委书记、研究员）

当好新时代民族团结的践行者、促进者、守护者：中国民族工作的新趋势

刘　荣

摘　要：2017年11月27日，习近平同志在给云南民族大学学生的回信中说："将各民族一家亲的信念播撒到更多人的心上，当好新时代民族团结的践行者、促进者、守护者。"为民族工作指明了方向，提出了新的要求。为更好地完成民族工作所肩负的历史使命，实现中华民族伟大复兴中国梦，要着重做好民族工作创新化，实现治理经验政策化、实施团结进步示范化、推进中国智慧国际化的转型和发展，构建新时代民族工作的科学理论与科学体系。

关键词：新时代；民族工作创新化；治理经验政策化；团结进步示范化；中国智慧国际化

由于中国共产党始终坚持为人民谋幸福、为中华民族谋复兴的初心和使命，中国共产党秉持土地革命时期形成的与少数民族结成政治统一战线的传统，坚定不移地坚持民族平等、团结和各民族共同奋斗的原则，实现了动员、团结、领导一切追求进步的爱国力量，开辟了中国各民族平等、团结、互助的新时代，确定了处理民族关系的原则——民族平等、民族团结和各民族共同繁荣，并载入了《中华人民共和国宪法》和法律中。始终不忘初心、牢记使命的中国共产党不断地强化、丰富并发展着这弥足珍贵的平等、团结、互助和共同发展繁荣的理念。党的十九大报告提出："深化民族团结进步教育，铸牢中华民族共同体意识，加强各民族交往交流交融，促进各民族像石榴籽一样紧紧抱在一起，共同团结奋斗、共同繁荣发展。"① 如何更加科学、高效地做好民族工作，更好地服务于决胜全面建成小康社会、夺取新时代中国特色社会主义伟大胜利，实现中华民族伟大复兴中国梦，是亟待从理论到方法论方面做进一步的思考、阐释以及密切联系实际并加以实践的重大课题。

理论源于人类在生存实践中的不断观察、思考与归纳抽象，实践又总是在特定的理论指导下开展。理论的意义就在于具有指导对客观现实问题形成正确的认识、在实践中对所存在问题形成行之有效的解决办法的功效。理论如果经实践检验不能很好地实现这一功能，只能说明这所谓的理论不成立。时空不断变化的特点，决定了实践、理论始终处于发展进程之中。中国共产党领导的民族工作是在马克思主义民族理论的指导下开展

① 习近平在中国共产党第十九次全国代表大会上的报告。

的，一代代的党中央领导集体密切结合中国实际，指导中国民族理论研究者不断丰富和发展民族理论，根据时空变化的特性创新着民族工作的具体指导思想和方式方法。习近平同志提出的“民族工作关乎大局”“做好民族工作要坚定不移走中国特色解决民族问题的正确道路，开拓创新，从实际出发，顶层设计要缜密、政策统筹要到位、工作部署要稳妥”的思想为新时代民族工作理论和方法创新指明了方向。做好民族工作创新化、实现治理经验政策化、实施团结进步示范化、推进中国智慧国际化的新发展，就能切实做到“将各民族一家亲的信念播撒到更多人的心上，当好新时代民族团结的践行者、促进者、守护者”。①

一、民族工作创新化

伴随科学研究不断向深度拓展的是学科专门化程度呈现出越来越高的趋势，与之相伴的是日渐突出且无法回避的知识碎片化现象，而且这一趋势与社会分工的发展呈现较强的一致性，以致要达成对某一特定自然/社会现象或问题的全面认识必须仰仗于多学科之间的合作。为此，建立学术共同体就成为一种必然的要求——需要多学科学者共同协作，完成对特定问题形成全面、深刻的研究。遗憾的是，现实中结成亲密无间的学术共同体并未能成为一种普遍现象，更多地表现为众多学者个体欲通过努力突破单一学科知识、理论的局限以实现跨学科研究的努力。然而，学者个体为跨学科或可谓之跨界的研究在理论上可以获得成功，但是在实践中却难以如愿，因为很少有人能够完全掌握多个学科的知识、理论并在具体研究中加以精准地运用。具体表现为：其一，在从单一视角观察和剖析某一特定客观现象或问题越深刻的同时，却愈发限制了对相关性的揭示，导致难以有效解释现象或阐释问题产生、存在的原因和形成准确解决问题之道；其二，在多学科共同参与对同一现象或问题的观察和剖析的过程中，由于视角、理论、方法论等方面的学术传统差异制约了彼此认识有机整合，更多的时候表现为各持己见，易于传达出人文社会科学对现象或问题的认识无标准的模糊信息，加大了对存在问题形成行之有效的解决办法的难度。因此，从根本上说，很多人文社会科学领域显然存在着多种理论学说争锋下不能有效指导对客观现象形成统一认识，更难以形成有效解决客观问题之道的窘境，普遍存在着理论与现实“两张皮”，各吹各打、自说自话的现象。现实中，关于民族、民族问题的研究以及为科学处理民族问题、民族关系而开展的民族工作显然是受到深刻影响的。

中国的民族工作是“五位一体”总体布局和“四个全面”战略布局的重要内容和组成部分，涉及中华民族伟大复兴事业的各个领域。党的十九大报告中“民族宗教工作创新推进”的要求，准确反映了党的十八大以来，以习近平同志为核心的党中央在民族、宗教工作方面形成的新理念、新思想、新战略。要从道路自信、理论自信、制度自信、文化自信的高度认识习近平新时代民族工作思想创新发展的重要性和必要性，深入研究、系统阐述习近平新时代民族工作思想的创新发展的精神实质，推动形成新时代的民族理论体系。中国共产党在革命、建设、改革开放各个历史时期的实践中，形成了既一

---

① 2017 年 11 月 27 日，习近平同志给云南民族大学学生的回信。

脉相承又具有鲜明时代特征的民族理论和民族政策。目前学术界占主导地位的民族理论体系主要是对各个历史时期（革命时期、建设时期、改革开放前30年）民族工作实践成果的总结和概括，不少理论观点和话语体系依旧陈旧、理论与现实脱节现象十分严重、学术话语跟不上实践创新，既不能准确反映中国民族工作所取得的新成就、新进展，也不能有效指导下一步的民族工作实践的问题的解决。时代要求以深入学习党的十九大精神为契机，尽快形成与习近平新时代民族工作思想相适应的理论体系、学术体系、学科体系和话语体系。

中国民族工作内涵丰富、外延较广，其对象、内容涵盖方方面面，分别涉及民族学、人类学、政治学、管理学、经济学、社会学等众多学科。究其本质，就是指正确认识民族和民族关系，解决民族问题等。中国的民族工作是在马克思主义民族理论的指导下开展的，既涉及民族理论与政策的学术研究、工作实践、宣传教育，还涉及贯彻执行党的民族政策，维护和促进民族团结，保障各民族的合法权益，帮助民族地区和少数民族更好地实现经济社会的全面发展等。但是，以什么样的方式方法开展民族工作，取决于有什么样的民族观和民族理论，因此，必须从学理上、方法论上厘清各种关系，实现民族工作理论的创新发展，增强民族工作方法论的实效性，切实履行好新时代民族工作所肩负的使命。

自1840年中国封建王朝的闭关锁国政策被西方列强的坚船利炮打破以后，中国的学术、科技研究逐渐地、被动地引入全球视野。面对深重的民族、国家危机，洋务派以自己的实践试图改变不利局面，睁开眼看世界，以期拯救中国。人们开始走出国门，向西方学习科学、技术、人文思想以及社会科学的理论与方法。科学、技术的无国界性这一突出特点，使得简单借用西方的成果在中国的实践取得了显著的效果，但是，植根于特定文化生态环境、成型于不同的历史的人文思想、社会理论和方法则无法回避各自所处文化生态环境的制约和直接影响。人文社会科学对于文化生态环境具有较为特殊的要求的特点未被深刻地认识到，导致诸多简单借用到中国以指导实践的尝试虽然取得了一定成功（如古典进化论的借用等），但更多的未能取得如愿的效果（如政体、国体的形式学习和借用等）。在社会学最初在中国的实践中，作为先驱人物的老一辈学者们为寻得改变中国悲惨命运之利器，在西方各种社会理论中反复比较后选择了功能主义，尽管在功能主义的引导下加深了对彼时中国社会现象和问题的认识，但最终还是没能成功地实现对旧中国的改造，直到费孝通先生用中国人的眼光发现了传统中国社会结构之突出特点，并深化了对中国人际关系现状所体现出来的中国社会结构和运行的认识，才有效地指导了对中国农村的局部改造。

遗憾的是，费孝通先生开创性的探讨模式或精神没有得到最大的继承。自改革开放以来，各种西方学术思潮涌入，大有乱花渐欲迷人眼之势，学术界形成了以引用或借用西方理论说明中国问题、中国现象的风气，而且其中不少人貌似成为学术话语的主导者，以致产生很多不接中国地气的观点，影响、干扰到对中国问题的正确处理。这种现象在民族问题研究领域较为突出，一方面使得民族学、人类学在中国的确获得了积极发展，而另一方面独具中国风格的民族学、人类学研究却鲜有人问津。在西方学术思想影响下产生的一些研究成果并未能深刻地反映中国民族问题的实在，在这类思想和理论影响下开展的一些民族工作也因水土不服难以真正产生显著效果。只有立足于中国实际，用中国文化眼光，中国人的世界观、价值观观察和分析、阐释中国民族、中国民族问题，才能形成有效指导中国民族工作实践的理论，才能步入建构中国话语体系的正确轨道，探索出正确解决中国民族问题、正确处理民族关系的民族及民族地区健康发展之道。时代呼唤中国民族理论研究和中国民族工作方式方法的创新化。

促进民族工作科学化的发展势在必行，必须在民族工作的方式方法上形成创新。新时代中国民族工作必须要向专业化方向创新发展。“专业化”就要求有专门的研究和分析工具，缺少专业化工具的研究者，更多的不过是运用一般价值知识泛泛而论。

从“结构性”的层次即“政治正确性的确定性不确定性”来看，确定性好理解，不确定性除了绝对对立外，还大量存在着对“政治确定性不感冒”，但实际上恰恰反映了中国民族关系的一些社会变化。并非否定政治正确，而是需要重新认识、重新建构、重新定义中国民族工作的政治确定性，进一步完善之前的政治正确以建立新的政治正确。政治正确性之争的背后是中国社会的变化，在经济全球化、经济金融化、后现代社会结构性变化的背景下，社会的生产方式、经济结构以及生活方式发生着深刻的变化，地区之间、人群之间的差异化程度不断加深，地处边疆的少数民族地区经济社会的发展水平和速度与东部、中部发达地区的差距不断被拉大。为了能够实现同步进入小康社会的预期目标，必须从发展制度设计，以及方式方法上加以完善。

从技术层面上看，人们的行为变化可通过适当的技术手段加以控制，政治在人类社会中发挥着控制人的思想和行为，进而控制整个社会的功能。在科学意义上，对人的执政思想意识和执政行为进行正确的设计和规范，就能够实现既定的发展目标，对人的政治思想和行为进行符合科学精神的干预、施加正确的影响并产生正向的引导是可行的。在信息化时代，充分合理地利用大数据、互联网是可以对人的政治行为进行成功的预测、研判、干预引导和促进的。在中国民族工作中可运用大数据建构起科学的指数指标系统，以衡量并促进中国民族团结进步示范事业：一是要把执政意识、执政心理意义上的心理和行为转化成可测算数据，精准地测出执政行为的社会价值以及政治观念，执政行为方面的偏好与质量效益；二是把执政意识、执政心理、政治心理测试，从理论环境转化为通过社会行为、网络行为、数据行为能完成的测试。借助大数据以及移动终端等进行大规模的相关省区市、地州市盟、县市区旗工作实践效能测试，把执政结果、政治心理测试进行全样本的调查与测试，能形成前所未有的中国民族团结进步示范工作决策过程、结果监测系统，并大范围地预测和评估执政的行为和成效；三是在大范围执政行为结果政治测试的基础上，透过指数指标第三方公开排序，对执政区域执政行为实施“一地一事一策”式的精准影响，可改变过去那种“媒体轰炸”“大水漫灌”式的工作方式，变“大众传播”为“小众精准指导传送”。这样一种新的革命性的技术工作手段，是一种对人类社会、政治、智力产生深远影响的方式。民族团结进步科学评价指标指数体系的建立，有助于更好地践行“当好新时代民族团结的践行者、促进者、守护者”。

新时代要更进一步地协调好民族关系，必须加强关于民族工作的科学研究，大力培养民族团结进步事业的接班人和促进者。包括民族院校在内的全国高等院校要开设马克思主义民族理论政策课程（包括理论知识学习和实践教育）；要以全国民族团结进步创建单位为载体，建立全国范围内的民族团结进步示范人才培养教学基地；有条件的地方要建设民族团结进步的实践教育基地，要在有条件的高等院校招收习近平新时代民族工作理论、民族团结进步理论与实践的硕、博士研究生；要按照《教育部和国家民委关于民族团结进步指导纲要》的要求，让民族团结进步示范教育进教材、进课堂、进头脑，各级各类学校要上好民族团结进步示范课、民族理论政策课。云南民族大学在民族工作创新方面先行先试，不仅率先成立了习近平新时代中国特色社会主义思想研究中心，而且于2018年率先在全国高等院校马克思主义中国化学位点招收“习近平新时代中国特色社会主义思想研究”方向硕士研究生，公共事务管理学位点招收“民族团结进步事业”方向硕士研究生。

二、治理经验政策化

经过长期的科学探索与实践，中国的民族工作水平和质量与时俱进，不仅真正取得了实现民族平等这一人类历史上的伟大成就，凝聚了全国各族人民热爱中国共产党和中华人民共和国之心与力，而且前所未有地促进了各民族地区社会生产力的发展，建成并不断巩固和发展着各民族一家亲的和谐民族、社会关系。回顾历史，不忘初心，认真总结民族工作的得与失，把行之有效的治理经验政策化，有助于促进民族团结进步事业的更好发展。

民族工作政策不是设定目标去论证，也不是按现成既有模型去索骥，而是在科学民族理论指导下对工作实践的历史进程、历史经验进行概括，并从其中获得逻辑性的工作解决方案，形成客观存在且可验证的政策工作体系和实践成果。治理经验与治理政策既有联系又有区别，是民族工作发展的两条基本线索在同一条发展道路上的显现，两者是时近时远、在实践中相互交叉、并行不悖的理论认识与政策工作线。

现实中，往往忽视治理经验与治理政策间的差异，由此造成治理经验与治理政策方法难以形成有机统一体，两者之间难免出现相互排斥与干扰的现象。事实上，治理经验与治理政策分别适应不同的时段，新时代需要民族工作研究者致力于实现治理经验化向政策化的转移。一旦政治哲学的理论认识确定后，就要沿着既定的方向探索前进，当面对各种现实问题时，必须依靠实际工作经验、运用科学方法去解决问题，在此基础上揭示问题的各种相关性并归纳总结，以期为解决不断出现的其他各种问题形成可资借鉴的工作之道。两者在实践、经验总结的进程中不断相互促进，最后形成反映客观存在变化的认知与实践模式——治理经验，并从管理学、政治学的层面加以固化，实现经验向政策的转变，更好地指导进一步的实践。

历史证明，正是由于各民族间不断的交往交流交融，才形成了我国各民族之间你中有我、我中有你的血脉和文化联系，共建了中华各民族的共有家园——中华人民共和国。新时代民族工作就要从治理经验上研究、总结加强各民族交往交流交融的成功之道，积极研究构建相互嵌入式的社会结构和社区环境的相关理论与方法，探索推进民族团结进步示范教育人文化、大众化、实体化的治理政策改革，探索民族团结进步创建工作在全国形成省区市、州地市盟、县市区旗、乡镇及以下的多级联动政策格局，不断改善各民族共居、共学、共事、共乐的共生共荣条件与环境，增强中华民族共同体意识和形成与完善中华民族共同体的政策，使各族人民在全中国共同创造美好幸福的生活。

治理经验政策化是理论自信、道路自信、制度自信、文化自信的社会价值体现，是民族事务治理体系和治理能力的外化，坚持治理经验政策化体现历史唯物主义和辩证唯物主义的理论意义。治理经验政策化需要从人类优秀文明治理传统中寻找新时代的突破口，促进民族事务治理体系和治理能力的现代化。治理经验政策化是民族事务治理的前提，是优秀文明治理传统的经验核心，治理传统所提供的思想资源，是任何一个现代化治理体系和治理能力的重要载体，是一切发展中理论的历史渊源和广泛的现实基础。

治理经验政策化所展现的态度和格局，是政治、经济、文化的复杂结合，是民族事务治理体系和治理能力相互作用的结果，具有高度的稳定性，对民族关系制度、民族社会发展等方面具有决定性作用，塑造着民族经济社会生态和民族文化生态。如果认识不到民族治理经验政策化的政治逻辑，不把它作为民族团结的示范方式，当做问题的目标去抓，就往往会无意间干扰民族发展的和谐结构，导致民族内部的动乱。

民族事务治理能力建设是实现民族治理现代化的关键，民族事务治理体系与治理能力建设是对社会主义核心价值观的践行和落实。治理的经验政策化体系的构建必须始终紧紧围绕“五位一体”的总体布局实现治理结构的优化和升级，法治建设是建设现代化的民族事务治理体系、治理经验政策化的出发点，“四个全面”战略布局是抓手和方向。习近平同志指出：“有了好的国家治理体系才能提高治理能力。”“治理民族地区，光有治理体系，没有有效的治理能力，再好的体系也难以发挥作用。”民族事务治理体系的完善和治理能力建设的提升，需要治理经验因地制宜向政策化转变和提升。

治理经验政策化是党的十八大以来“推进国家治理体系和治理能力现代化”在民族事务管理中的具体化和科学化，是根植于中国大地、世界视野，作用于新时代、迎接新挑战的中国民族事务管理的新思想，是中国共产党新时代民族工作的新理论、新命题、新高度，是民族工作的重大政治主题和重大理论议程。治理经验政策化是以民族团结为理论核心，以民族经济进步发展为主要手段，通过文化基因、历史渊源、政治制度等多元方式，促进中国各民族通过交往交流交融，实现平等、团结、公平、公正，最终使各民族像石榴籽一样，紧紧抱在一起生活的制度化构建。治理经验政策化既坚持了历史唯物主义，又是民族区域政治、经济、文化发展的新里程碑，也为国际民族治理提供经验和借鉴。实现治理经验政策化，一方面，研究中国共产党民族事务治理体系、治理能力的现代化，不仅要将关注点放在民族地区的经济、人才、资源上，更要重视治理体系和治理能力现代化在民族工作中的重要作用；另一方面，不仅要充分发挥传统研究方法的价值和经验，更要避免缺乏实证分析和数据论证，避免出发点与实际结果的出入。要从习近平新时代中国特色社会主义思想着手，注重民族事务治理的理论和实践相结合，通过民族工作治理经验政策化的深入实践，实现民族事务治理体系和治理能力的现代化。

新时代面对新形势、新任务，要通过人类学、民族学研究专业化水平的提升，提高民族事务治理体系和治理能力的现代化水平，提升民族工作的政策化、方法论能力，把属于民族工作治理经验的认识政策化，从对方向道路、意识形态、价值观的一般性论述，转化为应用人类学民族学形成政策，找出方法解决具体的问题。民族的问题、人的问题需要具体地运用民族工作治理经验政策化的方法加以具体解决。更多的不是停留在叙事讲理，而要通过适当的政策去办、去引导、去解决问题，只说对与不对是远远不够的，需要民族工作治理经验政策化去解决事成不成的问题。治理经验政策化是解决民族问题的正确选择，是国家治理体系和治理能力现代化的重要组成部分。要贯彻“八个坚持”的重要部署，落实做好民族工作的政治方向、制度设计、工作主题、精神纽带和目标任务，尊重这一符合历史规律、符合国情、顺应人心的正确选择，做好这一体现中华民族根本利益、反映各民族人民的共同愿望的工作。要进一步完善党关于民族工作的具体制度安排和政策设计，不断推进民族事务治理体系的规范化、制度化和法治化，明确民族工作研究、治理经验政策化、方法论的价值取向，把治理经验政策化作为主要的研究对象，在解决现实人的问题、民族问题中，发出治理经验政策化的主张，用民族工作治理经验政策体系创新，推进新时代中国特色社会主义民族事业的发展。

三、团结进步示范化

民族团结进步示范理论是马克思主义民族理论的伟大创举，是民族工作的重要组成部分和题中应有之义，是民族工作理论的重要内容。民族团结进步事业是全中国范围内的共同事业，并非少数民族和民族地区的独有事业。民族团结进步不仅是团结进步本身，还是各个地域、区域竞相示范、你追我赶、共同彼此示范的事业，不仅是中国特定区域示范的事业，更是中华民族共同体意识、中华民族共同体以团结进步示范的姿态屹立在世界民族之林的伟大事业。民族团结进步示范化理论不仅包括“存在空间、核心、基础、主体与主导群体、物质保障”[①] 等，还包括工作准则、共同方向、根本保障、主要载体、关键内容、重要方式、优秀传统，尤其是有力保证理论政策正确实施的有效手段和措施。

统一的多民族国家是民族团结进步示范的存在空间。在统一的多民族国家里，各民族的经济、政治、文化和社会需要，主要通过国家来满足，国家在社会体系中发挥着重要作用，代表各民族发展前进的方向、未来和保障。它把分散的各民族成员聚集为整体，组织各民族在共同目标的旗帜下团结奋进，国家的统一团结是各民族凝聚力、向心力的原动力。国家发挥整体作用是把各民族团结起来的必要条件。各民族生存、经济生活、心理和精神文化的差别，形成了各个民族，在统一多民族国家范围内结成相互关联的人的社会网络，国家据此构成相互关联的体系，有序稳定地协调各民族成员之间的相互关系（各民族内部和外部之间的人与人、民族与民族、民族与社会、民族与国家之间的关系）。

统一的多民族国家——中华人民共和国是各民族团结进步的平台，各民族成员汇集在统一的多民族国家中，通过良性互动、友好相处、密切联系，为共同的目标努力，保证各民族之间的团结进步。在统一的多民族国家中，众多的民族行动不断得到协调和整合，目标得到集中和统一，各民族成员的人力资源和其他资源发展需求得到最大化的满足。统一的多民族国家作为民族团结进步示范的存在空间的同时，各民族成员“和睦相处、和衷共济、和谐发展”的关系得到强化，各民族通过统一的多民族国家不断实现交

① 杨昌儒：《民族团结的理论构建》，《贵州民族研究》2017 年第 5 期。

往交流交融，实现团结进步，避免族际内耗、民族行为失常破坏国家的整体效率。

中国共产党是民族团结进步示范的领导核心。坚持党的领导是实现民族团结进步示范成功的根本保证，也是各民族大团结的根本保证。习近平同志指出，民族团结是我国各族人民的生命线。做好民族工作关键在党、关键在人。党的各级组织和政府要把民族工作摆上重要的议程，坚持从政治上把握民族关系、看待民族问题。各民族干部都要以党和国家的事业为重，以造福各族人民为念，齐心协力做好工作。①

宪法和法律是民族团结进步示范的根本保障。新时代需要深刻总结处理民族问题的经验，依法坚持治理民族事务的方法和制度，全面推进并执行“依法治国”基本方略是民族团结进步示范事业的根本要求。

坚持并贯彻落实好民族政策是做好民族团结进步示范事业的工作准则。民族团结进步示范是一项政治性、政策性、策略性很强的工作，民族政策是认真贯彻中国共产党的民族理论和路线方针，能够大力推进民族团结进步示范事业，促进中国和谐的民族关系。民族政策具有增强、增进各民族人民对伟大祖国的认同、对中华民族的认同、对中华文化的认同、对中国共产党的认同、对中国特色社会主义道路的认同的作用。

共同的利益和共同的目标构成了民族团结进步示范的共同方向，使作为主体存在的民族，通过族际联系与交往，通过合作的方式创造出各自所需的物质利益，保障各民族的生产和发展。共同利益、共同富裕使各民族共同和谐发展，既处理好了“大家庭”内的民族关系，又促进了“大家庭”的巩固发展，把全国各族人民的智慧和力量进一步凝聚在一起，形成同心实现中国梦的强大正能量。

全国各族人民是民族团结进步示范的主体力量。全国各族人民群众构成中华民族的主体，代表中华民族，各族人民群众的利益就是中华民族的利益，民族团结进步示范的主体是全国各民族人民群众。在民族的基层社会生活中，民族代表人士是民族团结示范的重要组成部分，是实现社会整合，造就社会自我组织、自我形成秩序的重要社会力量。要建立并加强领导干部直接联系少数民族代表人士制度，各级政府和部门要加强协同配合，不断巩固和发展业已形成的全国各民族通力合作抓民族团结进步示范事业的格局。

满足各族人民群众对日益增长的美好生活需要是民族团结进步示范的前提基础。习近平同志指出：“全面实现小康，少数民族一个都不能少，一个都不能掉队。”② 要进一步协调好中央与地方、发达地区与欠发达地区的资源配置，建立有效的帮扶关系，让先进者的示范作用得到充分发挥。马克思指出：“许多人在同一生产过程中，或在不同的但互相联系的生产过程中，有计划地一起协同劳动，这种劳动形式叫作协作。”“这里的问题不仅是通过协作提高了个人生产力，而且也创造了一种生产力，这种生产力本身必然是集体力。”③ 生产力的发展在推动协作发展的同时，协作也反过来促进了生产力的发展。民族团结进步示范的演进与分工协作紧密相关，分工导致交换的产生，交换又进一

① 习近平：《中央民族工作会议暨国务院第六次全国民族团结进步表彰大会》，2014 年 9 月。

② 李克洛：《人民网评：全面小康，不让一个少数民族掉队——2015 年两会系列评论文十五》，人民网——观点频道，2015 年 3 月 10 日。

③ 中共中央马克思著作编译局：《资本论》（第 1 卷），人民出版社 1975 年版，第 6 页。

步推动分工的发展，交换过程中产品的供给与需求的匹配本身就是一种社会协作的结果。分工与协作把一定地域的民族联系起来，各民族在分工与协作的过程中，构成了或大或小的经济联合体，构建了生存与发展的基本矛盾——各族人民日益增长的美好生活需要和不平衡不充分发展之间的矛盾成为民族团结进步示范实现的前提基础。党的十八大以来，不断丰富完善差别化支持政策，把民族八省区纳入“一带一路”建设并给予重要定位，在“十三五”规划纲要中对“推动民族地区健康发展”“推进边疆地区开发开放”单列成节、系统部署，实施《“十三五”促进民族地区和人口较少民族发展规划》《兴边富民行动“十三五”规划》，特别是优化财政转移支付和对口支援机制，把对口支援、顶岗扶贫、东西协助作为民族团结进步示范的工程。据统计，“十二五”时期民族八省区减少贫困人口 1712 万，减贫率 43. 7%；经济总量达 7. 47 万亿元，增长 78%；地方公共财政收入达 8886 亿元，翻了一番。

创建示范区和示范单位是民族团结进步示范的主要载体。民族团结进步示范创建工作是党的民族理论、政策、法规在中国大地上的伟大生动实践，极大地增强了各族人民珍惜和维护民族团结的自觉性、坚定性。“汉族离不开少数民族，少数民族离不开汉族，少数民族之间也相互离不开”的思想要更加深入人心，“五个认同”观念要扎根中华大地，自觉维护民族团结的意识要融入 56 个民族大家庭中，更加要总结好、运用好、发展好民族团结进步示范创建工作的成功经验，深入开展民族团结进步创建工作，像爱护自己的眼睛一样爱护民族团结，使各民族心连心、手拉手的好传统代代相传。要创新宣传教育理念和方式，强化思想阵地建设，采用少数民族语言和群众喜闻乐见的形式，引导各族群众牢固树立国家意识、公民意识、中华民族共同体意识，真正内化于心、外化于行，画出最美同心圆。要立足实际，采取适合本地区的方式方法，选择合适的载体，实行分区联创，往基层倾斜。创建经验和规律要扩大覆盖面，突出干部、青少年、知识分子、信教群众群体、宗教场所、重点行业、窗口单位、新型经济社会组织。民族团结进步示范创建要进景区、进企业、进园区、进市场、进新型经济社会组织。把创建工作和就业结合起来。机关创建主要是全面贯彻落实党的民族政策和法律。示范区和示范单位建设要努力解决差别化的问题，因地制宜地开展工作。要把创建的经验集成化、菜单化、项目化、品牌化推广。创建工作除工作经费外要有项目经费投入，要整合项目，建设国家、省区、州市地盟、县市区旗国家项目库。要研究跨区域、跨行业的协同创建，创建民族团结进步示范带，开展州地市盟间、县市区旗间、乡镇间联通、联动创建示范带，创建工作要融入国家的“一带一路”“长江经济带”“京津冀经济带”等协同发展国家区域性建设中。

建设共有精神家园是民族团结进步示范的关键内容。要以社会主义核心价值观为引领，推动民族地区文化事业及产业的大发展、大繁荣，充分汲取各民族优秀传统文化养分，创造性地使其积极的精粹部分转化为唱响“中华民族一家亲，同心共筑中国梦”的主旋律。凝心聚力，坚持社会主义先进文化前进方向，建设各民族共享的优秀中华文化，通过文化建设促进各民族的交往交流交融。大力弘扬以爱国主义为核心的中华民族精神，把民族团结、爱我中华的种子播撒到每个孩子的心灵深处，使民族团结进步示范的观念扎根千家万户，扎实构筑各民族共有精神家园。

交往交流交融是民族团结进步示范的重要方式。中华民族是一个血脉相连的命运共同体，实现中华民族伟大复兴中国梦符合全国各族人民根本利益。只有坚定地推动全国各族人民共同团结奋斗，才能保障国家长治久安和繁荣发展。要修订《示范区和示范单位管理条例》，把新时代中央民族工作会议以后形成的交往交流交融，建设共有精神家园，民族事务治理的新要求、新内容补充进来，以结构为导向，强调分类指导，设置创新指标、特色指标、调节性的指标，建立动态的示范区和示范单位管理机制。交往交流交融不能停留在微观层面上，要在中观的、宏观层面上对交往交流交融进行理论上、实践上的探索，进一步研究交往交流交融的方式方法。畅通各民族交流发展的渠道，做到基础设施联通，民心相通，政策贯通，打破各民族发展、民族融合中要素的壁垒，促进要素的流通，发挥经济、文化、社会的潜能，缩小差距问题、打造贡献共事环节。把网络建设成为各民族交往交流交融的新平台，加强健康内容生产与主流信息的传播，利用“互联网+”做好民族团结进步示范的品牌，打造“中华民族一家亲”丰富多彩的品牌活动，包括组织民族参观团，举办民族体育运动会、多彩民族旅游活动、民族联谊活动等，以好的方式、载体进一步建设共有精神家园、中华民族家园和提升中华民族共同体意识。

坚持团结进步示范这一中国解决民族问题的优秀传统。各个历史时期革命和建设任务不同，民族团结进步示范的基础也就不同。在社会主义时期，民族团结进步示范的共同基础是进一步巩固祖国统一，发展社会生产力，建设伟大的社会主义强国。各个历史时期，中国民族呈现出不同的特点，中国人类学、民族学研究经历了从“直过民族”—“跨界民族”—“一带一路”的国际民族发展研究的历程。自马曜先生提出“直过民族理论”以来，“直过民族”与各民族相互间的交往交流交融从未间断，“直过民族理论”重点针对“直过民族”贫困面大、贫困程度深、人口数量少的特点，主要是解决以“团结”为重点的问题。“跨界民族”是中国民族的又一特征，“跨界民族”有流动性和选择性的特点，存在地缘认同高于民族认同，家族认同、血缘认同高于地缘认同，民族认同高于国家认同等特点，针对“跨界民族”的特征解决民族问题的重点是解决以“进步”为重点的问题，特别要通过团结进步示范的有序推进，努力增进“跨界民族”血缘认同、家族认同向地缘认同—民族认同—国家认同前进的速度与程度。当前中国的“直过民族”“跨界民族”生活有所改变，但跟周边国家相比是否一直保有优势，是否一直保有团结进步示范的显著特征要引起足够重视。在推进“一带一路”愿景过程中处理国际民族关系时，新时代更要高度重视“直过民族”与“跨界民族”在社会政治经济发展进步的特殊价值，把“直过民族”“跨界民族”作为民族地区团结进步示范，以“进步”为重点、以“示范”为目标的重要群体，解决好“直过民族”和“跨界民族”的核心问题，使人心相通、民心相通，通过心通、法通、话通、字通、文通、路通、电通、水通、网通等工作，促进“直过民族”“跨界民族”的大发展。通过“直过民族”“跨界民族”的大团结、大进步、大示范，促进并保障边疆的稳定、“一带一路”愿景的顺利实现。要整合资源，聚焦民族团结进步示范工作主题，优势互补，合作共赢，把国内的民族团结进步示范事业延伸扩展到国际间的民族团结进步示范合作。

“五位一体”综合评价指数第三方公开排序是推进民族团结进步示范的有效手段。

民族团结进步示范事业，一是要展示民族地区的富强。民族地区的生活要发生翻天覆地的变化，产业方式也要由单一走向多元。二是要给各民族一个相互交流、互相学习的平台。通过平台的交流，发展促进民族团结进步示范化建设的进程。三是要体现民族地区的进步。进步的核心就是公平、民主、正义，要通过制度创新安排，保证民族地区人民的平等参与和平等发展权利，实现好、维护好、发展好民族地区人民的根本利益。四是要体现民族地区的文明。民族地区是多元文化的汇聚地，是新时代建设发展的重点，是“一带一路”建设的重要节点，经济体制、社会结构、利益格局、思想观念都在发生着深刻变化，要满足立体式民族发展繁荣新的思路和方向。五是要体现民族地区的和谐。只有全社会实现了和谐发展才能促进人与人之间、民族与民族之间、国家与国家之间的和谐发展，民族地区的和谐就是要实现政治、经济、社会、文化和生态环境的和谐发展，使人与环境之间建立起协调稳定的关系。六是要以人民福祉为出发点和落脚点。解决好关系群众切身利益的问题，促进民族地区的和谐稳定发展。七是要体现民族地区的美丽健康。构建起人与自然、人与人、人与社会和谐共生、良性循环、全面发展、持续繁荣为基本宗旨的文化伦理形态，实现尊重自然、顺应自然、保护自然的内在价值理念，把民族地区的生态文明实践作为民族地区人们的思维方式、生产方式和生活方式。八是要体现全新的制度发展。通过制度设计对民族地区、对全域、全社会系统重构，以制度建设提纲挈领，通过顶层设计和局部突破，完善和创新相关法律制度，保障民族地区建设持续、有序、健康地向前推进。

云南民族大学构建了“中国民族团结进步创建活动考核评价指标体系”，与社科院民族所、社科文献出版社合作，拟出版《中国民族团结进步示范蓝皮书》系列丛书、《改革开放以来中国民族团结进步事业发展研究（1978—2018）》《中国民族团结进步示范七十年（1949—2019）》《中国民族团结进步事业的发展（2012—2018）》《中国民族理论研究发展报告（1949—2018）》《民族学与人类学的中国智慧、经验、方案（英文版，日文版，东南亚、南亚各国系列文版）》《中国民族自治州民族团结进步示范事业发展报告（2012—2018）》《中国民族自治县民族团结进步示范事业发展报告（2012—2018）（上、中、下）》《中国市、盟、地区民族团结进步示范事业发展报告（2012—2018）》《中国县市区旗民族团结进步示范事业发展报告（2012—2018）》《云南少数民族社会历史回访调查》。民族8省区、30个民族自治州、117个民族自治县做民族团结进步示范年度发展报告。按照习近平同志要求的“五个维度”，建构包括团结和谐指数、繁荣富强指数、美丽健康指数、幸福满意指数、民生福祉指数在内的“中国民族团结进步示范综合评价指数系统”，建立“中国民族团结进步创建工作第三方评估机构”，将全国304个市、盟、地区的2862个县域按一、二、三类地区划分后，对所有地州市县都进行指数第三方公开排序，先做自治地方，然后制定全国的标准指数，鞭策和激励各级地方党委、政府全力做好民族团结进步示范工作。

四、中国智慧国际化

民族工作在一定程度上其实也是研究国家、人类、民族的学问，国家、人类、民族并非完全可以被分割为彼此独立、互不关联的一个国家、一个种族、一个民族，人类共建的世界是一个彼此相关的整体，只研究一个国家实际上无异于没有研究过国家。世界的发展离不开中国，中国在世界中发展，中国的发展也离不开世界，也不能离开世界。任何实行闭关锁国、与世界相隔离的国家都曾经有过或必将经历刻骨铭心的惨痛教训。因此，加强相互的联系和交往、增进彼此的了解，增进彼此的互信，是实现共赢的必经之路。为了增进世界各国和各国人民之间的友好互动，促进各个国家实现共同发展、繁荣和全人类的共同富裕。习近平同志提出了构建人类命运共同体的倡议，充分展现了中国共产党心怀天下、谋求全人类共同进步的宽广胸怀。改革开放四十年来中国特色社会主义建设事业所取得的前所未有的成就已为世界所公认，中国共产党和中国人民乐于与全世界共享成功的经验，愿意为世界的和平发展与繁荣贡献自己的智慧和正能量。其中，中国共产党领导下真正实现的民族平等、民族团结和各民族共同繁荣的成功经验，完全可以为饱受信仰之争、权力之争而动荡不安的国家和人们提供有益的重要借鉴。中国民族事务治理所走的道路，所建立的民族区域自治制度固然有自身的性质和特色，但也具有普遍性价值，中国的民族事业发展进程既遵循世界各国民族事业发展的一般规律，也能为世界各国治理本国民族事务提供新的视角和思路。他国道路、他国经验值得我们研究和借鉴，中国的经验、中国的智慧、中国的方案也值得向世界推介。

世界各国在处理各自民族事务中，总体上是成功的少，失败的多，这不仅是世界各国民族事务本身的历史、社会、文化复杂性所致，还有相当一部分原因是所遵循的人类学、民族学理论存在局限性。中国处理民族事务的中国智慧、中国方案、中国经验相对于他国是成功的多，失败的少，中国有 56 个民族，国内有基督教、伊斯兰教、佛教三大世界性宗教，问题的复杂程度并不低于其他国家，中国的成功经验无疑可为和谐世界的建构提供积极的借鉴。中国的智慧、经验、方案无疑是一种新的发展理论，更具潜力的发展理论或者是以有效治理能力为核心的国家治理体系。中国处理民族事务的成功很大程度上是独具中国特色的民族工作理论体系的成功运用，民族团结进步示范事业中国智慧、中国方案、中国经验的国际化有利于更好地推介中国的成功理论体系，为世界各国民族事务治理提供新的理论参考，有助于世界各国的民族团结进步。

历史上，外国政党组织、政府首脑、政要祝贺中国，一般只是礼节性的祝贺。改革开放以来，外国政党、政要也一般主要祝贺中国共产党执政在物质经济方面取得的巨大成就。新时代则更多地开始赞扬、肯定中国特色社会主义的道路和制度的成就，强烈表达希望借鉴中国的道路和发展经验。党的十九次代表大会开幕后，习近平同志指出："大会开幕以来，有 165 个国家 452 个主要政党发来 855 份贺电贺信。其中，有 814 份是国家元首、政府首脑、政党和重要组织机构领导人发来的。"数字充分说明了世界对中国的高度关注，仔细研究这些贺电贺信后，一个突出感受是，过去外国政党一般主要祝贺中共执政在物质经济方面取得的巨大成就，现在则更多地开始赞扬、肯定中国特色社会主义的道路和制度的成就，表示希望借鉴中国的道路和发展经验。在充分肯定中国共产党在中国发展中所起的领导作用之外，"中国智慧、中国方案越来越得到国际社会的关注和认可，中国没有私利，追求的是互利共赢，愿意和国际社会一道，共同建设人类命运共同体，这正是为什么中国共产党现在在世界上朋友越来越多的原因之一”。①

自严复开西学译介以来，早起于新文化运动期间，近兴于20世纪80年代，有过数次系统化、规模化译介西方文献至中国，绵延至今，余音未绝。中西文化交流在总体趋势上呈现为“西学东渐”，是西学向东方输入。国内学者以西学之分类系统、概念系统、脉络演进等作为学科探究的已成背景，对西学表现出明显的亦步亦趋。“西学东渐”对于中国的现代化其积极意义不言而喻，近世以来现代学科体系的建构、学思范型的转换等，无一不是以已有之西学框架作为重要甚至是唯一的凭识，形成中国的知识分类体系。对于业已形成的学科门类，无论是具有中华独有特征之传统国学，抑或是有着丰富多样之内涵的人类学、民族学等学科，都处处浸染着西学体系的型构印记。

就西方汉学的研究而言，自17—18世纪启蒙时代以来，一批中国人类学、民族学典籍也进入西方学者的视野之中，从伏尔泰、莱布尼茨再到黑格尔、马克思，以至于列文森、费正清等，为数众多的西方学者对中国人类学、民族学的文明价值深有体悟，并相继做出成果。尽管西方学者对于中国人类学、民族学的译介多有致力，但他们的译介事宜主要还是根据自己的研究论题而随意选取，缺乏应有的系统性。中国人类学、民族学依然有为数众多的佳作优品未能翻译，诸多的中国人类学、民族学论著还未能进入国际研究的视野之中。这样的西方汉学研究，偏颇之论也就无可避免，中国人类学、民族学在西方学科体系中，往往就只能发挥文献学的价值，尚不足以进展至概念凝成、话语重塑、体系重构的层面之上。

随着中国国力的强盛和中华民族的伟大复兴，中国日益走进世界舞台中央，世界正在关注中华民族为全人类做出的贡献，世界正在关注中华民族为解决全人类问题贡献出的中国智慧、中国经验、中国方案，世界正在关注中华文明对促进人类的相互理解和构建人类命运共同体的时候，无论是中国人自身还是西方学者，越来越多地意识到中国人类学、民族学论著的译介、研读、交流与碰撞，会使得原有的西学知识体系、学科范式得到相应的拓展。在人类知识范式的进步过程中，具有丰厚的中华文明内涵的中国人类学、民族学无论如何都不能离场、缺位。鉴于人类文明交融与知识学科的进步，中国人类学、民族学论著的翻译、推介，自然就有了重大的世界文明史意义。这个意义不仅表现在对传统的中国人类学、民族学充分的学科体认和价值自觉，而且还表现在如何积极地向世界推介和传播中国优秀的近现代、当代、现代的中国人类学、民族学论著。有着数千年历史的中华文明在其传承过程中，形成了迥异于西方现代知识体系的文明形态，文明之间的异质性并不意味着必须要做出非此即彼的二元选择，而是意味着文明的推进需要相互之间的充分交流和平等对话，相互深入的了解和认识，才是形成文明不断前行的动力之源。“东学西渐”并不是向西方进行价值观的强制输出，当然更无意于重新构建人类文明秩序，而是向西方展现原先知识体系、学科框架所未能适时纳入的中国人类学、民族学内涵，展现东方文明形态的独特性、系统性、自洽性。

民族的就是世界的，人类学、民族学的研究因其引导着人们复返人类生活的原初场景，这种对原初本土民族生活全景式的记录，理应置于中西不同学者、不同的专业视野

① “学习小组”微信公众号。

中，把其所具有的人类学、民族学的学术价值和人类价值深度剖析出来，以资知识体系的扩充和汇通，以利世界文明的交融与再造。中国人类学、民族学是对中国境内民族生活场景的全方位描述，不仅包含着政治生活、军事事件、经济生活的忠实记录，还包含着民族独特文化、风俗物产的呈现。自 21 世纪初，中国人类学、民族学论著就已开始陆续译介至欧美诸国，并且成为西方学者研究中国民族重要的人类学民族学文献，但因文化差异、版本校勘、战乱扰断等，虽有诸多西方学者数次翻译，但迄今全译的中国人类学、民族学系列著作善本为数尚少。还有更多的中国人类学、民族学著作呈现着中华各个民族原初的生活场景，有着世界人类学、民族学的价值，表达着全人类生活诸多的可能性，展示着全人类生活所具有的多元维度。

中华文明对世界文明的推进，离不开一大批具有学术献身精神的译者和组织者的翻译与推介，主动积极地向具有异质性的西方学界传播和表达来自古老东方的智慧，这是中国今人理所应当的学术担当。西方学界对中国的认知和了解有限，甚至还存有误解，这在很大程度上与中国对自己所有的中国人类学、民族学著作在翻译上、推介不足上存在着直接的关联，这需要为数更多的译者和学者积极参与，把这些中国人类学、民族学著作以善本形式转换成不同的语言形式，打破以往的文明隔阂与知识壁垒。在文明的根基之处交汇对话，通过文化的交融汇通，使中国人类学、民族学显示出其学术传播的价值、文明汇通的意义，成为向西方学界传播中华文明、推广中华优秀人类学民族学论著的晶莹浪花，贡献中国智慧、中国经验、中国方案于世界的浩荡潮流。云南民族大学计划从中国人类学、民族学的名著《中国民族学人类学文库》中选部分作品译为英文版，将中国优秀的人类学、民族学著作推介到世界，并使之全部进入世界著名的施普林格出版系统。并与中国社会科学院民族研究所开展学术合作，与中国社科文献出版社合作建设“民族学人类学数据库”，为贡献中国智慧、中国经验、中国方案提供基础技术平台支持。

自有中国历史以来，特别是改革开放以来，中国各民族实现了跨越式发展，在经济社会发展的同时，中国也取得了各民族发展的巨大进步，形成了中国特色社会主义民族事务治理体系和治理模式，走上了中国特色社会主义各民族共同发展的道路，中国民族事务治理体系不断健全完善，民族地区治理能力和治理水平不断提高，已形成可贡献于世界人类命运共同体的、正确解决世界民族问题的中国智慧、中国经验、中国方案。中国已打开眼界走出去，运用比较研究的方法，研究世界各国处理民族事务的道路与制度、经验与教训，帮助中国在与他国的差异性比较中发现自己的问题，在历史规律的重复性中寻找新规律，帮助中国更好地认识、理解、发展中国，中国智慧、中国经验、中国方案的国际化可为世界各国提供新视野。中国民族团结进步示范事业正是以世界为方法、以中国为目的，以优化中国民族政策为出发点和落脚点，推进中国各民族的共同发展繁荣。

世界需要中国提供民族工作的中国智慧、中国经验、中国方案。为了更好地实现构建人类命运共同体的倡议，建构中国的话语体系，基于区位的特殊性，云南民族大学与云南省民族研究所等创立的《民族学与人类学微电子杂志》设置“问学尖端”“田野回声”“学术快递”三个板块。“问学尖端”包括：“高层发声”发布党和国家民族政策及解读；“给力热点”关注当下热点；“共有家园”聚焦全国民族团结进步示范；“和谐边疆”分享边疆治理方略；“写民族志”反思民族志书写的理论实践；“族际和谐”探索族际政治和谐治理之道。“田野回声”包括：“西部民族”关注中国西部民族事务；“跨境民族”聚焦“一带一路”倡议实践进程中跨境民族研究的价值；“魁阁学社”延续研究传统，并扩展到海外；“民族考古”呈现民族地区考古前沿；“小虾走起”致力于为青年学子提供其展示田野感悟和学术研究的机会；“新新人类”则从“人”的视角解读社会关注。“学术快递”包括“马曜讲座”发布高端学术讲座、主要内容；“辐射接力”致力于用东南亚、南亚语言将民族学与人类学服务“一带一路”倡议的成果传播出去；“会议资讯”推介学术会议、暑期学校；“学术链接”汇集电子学术资源；“新著速读”推荐学术专著；“回溯联系”提供本微电子杂志过文查询，服务广大专家、学者、社会大众互动。《民族学与人类学微电子杂志》影响日益扩大，着手用英文版与国际人类学民族学界网站链接，让世界分享中国人类学、民族学界贡献于世界的中国智慧、中国经验与中国方案。通过这些新平台，让世界共同关注中国人类学、民族学进步的新田野，向世界讲出中国人类学、民族学的中国新故事，为世界发出中国人类学、民族学响亮的新声音，与世界共同圆好中国人类学、民族学服务中华民族伟大复兴的中国梦！

中国作为世界舞台上庞大的多民族个体，稍有变动不仅会对世界发展格局带来深远的影响变化，对国内民族团结进步也会带来根本性变革。国际安全形势的深刻变化，国内曾发生的暴力恐怖案件表明，民族地区是境内外分裂分子、宗教极端势力破坏民族团结、破坏祖国统一的重点区域，是反民族分裂、宗教极端、暴力恐怖斗争的主战场。以美国为主导的世界秩序正显现裂痕，以民主标榜的西方国家在恶意撕裂世界各民族中展现着霸权、强权对民主的凌辱，“双重标准”历来是西方列强坚守节操的防线。从南斯拉夫、苏联的分裂到克里米亚脱乌，加泰罗尼亚脱西，非洲、中东、中亚、西亚民族分裂导致的民族间的屠戮中，完全可看出西方民主不过是西方维护自身利益和价值的筹码。随着中国在世界舞台上的话语权不断扩大，以中国为政治中心、政策中心、经济中心的现实与论断，正刺痛着西方国家脆弱的玻璃心。中国民族地区历来是西方国家培育分裂和敌对势力、策动民族动乱、进行意识形态输入，阻碍中国发展进程的重要区域。一方面，中国民族政策正以全球化思维，正以更加开放的姿态向全世界展示中国民族发展的成果和进步，是中国国际地位不断上升的点睛之笔；另一方面，民族政策是民族地区多元成分最复杂的糅合剂，由其衍生的民族关系治理政策掺杂了民族、宗教、利益、个人的综合体，实现平等和谐的民族政策环境，能促进民族生态、民族关系的健康发展，实现民族事务治理体系和治理能力的现代化。民族地区是新时代中国经济社会发展的新的发展点和增长点，民族政策的正确实施意味着民族地区大发展对中国的发展具有的重要的特殊意义。同时，随着中国发展的不断延伸，中国民族政策将在世界多边发展、“一带一路”发展愿景中发挥更多、更大的主导性和话语权。随着经济发展“新常态”的展开，中国必然在原有经济生态基础上实现经济结构、生产方式的跃升，最终整体实现转型升级。新时代中国民族工作的创新化、治理经验政策化、团结进步示范化、中国智慧国际化必然成为中国民族区域社会经济发展的稳定剂、催化剂、黏合剂。

时代需要创新，唯有创新才能发展。新时代之中国，迫切需要理论研究人员和具体工作者紧密合作，统一全社会思想认识、凝心聚力，形成亲密无间的学术—实务共同体，实现民族理论研究、治理政策和工作实践的创新，科学引领中国民族工作创新化，以治理经验政策化和团结进步示范化，推进中国智慧国际化转型发展，“将各民族一家亲的信念播撒到更多人心上，当好新时代民族团结的践行者、促进者、守护者”。

（作者系云南民族大学党委副书记、研究员、教授、博士生导师）

新时代中国特色社会主义建设中的民族团结观

白图雅

摘　要：本文从三个方面论述中国特色社会主义建设中民族团结观的问题：中国特色社会主义建设中民族团结观的背景；中国特色社会主义建设中民族团结观的内涵及特点；中国特色社会主义建设中民族团结观的重要性。

关键词：新时代中国特色社会主义；民族团结观；重要性

一、中国特色社会主义建设中民族团结观的背景

党的十九大报告中明确指出："深化民族团结进步教育，铸牢中华民族共同体意识，加强各民族交往交流交融，促进各民族像石榴籽一样紧紧抱在一起，共同团结奋斗、共同繁荣发展。"① 这是新时代党执政理念创新的体现。

民族团结问题是我国社会问题中具有特殊性的重大问题之一。对于多民族国家来说，民族团结问题是社会问题的组成部分，但是它不同于一般意义上的，或阶段性的，或其他社会群体的社会问题。民族团结问题相对于其他社会问题的特殊性在于其复杂性。民族团结问题的复杂性，是由民族团结在一个大的社会系统中所具有的独特的社会结构和社会功能所决定的。也就是说，多民族国家中各个民族既是社会集体的组成部分，又是整个社会系统发生多方面联系和相互作用的"纽结"。因此，各民族之间的关系渗透到社会的各个领域，受各种社会问题的作用和影响，与各种社会问题相交织。这就决定了民族团结问题既不能超越社会发展阶段，急于求成地解决，也不可能脱离社会总问题的制约及其他社会问题的作用，甚至国际环境的影响去单独加以解决，也正因为如此，相对于人口、贫困、就业等社会问题而言，在解决民族团结问题方面很难形成一套独立的指标体系和可预期的时间表，这是包括当代西方发达国家在内的所有多民族国家普遍存在民族问题的原因，也是我们党把民族团结问题作为"始终是关系到党和国家工作全局的一个重大问题"予以高度重视的立足点。由此我们可以看到处理好民族团结问题对于解决社会问题的作用，然而这些都需要有正确的民族观作为思想指导，这也就说明了民族观在社会中的重要性。

① 中国政协网：http：//www. china. com. cn/cppcc/2017 - 10/18/content_ 41752399. htm。

二、中国特色社会主义建设中民族团结观的内涵及特点

（一）民族团结观的内涵

民族团结是指多民族国家国内各民族之间的团结，是我国处理民族问题的一项基本原则。我国宪法规定：各民族一律平等，国家保障少数民族的合法权益。这是民族团结的基础。

1. 以祖国统一为首的民族团结观

祖国统一是建设中国特色社会主义的首要任务，也是前提条件，并且它也是民族团结的基础与保障。悠悠万事，维护国家统一是万事中的最大事。在世界历史上，中国既不是最古老的国家，也不是最大的国家，但是中国作为一个多民族的国家却具有历史上任何国家所没有的历史连续性的国家的统一。历史已多次证明：只有国家统一，才有社会的稳定，而社会的稳定又是经济发展的前提，然而，经济的发展是民族团结的基础与保障。新时代给民族地区带来了机遇与挑战，同时，协调好各方面的利益关系的任务已经迫在眉睫，搞好民族团结尤为重要。1990 在 9 月，江泽民同志在新疆考察时就明确讲过："要维护社会稳定，就要增强民族团结和各个方面的团结。团结就是力量，团结才能胜利前进。不团结，就会涣散内耗，容易被国内外敌对势力所利用，造成严重后果。"① 党的十八大以后，我们党明确了当前和今后一个时期民族工作的大政方针和战略任务，制定出台了一系列政策举措。2015 年 9 月 30 日习近平同志会见参加国庆活动的基层民族团结优秀代表时强调："我国是统一的多民族国家。各民族多元一体，是老祖宗留给我们的一笔重要财富，也是我们国家的重要优势。我国各族人民共同缔造了中华人民共和国，都为中华民族形成和发展作出了卓越贡献。"②

2. 以党为核心的民族团结观

党的领导是民族团结的思想保障，党可以用正确的方针、政策来协调各民族的利益，构建一个团结、友爱、和谐、发展的局面是党的任务所在。邓小平在继承马列主义关于民族的政策基础上发展了民族团结观，把民族团结同党的中心任务紧密结合起来，将民族团结作为社会主义现代化建设的能力源泉，在理论上取得了多方面的突破。他提出了坚持四项基本原则是各民族人民大团结的政治基础。他坚定地说："只要我们坚持在四项基本原则的基础上，加强全国各族人民的大团结，不断发展和壮大革命的爱国的统一战线，任何困难都挡不住我们前进，任何阻力都将被我们打破。"③ 中国共产党的领导是中华民族大团结的核心。社会主义建设时期，特别是进入改革开放新时期，邓小平特别强调党对民族大团结的领导核心作用。他多次强调："加强党的领导核心的团结。"④他要求全国各民族人民紧密团结在党的周围，指出了党的领导核心的团结是民族团结核心中的关键，他指出："相信在党中央领导下，一定能够把全党、全军和全国各族人民

---

① 刘先照：《中国共产党主要领导人论民族问题》，民族出版社 1994 年版，第 237 页。
② 中国共产党新闻网：http：//cpc. people. com. cn/n/2015/1001/c64094 – 27654448. html。
③《邓小平文选（第二卷）》，人民出版社 1994 年版，第 135 页。
④《邓小平文选（第二卷）》，人民出版社 1994 年版，第 135 页。

团结起来。”[①] 由此可得出，在新时代，党领导和团结各民族，建设中国特色社会主义是现阶段任务的重中之重。

3. 从战略高度认识民族问题的团结观

随着我国社会主义市场经济体制的确立，现代化建设向第三步战略目标迈进，民族工作面临着更加繁重的任务。从经济发展和政治稳定的角度看，没有民族地区的稳定，就没有民族地区的发展。新时代中国特色社会主义条件下，平等团结是各民族共同发展的政治基础。邓小平把人民的团结看得高于一切，而团结问题，又是信念、理想、目标重于一切。他说：“最重要的是人的团结，要团结就要有共同的理想和坚定的信念。”[②] 他提出的“三步走”的战略目标，集中代表了各民族共同利益的需求，从而成为新时代民族团结的基础和动力。十九大报告中我们党又提出了：“到建党一百年时建成经济更加发展、民主更加健全、科教更加进步、文化更加繁荣、社会更加和谐、人民生活更加殷实的小康社会，然后再奋斗三十年，到新中国成立一百年时，基本实现现代化，把我国建成社会主义现代化国家。”[③] 实现这个心愿和目标，离不开全国各族人民大团结的力量。各民族的团结是国家民族团结凝聚力的基础，是我国综合国力的基本要素，也是衡量社会和谐程度最重要的指标。团结的基础是平等，团结的前提是根本利益的一致，即通过共同团结奋斗实现共同繁荣发展。各民族根本利益的一致，包括了各民族自身发展特殊利益要求，如因地制宜的特色经济，多样化的文化、语言、宗教和社会生活习俗等，对此不仅需要各民族相互的尊重和理解，也需要法律和政策的保障。在我国社会物质、文化生活日益多样化，社会关系日趋复杂化的发展进程中，少数民族作为我国社会结构中的特殊利益群体，在实现其利益要求方面受到自身条件和区域经济文化发展水平等方面的制约，因此产生和加剧矛盾是影响民族团结最广泛、最普通的原因，也是我国民族最广泛、最普通的表现。所以一定要解决好民族团结问题，以实现中华民族伟大复兴中国梦的伟大目标。

4. 积极发挥少数民族社团组织作用的民族团结观

民族团结是群众性的事业，它涉及每个族群的成员，如果一个成员对整体民族团结工作做出不协调的行为，那么将影响到整个民族团结事业、影响到社会和谐的构建。因此让群众在政府的领导下，一方面，在法律允许的范围内自己开展民族团结活动是最好的，也是最能降低工作成本的。另一方面，随着市场经济的进一步发展，政府部门也不可能对社会事项样样都管，它应该集中精力管理宏观方面的事情，小的具体的事情应该尽量让社会完成。这样更有利于构建具有活力的和谐社会。

（二）民族团结观的特点

1. 民族团结是具体的而不是抽象的

民族团结同其他方面的团结一样，通常是一种功和利的结合。其中，既有总体利益一致之下的团结，也有局部利益一致下的团结，还有特殊的时间、地点、条件之下的团

① 《邓小平文选（第二卷）》，人民出版社 1994 年版，第 135 页。
② 《邓小平文选（第三卷）》，人民出版社 1993 年版，第 190 页。
③ 中国政协网：http：//www. china. com. cn/cppcc/2017 – 10/18/content_ 41752399. htm。

结。因为，团结也是有层次的，有区别的。这种层次和区别是由错综复杂的历史背景和纷繁纠结的情节所决定的。民族团结问题属于历史问题范畴，因此在不同的历史时期有不同的具体内容和表现形式，而且从总体来说，是不断前进的，民族平等、民族团结、共同繁荣是马克思主义所揭示的民族关系发展的必然趋势，这一点在今天的中国已经逐步成为现实。但是这新型的民族团结关系不是从天而降，也不是靠人们的良好愿望产生的，而是在几千年的历史长河中，经历过反复的碰壁和磨合，由感性到理性，由思想到实践，由不完善到完善而逐渐得来的。

2. 民族团结是相对的，也是随着时代的前进而前进的

我们既不能以今天民族团结的性质、标准和内容为尺度去否定或贬低历史上的民族团结，也不能无视时代和阶级的局限，把历史上的民族团结与今天的民族团结等同起来。民族团结的几个要素，如共同的利益、平等、互助、友好、合作，都是相对的概念，在不同的历史时期，在不同的条件下，在不同的对象之间，其内涵存在着一定的差异，也有层次上的高低。总的说起来，是受历史进程制约的，也就是要受特定历史阶段的生产力水平、阶级关系、国家关系、民族关系的诸多因素的制约，就其共同利益而言，社会主义的民族团结是在各民族根本利益一致的基础上的团结。总之，民族团结贯穿于民族关系史的全部过程，是随着社会历史进程的开展而不断前进的。

3. 民族团结是中国特色社会主义民族理论的基本内容

在马克思主义经典著作中，很少见到“民族团结”这四个字，一般都是讲各民族无产阶级的团结与联合。以毛泽东为代表的中国共产党人，根据中国的国情和各民族的实际，提出“民族团结”作为解决民族问题的基本原则。毛泽东的民族团结理论是各民族人民“平等的联合”理论。它包括中华民族的整体的“全民族团结”；包括中华各民族之间的团结，即“国内各民族的团结”；包括中华民族“联合世界上以平等待我之民族”三个层次。中国的民族团结与各民族无产阶级的联合和团结在内涵和范围上有很大的不同。首先，阶级基础不同。旧中国是半殖民地半封建国家，没有进入资本主义社会，工人阶级队伍人数少。许多少数民族中，根本就没有工人阶级。各民族的主体是农牧民。所以中国的团结主要是在共产党的领导下各民族农牧民的团结。其次，团结对象和范围有所不同。外国只包括各民族的工人和劳动群众，不包括各民族的资产阶级和非劳动人民的联合。中国民族团结，既包括各民族工农劳动大众，又包括各爱国的民族、宗教信仰人士。

三、中国特色社会主义建设中民族团结观的重要性

（一）科学的民族观使各民族保持一致的政治方向

民族观是对民族和民族团结问题总的认识和科学的方法，它决定着各民族的发展方向，它所体现的无疑是各民族的基本的、长远的、整体的利益。如古代“天下主义”和“华夷之辨”就有利于构建中央统治的合法性，在此思想的影响下，各民族人民趋向一致的统治。民族观的根本任务是顺应时代发展的需求，培养人们具有坚定的民族信念、意识和以科学的世界观、人生观、价值观来认识民族团结问题，它还通过启发、动员、教育、监督、批评等方式，对各民族人民进行系统的民族理论、方针、政策的教育和灌

输，培养人们的民族觉悟。

（二）科学的民族观有利于培养中国特色社会主义建设的核心力量

民族观的基本职能是使各民族团结友爱、共同繁荣，从某个意义上来说，民族观是一种特殊的黏合剂。它主要是经过选择的民族精神资源通过一定的方式转化为精神动力，提升人的精神状态和人生境界，引导人的行为方式，调动人的积极性，把分散的、千差万别的个体的人凝聚成一股力量。体现为文化观念的民族凝聚力在新时代中国特色社会主义建设中起着重要的维系作用。它具有民族凝聚观念、军事纪律观念、价值整合功能、稳定社会的功能。它表现为一种观念的形态（感情、愿望、理想、价值观等），孕育在每一个民族成员之中。它与经济实力、科技实力一样，是综合国力的重要组成部分，是综合国力的灵魂和精神支柱，也是新时代中国特色社会主义建设的灵魂和精神支柱。“民族凝聚力是和谐社会之魂。”①

（三）科学的民族观是建设中国特色社会主义的多元民族社会的切合点

民族观的这一作用主要由民族区域自治制度对于新时代建设中国特色社会主义的意义体现出来。中国自古以来是一个多元民族社会。1989 年，费孝通教授提出了著名的“中华民族多元一体格局”的理论，其主要内容包括：中国这块土地形成了一个相对独立的地理生态系统；在这个相对独立的地理生态系统之中，各民族群体一直在互动中发展演变；最后，在由多元结合成为一体的过程中，汉族是一个起凝聚作用的核心。在历史上的绝大多数时期，中国的多元民族社会是由一个统一的政府来管理的，新中国是中国共产党领导各族人民革命的结果，在革命和建设的实践中我党注重各民族的团结和互助的力量，制定了强有力的措施，其中民族区域自治制度的提出与实施就是我党在处理民族问题上的成功的政策。中国共产党实施民族区域自治制度经历了一个较长的发展时期，这个发展历程基本上与中国共产党探索把马克思主义普遍原理与中国革命的实际相结合的历史过程相一致。江泽民指出：“民族区域自治制度的基本特点可以概括为‘三个结合’，即国家的集中统一与少数民族聚居地方的区域自治有机结合起来，是完全适合我国国情的解决民族问题的基本制度，是我们党和各族人民的一个伟大的有机结合；民族自治与区域的结合；经济因素与政治因素的结合。”② 习近平同志指出，“实现中国梦必须凝聚中国力量。这就是中国各族人民大团结的力量。”③ 当前，坚持和完善民族区域自治，必须牢牢把握这个根本要求。一是，在党的集中统一领导下，完善民族区域自治的具体制度安排，确保国家政令畅通，拓宽利益诉求表达的正规渠道，扩大各族群众有序政治参与，保证各族人民共同当家做主，不断增强对伟大祖国、对中华民族、对中华文化、对中国特色社会主义道路的认同。二是，促进各民族交往交流交融，构建各民族相互嵌入式的社会结构和社区环境，促进各民族和睦相处、和衷共济、和谐发展。坚持依靠和团结各族群众，促进群众多层次、多方式、多形式走动互动，巩固各民族谁也离不开谁的关系，不断增强国家意识、公民意识和中华民族共同体意识。三是，造就政

---

① 贺善侃：《铸就民族凝聚力与构建和谐社会》，《社会科学》2005 年第 7 期。
② 《江泽民论有中国特色的社会主义》（专题摘编），中央文献出版社 2002 年版，第 360—361 页。
③ 人民网：http：//opinion. people. com. cn/n/2014/0903/c1003 -25591341. html。

治过硬、敢于担当、群众信任的少数民族干部队伍、民族地区各族干部队伍，做好少数民族代表人士和知识分子工作，为坚持和完善民族区域自治提供坚强组织保证。四是，牢牢把握舆论主导权，及时纠正对民族区域自治的错误和片面认识，使各族干部群众心往一处想、劲往一处使，汇聚起维护国家统一、民族团结的正能量。民族区域自治制度最大限度地实现了国家中央集权与少数民族自己管理自己内部事务之间的协调，维护了国家的统一。民族区域自治制度把国家的集中统一与少数民族聚居地区的区域自治结合起来，同时，民族区域自治制度在统一国家内部最大限度地实现了少数民族人民当家做主，促进了民族平等和各民族经济、社会协调发展的中国特色社会主义。

（作者系内蒙古民族大学马克思主义学院教授）

坚持中国特色解决民族问题的正确道路

——习近平关于民族工作的重要论述之纲

胡清惠

摘　要：习近平关于民族工作的重要论述是习近平新时代中国特色社会主义思想的重要组成部分。“中国特色解决民族问题的正确道路”这一论断，是习近平关于民族工作的重要论述之纲。如何准确认识中国特色解决民族问题的正确道路的科学性，如何坚持中国特色解决民族问题的正确道路、开创民族工作新局面，是两个核心问题。

关键词：习近平新时代中国特色社会主义思想；习近平关于民族工作的重要论述；中国特色解决民族问题的正确道路

习近平关于民族工作的重要论述以2014年中央民族工作会议上的重要讲话为标志，包括他在中央西藏工作座谈会、中央新疆工作座谈会、中央各相关会议以及在少数民族地区考察等场合发表的有关民族和民族问题的重要论述和论断，涉及政治、经济、文化、社会、生态各领域。因此，体现了民族工作涉及方方面面、方方面面都有民族工作的鲜明的新时代特征，并且与第二个百年“中华民族伟大复兴的中国梦”的宏伟目标紧密相关。

中国特色解决民族问题的正确道路，是历代中国共产党领导集体把马克思主义民族理论与中国民族问题具体实际相结合，不断探索，不断发展，走出的一条具有中国特色的处理民族关系、解决民族问题的道路模式。“中国特色解决民族问题的正确道路”这一论断，是习近平关于民族工作的重要论述之纲。深入学习习近平同志有关中国特色解决民族问题的正确道路的相关论述，对于解决中国的民族问题、促进少数民族和民族地区发展、推动民族工作的开展，都有着重大而深远的意义。

一、准确认识中国特色解决民族问题的正确道路的科学性

“十二五”时期，民族工作困难重重，相继发生了拉萨“3・14”和乌鲁木齐“7・5”事件。之后，国内展开了有关解决民族问题道路的大讨论，出现了“失败论”“过时论”“道路僵化论”“苏联模式论”等各种说法。为此，在2014年中央民族工作会议上，习近平同志围绕坚持中国特色解决民族问题的正确道路这一中心议题厘清了一些认识。他对正确道路有一个基本的评价，“新中国成立65年来，党的民族理论和方针政策是正确的，中国解决民族问题的道路是正确的，我国的民族关系总体是和谐的，我国民族工

作做的是成功的”。[①] 中国特色解决民族问题的正确道路科学性，笔者以为体现在两个方面。

（一）中国特色解决民族问题的正确道路是中国共产党做出的尊重历史、符合国情、顺应人心的正确历史选择

尊重历史，是中国特色解决民族问题的正确道路的理论积淀。每个国家和民族的历史传统、文化积淀、基本国情不同，其发展道路必然有着自己的特色。中国历代中央政权治理边疆少数民族地区，大都在实现政治统一的前提下实行有别于内地的治理体系，强调“因俗而治”。习近平同志认为，这种维护一统而又重视差别的理念，对中华民族的形成和发展至关重要。这就是中国特色的历史底蕴，就是中国形成统一的多民族国家的内在机理。

符合国情，是中国特色解决民族问题的正确道路的基本立足点。习近平同志强调：“全党要牢记我国是统一的多民族国家这一基本国情。”[②] 中国文明五千年，统一的多民族国家格局绵延传承，造就了我国各民族在分布上交错杂居、文化上的兼收并蓄、经济上的相互依存、情感上的相互接近，形成了你中有我、我中有你、谁也离不开谁的多元一体格局。如果多元的国情决定了我们要实施差别化的民族政策，统一的国情决定了各民族利益一致性，即维护民族团结、国家统一，那么怎样达到二者的统一？习近平同志讲，我们只能坚定不移地走中国特色社会主义道路，因为中国特色解决民族问题正确道路符合国情。

顺应人心，是中国特色解决民族问题的正确道路的核心要义。在中国这样一个统一多民族国家中，尊重差异、包容多样是顺应人心的内在要求。民族区域自治制度，不仅维护自治地方少数民族的平等权利，而且也保障自治地方汉族的平等权利，尊重差异才能构建一体，包容多样才能团结互助，这是顺应人心的题中应有之义。[③]

因此，正如习近平同志所言：“这条道路是几代中国共产党人立足于尊重历史、符合国情、顺应人心，在解决我国民族问题实践中探索出来的伟大成果。”[④] 不是苏联模式，而是中国特色。

（二）中国特色解决民族问题的正确道路是实现中华民族伟大复兴中国梦的必然选择，实现中华民族的伟大复兴，必须处理好民族问题，做好民族工作

1. 从国际上来看，民族问题已然成为世界性难题

全球化、市场化推动人口的大量频繁流动，各国民族、种族日趋多样化，民族宗教问题日益复杂，对今天世界局势起到至关重要的作用。民族问题不只存在于中国。美洲白人与黑人种族冲突、欧洲系列暴恐事件、中东北非动荡、东南亚国家少数民族武装与政府军连续冲突，其中不乏民族宗教因素。在解决民族问题上各国进行了不同的尝试，

---

① 王正伟：《做好新时期民族工作的纲领性文献——深入学习贯彻习近平同志在中央民族工作会议上的重要讲话》，《民族论坛》（时政版）2014 年第 10 期，第 26 页。

② 国家民族事务委员会：《中央民族工作会议精神学习辅导读本》，民族出版社 2015 年版，第 38 页。

③ 郝时远：《习近平民族工作思想述论》，《民族报》2017 年 7 月 7 日，第 5 版。

④ 郝时远：《坚定不移走中国特色解决民族问题的正确道路——学习中央民族工作会议精神的几点体会》，《民族研究》2014 年第 6 期，第 4 页。

但还没有任何一个国家彻底解决了民族问题。有人认为，中国应该走美国模式，搞多元文化的大熔炉政策，殊不知“橘生淮南则为橘，生于淮北则为枳”。习近平同志指出，“不能想象突然就搬来一座政治制度上的‘飞来峰’”，“在观察和借鉴外国经验时，不能忽视一个国家走过的历史道路及其现实制度、政策背后的思想理论。这些国家没有为世界提供解决民族问题的‘包治百病的灵丹妙药’”。① 历史经验告诉我们，处理好民族关系，没有放之四海而皆准的模式，关键要找到符合自身实际的正确道路。纵观中国几千年的历史，民族关系没有发生大的变局。在世界上绝大多数国家的民族问题层出不穷的同时，我国的民族关系和谐、社会稳定，特别是20世纪末经受住了东欧剧变引发的世界民族主义浪潮的冲击。同样是社会主义国家，同样信仰的是马克思主义，结果却不一样，究其原因，正是因为中国找到了一条符合中国实际的解决民族问题的正确道路。正如习近平同志所讲，同世界上其他国家相比，我国民族工作做得都是最成功的，没有必要妄自菲薄。我们要有这个自信。

2. 从国内来看，新中国成立以来，民族工作取得了巨大成就，但同时也要看到，民族工作面临“五个并存”的阶段性特征

新中国成立，各民族共同走上社会主义道路，共同当家做主；56个民族同舟共济实现了空前的民族大团结；实行民族区域自治，切实保障了少数民族和民族自治地方的自治权；支持和帮助少数民族和民族地区发展生产力，实现了生产方式和生活水平的历史性飞跃；大力发展民族地区的社会文化事业，实现了少数民族的全面发展；大力培养和任用少数民族干部和各类人才，实现了党同少数民族群众的紧密团结和联系。这些都是坚持走中国特色解决民族问题的正确道路取得的伟大成果。内蒙古民族区域自治70年所取得的成就也证明了这一点。因此，习近平同志讲，我们的民族工作是成功的。从这点上来看，我们需要坚持。

在人类不同的历史阶段，民族问题有不同的内容，这也决定了民族工作在不同的发展阶段也有不同的特征。习近平同志把当前民族工作出现的新特征概括为“五个并存”。有机遇有挑战，有成就有问题，是对当前及今后一段时期内民族工作形势的准确把握和科学判断。有了判断，就有了方向，破解民族工作难题，坚持中国特色解决民族问题的正确道路是开创民族工作新局面的现实要求。从这点上来看，我们也需要坚持。

二、坚持中国特色解决民族问题的正确道路，开创民族工作新局面

坚持和完善民族区域自治制度、加快民族地区全面建成小康社会进程、加强中华民族大团结、构筑各民族共有精神家园、做好城市民族工作、用好民族工作干部是坚持中国特色解决民族问题的正确道路的主要内容和实践要求。

（一）坚持和完善民族区域自治制度

民族区域自治是党的民族政策的源头和根本，断了这个源头，就是从根本上动摇了中国特色解决民族问题正确道路的根基。拉萨“3・14”、乌鲁木齐“7・5”等一系列事

① 习近平：《在庆祝全国人民代表大会成立60周年大会上的讲话》，《人民日报》2014年9月6日，第2版。

件发生后，针对社会上、学术界、党内外对民族区域自治制度的质疑和错误认识，习近平同志明确指出取消民族区域自治制度的看法是不对的，在政治上是有害的，并旗帜鲜明、掷地有声地指出："取消民族区域自治制度这种说法可以休矣。"① 如何坚持和完善民族区域自治制度，习近平同志讲，要做到"两个结合"。坚持统一和自治相结合，就是既要保障国家统一和民族团结，又要保障各民族当家做主的权利。坚持民族因素和区域因素相结合，习近平同志讲，民族区域自治不是某个民族独享的自治，民族自治地方更不是某个民族独有的地方。要把民族区域自治法贯彻落实好。民族区域自治法是保障少数民族和民族地区各项权利的基本法律。全面依法治国战略对落实民族区域自治法提出了明确要求。当前，主要加强"四个体系"建设：建立完备的民族法律法规体系、高效的民族法制实施体系、严密的民族法制监督体系、有力的民族法制保障体系。要帮助自治地方发展经济、改善民生。实行民族区域自治，既是为了团结各民族，更是为了发展各民族。工作中把握三个原则：民族因素与区域因素结合起来，调动各方面积极因素，贯彻全面深化改革总体部署、抓住发展新机遇。

（二）加快民族地区全面建成小康社会进程

民族工作的最终目标就是要实现各民族的共同繁荣发展。21 世纪以来，我们党着力推进的西部大开发、扶持人口较少民族发展、兴边富民等重大举措，还有针对牧区、农区特定区域的政策，正是立足于推动少数民族和民族地区的快速发展，实现各民族的共同繁荣。但是也要看到，少数民族和民族地区是全面建成小康社会的短板，是重点，是难点。习近平同志讲："全面小康一个民族都不能少、一个都不能掉队。"让贫困人口如期脱贫是最终判断我们是否全面建成小康社会的重要标志。民族地区贫困人口致贫原因更加复杂，脱贫攻坚贵在精准，重在精准，成败之举在于精准。习近平同志指出："必须在精准实策上出实招、在精准推进上下实功、在精准落地上见实效。"② 就是要根本上解决好谁扶持、扶持谁、怎么扶三个问题，实现真扶贫、扶真贫、真脱贫三个目标。加快民族地区的脱贫步伐，要充分发挥中央、发达地区和民族地区"三个积极性"。总之，就是要把政策动力和内生潜力有机结合起来，形成强大合力，确保民族地区如期全面建成小康社会。

（三）加强中华民族大团结

如何加强中华民族大团结，习近平同志讲："做好民族工作，最关键的是搞好民族团结，最管用的是争取人心。"③ 争取人心，就要做好五个方面工作：第一，正确认识和把握民族关系的主流和大局。针对以某个地区出现的问题、某个民族出现的问题来绑架整个社会的民族关系的情况，习近平同志语重心长地指出，"我国民族关系大局是好的，民族团结的基础是稳固的"，并强调"不能把某个民族自治地方出现的问题和民族自治

---

① 国家民族事务委员会：《中央民族工作会议精神学习辅导读本》，民族出版社 2015 年版，第 75 页。

② 中共中央宣传部：《习近平同志系列重要讲话读本》，学习出版社、人民出版社 2016 年版，第 220 页。

③ 国家民族事务委员会：《中央民族工作会议精神学习辅导读本》，民族出版社 2015 年版，第 104 页。

地方整体捆绑在一起，不能把某个少数民族的极少数人闹事和这个民族捆绑在一起，不能把发生在少数民族人员身上的事同经长期实践证明行之有效的民族政策捆绑在一起”。[①] 这“三个捆绑”具有很强的针对性，对当前民族事务工作具有重要指导意义。第二，加强对中华文化的认同。对于文化认同对中华民族大团结的重要性，习近平同志讲：“加强中华民族大团结，长远和根本的是增强文化认同。”[②] 这里的文化就是指中华文化。加强对中华文化的认同关键是要处理好中华文化与各民族文化的关系。中华文化是集各民族文化之大成，各民族在共建中华文化方面做出了重要贡献，各民族文化中的价值与中华文化价值是相通的。因此，认同中华文化与认同本民族文化并不是矛盾的关系，也不是互相取代的关系。第三，要促进各民族之间交往交流交融。促进各民族交往交流交融，不断增强中华民族凝聚力，是团结带领各族人民实现中华民族伟大复兴的中国梦的重大战略举措。促进各民族交往交流交融，关键是要正确认识交融、切实尊重差异、逐步缩小差距。正确认识交融，交融不是同化，交融不是要消除民族差别。通过交往交流，相互了解，相互学习，你学习我的，我学习你的，你中有我，我中有你，但你还是你，我还是我，不是交融一体。切实尊重差异，具体实践中，既不能持消极论、无所作为，也不能犯急躁病、胡乱作为。如何做、如何说，由谁做、由谁说，哪些多做少说、哪些只做不说，还有哪些不做不说但乐见其成，都要把握好界限、拿捏好分寸。逐步缩小差距，虽然绝对差距仍在加大，但较长时间内保持相对于东部地区更快一些的发展速度是可能的，因而绝对差距的缩小也是可以预期的。民族地区用好政策、抓好机遇、发挥好积极性，缩小差距是历史的必然。第四，要加强民族团结教育。加强民族团结教育，就是要促进各民族间的了解、互信、友好、互助。要在全社会不留死角地搞好民族团结宣传教育。民族团结教育，就是要解决教育谁、教育什么、怎么教育的问题。在“教育谁”的问题上，既要教育干部，也要教育群众，既要教育汉族，也要教育少数民族；在“教育什么”的问题上，主要是四项基本教育，即民族基本知识教育、民族政策教育、民族法律法规教育、民族理论教育；在“怎么教育”的问题上，要针对不同教育对象采取不同的教育途径和手段，丰富载体，少做“漫灌”，多做“滴灌”。第五，要依法维护民族团结。要加强法制教育，习近平同志讲，要增强各族群众法律意识；还要依法开展民族工作，习近平同志讲，用法律来保障民族团结。

（四）构筑各民族共有精神家园

这主要解决精神力量的问题。习近平同志鲜明指出：“解决好民族问题，既要解决好物质方面的问题，也要解决好精神方面的问题。”[③] 做民族工作，说到底是做人的工作。

建设各民族共有精神家园，积极培养中华民族共同体意识，要落实好“三个必须”：

---

① 国家民族事务委员会：《中央民族工作会议精神学习辅导读本》，民族出版社 2015 年版，第 103 页。

② 人民日报评论员：《筑牢中华民族共同体的思想基础——二论学习贯彻习近平中央民族工作会议重要讲话精神》，《人民日报》2014 年 10 月 10 日，第 1 版。

③ 《中央民族工作会议暨国务院第六次全国民族团结进步表彰大会在北京举行》，《人民日报》2014 年 9 月 30 日，第 1 版。

第一，必须切实增强各族群众的“五个认同”。通过增强“五个认同”，树立正确的国家观、民族观、宗教观、历史观、文化观，牢固树立各民族水乳交融、唇齿相依、休戚相关、荣辱与共的观念。第二，必须培育和践行社会主义核心价值观。要“用社会主义核心价值观凝魂聚力，更好构筑中国精神、中国价值、中国力量，为中国特色社会主义事业提供源源不断精神动力和道德滋养。”① 通过教育引导、舆论宣传、文化熏陶、行为实践、制度保障等，使社会主义核心价值观内化于心、外化于行。把教育引导作为基础性工作，区分层次、突出重点。既要发挥榜样的力量，也要从娃娃抓起。还要利用科学有效的宣传引导载体和途径，做到春风化雨、润物无声。第三，必须弘扬和保护各民族传统文化，去粗取精、推陈出新，努力实现创造性转化和创新性发展，推动各民族文化走向世界、走向未来、走向现代化。

（五）做好城市民族工作

城市民族工作是当前及今后一段时期内民族工作的重中之重。少数民族人口跨区域流向中东部城市，是市场经济发展过程中积极的、建设性现象，丰富了劳动力资源，改善了他们的生活状况，促进了各民族交往交流交融。当然，由于经济发展水平、风俗习惯、宗教信仰、心理认同等方面存在差异，所以就会出现“三个不适应”的问题：“进城的少数民族群众对城市的生活和管理方式、城市居民对他们的某些生活和行为方式以及我们的工作方式和管理机制等都不能很好适应。”② 怎么办？习近平同志强调，对少数民族流动人口，不能采取“关门主义”的态度，也不能采取“放任自流”的态度。“关门主义”说到底是一种歧视行为，“放任自流”说到底是一种玩忽职守。做好少数民族流动人口工作，关键是要搞好流出地和流入地的两头对接。要探索建立跨地域协作机制，加快流出地和流入地信息互通、人员互动、衔接互补、共同负责的工作格局。要建立和完善少数民族流动人口信息系统，搭建大数据平台，提高各级政府利用数据的效率和民族事务治理及公共管理水平。要做好各类矛盾纠纷排查工作，妥善处置涉及民族因素的突发事件。要加强对少数民族流动人口的法制教育，增强其守法意识。要积极开展各类便民服务，为少数民族流动人口排忧解难。总之，正如习近平同志所讲：“就是要让城市更好接纳少数民族群众，让少数民族群众更好融入城市。”③

（六）用好民族工作干部

做好民族工作关键在党、关键在人、关键在高素质的民族工作干部。少数民族干部队伍建设是做好民族工作的关键条件。我党长期以来对民族干部的政策就是“大力培养、大胆选拔、充分信任、放手使用”。少数民族干部在民族工作中具有天然的优势，是党和政府联系少数民族群众的重要桥梁和纽带，是做好民族工作的重要骨干力量，有些话少数民族干部去说，有些事少数民族干部去办，效果会更好。因此，依然要坚持这

① 中共中央宣传部：《习近平同志系列重要讲话读本》，学习出版社、人民出版社 2016 年版，第 190 页。

② 国家民族事务委员会：《中央民族工作会议精神学习辅导读本》，民族出版社 2015 年版，第 284 页。

③ 国家民族事务委员会：《中央民族工作会议精神学习辅导读本》，民族出版社 2015 年版，第 293 页。

个原则。民族工作是政治性、政策性都很强的工作，加强少数民族干部队伍建设，关键要把好政治关。习近平同志讲，民族工作干部“要坚持从政治上把握民族关系、看待民族问题。要分清什么是民族问题、什么不是民族问题，既不能把不是民族问题的问题当作民族问题来处理，也不能把民族问题不当作民族问题来处理，而是什么问题就按什么问题处理，讲政治原则、讲政策策略、讲法治规范”。[①] 民族地区的好干部要符合“三个特别”的新标准。习近平同志讲，民族地区的好干部要“明辨大是大非的立场特别清醒、维护民族团结的行动特别坚定、热爱各族群众的感情特别真诚”。[②] “三个特别”标准的提出，为民族地区干部队伍建设指明了方向。无论少数民族干部还是汉族干部，都要坚守“三个特别”的标准，相互学习、相互支持，以党和国家事业为重。在民族地区和边疆地区工作的汉族干部要了解和尊重少数民族风俗习惯，争取学会少数民族语言，争当民族团结模范。

（作者系中共内蒙古自治区委党校民族理论教研部副教授）

① 《十八大以来重要文献选编》（中），中央文献出版社 2016 年版，第 559—560 页

② 人民日报评论员：《做好民族工作关键在党关键在人——四论学习贯彻习近平中央民族工作会议重要讲话精神》，《人民日报》2014 年 10 月 12 日，第 1 版。

新时代我国主要矛盾变化的理论及现实依据

王慧珍

摘　要：党的十九大提出了我国进入社会主义新时代，国内的主要矛盾转化为人民日益增长的美好生活需要和不平衡不充分的发展之间的矛盾。这是我党自十一届六中全会以来，第一次对我国的主要矛盾进行重新认定，符合新时期我国发展的政治经济现实，有利于我国各项工作的科学开展以及发展进程的重新部署，具有重大意义。

关键词：新时代；主要矛盾；理论；现实依据

一、理论及实践发展

（一）当前学界研究及经典作家的主要矛盾理论

当前学界关于主要矛盾的研究主要集中在以下几方面。

首先，对马克思主义经典作家和当代中国特色社会主义理论代表人物关于主要矛盾的论述及形成过程中的贡献。① 其次，主张继续沿用十一届六中全会对主要矛盾的表述，坚持不变。② 再次，还有学者认为应该把民众对民主、法制的需要也补充到社会的主要矛盾中。③ 最后，还有学者认为当前我国的主要矛盾是经济社会发展不同步，社会发展滞后于经济发展。④

马克思主义是我们认识社会主义初级阶段的社会主要矛盾及其发展的重要理论依据。马克思、恩格斯立足社会存在与社会意识的辩证关系，深刻揭示了社会的基本矛盾及社会发展的一般规律。毛泽东则进一步发展唯物辩证法，在其《矛盾论》中提出了矛盾的普遍性与特殊性、主要矛盾和矛盾的主要方面。⑤ 世界上任何事物都充满着矛盾，一切事物都是在自身的矛盾运动中发展前进的。各种矛盾在事物中所处的地位是不平衡的，矛盾的诸方面的发展也是不平衡的。在事物发展的某个阶段上，必有一种矛盾居于支配地位，起着规定或影响其他矛盾的作用，这就是主要矛盾，其他矛盾则居于非主要或者次要地位。抓住了主要矛盾，就抓住了事物的本质。我国在社会发展的不同历史阶

---

① 杨建伟．毛泽东“八大”前后的社会主要矛盾思想探析．武汉大学学报，2005（4）．

② 余源培．社会主义初级阶段主要矛盾的再认识．毛泽东邓小平理论研究，1997（5）．

③ 张荣华，赵华．对当前我国社会主要矛盾的新认识和新表述．中国石油大学学报，2005（1）．

④ 陆学艺．当前中国社会生活的主要矛盾与和谐社会建设．探索，2010（5）．

⑤ 吕普生．论新时代中国社会主要矛盾历史性转化的理论与实践依据．新疆师范大学学报（哲学社会科学版），2018（7）．

段有着不同的主要矛盾，我党之所以能取得新民主主义革命和社会主义初级阶段的胜利，其中很重要的一条就是，在历史发展的关键时期能够审时度势，准确判断国内外形势，确定党的工作重心和重点，抓住社会的主要矛盾。十九大提出中国特色社会主义进入新时代，我国社会主要矛盾已经转化为人民日益增长的美好生活需要和不平衡不充分的发展之间的矛盾，就是根据我国变化了的现实，对主要矛盾的重新确定，是新时期我国主要矛盾理论的新发展。

（二）新中国成立以来我国的主要矛盾表述变化

1956 年，经过对农业、手工业和资本主义工商业的社会主义改造，我国的社会经济结构发生了深刻的变化。几千年来的阶级剥削制度已经基本结束，社会主义公有制经济已经占据统治地位。工人阶级和资产阶级之间的矛盾不再是社会的主要矛盾。基于我国的工业水平依然落后，面临的最急迫问题就是大力发展工业，改变落后的工业发展状况，还有满足人民对于经济文化迅速发展的需要。1956 年党的八大提出我们国内的主要矛盾，已经是人民对于建立先进的工业国的要求同落后的农业国的现实之间的矛盾，已经是人民对于经济文化迅速发展的需要同当前经济文化不能满足人民需要状况之间的矛盾。1981 年，十一届六中全会的历史决议指明：在社会主义改造完成以后，我国社会的主要矛盾变为人民日益增长的物质文化需要同落后的社会生产之间的矛盾。之后，1987 年党的十三大、1992 年党的十四大、1997 年党的十五大、2002 年党的十六大、2007 年党的十七大、2012 年党的十八大报告关于我国当前社会的主要矛盾都沿用了这一表述。2017 年 11 月，党的十九大报告做了“中国特色社会主义进入新时代，我国社会主要矛盾已经转化为人民日益增长的美好生活需要和不平衡不充分的发展之间的矛盾”的重大判断，这是自八大召开以后，在改革开放将近 40 年之际，对我国主要矛盾的表述首次较以往明显不同。

二、新时代我国主要矛盾提出的现实依据

（一）一般性物质文化需要得到满足与美好生活需要日益广泛

改革开放将近 40 年之际，我国在政治、经济、文化、社会、生态方面都取得了长足发展。十八大以来的五年间，我国的人均 GDP 超过 8000 美元，已经达到中等收入国家水平。我国城乡居民的实际收入水平的增速超过经济增长速度，中等收入群体持续扩大，生活质量不断改善。全社会医疗卫生和保健水平大幅度提升，覆盖城乡居民的社会保障体系基本建立。脱贫攻坚取得决定性进展，6000 多万贫困人口稳定脱贫，贫困发生率从 10.2% 下降到 4% 以下。交通、通信、旅游、文化、媒体等事业蓬勃发展，使得人们的休闲娱乐生活丰富多彩。温饱问题得到解决，基本生活和生存需要已经不是问题，一般性的物质和文化需要得到满足，正在转向追求更加美好生活的新期待。人民美好生活的需要日益广泛，呈现出多样化、多层次、多方面的特点。只讲物质文化需要已经不能真实反映人民群众变化了的需求。正如习近平同志所提到的：“人民美好生活需要日益广泛，不仅对物质文化生活提出了更高要求，而且在民主、法治、公平、正义、安全、环境等方面的要求日益增长。”

（二）社会生产力水平总体提升与发展的不平衡不充分

进入新时代，一方面我国社会生产力水平总体上显著提高，经济实力、科技实力、国防实力、综合国力进入世界前列，社会生产能力在很多方面进入世界前列。我国的GDP已经达到80万亿元，对世界经济增长的贡献率超过30%，从2010年开始就超越日本成为世界第二大经济体。另一方面发展中的不平衡不充分依然严重存在。

首先，发展的不平衡体现在五方面：城乡、区域、收入分配、结构性、经济与自然生态。不管是在公共基础设施建设、生活水平，还是在医疗卫生、教育质量、公共服务供给方面，农村的资源状况远远落后于城市；从区域看，东中西部、省与省之间存在的收入、经济发展、公共服务差距仍然是全方位的；从收入分配看，城乡、省与省之间的收入分配依然失衡，虽然在逐步改善，但确实是我国当前发展不平衡的重要体现；经济内部存在结构性失衡，三次产业发展不平衡，第二产业明显领先于其他两大产业；经济的发展明显领先于生态、政治、文化、社会的发展，特别是生态领域。

其次，发展的不充分主要体现在以下方面：实体经济发展不充分，微观经济主体受到较多约束，中小企业和实体经济在土地、贷款、税收方面的发展环境还不够优化；创新能力不充分，传统的人口红利、资源红利都在逐渐减弱，人口基础、劳动力基础、资源基础难以再保持高速增长，科技创新和制度创新能力不足，在高精尖技术领域缺乏与我国经济体量相匹配的国际竞争力；民生领域发展不充分，如脱贫攻坚任务艰巨，城乡区域发展和收入分配差距依然较大，群众在就业、教育、医疗、居住、养老等方面面临不少难题；市场化改革不充分，如市场准入的开放程度有待提高，产权制度有待进一步完善，国有企业与私营企业之间公平竞争的市场环境有待完善、要素市场化配置也有待优化等。

三、新时期主要矛盾的破解之道

（一）大力提升经济发展质量和效益

首先，调整产业结构，化解产能过剩。产能过剩严重制约和影响着我国经济发展的质量，要尊重和遵循经济发展规律，稳妥有序化解产能过剩，分业施策、多管齐下、标本兼治，坚持可持续发展，推进绿色发展和绿色生产，解决高消耗、高污染、低技术水平、低效益的“两高两低”问题。调整产业存量，重点促进产业发展由“多产低效”模式向“优产高效”模式转变。尤其要强化环保、质量、安全等指标的硬约束，用好计量、标准、合格评定、生产许可、能耗评价等手段，压缩落后产能，化解过剩产能。

其次，努力做优增量。用战略性新兴产业代替高消耗、高污染、低产出的低端产业，因为前者的知识技术密集、资源消耗少、成长潜力大、综合效益好，是带动经济发展的重要力量，所以要加大发展。加快实施《中国制造2025》，努力实现习近平同志提出的“推动中国制造向中国创造转变、中国速度向中国质量转变、中国产品向中国品牌转变”。与此同时，大力发展现代服务业，如生产性服务业、高端服务业和新兴服务业，在现代服务业领域也打造出中国品牌。

实践证明，只有建立在质量和效益基础上的经济发展才是可靠的和牢固的。坚持新的发展理念，紧紧围绕质量和效益发展，提升企业效益、增强民生效益、保护生态效益；取得速度和质量的平衡，在争取质量的前提下保持发展的稳定增长，做到量增质更优，大力提升发展质量和效益。

（二）加快建设创新型国家

新型国家与资源性、依附性国家相对，是指以技术创新为经济社会发展核心驱动力的国家，具有创新投入高、自主创新能力强、创新产出高和科技进步贡献率大四大特点。为了增强我国的综合国力和核心竞争力，在竞争中赢得主动，我国于2006年提出建设创新型国家，2017年10月18日，习近平同志在十九大报告中进一步指出要加快建设创新型国家，把推进自主创新、建设创新型国家作为落实科学发展观的一项重大战略决策。建设创新型国家是我国发展的必由之路，我们既没有中东国家先天的能源优势，又没有可供依附的先天条件，在当前竞争激烈的国家环境下，建设创新型国家的发展战略是我国成为科技强国的必经之路。①

建设创新型国家必须增强我国的自主创新能力，加强原始创新、集成创新和引进消化吸收再创新。与此同时，还要深化体制机制改革，加快国家创新体系的建设，如产学研相结合的技术创新体系、军民结合的国防创新体系，还有科学研究和高等教育相结合的知识创新体系。加大教育的投入和教育体制改革，从小培养学生的创新思维，大力培养富有创新精神的人才团队。总之，建设创新型国家是一项十分艰巨的任务，不仅需要国家的政策支持，创新型体制机制的创设，还要在全社会形成勇于创新的氛围，争取在2020年实现我国全面建成小康社会，且成为有较强创新能力的国家。

（三）完善制度促进协调发展

首先，推进“五位一体”的社会全面发展。“五位一体”是相互联系且相互促进的有机整体，是十八大以来我国在十一届三中全会“两个文明”、十六大“三位一体”、十七大“四位一体”的基础上对社会全面发展的深化认识，更加注重社会各方面的相互促进和协调作用，以人为本，强调全面、协调、可持续发展，具有生态化的思维方式，是一条生态之路。十九大报告指出：“必须树立和践行绿水青山就是金山银山的理念，坚持节约资源和保护环境的基本国策，像对待生命一样对待生态环境。”这是对生态文明建设的突出强调，体现出当前我国生态发展的迫切需要。在发展经济的同时，推动政治、文化、社会、生态的全面进步，跟上我国全球第二大经济体发展的步伐。特别要加强生态环境的保护和监管，加速修复工作，以满足人民日益增长的优美生态环境需要，这是十九大对“五位一体”中生态的突出强调。总之，“五位一体”的发展要求党和国家在各个领域的建设中始终贯彻动态的、统筹对事物整体的、全局的把握能力，② 必须把这样的思维方式转化为思维习惯，渗透到各级地方政府部门的决策和实践中，只有这样才能更好地服务于人民，服务于21世纪中叶富强民主文明和谐美丽的社会主义强国梦的实现。

其次，完善制度解决不均衡问题。第一，加大收入分配制度改革力度，调节收入分

① 彭斌华．论建设创新型国家的现实基础和理论渊源．百家争鸣，2016（6）．

② 曾金水．论“五位一体”总体布局和可持续发展．南方论刊，2013（7）．

配的不平衡问题，特别是初次分配制度的改革。改革行业垄断状况和价格体制，调整行业间的收入差距；通过税收制度改革，提高低收入人群的收入水平，调节高收入人群的收入水平。[①] 通过以上制度的完善，缩小不同群体、不同地区和不同行业的收入差距。第二，促进地区间、城乡间的基础设施均衡发展。我国基础设施不均衡发展问题突出，特别是北京、上海、广州这样的大城市资源集中，基础设施相对完善，其他省会城市次之，农村基础设施却相对落后，非中心城市之间交通设施也不完善。国家应加大政策力度的扶持，在基础设施的建设上不仅注重效率，更应注重公平和均衡，从重点发展城市基础设施向注重发展农村基础设施转变。

（作者系忻州师范学院副教授、中央民族大学博士研究生）

① 白玫．抓住新矛盾着力解决发展不平衡不充分难题——“十九大”报告学习体会之新矛盾篇．价格理论与实践，2017（11）．

精准脱贫视域下驻村扶贫工作队扶贫效用研究

——以昭通市为例

王　勇　曹阜孝

摘　要： 当前，驻村扶贫工作队已成为贫困地区精准扶贫工作的主力军和打赢脱贫攻坚战的重要保障。笔者通过两年的精准扶贫驻村工作队的基层实践，认为认真思考研究精准脱贫视域下驻村扶贫工作队的工作原则、职能职责的发挥、角色定位以及实际工作现状等诸多方面仍存在的许多问题，回顾“工作队”的历史沿革，精准其角色定位，进一步厘清其职能、职责和工作原则以及管理方式，对于推动其职能和角色转变，更好地落实当前的精准扶贫工作具有重要的现实意义。

关键词： 精准脱贫；驻村扶贫工作队；扶贫效用；建设

一、现状与原因：昭通市发展现状与扶贫开发进程缓慢的原因分析

（一）昭通市发展的六大特点

昭通位于云南省东北部，地处云、贵、川三省结合部的乌蒙山区腹地，2001 年 8 月撤地设市，辖 1 区 10 县，总面积 2.3 万平方千米，居住有汉、回、苗、彝等 24 个民族，总人口 600 万人。概括起来，昭通主要有五个方面的特点：一是悠久的历史文化底蕴与发展滞后并存。昭通古称“朱提”“乌蒙”，从公元前 135 年汉武帝设立朱提县至今，已有 2154 年历史；民国时期，昭通曾一度跃居为云南第二大城市，有“小昆明”之称。但由于受历史、地理环境、气候条件等多重因素影响，昭通经济社会发展相对滞后，2016 年全市生产总值完成 768.23 亿元，人均 1.41 万元，城乡常住居民人均可支配收入 23645 元、7951 元，居于全省后列。二是优越的地理区位与落后的交通并存。昭通是云南的北大门，位于昆明、成都、重庆、贵阳四个省会城市中心，是中原连接南亚、东南亚的双向大走廊，区位优势明显。但全市综合交通发展滞后，目前，全市高速公路通车里程仅有 258 千米、占全省全部公路里程的 1.5%，每万人仅有高速公路 0.43 千米、铁路 0.41 千米，交通状况已成为经济社会发展的最大制约。三是资源富集与产业弱小并存。昭通水能资源丰富，溪洛渡、向家坝、白鹤滩三座巨型电站总装机容量达 3626 万千瓦，相当于两个三峡电站的发电量；矿产资源种类多、品位高，煤、硫储量居全省首位；生物资源品质优良，是全国品质最优的野生天麻核心区域，中国南方最大的优质苹果基地。但产业结构单一、布局不优的问题较为突出，新产业、新业态培育不足。四是文化厚重与教育落后并存。昭通历来崇文重教，曾诞生和哺育了抗日名将罗炳辉将军，

爱国将领龙云、卢汉，国学大师姜亮夫等杰出人物。1935 年 2 月，红军长征途经昭通，中共中央在威信县召开了具有重大历史意义的“扎西会议”，在中共党史上写下了光辉一页。但昭通目前的教育发展滞后，存在着师资不足、供给不够、质量不高、结构不优等问题，难以满足经济社会发展需求和人民群众的期盼。五是山川秀美与生态脆弱并存。昭通特殊的地理位置，宜人的气候，孕育了大山、大水、大峡谷的自然景观，境内有国家级自然保护区大山包国际湿地公园、4A 级景区水富西部大峡谷温泉等景区景点。同时，昭通地质破碎、生态脆弱，地震、洪涝、滑坡、泥石流等自然灾害频发多发，无灾不成年。同时，昭通还是全国和全省脱贫攻坚的主战场之一，在全市 11 个县区中，有 10 个县区属于国家重点扶持贫困县和乌蒙山片区特困县。截至 2015 年年末，全市还有 85 个贫困乡镇 825 个贫困村 1119488 名贫困人口，贫困人口总量约占全国的 2%、全省的 23.8%。贫困人口大多居住在自然条件差、环境承载能力弱、产业发展滞后的山区或半山区，致贫原因复杂，减贫难度大，脱贫成本高。在各级各方的关心、帮助和支持下，昭通市脱贫攻坚工作扎实有力开展，但精准扶贫、精准脱贫任务仍然十分艰巨；根据现有数据测算，2016 年底全市贫困发生率仍高达 16.91%，分别比全国、全省高出 12.41 和 7.44 个百分点。

（二）昭通市扶贫开发缓慢五大原因

在扶贫任务重的情况下，经过几十年的努力，昭通市在农村贫困人口的减少方面取得了巨大的成绩，尤其是 2016 年，昭通市委率领全市干部群众，按照“两不愁、三保障”总体要求，深入实施“5 + N 个一批”行动，推动专项扶贫、行业扶贫和社会扶贫纵深推进，脱贫攻坚取得明显成效。一是精准扶贫对象。坚持县区自查与专项检查有机结合，精准确定昭通市贫困户为 316281 户 1119488 人。二是精准项目实施。第一批 42.49 亿元扶贫项目资金已到位，优先实施了 6 个整乡推进和交通、水利、教育、卫生等 26 个事关脱贫攻坚项目建设。三是精准帮扶力量。全市各级 1263 个部门或企业挂钩帮扶 951 个村（社区），3.7 万余名干部结对帮扶全市贫困户，选派工作队员 6296 人，组建驻村扶贫工作队 929 支共同推进脱贫攻坚。2016 年计划实施的 479 个集中安置点已全部启动，有两个安置点已完成建设任务，累计完成投资 22.17 亿元，兑付 15957 户农户无偿补助资金 3.2 亿元，发放 12849 户农户贷款 6.69 亿元。培育涉农企业达 245 家（其中规模以上农业龙头企业 65 家、省级龙头企业 36 家），销售收入上亿元龙头企业 10 家，农民专业合作组织达 2861 个，家庭农场 729 个，省级现代农业庄园 5 个、市级现代农业庄园 3 个，休闲农业经营主体达 455 个（其中农家乐 436 个、休闲农庄 6 个、休闲农业园区 8 个、其他类型 5 个），实现休闲农业营业收入 6.5 亿元。2016 年，479 个易地扶贫搬迁安置点建设扎实推进，5.45 万户农村危房改造和 3.34 万户抗震安居工程竣工，镇彝威革命老区精准扶贫、精准脱贫三年行动计划完成投资 38.7 亿元，广东省东莞市、中山市对口帮扶昭通工作开局良好，实现了 13 个贫困乡镇 231 个贫困村 24.02 万贫困人口如期脱贫出列。

目前，全市扶贫事业也取得了一些成绩和创造了特有的“昭通模式”。但是面对 2020 年全面建成小康社会，要实现全市贫困人口全部脱贫，基本消除绝对贫困，实现贫困县摘帽、贫困乡镇出列、贫困居民增收的目标要求，昭通市扶贫任务仍然艰巨繁重。

究其原因，一是农业生产条件差，有效耕地资源少；二是以农田水利设施建设滞后、水资源的广泛利用和农田灌溉的矛盾日益尖锐和农村三大产业比例失衡，产业内部结构不合理；三是滞后的农村城镇化，乡镇企业的缺少和不发达以及现行的土地流转制度的限制，阻碍了农村产业结构的调整升级；四是文化素质的整体偏低大大限制了自身的向前发展，农村富余劳动力能力素质的普遍偏低大大地加重了富余劳动力转移就业的成本；五是财政投入不够，社会保障事业水平相对低，覆盖面窄等问题。

新的脱贫攻坚战场中，驻村工作队作用的发挥越来越受到关注，厘清其职能，创新驻村工作队管理模式直接影响到其作用的发挥。

二、历史与演进：工作队的发展沿革与历史演进

派驻工作队是中国共产党实现国家治理的行之有效的一种工作方式。回顾辉煌历程。从新民主主义革命时期的军队担任工作队开始，工作队的发展经历了五种形式：军需工作队—社教工作队—村建工作队—新农村工作队—驻村扶贫工作队，各个时期的工作队有其特定的特点和特殊的背景，经过发展工作队的建设得到了较大的进步。

（一）新民主主义时期工作队

1921 年，建党初期，中国共产党始终把组织和发动农民、动员农民作为党的重要工作，围绕党在农村工作中的重点工作和主要任务，向基层派驻工作队。不同的历史发展时期，中央向农村派驻了不同的工作队员。新民主主义革命时期，军队担任着工作队的职责职能，在党的领导下，为充分动员群众、组织群众、发动群众，推动革命向前发展贡献了力量。1929 年 12 月，古田会议召开后期进一步明确指出：“红军决不是单纯地打仗的，它除了打仗消灭敌人军事力量之外，还要负担宣传群众、组织群众、武装群众、帮助群众建立革命政权以至于建立共产党的组织等项重大的任务。”宣传组织发动群众成了新民主主义革命时期军队工作的重要任务，随着革命形势的发展需要，在各地成立了游击队伍，如“夏青团工作队”“武汉民众战时工作队”“战地服务团”等，人民军队承担着更加重要的任务，成了抗日战争的中流砥柱。解放战争后期，如何接收和管理大城市成为当务之急，因此人民军队的主要任务不再是战争而是管理城市，发展经济，毛泽东同志指出：“人民解放军不但是一个战斗队，同时必须是一个工作队，而且在一定条件下主要地要担负工作队的任务。”工作队随着党的工作任务的转变而发生了改变，军队的作用发挥越来越小，工作队的作用越来越明显。

（二）社会主义思想教育活动工作队

20 世纪 60 年代，为响应 1963—1966 年在中国农村和少数城市基层开展的社会主义教育运动（又称城乡社教运动），在全国范围内形成了开展农村社会主义思想教育活动的工作队。运动期间中央领导亲自挂帅，数百万干部下乡下厂，开展革命；在城市中是“反贪污行贿，反投机倒把，反铺张浪费，反分散主义”。中国各地开展四清的单位，根据中央的指示精神，改变了过去以县委领导为主，实行在省委、地委领导下集中搞一县，县以下都由工作队领导的办法，集中大量工作队员，开到点上搞四清。如江苏省组织了一支 6 万人左右的农村四清工作队和一支 2 万人左右的城市工作队；山东省参加运

动的工作人员共54000人；浙江全省共抽调31378人，参加点上的运动；江西省农村四清工作队组成7个工作团，参加工作队的干部29138人。

（三）村建工作队

改革开放以来，工作队的工作内容被注入了新的内容，尤其是随着家庭联产承包责任制的推行，农村发展展现出勃勃生机，建设社会主义新农村发展战略的实施，为基层组织建设带来新的挑战。为了加强农村基层组织的建设，增强党组织的凝聚力和号召力，社教工作队、党建工作队、“三个代表”工作队、先进性教育工作队、村建工作队、依法治村工作队、综合治理工作队、减负工作队、扶贫工作队、温饱工程工作队、小康工作队先后被派驻农村开展工作，工作队的工作任务涉及生产生活、组织建设、综合管理领域，工作队的内涵和外延得到了拓展。自1994年国家实施“八七”扶贫攻坚以来，中央和省委作出了开展农村党支部建设和整顿及扶贫开发的部署，简称农村建整扶贫。“八七”的含义是：对当时全国农村8000万贫困人口的温饱问题，力争用7年左右的时间（从1994年到2000年）基本解决。以该计划的公布实施为标志，我国的扶贫开发进入攻坚阶段。该计划指出：20世纪80年代中期以来，国家在全国范围内开展了有组织、有计划、大规模的扶贫工作，实现了从救济式扶贫向开发式扶贫的转变。2005年调整为农村基层组织建设和扶贫开发整村推进工作，简称建设扶贫。

（四）新农村指导员

2005年10月，党的十六届五中全会提出“建设社会主义新农村”的时代命题，这次会议提出：“建设社会主义新农村是我国现代化进程中的重大历史任务，要按照生产发展、生活宽裕、乡风文明、村容整洁、管理民主的要求，坚持从各地实际出发，尊重农民意愿，扎实推进新农村建设。”2007年云南省委决定开始向全省每个建制村派驻指导员，并以乡镇为单位组成新农村工作队，指导社会主义新农村建设，开启了新一轮的派驻制度。

（五）驻村扶贫工作队

2013年年底，中共中央办公厅、国务院办公厅印发了《关于创新机制扎实推进农村扶贫开发工作的意见》（中办发〔2013〕25号），要求把健全干部驻村帮扶机制作为六项扶贫开发工作机制创新之一，明确建立驻村帮扶工作队制度，确保每个贫困村都有驻村工作队，每个贫困户都有帮扶责任人，重点开展精准扶贫、精准脱贫工作。

工作队指“为某项特定工作组建的组织”。顾名思义，驻村扶贫工作队指“为了完成扶贫工作而组建并以驻村形式开展工作的组织”，由两个定语组成，一是驻村，二是扶贫。驻村扶贫工作队有以下特点：覆盖范围广，覆盖了全国所有的行政村；工作队员政治觉悟高，党员比例较高；博硕本学位人才，正高级职称人员，部厅处级领导，镇村领导干部，人民群众，参与面广；责任明确，工作队的主责主业就是安心驻村开展扶贫工作。

三、职能与原则：驻村工作队工作基本原则和职能定位

认真梳理中央、省市发布的《驻村工作队员管理办法》结合昭通市驻村工作的实际

情况，不难得出驻村工作队员的职能和角色定位：“三员三者”，方针政策宣传员、帮扶指导服务员、村情民情调研员；项目实施监督者、党建工作助推者、密切联系群众者。理清驻村工作队的工作原则和职能定位，明确任务对于工作队更好地发挥作用，具有重要的意义。

（一）驻村扶贫工作队的工作职能

1. 方针政策宣传员

驻村扶贫工作队的主要职责是深入了解、解读中央的惠农政策、扶贫政策，积极宣传惠民政策，扎实推动政策落实；准确解读和宣传国家及省市委层面脱贫政策，真正使政策入脑入心，让群众明白政策的受益方，享受的项目具体内容，民政医疗救助对象和救助金额；新型农村合作医疗等基本政策和基本观点、基本的工作原理，让群众明白惠从何来，惠在何处。

2. 村情民情调研员

驻村工作队员作为一支特殊的重要力量，派驻入村后应该主动承担起了解村情民情的义务，深入群众交心谈心，积极调研村镇文化、教育、卫生、经济、历史等，根据调研开展课题研究，全方位多层次地熟悉基层工作机制，掌握驻村交通和环境，转变心态，融入群众，融入集体。

3. 帮扶指导服务员

作为驻村工作队的一项常规性工作，驻村工作队要起到“穿针引线”的作用，协调帮扶主体，落实帮扶措施，指导基层组织开展精准扶贫工作。引导贫困村立足优势资源，发展特色产业和村级集体经济。帮助协调解决贫困户住房、就学、就医等实际困难。

4. 项目实施监督者

驻村工作队既是脱贫攻坚工作的参与者，更是项目资金落实的监督者。一方面驻村工作队积极参与扶贫项目的计划编制、组织实施和检查验收，另一方面驻村工作队还承担着扶贫项目和资金管理、村务公开、账务公开，促进基层干部依法办事的监督工作。

5. 党建工作助推者

坚持“党建带扶贫、扶贫促党建”原则，推进扶贫开发与基层党建“双推进”工作，夯实党的基层组织建设，更好地发挥党员在脱贫攻坚战略中的示范、带动与引领作用。

6. 密切联系群众者

驻村工作队吃住在村，生活在村，与人民群众联系最紧密，逐村逐户分析致贫原因，帮助制定村级脱贫发展规划和年度实施计划，找准发展思路、制定脱贫措施、增加农民收入。组织开展实用技术培训、劳动力转移技能培训等工作，提升贫困群众能力素质，拓宽农民增收渠道。协调落实“挂包帮、转走访”工作，配合村“两委”完成贫困村、贫困户建档立卡和动态管理工作，协调解决各种矛盾纠纷，维护农民权益。

（二）驻村扶贫工作队的工作原则

1. 坚守“四个原则”，处理好“五个关系”

驻村工作队员肩负着重要的责任和使命，工作中应该坚守四个原则，做到尽职不越位，参与不做主，帮忙不添乱，指导不领导；协调处理好五个基本关系，即驻村扶贫工作队要处理好与派出单位的关系，处理好与派驻地党委政府的关系，处理好与镇村干部的关系，处理好与驻村工作队队员的关系，处理好与人民群众之间的关系。与此同时，工作队员还需做到“两个必须、不能三气、保持四心”；必须遵守纪律，必须加强政治学习；工作中不能有傲气、牛气、娇气；始终保持细心、耐心、虚心开展工作，始终围绕着打赢脱贫攻坚战的核心积极服务。

2. 掌握“两个情况”，承担“三个责任”，做到“六个精心”

驻村工作队派驻入村后，要全面掌握村级层面的村情民情，通过实地调研、问卷调查、遍访回访摸清家底，熟悉派驻村的分类建档立卡户；认真细致了解掌握贫困户情况，做到因村施策，因户帮扶。每一个驻村扶贫工作队都要主动发挥作用，一是积极履行帮扶单位的责任，及时划拨驻村工作队经费、单位帮扶资金；二是履行驻村工作队责任，吃住生活在村，工作作风不漂浮，不走读帮扶，驻稳蹲实，做好上下左右沟通服务工作，密切联系贫困户，及时传达宣传治国理政新思想、新战略、新部署，做好指导服务工作，监督项目的实施；三是认真履行好干部责任，遍访贫困户，认真开展入户调查，用真心扶真贫。驻村工作队对于每一个项目要做到六个“精心”，即精心谋划扶贫计划，精心组织力量，精心指导项目，精心管理工作队，精心培育产业，精心落实水利水电、农田种植、基础设施、教学、医疗卫生等项目。

3. 抓好“四个到位”，发挥“六个作用”

驻村工作队员入村开展工作期间，要将三个层面的扶贫惠农政策宣传到位；鼓励群众自力更生发展生产到位；做到思想上鼓励自信、诚信、感恩，理论上做谋划想方法，做到项目实施监督到位；协调服务到位，充分出谋划策，做到规划精准，帮扶门路精准，脱贫出列时间节点精准，贫困户家庭成员精准。精准是扶贫的基础和前提，驻村工作队在开展精准扶贫工作中要充分发挥党支部建设的润滑作用，充分发挥阵地建设的引领作用，科技项目下村的培训作用，发展集体经济的催化作用，劳务输出的联络作用，美丽乡村建设的规划作用。由此可见，驻村扶贫工作队作用的发挥也至关重要。

四、现状与问题：驻村工作队建设现状与存在的突出问题

驻村工作队担负着重要的职能和作用。充分发挥工作队职责职能，有效利用好驻村扶贫工作队具有重要的意义和作用。驻村工作队的职能的有效发挥对于打赢脱贫攻坚战具有重要的影响作用，笔者两年的驻村扶贫工作经验，见证了队伍的成长，也发现了驻村工作队建设存在的问题。

（一）驻村工作队的职能和定位不清楚，存在不愿做事、不想做事的现象

驻村工作队派驻村以后，不清楚工作怎么抓，抓什么，怎么处理与镇村组织之间的关系。尤其是对于缺乏经验的工作队来说，在如何开展驻村扶贫工作上存在困惑，基础性的村镇工作时常分派给工作队员，相互之间很难形成精准扶贫的合力。由于很多驻村工作队员缺乏农村工作经验，缺乏大局意识，驻村不情愿、带有抵触心理，存在不愿做事、不想做事的现象。

（二）驻村工作队员缺乏基层工作经验，对党的建设理论、扶贫政策理论、新农村理论缺乏认识，工作的主动性不强，积极性不高

驻村工作队员担负着“三员三者”（方针政策宣传员、村情民情调研员、帮扶指导服务员，项目实施监督者、党建工作助推者、密切联系群众者）等重要的工作职责。驻村工作队的抽取虽然都制定了严格的方案和限制条件，各单位派驻队员也实现了百分百硬抽人的政治任务，但是实际上存在着没有“选好人”的现象。部分派驻的工作队员，思想上存在着不想帮扶、不愿帮扶和不愿意到基层锻炼、不想下基层的思想，工作上存在着“挂名式”帮扶、“走读式”驻村。如云南省、州、县、乡 4 级党政机关及企事业单位选派干部，组建驻村扶贫工作队，37257 名队员进驻 4277 个贫困村，因不履职被召回的驻村扶贫工作队员有 1117 名。与此同时有些工作队员缺乏必要的理论知识，对于农村工作不知如何开展工作；有些工作队员与原单位工作不脱钩不脱岗“双肩挑”上下兼顾工作，造成队员“有心无力”；有些队员不熟悉精准扶贫的政策法规，不熟悉精准识别方法、原则，不熟悉精准脱贫出列标准，工作上积极性不够，主动性不强，有应付情绪，工作浮于表面，沉不下去、静不下心来扎根农村，缺乏创新精神，工作中只是单纯地做好乡镇党委交代的繁重任务。

（三）驻村工作队员管理不到位，待遇匹配、服务保障不落实

驻村工作队的管理从具体的实际操作层面看存在与上级要求不到位的地方，派出单位、联席办、乡镇党委政府管理责任没有完全落实到位。一是驻村工作队入村开展工作后，存在派出单位管不到、联席办管不好、乡镇党委管不了的现状；二是工作队派驻后，会被以各种理由抽调回来工作，存在对上不好说话、对下不好交代、两面受气的状态；三是乡镇党委管理主体责任不到位，不敢管、不想管、不愿管、管不了的情况也存在着；四是乡镇不待见驻村工作队员，觉得驻村工作队加重了乡镇经济的压力。这些管理的漏洞，待遇的不匹配，服务的不落实，导致了扶贫工作的效率和质量与群众的需求不匹配。

（四）驻村扶贫工作队的帮扶措施和方法不多，思想观念滞后

各单位虽然派了驻村工作队，但驻村工作队员专业背景、业务范围、学历成长背景、工作方式方法存在差异，在推进精准扶贫工作中，难以应对复杂的基层工作环境，难以灵活处理烦琐的基层工作任务，在开展基层入户调查走访工作中吃苦精神、奉献精神不够；帮扶措施始终停留在“发展项目、找资金”的陈旧思想观念里。

五、路径与对策：驻村工作队建设发展路径与问题解决对策

2020 年要全面建成小康社会，摆脱贫困是硬任务。为了完成脱贫任务，昭通市 1314 个单位 53505 名干部职工挂钩 825 个贫困村，帮扶贫困农户 375281 户；选派 6367 名队员（其中第一书记 933 名），组建 934 支驻村扶贫工作队开展帮扶工作。针对摆在面前的现实困境，需要加强驻村工作队员的建设，做实精准扶贫驻村工作队保障这篇大文章，充分发挥驻村扶贫工作队的效用。

（一）健全激励机制，生活上真情关怀，精神上鼓励表扬，政治上培养重用，切实提升驻村工作队服务的主动性和积极性

驻村工作队扎根基层、服务基层，锻炼成长也在基层。为更好地调动驻村工作队工作的积极性、主动性和创造性，要建立健全激励机制，提升驻村工作队团队合力，让他们在扎根基层中得到锻炼成长。

一是生活上真情关怀。派出单位要充分保障驻村工作队驻村的生活补助、艰边津贴、提拔重用、职称评聘等方面的待遇，让驻村工作队员安心扎根基层，服务基层，做好精准扶贫工作。

二是精神上鼓励表扬。驻村工作队生根基层开展工作，生活上比较辛苦，心理上有落差，各级挂包帮转走访联席会议办公室要会同各级宣传部门，充分利用广播、电视、报纸、微信公众号等媒体开设专栏，旗帜鲜明地宣传驻村工作队队员先进典型事迹，选树典型，汇聚正能量，发挥示范带动作用，营造良好的脱贫氛围。

三是政治上培养重用。选派单位要对完成驻村扶贫工作的队员优先考虑提拔使用，严格执行中央省市委关于驻村工作队职称评定、评优评先、提拔使用时优先考虑有驻村扶贫工作经历的干部，让贡献在精准扶贫路上两年的工作队员感受组织坚实的力量。

（二）以严格的方式加强管理，用严谨的考评体系促进工作队安心开展工作，切实增强驻村工作队扶贫的主体责任

联席会议办公室要切实加强对驻村工作队的管理，充分发挥宏观统筹协调能力，深入驻村工作队生活的乡镇，进行实地调研，专项督查，努力做好对工作队员的管理和年度考核工作。驻村扶贫工作队队长要以身作则，协调沟通，密切配合乡镇党委切实管理好队员，发挥好作用。各村要严格执行考勤制度，严格执行请销假制度，落实公示制度，完善工作队的台账，用严格管理的方式增加驻村的实际天数，用随机抽查的、视频抽查的方式彰显驻村的真实性，用严谨的考评体系促进工作队安心开展工作。

（三）工作队要转变角色、摆正姿态、更新观念，弘扬智力优势，创新帮扶措施和帮扶方法，激发群众脱贫的内生动力

选派驻村工作队有严格的条件限制，实际上各级单位都是硬抽人，队员难免会有情绪。因此驻村工作队队员要及时转变角色，主动融入脱贫攻坚战中，摆正自己作为工作队员的身份与姿态，承担起工作队的责任，深入群众，主动联系群众、服务群众、放下架子、沉下身子、放慢步子、走进群众中。通过进村入户、了解民情、广泛宣传、党员学习、技能培训、参观交流等一系列的措施，助力改变村民“等、靠、要”观念；通过开展自强诚信感恩主题实践活动，把扶贫工作思路延伸到“拓思维、强素质、训人才、树民风”的乡村振兴战略上来，引导群众自力更生，发展农业产业，发挥工作队员的智力优势，激发群众脱贫致富的内生动力。

（四）驻村工作队要常学扶贫政策，常思扶贫项目，常做利民之事，常培训强理论，筑牢理想信念，夯实党建基础，以党建促脱贫

思想是时代之母，实践是理论之源，理论是用来指导实践之基础的，实践是检验真理的唯一标准。新时代新征程新要求，驻村扶贫工作队员要有新作为，因此要主动学习习近平新时代中国特色社会主义思想，要主动学习扶贫开发战略决策思想，主动宣传扶

贫政策，让惠民政策进村入户进头脑。各级组织要切实增强工作队员的业务培训，理论培训，筑牢扶贫攻坚战坚强的基础，将工作队管好、用好，切实发挥驻村扶贫工作队的效用。

新时代需要工作队有新的作为，新任务需要驻村工作队有新的责任担当。各级组织要充分发挥把干部驻村帮扶工作作为精准扶贫重要“管道”、进一步改进作风和践行党的群众路线重要载体和培养锻炼干部重要平台的积极作用，把干部驻村帮扶工作与“双联”、对口定点扶贫等工作有机结合，引导驻村扶贫工作队真正下沉到村，扶持到户，扎实开展相关工作，确保贫困村、贫困户如期脱贫，将驻村工作队拧成一股绳，高效率发挥作用，将驻村工作队的力量最大限度地汇聚到脱贫攻坚的磅礴之力中。

参考文献

[1] 建国以来重要文献选编：第16册．北京：中央文献出版社，1997：318.

[2] 刘金海．工作队：当代中国农村工作的特殊组织及形式．中共党史研究，2012（12）：50—59.

[3] 高满良．精准扶贫背景下驻村扶贫工作队的建设路径研究．农村经济与科技，2016（12）：213—214.

[4] 王晓毅．精准扶贫与驻村帮扶．国家行政学院学报，2016（3）.

[5] 习近平．决胜全面建成小康社会　夺取新时代中国特色社会主义伟大胜利．北京：人民出版社，2017.

（作者单位：昭通学院）

习近平关于民族团结的重要论述探微

成　杰

摘　要： 习近平关于民族团结的重要论述的最终归宿是"同心共筑中国梦"，统一的多民族国家是基本依据；"各族人民的生命线"是战略定位；民族区域自治是制度保障；党的领导是根本保障。增强民族团结要靠物质力量，更要靠精神力量，根本在于加强民族间交往交流交融。习近平关于民族团结的重要论述是马克思主义民族理论中国化的最新成果，对民族团结的内容表达、话语体系、方式方法都有较大创新。

关键词： 习近平；民族团结；基本内容；创新

民族团结，是民族关系的良性运行过程和良好发展状态，指"不同民族为了共同的利益和目标，在自愿、平等基础上的联合"。[①] 马克思主义经典作家对民族团结内涵的阐释更倾向于"国际主义"，泛指世界范围内各民族团结，尤其指全世界各民族无产阶级和劳动群众的联合状态，具有阶级性和革命性。民族团结具有时代性，不同时代下民族团结的外延范围和阶级基础不同。本文所言的民族团结，是指国内各民族团结，是社会主义国家在民族平等基础上构建的真正的民族团结。在我国，民族团结主要指56个民族间的团结，它以国家统一、民族平等、民族差异为基础，以党的领导为核心，以加强各民族交往交流交融为根本途径。

一、习近平关于民族团结的重要论述的背景

（一）第三次民族主义浪潮的影响延续至今

20世纪以来，人类社会发生了三次民族主义浪潮，声势浩大，影响深远。第一次世界大战前后，第一次民族主义浪潮产生，以十月革命和亚非拉民族解放运动为高潮，有浓郁的大民族主义、大国沙文主义色彩；20世纪50—70年代，第二次民族主义浪潮掀起民族国家独立高潮，世界范围内120多个民族国家得以建立，大多数各自加入苏联或美国阵营，两大阵营"冷战"对峙愈演愈烈，泛伊斯兰主义和泛突厥主义兴起；20世纪80—90年代，第三次民族主义浪潮兴起，以多民族国家内民族分离主义为标志。第三次民族主义浪潮延续至今，民族分离主义一度占上风，英国的北爱尔兰、加拿大的魁北克、克里米亚独立公投、苏格兰独立公投、伊拉克库尔德人自治区独立公投、法国的科

---

① 金炳镐，余文兵，张娇．我国民族团结进步实践的内涵、历程和特点．中国民族报，2017－08－25（6）．

西嘉、意大利的巴第和威尼托、比利时的弗兰芒与瓦隆……还有西班牙加泰罗尼亚独立公投，无一不刺激着世界范围内多民族国家的脆弱神经。在第三次民族主义浪潮影响下，民族问题，特别是多民族国家的民族问题，成为全球性难题，至今为止，对此尚无一劳永逸的“灵丹妙药”。

（二）发展的不平衡不充分问题突出

新中国成立，中国人民摆脱了受“三座大山”压迫奴役的历史，这标志着中国人民“站起来”了；改革开放以来，我国的经济社会发展迅猛，逐渐成为世界上第二大经济体，中国人民“富起来”了；十八大以来，中国人民在“四个全面”和“五大发展理念”的指引下奋勇争先，为实现中华民族伟大复习的中国梦不懈努力，为中国“强起来”夯实基础。同时，随着改革开放的不断深入，市场经济的马太效应日益明显，城乡二元结构、东中西区域发展差距扩大等不平衡不充分发展成为制约我国“强起来”的主要障碍。这在民族地区表现得尤为突出。仅广东省一省的 GDP 总量就相当于“民族八省区”的总和，而“民族八省区”的进出口贸易总额仅是深圳的五分之一，仅一个苏州市就与全国 30 个少数民族自治州的 GDP 总量持平。[①] 除经济外，民族地区的教育文化水平、基础设施建设、创新发展能力等方面也都滞后于东部地区，民族地区的发展不充分问题严重。此外，汉族与少数民族、少数民族之间、同一少数民族内部都出现了发展不平衡问题。在这种情况下，民族工作面临“五个并存”的新特征。

（三）20 世纪末习近平在福建民族工作的实践

马克思主义认为，实践是理论的源泉。习近平关于民族团结的重要论述不是一蹴而就的，而是在他丰富的民族工作实践中慢慢积淀的。1989 年，习近平同志担任福建宁德地委书记，他多次深入当地畲族地区，走访当地畲族群众，对民族工作作了深入思考。《巩固民族大团结的基础——关于促进少数民族共同繁荣富裕问题的思考》就是当时习近平同志对民族问题深入思考的理论升华。习近平同志调任福州市以后，心系民族群众，其民族思想进一步发展。1994 年，《福建民族》刊登习近平同志《搞好民族地区经济工作，开创我市民族工作新局面》一文，他在文中提出民族地区经济工作不仅是一个经济问题，也是一个政治问题。习近平同志曾在福建任职 17 年，始终关心少数民族和民族工作，多次调研，带领群众脱贫致富，他的民族团结思想也逐渐丰富、发展起来，为习近平民族团结思想形成打下坚实基础。

党的十八大以来，习近平同志提出要实现中国民族伟大复兴的中国梦，带领各族人民同心共筑中国梦。将民族工作重点放在全面建成小康社会的具体实践上，多次深入民族地区，了解民族地区现实状况，提出“全面建成小康，一个民族都不能少”，[②] 关于民族团结的重要论述不断完善。2014 年 9 月，习近平同志在中央民族工作会议上的讲话，标志着习近平关于民族团结的重要论述的基本形成。

① 金炳镐．党的十九大为新时代民族工作开辟新境界．中国民族报，2017-11-03（5）.

② 国家民族事务委员会．中央民族工作会议精神学习辅导读本．北京：民族出版社，2015：197.

二、习近平关于民族团结的重要论述的基本内容

（一）民族团结的基本依据："我国是统一的多民族国家"这一基本国情

"统一的多民族国家"，不仅指新中国成立以来的中国，而且指历史时期的中国。从秦朝起，我国就进入统一多民族国家的伟大历史叙事。建立大一统国家，天下民众都在"大一统"之下的"中国"观念源远流长、经久不衰。元朝是我国历史上最大范围的一次民族统一。正是这种和而不同、维护统一的历史进程，使中国的文明几乎没有间断，一直延续到我们所处的时代。[①] 正如习近平同志强调：我国历史上"维护一统而又重视差别的治理理念，对中华民族的形成和发展至关重要"。[②] 统一多民族国家这一论断蕴含了维护统一和尊重差别的基本理念，是民族团结的基本依据。

统一是各民族平等多元基础上的国家统一。我国的宪法、民族区域自治法规定，各民族一律平等，赋予少数民族当家做主的权利。并且，我国的民族平等不仅是法律上和形式上的平等，而且落实到民族实质平等。为实现少数民族充分参与和管理国家事务的权利，我国实施一系列民族政策以实现真正的民族平等。尊重与保护少数民族语言、文字、传统等民族特色，尊重少数民族差异与多元。民族是一个历史范畴，因差异而存在，因互动而团结，人为消灭民族差别只能适得其反，甚至引发国家分裂。我国的民族团结是在民族平等和民族差异基础上的团结，民族团结下的各民族仍是和而不同的民族个体，通过民族团结构筑国家统一繁荣。

多元是国家统一下的民族多元。随着改革开放的深入发展，日益精密的社会分工使得各民族互通有无、联系紧密，各民族间交往交流交融趋势增强，民族团结事业蓬勃发展。各民族结成了一荣俱荣、一损俱损的命运共同体。大汉族主义和狭隘的民族主义是民族团结的大敌，是损害国家统一的潜在威胁。

习近平同志首次阐释了统一多民族国家是我国的基本国情，强调要理解把握"我国是统一的多民族国家这一基本国情"。[③] 把握基本国情是革命与建设的基本依据。民族问题不仅是少数民族或民族地区面临的工作问题，更是关乎我国全局的重大问题，至关重要。只有把握了这一基本国情，才可能真正维护和增强民族团结。

（二）民族团结的战略定位："各族人民的生命线"和"最高利益"

中国共产党历来重视民族团结问题，不同时代对民族团结的战略定位各异。早在1938年10月，毛泽东同志在中共六届六中全会上就提出，要"团结各民族为一体"。1950年6月6日，中共七届三中全会召开，毛泽东在会上进一步指出，"团结少数民族很重要……要团结少数民族的广大群众"。[④] 改革开放以来，民族团结事业关系到我国的

---

① ［美］斯塔夫里阿诺斯．远古以来的人类生命线．吴象婴，等译．北京：中国社会科学出版社，1992：109.

② 国家民族事务委员会．中央民族工作会议精神学习辅导读本．北京：民族出版社，2015：32.

③ 国家民族事务委员会．中央民族工作会议精神学习辅导读本．北京：民族出版社，2015：38.

④ 国家民族事务委员会．毛泽东民族工作文选．北京：中央文献出版社，民族出版社，2014：69.

改革发展稳定。邓小平同志强调，“现在我们民族工作的中心任务是搞好团结，消除隔阂”。[①] 习仲勋也指出，“目前一切在民族团结的大原则下来处理，团结第一”。[②] 十八大以来，我国的民族工作面临“五个并存”这一新的阶段性特征，在民族关系总体和谐的主流下，局部地区的民族问题依然存在并且比较尖锐，直接关系到民族利益和国家利益，关系到中华民族伟大复兴。为此，习近平同志明确提出“民族团结是各族人民的生命线”。[③] 紧接着，他在中央民族工作会议上，把“民族团结”和“国家统一”一道作为“各民族的最高利益”。

党对民族团结的重视一脉相承而又逐步递进，对民族团结的战略定位越来越高。在新时代下，民族团结不仅仅是我国经济、政治、文化、社会、生态等各方面事业顺利发展的保障，更是关乎全局的战略部署。

（三）民族团结的物质力量：“各民族共同繁荣发展”

“增强团结的核心问题，就是要积极创造条件，千方百计加快少数民族和民族地区的经济社会发展，促进各民族共同繁荣发展。”[④] 由于种种原因，与我国中东部相比，西部很多少数民族地区的贫困问题严重，在某些少数民族地区呈现连片性贫困，经济社会差距扩大直接阻碍民族团结。

十八大以来，我国实施一系列政策措施促使各民族共同繁荣发展，习近平同志指出，少数民族及民族地区要同步建成小康社会，一个民族兄弟都不能落下。以精准扶贫为例，十八大以来，帮扶各民族发展，尤其是帮扶少数民族发展，与精准扶贫密切相连。早在2012年，习近平同志在河北阜平县考察扶贫工作情况时就指出：帮助困难的父老乡亲脱贫致富必须要有针对性，要一家一户地摸准情况。2013年11月，习近平同志在湖南湘西调研扶贫攻坚状况，他强调：“扶贫要实事求是，因地制宜。要精准扶贫，切忌喊口号。”[⑤] 精准扶贫首次提出。2014年1月25日，《关于创新机制扎实推进农村扶贫开发工作的意见》（中办发〔2013〕25号）发布，精准扶贫工作展开，由国务院扶贫办、民政部等7个部门牵头负责该工作。之后，精准扶贫写入2014年政府工作报告。紧接着，“整乡推进”扶贫开发、“整村推进”扶贫开发、对人口较少民族特殊帮扶、连片开发、贫困地区劳动力转移培训、财政扶贫资金产业项目规划、贫困村村级互助资金、易地扶贫搬迁、扶贫安居工程、革命老区专项扶持资金等一系列举措助力精准扶贫。

在促进各民族繁荣发展的过程中，要注意以下问题。首先，要实现民族地区跨越式发展。与东中部地区相比，少数民族和民族地区要想同全国一道全面建成小康社会，因底子薄、实力弱、差距大，必须跨越式发展。其次，必须充分发挥好中央、发达地区和民族地区这“三个积极性”，对边疆贫困地区政策倾斜，转移支付和对口支援体制要进

① 中共中央文献编辑委员会．邓小平文选：第1卷．北京：人民出版社，1994：162.

② 中共中央文献研究室．习仲勋论统一战线．北京：中央文献出版社，2013：37.

③ 国家民族事务委员会．中央民族工作会议精神学习辅导读本．北京：民族出版社，2015：93.

④ 习近平在2014年全国“两会”上的讲话。

⑤ 习近平赴湘西调研扶贫攻坚．http：//news. xinhuanet. com/politics/2013 - 11/03/c_ 117984236_ 8. htm，2013 - 11 - 03.

一步优化，通过政策性帮扶来激发内生潜力。再次，重点要全面建成小康社会。民族地区发展任务艰巨，情况纷繁复杂，要集中力量解决好重点问题，要重点抓好提升教育、促进就业、保护生态、扶贫开发、改善基础设施。最后，要着力改善民生。通过各族人民民生问题的改善，实现繁荣发展。同时，要充分利用好“一带一路”建设的战略机遇，转变发展理念，进一步扩大民族地区的对外开放。

（四）民族团结的精神力量和思想之本：增强“五个认同”

2015 年 8 月，在中央第六次西藏工作座谈会上，习近平同志首次提出“五个认同”。“五个认同”是民族团结内在精神力量和思想之本，是民族团结的前提和根基。

要继承爱国主义传统，深刻理解我国统一的多民族国家的基本国情，增强对伟大祖国的认同；要深刻理解中华民族“多元一体”格局，积极建设各民族共有精神家园，增强对中华民族的认同；要理解与传承中华文化，明确文化认同在解决民族问题中的关键作用，增强对中华文化的认同；要深刻理解马克思主义和中国特色社会主义的理论、明确党领导一切，增强对中国共产党的认同；要深刻理解社会主义制度是我国历史发展的必然，是人民的共同选择，从而增强对中国特色社会主义道路的认同。

通过增强“五个认同”来增进民族团结，其实质就是各族人民群众牢固树立正确的国家观、民族观、文化观、政党观、制度观，增强思想共识。“五个认同”应该是每个中国公民最基本的政治信念，也是各民族团结一心、和睦相处的根系所在。

（五）民族团结的制度保障：“坚持和完善民族区域自治制度”

1921—1930 年，幼年阶段的中国共产党，受苏联模式影响很大，基本主张以联邦制和民族自决来解决我国民族问题。1931—1937 年，在长征途中经过西南少数民族地区，到达陕北又与回族、蒙古族的聚居区相邻，更好地把握了我国少数民族的实际情况。这一时期，我党保留联邦制、民族自决的提法，并强调民族自治。1936 年，作为第一个民族区域自治政权，“陕甘宁省豫海县回民自治政府”成立。1938—1945 年，在伟大的反法西斯斗争中，中华民族完成了“自在”到“自觉”的蜕变，我党渐渐放弃联邦制和民族自决。1947 年 5 月 1 日，第一个省级民族区域自治地方——内蒙古自治政府成立。新中国成立时，民族区域自治制度正式确立。

马克思恩格斯的民族平等理论、列宁的民族自决理论、斯大林的民族定义等，都为我国解决民族问题提供了可借鉴的理论方案，在我党成立初期影响较大。但是，苏联民族理论并不是我国民族区域自治的指针，而革命实践与毛泽东思想才是民族区域自治制度的直接来源。我国的民族区域自治的最终确立受苏联民族理论启发，但绝不是照抄照搬，而是马克思主义民族理论中国化的结果，说我国民族区域自治制度是“苏联模式”，要么用心险恶，要么张冠李戴。可以说，民族区域自治制度是我国民族政策的制度保障和法理依据，没有了民族区域自治，包括民族团结的所有的民族政策就成了无源之水、无本之木。因此，习近平同志多次严正强调“取消民族区域自治的这种说法可以休矣”，[①] 并且必须休矣。不能搬来政治制度上的“飞来峰”，不能认为别的国家没有就简

① 国家民族事务委员会．中央民族工作会议精神学习辅导读本．北京：民族出版社，2015：76.

单认为是多余的。

（六）民族团结的根本途径："加强民族间交往交流交融"

习近平同志在中央民族工作会议上强调"要尊重差异、包容多样，通过扩大交往交流交融"，① 实现各民族手足相亲、守望相助的团结局面。王正伟也强调，随着各民族共同学习、共同生活的机会多了，时间长了，民族交往交流交融就无形中向前推进了。《国务院关于加快发展民族教育的决定》中也指出，要不断促进各民族学生的交往交流交融。

社会学家金麦尔提出交往过程中不同民族文化意识变化的四阶段，第一阶段："文化沙文主义"，不同民族双方均认为自己文化最好且优于其他文化，无需学习其他民族文化；第二阶段："宽容"阶段，各民族不认为有差异的文化是落后的，只是不同；第三阶段："文化差异最小化"，他们强调共同价值和行为，与民族紧密关联，在认知上缩小文化间差异；第四阶段："理解"阶段，各民族认为社会多元，要尊重各民族文化差异。可见，增进民族交往交流交融有助于消除民族偏见，实现民族团结。

交往因素，民族间交往的广度、深度、效度直接影响民族关系表现形态。民族间交往的广度就是民族的交往范围，一个民族交往的民族越多，民族关系越趋向良好。民族交往的深度即民族间交往的程度，要扩大民族间参与交往的人数，促使交往内容全面化。民族交往效度主要表现在交往广度与深度中。民族间交往范围小，更容易引发利益争端；民族间宗教风俗差距大，会出现民族交往表层化。

民族交往交流交融首先要考虑彼此的利益需求，以寻求利益满足为前提。民族交往中，要给予偏远地区少数民族群体更多经济支持，帮助其发展经济，缩小差距，达到双方利益平衡，避免出现"剪刀差"。另外，在民族交往交流交融中，要避免两种错误心理因素。首先，民族交流交往交融，并不是民族融合，不是"融合论"，更不是"同化论"。现阶段不是民族融合的阶段，各民族你中有我我中有你，谁也离不开谁，但你还是你，我仍是我，民族差异将长期存在。要尊重民族差异，防止大汉族主义。其次，民族交往交流交融中，民族间的共同因素增加，不是"固化论"。我们要顺势而为，不能有狭隘的民族主义。

（七）民族团结的根本保证："关键在党"

习近平同志指出，"做好民族工作，关键在党，关键在人"。② 只要坚持党的领导，挑拨民族关系的政治势力就无法乘虚而入，我国民族团结就有保障。十九大报告指出，党领导一切。党的领导是民族团结的根本保证。

我们说民族团结思想，其实就是指中国共产党的民族团结思想。从民族团结的观念要素而言，它的思想基础是马克思主义；从组织保障要素而言，党领导下的各级各类社会组织是民族团结的组织保障；从制度要素而言，民族团结是中国共产党领导下的单一制下的民族区域自治。革命年代，中国共产党领导各族人民"站起来"；改革开放年代，中国共产党领导各族人民"富起来"；在中国特色社会主义新时代，中国共产党领导各

① 国家民族事务委员会．中央民族工作会议精神学习辅导读本．北京：民族出版社，2015：107.

② 国家民族事务委员会．中央民族工作会议精神学习辅导读本．北京：民族出版社，2015：299.

族人民逐渐“强起来”。总之，没有中国共产党，就没有中国的社会主义，就没有民族团结的根基。

早在1989年，习近平在福建处理民族工作时就提出，要培养和提高少数民族干部素质；要注意发掘民族干部后备力量；还要在地、县二级有少数民族干部，以维护少数民族利益。[①] 在新时代背景下，要继续发挥中国共产党对促进民族团结的根本保证作用，尤其要依靠民族地区工作的干部。领导民族地区艰苦工作的干部，要做到“明辨大是大非的立场特别清醒、维护民族团结的行动特别坚定、热爱各族群众的感情特别真诚”,[②] 才能真正增进民族团结。

（八）民族团结的最终归宿：“同心共筑中国梦”

2012年，习近平同志在参观“复兴之路”展览时，强调：“实现中华民族伟大复兴，就是中华民族近代以来最伟大的梦想。”[③] 中国梦为民族团结注入新的时代内涵，直接表现为56个民族汇聚的中华民族的团结发展梦。民族团结凝聚全国各族人民的强大力量，“同心共筑中国梦”。[④]

民族团结是中国梦的力量之源，民族团结齐头并进，中国梦才能变为现实；中国梦是民族团结的最终归宿，有中国梦的指引，各民族心往一处想、劲往一处使，才能更好地增进民族团结。

中国梦把公民个体、民族实体和国家共同体紧紧绑定，变为一个命运共同体，把公民权益、民族利益和国家利益密切联系起来，每个公民、56个民族都有盼头、有奔头，充满力量与希望。中国梦在各族人民中拥有着强烈的感召力和认同感，是民族团结的理想目标，引领民族团结不断迈向新阶段，最终梦想成真。

凝聚着中华民族大团结的中国梦，把各族人民的智慧力量紧紧凝聚。这是一场涉及我国各族人民的伟大社会动员，中国梦是中国每个公民、每个民族、各个党派、不同阶层、所有行业的鲜活个体的最大公约数，团结着一切可以团结的力量，锻造命运共同体，凝聚中国力量，必将引领民族团结，助推民族团结。

三、习近平关于民族团结的重要论述的创新

（一）内容创新

马克思、恩格斯、列宁、斯大林等经典作家一直注重民族团结，对民族团结有很多经典论述。随着马克思主义传入中国，党的第一代领导集体开辟了中国特色解决民族问题的正确道路，我们党一直毫不动摇地坚持着这一道路。十八大以来，习近平新时代中国特色社会主义思想形成，习近平民族团结思想是这一思想的有机组成部分。习近平民族团结思想根植于新时代处理民族问题的伟大实践，继承与发展了马克思主义民族理

① 习近平．巩固民族大团结的基础——关于促进少数民族共同繁荣富裕问题的思考（一九八九年六月）．摆脱贫困．福州：福建人民出版社，2014.

② 国家民族事务委员会．中央民族工作会议精神学习辅导读本．北京：民族出版社，2015：304.

③ 习近平．习近平谈治国理政．北京：外文出版社，2014：36.

④ 习近平在会见基层民族团结优秀代表时的讲话．人民日报，2015－10－01.

论，首次阐释了这一道路的科学内涵即“八个坚持”，进一步拓宽了中国特色解决民族问题的正确道路。

习近平民族团结思想中，首次把统一的多民族国家上升为基本国情来看待；把民族团结放在“生命线”的战略高度；在“四个认同”上增加“对中国共产党的认同”；注重民族团结的法律保障和精神力量；强调中华民族的构建……这些新观点、新论断、新思想，是对马克思主义民族团结理论的创新与发展。

（二）话语创新

十八大以来的民族团结话语具有中国特色、中国气派、中国风格，接近人民期盼，更接地气，是习近平民族团结思想的话语体系创新。

习近平同志谈中华民族多元一体。费孝通先生最早提出我国各民族与中华民族是“多元一体”关系。习近平同志把“多元一体”上升到哲学高度，指出两者辩证统一的关系是，“一体包含多元，多元组成一体，一体离不开多元，多元也离不开一体”，[①] 更形象具体描述了中华民族多元一体在分布上、文化上、经济上、情感上的具体表现状态。过分强调一体，反而会失去源头与活力；过分强调多元，中华民族就会变为一盘散沙。

在论述民族团结时，习近平同志“生命线论”“眼睛论”“福祸论”“石榴籽论”“一家子论”等一系列论述形象生动、通俗易懂而又准确深刻，有助于民族理论的大众化。把民族团结的战略定位放在“生命线”的高度，凸显其重要意义。习近平同志明确提出“团结稳定是福，分裂动乱是祸”，[②] 要求领导干部和人民群众“要像爱护自己的眼睛一样爱护民族团结”，强调“各民族都是一家人，一家人都要过上好日子”，[③] 要“像石榴籽那样紧紧抱在一起”。[④]

（三）方式创新

1. 强调“绵绵用力、久久为功”

习近平同志指出，解决民族问题，维护与增进民族团结，必须“绵绵用力、久久为功”、以上率下、齐心协力。企图用简单粗暴的方式一招制胜从而高枕无忧，简直就是痴人说梦、异想天开。以民族团结教育宣传方法为例。对民族团结教育宣传要在社会范围“不留死角地”进行；要凸显人文化、大众化和实体化，不做空喊口号的“大水漫灌式”宣传教育，而要做“滴灌式”宣传教育；要融入民族生活的方方面面，并且要利用好网络平台。

2. 强调民族团结的精神力量

我们往往注重民族团结的物质力量，加强对少数民族与民族地区的物质支持。在取得巨大成效的同时，也出现了“花钱买稳定”的不良趋势，让个别民族分子产生“等、靠、要”思想，更有人批驳这会造成“会哭的孩子有奶吃”的恶性循环。习近平同志首

① 国家民族事务委员会．中央民族工作会议精神学习辅导读本．北京：民族出版社，2015：29.
② 国家民族事务委员会．中央民族工作会议精神学习辅导读本．北京：民族出版社，2015：93.
③ 各民族都是一家人，一家人都要过上好日子．中国民族报，2015－01－20（1）.
④ 习近平．2014 年 5 月在第二次中央新疆工作座谈会上的讲话．中国青年，2014（12）.

次提出在民族团结工作中，物质力量和精神力量都要用好，[①] 强调各族人民群众要增强“五个认同”，明确各民族已经形成了命运共同体，要增强中华民族共同体意识。

3. 强调对民族团结的法律保护

刚柔并济，既正面引导，又要反面严厉遏制，依法保障民族团结。2014 年以来，很多民族地方制定了民族团结进步条例，新的《中国共产党纪律处分条件》颁布，规定了严重破坏民族团结的处分办法。在相关法律法规上，我国已初步形成以宪法为根本、以民族区域自治法为主干的民族法律体系，但距离全面推进依法治国还任重道远。在实践中，涉及民族因素的矛盾纠纷仍易发、高发，如果被不怀好意的分裂分子加以利用，就容易转化为民族问题，这就对民族团结的法律保障提出更高要求。在民族团结的法律保障中，要健全法律、严格执法，强化监督、完善体制，既保障各民族合法权益，又依法打击破坏民族团结的行为。

（作者系云南大学博士研究生）

① 国家民族事务委员会．中央民族工作会议精神学习辅导读本．北京：民族出版社，2015：249.

新时代社会主要矛盾发生变化的内在逻辑

何　美

摘　要：十九大报告明确指出："中国特色社会主义进入新时代，我国社会主要矛盾已经转化为人民日益增长的美好生活需要和不平衡不充分的发展之间的矛盾。"① 研究新时代中国特色社会主义的发展道路，首先要揭示社会主要矛盾发生变化的内在逻辑，这是中国建设取得成功的关键所在。本文通过梳理中国共产党成立后中国社会主要矛盾的变迁，研判新时代社会主要矛盾变化的内在逻辑，详细论述新时代社会主要矛盾发生变化的基础、动力和应对策略，以期促进国家早日解决社会主要矛盾，实现中华民族伟大复兴中国梦。

关键词：新时代；主要矛盾；内在逻辑

2017 年 10 月 18 日上午，中国共产党第十九次全国代表大会在人民大会堂开幕，习近平同志代表第十八届中央委员会向大会作了题为《决胜全面建成小康社会　夺取新时代中国特色社会主义伟大胜利》的报告。十九大报告引起全球关注，关注的热点集中在"新"上。十九大报告凸显了诸多新意，有新时代、新起点、新道路、新方略、新思想，更有新矛盾。这些"新"折射了党的大格局考量、反映了大数据时代的社会发展，更是与时俱进大视野的突出表现。自中国共产党成立以来，持续关注并研究解决社会主要矛盾，主要矛盾突出反映着国家和党的中心工作。当前，社会主要矛盾的变化发挥着承前启后的作用，决定着社会的前进道路和我国的社会主义国家性质。

一、中国共产党成立后社会主要矛盾的变迁梳理

毛泽东同志在《矛盾论》中说过："事物的性质主要地是由取得支配地位的矛盾的主要方面所规定的。取得支配地位的矛盾的主要方面起了变化，事物的性质也就随着起变化。"② 在社会发展的诸多矛盾中，起着领导、决定作用的就是主要矛盾，反映到国家建设发展的实际工作中就是要围绕主要矛盾开展具体的工作，就是要以人民为中心，实现人民对美好生活的向往为目标导向。

中国社会主要矛盾随着国内外大环境的变化而变化，自中国共产党成立后，大体分

---

① 习近平．决胜全面建成小康社会　夺取新时代中国特色社会主义伟大胜利——在中国共产党第十九次全国代表大会上的报告．北京：人民出版社，2017：11.

② 杨信礼．重读《实践论》《矛盾论》．北京：人民出版社，2014：55.

为五个阶段：第一是从中国共产党成立初期到解放战争的新民主主义革命阶段；第二是从新中国成立到三大改造基本完成的社会主义革命阶段；第三是从三大改造完成到改革开放前的社会主义建设阶段；第四是从改革开放到十八大后五年的中国特色社会主义建设新时期阶段；第五是从十九大开始到本世纪中叶的中国特色社会主义建设新时代阶段。

第一，新民主主义革命阶段，人民大众面对的主要敌人帝国主义、官僚资本主义和封建主义就是社会的主要矛盾。如何推翻三座大山就是要解决当时的社会主要矛盾。总体来说当时的主要矛盾是人与人、阶级与阶级之间的矛盾，由于新民主主义革命阶段从1921 年中共成立到 1949 年中华人民共和国成立，前后跨越将近 30 年，期间主要矛盾又有不同的侧重，这要具体问题具体分析。

1921 年中共成立初期，中国处于内忧外患的半殖民地半封建社会，各地军阀争割势力范围混战不断，而帝国主义列强纷纷在中国盘踞，扶植各自的代言人，中国人民处于水深火热之中。1922 年的《中国共产党对于时局的主张》指出："应该联络民主派共同对付封建军阀的革命，以达到军阀覆灭能够建设民主政治为止。"① 党的二大提出"消除内乱，打倒军阀，建设国内和平"②"推翻国际帝国主义的压迫，达到中华民族的完全独立"③ 的革命纲领。表明这一时期，主要矛盾集中在人民大众和帝国主义与封建军阀之间。

1927 年八七会议，在总结大革命失败教训的基础上通过《最近职工运动议决案》指出："工人阶级应时刻准备能领导并参加武装暴动。以乡村农民之胜利为依据，推翻反革命政权，而建立革命平民的民权的城市政府。"④ 中共明确当时的主要敌人转变为国民党新军阀，即主要矛盾是人民大众和国民党反动派之间的矛盾，随后开始了土地革命战争。

1937 年，随着日本帝国主义发动全面侵华战争，民族矛盾上升为主要矛盾，如何实现抗日民族统一战线成了反映人民心声的迫切要求。毛泽东同志在《矛盾论》中指出："当着帝国主义向这种国家举行侵略战争的时候，这种国家的内部各阶级，除开一些叛国分子以外，能够暂时地团结起来举行民族战争去反对帝国主义。这时，帝国主义和这种国家之间的矛盾成为主要的矛盾。"⑤

1945 年随着蒋介石发动全面内战，面对这种局面，毛泽东同志在 1945 年 8 月指出："抗日战争的阶段过去了，新的情况和任务是国内斗争。"⑥ 党认识到人民大众与国民党反动派之间的阶级矛盾重新成为社会的主要矛盾，随后团结带领全国人民推翻了国民党的反动统治，取得了新民主主义革命的伟大胜利。

第二，社会主义革命阶段，社会主要矛盾依然是阶级矛盾主导。1949 年中华人民共

① 建党以来重要文献选编（1921—1949）：第 1 册．北京：中央文献出版社，2011：113.
② 中央党史研究室．中国共产党历史（上卷）．北京：人民出版社，1991：83.
③ 朱满良，杨信礼．社会主义通史：第 8 卷．北京：人民出版社，2011：547.
④ 建党以来重要文献选编（1921—1949）：第 4 册．北京：中央文献出版社，2011：464.
⑤ 杨信礼．重读《实践论》《矛盾论》．北京：人民出版社，2014：53.
⑥ 毛泽东选集：第 4 卷．北京：人民出版社，1991：24.

和国刚刚成立，由于解放战争刚刚结束，面对着满目疮痍的大地，外有以美国为首的帝国主义的军事威胁，内有国民党反动派残余势力破坏新政权。1949 年 3 月，毛泽东同志在党的七届二中全会的报告中指出："中国革命在全国胜利，并且解决了土地问题以后，中国还存在着两种基本的矛盾。第一种是国内的，即工人阶级和资产阶级的矛盾。第二种是国外的，即中国和帝国主义国家的矛盾"。① 这里提到的"基本的矛盾"就是社会主要矛盾，直到三大改造基本完成，我国真正进入社会主义社会形态，基本矛盾才发生了深刻的变化。

第三，社会主义建设阶段，阶级矛盾与经济发展矛盾交替占据主导地位。1956 年 9 月，党的八大指出："我们国内的主要矛盾，已经是人民对于建立先进的工业国的要求同落后的农业国的现实之间的矛盾，已经是人民对于经济文化迅速发展的需要同当前经济文化不能满足人民需要的状况之间的矛盾"。② 毛泽东同志在 1957 年 2 月提出："在社会主义社会中，基本的矛盾仍然是生产关系和生产力之间的矛盾，上层建筑和经济基础之间的矛盾。"③ 可以说，随着国家的稳定，国家建设的首要任务终于从解决阶级矛盾转移到发展经济的正确轨道。

党的八大创立的主要矛盾理论虽然做出了历史性贡献，但是随着国家领导人对国际国内形势的错误判断，八大的思想并没有完全付诸实践。1957 年 10 月，毛泽东同志在八届三中全会上断言："无产阶级和资产阶级的矛盾，社会主义道路和资本主义道路的矛盾，毫无疑问，这是当前我国社会的主要矛盾。"④ 受"以阶级斗争为纲"思想的影响，受"文化大革命"的影响，直到 1978 年，阶级矛盾一直是社会主要矛盾。这一时期由于错误的主要矛盾思想的指导，中国的发展出现了倒退的局面，经济发展濒临崩溃。

第四，中国特色社会主义建设新时期阶段，从改革开放 1978 年到 2017 年将近 40 年的时间，经历了 4 代中央领导集体，我国的社会主义建设取得了全面发展。这一新时期，坚持社会主义主要矛盾思想一直未变，中国特色社会主义建设却取得了日新月异的变化。

1978 年十一届三中全会的召开，确立了改革开放新决策，国家的工作任务转移到经济建设上来。1981 年 6 月，党的十一届六中全会将社会主要矛盾表述为："人民日益增长的物质文化需要同落后的社会生产之间的矛盾。"⑤ 以邓小平同志为核心的党中央，把社会主要矛盾和根本任务有机结合起来，那就是大力发展生产力。"按照历史唯物主义的观点来讲，正确的政治领导的成果，归根结底要表现在社会生产力的发展上，人民物质文化生活的改善上。"⑥

从党的十三届四中全会到党的十六大的 13 年，以江泽民同志为核心的党的第三代

---

① 毛泽东选集：第 4 卷．北京：人民出版社，1991：327.
② 国际共产主义运动史．北京：人民出版社，2012：310.
③ 石仲泉，沈正乐，杨先材，等．中共八大史．北京：人民出版社，1998：434.
④ 石仲泉，沈正乐，杨先材，等．中共八大史．北京：人民出版社，1998：496.
⑤ 赵可铭．邓小平理论发展史论纲．北京：人民出版社，2004：154.
⑥ 石仲泉，沈正乐，杨先材，等．中共八大史．北京：人民出版社，1998：442.

领导集体面临国际国内环境剧烈的变化，于1992年党的十四大正式把现阶段社会主要矛盾的论断写入党章，使之成为党的重要指导理论。1997年党的十五大报告第一次明确指出："社会的主要矛盾是人民日益增长的物质文化需要同落后的社会生产之间的矛盾，这个主要矛盾贯穿我国社会主义初级阶段的整个过程和社会生活的各个方面。"① 这一时期，虽然国内外环境急剧变化，社会矛盾凸显，尤其是人民内部矛盾增多。但是这个时期主要矛盾不再停留在理论上，而是从理论走向实践，牢牢抓住主要矛盾和工作中心的有机结合，实际地指导社会实践并最终形成了"三个代表"重要思想这一理论成果，有效地促进各种社会矛盾的解决。

从党的十六大到党的十七大的十年，以胡锦涛同志为总书记的党中央继续坚持中共对社会主要矛盾的基本认识，提出了科学发展观这一解决社会主要矛盾的重大战略思想。2002年党的十六大报告指出："我国正处于并将长期处于社会主义初级阶段，现在达到的小康还是低水平的、不全面的、发展很不平衡的小康，人民日益增长的物质文化需要同落后的社会生产之间的矛盾仍然是我国社会的主要矛盾。"② 2007年党的十七大报告提出了"两个没有变"，即初级阶段的国情没有变和现阶段社会主要矛盾没有变。2011年胡锦涛同志在庆祝建党90周年大会的讲话中进一步提出"三个没有变"，增加"我国是世界上最大的发展中国家的国际地位没有变"，使社会主义初级阶段社会主要矛盾理论更加完善。

2012年党的十八大，形成了以习近平同志为核心的党中央，十八大报告又强调了"三个没有变"。"三个没有变"，是基本国情、主要矛盾、国际地位的有机统一，既立足于中国国内，又具有国际视野，将三者统一于中国特色社会主义事业总体布局"五位一体"建设中，统一于建设富强民主文明和谐的社会主义现代化国家中，统一于"两个一百年"奋斗目标中。

第五，中国特色社会主义建设新时代阶段，从十九大开始到本世纪中叶的未来30多年，中国特色社会主义进入了新时代，我国社会主要矛盾已经转化为人民日益增长的美好生活需要和不平衡不充分的发展之间的矛盾。十九大报告中提出的"新时代"让国民振奋，受到全球关注，而进入新时代的重要标志，就是社会主要矛盾的转化。正如十九大报告中指出："更加突出的问题是发展不平衡不充分，这已经成为满足人民日益增长的美好生活需要的主要制约因素。"③

通过详细梳理社会主要矛盾的历史变迁，不难发现社会主要矛盾变化发生的基础、动力，更能启发应对社会主要矛盾变化的策略。我们发现每个时期的主要矛盾都对当时社会的稳定和发展起到至关重要的作用，只有提出准确的主要矛盾，才能集中力量解决主要矛盾，才能稳固国家统治和社会稳定发展，反之则不然。理论引领实践，当前我国处于社会主要矛盾变化的转折时期，弄清社会主要矛盾发生变化的内在逻辑有很强的理论和实践指导意义。

---

① 十五大报告辅导读本．北京：人民出版社，1997：25.

② 江泽民文选：第3卷．北京：人民出版社，2006：558.

③ 决胜全面建成小康社会 夺取新时代中国特色社会主义伟大胜利——在中国共产党第十九次全国代表大会上的报告．北京：人民出版社，2017：11.

二、新时代社会主要矛盾发生变化的基础

当前中国社会主要矛盾的变化，是中国经济持续发展、基本制度框架不断完善、外部国际大环境变化以及总结历史经验教训的必然结果。

中华人民共和国成立后，在70年的时间里，经过几代中国人的不懈努力，经济发展的接力棒一棒又一棒地交接，中国已经逐步建立起完整的工业体系和国民经济体系，奠定了中国经济独立发展的基础。现阶段，在原有的经济基础之上特别是独立自主的经济发展经验不断积淀下，我国经济持续向前推进，发展速度居于世界前列，经济总量居世界第二位，经济的发展已经到了由高速增长向高质量增长的建设现代化经济体系的关口。经济基础决定上层建筑，经济的发展已经到了转化发展方式、转换增长动力的阶段，也就必然出现社会主要矛盾的变化。社会主要矛盾的变化不能忽略经济基础的决定作用，新时代主要矛盾的提出符合当前经济的现实发展。

中华人民共和国成立后，立足中国国情，确立了三大基本政治制度即人民代表大会制度、中共领导的多党合作与政治协商制度、民族区域自治制度，是人民当家做主和中国发展进步的根本制度保障。中共一党执政可以凝聚全国之力促发展、清障碍、办大事、办成事；人民代表大会制度拥有民主基础上的集中和集中指导下的民主，能够反映最广大人民的发展意愿，可以形成自上而下的政策导向和自下而上的监督反馈；民族区域自治既能保证领土主权的完整，又能激发各民族积极性，实现各民族平等团结，互助互利。

政治制度不能脱离特定的社会历史条件和政治环境，不能照搬他国模式。经不断的自我完善和发展，我国逐步形成涵盖政治制度、经济制度、文化制度、法律制度的体系完整的中国特色社会主义制度，取得显著制度成效。政治上不断增加协商民主，保证人民主体地位；经济上跳出计划经济桎梏，探索出一条中国特色的社会主义市场经济道路；文化上坚持社会主义核心价值体系，推进文化自信；法律上不断健全依法治国，完成法律体系。这些基本制度彰显了中国特色社会主义的制度优势，成为中国社会主要矛盾发生变化的制度基础。

中国是世界大家庭的一员，不是孤立存在的，中国的发展是在国际背景下展开的，诠释中国社会主要矛盾变化，也不能离开国际因素这个外因的考察分析。西方资本主义国家的发展历程比新中国要长，失败与成功的经验积累更多，中国应借鉴其发展的思路方法，取其精华去其糟粕，学会洋为中用，降低中国发展改革的成本和代价，争取站在巨人的肩膀上完成更大的跨越。习近平同志指出：“中国要永远做一个学习大国，不论发展到什么水平都虚心向世界各国人民学习，以更加开放包容的姿态，加强同世界各国的互容、互鉴、互通，不断把对外开放提高到新的水平。”[①] 西方国家近年来，为了缓和阶级矛盾，防治经济危机，采取了提高社会保障、加强民生建设、增强国家调控经济的相关手段，扩大经济全球化的深入发展，同时深化资本主义国家之间的合作，形成合力等系列举措都值得我们学习。除了西方的经验可以参考，我们也不能忘记苏联的惨痛教

---

① 习近平．习近平在同外国专家座谈会上的讲话．人民日报，2014－05－24（1）．

训，苏联模式的失败为我们敲响了警钟。为了避免重蹈覆辙，中国认识到国家改革的必要性，认识到执政党建设的重要性，认识到人民为中心的决定性，更加认识到要牢牢坚持党的基本路线不动摇，这是国家和党的生命线，是人民的幸福线，更是社会主义国家的底线。

当前世界处于大变革大调整的时期，国际秩序变革加剧，外部环境可谓复杂多元，但是和平与发展仍是时代的主题。在中国倡导的人类命运共同体和“一带一路”倡议的号召下，中国赢得了国际社会的认可和支持，将不断走近世界舞台的中心，为中国的发展开创更加有利的国际局势。

主要矛盾理论只有顺应经济基础才能促进社会的发展，而在某些特殊时期由于主要矛盾没有真实反映社会现实，就会阻碍经济的发展，引发社会动荡。中华人民共和国成立后，我们也曾走过弯路，中国经济社会发展出现过曲折，但是吃一堑长一智，中国的变革正是在反思曲折、总结教训的基础上发端的。

中国社会主要矛盾的变化离不开对历史经验教训的总结，无论是国外的经验教训还是国内的经验教训，都将成为中国再次腾飞的基础。

三、新时代社会主要矛盾发生变化的动力

社会主要矛盾的变化是中国执政党主导、人民群众推动和社会现实发展境遇共同催生的，不是不切实际的拍脑袋得出，更不是违背民心的执意为之，而是有其发生变化的应然动力。可以说，在社会主要矛盾发生变化的过程中，执政党使出了提拉力，人民群众发挥了推动力，社会现实发展提供了持续助力，这三种力凝聚在一起生成了巨大合力，促进中国社会迈入新时代。

中国共产党是中国的执政党，也是中国发展顶层设计的主导者，更是新时代社会主要矛盾理论的直接提出者。中国共产党对中国发展的顶层设计，包括历史方位的确定、指导思想的确立、基本方略的谋划、社会改革的实施等。具体体现在政府机构改革和职能转变、统筹“五位一体”总体布局、协调推进“四个全面”战略布局等重大决策和部署上，体现了党总揽全局、协调各方的执政能力和执政水平，推动了社会的有序发展，形成了新时代社会主要矛盾的顺应历史的转变。《德意志意识形态》中有言：“这种差别不是我们为每个时代划定的，而是每个时代本身在既存的各种不同的因素之间划定的，而且不是根据概念而是在物质生活冲突的影响下划定的。”[①] 可以说，中共的领导是推动中国社会发展的主导力量。同时我们不能忽视领导人的重要作用，在发展过程中，中共领导人发挥了关键的作用，正如毛泽东同志带领人民站起来，邓小平同志带领人民富起来，习近平同志带领人民强起来。民主集中制的优势就在于民主后的集中，领导人作为最终决策者必须要有拍板做决定的担当和能力。当前我们强调“四个意识”，其中的核心意识就是要体现领导人的最终权威地位，中国能否奏出美妙的交响乐曲，还是得看“第一提琴手”。

---

① 马克思，恩格斯．马克思恩格斯选集：第1卷．中共中央马克思恩格斯列宁斯大林著作编译局译．北京：人民出版社，2012：235.

十九大报告明确提出："人民是历史的创造者，是决定党和国家前途命运的根本力量。"① 要坚持以人民为中心，要以为中国人民谋幸福为使命。十九大报告全文有203处提到"人民"一词，可见在中国的发展进程中，人民发挥了积极性、主动性和创造性，不断推动社会的向前发展。新时代社会主要矛盾的转化正是因为人民有了日益增长的美好生活需要，人民有需要，社会才发展。人民不仅是主要矛盾理论的智慧贡献者，更是解决主要矛盾的具体践行者。党和国家的各项方针政策，最终都有赖于人民群众的实践。在统筹推进"五位一体"整体布局的新时代，政治上健全人民当家做主制度体系，发展社会主义民主政治；经济上要靠人民贯彻新发展理念，建设现代化经济体系不断提高生产力；文化上凝结人民的共同价值追求，推动文化自信和社会主义文化繁荣兴盛；社会上通过人民群众人人尽责，加强和创新社会治理；生态上通过人民尊重自然、保护自然促进生态文明建设，建成美丽中国。"美好生活"四个字虽然笔画简单，但是每个字都能唤起老百姓对未来30年生活的憧憬与获得感、幸福感，只有有了对"美"、对"好"的向往，才更有信心、信念撸起袖子加油干，才能更好地实现"生"与"活"。

中国近年来的发展举世瞩目，取得的成就是全方位、开创性的，尤其是十八大以来的五年可以说是极不平凡的五年，可谓"我们比历史上任何时期都更接近、更有信心和能力实现中华民族伟大复兴的目标"。② 中国的现实发展为社会进步持续提供助力，社会矛盾的转化也顺势而来。古人云："仓廪实而知礼节，衣食足而知荣辱。"以前我们要做大蛋糕、提高生产力来满足人民的物质要求。现在我们更深一步，要实现蛋糕的色香味俱全、要公平地分配蛋糕，也就是要用充分的平衡的生产力发展来满足人民对美好生活的追求。当前我国经济总量虽大但质量不高，劳动生产率水平仅为世界平均水平的四成左右，与富强民主文明和谐美丽的社会主义现代化强国目标还有不小差距。所以强调生产力依然是不充分的发展，需要进一步提高传统生产力水平，从量变产生质变，从中国制造变成中国智造和中国创造，这属于生产力的纵向发展态势。而横向发展态势上，要认清生产力发展的不平衡，这种不平衡既有区域不平衡、城乡不平衡，更有行业不平衡、收入分配不平衡等。要解决"不平衡"的问题，关键就是要落实"让改革发展成果更多更公平惠及全体人民，朝着实现全体人民共同富裕不断迈进"的总要求，更好推动人的全面发展、社会全面进步。

研究中国主要矛盾的变化，应当说明推动矛盾变化的力量来自何方，这是诠释新时代社会主要矛盾发生变化的内在逻辑不可缺少的内容。

四、应对新时代社会主要矛盾变化的策略

中国能够持续发展，离不开长期对社会主要矛盾的准确认识，更离不开应对社会主要矛盾的正确策略。面对新时代社会主要矛盾的变化，首先，需要我们立足国情承认社会矛盾的转化，对社会主要矛盾形成正确的认识；其次，把准主要矛盾的脉搏，坚持

① 决胜全面建成小康社会　夺取新时代中国特色社会主义伟大胜利——在中国共产党第十九次全国代表大会上的报告．北京：人民出版社，2017：21.

② 决胜全面建成小康社会　夺取新时代中国特色社会主义伟大胜利——在中国共产党第十九次全国代表大会上的报告．北京：人民出版社，2017：15.

"变"与"不变"的辩证统一，为解决主要矛盾提供正确的方向；再次，社会主要矛盾的解决需要科学理论的指导，要在解决主要矛盾的全过程中坚持习近平新时代中国特色社会主义思想的指导；最后，需要在稳定的国内外环境下，脚踏实地解决好不平衡不充分发展的问题。

辩证唯物主义告诉我们，事物是发展变化的，矛盾不是一成不变的。新时代社会主要矛盾的转变，折射出中国逐渐强大与自信，是富国强民道路上的必然经历，也是社会转型升级过程的必然阶段。《共产党宣言》有言："人们的观念、观点和概念，一句话，人们的意识，随着人们的生活条件、人们的社会关系、人们的社会存在的改变而改变，这难道需要经过深思才能了解吗?"① 随着我国综合国力的不断提高，人民对生活的要求不再局限于物质生活，而且在民生、法治、公平、环境等方面的要求日益增长，更多的人开始追求身份上的认同感和精神上的成就感，要求体验美好生活从而实现人的全面发展。但是，我们也不得不承认，现阶段我国的发展存在很多问题，不平衡不充分的问题尤为突出，社会转型升级迫在眉睫。所以，十九大报告明确提出"中国特色社会主义进入新时代，我国社会主要矛盾已经转化为人民日益增长的美好生活需要和不平衡不充分的发展之间的矛盾",② 就是要求全党全国人民对社会主要矛盾形成正确的认识，从而"一件事情接着一件事情办，一年接着一年干"。③

解决社会主要矛盾，不能蛮干，需要在正确的路上前进，需要有正确的方向。要进一步解决"不平衡不充分的发展"的新要求，必须看到社会主要矛盾中蕴含的"变"与"不变"。十九大报告中强调："必须认识到，我国社会主要矛盾的变化，没有改变我们对我国社会主义所处历史阶段的判断，我国仍处于并将长期处于社会主义初级阶段的基本国情没有变，我国是世界上最大发展中国家的国际地位没有变。"④ 这就需要我们辩证地看待"变"与"不变"的统一，"不变"是解决好新时代社会主要矛盾"变"的前提和基础，不能因为"变"而忘记了"不变"。同时，要解决社会主要矛盾，不能有急躁冒进的心态，更不能出现骄傲自满的情绪。需牢记"无论哪一个社会形态，在它所能容纳的全部生产力发挥出来以前，是决不会灭亡的；而新的更高的生产关系，在它的物质条件在旧社会的胎胞里成熟以前，是决不会出现的"。⑤ 虽然我们进入新时代，但需知这个"新"只是相对之前的阶段提出，这个"新时代"依然是基本国情和国际定位尚未发生根本变化的时代，必须遵循社会发展基本规律，明确方向继续前进。

习近平同志曾说："当代中国正经历着我国历史上最为广泛而深刻的社会变革，也

① 马克思，恩格斯．马克思恩格斯选集：第1卷．中共中央马克思恩格斯列宁斯大林著作编译局译．北京：人民出版社，2012：419—420.

② 决胜全面建成小康社会 夺取新时代中国特色社会主义伟大胜利——在中国共产党第十九次全国代表大会上的报告．北京：人民出版社，2017：11.

③ 决胜全面建成小康社会 夺取新时代中国特色社会主义伟大胜利——在中国共产党第十九次全国代表大会上的报告．北京：人民出版社，2017：45.

④ 决胜全面建成小康社会 夺取新时代中国特色社会主义伟大胜利——在中国共产党第十九次全国代表大会上的报告．北京：人民出版社，2017：12.

⑤ 马克思，恩格斯．马克思恩格斯文集：第2卷．中共中央马克思恩格斯列宁斯大林著作编译局译．北京：人民出版社，2009：630.

正在进行着人类历史上最为宏大而独特的实践创新。这种前无古人的伟大实践，必将给理论创造、学术繁荣提供强大动力和广阔空间。这是一个需要理论而且一定能够产生理论的时代，这是一个需要思想而且一定能够产生思想的时代。"① 思想引领实践，科学理论指导社会发展，习近平新时代中国特色社会主义思想应运而生。它是在党的十八大以来开创中国特色社会主义新时代的伟大实践中逐步形成的，系统回答了新时代坚持和发展什么样的中国特色社会主义、怎样坚持和发展中国特色社会主义这个重大时代课题，是我国各项事业顺利开展的行动指南。当前我国解决社会主要矛盾和实现中华民族伟大复兴中国梦的社会实践，必须全程深刻地遵循该思想的指导。只有思想清楚了，行动才能有条不紊；只有目标明确了，矛盾才能层层化解。

解决社会主要矛盾的方向、目标都明确了，最重要的就是"撸起袖子加油干"。这首先需要在稳定的国内外环境下开展，今后需要继续推进"人类命运共同体"和"一带一路"建设，构建中国特色的大国外交，保障国际环境的稳定有序。其次，站在新的历史起点，中国人民将攻坚克难，砥砺前行，经由政治、经济、文化、社会、生态文明五位一体的道路，不断提升美好生活的水准。再次，面对矛盾累积的焦点即失衡问题，必须在"目标定向"与"问题导向"下，着力实现供给侧改革、提高质量和效率，在制度结构、区域结构、产业结构、收入分配结构、人文与生态结构等方面克服"不平衡"问题。最后，人的全面发展是人民美好生活需要的重要内容，也是解决社会主要矛盾的关键所在。要坚持以人民为中心，着眼于提高人民素质，着眼于改善人民生活，让人民享有出彩的机会，实现每个人的"个人梦"，最终实现社会全体的"中国梦"。

（作者系南京师范大学马克思主义学院博士研究生）

① 习近平．在哲学社会科学工作座谈会上的讲话．北京：人民出版社，2016：12.

社会主要矛盾新论断的重要意义

钟香妹

摘　要：正确认识和把握不同阶段社会的主要矛盾，是确定党和国家中心任务、推动社会发展的前提。“中国特色社会主义进入新时代，我国社会主要矛盾已经转化为人民日益增长的美好生活需要和不平衡不充分的发展之间的矛盾。”这是党的十九大对我国社会主要矛盾发生历史性变化的重大判断，是对我国主要矛盾转化的准确定位，也是对中国人民利益诉求的现实回应，更是对中国未来发展方向的旗帜引领。

关键词：主要矛盾；准确定位；现实回应；旗帜引领

马克思和恩格斯曾有过关于事物矛盾问题的重点论思想，列宁发展了他们这一思想，提出了帝国主义矛盾发展不平衡理论。毛泽东在《矛盾论》中明确提出了社会主要矛盾的概念。[①] 他明确指出，在研究和解决问题的时候，“要用全力找出它的主要矛盾”，“捉住了这个主要矛盾，一切问题都迎刃而解了”。[②] 这是我国在长期的社会实践中所形成的重要经验。在革命战争年代，我们党精准地把握住了中国社会的主要矛盾这根脉络，带领全国人民不断为解决这个主要矛盾而进行了艰苦卓绝的伟大斗争，最终带领人民取得了新民主主义革命的胜利。新中国成立以来，我们国内的主要矛盾，已经是人民对于建立先进的工业国的要求同落后的农业国的现实之间的矛盾，已经是人民对于经济文化迅速发展的需要同当前经济文化不能满足人民需要的状况之间的矛盾。党的十一届六中全会指出我国所要解决的主要矛盾是人民日益增长的物质文化需要同落后的社会生产之间的矛盾，在此之后到十九大之前的历届党代会报告都沿用了关于社会主要矛盾的表述。党的十九大对主要矛盾作出新论断，即进入中国特色社会主义新时代，我国社会主要矛盾已经转化为人民日益增长的美好生活需要和不平衡不充分的发展之间的矛盾。[③] 从“物质文化需要”到“美好生活需要”，从“落后的社会生产”到“不平衡不充分的发展”，关注的光圈更大了，问题的对焦更精准了。

一、主要矛盾新论断是对我国主要矛盾转化的准确定位

社会主要矛盾是社会生产力发展水平和社会发展阶段的客观反映，它是一个自然的

---

① 鲍园园．传承与创新．北京：中国政法大学出版社，2004：48.

② 毛泽东选集：第一卷．北京：人民出版社，1991：322.

③ 习近平．决胜全面建成小康社会　夺取新时代中国特色社会主义伟大胜利——在中国共产党第十九次全国代表大会上的报告．北京：人民出版社，2017.

历史过程，不受人们主观因素的影响，对社会主要矛盾认识超前或者滞后都会阻碍社会的发展、进步。因此，中国共产党历来在每个发展阶段都十分重视探索社会的主要矛盾，以对症施治，推动社会的发展。党的十九大在承前启后、继往开来的关键节点上，创造性地提出了“中国特色社会主义进入新时代”。在新时代，我们所处的社会与之前相比出现了很多新的特点、新的状况、新的面貌等，再用之前社会主要矛盾的判断来界定，显然已经不适宜，这就需要对主要矛盾作出及时准确的判断。十九大报告指出，中国特色社会主义进入新时代，我国社会主要矛盾已经转化为人民日益增长的美好生活需要和不平衡不充分的发展之间的矛盾。这是以习近平同志为核心的党中央全面把握时代演变趋势，深切体察社会发展状况作出的准确判断。

经过改革开放约四十年的发展，我国社会生产力水平明显提高，社会生产力在很多方面进入世界前列。如今，我国已成为世界第二大经济体，“落后的社会生产”的提法已经不能真实反映我国发展的现状。十八大以来，面对国内外一系列复杂局面，以习近平同志为核心的党中央举旗定向，带领全国各族人民迎难而上，开拓进取，统筹推进“五位一体”总体布局，协调推进“四个全面”战略布局，勇闯深水区，敢啃硬骨头，在伟大斗争、伟大工程、伟大事业中推进伟大梦想的实现。经济保持中高速增长，国内生产总值居世界第二，对世界经济增长贡献率超过30%。数字经济等新兴产业蓬勃发展，高铁、公路、桥梁、港口、机场等基础设施建设快速推进。农业现代化稳步推进，粮食生产能力大大提高。创新驱动发展战略大力实施，创新型国家建设成果丰硕，天宫、蛟龙、天眼、悟空、墨子、大飞机等重大科技成果相继问世。南海岛礁建设积极推进。开放型经济新体制逐步健全，对外贸易、对外投资、外汇储备稳居世界前列。[①] 我国取得的成就是全方位的、开创性的，变革是深层次的、根本性的，解决了许多长期想解决而没有解决的难题，办成了许多过去想办而没有办成的大事。这些情况说明，我国长期的短缺经济和供给不足状况已经发生根本性转变，再讲“落后的社会生产”已经不符合实际。

人民生活显著改善，对美好生活的向往更加强烈，再只讲“物质文化需要”已经不能真实全面反映人民群众的愿望和要求。改革开放以来，我国稳定解决了十几亿人的温饱问题，总体上实现了小康，不久将全面建成小康社会。脱贫攻坚战取得决定性进展，六千多万贫困人口稳定脱贫，贫困发生率从百分之十点二下降到百分之四以下。教育事业全面发展，中西部和农村教育明显加强。就业状况持续改善，城镇新增就业年均一千三百万人以上。城乡居民收入增速超过经济增速，中等收入群体持续扩大。覆盖城乡居民的社会保障体系基本建立，人民健康和医疗卫生水平大幅提高，保障性住房建设稳步推进。社会治理体系更加完善，社会大局保持稳定，国家安全全面加强。进入新时代，人民生活需要日益广泛，不仅对物质文化生活提出了更高要求，而且在民主、法治、公平、正义、安全、环境等方面的要求日益增长，对高品质、求均衡的美好生活更加

---

① 习近平．决胜全面建成小康社会　夺取新时代中国特色社会主义伟大胜利——在中国共产党第十九次全国代表大会上的报告．北京：人民出版社，2017.

向往。①

发展不平衡不充分是影响人民美好生活需要的主要因素。中国的温饱问题已经解决了，而且大部分人已经过上了小康生活。但是由于市场经济体制还不完善，收入分配和社会保障制度还不健全，贫富差距依然较大。在这种情况下，社会主要矛盾体现为发展不平衡不充分，成为人民对美好生活需要的主要制约因素。发展不平衡不充分主要表现在几个方面：生产力上，我国既有世界先进或世界领先的生产力，又有大量传统的、相对落后甚至原始的生产力；城乡区域发展上，东西部之间、城乡之间发展水平差距仍较大；收入分配上，虽然我国绝大部分人已经解决了温饱问题，但收入分配差距仍然较大，而且有几千万人口尚未脱贫，城市还有很多困难群众，社会上还存在一些弱势群体。

基于上述情况，党的十九大报告作出了主要矛盾的新论断，这一重大论断是运用辩证唯物主义和历史唯物主义方法论，深入分析我国改革开放以来社会发展进程得出的历史性判断，是对我国主要矛盾转化的准确定位，符合历史发展客观规律。

二、主要矛盾的转化是对人民利益诉求的现实回应

生产力与生产关系、经济基础和上层建筑的矛盾运动是推动社会历史前进和发展的根本动力，也是人们判断社会历史发展阶段的根本依据。当前，在敌我矛盾消失抑或不是主要矛盾的情况之下，人民内部矛盾渐次成为社会的主要矛盾，而这种主要矛盾集中表现为人民的需求与社会的有效供给之间的矛盾。概言之，就是生产力与生产关系的矛盾。

改革开放之初，经历十年浩劫的中国百废待兴、百业待举。人民对物质文化提出了迫切的要求，而当时中国社会生产力较低的现状难以满足人民群众的需要，这两者之间构成了中国社会的主要矛盾。中国共产党是我国的执政党，无论是在革命、建设中，从来都有一种掌握社会主要矛盾的理性自觉，从而为中国把航定脉，肩负起民族振兴、人民幸福的重任。在那样一种社会状况之下，党敏锐地作出了中国日益增长的物质文化需要和落后的社会生产之间的矛盾是中国社会的主要矛盾的判断。为解决这一矛盾，满足人民的物质文化需求，中国共产党带领中国人民实行了具有划时代意义的伟大的改革开放，盘活国内和国际市场，充分发挥生产要素对经济发展的积极作用，中国社会呈现出一派生机勃勃的景象。可以说，中国自改革开放以来，社会生产力得到了极大的提高，中国的发展也是得益于生产力发展所释放出来的巨大推动力，使中国各方面都取得了巨大的成绩，有效满足了人民的物质文化需要。

在当前经过近四十年的改革开放，人民生活需要得到极大满足的前提下，按照马斯洛的需要层次理论，人们在较低的需求已经得到满足的情况之下，他们的需求就会像更高层次的需求发展。在目前这样一种社会状况之下，人民的生活水平大大提高，人民已经不再是徘徊在吃饭穿衣等这些低层次的需要上面。相反，他们对于更美好生活的愿望

① 习近平．决胜全面建成小康社会　夺取新时代中国特色社会主义伟大胜利——在中国共产党第十九次全国代表大会上的报告．北京：人民出版社，2017.

强烈。人民群众的需要呈现多样化、多层次、多方面的特点，期盼有更好的教育、更稳定的工作、更满意的收入、更可靠的社会保障、更高水平的医疗卫生服务、更舒适的居住条件、更优美的环境，期待孩子们能成长得更好、做得更好、生活得更好。[①] 人民的这些新的诉求对我们党提出了更高的要求，我们党能否基于目前我国社会发展的状况来适时调整中国社会主要矛盾的判断，从而使这种判断既不超前也不滞后，是做好我国今后工作的重要理论基础。可以说，十九大作出的关于我国社会主要矛盾的论断，是我们党顺应民众期待，回应民众诉求的重要表现，体现了我们党敏锐的洞察力和崇高的使命担当——为人民服务，为人民谋幸福。正如习近平同志在十九大报告中指出的那样："中国共产党人的初心和使命，就是为中国人民谋幸福，为中华民族谋复兴。" 我们党来自人民、根植人民、服务人民，党的根基在人民、血脉在人民、力量在人民。[②] 一个政党，一个政权，其前途和命运最终取决于人心向背。[③] 因此，十九大作出中国社会主要矛盾是人民日益增长的美好生活需要和不平衡不充分的发展之间的矛盾的论断必将成为新时代全党全国人民奋力实现美好生活的重要理论依据和行动指南。

三、主要矛盾的转化是中国未来发展方向的旗帜引领

十九大重新定位了我国的历史方位，在承前启后、继往开来的重要时刻，在我国生产力水平获得极大跃进的关键时期，我们党根据国家社会的发展状况准确地抓住了社会的主要矛盾，及时地作出社会主要矛盾已经转化的重要论断，对于新时代开创中国特色社会主义具有重要的指导意义。正如习近平同志指出，我国社会主要矛盾的变化是关系全局的历史性变化，对党和国家工作提出了许多新要求。

作为一个马克思主义政党，根据主要矛盾来确定党的任务，是我党的优良传统。对于执政的中国共产党来说，主要矛盾的转化意味着党的路线、方针和政策必须相应地作出调整，一切以解决新时代中国社会的主要矛盾为指针，不断满足人民日益增长的美好生活需要，不断解决不平衡、不充分发展的现实状况，促进国家富强、民族振兴、人民幸福。从历史和现实来看，我们党在解决社会主要矛盾中有着丰富的经验，尤其是在十一届三中全会之后的改革开放中，我们在新时期围绕着人民日益增长的物质文化需要和落后的社会生产之间的矛盾，采取了一系列的政策措施，社会生产力得到了巨大发展，促进了社会的发展进步、国家的繁荣发展，人民物质文化需要不断得到满足，中华民族实现了从站起来到富起来的重要转变。在新时代，围绕社会的主要矛盾，我们应该从历史中获得经验，从现实中获得启迪，促进社会主要矛盾的解决。

为了破解主要矛盾，就当前来说，一是要始终坚持以经济建设为中心。在新时代，我国现在处于并将长期处于社会主义初级阶段的国情没有变，中国正处于并将长期处于发展中国家的国际地位还没有变，因此，中国还面临着巨大的发展问题。邓小平指出，"发展才是硬道理"。这是留给每一位中国人的关于中国发展的经验总结。为此，必须不断促改

---

① 习近平．习近平谈治国理政．北京：外文出版社，2014：4.
② 习近平．习近平谈治国理政．北京：外文出版社，2014：367.
③ 习近平．习近平谈治国理政．北京：外文出版社，2014：15.

革、抓发展。大力发展生产力，牢牢扭住经济建设这个牛鼻子，坚持以经济建设为中心，转变经济发展方式，提高发展的质量和水平，促进经济的全面发展，不断满足人民日益增长的美好生活需要。二是要落实以人民为中心的发展思想。我国是人民当家做主的社会主义国家，人民是国家的主人，中国共产党的宗旨是全心全意为人民服务。因此，在经济发展、社会进步中要让人民分享发展的成果，让发展的红利惠及每一位人民，因为人民是物质利益的创造者，当然也应该是物质财富的受益者。坚持在发展中始终将人民放在心中最高位置，做到情为民所系、利为民所谋。“我们要随时随刻倾听人民呼声、回应人民期待，保证人民平等参与、平等发展权利，维护社会公平正义，在学有所教、劳有所得、病有所医、老有所养、住有所居上持续取得新进展，不断实现好、维护好、发展好最广大人民根本利益，使发展成果更多更公平惠及全体人民，在经济社会不断发展的基础上，朝着共同富裕方向稳步前进。”① 三是着力解决不平衡不充分的发展的问题。不平衡、不充分是对我国发展特征的高度凝练，集中体现出了我国发展中存在的问题。一方面在这种发展状况之下，势必导致我国发展的不稳定性，另一方面也将无助于人民美好生活需要的实现。俗话说：“不谋全局者，不足以谋一域。”我们要实现的小康是全面小康，我们国家要实现的富强是全面富强。对于我们来说，东西南北中都是中华民族地理单元上的重要组成部分，应该更加注重发展的充分性和平衡性。通过不断推进区域协调发展战略，实施东部支援中西部发展等政策措施，推动发展更加平衡。

总之，习近平同志关于新时代我国社会主要矛盾的论述，不仅完全符合现阶段中国社会的实际，而且符合人类社会的发展规律。人类社会，不管是原始社会、奴隶社会还是封建社会，不管是资本主义社会还是社会主义社会，有一个共同之处，即都是由人组成的社会。而人对美好生活的追求，从来都不是只局限在物质方面。即使是在生产力十分低下的奴隶社会，广大的奴隶也不会只满足于温饱问题而心甘情愿地听凭奴隶主的奴役。因此，用单一的生产力的发展来解决人类社会矛盾的观点是错误的。习近平同志关于新时代中国社会主要矛盾的论述，摆脱了传统思想的束缚，必将引导我国社会主义事业不断夺取新的伟大胜利。

（作者系浙江大学马克思主义学院马克思主义中国化2017级研究生）

① 在第十二届全国人民代表大会第一次会议上的讲话．人民日报（评论版），2013-03-18.

准确把握历史方位　着力解决新时代社会主要矛盾

曾晓彬

摘　要：十九大报告正式提出我国社会主要矛盾已经转化为“人民日益增长的美好生活需要和不平衡不充分的发展之间的矛盾”，这一矛盾的转化说明十八大以来社会主义建设取得的伟大成就，中国特色社会主义进入新时代。但是，社会主要矛盾的转化并没有改变我国正处于社会主义初级阶段这一基本国情。在新时代下产生历史性变化的社会主要矛盾，对党和国家在新的社会发展阶段中的工作部署提出了更高的要求。唯有到本世纪中叶建成富强民主文明和谐美丽的社会主义现代化强国，我国才能改变处于社会主义初级阶段的基本国情。准确把握已经变化了的社会主要矛盾和相对稳定的基本国情，能够为全面建成小康社会提供方向指导和理论依据。

关键词：十九大；矛盾；基本国情；全面小康

一、不忘初心，社会主要矛盾的转化开启新时代的篇章

（一）矛盾的转化及其特征

2017 年 10 月 18 日，习近平同志在中共十九大会议上的报告中指出：“中国特色社会主义进入新时代，我国社会主要矛盾已经转化为人民日益增长的美好生活需要和不平衡不充分的发展之间的矛盾。”[①] 这一社会主要矛盾的历史性转变，表明我国自十八大以来的中国特色社会主义建设取得了伟大成就，改变了原来贫穷、落后的社会状况，人民的需求由简单的物质文化需求转向更高层次的对美好生活的价值追求，而社会生产力水平也在总体上得到显著提升，但还存在“不平衡、不充分”的矛盾。中国特色社会主义建设具有阶段性特点，在社会历史发展的每一个阶段都会有相应的社会主要矛盾，需要根据新情况、新特点，抓住主要矛盾，重点突破矛盾的主要方面，矛盾的认识与解决也进一步推动社会发展。从腐朽的封建社会跨越“卡夫丁峡谷”直接进行社会主义建设直至实现共产主义，需要经历一个漫长的过程，而社会主义作为实现共产主义之前的过渡阶段，其本身也有阶段性。根据马克思、列宁和布哈林等人的相关理论，由资本主义向共产主义过渡的社会主义阶段，也分初级阶段和高级阶段。1987 年中共十三大正式提出并阐述了我国正处于并将长期处于社会主义初级阶段的历史性论断，在正确认识我国发

① 习近平．中国共产党第十九次全国代表大会报告，2017.

展现状的同时，也坚定了长期坚持社会主义初级阶段基本路线的决心。

"人民日益增长的美好生活的需要和不平衡不充分的发展之间的矛盾"作为我国社会的主要矛盾，并不意味着我国已经进入先进的工业国行列，而是在生产力得到显著提高、总体实现小康的基础上，开始重点解决发展不平衡不充分的问题，为人民谋求更全面更幸福的生活，以求实现全体中华儿女的"中国梦"。2016 年全国居民人均可支配收入 23821 元，人均消费支出 17111 元，其中城镇居民人均可支配收入 33616 元，人均消费支出 23079 元，农村居民人均可支配收入 12363 元，人均消费支出 10130 元，全国居民恩格尔系数为 30.1%，接近联合国划分的 20% 到 30% 的富足标准。[①] 但基尼指数为 0.465，[②] 高于 0.4 的国际警戒线，收入分配不公的形势依旧严峻。由上述数据可知，虽然中国特色社会主义进入新时代，当前的社会主要矛盾发生转化，但我国仍处于社会主义初级阶段，社会生产力不够发达，尚未能实现全体人民的共同富裕。改革开放这 40 年，党和国家创新思想引领，转变经济发展方式，推动我国由以 GDP 为导向的粗放型经济发展方式向"五位一体"、更加全面、更注重社会效益的集约型经济转变。"五位一体"全面发展不是不抓重点，不是平均主义，全面发展就是抓住了我国当前发展不平衡不充分的主要矛盾，重点解决城乡、地域、行业之间的发展差距问题，促进社会公平。因此，过去只注重社会物质生产的发展思路显然不能满足现阶段全面发展的需求，也不能很好地反映党和国家在新时代下对社会建设的战略布局，不利于正确指导全国人民凝心聚力全面建成小康社会。在此情况下，促进社会矛盾的转化就成了必然。

（二）认识社会主要矛盾的转化要把握新时代特征、抓住重点问题

社会主要矛盾的转变并不意味着我国的基本国情已经改变。习近平同志在十九大报告中指出，我国社会主要矛盾已经转化为"人民日益增长的美好生活的需要和不平衡不充分的发展之间的矛盾"的同时也表明"我国社会主要矛盾的变化，没有改变我们对我国社会主义所处历史阶段的判断，我国仍处于并将长期处于社会主义初级阶段的基本国情没有变，我国是世界上最大的发展中国家的国际地位没有变"。社会主要矛盾的转化并不意味着基本国情的改变，自 1956 年首次提出我国社会的主要矛盾是"人民日益增长的物质文化需求同落后的社会生产之间的矛盾"到 1981 年十一届六中全会提出我国正处于社会主义初级阶段的历史定位，两者存在着 25 年的发展差距。尽管对社会主要矛盾的判断在 20 世纪 80 年代仍然符合我国所处历史阶段的基本情况，但我国的基本国情显然与社会主要矛盾并不是简单的对等。社会主义初级阶段所能够包含的社会形态远远要比社会主要矛盾所反映的实际状况的内涵要大得多。不同社会发展阶段都会出现不同的社会主要矛盾，但基本国情会在一定时期内保持相对稳定；社会主要矛盾处于动态发展的过程，而基本国情需要在量变积累到一定程度时才会引发质变。因此，经过了从 1956 年到 1981 年这曲折的 25 年，我国总体上仍处于需要大力发展生产力、解决人民群众温饱问题的阶段，也符合社会主义初级阶段这一基本的国情，未能改变"人民日益增

① 国家统计局.2016 年全国居民收入稳步增长居民消费进一步改善，2017 - 01 - 20.

② 国家统计局．中华人民共和国 2016 年国民经济和社会发展统计公报．http：//www.stats.gov.cn/tjsj/zxfb/201702/t20170228_ 1467424.html，2017 - 02 - 28.

长的物质文化需求与落后的社会生产之间的矛盾”这一主要矛盾。

中国特色社会主义进入新时代，社会主要矛盾发生转变，但基本国情稳定不变，体现了社会历史发展的阶段性特点。我国是在一贫如洗的基础上建立起来的，要进入社会主义需要经历一个漫长历史发展时期，使生产力得到充分的平衡的发展。在新时代下实现历史性转变的社会主要矛盾，并没有在本质上脱离落后生产力与紧缺的社会供给之间的矛盾范围，只是抓住新时代发展中国特色社会主义建设的关键，重点解决发展不平衡不充分的问题，满足人民群众对美好生活的需要。所谓“人民日益增长的美好生活的需要”与“人民日益增长的物质文化需求”有着密不可分的关联性，而“不平衡不充分的发展”与“落后的社会生产”则是一种递进的关系，显示出生产力发展的过渡性特点：从落后的社会生产到先进的社会生产之间必然会经历一个生产力得到发展，但又没有完全发展的过渡阶段，这一阶段兼具落后与先进社会生产的特点，而目前我国正处于这一阶段。

在全面建成小康社会的决胜阶段，在习近平新时代中国特色社会主义思想的指导下，我国实际上已经摆脱了贫困落后的社会状况，进入新的历史发展阶段，该思想系统地回答了新时代坚持和发展什么样的中国特色社会主义、怎样坚持和发展中国特色社会主义这一重大时代课题。十八大以来的五年，党和国家解决了许多长期想解决而没有解决的难题，办成了许多过去想办而没有办成的大事，新时代社会主要矛盾的历史性转变，更有利于我们正确地掌握国情，抓住关键，更好地进行决策部署，更好地推动中国特色社会主义事业继续向前发展，实现中华民族的伟大复兴。

（三）认识和解决社会主要矛盾是全面建成小康社会的必然

十八大以来的这五年，是全面发展的五年，也是社会取得巨大进步的五年，统筹推进“五位一体”总体布局、协调推进“四个全面”战略布局，不仅“十二五规划”胜利完成，“十三五”规划也顺利实施，党和国家事业全面开创新局面。[①] 认识和解决转化后的社会主要矛盾，首要的仍然是认识到当前社会生产不能满足人民需求的矛盾，即供应与需求之间的矛盾，这一矛盾不仅存在于社会主义初级阶段，而且也将贯穿于社会主义建设的全过程，直至我们进入更高阶段的社会主义。

2020 年全面建成小康社会是我国社会主义初级阶段的一个重要节点，也是实现中华民族伟大复兴的关键所在。我国正处于全面建成小康社会的决胜阶段，务必使全国各族人民团结奋斗、使全体中华儿女勠力同心。认识和解决新时代已经转变了的社会主要矛盾，是全面建成小康社会决胜阶段的必然，不仅能凝心聚力，增强全体人民对全面建成小康社会的信心，而且拨云见日，为决胜阶段的工作部署提供了指导方向。随着综合实力的迅速壮大，社会生产力得到显著提升与发展，我国正日益走向世界舞台中央，逐步跻身世界强国行列。我国即将进入全面小康社会，再以“落后的社会生产”来表述当前的社会生产状况显然不符合国情，也不能体现十八大以来所取得的伟大建设成果。2016 年我国国内生产总值 80 万亿元，稳居世界第二，对世界经济增长贡献率超过 30%。

① 习近平．中国共产党第十九次全国代表大会报告，2017.

6000多万贫困人口稳定脱贫，贫困发生率下降到4%以下。① 在全面建成小康社会的关键节点，在十八大以来社会取得巨大进步，十九大即将开启新的历史发展阶段之际，正确认识和解决我国的社会主要矛盾，是历史的必然，也是逐渐过渡到下一个阶段的基础与前提。

（四）解决社会主要矛盾需要大格局、大智慧、大战略

在全面建成小康社会的决胜阶段，正确认识并解决已经发生转变的社会主要矛盾，需要党和国家开拓大格局、展现大智慧、谋划大战略，结合新时代特征和一以贯之的社会主义初级阶段基本路线，不断提高战略思维能力，不断总结正反经验。具体问题具体分析的社会主义建设思想，贯穿于党和人民在新的历史征程上的每一个决策瞬间。早在2012年习近平同志在十八届中央政治局常委同中外记者见面时就提到："人民对美好生活的向往，就是我们的奋斗目标。"② 彼时党中央对新时代下社会主要矛盾在社会建设中的动态转变，早有清晰的认识，并且有针对性地进行决策倾斜与调整。尽管这五年来的成就是全方位、开创性的，变革是深层次、根本性的，十八大以来的建设成果辉煌显著，但问题依旧严峻，发展不平衡不充分问题依旧突出；民生领域依然难题不断。③ 要实现在中国共产党成立100周年之际，全面建成小康社会的伟大蓝图，仍然需要党着力深化改革，攻坚克难，补足短板，开启全面建设社会主义现代化强国新征程。为此，根据新时代社会主要矛盾的特征和社会主义初级阶段的基本国情，综合分析国际国内形势和我国发展条件，党中央将从2020年到本世纪中叶的这段时间分为两个阶段：从2020年到2035年，在全面建成小康社会的基础上，再奋斗15年，基本实现社会主义现代化；从2035年到本世纪中叶，在基本实现现代化的基础上，再奋斗15年，把我国建成富强民主文明和谐美丽的社会主义现代化强国。④ 根据我国现阶段人民日益增长的美好生活需要与不平衡不充分的发展之间的矛盾这一社会主要矛盾的特点，在全面建成小康社会之后所提出的两个阶段性目标，也将促进我国社会主要矛盾和基本国情的转变。可以预见的是，在全面建成小康社会之后，实现第一个阶段性目标之前，人民对美好生活的需要可以得到更好的满足，不平衡不充分的发展也将在一定程度上缓解，实现全面发展。社会主要矛盾的转化与解决是一个从量变到质变的过程，我国从"人民日益增长的物质文化需求与落后的社会生产之间的矛盾"转化到"人民日益增长的美好生活需要和不平衡不充分的发展之间的矛盾"，花了将近七十年的时间，但在新时代的正确思想指引和战略推进下，我国实现下一阶段的矛盾转化所需要的时间将大大缩短。

二、牢记使命，把握新时代下相对稳定的基本国情

（一）我国当前仍处于社会主义初级阶段

1981年6月党的十一届六中全会通过的《关于建国以来党的若干历史问题的决议》

---

① 习近平．中国共产党第十九次全国代表大会报告，2017－10－18.

② 习近平．习近平谈治国理政．北京：外文出版社，2014.

③ 习近平．中国共产党第十九次全国代表大会报告，2017－10－18.

④ 习近平．中国共产党第十九次全国代表大会报告，2017－10－18.

中第一次提出中国的社会主义制度仍然处于社会主义初级阶段这一重要论断。而后在党的十三大报告中对社会主义初级阶段进行了全面深刻的论述，作出了“我国仍然处于并将长期处于社会主义初级阶段”这一伟大历史性判断，充分吸取“大跃进”以来浮夸、不切实际的思想风气对国家建设造成巨大破坏的经验教训，在坚持实事求是、强调实践是检验真理的唯一标准的方法论基础上，指出党在社会主义初级阶段的基本路线长期不变。国家所处社会历史阶段的演进并非朝夕可成，必然要经过漫长的发展，经受人民和历史的反复检验。党和国家要在正确认识国情的基础上，找准当代中国社会主义发展所处的历史方位，立足于实际，牢牢坚持党的基本路线，坚持一个中心两个基本点，承担相应的国际责任，既不妄自菲薄，也不打肿脸充胖子。

列宁认为：“资本主义越不发达的社会，所需的过渡时期就越长。”[①] 因为社会主义就是消灭阶级，消灭地主与资本家只是第一步，而最终要使所有人都成为工作者就要消除工农之间的差别，而这是一个无比艰难的任务，而且必然是一个长期的任务。[②] 我国在一个落后的农业国基础上开始进行社会主义建设，没有经历过资本主义的充分发展，社会生产力处于极端低下的层面，要建成共产主义需要经历的时间无疑比俄国更漫长。布哈林在论述发达的社会主义和社会主义的初级阶段时，认为社会主义初级阶段的特点是阶级的等级制仍然存在，但处于上层地位的是无产阶级，生产资料的所有者也是无产阶级。[③] 我国是一个无产阶级专政的社会主义国家，居于社会统治地位的是以工人为代表的无产阶级，同时实行以公有制为主体，多种所有制并存的社会主义市场经济体制，政治、经济体制的特点都符合布哈林关于社会主义初级阶段的定义。所谓的社会主义初级阶段特指我国在生产力落后、商品经济不发达条件下建设社会主义必然要经历的特定历史阶段，其基本特点就是生产力不发达，社会主义制度不完善。唯有实现了社会主义现代化，才算是进入真正的社会主义。[④] 根据我国现阶段的发展情况，习近平同志提出了在全面建成小康社会后到本世纪中叶的两个阶段性目标：2020 年到 2035 年基本实现社会主义现代化，2035 年到本世纪中叶把我国建成富强民主文明和谐美丽的社会主义现代化强国。[⑤] 到那时，实现了全体人民的共同富裕和中华民族的伟大复兴，才真正改变我国处于社会主义初级阶段这一基本国情。

（二）矛盾的转变并没有在根本上改变我国的基本国情

社会主义初级阶段的基本特点是生产力不发达，社会主义制度不完善，因此在这一阶段的根本任务是解放和发展生产力，完善社会主义制度，跻身世界先进国家行列，基本实现社会主义现代化。[⑥] 新时代社会主要矛盾的转变，表明我国正处在落后的社会生产力与先进生产力之间的过渡阶段，因而也呈现出过渡性特点。2016 年全年全国居民人均可支配收入 23821 元，城镇居民 33616 元，农村居民 12363 元。按全国居民五等份收

① 列宁．列宁全集：第 37 卷．北京：人民出版社，1984.
② 列宁．列宁全集：第 37 卷．北京：人民出版社，1984.
③ 布哈林．布哈林文选：上册．北京：人民出版社，1981.
④ 秦刚，王怀超．科学社会主义基本理论．北京：中共中央党校出版社，2003.
⑤ 习近平．中国共产党第十九次全国代表大会报告，2017－10－18.
⑥ 秦刚，王怀超．科学社会主义基本理论．北京：中共中央党校出版社，2003.

入分组，低收入组人均可支配收入5529元，高收入组人均可支配收入59259元。按照每人每年2300元（2010年不变价）的农村贫困标准计算，2016年农村贫困人口4335万人，贫困地区农村居民人均可支配收入8452元。① 人均可支配收入远低于西方发达国家。在一定程度上，我国的社会生产满足了人民对物质文化的需求，但又不能满足人民美好生活的需要，不符合“按劳分配、各取所需”的社会主义高级阶段的要求，在本质上仍然属于落后的生产力范围。中国特色社会主义进入新时代，即将全面建成小康社会，在不断认识和克服社会主要矛盾的过程中，也在不断推动社会向前发展。

（三）当前所处历史阶段的转变需要更多的时间

我国正处于并将长期处于社会主义初级阶段的基本国情不会在短期内发生改变。早在20世纪50年代末，毛泽东就指出：要把我国从一个落后的国家建设成繁荣昌盛的社会主义强国至少需要上百年的时间。而到了本世纪中叶，我国成为富强民主文明和谐美丽的社会主义现代化强国，与毛泽东同志所提出的用一百年建成繁荣昌盛的社会主义强国的时间节点吻合。尽管新时代社会主要矛盾发生转变，但要改变我国社会主义初级阶段的历史方位，还需要更多的时间。习近平同志说：“中国改革经过30多年，已进入深水区，可以说，容易的、皆大欢喜的改革已经完成了，好吃的肉都吃掉了，剩下的都是难啃的硬骨头。”② 无论是深化供给侧结构性改革，抑或脱贫攻坚解决民生领域的重重难题，还是“五位一体”促进经济发展与绿色保护的协同共生，都需要抓住主要矛盾、解决主要矛盾，在提高生产力、完善社会主义制度上下功夫，都需要在实践中检验和发展中国特色社会主义，坚定四个自信。以习近平同志为核心的新一届党中央领导，在全面建成小康社会的决胜阶段，需要有巨大的政治勇气和非凡的政治智慧，在“十三五”期间引领国际趋势、抢抓重要机遇、布局伟大战略，即将胜利完成2020年全面建成小康社会的目标，在本世纪中叶建成富强民主文明和谐美丽的社会主义现代化强国。

三、高举旗帜，夺取新时代中国特色社会主义伟大胜利

我国正处于并将长期处于社会主义初级阶段这一基本国情，决定了我们必须坚持党在社会主义初级阶段的基本路线，即领导和团结全国各族人民，以经济建设为中心，坚持四项基本原则，坚持改革开放，自力更生，艰苦创业，为把我国建设成为富强、民主、文明、和谐、美丽的社会主义现代化强国而奋斗。中国特色社会主义进入新时代，是党和国家发展中国特色社会主义新的逻辑起点。在此基本国情之下，面对不断变化的社会主要矛盾，要坚持基本路线，融合新时代的新发展理念，进行远大的战略部署，正确地解决社会主要矛盾，顺利夺取全面建成小康社会的胜利。就其本质而言，社会主义初级阶段所对应的社会主要矛盾仍然是落后的社会生产难以满足人民需求的矛盾，这一矛盾将贯穿于我国建设社会主义现代化强国的全过程。人民日益增长的美好生活需要和不平衡不充分的发展之间的矛盾，是在新时代下对已经变化了的社会矛盾与时俱进的精

① 国家统计局．中华人民共和国2016年国民经济和社会发展统计公报．http://www.stats.gov.cn/tjsj/zxfb/201702/t20170228_1467424.html，2017-02-28.

② 习近平．习近平谈治国理政．北京：外文出版社，2014.

细化表述，总体上仍然属于落后生产力的矛盾范畴之中，处于从落后生产力向先进生产力发展的量变到质变的积累阶段。党中央准确清晰地把握到现阶段我国社会主要矛盾的本质与变化，以发展的观点，在坚持基本路线不变的同时，针对新情况，融合新理念、新思想，创新解决矛盾的方式，以实现在本世纪中叶建成富强民主文明和谐美丽的社会主义现代化强国的目标。把握社会主要矛盾与社会主义初级阶段之间的逻辑关联，必须清晰地认识到我国正处于社会主义初级阶段这一基本国情不会在短期内发生改变。在坚持两点论与重点论相统一的基础上，用发展的观点去审视社会主要矛盾的动态转化过程，唯有在不断认识和解决社会主要矛盾的过程中，才能逐步建立起完善的社会体制，促进生产力的不断提高，最终改变我国正处于社会主义初级阶段这一基本国情，推动中国特色社会主义事业进一步发展，实现中华民族的伟大复兴。

（作者系中共广东省委党校研究生）

深刻把握新时代我国社会主要矛盾的历史性转化

李　琦

摘　要：社会主义初级阶段需要历经很长的时间跨度，在其不同的发展阶段呈现出相应的特点，形成不同发展阶段社会的主要矛盾。党的十九大立足于新时代、新背景，对我国社会主要矛盾的历史性转化作出新的判定，认为新时代我国社会主要矛盾是人民日益增长的美好生活的需求和不平衡不充分的发展之间的矛盾。只有深刻把握当前社会主要矛盾，并分析人民需求与社会供给的变化是发生历史性转化的深层原因，才能真正理解当前我国社会主要矛盾，为党和国家有效应对新时代社会主要矛盾带来的挑战奠定坚实的理论基础。

关键词：新时代；社会主要矛盾；需求侧；供给侧

矛盾是反映事物内部和事物之间对立统一的哲学范畴。矛盾具有普遍性，其广泛地存在于经济社会发展过程的始终，是促进社会发展进步的根本动力。在复杂事物发展过程中，主要矛盾在矛盾体系中处于支配地位，对事物发展起决定作用，在具体社会实践中集中表现为关键环节、中心工作和重点任务。随着中国特色社会主义进入新时代，我国社会主要矛盾已经发生深刻的历史性转化，这是以习近平同志为核心的党中央基于我国发展新的历史时期所提出的重大战略判断，也是习近平新时代中国特色社会主义思想的重大理论创新之一。

一、我国社会主要矛盾的演化过程

我国经过70年的发展尤其是近40年的改革开放，生产力水平得到极大提高，人民生活得到极大改善。我们已经告别了贫困时期，跨越了温饱年代，向着全面建成小康社会的富裕时代大步迈进；我们已经实现了从“站起来”到“富起来”的目标，并正在从“富起来”到“强起来”的历史性转变的道路上奋勇前行。基于新时代条件下的新情况、新问题、新矛盾，党的十九大报告立足新时代历史方位和基本国情对我国社会主要矛盾的历史性转化作出了全新的重大研判，指出我国社会主要矛盾已经由“人民日益增长的物质文化需要同落后的社会生产之间的矛盾”转化为“人民日益增长的美好生活需要和不平衡不充分的发展之间的矛盾”，这是我们党对新时代我国社会主要矛盾认识所实现的一次新的历史性飞跃。

（一）改革开放前我国社会主要矛盾

在人类社会历史进程中，事物是运动变化的，矛盾也是不断发展的，这就决定了社会主要矛盾的变化和转换亦是一个自然的历史过程。早在1937年，毛泽东就指出，“社会的变化，主要地是由于社会内部矛盾的发展，即生产力和生产关系的矛盾、阶级之间的矛盾、新旧之间的矛盾，由于这些矛盾的发展，推动了社会的前进，推动了新旧社会的代谢”。中华人民共和国成立以后，毛泽东在调查实践的基础上，继续运用矛盾的对立统一规律指导中国社会建设。从1949年至今，我党对社会主要矛盾作出重大的结论性判断共有三次。

从中华人民共和国成立，通过实行一系列政策措施，到1956年底我国社会主义改造基本完成，社会主义制度也基本建立起来。毛泽东同志结合中国社会主义革命和建设的实践，探索与确立了社会主义社会的主要矛盾。1956年9月中共八大召开，党中央作出“我国的无产阶级同资产阶级之间的矛盾已经基本上解决”，“我们国内的主要矛盾，已经是人民对于建立先进的工业国的要求同落后的农业国的现实之间的矛盾，已经是人民对于经济文化迅速发展的需要同当前经济文化不能满足人民需要的状况之间的矛盾”的正确判断，这是中国共产党对我国社会主要矛盾作出的第一次重大的结论性判断。这个判断对我国形成以发展生产力作为国家经济发展的重心，对形成以提高人民生活水平为目的的经济发展思路，对完善整个社会主义国家的建设战略具有深远的历史意义。同时，也为之后的社会主义现代化建设重回正轨奠定了坚实的思想基础。

（二）改革开放后我国社会主要矛盾

邓小平同志在总结社会主义建设事业经验教训的基础上，结合时代特征及出现的新情况新问题，恢复和继承了社会主义社会主要矛盾理论。1978年十一届三中全会，重新确立了实事求是的马克思主义思想路线，作出把党和国家的工作重心转移到经济建设上来的战略决策，提出实行改革开放的伟大方针，标志着我国进入社会主义现代化建设的新时期。1981年党的十一届六中全会正式指出，“在社会主义改造基本完成以后，我国所要解决的主要矛盾，是人民日益增长的物质文化需要同落后的社会生产之间的矛盾”。这是中国共产党对我国社会主要矛盾作出的又一次重大的结论性判断。这一重要论断为当时实现把党和国家的工作重心转到经济建设上来，初步开辟中国特色社会主义的全新事业提供了科学的理论依据，开始了改革开放的伟大征程，同时也广泛地调动和充分地激发了广大人民群众的积极性、主动性和创造性，创造了当时令世界为之震惊的“发展奇迹”。

经过近40年的发展，我国生产力发展水平和人民生活水平迅速提高，社会各个领域都发生了翻天覆地的变化，不仅在20世纪末解决了人民温饱问题，在21世纪初达到了总体小康水平，而且在2020年我国将全面建成小康社会。随着这一系列的变化，人民对美好生活的需求和向往，不仅对物质文化生活方面提出更高的要求，而且在民主、法治、公平、正义、安全等方面的需求也日益增长，这就使我国社会主义主要矛盾保持长期不变的历史被重新书写成为历史之必然。

习近平同志根据新时代中国特色社会主义关系全局的历史性变化，特别是十八大以来中国发展历史性成就和变革的深刻总结，创造性地阐释了当前我国社会主义社会主要矛盾的转化。党的十九大正式提出“中国特色社会主义进入新时代，我国社会主要矛盾已经转化为人民日益增长的美好生活需要和不平衡不充分的发展之间的矛盾”的重大论断。这是中国共产党对我国社会主要矛盾作出的第三次重大的结论性判断。这次对我国社会主要矛盾转化的判断，内涵更丰富，关注范围更宽泛，聚焦问题更精准，描绘愿景更鼓舞人心。着力解决不平衡不充分发展的问题，不断满足人民日益增长的美好生活需要，彰显了我们党对时代主题的准确把握，表明了我们党推进伟大事业的决心勇气，明确了我们党不忘初心的政治立场，凸显了我们党实现中华民族伟大复兴中国梦的远大抱负。

通过阐述中国共产党对我国社会主要矛盾作出的三次重大的结论性判断，深刻揭示出中国发展经历了从“站起来”到“富起来”，再到“强起来”的演变过程，也为我们党在新时代背景下更好地开展相关战略工作提供了客观理论依据。

二、科学理解新时代我国社会主要矛盾的历史性转化

我们已经告别过去的物质短缺的时代，进入结构性过剩和结构性不足相并存的时代。这个时代我们既要解决一些物质生产过剩的问题，也要解决一些物质供给不足的问题。这就要求我们必须科学理解现阶段我国社会主要矛盾的历史性转化。

（一）社会主要矛盾的变化性与趋稳性的新把握

党的十九大报告明确指出：“我国社会主要矛盾已经转化为人民日益增长的美好生活需要和不平衡不充分的发展之间的矛盾。”这一论断既对我国社会主义现代化建设所取得的成就给予了肯定，又为我党坚持实事求是、敢于解决问题、实现伟大理想奠定了坚实的理论基础。

社会主要矛盾是生产力与生产关系这一根本矛盾的外化形式，不管社会根本矛盾的内在属性是否发生实质性变革，它都会随着生产力的发展而逐渐发生转化。就社会主义中国而言，表现为不论我国处于社会主义哪一阶段，或者处于哪一阶段的某一历史时期；不论我国处于怎样的国际环境，或者在该国际环境中处于何种国际地位，社会主要矛盾都有可能发生演化。目前我国处于并将长期处于社会主义初级阶段的基本国情没有变，我国是世界上最大的发展中国家的国际地位没有变，但社会主要矛盾却随着生产力发展发生了历史性转变，及时准确地把握这一转化对于准确判断我国发展的历史方位，及时调整执政党的工作重心，科学把握国家的战略规划，深刻揭示社会发展的时代内涵具有重大意义。

虽然社会主要矛盾具有变化性的一面，但我们也不能否定其在某种层次上趋于稳定性的另一面。一个国家的社会主要矛盾不可能一成不变，其量变时时发生，质变则在量变积累到一定程度时才会发生，所以在一定历史时期内社会主要矛盾具有相对稳定性。首先，矛盾的性质具有相对稳定性。社会根本矛盾的内在属性不发生实质性变革，社会主要矛盾的性质也一定不会改变。就目前处于社会主义初级阶段的中国而言，我国社会主要矛盾的性质始终是人民内部非对抗性的矛盾。其次，社会主要矛盾发生改变并不是简单的转瞬即变的过程，某个阶段内社会主要矛盾的化解都需要生产力发展到一定程度，所以社会主要矛盾在总体上具有趋稳性。最后，我国各领域总体发展的背景并没有发生根本性改变，新时代我国社会主要矛盾的转变也并未改变这一事实。党的十九大明确提出了“一个变”和“两个没有变”，我们必须正确把握这一历史定位，才能加快实

现我国社会主义现代化进程的前进步伐。

（二）社会主要矛盾的需求侧的新要求

从社会主要矛盾的需求侧看，我国社会主要矛盾已由“人民日益增长的物质文化需要”转变为“人民日益增长的美好生活需要”。人的需求不仅具有动态性、延展性和提升性，而且具有层次性、差异性和复杂性的特点，随着经济社会发展，人民的需要不断拓展、丰富和提高，不仅对物质文化生活提出更高要求，而且在民主、法治、公平、正义、安全、环境等方面的要求也日益增长。

可以看出，“人民日益增长的美好生活需要”内容丰富，含义广袤，不仅包括人民日益增长的物质文化需要，而且包括在其基础上衍化出来的教育、工作、社会保障、医疗卫生服务、居住条件、生态环境、精神文化生活等方面的需求。原来的对物质文化需要不仅没有消失，而且呈现出升级的态势，从精神文化到政治生活、从生存发展的环境到所处的经济社会地位、持有的价值观念等方面，人民需要的生活品质在不断提高，不仅需求的数量明显增加，而且需求的质量显著提高。满足人民群众日益增长的美好生活需要，不再是生存型的对温饱和小康的需求，而是发展型的对富强、民主、文明、和谐、美好的社会主义现代化的需求。

我们必须以更为宽阔的视野来分析人民需求的结构拓展和层次提升问题，一方面，要继续重视人民对物质生活和精神文化生活的需求，同时加强人民群众对政治生活的参与，重视人民在教育、工作、社会保障、医疗卫生服务、居住条件、生态环境等方面的需求，将这些新的需求纳入人民的需求结构中；另一方面，要认识在新时代背景下，人们对不同领域的社会生活提出更高水平的需求，要求我们必须要将满足人民多样性、多层次化的社会需求作为主要任务之一。

（三）社会主要矛盾的供给侧的新判断

就社会主要矛盾的供给侧而言，决定新时代我国社会主要矛盾发生历史性转化的一个关键因素是生产力发展水平的迅速提高，但就目前我国所处历史时期来说，虽然生产力水平得到迅速提高，但是生产力发展却仍处于不平衡不充分的发展状态。“不平衡不充分的发展之间的矛盾”既表现为城乡、区域发展不平衡不充分，又表现为经济发展与社会发展不平衡不充分，还表现为经济发展、社会发展本身不平衡不充分。

目前在我国发展过程中，发展不平衡主要体现为经济、政治、文化、社会发展之间的不平衡，包括收入分配差距、城乡差距、区域差距、经济领域内部及其与社会、生态等领域之间发展不平衡等问题；发展不充分主要体现为生产力发展不充分、资源利用不充分，发展质量和效益还不高、创新能力不够强、实体经济水平有待提高，生态环境保护任重道远，民生领域还有不少短板，社会矛盾和问题交织叠加，国家治理体系和治理能力有待加强……物质文明、政治文明、精神文明、社会文明、生态文明还需全面提升等方面。发展不平衡与发展不充分之间是相互区别、相互制约、相互影响的关系。发展不平衡是发展的横向面，主要是指发展的广度不够；发展不充分是发展的纵向面，主要是指发展的深度不够。

发展不平衡是发展不充分的具体表现，发展不充分是发展不平衡的客观基础，发展的不平衡会加剧发展的不充分，进而影响发展的效益与效力。我们要正确把握两者之间的关系，使经济社会发展朝着充分、平衡的方向运行。

我国社会主要矛盾包含“人民日益增长的美好生活需要”和“不平衡不充分的发展之间的矛盾”两个方面，二者紧密联系、对立统一。“不平衡不充分的发展之间的矛盾”是社会主要矛盾的主要方面，是满足“人民日益增长的美好生活需要”的主要制约因素；满足“人民日益增长的美好生活需要”是解决“不平衡不充分的发展之间的矛盾”的衡量标尺。离开满足人民日益增长的美好生活需要抽象地谈论发展不平衡不充分问题及其解决办法，没有任何意义。我们必须将“不平衡不充分的发展之间的矛盾”作为解决发展问题的主要抓手，通过促进经济社会的平衡充分发展来满足人民日益增长的美好生活需要，建设社会主义现代化强国。

科学把握和解决当前我国社会主要矛盾，满足人民日益增长的美好生活需要，推动发展不平衡不充分问题的解决，让新时代成为全国各族人民团结奋斗、不断创造美好生活、逐步实现共同富裕的时代。

三、新时代我国社会主要矛盾历史性转化的基本依据

（一）判定社会主要矛盾发生转化的理论必然

世界上任何事物都遵循着一定规律并处于不断变化发展之中，人类社会也不例外地遵循着其特定的规律，不断地变化和发展着。马克思、恩格斯从社会存在与社会意识的辩证关系出发，深刻揭示了生产力与生产关系、经济基础与上层建筑矛盾运动等一系列规律，为人们正确认识人类社会历史及其发展趋势，正确认识资本主义社会和社会主义社会的发展规律，提供了科学的指导原则。毛泽东以其极为深厚的马克思列宁主义的理论功底和极其巨大的马克思列宁主义的理论勇气，第一次对社会主义社会的基本矛盾所固有的特殊内在性质和解决途径，做了系统性的深入揭示。在《矛盾论》一文中，更是提出了矛盾的普遍性与特殊性、主次矛盾和矛盾的主次方面等对我国发展具有建设性意义的重大理论。这些经典文献为正确认识我国社会主要矛盾及其历史性转化提供重要的理论依据。

1. 社会主要矛盾是社会基本矛盾的外在表现形式

马克思主义唯物史观认为，生产力与生产关系的矛盾、经济基础和上层建筑之间的矛盾是人类社会发展的基本规律和基本矛盾，也是推动社会发展的根本动力。生产力决定生产关系，生产关系反作用于生产力；经济基础决定上层建筑，上层建筑对经济基础具有反作用。社会基本矛盾尤其是生产力和生产关系的矛盾，是“一切历史冲突的根源”，决定着社会中其他矛盾的存在和发展，贯穿人类社会发展过程的始终，规定了社会发展过程中各种社会形态、社会制度的基本性质，制约着其他社会矛盾的存在和发展，决定社会历史的一般进程，并推动社会向前发展，具有不变性和永恒性的特点。社会主要矛盾是在多种矛盾中发挥决定性作用的矛盾，在某一阶段、某一特定历史时期发挥着主导作用，受到社会基本矛盾的制约，是社会基本矛盾的外在表现形式，具有变化性和阶段性的特点。

我们需要从生产力与生产关系这一基本矛盾的内在属性出发，分析特定社会基本矛

盾与作为其外在表现形式的社会主要矛盾之间的逻辑关系。我国是以生产资料公有制为基础的社会主义社会，生产资料归劳动者共同所有，人们在生产过程中处于平等地位，产品分配上不存在剥削。这就决定了在我国生产力与生产关系这一社会基本矛盾的内在属性是非对抗性的人民内部矛盾，这种人民内部矛盾贯穿我国社会主义社会发展过程的始终，但在社会主义不同发展阶段以及不同发展阶段的不同历史时期上，又外在地表现为不同的、有变化的主要矛盾。

就处于社会主义初级阶段的中国而言，主要矛盾在新时代背景下的性质没有发生根本改变，但构成主要矛盾两个方面的需要和生产发生了新变化，因而社会主要矛盾发生的历史性转化其实就是需求侧与供给侧的转化。

2. 需求侧：人民需要的结构与水平

马克思主义从历史唯物主义的视角来理解人的需求。一方面，在同一时期，同一主体往往具有多种类型的需求，不同主体具有的需求具有多样性和差异性，同一种需求对不同主体具有不同程度的影响力，各种不同类型的需求之间存在着特定的层次性。马克思曾经指出："人们为了能够'创造历史'，必须能够生活。但是为了生活，首先就需要吃穿住以及其他一些东西。因此第一个历史活动就是……生产物质生活本身。"所以只有在满足物质需要的基础之上，才能更好地追求精神需求。进入新时代，生产力迅速发展，人们温饱问题已基本解决，物质需求基本被满足，更多的是要追求作为"人"所固有的在政治、经济、文化、社会与生态方面的独特的新需求。另一方面，同一种需求在不同社会发展阶段上会有新变化。马克思指出："已经得到满足的第一个需要本身、满足需要的活动和已经获得的为满足需要而用的工具又引起新的需要。"社会主义初级阶段，在基本温饱的物质需求得到满足之后，人们对于产品质量和生活品质会产生新的要求，不仅要求内容多样，而且要求水平提升。

3. 供给侧：社会生产力的发展

根据社会根本矛盾与主要矛盾关系的基本理论，社会主要矛盾是生产力与生产关系这一根本矛盾的外化形式，生产力的变化发展决定着社会主要矛盾的转变，生产力是社会主要矛盾的主要方面。首先，只有在生产力发展的基础上，才能更充分地满足人民群众物质文化需要和美好生活需要。马克思之所以说人类历史的第一个活动就是生产物质生活本身，正是因为物质生产是满足人类生活需要的根本途径。其次，生产力的发展不仅可以释放被压制的人民需求，而且会推动需求层次和水平的提升，从而推动社会的不断进步和生产力的不断发展。最后，生产力发展是社会进步的根本内容，也是衡量社会进步的根本尺度。马克思曾深刻指出，"人们所达到的生产力的总和决定着社会状况"。生产力的发展水平制约着政治、社会、文化、生态等其他方面社会文明的发展程度。

（二）衡量社会主要矛盾发生转化的现实必然

社会基本矛盾，尤其是作为其主要方面的生产力的发展变化决定着社会主要矛盾的发展变化，所以要挖掘社会主要矛盾发生转化的现实必然，应该从生产力发展的深层角度出发，剖析是否随着社会生产力的发展真正总体化解了早期社会主要矛盾，是否随着生产力水平的提高真正促进了需求结构与水平的提升，当前社会生产力发展状况是否能够满足新时代人们日益增长的一系列新需求。

1. 社会生产力发展状况已使早期的社会主要矛盾总体化解

中华人民共和国成立初期，我国社会生产力发展水平较低，甚至连人们的温饱问题都难以解决。经过社会主义改造，党的十一届六中全会将我国社会主要矛盾规范为“人民日益增长的物质文化需要同落后的社会生产之间的矛盾”。改革开放以来，经过数十年的发展，我国生产力水平显著提高，总体上能够为人民提供基本的物质保障，也能够满足人民基本的物质文化的需要，小康社会的即将全面建成将能总体化解之前生产力发展水平相对落后时所定义的社会主要矛盾。具体表现为我国总体经济发展较快，进入中等收入国家行列。2016 年我国国内生产总值达到 74.4 万亿元，占世界经济总量的 14.8%，稳居世界第二位，人均国内生产总值 5.4 万元（约合 8100 美元）；我国人均收入和消费水平迅速提高，基本达到小康水平。2016 年，全国居民人均可支配收入 2.38 万元，比上年实际增长 6.3%；城镇居民人均可支配收入 3.36 万元，比上年实际增长 5.6%；农村居民人均可支配收入 1.24 万元，比上年实际增长 6.2%；我国脱贫攻坚成效显著，社会贫困率快速下降。2016 年农村贫困人口 4335 万人，比上年减少 1240 万人，我国将于 2020 年全面建成小康社会之时实现全面脱贫，朝着共同富裕的目标努力前进。

2. 新时代社会生产力发展水平促使人们的需求结构与水平提升

需求结构的扩展就是随着社会生产力的不断发展和早期社会主要矛盾的总体化解，人们日益增长的已不仅仅是对基本的物质文化的需求，还有参政议政的需求、依法治理的需求、生态保护的需求等新时代的社会需求。需求水平的提升实际上就是新时代对各种需求的要求越来越高，物质生活需求水平日益提高，精神文化需求水平显著提升，扩大政治参与和影响公共决策的参与式需求开始显现，公平法治诉求较为突出，城乡和跨域自由流动诉求逐渐增强，包括食品安全、财产安全、生产安全、信息安全、政治安全在内的总体安全需求愈发重要。人民需求结构与水平的实质性改变集中表现为“人民日益增长的美好生活需要”。

3. 现阶段社会生产力发展不平衡不充分难以满足新时代人们的新需求

经济社会发展不平衡问题突出。第一，无论是物质生活水平、社会保障水平、社会基础设施建设，还是医疗卫生服务、养老服务、教育服务、公共文化服务，城乡差距较大，发展不平衡；第二，无论是省际还是东中西部之间，区域发展差距较大；第三，不论是城乡之间、区域之间，还是不同职业之间，收入分配差距都很显著，这也是我国发展不平衡问题的集中体现；第四，经济领域内部结构性失衡，经济领域内部及其与社会、生态等领域之间发展也不平衡，社会服务短缺和环境污染严重问题最为突出。

经济社会发展不充分问题突出。首先，当前作为我国微观经济主体的中小企业生存发展困难重重，实体经济活力有待进一步释放，二者经济发展环境不够优化，激励力度远远不够，顽固问题长期未能解决。其次，经济发展方式粗放，资源消耗型、环境污染型产业有待转型，产业科技创新和制度创新能力不足，在某种程度上削弱了我国产品的国际竞争力。再次，市场竞争机制不完善，市场竞争环境不够优化，市场贸易壁垒依然存在，市场准入的开放程度仍不高。最后，公共服务供给不足，种类单一，质量不高，难以满足人民群众对优质公共服务的迫切需求。

新时代的开启，意味着新的奋斗目标和新任务的出现。而新时代的所有目标和任务，都必然衍生于一个特定中心，即新时代我国社会的主要矛盾。能否正确认识和精准把握我国社会主要矛盾，决定着能否科学定位这一时期的工作中心和根本任务，只有深化对这一理论创新的认识，才能更准确地掌握中国特色社会主义进入新时代的新特点、新内涵、新变化，才能更深刻地理解习近平新时代中国特色社会主义思想的丰富内涵。

参考文献

[1] 马克思，恩格斯．德意志意识形态（节选本）．北京：人民出版社，2003.

[2] 习近平．习近平谈治国理政．北京：外文出版社，2014.

[3] 中共中央文献研究室．十八大以来重要文献选编（上）．北京：中央文献出版社，2014.

[4] 马克思主义基本原理概论．北京：高等教育出版社，2015.

[5] 中共中央宣传部．习近平同志系列重要讲话读本．北京：学习出版社，人民出版社，2016.

[6] 习近平．决胜全面建成小康社会　夺取新时代中国特色社会主义伟大胜利——在中国共产党第十九次全国代表大会上的报告．人民日报，2017-10-28.

[7] 颜云霞，刘庆传．社会主要矛盾发生变化的论断精准深刻——长江产经智库学习研讨解读十九大报告精神．新华日报，2017-10-21.

[8] 杨建伟．毛泽东“八大”前后的社会主要矛盾思想探析．武汉大学学报，2005（4）.

[9] 郭志琦．论我国社会主要矛盾．马克思主义研究，2006（10）.

[10] 吕普生．新时代中国社会主要矛盾历史性转化的理论与实践依据．新疆师范大学学报（哲学社会科学版），2018（4）.

[11] 刘同舫．新时代社会主要矛盾背后的必然逻辑．华南师范大学学报（社会科学版），2017（6）.

[12] 吕世荣．关于社会主要矛盾及解决方式变化的哲学思考．哲学研究，2007（2）.

[13] 曹滢，韩家慧．“新矛盾”怎么解？新华网，2017-10-24.

（作者系大连海事大学马克思主义学院马克思主义基本原理专业2016级硕士研究生）

决战全面建成小康社会视域下农村贫困山区教育主要困境的突破路径探究

曾荣雄

摘　要： 教育事业是中华民族伟大复兴的基础性工程，发展好教育是党和国家的一项重要工作，解决好贫困山区教育问题，助力贫困山区精准脱贫，是决战全面建成小康社会工作的必不可少的重要组成部分。

关键词： 全面建成小康社会；农村贫困山区；主要困境；突破路径

习近平同志在党的十九大报告中指出：中国共产党人的初心和使命，就是为中国人民谋幸福，为中华民族谋复兴。这个初心和使命是激励中国共产党人不断前进的根本动力。全党同志一定要永远与人民同呼吸、共命运、心连心，永远把人民对美好生活的向往作为奋斗目标，以永不懈怠的精神状态和一往无前的奋斗姿态，继续朝着实现中华民族伟大复兴的宏伟目标奋勇前进。①

党的十九大报告指出：新时代中国特色社会主义思想，明确坚持和发展中国特色社会主义，总任务是实现社会主义现代化和中华民族伟大复兴，在全面建成小康社会的基础上分两步走，在本世纪中叶建成富强民主文明和谐美丽的社会主义现代化强国；明确新时代我国社会主要矛盾是人民日益增长的美好生活需要和不平衡不充分的发展之间的矛盾，必须坚持以人民为中心的发展思想，不断促进人的全面发展、全体人民共同富裕；明确中国特色社会主义事业总体布局是“五位一体”、战略布局是“四个全面”，强调坚定道路自信、理论自信、制度自信、文化自信；明确全面深化改革总目标是完善和发展中国特色社会主义制度、推进国家治理体系和治理能力现代化；明确全面推进依法治国总目标是建设中国特色社会主义法治体系、建设社会主义法治国家；明确党在新时代的强军目标是建设一支听党指挥、能打胜仗、作风优良的人民军队，把人民军队建设成为世界一流军队；明确中国特色大国外交要推动构建新型国际关系，推动构建人类命运共同体；明确中国特色社会主义最本质的特征是中国共产党领导，中国特色社会主义制度的最大优势是中国共产党领导，党是最高政治领导力量，提出新时代党的建设总要求，突出政治建设在党的建设中的重要地位。②

习近平同志在十九大报告中指出：优先发展教育事业。建设教育强国是中华民族伟

① 《中国共产党第十九次全国代表大会报告》。

② 《中国共产党第十九次全国代表大会报告》。

大复兴的基础工程，必须把教育事业放在优先位置，加快教育现代化，办好人民满意的教育。要全面贯彻党的教育方针，落实立德树人根本任务，发展素质教育，推进教育公平，培养德智体美全面发展的社会主义建设者和接班人。推动城乡义务教育一体化发展，高度重视农村义务教育，办好学前教育、特殊教育和网络教育，普及高中阶段教育，努力让每个孩子都能享有公平而有质量的教育。完善职业教育和培训体系，深化产教融合、校企合作。加快一流大学和一流学科建设，实现高等教育内涵式发展。健全学生资助制度，使绝大多数城乡新增劳动力接受高中阶段教育、更多接受高等教育。支持和规范社会力量兴办教育。加强师德师风建设，培养高素质教师队伍，倡导全社会尊师重教。办好继续教育，加快建设学习型社会，大力提高国民素质。①

要办好教育，必须立足地区实际，结合当地经济发展水平、人文基础等一系列情况来整体规划和实施相应的教育政策。在我国中西部尤其是西部地区的一些贫困山区，教育事业发展面临着诸多困境，特别是像乌蒙山集中连片特困区，在云南乃至整个西部地区贫困区中具有代表性。近年来，党和国家采取了一系列扶贫政策和措施，目前精准扶贫取得重大成绩，但山区教育落后仍然是制约山区发展的一个薄弱环节，只有解决好这些薄弱环节，才能为决胜全面建成小康社会提供重要的智力支持和根本的精神力量。

一、决战全面建成小康社会攻坚期的农村贫困山区义务教育现状

首先，我国是多民族的社会主义国家，少数民族就有五十五个，由于各种历史因素，我国少数民族多集中在边疆地区、边缘山区、贫困地区，大聚居、小杂居等各种情况不一。长期以来，受各种自然条件及交通等因素的制约，发展缓慢。在广大农村贫困地区，教育落后是其发展缓慢的重要因素。人口素质欠缺，发展意识不足，发展观念陈旧，生产技术落后，在发展过程中很难克服现有环境的束缚，以及教育的贫困，都是制约农村发展的重要因素。我国边疆地区、民族地区、偏远的农村地区，往往是贫穷的代名词，比如在云南、四川、贵州等省份的一些农村地区的现状就是贫困落后，教育发展异常艰难，成为其走出贫困的瓶颈。从目前云南、贵州乃至四川等省份来看，农村贫困地区已经涵盖着大部分的民族地区和广大边疆地区。在过去的很长一段时间内，农村贫困地区的教育一直处于落后状态，即使当前实施了一系列的扶贫政策，做了大量的薄改项目，但同等条件下取得的教育效果并不明显。

其次，对于很多农村贫困山区的教育，领导为了短时间内抓出成绩，不惜花费大量资金，从省外请来专家指点迷津，把区域内各学校的教师选一批来集中培训，然后受过培训的教师回校又对校内其他教师培训，如此的做法在很多农村贫困地区并未取得良好效果。究其原因，他们忽视了马克思主义的教育规律，有盲目的赶超思想和政绩观念，违背地区实际，违背教育的客观规律，千篇一律地照抄照搬发达地区的经验。据了解，云南有好几个州市的义务教育在学习冯恩洪先生的分层教育模式后，注重抓升学率，把学生分成三六九等，条件好的学校确实取得了一定成果。但是那些条件差的学校，生源差，教师少，各种工作累计起来，把老师和学生都搞累了，却看不到成效。这些做法看

---

① 《中国共产党第十九次全国代表大会报告》。

似提高升学率，但实质是有悖教育公平的，为了升学率，优等生享受的是优质师资和学校其他方面待遇。

最后，这些贫困山区，人口不多，学生总数少，一所乡镇中学也就五六百人，少的才有三四百人，一个年级的学生人数就是三个班四个班的情况，如果按照冯恩洪的分层教育思想，那么把一个年级的学生分三个层次，每个层次都不均衡，当然最低层次的是相对均衡的，他们是劣势明显的那部分学生组合体，而另外的层次显然并不均匀。因此，这些分层教育在贫困山区的实施是有违教育规律的。马克思主义认为：存在决定思维，思维反作用于存在，要求人们认识世界、改造世界，要坚持一切从实际出发，但也没有将人的智力分三六九等，更没有将有差异的人以差异对待。而且照抄冯恩洪教育模式，将其视为教育万能模式，从根本上就是没有遵循马克思主义“一切从实际出发”的原理。在我国现有国情下，发达地区的经济能够为农村贫困山区提供借鉴和支持，但是发达地区的教育并不能成为改进农村贫困山区落后教育的普遍性模板，原因在于农村贫困地区的教育基础远远落后于发达地区，要实现农村贫困山区的教育突破，必须遵循马克思主义，按照客观规律办事，坚持一切从实际出发，不可违背实事求是的原则。

二、农村贫困山区义务教育存在的主要困境

（一）农村贫困山区义务教育经费困境

当前，国家普及的九年义务教育是按照学生人数核拨经费的，而农村的很多学校，由于农户分散，并且很多孩子随父母外出打工而进城就学，农村学校的学生人数并不多，很多偏远乡村中小学由于距离城区远、交通不便等因素，导致的总体情况是，人数少，经费少，工作多，开支多。教育管理部门也不可能允许学生人数少的学校就少开展工作，学生人数多的学校多开展工作。农村学校买个笔记本可能因为运费增加等需要五元，而城区可能买同样的笔记本只需要三元，但是教育主管部门也不可能因此而多给农村学校拨付办公经费，可看起来公平的经费拨付，在实际工作开展过程中效果却相差甚远。农村学校的办公用品之类不可能都去城区批发，即便批发下来加上运输成本也和在乡镇购买成本差不多，其他方面的工作也是如此。再如农村学校教学硬件的维修远远超过城区学校的维修费用。城区一些办公用品和维修之类可以竞标，而农村学校的相关购买和维修多是独家经营，其费用之高是可想而知的。因此，即便按照学生人数拨足了经费，各种开支下来，他们的工作经费紧张甚至严重不足。

（二）现阶段农村贫困山区义务教育年限制度“一刀切”带来的困境和教学质量评估集中带来的局部不公平

当前，党中央国务院实施的九年义务教育，对广大农村来说是一件好事，很多孩子有学上，还免了学费，这么难得的机会，对于农村孩子的就学起到了很大促进作用。但是义务教育政策在城市也一样落实，而且城区学校的教学环境和师资力量等各种优势明显。城区教育资源优势明显，而且教育基础好；农村教育基础薄弱，教育资源也处于劣势，在教育发展过程中劣势更为明显。

九年义务教育制度的“一刀切”，在一定程度上没有兼顾特殊的群体，使得原本就存在薄弱环节的农村教育更难跟上社会主义现代化建设需要的步伐，这对农村贫困地区

的孩子更为不利。同样的九年义务教育，城区孩子因各种优势接受九年义务教育，不用留级。因为他们有机会接受学前教育，而且整体家庭条件比山区孩子的家庭条件好，学校教学资源整体优势，师资资源的优势再加各种课后辅导条件，让城区孩子明显优于山区孩子。而农村贫困山区的孩子接受九年义务教育不许留级，很多基础欠缺的孩子在九年中任何一阶段落下课程，都可能成为定格终身的遗憾，他们原本基础薄弱，缺乏辅导，家长还缺少对孩子学习的关心和重视。这样的制度无疑对他们是不公平的，他们的劣势明显。在整个九年义务教育以及学前教育中，农村孩子和城区孩子相差太远。一方面农村学前教育本就不及城区那么充分，城区孩子普遍可以接受学前三年的教育，而农村孩子条件好的也就是能够接受学前班一年的教育，整体基础就不如城区孩子的基础好。另一方面是师资方面的差距和教学环境差异等使农村贫困地区孩子在后期的学习中也容易拉大差距。家庭成员的整体素质及文化基础也对孩子接受教育有较大影响，这方面农村贫困地区孩子也处于明显劣势地位。另外，城区和山区同样的招生政策和考评体制下，城区孩子和山区孩子测评一样的试题，以一样的分数录取，显然贫困山区的孩子是劣势多于优势，很大程度上，同样优秀的孩子，城区和山区三年初中下来中考成绩差距明显，硬性的九年义务教育制度对农村贫困山区孩子优惠并不多。

很多农村义务教育质量评估集中到县区教育局，过于行政化，在第一线从事直接教育工作的教师遇到基础较差的学生也无权依据学生的学习情况决定学生是否需要留级或降级等进行基础弥补。因为教育质量评估权的集中，出现了一些教育管理部门为了提高教育合格率，在测评过程中以找得分点等做法来提高分数，也导致一些老师和学生为了得到分数而采取打“擦边球”的做法，尤其是历史、语文、政治等科目，只要相似相近的就写上去，让阅卷老师找到得分点，增加分数，很多时候学生的成绩分数和学生的实际素质不对称。

（三）农村贫困山区义务教育师资困境

在目前政策下的农村贫困山区，师资力量极为薄弱，整体上比城区学校相差较远，而且严重不稳定。从我目前所了解的情况来看，广大农村学校在师资方面，困难特别大。

师资队伍整体不够，表面上看，当前云南的教师师资编制是按照师生比例配备的，但是农村贫困地区学校按照学生人数配备教师在一定程度上脱离实际情况，不够科学不够合理，很多时候看似编制是足够的，而实际上编制够，却到岗不足。其一是女教师人数多，男教师人数少，大部分女教师在婚育年龄，加之二胎政策放开，请产假扎堆，实际到岗上课的教师严重不足。其二是在编教师中因病等原因不能正常上岗的教师也不少，农村学校分散，很大程度上师资变动会有牵一发而动全身的影响。其三是当前的地方基层政府、事业单位在编制不够时，往往动刀的就是基层学校，前几年我看到的情况是直接调动不行就采取借调的方法，尽管有一系列制度规定不许借调教师，但在实际操作中其他单位会动用各种办法借调教师，这样的情况很多。例如：云南省昭通市某区的一个偏远乡，两年前，全乡教师才有一百多人，但是当地政府、教育局、县级政府等各单位就在该乡教师中借调了十多人，对该乡师资来说是严重抽血。政府和其他事业单位从教育行业抽调人员的情况在农村贫困地区普遍存在，在一定程度上影响了师资稳定和教学工作。

学生人数不均衡导致师资紧张，如某乡一所村完小各种拆并后剩下三个年级学生总数十七人，按照师生比例这所学校最多安排两位教师，可事实上五位教师上课都觉得很紧张，三个年级涉及语文、数学、科学、品德和社会以及音、体、美、劳等科目，按照城区专业化的师资配备，该校要配备至少九位老师，而且是有至少两位老师担任两个班级语文、数学科目的教学工作，一位老师担任所有劳技、少先队指导等课程，否则九位老师也不够。这样的学校如果按师生比配备教师对全乡教师都是一种冲击，而且该乡这样人数少班级多的学校就有几所。该乡九所小学，全校五个年级或者六个年级学生总数不上一百人的学校有六所，按照师生比来配备教师，那么这几所学校老师都在六至七人，而实际工作却是每所学校十位教师都难做好工作，因为科目多，要做的工作多而且分散。

另外，师资补缺严重滞后。农村贫困地区乡镇教师通过竞聘考试调进城区工作或被其他单位调走后，相应的岗位无法及时补缺。云南省昭通市某村完小，在两年前的一次城区教师竞聘选调中，通过考试选拔调走四人，有一人辞职，另一位特岗教师考上“四项人员”招聘岗位，一下子缺了六个岗位，该校当时有十二位教师，而那次选拔调动以后，到目前各种协调补缺也才九位教师，为了应付工作，镇中心学校出钱临时聘请一位初中毕业生代课，他们十位教师要承担六个年级加学前班的所有教学工作。就我所知，该乡镇的其他好几所村小教师人数也都在十人以下，很难招聘到新的教师到岗任教。

除此之外，教师流动频繁，师资队伍严重不稳定，按照很多县区教育局的相关规定，乡镇中小学教师在基层工作满一定年限就可以通过考试选拔调到城区相关单位工作，导致一些乡镇的村小学没有一个班级可以实现老师从一年级带到六年级，有些班级甚至一学期就换一次老师，如此频繁的教师调动，教学成绩怎么提高？我熟悉的一所村级小学目前在该校工作时间最长的教师不到四年，而且在该校工作四年的教师才有两位，其余教师都是才去一年左右，这样的师资队伍，要提高教学成绩，其难度非常大。

(四) 当前农村贫困山区义务教育实施过程中教师绩效考评体制和学生升学“唯分论”带来的困境

当前我国现行义务教育是普及的素质教育，但是高级中学及中等专业学校需要从完成九年义务教育的学生当中选拔优秀学生进行更高层次的培养，而这个选拔方式在很大程度上成为束缚教师教学思路或方法的“枷锁”。很多地区的教学考评体系通常也把所谓的学生期末成绩或者学业测评当作考评的重中之重，这就使得原本仅仅依靠工资生存的教师全体不得不为了绩效工资“保本”而千方百计提高学生期末考试的成绩分数，学生的实际水平、基本素质都和国家对人口基本素质的要求差距很大。

为了不被扣绩效工资，以及争取提高升学率等等，很多本身处于劣势地位的贫困地区学校的教师赶鸭子上架也好，杀鸡取卵也好，能够提高学生考试分数的方法尽可能用上。之前曝光的义务教育补课等各种现象实际上就是这样滋生出来的。

一些农村贫困地区的县区教育局对教育的奖励政策也把升学率和期末测评当成重要依据，比如教育局根据各学校的教学情况划分指标，学生中考后被市一中录取几人奖励多少，达不到指标没有奖励，超额完成一个指标又奖励多少等等，这些政策能不刺激学校的教师把升学率看成是教学首要目标吗？这样的考评机制体制和升学依据对农村贫困地区来说没有优势，而且很难做出实际成绩来。

三、走出当前农村贫困山区义务教育主要困境的路径

做好农村贫困地区的教育，必须立足于农村贫困地区的实际，依据农村贫困地区现有的教育教学条件及学生现有水平，实施有别于城区的教育发展方式。在对待农村贫困地区的学生、教师，以及经费投入等各项政策都应当结合农村贫困山区的实际情况来做决定，而不应该与城区没有区别。由于城乡之间交通条件、教学设备等差异，城区一千元能办的事情可能在乡镇需要一千三百元才能办好，城区大部分孩子九年学好的课程，农村贫困地区的大部分孩子可能需要十年甚至更多一点时间才能学好。因此，要做好农村贫困地区的教育，需要采取分层次、有差异、分步走的策略，不能搞城乡无区别的一刀切。我认为主要可以从以下几个方面考虑。

（一）加强农村贫困地区义务教育经费投入

在广大农村的教育工作中，在很大程度上靠上级部门拨付的经费来决定开展什么工作。因此，相关部门应当参照农村贫困地区学校交通、周围物资供给等情况适当多拨付一些经费，来解决交通经费等问题。还应当加强农村贫困地区教学设备薄弱环节的配备，补齐农村贫困地区学校教学设施的短板。还要适当解决部分住校教师的一些基本需求，如一些村级小学教师住校几个月没有机会洗澡，这些基本条件要从经费里面酌情解决，帮助他们修洗澡间等等必需的日常设备。因此，在经费核算和拨付过程中，农村贫困地区的学校应当适当多给予经费比例，在基础设施的建设方面要做适当的优先考虑。

（二）适当调整放宽农村贫困地区九年义务教育年限制度和下放义务教育质量评估权

现行农村贫困地区的义务教育制度不利于农村学习基础差的孩子的学习和发展。国家在现阶段正在开展扶贫攻坚工作，那么我认为可以像发展经济一样适当调整放宽农村贫困地区的教育年限，城区学生九年完成的，让农村学习基础差的学生可以用十年或者更多一点的时间来完成，也就是变革现有硬性九年学制为九到十一年或者十二年的弹性学制，允许农村学校根据学生学习情况、适当留级进行基础性的弥补，这样才能真正达到义务教育的素质要求。

适当向中小学下放义务教育质量评估权，让直接教学的老师有权依据学生基础决定学生是否跟班就学，达不到基本知识要求的，老师应当有权决定学生留级、降级等进行必要的基础弥补。这样可以有效避免为了应付检查检测而在阅卷等方面找得分点等做法，从而真正有效提高农村贫困地区教育教学质量。

（三）加强农村贫困山区义务教育师资队伍建设

基于农村贫困山区师资现状，我认为要真正实现农村教育的好转，需要改革一些人事制度，加强师资建设。要调整城区选拔竞聘教师制度，城区学校目前的人事补缺在一定层面来说是选拔了优秀人才进入城区，既激发了农村教师的激情，又加强了城区师资力量。但是这样的制度对农村贫困地区学校来说就是抽血，是把人家的中坚力量挖走。因此，在扶贫攻坚背景下，城区学校以及相应单位对农村贫困地区学校的师资力量应为

手下留情。另外，目前国家实施“特岗”招聘教师政策，在一定程度上解决了农村贫困地区教师紧张问题，但是从长远来看，这些师资普遍是外来力量，人员流动性大的问题严重，服务期满后，公务员、定向岗位以及城区条件好的事业单位就成了他们热衷并努力奔赴的岗位。因此，我认为有必要在一定程度下放宽学历要求，加强户籍管理，通过多招聘学校队伍所属本县区的大中专毕业生到校任教，利用就近招聘教师的方法实现农村贫困地区师资队伍稳定建设。农村贫困地区女教师多、男教师少的情况应当纳入人事考虑，适当协调，根据各校具体情况，在其后招聘时可以考虑性别比例，避免女教师扎堆请产假带来的师资难题。

（四）改革现有农村贫困山区义务教育教师绩效考评体系及“唯分数论”的升学政策

当前对农村贫困山区的教师绩效考评体系是极为不公平不合理的，把教学成绩当作重要参考因素，必然使得大部分教师把关心学生成绩放在首要位置。中小学阶段实际是学生价值观形成的初期，这个时候的价值判断单一化或者只把分数作为学习情况的评判标准，在一定程度对其后期成长及形成正确价值观是不利的。在教学过程中，应当把学生的德育考评做记录，学科考试分数仅占一定比例，同时还应当考评对所学知识的运用，重视实践操作等相关环节。要完善升学参考体制机制，使素质教育得到真正落实，使学生全面发展得到真正体现。

四、抓住精准扶贫大好机遇，全面促进农村贫困山区义务教育发展

决胜全面建成小康社会的关键时期已经到来，为打好精准扶贫的攻坚战，全国上下都在齐动员，以习近平新时代中国特色社会主义思想为指导，坚持实事求是的原则，立足农村贫困地区教育实际，解决好当前农村贫困地区教育的主要困境，抓好各环节间的衔接互动，努力协调好各方面的相关工作。千篇一律的教育模式在农村贫困山区行不通，尤其是教育的多个环节处于劣势的农村贫困地区，别人的模板拿过来没有多少用，所以还需要做好自己的模板。坚持马克思主义实事求是和全面、联系、发展的观点，重点突破农村贫困地区现阶段教育困境，全面提升农村贫困山区人民素质，打好精准扶贫的智力基础，推动全面小康建成步伐。农村贫困地区的教育是农村社会发展的基础，抓好农村贫困山区教育扶贫工作，是防止脱贫后返贫的关键。办好教育，促进农村贫困山区新一代青年素质提高，有生存技能和技术，才能保证脱贫的长期有效。各级党委政府、人大、政协以及社会各界，都要积极参与到支持农村贫困地区教育工作中来，齐心协力，把农村贫困地区的教育推向改革开放新阶段。要在习近平新时代中国特色社会主义思想的指导下，全社会齐心协力，以求实的态度，改革的勇气和担当的时代精神，抓好农村贫困地区的义务教育脱贫，做好经济社会全面发展的智力支撑，助力精准脱贫，促进农村贫困山区经济社会的全面持续健康发展。全面小康社会在党中央国务院的领导下，在全社会的共同努力下一定能如期实现。

（作者系云南民族大学人文学院伦理学专业2016级硕士研究生）

新时代背景下云南边境少数民族地区健康扶贫研究

——以瑞丽市银井村为例

邵爱容

摘　要：在新时代背景下，边境少数民族地区的健康扶贫对实现“健康中国战略”具有重要意义。银井村位于瑞丽市西部，与缅甸木姐地区芒秀镇芒秀村阡陌相通、村寨相连，以“一寨两国”边境特色和傣家文化闻名国内外，是中缅边境线上的一道靓丽人文景观，是典型的云南边境少数民族地区。笔者通过对银井村的实地调研，总结分析银井村健康扶贫的现状、存在的问题及原因，并试图提出一些促进健康扶贫的新举措和建议。

关键词：边境少数民族地区；健康扶贫；银井村

健康扶贫是实现“健康中国战略”的关键举措，对防止因病返贫、因病致贫，坚决打赢脱贫攻坚战，完善国民健康政策具有重要意义。2016 年 6 月，经国务院批准，国家卫生计生委、国务院扶贫办、国家发展改革委等 15 个部委联合印发了《关于实施健康扶贫工程的指导意见》。其中明确指出要实施健康扶贫工程，推进健康中国建设，防止因病致贫、因病返贫，到 2020 年贫困地区人人享有基本医疗卫生服务。2016 年 10 月 18 日，云南省卫生计生委会同省扶贫、发改、财政、人力资源社会保障、民政等 12 个部门联合下发了《关于印发云南省健康扶贫行动计划（2016—2020 年）的通知》（云卫规财发〔2016〕18 号）和《关于印发云南省医疗保险健康扶贫工作方案的通知》（云人社发〔2017〕106 号）。2017 年 9 月 27 日云南省政府办公厅出台了《健康扶贫 30 条》，并印发各地组织实施。2017 年 10 月 18 日，习近平同志在十九大报告中提出：“人民健康是民族昌盛和国家富强的重要标志。要完善国民健康政策，为人民群众提供全方位全周期健康服务。”① 可见，从中央到地方都高度重视健康扶贫并采取了一系列的政策和举措。因此脱贫攻坚不仅在于收入的增加，也在于身心的健康。但实际上，从全国范围来看，我国贫困人口的致贫原因中因病致贫比例占到 42%，部分省份和州市则高达 60% 以上。② 云南是中国贫困程度最深、贫困人口最多、贫困分布面最广的省份之一。云南的扶贫攻坚在全国都占有重要的地位，而云南省的扶贫攻坚难点和重点又在边境少数民族

① 习近平：《在中国共产党第十九次全国代表大会上的报告》，新华网，2017 年 10 月 18 日。
② 王三秀：《积极老龄化与健康贫困老人精准医疗保障》，《中国医疗保险》2016 年第 2 期。

地区。因此，研究云南边境少数民族地区的健康扶贫，对我国实现全面建成小康社会和实现“健康中国战略”具有重大意义。

一、银井村健康扶贫的现状

（一）医疗及环境卫生

目前，银井村的医疗服务主要依托于姐相乡卫生院和银井村卫生室。姐相乡卫生院距离银井村 10 公里，设有病床 30 张，实行 24 小时值班制，拥有 200 毫安 X 光机、彩超、心电图、全自动生化分析仪、血球计数仪、麻醉机、心电监护仪、高频电刀等一系列医疗设备；检验科能完成三大常规、肝肾功、血清电解质、肥达氏反应、淀粉酶测定等多项检查；内儿科对常见病、多发病具有一定的诊治水平；外妇科能开展胆囊切除术、脾切除术、肠吻合术、四肢长骨骨折切开复位内固定术、剖宫产、子宫全切除术等一系列手术。据相关部门统计，2014 年门诊量 15164 人次，其中缅甸人有 2043 人次，占 13.5%。2014 年住院 73 人次，其中缅甸人有 15 人次，占 20.55%。[①] 银井村的基本公共卫生服务、防治艾滋病等工作基本可以顺利开展。银井村卫生室坐落于银井二社瑞弄公路边，占地面积 $330m^2$，业务房建筑面积 $80m^2$，附属设施 $60m^2$；设有病床 3 张，疫苗冷冻冰箱 1 个，体重秤 2 台，血红蛋白仪 1 台，血糖仪 1 台；现有村医 1 人（56 岁），主要提供一般常见病的诊疗服务、公共卫生均等化服务、预防保健服务等；卫生室服务涉及中国 4 个村寨（银井一社、银井二社、坝别、汉弄）以及部分缅甸村寨，服务人口 2431 人，缅甸人员平均年就诊量 250 人次。[②] 2014 年，银井一、二社参加新型农村合作医疗保险 1444 人，参合率达 97.96%，包括涉外婚姻家庭缅籍人员也参加了新农合。[③] 通过走访调查，银井村主干道较为干净整洁，但村寨边团结大沟白色污染及水质污染严重，村寨周围垃圾较多。目前，在“一寨两国”景区附近置有一垃圾箱，银井二社村寨边建有占地 $100m^2$ 的垃圾池，村寨内未设垃圾桶。

（二）社会保障

2014 年银井村参加新型农村社会养老保险共有 488 人，其中银井一社 306 人，二社 182 人，其中重度残疾参保人员有 8 人（一社、二社分别 4 人），一级残疾 4 人、二级残疾 4 人。参保人员中年缴费 100 元的有 471 人，年缴费 200 元的共有 14 人，年缴费 300 元的共有 1 人（为二社汉族居民），年缴费 500 元的共有 2 人（均为一社的汉族居民）。银井村 60 岁以上享受新型农村养老保险的有 66 人，其中一社 34 人，二社 32 人。[④] 在实际调研访谈中了解到，银井村共有 111 户农村居民享受最低生活保障，其中一社 48 户（1 户有二级残疾人），二社 63 户（1 户有三级残疾人），根据贫困程度分别领取 106 元、108 元和 110 元三个档次的补助。有 11 名 80 岁以上高龄老人（年龄段在 80—88 岁期间，10 名女性，1 名男性），其中一社 5 名，二社 6 名，高龄老人每年领取民政发放的

---

① 该组数据由姐相乡人民政府提供。

② 该组数据由银井村卫生室提供。

③ 该组数据由银井村卫生室提供。

④ 该组数据由姐相乡人民政府提供。

420 元关爱补助金。有 7 名复退军人（其中 4 名为中共党员），一社 4 名，二社 3 名，7 名复退军人均为傣族；二社复退军人中有 1 名是中越战争退役人员，领取民政每季度发放的 1215 元的生活补助，以及每年春节和建军节的慰问费。

另外，银井村目前有 16 名在册残疾人员，其中一社 4 名，二社 12 名（1 名残疾女童）。16 名残疾人中，2 人为“五保户”对象（民政每月发放 104 元的救助金）；按残疾等级分，有一级残疾 2 名，二级残疾 3 名，三级残疾 4 名，四级残疾 7 名；按受教育程度分，有 8 名文盲、3 名小学文化、5 名初中文化。有 7 名孤儿（傣族 6 名，汉族 1 名），一社 1 名，二社 6 名；其中 5 名孤儿是“五保户”对象（民政每月发放 104 元的救助金）；在 7 名孤儿中，受艾滋病影响儿童有 3 名（傣族 2 名，未感染艾滋病；汉族 1 名，感染艾滋病）。①

（三）健康扶贫的举措

银井村目前的健康扶贫举措主要依靠政府帮扶，并且举措相对较为单一。我们在调查中发现，银井村的健康扶贫主要以保障村民们纳入新型农村合作医疗保险、新型农村社会养老保险和领取最低生活保障为主。但是在新农合和养老保险之外的疾病和心理健康基本没有任何保障。部分帮扶单位对该村的帮扶更多的是突出经济帮扶和项目帮扶，如实施促进涉外婚姻家庭发展生产循环金贷款项目，扶贫安居工程项目和整村推进重点村项目等。在帮扶举措中涉及健康扶贫的少之甚少。在调查中发现，瑞丽市残联通过实施“阳光家园”项目，对银井二社的 4 名重度残疾人（一级、二级残疾）进行了关怀和帮助。但基本只通过发放救助金和困难生活补助、赠送残疾人生活专用品和一般家用电器的方式等来进行帮扶。此外，从 2012 年起瑞丽市妇联发起实施了“童缘项目”（该项目后被中华少年儿童慈善救助基金会引用），对银井村的残疾人进行了资金帮助、心理培训和技能培训，其中较具有示范典型的是银井二社的傣族聋哑女性——风应（今年 22 岁），现就读于德宏州聋哑学校，爱好插花艺术，曾在 2013 年全省、全州残疾人职业技能大赛中获得插花比赛第一名。由此可见，银井村的健康扶贫方式较为单一，且力度较小。

二、银井村健康扶贫存在的问题及原因

（一）医疗及环境卫生有待加强

我们通过对银井村村民的走访调查发现，银井村位于中缅边境，整个村依托的医疗资源基本靠姐相乡卫生院和银井村卫生室维持，但乡村医院的诊疗水平低，技术设备不足，医务人员不足，村民们大多不愿意在乡村医院就诊，就诊首先选择医疗技术水平条件较好、设备设施较完善的医院；多数村民反映市级医院医生服务态度较差，部分医生明明是本民族却不愿意与老百姓说民族话，而且就诊时没有民族导医，老百姓看病常常多头摸瞎，对医生的诊断也是一知半解，导致村民更愿意选择州医院作为治疗机构。加之村民们的就医意识、健康意识也较差，因病致穷的情况较为普遍。因此，村民们的健

① 该组数据由姐相乡人民政府提供。

康状况较差，年内常去医院看病的家庭占 30.39%，家里人至少拥有一种慢性病的家庭占 40.20%。另外，村寨的环境卫生有待加强，村民们的环保意识欠缺，存在乱丢垃圾、乱排生活废水等现象，村民生活垃圾多数采用自行在后院焚烧的处理方式，村寨垃圾池也无人管理，环境卫生缺乏管理，制度不完善。

（二）社会保障有待健全

调查发现银井村新型农村合作医疗保险和新型农村社会养老保险参合率分别达 97.96%和 96.52%，存在部分贫困家庭无法承担新型农村合作医疗保险和养老保险费用，农民生产收入基本支出在农业生产和疾病治疗上，加之每年的收缴费时间与作物收割时间不一致（例如 2015 年收缴费时间是 7 至 8 月，这期间稻谷还未成熟，不能收割出售，贫困家庭手头确实拿不出钱缴纳费用）。同时，部分村民们的文化水平有限，并且跨境婚姻较多，部分村民对政策制度不理解、不放心，致使很多村民无法购买新型农村合作医疗保险和养老保险。另外，村民们对农村医疗救助政策了解甚少，村委会等相关工作人员对农村医疗救助政策的宣传不到位，对村民提出的疑问没有进行认真解答，在进行医疗救助时监管机制不健全。如在发放医疗救助资金时，一般由村委会来统一发放上级下拨的救助资金，部分村委会不能及时公布医疗救助资金的总数和各救助对象分配比例，导致发生医疗救助资金被贪污挪用等事件，严重损害了被救助对象的合法权益。

（三）健康扶贫举措有待创新

调查发现，目前银井村的健康扶贫举措基本都是依靠政府救助来维持，缺乏结合银井村村民宗教信仰和“互联网+”等方式来开展村民乐于接受的健康扶贫举措。健康扶贫是一项系统和长期的工程，涉及的管理部门和政策内容较多，不仅包括医疗保障，还包括医疗卫生体系、人才建设和公共卫生服务等方面。主管部门也较多，包括卫生计生部门、民政部门、人社部门、残联妇联以及一些社会组织和协会，部门之间尚未建立起统一的协调合作的联动机制。在政策措施上也缺乏衔接和配合。另外，健康不仅包括身体健康，还包括心理健康。相关部门可结合“互联网+”等方式，利用村庄广播等媒体宣传健康扶贫的政策与举措。除了政府部门，目前社会组织和协会对银井村的帮扶较少，有待倡导各类社会组织加强对银井村的帮扶。

（四）机构队伍有待完善

银井村卫生室现仅有村医 1 人，56 岁，医务人员明显不足。主要由于银井村位于中缅边境少数民族地区，条件相对艰苦，导致年轻人大量外流，现任的村医学历低、老化较为严重，村民们对乡村医师的信心不足。年龄和学历问题造成村医接受新技能、提高医疗技术的兴趣不高，特别是学习计算机的能力较差。除此之外，由于边境地区农村发展机会、姐相乡卫生院人员编制有限，基层卫生人员的考核检查制度、绩效考核制度和晋升制度不够完善和缺乏针对到边境地区乡村卫生院工作的优惠政策，难以吸引优秀医务工作者。这就导致了乡村医生的整体素质不高，医疗水平有限，机构队伍不完善，缺乏有经验的医师和先进的设备。

三、完善银井村健康扶贫的新举措

（一）加强医疗保障，提升健康扶贫水平

政府应该加大银井村卫生服务专项经费的投入并纳入市财政预算，为银井村提供医疗机构基础设施建设、设备购置及人才培训等所需的经费，落实乡村医疗卫生服务一体化；加强对银井村卫生服务的监督管理，严格依法准入，明确服务范围和内容，健全操作规程和工作制度，对不符合要求的基层卫生服务机构和工作人员要及时调整；加强药品、医疗器械的管理力度，打击非法行医，非法卖药，确保医药安全。同时，乡政府应该组织研究完善农村环境卫生相关制度，在村规民约中制定相应惩罚措施，规范村民的卫生行为，加大对“乱污染、乱排放”的惩处力度；另外通过村寨广播和村寨文化墙，加大宣传环保意识，引导村民养成良好的卫生习惯；完善规范垃圾清运制度，定期对村寨进行环境清洁及垃圾清运。这不仅能加强银井村的医疗保障，还大大提升了银井村的健康扶贫水平。

（二）完善社会保障，夯实健康扶贫基础

政府应该加大补助力度，切实解决因病致贫、因病返贫问题。虽然各地的医疗保障政策针对建档立卡的贫困户和低保户都有一定的倾斜，但是银井村具有边境地区的特殊性，贫困家庭看病就医负担仍然难以承受。对此，政府和相关部门应该深入开展调研，健全多渠道补偿政策，完善乡镇卫生院与村卫生所两级联动机制。同时，加强宣传社会基本养老保险新制度，除发放双语宣传资料外，还要尽量讲解到户，多借助村内广播、各类培训和文艺宣传队伍广泛宣传新制度；另外，可将每年新型农村养老保险的收缴费时间调整到每年的9至10月期间，让更多的贫困农民能够参保。

（三）拓展扶贫渠道，创新健康扶贫举措

习近平同志在十九大报告中提出：“要动员全党全国全社会力量，坚持精准扶贫、精准脱贫，坚持中央统筹省负总责市县抓落实的工作机制，强化党政一把手负总责的责任制，坚持大扶贫格局，注重扶贫同扶志、扶智相结合，深入实施东西部扶贫协作，重点攻克深度贫困地区脱贫任务，确保到二〇二〇年我国现行标准下农村贫困人口实现脱贫，贫困县全部摘帽，解决区域性整体贫困，做到脱真贫、真脱贫。”① 健康扶贫是扶贫攻坚中的一项重要内容。需要不断拓展健康扶贫的渠道，减少看病负债、因病返贫的现象。政府部门可与社会组织共同合力，综合协调相关职能，形成“一对一”帮扶和“心理健康”帮扶团队，运用“互联网+”等方式来创新健康扶贫举措。

（四）强化机构队伍，扎实推进健康扶贫

习近平同志在十九大报告中提出：要“加强基层医疗卫生服务体系和全科医生队伍建设。”② 加强乡村医疗机构和队伍建设，实现乡村卫生室建设全覆盖，以避免产生村民无奈“看小病上大医院”现象。政府应该采取多种方式鼓励中高级卫技人员定期到基层

---

① 习近平：《在中国共产党第十九次全国代表大会上的报告》，新华网，2017年10月18日。

② 习近平：《在中国共产党第十九次全国代表大会上的报告》，新华网，2017年10月18日。

卫生服务机构提供技术指导服务；加强基层医务人员队伍在职培训；鼓励离退休医务人员参与基层卫生服务；加强基层卫生人员职业道德教育和执业监督管理，落实基层卫生人员的考核检查制度和绩效考核制度，促进基层卫生服务质量、服务水平提高；增加基层卫生人员编制，在核定卫生院人员编制时，除考虑辖区内村民人数之外，还应考虑缅甸人员跨境就医人数；基层医疗机构应简化就医流程，开展便民服务，配置导医，开通特殊病、重大病绿色通道；要建立规范的家庭健康档案，主动上门服务，为老年人、妇女儿童、残疾人、慢性病人及其他困难群众做好医疗保健服务。

云南边境少数民族地区的健康扶贫对我国实现全面建成小康社会和实现“健康中国战略”具有重大意义。而在边境地区的乡村健康扶贫过程中，医疗与环境、社保和健康扶贫举措是否得到有效的保障，直接关系着农村村民们是否会因病致贫、因病返贫。因此，本文以中缅边境的银井村为研究对象，从“加强医疗保障，提升健康扶贫水平”“完善社会保障，夯实健康扶贫基础”“拓展扶贫渠道，创新健康扶贫举措”“强化机构队伍，扎实推进健康扶贫”等方面入手，就完善边境少数民族地区的健康扶贫举措做了一些新的探索，以期对其他边境少数民族地区的健康扶贫工作具有一定的借鉴和参考价值。

（作者系云南民族大学马克思主义学院思想政治教育专业2016级硕士研究生）

习近平关于民族团结进步的重要论述与云南民族团结进步示范点建设

——以云南民族大学为例

陶剑波

摘　要：云南是我国面向南亚、东南亚的辐射中心，在这里，边境问题一直是政府高度重视的话题。边疆地区跨境民族、边境宗教和文化冲突等问题一直存在，境外敌对势力亡我之心不死，妄图利用一切手段对我国进行渗透，边境地区尤为突出。面对诸多民族问题，国家培养的少数民族干部发挥着重要、积极作用。云南民族大学是培养少数民族干部的摇篮，为边疆地区做出不可估量的贡献。但是，当下少数民族干部的能力和团结意识都有待提高；由于近几年民族大学招收全国各地学子，各民族学生之间在经济、文化和生活上的差异让许多少数民族学生心理产生自卑和不平衡，不利于民族团结发展进步的隐患一直存在。加强和完善云南民族大学团结示范点建设迫在眉睫。

关键词：边疆地区；民族团结；民族大学

一、民族团结基本内涵

民族团结是社会主义民族关系的基本特征和核心内容之一，既是各个时代和国家稳定的根源，也是各个国家所追求的目标。社会主义民族团结，是以中国共产党的领导和党的团结为核心，是以社会主义制度和祖国统一为基础。习近平同志强调："汉族离不开少数民族，少数民族离不开汉族，少数民族之间也相互离不开。"① 民族问题是统一的多民族国家在建设和发展中不可避免的问题，是马克思主义经典作家十分关注的问题，也是中国共产党必须解决的重要现实问题。民族团结思想作为马克思主义理论在民族问题上的重要内容，不但是我国处理民族关系的重要指导思想和重要原则，还是我们实现共同富裕和共产主义伟大目标的力量源泉和重要保障。云南作为我国边疆少数民族地区，建立和完善民族团结示范区，对边疆少数民族地区乃至全国民族地区的团结发展繁荣都有借鉴意义。民族团结示范区最为核心的是民族类高等院校，因为它们是造就民族团结的沃土和力量源泉，所以云南民族大学在云南民族团结示范区中的地位越来越凸显。

① 2014 年 4 月 27 日至 30 日，习近平在新疆考察时的讲话。

二、民族团结历史沿革

我国近代史是一部屈辱史，1840 年鸦片战争揭开中国近代史的序幕，无数仁人志士抗击外来侵略，团结各民族一致对外，抗击侵略之敌。1919 年，孙中山先生领导的辛亥革命以“五族共和”为口号（五族即汉、满、蒙、回、藏），[①] 团结人民抗击来犯之敌。但是，这一口号具有历史局限性，只承认五个民族，导致的结果就是力量弱小，最终大革命以失败而告终。其他少数民族在抵御外敌上也为国家的发展做出了自身的牺牲。总体说来，“五族共和”体现出对少数民族的肯定，能够团结少数民族为国家的建设事业出力，就其本身而言也是民族团结的一大进步。

1937 年日军全面侵华，民族矛盾上升为国家主要矛盾，中国共产党在民族统一战线方面起到了中流砥柱的作用，推动了国共合作，团结一切可以团结的力量共同御敌。各少数民族在抗日战争中做出巨大的牺牲，为新中国的成立做出应有的贡献，一大批少数民族英雄留在了抗日爱国诗篇中，展现出了中华民族热爱和平、艰苦斗争、英勇反抗的民族精神。1949 年至今，我国始终坚持民族平等和民族团结，共同推进国家建设、发展、繁荣，新中国成立初期以宪法的形式确立了人民代表大会制度、中国共产党领导的多党合作和政治协商制度、民族区域自治制度，从法理上保障了人民权益。民族政策一直是我国解决民族问题的重要内容，不断推动民族地区的发展、繁荣、进步。在长期的实践过程中，我国处理民族关系的“总原则是民族平等、民族团结、各民族共同繁荣”。[②]

云南自古以来就是我国不可或缺的重要组成部分，有除汉族以外的 25 个世居少数民族，是我国重要的少数民族聚居区。云南民族众多，各民族之间婚姻互通，民族融合程度高，云南的民族融合经验可借鉴到内蒙古、新疆、青海和西藏地区，促进我国民族地区的发展繁荣进步。云南民族大学是云南的多民族高等院校，招收各民族学生，为民族地区培养高水平知识分子做出了贡献。

三、民族大学团结示范点的重要意义

云南民族大学作为团结示范点，有着深刻的理论依据和重要的历史意义。“深化民族团结进步教育，铸牢中华民族共同体意识，加强各民族交往交流交融，促进各民族像石榴籽一样紧紧抱在一起，共同团结奋斗、共同繁荣发展。”[③] “处理好民族问题、做好民族工作，是关系祖国统一和边疆巩固的大事，是关系民族团结和社会稳定的大事，是关系国家长治久安和中华民族繁荣昌盛的大事。”[④]

（一）促进云南社会经济的繁荣发展

云南民族大学团结示范点作为云南坚持实事求是、解放思想、与时俱进、求真务实

---

① 孙中山：《中华民国大总统宣言书》，1912 年 1 月 1 日。

② 穆殿春、林钧昌：《民族政策》，民族出版社 2010 年版，第 100 页。

③ 《十九大报告》。

④ 王正伟：《做好新时期民族工作的纲领性文献——深入学习贯彻习近平同志在中央民族工作会议上的重要讲话》，《求是》2014 年第 10 期。

思想路线的实践基地，许多成功的经验都可以先在学校试点再推广，有利于云南地区处理好各少数民族学生之间的关系，也有利于促进云南经济社会的繁荣发展。为了更好更快促进云南民族大学民族团结示范点的建设，国家对云南的政策和资金等方面给予了许多的优惠，使得云南民族大学建设迎来了前所未有的发展机遇和机会。云南民族大学团结示范点的建设，将给整个云南带来更多高水平、高素质的综合性高等人才，这些人才投入边疆，社会便产生巨大的经济效益和社会效益，从而全面促进云南的繁荣与发展。总之，云南民族大学团结示范点的建设与发展，“有利于促进区域协调发展，加快边远地区脱贫致富，推动云南经济社会又好又快发展，实现各族群众共同富裕和边疆和谐稳定”。①

（二）促进各少数民族团结进步发展

民族地区要发展，稳定是关键，稳定的社会环境是发展的必要前提。云南民族大学是云南全国各少数民族最集中的高等院校，开展各少数民族特色专业，如回语班、苗语班、傈僳语班、藏语班、彝语班、纳西语班……根据民族类别都开设了相应专业，发展和培养各少数民族优秀人才。鉴于少数民族的语言、风俗、文化差异，学校还特邀不同民族的高水平优秀知识人才和手工艺人到校任职。例如2015年云南民族大学录取了来自新疆的维吾尔族学生，但由于语言不通，经校方研究决定，赴新疆高薪聘请当地高水平教师来我校任教，为的就是不落下任何一个民族学生，这也为后面招收类似学生奠定了良好基础。民族大学团结还体现在民族风情文化活动上面，其影响的不仅仅是我校学生，还吸引了周边所有中高等院校的学生。例如：元旦篝火晚会是云南民族大学最为盛大的节日，学校以彝族火把节为依托，吸引了来自各高校的学生参与；活动是全民参与的、无民族差异的、共享的民族融合盛宴，在浓浓的民族氛围中没有民族、地域、文化的差异，各民族一家亲，绕着篝火狂欢。总之，民族大学团结示范点建设，把各民族学生团结在一起，为云南的民族团结事业做出巨大的贡献，为其他中高等院校民族团结事业提供了很好的范例。

（三）为建设边疆民族地区输送人才

民族大学是一所立意明确的高等院校，培养高水平的民族学生、民族干部以及各类综合性人才，为祖国少数民族边疆地区建设做贡献。民族大学的学生毕业后大部分都返回原户籍地，为民族地区的建设做贡献，这既是民族地区发展的需要，也是当地少数民族人民的需要。民族工作还得民族干部来做，外来干部对当地的民族情况不了解，而且本地居民有着天然的民族隔阂，这导致在民族地区许多工作开展不下去，只有本民族的干部才能更好地解决问题。当下，云南民族大学除了培养民族学生以外，还成立了云南民族大学干部学院，学院主要由在职少数民族干部组成，是一所站位高、立意远的干部学院。创立民族干部学院，不仅对于加强少数民族干部理论的知识有深远意义，而且提高了传达中央政策的效率。云南民族大学民族团结示范点，为边疆地区培养了高素质的民族干部，也为民族地区未来的发展储备了大量的少数民族高水平人才。

① 参见国务院2011年下发的《国务院关于支持云南省加快建设面向西南开放重要桥头堡的意见》。

四、云南民族大学民族团结示范点存在的问题

矛盾论揭示事物在不同时期都会存在不同的矛盾，民族地区也一样，在发展的过程中必然会存在问题，云南民族大学民族团结示范点存在的具体问题表现在以下几方面。

（一）财政对民族示范院校资金投入不够

资金投入，是为建设高水平民族高校和为了培养高水平民族学生而做的国家资金投入。这里谈及的资金投入不够指的不是学校工作人员待遇资金不够，而是指教育和科研经费不足，二者是有本质区别的。

由于云南少数民族地区学生的教育本来就没有东部沿海和中部地区的好，连云南本地省会城市的学生教育都赶不上，近年来，这样的差距逐渐拉大，入校以后由于教学和科研经费没有诸如向云大、昆工等高等院校的充足，在教学和科研上就很难和其他高校保持在一个合理的水平线内。科研经费不足就会直接导致：（1）教师科研队伍难以运作，所需的科研经费难以保障，项目难以推进，人力资源得不到有效补充；（2）教师能为学生提供的科研机会便会随之减少，这样不利于学生提高自身的科研能力，较之自身长远的发展来看也是极为不利的；（3）科研资金不充足的话，就会导致学术交流的机会锐减，民族类学生很难打开自己的见识，这亦是不利于民族地区的长足发展的；（4）学生科研积极性下降。资金投入直接影响学生和教师的科研动力。

（二）少数民族学生自卑心理严重

民族地区的发展较之全国其他地区来说相对滞后，无论是经济还是教育都是如此，这就会导致民族地区的孩子在教育和生活方面较之其他经济条件优越地区的孩子来说会形成一种天然的自卑感，这种自卑感是由内而发的，不管是风俗习惯还是生活节奏上都有巨大的差异。云南民族大学还存在一种现象，就是少数民族语言班的学生除了本民族专业课程以外还必须修满相应的公共课、必修课才能参加评奖评优，但是许多少数民族学生从小就没有接触到汉语，有些甚至是到了初中阶段还是很难把汉语学好，外语水平就更不用说了。所以每次考试结果都是少数民族学生在外语等课程上排名靠后，长此以往就会导致本校少数民族学生产生一种莫名的自卑。这样的情况如果处理不好，将不利于民族地区学生的全面发展和各民族的团结进步。

（三）民族优惠政策有待完善

新中国成立以来，一直对少数民族地区有一定优惠政策，但是随着时间的推移，有一些政策已经发生变化。比如在民族地区的“双少政策”和“少干政策”，听起来好像没有什么太大的差别，但实际上差别是很大的，“双少政策”是少数民族地区的少数民族，而“少干政策”则是非少数民族地区的少数民族。由于各个地方的区位优势和地理优势不一样，之前可能看似落后的地区在政府的帮扶之下已经发展得很好，但是也有一些地区一直没有得到很好的发展，政策的实施过程中行政人员只是照章办事，在此过程中就会出现一些矛盾。例如：昭通地区少数民族多，但是昭通属于非少数民族地区，在政策上就是“少干政策”；而大理由于白族占多数，被划分为了少数民族地区，政策上也就是“双少政策”。但实际的情况是大理地区由于旅游业和政府政策的影响，该地区

的经济发展水平和教育水平已经远超过昭通地区，而昭通地区由于地形限制、交通不便、天气等原因，发展就相对滞后。众所周知，“双少计划”优惠政策是比“少干政策”要优惠得多的。除此以外，由于少数民族先天接受的教育和其他方面技能的培养较之汉族同学来说相对处于劣势，所以，毕业后的就业情况不乐观，在就业上很难站在同一起跑线上，很难在大城市立足，短期看来好像没有太大的问题，但长此以往，少数民族学生就业就会陷入困境——“拿到了文凭却失了业”，这也是诱发民族问题潜在的原因之一。

五、应对民族团结示范区问题的解决措施

（一）增加财政资金支持科研、拓宽融资渠道

首先，政府是主导。我国政府是以“为人民服务”为中心的服务型政府，所以由政府主导的财政支出一直以来都是高校运转的核心主导力。高校科研经费如果不是政府来主导，很难在社会中得到给予，因为市场经济存在着自发性和盲目性的弊端，所以需要政府这只强有力的手来主导调控，通过财政政策合理分配社会资源。教学科研是见效较慢的国家工程，不能像市场一样短期便可以见效，这就凸显出了政府调节的重要作用。

其次，合理利用企业资源。企业以利益为主导，民族高校可以通过抓住企业的命门做许多有利于自身发展的措施：（1）开展校企合作，为企业专门培养企业所需要的专业技术性人才，这样既解决了企业的用人需要，也带动民族院校的就业水平。（2）承包企业的市场调研项目和活动策划项目，据了解，有些企业极为缺乏这方面的人才，民族大学可以由专业的老师牵头成立专业的团队，来外包企业这方面的项目，充分利用学校的人才资源，既锻炼了自己学校的学生，也可以为学校的科研能力做出贡献。这样的校企合作模式在沿海地区和中部地区已经很常见，但是在广大的西部少数民族地区还处于起步阶段，这也是高校发展不可避免的趋势，十九大中提出提高技术型人才的培养，增加技术类院校的投入，其实质就是校企合作的思维模式。通过校企合作，保证了很大一部分毕业生的就业问题，也逐步提高高等院校的教育科研能力和与市场接轨的能力。

（二）提高少数民族学生自信心

自信心对人一生的发展是至关重要的，针对少数民族学生自信心不足的情况，有必要及时提出相应的解决办法，以促进边疆民族学生的全面发展。增强少数民族学生自信心可以从以下几方面着手解决：首先，完善学校心理咨询机构，自卑是一种心理疾病，需要通过心理疏导的方式加以解决，心理咨询机构承担着重大责任。民族院校要完善心理咨询机构，招聘专业心理咨询师为自卑的学生服务。其次，要做好“民族团结”宣传工作，帮助少数民族学生树立正确的价值观，去除自卑心理。民族平等团结是国家大政方针政策，学校要通过各种渠道加强宣传教育。最后，少数民族同学自身要正确看待民族之间的差异，充分发挥本民族的优势和特点，在差异性上找到自己存在的价值，构建民族自信。

（三）逐步完善提高民族学生政策

政策是主导民族地区发展繁荣进步的核心驱动力，对于少数民族学生来说亦是如

此。当下，少数民族地区录取分数降低了不少，许多少数民族学生进入高校课堂，但是存在一个很现实的问题就是：少数民族学生毕业以后的就业情况极为不乐观，由于技能（人自身的附加技能、才艺）和语言表达（由于接触汉语时间较晚）能力较之汉族学生来说相对较弱，很难留在大城市里面工作。所以针对这样的情况，政府部门应该出台相应的就业优惠政策，带动少数民族学生的就业，才能逐步推动民族平等、团结、发展、繁荣，建设社会主义和谐社会。

民族团结进步繁荣一直是我国社会主义事业发展不可忽视的永不过时的时代话题。习近平在云南考察工作时强调，坚决打好扶贫开发攻坚战、加快民族地区经济社会发展，民族团结是我国各族人民的生命线，要坚持和完善民族区域自治制度，坚定不移执行党的民族政策，广泛开展民族团结教育，注重把建设各民族共有精神家园作为战略任务来抓，使各民族人心归聚、精神相依。① 促进民族团结繁荣进步，不仅是社会发展的需要，更是国家繁荣进步的需要，只有各民族发展繁荣进步了，社会主义国家才能真正体现它的优越性，才能真正称之为社会主义民主国家，才能把“道路自信、制度自信、文化自信、理论自信”的文化品牌推向世界。

（作者系云南民族大学马克思主义学院马克思主义基本原理专业2017级硕士研究生）

① 新华网2015年1月21日电《习近平在云南考察工作》。

新时代乡村振兴战略下贵州山地特色新型城镇化道路探讨

——以“一分三向”安顺模式构建的实践为例

申　浩　杨春晖

摘　要：十九大报告提出的“实施乡村振兴战略”的新发展理念，是城乡发展的战略性转变。本文通过梳理乡村振兴战略、新型城镇化和山地特色等相关理论概念含义，结合“一分三向”安顺模式构建的相关实践，指出乡村振兴战略下“一分三向”安顺模式的现实价值，以期进一步明确新时代乡村振兴战略下贵州山地特色新型城镇化发展方向和新思路。

关键词：乡村振兴战略；山地特色新型城镇化；“一分三向”

党的十九大报告提出，中国特色社会主义进入了新时代，并提出要实施乡村振兴战略，这是解决好中国特色社会主义新时代“三农”问题的重大战略，也是解决新时代社会主要矛盾的重大战略举措。“实施乡村振兴战略”的新发展理念既切中了当前乡村发展的要害，也指明了新时代乡村发展方向，明确了乡村发展新思路，是城乡发展的重大战略性转变。乡村振兴是把乡村作为一个整体来对待，要充分发挥乡村的主动性，改变过去乡村从属于城市的现实，建立一种全新的城乡关系。

安顺，作为黔中经济区中心城市、贵州省历史文化名城，在贵州省的历史和现实发展中，一直扮演着重要角色。由于历史原因，安顺曾经历了数次县区撤并划分，致使目前安顺成为全省市域面积最小、经济体量最小的地级市，在一定程度上制约了城市发展。近年来，在贵州省委省政府的关怀下，安顺市委市政府凝心聚力、带领全市人民攻坚克难，发挥比较优势，另辟蹊径，积极探索了一条独具特色的“一分三向”山地特色新型城镇化道路。“一分三向”的探索，为安顺城市发展、城镇化建设提供了广阔道路，尤其在贵州先后获批为全国首批生态文明试验区和全国第二个内陆开放型经济试验区后，安顺市先后获批全省唯一的国家新型城镇化综合试点地级市城市和全省第二个国家高新技术产业开发区。在依托军工企业建设“一核一带”，积极谋划“一城三区”城市框架的背景下，安顺市深入探索和推进山地特色新型城镇化，积极构建“一分三向”安顺模式，对于深化以“新型城镇化＋”为主线，推动黔中崛起，倾力打造山地特色新型城镇化示范区，确保与全国全省同步全面建成小康社会必将具有积极意义。

一、相关含义及理论基础

（一）乡村振兴战略的含义

乡村振兴战略的内涵十分丰富，包含了六个方面的重点：一是要坚持农业农村优先发展的战略，强调在“两个一百年”奋斗目标的历史交汇期，必须始终把解决好“三农”问题作为全党工作的重中之重；二是要按照产业兴旺、生态宜居、乡风文明、治理有效、生活富裕的总要求，实施好乡村振兴战略，统筹推进农村经济、政治、文化、社会和生态“五位一体”的建设；三是要把深化城乡综合配套改革、建立健全城乡融合的体制机制和政策体系作为推进乡村振兴战略的新动能；四是要致力于巩固和完善农村基本经营制度，深化农村土地制度改革，完善承包地“三权”分置制度，给农民吃上长效“定心丸”，构建现代农业产业体系、生产体系、经营体系，完善农业支持保护制度，探索小农户和现代农业发展有机衔接的中国特色农业现代化道路；五是要致力于农村三次产业融合发展，进一步优化农村大众创业、万众创新的环境，支持和鼓励农民创业就业，拓宽农村经济发展和农民增收渠道，努力实现农民生活富裕；六是要致力于加强农村基层工作，建立和健全自治、法治和德治相结合的乡村治理体系，努力实现乡村治理体系和治理能力现代化，培养造就一支懂农业、爱农民、爱农村的“三农”工作队伍，为实现乡村振兴提供强大的政治、组织和人才保障。

（二）新型城镇化的含义

新型城镇化是指坚持以人为本，以新型工业化为动力，以统筹兼顾为原则，推动城市现代化、城市集群化、城市生态化、农村城镇化，全面提升城镇化质量和水平，走科学发展、集约高效、功能完善、环境友好、社会和谐、个性鲜明、城乡一体、大中小城市和小城镇协调发展的城镇化建设路子。新型城镇化的“新”就是要由过去片面注重追求城市规模扩大、空间扩张，改变为以提升城市的文化、公共服务等内涵为中心，真正使我们的城镇成为具有较高品质的适宜人居之所。

（三）山地特色的含义

所谓山地特色，是指城镇化进程中结合山区自然、经济和社会文化特征，采取因势利导、科学高效的城镇建设发展模式。贵州作为全国唯一没有平原支撑的省份，实现城镇化的条件相对不成熟，不能套用一些平原省份“摊大饼”的发展模式，应走符合山区特色的、贵州省情的、新型的城镇化道路。

（四）“一分三向”的含义

“一分三向”的新型城镇化安顺模式，即以“城镇基础设施和公共服务设施是否延伸到位”来划分城镇人口和农村人口，分层次、有步骤地引导农业人口向市区、向县城和重点镇、向美丽乡村转移。具体来说，一分：以城镇型基础设施和公共服务设施是否延伸到位划分城镇人口和农村人口；三向：通过“城镇村”功能完善、产业就业支撑能力增强，“城镇村”间路网通达性提升，逐步引导城镇化人口向市区、向县城和重点镇、向美丽乡村三级城镇化载体集中。

二、“一分三向”安顺模式构建的相关实践基础

（一）“一分三向”安顺模式的实践状况

2014 年年底，安顺市被列为国家新型城镇化试点城市，成为全国 25 个地级市的试点城市之一，也是贵州省唯一的国家新型城镇化地级市试点。为充分发挥试点的政策效应，结合本地发展实际，安顺市重点突破薄弱环节，积极探索，闯出新路，彻底改变城镇化率低、农村贫困面大、贫困程度深、贫困人口多、城乡差距大、脱贫攻坚任务艰巨的市情。安顺市围绕“新型城镇化 +”的发展主线，积极推动“一分三向”新型城镇化发展模式的实施，两年来，安顺市通过推进城镇和美丽乡村路网、标准卫生院、社区服务中心等基础设施建设，强化城镇和乡村的联动，有序引导农业人口转移，逐步形成城、镇、村三级共同发展、聚集人口的良好态势，中心城区、县城和重点镇、美丽乡村三级载体基础设施和公共服务设施进一步完善，户籍制度改革加快推进，全市城镇化率提高 9 个百分点，常住人口城镇化率达到 47.5%，走出了一条有别于东部、不同于西部和省内其他市州的新型城镇化发展道路，为 2020 年实现常住人口城镇化率 61%，户籍人口城镇化率 47% 的目标奠定了坚实基础，也为安顺市大扶贫战略的实施奠定了坚实的基础。

我们通过对乐平镇和该镇塘约村进行了实地调研发现，截至 2017 年 2 月，“一分三向”模式实施以来，乐平镇对教育、医疗卫生、文化、体育、商业服务、金融邮电、社区服务、园林绿化、环境保护、市政公用和行政管理等公共服务设施的改善较为显著，群众满意度较高，在实现农业转移人口就地城镇化、就地建社区、就地转居民方面进行了有效的探索。乐平镇城镇户口从原来的 46733 人增加到 52681 人，增长了 12.7%，城镇率提升明显。城镇户口中人均年收入 7580 元（可支配收入），收入增长显著；在“户籍改革”中解决了户口问题的人数 500 余人，受益人数达 45137 人，户籍改革初见成效。该镇返乡务工或创业人数有 505 人。该镇塘约村更是抓住合作社这个牛鼻子，通过大力深化农村综合改革，乡风建设展现新气象，农民收入实现大幅提升，村集体经济逐步壮大，在消除“空壳村”，推动农村群众脱贫致富奔小康的实践中，努力走出了一条“三权促三变”“合股联营、村社一体”的发展新路，该路径在 2017 年全国“两会”上，得到了中央政治局常委、全国政协主席俞正声同志的肯定和赞赏。

除了塘约村，近年来安顺区域内还有其他村镇，也在“一分三向”的改革模式中，焕发了新活力，展现了新面貌，并先后总结出了一批值得推广的经验，如：“秀水五股”“猴场模式”“大坝经验”“旧州 + 浪塘‘1 + 1’的联动模式”等，打造了夏云镇小河湾村、黄果树石头寨、普定县秀水村、龙宫镇桃子村等一大批在新型城镇化建设发展中的突出亮点。

（二）“一分三向”安顺模式的实践经验

1. 坚持走特色城镇化道路

安顺是世界上典型的喀斯特地貌集中地区，山地多、平地少，“八山一水一分田”；同时，安顺是我国第一批旅游型城市，旅游资源面积占全市总面积的 12%，黄果树、龙

宫两个国家5A级景区，以及另外6个4A和30多个A级以上景区在市域均衡分布。这是安顺的市情。在探索新型城镇化道路上，安顺没有简单地借鉴东部发达地区的做法，而是另辟蹊径，突出以山地特色为核心的新型城镇化发展道路，不断强化“一分三向”的基础条件，通过推进城镇和美丽乡村路网、标准卫生院、社区服务中心等基础设施建设，强化城镇和乡村的联动，有序引导农业人口转移，逐步形成城、镇、村三级共同发展、聚集人口的良好态势，从而提升新型城镇化水平和质量，实现人的全面发展与社会和谐进步。这是“一分三向”安顺模式的最成功的经验，同时，也是这一模式成功的基础。

2. 充分发挥城镇化建设中农民的主体作用

回顾以往旧的城镇化发展思路，只见政府，不见农民，只见被动，不见主动，只见城镇，不见人，忽视了农民自己在城镇化过程中的主体作用和积极能动性。所以，乡愁没了，“空壳村”出现了，农村治理面临无人可用、无人可治的境地，同时，进城务工人员又无法被城市接纳。对此，安顺“一分三向”模式，坚持以“离土不离乡、就业不离家、进厂不进城”的就地城镇化为重点，在吸引务工人员返乡的同时，又通过农村产权制度改革和农村产业带动等举措，解决了农业转移人口就业问题，逐步形成望得见山、看得见水、记得住乡愁、彰显山地旅游城市特色的“一分三向”新型城镇化安顺模式。

3. 重点攻坚民生难题

群众反映：“搬得出不是最大的难题，最大问题还是要留得住、能就业、有保障。”城镇化最大的难题不是如何把农民请进城，而是要能将农民留得住、能就业、有保障。安顺在攻坚民生难题上，大力实施住房保障工程，坚持抓好人居环境建设，坚持抓好科教文卫事业发展，同时，对群众进行职业培训，开展订单式的培训，引导富余劳动力进厂，使“农民”转变为“工人”，实现了企业与群众双赢，有效解决了这一难题。

三、新时代乡村振兴战略下“一分三向”安顺模式的现实价值分析

（一）以特色小城镇为载体，加快乡村振兴进程，“一分三向”而成的小城镇是吸纳、转移农业人口的重要载体

乡村振兴需要一个强有力的龙头和载体，把乡村优美环境、人文风俗、历史文化、特色资源等在空间上进行集中和集聚，推动特色产业发展。特色小镇承载产业与人口，吸引城市资源要素的流入，承接城市消费的外溢，把小镇融合到乡村中，符合当前中央有关特色小镇发展理念，也从根本上增强了乡村的内生发展能力。如平坝的乐平、天龙以及旧州镇等一大批小城镇是安顺城市与乡村联系的重要环节，同时也是城乡统筹发展的战略支点。这些小城镇处于城乡结合部的“中间地带”，是优化城市体系的战略关键，与农村、农民和农业有着天然的联系。同时，这些小城镇与农村相比有更加发达的第二、第三产业和较多的就业机会，能促进农民就地就业，并为农民提供大量的公共服务和商业服务，并且如果能够培育更多的结构合理的小城镇群，提高产业发展和集聚人口能力，就能促进农村农业转移人口就近从业。

（二）大力推进城乡综合配套改革，增强乡村振兴新动能，“一分三向”而成的小城镇更利于“四化”同步统筹城乡发展

大力推进城乡综合配套改革，率先构建起城乡融合发展的体制机制和政策体系。要从当前城乡分割的二元体制机制尚未从根本上消除影响城乡资源要素市场化配置的政策障碍的实际情况出发，以构建城乡融合发展的体制机制和政策体系为目标，进一步深化城乡综合配套改革，重点在构建城乡一体化的土地制度、户籍制度、公共服务制度和政府行政管理制度改革上取得突破性的全面进展，切实保障广大农民能够平等地享受财产权利和发展权利，形成城乡地位平等、城乡开放互通、城乡互惠互利、城乡要素自由流动的城乡融合发展新格局，积极推动城市的资本、资金、技术、人才等要素与农村丰富的资源和劳动力结合，引导城市消费向农村延伸，使“一城一乡”的投资、创业和消费成为推动乡村振兴和内需扩大的强大动能，努力使新型工业化、新型城镇化、信息化、绿色化和农业农村现代化协调推进。“一分三向”而成的小城镇与中等城市的经济体系有十分紧密的结合，是统筹城乡发展的重要结合点。这些小城镇是城乡网络体系的重要节点和纽带。一方面城市为农村、农业和农民提供的生产生活服务需要通过中小城镇完成，另一方面小城镇可以大力发挥其城乡地域中心作用，为社会主义新农村建设服务。这些就决定了要实现传统农业向现代农业转变和农民生活方式的现代化，不能脱离城镇化尤其是其依托的小城镇的发展。

（三）大力推进乡村生态绿兴工程，力促绿色可持续发展，“一分三向”而成的小城镇更有利于践行绿色发展的理念

大力推进乡村生态绿兴工程，践行“绿水青山就是金山银山”理念。要着力推进生态文明体制改革和机制创新，大力推进农村生态文明建设和农村人居环境、生态环境整治，积极推进农村生产方式、生活方式和消费方式的绿色化、生态化，加快整治农业面源污染和生产生活污染，大力推进绿化造林和退耕还林，保护好生态公益林和水源涵养地，努力把美丽乡村建设成为美丽中国的生态涵养基础，让美丽乡村成为农民幸福生活的绿色家园和市民休闲养生养老的生态乐园。对于“生态文明、传承文化”的新型城镇化，与高楼耸立的大城市相比小城镇无疑具有天然的优势。当前中国的城镇化建设中面临着很多问题，比如“土地城镇化”的扩张导致城市绿地减少，以及土地、能源、水资源问题，尤其是近期比较严重的雾霾问题，这些问题都暴露出了传统城镇化的弊端，也是新型城镇化要着力解决的问题。而“一分三向”而成的小城镇践行绿色低碳发展有两大优势：一是与广大农村有天然的联系，更加接近自然，环境质量好，为建设“生态文明”的新型城镇提供了有利的条件；二是这些小城镇空间分布广、遍地开花，具有巨大的发展潜力，同时由于工业污染少，发展模式的低碳转型成本也相对较低，推进小城镇的绿色低碳发展阻力要小得多。

参考文献

[1] 顾益康．实施乡村振兴战略加快农业农村现代化．浙江日报，2017－11－06（005）．

[2] 曾永涛．建设富美新安顺　砥砺奋进奔小康．当代贵州，2017（Z3）：96—97.

［3］陈政，陈思华．山地特色新型城镇化研究．当代贵州，2017（13）：60.
［4］魏媛，吴长勇，徐筑燕．贵州山地特色新型城镇化可持续发展研究．改革与战略，2015（5）：133—137.
［5］谌贵璇．闯出一条安顺特色的山地新型城镇化之路——访安顺市委书记周建琨．当代贵州，2014（23）：36—37.

（作者系贵州民族大学民族学与社会学学院硕士研究生）

第五部分　生态文明建设

生态文明建设对实现美好生活需要的现实意义

——基于十九大报告中社会主要矛盾转变的理解

王德财

摘　要： 随着十九大的胜利召开，我国整体建设迈向一个新的征程。我国经济迅猛发展，综合国力显著提升，人民已从温饱水平基本达到小康水平，过去旧的矛盾已不符合社会发展的新要求并逐渐被解决。党的十九大报告中明确指出：我国社会主要矛盾已经转化为人民日益增长的美好生活需要和不平衡不充分的发展之间的矛盾。明确了我国社会主要矛盾的历史性变化：人民对美好生活需要不仅仅体现在经济发展上，也包括美好的生活环境、良好的生态体系、和谐的生活氛围、健康的生活方式等。因此，推进生态文明建设对实现美好生活需要具有极其深远的意义。

关键词： 十九大；生态文明建设；美好生活；体现

2017 年 10 月 18 日，中国共产党召开了举世瞩目的第十九次代表大会。十九大明确提出了我国社会主要矛盾已经转化为人民日益增长的美好生活需要和不平衡不充分的发展之间的矛盾。现阶段是我国全面建成小康社会的决胜阶段，人民对美好生活的向往也逐渐增强，新矛盾既是从经济物质层面，也包含非物质层面的需求，对美好生活的需要主要体现在美丽家园的建设。如何保障美好的生活环境、良好的生态体系、和谐的生活氛围、健康的生活方式都是解决新矛盾需要首要解决的新问题。和谐的生活环境，健康的生活方式都离不开生态文明的建设。

一、生态文明建设提出的时代背景

在十八大会议上，党中央提出“五位一体”的发展布局，首次将生态文明建设纳入总的发展布局中。十八大报告以“大力推进生态文明建设”为题，结合中国发展的总体特征，系统地论述了生态文明建设，将生态文明建设摆在新的高度。报告明确指出生态文明建设是关系人民幸福、关乎民族发展的长远大计，要求把生态文明建设摆在重要地位，贯穿于经济建设、政治建设、文化建设、社会建设的全方位和总过程。十九大报告中明确提出加快生态文明体制建设，建设美丽中国。这对实现美好生活需要乃至推进人类命运共同体的构建都是极为重要的。

（一）生态文明建设是解决资源环境日益恶化的必然选择

改革开放以来我国工业迅速发展，但随之而来的对自然环境的破坏也逐渐增多。“现代社会如同置身于朝向四方急驰狂奔的无法驾驭的力量之中，而不像处于一辆被小心翼翼控制并熟练驾驶的小车之中。”① 经济的飞速发展，严重冲击了生态环境，这种“无法驾驭的力量”已经让我们处在对生态环境的破坏之中，这也是新时代中国特色社会主义发展新矛盾的重要体现。首先，世界性的气候变暖，臭氧层破坏，使得大洋上的部分岛屿已逐渐被淹没，这已成为威胁人类生存与发展的全球性问题；其次，我国的重工业生产使得众多地区“烟雾笼罩”，华北地区雾霾严重，空气质量严重危及人民的健康，这也阻碍了我们对美好家园的建设；最后，资源的短缺与浪费，淡水资源日益减少，土地资源日益匮乏，矿产石油资源日益不足，对于如何协调好与日俱增的资源需求量与资源现存量之间的关系将是重中之重。

我们对美好生活的需要首先要有良好的自然环境，充足的自然资源，这就要大力加强生态文明建设，加快生态文明体制改革，这样才能充分地实现美好生活的需要。

（二）生态文明建设是我国经济可持续发展的必然选择

十八大以来我国经济飞速发展，解决人民温饱问题、一部分人民生活达到小康水平这两个目标已提前完成，国内生产总值位居世界次席，但在经济发展过程中生态环境却遇到了一系列问题。一些企业虽生产速度快但产品质量差、资源投入高且产量低。资源使用的高能耗与资源严重短缺，不仅是对资源的浪费也是对生态环境建设、可持续发展的阻碍。

发展经济不能用生态来做交换，绿色发展需要创建节约型经济模式，加快转变经济发展方式，加大生态系统保护力度，这样才能建设美好家园，逐步解决发展的不平衡问题，充分地实现对美好生活的需要。

（三）生态文明建设是树立生态大国形象的必然选择

在全球经济低迷阶段，中国经济高速发展，为世界经济发展做出贡献，十八大以来中国在生态领域不断做出贡献，为人类命运共同体的构建打下了坚实的基础。生态因素在国际社会中的地位日益突出，在哥本哈根世界气候大会、G20 峰会等会议上世界生态文明建设的声音愈发响亮，由此可见生态因素已经不仅仅体现在环境问题上，它影响到国家的政治、经济、文化等方面，在外交问题上具有不可忽视的地位。

中国作为负责任大国，积极应对国际生态问题，把生态文明建设放到突出地位，体现了中国作为世界最大的发展中国家正在为人类命运共同体做出至关重要的新贡献；这既是树立负责任大国形象和地位的必然选择，也是为人民创建美好家园、共建美好环境、树立美好形象、实现美好生活需要所做的必然选择。

二、生态文明建设在美好生活需要中的重要体现

人从对美好生活的向往，到对美好生活的追求，再到对美好生活的需要，不断地实现全面发展。十一届六中全会提出“社会主义初级阶段主要矛盾”是“人民日益增长的物质文化需要同落后的社会生产之间的矛盾”。矛盾是推动事物发展的根本动力，随着我国经济、政治、文化等综合实力的发展，旧的矛盾不断被解决，进一步发展的新矛盾

① 英安东尼·吉登斯：《现代性的后果》，田禾译，译林出版社 2000 年版，第 47 页。

已浮出水面。在十九大报告中，习近平同志正确系统地阐述了社会发展的新矛盾："我国社会主要矛盾已经转化为人民日益增长的美好生活需要和不平衡不充分的发展之间的矛盾。"人民对美好生活的向往逐渐增强，不仅包含经济物质层面的需求，也包含非物质层面的需求。和谐的生活环境，健康的生活方式都离不开生态环境的建设。

（一）生态文明建设为美好生活的需要提供基础性保障

十八大以来我国经济迅猛发展、法制日益完善、文化素养日益增强，不断满足人民对美好生活的需要，但面对我国经济发展的不平衡，自然环境的日益恶化，加强生态文明建设迫在眉睫。我们所处的环境日益恶化，面对土地承载力不断下降、自然资源极度短缺、雾霾等极度严峻的生态问题，如果照此发展下去，美好生活也只能是向往，中华民族的永续生存与发展将面临严峻的挑战。

我国经济不断发展，对美好生活有了更高的追求，面对生态环境恶化，党中央在十八大提出"五位一体"总布局将生态文明放在高度位置，十九大提出"加快生态文明体制改革，建设美丽中国"，这些都为我们美好生活需要做了基础性的保障。因此，生态文明建设是实现美好生活的关键，只有坚持生态文明建设，才能为美好生活的实现提供基础保障。

（二）生态文明建设是实现美好生活需要的内在要求

中国共产党一直坚持把马克思主义与中国实际相结合，根据中国的具体国情继承和发展马克思主义，习近平新时代中国特色社会主义思想就是对马克思主义现阶段最好的创新成果。它体现着中国前一个阶段的发展结果、现阶段的发展方向和对未来的发展规划。习近平新时代中国特色社会主义思想再次强调"五位一体"的总体布局，要求我们走生态良好的文明发展道路，使经济发展与人口资源环境相协调，使人民在良好的生态环境中生活，也就是说，生态文明是实现美好生活的具体体现。

马克思强调实现人的自由全面发展，这也是满足美好生活需要的重要过程。我们要辩证地看待人与自然环境之间、人与人之间、人与社会之间的关系，坚持在可持续发展的自然环境中研究人与社会的关系，进而建构适合经济基础的上层建筑，不断达到这三者和谐有机统一，进一步创建和谐社会，实现美好生活需要。

（三）生态文明建设为实现美好生活提供重要举措

无论是经济建设、政治文明的演进还是文化的发展繁荣，最终都是要实现人的自由全面发展。生态文明建设不是单独的发展，党的十八大明确提出：经济建设、政治建设、文化建设、社会建设、生态文明建设"五位一体"总体布局并列，它们组成一个系统，共同协调发展。自然生态环境的恶化，自然资源的短缺会影响经济的发展，经济的停滞发展会影响政治的安定与社会的和谐，当生态建设、经济建设、政治建设、社会建设的关系都不和谐稳定的时候，就会阻碍文化建设，进而阻碍美好生活需要的实现。

发展经济要保护好生态。第一，转变经济发展方式。推进绿色发展，建立绿色生产和消费的法律制度。第二，解决突出的环境问题。加强污染治理，提升空气质量，做到开源节流，保护资源。第三，加强生态监管体制和保护力度。习近平同志指出"以系统工程抓生态建设”,[1] 采取这些生态措施是为了提高生活质量，改善生活环境，满足美好生活需要，逐步地解决人民日益增长的美好生活需要与不平衡不充分的发展之间的矛盾。所以，只有把生态文明建设放到应有的位置，才能更好地建设美好家园；只有把生态文明建设作为新时代中国特色社会主义事业的重要组成部分，才能实现社会主义现代化强国，实现美好生活需要。

三、生态文明建设在实现美好生活需要中的重要意义

党的十八大以来，习近平同志高度重视生态文明建设，他强调要“像对待生命一样对待生态环境”,[2] 加强生态文明建设不仅对现阶段发展至关重要，更对充分实现美好生活需要有着重要意义。

（一）有利于发展可持续经济

习近平同志在《共建丝绸之路经济带》中深刻阐述了生态环境建设对于经济可持续健康发展的基础性地位。他强调指出，“既要绿水青山，也要金山银山。宁要绿水青山，不要金山银山，而且绿水青山就是金山银山。我们绝不能以牺牲生态环境为代价换取经济的一时发展”,[3] 要把“蓝天白云”“绿水青山”看作是国家发展的最大本钱与动力；2016 年 3 月 7 日，习近平同志在参加第十二届全国人大四次会议与黑龙江代表团进行讨论时指出，绿水青山是金山银山，黑龙江的冰天雪地也是金山银山,[4] 这一正确论断不仅是为黑龙江经济发展提出根本性的指导意见，更是生态文明建设理念的生动体现。

建设良好的生态环境是人与社会、人与自然可持续发展的基础，要把经济效益与生态文明建设结合起来，把良好的生态环境看作是一个地区经济发展的根本和枢纽。在生态文明建设中发展经济，在经济发展中建设生态文明，这不仅为绿色经济发展、产业结构的进一步优化提供了科学的思想启示和正确的行动指南，更为建设一个有绿色经济、环境优美、生态和谐的美好生活打下坚实的基础，这样才能在可持续经济发展下创建更加美好、更加幸福的生活。

（二）有利于逐步解决我国社会现阶段的主要矛盾

党的十九大报告明确指出，我国社会主要矛盾已经转化为“人民日益增长的美好生活需要和不平衡不充分的发展之间的矛盾”。经济的迅猛发展和与之产生的生态环境破坏是现阶段我们要着重解决的问题。人民日益增长的美好生活需要涉及方方面面，包括美丽的生活家园、和谐的生活环境、良好的生活条件、健康的生活方式。随着经济飞速发展，人民对美好生活的需要也逐渐满足，但资源的肆意浪费、环境的随意破坏等导致生态严重失衡，这体现了发展不平衡、不充分。

---

① 周生贤：《走向生态文明新时代：学习习近平同志关于生态文明建设的重要论述》，《求是》2013 年第 17 期，第 17—19 页。

② 中共中央宣传部：《习近平同志系列重要讲话读本》，学习出版社、人民出版社 2016 年版，第 230 页。

③ 习近平：《共建丝绸之路经济带》，《人民日报》（海外版）2013 年 9 月 9 日，第 1 版。

④ 习近平：《习近平同志在参加第十二届全国人大四次会议黑龙江代表团审议时的讲话》，《人民日报》2016 年 3 月 7 日，第 1 版。

为建设美丽中国，把我国建成富强民主文明和谐美丽的社会主义现代化强国，加快生态文明体制改革至关重要。“建设生态文明，关系人民福祉，关乎民族未来。”① 生态文明建设功在当代、利在千秋，推动生态文明建设不仅能改善当下生活质量，更能充分地满足美好生活的需要。走向生态文明新时代，建设美丽中国，是实现中国梦的重要内容。我们要发展的经济是可持续的经济，是人与自然和谐共生的经济，要在生态文明建设基础上创造更多的物质财富和精神财富来满足人民日益增长的美好生活的需要，也要通过发展绿色经济创造出更多的生态产品来满足美好生活的需要。

（三）有利于进一步构建中国特色社会主义事业的总体布局

生态文明建设是建设其他事业的保障。党的十七大报告中首次提出要构建一个良好的生态环境，建设生态文明；党的十八大系统地论述了生态文明建设，并强调要全面打造经济建设、政治建设、文化建设、社会建设、生态文明建设“五位一体”总体布局；党的十九大报告中，明确提出中国特色社会主义事业总体布局是“五位一体”，并在我国发展的第一个阶段上，要求做到生态环境根本好转，美丽中国目标基本实现，从而基本实现社会主义现代化。这些都为解决社会发展新矛盾奠定了基础。生态环境的好转，将有助于人民享有更加幸福的生活，充分满足美好生活的需要。

加强生态文明建设，不仅是对人与自然、人与人、人与社会之间辩证关系的进一步深化，对马克思主义生态思想的充分继承与创新，对新时代中国特色社会主义思想的重要演进，更是推动人类命运共同体的构建，构筑崇尚自然、尊重自然、保护自然的绿色生态体系。这样才能为人民建造一个美好、健康、和谐、幸福的生活家园，充分满足人民对美好生活的需要。

在当代，加强我国的生态文明建设，要坚持习近平新时代中国特色社会主义思想，将生态文明建设思想充分地运用于实践当中，贯穿于经济建设、政治建设、文化建设及社会建设的全过程中。美好生活是每个人所向往、所追求、所需要的，实现美好生活不仅仅表现在物质层面上，也包括全面依法治国，充分提升文化素养，不断践行社会主义核心价值观。要充分打造可持续发展，加强生态文明建设，构建和谐社会和美好家园。这样才能不断解决人民日益增长的美好生活需要和不平衡不充分的发展之间的矛盾。生态文明建设是满足美好生活需要的基础性保障，只有在可持续发展的良性循环建设中才能充分地满足美好生活需要，才能形成人与自然和谐发展、美丽共享的新格局，才能真正地建成富强民主文明和谐美丽的社会主义现代化强国，实现中华民族伟大复兴的中国梦！

参考文献

［1］张德江：《学习贯彻十九大精神》，《人民日报》（海外版）2017 年 10 月 30 日，第 2 版。

［2］杨伟民：《“解读十九大报告·污染防治”像对待生命一样对待生态环境》，

① 习近平：《坚持节约资源和保护环境基本国策　努力走向社会主义生态文明新时代》，《人民日报》2013 年 5 月 25 日，第 1 版。

《中国青年网报》2017 年 10 月 25 日。

［3］俞可平：《科学发展观与生态文明》，《马克思主义与现实》2005 年第 4 期。

［4］余维祥：《马克思主义生态思想的三重维度及其意义》，《学术论坛》2011 年第 8 期。

［5］刘希刚、王永贵：《习近平生态文明建设思想初探》，《河海大学学报》（哲学社会科学版）2014 年第 16 期。

［6］郑文姬：《马克思主义生态思想视野下的中国城市化进程》，《江汉论坛》2011 年第 7 期。

（作者系中央民族大学马克思主义学院 2017 级研究生）

习近平生态文明建设思想及其意义

——基于对十九大报告的解读

孙　行

摘　要： 党的十八大以来，习近平同志立足于我国生态环境的基本国情，从国内国外两个大局出发，提出了生态文明建设的新思想。习近平生态文明建设思想内涵丰富，强调了生态文明建设的重要性，阐述了环境保护与经济发展之间的关系，提出了建设生态文明的重要举措。习近平生态文明建设思想丰富和发展了马克思主义生态理论，为建设美丽中国提供了理论依据，也有利于建设中国特色社会主义的总布局。

关键词： 习近平；生态文明建设；内容；意义

习近平同志在十九大报告中提出要“加快生态文明体制改革，建设美丽中国”[①] 的生态要求及“坚持人与自然和谐共生”[②] 的新方略，并把“美丽”作为2050年建成社会主义现代化强国的目标之一。我国发展已进入新时代，美丽的生态环境需要已成为人们美好生活需要的重要组成部分，迫切要求提供美丽的生活环境及优质的生态产品来满足人们日益增长的需要。为了满足人们对美丽生态环境的需要，为了解决近些年出现的生态问题，习近平同志提出要大力推进我国的生态文明建设，并多方面提出了生态文明建设的新思想。这些新思想具有重大的理论意义和实践意义。

一、习近平生态文明建设思想提出的背景

习近平生态文明建设思想是立足于我国环境污染、资源短缺、生态恶化的生态困境，并在总结我国经济发展的经验教训及顺应全球生态治理的国际形势的基础上提出的。

（一）生态文明建设是应对我国生态环境恶化的必然选择

改革开放以后，我国经济迅速发展，尤其是工业得到了迅猛发展。与此同时，这也带来了严重的生态问题，使我国陷入了环境污染、资源短缺、生态恶化的生态困境。首先，我国的环境污染不断加剧，不少地区特别是大城市的雾霾天数不断增加，能见度逐

① 习近平：《决胜全面建成小康社会　夺取新时代中国特色社会主义伟大胜利——在中国共产党第十九次全国代表大会上的报告》，新华网，2017年10月27日。

② 习近平：《决胜全面建成小康社会　夺取新时代中国特色社会主义伟大胜利——在中国共产党第十九次全国代表大会上的报告》，新华网，2017年10月27日。

步降低，较差的空气质量严重威胁着人们的身体健康，给人们的工作生活带来了极大不便；其次，我国的不可再生资源逐渐减少，多个地方存在着水资源、土地资源、矿产资源等短缺的状况，人们不断增加的资源需求量与实际资源量之间的矛盾日益突出；最后，我国的水土流失不断加剧，荒漠化现象越来越严重，物种日益减少，生物多样性逐步降低，生态遭到了严重的破坏。

为了解决这一复杂的生态难题，习近平同志提出了生态文明建设的新思想，把生态文明建设摆在了重要的战略地位。生态文明建设是应对我国生态环境恶化的必然选择，我们只有遵循绿色发展理念，坚持节约资源和保护环境的基本国策，并付诸实际行动，才能从根本上改变我国生态环境恶化的状况。

（二）生态文明建设是我国转变经济发展方式的必然要求

目前，我国经济高速发展，已成为仅次于美国的第二大经济体，但在经济发展过程中也遇到了一些生态问题。粗放式的经济发展方式和不合理的经济结构，带来了资源浪费、环境污染等负面效应，如有的地方依靠能源资源的高投资和高消耗来拉动经济发展，甚至以牺牲环境为代价，带来了严重的生态问题。因此，为了避免走上西方国家“先污染后治理”的老路，我国必须转变经济发展方式，促进产业结构升级，开辟出一条生态文明建设的新路。

为了减少粗放式的经济发展带来的负面效应，为了处理好经济发展与环境保护之间的关系，习近平同志提出了生态文明建设的新思想，他指出“绿水青山就是金山银山”,[①] 优美的生态环境可以促进经济发展，带来巨大的经济效益。生态文明建设，要求我们转变经济发展方式，实施创新驱动发展战略，促使我国的经济发展方式由粗放型向集约型转变，由不可持续型向可持续型转变，由高耗能高投资型向低碳节约型转变，由忽略环境型向环境友好型转变。

（三）生态文明建设是我国承担全球生态治理责任的必然选择

随着近代工业化时代的到来，世界上不少国家走上了工业化道路，在实现国家工业化的同时，也带了严重的生态问题。然而，伴随着全球化的逐步深入，生态问题已超出单个国家控制的范围，环境污染、资源枯竭、气候变暖等生态问题已转变为人类共同面临的生态难题，逐渐威胁着人类的生存和发展，因此全球生态治理迫在眉睫，已成为世界各国亟待解决的问题。

我国是一个负责任的大国，为了更好地承担全球生态治理的责任，我国致力于开辟出生态文明建设的道路，为全球生态治理贡献出巨大的中国力量。我国作为世界上最大的发展中国家，在全球生态治理中扮演着重要的角色，我国把应对全球气候变化纳入国家生态文明建设的规划中，承担着节能减排的重大责任。2015 年，我国在巴黎联合国气候大会上做出了节能减排的重大承诺，并自愿出资 200 亿元人民币，用来建立中国气候变化南南合作基金，以帮助发展中国家应对全球气候变化。这是我国的态度，也体现了一个负责任大国的担当。

---

① 习近平:《共建丝绸之路经济带》,《人民日报》（海外版）2013 年 9 月 9 日，第 1 版。

二、习近平生态文明建设思想的重要内容

我国已进入生态文明新时代，建设生态文明至关重要。习近平同志立足于国内国外两个大局，从生态环境建设的重要性及具体举措等方面，阐述了生态文明建设新思想。

（一）生态兴衰决定文明兴衰

习近平同志高度重视生态文明建设，他指出要“像对待生命一样对待生态环境”，①他从多个角度论述了生态文明建设的重要性。首先，从人类文明发展历史来看，生态文明关系到人类文明的兴衰，符合人类历史发展的潮流。纵观人类历史，源于两河流域的古巴比伦文明随着对生态环境的破坏而逐步走向灭亡，习近平同志基于对人类历史经验教训的分析，指出：“生态兴则文明兴，生态衰则文明衰。”② 其次，从民族发展的长远利益来看，生态文明建设功在当代、利在千秋，符合人民的根本利益，是造福子孙后代的惠民工程。习近平同志对此指出：“建设生态文明，关系人民福祉，关乎民族未来。”③最后，从涉及民生的角度来看，生态环境逐步成为我国的一项民生工程，现在人们对生存环境的要求逐步提高，人们的生活更加注重绿色环保，人们希望抬头就能看到蓝天白云，呼吸到新鲜的空气，喝到干净的水，吃到绿色的食物。习近平同志回应了人民群众对生态环境的诉求，指出：“环境就是民生，青山就是美丽，蓝天也是幸福。”④ 习近平同志对生态文明建设的重要论述，使我们从思想上认识到生态文明建设的重要性，唤起了我们对生态环境保护的重视，提高了我们的生态环保意识。

（二）保护生态环境就是保护生产力

近代以来，西方国家率先走上了工业化道路，工业化发展在创造巨大物质财富的同时，也带来了严重的环境问题，西方国家普遍走上了“先污染后治理”的道路。同样，我国在改革开放后进行经济建设时，由于未处理好经济发展与生态环境的关系，也出现了环境污染、资源浪费等生态问题。习近平同志基于对国内国外经济发展经验教训的分析，深刻地阐述了生态文明建设与经济发展之间的辩证关系，指出：“保护生态环境就是保护生产力，改善生态环境就是发展生产力。”⑤ 保护生态环境，减少环境污染的治理成本，减少浪费资源的投入成本，可以将生态优势转变为经济优势，推动经济的发展。然而，如果一味地注重经济的发展而忽略生态环境的话，这样所谓的“经济高增长”会带来环境污染、资源浪费等生态问题，会进一步制约社会的可持续发展。因此，习近平同志强调要处理好经济发展与生态保护之间的关系，要把生态文明建设融入经济发展的

① 中共中央宣传部：《习近平同志系列重要讲话读本》，学习出版社、人民出版社 2016 年版，第 230 页。

② 中共中央宣传部：《习近平同志系列重要讲话读本》，学习出版社、人民出版社 2016 年版，第 231 页。

③ 习近平：《坚持节约资源和保护环境基本国策 努力走向社会主义生态文明新时代》，《人民日报》2013 年 5 月 25 日，第 1 版。

④ 习近平：《习近平张德江俞正声王岐山分别参加全国两会一些团组审议讨论》，《人民日报》2015 年 3 月 7 日，第 1 版。

⑤ 习近平：《习近平在海南考察时强调加快国际旅游岛建设 谱写美丽中国海南篇》，《人民日报》2013 年 4 月 11 日，第 1 版。

全过程，要发展绿色经济、循环经济、低碳经济，决不能以牺牲环境、浪费资源为代价来单纯追求经济的增长。

（三）以系统工程抓生态建设

生态文明建设是一项复杂的系统工程，涉及方方面面，其系统性主要体现在四个方面：首先，从生态系统内部的联系来看，生态系统是一个有机整体，内部各要素相互影响，相互依存。习近平同志以“山水林田湖生命共同体”为例，分析了生态文明建设的系统性。其次，从中国特色社会主义总布局来看，生态文明建设与经济建设、政治建设、文化建设、社会建设相互影响、相互制约，统一于五位一体的社会主义总布局。再次，从影响生态文明建设的多重原因分析，主要有不合理的经济结构、粗放式的生产方式、人们淡薄的生态意识等。最后，从生态治理的手段上来看，不仅需要经济手段、法律手段，还需要科技手段，甚至需要辅之行政手段。因此，通过对生态文明建设复杂性的分析，习近平同志提出要“以系统工程抓生态建设”，[①] 要多管齐下治理生态。

我们按照系统工程的思路进行生态文明建设，在做好宏观顶层设计的同时，也要处理好微观实践的各个环节。首先，要牢固树立生态红线观念，从思想源头上抓生态建设，人人都要守住生态红线，不能逾越；其次，要优化国土空间开发格局，根据资源环境的承载能力，科学合理地规划国土空间，使人类在获取自然资源的同时，也能给自然留下更多的修复空间；再次，要全面促进资源节约，加大环境保护力度，转变资源利用方式，大力发展循环经济，严格控制污染物的排放，提高植被覆盖率，提高环境质量；最后，要推动全球气候治理体系，在推动国内生态文明建设的同时，也要参与全球气候治理，实现我国节能减排的目标，为推动世界绿色发展贡献中国力量。

（四）实行严格的生态环保制度

目前，我国生态环境保护中存在的问题，大多与制度体制不完善及法治不健全有关，习近平同志对此指出：“只有实行最严格的制度、最严密的法治，才能为生态文明建设提供可靠保障。”[②] 因此，我们要深化生态文明体制改革，完善生态建设的法律法规，将生态文明建设纳入法治化、制度化的轨道。实行严格的生态环保制度，首先，要完善经济社会发展考核评价体系，要把资源消耗程度、环境污染情况、生态效益等指标纳入经济社会发展考核体系中，这样地方政府就会统筹经济发展，考虑到环境资源等生态指标，更加注重生态文明建设；其次，要建立责任追究制度，对恶意破坏生态环境的行为，要落实到具体个人，追究其责任，同时要完善生态保护的法律法规，运用制度和法律两把利剑为生态文明建设保驾护航；最后，要建立健全资源生态环境管理制度，其中包括国土空间开发保护制度、资源总量管理和全面节约制度、资源有偿使用和生态补偿制度等，不断完善各项管理制度，使生态环境管理形成体系化、制度化的管理格局。

---

① 周生贤：《走向生态文明新时代：学习习近平同志关于生态文明建设的重要论述》，《求是》2013 年第 17 期，第 17—19 页。

② 习近平：《坚持节约资源和保护环境基本国策　努力走向社会主义生态文明新时代》，《人民日报》2013 年 5 月 25 日，第 1 版。

三、习近平生态文明建设思想的重大意义

习近平生态文明建设思想回答了我国“为什么要建设生态文明”及“怎样建设生态文明”的重大理论问题和实践问题，开拓了生态文明建设的新境界，丰富了马克思主义生态理论，为建设美丽中国提供了理论指导。

（一）是对马克思主义生态理论的继承和发展

马克思主义理论蕴含着丰富的生态文明思想，生态文明思想是马克思主义理论的重要组成部分，包含着人、自然及社会的有机统一思想、人与自然的和谐相处思想、人与自然界物质交换思想等。习近平同志在继承马克思主义生态理论的基础上，结合中国生态环境的具体状况，丰富和发展了马克思主义生态理论。其创新之处体现在：首先，习近平同志将生态环境与生产力结合起来，提出保护生态环境就是保护生产力，要将生态文明建设融入经济建设的全过程。其次，习近平同志提出要以系统工程的思路抓生态建设，通过制度和法治的约束来为生态文明建设保驾护航，他运用系统论的方法，通过宏观上的顶层设计，从整体上规划出生态文明建设的方法思路。最后，习近平同志继承和发展了党的生态理论，吸收了可持续发展和科学发展观的核心思想，又结合时代发展增添了新的生态建设思想。

（二）为建设美丽中国提供了理论指导

党的十八大明确了生态文明建设的战略任务和历史地位，第一次明确地提出了建设“美丽中国”的思想，强调了建设美丽中国是我国生态文明建设的目标和归宿。习近平生态文明建设思想为我们建设美丽中国提供了理论指导，指导着我们建设什么样的美丽中国以及怎样建设美丽中国。首先，习近平生态文明建设思想为我们规划了美丽中国的蓝图，回答了“我们要建设什么样的美丽中国”的问题。他指出我们要建设一个绿水青山、蓝天白云的美丽中国，打造一个有着清新空气、纯净水源、食品绿色、环境优美的美丽中国。其次，习近平生态文明建设思想提出了建设生态文明的具体措施，要据此来建设美丽中国，通过提高人们的生态意识，转变经济发展方式，建立健全生态管理制度，完善生态建设的法律法规，实现建设美丽中国的目标。当前及今后一段时期，应以习近平生态文明建设思想为指导，坚持节约资源和保护环境的基本国策，爱护生态环境，建设绿水青山的美丽中国。

（三）有利于构建中国特色社会主义的总布局

党的十八大报告将生态文明建设纳入中国特色社会主义事业的总布局，强调了生态文明建设与经济建设、政治建设、文化建设及社会建设之间是有机统一的整体，生态文明建设对其他四个方面的建设有着重要的影响。首先，生态文明建设为经济建设提供了丰富的自然资源，经济生产所需要的各种原材料都是大自然提供的，同时生态文明建设会带动多种生态产业的产生，推动经济的可持续发展。其次，生态文明建设为政治建设提供了绿色的政治环境，生态文明建设要坚持党的领导，需要将生态保护的法律法规也纳入我国的法律体系中。再次，生态文明建设为文化建设增添了新的内容，生态文化是文化建设的主要内容，建设生态文明要弘扬生态文化，提高人们的环保意识。最后，生

态文明建设涉及民生问题，符合人民的根本利益，为社会建设提供良好的社会环境。如果我国不进行生态文明建设，人与自然的关系会日益紧张，我们逐渐会失去生存的空间，那么就不会有经济的发展、政治的进步、文化的繁荣及社会的和谐，建设中国特色社会主义的目标也难以实现。因此，习近平生态文明建设思想对推动经济建设、政治建设、文化建设及社会建设有着指导作用，有利于建设中国特色社会主义的总布局。

新时代，进一步推动我国的生态文明建设，要以习近平生态文明建设思想为指导，按照系统工程思路抓好生态文明建设，将生态文明建设融入经济建设、政治建设、文化建设及社会建设的全过程。同时，实行严格的生态环保制度，通过制度和法治两种手段为生态文明建设保驾护航。只有将习近平生态文明建设思想付诸实践，五位一体的社会主义总布局才会奏效，建设美丽中国的生态梦才会实现！

参考文献

［1］刘希刚、王永贵：《习近平生态文明建设思想初探》，《河海大学学报》（哲学社会科学版）2014 年第 16 期。

［2］陶良虎：《建设生态文明　打造美丽中国：学习习近平同志关于生态文明建设的重要论述》，《理论探索》2014 年第 2 期。

［3］王春益：《对习近平同志关于生态文明建设若干重要论述的哲学思考》，《中国生态文明》2014 年第 3 期。

（作者系中央民族大学马克思主义学院 2017 级研究生）

浅析习近平生态文明建设的思想

刘珊珊

摘　要：针对我国生态环境不断恶化的状况，党中央把生态文明建设提到一个十分突出的战略地位，成为“五位一体”的重要方面。党的十八大以来，习近平同志十分重视生态文明建设，并对此发表了一系列重要讲话，提出了生态政治观、生态生产力等生态文明建设的思想，为我国生态文明建设指明了方向。

关键词：习近平；生态文明思想；生态文明建设

习近平生态文明思想，继承了古今中外生态文明的思想理论成果，并结合中国国情和时代特点加以创新，对我国生态文明建设具有重要指导意义。

一、习近平生态文明建设思想的理论来源

（一）我国古代传统的生态文明思想

1. 儒家的生态文明思想

在我国古代，儒家提出过许多生态文明思想，如“顺应天常”“惜爱生命”“取之有度”等。《史记・孔子世家》中记载，孔子曾说：“丘闻之也，刳胎杀夭则麒麟不至郊，竭泽涸渔则蛟龙不合阴阳，覆巢毁卵则凤凰不翔。何则？君子讳伤其类也。夫鸟兽之于不义也尚知辟之，而况乎丘哉。”[①] 在这里，孔子指出不可以过度地捕杀动物，表现了孔子着眼于可持续的、长远的生态保护思想。后来，孟子也曾提出：“不违农时，谷不可胜食也。数罟不入洿池，鱼鳖不可胜食也。斧斤以时入山林，材木不可胜用也。”[②] 孟子主张要在合适的时间做合适的事，不可盲目进行开采，毫无规划地开采则意味着向大自然无节制地索取，必然要遭到大自然的惩罚。

2. 道家的生态文明思想

我国古代道家提出的许多思想中也蕴含了不少生态文明思想，如“天人合一”“道法自然”“无为而治”等。在老子看来，“道生一，一生二，二生三，三生万物”。[③] 这就阐明万物之间都有着千丝万缕的联系。人与自然应和谐相处，人应该在从自然中汲取

---

① （汉）司马迁．史记．北京：中华书局，1959.

② 杨伯峻．孟子译注．北京：中华书局，2008.

③ 老子．道德经．北京：中国华侨出版社，2014.

和在改造自然的同时尊重自然，回归自然。“天地与我并生，万物与我为一”① 体现出了庄子“天人合一”的思想观点。从人与万物生存与发展的角度来看，人与自然二者相互联系，相互影响，可以说是一个命运共同体。

（二）国外的生态文明思想

马克思和恩格斯早在100多年之前就已经认识到了人与自然的关系，他们认为“人本身是自然界的产物，是在自己所处的环境中并且和这个环境一起发展起来的”,② 在人与自然的关系中，自然对于人来讲是至关重要的。因此人类要尊重自然的生态环境。

（三）中共几代领导人的生态文明思想

毛泽东在多次讲话中及其他主持制定的一系列文件中并未提到“生态”一词，但是却在长期的革命与建设中，形成了一套他特有的生态思想。例如提出要绿化环境，治理江河，保持水土，关注公共环境卫生建设，倡导勤俭节约，充分并且合理利用自然资源、能源等。

以邓小平为核心的第二代中央领导集体在继承了毛泽东一系列生态思想的同时，还提出了加强旅游景区的环境保护，利用科学技术来保护生态环境，制定保护生态文明建设的相关制度和法律。邓小平将“科学技术是第一生产力”与生态文明建设有机地结合起来，并强调军队也要积极参加生态文明建设。他指出：“空军要参加支援农业、林业建设的专业飞行任务……为加速农牧业建设、绿化祖国山河做贡献。”③ 在十一届三中全会之后，邓小平主张制定保护生态文明的相关制度和法律。1979年9月13日，《中华人民共和国环境保护法（试行）》颁布，将中国的环保事业推上了法制化轨道。

以江泽民为核心的第三代中央领导集体，更加深入地阐述了实施可持续发展的意义。江泽民指出：“客观事实说明，那种以盲目扩大投资规模、乱铺摊子为基础的经济增长，其增长速度越快，资源浪费就越大，环境污染和生态破坏就越严重，发展的持续能力也就越低，这是不可取的……任何地方的经济发展都要注重提高质量和效益，注重优化结构，都要坚持以生态环境良性循环为基础，这样的发展才是健康的，可持续的。”④

以胡锦涛为总书记的中央领导集体发展了生态文明建设理论，提出了科学发展观，强调人与自然应和谐相处。胡锦涛在党的十七大报告中提出：“建设生态文明，基本形成节约能源资源和保护生态环境的产业结构、增长方式、消费模式。”⑤ 党的十八大报告把生态文明建设放在重要地位，并正式提出“大力推进生态文明建设”。

上述生态文明思想成为习近平生态文明建设思想的理论来源。

---

① 郭庆藩．庄子集释．北京：中华书局，2013.

② 马克思，恩格斯．马克思恩格斯选集：第1卷．北京：人民出版社，1995.

③ 冷溶，汪作玲．邓小平年谱（1975—1997）：下．北京：中央文献出版社，2004.

④ 江泽民文选：第1卷．北京：人民出版社，2006.

⑤ 胡锦涛．高举中国特色社会主义伟大旗帜　为夺取全面建设小康社会新胜利而奋斗——在中国共产党第十七次全国代表大会上的报告．北京：人民出版社，2007.

二、习近平生态文明思想的主要内容

（一）良好的生态环境是最普惠的民生福祉

党的十八大以来，习近平同志始终反复强调良好的生态环境是最普惠的民生福祉。2013年3月29日，习近平同志在参加首都义务植树活动时强调："造林绿化是功在当代、利在千秋的事业，要一年接着一年干，一代接着一代干，撸起袖子加油干。"① 为了子孙后代的可持续发展，习近平同志希望持续加强生态保护，共同把祖国的生态环境建设好、保护好。2013年5月24日，习近平同志再次强调加强生态文明建设的重要性和必然性："以对人民群众、对子孙后代高度负责的态度和责任，真正下决心把环境污染治理好、把生态环境建设好，努力走向社会主义生态文明新时代，为人民创造良好生产生活环境。"② 习近平同志强调要以一种对人民群众和子孙后代高度负责的态度来推进生态文明建设，因为这项事业关系人民福祉，关乎民族未来。

（二）保护生态环境就是保护生产力

在十八届中央政治局第六次集体学习时，习近平同志明确指出："要正确处理好经济发展同生态环境保护的关系，牢固树立保护生态环境就是保护生产力、改善生态环境就是发展生产力的理念，更加自觉地推动绿色发展、循环发展、低碳发展，决不以牺牲环境为代价去换取一时的经济增长。"③ 针对一些地方、一些部门忽视了经济发展和生态环境保护之间的关系，导致能源资源、生态环境问题越来越突出的状况，习近平同志指出，绿水青山和金山银山并不是相互对立的，而且在一种正确的引导和协调下，二者是可以相互融合，相互促进的，是可以既要绿水青山，又要金山银山的。绿水青山就是金山银山。

（三）实行最严格的生态环境保护制度

导致我国生态环境恶化的原因有很多，但最根本的原因是体制不完善、机制不健全、法制不完备。2013年5月，习近平同志指出："只有实行最严格的制度、最严格的法制，才能为生态文明建设提供最可靠的保障。"④ 对此，他要求从以下两个方面着手。一是要在完善经济社会发展考核评价体系的基础上，建立健全资源生态环境管理制度。要进行生态文明建设，首要任务就是建立起一套完善的、明确的体现生态文明要求的目标体系、考核办法和奖罚机制。与此同时，建立一套健全的资源生态环境管理制度。这其中就包括自然资源资产产权制度，资源有偿使用和生态补偿制度，环境治理体系等。二是建立责任追究制度。资源环境是大家的、公共的，因此谁对资源环境造成破坏就要追其责任予以惩治。同时，还要对那些因盲目决策不计后果而对生态环境造成严重破坏

① 央视网．习近平在参加首都义务植树活动时强调 培养热爱自然珍爱生命的生态意识 把造林绿化事业一代接着一代干下去，2017-03-29.

② 习近平．习近平谈治国理政．北京：外文出版社，2014.

③ 人民网．习近平谈生态文明，2014-08-29.

④ 习近平．决胜全面建成小康社会 夺取新时代中国特色社会主义伟大胜利——在中国共产党第十九次全国代表大会上的报告．北京：人民出版社，2017.

的领导干部，进行责任追究。

三、习近平生态文明建设思想的主要特点

（一）在继承前人生态文明基础上创新发展

习近平生态文明建设思想具有深厚的理论基础。生态文明是一种随着社会渐渐发展而形成的一种高级的文明形态。早在我国古代就有“天人合一”“强本节用”“顺应天常”等生态文明思想。而在国外也有对生态文明的认识。在中华人民共和国成立以来社会主义建设的过程中，我们党也不断地在发展生态文明建设。习近平同志在此基础上，吸取了前人对于生态文明提出的思想精髓，提出了一系列更为完善、更为系统的生态文明建设的思想。

（二）坚定的民生立场

习近平生态文明建设思想具有坚定的民生立场。习近平同志所提出的这一系列生态文明建设思想，都是从民生这个角度出发，着眼于改善民生状况，为了人民群众着想，为了子孙后代着想。我国一些地方水污染严重、沙漠化严重、空气污染严重的问题十分突出。随着生活水平不断提高，人们也渐渐意识到关注生态环境问题的重要性。因此我们要在建设生态文明上下功夫，“为子孙后代留下可持续发展的‘绿色银行’。”①

（三）强烈的问题意识

习近平生态文明建设思想反映中国具有强烈的问题意识。只有积极正确地面对问题、认识问题、解决问题，人类社会才能够不断地朝前发展。在现今这个时代，生态环境问题是世界各个国家所共同面对的严峻的问题。从我国现阶段的实际情况来看，我国即将完成第一个百年目标——全面建成小康社会，但与此同时，也不得不承认曾经一味追求 GDP 的发展模式也造成了生态环境的恶化。根据我国自身国情来看，人口基数大、环境容量有限，使我国生态文明建设的任务十分艰巨。面对如此严峻的问题，习近平同志站在人类文明的高度，提出了一系列生态文明建设的相关思想。

（四）大国责任的担当

习近平生态文明建设思想反映中国具有大国责任的担当。“命运共同体”思想就足以证明习近平同志的全球视野。2017 年 10 月 18 日，习近平同志在十九大报告中明确指出：“引导应对气候变化国际合作，成为全球生态文明建设的重要参与者、贡献者、引领者。”② 虽然生态文明建设是中国原创的话语，但却已在世界范围内发挥着作用。当代中国，正以自己独特的“中国智慧”，在世界上高高举起了社会主义生态文明建设的伟大旗帜。

---

① 人民网．习近平谈生态文明，2014 - 08 - 29.

② 习近平．决胜全面建成小康社会　夺取新时代中国特色社会主义伟大胜利——在中国共产党第十九次全国代表大会上的报告．北京：人民出版社，2017.

四、习近平生态文明建设思想的重大意义

（一）有助于不断推进马克思主义中国化的进程

在马克思主义中有一个重要的部分就是马克思主义生态观，这一部分主要就是以人与自然的辩证关系为核心展开论述的。而习近平同志所提出的生态文明建设思想主要阐述的就是人与自然和谐发展，在保护生态环境的基础上发展生产力使国家可持续发展。由此可见，习近平同志所提出的生态文明建设思想正是在结合马克思主义生态观的基础上，结合我国现有国情所提出的、具有中国特色的生态文明建设思想。

（二）有助于弘扬社会主义核心价值观

党的十八大明确地从国家层面提出要倡导富强民主文明和谐的社会主义核心价值观。而这里面所说的“和谐”就是指人与人、人与社会、人与自然之间的和谐发展。习近平同志所提出的生态文明建设思想正是对人与自然和谐发展的一种很好的诠释。虽然说人与自然之间是相互联系、相互影响的关系，但是更多的却是人对于自然环境的需要和依赖。长远看来，人类想要得到更好更大的发展，就必须首先做到人与自然和谐发展。由此可见，习近平同志的生态文明建设思想作为一种价值观念更有助于弘扬社会主义核心价值观。

（三）有助于我国和谐社会的构建，推动“中国梦”的实现

“中国梦”作为实现中华民族伟大复兴的重要指导思想和重要执政理念，是习近平同志在十八大以来所提出的。党的十八大上，党中央将生态文明加入之前政治、经济、文化、社会的“四位一体”中去，充实为如今的“五位一体”，推动中国特色社会主义事业“五位一体”总体布局的丰富，将生态文明上升到国家发展战略的高度。习近平同志的生态文明建设思想可以说是实现“中国梦”的重要理论依据，势必将推动“中国梦”的实现，对建设富强民主文明和谐美丽的社会主义现代化强国具有重要指导意义。

（云南民族大学马克思主义学院2016级硕士研究生）

第六部分　党的建设

论中国道路是一条党的群众路线道路

王超品

摘　要：本文围绕新时代中国道路是一条党的群众路线道路展开探讨，特别是对于中国特色社会主义道路与党的群众路线相结合的问题进行深入分析并厘清其中关系，以期寻求建立新机制，并且将中国特色社会主义道路自信和党的群众路线的研究引向深入。

关键词：中国道路；群众路线；中国共产党；新机制

党的十八大报告指出："道路关乎党的命脉，关乎国家前途、民族命运、人民幸福。"中国革命道路和现代化道路的选择，都围绕着实现民族复兴这一中国近现代的历史任务而展开。毛泽东同志领导的中国革命，提出走群众路线。而邓小平同志领导的改革开放之路，明确提出了以群众路线为指引，并成功开创了建设中国特色社会主义的新局面。笔者就中国道路视域下，特别是选择中国特色社会主义道路的依据以及坚持道路自信的思想基础等与党的群众路线相结合的问题谈点看法，以期将关于中国道路自信和党的群众路线的研究引向深入。

一、中国道路与党的群众路线之间的内在关联

中国道路是党和人民的选择，是历史的选择。新时代中国道路的实践主体是人民，坚持群众路线是中国道路的必然选择。我国历来崇尚民本思想。"君，舟也；人，水也。水能载舟，亦能覆舟"是唐太宗李世民的名言。他把"水"比作老百姓，把"舟"比作当政者，借此来勉励自己，要爱民如子、使民以时。毛泽东同志也曾经把共产党人比作"种子"，把人民比作"土地"，种子只有深植于土地中，才能生根发芽。胡锦涛同志要求"权为民所用，情为民所系，利为民所谋"。习近平同志在当选总书记后的首次记者见面会上指出："人民对美好生活的向往，就是我们的奋斗目标。"由此可见，人民群众是我们党的力量之源、胜利之本、执政之基，群众工作是党的重要工作。党在新的历史时期对群众路线提出了新要求、新部署，充分体现了中央的政治眼光、群众情怀、忧患意识。同时，这对于进一步密切党同人民群众的血肉联系，促进党员干部求真务实、清正廉洁，具有极其重要的作用。党的群众路线一直贯穿于中国道路建设的全过程。

践行中国道路，必须走群众路线。群众路线的出发点是为了群众。中国共产党成立之初的目的，就不是为了个人和组织谋福利，而是为了解放广大民众，为广大民众谋福利。在执政之后，中国共产党仍然要把为群众谋福利作为自己的责任和使命。一切为了

群众，为了一切群众，是中国共产党始终如一的追求，是党的群众路线的逻辑起点。为了群众就不是为了自己，不是为了特殊群体。“是心系群众、服务人民，还是高高在上、脱离群众，是衡量领导干部作风是否端正的试金石。”[1]有些官员做事的出发点却是为了个人利益，因此出现贪污腐败、以权谋私、中饱私囊的情况。也有的官员是为了特殊利益群体而服务的，为特殊利益群体代言、谋利。为特殊利益群体服务，最终还是为自己服务，自己从中赚取好处。这些都是与群众路线背道而驰的，其结果是损害了群众利益，损害了党和政府的形象，损害了中国特色社会主义道路。践行群众路线必须始终如一地坚持一切为了群众，为了一切群众，一切从群众利益出发，始终为群众谋福祉。这是党的群众路线的出发点，也是中国道路的出发点。

群众路线是我们坚定不移走中国特色社会主义道路的生命线。服务群众是中国道路的目标追求。习近平同志说：“我们要随时随刻倾听人民呼声、回应人民期待，保证人民平等参与、平等发展权利，维护社会公平正义，在学有所教、劳有所得、病有所医、老有所养、住有所居上持续取得新进展，不断实现好、维护好、发展好最广大人民根本利益，使发展成果更多更公平惠及全体人民，在经济社会不断发展的基础上，朝着共同富裕方向稳步前进。”[2]可以说，解决好人民群众“学有所教、劳有所得、病有所医、老有所养、住有所居”的问题，就是在解放群众。在建设中国特色社会主义道路上，必须要解决好这些基本的民生问题。民生问题解决好了，人民群众才能获得更大的自由和更广阔的发展空间，才能更幸福地生活。富裕群众就是通过生产力的发展和提高使自己在物质生活方面更加富裕。物质是幸福的基础，群众富裕了才能更好地生活。因此，群众路线的贯彻落实要把提高人民的物质生活水平作为重要目标。毛泽东同志说：“一切空话都是无用的，必须给人民以看得见的物质福利。”[3]邓小平同志说：“我们要想一想，我们给人民究竟做了多少事情呢？我们一定要根据现在的有利条件加速发展生产力，使人民的物质生活好一些，使人民的文化生活、精神面貌好一些。”[4]只有使群众富裕了，才能够在此基础上进一步提高他们的政治觉悟、文化程度等各方面的素质，使人民的文化生活和精神面貌更好。解放群众不仅是指让人民群众翻身做主人、解决民生问题，还指让人民群众的潜能得到发挥、素质得到全面的发展。帮助群众在精神、能力、认知等方面不断发展与提升，即实现人的全面发展、社会的全面进步。提高群众就是要开启民智，不断提高群众的觉悟、发挥群众的潜力，把群众的发展推到更高的水平。提高群众是中国道路的更高追求。列宁说：“一个国家的力量在于群众的觉悟。只有当群众知道一切，能判断一切，并自觉地从事一切的时候，国家才有力量。”[5]如何才能让群众觉悟呢？当然，不能只依靠群众自己去觉悟，作为先进力量的代表，执政党应该激发人民群众的积极性。“不吸引更多的人民阶层参加社会建设，不激发一直沉睡的广大群众的积极性，就谈不上什么革命的改革。”[6]不论是提高群众的政治觉悟，提高参政议政的能力，还是激发群众的积极性，提高社会建设的能力，都需要群众素质和水平的提高。

二、中国道路是党的群众路线道路，需要厘清的关系

中国道路视域下践行党的群众路线，需要厘清以下关系。首先，应当厘清领导群众与接受群众监督的关系。党员干部需要着重解决好“我是谁”的问题，摆正同人民群众

之间的关系。党员干部的权力是人民群众给予的，如果党员干部把自己视作“领导”，或者把自己自立于群众之外，实质上已经忘记了权力来源，自然也谈不上为群众服务，这样的党员干部就会偏离党的群众路线。因此，党员干部既要领导人民群众去贯彻党的路线方针政策，又要自觉地将自己置于人民的监督之下，保证权为民用、利为民谋。简言之，党员干部不仅自己要了解群众的情绪和意愿，而且也要让群众了解自己的思想、工作和言行，自觉地接受群众的监督和帮助，把自己锤炼成全心全意为人民服务的党的好干部。

其次，应当厘清依靠群众和引导群众的关系。党员干部要深入群众，要在工作中相信群众、依靠群众。坚持做到从群众中来，到群众中去。老百姓是天，老百姓是地，正是千千万万的中国老百姓，成就了今天拥有8000多万名党员的中国共产党。同时，历史也反复证明了：哪个执政党脱离了人民群众，这个执政党就会丧失存在的力量源泉。除此之外，党不仅要依靠群众，还要正确地引导群众，这才能够真正体现出党员的先进性。党员干部不能在工作中仅仅反映群众的意见和建议，而且要切实担负起引导好广大人民群众以实现党的历史任务的重任。

最后，应当厘清对下负责和对上负责的关系。党员干部工作的出发点和落脚点是保证、维护和实现好人民群众的利益。党员干部践行党的群众路线最终体现在为民服务的实效上，体现到群众的满意程度上。要严格按照党的十八大报告的要求，围绕保持党的先进性和纯洁性，深入开展以为民务实清廉为主要内容的党的群众路线教育实践活动，着力解决人民群众反映强烈的突出问题，不瞒上欺下（即既不对上级部门隐瞒群众的真实诉求，也不欺骗和欺负基层的广大人民群众），做到对人民负责和对上级负责相一致。

三、走中国道路，党员干部应当充分发挥先锋模范带头作用

中国道路是党的群众路线道路，只有在中国共产党的领导下，才能够坚定地走下去。中国共产党是中国工人阶级先锋队，同时是中国人民和中华民族的先锋队，是中国特色社会主义事业的领导核心，代表中国先进生产力的发展要求，代表中国先进文化的前进方向，代表中国最广大人民的根本利益。在新的历史条件下建设中国道路，加强和改进党的建设，充分发挥党员的先锋模范带头作用，显得尤为重要。因此，需要党员干部以身作则。众所周知，中国共产党的宗旨是全心全意为人民服务，一切以服务群众为核心。2004年9月，党的十六届四中全会通过《中共中央关于加强党的执政能力建设的决定》指出：“必须坚持立党为公、执政为民，始终保持党同人民群众的血肉联系。人民群众的拥护和支持是我们党的力量源泉和胜利之本。党只有一心为公，立党才能立得牢；只有一心为民，执政才能执得好。要牢记全心全意为人民服务的宗旨，牢记‘两个务必’，坚决惩治腐败，坚持权为民所用、情为民所系、利为民所谋，实现好、维护好、发展好最广大人民的根本利益，保证人民群众共享改革发展的成果。”[7]但仍然有一小部分党员干部对群众的态度冷漠，不能够深入基层去了解人民群众原汁原味的诉求；有的党员干部更是凌驾于群众之上，看不起群众，不尊重群众意愿，不维护群众权益，对群众的事不关心，对群众的支持不感恩，进而无法了解群众的实际需要，帮助群众解决问题。

新时期践行党的群众路线，就需要改变原来的一些不好的作风和做法，要求党员干部对群众的大小事做到亲力亲为。在生活上力所能及地给予群众关怀。越来越自觉地去倾听群众呼声，及时地反映群众意愿，主动地关心群众疾苦，积极地帮助群众解决生产生活中遇到的实际困难，多为群众办实事办好事。党员干部深入群众之中，进百家门、知百家情、办好百家事。为群众办事不再仅仅表现在口号上、悬挂在横幅上、打印在文件上，而是踏踏实实地落实到了具体行动上。关心群众生活疾苦，着力从群众最关心、最直接、最现实的利益问题入手，消除群众的困扰，解除群众的困难，排除群众的困境，让群众真正体会到党员干部的温暖。在工作中切切实实地着眼群众的需求，推出便捷实在、受群众欢迎的服务措施。真诚助民，致力于关怀和帮助孤寡老人、留守儿童、农民工及其他弱势群体；竭诚护民，为群众撑起一片蓝天，创建和谐稳定的生活环境。把工作重心放在回应民求、解决民难、化解民怨上，着力解决群众最关心、最直接、最现实的利益问题，多做解民忧的好事，勤做暖民心的实事，甘做听民声的小事，才能赢得人民群众的真心拥护和支持。对群众既办实事又解难事，群众便能够真正感受到党员干部的贴心服务。在姿态上诚诚恳恳地给予群众尊重。党员干部要树立正确的群众观念，服务人民，造福人民；切实弄懂自己来自于群众，必须服务好群众的道理。同时，党员干部要经常受教育，通过开展党的群众路线教育实践活动，使广大党员干部摆正同人民群众的关系。知道“我是谁”，树立人民公仆的思想；明确“依靠谁”，始终与群众站在一起；弄懂“为了谁”，一切为了群众着想。进一步坚定理想信念，进一步强化为人民服务的意识。在群众工作中放下自己的架子，降低自己的姿态，摆正自己的位置，把群众当亲人、当朋友、当老师，用通俗生动的群众语言同群众谈心交心。这样，降低姿态拉近距离，群众就能真正懂得党员干部的亲近之情和爱民之意。党员干部在中国道路视域下践行群众路线时做到亲力亲为的同时，也要警惕“塔西佗陷阱”。所谓“塔西佗陷阱”，是指古罗马历史学家塔西佗提出的一种见解，他认为当政府不受欢迎的时候，好的政策与坏的政策同样都会得罪人民。这个见解后来慢慢变成了一种政治学定律，它指当一个政府失去信任时，无论它是说真话还是做好事，都会被认为是说假话、做坏事。在当前社会舆论中，群众对一些基层政府在应对突发事件中的所作所为，或在日常工作中的表现产生了越来越多的怀疑和指责，开始把不时出现的食品安全、医疗药品安全、环境保护等问题，把无良商家以及市场某些无序环节造成的种种乱象，都习惯性地归因于政府部门，这些都归为“塔西佗陷阱”。

四、中国道路是党的群众路线道路，如何保持顽强的生命力

我们要从当前中国特色社会主义道路面临的新问题出发，有力地避免“塔西佗陷阱”，因此，在中国道路视域下贯彻落实党的群众路线，就不能仅仅依靠喊口号、贴标语、作动员，还应当有新机制来支撑党的群众路线长期开展和中国道路长期走下去。

首先，着力于服务模式的创新。通过提供服务的方式为群众排忧解难，是党员干部应尽的责任。在社会转型期，群众工作的重点要放在解决人们群众关心的热点和难点问题上，始终把群众的利益放在第一位，深入基层和群众，尽心尽力解决群众生活中的实际困难。党员干部只有不断创新为群众服务的模式，才能在新阶段真正践行党的宗旨，

密切党与群众的联系。具体而言，要从以下几方面着手创新服务模式：一是制定配套政策服务。原有的政策服务模式已经无法满足不同群体的需求，新的历史时期，要根据党的各项方针政策，结合群众的实际情况，制定一系列具体的、实际的配套政策服务，使广大党员干部在新政策服务模式的指导下，在贯彻新政策服务模式过程中让群众得到真正的实惠。二是强化协调服务模式的原则性。群众工作中要为人民群众提供表达利益诉求的通道，通过协商、宣传、解释等方式方法，使群众与有关部门、群众之间进行良性沟通，理顺关系，达成共识。在此过程中，需要强化两个原则：其一，充分尊重大多数群众意愿原则。其二，切实维护群众利益原则。只有确保好这两个原则，协调服务模式才能真正起到发挥服务群众的作用。三是设立专门服务。当前，困难群众在整体数量上虽不占多数，但是他们的问题和需求是最迫切的，也是社会关注度最高的，困难群众的问题不能解决圆满，往往会带来人民舆论上的巨大压力，甚至会影响社会的稳定。可以说，对困难群众提供专门服务的好坏直接影响国家政治的稳定和社会的和谐。所以说，能否有效地帮助困难群众解决难题，是衡量我们党的群众工作本领强不强、工作实不实的试金石，这在一定程度上也凸显了设立服务困难群众的专门服务的必要性和重要性。

其次，着力于制度机制的创新。在新的历史时期，不断创新人民群众利益实现的制度机制，是坚持和发展党的群众路线的一个新特点和着重点。首要的是，建立好社情民意反映制度。社情民意反映制度不仅仅要通过法律法规的形式明确下来，使具体的群众工作中有明确的操作规程，而且要完善社情民意的服务平台，通过设立热线电话、公开栏和听证会等多种形式有效促进社情民意的顺畅表达。及时掌握群众的迫切需求，快速表达民意、准确反映民意，真正为他们排忧解难。次之，建立健全群众工作的评估机制。党的群众工作基于自身特点来看，是党的各项工作的基础和重点。提高社会转型期的党的群众工作能力，必须建立健全科学有效的群众工作的评估机制。既要对党的整体和各级党组织的群众工作进行评估，又要对党的领导干部和党员的群众工作进行评估。通过多元方式和手段对党的群众工作进行评估，一方面，可以通过聘请权威的评估机构对党的群众工作进行专业的定性或定量研究；另一方面，也可以通过网络媒体等新兴手段，掌握群众对群众工作的满意程度，从而激发党员干部服务群众的工作热情。

最后，全方位加强群众路线教育活动。党的十八大报告部署以“为民、务实、清廉”为主要内容的“党的群众路线教育实践活动”，这一部署体现出了全方位加强群众路线教育活动是时代的要求。进一步开展以为民、务实、清廉为主要内容的党的群众路线教育活动，具体包含在党的思想建设、组织建设、作风建设、反腐倡廉建设和制度建设等方面，涉及党委和政府的多个职能部门，需要精心组织，科学谋划。在具体推进时，可考虑试点先行，以点带面，并积极借鉴以往党内集中性教育实践活动的“先试点，再铺开”的做法，先选择一些地方、一些领域、一些单位进行试点，积累经验后，再全面铺开。这样可以有效避免集中全面铺开可能出现过急或过缓的问题。在此过程中，需要全党动员，由各级党委主导，成立党的群众路线教育活动领导小组，具体工作由组织部门牵头，纪委、宣传、统战、政法等多个党委部门和政府职能部门相互配合，大力倡导党员干部到群众中来，深入座谈，体民意、知民情、解民意，扎实做好党员干部的思想教育工作。

总而言之，党的宗旨是全心全意为人民服务，群众路线是中国道路的必然选择。中国道路是党的群众路线，值得注意的是：应当厘清哪些关系；党员干部应当怎样亲力亲为用具体行动服务群众；应当如何着力于新的制度机制让党的群众路线持久开展。只有把握好这几点，践行党的群众路线才不会成为一纸空谈。纵观新的历史时期，随着世情、国情、党情的不断变化发展，我们面临的发展机遇和风险挑战也是前所未有。但是，践行党的群众路线必定是坚定不移的，只有在实践过程中对它的要求更高、态度更坚决、方法更得当，并且将之与中国道路紧密结合，才能使中国特色社会主义事业变得更加具有生机和活力。

注　释

［1］胡锦涛．全面加强新形势下的领导干部作风建设//十六大以来重要文献选编（下）．北京：中央文献出版社，2008：873.

［2］习近平．在第十二届全国人民代表大会第一次会议上的讲话．人民日报，2013－03－18.

［3］毛泽东．经济问题与财政问题（节选）//毛泽东文集第2卷．北京：人民出版社，1993：367.

［4］邓小平．高举毛泽东思想旗帜，坚持实事求是的原则//邓小平文选第2卷．北京：人民出版社，1994：128.

［5］列宁．全俄工兵代表苏维埃第二次代表大会文献//列宁选集第3卷．北京：人民出版社，2012：347.

［6］列宁．苏维埃政权的当前任务一文初稿//列宁全集第34卷．北京：人民出版社，1985：141.

［7］中共中央关于加强党的执政能力建设的决定．人民日报，2004－09－27.

（作者系云南大学中国特色社会主义理论体系研究中心讲师，云南大学马克思主义理论流动站博士后）

“赶考”精神的现代意蕴与新时代党的执政能力建设

李 辉

摘 要：“赶考”精神是中国共产党从革命党向执政党成功转化的重要思想支撑，对中国共产党开启治国理政探索工作具有重要意义。70年的治国理政历程意味着70年的赶考征程。新时代中国特色社会主义发展过程中，新一代中国共产党人需要解读并发挥好“赶考”精神的现代意蕴，促进党的治国理政能力提升，更好地带领全国人民实现中华民族伟大复兴的中国梦。

关键词：“赶考”精神；现代意蕴；新时代；党的执政能力

在2017年10月召开的党的十九大指出：中国特色社会主义经过长期努力，进入了新时代，当前我国社会主要矛盾已经转化为“人民日益增长的美好生活需要和不平衡不充分的发展之间的矛盾”。大会将习近平新时代中国特色社会主义思想正式写入党章，成为指导新时代中国特色社会建设发展的指导思想。新时代面临新挑战，意味着新责任。面对全面建成小康社会、建成富强民主文明和谐美丽的社会主义现代化强国及中华民族伟大复兴中国梦的伟大目标，作为执政党的中国共产党任重道远，责任重大。

如何应对新时代的执政考验，如何有效提升中国共产党的治国理政的现代化水平，已成为当前党面临的重要命题。以史为鉴，面向未来，党在中华人民共和国成立前夕面对“赶考”命题而做出的“西柏坡答卷”以及随之形成的“赶考”精神，对于当前的中国共产党仍具有重要借鉴意义，深入研究“赶考”精神的现代意蕴对于指导新时代党的建设的伟大工程意义深远。

一、“赶考”精神的历史溯源及现代意蕴

（一）“赶考”精神的历史溯源

“进京赶考”特指中共中央从西柏坡进入北平，陆续开启中华人民共和国成立之行的执政之考。1949年3月，中共中央迎来从西柏坡进京执政的重要历史时刻，毛泽东同志说道：“我们决不当李自成，我们都希望考个好成绩！”早在延安时期，郭沫若在《新华日报》上发表的《甲申三百年祭》一文引用农民起义军领袖李自成推翻明王朝，进入北京城后骄傲享乐42天败亡的历史教训进行了分析，便引发毛泽东同志高度重视和深刻思考。1945年，毛泽东与著名民主人士黄炎培在延安窑洞中展开了关于“历史周期率”的经典讨论，深入讨论中国共产党如何摆脱“其兴也勃焉，其亡也忽焉”的历史周

期率而长期执政问题。毛泽东同志坚信找到了一条实为“民主”的破解之路——那就是来自人民的监督。“只有人民监督政府，政府才不会懈怠；只有人人起来负责，才不会政息人亡。”同时革命胜利前夕，面对党内出现的“四种情绪”倾向：骄傲的情绪、居功自傲的情绪、停顿起来不求进步的情绪、贪图享乐不愿再过艰苦生活的情绪，毛泽东同志深刻意识到此类情绪的危险性，他在党的七届二中全会上，提出了振聋发聩的“两个务必”重要思想，告诫全体共产党人戒骄戒躁，居安思危，要向人民负责，交出“进京赶考”的合格答卷。中华人民共和国成立前夕，面对陆续开启的治国理政新命题，中国共产党颁布《中国土地法大纲》，开展轰轰烈烈的土改运动，认真学习大城市接管经验及经济建设规律，在思想和行动上践行“两个务必”的要求，成功开启了新民主主义国家建设新篇章，交出了一份令人民满意的“历史答卷”。“赶考”精神是在特定历史时期形成的党的优良作风，国内学者对其从不同层面进行过研究阐释，但概括起来可以总结为以下四点：一是以人民为本、尊重人民的历史地位和主人翁地位的群众情怀；二是居安思危、戒骄戒躁、艰苦奋斗的忧患意识；三是勇于探索、善于挑战的学习精神；四是敢于自我革新、自我批评、乐于接受群众批评建议的果敢魄力。

（二）“赶考”精神的现代意蕴

新中国70年的建设历史也是中国共产党70年的执政赶考历史。新中国经过三大改造后建立起社会主义制度，历经曲折实践探索后，积极作答“什么是社会主义，怎样建设社会主义”的历史考题，经过改革开放后40年来的跨越发展，中国共产党不断融入自我革新新元素，始终秉承“赶考”精神，走在赶考路上。正如习近平同志指出的：“中国梦，两个百年，我们正在实现第一个百年的征程中，这是有时间表的，考试仍在继续。”党的执政地位并非与生俱来，也不会一劳永逸，漫漫征程，赶考不止。新时代的中国共产党人须牢记初心，继承和发扬党的优良作风，解读好“赶考”精神的现代内涵：一是尊重人民群众“主考官”地位，密切联系群众，践行好党的群众路线，时刻保持同人民群众的血肉联系；二是执政党的学习之路永无止境，要时刻充电学习，建设学习型执政党；三是坚持批评与自我批评，虚心纳谏，自我监督与群众监督相结合，不断优化治国理政策略。

二、新时代中国共产党面临的现实考验

（一）中国新时代的新特点和新变化

1. 中国社会的主要矛盾发生了新变化

党的十九大指出：“中国特色社会主义进入新时代，我国社会主要矛盾已经转化为人民日益增长的美好生活需要和不平衡不充分的发展之间的矛盾。”这是中国共产党根据中国社会发展实际，与时俱进地提出的科学论断。自党的十八大以来，中国共产党带领中国进入经济发展新常态的新阶段，各方面发展取得显著成绩，推动中国特色社会主义进入了新时代，当前中国社会更加突出的问题是发展不平衡不充分，这已经成为满足人民日益增长的美好生活需要的主要制约因素，也必将成为中国共产党治国理政的工作重点。这势必要求中国共产党带领中国更好地提升发展质量，优化发展效益，更好满足

人民对美好生活的无限向往。

2. 中国社会发展和国际地位发生了新变化

从改革开放至今，中国共产党带领全国各族人民不懈奋斗，经济保持中高速增长，在世界主要国家中名列前茅，国内生产总值从2012年的54万亿元增长到2017年的80万亿元，稳居世界第二，对世界经济增长贡献率超过30%，经济实力、科技实力、国防实力、综合国力进入了世界前列，当前的中国正积极实施共建“一带一路”，发起创办亚洲基础设施投资银行，设立丝路基金，组织召开首届“一带一路”国际合作高峰论坛、亚太经合组织领导人非正式会议、二十国集团领导人杭州峰会会议，不断发出中国声音，展示中国力量，体现中国智慧。中国实现了从站起来、富起来到强起来的伟大飞跃，迎来实现中华民族伟大复兴的光明前景；中国特色社会主义道路、理论、制度、文化不断发展，新时代的中国日益走近世界舞台中央。

3. 新的历史时期党内“四风”不良倾向

中国共产党在带领中国取得改革开放和社会主义现代化建设辉煌成就的同时，也不时暴露出党在自身建设方面仍存在的诸多弊端。尤其是近年来，屡见报端的党员干部违反党纪国法、腐败堕落，脱离群众的问题以及党内出现的“形式主义、官僚主义、享乐主义和奢靡之风”以及特权现象，严重影响了党的执政形象。上述问题的存在在一定程度上割裂了党与人民群众的血肉联系，丧失了人民群众对党的信任和口碑，在很大程度上成为新时代背景下中国共产党执政合法性的严重威胁。虽然“打虎”“拍蝇”“猎狐”的反腐工作成效明显，但更需要全体共产党人发挥新时代“赶考”精神，牢记两个务必，防微杜渐，不断强化党的自身建设。

（二）新时代党的“赶考”新考验

1. 中国制度、中国道路的领路能力考验

中国特色社会主义发展踏上新征程是几代共产党人带领全国人民前仆后继共同努力的结果，是中国共产党人成功执政的丰硕成果。在成绩基础上，如何居安思危，奋勇前行，做好新时代的引路人成为中国共产党的新挑战和新考验。具体而言，就是如何落实好习近平中国特色社会主义思想中“五位一体”总体布局和“四个全面”战略布局，如何发挥好“中国制度”的制度优势和“中国道路”的道路优势按时实现既定奋斗目标，如何处理好发展不平衡不充分的问题，让广大人民群众在新时代感到更多获得感和幸福感，这成为留给中国共产党的全新考题。

2. 中国声音、中国力量的传播能力考验

伴随中国整体国力和国际竞争力的显著提升，世界越来越关注中国声音和中国力量。从落后挨打的旧中国到浴血奋战建立起来的新中国，从一穷二白的旧时代到国富民强令世界瞩目的中国特色社会主义新时代，中国共产党在带领中国谋求发展的同时，也面临着如何更好地在全世界民族之林传播好中国声音，树立好中国形象，把握好中国话语权的现实问题。若干年来，中国共产党从单纯的革命党，到被迫关起门来搞建设的执政党，再到改革开放、自我革新的执政党，现在发展为具备全球视野、全球思维、全球实力的执政党，可谓挑战与机遇并存，新时代中国共产党面临着在促进世界和平和人类命运共同体发展中如何发挥好中国力量的新的历史命题和新的全球挑战。

3. 中国文化、中国智慧的践行能力考验

中国特色社会主义进入了新时代，不仅是经济社会发展的新时代，更是中国文化、中国智慧传播的新时代，如何将中国特色社会主义融入更多的中国文化元素，如何发挥好中国优秀传统文化作用，将新时代中国特色社会主义注入更富活力的催化剂，是新时代中国共产党面临的现实考题。作为世界四大文明古国，中华文化的连续性和持久性是整个人类文明史上独有的。在中国社会发展的新阶段，中国共产党有责任在世界文化包容共存基础上，发挥好中国文化在中国乃至世界范围内的辐射力和影响力。同时，在新时代的中国共产党人要善于运用习近平新时代中国特色社会主义思想武装全国人民，更要有效地向世界输出和贡献“中国智慧”，并在解决全球问题、地区冲突及国际合作等方面发挥“中国智慧”的现实魅力，让中国更好地走向世界，让世界更好地认同中国，这也成为中国共产党人的又一重要的现实考验。

4. 改革、发展、稳定的关系处理能力考验

改革、发展与稳定的关系处理一直是执政党重点关注的现实问题。中国共产党自1949 年以来，始终高度重视这一问题，不断吸取教训、总结经验，带领中国始终走在和谐稳定发展的道路上。但中国在繁荣发展的同时，也暴露出党内腐败以及民生问题处理不当等问题，这成为威胁党的执政地位的重要因素。在新的历史时期，中国共产党要更加重视这一现实问题，提升“拒腐防变”和“反腐倡廉”的制度建设力度，确保党的纯洁性和先进性；要更加关注人民群众的利益诉求，完善对低收入群体、弱势群体的社会保障制度，让更多的人民群众感受到“中国梦”与“个人梦”的现实契合性，体会到更多的获得感和幸福感，更好地与党同心同德，荣辱与共。

三、弘扬“赶考”精神，加强新时代党的执政能力建设

（一）增强“人民是主考官”认知，不断提升人民群众满意度

新的历史时期，中国共产党要发挥新时代“赶考”精神，就要更加尊重人民的主体地位，更加尊重和热爱人民群众，发挥好人民群众的首创精神，在各项工作中更好践行“全心全意为人民服务”的根本宗旨，不断增进“人民是主考官”的理性认知，解读好赢得民心才能长久执政、更好执政的必然性。同时，在处理各项民生问题上要做好舆情关注和社会调研工作，以人民群众的合理诉求为导向，高效处理群众关注的民生问题；不断完善各级人民代表大会制度和政治协商制度，不断完善党的建设和国家发展的各项政策，时刻接受群众监督和批评，让人民群众感受到自己作为国家主人的幸福感和存在感。

（二）提升理政能力，探索新时代中国特色社会主义治国方案

中国特色社会主义的新征程为党的治国理政提出了新命题和新挑战。作为执政党的中国共产党要时刻保持如履薄冰的危机感，不断强化自我学习意识，时刻自我提升，在习近平新时代中国特色社会主义思想带领下提升国家治理能力和治理水平，建设学习型政党，促进中国特色社会主义国家治理体系和治理能力现代化，同时促进中国全面建成小康社会以及社会主义现代化强国的建设征程，与世界接轨，融入世界发展浪潮中，更

好地展示中国制度的优越性，中国道路的正确性，中国文化的生命力和中国方案的科学性。

（三）强化目标意识，给出社会主义现代化强国建设的优异答卷

从1987年起，党对我国社会主义现代化建设作出的“三步走”战略安排到党的十九大“两步走”发展目标，改变的是提速增效，不变的是民心走向。这使得国家建设发展的时间表和阶段性奋斗目标更加清晰。党的十九大提出了从十九大到二十大是“两个一百年”奋斗目标的历史交汇期。我们既要全面建成小康社会、实现第一个百年奋斗目标，又要乘势而上开启全面建设社会主义现代化强国新征程，向第二个百年奋斗目标进军。从全面建成小康社会到基本实现现代化，再到全面建成社会主义现代化强国，是新时代中国特色社会主义发展的战略安排。中国共产党要提升目标意识，秉承“赶考”精神，以时不我待的紧迫感带领全国人民为实现“中国梦”不断努力。

（四）完善自我监督，完善监察制度为核心的党的纠偏纠错机制

中国共产党要做好新时代的“赶考答卷”，就需要在新的历史时期居安思危，戒骄戒躁，继续保持艰苦奋斗的忧患意识。这要求中国共产党以更加谦虚谨慎的态度，接受来自党内、党外民主人士以及人民群众的监督和约束，自我革新、自我净化、自我纠偏、自我完善。积极推进以“国家监察制度”为代表的监督制度的探索工作，不断优化对执政党自身的监督约束机制，强化监督的实效性和长期性，让党在新的“赶考”征途上永葆青春活力，永葆纯洁本性，做好新时代中国特色社会主义的引路人。

参考文献

［1］面向未来的赶考．人民日报，2014－03－24.
［2］毛泽东选集：第4卷．北京：人民出版社，1991.
［3］习近平谈治国理政．北京：外文出版社，2014.

（作者系河北师范大学马克思主义学院讲师、2016级思想政治教育专业在读博士研究生）

浅析新时代习近平关于全面从严治党的重要论述的思想内涵

何潇潇

摘　要：习近平同志所作的十九大报告强调，要坚定不移全面从严治党，不断提高党的执政能力和领导水平。报告中16次出现“党的领导”，提出要坚持党对一切工作的领导；13次提到“党的建设”，提出党的建设新的伟大工程在“四个伟大”中起决定性作用；7次出现“全面从严治党”，提出夺取反腐败斗争压倒性胜利。这份报告通篇闪烁着马克思主义的理论光辉，是我们在新时代加强党的建设的指导纲领和行动指南。深入剖析和系统梳理习近平关于全面从严治党的重要论述思想内涵，是新形势下提高党的自身建设、提高党的执政能力与领导水平的重要法宝，对推进发展中国特色社会主义事业具有重要的现实意义和长远的战略意义。

关键词：习近平；全面从严治党；党建思想

以习近平同志为核心的党中央，为加强党的各方面建设，始终坚持党要管党、从严治党的指导思想，这也是中国共产党永葆生机活力，走在时代前列的重要保证。当前中国共产党在面临“四大考验”和“四大危险”的情况下，明确提出“全面从严治党”的新论断，对于明确“建设什么样的党、怎样建设党”具有重要指导意义。习近平关于全面从严治党的重要论述是马克思主义中国化党建理论的最新成果，是我们党建设中国特色社会主义、实现中华民族伟大复兴的科学指南。

一、全面从严治党时代背景

随着世情、国情、党情的不断变化，影响我国从严治党的各方面因素变得更加复杂，全面从严治党的形势更加严峻。党的十八大以来，以习近平同志为核心的党中央的忧患意识和危机意识比以往任何时候都更为强烈、更为紧迫。

从国际环境来看，当今世界风云变幻，日新月异。我国随着经济实力不断增强，国际地位、国际竞争力不断提高，不可避免地引起世界各国的警惕与防范，关于我国大国崛起、大国威胁论不断出现。如何使当今世界真正了解我国和平、发展、合作、共赢的中国梦，影响着我们能否拥有一个相对有利的国际发展空间。在这一形势下，中国共产党必须要以积极的心态与崭新的对策来面对日趋激烈的国际竞争与严峻挑战，必须要进一步加强党的执政能力建设、党的先进性与纯洁性建设，团结带领全国各族人民实现中华民族的伟大复兴，以高昂的姿态屹立于世界民族之林。

从国内实情来看，当前我国仍处于并将长期处于社会主义初级阶段的基本国情没有变，我国仍是世界最大发展中国家的国际地位没有变。然而现阶段，我国发展进入新阶段，我国改革处于攻坚期、深水期。“改革，好吃的肉都吃了，剩下的都是难啃的硬骨头。”[①] 习近平同志的这一句话通俗地阐释了我国当前发展的艰辛与不利。在面对社会转型、改革瓶颈、矛盾多元的形势下，中国共产党必须要有强烈的责任感与忧患感，要自觉肩负起民族与时代的重任，就必须全面加强从严治党，以更大的决心与勇气抓好党的自身建设，确保党在世界形势深刻变化的历史进程中走在时代前列，始终成为全国人民的主心骨，充分发挥党的领导核心作用。

从中国共产党自身队伍来看，党的建设总体情况是好的，党员素质大体来说是较高的。但与历史使命相比，与人民期许相比，仍有一段差距。特别是党内一些党员干部在工作作风、生活习气、廉洁自律方面存在较大问题；部分党员脱离人民群众，官僚主义、享乐主义愈演愈烈，时时侵蚀着党员队伍。因此，落实全面从严治党，加强党内监督管理迫在眉睫。是否能够以壮士断腕的勇气和决心解决这些问题，直接决定着党的执政地位的稳固与否。正如习近平同志指出：“如果管党不力、治党不严，纪律松弛、组织涣散，正气上不来、邪气压不住，人民群众反映强烈的党内突出问题得不到及时有效解决，那么我们党迟早会出大问题。”在此背景下，以习近平同志为核心的党中央科学分析，将“从严治党”发展成为“全面从严治党”，其中蕴含丰富的辩证法的思想，意义深邃。此后，习近平同志又相继提出“打铁还需自身硬”“坚持‘老虎’‘苍蝇’一起打”“照镜子、正衣冠、洗洗澡、治治病”等一系列新思想、新观点、新论断。[②] 从“从严治党”发展到“全面从严治党”，最终构成“四个全面”战略布局，使全面从严治党成为新常态。这是新一届中央领导集体对治国理政艰辛探索、玉汝于成的科学成果，是对马克思主义党建学说的丰富发展。

二、习近平关于全面从严治党的重要论述的主要内容

（一）坚定理想信念，坚持思想上建党

思想建党是我党发展壮大的成功经验，也是我党内部保持团结一致、步调统一的重要基础。十八大以来，党中央尤为重视对共产党人精神信念的加强，深刻地阐释了什么是共产党人的理想信念、为什么共产党人要坚定理想信念和共产党人怎样去坚定理想信念，对党的思想建设赋予了鲜明的时代内涵。习近平同志也多次强调，理想信念是共产党人精神上的“钙”。只有坚定理想信念，骨头才会硬，没有理想信念，或理想信念不坚定，精神上就会“缺钙”，就会得“软骨病”。[③] 为了帮助广大党员干部坚定理想信念，对其精神加以“补钙”，炼就“金刚不坏之身”，我们党曾多次开展了有关党内思想

① 中共中央宣传部．习近平同志系列重要讲话读本．北京：人民出版社，学习出版社，2016：41.

② 中共中央宣传部．习近平同志系列重要讲话读本．北京：人民出版社，学习出版社，2016：156—173.

③ 中共中央宣传部．习近平同志系列重要讲话读本．北京：人民出版社，学习出版社，2016：159.

建设的政治教育，深入贯彻学习习近平同志的有关全面从严治党系列讲话精神，用最新的党建思想武装全党，坚持立足实际需要，缺什么补什么，哪里不精补哪里，哪里不会补哪里，从而解决思想理论上的“短板”效应。党员思想政治教育状况是衡量一个党员是否是“真党员”的重要表现，一个在信仰上缺失、貌合神离的党组织队伍是最具风险性的，所以党内成员保持良好的思想政治教育状况是党自身机体健康的关键。习近平同志在党的群众路线教育实践活动总结大会上更是指出：“思想教育要结合落实制度规定来进行，抓住主要矛盾，不搞空对空。要使加强制度治党的过程成为加强思想建党的过程，也要使加强思想建党的过程，成为加强制度治党的过程。”① 这一重要论断，也是新时期我党对思想建党与制度建党相结合的重要体现。

（二）从严治吏，夯实执政组织基础

古人云：“尚贤者，政之本也。”“为政治要，莫先于用人。”② 意思是说，国家治理关键在于用人。我们党历来重视党内干部选拔、培养和任用，但近些年来，党内却时有出现选人用人导向偏差，党员干部中存在大量“党纪松弛、组织涣散”等现象，侵蚀着干部群体，削弱干部队伍战斗力。十八大以来，为匡正吏治之失，党中央发出深化党纪认知，维护党纪严明权威信号。第一，明确好干部的标准。习近平同志在2013年6月的全国组织工作会议上提出了“信念坚定、为民服务、勤政务实、敢于担当、清正廉洁”③ 的好干部标准，要求广大党员干部，严以修身、严格自律，既要有本事也要有原则，为党员干部日后工作指明方向。第二，改进干部任用制度。破除以往以国内生产总值增长率来论英雄的陈规，对于干部选拔与任用既要看政绩又要看潜绩，把民生、社会、生态等效益纳入干部审核机制中努力形成系统完备、科学合理、简便易行的制度机制。同时，要完善民主推荐、民主测评制度，着力打击一些地方依赖票数“唯票取人”的怪象乱象，严厉查处选人用人不正之风和腐败现象，培养选拔年轻干部与后备干部。第三，加强干部思想教育。要不断开展对党员干部进行党性教育、思想道德教育、纪律教育活动，引领党员干部自重、自警、自省、自律，守得住寂寞，耐得住诱惑，抗得过干扰，经得过考验，堂堂正正做人，干干净净做事，始终做到立身不忘做人之本，为政不移公仆之心、用权不谋一己之私，永葆共产党人本色。

（三）加强作风建设，密切党群关系

重视作风建设与人民群众保持紧密联系，是我党自建党以来就有的优良传统。十八大以来，党中央依旧牢牢抓住这条工作主线，一以贯之，步步深入。习近平同志指出：“工作作风上的问题绝对不是小事，如果不坚决纠正不良风气，任其发展下去，就会像一座无形的墙把我们党和人民群众隔开，我们党就会失去根基、失去血脉、失去力量。”④ 因此，作风建设的传统和主题将永远贯穿于党的执政历程。当前人民群众反映最

① 习近平提出从严治党八个要求．新华网，2014－10－09.

② 中共中央宣传部．习近平同志系列重要讲话读本．北京：人民出版社，学习出版社，2016：162.

③ 中共中央．党政领导干部选拔任用工作条例．北京：中国方正出版社，2014：67.

④ 中共中央宣传部．习近平同志系列重要讲话读本．北京：人民出版社，学习出版社，2016：165.

为强烈的就是“四风”问题，形式主义、官僚主义、享乐主义和奢靡之风“四风”日益猖獗，党组织内部的作风问题归根结底在于这“四风”，可以说党内很多问题都与之有关，甚至可以说是其繁衍出来的，抓住“四风”问题就等于抓住了“牛鼻子”，解决了“四风问题”，其他问题就好解决了。因此必须大力给予党员干部“四风”问题教育。第一，反对形式主义，力争求真务实。当前形式主义存在于党员干部的理论学习、工作开展等诸多方面，主要变现为“知行不一、花拳绣腿、假面人”等现象。习近平同志曾一针见血地指出，求真务实、真抓实干的对立面，就是弄虚作假，搞形式主义。党内必须狠抓狠打党员干部中存在的最严重问题，也就是形式主义的问题，如若不然将会失去广大群众支持，失去党的执政地位。第二，破除官僚主义，紧密联系群众。官僚主义的产生和发展与我国古代封建帝制、“官本位”思想密不可分，是官员特权和旧社会科层等级观念在当前我国党内政治生活中的具体体现，集中表现为脱离实际，脱离群众，高高在上的思想和工作倾向。因此，要反对官僚主义，必须贯彻落实党的群众路线，加大反腐败和廉政建设的力度，认真落实党中央的八项规定。第三，清除享乐主义，宣扬艰苦奋斗。一些党员干部把“今朝有酒今朝醉”“当一天和尚撞一天钟”的生活作为人生信条，在工作态度上极为敷衍、不负责。因此必须加大对党员干部的教育力度，从严治党，纠正享乐主义歪风，弘扬和继承艰苦奋斗的优良传统，帮助党员干部树立正确享乐观，即“先天下之忧而忧，后天下之乐而乐”。第四，杜绝奢靡之风，提倡勤俭节约。目前，人民群众对干部最不满意的问题之一就是公款吃喝、公费旅游、公车私用的“三公问题”。奢靡之风盛行必然在社会上形成追求奢侈生活、沉湎于花天酒地、声色犬马的不正之风。必须明确，艰苦奋斗是中华民族的传统美德，是我们党的光荣传统和政治本色。“成由节俭败由奢”的老话更是不绝于耳，如果奢靡之风、腐败现象蔓延，就会严重侵蚀党的肌体，损害党同人民群众的血肉联系。因此，我们必须建立健全完善的、系统的和操作性强的制度，加强党内监督和群众监督，用制度规范党员干部的从政行为。

虽然“四风”问题形式多种多样，但归其根源都在于为民服务决心不定、与群众的联系不紧密、对群众的认识不深刻、党群干群鱼水关系把握不深入，在发展为了谁、发展依靠谁、发展成果为谁所享的问题上迷失方向。中国共产党执政的社会基础是工人阶级和广大人民群众，工人阶级是党执政的阶级基础，广大人民群众是党执政的群众基础。阶级基础是党执政的根本动力，群众基础是党执政的力量源泉，二者相辅相成、缺一不可。任何一个政党为了不断提高自身执政合法性、巩固执政地位，必须在增强阶级基础的同时，努力扩大自己的群众基础。正如马克思恩格斯所指出的那样：“历史活动是群众的事业，随着历史活动的深入，必将是群众队伍的扩大。”[①] 人民群众作为历史的创造者，是党的事业取得胜利的依靠力量，是实现全面深化改革的重大历史任务和民族复兴伟大中国梦的历史使命的依靠源泉。

（四）扎紧制度之笼，用制度治党管权治吏

第一，要以党章统领党的制度建设。党章是党的总章程，集中体现了党的性质和宗

① 马克思，恩格斯．马克思恩格斯选集：第1卷．北京：人民出版社，1995：509.

旨、党的理论和路线方针政策、党的重要主张，规定了党的重要制度和体制机制，是全党必须共同遵守的根本行为规范。没有规矩，不成方圆。党章就是党的根本大法，是全党必须遵循的总规矩。加强党的制度建设，必须首先坚持用党章统领党的制度建设。必须坚持认真学习党章，严格遵守党章，充实完善党章。党的十八大通过的党章修正案，把科学发展观同马克思列宁主义、毛泽东思想、邓小平理论、“三个代表”重要思想一道确立为党的行动指南。第二，不断改革完善党的干部领导制度。完善干部人事制度和领导班子建设，坚持用《公务员法》等干部任用条例和法规选人用人。坚持党管干部原则，形成民主科学公开竞争择优的干部选拔任用科学机制。第三，以健全民主集中制为重点加强制度建设。我国宪法明确规定，中华人民共和国的国家机构实行民主集中制的原则。民主集中制是贯穿于党的制度体系和各方面建设的根本制度。以健全民主集中制为重点加强制度建设，深刻反映了党的制度建设的本质要求。党的制度建设是一个统一而严密的系统工程。党内制度体系中有根本制度和具体制度之分。根本制度决定具体制度，具体制度体现根本制度。民主集中制是加强党的各方面建设必须遵循的基本原则和根本制度，是我们建立各项具体制度的准绳和依据。党内各项具体制度的建立，实质上都是民主集中制原则的具体化，是民主集中制原则的基本内容在党的建设各方面的具体体现。加强党的制度建设，必须不断健全和完善民主集中制。要从根本制度出发，从制度体系上保证民主集中制的正确执行。

三、习近平关于全面从严治党的重要论述的时代意义

习近平关于全面从严治党的重要论述的形成是习近平同志在党的治理和建设过程中，以问题为导向，以解决党内实际问题为出发点，经过不断实践检验而形成的关于党的建设的科学思想，其意义和价值深远重大，闪烁着理论和实践的光芒。

（一）习近平关于全面从严治党的重要论述的理论意义

首先，习近平关于全面从严治党的重要论述是习近平同志在治国理政过程中形成的思想结晶，不是信手拈来、凭空捏造的，具有深厚的科学理论依据，是对马克思主义党建学说进一步的丰富与发展，是马克思主义党建理论的当代体现。作为新一届的党的领导人，习近平同志承袭了思想建党的传统，强调“补钙”，“补好精神上的钙”，在实践中不断深入学习，提高党员干部的党性与政治素养，做坚定的共产主义运动的掌舵者和人民群众利益的维护者。习近平同志又强调“全面”，“全面”二字至少包含三个层面。一是内容无死角，涵盖党的思想建设、组织建设、作风建设、反腐倡廉建设和制度建设各个领域。二是主体全覆盖，从严管党治党不仅是党中央的责任，党的各级组织都必须贯彻从严治党要求。同时，落实管党治党主体责任，意味着一把手不仅仅“独善其身”，还要把班子成员管好。三是劲头不松懈，要把从严治党常态化、制度化。全面从严治党没有完成时，只有进行时，将是一场大规模、全面的持久战，由此也突显出从严治党的长期性、艰巨性与紧迫性，是马克思主义党建学说理论的丰富和发展。

其次，自1921年中国共产党成立以来，历代领导集体都以马克思主义党建思想为指导，结合我国具体国情，推进马克思主义党建思想中国化，在从严治党方面不断形成新认识、新论断，实现马克思主义从严治党思想的与时俱进。习近平关于全面从严治党的

重要论述是习近平同志从思想、组织、制度、作风、反腐倡廉建设几个角度对管党治党的理论和实践的积极探索，是在对马克思主义党建理论进行合理继承和选择的基础上所萌发出的一些新的观点和思路，是马克思主义党建理论在当前的实际背景下的创造性发展。他提出的“思想建党和制度治党相结合”“作风建设永远在路上”“从严治党关键在从严治吏”“各级党组织要把抓好党建作为最大的政绩”“零容忍态度治理腐败”“把权力关在制度的笼子里”“营造良好政治生态”“严明政治纪律和政治规矩”“把握从严治党的规律”等理论，是马克思主义党建思想中国化的新成果。

最后，全面从严治党在“四个全面”中处于极为重要的地位，是全面建成小康社会的根本保证，是全面深化改革的内在需要，是全面推进依法治国的必然要求，提升了中国化马克思主义党建理论在中国化马克思主义理论与治国理政实践中的地位，开辟了中国化马克思主义党建思想的新境界。

（二）习近平关于全面从严治党的重要论述的实践意义

首先，促进党内政治清明。良好的政治生态就是良好的从政环境，净化政治生态是党维护自身机体健康的必然要求，全面从严治党对营造良好政治生态具有显著作用。自从全面从严治党工作开展以来，大部分党员在思想与实践上都经历了深刻的洗礼，“打老虎，抓苍蝇”等措施不断为党员干部敲醒警钟。党中央的地毯式扫腐，在党内出现了前所未有的震撼效果，不论是高级干部还是基层官员，不论从工作作风还是道德生活都有了明显改善，具体表现为以权谋私、圈钱交易不断减少，“四风”恶习有所纠正，群干关系趋于缓和，党员干部执政水平、领导水平、服务水平有了较大提升，尤其是“八项规定”的提出与落实更是进一步促进了党内政治生态的清明的良好局面。习近平关于全面从严治党的重要论述是从广大人民群众的根本利益出发的科学思想，他重视人民群众在党建工作中的参与程度、尊重群众的主体地位与创造地位，这一党建思想的民主性对于实现政治清明同样意义重大。政治清明不能只是国家和民众对政治环境的期许，更应该表现为国家和民众共同的责任与行动。为此，党中央不断畅通民众参政渠道，让群众有机会在党建的发展中积极进言献策，发挥群众的力量，实现真正的人民民主。

其次，习近平关于全面从严治党的重要论述是新时期中国共产党自身建设的行动指南。新时期以来，中国特色社会主义建设开始进入一个崭新的阶段，这一阶段中国改革发展的任务更加艰巨，面临的风险和考验也更加严峻，能否全面建成小康社会，能否全面深化改革，能否全面依法治国，都离不开党的领导，而党的领导是否坚强有力，又取决于党的自身建设。因此，习近平同志指出：“改革、发展、稳定任务越繁重，我们越要加强和改善党的领导，越要保持党同人民群众的血肉联系。”当前，习近平关于全面从严治党的重要论述已经形成了一系列科学认识，这是当前和今后一个时期中国共产党自身建设的科学指南，在这一思想的指导下，党的建设会不断取得巨大成效。

（作者系中国青年政治学院马克思主义学院马克思主义基本原理专业2016级硕士研究生）

民族地区基层党组织的文化安全建设

唐锡康

摘　要：基层党组织尤其是民族地区的基层党组织在文化安全建设问题上具有不可替代的作用。然而，当前一些基层党组织特别是一些民族地区的基层党组织还存在党员干部文化安全意识淡薄、工作方式不适应形势发展需要、思想文化建设乏力等突出问题。为此，应充分发挥社会主义核心价值体系在民族地区的引导作用，进一步加强民族地区基层党组织思想文化建设；创新基层党组织服务能力和相应的文化管理机制；传承中华民族优秀文化传统，繁荣发展民族地区文化事业和文化产业。同时，还要在网络时代的大背景下抢占和巩固文化安全的新阵地，有效防止腐朽落后文化的渗透和侵蚀。

关键词：民族地区基层党组织；文化安全；建设

“国家文化安全中的文化，不同于广义的泛文化，它包括作为观念、思想、制度等层面的文化……在以军事因素为主要安全力量的传统安全中，文化安全主要指向意识形态的安全。”① 文化安全作为国家安全体系的重要组成部分，对于维护国家安全、边疆稳定、民族团结具有重要意义。从整体上看，少数民族地区是我国马克思主义主流意识形态相对薄弱的地区，也是我国当前加强文化安全工作的重中之重。而民族地区基层党组织在维护和加强国家文化安全方面无疑具有不可替代的作用。近年来，民族地区农村基层党建方面取得了不少研究成果，② 民族地区的文化安全问题也开始引起学界的关注和重视。③ 然而，针对面向文化安全的民族地区基层党组织思想文化建设问题还鲜有研究。本文在既有成果的基础上，试图对民族地区基层党组织建设对于加强文化安全的价值和意义进行归纳梳理和简要分析，并针对当前民族地区基层党建在文化安全方面存在的一些问题提出相应的对策措施。

---

① 王景云：《文化安全视域下思想政治教育文化载体建设研究》，人民出版社2014年版，第28页。

② 这方面的成果主要有刘先春、孙明杰的《新形势下民族地区基层党组织建设面临的现实挑战和对策研究》，《江西农业大学学报（社会科学版）》2011年第2期；李锡鹏的《民族地区农村基层党组织建设面临的问题及对策》，《中共云南省委党校学报》2013年第1期；王丽华、赵启燕的《云南边疆民族地区农村基层党组织建设的主要经验》，《中共云南省委党校学报》2012年第3期；朱静娜的《论加强民族地区农村党支部建设的路径》，《学理论》2017年第1期，等等。

③ 这方面的成果主要有董璐的《文化安全遭受威胁的后果及其内生性根源》，《国际安全研究》2014年第2期；周建标的《我国文化安全面临的挑战与对策》，《华南理工大学学报（社会科学版）》2010年第2期；陈太平的《论边疆地区的政治文化安全》，《民族论坛》2014年第9期；周俊的《维护我国西南边疆民族地区文化安全的策略探析》，《广州社会科学》2017年第4期，等等。

一、民族地区基层党组织在维护国家文化安全方面的独特作用

民族地区基层党组织是民族地区社会主义先进文化的重要引领者和督导者，是民族地区文化事业和文化产业的重要组织者和建设者，是民族地区文化资源和文化传统的重要守护者和传承者。

（一）民族地区社会主义先进文化重要引领者和督导者

全球化的背景之下，人们的价值观取向也越来越多样，本就相对多元和复杂的民族文化在更大的环境中发生着激烈的碰撞和融合，主流意识形态的社会认同遭到弱化，人们对长期坚守的理想信念发生动摇。民族地区的宗教问题和民族问题也变得更为错综复杂，成为威胁我国民族地区文化安全的一个不可忽视的问题。随着经济开放程度越来越高，边疆民族地区成为各种敌对势力和外来文化渗入的主要阵地。一方面，宗教经典被一些别有用心者歪曲解读，以致一些蛰伏已久的邪教组织蠢蠢欲动，各类反华宗教组织趁机捣乱；另一方面，民族分裂主义、国际恐怖主义、泛民族主义相互结合，不断扩张。这些都严重威胁着我国的文化安全与政治稳定。

少数民族思想文化建设的健康发展和积极推进，离不开基层党组织的导向作用，即通过宣传党和国家关于社会主义先进文化的建设方针和目标，提高民族地区人民对社会主义的文化认同感；通过开展丰富多彩的文化活动，在满足民族地区人民的精神文化需求的同时，潜移默化地加强其对正确的意识形态内容的认识和了解。基层党组织除加强自身建设外，还要通过合法有效的监督手段，以高度的警惕心及时察觉和了解不安定因素对民族文化安全的影响，并将民族地区人民的思想行为引导到符合社会主义文化发展所要求的正确方向上来。

（二）民族地区文化事业和文化产业的重要组织者和建设者

文化实力是文化安全的基石，更是文化安全最终的决定性因素。而随着市场经济的发展，文化产业成为推动经济发展和提升文化实力的新的机遇。在一些少数民族地区，经济社会发展相对贫穷落后，人民群众思想文化水平相对保守。民族地区基层党组织不仅是发展当地经济的建设者和脱贫致富的组织者，而且是当地文化建设的实施者和文化安全的捍卫者。基层党组织通过协调民族地区基层自治组织，充分利用一切资源，找准适合本地本民族的文化事业和文化产业的切入点，有组织、有方向地加大宣传力度，将文化资源优势转变为市场优势，“把文化活动与农民经济行为以及当地社会发展有机结合起来，一方面提升了农民的精神风貌、文化素质，改善了农村的乡风，扭转了一些落后陋习，另一方面也使农村发展进入良性循环状态——农民在收入不断增加的形势下会更加主动地加入到文化活动中来”。[①] 民族地区基层党组织通过带领基层群众繁荣发展文化事业，做大做强文化产业，不仅可以为民族地区的文化安全营造出和谐的建设氛围，而且可以有效推进民族地区的政治、经济、社会、文化、生态文明五位一体建设，实现民族地区的繁荣、发展和稳定。

---

① 林继富：《中国民俗传承与社会文化发展》，中央民族大学出版社2014年版，第2页。

（三）民族地区文化资源和文化传统的重要守护者和传承者

新的历史时期，“无处不在的信息化将全球文化推向时代前沿，把经济发展水平不同、历史文化背景各异、意识形态与价值取向有别的国家和地区裹挟到云谲波诡的世界文化市场大潮之中”。[①] 一些西方敌对势力乘虚而入，大肆进行其价值观念和意识形态的输出，甚至妄想控制我国的文化资源和文化市场。这使得民族地区的本土文化受到了新的威胁，如何避免文化霸权对民族文化的传承和发扬造成的侵害，关系到民族和国家的生存，越来越成为一个不可忽视的问题。与此同时，越来越多的年轻人迷失在五光十色、日新月异的外来文化之中，而对本民族传统文化表现出冷漠、毫无兴趣的态度。文化资源和文化传统“与内在的天性不同，一种社会文化遗产可能会因人们无意或有意地放弃其精华部分而失传”。[②]

因此，民族地区的基层党组织有责任和义务做好先进文化的宣传工作，帮助民族地区群众树立起本民族自身的文化自信，壮大本民族文化事业，增强中国特色社会主义文化价值体系的影响力和号召力，抵御外来文化入侵，保持民族文化个性和特色。在优秀民族文化的传承和传播过程中，以创新为驱动，激发活力，不断发展，守护住民族地区的文化资源和文化传统。

二、我国民族地区基层党组织在文化安全方面面临的挑战

现阶段，我国民族地区基层党组织在发挥其战斗堡垒作用的同时，还面临着一些挑战。比如，一些基层党组织重经济、轻文化的观念还没有得到根本转变，一些农村基层干部文化安全意识淡薄，一些基层党员和领导干部的工作方式不适应形势发展需要。

（一）一些基层党组织重经济、轻文化的观念还没有得到根本转变

我国民族地区大多地理位置较为偏远，相对于东部发达地区，地理环境和资源条件等因素决定了其经济基础差，且收入渠道少，发展速度慢。又由于我国长期存在的二元社会结构，民族地区尤其是乡镇财政常年存在收支不平衡的状况。在新农村建设不断加快的过程中，青壮年农业人口大量流失，长期以农业税收为主要来源的乡镇财政收入不断减少，而继续深入推进新农村建设又需要更多的经费，这就使得基层党组织所承担的经济压力越来越大。为了解决这一眼前问题，部分基层领导将大量精力都投入如何更快地获取经济效益上，而忽视了文化安全问题。

因此，在民族地区基层党组织干部中普遍存在过分重视经济业绩，而忽视文化建设的问题，有的甚至一味追求经济发展速度，认为经济能够带动一切，只要经济发展起来了，其他的事情就能迎刃而解，以致专门从事思想政治教育工作的领导干部更是少之又少，更不用说积极主动地带领和组织群众开展丰富多彩、群众喜闻乐见的文化活动了。由于缺乏基层党组织的引导和示范作用，民族地区的文化建设往往进展缓慢甚至停滞不前，更为严重的是，还会受到封建文化糟粕以及外来腐朽文化的侵蚀。

---

① 王景云：《文化安全视域下思想政治教育文化载体建设研究》，人民出版社2014年版，第47页。

② ［英］阿诺德·J. 汤因比著、吕厚量译：《变革与习俗：我们时代面临的挑战》，上海人民出版社2016年版。

（二）一些农村基层干部文化安全意识淡薄

在一些民族地区，由于利益主体和分配主体日益多元化，有的基层党员干部文化安全意识淡薄，理想信念不坚定，不能很好地发挥战斗堡垒作用。具体表现在以下几个方面。

一是部分党员在面对纷繁复杂的新的社会思想领域，往往无所适从，甚至自觉不自觉地淡化了自己的党员身份与组织意识，忘记了党的宗旨和自己的党员责任，出现了核心价值理念的迷失与冲突，甚至转而对一些西方的“主义”和“观念”盲目崇拜。

二是有的党员从事宗教工作，利用自身特权为宗教势力服务，使得一些别有用心的宗教主义分子和反华分子有了可乘之机。

三是有的基层党员干部本身文化素质较低，同时又缺乏思想政治的培训与学习，导致其思想观念保守落后，难以发挥模范带头作用，更不具备抓好党组织思想文化建设的能力。

四是部分党员在开展思想文化建设工作过程中，以眼前利益至上为准则，没好处就敷衍了事，以形式主义来应付上级监察。

五是由于经济基础差，基层党组织职能弱化，开展工作活力不强，对工作任务理解不深入，自身定位不明确，缺乏对思想文化建设工作的积极性和责任感。

六是与政治文化建设相关的制度普遍不够完善，缺少保障思想文化建设工作顺利开展的制度规范。

七是在一些民族贫困地区，没有足够的用来支撑组织活动的经费，更不用说用于党组织文化活动和开展党员教育的费用支出了，等等。

（三）一些基层党员和领导干部的工作方式不适应形势发展需要

一是落后的领导和管理模式跟不上时代的脚步。由于市场经济的推进，人才大量外流，民族地区党组织资源萎缩，民族地区党员队伍存在着不合理的组成结构和整体偏低的党员素质。随着民族地区乡镇体制改革和村民自治等各方面制度的推进和发展，基层党组织的工作任务和所担负的责任越来越重。而在面对愈加复杂多变的政治文化安全问题时，相当一部分党员和领导干部由于文化水平低，又没有重视自身文化建设，对党和国家的方针政策知之甚少，以致无从下手。同时，基层领导缺乏整合各方力量、合理匹配权责、协调各单位机制的必要能力，对党员教育的管理制度不规范、不严格，解决问题效率低，群众满意度不够。

二是传统的党内政治文化教育活动的开展方式也受到了冲击与挑战。一方面文化活动开展得少，且质量不高，生搬硬套的形式主义现象时常可见，基层党员和领导干部不仅没有自觉与民族地区社会发展实际相结合，更明显表现出了消极敷衍的工作态度；另一方面，文化活动开展的形式老套且内容单一，传统的思想建设往往以“上政治课”为主，内容重理论性，更多地表现为单方面的“灌输”，忽视民族个性，缺少人文关怀，相比起新鲜刺激的外来文化在接受者的体验方面毫无优势。与此同时，一些基层党组织对网络这一社会舆情的风向标、政治文化安全的新阵地的重视不够。现在的社会不再是以前信息闭塞的社会了，几乎所有事情都可以通过网络而得到广泛传播。官员腐败、民众纠纷都可以通过网络引起广泛关注。从这个意义上讲，网络既是宣传党的政治文化工作的新渠道，又是普通民众宣泄其对社会问题不满的重要渠道。因此，基层党组织既要通过树立党员和领导干部的正面形象，增加人民群众对党和国家的认同度和满意度，又要正确引导和科学管理网络信息，既不能墨守成规，也不能放任自由。

三、加强民族地区基层党组织文化安全建设的思路与对策

加强民族地区基层党组织文化安全建设，是一个系统的工程，从前文的分析来看，现阶段，至少需要做好三方面的工作，即充分发挥社会主义核心价值体系的引导作用，坚持正确的宗教观和民族观，以及建立文化管理新机制。

（一）发挥社会主义核心价值体系的引导作用

“统一的意识形态是统一国家的保障，是社会的支撑框架，是国家的灵魂和民族的粘合剂。”① 加强民族地区基层党组织思想文化建设，就必须要以宣传和学习主流思想文化为主要内容，以构建主流价值理念为价值导向。“核心价值观在一定社会的文化中是起中轴作用的，是决定文化性质和方向的最深层次要素，是一个国家的重要稳定器。”②民族地区面向文化安全的基层党组织建设，必然离不开社会主义核心价值体系的引导。

为此，在实际的思想文化建设工作中，我们要建立健全社会主义核心价值体系在民族地区的宣传教育机制，及时而全面地开展学习活动，增强民族地区党员干部对主流意识形态的认同感。一方面，充分利用各种资源，针对基层党员干部开展形式多样的思想政治教育。“掌握思想教育，是团结全党进行伟大政治斗争的中心环节。”③ 同时，思想政治教育作为我国精神文明建设的重要手段，能够培育社会成员形成共同的政治意识，维护政治稳定，推动政治发展。民族地区基层党组织应利用地方党校、干部学院等部门的师资队伍，定期开展党和国家先进理论政策的宣讲和学习，尽量用生动形象、贴近地方工作实际的语言，让党员干部更好地理解学习内容，提高学习兴趣和效率。另一方面，加大扶植力度，为基层党组织思想文化建设提供充足物质保障。相对于其他基层党组织，民族地区基层党组织开展思想文化建设面临着更多的困难，如经济发展水平低、公共文化服务体系不健全、文化基础较差等。一方面，可以通过财政等有关部门加大拨款来确保满足学习开展的经费需求；另一方面，基层党组织也要加强自身能动性的发挥，多渠道寻求资金来源，如吸引企业资助，扶植当地集体经济增强“造血”功能，以此建立起稳定的资金筹措机制，不断满足对党员干部进行思想政治文化教育所需要的足够的物质保障。

（二）坚持正确的宗教观和民族观

一是要解决好基层党组织与宗教的关系。宗教“对国家权力的嵌入有着促进或阻碍

① 王景云:《文化安全视域下思想政治教育文化载体建设研究》，人民出版社2014年版，第29页。

② 中共中央宣传部编:《习近平同志系列重要讲话读本》，学习出版社、人民出版社2016年版，第189页。

③ 《毛泽东选集》第3卷，人民出版社1991年版，第1094页。

的作用”。[①] 宗教作为意识形态的重要组成部分，对于不少民族地区而言，在精神上具有很强的领导力和凝聚力，其重要性是不容忽视的。基层党组织成员要树立正确的宗教观，认真了解我国的宗教政策，采取和谐、包容的态度对待文化差异，尊重少数民族群众的宗教信仰。同时，宗教信仰组织作为民族地区地方治理的一种重要载体，在民族地区发挥着传统权力网络的作用，保持着较强的凝聚力，其在基层思想文化建设中的意义同样不容忽视。因此，基层党员干部应合理处理好与当地宗教领袖之间的关系，努力发挥宗教的积极方面的作用。同时，要依法管理好宗教事务，牢牢掌握好舆论宣传阵地毫不动摇，时刻警惕披着宗教外衣的外来意识形态的渗透。

二是要贯彻落实好党的民族政策，正确处理好民族传统文化与马克思主义意识形态之间的关系。在尊重民族传统文化的基础上，引导其将民族文化中的优秀部分保留，并与马克思主义意识形态理论相结合。创新主流意识形态文化宣传教育的方式和载体，同时也有利于民族文化的继续发展与传承。这样做，既可以提高民族地区基层党组织党员干部的文化素质，又能够加深少数民族群众对主流意识形态的认识和了解，为加强民族地区文化安全打牢基础。

（三）建立文化管理新机制

一是要构建先进的基层干部人才工作体系，创新领导和管理模式。一方面，在人才的吸收上，选派优秀年轻的机关干部和高校优秀毕业生到民族地区基层党组织任职，既满足了人才不足的需要，又优化了基层内部人才体系，同时也发挥了锻炼年轻党员、引导其面向基层就业、充分实现其自我价值的作用；另一方面，在实际工作中，基层领导干部要创新其领导和管理模式，结合新形势的发展，多渠道、多形式地开展基层党建工作。在对基层党组织成员的教育过程中，注重内容和形式的科学性，多深入党员和群众中去，发现和了解真实情况与问题，有针对性地解决问题，拉近党群关系和干群关系，发挥党员干部的先进作用。

二是要加强对互联网的管理，发挥好意识形态安全新阵地的作用。一方面，充分发挥互联网传播范围广、速度快、信息量大的宣传优势，增强引导网络舆论的能力。在网络媒体上旗帜鲜明地宣传社会主义核心价值体系的主流意识形态，深度挖掘切近人民群众生活的内容，引导正确的舆论方向。另一方面，坚持党管媒体的原则，落实意识形态工作责任制，加强对互联网的管理。除了要警惕暴力、犯罪、色情、恐怖主义等传统有害信息传播之外，还要提防与我国主流意识形态相背离的信息，包括一些境外势力对我国国家形象和党政机关领导干部形象的有意抹黑等内容，并要及时做出预警。针对民族地区，尤其要注意当涉及宗教和民族等敏感话题时，应慎重处理。

总之，民族地区基层党组织在加强自身建设的同时，一定要把文化安全作为国家安全体系中的重要一环。面对复杂多变的发展环境，既要不断加强其自身思想文化意识建设，发挥好主流价值意识在民族地区的导向和示范作用，又要树立正确的宗教观和民族观，积极推进民族地区文化事业和文化产业的繁荣兴盛，抢占文化安全新阵地，切实发

① 罗明军：《民族地区权力、文化与社区治理——一个彝族社区的政治人类学研究》，中国书籍出版社 2016 年版，第 5 页。

挥好基层党组织建设在维护民族地区文化安全中的独特地位和重要作用。

参考文献

[1] 刘慧、李艳:《当代中国意识形态安全现状与路径选择》,中国社会科学出版社2015 年版。

[2] 吴琦等:《意识形态与国家安全》,华中师范大学出版社 2011 版。

[3] 陈太平:《论边疆地区的政治文化安全》,《民族论坛》2014 年第 9 期。

[4] 周俊:《维护我国西南边疆民族地区文化安全的策略探析》,《广州社会科学》2017 年第 4 期。

[5] 李锡鹏:《民族地区农村基层党组织建设面临的问题及对策》,《中共云南省委党校学报》2013 年第 1 期。

(作者系中央民族大学马克思主义学院硕士研究生)

浅析习近平关于全面从严治党的重要论述及其对马克思主义政党理论的继承和创新

梁　坤

摘　要： 2014 年习近平同志在江苏调研的时候首次提出“四个全面”的重要论述，推动我国的改革开放事业更进一步。随着党领导下的全面深化改革到了关键节点，实现发展转型、完成改革攻坚、推动文化繁荣、赢得全球竞争，对我们的政治定力、治理能力和创造精神提出了整体性挑战和更高要求，行进在新时代中国特色社会主义宏伟征途上，我们党对国家、对民族、对人民承担着更大的历史责任。党的十八大以来，以习近平同志为核心的党中央着眼于“四个全面”战略布局的整体设计，始终坚持在继承马克思主义无产阶级政党理论的基础上，既坚持马克思主义党的学说的基本原理，又紧密结合当代中国实际，从而形成习近平关于全面从严治党的重要论述。习近平关于全面从严治党的重要论述是马克思主义中国化最新理论成果，是新时期新时代全党全国人民为实现中华民族伟大复兴的中国梦而奋斗的行动指南。

关键词： 全面从严治党；马克思主义；习近平

历史潮流滚滚向前，我们党已经走过了 90 多年的历程，充满着苦难和辉煌、曲折和胜利、付出和收获。回首来时路，重峦叠嶂、布满荆棘；展望新征程，路险且艰、任重道远。世情国情党情深刻变化，我们党面临的挑战和风险更加复杂，走好新的长征路，需要继续推进全面从严治党。党的十八大以来，以习近平为核心的党中央坚持自我完善，自我革命，在继承和创新马克思主义政党理论学说的基础上，发表一系列重要论述，逐渐形成了习近平全面从严治党新思想。习近平全面从严治党思想对于我们深刻认识全面从严治党的重大意义，准确把握全面从严治党的基本要求和重点任务，确保党团结带领人们不断开创中国特色社会主义事业新局面，具有十分重要的理论和现实意义。

一、习近平关于全面从严治党的重要论述的理论渊源和时代背景

马克思根据当时无产阶级革命斗争的需要，在深入研究人类社会的发展规律基础上，发现生产力是社会形态更替的决定因素，生产关系一定要适应生产力的发展，上层建筑一定要适应经济基础，从而创立了唯物史观。唯物史观的创立为人类社会的发展指明了方向，也为无产阶级指明了斗争方向。为了推进无产阶级解放事业的发展，马克思恩格斯积极帮助工人阶级创立和组织自己的政党。在创立和建设无产阶级政党的过程中，马克思恩格斯指出了无产阶级政党应坚持的理论基础、指导思想、最低和最高纲领

以及斗争战略和策略等，从而为以后的无产阶级政党建设理论奠定了基础，确立了基本原则。马克思主义关于无产阶级政党理论成为世界马克思主义无产阶级政党解放的理论指导，也成为中国共产党成立和发展的理论指导，进而成为习近平关于全面从严治党的重要论述的重要理论来源。

（一）以先进的科学理论武装无产阶级政党

马克思、恩格斯在参与创建共产主义者同盟时，就积极提出了党员的思想素质要求。马克思支持修改的《共产主义者同盟章程》明确规定党员必须承认“共产主义”，并“不得参加任何反共产主义的（政治的或民族的）团体并且必须把参加某团体的情况报告有关的领导机关”，[①] 换句话说，党员必须承认共产主义，宣扬和维护共产主义，并努力掌握共产主义。马克思恩格斯指出，共产党是一个先进的政党，它的先进性不仅仅表现在它是由无产阶级中先进分子组成的，而且还表现在它是以先进的科学理论为指导的。“在实践方面，共产党人是各国工人政党中最坚决的、始终起推动作用的部分；在理论方面，他们胜过其余无产阶级群众的地方在于他们了解无产阶级运动的条件、进程和一般结果。”[②] 正是在先进理论的指导下，共产党人把自己的宗旨确定为为无产阶级的利益而奋斗：“他们没有任何同整个无产阶级的利益不同的利益。”[③] 共产党人所坚持的先进科学理论具有一个显著的特点，就是它来自于实践并指导实践，由马克思和恩格斯共同创立的马克思主义就是这一先进理论的代表。尤其是科学社会主义理论明确指出了无产阶级的历史使命、奋斗目标以及实现目标的手段，是无产阶级政党制定自己的经济纲领的理论依据，是党领导无产阶级革命取得胜利的锐利思想武器，它和马克思发现的唯物史观一起成为无产阶级政党的行动指南。[④]

（二）以马克思主义为指导，建立一个马克思主义无产阶级政党

习近平关于全面从严治党的重要论述不是无源之水，也不是无本之木，而是有着深刻的理论渊源，既有马克思、恩格斯关于无产阶级政党建设思想的理论熏陶，也有列宁领导党开展无产阶级运动的理论和实践的探索。

马克思主义认为，实践是认识的基础，实践决定认识，对认识起决定作用。列宁领导俄共（布）在苏俄的执政实践，是马克思主义无产阶级政党理论产生的最重要、最深厚的实践基础。十月革命胜利后，俄共（布）成了苏俄的执政党，不遗余力地加强党的思想、组织、作风、反腐倡廉及制度建设。在党执政的条件下，俄共（布）一些党员、干部开始忘乎所以、骄傲自大起来，他们不仅不关心群众疾苦，还到处作威作福，当官做老爷，向群众乱发指令；更有甚者，一些党员、干部居然利用党和人民赋予的权力为个人谋利益、捞好处，不仅不密切联系群众，还严重损害群众利益。根据这样的情况，列宁严厉告诫全党：“我们党目前也许会陷入十分危险的境地，即变得骄傲自大起来。

① 马克思、恩格斯：《马克思恩格斯全集》第4卷，人民出版社1958年版，第572页。
② 马克思、恩格斯：《马克思恩格斯选集》第1卷，人民出版社1995年版，第285页。
③ 马克思、恩格斯：《马克思恩格斯选集》第1卷，人民出版社1995年版，第285页。
④ 刘宁宁：《马克思恩格斯无产阶级政党理论及其当代意义》，《马克思主义研究》2010年第11期，第39页。

这是十分愚蠢、可耻和可笑的。大家知道，一些政党有了骄傲自大的可能，这往往就是失败和衰落的前奏。”① 列宁的一系列富有针对性的建议、办法、举措，不仅可防止党组织的可能分裂，而且也为俄共（布）长期执政提供了必要的组织保证。

二、习近平关于全面从严治党的重要论述的创新与发展

创新是一个国家民族进步的灵魂，是一个政党永葆活力生机的源泉，思想理论创新是实践创新的先导，坚持什么样的思想作指导，就会有什么样的实践行为。习近平同志高度重视党的建设工作的创新，在继承中谋发展，在发展中求创新。习近平同志在新的形势下坚持从严治党提出了八项规定，一是落实从严治党的责任；二是突出坚持思想建党和制度建党相结合；三是严肃党内政治生活；四是坚持从严管理党员干部；五是持续深入改进作风；六是严明党的纪律；七是发挥人民监督作用；八是深入把握从严治党规律。② 党的十八大以来，习近平同志从党的建设所面临的急迫现实问题入手，统筹党的事业和党的建设新的伟大工程，坚持全面从严治党，科学回答了在新的历史起点上建设一个什么样的党、怎样建设党的大问题，带有强烈的时代特点，是对马克思主义无产阶级政党学说的新贡献。

（一）补足精神之“钙”

理想信念是一个政党的行动引领和精神支柱，标识着政党的奋斗目标、价值追求和精神动力，是党员政治觉悟、思想境界和道德情操的集中体现。“坚定理想信念，坚守共产党人精神追求，始终是共产党人安身立命的根本。对马克思主义的信仰，对社会主义和共产主义的信念，是共产党人的政治灵魂，是共产党人经受住任何考验的精神支柱。理想信念就是共产党人精神上的‘钙’，没有理想信念，理想信念不坚定，精神上就会‘缺钙’，就会得‘软骨病’。”③ 一个人若身体缺钙，就容易骨质疏松，患上软骨病，站不起来。同样，一个人若精神没有支柱，就必然导致思想迷茫、萎靡颓废，甚至误入歧途、坠落深渊。理想信念犹如精神之“钙”铸就的。共产党人有了坚定的理想信念，就能经受住血与火的考验，抵御名利诱惑，矢志不渝地朝着目标前进。

（二）全面从严治党从组织政治生活严起

千磨万击，百炼成钢。严肃党内政治生活是习近平全面从严治党重要论述的基础，党要管党必须从党内政治生活管起，从严治党必须从党内政治生活管起。党的十八届六中全会通过的《关于新形势下党内政治生活的若干准则》，就是针对党内存在的突出矛盾和问题，锤炼党性。回顾党的历史可以看到，党和国家的事业，就是在批评和自我批评中不断发展壮大的。“批评和自我批评是清除党内政治灰尘和政治微生物的有力武器，

---

① 列宁：《列宁全集》第38卷，人民出版社1986年版，第354页；王贤卿、杨晓娟：《治国理性新理念新思想新战略——习近平治国理政思想研究述评》，《新毛泽东邓小平理论研究》2016年第12期。

② 王贤卿、杨晓娟：《治国理性新理念新思想新战略——习近平治国理政思想研究述评》，《新毛泽东邓小平理论研究》2016年第12期。

③ 习近平：《紧紧围绕坚持和发展中国特色社会主义学习宣传贯彻党的十八大精神》（2012年11月17日），《十八大以来重要文献选编》（上），中央文献出版社2014年版，第80—81页。

必须以整风精神严格党内生活，党内生活是锻炼党性、提高思想觉悟的熔炉。如果炉子长期不生火，或者生了火却没有足够的温度，那是炼不出钢来的。”① 党的十八大以来，我们党再次擦亮批评和自我批评这把利器，开展积极健康的思想斗争，提高了民主生活会等党内政治生活的质量。很多党员、干部深有感触，我们党敢于亮短揭丑、咬耳扯袖的好作风又回来了，自己也在思想上获得了洗礼，在党性上得到了锻炼。

（三）作风建设永远在路上

江河有源，大树有根。党和人民群众的关系如同安泰俄斯和大地的关系一样，既不可分离亦不可割裂。一旦脱离了人民群众，党就丧失了力量源泉。民心是最大的政治，是执政的晴雨表。只要得民心，顺民意，我们党的执政地位就会坚若磐石，事业发展就能风调雨顺。“群众路线是我们党的生命线和根本工作路线，是我们党永葆青春活力和战斗力的重要传家宝。不论过去、现在和将来，我们都要坚持一切为了群众，一切依靠群众，从群众中来，到群众中去，把党的正确主张变为群众的自觉行动，把群众路线贯彻到治国理政全部活动之中。”② 群众观点是马克思主义唯物史观的基本观点，人民群众是人类历史的创造者，离开人民群众的实践活动和创造性劳动，一切都无从谈起。在习近平关于全面从严治党的重要论述思想指导下，只有始终保持党同人民群众的血肉联系，牢记全心全意为人民服务的宗旨，才能获得不竭动力和胜利之本，把人民群众的智慧和力量聚集在实现中国梦的伟大实践中来。

（四）永葆党肌体健康的生命之源

我们党之所以一直保持旺盛的生命力，就在于通过党内监督不断自我完善和自我净化，不断增强肌体的免疫力和抵抗力。“党内监督是党的建设的重要内容，也是全面从严治党的重要保障。”“全面从严治党，必须从根本上解决主体责任缺失、监督责任缺位、管党治党宽松软问题，把强化党内监督作为党的基础性建设工程，使监督的制度优势充分释放出来。”③ 党内监督，犹如党的肌体免疫系统，具有预防惩戒、约束指引等功能，能够形成强大的免疫力，使党的肌体远离疾病、保持健康。党内监督是最好的防腐剂，能够抑制腐败细菌的滋生蔓延，使我们党始终保鲜不变质。特别是党的十八大以来，党内监督方法手段不断更新，巡视“利剑”威慑力凸显，派出“探头”全面覆盖，形成强大震撼，取得明显成效。实践证明，习近平关于全面从严治党的重要论述指引下的党内监督作为我们党自我净化的重要手段，为保持党的肌体健康发挥了重要作用。

（五）培育风清气正党内政治文化

廉洁凝聚人心，腐败背离民意。清正廉洁是中国共产党人的政治品格，从诞生之日起，我们党就视腐败为天敌，与腐败水火不容。“反对腐败，建设廉洁政治，保持党的

---

① 习近平：《在党的群众路线教育实践活动第一批总结暨第二批部署会议上的讲话》，2014 年 1 月 20 日。

② 习近平：《在纪念毛泽东同志诞辰一百二十周年座谈会上的讲话》（2013 年 12 月 26 日），《十八大以来重要文献选编》（上），中央文献出版社 2014 年版，第 697 页。

③ 习近平：《关于〈关于新形势下党内政治生活的若干准则〉和〈中国共产党党内监督条例〉的说明》，《人民日报》2016 年 11 月 3 日，第 2 版。

肌体健康，始终是我们党一贯坚持的鲜明立场。”① 从1929年把廉洁奉公的内容写进古田会议决议到1941年《陕甘宁边区施政纲领》强调厉行廉洁政治，从新中国成立前夕《共同纲领》规定廉洁、严惩贪污到新中国成立后一段时期内我们党强调坚决惩处清除贪污腐化现象，从改革开放时期强调一手抓改革开放、一手抓惩治腐败到党的十八大以来把清正廉洁作为好干部标准的重要内容到开展“两学一做”学习教育、“三严三实”党性锤炼……正是我们党不忘初心，一直坚守清正廉洁的政治本色，旗帜鲜明地开展党风廉政建设和反腐败斗争的表现。保持清正廉洁的政治本色，离不开党内良好政治文化的熏陶和滋养。党内政治文化是融入党员、干部血脉的精神标识，反映着党员、干部的精神追求。习近平关于全面从严治党的重要论述一贯重视党内政治文化建设，不断为政治生态的土壤浇水施肥。

三、习近平关于全面从严治党的重要论述是对马克思主义无产阶级政党学说的新贡献

习近平关于全面从严治党的重要论述，既有继承马克思主义无产阶级政党学说的优良传统和中国共产党党建工作的历史经验，又有适应新局势、解决新问题的先进思想成分，更有自己独特的贡献，是新的历史时期马克思列宁主义中国化最新理论成果，是马克思主义党的建设学说的重要组成部分，是对马克思主义无产阶级政党以及中国共产党自身党建思想的科学继承与发展。

（一）在国家治理体系和治理能力现代化进程中加强党的建设

国家治理体系和治理能力是一个国家制度与制度执行能力的集中体现。“国家治理体系是在党领导下管理国家的制度体系，包括经济、政治、文化、社会、生态文明和党的建设等各领域体制机制、法律法规安排，也就是一整套紧密相连、相互协调的国家制度；国家治理能力则是运用国家制度管理社会各方面的能力，包括改革发展稳定、内政外交国防、治党治国治军各个方面。国家治理体系和治理能力是一个有机整体，相辅相成，有了好的国家治理体系才能提高治理能力，提高国家治理能力才能充分发挥国家治理体系的效能。”② 国家治理体系和治理能力现代化对党的建设提出了新要求，即如何构建系统完备、科学规范、运行有效的党建制度体系，既解决好党的自身建设问题，又处理好党同国家政权和社会的关系问题，进一步提高党的领导水平和执政能力。

推进治理体系与治理能力现代化建设，执政党是核心，国家治理是根本。坚持党的领导，是党和国家的根本所在，是各族人民的利益所在。坚持党的领导，确保党的领导核心地位，必须加强和改善党的领导，增强执政本领。习近平同志在党的十九大报告中指出，领导十三亿多人的社会主义大国，我们党既要政治过硬，也要本领高强。“增强政治领导本领，坚持战略思维、创新思维、辩证思维、法治思维、底线思维，科学制定和坚决执行党的路线方针政策，把党总揽全局、协调各方落到实处。增强改革创新本

① 习近平：《紧紧围绕坚持和发展中国特色社会主义学习宣传党的十八大精神》，《十八大以来重要文献选编》（上），中央文献出版社2014年版，第81页。

② 习近平：《习近平同志重要讲话文章选编》，中央文献出版社、党建读物出版社2016年版，第91页。

领，保持锐意进取的精神风貌，善于结合实际创造性推动工作，善于运用互联网技术和信息化手段开展工作。增强科学发展本领，善于贯彻新发展理念，不断开创发展新局面。增强依法执政本领，加快形成覆盖党的领导和党的建设各方面的党内法规制度体系，加强和改善对国家政权机关的领导。”① 习近平同志坚定不移推进全面从严治党，明确指出，要求执政党运用国家制度管理国家事务和社会事务，管理经济和文化事业能力的现代化，要求中国共产党把中国特色社会主义制度优势更好地转化为管理国家的效能，也就是要更加注重治理能力建设，增强按制度办事、依法办事意识，善于运用制度和法律治理国家，把各方面制度优势转化为管理国家的效能，提高党科学执政、民主执政、依法执政水平。

（二）思想建党与制度治党紧密结合

习近平同志在党的十九大报告中指出，坚持全面从严治党，勇于自我革命，从严管党治党，是我们党最鲜明的品格。“必须以党章为根本遵循，把党的政治建设摆在首位，思想建党和制度治党同向发力，统筹推进党的各项建设。”② 思想建党即要坚持马克思列宁主义在意识形态领域的指导地位，用马克思主义的世界观、人生观、价值观指导工作。制度治党即用刚性的制度规范党内权力的运行和党员干部的行为。习近平同志在党的群众路线教育实践活动总结大会上强调：“从严治党靠教育，也靠制度，二者一柔一刚，要同向发力、同时发力。”③ 思想建党和制度治党是全面从严治党的双保险，二者缺一不可，相辅相成。

加强共产党员的思想建设是全面从严治党的前提条件、是思想基础，坚定马克思主义信仰、树立正确坚定的理想信念，是共产党人安身立命之本。只有加强党员思想教育，提高锻炼党性，才能保证共产党员在为人民服务的过程中不变质、不变色。同时，也能保证制度建设保持正确方向，保证制定出的各项制度得以有效贯彻落实。忽视思想教育，制定出的制度就无法得到大家的认同，没有制度意识和制度自觉，对制度的执行就会大打折扣，从而使全面从严治党成为空话。在从严治党实践中，只有把教育和制度有机统一起来，才能最大限度地发挥教育和制度的各自优势，弥补各自的局限，从而使教育和制度相得益彰，把从严治党真正落实到位。

（三）马克思列宁主义与中国具体实践相结合

党的十八大以来，以习近平同志为核心的党中央思考党的建设的基点是从实际出发，从世情、国情和党情出发。习近平关于全面从严治党的重要论述既坚持了马克思主义党的学说的基本原理，又紧密结合当代中国实际。“中国特色社会主义进入新时代，我们党一定要有新气象新作为。打铁必须自身硬。党要团结带领人民进行伟大斗争、推进伟大事业、实现伟大梦想，必须毫不动摇坚持和完善党的领导，毫不动摇把党建设得

① 习近平：《代表第十八届中央委员会向大会作的报告》，《人民日报》2017年10月19日，第4版。

② 习近平：《代表第十八届中央委员会向大会作的报告》，《人民日报》2017年10月19日，第4版。

③ 习近平：《在党的群众路线教育实践活动总结大会上的讲话》，《人民日报》2014年10月9日，第2版。

更加坚强有力。”① 习近平同志在党的十九大报告中强调，实现中华民族伟大复兴是近代以来中华民族最伟大的梦想，实现这个伟大梦想，必须进行伟大斗争，必须建设伟大工程，必须推进伟大事业。这四个方面紧密联系、相互贯通、相互作用，其中起决定性作用的是党的建设新的伟大工程。

中国共产党自建立以来，始终坚持马克思主义无产阶级政党的治党理念。历经90多年的发展历史，中国共产党总结了丰富的治党管党经验，形成了具有中国特色的党建思想。党的十八大以来，习近平同志在总结以往党建经验的基础上，对新时期党要管党，从严治党提出了一系列新观点、新思想、新论断、新要求。将中国共产党历来坚持的“从严治党”升级到“全面从严治党”，其具体内容涵盖了思想建设、组织建设、作风建设、反腐倡廉建设和制度建设等方方面面，已经形成了系统的、全面的，具有很强针对性和现实意义的思想理论体系。

“大的事业必须有坚强的党来领导。只要我们党把自身建设好、建设强，确保党始终同人民想在一起、干在一起，就一定能够引领承载着中国人民伟大梦想的航船破浪前进，胜利驶向光辉的彼岸。”② 习近平关于全面从严治党的重要论述，是关于马克思主义无产阶级执政党建设规律的科学认识，具有积极的能动作用，不仅可以指导中国共产党人的执政实践，而且能够引领我党执政活动的正确方向，还能够作为一种精神力量，推动中国共产党在执政活动中不断创新实践、创新理论，为现阶段党的建设工作提供新规范和价值尺度，开辟马克思主义无产阶级政党执政的新天地，不断提升马克思主义无产阶级执政党建设理论的新水平，是马克思主义中国化的伟大创新和最新成果。

参考文献

[1] 习近平. 习近平谈治国理政. 北京：学习出版社，人民出版社，2014.

[2] 房广顺，薛赛男. 全面从严治党要从落实党建责任严起——学习习近平同志全面从严治党重要讲话精神. 学校党建与思想教育，2015 (6).

（作者系湖北大学马克思主义学院政治学专业2015级硕士研究生）

① 习近平：《代表第十八届中央委员会向大会作的报告》，《人民日报》2017年10月19日，第4版。

② 习近平：《代表第十八届中央委员会向大会作的报告》，《人民日报》2017年10月19日，第4版。

“不忘初心”：“红船精神”在新时代的弘扬和发展

吕烨天

摘　要：习近平同志在中国共产党第十九次全国代表大会的报告上再度提出“不忘初心”的论点。“红船精神”是共产党人初心的根源，它具有深刻的内涵，即开天辟地、敢为人先的首创精神，坚定理想、百折不挠的奋斗精神，立党为公、忠诚为民的奉献精神，同时也具有重要的时代价值；在中国特色社会主义进入新时代的今天，要让“红船精神”在决胜全面建成小康社会，夺取新时代中国特色社会主义伟大胜利，实现中华民族伟大复兴的过程中发挥出强大的精神作用。作为中国共产党的精神根源，我们必须要“不忘初心，继续前进”，在新时代中继续弘扬和发展“红船精神”。

关键词：“红船精神”；“不忘初心”；新时代

一、中共一大和“红船精神”

（一）共产党的成立

1921年，中国共产党第一次全国代表大会几经辗转，从最初的上海租界到最终浙江嘉兴的一艘红船上顺利闭幕，诞生了中国共产党这一伟大的组织。中国共产党的成立在之前农民阶级、封建阶级和资产阶级革命走向绝境的时刻完成了中国革命对于新的阶级，即无产阶级的呼唤。中国共产党以马克思主义作为根本性的指导思想，深刻地改变了中国革命的性质，引领着中国人民的革命新道路。但是共产党的诞生绝不是偶然和容易的，当时的中国尚处在半殖民半封建社会之中，内有封建军阀的压迫，外有帝国主义的剥削，内忧外患，民不聊生，一大召开之时还处在“白色恐怖”之中，在这样一个大环境之下，早期革命人士由上海转到嘉兴南湖，最终在南湖一艘红船上完成建党伟业，并且通过了第一个民主革命纲领，将国民生死存亡之重任扛在肩上，带领全国人民为民族独立，国家富强而奋斗。习近平同志在庆祝中国共产党成立95周年大会讲话上说道：“中国产生了共产党，这是开天辟地的大事变。这一开天辟地的大事变，深刻改变了近代以后中华民族发展的方向和进程，深刻改变了中国人民和中华民族的前途和命运，深刻改变了世界发展的趋势和格局。”①

① 习近平：《在庆祝中国共产党成立95周年大会上的讲话》，《人民日报》2016年7月2日。

（二）“红船精神”的首次提出

2005 年，时任中共浙江省委书记的习近平在纪念中国共产党成立 84 周年大会的前夕，第一次将中共建党精神定义为“红船精神”，并把它总结为：开天辟地、敢为人先的首创精神，坚定理想、百折不挠的奋斗精神，立党为公、忠诚为民的奉献精神。当回顾中国共产党的发展历程，不管是在革命时期涌现出的以爱国主义为核心的民族精神，还是在建设时期涌现出的以改革创新为核心的时代精神，其根源都是最初一大的建党精神，因此“红船精神”就是中国革命精神的初心。

（三）“红船精神”的深刻内涵

开天辟地，敢为人先是“红船精神”的核心。1840 年英国发动鸦片战争，冲开了清政府的大门，西方来的殖民者对中国这个千百年来以和为贵的国度伸出了掠夺的双手，封建制度和小农经济下的中国一步一步沦为了半殖民地半封建社会，但在这山河破碎、民族危亡的时刻，中华民族的子女不甘沉沦，一大批仁人志士为了救国救民不懈抗争，从农民阶级到封建统治阶级再到新兴资产阶级无不为救亡图存而浴血奋战，但最终都以失败告终。中国诸多的具有先进思想的知识分子在经历了多次革命的失败后逐渐认识到要为救国寻找新的出路。十月革命带来的马克思主义为中国革命带来了先进的思想，五四运动后登上政治舞台的工人阶级成了革命最坚定的动力，同时早期革命人士坚定地选择了马克思主义这一科学的指导思想，为党的成立打下了根基，终于开辟出了一条适合旧中国的革命道路，并夺取了新民主主义革命的伟大胜利，随后完成诸多历史遗留问题的解决，渐次完成社会主义三大改造，让新中国走上了社会主义道路，并且不断完善和发展，取得了现在的种种辉煌。坚定理想，百折不挠是支柱，也是共产党人品质的鲜明体现，伟大的长征就是最好的体现，长征精神就是中华民族伟大精神的最高体现，我们党也凭着伟大信念，不断带领人民夺取革命的胜利，实现了一个又一个发展的突破。立党为公，忠诚为民是本质，中国共产党自成立之初就是一个以工农联盟为基础的，以人民群众的根本利益为出发点和落脚点的政党，习近平同志在十九大报告中指出：“坚持以人民为中心。人民是历史的创造者，是决定党和国家前途命运的根本力量。必须坚持人民主体地位，坚持立党为公、执政为民，践行全心全意为人民服务的根本宗旨，把党的群众路线贯彻到治国理政全部活动之中，把人民对美好生活的向往作为奋斗目标，依靠人民创造历史伟业。”① 这一点同样也与马克思主义哲学的唯物史观高度吻合。早在战国时期哲人荀子就提到：“君者，舟也；庶人者，水也；水则载舟，水则覆舟。”只有切实对人民负责，以人民的利益为根本的利益，才能稳定发展。

二、新时代如何弘扬和发展“红船精神”

习近平同志在建党 95 周年讲话中说道：“我们党已经走过了 95 年的历程，但我们要永远保持建党时中国共产党人的奋斗精神，永远保持对人民的赤子之心。一切向前走，都不能忘记走过的路；走得再远、走到再光辉的未来，也不能忘记走过的过去，不

① 习近平：《在中国共产党第十九次全国代表大会上的报告》，《人民日报》2017 年 10 月 19 日。

能忘记为什么出发。面向未来，面对挑战，全党同志一定要不忘初心、继续前进。”① 现在中国的发展已经进入新时代，同时也有了新的发展理念，新的战略方针，但是依然要不忘初心，继续保持艰苦朴素的奋斗精神，继续弘扬和发展“红船精神”，永葆共产党人的赤诚之心。

（一）坚持马克思主义，促进马克思主义与中国实际的紧密结合

马克思主义自中国共产党建立之初就是根本性的指导思想，无论是在革命时期，还是在建设时期都像一座灯塔引导着党的前进方向，同时马克思主义同中国实际的不断结合，衍生出毛泽东思想和具有中国特色的一系列理论体系。从早期毛泽东同志总结中国革命经验，发表多部具有鲜明思想的著作，如《反对本本主义》《矛盾论》和《论持久战》，到习近平关于迈进新时代的中国特色社会主义的诸多表述，不断丰富拓展着马克思主义的思想宝库。马克思主义对于党的建设来说并不是空洞的乏味的说教和落伍的被时代淘汰的教条，它是科学的世界观和方法论，正是因为其不断在党的实践中得到丰富和发展，它才永不落伍，它坚定着党从建立之初的思想路线，让党的思想建设不断得到稳定发展，同时也为党其他建设奠定了坚实的思想基础。同时马克思主义也已经与中华民族的优秀传统文化相互融合，这也是马克思主义能够在中国得到运用和发展的重要原因，比如马克思在其所著的《共产党宣言》一书中提到的共产主义就与我国古代提到的大同社会相一致；马克思主义的辩证思想和我国战国时期诸子百家提出的思想也有相似性。因此在新时代必须牢牢坚持和发展马克思主义，坚持问题导向原则，不断地在理论与实践方面进行双重创新，不断开辟马克思主义的新道路，不断完善习近平同志治国新理念，继续为完成党的最高目标，即建设成为共产主义国家而不懈努力。

（二）坚持党的领导，推进全面从严治党

十九大报告中讲道：“坚持党对一切工作的领导……党政军民学，东西南北中，党是领导一切的。”② 中国共产党从1921年建党到现在，从最初全国57个党员发展到现在全国9059.4万个党员，约461万个基层党组织，实现了一个又一个里程碑，完成了一个又一个人民所赋予的历史使命。历史也不断证明只有共产党才能救中国，在党的领导下，历经28年浴血奋战夺取了新民主主义革命的胜利，成立了伟大的新中国；顺利完成了社会主义农业、手工业和资本主义工商业三大改造，建立起了社会主义制度；进行了伟大的改革开放，建设了小康社会，提升了综合国力，中国在党的领导下逐渐由站起来走向富起来，由富起来走向强起来，进入社会主义新时代。同时我党不断发挥自身优良品质，勇于自我革命，进行全面从严治党。全面推进“四个意识”的培养和思想建设，并将党的政治建设摆在工作首位，不断优化党员干部队伍，加大反腐倡廉工作力度，健全完善纪律监督体系。这也体现出党继续保持沿袭下来的早期共产党人的优良传统，坚持批评与自我批评。在这样一个和平发展的时期，共产党人必须警惕来自内部的多重危险，坚持遵守“两个务必”原则，正如习近平同志所说：“把党建设成为始终走在时代前列、人民衷心拥护、勇于自我革命、经得起各种风浪考验、朝气蓬勃的马克思

① 习近平：《在庆祝中国共产党成立95周年大会上的讲话》，《人民日报》2016年7月2日。
② 习近平：《在中国共产党第十九次全国代表大会上的报告》，《人民日报》2017年10月19日。

主义执政党。”①

（三）坚持文化自信，繁荣社会主义文化

“全党要坚定道路自信、理论自信、制度自信、文化自信。当今世界，要说哪个政党、哪个国家、哪个民族能够自信的话，那中国共产党、中华人民共和国、中华民族是最有理由自信的。有了‘自信人生二百年，会当水击三千里’的勇气，我们就能毫无畏惧面对一切困难和挑战，就能坚定不移开辟新天地、创造新奇迹。”② 习近平同志谈到的这一点充分体现出“四个自信”的重要性，其中文化自信是一种更为基础和深远的自信。中华文化有着上下五千年不曾间断的传承与发展，中国共产党自建立以来，一直秉承中华文化的优秀传统，聚合成一个又一个伟大的中华精神，并不断丰富着中华文化的宝库，为社会主义核心价值观的形成和伟大复兴之路的开辟提供了思想保障。更重要的是，文化自信是中国坚持社会主义发展的坚实基础，更是为最终实现党的二大定下的共产党人最高纲领，即打下共产主义的坚实基础。在当今国际政治格局多极化的时期，不少资本主义国家想通过文化侵略实现政治一体化，这就要求我们必须坚守社会主义的文化立场，提升文化软实力。新时代要不断推进社会主义文化事业和文化产业的蓬勃发展，文化事业和产业的发展水平是一国上层建筑发展水平的重要因素，它会带给一个国家一个民族巨大的创造动力，带给人民巨大的精神财富，当前新时代的主要社会矛盾要求党要不断为人民美好生活的向往奋斗，这其中重要的一环就是建设人民群众喜闻乐见的文化事业，因此党要大力繁荣社会主义文化事业，并进一步使文化产业成为我国发展的支柱型产业。同时还应从国家、社会和人民三个层面出发，不断培育和践行社会主义核心价值观，加强党对群众道德的建设，培育出具有高素质的公民，为构建社会主义文化强国继续奋斗。

（四）坚持人民当家做主，提高保障和改善民生水平

马克思主义唯物史观在关于人类社会发展规律中提到，人民群众是历史的创造者。我们党自建立起就是一个坚持人民民主专政，坚持以人为本的政党，因此要坚持“不忘初心，继续前进”，就必须牢牢坚持人民当家做主的原则，切实提高保障和改善民生水平，切实走好党的群众路线，加大民生工程的建设力度。当前新时期我国的社会矛盾已经成为人民日益增长的美好生活需要和不平衡不充分的发展之间的矛盾。这就更要求我党继续做好人民工作，坚持保障并不断改善民生，协调城乡之间、区域之间等的发展，进一步加大精准扶贫的力度，缩小贫富差距，使发展不断趋于平衡和充分，因为民生工程涉及教育、医疗、养老、扶贫等多项事业，涉及国家的基础性建设，是党的工作重点。同时还要进一步发挥政府公信力的作用，确保人民行使自己的民主权利，不断扩大社会主义民主政治在政治生活领域的广度，扩大公民政治参与的范围，发挥出政党在公民政治社会化中的作用。这同样要求社会保障体系等民生工程的建设，因为马克思主义政治观认为，政治参与的水平与经济和文化发展的水平息息相关，所以必须统筹城乡各区域之间的发展，着力解决社会主要矛盾中不平衡不充分发展方面的问题，实现社会经

① 习近平：《在中国共产党第十九次全国代表大会上的报告》，《人民日报》2017 年 10 月 19 日。
② 习近平：《在中国共产党第十九次全国代表大会上的报告》，《人民日报》2017 年 10 月 19 日。

济在各区域间的协调发展，切实保障每一个公民的合法权利，充分发挥人民代表大会制度这一中国根本政治制度的作用，并不断培养出具有政治意识的公民，为我国各项政治制度的建设奠定坚实的基础。

三、新时期弘扬和发展“红船精神”的意义

（一）“红船精神”是党继续前进的精神动力

在社会主义新时期，党要继续带领全国各族人民进行社会主义现代化建设，继续朝着中华民族的伟大复兴迈进，未来的发展历程中需要伟大精神的领导和激励，需要强大的精神动力。回顾过去我们党正是在社会主义的道路上不断在发展中创新，在创新中发展，坚持创新精神，取得了一个又一个举世瞩目的成就，顺利完成了“十二五”规划，顺利实现了发展向创新性驱动的转变，顺利完成了社会主义政治、经济、文化、社会和生态文明方面的建设目标。但是我们党不能满足于现阶段取得的胜利，历史上我党顺利完成了社会主义三大改造，取得了过渡时期的诸多成就后，一些领导人滋生了骄傲自满的情绪，忽略了国内外形势，最终在思想上出现了偏差，导致“左”倾思想的出现，对国民经济带来了巨大损失和党内政治形态的严重变形，“生于忧患，死于安乐”，所以我们党要铭记历史教训，树立忧患意识，继续坚持不忘初心，面对挑战与机遇并存的新时期发展形势，仍要毫不动摇地坚持和发展“红船精神”这一强大的精神动力，时刻谨记肩负的历史使命，永葆共产党人的赤诚之心，继续为夺取新时代中国特色社会主义的伟大胜利而艰苦奋斗。

（二）“红船精神”是增强党凝聚力的精神根源

习近平同志在瞻仰中共一大会址时强调：“铭记党的奋斗历程时刻不忘初心，担当党的崇高使命矢志永远奋斗。”如今“红船精神”已经成为增强全党凝聚力的精神根源，它是我们党的精神根源，是中国革命精神和新时代一切精神的根源。马克思主义政治观认为，政党是具有鲜明的阶级属性的，是具有共同利益和共同的阶级意识的集合体，我们党作为无产阶级政党，始终坚持马克思主义理论基础，代表着广大人民的根本利益，代表着先进生产力和先进文化的方向，这一点也与中华民族的根本利益完全一致，共产党发展到现在如此庞大的党员群体和大量的党组织依靠的不光是党规党章的制度约束，更依靠全党强大的精神凝聚力，这种凝聚力在革命时期体现在党领导下的各族人民的爱国主义统一战线的形成发展，共同抵御侵略者，夺取革命的胜利；在和平建设时期体现在党带领各族人民大刀阔斧地搞建设，一心一意谋发展，实现发展的目标。中国共产党在“红船精神”的指引下，不断创新发展，始终站在时代前列，在“红船精神”的传承之中，改革开放之后的新时期涌现出一大批具有中国特色的宏伟精神，比如“载人航天精神”“青藏铁路精神”“女排精神”和“工匠精神”，继续丰富和发展着中国精神，继续增强着我党强大的凝聚力。

（三）“红船精神”是推进党建设伟大工程的重要法宝

习近平同志在十九大报告中指出：“实现伟大梦想，必须建设伟大工程。”[①] 党带领

---

① 习近平：《在中国共产党第十九次全国代表大会上的报告》，《人民日报》2017 年 10 月 19 日。

人民进行伟大工程的建设，需要有“红船精神”所蕴含的忧患意识、使命意识和开拓意识。早期共产党人就是坚定“革命理想高于天”的信念，将国民命运担在肩上，有着巨大的政治勇气，敢于打破封建的束缚，选择并牢固坚持马克思主义的指导思想，最终建立了中国共产党，谱写了时代的新篇章。“红船精神”所体现的这些重要意识仍然是党在新时期建设伟大工程所必需的重要法宝，党在这一时期必须把握好“为什么建设”和“为了谁而建设”问题，切实走好我党一直以来的群众路线。同时，要明确现阶段我国的基本国情，牢牢以社会主义初级阶段理论为基础，深刻认识到我党的建设依然存在很多不足，比如：脱贫攻坚任务还未完成，社会发展仍处于不充分不平衡的状态，国家生态建设还不成熟，党建工作还尚未完善等等，因此要继续树立忧患意识，继续坚持和发展中国特色社会主义。最后，创新是一个国家和民族的灵魂，新时期要继续打造创新驱动的新发展模式，加快培养一大批具有创新精神和创新思想的人才队伍，敢于开拓进取，不断发挥我党与时俱进的优良品质，坚持习近平同志提出的新的发展理念，同时不断加紧国际交流，积极吸收国外优质思想理念，创新党内外管理模式，切实推进党的伟大工程的建设。

（作者系武汉理工大学政治与行政学院研究生）

习近平关于全面从严治党的重要论述研究

杨进进

摘　要：在世情、国情和党情深刻变化的情况下，习近平同志结合新形势下管党治党的新情况、新问题，创造性地提出了系列全面从严治党的重要论述。全面从严治党是一项系统工程，需要围绕多个层面展开，主要包括党的思想建设、组织建设、作风建设、反腐倡廉建设和制度建设五个方面。全面从严治党是在新形势下坚定不移地沿着中国特色社会主义道路奋勇前进、实现中华民族伟大复兴中国梦的实践指引，具有重大的理论意义和实践价值。

关键词：习近平；全面从严治党；重大意义

中国共产党一直以来都很重视自身的建设，并把加强自身建设当作一项伟大的工程。以毛泽东、邓小平、江泽民同志为核心的党的中央领导集体和以胡锦涛同志为总书记的党中央都多次指明“党要管党、从严治党”的重要性。十八大以来，以习近平同志为核心的党中央站在党和国家事业发展全局的新高度，带领全党向人民作出了“打铁还需自身硬”的庄严承诺，先后制定和实施了一系列管党治党的新规定、新战略、新举措，并首次提出全面从严治党的重要论述，把新时期党的建设新的伟大工程推进到前所未有的高度。①

一、习近平关于全面从严治党的重要论述提出的时代背景

习近平关于全面从严治党的重要论述，是在运用马克思主义基本理论的基础上，不仅借鉴了经典作家的党建思想，也汲取了中国共产党党建经验的精华，在理性分析国内外党内外复杂形势的前提下，形成的既适应潮流又富含历史精粹的经典思想理论。

（一）党内现状要求必须全面从严治党

目前看来，我国很大一部分党员都是比较优秀的、敬业的党员，他们不仅有正确的世界观、人生观、价值观，而且懂得为人民服务，把人民的利益放在首要位置。可是当进入新时期，经济的发展、就业方式的多样化、生活方式的改变，一些党员的先进性明显不如从前，他们经不起改革开放的考验，甚至违法犯罪，给其他党员带来了负面影响。

① 周金堂．习近平全面从严治党思想形成的时代背景的“三个考量”．江西财经大学学报，2016（1）．

并且目前国内外形势发展不容乐观，党所承担的历史任务依旧繁重，党面临的时代考验依然严峻。而目前党的领导水平、执政能力，党员干部的素质、作风、能力与现阶段党的历史任务、人民群众的期待，都还有很大的差距。

比如当涉及个人利益的时候，有的党员则以自我为中心，丝毫不顾及整体利益和长远利益；有的党员干部不从人民群众的角度去分析问题、解决问题，而是服务于小团体的利益；有的党员受金钱的蛊惑，凡事都向钱看齐，对自己有好处的就做，不利的便当做与自己无关；个别党员违法乱纪，作风趋于腐化，在工作上低要求，生活上高标准，追名逐利，以权谋私；还有些党员满足于现状，不积极进取，没有艰苦创业的精神，工作缺乏责任感等等。

因此，我党必须进行深刻的反思，必须高度重视党内突出问题，及时监督，防止错误的滋生蔓延。只有全面从严治党，才能弘扬正气、遏制腐败行为、巩固党的执政地位。

（二）国内环境要求必须全面从严治党

从国内形势来看，目前我国正处于社会转型期、利益调整期、经济换挡期，人民群众热切期待全面建成小康社会的时间要求，使得全面从严治党，增强党的先进性、纯洁性，充分发挥党的领导核心作用变得日益紧迫。

第一，全面从严治党是统筹和实施“四个全面”战略布局的形势所需

“四个全面”战略布局是新时期指导我国社会发展改革的四个方面的规划，是对新时期我国经济社会发展基本状况的科学把握与理论概括。在“四个全面”战略布局中，要想实现目标，最为关键的力量就是坚持党的领导。因而，习近平同志依据社会主义现代化建设事业的需求，提出了关于全面从严治党的重要论述，就是为了让我们党带领中国特色社会主义现代化建设事业能够更好更快地向前发展。

第二，全面从严治党是应对各种挑战，实现全面建成小康社会目标的时代要求

党的十八大明确提出到2020年，我国要全面建成小康社会，也就是让人民的生活更加富裕，国家更加富强，人与自然、社会更加和谐，生态更加文明的全面小康。

中国共产党是社会主义建设事业的领导核心，是引领社会主义市场经济健康发展的“火车头”。① 由此可见，执政党建设的科学化水平将直接影响中国经济的发展水平，进而影响人民的生活水平，影响我们构建社会主义和谐社会。所以，党要管党，全面从严治党的成果直接关系到中国改革开放事业的成败，直接影响着中国梦是否能够实现。

所以，以习近平同志为核心的中央领导深入学习了毛泽东、邓小平、江泽民和胡锦涛同志等各历史阶段管党治党思想，在结合新的社会条件的情况下，创新式地提出了关于全面从严治党的重要论述。这是新时期中国共产党自身建设的根本性指导思想。

（三）国际形势要求必须全面从严治党

国际形势表明，和平与发展是当今时代的主题，可是不同国家和民族之间的矛盾和冲突仍然存在，国际政治安全形势并不乐观，文化软实力和意识形态话语权竞争空前激

① 金怡顺．习近平全面从严治党思想的特点及规律问题探析．探索，2017（5）．

烈，等等。

第一，国家间的竞争要求全面从严治党

中国共产党从1921年建党以来，不畏艰难，引领时代不断前进。从站在国际形势的角度来看，我国发展依然处在重要的战略机遇期。可是，面对复杂的国际形势和艰巨的国内改革发展任务，实现党的各项目标，关键还要依靠我们党，关键还要依靠人民群众。面对复杂的现实考验，面对严峻的国际经济形势，中国共产党始终坚持全面从严治党，不断提高党的领导水平，增强党的执政能力，增强抵御各种风险考验的能力。党要管党、从严治党是中国共产党的优良传统，然而在全面建成小康社会的关键时期，在实现中华民族伟大复兴中国梦的战略机遇期，在面对当前复杂多变的国际经济形势下，更要提升到全面从严治党的高度。

第二，国家间文化、意识形态话语权的激烈竞争要求全面从严治党

21世纪国与国之间的竞争是综合实力的竞争，主要是硬实力和软实力之间的竞争。硬实力主要体现为经济基础和科技发展水平等，软实力则主要是指社会政治法律制度的现代性、文化软实力和意识形态话语权等。①

中国特色社会主义伟大事业中的各个领域的建设都离不开中国共产党的领导。因为中国共产党自身建设的水平深刻地影响着甚至决定着中国软实力的建设。中国要想实现现代治理体系的构建和治理能力的现代化，其核心就要不断提升中国共产党自身建设的科学化水平。同样，中国共产党要确保始终成为中国社会主义建设事业的坚强领导核心，就必须不断做好管党治党的各项工作，必须全面从严治党。我国要想提升硬实力和软实力，牢牢把握住文化、价值观和意识形态话语权，就必须始终完善党的领导，必须始终坚持党要管党，全面从严治党。

二、习近平关于全面从严治党的重要论述的主要举措

全面从严治党分别从党的思想建设、组织建设、作风建设、反腐倡廉建设和制度建设五个方面出发。习近平关于全面从严治党的重要论述的提出主要是针对党内突出问题，为了不断增强党的先进性和纯洁性，从而巩固党的领导地位。习近平关于全面从严治党的重要论述具有很强的针对性和指导性，是在新形势下全面推进从严治党管党的科学指南。因此，我们必须始终坚持全面从严治党思想，找准着力点，不断加强党的思想建设、组织建设、作风建设、反腐倡廉建设和制度建设。

（一）高度重视党的思想建设

习近平同志多次表明，革命理想大于天，共产党人必须具备坚定的理想信念和崇高的价值追求。他把理想信念比作共产党人精神上的“钙”，如果共产党人拥有坚定的理想信念，那么党员们的骨头就硬了，思想境界便也提高了，那他们分析问题、解决问题的能力也会随之提高，面对人生的逆境和困难时才能做到不消沉不动摇，面对各种风险和考验时才会淡定自若，面对成功和胜利时才能做到不骄傲不自满。相反，如果党员没有坚定的理想信念，那么他们在面对各种不良诱惑时，就有可能做出不符合优秀党员光

① 王航超．习近平同志全面从严治党思想的内涵和精神实质．政治发展和行政管理，2017（4）．

辉形象的行为。

当然，理想信念固然重要，但它不会自动生成。对于共产党员来说，要想坚定理想信念，就必须用科学的理论来武装头脑，不断滋养我们的精神家园。这就需要广大党员干部，主动学习马克思主义经典著作，深入了解马克思主义中国化的两大理论成果；学习优秀的中国传统文化以及人类一切文明成果。为了不断推进马克思主义中国化、时代化和大众化，使其聚集丰富的思想资源，习近平同志曾强调，理论学习不能断断续续，要坚持不断学习、终身学习的理念，以扎实的学风，筑牢共产党人的理想信念。

（二）从严加强党的组织建设

从严加强党的组织建设，是全面从严治党的核心要素。加强党的组织建设对于增强党的凝聚力、战斗力具有重大的价值意义。从严加强党的组织建设，一定要着力提升从严治吏，充分发挥广大党员干部的模范带头作用。广大党员干部要懂得严以修身、严于律己。党员干部率先垂范对于推进全面从严治党有着不可估量的作用。

而加强党的组织建设必不可少的就是要造就一支高素质的干部队伍。对此，习近平同志明确强调，一名党员干部是否优秀的标准主要有以下五点：一是要有坚定的理想信念；二是能够全心全意地为人民服务；三是能够坚守职责、勤政务实；四是在面对各种挑战和困难时，勇于担当；五是能够抵制各种诱惑、保持清正廉洁的品质。

（三）密切关注党的作风建设

习近平同志多次表示，广大党员干部的作风问题绝不是一件小的事情，如果不及时纠正不良的社会风气，任由它随意发展下去，它就会像一座墙一样把我们党和人民群众隔离开。那时我们的党就会失去灵魂、失去血脉、失去力量。

中国共产党是无产阶级的先锋队，是中华民族的先锋队，同时也是中国人民的先锋队。中国共产党自建立以来就没有自己的私利，党的全部利益都要以人民群众的利益为主，都要对人民群众负责。增强为人民服务的意识、提高为人民服务的能力，就是要认识好、坚持好党的群众观点和群众路线。

所以说，着力解决党的作风建设问题，最重要的是要积极开展党的实践教育活动，密切关注人民群众，进一步把党与人民群众联系起来。针对此类问题，习近平同志还明确表示："我们党的作风问题关系到党的形象，关系到党和国家的发展问题；进一步加强党的作风建设，党一定要做到和人民群众保持血肉联系。"

（四）重点突出党的反腐倡廉建设

由于当前我国党内贪污腐败现象仍然存在，党员干部依然面对众多的诱惑，违纪现象时常发生，反腐败形势仍旧严峻。反腐败斗争是每一个充满正义的人的共同心愿，可是，这也是一项长期的、艰巨的挑战。

党的反腐倡廉建设活动的开展，是我们党保持纯洁性的必然要求，是体现我们党先进性的应有之义。从严加强党的反腐倡廉建设，需要调动一切积极因素，克服消极因素；进一步完善预防与惩治相结合的反腐体系；坚定不移地走党风廉政建设道路，将反腐败斗争进行到底。

（五）整体布局党的制度建设

习近平同志指出："全面从严治党，需要把党的思想建设和制度建设结合起来。"推进制度建设是加强党的自身建设的现实需要，更是从严管党治党的根本保障。所以，我们要有清晰的思路、实际的行动、科学的制度来确保党的各项建设顺利进行。

总体来看，党的制度建设还是比较完备的，也是适合党的建设的现实需要的。然而，由于当今社会的快速发展，我国国情和党情的变化使得党的一些制度已经不太适合时代发展的需要了。有的制度内容不太完善，过于笼统；有的制度过于陈旧，不适应时代发展的要求，不能及时解决党内出现的一些新情况新问题等等。习近平同志针对此类问题指出，要不断完善深化党的制度建设，关注党的制度建设的整体发展。一方面要不断完善党内相关法律法规；另一方面要处理好党内法规与国家法律法规之间的关系，为制定一套适合我国社会发展需要的党内法规制度体系而努力。

三、习近平关于全面从严治党的重要论述的理论意义和实践价值

随着社会的快速发展，中国共产党的自身建设也不可避免地遇到新的情况、新的问题和新的挑战，所以，以习近平同志为核心的党中央明确提出了全面从严治党的新要求。全面从严治党既是中国共产党在新形势下进行的具有新的历史特点的伟大斗争，也是在新形势下坚定不移地沿着中国特色社会主义道路奋勇前进、实现中华民族伟大复兴中国梦的实践指引，具有重大的理论意义和实践价值。

（一）理论意义

1. 丰富和发展了马克思主义经典作家的建党治党学说

马克思主义经典作家的建党治党学说是中国共产党的指导思想，其建党治党学说是中国共产党的理论基础，也是习近平关于全面从严治党的重要论述的理论基础。① 中国共产党自建立以来，一直重视学习马克思、恩格斯、列宁等人的党建学说，不断深入学习以改善自身建设。马克思恩格斯特别强调无产阶级政党的先进性和纯洁性的重要意义，强调共产党人代表的是整个无产阶级的利益，注重无产阶级政党建设的重要性，注重党的权威性。

习近平关于全面从严治党的重要论述是在坚持马克思主义经典作家的从严治党思想的基础上，将从严治党思想提到了更加全面的高度，强调了全面从严治党思想对一个国家、一个民族发展的巨大作用。改革开放以来，由于我国国情、党情的深刻变化，中国的经济状况、社会管理情况等多方面都发生了很大的影响，这就意味着我们要面临新的问题、新的挑战，这就要求我们要用与时俱进的眼光来审时度势，用更全面的视角来学习和丰富马克思主义党建思想。

首先，习近平关于全面从严治党的重要论述继承了马克思主义无产阶级思想，把人民的利益放在第一位，强调人民群众的重要性；其次，习近平关于全面从严治党的重要论述注重党员的思想建设，强调党的纯洁性；最后，习近平关于全面从严治党的重要论述还吸

① 李鹏．全面从严治党的提出及其重要意义．新视阈，2016（4）．

收借鉴了列宁的坚决反腐思想，强调了监督体系的重要性等等。由此可以看出，习近平关于全面从严治党的重要论述与马克思经典作家的建党治党学说是相互联系的，它不仅有着深厚的理论基础，而且还丰富、发展了马克思主义经典作家的建党治党学说。

2. 丰富和完善了中国特色社会主义的战略布局

当前国际形势错综复杂、国内改革发展矛盾重重，要想赢得全球博弈的主动权，要实现我们的奋斗目标，需要有大的战略、大的布局。

毋庸置疑，全面建成小康社会、全面深化改革、全面推进依法治国极大地推动了中国特色社会主义伟大事业的发展。历史和实践都表明了要想办好中国的事情，主要在于我们党的领导。无论是全面建成小康社会还是全面深化改革、全面推进依法治国，都离不开党的领导，离不开党发挥的核心作用。而习近平关于全面从严治党的重要论述的提出，为全面建成小康社会、全面深化改革、全面推进依法治国提供了强有力的保障，使中国特色社会主义的战略布局更加丰富、更加完善。

如果把中国特色社会主义伟大事业比作一只鸟或者一辆马车的话，全面建成小康社会就代表了鸟或者马车要去往的地方；全面深化改革、全面推进依法治国，就好比鸟的双翼或车的轱辘，给予它无限的力量。① 全面从严治党，便是鸟的额头或车的身体，决定了鸟和车前进的方向和行进的速度。因此，我们说，习近平关于全面从严治党的重要论述的提出使中国特色社会主义的战略布局更加丰富、更加完善。

（二）实践价值

1. 有利于加强思想政治建设、开展教育实践活动

思想政治建设是加强党的建设的重要手段，更是全面从严治党必不可少的方法。我们党一直重视党员思想政治建设，积极开展教育实践活动。而这些实践性的教育活动总能给人真实的感受，发人深省，也总能推动党的建设的健康发展。

十八大以来，党中央积极开展教育实践活动。主要有围绕群众路线的实践教育类活动等等，为中国共产党加强基层组织建设、推进全面从严治党打下了坚实的基础。

习近平关于全面从严治党的重要论述的提出着力解决了一些党员干部的不良思想作风。比如一些党员干部政治理想信念薄弱、以自我利益为中心、服务意识淡化、精神不振、道德行为不端等等，针对这些不良的思想作风，习近平同志提出了一系列教育实践活动，重新树立优良的党员干部形象，用行动来体现理想信念的强大力量。而加强思想政治建设、开展教育实践活动一直以来都是中国共产党自我建设的有效途径，这对于把全面从严治党真正落实到每个基层组织、每个党员身上，将全面从严治党落实到实处也有着重要的实践意义。

2. 有助于提升党员队伍的素质修养

习近平同志提出的全面从严治党，就是要求我们党务必做到党要管党、开展整党建设活动，严肃整治、消除党内的不正风气，把党要管党、从严治党落到实处，坚持反腐败斗争。历史经验告诉我们，党要管党不能松懈，从严治党不能背离。

全面从严治党要求我们必须按照党的规章制度想问题做事情。这主要体现在党的思

① 赵付科．习近平全面从严治党思想论析．当代世界与社会主义，2015（6）.

想建设、组织建设、作风建设、制度建设和反腐倡廉建设的各个方面；切实抓紧对各级党组织、广大党员和干部进行教育、管理和监督的每一个环节；不断解决党内存在的问题，特别是从严抓好各级党员领导干部的不良行为。

全面从严治党使各种监督形式和监督机制更加完善。切实加强制度建设，争取做到用制度管权、用制度管事、用制度管人。特别是要旗帜鲜明地、坚持不懈地开展反腐败斗争，切实做到一切为人民服务。

全面从严治党的提出所带来的以上一系列的改善都进一步促进了党员队伍的不断发展壮大，逐步提高了党员的素质修养，这些都使得我党呈现出更加蓬勃的生机和活力。

3. 全面建成小康社会、全面深化改革、全面依法治国的根本保证

实现全面建成小康社会是目标，全面深化改革是动力，全面推进依法治国是保障，而全面从严治党则是实现全面建成小康社会、全面深化改革、全面推进依法治国的根本保证。

全面建成小康社会的必然要求是全面从严治党。习近平同志曾指出："到中国共产党成立一百年时全面建成小康社会的目标一定会实现。"唯有从严治党，坚持党的领导，才可以更好更快地实现全面建成小康社会的目标，让人民群众共享全面建成小康社会的发展成果，也为全面建成小康社会提供更加强大的支撑力量。

全面深化改革的内在需要是全面从严治党。全面深化改革的总目标是完善和发展中国特色社会主义制度，推进国家治理体系和治理能力的现代化。只要发挥中国共产党的强大力量，尽最大的努力调动一切积极因素，保证全面深化改革，这一目标就能实现。

要推进全面依法治国，必然离不开全面从严治党。依法治国，建设法治国家，党的领导作用是必不可少的。在新形势下，我党要行使好执政兴国的重大责任，必须从严治党，所行使的权力、所履行的义务也必须要在宪法和法律所允许的范围内。

习近平同志在理性分析国内外党内外复杂形势的前提下，借鉴了经典作家的党建思想，汲取了中国共产党党建经验的精华，形成了既适应潮流又富含历史精粹的全面从严治党的重要论述，为中国共产党在新时代的建设指明了方向。

只有清醒地认识到全面从严治党的重要战略地位，党的建设科学化水平才能有所提高，才能为推进"四个全面"提供正确的方向指引，实现中华民族伟大复兴的中国梦才能有所保障。历史和现实都证明了，全面从严治党的战略地位是否明确，事关党的兴衰成败，事关国家的前途命运，事关中华民族伟大复兴中国梦的实现。因此，中国共产党应该且必须把全面从严治党放在更加突出的战略地位。

参考文献

[1] 崔治忠. 习近平全面从严治党思想探析. 领导之友，2017（253）：5—12.

[2] 黄湘媛. 习近平全面从严治党思想研究. 哲学文史研究，2017（5）：66—67.

[3] 张士海. 习近平"全面从严治党"思想研究. 社会主义研究，2015（6）：9—13.

[4] 周煜. 习近平全面从严治党思想研究. 南京：南京信息工程大学，2015.

[5] 郑艳. 习近平全面从严治党思想研究. 沈阳：沈阳航空航天大学，2016.

（作者系江南大学马克思主义学院研究生）

基于统计分析的民族地区农村党员发展的研究

储修玙　张　琦　高　朋

摘　要： 民族地区农村党员是党在民族地区的基石，同时民族地区基层组织也是贯彻落实党的各项路线方针的前沿阵地。新时代下，民族地区农村党员发展与基层党建工作存在着一些不适应社会经济发展的现实问题。本文通过数据统计分析得出，一些民族地区农村党员发展存在着党员来源不足、结构不优等问题，由此提出夯实组织基础、健全管理机制、创新关怀机制、健全培训教育机制等对策，以期进一步提升基层党建工作质量。

关键词： 民族地区；农村党员发展；基层党建工作

党员发展是党组织建设的重要构成内容，民族地区农村党员发展工作主要包括农村党员教育、发展农村党员、拓展党员教育、做好党员管理、加强农村党员与人民群众的关系以及发挥农村党员纽带作用等。在当前新的时代条件下，发展民族地区农村党员具有时代的重要性和紧迫性。推进和完善民族地区农村党员发展，既是巩固民族地区党的领导的坚强基础，又是实现民族地区全面小康的核心保证，还是维护民族地区长治久安的重要保障。农村地区和民族地区人民对美好生活的向往与日俱增，这就需要更为有力的领导核心的带动来有效地化解民族地区和农村地区社会发展的不充分、不均衡的现实问题。民族农村地区的经济社会发展迫切需要高素质的党员队伍，经济社会结构的调整也迫切需要基层党建工作的组织形式、日常活动方式做出相应的改进。同时，面对民族农村地区党员身份日益复杂化和多样化，传统的党员教育及管理方式也应做出相应的调整。

近年来，对民族地区农村党员发展的探究是研究热点，目前已有相应的研究成果，但总量不多，综合性研究更少。例如，有学者认为，部分民族地区特别是民族农村地区呈现出能力贫困大于物质贫困的新态势，构建民族地区农村基层贫困治理体系是关键问题，而作为民族地区治理体系的核心，民族地区农村党员就具有重要责任。[①] 因此，当前时期下，必须要充分认识到农村社会转型的未完成性，要着重把农村青年党员队伍建设，放在我国始终进行的城乡一体化的巨大背景之下，在解决普遍与特殊问题的良性互动中实现相应的对策设计。[②] 针对民族地区的基层干部素质偏低，不能适应高效组织建

① 甘灿业．能力贫困治理与民族地区农村人的全面发展探讨．领导科学，2017（7z）：22—25.

② 陈慧平．农村青年党员队伍建设的“宜”与“忌”．人民论坛，2017（28）：102—103.

设需要的问题，在民族地区农村党员发展上，需要确立“内培外引”战略。[①] 只有坚持党管民族地区农村工作，加强和改善党对民族地区农村工作的领导，发挥民族地区基层党组织的领导力，才能为推进民族地区农村的改革发展提供政治保证。我们尝试以民族地区农村党员发展为切入点，在对相关数据分析解读后，全面深入挖掘民族地区农村党员发展问题的内涵，将民族地区农村党员发展以及民族地区农村基层党的组织建设的相关概念量化处理，形成量化指标，建构出民族地区农村党员发展的预测模型，最终对民族地区农村发展党员与党的组织建设的关系提出数据上的指导和逻辑上的建议。

研究所采纳的数据来源于历年的中国共产党党内统计公报。由于数据量较为复杂，研究样本较多，从目前已经公布、数据样本较好的年份来说，2010 年的相关民族地区农村党员统计数据较为完整。因此特选择民族地区（内蒙古、广西、新疆、西藏、宁夏等），其他地区（北京、辽宁、上海、广东、湖北、四川、陕西等）的 2010 年数据作为对比样本。研究的对象包括民族地区农村党员的数量、年龄、学历及其社区、建制村党支部书记、主任的数量和结构比例。

一、民族地区农村党员数量构成的统计分析

保证党员来源渠道的畅通，是发展党员的重要前提，是党的队伍建设的基础工程。民族地区农村党员发展工作作为广大的农村地区人民群众观察党的建设的重要窗口，具有较大的意义。相对来说，民族地区农村党员发展并不是很有力，党员数量的人口占比总体偏低。就农村党员的数量来看，所采纳数据的 12 个省区市中农村党员总数均达到十万，西藏自治区人数最少，为 113 570 名；最高的是四川省，为 2 284 481 名；第二位，广东省（1 804 945 名）；第三位，湖北省（1 415 000 名）；第四位，广西壮族自治区（1 104 229 名），绝对数量均过百万。民族地区农村党员在民族地区各级党委的努力下，数量上有了一定程度的增长，党在民族地区农村党员队伍逐渐壮大，执政基础得到一定的增强。但民族地区农村党员发展情况不容乐观，部分民族地区的农村党员数量与其他地区农村党员相比，维持在较低水平。所选样本地区中，西藏、新疆、宁夏、内蒙古、广西的农村党员占全国农村党员总数比例分别为 0.34%、1.28%、0.37%、1.53%、3.33%，而根据 2011 年出台的第六次全国人口普查主要数据公报，上述 5 个民族地区的人口数量占全国同时期人口比例分别为 0.22%、1.63%、0.47%、1.84%、3.44%[②]。通过数据的横向对比不难发现，民族地区农村党员发展数量偏低，大部分均低于其本身人口所占全国人口比例，民族地区农村党员数量仍有较大的发展空间。

---

① 王俊程，胡红霞．关于西部边疆民族地区农村基层组织人才队伍建设的调研．宁夏社会科学，2016（2）：110—116.

② 中华人民共和国国家统计局．2010 年第六次全国人口普查主要数据公报．北京：中华人民共和国国家统计局，2011.

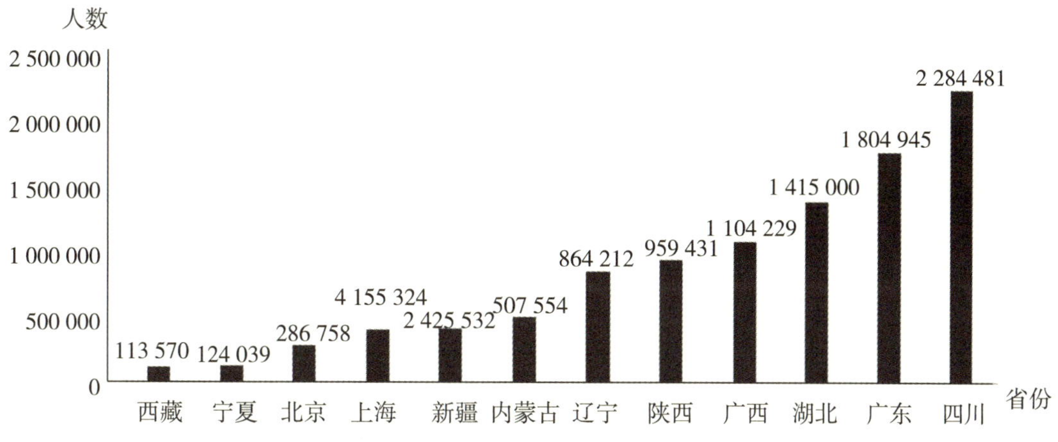

图1　12个省区市农村党员总数

由于民族地区农村经济发展较慢，随着城镇化进程的逐步推进，大量农村人口外流，农村“空心化”现象明显，不利于乡村振兴战略的开展。这也导致民族地区农村党员来源进一步枯竭，难以吸收农村新鲜血液加入领导队伍中，致使民族地区农村党组织战斗力降低，带富助富能力下降，削弱了党在民族地区农村基层的领导力与影响力，也在一定程度上影响了党组织在民族地区乡村振兴中的核心作用的发挥。

二、民族地区农村党员年龄构成的统计分析

就民族地区农村党员的年龄分布情况来看，35岁及以下年龄组中，广东省的党员人数最多，为430 906名，比例为23. 87%；宁夏回族自治区人数最少，为22 984名，比例为18. 53%；比例最高的是西藏自治区，为37. 76%，然而其人数却很少，为42 883名；比例最低的地区是上海市，为11. 64%，其人数为48 358名。

而36—45岁年龄组中，人数最多的是四川省，为424 585名，比例为18. 59%；人数最少的是宁夏回族自治区，为27481名，比例为22. 16%；西藏自治区的人数较少，为27 589名，不过其比例却较高，为24. 29%；比例最高的是新疆维吾尔自治区，比例为27. 40%，人数为116 617名；比例最低的是上海市，比例为8. 52%，人数为35 400名。

46—54岁年龄组中，人数最多的是四川省，为379 543名，比例为16. 61%；人数最少的是西藏自治区，为19 175名，比例为16. 88%。人数所占该地总数比例最高是湖北省，比例为22. 88%，其人数也较多，为323 718名；人数所占比例最低是上海市，为14. 23%，其人数相比之下也较少，为59 136名。

在55—59岁年龄组中人，四川省人数最多，为309 198名，比例为13. 53%；西藏自治区此阶段农村党员人数最少，为9 572名，比例也较低，为8. 43%；比例最高是辽宁省，为14. 78%，其人数为127 764名；比例最低的是新疆维吾尔自治区，比例为8. 35%，人数为35 513名。

在60岁及以上年龄组中，党员最多的省份是四川省，为781 893名，比例为34. 23%。比重最高的是上海，已超过一半，为51. 59%，其人数为214 388名。西藏自治区的人数和人数所占百分比均是位列12省区市之末，人数为14 351名，比例

为12.64%。

基于上述不同年龄组的省域比较，可以发现，对于民族地区农村党员发展来说，存在的主要问题是党员年龄结构不合理，党员老龄化严重。民族地区农村党员年龄结构偏老龄化，将会严重影响民族地区农村党员先进作用的发挥，以及民族地区农村基层党组织的战斗力。目前来说，5个民族地区60岁以上的农村党员的人口占比低于全国平均水平，如表1所示。

表1　部分地区60岁以上农村党员人数及比例

地　区	60岁以上农村党员人数（名）	所占比例（%）
西藏自治区	14 351	12.64
新疆维吾尔自治区	90 780	21.33
宁夏回族自治区	34 467	27.79
内蒙古自治区	128 368	25.79
广西壮族自治区	363 858	32.95
12个省区市合计	10 366 473	31.26

但对比36—54岁年龄组，民族地区农村党员所占比例则普遍低于全国平均水平，这显示出需要加强民族地区农村中青年党员的发展和培养。如表2所示。

表2　部分地区36—54岁以上农村党员人数及比例

地　区	36—54岁以上农村党员人数（名）	所占比例（%）
西藏自治区	46 764	12.64
新疆维吾尔自治区	195 150	21.33
宁夏回族自治区	53 556	27.79
内蒙古自治区	221 899	25.29
广西壮族自治区	388 432	32.95
12个省区市合计	12 557 807	31.26

客观来讲，民族地区农村虽然是我国较小的一级行政划分，但往往面积较大，基层党建工作的开展有着一定的难度。同时，民族地区农村人民群众生活来源于投入时间较多的生产种植类活动，也由于自身认知及能力的局限和狭隘，对不能带来相应经济回报的事务关心程度低，自然对党员发展工作积极性不高。同时，部分民族地区农村基层党组织在发展农村党员时，基于稳定需要，吸收和发展与自身有亲戚关系的人进入党员集体中。这种情况下必然会缩小党员来源，挫伤年轻一代的入党积极性，不利于党员年龄结构的优化。再者，部分民族地区农村基层党组织对女性在民族地区农村基层党建工作以及社会治理中的重要作用，认识不到位，甚至存在歧视的现象。这就导致在中青年男

性党员来源渠道阻塞的同时，女性党员发展渠道也不畅通，从而使得民族地区农村党员年龄结构优化以及基层党建工作较难开展。

三、民族地区农村党员学历构成的统计分析

从绝对数量来看，在大专及以上学历组中，所选择的12个省区市中，广东的人数明显比其他省份多；辽宁、湖北、广西、四川农村党员在大专及以上人数也较多，而民族地区中的西藏、宁夏、新疆可能由于地域原因，农村党员大专及以上人数普遍较少。从党员占比来看，北京、上海由于地域原因，农村党员大专及以上学历占党员总数比例较高，分别为23.5%和23.68%。其他几个省份中农村党员大专及以上学历党员人数占总数比例较平均。其中，四川由于人口基数大，导致大专及以上学历比例较低；西藏由于教育落后，以至整体比例最低，为7.7%。

在中专学历组中，所选择的12个区市中，广东的农村党员中专学历人数最多，其他诸如湖北、四川、广西几个省份中专学历人数相差不大。其中北京和上海农村中专学历人数较少，西藏、宁夏和新疆中专学历人数较少。农村党员中专比例以新疆和广西居多，分别为14.60%、10.95%，其他几个区市则基本维持在9%左右，其中四川由于人口基数较大的原因，导致中专学历比例较低，而西藏由于教育落后和地区偏远农村党员中专学历比例最低，为3.29%。

在所选的12个省区市中，广东农村党员高中学历的人数最多。四川、广西和湖北次之，其他几个省份相差几乎不大，在9万名左右；而宁夏和新疆高中学历的农村党员在4万名左右；其中西藏由于地区偏远和教育落后农村党员高中学历人数最少，只有1 415名。从农村党员高中学历层次占比情况来看，湖北省农村党员高中学历所占比例最高。其他几个省区市农村党员高中学历比例都分布得比较平均，其中新疆、四川、宁夏农村党员高中学历比例分别占10.44%、13.24%、18.05%。而西藏农村党员高中学历所占比例最少，只有1.25%。

初中及以下学历组中，四川省农村党员初中及以下人数的绝对量最大；同时，湖北、广东、广西、辽宁农村党员初中学历稍低一些，其中北京和上海的农村党员大部分进入城市地区，所以农村党员人数相对比较少，内蒙古、新疆、宁夏农村党员初中学历人数较少，其中宁夏由于教育和地区的原因农村党员初中学历的人数最少，为85 826名。从占比情况来看，在所选的12个省区市中，由于各个省区市教育的历史积累资源的程度不尽相同以及现阶段各个省区市经济发展程度不一而造成教育资金投入的原因，西藏的农村党员学历层次中，以初中学历阶段比例为最高。而四川、宁夏、辽宁三个省区的农村党员的初中学历的比例为较高，其中民族地区的宁夏，农村党员初中及以下学历，为69.19%，而其他几个省区因为不同的原因，农村党员初中学历人数比例基本占本省农村党员总数的60%左右，总的来说，民族地区的农村党员初中及以下学历的占比较大。

党的十九大报告提出："注重从产业工人、青年农民、高知识群体中和在非公有制经济组织、社会组织中发展党员。"这对民族地区农村党员学历层次优化提出了进一步的要求。新形势下，民族地区尤其是农村地区，正面临产业结构转型、城镇化发展的关

键期，这就要求我们必须能够积极吸收学历层次高、知识水平丰富、学习能力强的人民群众加入农村党员队伍，引领民族地区农村发展。但从现实情况来看，目前民族地区的农村党员学历层次与其他地区相比还有一定的差距，民族地区农村党员学历发展情况参差不齐，大致与全国平均水平持平，但西藏与宁夏两个民族自治地区大专以上学历比例较低，分别为7.7%、7.93%。同时，西藏、宁夏两地的农村党员初中以下学历分别为87.75%，69.19%，而全国农村党员初中以下学历为61.22%，综上，部分民族地区农村党员学历层次较低。如表3所示。

表3　部分地区大专以上学历农村党员比例情况

地　区	所占比例（%）
西藏自治区	7.7
新疆维吾尔自治区	20.38
宁夏回族自治区	7.93
内蒙古自治区	15.47
广西壮族自治区	14.25
12省区市合计	13.18

民族地区由于经济发展较为滞后，特别是民族地区农村地区，政府教育投入以及人民群众教育投资不足，致使民族地区农村地区人民群众学历层次普遍不高，导致民族地区农村党员学历处于较低水平。虽然随着政策倾斜，比如“三支一扶”和“西部志愿者”计划的开展，以及精准扶贫的持续发力，民族地区农村经济水平有相应的改善，但是无论是从区域优势还是待遇提供上，对高学历高层次人才吸引力有限，留不住人才，在人才争夺战中竞争力不足，人才引进政策乏力。

四、民族地区社区、建制村党支部书记、主任的统计分析

从数据统计分析来看，四川的社区、建制村党支部书记、主任数量是最多的，为100 081名；内蒙古、辽宁和广西的人数差距不大，分别是26 158名、30 416名和31 828名；北京、上海和西藏的人数相近，分别是12 965名、19 465名和10 876名；宁夏的人数是最少的，为5 407名；湖北和陕西人数也相近，分别为59 296名和57 380名；广东社区、建制村党支部书记、主任的数量为49 914名；新疆社区、建制村党支部书记、主任数量为19 841名。

社区党支部（总支部、党委）书记较少的是西藏和宁夏，人数分别为：187名和426名；广西、陕西和新疆社区党支部（总支部、党委）书记人数较为接近，分别为：1 634名、1 701名和1 661人名；北京和内蒙古人数也比较相近，人数分别为2 538名和2 024名；上海和湖北人数相近，分别是3 651名和3 678名；四川的人数为4 941名；辽宁社区党支部（总支部、党委）书记人数是3 977名；社区党支部（总支部、党委）书记最多的是广东，人数是5 973名。各地区社区党支部（总支部、党委）书记比例中，

上海的社区党支部（总支部、党委）书记比例是最高的，为34.89%；其次是北京、辽宁和广东，比例分别为19.58%、13.08%和11.97%；内蒙古、新疆和宁夏所占的比例比较接近，分别为7.74%、8.37%和7.88%；湖北、广西和四川的比例也相近，分别是6.20%、5.13%和4.94%；陕西的比例为2.96%；比例最低的是西藏，为1.72%。

宁夏和西藏的社区居民委员会主任人数较少，没有超过500名，分别为437名和187名；新疆、陕西和广西的人数是在同一个阶段上的，分别为1 610名、1 701名和1 663名；湖北、上海和辽宁的人数也是在同一阶段上的，分别为3 679名、3 645名和3 915名；北京和内蒙古的人数处于同一水平上，分别为2 597名和2 057名；四川的人数为4 828名；广东的人数最多，为5 974名。各地区社区居民委员会主任比例中，西藏、陕西、四川的比例不超过5%，分别为1.72%、2.96%、4.82%；新疆、湖北、宁夏和内蒙古的比例在5%以上，但没超过10%，分别为8.11%、6.20%、8.08%和7.83%；广东的比例为11.97%；辽宁的比例是12.87%；北京的比例为20.03%；上海的比例最高，为34.83%。

建制村党支部（总支部、党委）书记人数较少的为北京、上海、西藏和宁夏，人数分别为3 902名、1 576名、5 254名和2 265名；新疆的建制村党支部（总支部、党委）书记人数为8 322名；内蒙古、辽宁、广东、广西的建制村党支部（总支部、党委）书记是在同一水平上的，人数分别为10 959名、11 340名、18 952名和14 268名；湖北和陕西的建制村党支部（总支部、党委）书记比较接近，分别为25 978名和27 076名；建制村党支部（总支部、党委）书记人数最多的是四川，为45 770名。除了上海的建制村党支部（总支部、党委）书记比例为15.03%外，其余各省份的都在30%以上，但是都没有超过50%，其中北京、辽宁和广东是在40%以内，其余在40%以上，最高的为西藏的48.31%。

村民委员会主任人数较少的为北京、上海、西藏、宁夏和新疆，人数分别为3 928名、1 593名、5 248名、2 279名和8 248名；内蒙古、辽宁、广东和广西是在同一水平上，分别为11 118名、11 184名、19 015名和14 263名；湖北和陕西的人数比较接近，分别为25 961名和26 902名；村民委员会主任人数最多的是四川，人数为44 535名。村民委员会主任比例最少的是上海的15.22%；北京、辽宁和广东的村民委员会主任比例接近，分别为30.30%、36.77%和38.10%；内蒙古、湖北、广西、四川、陕西、宁夏和新疆的村民委员会主任比例都在40%以上，但是都没有超过50%；村民委员会主任比例最高的是西藏，比例为48.25%。

党支部书记是党在基层地区党组织的主要负责人，是当前推动农村发展、实施乡村振兴战略的关键，关系党在基层的执政基础。中共中央一直以来高度重视基层党支部书记队伍的建设工作，中共中央组织部在《关于加强农村党支部书记建设的意见》中指出，村党支部书记负有推动科学发展、带领农民致富、密切联系群众、维护农村稳定、加强村党支部建设的职责。民族地区农村党支部书记，是党的各项工作任务在民族地区基层的具体落实人。民族地区农村党支部书记的素质的强弱，关系民族地区农村产业结构的转型、经济发展和社会稳定。

民族地区大多处于边疆地区，面积广阔，形势复杂，在社会治理上有一定的难度。

从数据分析来看，民族地区社区、村党支部书记、主任发展情况良好，但与其他发达地区相比，在配备上略有不足，这一方面与民族地区经济发展落后、行政范围偏大有关；另一方面也与部分民族地区人口数量多少相关。总体来看，民族地区有的农村支部书记的能力是基本符合农村经济的发展以及基层社会治理的需要，尤其是他们的奉献精神，是值得肯定的。但也要注意到，在新形势下，民族地区农村党支部书记还存在一些不容忽视的问题，如村支部事情繁多，积极性主动性消退，工作能力强，理论水平低，在一定程度上缺乏主动学习党的理论知识以及带领人民群众致富的主动性。

五、完善民族地区农村党员队伍建设的建议

（一）夯实民族地区农村党员发展的组织基础

要完善民族地区农村党员发展，必须加强民族地区农村基层党建工作，夯实党员发展的组织基础。

第一，加强民族地区农村党员领导核心建设。首先，加强选调下派工作。通过跨村选调，下派村第一书记等选拔方式，将一批政治素养高、工作能力强、管理水平佳、人际关系好的优秀党员选拔出来担任农村基层党组织书记。创新选拔任用机制。细化村级党组织书记选拔标准，拓宽民族地区农村党组织书记的来源，破除以往选拔过程中的地域、身份、职业、学历等一系列限制条件，从农村企业家、复员军人、机关干部中选拔农村党组织书记，从优秀“大学生村官”等年轻一批农村党员中培养村级党组织书记。其次，完善保障机制。民族地区农村党组织多数处于偏远山区，客观上存在条件艰苦、生活环境恶劣等问题，而农村党组织要想留住人才，就应当尽最大努力创造条件，从加强生活保障、提升奖励激励、拓宽子女教育渠道等各方面进一步夯实农村基层党组织建设，让优秀的农村党组织书记备选人才能够全身心投入工作中，免除后顾之忧，更好地为人民服务。

第二，加强民族地区农村党员后备人才培养。民族地区农村基层党组织建设关系民族地区的长治久安，因此在完成社会稳定、经济发展的同时，要着力建立民族地区农村基层党组织后备干部人才库，将民族地区农村基层村民发动起来，调动农村人民群众在乡村振兴中的积极性，鼓励引导村民参与到农村事务管理当中，保障其对农村事务建议、监督的权利，不断扩大党的执政基础。同时由县（区）、镇（乡）党委牵头挖掘农村党组织优秀人才，重点培养那些政治理论水平高、群众信任度高且同时具备服务能力与意识的人才，为民族地区农村党员发展以及农村基层党建工作打造坚固的基础。

（二）健全民族地区农村党员发展的监管机制

在民族地区农村基层，发展党员是为党的基层组织输入新鲜血液，对增强党在民族地区的战斗力，对民族地区的长治久安与跨越式发展起着关键作用。

第一，完善民族地区农村党员发展的具体标准。党员是榜样，带头致富；党员是模范，助民致富。为了提升民族地区农村党员带头致富以及带领民族地区农村人民群众共同致富的“双带”能力，在发展民族地区农村党员时，应该要充分考虑民族地区农村的发展实际，不再以吸纳对象的经济能力为主要条件，在更深层面上，应该考察思想觉悟

是否较高，奉献精神是否具备，经济带动能力是否较强，民族团结意识是否充分等条件，以提高民族地区基层党组织以及农村党员的整体战斗力。

第二，建立健全民族地区农村入党申请人考察制度。民族地区农村党员主要来源于本地区人民群众，对入党申请人的培养与考察直接关系民族地区农村党员的质量与结构问题。入党申请人虽然思想觉悟一般高于普通人民群众，但与一个真正的共产党员以及马克思主义者的思想要求还有一定距离。因此，在民族地区农村基层党组织培养与考察入党申请人时，要依托民族地区各级党建资源，对入党申请人的思想觉悟与理论水平进行定期的培养和考察，不断提高民族地区农村入党申请人的整体素质，筑好民族地区农村党员的入口，确保民族地区农村党员发展工作的有效实施以及基层党建工作的顺利开展。

第三，稳妥有序地开展民族地区不合格农村党员处置工作。党的十九大指出，要稳妥有序开展不合格党员处置工作，这是对党的十八大提出的优化党员队伍结构的再次强调。民族地区农村党员退出机制对党员队伍以及基层党建影响较大。因此，要做好制度设计，要明确民族地区不合格农村党员认定标准，制定科学化、合理化、公正化、公平化的评价体系，严格制定民族地区农村党员不合格的标准，因地制宜，与民族地区农村具体实践联系起来，在最大程度上保证清退的是真正意义上不想不愿不能为民族地区农村基层发展而奉献的农村党员。民族地区不合格农村党员评价指标具体可以从以下几点进行制定：政治立场是否坚定，党性原则是否牢固；为人民服务的宗旨观念是否淡薄，是否全心全意为民族地区农村发展而奋斗；是否能妥善处理党性与民族性的统一关系。在这些标准之外，还要结合民族地区农村实际情况对农村党员进行科学合理评价。

（三）创新民族地区农村党员关怀激励机制

民族地区部分农村经济条件与发达地区还有一定的差距，工作事务纷繁复杂，为保证民族地区农村党员能够持续地、更好地为人民群众服务，就应当在物质和精神方面进行双重促进。

第一，在物质方面，对于民族地区农村党员，可以进一步完善绩效补贴，加大对成绩显著的民族地区农村党员的物质奖励，保证其自身生活的物质质量，以便使其能够更好地投入民族地区经济社会发展的领导工作。

第二，在精神方面，对于民族地区农村党员中先进性较强、理想信念高、对党的事业忠诚的，虽没有突出政绩，但是较好地完成民族地区的农村民族团结、社会稳定、经济持续发展的相关本职工作，就可以由上级党委进行表彰，给予其公开表扬等，同时对家庭情况较差的农村党员以及干部，可以有计划、分阶段地进行帮扶，在其产业发展上给予一定的政策倾斜。

（四）建立健全民族地区农村党员教育培训机制

要加强民族地区农村党员发展，做好民族地区农村基层党建工作，就必须建立健全民族地区农村党员教育培训工作，以适应新形势下党对民族地区农村党员以及基层党建工作的具体要求。明确民族地区农村党员在培训过程中的具体目标，在民族地区教育培训规划的具体任务当中，不但要依托现有的民族地区教育培训资源，还要有创新性地、有针对性地进行培训规划设计，以更好开展民族地区农村党员的教育培训工作。

第一，根据民族地区农村农业发展与结构转型的现实需要，具体设置与农业技术推广等部门联合的教育课程，提高民族地区农村农业发展的科技含量，推动农村党员自主学习，增强对农村党员培训的实效性。

第二，从民族地区农村党员参加培训较为不便的实际情况出发，进一步整合培训资源，充分发挥民族地区远程培训的作用，完善民族地区网络教育载体，改变以往较为单一性的理论培训方式，更好地将培训的内容向理论与技术相结合转变。

第三，根据上级党委政府对民族地区各村经济发展规划的总体要求，扎根于民族地区各行政村的实际资源条件与发展需要，有针对性地对民族地区农村党员开展教育培训，实现民族地区的各行政村整体上与所在区域上级政府整体发展规划保持一致，以便在具体发展路径中更好地、科学化地促进民族地区农村基层地区的经济社会发展。要做到科学地制订民族地区农村党员教育培训计划，结合民族地区农村基层党组织以及农村党员发展的具体需要，做到有的放矢。

民族地区农村党员发展是民族地区农村基层党的建设的重要组成部分。加强民族地区农村党员发展是促进民族地区农村社会稳定与长治久安的重要保证，是进一步促进民族地区经济社会快速发展的题中之意。中央全面深化改革领导小组第 31 次会议指出，要“以基层党组织建设为关键，以居民需求为导向……推动形成党领导下的政府治理和社会调节、居民自治良性互动格局”①。党的十九大以来，中共中央提出实行乡村振兴战略，坚持党管农村原则，实现农村产业兴旺等宏伟目标，这对民族地区农村党员提出了更高的要求。当前，民族地区农村党员发展与基层党的建设工作中存在着党员发展乏力、党员年龄、学历结构不合理、作为领导核心的党支部书记素养不强等问题。面对新时代的挑战和机遇，需要采取积极举措，重塑民族地区农村党员发展的具体观念，夯实民族地区农村党员发展的基础，完善民族地区农村党员发展的监管机制，创新民族地区农村党员关怀激励机制，健全民族地区农村党员教育培训机制。

[作者分别系中共金寨县委群众工作部（信访局）办事员，法学硕士；云南大学马克思主义学院 2017 级博士研究生；云南民族大学民族文化研究院副院长，副教授]

① 转引自景朝亮，毛寿龙．社区共同体的秩序逻辑．云南大学学报（社会科学版），2017（4）．

第七部分　高校思想政治理论课实践教学经验交流

高职学生德育素质评价指标的设计与实施

李万锦

摘　要： 高职学生德育综合素质评价指标体系应契合社会主义市场经济和信息化、全球化时代特征，与社会、行业、企业需求相对接，与教育改革和素质教育要求相吻合，与高职学生生活实际相贴近，着眼学生个性差异和全面发展，设计科学、可度量的指标等级、指标、指标权重等评价内容体系，凸显“实践性”“职业性”“层次性”“人本性”。

关键词： 德育素质；职业道德；素质教育；人本价值；评价指标体系

习近平同志在全国高校思想政治工作会议讲话中指出：“高校思想政治工作关系高校培养什么样的人、如何培养人以及为谁培养人这个根本问题。要坚持把立德树人作为中心环节，把思想政治工作贯穿教育教学全过程，实现全程育人、全方位育人，努力开创我国高等教育事业发展新局面。”这一思想为高校德育指明了方向。中国《普通高等学校德育大纲》（以下简称《大纲》）指出：“各高等学校应以德育目标和普通高等学校学生行为准则为依据，建立和完善德育考评的指标体系和考评办法。”

高职学生德育综合素质评价指标体系应根据高职人才培养目标和国际国内环境的新变化进行拓展和丰富，贴近高职学生实际，吻合素质教育要求，契合社会主义市场经济和全球化、信息化时代要求，与社会、行业、企业需求相对接，着眼学生个性差异和全面发展，将高校德育目标逐步分解为具体的、可度量的一系列具体指标并集成为高职学生德育综合素质评价指标体系（含指标等级、指标内容、指标权重等）。

一、拓展高职学生德育综合素质评价指标的必要性

“什么样的学生才是好学生?”“什么样的德育评价方式才能最大限度激发学生活力，让学生获得全面发展?”成为学生德育素质评价亟待解决的任务。

（一）设计德育综合素质评价指标的理论要求

“高等职业教育”具有“高等教育”与“职业教育”双重特色，决定了高职学生德育综合素质评价指标有别于普通高校。高职学生个体及群体的学习、成长、发展具有复杂性，德育综合素质评价必须依据高职学生特点，反映高职学生行为特征，将高职学生的德育与日常行为管理相结合，着眼每个学生的全面发展。评价指标超出学生心理发展水平，会使学生感到可望而不可即，失去努力的基础和动力；评价指标滞后学生心理发展水平，必然压抑学生品德发展，使德育失去良机。因此，必须建立一套明晰的量化指

标，克服评价的主观性和以偏概全，促进评价工作标准化、科学化。

（二）设计德育综合素质评价指标的实践需要

科学合理的评价指标体系是进行有效评价的前提和基础。课题组通过对 12 所高职院校 1 600 多名学生的调查发现，10% 的被调查者认为所在学校没有学生德育综合素质评价标准，22% 的被调查者不清楚是否有，二者之和达到 32%。评价者与被评价者在没有全面了解和认识评价标准的前提下进行评价，要么主观随意评价，要么采取好人主义态度，千篇一律高分评价，使学生德育素质评价缺乏客观性与公正性。由此看出，学生德育素质评价实践亟待构建一套科学的评价内容指标，突出高职学生个体德育素质特点，反映每个学生各自的德育素质水平。

（三）设计德育综合素质评价指标的现实需要

学生德育素质评价是永恒又常讲常新的工作，不同历史时期评价内容、方式和标准各不相同。政治经济全球化纵深发展、社会主义市场经济不断完善、文化多元渗透、网络广泛应用、学生主体日益强化的新时期，对学生德育素质评价指标提出了拓展、丰富、改进、完善的客观需求。

学生德育素质具有潜在性、内隐性，只能通过语言、行为与活动等外在表现评价被评价者的心理活动、内部精神状态。因此，高职学生德育综合素质评价指标设计要从多角度，分层次、分类别设计，依据“简洁、全面、清晰、公平、真实、激励”原则建立评价指标，这是进行学生德育综合素质评价的基础。

二、丰富高职学生德育综合素质评价指标体系的依据

高职学生德育综合素质评价内容指标设计应以国家教育方针为指导，与素质教育相吻合，与社会主义市场经济相适应，与信息网络发展相对接，与高职培养目标和学生生活相贴近。

（一）统筹社会价值与人本价值

丰富拓展评价内容指标设计应体现社会主义办学方向，这是构建评价指标的核心和灵魂。以《公民道德建设实施纲要》《关于进一步加强和改进大学生思想政治教育的意见》《国家中长期教育改革和发展规划纲要（2010—2020 年）》《教育部关于加强高职高专教育人才培养工作的意见》以及十八大报告等纲领性文件为指导，以德育目标和普通高等学校学生行为准则为依据，拓展、丰富、完善德育考评指标体系。

丰富拓展评价内容指标设计应以促进学生的全面发展为目标。德育主体能动性在多大程度上体现，取决于德育是否恰当采取与学生个体发展相契合的内容与形式。高职学生德育素质评价指标设计，在确保社会主义办学方向的基础上，将德育评价拓展到学生学习、实训、实践各个场所，贴近学生日常生活、人际交往、社团活动、文体活动各个方面，关注学生的感受、体验、主体性及潜能的挖掘，以利于学生德育知识、情感、意识、行为的全面发展。

（二）统筹素质教育与职业教育

依据素质教育理念丰富拓展评价内容指标。中共中央国务院《关于深化教育改革全

面推进素质教育的决定》提出："实施素质教育，就是全面贯彻党的教育方针，以提高国民素质为根本宗旨，以培养学生创新精神和实践能力为重点，造就'有理想、有道德、有文化、有纪律'的德智体美等全面发展的社会主义事业建设者和接班人。"党的十八大报告要求高等教育要"全面实施素质教育，深化教育领域综合改革，着力提高教育质量，培养学生社会责任感、创新精神、实践能力"。因此，评价指标要突出创新素质、实践能力的考核。

依据职业教育要求丰富拓展评价内容指标，《国务院关于大力发展职业教育的决定》指出：职业院校要"把德育工作放在首位，全面推进素质教育。坚持以人为本，突出以诚信、敬业为重点的职业道德教育"，决定了高职学生德育素质要突出应用性和实践性，强调诚实守信、注重职业道德教育，使学生具有较强的敬业爱岗责任意识和艰苦创业、吃苦耐劳、团结协作的精神。

（三）统筹市场经济新要求与信息网络时代新变化

丰富拓展评价内容指标标准是时代发展的需要。随着改革开放的深入发展，社会主义市场经济体制的完善，要求学生具有与之适应的现代意识，包括改革开放意识、主体意识、竞争意识、合作意识、信息意识、环保意识、创新意识和法制意识等，形成社会主义的共同理想、价值观和道德规范，防止和遏制腐朽思想和丑恶现象滋生蔓延。评价内容指标设计应反映学生在这些方面的修养，引导学生树立时代观念，塑造时代精神，使学生成为经济变革生力军，成为全面建成小康和实现中华民族伟大复兴的重要力量。

在网络全球化的时代背景下，信息已全面渗透到社会各个方面，改变着人们的生活、学习和观念。网络信息获取、网上言论发表、网上聊天、网上交友、网上游戏等进入学生日常生活。网络德育素质指标是评价学生德育素质不可忽视的因素之一。高职学生德育综合素质评价既要利用信息网络的技术优势、网络资源，又要给学生网络德育素质打分，对学生的网络言行进行引导、规范。

（四）统筹高职培养目标与贴近学生生活实际

实践性能力素质的培养是高职德育的重要内容。实践性活动让学生感受人格的魅力，在社会实践中，让时代的主流精神和社会的进步走进学生的心灵，使学生掌握知识，敢于实践，把发展智力因素与非智力因素相结合，激励学生发展个性优势，完善自我，提高职业素养，引导学生在知识、能力、创新等方面协调发展。

从学生实际出发，构建切实可行、学生认同的评估指标体系。学生学习、生活的场所广泛，决定了学生评价指标必须涉及学生学习、生活、工作的各个方面。实习、实训、实验、学管部门、授课教师都是德育评价的参与者。在评价内容指标上，以知行统一为目标，以日常道德行为为重点，以职业道德考核为关键，突出实践内容，将外显行为评价与道德认知评价相结合，听其"言"，观其"行"，把理论与行为两个层面、过程与结果两个环节紧密结合，全面考查学生德育知识、能力、素质、行为等状况。

三、高职学生德育综合素质评价内容指标构成

学生德育素质考核涉及面广，时间跨度长。过于烦琐的考核会使考核者和被考核者

产生心理上疲惫的感觉，影响考核效果。为便于施行，我们按目标分解法对高校德育大纲、德育目标任务进行三级分层分解，直到指标可以度量。同时，运用行为化、操作化的语言加以定义，既抓主要问题简单易行，又全面，不空泛、人为复杂。各内容指标间相互关联、相互补充，构成完整的评价指标体系，并通过考核表体现。

（一）按“德知”与“德行”划分一级指标

德育教育是一个“知—行”统一的过程。以往学生德育素质评价实践不同程度存在理论考评与行为考评相分离，在一定程度上培养了学生的双重人格，说一套，做一套。高职学生德育综合素质评价工作是否成功，很大程度取决于评价指标是否全面、客观反映学生的“德知”与“德行”。

一级指标应包含高职学生德育素质的全部要素。高职教育的一大特色就是重实践，评价内容指标应“凸显”对德育行为的考核。因此，课题组按“德育认知”“德育行为”划分评价内容一级指标，将二者的权重定为3∶7，体现对实践的重视。在实践考核指标上设计了纪实内容，考查学生平时参加政治学习、教学、上课，参加班、团等集体活动，参加青年志愿者等社会实践活动，参加文艺、体育等活动以及获奖情况等。这样不但能解决学生“知”“行”不一的问题；同时，注重德育实践的评价还可以培养学生好的道德习惯，激发学生内在德行成长，促使学生积极参加各种社会实践，扩展和丰富自身的精神世界，投身具体的道德情境之中，训练和发展自己的德育素质。

（二）按德育的本质属性划分二级指标

二级指标的设计，一方面遵循高校德育大纲要求，另一方面又依据国际国内环境的新变化进行拓展丰富，契合社会主义市场经济和全球化、信息化时代要求，与社会、行业、企业需求相对接，着眼学生个性差异和全面发展，吻合素质教育要求，突出职业教育特点，贴近高职学生思想实际和生活实际。具体来说，表现在以下几个方面。

1. 高职学生德育综合素质评价指标必须以高校德育大纲为依据，体现方向性

《高等学校德育大纲》“总则”指明“德育即思想、政治、品德教育”，在“德育目标”中要求大学生必须“具备良好的个性心理品质和自尊、自爱、自律、自强的优良品质，具有较强的心理调适能力”。“政治素质、思想素质、道德素质、心理素质”就成为德育素质评价的基本指标，以确保高职学生成为思想上合格、政治上可靠的基本人才。

2. 高职学生德育综合素质评价指标必须与时俱进，体现先进性

党的十八大报告要求高等教育要“全面实施素质教育，深化教育领域综合改革，着力提高教育质量，培养学生社会责任感、创新精神、实践能力”。《国务院关于大力发展职业教育的决定》要求：“职业院校要把德育工作放在首位，全面推进素质教育。坚持以人为本，突出以诚信、敬业为重点的职业道德教育。”根据以上中央文件要求，高职学生德育综合素质评价内容指标应体现“职教特色”和“素质教育”要求，将“创新精神”“实践能力”“职业道德素质”“诚实守信”等，作为学生“德育”的拓展内容。

3. 高职学生德育综合素质评价指标必须反映时代要求，具有时代性

社会主义市场经济体制的建立和完善，要求学生具有与之适应的现代意识，包括改革开放意识、主体意识、群体意识、竞争意识、合作意识、信息意识、环保意识、创新

意识和法制意识等，形成有利于社会主义现代化建设的共同理想、价值观念和道德规范，防止和遏制腐朽思想和丑恶现象的滋生蔓延。高职学生德育综合素质评价内容指标设计，要反映这些要求，引导学生树立时代观念，着力塑造时代精神，使学生成为经济变革先锋。随着信息时代的深入发展和广泛应用，信息网络时刻影响着高职学生的生活，网络德育素质成了评价学生德育素质不可忽视的因素之一。

综上所述，评价体系的二级指标设为“德育理论课、德育实践课、思想素质、政治素质、道德素质、心理素质、职业道德素质、网络德育素质，改革创新素质、遵纪守法素质和日常德育行为”等内容。这些二级指标项目基本覆盖学生高职学习阶段的方方面面，在学生德育素质体系中居于主要地位，有“牵一发而动全身”的作用。

有了二级指标，对高职学生德育素质的构成就比较清楚，但仍然抽象、笼统，不可直接度量，仍需将二级指标继续分解成可以直接检测的各种要素。

（三）按德育素质的可测性分解三级评价指标

课题组按目标分解法对二级指标进行分解。针对高职学生的不同类型、不同层次和个体差异设计多层次评价指标，以利于每个层次的学生进行“角色”定位，正确认识和把握自我，不断向更高层次发展和努力。课题组根据以上设想，在分析高职学生群体特征的基础上，依据大量调查数据，分析各级指标在学生道德素质形成过程中所起作用，设计了基本指标及权重、加分指标及权重、减分指标及权重，组成三级评价指标。三级评价指标应具有一定的梯度便于操作考核，让学生规范自己的行为，提倡积极文明礼貌，约束扼制不良行为，有明确的努力方向和动力。

1. 基本指标及权重设计

评价基本指标是将公民做人、做事的基本道德行为准则设定为基本指标，要求每个学生必须做到而且能够做到指标项，带有强制性，如达到基本指标要求，就可得到基本分 60 分，如表 1 所示。

表 1　高职学生三级评价指标

基本分	三级基本指标
12	德育课程“概论”“基础”“形势政策”课考试合格
6	每学年至少进行一次寒暑假社会实践，要求写出实践报告，完成实践课任务
5	坚持四项基本原则；思想、行动与中央保持一致；爱国、爱社会主义、爱人民；关心国家大事。参加各项政治学习和活动至少 3 次/学期
5	确立正确的世界观；有建设中国特色社会主义共同理想；有为人民服务的思想；能明辨是非，具有较强的集体主义观念和社会主义荣辱观
2	文明礼貌：言谈举止文明大方，礼貌待人；尊师重学、团结同学；孝敬父母、长辈
2	诚实守信：考试诚信、交费诚信、借贷诚信、交往诚信、言行一致
1	劳动卫生：积极参加义务劳动、吃苦耐劳、勤俭节约。高质量完成任务。保持个人卫生，维护公共卫生，能完成寝室轮值工作和班集体义务劳动

续　表

基本分	三级基本指标
3.5	了解校纪校规，自觉学习学生守则；能够遵守法律法规和校纪校规，能够做到自律自制
3.5	爱岗敬业，听从管理，服从分配，完成岗位工作任务；具有团队合作精神；严守商业秘密；履行岗位职责
3.5	能够无私奉献社会、服务群众，具有强烈的社会责任感；积极参加志愿服务，服务社会、服务大众；完成军训任务、实训任务
3.5	自信、积极进取；能与人合作交流，处理好同学之间的关系；个性特征良好，能够正确看待问题和解决问题
3.5	创新意识：能自觉地、有意识地进行实践活动，表现出高度的创新自觉性。创新能力：具有广阔的视野、丰富的想象力、独特的思维和较强的实际操作能力。创新实践：毕业论文的完成质量和参与科技创新活动的情况等
3.5	网络道德：不盗号、不乱闯禁区、上网不超时。网络法纪：遵守网络纪律规定。网络心理：在网络社会中面对人际关系无障碍
2	学习态度明确，学习态度端正，虚心好学，按时完成各科作业，上课不迟到，不旷课
1	按时起床，认真出操，不迟到，不早退，不旷操
1	每学期参加班级组织活动
1	积极参加学校和学院组织的集体活动，按时到场，遵守会场纪律，不早退
1	遵守宿舍管理规定，养成良好的卫生习惯，个人物品摆放整齐，积极参加宿舍卫生值日

2. 加分指标及权重设计

加分指标及权重设计，是对于政治思想道德素质较高，又有进步要求的学生设计。以“加分指标”形式呈现，不硬性要求人人做到，但在评先评优、入党等方面严格要求，必须达到所要求指标。这是为鼓励学生积极提高自己的德育素质，积极参加各种有益活动，鼓励学生向更高层次的德育目标努力而设置，加分不设上限，鼓励学生尽力尽量提升德育素质，实践德育规范。如表2“加分标准”所示。

表2　高职学生评价加减分标准

加分标准	减分标准
学习态度端正、上课全勤加4分；结课成绩超过80分加2分；参加理论、时事讲座（2小时）加1分/次	无故缺课减1分/次；不完成作业减1分/次

续　表

加分标准	减分标准
实践报告获校级以上奖加2分。参加知识竞赛、课堂演讲、辩论等政治类实践活动加1分/次；获系院及以上奖励加2分/次	无故实践课环节缺勤1分/次
能用科学世界观分析社会现象，重大事件立场坚定加1分；参加党校学习加1分；递交入党申请加1分	政治学习无故缺席减1分/次，重大事件面前有不当言论或行为减1分
敢于同不良风气做斗争1分/次；能做到批评和自我批评加1分	有“八耻”行为的减2分/次
参加文明创建活动加1分/次，有突出贡献加2分/次	违反校园规定行为减1分/次
学期无信用缺失记录，加1分，拾金不昧加1分/次	恶意欠费，作业论文抄袭减2分/次，考试作弊，履历造假扣2分/次
寝室卫生创优和集体义务劳动免检分别加2分、3分/次	破坏公共财物减2分/次
敢于同违纪和违法行为作斗争，分别加1分、4分/次。积极参加集体活动，遵守会场纪律加1分	受校、系通报批评、警告、处分的分别扣1分、2分、3分/次
每次完成任务优异者加1分。具有环保意识加1分	违反职业道德减分2分/次
社会服务志愿活动加1分/次。无偿献血加5分；勤工助学加1分。组织社团，较好履行职责加1分	上课和自习每旷课一节，减0.5分，每迟到、早退一次减0.2分。每旷操一次减0.5分，每迟到、早退一次减0.2分
参加系班或校以上文体活动加1分/次	班级/院系/学校，活动每迟到、早退、一次减0.2分，旷一次减0.5分
无网络不良行为加2分	网络成瘾减1分/次；不良聊天等减1分/次
所在宿舍连续三周被通报表扬，每人次加1分	所在宿舍被通报批评，每人次减0.5分；违章使用电器减1分

为体现高层次的德育目标要求，在一级指标中单列“突出事迹”项，设定权重为20分，对有“见义勇为、助人为乐、拾金不昧行为，受到校级以上媒体报道的加20分、受到学校表扬的加10分、受到本学院或其他学院表扬的加5分”，目的是引导学生向更高层次德育水平发展。

3. 减分指标及权重设计

把社会、企业、学校限制、禁止、反对的行为，以“减分指标”呈现，使学生明白哪些行为不该做，不能做，禁止做，从而使学生自觉约束、限制、规范自己的行为，做到自律、自控，禁止不当行为的发生。如表2“减分标准”所示。减分不设底限，具有很大惩罚力度，可能导致个别学生德育素质评价低于60分，从而敦促学生尽力按规定要求规范自己行为，提高自己的德育素质。如果未达到基本分，辅导员要找学生谈话，分析原因，指出不足，帮助学生制订提高计划，给学生以提高进步的机会，采取相应解决办法。

学生德育素质最后评价分值由每项指标的基本分和加减分合计构成，具有公正性和客观性，使学生知道自己加减分的原因，以及努力的方向和重点，正面激励较大。

（四）学生德育综合素质评价等级的确定

课题组主张根据量化评价成绩，确定学生定性评价等级。定性评价用“杰出、优秀、优良、合格、待定”五等级表示：100分以上评为杰出；90—100分评为优秀；80—90分为良好；60—80分为合格；60分以下为待定（有严重道德行为失范）。量化评价分值不设上限，突破以往百分制的考评方法，使有突出事迹的学生量化可超过100分，定性等级为“杰出”。这样为德育素质高，又积极实践的学生提供向上发展的空间，给学生群体树立德育楷模，让学生感受榜样示范的力量，见贤思齐。同时，对德育素质发展暂时滞后、量化低于60分的学生用“待定”定级，代替过去的“差”或“不及格”，不仅用语委婉，体现以生为本理念，也给后进学生留下发展空间，符合科学发展观要求。

学生德育综合素质评价结果与各类奖励、评优评奖挂钩。评三好学生、优秀干部、奖学金、助学金，德育素质考核必须达到优秀、优良，且不得有扣分项目。

学生德育综合素质评价结果与毕业鉴定以及毕业生推荐就业挂钩。将学生德育综合素质评价结果，作为学生毕业鉴定的基本依据，随学生学业成绩证明一起推荐给用人单位，作为学生德育综合素质发展的证明资料，使用人单位不仅了解学生德育素质的发展历史、发展状况，也可以预测学生德育素质的未来发展潜力，从而找到与之匹配的人员。德育评价结果与就业挂钩，反过来可以提高学生接受德育的主动性和参加社会实践锻炼的自觉性。

总之，高职学生德育综合素质评价指标体系设计，要体现先进性与方向性。指标权重、标准体现时代精神，符合德育规律，反映社会、企业、学生发展的各种要求，既简单易行，又全面反映学生综合德育素质发展状况。分层评价指标的设计实施，使每一个学生都能以适合自己的方式接受评价，使学生身上被忽略的潜能得到发展，未来的潜能得以激发，已发展的职能得以完善，使每个学生都能在正确评价下建立自信，体会成功的喜悦，让学生在自我赏识、自我激励中，向着更高层次的目标递进。

参考资料

[1] 印丹榕．高校学生德育评价指标体系构建初探．南京财经大学学报，2013(3)．

[2] 吴亚东，冯金丽．高职学生德育评价体系创新探讨．教育教学论坛，2013(5)．

［3］李万锦．高职学生德育综合素质评价现状研究．渭南师范学院学报，2012（4）．

［4］中国普通高等学校德育大纲，https：//wenku. baidu. com/view/69afe8d4b9f3f90f76c61bb5. html.

［5］高等学校学生行为准则，https：//wenku. baidu. com/view/14a976de3169a4517623a3ee. html？from = search.

［6］国务院关于大力发展职业教育的决定，https：//zhidao. baidu. com/question/755801437987805004. html.

［7］中共中央国务院关于深化教育改革全面推进素质教育的决定，http：//old. moe. gov. cn/publicfiles/business/htmlfiles/moe/moe_ 177/200407/2478. html.

［8］习近平在全国高校思想政治工作会议上的讲话，https：//wenku. baidu. com/view/ee2714155b8102d276a20029bd64783e09127d39. html.

（作者系天津职业大学社会科学部教授）

当前高职高专院校思想政治理论课实践教学存在的主要问题及其解决

刘珍杰

摘　要： 高职高专院校的思想政治理论课实践教学由于种种因素的影响，存在规范性比较欠缺、理论性比较薄弱和资源整合力不强三大主要问题，严重影响教学效果。如能正确认识思想政治理论课实践教学和理论教学之间的关系，正确处理师生在教与学之中的角色关系，严格把握教评与学评的核心问题，整合相关资源、拓展适合形式，以上三大问题将得以迎刃而解。

关键词： 高职高专；思想政治理论课实践教学；问题；解决

加强实践教学是切实加强和改进高等学校思想政治理论课教育教学的有效方式和方法。2005 年，中央宣传部、教育部在《关于进一步加强和改进高等学校思想政治理论课的意见（教社政〔2005〕5 号）》文中强调“要加强实践教学”。10 年后，中央宣传部、教育部印发《普通高校思想政治理论课建设体系创新计划（教社科〔2015〕2 号）》进一步强调要“整合资源强化实践教学”“进一步规范实践教学”“着力提高校园文化建设的理论品质”。由此可以看出，国家层面对实践教学在加强中改进的要求越来越具体，针对性也越来越强，更加注重教学效果的实效性。20 年来，就如何搞好思想政治理论课实践教学，很多高校进行了很多有益的尝试，也取得了很多经验和成绩，但依然存在很大的提升空间。为了了解相关情况，笔者通过问卷网平台和全国高职高专院校思想政治理论课建设联盟 QQ 群进行问卷调查。据问卷网数据显示，本次调查的问卷共有在全国高职高专院校思想政治理论课建设联盟 QQ 群中的 100 位教师浏览，其中有 70 位教师接受了调查。笔者结合自己进行的实践教学改革实际和问卷调查情况，拟对当前高职高专院校思想政治理论课实践教学存在的主要问题及其解决进行一些探索。

一、当前高职高专院校思想政治理论课实践教学存在的主要问题

（一）思想政治理论课实践教学规范性比较欠缺

从调查的情况来看，思想政治理论课实践教学的必要性和重要性已经为大多数高职高专院校所重视，在参与调查的 70 位教师中，有 55 位教师表示所在学校的思想政治理论课进行了实践教学，占 78.57%，但只有 29 位教师表示实践教学有规范性教学文件指导，在 70 位教师中仅占 41.43%。由此可以看出，相当部分的高职高专院校思想政治理论课教师对于实践教学如何开展，并没有专门的实践教学规范性文件指导，行为带有很

强的随意性和不规范性，从教学内容、教学流程、教学载体到教学评价，从教师如何教到学生如何学，从教师的教学效果评价到学生学习效果评价，都没有进行科学的顶层设计，没有规范性文件进行约束，其效果可想而知。众所周知，教学活动是一项专业化的工作，也是一项非常严谨的工作，必须遵循规范教学文件的要求。教师只有遵从规范性教学文件的要求才能科学施教，学生只有依照规范性教学要求才能建构自己最真实的理解，才能创建具有社会意义的新知识和获得完整意义的知识。[1]

（二）思想政治理论课实践教学理论性比较薄弱

从调查的情况来看，在参与调查的教师中，认为思想政治理论课实践教学应该是“从教材中来，到教材中去，重在理解理论、验证理论”的为 32 人，占 45.71%；应该是“和教材联系，但不一定是教材的内容”的为 30 人，占 42.86%；应该是“和思想政治教育相关就行了”的为 8 人，占 11.43%。由此可以看出，在实践教学的实施过程中，对于实施实践教学的根源和目的的认识，大部分教师的认识还是比较薄弱的，没有从实践教学的根本属性是思想政治理论课教学的重要组成方式上进行认识，没有从实践教学的落脚点应该是帮助学生理解理论、掌握理论和运用理论的高度上进行认识。搞好思想政治理论课实践教学的前提，必须基于对实践教学的根源和目的的正确认识和准确把握，也就是必须强调实践教学对马克思列宁主义、毛泽东思想和中国特色社会主义理论体系的践行性，必须强调重视思想政治理论课实践教学的理论性品质。教学方式的选择应当以帮助学生更好地理解理论、掌握理论和运用理论解释相关社会现象和社会问题为基本前提。

（三）思想政治理论课实践教学资源整合力不强

从调查的情况来看，70 位参与调查的教师中，有 67 位认为实践教学有效开展的主要障碍是“学生的安全保障问题”，占 95.71%；有 61 位认为主要问题是“学校的经费保障问题”和“实践教学基地建设”，占 87.14%；有 48 位认为主要问题是“对思想政治理论课的认识和观念问题”，占 68.57%。由此可以看出，实践教学要求学生以实践活动的方式进行，就必然会涉及观念问题、经费问题、场地问题、安全问题等等，相对于理论教学来讲，实践教学涉及的教学资源要求更广、教学环境要求更高、教学保障要求更多，必须利用和整合相关资源为实践教学的顺利、高效开展提供可靠保证。同时也必须处理好思想政治理论课实践教学与大学生社会实践活动之间的关系。两者之间应该结合。如何有机结合？还要处理好思想政治理论课教师和辅导员队伍之间的关系，两支队伍之间如何整合，共同参与组织指导实践教学？实践教学的组织管理方式如何将学校思想政治理论课教学科研机构、宣传部、教务处、学工部、团委等部门协调配合，从而形成健全的实践教学工作机制？这都是亟待解决的重要问题。

二、解决当前高职高专院校思想政治理论课实践教学主要问题遵循的基本原则及其实施

（一）理为实据，以实为先

“理为实据”，即思想政治理论课实践教学依据的唯一来源应该是思想政治理论课教材中关于马克思列宁主义、毛泽东思想和中国特色社会主义理论体系的有关基本理论。

实践中，笔者认为思想政治理论课的实践教学和理论教学都是实现思想政治理论课教学任务和目标的双轮，具有同等重要的地位，两者缺一不可，不应该有主次之分。同时，实践教学内容应归属于现有的教材体系和教学内容，不能脱离，否则，就会失去方向。实践教学与理论教学两者的内容应该能够相辅相成，它们可以基于同一个内容，也可以是不同内容；对同一内容选择哪种方式教学，应该重点看哪种教学方式能更好地帮助学生理解理论，从而运用理论发现问题、分析问题和解决问题，建构起马克思主义的思维方式，最终达到教学目标。

“以实为先”，即思想政治理论课实践教学项目的确定首先要考虑的是可实践性。突出教学的实践性是实践教学和理论教学的重要区别，也是本质区别。实践教学要以思想政治理论课的基本理论为基础和指导，选择好相关内容，以社会调查、主题展示、主题辩论、主题参观、主题考察、主题观摩等实践性强的方式，设计具有较强探究性和研究性的教学项目，优化教学流程，在教学中考虑学生实践能力，着力培养学生的探究精神、创新意识和实践能力。“教学的成败在很大程度上取决于教师是否妥善地选择教学方法。知识的明确性、具体性、根据性、有效性、可信性，有赖于对教学方法的有效利用。”[2]

（二）教为学伴，以学为要

“教为学伴”，即在思想政治理论课实践教学的师生关系中，教师主要是学生学习的陪伴者和观察者，学生学习团队是学习的推动者。为了抓好实践教学，笔者所在学校制定了《实践教学管理办法》等 7 个配套教学管理文件，在全面实行小班教学的基础上，将学生按照 5—8 人分组组成学生学习团队，每个学生学习团队推举 1 名联络人（教学助理）负责与任课教师的日常联系。学生学习团队根据《教学项目选题指南》选定本团队的教学项目，填写“教学项目任务书”，完成研学团队的成员分工、计划制订、成果展示方案等，由教师审定后执行。学校期中教学检查期间，教师会让学生学习团队填写“教学项目任务中期汇报表”，对学生学习团队的任务进度进行督促，对学生学习团队出现的困难进行指导解决。学习团队完成项目任务后填写“项目结题申请表”申请汇报结项。整个教学过程中，教师起到的主要是陪伴、观察、纠正、指导等作用，学习团队按照教学规范文件自主推动项目任务完成。[3]

“以学为要”，即思想政治理论课实践教学以增强学生学习的参与性和获得感为首要目的。教学过程中强调充分发挥学生的主体作用，教师的主要任务是以问题为导向制定适合学生实际情况的实践教学项目，指导学生完成相关项目任务，陪伴学生整个学习过程；学生在规范性文件的指导下，组成研学团队，分析研讨实践教学项目，划分相关任务，针对每个成员的特点进行团队分工，通过问卷调查、访谈问答、实地调研等方式积极参与完成项目任务，在完成项目任务的过程中主动思考，验证书本理论的真伪，真正获得书本上难以获得的直观性感受，逐渐认识马克思列宁主义、毛泽东思想和中国特色社会主义理论体系相关理论的科学性，构建起马克思主义的信仰、信念，切实增强中国特色社会主义必胜的信心；坚定在中国共产党领导下加快推进中华民族伟大复兴的自觉性，努力成为德智体美全面发展的中国特色社会主义事业建设者和接班人。

（三）教评以严，学评以用

“教评以严”，即思想政治理论课实践教学的教学评价必须遵循教学规律，按照教学规范严格执行。实践教学既然是教学活动，就应该按照教学程序与教学规律，严格按照教学文件规范进行。规范的实践教学文件，包括实践教学计划、教学大纲、教学任务书、实训教材和规范的学生实践成果汇报资料等。这也是思想政治理论课实践教学与大学生思想政治教育活动之间的重要区别。

“学评以用”，即思想政治理论课实践教学学生学习团队的学习效果考核评价是以学生通过项目实践而理解理论、掌握理论，并运用理论解决相关问题为主要考核指标。笔者认为思想政治理论课实践教学中对学生学习效果的评价重点为学生在完成教学任务过程中的马克思主义立场、观点、方法的掌握与运用；对党的基本理论、基本路线、基本纲领和基本经验的掌握，并运用所掌握的理论发现问题和解决问题。其中，重中之重是考查学生对相关理论的运用能力，即运用理论指导自己构建起科学的思维和解决问题的能力。

（四）整合资源，拓展形式

“整合资源”，即思想政治理论课实践教学应该结合需求按照“不求所有，但求所用”的原则利用一切可以利用的资源为教学服务。笔者认为，思想政治理论课实践教学对任课教师、教学场地、教学管理、教学评价的要求相对于理论教学都有比较大的差异，如果仅仅只依靠思想政治理论课教学研究部门及其专任教师，就想让实践教学达到预期效果，难度可想而知。校内必须在党委的坚强统一领导下，汇集学校主抓教学和主抓大学生思想政治教育职能部门的力量，融合大学生思想政治教育主渠道和主阵地功效；校外必须加强实践教学基地的共建、共享工作。思想政治理论课教学部门利用校内资源和校外资源为实践教学服务时一定要坚持“不求所有，但求所用”的理念，花大力气费真功夫建好相关教学资源，不能只用不建，也不能只注重形式不注重内容。[4]

“拓展形式”，即思想政治理论课实践教学形式的选取，应该结合内容，以增强学生的参与性和获得感为目标。笔者认为，采取什么样的形式来进行实践教学，首先要根据内容来确定，如果能够在课堂内进行就在课堂内进行，能在校园内进行就在校园内进行，需要在校园外进行的就应该利用好相关资源在校外进行；其次要根据学生的实际来确定，有些学习团队愿意用实践调查报告形式来完成，有些学习团队愿意用制作相关影视作品形式来完成，有些学习团队愿意用活动模拟形式来完成等等；再次要根据学校实际来确定，学校可以根据人力、财力、物力资源支持力度不同，采取典型重点形式和全覆盖形式来组织完成。不管采取哪种形式，都要注重实践教学的理论指导性和学生的参与度与获得感。

三、继续前进及努力方向

（一）进一步优化专兼结合的高素质思想政治理论课实践教学教师队伍

思想政治理论课实践教学质量和效果的根本保障在于高质量的教师队伍。实践教学教师相对理论教学教师来说，在理论上、要求上可能不需要整个课程系统完整的理论，但要求对实践教学基地所有的教学资料、实物等充分地了解，并能运用它们来证明所要阐述的理论的正确性，让学习者直观地获得理论学习所不一样的体验。如何把思想政治理论课专任教师熟练地掌握实践教学基地的教学资料？如何让实践教学基地的工作人员熟练地掌握思想政治理论课的基本理论？这是如何进一步优化专兼结合的高素质思想政治理论课实践教学教师队伍问题的两个方面，这也是真正搞好实践教学的关键所在。如何能真正建立一支既熟悉思想政治理论课基本理论又熟悉实践教学基地的教学资料的教师队伍，为实践教学的开展提供坚强的师资保障？笔者认为必须要加强思想政治理论课实践教学教师的理论研修、教学研修和实践研修。理论素养、教学素养和实践素养是思想政治理论课实践教学教师提升教学质量必备的基本素养。[5]

（二）建设高匹配高质量的思想政治理论课实践教学基地

思想政治理论课实践教学基地建设重点是校内校外如何结合。实践教学基地如何确定，必须要考虑实践教学内容；实践教学内容如何确定，也必须考虑实践教学基地；要充分考虑两者的匹配性。要充分挖掘校内思想政治理论课实践教学资源，切实发挥校内各种资源要素的育人功能，让学生的生活场所能成为受教育的场所，真正实现“生活即教育”。要把校外思想政治理论课实践教学资源合理地利用起来，切实发挥社会各种资源的育人功能，让学生感受到“社会即学校”。要把学生的专业实习、实训等有机结合起来，让学生在专业学习场地感受思想政治素质是工作职责的必然要求。思想政治理论课实践教学基地与实践教学内容的高匹配性决定了实践教学的针对性和有效性，实践教学基地的高质量决定了实践教学的高质量。

（三）进一步优化规范实践教学项目和实践教学流程

实践教学的效果好不好，学生参与性强不强，获得感高不高，关键问题还是在于实践教学的内容选择是否适当，实践教学项目的设计是否贴近学生，教学过程教师的陪伴是否全程全方位。如何结合实际情况选取合适的实践教学内容、设计合适的教学项目是搞好实践教学的首要任务。实践教学项目从哪里来？怎么来？笔者认为，实践教学项目首先要考虑的是相关理论的可实践性，就是应该强调在现有条件下，能否做到有效的实践检验；其次要考虑的是实践内容和实践基地的高匹配性，也就是说通过实践教学能否解释或验证相关理论；最后要考虑学生的实际情况，学生的实际能力是最大的实际，也就是在实践任务的设定上一定要针对高职高专院校学生的实际情况。[6]实践教学由于其教学的特殊性，在时间安排上可能不能统一，那么在规范教学基本流程的基础上，应该充分利用信息化平台，进一步增强信息共享，增进教与学的互动，加强教学各环节的运行监控，抓好教学质量分析和问题反馈，优化实践教学流程。

（四）进一步加强条件和政策保障

实践教学涉及的人力、物力和财力相对于理论教学来说花费更高，需要学校统一协调和指导。学校应该成立党委统一领导下的大学生思想政治理论课教育教学工作机构，协调思想政治理论课教学单位、教务管理部门、教师工作部、学生工作部等相关责任部门工作。党委书记要履行好第一责任人责任，校长要履行好政治责任和领导责任，实现思想政治理论课实践教学进行过程中学校不同工作部门的分工协作和同向同行。学校应制定相关政策鼓励教师创新形式开展思想政治理论课实践教学，同时制定相关政策为学生走出校门进行实践教学活动提供保障。学校在进行校园文化建设时应该考虑思想政治理论课实践教学的元素，让校园环境能成为思想政治理论课实践教学的重要组成部分。[7]学校还应该在设立思想政治理论课专项建设经费的基础上，进一步设立实践教学专项资金，以便更好地保障教学的有效开展。如何构建一个思想政治理论课实践教学的协同保障体系，是提升思想政治理论课实践教学效果的努力方向。

结　语

提升思想政治理论课实践教学的成效关系到高职高专院校思想政治理论课教学的成效，是努力改革思想政治理论课教学方法，创新教学艺术的重要途径，是切实提升大学生对思想政治理论课教学参与感和获得感的重要渠道，是在改进中加强思想政治理论课，提升思想政治教育亲和力和针对性，满足学生成长发展需求和期待的重要举措。

注　释

［1］［美］约翰·D. 麦克尼尔．课程：教师的创新（第三版）．陈家刚主译．北京：教育科学出版社，2008.

［2］［苏］孔德拉秋克．教学论．李子卓译．北京：人民教育出版社，1984.

［3］李军政，等．建构主义视野下的思想政治课“立体化”课堂教学改革与实践．重庆电力高等专科学校学报，2015（2）：1—3.

［4］刘珍杰．高校思想政治理论课实践教学的几点思考．重庆电力高等专科学校学报，2011（11）：23—25.

［5］王秀阁，等．构建思想政治理论课实践教学与理论教学同进互补新模式．思想理论教育导刊，2012（8）：12—13.

［6］刘珍杰．新形势下影响高职高专党建工作有效开展的因素及对策．广西教育，2016（12）：6—7.

［7］李卫东，等．新形势下推动高职院校思想政治工作改革创新的思考．学校党建与思想教育，2014（11）：22—23.

（作者系重庆电力高等专科学校思想政治理论课教学研究部主任，教授）

论优化军校政治理论课实践教学环节的多元路径

陈仕平　陈占友

摘　要： 军队院校政治理论课实践教学面临新问题。当前优化军校政治理论课实践教学环节的突破口在于：推进实践教学应用信息化技术、加强政治理论课实践教学管理保障制度建设、强化政治理论课实践教学过程管理、加强统筹政治理论课实践教学活动和资源、增加政治理论课实践教学层次和形式等。

关键词： 军校政治理论课；实践教学；路径

2018 年教育部出台《新时代高校思想政治理论课教学工作基本要求》，指出："实践教学作为课堂教学的延伸拓展，重在帮助学生巩固课堂学习效果，深化对教学重点难点问题的理解和掌握。要制定实践教学大纲，整合实践教学资源，拓展实践教学形式，注重实践教学效果。"2017 年 12 月，教育部党组印发《高校思想政治工作质量提升工程实施纲要》，要求"深入推进实践教学改革，分类制订实践教学标准，适度增加实践教学比重"。军队方面也非常重视实践教学。因此，当前有必要分析和总结实践教学的优势、特点，把握军校政治理论课实践教学改革的趋势，以优化实践教学模式，为军队院校政治理论课实践教学模式研究提供新思路，增强实践教学的实效性，提高学员的思想政治素质。

一、实现政治理论课实践教学过程管理标准化精细化

军校政治理论课实践教学管理职能部门完善思政课实践教学过程监管机制是必然趋势。实践教学相关管理层、实施层要在加强对学员指导的同时，进一步加强对于实践教学过程的管理，通过政治理论课实践教学标准化精细化的过程管理，杜绝实践教学组织实施的随意性，实现预期教学目的。具体而言，过程管理标准化精细化需依据具体的实施程序和教学大纲等方面的标准内容加强管理，要求在于以下几个方面。

（一）需要确立政治理论课实践教学内容规范

明确《军校政治理论课实践教学的教学大纲》，并制定"军人思想道德修养与法律基础""毛泽东思想和中国特色社会主义理论概论""马克思主义基本原理概论""中国近现代史纲要""军人心理学""军队政治工作"等课的实践教学大纲、教学指南。教学大纲和教学指南设计内容合理可行，并能够结合院校各自特色，成为各门课程实践教学的依据。实践教学大纲对于各课程实践教学的重要性、实践教学所需要的调查方法、实践技能与报告撰写、实践教学具体内容有清晰解读。

（二）明确政治理论课实践教学保障标准，实现保障有力到位

其一，经费保障趋于标准化，按照每生每年的标准，划分或增加专项经费，为政治理论课实践教学提供物质保障。2018 年教育部颁发的《新时代高校思想政治理论课教学工作基本要求》提出，本科院校按在校本硕博全部在校生总数每生每年不低于 20 元，专科院校按每生每年不低于 15 元的标准提取专项经费。建议军校参照地方高校按照政治理论课实践教学的课时和学生人数划拨思想政治理论课实践教学专项经费。其二，实践课时保障。军委训管部《军事训练与考核大纲》已经规定实战化训练背景下全军院校政治理论课社会实践课时占比为不低于 10%。军校政治理论课实践教学为了不流于形式，应该依据大纲确定教学时数，进而合理分配各个实践教学专题时数。

（三）制定完善的可靠的实践教学考核体系

重视发挥实践教学评价体系导向和激励作用，通过建立科学、规范、公正、合理的实践教学评价体系，促进实践教学取得良好的成效。应该说政治理论课实践教学的评价体系已经确立，如政治理论课实践教学的成绩评价标准、政治理论课实践教学的学分评定规定等，下一步需要依据教学实践应用情况调整完善，使各个评价指标更加系统科学，推进评价体系标准化精细化。考评主要针对教员和学员。

院校教务部门和教员所在政治理论和军队政工教研室和系定期开展对教员组织实践教学评价，其间应发动学员评教，多方参与，以评促教，评定教员实践教学课程方案设计、实施过程的质量与效果，考查实践教学课程相关文档及与此相关的学术成果。对学员的考评宏观而言是通过考查学员知识、能力、情感态度价值观把握学员实践教学思想政治素质培养和提升状况，具体而言是通过把握学员在实践教学活动中的感悟体验，依据学员参与实践教学的程度、完成的实践报告体会或总结文稿质量来给出成绩，除了实践教学报告评价法之外，还可以在政治理论课期末结课考试嵌入与实践教学内容相关的考题，如材料题和论述题。此间除了教员对于学员考核之外，还可以给队干部一定权限，让其参与学员考核，结合学员课程教学期间实际表现给出成绩，也可让学员自我评价和同学间相互评价，以更好反映学员参与实践教学实际状况。

二、加强政治理论课实践教学管理保障制度建设

军校政治理论课实践教学是一个复杂的过程，需要加强制度建设，形成权威和可靠制度保障体系作为指导和规范，明确实践教学在培塑学员政治思想素质中的重要意义和使命任务，确立政治理论课实践教学管理保障机制，确保实践教学改革规范化推进。近年来高校关于政治理论课实践教学制度建设成果丰硕，有效规范政治理论课实践教学组织管理、教学管理、队伍管理。教育部陆续制定发布《高等学校思想政治理论课建设标准》、《高校思想政治工作质量提升工程实施纲要》（2017 年 12 月 4 日）、《新时代高校思想政治理论课教学工作基本要求》（2018 年 4 月 27 日），其中政治理论课实践教学相关内容不少。2004 年原总参谋部、总政治部结合当时军队院校政治理论教育教学实践，联合印发的《关于加强和改进军队院校政治理论课教学的若干规定》，也涉及政治理论课实践教学组织。建议军委政治工作部和训练管理部要与时俱进，借鉴教育部相关文

件，从宏观上规定军校思想政治理论课规范性文件，对于实践教学的实施意见、组织机构、经费投入及教师队伍建设等方面的制度内容加以明确，形成清晰的军校实施思想政治理论课实践教学的指导性意见。

军校思想政治理论课规范性文件中需要明确政治理论课实践教学的组织管理机构如指导层、管理层、实施层及其不同职能。这里指导层是负责思想政治理论课的长远规划和宏观指导，协调各相关职能部门的沟通和合作的学校分管领导；管理层是负责实践教学各项工作，为实践教学各环节提供指导性要求和意见的主管机关，如教务处、后勤保障处等职能部门；实施层是对实践教学进行具体管理的政治理论课教员和学员管理大队干部。清晰定位是为了让指导层、管理层、实施层各司其职，或是落实部署，或是针对问题提出并执行解决之策，切实保障实践教学有序发展。此外制度还需要着眼于建立和健全政治理论课教员管理的体制机制，以为政治理论课教员队伍建设提供导向和保障。政治理论课教员队伍是实践教学的重要支撑，要真正落实中央文件精神，配齐师资力量。2018 年 4 月教育部印发《新时代高校思想政治理论课教学工作基本要求》提出，要高校按照师生比不低于 1∶350 的比例设置专职思想政治理论课教师岗位，为每个教研室（组）配足师资①。建议部队院校也应该有相应规定，加强实践教学力量。

三、开展虚拟实践教学实现政治理论课实践教学信息化

信息技术突飞猛进的发展和广泛应用，为今天变革政治理论课实践教学形式创造了技术条件，并推动形成政治理论课虚拟实践教学样式。政治理论课虚拟实践教学是把虚拟仿真技术应用于军校政治理论课实践教学环节中，创建具有仿真性质的实验室或实验中心而形成教学模式，或者是依托网络针对虚拟空间组织学生开展各类教育活动。其主要特征在于：首先，应用 VR 技术打造虚拟仿真形态教育环境，提供一个新的、虚拟的可变换感觉空间，应用头盔式显示器、洞穴式立体显示灯等专门设备，充分调动受众参与者的视觉、听觉和其他感觉，实现沉浸式虚拟仿真体验。其次，系统支持人机互动。在仿真系统设置回音壁，让学生自由地互动，交流心得，彼此沟通，畅谈体验的感受，还能够探讨话题，加深理论认知，同时有后台系统支持教师对学生提供保障，观测学生的反应数据，及时进行引导和评价。国内高校在政治理论领域应用此设备的有北京理工大学马克思主义学院，该学院先后成立北京市互动媒体艺术技术研究工程中心、人才素质测评与培育虚拟仿真实验室，借助人在旅途体验室、职业规划模拟体验室等具体的实验操作平台让学生充分体验②。例如在“中国近现代史纲要”课中，可以应用仿真技术建设重大历史事件网络纪念馆，也可以在“军人思想道德修养与法律基础”课中，针对爱国主义专题，设置虚拟英雄人物纪念馆，创设虚拟仿真实践教学场景，激发学员全方位的感觉器官，充分体验感受，积极思考，有效互动，做到政治理论课教学的仿真实训。

---

① 新时代高校思想政治理论课教学工作基本要求．教育部网站，2018－04－26.

② 张毅翔，李林英．思想政治理论课虚拟仿真实践教学的内涵及其建设．学校党建与思想教育，2016（6）.

四、推进政治理论课实践教学活动和资源统筹融合化

为了增强实践教学资源利用效率，未来军校实践教学活动和相关资源统筹融合势在必行。

（一）政治理论课实践教学基地建设保障统筹

稳定、持久的政治理论课实践教学基地，是开展政治理论课实践教学的基本依托和必备条件。今后政治理论课实践教学基地建设保障统筹从整体规划和资源共享两个方面着手进行是必然趋势。其一，对政治理论课实践教学基地建设进行整体规划，使基地建设在布局上体现层次性、体系化。军校规划政治理论课实践教学基地应充分挖掘利用好地域文化资源如文博馆、红色旅游单位、爱国主义教育基地，与这些单位密切合作，打造稳固的政治理论课实践教学基地；军队院校为了加深与这些单位的关系，可以组织学员为这些单位提供志愿讲解服务和维持秩序。当然政治理论课实践教学基地类型应该多样，可以根据不同类型的思想政治理论课，拓展实践教学基地建设，如“军人思想道德修养与法律基础”可以联系驻地法院，使之成为法治观念教育基地，组织学员旁听案件审理，或者邀请法院来校现场开庭，或者联系当地驻军一线部队作为革命英雄主义和战斗精神培育教育基地；“毛泽东思想和中国特色社会主义理论概论”可以联系驻地大型企业和社会主义新农村作为实践教学点。军校与上述这些单位共同建设长期稳定的教育基地，使实践单位、内容和主题相对稳定持久。其二，在互惠互利的原则上，军校可与所在地其他军校、地方高校共同投资建设实践教学基地，增加政治理论课实践教学基地建设的内容，实现政治理论课实践教学基地资源的校际共享。军校与相邻较近或同城的军地高校加强联系，建立起完备的实践教学资源的共享信息系统，进而合作建设或者联系一些教育基地，提高政治理论课实践教学基地资源的利用率，并由此加强实践教学经验交流。

（二）实践教学与其他活动统筹联动

为解决政治课实践教学的资源匮乏问题，增加军校实践教学的覆盖面，提高其渗透性，军校实践教学指导层、管理层、实施层应具有统筹意识，安排政治课实践教学与组织地方大学新生军训、学雷锋活动、其他课程实践教学的有机结合，实现政治课实践教学与校内外各种活动资源进行整合对接。

政治课实践教学与学员赴地方大学组织新生军训的统筹安排。新生军训包括集中军事训练、军事知识讲座等内容，它不仅传授踢正步、练队列和整理内务方法，同时，还需要教导学生做人道理，教育者需要自教育，组织新生军训具有非常重要的思想政治教育功能。因此，军校完全可以将政治课实践教学与军校大学生组织新生军训相结合，对于负责组织训练的同学提出实践教学要求，充分利用组织军训这一活动，通过他们组织严格的军事训练和开展细致的思想教育，在增强地方高校学生军事素养的同时，不断提高军校学员自身的政治素质、道德素养和意志品质与领导力。

政治课实践教学与军校其他学科实践教学的统筹安排，做到集中实践与分散实践相结合。各学科的教学计划都有实践教学的专门安排，这些实践活动蕴含着丰富的思想政

治教育内容，完全可以与思想政治课实践教学进行结合，从而实现各种实践活动的统筹安排。例如海军院校学员在航海实习和当兵锻炼、野外驻训、随舰出访过程中对政治理论课教员提出实践教学要求，提醒并要求学员利用这些活动对政治理论课程知识进行感悟、探索和实践，推进知行合一和思想理论转化为学员的内在素质，实现提升政治素养的目的。

五、丰富政治理论课实践教学层次和形式

通过政治理论课实践教学的综合设计规划确保实践教学形式多样化、层次和体系分明是实践教学改革的必由之路。

设计军校多层次实践教学，构建阶梯式政治理论实践教学体系。其一，依据课程特性设计实践教学内容。实践教学依据各课程大纲，在课程总目标之下确立其分目标。“军人思想道德修养与法律基础”“毛泽东思想和中国特色社会主义理论概论”“马克思主义基本原理概论”“中国近现代史纲要”和“军人心理学”“军队政治工作”和“当代世界经济与政治”等课程，在对应课时比例之内统筹考虑，依据各门课程的理论体系和知识要点规划设计实践教学具体内容。其二，考虑军校大学生在校四年认知发展的规律，循序渐进，逐步深入，培养军校大学生认识社会问题、分析问题、应对问题的能力。基于学员对于课程内容认识逐步深化，按照时间推进把实践教学分成四阶梯：大一（理想信念教育和法治教育，如革命遗址参观、法院旁听案件审理），大二（人文素质，如演讲、辩论、写作等活动），大三（社会调查，如社情民情军情的调查），大四（政工实践，如指导学员参与各类基层政治工作的演练、组织与开展）。其三，依据实践教学内容不同，设计实践教学体系：现地教学（例如历史遗址现地教学和参观调研工矿企业及农村、法院旁听案件审理）、课堂演练（例如模拟法庭、“模拟联合国进课堂”、历史情景剧、战时政工演练）、与校园文化活动对接的社会实践（例如开展心理健康教育月、大型专题辩论会、知识竞赛、事迹报告会，参与各类晚会、各类俱乐部活动组织等）。

（作者系海军工程大学政治理论系教授，硕士生导师，哲学博士）

新时代高校思想政治教育模式创新探析

杨庆毓

摘　要：本文从高校思想政治教育的时代要求出发，思考高校思想政治教育的目的、内容、对象与教育者自身、教育模式创新之间的关系。

关键词：高校思想政治教育；教育对象；教育模式；创新

“办人民满意的教育”，是新时代党和国家对教育的明确要求，也是人民群众的强烈期盼，更是党和国家对高校思想政治理论教育工作提出的新要求，创新高校思想政治教育模式已时不我待。本文主要探讨狭义的思想政治教育模式创新，即着眼于高校思想政治理论课教学模式创新，提高教育质量，赢得大学生的价值认同。笔者认为教育模式创新中教育工作者居于主导地位，其价值认同、社会责任感、教育理念关乎教育模式创新水平，需要在教育体制机制改革创新中加以激励，以实现教育模式创新效益的最大化。

一、新时代教育发展的要求与思想政治教育模式创新

中国特色社会主义进入新时代，社会的主要矛盾在高校教育发展方面的表现是，人民日益增长的美好生活需要与高校教育的各种资源配置不平衡不充分的发展之间的矛盾，一定程度上体现为国家对高校价值观培育的新要求与思想政治教育模式创新不协调不充分之间的矛盾。在云南这样的边疆民族地区，高校教育发展严重滞后于经济社会的发展，教育发展的资金投入不足，影响了学校基础设施、教师队伍等软硬件建设，成为制约高校现代化教育水平提升的主要因素。面对互联网时代“为谁培养人”隐形战场的激烈争夺与严峻挑战，面对新时代大学生的新变化，作为主渠道、主阵地的思想政治理论教育课从传统的黑板—粉笔—教材灌输，转变为利用平板电脑、多媒体等现代技术手段辅助教学。目前各高校力推“翻转课堂”“慕课”平台，主张线上线下结合的混合式教育模式创新，以契合新时代大学生自主性、个性化学习的需要，也期望以此让学生思想的疑惑更多地成为思想政治理论课教师教书育人的关注点，把教师按教材讲课的传统教学模式转变为按学生的实际思想状况、需要进行释疑解惑的讲解和引导，颠覆教师按照教材教学内容需要教学的路径依赖，而体现学生作为学习主体的地位，教师主导课堂教学，扮演的是教练角色而非权威角色。这一创新模式的合理性在于符合时代的潮流、国家社会发展的需要，是新时代高校教育发展的必然选择。同时这类教学模式创新要求包含了两个隐性的前提：一是校园网、教学电脑设备的基础建设达到远程教学的基本要求；二是师生都有主动沟通、学习的意愿。欠发达的云南实现这样的教学模式前提需要

有巨额资金投入、宏观教育模式创新和中观教育模式创新的支撑和牵引。在缺乏资金支持、教育管理和评价体制不改变的情况下，微观的课堂教学改革不仅难以实施，也面临着难以持续的问题。

教育是培养人的一种社会活动，如何理解人、把握人活动的意义，始终是教育研究的出发点和归宿。人是精神活动的载体，并以类的方式存在。当代大学生生活在海量信息资源中，寻求参与感、社会存在感成为“圈群化”交往方式得以广泛存续的原因之一，也正是这种“圈群化”使各种思想价值观渗透更加隐蔽。作为思想政治理论教育者要深入了解学生思想动态，但能够真正进入“学生圈”并非易事。学生对思想政治理论的接受或质疑、认可或放弃，除受社会环境、个人经历和需求因素影响外，也受教师的影响。教师能否充分意识到这种责任和要求，以严谨的治学态度、深厚的理论功底和人文情怀、生动的教学情境打动人、感染人，直接影响学生对德育课程的接受程度和对社会主义核心价值观的认同。教师的价值取向、语言情感表达等，都会影响学生的认知与判断。

思想政治理论教学模式创新就是要建构起育人为先、德育为先、以德育德、以德促学的良好的育人环境。让学生明确这一培养目标对学生的现实价值和意义，有助于解决学生的学习动力问题。我们都知道，学生社会责任感的培养是成才的持久动力。但现实是大多数学生还是追求安逸享受型的生活。如在学生选思想政治理论课时较为普遍的问题是，标准宽、要求松的老师是学生眼里的“好老师”，最受学生喜欢。也就是说教师对学生严格与否往往会影响学生选课的积极性、好评率。大部分学生倾向于，对考试结果的关注超过了学习过程中的能力、价值理念的提升。学生对学习的目的、对老师的期望不同程度地出现“小我”化，客观上也会影响教师对学生的要求，如一定程度地迎合、讨好学生，可以提高教师的人气指数。改革与参与者利益的关联性，是改革设计过程中需要高度关注的要素。如何因势利导关系改革目的的实现程度。要引导大学生认识到“小我”化的危害，走向利益共生的“大我”化，教师就首先要把社会主义核心价值观的要求转变为自己发展的内在要求、自觉行动，否则在热闹的教学改革中，教学模式的创新只会沦为一种形式。“在核心价值观教育中，必须把‘培养什么样的人’的问题解决好，才能更好地解决‘怎样培养人’的问题。处理好这一关系，最根本的是要确保高校立德树人。”建立一支高素质的思想政治理论教育教师队伍，需要教育评价机制持续“引导教师以德立身、以德立学、以德施教”，真正成为学生的榜样。① 强调宏观教育模式、中观教育模式创新的重要性，是希望通过整体的教育模式创新实现创新效益的最大化，并非否定微观教育这种课程教育模式改革创新的主动尝试。事实上，无数基层的教育工作者已充分意识到思想政治教育这份沉甸甸的责任和要求，都在不断探索，以严谨的治学态度、深厚的理论功底和人文情怀、有趣生动的教学情境打动、感染学生，为社会源源不断地贡献自己的热情和才智。

一方面，习惯了被动接受、应试教育教学模式的大学生，当面对变与不变的选择时，往往不愿挑战自我。大学四年迫于生存就业压力，忙于各种证书考试的学生，对学

① 刘才刚：《大学生核心价值观教育中的几个关系》，《光明日报》2017年7月14日。

习思想政治理论课的普遍心态是只求“过得去”，懒得动、图省事。面对学生学习动力不足和基础的差异性，要“翻转课堂”，落实教学内容课外完成，否则在相关激励机制不变的情况下，师生都不愿付诸行动。另一方面，花样翻新的数字化教学模式改革与传统教学模式相比，其教学效果多数并没有实质性、显著性差异。在这种情况下，微观的课堂教育模式创新既受制于中观的教育模式创新即学校系统、全局的教育信息化设计和实际进程，也需要通过物质鼓励的方式承认和尊重教师的劳动，才有利于教师积极性、创造性的调动与发挥。教师的学术背景、专业优质内容支撑以及具体运作过程的精心设计，这绝非一日之功。教学设施改造、教师队伍培训和理念更新都有一个过程，毕竟教育模式是将教育目标、教育理论具体运用到实际的教育实践中，是对实践经验系统概括的结果。教育模式创新效果如何，取决于相对稳定的教育活动结构、教育框架和教育活动程序，具体展开过程中组织者、参与者的协同配合度。因此，思想政治理论教育要加大数字化时代教育模式实践和研究，必须将顶层设计、重点突破与基层探索相结合，统筹协调、全面系统推进，才能肩负起新时代思想政治教育为中国特色社会主义事业培养建设者和接班人的重任。

二、思想政治教育内容与教育模式创新

高校思想政治理论教育的目标是教会学生做人，为学生终身发展和幸福奠基。思想政治理论课是引导学生从自然人转变为社会人，从社会主义核心价值观的接受者提升为践行者、建设者，将政治合法性寓于理论科学性中的综合性课程。要使学生在接受理论知识的同时，确立科学的世界观、人生观和价值观。教育工作者完成课程教学内容是基本要求，更为重要的是使学生在理论学习中潜移默化地形塑价值观。因此，教育内容与教育模式相比较，内容是本质、核心，教育模式为价值观认同服务。问题在于教育内容要真正内化为学生发展的精神动力、价值基础和思想保证，前提是其愿意接受与认可。正因为如此，教育模式在服务内容的过程中，模式创新的重要性也突显了出来。

当代大学生囿于社会阅历的限制，其知识积累达不到能理解把握宏大社会问题的水平，需要教师在具体的教学过程中，从整体出发，通过多种具体教学模式的综合与转换加以阐释，才能满足“内容为王、价值为核”的教学要求。在实现将教材体系向教学体系转变的过程中，要扩大教育过程的包容性——对待不同专业、不同理解程度的学生，给予不同方式的解释与引导。价值观教育基于科学的理论教育，但不能陷入知识至上的泥淖中。在肯定学生关注考试过关这种基本需求的正当性、满足学生对应试能力要求的同时，引导学生充分认识社会发展对人才的综合素质新要求，学会全面客观地分析自己及社会的发展要求，意识到学习理论对增强其核心竞争力的价值与意义。增强思想政治理论课的吸引力，教师需要对教学内容和教学方法进行“供给侧改革”，因势利导提升学生的价值追求，超越当下功利追求的有限性。

在具体教学过程中，首先，传统的专题讲授与案例分析、启发式教育相融合仍然是重要的。教师既要以严密的逻辑推理和真理的力量作透彻的理论检释、回应和批判，破立并举，处理好包容、宽容与批判的关系，又要运用人文审美方法、情感体验和行为实践实现从形象到抽象，从具体形式到实质精神的升华。其次，需要将问题讨论与合作教

育相结合。问题创设是教师根据教学大纲和教学进度形成一系列主题鲜明的问题，引导学生阅读经典书籍资料，然后让学生查找资料、整理和争论，师生共同制定具体评价标准，教师对学生进行方法指导。教师将教学内容、目标转化为学生通过努力可以达到的教学任务，将课堂问题要求尽可能地具体、细化。这样的教学过程以问题为导向，创设问题情境，以价值观引导，提升学生分析问题、解决问题的能力；以方法论引导，注意学生思维方式的训练培养，增加教与学过程中学生思考的分量，将知识点的学习与生活思考结合，有张有弛。老师不仅是授业解惑者，也是学生学习的督促者。老师像导演一样，设想、设计和设问，启发、培养学生应有的想象力、创造力和智慧，让学生带着问题、好奇心听课。活跃课堂气氛，对教学过程中抓住学生的注意力大有裨益。了解和把控课堂上学生知识谱系和思想动态，真正体现“主导”，达到以理服人、以情动人的教学效果，实现课堂教学活而不乱，使思想政治理论教育教学变得充满生机和活力。学生不是完全被动的客体，学生也会挑战教师的权威，教师要迎难而上，成为学生学习的引路人、支持者，训练和帮助学生开发潜能，形成批判、分析问题应有的态度、习惯、思维、能力和方法，把提出问题到得出思考成果的过程清晰地呈现出来。这既符合学术规范，又有学生自己的体悟，还能培养各民族学生养成包容、友善、敬业和坦诚的民族文化精神，这就是思想政治教育的成果，也是思想政治理论教育者追求的最高境界。

三、思想政治教育对象与教育模式创新

在信息爆炸、各种资讯唾手可得的新时代，教育工作者已经不再是知识信息权威的化身。新时代的大学生自尊心强，权利意识、参与意识明显提高，不愿轻易妥协，教育工作者教育内容的可信度、教学语气姿态的平和度都会影响其受欢迎程度，从而影响教学内容的接受度、价值观的认同度。学生往往会因为喜欢一个老师而喜欢一门课程，反之亦然。在此情况下教育工作者尊重学生、亲近学生、贴近生活、贴近社会实际，关注教育对象的变化，适时调整教学内容，以增强教育的针对性，成为十分迫切的任务。

学校教育的目的是让学生在教师的指导下学会独立思考，促进每一个人的自主发展。思想政治理论课教学模式创新中加强学生参与式教学，其价值就在于秉承这一教育理念，顺应时代发展、学生变化的实际，以老师的教育创新带动、引导学生适应，让学生从被动的信息接收者转变为主动的思考、探索者，改变学生的惰性，让大学生有更多实践、做事、表达的机会。通过探究—接受—积累—练习的认知教育模式与历史—综合—分析的综合教育模式的交叉进行，将个性教育模式与群体教育模式等不同教育模式相结合，引导学生把书本理论知识学习与关注社会实际生产生活相结合，把中华民族历史文化变迁与国家政治发展联系起来考察，让学生的视野从专业知识领域不断向社会延伸。让学生既系统学深，又联系实际学活，不断突破自我，提升以价值观、人生观反思自身行为的能力，获得成长。通过这种参与性实践使学生明白，学习行为需要有明确的目标追求，让学生感受到读书的乐趣、挖掘自身潜能的惊喜，逐渐敢于接受挑战，而不是安于现状；告别幻想、踏实求学，进而真正感受思想、理论与实践结合的力量；改变从外部寻求帮助的思维习惯，真正摆脱不切实际的思想影响。从而在潜移默化中影响学生的学习态度和执行力，培养积极、主动的认知和思考习惯。让学生明白国家的富强、

民族的振兴不是等来的，自己的幸福也要靠自己主动去创造。少数民族大学生要在社会上立足，需要有真才实学，增强核心竞争力，才能把握好各种平等竞争机会，获得更大的发展空间。

“教”是过程，“育”是目标。大学生活是学生真正走向社会之前的重要阶段。思想政治教育教学模式创新还有待思想政治理论教师在实践中不断总结和完善，更好地发挥师生协同中教师的主导作用，打造出适应新时代学生全面、健康成长的思想政治理论教育教学新模式。教师在改善自身的同时，也在改造教育模式，创造良好的校园文化生态。

（作者系云南民族大学马克思主义学院教授）

“互联网+高等教育”模式下高校教学方法创新的思考

——以雨课堂运用到思想政治教育为例

周琴芳 陈 曦

摘 要：本文以“互联网+高等教育”为背景、以雨课堂为例，提出对高校教学方法创新的思考。清华大学雨课堂软件的出现重新定义了混合式教学。雨课堂是一种全新的教学方式，它利用我们使用最频繁的微信来帮助我们进行预习、学习和测试，无缝连接了我们的学习和生活，是值得所有教师和学生关注的热点。

关键词：“互联网+高等教育”；教学方法；雨课堂

目前，高校教育规模日益扩大，大学生人数不断增加，标志着我国已经进入高等教育大众化的阶段。高校教师队伍和学生数量不断壮大，教育环境更加开放，是我国高等教育事业蓬勃发展的体现。但是随着大学生人数的增加，大学生的质量也存在着严重的问题，在大学生数量增加的前提下如何保证大学生的质量是当前高校不容忽视的重要难题。思想政治教育作为传统教育，是现代高校教育工作中的重中之重。在“互联网+”日益发展的今天，如何让互联网顺利地进入高校，如何将互联网和高校培养人才有机地结合起来，如何让互联网成为顺利开展思想政治教育工作的助推器而不是毁灭人才的机器，是很多教师比较关心的问题。

一、“互联网+”的内涵

“互联网+”的提出最早可以追溯到易观国际董事长于扬首次提出的“互联网+”理念，他认为随着互联网的不断发展，互联网将会为很多行业提供服务。“互联网+”是“知识社会创新2.0”推动下的互联网形态演进及其催生的经济社会发展新形态。“互联网+”是互联网思维的进一步实践成果，推动经济形态不断地发生演变，从而激发社会经济实体的生命力，为改革、创新、发展提供广阔的网络平台。通俗地说，“互联网+”就是“互联网+各个传统行业”，但这并不是简单的两者相加，而是利用信息通信技术以及互联网平台，让互联网与传统行业进行深度融合，创造新的发展生态。它代表一种新的社会形态，即充分发挥互联网在社会资源配置中的优化和集成作用，将互联网的创新成果深度融合于经济、社会各领域之中，提升全社会的创新力和生产力，形成更广泛的以互联网为基础设施和实现工具的经济发展新形态。2014年，李克强同志出席首届世界互联网大会时指出，互联网是大众创业、万众创新的新工具。其中“大众创业、万众创新”正是2015年的政府工作报告中的重要主题，被称作中国经济提质增效升级的“新引擎”，可见其重要作用。2015年3月5日，李克强同志在十二届全国人大三次会议上正式提出“互联网+”的概念，并将此写进了政府工作报告，作为国家发展的重要战略。混合式教学对于传统、枯燥的知识讲授是一种新的尝试，以雨课堂为代表的混合式教学方式是当代“互联网+高等教育”的产物，它的出现是适应高校教育方法创新的重要途径。

二、传统教育模式的缺陷

（一）课堂氛围压抑

在传统教育模式下，一个教师在课堂上要面对几十个人甚至上百人，采用的方法依然是耳提面命的灌输方法，教师想要了解到每一个同学的真实想法是不可能的，师生的互动也仅仅局限在课堂提问的这一环节，但是为了节省讲课时间教师只能提问几个同学，那么回答不到的同学就会慢慢地失去了积极性，久而久之教师和同学的交流就变得越来越少。教师在一节课的时间里不断地讲述知识，学生在这些时间里昏昏欲睡，在这种情况下教师和学生都感到力不从心。思想政治教育的相关知识相对于其他实验类的知识要枯燥一点，如果教师不能够生动地将知识表达出来，加上学生本身对思想政治教育存在抵触情绪，那么思想政治教育的课堂只会是死水一潭。面对这样的教学难题，首先就要改变传统的教学气氛，我们可以利用雨课堂即时互动、形式多样的特点将学生的注意力吸引到思想政治教育的课堂上来，教师和学生共同融入统一氛围，传授知识自然不是问题。

（二）教学手段落后

处在互联网的全新时代，我们不得不承认网络技术作为改变传统教学模式的主要动力已经开始走入课堂并成为受学生们欢迎的教学工具，现代信息化教学简化了教学过程，许多传统的教学方式和方法已经逐渐退出学生的视野。当代大学生都是在互联网时代下成长起来的活跃群体，他们接受新鲜事物的能力较强，当互联网走进课堂自然会受到同学们的热烈欢迎，黑板、粉笔的作用显得不再那么重要。以学生讲课为例，学生接到教师布置的讲课任务时，首先都会问教师可不可以使用多媒体课件，并建议不写板书，多媒体课件操作简单并且没有粉尘的伤害，是学生心目中理想的教学方式。当学生们逐渐习惯了“高、大、上”教学模式的时候，对于传统教学方式都会持有抵制的态度，传统思想政治教育方式已经不适应现代数字化教学的发展，如果不能科学、有效地将思想政治教育与互联网结合并产生良性的互动，那么大学生思想政治教育将面临着极大的挑战。雨课堂的出现大大满足了同学们对“高、大、上”教学模式的要求，学生们会主动参与到雨课堂中，就算是曾经不感兴趣的问题，通过视觉、听觉的切身感受也会对以前的问题有全新的认识，雨课堂也能让同学们真正感受到现代思想政治教育的人性化，帮助同学们在思想上认可当代教育。

（三）教育主体与教育客体存在矛盾

传统课堂是以教材为主，学生与老师的交流仅仅局限在教材上的知识，交流的方式也仅仅是提问与回答，这样的教学方法会大大束缚学生的创造性和主动性，仅仅凭借教师的讲解是不能达到学生深刻理解的目的的，传统“灌输”的教学方法已经不适应现代教学模式的发展。雨课堂走进思想政治教育课堂改变了传统课堂以教师为主的情况，学生成为课堂的主人，雨课堂带来了视频、音频、动画等教学新形式，极大地激发了学生的想象力和创造力，为培养学生的创造性思维提供新的渠道，课后还可以通过知识交流平台交流学习心得和体会，对巩固和扩充知识起到积极的作用，雨课堂在丰富教师备课资源的同时也极大丰富了学生的学习资源。

总之，传统教育模式的缺陷越来越明显。传统教学方式与现代学生的思维始终达不到默契，学生心理始终对传统知识和教学方式存在芥蒂，教育主体与教育客体之间的桥梁处于崩塌的状态，如果一直放任下去，那么高校思想政治教育的深入将会越来越艰难，想从思想上帮助学生恐怕是行不通的。“互联网+教育”的模式在很大程度上解决了这个问题，以雨课堂为例，通过手机下载雨课堂APP软件，教师提前将课件发给同学们预习，也可以将音频和视频文件传给同学们共享，在上课的过程中同学们可以随时通过手机上的雨课堂APP软件提出问题以及在线答题，教师可以通过学生答题的信息和数量来判断上课的人数，同时避免了一百多人上课点名花费太多时间的问题。雨课堂走进思想政治教育课在衔接教育主体和教育客体的关系上发挥了积极的作用，雨课堂的出现将传统课堂变身为翻转课堂，是混合式教学的创新，是学生自主学习、自主探索、自主交流的全新平台。

三、关于高校教学模式创新的思考

（一）教师队伍应树立“互联网+高等教育”意识

这里所说的思维并不是要求教师仅仅以互联网为主要手段讲述课程内容，这里的思维是指教师利用互联网内容丰富、形式多样的特点，结合自己讲述的内容形象、生动地把知识传授给学生。以雨课堂为例，教师在上课前把讲课的PPT发给学生，让学生在上课之前简单预习一下将要学习的内容，PPT的内容可以结合音频、视频等元素，让同学们在闲暇之余就可以将学习的知识熟悉一下。在上课过程中运用雨课堂实时与学生进行沟通，并对学生存在的问题进行及时的反馈，做到有问题及时解决。以互联网技术进行线上线下的教学设计，打破了基于课程教学的教学组织形式，实现了从固定时空教学到多维度教学，由单一模式教学到多种模式或混合模式教学的转变；打破教师个人授课的教学模式，采用“教学众筹”或“教学协同”的新型高等教育行为，突出团队合作，通过这样的方式激发学生学习的自主性，培养学生的创新性思维。

（二）优化教学方法

当前的大学生是在网络普及化的背景下成长起来的，与时俱进地提高教学质量就必须要打破传统教学思维，改变传统教学理念，创新教学方法，利用互联网的优势整合教学资源，做到教学方法的最优化。雨课堂在优化“互联网+高等教育”教学模式的过程中发挥了重要的作用，雨课堂的教学功能包括四方面：第一，为学生提供随时随地的学习条件；第二，为智慧教室的实现提供有利工具；第三，有利于教师掌握学生的学习效果；第四，让学生感受到学习的乐趣。雨课堂将使课程内容更加生动、充实，它的数字化、可视化效果极大地改变了课堂上“低头一族”的现状，它的多样化、人性化将学生的注意力完全吸引住，使教师传授知识面临的阻力大大减小。

（三）教学方式多样化

“互联网＋高等教育”应该是对传统高等教育的底层重构，是在遵循高等教育规律、目标的基础上，与时俱进地将互联网技术应用于高等教育各个环节，逐步构建体系完善、内容健全、功能合理的高等教育生态系统新模式。新模式下的教学形式更加丰富，教学时间和教学地点不会受到固定场合的限制，通过雨课堂的APP建立属于自己的班级，教师和学生可以自由地选择时间和地点。雨课堂对于教室和时间没有统一的要求，只要教师和学生可以集结在一起并且没有外界因素的干扰就行，例如操场上也可以成为新模式下的新课堂。传统教学模式中单纯由教师主讲并负责管组织纪律的形式被打破，雨课堂软件随时提问的功能可以帮助建立学生打破时空限制的自主学习，教师可以通过软件上的随堂测验了解学生的听课情况，教师和学生可以充分利用互联网资源进行探究学习。在这多样化的组织形态下，可以实现教师的差异化教学和学生的个性化学习。

我国真正开展高等教育的时间不是很长，在实现“双一流”的路上还会有很多的困难，但无论有多么大的困难也无法阻挡我们实现高等教育强国的目标，我们要不断地学习、创新、与时俱进，时刻关注周围环境的变化。当前“互联网＋高等教育”的潮流不可阻挡，高校的教育也迎来了新的机遇和挑战，我们要清醒地认识到高校存在的问题。为了适应新形势，教师应站在时代的高度上思考问题，深入分析“互联网＋高等教育”的新模式，积极采取新的教学方法，为我国的高校教育改革提供新的思路。我国高校教育离不开每一所高校和每一位教师的参与和支持，高校和教师的积极参与和不断创新是我们实现“双一流”目标的基础，也是建成高等教育强国的重要保障。

参考文献

［1］李碧武．“互联网＋教育”的冷思考．中国信息技术教育，2015（17）：96—99.

［2］费阳．“互联网＋教育”对微学习资源建设的启示．中小学电教，2015（10）：75—77.

［3］王乔峰，曹效英，路璐．“互联网＋教育”模式的发展情况分析．中国教育信息化，2015（15）：9—11.

［4］马鸿雁．基于移动互联网的高校教学方法创新探讨．长春师范大学学报（人文社会科学版），2014（11）.

［5］卢东方．“互联网＋高等教育”新模式下高等学校教学改革的思考．科教导刊，2016（5）.

（作者分别系云南民族大学马克思主义学院副教授，思想政治教育专业2016级硕士研究生）

论高校思政课教师实践教育能力提升面临的问题及路径

赵良宇

摘　要：高校思政课教师实践教育能力事关实践教育教学的发展。高校应进一步改进教师选聘制度，重视对思政课教师的实践教育能力的考核；完善提升实践教育能力研修制度；建立相应的评估和激励制度，从而健全思政课教师实践教育能力提升的制度；并且通过构建思政课实践教育经验的交流机制、健全实践教育体系以提升教师实践教育能力。

关键词：高校；思想政治理论课；实践教育能力

针对思政课教师的实践教育能力培养和提高这一问题，各个高校都做了不同程度的探索研究和实践。教师在高校思想政治理论课实践教育的过程中起着主导作用。思政课教师要有实践教育创新的意识和理念，设计出完备有效的思政课实践教学课程，并将教育理念付诸实践。因此，高校思政课教师的实践教育能力事关实践教育教学的发展。[1]本文结合思政课教师实际的实践教育能力的问题，把相关的理论研究与实践探索相结合，探索高校思政课教师实践教育能力提升的有效路径，以期有利于增强高校思政课实践教育教学的实效。

一、高校思政课教师实践教育能力的问题分析

（一）地方高校思政课教师实践教育能力提升面临的主要问题

目前高校思政课教师尤其是青年教师总体上来说难以适应现代高校实践教育教学发展的要求。归纳起来，思政课教师实践教育能力提升面临的问题表现在以下几个方面。

1. 培训思政课教师实践教育能力的常态机制存在严重弊病

高校在思政课教师的实践教育能力培训方面往往重形式考察、轻教师基本能力素质的培养；教师培训的体系不够完善，实践教育能力培训不受重视；培训采取“一刀切”的方式，没有顾及思政课教育教学的特点，忽视学科差异化；对于教师的实践教育能力的评价和考核指标比较单调；投入的经费不足，急于求成，重视短期效果，没有长期有效的培训方案。

2. 高校思政课教师实践教育能力提升的实践基础薄弱

长期以来，高校思政课教育教学重视理论灌输较多，而轻视实践教育教学。在教学实践的过程中，理论课与实践课的课程教学目标定位界限模糊不清，都只是千篇一律地

强调理论课的评价体系、考核内容，忽视了实践教育的重要性和基础性，将课外活动视为思政课实践教育活动。在设定实践教育目标时存在定位过于简单化、评价指标比较模糊、统筹性和系统性不够的问题。

3. 思政课实践教育体系不够完善

较多高校思政课的实践教育环节较少并且不成体系，缺乏引导性、全面性、可操作性；实践教育内容和形式的创新性不足，体现思政课特点的有个性的、特性化的综合实践教育项目较少。

（二）影响高校思政课教师实践教育能力提升的原因分析

1. 传统思政课教学模式缺乏强化学生实践能力的功能

高校思政课教师大都有较高的学历并且直接进入高校任教。因受制于传统的教学模式，这些教师只关注思政课教学体系中的理论教学，实践教育能力严重缺乏，忽视了培养学生的实践能力。在高校教学的过程中，这些教师都具有丰富扎实的理论功底，但是长期缺乏提升实践教育能力的意识和培训。这一状况在教育部门的重视和引导下近些年已有所改善，但依然没有质的飞跃。

2. 缺乏强化教师实践教育能力提升的制度环境

高校思政课教师职业要求教师必须具备教学知识的深度和广度，并且需要不断的学习和探索，使自身素质得到提升，其实践教育能力也应得到进一步加强。在2007年的国家精品课程评审中，实践教育能力成为精品课程其中的一项指标。然而，这项政策未能深入教师的内心转化为科研意识。这使得在高校教学中教师们重科研成果，轻实践教育能力；意识不强导致教师开展实践教育教学动力不足。

3. 缺乏强化思政课教师实践教育能力提升的有效途径

思政课教师的实践教育经验和自身的实践能力是增强思想政治理论课教学效果和提高教学实践能力的基础。一些高校都制定了相关的政策法规来提高思政课教师的实践教育能力。由于受到课堂较为繁重的教学任务、必须提高自身学历的影响，大多数教师将课堂教学放在了主要地位，从而使学校的相关规定没有得到有效的落实，影响了教师队伍自身实践教育能力的提升。与此同时，学校对教师的奖惩机制和考核评价机制不完备，这导致高校提升思政课教师队伍的实践教育能力的机制不能长期有效地运转。

4. 缺乏系统的思政课教师实践教育能力评估机制

高校对思政课教师的评估大多都是以科研成果和课堂的教学质量为主，已经形成了一套评估体系。然而，思政课教学评估体系缺乏独立性、不够完整、比较片面、内容比较空洞，其中关于思政课教师实践教育能力的评价指标要求和标准没有明文规定；有关实践教育的评估不科学、不规范，对实践教育效果没有比较完善的奖惩和评价体系。

二、高校思政课教师实践教育能力提升的路径分析

教师是开展思政课实践教学的关键因素，提高高校思政课教师的实践教学能力，对于加强实践教学和促进实践教学的内涵发展来说是首要完成的重要任务。[2]具体来说，地方高校可以从以下的几个方面提升思政教师的实践教育能力。

（一）完善思政课教师实践教育能力提升的制度

改进教师选聘制度，重视对思政课教师的实践教育能力的考核。在选聘思政课教师的过程中可以采取多种渠道选拔，不仅要选取理论功底扎实的教师，更要选取实践能力强的教师。聘用实践教育能力强的教师到高校任教是提升思政教师实践教育能力的有效方式。这些教师不仅自身能力强，而且可以起到传、帮、带的作用，促进整个教师队伍实践教育能力的提高。

完善提升实践教育能力研修制度。高校思政课教师已经开始形成了定期到教育部或者是省级以上的以学校为单位设立的实践教育培训基地进行考察和研修的制度，这一举措对于丰富思政课教师的实践教育经验和实践教育内容，增强实践教育能力起到了非常大的促进作用。因此，高校应建立定期派遣思政课教师到培训基地进行培训以及到相关的企事业单位进行学习、调研和挂职训练的制度；鼓励思政课教师努力获取相关的从业、专业资质的制度；产、学、研相结合的教学科研制度等等。

完善思政课教师实践教育的评估制度。高校需要积极探索建立贯通整个实践教育体系的全方位、规范化的评价体系，以制度的形式增强思政课教师实践教育能力的质量和效果。对实践教育的目标、过程和结果进行全程评估，丰富思想政治理论课程的实践教育考核评价内容；在师生以及教学团体之间采取直接评价与间接评价、定性评价与定量评价相结合，不断完善思政课实践教育评价体系，包括评价的标准、方法。通过这一方式强化教师的实践教育能力以发挥教师的指导作用，同时实时监控实践教育质量。

建立思政课教师实践教育能力提升的激励制度。思政课教师自身的积极性和主动性是制约教师队伍实践教育能力和提升实践教育效果的重要环节之一。为激发思政课教师的积极性和主动性，高校应增加提升实践教育能力的经费投入，设立专项实践教育资金，将思政课教师自身实践教育能力的提升与其切身利益相连接，使思政课教师主动地提升自身的实践教育能力。教育主管部门也应对该项目加以关注，加大对实践教育改革创新的支持力度，激励教师队伍积极投身到提升实践教育能力的工作之中。

（二）构建思政课实践教育经验的交流机制

高校需要对思政课教师进一步进行岗位职业教育，加深思政课教师对思政课教育教学内涵的认识以及对工作背景的了解，增加思政课教师的责任感和实践教育的胜任力。在学校之间、校企之间建立定期的交流机制，共同探索提高思政课教师实践教育能力的有效途径和手段。

尤为重要的是，高校应完善思政课教师之间的实践教育交流机制，定期举办经验交流会；建立相互研讨的平台，使思政课教师能够学习有利于自身的实践教育经验；组织教师到实践教育基地观摩访问，挖掘高校内外的优秀思政课实践教育成果在校内推广并采用。

（三）健全实践教育教学体系

高校应健全实践教育教学体系，提升思政课教师的学科实践教育能力。一方面，要强化教学过程中的各个环节，加强管理，改变从前的单一、松散的模式，制定合理的实践教育方法，对实践教育进行改革创新，加大对实践教育的财政投资力度，改变过去的形式主义状态；另一方面，在实践教育的过程中创新实践教育方式方法，在实践教育的过程中增加多媒体技术的应用，建立开放式实践教育的课堂，指导学生运用理论解决现实问题。

建立稳定的实践教育基地，是健全实践教育体系、提升教师实践教育能力的重要一环。高校要与教学实践基地增加互动，打造优质的、高水平的教学团队，注重提高整个教师团队的实践教育能力。地方高校的思政课教师大都是理论知识丰富，欠缺实践教育能力，基本上等于纸上谈兵，理论知识在实践当中没有用武之地，还需要为其提供专门的场所进行检验。为此，既要将有经验的实践教育能力强的专家请来授课，又要定期输送思政课教师到实践教育基地进行培训学习。

地方高校思政课教师的实践教育能力的提升是一个不断地实践、充实、反思、提高、总结的系统综合性工程。要实现思政课教师实践教育能力的全面提升，就需要建立长效的机制，循序渐进，不能一蹴而就，需要多方面的积极参与，共同努力。[3]高校要结合实际情况，结合思政课教师自身的特点，全方位、多途径地提高思政课教师的实践教育能力，以提升整个思政课教师队伍的实践教育能力和应用型人才的培养质量和效果。[4]

注　释

［1］富吉祥．关于提高高校教师实践教学能力的几点思考．教育教学论坛，2014（5）：24—25。

［2］杨春梅．提高高校教师实践教学能力的路径及措施．吉林工商学院学报，2013（3）：97—99。

［3］姚吉祥，等．国外院校提升教师实践教学能力的成功经验及对我国的启示．安徽科技学院学报，2010（5）：59—62。

［4］孙文武．提高专业教师实践教学能力的策略分析．科技创业月刊，2013（8）：127—130。

（作者系淮北师范大学政法学院副教授，历史学博士）

论高职高专院校思想政治教育服务学习模式

单守金

摘　要：服务学习的理论来源于美国。服务学习是一种高等教育和社会相结合的新型范式，契合了高职高专院校思想政治教育变革的需求。服务学习模式是对高职高专院校思想政治教育实践育人模式的新探索。鉴于高职高专院校思想政治教育的工作方式，融合服务学习实践模式的优势，对高职高专院校思想政治教育服务学习模式在学习方式、组织管理等方面进行整体构建。

关键词：高职高专；思政教育；服务学习；模式

思想政治教育在高职高专院校的人才培养中发挥了重要作用，是提高大学生思想政治素质、促进学生综合素质提升和全面发展重要的途径和方式。然而，由于思想政治课程教学偏重于理论知识，在实践性教学中存在片段化问题。如何从思政课程实践、知识与价值建立协同，迫切需要从课堂教学创新上导入社会实践，强化实践育人。服务学习理念坚持“做中学”思想，将教育过程转换为一种做的过程，并从做中来获得知识体验，形成能力。随着高职高专院校思想政治教育实效性研究工作的不断深入，结合高职高专院校思想政治教育特点，引入“服务学习”理论，是对高职高专院校思想政治教育途径创新、效果提升的有效探索。

一、“服务学习”理论的基本内容

“服务学习”理论提出于美国，并不断向加拿大、韩国等其他国家和中国香港、中国台湾等地区传播，在实践中取得了良好的效果。“服务学习”是将服务和学习相结合的一种尝试，强调组织学生积极参加社区服务并在服务过程中实现学习与发展的同步，即将知识学习与社会实践相结合，通过激发学习动力的方式调动学生在专业认同、品质、情感等方面的积极因素，达到对学生的正确引导。“服务与学习密不可分、学习与服务并重是‘服务学习’的主要特征。”[1]通过拓展学习环境、丰富学习资源、增加学习机会等来提高学生的学习积极性，“服务学习”强调育人资源的整合、教育计划的统筹、团队精神的凸显，以此来提高学生的学习效果。具体操作方法：教师和学生共同有准备、有计划地参与社会、校园服务行动，教师结合理论学习内容、进程有针对性地指导、点拨，引导学生积极投身服务活动，以促进学生知识、技能的获得和各方面能力的提高，并在服务社会和他人的过程中培养学生正确的价值观念、社会责任感和团队合作精神。

“服务学习”也是一种学习方式。服务学习的主体部分是社会服务，即教师针对社会实际需要，组织学生进行社会服务活动的设计、实施、评价和修正。学生所参与的学习服务，是有其预定的学习目标的，教师在服务活动开展之前要对学生进行有关问题的背景、知识、要求等教育，在服务活动中要依据学习目标引导学生反思，对服务经验进行总结，以充分实现服务活动的教育价值。服务学习的反思、总结是全方位的，包括知识、思想、行为等各个方面，当然就涵盖了学生的思想政治教育。[2]

二、服务学习为加强和改进新形势下高职高专院校思想政治工作提供了新的思路和理念

随着高等教育大众化发展，大学生思想政治教育面临诸多挑战。对于高职高专院校而言，学生的思想、知识、技能只有实现“齐头并进”，才能培养出适应社会和时代需要的人才，“服务学习”注重大学生个体发展、引导学校教育走入社会、推崇“知行合一”的教育方法，与高职高专院校的人才培养目标是一致的，也有助于解决当前高职高专院校在思想政治教育方面存在的问题。

（一）“服务学习”理论适应高职高专院校思想政治教育的时代要求

引入服务学习是大学生思想政治教育与时俱进和开拓创新的一种有益尝试，符合大学生思想政治教育创新的要求。高等教育的普遍化发展，使当前思想政治教育面临更多挑战，要求高校思想政治教育必须与时俱进，以解决实际问题为中心，满足大学生的迫切需求。服务学习在实施过程中坚持“以人为本”，突出学生个体发展，可充分发挥学生的主动性。服务学习的主题思想是将教育社会化，通过社会实践活动，提升大学生的道德思维能力，继而提升大学生的道德践行能力，这也极易获得社会的认可和支持，进而可以扩大高校思想政治教育的覆盖范围。大学生思想政治教育必须积极回应社会发展和社会问题，鼓励学生去审视社会给人们生活带来的各种影响，思考他们在多元文化中所形成的观点和论断是否客观，创设平台，引导学生用实际的参与和观察去体验如何以不同的想法、观念或模式了解问题的本质，增强思辨能力，重新认识、拓展知识领域，努力承担社会责任，并从中体会社会正义。

（二）“服务学习”理论契合高职高专院校思政课的教学现状

高职高专院校思政课所承担的任务就是加强意识形态领域的教育，帮助大学生树立和践行社会主义核心价值观，形成正确的世界观、人生观、价值观，把立德树人的根本任务落到实处。而要完成这些任务就要帮助大学生正确看待和分析客观存在的各种社会现象，克服各种偏见和错误思想，树立正确的思想意识，这仅靠思政课的理论教学是不可能完成的，必须以实践作为教育的重要补充途径。目前，大部分高校在思想政治理论课实践教学方面进行了积极的探索，积累了许多宝贵的经验，但同时也存在着一些不可忽视的问题。主要体现在以下三个方面：其一，学生参与实践教学不广泛。其二，学生在实践教学中主体性体现不足。其三，学校对思政课教学缺乏有效的反思，难以达到实践育人效果。高职高专院校思政课的服务学习作为实践教学的途径，契合了大学生思想

政治教育的时代要求。服务学习是一种教学模式，它把课程学习和服务实践结合起来，通过精心设计的、系统化的服务学习活动和课程内容相结合，使学生在服务学习的实践中增强体验和实际感受，不断强化对教学内容的认知，增强社会责任感，培养团队精神和奉献意识。高职高专院校思政课的服务学习实践教学以全员参与的劳动服务学习为主体，最大的优势和区别就在于克服了以前实践教学学生参与率低的情况，使思想政治理论教育和劳动实践紧密结合，系统化的组织实施和规范化的考核评价，能克服以往实践教学存在的不足，充分发挥实践环节的育人功能。[3]

三、高职高专院校思想政治教育服务学习模式的探索

服务学习是一种在服务中学习、在学习中服务的学习方式。要将服务思想引入高职高专院校思想政治教育的过程中，亦需要边服务边进行思想政治课程的学习。课堂教学和日常思想政治教育工作是开展高职高专院校思想政治教育的两种主要途径，结合高职高专院校思想政治教育的性质和内容，借鉴服务学习的模式优势，将服务学习与这两种形式结合，可以使高职高专院校开展的思想政治教育“服务学习”模式具有可操作性。

（一）统筹安排课程型思想政治理论教育服务学习

思政课是高职高专院校思想政治教育的主渠道，服务学习与思政课课程教学的融合是高职高专院校思想政治教育服务学习的一种最主要和最有效的形式。思政课程教师应形成团队，重新调整现有课程体系，注重课程的整体规划和环节设计，开发思政课服务学习课程体系：制定课程大纲、进行课程设置，以实现理论的内化与外化、吸收与升华，最终实现优化思政课课程教学的效果。课程大纲重点包括以下几点。一是明确服务活动及其目的。二是强调服务与课程的融合，而非另外填补到课程中的一个单元。说明上课的教学方法、一些必须书写的作业、讨论主题、其他活动等。三是确定社会服务的完成标准：计时（完成服务所必需的时间）或计件（完成一项服务计划即可，不论时间长短）。附上能对社区合作者提供的服务类型，列出可提供服务的社区机构名称、网站、地址及联络人资料。四是明晰考核方式：反思报告。强调考核的重点不在于服务几个小时，而是反思报告及其他发表于讨论活动中的学习和经历内容。明确反思报告的格式、递交时间、课堂汇报模式等。五是说明参与服务项目的激励机制。可设置相关奖项，如优秀学生奖、优秀参与奖、优秀团队奖等。有条件的学校也可设置奖学金，如服务学习单项奖学金或助学金。增强参与大学生的自豪感并增进大学生对思想政治理论教育服务学习的认可。六是公布庆功的时间和庆功形式（颁奖、演出或联欢等）。通过课堂教学，让学生参与一定社会实践服务，实现理论的内化与外化，通过课程学习与社会服务的整合实现思想政治教育效果的最大化。服务学习应着重与高校思想政治教育理论课相结合，改变以往高校思想政治教育理论课单纯说教的形式，使学生学习将理论应用于实践，学会思考与反思，从而达到育人的目的。[4]

（二）统筹安排实践项目型思想政治理论教育服务学习

高职高专院校在开展思想政治教育时，不仅要进行教学活动，还要进行实践活动。通过在实践活动中开展服务学习，可以使高校有计划有组织地将志愿服务活动与思想政

治学习相结合。在有关政策或规定的指导下，高职高专院校有关部门或者大学生都可以对实践活动进行策划和组织实施。与一般性的实践活动不同的是，开展这种服务学习活动，需要有专门和专业的指导教师对学生进行培训和指导，引导学生积极反思，并以此为依据给予学生合理的评价，如此才能有效实现活动的预设目标。日常的思想政治教育工作，主要还是通过志愿服务和社会实践活动等形式体现出来。按照准备、行动、反思、展示/庆贺、评估五个阶段，对原有志愿服务和社会实践活动重视不够或缺少的环节加强补充，引入服务学习的反思阶段和评估阶段，把服务和思想政治理论学习放在同等重要的地位，从而开发成实践项目型思想政治理论教育服务学习模式。具体流程包括：组建思想政治教育服务学习项目团队，对团队学生进行相关知识培训、服务指导和监督，召开讨论会，通过总结会等各种形式引导学生进行结构化反思，组织庆功会或服务学习沙龙，对服务过程和学习效果进行验收和评估，最终给予评价和各种类型的奖励，如大学生的素质学分和服务证明等。

（三）强化高职高专院校思想政治教育服务学习的组织管理

为保证高职高专院校思想政治教育服务学习顺利有效的实施，使服务与学习始终保持着同步发展的态势，以发挥服务学习的巨大效用，需要社会上不同组织团体的引导和协助，同时，还需要建立各种保障措施。首先，在管理体制上，各个高职高专院校应该根据本地区社会结构和各种教育活动的特点，安排专门负责的机构来协助开展服务学习活动。高职高专院校思想政治教育服务学习是一项跨学院（系部）的计划，仅凭个别部门或教师个体的力量是无法实现的。整合学校资源，与校外机构建立合作关系，协调高职高专院校内部机构，是这一计划推广实施的重要动力。为此，需要建立一个隶属于学校层面的服务学习研习中心，并直接由学校给予经费和政策上的支持。服务学习研习中心由校级主管领导负责宏观指导，由中心办公室具体开展各项事务：制定全校性政策、建立服务学习课程教学规范标准及文件、制作服务学习手册、与外部机构建立合作关系的决策权、组织举办服务学习研讨会和专题讲座、培训服务学习教师、召开学习沙龙（分享会、总结会）、人员编制、经费预算、激励机制等。该中心下设课程型服务学习综合处和实践项目型服务学习综合处，负责具体课程和项目的推进和实施。其次，为保证服务学习活动与文化知识学习的充分融合，高职高专院校应该把服务学习彻底地纳入思想政治理论课的教学计划和教学目标当中，并且要定期开展各项服务学习活动。更重要的是必须制定与服务学习活动相配套的规章制度和政策方针，以此来确保服务学习在高职高专院校思想政治教育中的地位，规范服务学习的发展方向，确立服务学习的合法性地位。最后，创新思想政治理论课服务学习的载体。在高职高专院校思想政治教育服务学习发展的过程中，要实现对网络资源的充分利用，在为服务学习提供信息和项目平台的同时，也使其成为研究思政问题、讨论教学计划、达到教学目标的基地，从而使服务学习在多个层面和多角度上实现长远的发展，使知识的流动性以及教学的实效性都可以获得极大限度的发挥与提高，使服务学习真正成为高职高专院校思想政治教育工作中的亮点。

结　语

服务学习在推动高职高专院校思想政治教育改革创新方面有很大的潜力。目前，高校思想政治教育工作改革力度较大，改革目标与服务学习宗旨大体一致，也符合高职高专院校培养技能型人才的目标；思政课教学改革，尤其是课程体系改革势在必行，实践教学的改革力度仍需大力加强；志愿者服务、社会实践、社区服务体系等都为服务学习在高职思想政治理论教育领域的开展奠定了良好的基础。因此，要进一步加强高职高专院校思想政治教育服务学习的环境建设，制定高职高专院校思想政治教育服务学习发展计划，明确高职高专院校思想政治教育服务学习的发展方向，推进实施高职高专院校思想政治教育服务学习模式，提升高职高专院校思想政治教育质量和实效性。

注　释

[1] 刘长海．大学“服务学习”的综合教育价值研究．江苏高教，2008（2）.

[2] 蓝采风，许为民．服务—学习在高等教育中的理论和实践．杭州：浙江大学出版社，2011.

[3] 王岳喜，李洪星．高校思想政治理论课引入服务学习的理论基础探析．思想理论教育导刊，2016（11）.

[4] 向荣，董欣梅．服务—学习手册．北京：中国社会出版社，2011.

（作者系马鞍山师范高等专科学校思想政治理论课教学部副教授，河海大学马克思主义学院思想政治教育专业在读博士）

对高校思想政治理论课若干问题的理性思考

丁文胜

摘　要：为探讨思想政治理论课实效性的实现可能，教师就必须重新认识思想政治理论课的科学内涵及其教学实效性的主要表现。思想政治理论课是一门涉及意识形态教育、价值观教育和众多学科综合的课程。而教学实效性主要表现为学习主体是否感受到知识与见闻的增加，是否学会运用辩证思维去认识周围的世界，形成人与周围世界共存的价值观，是否将课堂中所学的价值观运用到实际的生活中。为提高教学实效性，实践教学，作为一种创新的教学模式，深受学习主体喜爱。

关键词：思想政治理论课；意识形态教育；价值观教育；教学模式创新

根据中央宣传部、教育部《关于加强和改进高等学校思想政治理论课的意见》，高等学校思想政治理论课的教学形式应进行大胆改革，即减少传统的理论教学，增加实践教学的比重，为此，思想政治理论课教学分为理论教学和实践教学两个部分。理论教学主要是教育者利用课堂教学的主渠道，围绕思想政治理论课教学目标对学习主体进行理论教育，提高其思想道德素养和政治素养。更为确切地说，理论教学是师生双方在教学过程中共同探讨与研究既定和形成的理论的科学性与合理性，并以此来指导自己的行动。而实践教学主要利用课外的实践活动，增强学习主体对现实世界的感性认识，将理论与实践相结合，构建意义世界。笔者着重就思想政治课及其教学实效性进行粗浅的探讨。

一、对思想政治理论课的科学理解

（一）思想政治理论课是一门涉及意识形态教育的课程

意识形态是一定阶级或集团的思想家所创造的思想体系，它包括一定的政治、法律、哲学、艺术、宗教、道德等人文社会科学的学说和观点。意识形态具有阶级倾向性，即为哪个阶级和利益集团服务的问题。意识形态属于社会形态中的上层建筑，是为经济基础中占统治地位的阶级与利益集团服务的，由此可知，当前现存的意识形态可分为资本主义意识形态和社会主义意识形态。资本主义意识形态是由资产阶级思想家为维护资本主义制度所创造的思想体系，它通过书籍、影视、课堂、学术交流等媒体和“大众文化”的消费过程对资本主义意识形态进行包装、修饰、改造后渗透到世界各地和生活的方方面面。而社会主义意识形态是由无产阶级思想家为维护社会主义制度所创造的思想体系，主要是指中国化的马克思主义理论体系，即毛泽东思想与中国特色社会主义理论体系。高校思想政治理论课，进行的是社会主义意识形态教育，自觉地用马克思主义立场、观点和方法去认清资产阶级和一切剥削阶级意识形态的剥削实质和自私本性，抵御一切腐朽思想与落后观念，是这门课的魅力所在，但必须认识到意识形态教育是一个潜移默化的过程，不能强行灌输，“不能强迫人接受马克思主义，只能说服人接受”。[1]所以在课堂教学中，要通过阅读经典、展播影视作品、交流探讨、小论文写作、网络观点碰撞等方式，通过师生共同学习，去甄别、分析、思考与判断不同意识形态的形成、发展以及其为哪个阶级或阶层服务，自觉地用实事求是的态度去分析不同性质的意识形态，取其精华，去其糟粕，批判地吸收一切优秀的人类文明成果。

（二）思想政治理论课是一门涉及价值观教育的课程

价值观是人们对自然、社会、人自身所形成相对稳定的基本观点和根本看法。思想政治理论课的价值观教育是指在课堂教学过程中师生共同探讨和研究自然、社会和人自身中存在的文化现象，并在自我经验的基础上促进个体自我发展与人格完善的教育。文化现象，是指一切能够引起人类关注且发现其中存在某种共性或特殊性关系的现象，换句话，价值观不是教育的结果，而是自我生成的结果，教育不过是一种刺激或激发，唤醒受教育者内在的某种潜在力量。其实，价值观教育并不局限于课堂教学，只要有文化现象，就有价值观教育，比如家庭、学校、政府、企业、新闻媒体等社会组织都有意或无意地进行价值观教育，不同的是家庭价值观教育的受众一般只是家庭成员，政府或社会媒体价值观教育的受众却是宽泛的、分散的、不确定的，企业价值观教育的受众虽然稳定，但更多受到科层组织的影响和受制于企业利润与发展战略，缺少自由与独立思考的空间，而学校价值观教育的受众则是固定的、群体的、有针对性的。思想政治课的开设是为了有目的有计划地对学习主体的价值观进行引导。这里的“引导”是指通过对话与交流，教师有意识地帮助学习主体获得一种“唤醒意识”，即人们不是作为一个接受者，而是作为一个认识主体，来获得对他们生活的社会文化现实的深层意识和转变这种现实的能力的[2]。教师引导学习主体的前提是其能用科学理论指导自己的人生，过一种有德性的生活，且拥有丰富的知识和人生经验，以及具有极强的人格魅力。教师要有把握现实世界的能力，即德性，从是非、善恶、美丑观念出发，以一种合乎真、善、美的内在尺度把握现实世界，这不仅表现在善恶是非的识别上，也表现在对自我、他人、社会等等的致善上。[3]

（三）思想政治理论课是一门涉及众多学科的综合性课程

思想政治理论课的教材是教育部和中央宣传部组织编撰的通用教材，政治理论性强、逻辑体系严谨、教材内容具有普遍性，但缺少针对性和层次性。如果教师在教学过程中不加选择地按照教材大纲的要求把教材上的知识点原封不动地传授给学习主体，非但引不起学习主体的兴趣，也会窒息学习主体对具体问题的思考与认识。为此教师要针对不同的学习主体，吃透教材，把教材体系转化为教学体系，也就是说，要把教材的普遍性原理与教学的特殊性相结合。教材内容涉及众多学科，如哲学、政治、经济、文化、道德、伦理、法律、教育、科技等。如果不能用马克思主义的观点、立场和方法对这些学科进行有效整合，就无法深入进行思想政治教育。换句话说，众多学科丰富与发展了当代马克思主义学说，马克思主义学说为学习众多学科知识提供了科学的世界观与方法论。教师可以把思想政治理论课的教材当做一种阅读材料，设计出学习主体感兴趣的问题。问题，是指需要研究解决的疑难与矛盾，而思想政治理论课中的理论问题，是指涉及影响整个社会、人生乃至个人的重大理论难点，并可能引起学习主体思想的困惑与矛盾。而这些问题，不同的学者从不同的学科角度曾经做过系统的研究，他们或积极提供解决问题的办法和途径，或解释问题，并描述问题存在的前提条件或假设，或在研究问题的过程中产生新的问题，并力求寻找问题的答案，而这些学术思想与学术观点可能为我们解决问题提供更多的视角或视域，为此，在设计问题的同时，应考虑的因素有：①是否具有开放性；②是否能实现教学目标；③是否对教学主体有所启发，提高他们的思维能力与认知水平；④是否符合教学主体思维认知特点和思想发展水平。提出问题，目的不在于解决，而在于思考。思考的前提是教学主体双方拥有一定量的知识储备，为此教的主体就必须在课堂上引进不同学科的理论知识，围绕问题展开全面、深入的探讨与研究，以激发学习主体极大的理论兴趣与思考热情。

二、对思想政治理论课理论教学实效性的再认识

（一）对思想政治理论教学实效性的思考

关于思想政治理论课的实效性，有的学者关注的往往是教材中所讲的理论能否入脑入心，能否“真信”的问题；有的学者关注的是学习主体对这门课是否感兴趣的问题；还有的学者从功利的角度指出这门课程不实用，完全没必要开。“真信”涉及的是信仰问题，而不是科学态度问题。科学的态度，在于大胆质疑，小心求证，没有科学思维和科学认识，就没有真知识。再说任何科学理论，不经过实践的检验，或与实践相结合，都是空洞的、抽象的，也就是说：“它们所提供的是一个对特定的情形进行比较的抽象框架，而不是一个对这些情形进行普遍化处理的解释模型。”[4]兴趣，是指人们对某个事物或现象的关注程度或积极的心理倾向，而课堂教学能否引起学习主体的兴趣，主要有三个原因：一是教学内容是他们所需要的，对他们将来就业和未来发展是有用的；二是教学形式生动、活泼、有趣，能引起他们的好奇心与注意力；三是教师的人格魅力，风趣幽默、知识渊博、个性独特都可能引起他们对课程学习的兴趣。但兴趣只是学习的动因，而不能成为教学实效性的内容。再说实用性，是相对的，技能、智力、素质与文化修养都是人生存所不可缺少的构成物。从人的整体素质来说，思想政治理论课是提高人思想道德修养与人文社会修养的重要途径之一。

（二）思想政治理论课教学实效性的具体表现

思想政治理论课的实效性，应表现为三个层次。首先，学习主体是否感受到知识与见闻的增加。其次，是否学会运用辩证思维或批判思维去认识周围的世界，形成人与周围世界共存的价值观，换句话说，既要成为一个独立的个体，又要保持与世界的和谐关系。最后，是否将课堂中所学的价值观运用到实际的生活中，具体表现为：第一，遵纪守法，不做有害于他人、社会、国家的事。第二，对政治、道德、思想、文化等意识形态充满兴趣与热情，积极关注自然、社会发展和国家的前途命运。第三，积极参与社

会，保护环境，热心公益，愿意为民族和国家奉献自己。第四，具有国际主义视野，追求民主、自由，把个人命运、国家命运和人类命运紧紧联系起来。如果学习主体有了这些认识与表现，那么，思想政治理论课理论教学的效果也就达到了。

（三）思想政治理论课教学实效性的功利性批判

从实效性表现来看，思想政治理论课教学不可能在短期内取得令人满意的效果，这是由思想政治教育的内容与特点决定的。首先，思想政治理论课是思想政治教育的主渠道、主阵地，思想政治教育的内容涉及政治、哲学、道德、法律、宗教、文化等诸多学科，同时也涉及人的思维、人的实践活动，是理论与实践、知与行、学与思的统一，仅仅依靠课堂教学无法达到预期的效果。其次，思想政治教育主要是培养人的辩证思维或批判思维能力，以及改造人的世界观、人生观、价值观的教育，而人的思维、思想、价值观是内在的主观意识，不可能通过量化或物化形态直接呈现出来，换句话说，不可能通过量化标准就可以测量其课堂教学效果如何。人的思想改造是一个渐进的、潜移默化的过程，也是一个长期的、反复的学习与实践过程，不可能立竿见影、一蹴而就，为此，思想政治理论课效果好与不好仅仅通过学习主体是否感兴趣或是否“真信”来评价，显然是不妥的。而因为看不到课堂教学效果，而取消思想政治理论课更不可取，这种急功近利的教学评价不仅不利于思想政治理论课的课程建设，也不利于培养学习主体科学的、辩证的思维能力，更不利于学习主体思想改造。“有效的课或者高效的课应该是在单位时间里最大限度地完成了教学任务、达到了教育教学目的（或教学目标）的课。”[5]也就是说，任何教学活动都有其教学任务、教学目的或要求，在完成教学任务、教学目标或要求的基础上，对学习主体思想与认识产生一个潜移默化的影响，教会学习主体运用辩证思维或批判思维去认识现实世界，并把正确的价值观运用到实际的生活中，至于采用何种教学方法或教学手段要根据思想政治理论课的内容来选择，保持内容与形式、感性与理性、兴趣与学习的高度统一，有助于好的教学效果的实现。

三、思想政治理论课实践教学是一种教学创新

（一）什么叫实践教学

实践教学是相对于课堂教学而言，强调从社会实践活动中亲身感受与体验思想政治理论课程所要阐明的科学理论。实践教学不同于实践活动，实践活动着重的是过程本身，即通过个体的参与，解决某个实际存在的问题。尽管实践活动也包含着活动的主题、目的与意义，但这些主题、目的和意义都隐含在活动之中。而实践教学的落脚点是教学，即活动开展之前要设计教学目标、教学重点、难点和安排教学内容。实践活动仅仅是教学的载体或平台，通过实践活动，让学习主体参与其中，重点不在过程，而在活动之后，围绕活动的内容，重构教学内容，突破教材逻辑体系，充分发挥师生的互动式参与，形成鲜活的教学体系。其步骤为：假设意义—讨论、交流、合作—构建意义—作品展示等。实践教学是围绕思想政治理论课的课程内容进行的课外教学，目的在于打破课堂教学自身的局限性，在直观、生动的实践活动中体验、感悟与正确把握理论课的基本概念、原理和相关内容，防止理论说教与强行灌输。假设意义是围绕思想政治理论课

的教学内容进行的，也就是说，思想政治理论课是一个开放的系统，是面向当下世界的逻辑体系，而实践教学是对当下世界的回归，重构意义世界，以完善思想政治理论课的教学内容，拓展学习主体的认知能力、思维能力和创新能力。所谓的意义世界，即刘易斯所谓的“阐释的世界”（The World of Interpretation）[6]，也就是说，当下世界不仅是呈现于感官的现实世界，也是解释的世界，是可以多重再现的世界。另外，实践教学也不同于社会实践，社会实践是指个体为获得某种技能或经验而从事的有组织的社会活动。其目的在于获得技能或经验，而不是实践教学所要完成的意义世界的重构。简言之，实践教学，是通过实践活动这一载体，完成教学所规定的任务，达到教学目标的要求，重构意义世界。

（二）实践教学是教学模式的创新

实践教学不是思想政治理论课课堂教学的有益补充，而是教学模式的创新，与课堂教学共同构成思想政治理论课的主渠道。实践教学改变了课堂上教学主体传统的授课方式，不再对课本进行宣读与讲解，而是从实践活动中领悟课本所阐明的科学道理，将理论运用到实践中去，并在实践中把握理论的科学性与导向性。比如讲到中国改革开放以来所取得的伟大成就，就必须让学习主体到社会生活中感受各地经济发展的强劲势头；比如对学习主体进行爱国主义教育，就必须让学习主体到一些历史博物馆或烈士陵园，“体验”那战火纷飞的岁月，中国人民是如何浴血奋战，如何用血肉之躯保卫我们的家园。实践教学就是充分利用校内外各种社会文化资源，把课堂教学内容与传统历史、当下现实进行耦合，让学习主体从直观生动的现实场景和历史场景中去深刻理解理论所蕴含的生动事实。实践教学的形式多种多样，可以是参观、访问、考察，也可以是调查、参与、演讲、表演节目等，通过这些形式促使学习主体对书本知识的思考与再认识，从而掌握把理论与实际紧密结合起来，把理论转化为行动的力量，把实际的行动转化成理论的再造。所谓“再造”，就是学习主体通过反思、辨别、提炼教材的内容，形成自我的意识形态和价值观念。也就是说，受教育者结合自己的理解与感悟，重构理论的意义。

实践教学主要是围绕思想政治理论课的教学大纲，设计实践教学的教学方案，并结合学校和当地实际情况开展实践教学活动，以达到思想政治理论课所规定的教学目标和要求。实践教学与课堂教学相辅相成，课堂教学侧重的是基本概念、基本范畴、基本原理和基本原则等逻辑体系，主要是以教师的言为主，当然也有师生之间的互动参与，如讨论、思考、启发等，而实践教学侧重的是以感官与行动为主，当然也有教师围绕教材内容进行的意义假设。两者都是为了提高学习主体的思想政治素养和人文素养，培养学习主体的科学精神和探索精神，提高思想政治理论课的针对性、层次性和实效性，实现学与做、学与思、知与行的统一。

总之，思想政治理论课是一门涉及意识形态教育、价值观教育和诸多学科的综合课程。政治理论课的科学定位、准确把握和深度思考，有助于我们提高思想政治理论课教学的实效性，有助于我们的教学活动更好地体现时代性，把握规律性，富于创造性。思想政治理论课要把课堂教学与实践教学有机地结合起来，增进学习主体的学习兴趣和主动参与精神，真正提高思想政治理论课教学的针对性、实效性，这是学校、教师和学习主体共同努力的方向。

注　释

［1］毛泽东选集（第五卷）. 北京：人民出版社，1997：406.

［2］赵祥麟. 外国教育家评传第4集. 上海：上海教育出版社，2002：551.

［3］鲁洁. 超越与创新. 北京：人民教育出版社，2001：281.

［4］［英］尼格尔·多德. 社会理论与现代性. 陶传进译. 北京：社会科学文献出版社，2002：49.

［5］康树元. 论思想政治理论课教学方法和手段的改革. 思想政治教育研究，2012（3）：75.

［6］［美］彼得斯. 交流的无奈——传播思想史. 何道宽译. 北京：华夏出版社，2004：15.

（作者系马鞍山师范高等专科学校副教授）

社会多元背景下思政课教学话语有效性研究

蓝　颖

摘　要：大学思政课教学话语体系目前因其僵化、呆板而遭诟病。特别是在社会多元背景下，互联网信息对大学生的理论认知形成爆炸式冲击，加之社会思潮的侵袭，使思政课教学话语体系面临新的挑战。这就要求高校思政课教师，在新形势下做出新改变，对原有教学理念、内容、方法予以反思、改革、转换，做好对理论的深度阐释工作，使理论为大学生们所掌握，从而坚定共产主义信仰。

关键词：网络时代；社会思潮；思政课教学

高校思政课承担着拓展学生思维方式、修正学生“三观”标准、确立其马克思主义信仰的功能。在21世纪的多元社会背景下，知识大爆炸、信息大爆炸、社会思潮多元化，无形之中对思政课的教学话语体系提出新的要求。如何与时代接轨，如何对以往僵化、呆板的教学话语体系进行改革与转换，如何提高课堂教学的有效性，是新世纪的传道、授业、解惑者所要思考的问题。

一、思政课教学话语之易见偏差

高校思政课由于涉及内容与高中课本多有交叉，理论性较强、可读性较差，对教授者的理论视野、讲授方式提出更高的要求。然而，在现实生活中，由于一些讲授者无法达到理论的要求，这就使“原理课”教学的话语体系存在着多种偏差。常见的教学话语偏差主要表现在以下几个方面。

（一）由于自身条件不足，用贫乏的语言解读抽象的文本，把书本讲成死书本

“原理课”在讲授的过程中，最忌讳的是照本宣科，用贫乏的语言解读抽象的文本。而在现实生活中，这种话语方式经常见到。也因此，教授者无法把抽象的理论还原为鲜活的生活，把书本讲成了死书本。

教师用贫乏的语言解读抽象的文本，原因不外乎这几种：要么是因其知识视野不够、理解能力有限，虽然已尽最大努力，但对理论的解读也只能如此；要么是因其责任心、担当心不足，没有深下力气理解形成理论的实践，而因为不了解、不理解形成理论的实践，就无法把握理论的精髓，无法用大众话语阐释理论，无法把理论应用、还原到新的实践之中。因为无法延伸阐释，就只能以一说一、以二说二地宣讲教材中的理论重点或事件，就会把来自生活的、不断发展的、充溢实践精神的马克思主义当成本本主义，带领学生死读书、读死书，虽然满堂课都在讲授中国近现代的历史，却干巴巴的形

同嚼蜡；虽然满堂课都在讲授马克思主义的概念和范畴，却使学生如坠雾里、不知所云；如此一来，就会把思政课教学弄成了空洞的政治说教，既影响课堂教学质量以及理论的传授，又损害了设置思政课的教学初衷、折损了思政课的名誉。

（二）由于理解偏差或重视不够，把思政课定位成与其他课程同样地位的学科知识

在现实教学中，某些教师把思政课与其他学科理论相同对待，从知识论角度讲授思政课，就会得其形而去其髓，从而把马克思主义庸俗化，弱化马克思主义理论的批判性及其对大学生“三观”的修正作用。

教师若从知识论的角度理解马克思主义的理论，就会把它当做解释性和预测性的知识，就会追求用知识的统一性来验证世界的统一性，就不会把它当做哲学批判的衡量标准和反思尺度；教师若从知识论的角度传授马克思主义，就会无视其思想体系的开放性与发展性，就会把其当做已完成之物的历史事件而忽视、抹杀其当代意义，就不会培养学生运用马克思主义的立场、观点、方法去分析、解决问题的能力。而一旦在思想上把马克思主义当作与其他学科理论相同的知识体系，在现实教学中就会回归“填鸭”式教学的老路，施行灌输式教育；在考核中就会用死记硬背的标准答案衡量学生的学习效果。从而无法使学生领略到马克思主义的思想魅力和智慧，弱化马克思主义理论的批判性及其对学生“三观”的修正作用。

（三）出于自身“饭碗安全”需要，照本宣科，把思政课教学工作定位为传声筒

思政课在传播马克思主义理论、“修正”学生“三观”的过程中，收效最微的时刻是教师为了保住“饭碗”，把思政课教学工作定位为传声筒，在传播理论的过程中不掺杂自己对理论的意见，或是掺杂负面意见。

马克思主义是科学也是信仰，但有一些教师在实际教学工作中，缺乏对科学的求真性要求，也缺乏对信仰的热情与执着。对于学生的疑惑与不解，很多教师拒绝额外解释，却言必称真理，出口就是“真经”，以理论解释理论，以抽象对付抽象，“大盖帽”“带盖摇”，全然不顾及学生的接受能力。对于自己所传授的理论，不解释来源、不分析逻辑，把马克思主义像独断论那样生硬地灌输给学生。出于保住“饭碗”需要，有些老师把思政课教学工作定位为传声筒，按图索骥、照本宣科，“不管你信不信，反正我是信了”，或者“不管你信不信，反正我是说了”，更有甚者，“不管你信不信，反正我是不信”。这种说归说、做归做的方式是对理论传播权威性的最大伤害。

二、社会多元背景下大学生理论认知行为分析

21世纪，由于互联网的普及以及多元社会思潮的侵袭，改变了大学生对理论认知的传统行为方式，并展现出新的特点，同时对“思政课”的教学话语体系提出新的要求。

（一）对网络的严重依赖及上网方式的变化导致理论认知行为碎片化、娱乐化

互联网的普及和上网方式的便捷性从技术层面打开了大学生的视野，同时也切碎了他们的时间，改变了他们对理论的认知习惯，使他们不喜欢长篇大论，不喜欢严肃话题，甚至以娱乐化方式解构理论以及严肃的历史话题。

2018年1月3日，中国互联网络信息中心（CNNIC）发布第41次《中国互联网络

发展状况统计报告》。该报告显示，截至 2017 年 12 月，中国网民规模达到 7.72 亿[1]，并且仍呈上升趋势。事实上，针对大学生对网络的迷恋、依赖程度，本课题组近日也进行了一项问卷调查。此次共发放问卷 380 份，回收 352 份。在回收的问卷中，63.92% 的学生承认自己每天上网时间超过 4 小时，其中 22.73% 的学生坦承每天上网超过 6 小时。这表明，便捷的上网方式已经改变了大学生们的生活、学习方式，已经把他们大块的学习时间切得粉碎。

调查同时显示，27.56% 的大学生在喜爱上网的原因中首选了娱乐性强、刺激、有趣，这是网络行为“泛娱乐化”倾向的一种表现。具有这种倾向的大学生喜欢直白的声色娱乐与追求浅表层面的直接快乐，并经常在对热点事件的娱乐化解构中构建另一种狂欢，以此应对现实人生的沉重感。在这种新媒体的滥觞中，人的认知活动、娱乐活动都随之“碎片化”，旧有的整体历史意识被瓦解。

（二）在对多元社会思潮的审视中更倾向于“感情用事”

在互联网时代，正统理论教育因枯燥、乏味，为大学生所不喜，所以，以愤青心声、心灵鸡汤、开心段子等形式包装的社会思潮一经出现就为大学生们所接受，并于谈笑、狂欢解构间影响大学生们的价值判断。

社会思潮通常是指在某一时期内，在某一阶层或群体中影响较大、流行较广的理论观点或思想潮流。在现实生活中，社会思潮通常附着于社会热点事件，以其时效性强、关注度高、观点标新立异等方面吸引受众注意力。其要么通过思想构建、事实认同等理性方式与受众价值标准达成一致，要么通过感知、情绪认同等非理性要素影响受众心理，而这种非理性因素更易被青春期的大学生所接受，与网络娱乐化倾向相呼应，把这种娱乐化的解构狂欢当做情绪宣泄方式。此外，大学生心理意识不定型，知识、视野有限，因“理论基础的缺乏使得他们对社会思潮的实质缺乏足够认识”[2]，易把看到的“说法”或被杜撰出来的观点直接当做事实来接受，进而影响大学生的理性判断。这一点在对历史事件的评判中表现得尤为明显。

（三）对思政课理论的理解停于表面、似是而非、疏于应用

大学生们在中学时代大都学习过思政课的相关内容，虽然不够全面、深入，但对基本概念也有大略认知。只是，他们对理论的理解也大多停留于概念层面，疏于应用。

事实上，绝大多数大学生中学时代不仅学过思政课的相关内容，还在高考的压力下进行过反复记忆，及至大学，仍然要重点学习思政课，此时，教学方式稍有不当，就会让其产生逆反心理，从内心排斥理论，最后把理论学成“夹生饭”，似是而非，概念与应用、实践相脱离。比如，在讨论马克思主义哲学是不是意识形态时，全体同学一致说是；在讨论西方哲学是不是意识形态时，就有同学开始迟疑；而在讨论热播韩剧《太阳的后裔》是不是意识形态时，全体同学都说不是。在对照概念“意识形态是指反映社会的经济关系、阶级关系的社会意识，主要包括政治法律思想、道德、艺术、宗教、哲学”[3]后，仍有同学表示怀疑，不理解，要求对这个男主角是维和军人的爱情剧为什么是意识形态详细进行解释。也就是说，在论及概念时，大家都知道“意识形态”；在论及概念的内涵时，一部分同学能够了解；在分析概念的具体应用时，则很少有同学能够

把握。在这个过程，中国的某些影视、艺术作品因“正襟危坐”、说教气息浓郁，更易被同学们识别或排斥；而手撕鬼子等过分夸张的表现方式更是使学生不再相信那段历史。

三、思政课教学话语应跟上时代的节拍

马克思主义既是时代的产物，也是时代精神的精华。在思政课的教学中，教师既要提升觉悟、改变自己僵硬的话语体系，又要坚持理论联系实际，贴近生活、贴近学生。对于多元社会背景下大学生理论认知行为方式的变化，一方面用生动、形象的阐释方式吸引其兴趣点；另一方面，则要引导、改变他们对理论认知的方式，使之更科学、更理性，而非一味盲目地加以拒斥。

（一）在理念上坚定立场，以核心价值观为引领，而非刻意回避或渲染理论与意识形态的关系

以社会主义核心价值引领价值观，既是对听课学生的要求，也是对授课教师的要求。正人先正己，教师只有自己在思想上成熟，才能引导学生前进。理论教学不应沉沦于当下的现实，不应回避客观存在的社会问题。哲学本身就是有党性的，因而不用刻意回避或渲染理论与意识形态的关系。越刻意回避，对学生来说则越是神秘，直接导致学生不愿相信。我们不妨原原本本地展现给学生，让其进行理性判断。授人以鱼不如授人以渔，互联网时代信息爆炸、社会思潮多元，教师与其直接说哪些信息不真、哪些思潮有害，不如教授学生自己识别的方法。再者，在信息大爆炸的网络冲击面前，在各种社会思潮的侵袭面前，大学生就算被其影响，也只是在感知、情绪层面，因其摇摆性而具有可塑性。这时，教师需用理性引导，用社会主义核心价值引领大学生的价值判断。

（二）在内容上以简化繁，理论联系实际，实事求是，一切从实际出发

歌德在《浮士德》中有句名言：理论是灰色的，唯生命之树常青。这句话可以说是对理论特性的总结，也可以说是对理论去向的指引。实践—认识—实践、实际—理论—实际，这是认识运动的基本规律，也应是思政课授课话语体系的立足点。

理论若要发挥指导作用，必须是来自实践，并随着实践的发展而发展。这就要求“原理课”教学的话语体系也需随之不断发展，既能把握形成理论的实践，又能把握理论将要指导的实践。对于生活来说，理论是X光片，虽然是灰色的，但可透视其内在的机理与病灶，对现实施行指导作用；对于理论来说，生活是生命之树，丰富多彩，如果没有生活，理论也将不复存在。基于此，列宁在延伸的意义上引用歌德的名言，同时指出，我们必须考虑现实生活的生动性，而非死抱着昨天的理论不放。我们党反复强调推进马克思主义中国化、时代化和大众化，目标都是理论不致离开生活。而教师在讲授思政课的过程中，更要注意理论联系实践。唯如此，理论才能掌握群众，才能为大学生们所喜欢，才会转化成改造社会、改造自然的物质力量。

（三）在方法上与时俱进，把新潮的话语、前卫的技术手段与理论的阐释结合起来

在21世纪，教师阐释理论的方法也要与时俱进，这体现在富有时代气息的鲜活语言上，也体现在对某些传统概念的重新解读上。在对鲜活语言的使用上，不要进行主观

排斥，先入为主地看轻流行语、网络用语，事实上，它们都是思维的外壳，都是对现实生活的反映。前卫的技术不仅包括体现在物质层面的技术，也包括阐释的手法、解释的对象。目前流行的微课、慕课是一种阐释手法，各种新电脑软件的应用是一种阐释手法，用花样翻新的现实载体阐释理论也是一种阐释手法。比如说，我们在阐释意识形态理论时，若以最新的电视剧、电影、话剧、小品、广告和漫画为解释对象，自然能吸引大部分学生的关注。并且，在宣传社会主义核心价值观的过程中要摒弃往昔的简单粗暴批判，避免使用苍白无力的口号与说教陈词，寓教于乐，对国外好的教育形式也要予以借鉴。比如热播韩剧《太阳的后裔》中这样的一个细节就引人深思：在异国他乡的军事基地，军人男主角和医生女主角正在吵架，国歌突然响起，两个人一个立正敬军礼，一个肃立以手扪胸，夕阳西下，画面相当唯美。这既是在表现爱情，也可以说是一种爱国主义教育，只是植入得非常精当细腻，毫无违和感，也不会引起大学生的逆反心理，根本不用费那么大劲儿去手撕鬼子，就能做到事半功倍。

总之，在社会多元背景下，教师教授思政课的话语体系亟须改变。于内，完善自身，加强理论素养；于外，沟通社会，理论联系实际。只有这样，才能使理论为大学生们所掌握，达到思政课教育设立的初衷，坚定其社会主义信仰。

注　释

[1] 中国互联网络信息中心．第 41 次中国互联网络发展状况统计报告．http：//www. cac. gov. cn/2018 －01/31/c_ 1122347026. htm.

[2] 佘双好．当代社会思潮影响大学生的特点与应对方法．学校党建与思想教育，2010（4）（中）：6.

[3] 马克思主义基本原理概论．北京：高等教育出版社，2018：109.

（作者系玉林师范学院马克思主义学院副教授，哲学博士）

系统思维视角下十九大精神“三进”工作研究

刘　双

摘　要： 十九大精神“三进”工作需要与时俱进，不断创新。系统思维视角下推进十九大精神“三进”工作，就是把“三进”工作看作一个整体系统，充分考虑系统自身的整体性、层次性和开放性，将各个教学环节有机协调，有效组织，凸显十九大精神“三进”工作的系统性和旺盛生命力。可以从学科建设、教学模式、教师队伍三个方面联动，为十九大精神“三进”工作创新提供有力保障。

关键词： 党的十九大精神；“三进”工作；系统思维

党的十九大，是我国在全面建成小康社会决胜阶段、中国特色社会主义进入新时代的关键时期召开的一次十分重要的会议。推进党的十九大精神“进教材进课堂进头脑”（以下简称“三进”）工作，用习近平新时代中国特色社会主义思想武装大学生头脑，是高校思想政治理论课当前和今后一段时间的重要任务。十九大精神“三进”工作是一项务实工程，需要根据新时代发展与时俱进，不断创新，增强“三进”工作的时代性与感召力，给予学生更多获得感。

一、新时代需要十九大精神“三进”工作不断创新

党的十九大报告指出：“中华民族伟大复兴的中国梦终将在一代代青年的接力奋斗中变为现实。”[1]大学生是中国建设社会主义现代化强国最重要的参与者和见证者，更是最直接的受益者。新时代大学生对十九大精神的学习和贯彻情况如何，不仅关系到大学生个人的思想理论水平，更关系到中华民族伟大复兴中国梦的实现。新时代大力推进十九大精神“三进”工作不断创新，就是从建设新时代中国特色社会主义的宏伟蓝图出发，充分认识十九大精神进思想政治理论课的必要性、重要性与迫切性。

习近平同志在全国高校思想政治工作会议讲话中提出：“思想政治工作关系高校培养什么样的人、如何培养人以及为谁培养人这个根本问题。”[2]高校思想政治理论课肩负培育德智体美全面发展的新时代中国特色社会主义事业建设者和接班人的重大任务，是高校对大学生进行思想政治教育的主渠道，必须坚持正确政治方向。结合思政课宣传党的十九大精神，指导学生真正读懂十九大报告蕴含的新内容、新思想、新理念，是高校思想政治理论课建设的应有之义。2017 年《中共中央关于认真学习宣传贯彻党的十九大精神的决定》提出，要深入学习宣传贯彻党的十九大精神，把全党全国各族人民的思想统一到党的十九大精神上来，把力量凝聚到党的十九大确定的各项任务上来，其中特别

强调："作为学校思想政治教育和课堂教学的重要内容，组织开展对相关教材修订工作，推动党的十九大精神进教材、进课堂、进头脑。"

我国在推动大学生学习贯彻中央有关重要精神的"三进"工作中已经积累了许多经验。这一方面体现出党中央对高校思想政治工作的高度重视，另一方面也是大学生成才成长的客观需求。特别是党的十八大以来，"三进"工作不断创新，取得了可喜成绩。教材建设与时俱进，不断体现时代感与教学适用性；全国各高校不断完善总体教学布局，推动中央重要讲话精神"进课堂"，各省都涌现出一批"精彩一课"；强化"问题"意识，狠抓教学质量，推动讲话精神扎实"进学生头脑"。推进十九大精神"三进"工作依然要发扬优良传统，因时而进，不断创新。抓紧"习近平新时代中国特色社会主义思想"这个重大理论创新，与党和国家过去所取得的工作成就和历史性变革结合起来，与新时代党对未来事业发展的大政方针和有关文件精神结合起来，与新时代思政课教学规律和学生成长规律结合起来，把十九大精神系统融入高校思想政治理论课的学科建设、教材建设和教学体系建设等各个方面，不断创新教学思维、教学内容与教学方法。引导学生正确认识中国特色社会主义新时代，全面了解新时代中国特色社会主义发展的战略安排，以马克思主义思想武装学生头脑，培育新时代中国特色社会主义建设者与接班人。

二、以系统思维创新十九大精神"三进"工作

系统思维是系统科学彰显的一种整体性思维方式。具体说来，就是一种把对象看成多要素有机结合的整体，从要素之间、要素与系统之间以及系统与环境之间的相互作用着手，分析并最终最优化地处理问题的科学思维方式[3]。以系统思维创新党的十九大精神"三进"工作，就是把"进教材、进课堂、进学生头脑"看作一个整体系统，充分考虑系统自身的整体性、层次性和开放性，完善各个教学环节，凸显十九大精神"三进"工作的系统性和旺盛生命力。

（一）十九大精神"三进"工作具有整体性，要以立德树人作为推进工作出发点，把握学生"真思想"

系统思维的第一要义，是从整体上认识和解决问题。十九大精神"三进"工作是一个整体系统，最终目标是实现立德树人，需要从整体上进行思考和设计。

第一，把十九大精神"三进"工作作为系统来认识，运用系统思维认识"三进"工作的整体性。十九大精神"三进"工作包括"进教材、进课程、进学生头脑"三个方面，在这一工作系统中，"进教材"处于基础性地位，思政课"2005 年方案"把全国高校思想政治理论课教材建设纳入中央马克思主义理论研究和建设工程重点教材系列。十多年的教学实践表明，"全国一盘棋"的教材建设优势非常突出。国家可以根据社会发展与中央精神，及时组织专家认真修订教材。"进课堂"是"三进"工作的中间桥梁，实际教学过程中，教材体系需要通过"进课堂"实现向教学体系的转换，这一转换是否到位，关系到高校思想政治理论课的育人目标能否真正实现。"进学生头脑"是十九大"三进"工作的落脚点和归宿。只有真正实现十九大精神"进学生头脑"，才能体现"进教材"和"进课堂"的价值与意义。

第二，要把立德树人作为“三进”工作的出发点，把握学生的“真思想”。这不仅涉及教学方法改革，更是一种教学理念创新。其创新性主要表现为三个方面：一是突出十九大精神“三进”工作的主体性意识。把握学生思想问题，注重解决问题，增强教学主体针对性。二是抓住学生思想主要矛盾，推进十九大精神“三进”工作紧扣思政课的思想传播作用，抓主要问题、重点问题和难点问题，提升实效。三是增强学生获得感，关注学生“所思、所感、所想、所得”。把十九大报告提出的新思想、新论断、新内容和新战略与学生思想结合起来，用身边事去解读十九大报告，用学生事去践行十九大精神，以思想的魅力感染学生，激活教学。

（二）十九大精神“三进”工作具有层次性，需要系统协调各门课程，实现十九大精神与教学内容自然融合

十九大精神“三进”工作的层次性不仅取决于“进教材、进课程、进学生头脑”三者之间的内在逻辑关系，也与不同思政课程的教学内容密切相关。目前高校本科生思政课由四门必修课程与一门形势与政策课（专科生的思政课只包括其中的两门必修课和形势与政策课）构成一个完整的课程体系。每门课程教学内容各有侧重，教学特点各异，课程之间呈现明确的层次关系。其中“马克思主义基本原理概论”课程是基础，“毛泽东思想和中国特色社会主义理论体系概论”课程是重点，“中国近现代史纲要”课程是主线，“思想道德修养和法律基础”课程是落脚点，“形势与政策”课程是对学生进行形势政策教育的视野与关注。十九大精神“三进”工作需要全盘统筹，系统协调不同课程之间的推进工作，实现有效分工，避免重复与冗赘。

马克思主义是习近平新时代中国特色社会主义思想的理论来源。中国共产党第十九次代表大会科学总结过去五年中国特色社会主义建设取得的历史性成就及经验，提出习近平新时代中国特色社会主义思想。新时代中国特色社会主义思想对新形势下党和国家事业发展的重大理论与现实问题作出了新的回答，对全面实现社会主义现代化作出了新的战略谋划，在中国特色社会主义伟大实践基础上进一步推动理论创新，开辟了马克思主义中国化新境界。推进十九大精神进“马克思主义基本原理概论”课程，重点就要把握马克思主义与时俱进的理论品质，体现习近平新时代中国特色社会主义思想与马克思主义一脉相承的关系，运用马克思主义的世界观和方法论，向学生阐释马克思主义在新时代的生命力和实践特色。

“毛泽东思想和中国特色社会主义理论体系概论”课程在党的十九大精神进思想政治理论课工作中承担最直接的任务。课程教学应体现当前我国社会所处的历史方位，帮助学生深入理解中国特色社会主义新时代；充分体现十九大关于“中国特色社会主义进入新时代”的总体依据、基本方略以及党所面临的历史使命。其中应从“历史新起点”“理论新建树”“发展新目标”“矛盾新变化”等方面引导学生正确认识我国社会所处的历史方位，明确指出中国特色社会主义进入了新时代；阐明新时代中国特色社会主义举什么旗、走什么路、担负什么样的历史使命、实现什么样的奋斗目标等问题；体现“两步走”战略安排与“三步走”战略安排在时间划分、目标完善等方面的不同之处；增加建设新时代中国特色社会主义在经济、政治、文化、社会以及生态文明建设中的新部署；体现“人类命运共同体”思想；坚定从严治党等。在对新思想、新观点、新战略、

新举措的讲授过程中阐明中国共产党“为中国人民谋幸福，为中华民族谋复兴”的初心和使命。

其他课程也要结合内容特点，体现十九大精神“三进”工作的层次性。“中国近现代史纲要”课程侧重于引导学生以发展的眼光看待中华民族从“站起来”“富起来”再到“强起来”的发展过程，认识中国社会革命、建设以及中国特色社会主义进入新时代的历史进程，了解国情、国史，深刻领会中国人民选择马克思主义、选择中国共产党、选择社会主义、选择改革开放的历史必然性。进一步帮助大学生认识坚持和发展中国特色社会主义是实现中华民族伟大复兴必由之路，坚定走中国特色社会主义道路的信念与决心。对于“思想道德修养和法律基础”课程来说，十九大报告既是教学指南，又是教学重要内容，更是提振大学生自信心和开展爱国主义教育、集体主义和社会主义教育的最新材料库。将十九大报告重要观点和主要内容融入教学过程，提高大学生思想政治觉悟、道德素质、文明修养。引导大学生认识社会主义核心价值观是社会公民价值观的“最大公约数”，并通过教学改革，使之内化于心，外化于行。“形式与政策”课程与四门思政课同等重要，主要侧重于以讲座方式对十九大精神做专题化解读，开阔学生视野，提升大学生马克思主义理论水平和分析能力，增强大学生建设新时代中国特色社会主义的信心和社会责任感，鼓励学生为实现中国梦贡献青春力量。

（三）十九大精神“三进”工作具有开放性，需要围绕课堂主阵地，系统扩充第二、第三课堂

系统思维的开放性是指凡是系统都是开放的，都要与外部环境进行物质、能量和信息的交换，从而逐步从低级有序走向高级有序，实现系统自身的生存和发展。[4]从系统思维的开放性出发，推动十九大精神“三进”工作，需要在强调思政课堂主渠道的同时，系统扩充第二、第三课堂。

一是优化教学设计，构建满足学生期待的内容体系。科学的教学体系符合学生需求，不仅可以实现十九大精神和思想政治理论课的自然融合，还可以提升学生学习十九大精神的实效性和持久性。十九大精神“三进”工作要牢牢把握“四个服务”意识，坚持“为人民服务，为中国共产党治国理政服务，为巩固和发展中国特色社会主义制度服务，为改革开放和社会主义现代化建设服务”[2]，优化和设计教学内容。重视讲透讲活十九大报告的理论内容，准确阐释新时代中国特色社会主义思想包含的丰富理论内涵，最大限度地满足大学生的理论学习需求。结合思政课各门课程内容，坚持读原著、学原文、悟原理，学深悟透。紧紧围绕建设新时代中国特色社会主义伟大实践，探讨现实问题，让大学生掌握思想的力量。

二是系统拓展第二、第三课堂，种好自己的责任田，与思政课堂同向同行，形成协同效应。第二、第三课堂包括网络文化课堂、党建课堂、社会实践课堂、校园文化课堂等，在多个课堂的系统合作中推进十九大精神“三进”工作创新。网络文化历来是高校加强和改进大学生思想政治教育工作的重要载体，特别是当前“微时代”的到来，对高校思想政治教育工作提出了全新的挑战和更高的要求[5]。很多高校都积极推动“网络思政”，探索“十九大精神＋互联网＋大学生思想政治教育”的新路径，用网络传播正能量，不断拓展十九大精神“三进”工作的新空间。高校党建是大学生思想政治教育的重

要依托，不断吸引优秀大学生入党并高度重视学生党员的思想入党，增强大学生对十九大精神的理论认同、情感认同和政治认同。社会实践是大学生践行十九大精神的重要平台，大学生对党的路线方针政策的学习，对社会主义核心价值观的认同，最终都要落脚于大学生服务祖国服务人民的社会实践过程，对于培养大学生社会责任感、提升解决问题能力，具有不可替代的重要作用。校园文化是思政课堂的必要延伸，和谐健康的校园文化，可以促进十九大精神“进学生头脑”更好落地生根。

三、三方面联动，为推进十九大精神“三进”工作创新提供系统保障

推进十九大精神“三进”工作创新还需要强有力的保障系统，实现学科建设、教学模式创新和教师队伍建设三方面联动，不断提升十九大精神“三进”工作创新的质量和水平。

（一）加强学科建设，为推进十九大精神“三进”工作创新提供学科支撑

十九大精神“三进”工作与马克思主义理论学科建设密切相关，需要加强学科建设，把学习宣传十九大精神纳入马克思主义理论学科系统，加强对十九大精神的科学研究。2012 年《关于进一步加强高校马克思主义理论学科建设的意见》已经明确指出要深入研究马克思主义在当代发展中的重大问题；深入研究中国特色社会主义理论与实践中的重大问题；深入研究思想政治理论课教育教学中的重点难点问题。这就要加强对马克思主义理论的科学研究，为教学提供科研支撑，这是推动十九大精神进思想政治理论课的前提。

应加强对十九大基本理论、重要观点和重大现实问题的关怀和研究。十九大报告是马克思主义中国化的最新成就，报告中提出的新思想、新观点、新战略、新举措引起广泛关注。十九大报告指出，中国特色社会主义进入了新时代，这是我国发展新的历史方位。新时代，中国共产党应当贯彻新的发展理念，开启全面建设社会主义现代化强国新征程，这些都对我们学习十九大报告提出了内容要求。研究十九大精神，就是要运用历史眼光认识社会发展规律，把握前进方向，把十九大报告中出现的新思想、新观点、新战略、新举措放到建设中国特色社会主义的历史长河中学习。不仅要学习马克思主义经典著作，而且要熟读我党经典文献，特别是改革开放四十年来党的诸多重要文献汇编，系统了解中国特色社会主义的形成与发展轨迹。同时，对十九大精神的学习和掌握，要与过去五年的改革实践相结合，与实现中华民族伟大复兴的中国梦相结合，从中体会十九大报告提出系列新思想、新观点、新战略、新举措的现实针对性与指导意义。

（二）遵循教学规律，创新教学模式，为推进十九大精神“三进”工作创新提供方法论支撑

推进十九大精神“三进”工作创新，需要遵循思想政治理论课教学的科学规律，不断探索符合大学生成长规律的教学方法。对于规律的重要作用，恩格斯说过：“自由不在于幻想中摆脱自然规律而独立，而在于认识这些规律，从而能够有计划地使自然规律为一定的目的服务。这无论对外部自然的规律，或对支配人本身的肉体存在和精神存在的规律来说，都是一样的。”[6] 为了准确把握思政课教学规律，在 2017“高校思想政治理论课教学质量年”中，有关专家做了广泛调研。具体来讲，思想政治理论课的教学规律

包括“思想政治理论课教学中传授知识与传递价值统一渗透的规律；认识反复、思想提升和价值观念转换的规律；博采众长、因时而化、稳中求进的协同规律。”[7] 推进十九大精神进思想政治理论课，教师就要运用理性思维把握教学规律，让尊重规律成为教学常态，科学处理十九大精神进思想政治理论课的教学目的、实践本质和各种教学活动的关系，更好地保障十九大精神“三进”工作创新的质量和水平。

在尊重规律基础上，教师需要不断创新教学方法，正确处理课堂灌输与流行元素之间的辩证关系。在十九大精神“三进”工作中，因为学生自身对十九大精神不甚了解，因此课堂教学需要坚持必要的灌输。灌输是把先进思想输送到学生头脑，并不是指教学方法上的机械性。恰恰相反，为实现教学目标的灌输，需要在教学模式上与时俱进。在2017年思政课大调研活动中，我们发现了许多好的教学方法：研讨式教学法突出问题导向[8]；翻转课堂致力于师生之间的“合奏和鸣”[9]；微电影模式创新实践教学[10]。所有这些科学的教学方法都符合大学生成长规律，为推进十九大精神“三进”工作创新提供了很好的经验借鉴。教师作为推进十九大精神进思想政治理论课的基层实践者，从规律出发，发挥教学能动性，不断研究教学艺术，为推进十九大精神“三进”工作创新提供科学的方法论支撑。

（三）强化教师队伍建设，为推进十九大精神“三进”工作创新提供队伍支撑

为推进十九大精神“三进”工作创新提供系统保障，教师是重要因素。打造一支有理想、有理论、有活力的思政课教师队伍，教师自身要明道、信道，坚持自身先受教育的原则，努力成为十九大精神的学习者、研究者、宣传者、中国共产党的坚定支持者，为学生健康成长担负引路人的责任。

1. 树立坚定的理想信念

思政课在我国备受关注，是意识形态性与政治性相统一的课程[11]。思政课堂不仅传播深邃的思想，更具备鲜明的意识形态性质。思政课教师要自觉维护正确意识形态，不做错误思想的传播者、煽动者、跟风者，以实际行动做新时代中国特色社会主义事业的坚定支持者。自觉拥护习近平新时代中国特色社会主义思想，拥护以习近平同志为核心的党中央的领导，坚持课堂教学纪律性，不在课堂或课外传播错误言论。

2. 夯实理论素养

习近平同志在全国高校思想政治工作会议上的讲话指出：“高校教师要坚持教育者先受教育，努力成为先进思想文化的传播者、党执政的坚定支持者，更好担起学生健康成长指导者和引路人的责任。”[2] 教师自身要解决好内功问题，对自己高标准、严要求，扎扎实实地学习十九大报告，提升理论素养。不仅在课堂上对十九大精神做基本理论阐述，同时要把学习十九大精神纳入自身学术研究领域。对马克思主义中国化的最新成果做历史回溯，对重大现实问题做思想解读，善于汲取不同学术思想，关注学术争鸣，在百花齐放的学术氛围中提升自己的理论素养。以理论素养滋养课堂教学，打造有温度、受欢迎的思政课堂。

3. 善于创建有活力的思政课堂

思政课堂作为推进十九大精神进思政课的主阵地和主渠道，教师应遵从当代大学生成长规律，满足新时代大学生学习期待，在改进中加强，以“青春范儿”的教学方式打

造有活力的思政课堂。特别是要关注新时代大学生“网络原住民”的身份，创新思政课话语体系，谈好中华民族话、说好当代学生话，讲好新时代中国故事。

注 释

[1] 习近平．决胜全面建成小康社会　夺取新时代中国特色社会主义伟大胜利．人民日报，2017-10-19 (01).

[2] 习近平在全国高校思想政治工作会议上强调：把思想政治工作贯穿教育教学全过程　开创我国高等教育事业发展新局面．人民日报，2016-12-09 (01).

[3] 魏磊．用系统思维分析思想政治教育与文化软实力的内在统一性．系统科学学报，2011 (11)：57—60.

[4] 周杨．系统思维视域下的“五位一体”总体布局解读与建设．系统科学学报，2014 (2)：48—52.

[5] 薛秀娟．“微时代”背景下高校思想政治理论课的系统改革．系统科学学报，2017 (5)：84—87.

[6] 马克思，恩格斯．马克思恩格斯选集，第3卷．北京：人民出版社，2012：491—492.

[7] 宇文利．努力掌握并用好思想政治理论课教学的科学规律．思想理论教育导刊，2017 (9)：139—143.

[8] 聂智．论高校思想政治理论课基于问题导向的研讨式教学模式的建构．思想理论教育导刊，2017 (9)：126—130.

[9] 李蕉．给教学“留白”：基于思政课“翻转课堂”的几点思索．思想理论教育导刊，2017 (9)：120—123.

[10] 沙占华．微电影教学：高校思想政治理论课实践教学的创新形式．思想理论教育导刊，2017 (9)：130—133.

[11] 陈文泽．论高校思想政治理论课意识形态性和学术性的统一．思想理论教育导刊，2010 (6)：65—69.

（作者系福建江夏学院马克思主义学院副教授）

专业文化课程的开发：课程思政的一种可行路径

李峥钰

摘　要：思想政治工作至关重要，高校迫切需要一种全程育人、全方位育人、全员育人的“大思政”工作格局出现。“课程思政”的理念与实践则恰如其分。课程思政的推进可从思政课程、专业课程、专业文化课程三方入手。思政课是基础、专业课是主体、专业文化课是桥梁，三者合力推动大思政格局的构建。思政课、专业课定位清晰，而担当桥梁作用的专业文化系列课程的开发也是课程思政的天然成员，这一课程到底为何、如何开发，已成当务之急。

关键词：课程思政；专业文化；课程开发

当前，思想政治工作的重要性毋庸置疑，高校迫切需要一种全程育人、全方位育人、全员育人的“大思政”工作格局出现。“课程思政”的理念与实践则恰如其分。习近平同志在全国高校思想政治工作会议上讲话指出：“做好高校思想政治工作，要因事而化、因时而进、因势而新。要遵循思想政治工作规律，遵循教书育人规律，遵循学生成长规律，不断提高工作能力和水平。要用好课堂教学这个主渠道，思想政治理论课要坚持在改进中加强，提升思想政治教育亲和力和针对性，满足学生成长发展需求和期待，其他各门课都要守好一段渠、种好责任田，使各类课程与思想政治理论课同向同行，形成协同效应。”课程思政构建的出发点就是要使各类课程与思想政治理论课程同向同行，形成协同效应，共同推进高校思想政治工作，实现全程育人、全方位育人、全员育人，旨在所有课都蕴含思政元素、所有老师都担负起德育任务，构建全员、全课程的大思政教育体系。那么，课程思政何以可能？该如何建构？基于此，专业文化的课程开发与建设或许为课程思政的推动提供了一种可行路径。那么专业文化课程又是什么，又该如何开发与建设？

一、课程思政何以可能

课程思政是指高校所有课程都融入思政元素、所有教师都承担德育责任、所有环节都蕴含育人功能，实现立德树人润物无声。如此一来，课程思政说到底即解决知识与道德的同一性问题。课程思政何以可能，也即知识与道德的同一性何以可能。长期以来教育重知识轻德育，今天在全面推进高校思想政治工作的大环境下此问题才显得如此突兀。古今中外，知识与道德的同一性，不乏论述者。古希腊苏格拉底讲“美德即知识”，认为知识既然能带来理性的认知，必然会带来美德，引导其向善和美，由于无知，才认识不到善。康德在《实践理性批判》中也讲道："世界上有两件东西能震撼人们的心灵：一件是我们心中崇高的道德标准，另一件是我们头顶上灿烂的星空。"这一经典名言一直以来被人们传颂，既诗意满满，又哲理深刻，耐人思索。一定意义上，它同样简述了道德与知识的同一性，头顶上的星空是一种必然，实为知识与理性，心中的道德律则指向道德，是追寻自由所必需的，二者同向同行。意大利文艺复兴诗人但丁在《神曲》中讲"人不能像走兽那样活着，应该追求知识和美德"，直指二者的同一。日本近代著名的启蒙思想家福泽谕吉更是直截了当地讲到"文明可以说是人类智慧的进步"。我国唐朝韩愈《师说》讲"传道授业解惑"，传道、授业、解惑，三个并列而行，一定意义上，传道传的就是道德，授业授的就是知识。明代著名哲学家思想家王阳明的"知行合一"，知是行之始、行是知之成，以道德带动知识，在实践中完成人格修养，以达内圣外王之功。同样，今天，习近平同志讲"各类课程与思想政治理论课同向同行，形成协同效应"，也是寻求知识与道德的同一性。既然知识与道德同一，那么健全的教育就不仅包含知识的"授业"，更包含具有价值引领意义的"传道"。显然，传统上思想政治理论课承担了相当一部分道德涵养的功能，而专业课与其他各门课则为知识传授的主渠道，各不相干、各司其职。而此时要健全教育、使各类课程与思政课程同向同行，必须处理好道德涵养与知识传授的关系，每个专业每门课程每位老师不仅授业还要传道。

其一，思政课。思政课程以其较强的政治性立足于马克思主义的真理性及马克思主义中国化的理论与实践的正面讲授。应注重思想政治理论课自身的教育教学创新与改革，提升思想政治教育亲和力和针对性，发挥其主渠道的作用。主要课程有"思想道德修养与法律基础""毛泽东思想和中国特色社会主义理论体系概论""马克思主义基本原理概论""中国近代史纲要"以及"形势与政策"。通过系统性的讲授，引导学生树立正确的世界观、人生观和价值观，不断提高学生对思想政治理论课的获得感，增强道路自信、理论自信、制度自信和文化自信。

其二，专业课。各门专业课充分发挥本专业的自身特色，不断引导专业教师对本专业本学科领域的价值与使命的深入挖掘，利用社会热点问题，创设教学情景，提炼出爱国与敬业、公正与法治、文明与和谐等要素，激发学生专业学习的热情并积极投身于社会主义现代化建设。一方面，用社会热点问题引入课题，可采取播放新闻、观看图片或视频、提出问题等方式。例如，化工相关专业，可以从当前社会人们"谈化色变"谈起，引出化工生产中的安全问题。另一方面，把社会热点问题贯穿于教学过程中，提高课堂效率。例如，当前全球经济低迷，企业受到冲击，进而引出如何控制成本，加大研发力度等问题。不牵强不刻意，尊重学生认知规律，在"润物无声"中把正确的价值理念和科学信仰影响传播给学生。

其三，专业文化课。如若专业文化课能在思政课与专业课之间架起一座桥梁，使其融教学与育人、知识传授与价值引领为一体，找到更便于课程开发、教师教学和学生接受的形式，为课程思政这一大格局的构建提供另外一种可行路径，而这里所说的桥梁与可行路径即专业文化系列课程的开发与建设。专业文化是一个涵盖学科、行业的大文化概念。每个专业都有自己特色的专业文化概念。专业文化主要着眼于专业的历史传承、学科精神、价值观、制度、行为模式、组织和品牌形象等基本内容，课程不仅能引导学生专业入门、学习和认同优秀的专业文化、激发学生对专业学习的兴趣、熟悉未来工作世界及其对从业人员职业素质的要求，而且更能帮助学生形成系统的专业职业道德、职业精神，提高专业文化素养。此课程既兼顾专业更注重文化育人，把其作为搭建课程思政建设的桥梁再合适不过。

如此一来，课程思政的推进便可从三方入手：思政课程、专业课程、专业文化课程。其中，思政课是基础、专业课是主体、专业文化课是桥梁，三者合力推动大思政格局的构建。论及此，专业文化系列课程的开发便成了课程思政的必然要求，而这一课程到底为何，如何开发，似乎已成为当务之急。

二、专业文化课程基于课程思政何以必要

专业文化是一个涵盖学科、行业的大文化概念。它是在工业化生产方式下萌生和发展的，由专业的历史传承、学科精神、价值观、制度、行为模式、组织和品牌形象等元素构成的物质和精神互为整合的专业性文化系统。专业文化结合各个专业学科门类，可以分为专业文化系列课程。专业可广义分为自然科学与社会科学，每个学科有每个学科的专业文化，在社会科学领域有语言、管理、经济等各门类的专业文化，在自然科学领域有化工、电子信息、航运、食品、机械、建筑等各门类的专业文化。以化工专业为例，化工的发展同样离不开化工专业文化。化工专业文化突出化工专业特色，以培养合格“化工人”为核心内容，化工专业文化能否得到有效传承，会成为是否是优秀化工专业课程的判断标准。化工专业文化课程是一门与化工专业课程紧密结合的文化素质类课程，以化工中科技、安全、绿色、创新、可持续、团队、健康、环保等理念为核心，系统讲述化工文化中的物质文化、精神文化、制度文化、行为文化、形象文化，并把近代化工中“励志、奋斗、报国”的实业救国、现代化工中“解放思想、尊重实践、以人为本”的改革创新、新时代化工中“创新、协调、绿色、科技、安全”的文化自信与自强等精神贯穿其中，这些内容既有专业知识又涵盖德育，能帮助学生熟知化工文化、增强文化认同与道路自信。同样，其他学科与专业，也皆如此。

专业文化课程既有专业元素又有思政基因。专业文化育人是教育发展的要求与趋势。落实这一育人构想，开发此类专业文化课程是文化育人的重头戏，立足于专业本身又指向思政育人，专业文化课是大思政格局中的天然成员。自信的养成并不是盲目的，而是从理性思辨中来，从对科学与知识的系统认识中来，从对历史和社会发展规律的把握中来，从对中华民族文化基因的根本理解中来。把传统文化及自信融入专业课，增强大学生文化自信，学成文武艺，报效祖国和人民，报效中华民族。专业文化课程涵盖精神文化、制度文化、行为文化、物质文化以及形象文化等，立足于专业讲文化，立足于专业讲历史，立足于专业讲传统，既有专业知识又有思政教育。

专业文化课程是思政课与专业课的桥梁与纽带。思政课与专业课之间沟通靠的就是文化与历史，专业文化恰恰具备了此项功能。专业文化课受命于专业课，作用于思政课，在专业课与思政课之间搭了一座桥梁，成为二者之间的天然纽带，帮助学生熟知专业文化、增强文化认同与道路自信，是道德与知识的有效同一。开发此系列课程意义深远。首先，可以引导学生专业入门，学习和认同优秀的专业学科文化，激发学生对专业

的学习兴趣，熟悉未来工作世界及其对从业人员职业素质的要求。其次，可以学习专业文化知识，帮助学生形成系统的学科文化和专业职业道德、职业精神，提高专业文化素养。最后，能够传承优秀文化理念，引导学生用优秀专业理念与精神去促进产业升级、推动创新与发展，增强民族自信心与自豪感，坚定道路自信、理论自信、制度自信和文化自信。

三、专业文化课程如何开发——以化工专业文化课程为例

专业文化课程的开发，必须立足于各专业，研究专业背景、学科发展现状，深入挖掘专业内部的文化与历史，具体问题具体分析。专业的发展，同步孕育、发展和丰富着专业文化，需要我们去挖掘梳理专业文化内涵与体系。目前，以余祖光先生为代表的产业文化相关研究已有一定基础，这更促使我们去开展系列专业文化课程的梳理与研究。高校的课程改革近些年借鉴了能力本位和工作过程导向的课程教学理论与方法，以产教融合为载体去促进专业人才培养的对接等，效果显著。我们不妨仍以化工专业文化课程为例。化工专业文化课程的开发也是以此为目的，更关注化工行业独特的责任关怀理念（责任关怀包含对健康、安全、环境和能源等的有效管理与利用），更注重从化工专业文化和价值观教育层面去思考，去推进专业知识、专业技能和职业价值观的培养有机结合。

那么又如何去开发呢？首先，明确课程定位与课程目标。以化工为例，课程以培养化工人才需融入专业文化育人理念为依据，以学生掌握化工文化知识、增强化工文化认同与道路自信为总体目标，以开发化工文化教材为载体，面向化工专业类学生开设化工文化课程，提升专业文化素养。以此类推，其他专业也皆如此。其次，确定课程内容与教学要求。以化工为例，课程内容可分为七大部分。具体分为专业文化概述、化工专业的精神文化、化工专业的制度文化、化工专业的行为文化、化工专业的物质文化、化工专业的形象文化、化工专业的教育科研。通过对近代化工实业救国、现代化工改革创新、新时代化工文化自信与自强精神的宣扬，讲清楚这些优秀化工文化的形成过程，调动专业学习热情，掌握化工文化精髓。再次，明确课时安排、教学方法与考核方式。以化工为例，课程面向化工专业学生，学时可为20学时，基本教学周10周，每周2课时。利用多媒体，采取讲授和讨论相结合的方法。课程考核突出学生在学习过程中的考核评价，提倡写读书报告，尤其对学生在平时（考勤、作业、参与实践活动情况）的表现加以综合考核评价。最后，确定教学团队。教学团队成员以专业课教师为主、思政课教师为辅，思政课教师侧重从不同的角度分析、挖掘专业发展中蕴含的思想政治教育因素，通力合作，取长补短，把专业发展历史、学科发展历史和学科专业名人的故事讲出来，从而体现专业知识中蕴藏的人文素材和思想政治教育内容，并及时反馈教学效果，不断优化教学内容。

基于此，教材编写、教学实验以及数字化资源和网络学习平台建设也会成为专业文化系列课程开发不可或缺的组成部分。教材编写是教学得以实施的必要前提，同时教材编写的过程也是对专业中知识与道德、历史与文化的梳理，是对教师专业及育人能力的提升。教学实验同样至关重要，通过教学实验，检验课程和教材的科学性、实用性等，

对不足之处加以修正。再有，信息时代，数字化资源和网络学习平台的建设必不可少，要进一步开发以上课程的数字化教学资源，搭建数字化网络学习平台，一方面为学生在校学习提供更富现代感的手段，另一方面可向社会大众更广泛地传播产业文化，以达到知识与道德同一性健全教育的效果。

思政课、专业课、专业文化课“三位一体”课程思政格局的构建，是一个系统工程，离不开思政课老师、专业课老师及学校等各方的通力合作，需要我们持续的理论研究与实践创新。

参考文献

[1] 习近平．把思想政治工作贯穿教育教学全过程　开创我国高等教育事业发展新局面．人民日报，2016-12-09.

[2] 余祖光．产业文化育人——理论探索与教育实践．北京：高等教育出版社，2016（12）.

[3] 高德毅，宗爱东．从思政课程到课程思政：从战略高度构建高校思想政治教育课程体系．中国高等教育，2017（1）.

[4] 郑永廷．把高校思想政治工作贯穿教育教学全过程的若干思考．思想理论教育，2017（1）.

（作者系天津职业大学马克思主义学院副教授）

中国传统文化融入高校思想政治理论课教学中的思考

刘 芳

摘 要：中国传统文化在高校思想政治理论课教学中具有重要的作用，如何认识传统文化对于思政课教学的价值，如何将传统文化更好地融入思政课教学，真正提高思政课教学的实效性，是一个值得广泛探讨的问题。传统文化在融入思政课教学的过程中，既要正确处理两者之间的关系，合理、科学地评价其价值，更要遵循一定的原则和路径选择。

关键词：传统文化；思想政治理论课教学；价值；原则；路径选择

一、中国传统文化与高校思想政治理论课教学之间的关系

中国传统文化是指在长期的历史发展过程中形成和发展起来的，保留在中华民族中间具有稳定形态的中国文化，包括思想观念、思维方式、价值取向、道德情操、生活方式等诸多层面的丰富内容。[1]其主要特征可以概括为：以德行修养为安身立命之本，以中庸为基本处世之道，以“耕读传家”为根本治家之道，以经学为治学之根本，以义利合一为基本价值追求，以直观意象为基本思维方式等等。传统文化作为一个国家、民族理性和智慧的积淀，对现代人的生存和发展具有多方面的启迪意义。

中国传统文化在高校思想政治理论课（以下简称思政课）教学中同样具有十分重要的意义。一方面，作为高校思想政治教育的主渠道和主阵地，思政课的目的不仅在于对马克思主义理论的系统讲解，同时也肩负着传承优秀传统文化的历史使命；另一方面，传统文化蕴含深厚的内涵和深邃的哲理，为思政课教学提供了丰富的素材，两者的关系密不可分。因此，将传统文化融入思政课教学已成为新时期高校思想政治教育的一项重要内容和任务。

二、传统文化在高校思政课教学中的价值

中华民族传统文化源远流长，内容博大精深，充分挖掘并合理利用其中的教育资源，既可以提高思政课教学的实效性，又可以激发学生的学习兴趣。

（一）从教学效果角度分析，有利于增强思政课的影响力和实效性

高校思政课自2005年新的方案实施以来取得了一定的成绩，但也存在令人忧虑的问题。例如，个别学校的思政课还存在教学效果不理想，学生学习兴趣不高，理论和实际

相脱离等情况。因此，如何增强思政课的影响力和有效性成为亟待解决的问题。在实际教学中，笔者发现，将中国传统文化中的优秀思想引入课堂，能提高学生的学习兴趣，而且能增强学生对民族文化的认同感。例如：传统文化中所倡导的“诚意、正心、格物、致知、修身、齐家、治国、平天下”的德行修养理论为当代大学生道德人格追求指明了方向；传统文化中所传递的非凡的包容会通的精神、民族气节、爱国传统等有助于当代大学生增强民族自尊心和自信心；中国传统的民俗文化、建筑文化等为思政课教学提供了丰富生动的教学素材。总之，将中国传统文化引入思政课的教学内容中，增加传统文化中的人文精神元素，可以将枯燥的说教变为“润物细无声”的文化熏陶和思想渗透，用优秀的思想指引学生精神活动，培养全面发展的人才。这样，既可以增强思政课的教学实效性，又有助于培养青年学生身心全面发展。

（二）从学习效果角度分析，有利于培养学生正确的世界观、人生观和价值观

客观地讲，在过去相当长的时间里，我国各类学校的思政课教学过分强调对马克思主义哲学世界观的教育，忽视和排除了中国传统文化精神的教育，导致中国传统文化精神与思想政治教育处于若即若离的状态，致使思想政治教育与中国传统文化精神之间出现了断层。随着改革开放的深入，社会主义市场经济体制的建立和不断完善，各种社会思潮在我国空前活跃，并在不知不觉中影响着在校大学生。一些大学生由于受拜金主义、实用主义、享乐主义、个人主义的影响以及对自由主义的误读，容易走向自我中心主义，进而影响其心理健康及人格形成。在具体的实践中表现为，一方面，一些大学生传统文化知识匮乏。另一方面，传统的道德精神在大学生价值观中淡薄。要从根本上解决这些问题，必须回归到传统文化教育，并着眼于如何把中国传统文化精神融入和渗透到当前的思政课教学中去。例如，传统文化中“国家兴亡，匹夫有责”的忧患意识和爱国主义精神，积极进取，有所作为，“发愤忘食”的人生态度以及对人生理想境界的追求中所表现出来的奋斗精神和献身态度等等，都有助于培养大学生的社会责任感和时代使命感，自觉抵制西方文化渗透，鞭策他们去实现自己的人生价值，形成健康的世界观、人生观和价值观。同时，传统文化对于当今那些极端个人主义者，以及那种只讲索取、不讲奉献的不良风气，无疑是有匡正作用的。

（三）从教学方法角度分析，提供方法论的启迪和借鉴

思政课是对当代大学生进行思想政治教育的主阵地。目前思政课的门数不少，学时不少，教师也不少，但课堂教学效果有时并不乐观，诚然，原因是多方面的，教学方法的改革和创新已经势在必行。中国传统文化中蕴含着许多可以借鉴的教育教学方式方法。

一是中国传统文化特别重视“知”与“行”的统一，往往把知与行相提并论，强调知一定要落实到行上，否则就算不得真知。孔子曾说：“诵《诗》三百，授之以政，不达；使之四方，不能专对。虽多，亦奚以为?”（《论语·子路》）按照孔子的看法，掌握再多的理论知识，而没有实际的应用能力，不能解决实际问题，也是没有任何意义的。传统文化的知行观为思政课教学提供了一个知行合一的道德实践法。思政课的教学目的显然不应只是停留在让学生掌握多少书本上的理论，而更为重要的在于培养学生道

德践行的能力。因此，思政课教学要充分重视实践教学，结合各高校实际情况开展形式多样的实践教学活动，以点带面，点面结合，使学生通过自身的道德实践，进一步加强道德修养，提高道德水平。

二是中国传统文化讲究教学的方式方法，主张根据不同的教育对象实施不同的教学方法，以充分调动每个学生的学习主动性和积极性，也就是因材施教。要做到因材施教首先要掌握每个学生的性格特点、知识水平、接受能力和品德才识，进而确定不同的教学内容、教学方法和教学进度。据《论语·先进》记载，学生子路和冉求曾向孔子提了同样的问题，但孔子考虑到两人的资质和性格不同，于是给出了截然不同的答案。因材施教要求思政课教师在备教材、备教法的同时，更重要的是备学生。当代大学生思维活跃、个性鲜明，关注时事，喜欢思想的碰撞。这就要求思政课教师要充分考虑学生所处的时代特点和群体性特征，因材施教，方能激发学生的学习兴趣，调动学生的学习积极性。

三是中国传统文化主张创造性学习的思想。孟子早就指出，教育活动必须启发每个人生而有之的“良知”“良能”，调动其内因方面的积极因素，谋求“自得之”。南宋初年著名的理学家胡宏也非常强调学习要有创造性。在当今的知识经济时代，人才素质的核心是创造力。一个人创造力的大小与其所受的教育方式有着密切的关系。思政课教学要根据具体情况，不断改革和创新教学方法，改变长期实行的模式化教育，注重对学生创新思维的培养，激发学生身上储存的巨大学习潜能，充分发挥学生的创造性和主动性。

（四）中国传统文化强调对人的道德培养，值得思政课教学借鉴

传统文化将人格培养置于教育的核心地位，培养和发展良好的个性道德心理品质是教育的实质所在。中国传统文化以圣贤作为理想人格的典范和人生追求的目标，激励人们加强自身的道德修养，完善自己的人格操守，提高自己的人生境界，从而实现人的价值和尊严。思政课教学要用优秀传统文化的精华来陶冶大学生的心境，塑造大学生的理想人格，通过强化学生的道德意识，注重学生德育和人格的塑造，重视学生的德行和理想教育，培养学生成为诚实守信、具有强烈的道德观和健全人格的社会人。

三、传统文化融入高校思政课教学的原则

将中国传统文化融入思政课教学，可以使大学生接受传统文化的熏陶，增强民族文化自信心，增强思政课教学的实效性，对大学生的世界观、人生观、价值观、理想信念等方面教育有着重要的导向作用，也是高校思想政治理论教育的新措施。两者之间的有机融合，还需要注意以下几个原则。

（一）批判继承性原则

任何一种文化的产生，都离不开特定的自然条件和社会历史条件，中国传统文化也不例外。早在 1940 年，毛泽东在《新民主主义论》中就提出了批判地继承中国传统文化的主张，概括了对传统文化的两个基本原则：一是不能割断历史，二是必须批判地继承。由此看来，对待传统文化，要以时代发展的要求为内在依据批判地予以继承。在高

校思政课教学中，要以马克思主义的立场、观点、方法来认真梳理中国悠久的传统文化。只有这样，才能更好地发挥传统文化在思政课教学中的作用，增强教学实效性和独特性。

（二）方向性原则

高校思政课教学在传承传统文化的过程中，必须旗帜鲜明地坚持社会主义和共产主义方向；必须坚持以马克思列宁主义、毛泽东思想和中国特色社会主义理论体系为指导；必须和中国共产党的宗旨相符合。只有这样，才能充分发挥思想政治教育的作用，保持思政课教学的方向性，不断为社会主义事业培养更多更好的建设者和接班人。

（三）创新性原则

任何一种民族文化的生命都在于它能不断创新、不断发展，中国传统文化也不例外。我们要在对传统文化创新性发展的过程中，不断实现它的思想政治教育功能。把弘扬优秀传统文化与弘扬时代精神和社会主义先进文化结合起来。只有这样，传统文化才能永葆活力，将与时俱进、不断创新的传统文化融入思政课课堂，才能更好地体现思政课教学的时代感与实效性。

四、传统文化融入高校思政课教学的路径选择

鉴于传统文化对于高校思政课教学的重要价值，我们应该积极探索传统文化融入思政课教学的有效路径，以期实现两者的深度融合。

（一）教学内容上的融合是传统文化融入高校思政课教学的根本路径

目前高校思政课主要有“思想道德修养与法律基础”“中国近现代史纲要”“马克思主义基本原理”“毛泽东思想和中国特色社会主义理论体系概论”和“形势与政策”等课程。这些课程的教学中，都应该渗透传统文化的内容，对优秀传统文化进行继承和创新。[2]这样一来，不但可以更好地发挥传统文化的育人作用，增进学生的文化自信，也会加深学生对于思政课基本原理的理解，激发学生学习思政课的兴趣，提高教学实效性。

（二）课堂理论教学是传统文化融入高校思政课教学的主要路径

课堂理论教学是对大学生进行思想政治教育的主渠道，也是传统文化融入思政课教学的主要路径。2014 年 4 月 1 日，习近平主席在比利时欧洲学院谈中华文明时指出：“2000 多年前，中国就出现了诸子百家的盛况，老子、孔子、墨子等思想家上究天文、下穷地理，广泛探讨人与人、人与社会、人与自然关系的真谛，提出了博大精深的思想体系。他们提出的很多理念，如孝悌忠信、礼义廉耻、仁者爱人、与人为善、天人合一、道法自然、自强不息等，至今仍然深深影响着中国人的生活。”中国传统文化经过几千年历史的积淀，已经深深地融入中华民族的思想意识中。在课堂教学中融入传统文化，不但能够激发学生的情感共鸣，加深对所学知识的理解，增强课程的趣味性和可读性，也是对大学生进行传统文化教育最直接的手段。当然，在课堂教学中融入传统文化教育必须注意恰当、合适，不仅要以高度的概括性和深刻性呈现出文化的内容，还要运用马克思主义的立场、观点与方法，客观、历史地评价传统文化，使之顺应时代发展的

要求，与现代文明相协调，与当代社会相适应。

（三）课外实践教学是传统文化融入高校思政课教学的有效路径

高校思政课是理论性与实践性并重的一门课程。如果说课堂教学是“知”的累积，那么实践教学更侧重于“行”的培养，而教育的目标则是“知行合一”。因此，在开展思政课实践教学的过程中，进行传统文化教育是行之有效的途径。在实践教学中，要充分利用当地的教学资源，组织学生实地参观考察，通过编写考察报告、心得体会、制作视频短片、举办交流会等形式对学生进行思想政治教育和传统文化教育。同时，也可以在校园内，举办一些宣传传统文化的校园活动。例如，结合传统节日，开展传统文化知识竞赛等，不断开阔大学生的文化视野，提升其传统文化素养，实现思政教育和传统文化的融合。

注　释

[1] 田广林．中国传统文化概论．北京：高等教育出版社，2012.

[2] 袁晓文．中国传统文化与高校思想政治理论课融合的思考．云南社会主义学院学报，2014（4）.

[3] 孙正林．完善中华优秀传统文化教育的几个关键环节．中国教育报，2014－06－30.

（作者系沈阳科技学院基础部副教授）

信息化环境下提升高校思政课教师课堂教学效果的思考

邢文婷

摘　要：教育者与教育对象是思想政治教育过程中的两个基本因素，信息技术的发展给教育者和教育对象都带来了巨大的影响，也给思想政治理论课教学改革带来极大的机遇。思想政治理论课教师在信息化环境下要提升教学效果，首先要充分了解教育对象在学习上发生的变化，此外，还要不断推进教师专业发展，提升思想政治理论课的有效性和时效性。

关键词：信息化；意识形态的安全性；学生；思想政治教育理论课

习近平同志在十九大报告中指出："建设教育强国是中华民族伟大复兴的基础工程，必须把教育事业放在优先位置，加快教育现代化，办好人民满意的教育。要全面贯彻党的教育方针，落实立德树人根本任务，发展素质教育，推进教育公平，培养德智体美全面发展的社会主义建设者和接班人。"高校思想教育工作关系高校培养什么样的人、如何培养人以及为谁培养人这个根本问题。要坚持把立德树人作为中心环节，把思想政治工作贯穿教育教学全过程，实现全程育人、全方位育人。贯彻落实总书记讲话精神，必须发挥好思政理论课（以下简称思政课）"主渠道"作用，全面提升高校思政课教育教学质量，提高教学效果，真正能从意识形态上指导学生树立正确的世界观、人生观、价值观，成为一个德智体美全面发展的人。

一、信息化时代思政课在高等教育中的重要性

意识形态安全是国家安全体系的有机组成部分。互联网信息时代技术的发展为人类社会带来了翻天覆地的变化，以美国为首的西方国家利用全球化的发展，利用他们各方面的优势，在输出资本和技术的同时，不断向世界渗透资本主义的意识形态，宣传他们的各种思想观念，提出所谓的"自由、民主、人权"。中国作为最大的社会主义发展中国家，成为西方意识形态渗透的重要目标。他们利用高校大学生思想活跃、求知欲强、容易接受新鲜事物的特点，把高校作为意识形态渗透的重点对象，对中国大学生的意识形态造成很大的影响。在西方网络渗透的背景下，我国意识形态的安全性受到严重的冲击，马克思主义意识形态的主导地位受到严峻的挑战。我国大学生的政治信仰，价值观念、人生观念已经受到严重的影响。还有社会上出现的各种不良现象，如贪污腐败年轻化的趋势，环境污染的问题，制假售假的问题，这些除了与社会监管机制不健全有关系

外，还和年轻人受利己主义、个人主义思想的影响有关，也和多年来我国思想政治教育工作的薄弱环节有关。所以加强以马克思主义为主导思想，弘扬社会主义的核心价值观，加强社会主义意识形态安全性建设的任务已迫在眉睫。思政课教师要利用好课堂这个主渠道，大力弘扬马克思主义，弘扬社会主义的核心价值观，把思政工作贯穿到教育教学的全过程，实现全程育人、全方位育人的使命。

面对改革开放，面对西方意识形态的冲击，思政课老师肩负历史使命，我们要帮助学生树立正确的世界观、价值观、人生观。作为思政课老师我们一定要加强对马克思主义理论的自信心。马克思主义的理论是市场经济体制的产物，正确预见了社会发展的趋势和方向。近年来马克思主义的思想在西方受到人们的重新解读和重视，充分说明了马克思主义的理论在现实社会中仍具有重大的指导意义。尽管学生对“两课”抱着可有可无、可听不可听的消极态度。在这种情况下思政课老师需要不断加深自己的理论修养，拓宽自己的知识面，增强课程的知识性趣味性。要用学生喜闻乐见的方式提升思政课的质量，利用好课堂这个主渠道宣扬马克思主义的思想，弘扬社会主义的核心价值观，调动学生的积极性和学习的主动性，激励学生自觉地把个人的理想追求融入国家和民族事业中。信息化环境下要求思政课老师要有正确的思维方式，具体包含以下几个方面。

（一）系统思维

系统思维要求着眼于整体，正确认识和处理系统中各要素之间的联系。它要求我们注重思政理论课的整体建设，从横向看，要在讲授中着重每门课的完整理论体系和框架，各门课之间的逻辑联系；从纵向看，本科生、硕士研究生、博士研究生不同层面的思政理论课在讲授中要有层次有区别，适应不同群体的认知理解需求。系统思维要求从学校层面构建“大思政”格局，要提高思政课教学质量，专业课程也要“守好一段渠”，确保“同向同行”。系统思维还要求把以习近平同志为核心的党中央治国理政新理念新思想新战略有机融入教学，同时注重在思政课教学中与学校学科背景、校史文化相融合，创建有学校自身特色的多维立体教学模式。

（二）辩证思维

辩证思维要求要从两方面看问题。思政课教师要上好思政课，不仅要“备课”，还要“备学生”，要了解他们的特点，以及他们的思维方式。有的老师可能会觉得“学生越来越有个性，思政课越来越难上”，有的老师认为“九五后”学生是“精致利己、娱乐至上”，但同时我们也要看到他们身上“朝气蓬勃、好学上进、视野宽广、开放自信”的特点，根据特点有的放矢。辩证思维还要求思政课教师在思政理论课讲授中，在坚持“两点论”的前提下，要坚持“重点论”，就是要在全面阐释理论体系的基础上，抓住重点、难点，把问题讲透，如在近代史纲要的教学中，有的老师围绕“为什么中国共产党是抗战的中流砥柱”等学生感兴趣的问题，既紧紧围绕教学大纲，又深入挖掘近年来海内外的重要研究成果和大量史料，对问题进行充分阐释，让学生信服。

（三）创新思维

创新与发展是马克思主义哲学思维最基本的品格，正如恩格斯所说：“我们的理论是发展的理论，而不是必须背得烂熟并机械地加以重复的教条。”创新思维就是要不断改进思政课教育教学方式，探索行之有效的手段。习近平同志指出，要运用新媒体新技术使工作活起来，推动思想政治工作传统优势同信息技术高度融合，增强时代感和吸引力。“九五后”学生成长在网络环境中，是网络“原住民”，思政课要增强对他们的吸引力，就要着重探讨如何通过新媒体手段，使思政课更有亲和力，拉近与他们之间的距离，受到学生普遍欢迎。

（四）底线思维

高校思政课教师处于意识形态领域斗争的前沿，要坚守住思政课课堂的主阵地，站稳讲台，要时刻有底线思维，才能“不失底线”，“底线思维”最大的对立统一就是“底”与“顶”的有机结合，正所谓“守乎其低而得乎其高”。底线思维要求坚持“理论研究无禁区但要有规矩、课堂讲授有纪律还要有水平”，在思政课课堂上决不允许有任何错误言论出现，也不允许教师为学生传递一些消极“负能量”，这是底线，也是“红线”，思政课教师必须要把讲政治放在首位，切实把上好思政课提升到“为谁培养人、培养什么样的人”的高度来认识，把“知识传授”与“价值引领”高度融合，实现传道与解惑的内在统一。

信息化给思政教育带来了新的发展机遇，也提出了严峻的挑战。社会信息化的发展，无疑给教育带来了新的发展机遇，但同时也对教育提出了严峻的挑战。当浩如烟海的信息以排山倒海之势呼啸而来时，思想政治课教学的改革已是势在必行。在信息技术化的大潮下，思想政治课如何顺时代潮流、受学生喜爱、增学生知识、长学生能力、真正发挥其实效，无疑成了摆在我们所有思政课教师面前的一大课题。互联网是一个巨大的信息源，任何人都能从网上获取信息，学生也是如此。当学生掌握的最新信息比教师还要多时，尤其是在教学内容方面出现这种情况，师生关系可能会有微妙的变化，即教师原有的在教学内容方面的知识优势可能丧失或部分丧失，由此动摇教师在教育中的主导地位。这种情况必然会出现，互联网上每一秒钟都会有新的信息冒出来，教师没有必要更不可能时刻掌握这些信息的变化，特别是当这些信息并不属于教师自身的专业领域时。但它说明：在高度信息化的社会，获取知识不再是一件困难的事，教师再也不能单纯依靠知识的优势来维持自己的主导地位。教师已不再只是教学生学习了，而且还要教学生寻找信息，使这些信息相互联系起来，并且以批判的精神对待这些信息。教师的主导地位不能变，但教师担任的角色需要转变，不仅是知识的传授者，更是学生在信息世界中的指导者和组织者。

二、提高思政课老师的信息化教学能力

（一）整合信息技术，构建数字课堂

现代化课堂教学过程中主要包含四个要素：教师、学生、教材、媒体。四要素彼此联系，相互作用，形成一个有机的整体。课堂教学中整合信息技术，必须正确处理好四要素之间的关系。建构主义理论认为：教师是教学过程的组织者、指导者、知识意义建构的帮助者、促进者，而不是主动施教的知识灌输者；学生是知识意义的主动建构者，而不是外界刺激的被动接受者、知识的灌输对象；教材所提供的知识是学生主动建构的

对象，而不是教师向学生灌输的内容；媒体是创设学习情境，是学生主动学习、协作、探索、完成知识意义建构的认知工具，而不是教师向学生灌输所使用的手段、方法。在多媒体辅助教学中要充分体现出教师的主导作用和学生的主体作用，还要突出多媒体的辅助功能。随着信息技术、网络技术、通信技术对教育的影响越来越深入，多媒体计算机和多媒体网络教室、网络教学已开始作为一种认知工具、学习资源来使用，这就意味着教师应当在教学过程中采用全新的教学模式、全新的教学方法和全新的教学设计思想。新的教学媒体如近两年国内外流行的“慕课”“微课”，已经包含了教学内容本身。以微课为例，微课从实质上说是时间在十分钟内，有明确的教学目标、内容短小、集中说明一个问题的小课程。从媒体角度来讲，微课作为教学载体而存在，从属于媒体范畴，同时微课本身又有实质性的教学内容。因此，在教学结构发生改变的信息化时代下，思政课老师要积极利用现代教学手段，优化教学结构，整合现代教育技术下的教育资源，提高教学效果。

（二）现代信息技术发展为教师充分应用信息技术教学提供了可能和便利

首先，教师要提升自身的信息素养。现代教育技术对课程的影响涉及它对教学手段、教学管理、学风、教材诸多方面，因此思政课老师要不断提升自身的信息素养，提升自己应用技术的能力，满足信息化条件下对教师信息技能的挑战和要求。其次，注重信息技术的课堂应用。教师可充分发挥 QQ 和微信等社交媒体的作用，在手机终端发布讨论课题、热点难点问题，让学生参与讨论，发表意见，这样既能调动学生的积极性，也能够解决学生在课堂上不乐意举手发言的问题。同时，让学生参与了进来，变客体为主体，调动学生的积极性和思考问题的能力，同时锻炼学生的口头表达能力和展示自我的能力，以便增加其进入社会的交流能力，而且在这个过程中增加其主动学习探究知识的兴趣。

三、信息化环境下改善师生关系，优化师资结构，发挥团队教学优势

（一）改善师生关系

在传统教学中，师生关系是一种教与受教、管理与被管理的关系，思政课教师往往理所当然地把自己当成思想政治教育的主体，片面强调教育者意志的实现，单纯运用灌输式的教学理念，教师在课堂教学设计时往往注重教学内容本身，认为向学生传输知识是教学活动的终极目的，认为思想政治教育不过是在政治上、思想上对受教育者进行归正，以符合思想政治教育预设的目标。然而这种观念却忽略了学生的主体地位，忽略了学生学习理论知识是一个从外化到内化，最终转化为行为的动态过程。信息时代，这种不平等的关系逐步被瓦解，教师不再只是知识灌输者而是更加注重学生主动参与，强调合作式教学，突出学生主体性的发挥，以此来弥补传统教学中学生主体缺失的弊端。教育模式上也从原来的“人—人”之间的面对面交流，变成“人—机—人”的模式，师生间的交往从单一的“一对多”变成“一对一”“多对一”“多对多”，学生可以和教师之间进行双向互动交流。在信息技术支撑下，教师和学生构建了教学并重、教师主导、学生主体的相互尊重、相互信任、相互理解的新型关系，师生间的交流更加充分，融合更

加深入。

（二）优化师资结构，发挥信息化条件下团队教学优势

信息化条件下优化师资结构。高校思想政治理论课教师是党的理论、方针、路线的宣传者，是大学生健康成长的引路人。教师在课堂教学过程中扮演着重要的角色，教师角色扮演的好坏，教师主导性发挥得如何将直接影响思想政治理论课的教学效果。当前信息化背景下，思想政治理论课师资结构面临较突出的问题。一方面，思想政治理论课是一门涉及多学科、多知识领域的课程，综合性突出。要对学生思想加以引导、生活加以关注、学习加以管理，不仅涉及本学科教学知识，也涉及教育学、心理学、管理学、社会学等多学科的知识背景。但随着社会的发展，教育分工越来越明显，各科专业之间有了分明的界限，大多数的教师只能进行单科教学，仅仅注重本专业的发展前景。从目前思想政治理论课教学来讲，基本采用“一人一门课”的模式，思想政治理论四门主修课程彼此独立，教师一般只是有本课程的学科背景，对于其他学科领域的知识知之甚少，教师之间的合作非常少。另一方面，现代教育技术已经逐步普及到学生生活学习中，普及到思想政治理论课课堂，充分运用现代教育技术的课堂已被证明能够很好地吸引学生，提高思政课的教学效果。然而，我们也清楚地看到，当前，思政课教师应用现代教育技术教学的水平和质量比较低。在师资结构上，老一辈的理论课教师拥有丰富的教学经验，他们已经习惯于传统教学模式，对于信息技术的应用有些吃力；新一代的思政课教师大多是硕士生毕业，科研能力远远胜过教学能力；年轻教师成长于信息化和多媒体时代，对于信息技术的应用能够跟上学生的需求，但相对缺乏教学经验。因此，优化师资结构显得尤为重要。组建团队教学模式，推动教师专业发展。世界日新月异，信息大爆炸，学生对知识的需求日益丰富，对思想政治理论课课堂也提出了更高的要求。长期以来，教师基本采用个人作坊式的教学模式，一人完成教案设计、备课、教学、答疑各个环节，教师之间鲜有协作，师资优势无从发挥。信息技术支撑下的教学是一种团队活动，而不再仅仅是教师的个人行为。单靠一名教师已无法有效完成思想政治理论课教学任务，必须要整合师资力量，实施团队教学，由不同教师在整个教学活动中担任不同的角色，如主讲教师、辅导教师、助理教师等，不同角色之间密切合作。在课程准备阶段，可由辅导教师以问题汇总的形式收集课程内学生关注的热点焦点问题，再由助理教师根据学生的问题反馈信息制作文本课件、网络课程教案、网络视频资源等。此外，可以充分利用网络平台，设计适合本课程的网络教学网站，将网络学习资料等相关的信息发布到网上，供学生在预习中使用。在课堂教学中，主讲教师则将信息技术教学要素融入课堂，通过合理的技术选择，围绕教学重点、难点、疑点，以提出问题、分析问题、解决问题为线索，师生之间通过课堂互动、网络终端互动完成本课程教学活动。在课后阶段，则要重点完成学生的答疑、反馈和跟踪，此时助理教师可以充分利用网络平台与学生交流，解决学生课堂学习遗留下来的问题，收集学生对于课堂教学的反馈信息，为改进教学提供支持。这种在现代信息技术支持下的团队教学模式，涉及学生课前充分预习、课中集中探讨讲解、课后反馈答疑，将不同学历、不同知识背景的教师整合到整个思想政治理论课教学活动中来，既充分发挥了教师各自的优势，又能够提高学生课堂学习的效率。团队教学模式优势的发挥能为优化师资结构、推动教师专业发展提供

有效方式。师资结构各要素都达到优化，才能最大限度地激发各项结构要素的活力，使师资队伍整体结构达到和谐，更好地提升思想政治理论课的时效性。

参考文献

[1] 习近平．决胜全面建成小康社会　夺取新时代中国特色社会主义伟大胜利．人民日报，2017－10－19（01）．

[2] 方晨光．关于信息化环境下高校思政课教师提升课堂教学效果的思考．教学改革，2015（23）．

[3] 李梁．关于思想政治理论课“微课程”教学的若干思考．思想理论教育，2014（7）：70—73．

（作者系兰州财经大学副教授）

职业院校思想政治理论课实践教学创新模式研究

——“按年级打包 分阶段实施”的实践教育机制

张胜闻

摘 要：高校思想政治理论课实践教学一直以来是思政课教师长期探讨和研究的课题，甘肃农业职业技术学院构建的“按年级打包，分阶段实施”的思想政治课实践教育教学长效机制，是根据职业院校学生的特点、发展需求、教育侧重点，把学生在校期间的教育分为三个阶段，把思想政治理论课的教育教学内容贯穿于学生实践活动之中，通过实践课教学活动的九个主要方面的特色引领，全力推动了思想政治理论课实践教育教学活动的有效实施，为全面贯彻落实全国高校思想政治工作会议精神奠定了坚实的基础。

关键词：按年级打包；分阶段实施；思政课实践教学；创新模式研究

党的十八大以来，特别是全国高校思想政治工作会议召开以来，甘肃农业职业技术学院（以下简称学院）党委始终把思想政治理论课教学作为一把手工程，抓紧抓实抓好，党委书记始终肩负第一责任人责任。学院成立了思想政治理论课教育教学领导小组，党委书记任组长，先后制定实施了《甘肃农业职业技术学院关于进一步加强和改进大学生思想政治教育工作的实施意见》《甘肃农业职业技术学院关于进一步加强和改进新形势下宣传思想工作的实施意见》《甘肃农业职业技术学院关于进一步培育和践行社会主义核心价值观的实施意见》《甘肃农业职业技术学院关于进一步加强校园文化建设的意见》《甘肃农业职业技术学院关于进一步加强和发挥思想政治理论课主阵地作用的意见》《甘肃农业职业技术学院师德师风考核评价办法》等具体工作方案，尤其是于2010年制定了《甘肃农业职业技术学院大学生思想政治教育工作规范》，经过反复的实践、论证和不断完善，于2012年出台了《甘肃农业职业技术学院大学生思想政治与人文素质教育工作规范》以下简称《规范》，成为指导学院大学生思想政治理论课实践教学的规范性、纲领性文件。《规范》形成了“按年级打包，分阶段实施”的大学生思想政治课实践教育教学长效机制。

一、“按年级打包，分阶段实施”的基本体系

“按年级打包，分阶段实施”是《规范》的最大亮点和创新。我们根据不同年级学生的特点、发展需求、教育侧重点相结合，把学生在校期间的教育分为三个阶段，把思想政治理论课的教育教学内容贯穿于学生实践活动之中，按年级对活动内容进行打包，

在思政课老师的指导下分阶段实施。即：

一年级侧重于养成教育和基本素质教育。主要采用以基础理论、基本素质、基本规范的教育教学为支撑开展各类活动的基础教育教学活动模式，简称“基础包”模式。

二年级侧重于理想信念和人文精神教育。主要采用以全面提高学生的整体素质、引导学生树立坚定正确的理想信念为支撑开展各类活动的提升教育教学活动模式，简称“提升包”模式。

三年级侧重于学生的社会主义核心价值观和健康人格塑造教育。主要以塑造当代大学生社会主义核心价值观为支撑开展各类社会实践活动的实践教育教学模式，简称“实践包”模式。

三年内通过新生入学教育、新生心理适应教育、基本规范教育、爱国主义教育、社会主义教育、集体主义教育、心理健康教育、榜样教育、职业生涯规划教育、安全教育、形势政策教育、入党积极分子教育、党员继续教育、创业培训教育、国防军事教育、励志教育、法制教育和读书交流活动、马列主义兴趣及实践活动、各级各类实践活动、社会调查调研活动、科技文化艺术活动、精品团日活动、重大节日活动、学生社团活动、志愿者服务活动、高雅艺术进校园活动、各类体育活动、技能竞赛活动以及各级各类演讲、知识竞赛、大学生讲坛等 70 多个规定性项目类型的实践教学活动的开展，锻炼、培养、提高学生的综合素质和能力，不断促进学生的全面发展，努力塑造当代大学生的社会主义核心价值观，实现知识、能力、素质三位一体的人才培养目标。

二、实践课教学活动的主要特色引领

（一）以马列主义学习实践兴趣活动为引领，培养学生树立坚定的理想信念

马列主义学习实践兴趣活动主要包括马列著作读书活动、社会实践活动、支教、帮扶、社区服务活动、入党积极分子培训等。我们成立的 2 个马列主义理论学习小组，园林之家、宠物之家、“麦实香”系列食品开发等 8 个专业兴趣小组，3 个青年志愿者协会，“大学生讲坛”“青年马克思主义培训班”定期开展活动，学院党校每年分别开展 2 期入党积极分子培训和学生党员教育培训。

（二）以文明修身主题活动为引领，加强学生的思想道德建设

我们将文明修身作为学生思想政治教育的突破口，制订了实施方案。组织了“修身自律，率先垂范，引导学生争创文明大学生”为主题的团学干部培训，开展了“争做文明学生、争建文明宿舍、争创文明班级”的争创活动；校园广播站开辟了“文明修身工程”专题栏目；组织开展了校园文明行为和不文明行为摄影图片、漫画展；开展了“大学生文明修身”读书征文大赛；组织开展文明修身专题讲座、校史校情和德育基地的参观。学院精神文明建设领导小组每学期对文明修身工程开展情况进行研讨和总结，重点解剖原因，集中整改问题，确保活动取得实效。

（三）以读书交流活动为引领，培养学生良好的人文素养

读书交流活动是学生在校期间始终坚持的主干活动之一。《规范》除为学生提供了 62 种推荐书目外，还按照年级学生教育的侧重点要求规定了必读书目：一年级指定了 10

本与“养成教育”和“基本素质教育”有关的书目；二年级指定了10本与“理想信念教育”“人文精神”密切相关的励志类书目；三年级指定了10本与职业生涯规划、择业创业、健康人格以及各种社会适应能力的培养和提高的书目和相关马列主义文献。

学院设立了“思源”读书基金，凡是甘肃农业职业技术学院学生，在校期间每人可获得30.00元的图书费。各系、各班每学期开展“多读书、读好书”的竞赛活动。学院每年4月份举办“大学生读书节”，开展“图书进校园”、“美文朗诵”、读书交流比赛、读书之星评选等活动。

（四）以应用职业能力活动为引领，培育和打造校园文化的特色和品牌

学院制订了《甘肃农业职业技术学院关于进一步加强校园文化建设的意见》。为了培养和提高学生适应市场和岗位需要的应用职业能力，学院建立了“大学生应用职业能力竞赛”体系，精心设计了动物解剖、园林设计与制图、企业模拟经营沙盘、艺术插花、食品检验等专业技能大赛以及公文改错、问题能力、学生干部管理能力等20余项应用职业能力竞赛活动。组织开展了“我的中国梦”主题系列活动、“校园文明道德之星”评选、“勤俭节约从我做起”教育实践、践行“雷锋精神”主题活动、“国情与形势知识”大赛、“精品团日”创建评比、“学风建设”主题教育等特色活动，取得了较好的成效。其中，问题能力竞赛在全省甚至全国的高校学生活动中属于首创，没有任何经验借鉴，活动的目的旨在提高学生发现问题、思考分析问题和解决问题的能力，每一届一个主题，让参赛学生围绕主题来发现、思考分析和解决问题，以撰写论文、现场陈述和回应质疑等形式开展。这些竞赛活动，对培养学生的分析判断能力、专业岗位技能、协作沟通能力、切实提升就业竞争力起到了良好的推动作用。

（五）以创业教育活动为引领，培养学生创新、创造、创业的能力

创新创业教育是大学生素质教育的重要组成部分。学院以“泽邦”大学生创新创业协会为依托，面向全体学生开展“学长制”创业素质拓展、创业计划大赛、创业实践等活动。截至2019年累计接受创业素质拓展培训4500余人次；开办了“人格教育与创业实践实验班”，举办了首届创新创业教育与未来企业领袖人格生长论坛，牵头成立了甘肃省高校创业教育联盟，有19所高校创新创业教育社团参加。

（六）以学生党员和入党积极分子为引领，充分发挥模范带头作用

学院近几年特别重视学生入党积极分子和学生党员的培养教育。先后出台了《大学生党员发展基本规范》和《大学生党员发展基本要求》。在学生党员中坚持做好强素质、育品质的基础性党性锻炼工作，出台了《学院大学生党员基本修养规范》。开展了“牢记宗旨、立德树人”党章学习教育实践活动。开展了“学生党员发展回头看”专项工作。在对近年来学生党员发展工作进行调研的基础上，认真分析总结了学生党员发展工作中的成功经验和不足，并结合中央的新要求，正在研究建立加强入党积极分子队伍建设工作的有效机制。近几年，每年向党组织递交入党申请书的同学占学生总数的60%以上。

（七）以学生实习点临时党组织为引领，规范了学生顶岗实习期间思政教育的新机制

顶岗实习是高职院校专业人才培养的重要组成部分。我们通过建立校企联动的思想

教育体系，搭建网上交流平台，成立实习点临时党团组织，拓展企业文化育人、生产实景育人、实习点爱国主义教育基地育人，构建顶岗实习学生思想政治教育的评价机制等多项举措，使学生顶岗实习期间思想政治教育得到有效落实。

（八）以大学生的团学活动为引领，培育和践行大学生的社会主义核心价值观

团学活动是大学生的主体活动，我们着力在选择活动主题上下工夫。一是“践行核心价值观　青春添彩中国梦”主题教育系列活动。举办学习贯彻社会主义核心价值观、习近平系列重要讲话以及十八届六中全会精神的专题学习活动。开展“传承雷锋精神　梦想点亮青春”“高举团旗跟党走”“校园文明行为”等主题教育团日活动，按照年级细化活动主题，创新活动载体。二是强化周三晚自习思政教育主阵地。紧抓周三晚自习思政教育主阵地，阶段性地安排有主题的思想政治教育活动，做好政治学习和团日活动的部署、检查、督促等工作。三是以“中国梦”“社会主义核心价值观”“长征精神”等主题为契机，开展各类学生活动。通过开展“践行核心价值观”的社会实践活动，“青春添彩中国梦”的主题演讲、交流活动，“弘扬长征精神、品味艺术经典”的文艺活动等丰富多彩的校园文化活动来做好大学生思想政治教育工作。四是学生会等学生组织秉承自我服务、自我管理、自我教育的宗旨，以学生社团为外围延伸手臂，组织开展思想政治学习活动。如“社会主义核心价值观”手抄报比赛、“青春添彩中国梦”摄影展、“两学一做”知识竞赛。五是开办团委微信公众平台。公众平台中有固定板块“思政教育园地”，用大学生容易接受，贴近生活的语气，发布思政教育相关内容，与学生互动交流。

（九）以培养学生全面发展为引领，不断规范和完善学生思政人文素质评价体系

在学院《大学生思想政治与人文素质教育工作规范》实施过程中，我们建立起了“一年上课，两年跟踪”的对学生思想政治理论课学习状况以及学生思想政治素质和人文素质评价体系的创新机制，制订了《甘肃农业职业技术学院大学生思政与人文素质考评实施办法》。

“一年上课，两年跟踪”即，一年级以理论课学习为主，二年级以学习马列主义著作、时事政治、党的路线方针政策等的知识竞赛为主，三年级以社会实践论文和社会实践调查报告为主，对学生马列主义理论的学习和实践运用的水平与能力进行跟踪指导、评价。同时，结合日常表现、读书活动、马列主义兴趣活动、学涯规划、职业生涯规划、社会实践、实习实训等规定性内容对学生进行思想政治与人文素质评价，并将评价结果填入学生学籍档案，为学生的健康成长和发展提供正确的评价导向，不断强化和坚定学生的理想信念，逐步培养和塑造当代大学生坚定马克思主义信仰，热爱祖国、热爱社会主义、热爱人民、热爱党、热爱科学，为中华民族伟大复兴而努力学习，艰苦奋斗，不断进取，勇于创新的社会主义核心价值观和健康人格，从而不断提升学生的思政与人文素质，达到培养学生全面发展的目的。目前，我们的学生素质评价体系已经实施了六年，从评价结果看，学生思政与人文素质的优秀率逐年提升，一年级时的素质优秀（90 分以上）率在 10% 左右，二年级时的优秀率为 20% 左右，三年级时的优秀率为 40%，包括优秀、优良成绩在内学生思政与人文良好率达到了 90% 以上。这一创新得到了甘肃省教育厅领导和一些高校思政工作者的好评。

三、取得的主要成绩

学院党政的高度重视和全力推动，各级党组织的努力工作，有效地整合了学院大学生思想政治教育工作的内容和形式以及各类活动的开展，锻炼、培养和提高了学生的综合素质和能力，促进了学生的全面发展。

（一）学生的基本素质明显提高

学生旷课、上课迟到、夜不归宿，校园乱涂乱画、打架斗殴，宿舍吸烟酗酒等现象明显减少，语言粗俗、举止不雅、乱扔垃圾、奇装异服、男女过分亲昵等不文明现象在校园销声匿迹。学生党员、干部主动将自己助学金让给普通同学的事情屡见不鲜。2 名学生在省外实习基地舍身救人，受到当地政府和企业的赞誉。

（二）学习风气明显转变

学院会计专业学生毕业时取得会计从业资格证书和会计电算化证书比例分别达到 71% 和 99% 。参加全国商科院校技能大赛获财会专业团体二等奖。2012 年起每年参加“用友杯”全国大学生管理信息化应用技能与创业大赛连续获全国一等奖，甘肃第一名。在全国职业技能大赛中，畜牧兽医、种子、园林等专业学生均获一、二等奖。2014 年，“绿源”文学社学生作品获得全省大学生“我的中国梦”征文 1 个一等奖、3 个二等奖和 1 个三等奖；“翰墨缘”书法协会、“九月”话剧社参加第四届全省大学生艺术展演荣获 2 个二等奖、6 个三等奖。2015 年“绿源”文学社、大学生记者团参加“中国青年报第三届寻找金牌读者”活动，赢得甘肃区域“最佳参与奖”。

（三）社会实践活动硕果累累

学院连续 19 年被评为社会实践先进集体。学院青年志愿者协会连续八年在拱星墩社区开展“关爱空巢老人”志愿活动，还有“宠物之家动物收容站”“关爱自闭症儿童”等志愿者团队，先后有近 500 名志愿者参加，兰州电视台、甘肃卫视等新闻媒体都进行了宣传报道。2012 年赴泾川县和 2013 年赴漳县“科技支农”服务团队连续两年被团中央确定为大中专学生暑期“三下乡”社会实践全国重点团队。尤其是 2013 年暑期，服务团队在科技支农活动期间恰逢岷县、漳县“7・22”地震灾害，立即开展了“情暖漳县星辉有爱”抗震救灾活动，其事迹在团中央“三下乡”官网、每日甘肃、团省委官网站相继被报道。2013 年暑期开展的“青苗”爱心养护公益项目入选由团中央举办的“圆梦中国　公益我先行”活动全国“百强项目”。2014 年，“孝心公社”“圆梦荣威”等 3 个志愿服务团受到省委宣传部、甘肃团省委等部门联合表彰为 2014 年“三下乡优秀团队”，有 3 位学生、3 名教师被评为“先进个人”；“青苗养护”等 4 个微公益项目入选全国千强团队。2015 年，在“丝路新世界・青春中国梦”全国大学生“圆梦中国”暑期实践季专项行动中，学院荣获全国优秀团队奖，2 名个人荣获“全国优秀个人”奖；组建 2 支团队参加中国大学生保险责任行暑期专项社会实践活动；组建“三农三化”科技支农调研团、“为民”科技支农养殖服务团等 5 支团队，奔赴兰州市榆中县、中川镇、陇南市西和县、河西四市进行农业调研、技术帮扶等社会实践活动，获得甘肃省委宣传部、团省委等部门联合表彰为 2015 年“三下乡优秀团队”，有 2 位学生、3 名教师被评为“先进个人”。2016 年，组建“情系礼县”农产品电商调研团、“为民”养殖服务团等 5 支团队，奔赴陇南市礼县、宕昌县，兰州新区等地进行农业调研、技术帮扶等社会实践活动，获得省委宣传部、团省委等部门联合表彰为 2016 年“三下乡优秀团队”，有 5 位学生被评为“先进个人”。

（四）毕业生就业、创业能力得到了明显提升

在全省大学生创业计划大赛、“挑战杯”甘肃省大学生课外科技学术作品竞赛中屡屡获奖。部分毕业生已成为单位技术骨干、中层管理人员。2012 届 1 名毕业生已担任新疆建设兵团某连连长；1 名自主创业的毕业生已担任某县果蔬专业合作社总经理，还有成为企业带头人、独立承担农业项目、独立承租温室大棚的毕业生等等都在自主创业的道路上取得了成就。2014 年，学院被评为全国创新创业教育研究与实践先进单位；学院申报的“人格与创业”素质培养模式课题获甘肃省教学成果二等奖。2015 年，学院参加第十届“挑战杯”甘肃省大学生课外科技作品竞赛，获得 1 个一等奖、10 个二等奖、14 个三等奖，总分名列全省高校第十四名。2016 年，在“挑战杯——彩虹人生”全国职业学校创新创效创业大赛中，3 支优秀团队，进入全国决赛；组织开展“娃哈哈第七届全国大学生创意营销实践大赛”农职院专场活动，选聘优秀团队参加省级比赛。“‘本草味道’花草药冲饮包概念体验店”项目荣获甘肃省第六届大学生创新创业大赛二等奖；2016 年立项省级大学生创新创业训练计划项目 6 项、创业教改专业 1 个、创业训练中心 1 个。2011—2016 年连续六届创新创业教育与未来企业领袖人格生长论坛暨甘肃高校大学生创新创业联盟会议在学院召开，并获自主创业教育团体奖。

（五）学生服务社会、关爱他人的奉献精神明显增强

学院师生积极参加义务献血活动，参加献血的师生人数达到 4 000 多人次，献血总量接近 1 057 800 毫升，学院 1 名教师两次获得全国无偿献血金奖，1 名教师获全国无偿献血奉献奖。学院献血群体被省教育厅推荐到教育部作为甘肃省“先锋引领”典型，甘肃人民广播电台 1 月份做了 4 期专题报道。2014 年、2015 年学院连续获得全省“无偿献血爱心院校”荣誉称号。

自 2012 年以来，学院党委连续 5 年被省教育厅高校工委评为先进基层党组织，5 个党总支获得教育厅优秀党支部奖励，6 名党员、7 名党务工作者受到教育厅的表彰奖励；学院党委负责人 2012 年被评为 2012 年全省思想政治工作先进个人；学院思政课教师的专著获甘肃省第十四届哲学社会科学优秀成果三等奖；学院两项成果分别获得 2016 年甘肃省高校人文社科优秀成果二等奖和三等奖；2012 年以来，学院每年都有思想政治工作优秀成果获得省委宣传部的表彰奖励，其中一等奖 1 个、二等奖 2 个、三等奖 2 个、优秀奖 2 个，2013 年“甘肃农业职业技术学院大学生思想政治与人文素质教育工作规范”获甘肃省委宣传部全省思想政治工作优秀成果一等奖。2012 年被团省委、省青协评为第二届甘肃省优秀青年志愿者服务先进集体、第二届甘肃省优秀青年志愿者行动组织奖。2015 年至 2017 年，团委连续五年被甘肃省直团工委评为年度“五四红旗团组织”。

（作者系中共甘肃农业职业技术学院党委宣传部部长，思想政治理论课教研室主任，副教授）

习近平新时代中国特色社会主义思想“三进”的思考

廖　建　　胡　迪

摘　要：党的十九大把习近平新时代中国特色社会主义思想确立为全党必须长期坚持的指导思想和行动指南，为全党迈进新时代、开启新征程、续写新篇章提供了行动指南。高校作为大学生思想政治教育的主阵地，当前首要任务就是深刻把握习近平新时代中国特色社会主义思想的理论内涵，扎实推进习近平新时代中国特色社会主义思想进教材、进课堂、进头脑的“三进”工作，用习近平新时代中国特色社会主义思想来教育学生，武装学生。

关键词：习近平新时代中国特色社会主义思想；“三进”；思考

党的十九大把习近平新时代中国特色社会主义思想确立为全党必须长期坚持的指导思想和行动指南，这是十九大最大的亮点和最重要的历史贡献，为全党迈进新时代、开启新征程、续写新篇章提供了行动指南。高校作为大学生思想政治教育的主阵地，站在新时代的历史节点，面对新形势、新任务、新要求，当前首要任务就是深刻把握习近平新时代中国特色社会主义思想的理论内涵，发挥思政课程的主渠道作用，扎实推进习近平新时代中国特色社会主义思想进教材、进课堂、进头脑的“三进”工作，用习近平新时代中国特色社会主义思想来教育学生，武装学生，切实提高思想政治理论课教育教学质量水平和增强大学生的获得感。

一、推动习近平新时代中国特色社会主义思想“三进”的重要意义

党的十九大就新时代坚持和发展中国特色社会主义的一系列重大理论和实践问题阐明了大政方针，就推进党和国家各方面工作制定了战略部署，是我们党在新时代开启新征程、续写新篇章的政治宣言和行动纲领。十九大闭幕后召开的中央政治局会议强调：“学习宣传贯彻党的十九大精神是当前和今后一段时期全党全国的首要政治任务”，“要把学习党的十九大精神作为学校思想政治教育和课堂教学的重要内容”；教育部 2018 年 4 月印发的《新时代高校思想政治理论课教学工作基本要求》明确提出：“全面推动习近平新时代中国特色社会主义思想进教材进课堂进学生头脑，打牢大学生成长成才的科学思想基础，引导大学生树立正确的世界观、人生观、价值观，不断提高大学生对思想政治理论课的获得感。”高校全面推动习近平新时代中国特色社会主义思想“三进”工作，在坚持社会主义办学方向和青年大学生成长成才方面显得尤为重要和紧迫。

（一）习近平新时代中国特色社会主义思想“三进”工作是高校坚持社会主义办学方向的根本保证

习近平新时代中国特色社会主义思想作为当代马克思主义中国化的最新理论成果，是中国特色社会主义理论体系的重要组成部分，是中国共产党结合新的时代条件和实践要求，以全新的视野深化对党的执政规律、社会主义建设规律、人类社会发展规律的认识，进行艰辛的理论探索，取得的重大理论创新成果。它既是新时代的精神旗帜，又是全党全国人民为实现中华民族伟大复兴而奋斗的行动指南。而高校作为我国意识形态工作的前沿阵地，思想政治理论课是培养社会主义建设合格人才的主渠道，必须要牢牢把握社会主义办学方向，牢牢掌握意识形态的领导权和话语权。因此必须以习近平新时代中国特色社会主义思想为指导，通过推动习近平新时代中国特色社会主义思想“三进”工作，用马克思主义中国化最新成果武装师生头脑，使高校的办学方向同国家发展的现实目标和未来方向紧密联系在一起，为人民服务，为党治国理政服务，为巩固和发展中国特色社会主义制度服务，为改革开放和社会主义现代化建设服务。

（二）习近平新时代中国特色社会主义思想“三进”工作是青年大学生成长成才的迫切需要

青年是社会上最富活力、最具创造性的群体，是国家的未来，民族的希望，青年兴则国家兴，青年强则国家强。党的十九大作出了“中国特色社会主义进入新时代”的重大政治论断，明确了中国发展新的历史方位。实现中华民族伟大复兴的中国梦是新时代中国共产党人的历史使命，是全党全国各族人民共同的奋斗目标，也是新时代赋予青年大学生的使命和责任。大学生必须坚定与祖国和人民共命运的决心，树立与时代和社会同前进的远大理想，始终坚持“爱国、励志、求真、力行”，才能不辜负党和政府的培养、不辜负家庭和社会的期望，才能真正成长为社会主义现代化建设的合格人才。高校应及时推动习近平新时代中国特色社会主义思想“三进”工作，帮助青年大学生认清中国社会的发展大势，坚定在中国共产党领导下实现中华民族伟大复兴的信心和决心，增强全面建设社会主义现代化强国的自信心和自豪感，自觉地把自己的理想追求融入实现中华民族伟大复兴的民族梦想，勇做走在时代前列的奋进者、开拓者。

二、推进习近平新时代中国特色社会主义思想“三进”的实现路径

要准确把握党的十九大提出的新任务新要求，全面贯彻党的教育方针，进一步增强坚持社会主义办学方向的自觉性坚定性，我们必须扎实推动习近平新时代中国特色社会主义思想“系统进教材、生动进课堂、扎实进头脑”，着力培养担当民族复兴大任的时代新人，扎实做好高校意识形态工作，全面落实新时代党的建设总要求，推动高校思想政治工作不断取得新成效新业绩。

（一）推动习近平新时代中国特色社会主义思想“系统进教材”

习近平新时代中国特色社会主义思想“三进”工作的基础和主要载体是“系统进教材”。建设什么样的教材，传授什么样的内容、倡导什么样的价值，教材体系如何转化为思政课教师的话语体系，是推动习近平新时代中国特色社会主义思想“三进”的首要任务，是大学生学习习近平新时代中国特色社会主义思想的最直接、最显性的途径。一

是将习近平新时代中国特色社会主义思想融入教学方案，引导各门思想政治理论课和其他相关课程用最新理论成果充实完善教学内容、调整教学大纲、修订教材讲义，让教材体现出习近平新时代中国特色社会主义思想的基本内容、思想内涵和精神实质。二是通过集体备课、教学培训和业务研讨等方式，积极主动地把习近平新时代中国特色社会主义思想和各项工作的部署要求融入思政课程教学中。三是组织思政课教师组成课题研究小组，将习近平新时代中国特色社会主义思想设置为若干研究课题，开展分领域研究，把最新的最有价值的研究成果转化为思政课教学资源，从而提升课堂教学的质量、教学效果和科学性导向，增强大学生对习近平新时代中国特色社会主义思想的政治认同和情感认同。

（二）推动习近平新时代中国特色社会主义思想“生动进课堂”

习近平新时代中国特色社会主义思想“三进”工作的关键环节是“生动进课堂”。习近平同志在全国高校思想政治工作会议上强调：“要用好课堂教学这个主渠道，思想政治理论课要坚持在改进中加强，提升思想政治教育亲和力和针对性，满足学生成长发展需求和期待。”因此，思想政治理论课必须围绕大学生成长需求，把握学生发展规律，通过运用鲜活的话语体系，提升教学的亲和力和针对性，有说服力地阐释习近平新时代中国特色社会主义思想。一是深化思想政治理论课教学改革，适应学生特点，因材因人施教，让学生爱学、乐学、喜学。通过专题教学设计，探索出“讲、读、辩、行、写”互动式、实践式思政课教学方式，全面、系统、深入阐释习近平新时代中国特色社会主义思想的重大意义、科学体系、丰富内涵、精神实质、实践要求，打造精彩课堂。二是创新教学方法和途径，加强“三进”工作与现行教育教学体系的融合研究，开展习近平新时代中国特色社会主义思想精品课、优质课、示范课评选。三是开辟“第二课堂”，充分发挥“第二课堂”的育人功能，通过志愿服务、社团活动、社会实践、精准扶贫等途径，将习近平新时代中国特色社会主义思想融入青年大学生的日常全过程教育，使之内化于心、外化于行。

（三）推进习近平新时代中国特色社会主义思想“扎实进头脑”

习近平新时代中国特色社会主义思想“三进”工作的目标是“扎实进头脑”。通过课堂教学和实践教学，大学生用习近平新时代中国特色社会主义思想武装自己的头脑，变成一种信仰、理想信念和精神力量，来指导实践，推动工作。一是要坚持价值引领，用习近平新时代中国特色社会主义思想指导实践。广泛开展志愿服务、社团活动、社会实践、精准扶贫，让广大青年学生更加深刻认识我国改革发展取得的伟大成就。引导青年学生将个人成长成才的青春梦与中华民族伟大复兴的中国梦有机结合起来，切实推进习近平新时代中国特色社会主义思想入脑入心，进立场、进情感。二是树立“以学生为中心”的教学理念，用习近平新时代中国特色社会主义思想激发青年。思想政治工作从根本上说是做人的工作，教学理念要明确学生是学习的主体，要坚持“以人为本”，必须深入了解当代大学生的喜好、关切点等。在教学内容和教学形式进行创新，用大学生喜闻乐见的语言和形式，真正地让学生从内心接受习近平新时代中国特色社会主义思想。三是加强组织领导，用习近平新时代中国特色社会主义思想武装头脑。坚持把“立德树人”作为中心环节，实现全员育人、全程育人、全方位育人，学校党委行政领导要率先讲、专家要带头讲、思政课教师要全面讲、学生要深入学，原汁原味地领会习近平新时代中国特色社会主义思想的深刻内涵和精神实质，真正把习近平新时代中国特色社会主义思想学懂、弄通、做实。

三、推动习近平新时代中国特色社会主义思想“三进”的保障措施

习近平新时代中国特色社会主义思想彻底融入思政课教学中是一项涉及诸多因素的系统工程，非思想政治理论课教师单个群体力所能及，也不会一蹴而就。只有多方协同、齐抓共管、持之以恒、久久为功，才能有效推进习近平新时代中国特色社会主义思想“三进”工作的落地生根。

（一）加强领导，落实主体责任

高校党委负有思想政治工作的主体责任，党委书记是第一责任人。高校党委要充分认识推动习近平新时代中国特色社会主义思想“三进”的重大意义，把推动习近平新时代中国特色社会主义思想“三进”列入党委的议事日程，制定总体推动规划，全面部署推动工作，做到有方案、有实施、有反馈，在各高校党委统一领导下，充分发挥学校各部门各条战线的作用，齐抓共管，形成“大思政”宣传格局。

（二）培训队伍，形成全员育人

培训师资队伍，形成全员育人的格局。一是要充分挖掘内部潜力，组织思政课教师集体学习，认真研读十九大报告，真正做到原原本本读原著、学原文、悟原理。在此基础上，结合课程实际和学生实际，确定教学专题，开展集体备课。二是要坚持“请进来、走出去”相结合。既要把专家、学者请进校园，围绕习近平新时代中国特色社会主义思想，与思政课教师进行面对面的辅导与座谈，帮助思政课教师尽快把握、全面理解习近平新时代中国特色社会主义思想；又要加大思政教师培训力度，把教师送出去参加思政课课程建设研讨会、习近平新时代中国特色社会主义思想理论研讨会等。三是要重视由辅导员、团总支书记和分管学生工作的院系书记等组成的学团队伍。应在党委的统一部署下，从这支队伍的工作实际出发，以适当的形式组织这支队伍学习习近平新时代中国特色社会主义思想，使这支队伍能够与思政课教师相互配合，共同依托共青团、学生会、社团等学生组织，围绕习近平新时代中国特色社会主义思想，指导学生开展形式多样的学习实践活动，进而与思政课堂形成合力，形成全员育人格局，有效推进习近平新时代中国特色社会主义思想“三进”。

（三）投身实践，引导笃行做实

高校思想政治理论课的教学涵盖了理论教学与实践教学两大部分，前者重知，后者重行，前者以课堂为主，后者以课外为主，理论教学可使实践体验升华为理性认识，实践教学可使理论知识外化为实践能力。两者相辅相成，缺一不可，从而形成强大合力。因此，高校贯彻落实习近平新时代中国特色社会主义思想，不仅在理论上要讲透，更要与实践紧密结合，依托社会实践、社区服务、社情调查、志愿者活动等实践育人体系，引导青年大学生在社会实践中加深对习近平新时代中国特色社会主义思想的理解和认

同，使大学生切身感受和深刻体会新思想在推进中国社会进步中的强大生命力。为此，必须合理规划高校思想政治理论课在习近平新时代中国特色社会主义思想教育中的实践教学内容，制订实践教学计划，设计实践教学方案，开展多种形式的实践教学，开辟实践教学基地，使习近平新时代中国特色社会主义思想教育的实践教学制度化、常态化，引导大学生不仅要真学真懂，还要真会真用，自觉践行习近平新时代中国特色社会主义思想，以达化知为行、转智成德的功效。

推动习近平新时代中国特色社会主义思想“三进”工作，要站在高校思想政治工作关系高校“培养什么样的人”“如何培养人”以及“为谁培养人”这个根本问题的政治高度，坚持把“立德树人”作为中心环节，实现全员育人、全程育人、全方位育人，努力开创学校理论武装工作新局面，切实提高思想政治理论课的教学质量水平，增强青年大学生的获得感。

参考文献

［1］习近平．决胜全面建成小康社会　夺取新时代中国特色社会主义伟大胜利．北京：人民出版社，2017.

［2］邢秀兰．高校思政课推动习近平新时代中国特色社会主义思想“三进”的若干思考．思想政治课研究，2018（2）：11—14.

［3］王建国．扎实推进习近平新时代中国特色社会主义思想“三进”的思考，2017（12）：3—8.

［4］孙立军．学习贯彻习近平同志系列重要讲话：以哈尔滨师范大学为例．思想政治教育研究，2016（11）：81—85.

［5］马可．社会主义核心价值体系融入高校思想政治理论课教学的途径选择．学校党建与思想教育，2011（5）：41—42.

（作者分别系岳阳职业技术学院公共基础部讲师；岳阳职业技术学院公共基础部副教授）

思想政治教育生态价值及其实现

郭昭君

摘　要：思想政治教育生态价值及其实现，是时代赋予思想政治教育的全新课题。通过历史维度的考察，我们发现中国思想政治教育生态价值经历了如下三个阶段，即原始社会敬畏与控制并存的自在萌芽阶段、古代社会从神性向人性转变的自觉演变阶段，以及近现代社会由曲折与反思的建构与实现阶段。思想政治教育生态价值建构及其实现，是助推“美丽中国”梦想实现的关键。

关键词：思想政治教育；历史生态价值；建构实现

思想政治教育面临生态环境日益恶化所带来的人类生存的新危机，面临自身发展领域所发生的新的变化，必须冲破原有的价值局限，重视其生态教育价值的创造，这是时代赋予思想政治教育的全新课题。① 思想政治教育生态价值是“思想政治教育基于生态文明建设的现实回应和价值自觉，是思想政治教育对于协调人与自然之间关系的效用和意义，旨在通过思想政治教育的生态化创新，培育和建构‘理性生态人’”。② 目前学界关于思想政治教育生态价值的研究，多从思想政治教育的主体构成、外部环境和发展演变等方面对思想政治教育生态价值进行审视，鲜有从历史维度进行对思想政治教育生态价值的挖掘。在西方生态学马克思主义理论家威廉·莱斯那里，生态环境问题的根源在于控制自然观念。在他看来，由于“概念既澄清也掩盖所要描述的现象的性质”③，所以细致分析控制自然观念的历史的哲学的社会的意义，从而发现控制自然观念的真正本质来化解生态环境问题也就成了莱斯《自然的控制》一书的主要思想。不可否认，莱斯的控制自然理论对思想政治教育生态价值的挖掘及建构提供了有益的启示。因此，本文将从中国思想政治教育历史发展中有关于人与自然关系的观念的演变来探寻生态价值的演变，从而为思想政治教育生态价值研究注入一个新的视角。

一、敬畏与控制并存：原始社会中国思想政治教育生态价值的自在萌芽

正如马克思所说：“我们首先应当确定一切人类生存的第一个前提，也就是一切历史的第一个前提，这个前提是：人们为了能够‘创造历史’，必须能够生活。但是为了

① 项久雨．思想政治教育价值论．北京：中国社会科学出版社，2003：144.
② 王学俭，魏泳安．思想政治教育生态价值探略．思想教育研究，2013（5）：8—12。
③ ［加］威廉·莱斯．自然的控制．重庆：重庆出版社，1993：10.

生活，首先就要吃喝住穿以及其他一些东西。因此第一个历史活动就是生产满足这些需要的资料，即生产物质生活本身，而且这是这样的历史活动，一切历史的一种基本条件，人们单是为了能够生活就必须每日每时去完成它，现在和几千年前都是这样。"① 人与自然的关系是通过人类社会物质实践建立起来的关系，既有实践关系，也有价值关系，作为人的存在方式之一的思想政治教育实践也不例外。② 原始社会人们基于"生产、生活状况产生了对思想交流和社会共同的精神生活的需要，为了实现原始人类精神文化的代际传承和原始社会人的再生产，于是就产生了人类最初的教育活动，以及伴随教育活动一起产生的、影响人的思想品德素质发展的思想政治教育活动"③。作为原始人精神生活的重要组成部分，原始社会关于人与自然关系的思想政治教育形式主要有原始宗教和神话与传说。原始社会思想政治教育生态价值体现为对人与自然关系敬畏与控制并存的道德教育。

首先，由于早期人类受自身能力的限制，他们对自然现象是一种直观的思维。面对自然强大力量，"本能地赋予了动物、植物乃至所有无生物活性，进而将自然人格化"④，形成了万物有灵的原始法术、巫术、禁忌、自然崇拜、图腾崇拜、祖先崇拜等宗教观念。如通过原始法术，原始初民通过模仿以及发明一些法术让人们增强对自然控制行为以及自身行为效果的信心；通过巫术中的求告、膜拜、祭祀之举的借助"超自然"力量的活动，使人们对理解与外部世界关系提供了"应如何"和"应当怎么做"的规则，并使人们开始不再被动地受自然支配而是作为一个活动者依靠超自然的力量来影响和征服自然；通过禁忌，告诫人们不能做出违反戒令的行为否则会受到神灵或鬼的严重惩罚；通过自然崇拜，使人们把自然事物和自然力视为有生命、意志以及超凡能力的对象，从而来规约自身的行为；通过图腾崇拜，将人与动物和植物处于一种假想的血缘亲合关系之下，从而决定人们的信仰基础、欲望以及日常活动；通过祖先崇拜，将对祖先的功德以及希望亡灵对家庭后代保佑赐福的精神寄托化为人们面对外在自然界力量进而积极生活的信心和愿景。

其次，对于早期人类而言，由于生活条件恶劣以及充满不确定性，天灾、人祸、疾病使得他们充满着生存的忧患意识，只能借助神话中的神灵和传说中的英雄来冲淡这种焦虑，并为生活中的无常给予精神上的安慰和解释。"神话与传说本身就是原始人类观念地处理自身与外在世界关系的精神形式，而且神话与传说和原始宗教可谓相伴而生，相互交织。"⑤ 以伏羲、女娲神话形象为例，它的出现和流行是中国古代供奉的蛇图腾的变形。蛇是顽强生命力和旺盛的生殖力的代表，文化人类学认为："上古时代的初民有这样一种认知，对神秘的敌对力量进行安抚和祭祀，可以化异己力量为自己的拥有的能量，于是，人们开始抚慰和祭祀活着和死亡的蛇的灵魂，开始产生蛇的崇拜，这种信仰在东夷族群中不断得到发展和强化，蛇便升格为神灵了。这种神灵，代表着生命力和普

① 马克思恩格斯选集第1卷．北京：人民出版社，1995：78.
② 李俊奎．思想政治教育效益论．北京：中国社会科学出版社，2012：105.
③ 《思想政治教育学原理》编写组．思想政治教育学原理．北京：高等教育出版社，2016：50.
④ 胡君进．论原始社会中的道德教育．基础教育，2014（5）：91—98.
⑤ 胡君进．论原始社会中的道德教育．基础教育，2014（5）：91—98.

遍的繁荣昌盛，起初时这种神灵几乎到处都有，到最后，浓缩成伏羲、女娲神话形象。”① 以中国第一部集中记录神话片段和原始思维的奇书《山海经》为例，它历述怪兽异人的地域分布和由此产生的神话和巫术的幻想，进而成为百世神异思维的经典。在对山川湖海的精灵和魂魄的神话理想中，“华夏初民生存滋衍在相当恶劣的自然环境中，幻想着有一群征服山川的巨人，为他们揭破环绕着自己、威胁着自己的山山海海的奥秘，以及山海之外的自己同类的生存状态。他们不理解山川的无情，他们又想借幻想参悟山川的情理”②。

二、神性到人性：古代社会中国思想政治教育生态价值的自觉演变

从历史上看，中国古代思想政治教育经历了奴隶社会、封建社会。在这个过程中，古代思想政治教育生态价值经历了从原始社会以神性看待人与自然关系的要求到以倡导人性来看待人与自然关系。

首先，随着生产力和社会分工的发展，产生了阶级分化和奴隶制国家，作为一定阶级实践活动的思想政治教育产生了。马克思主义认为：“一个阶级是社会上占统治地位的物质力量，同时也是社会上占统治地位的精神力量。支配着物质生产资料的阶级，同时也支配着各种精神生产资料。”③ 奴隶社会，关于人与外部世界（自然）关系的意识形态主要体现为神观念、礼文化、法文化。如奴隶社会的神观念中，原始社会原始初民的神观念被真实延续下来，并被抹上政治色彩以此作为了奴隶主统治的理论依据；奴隶社会的礼文化可以说是一个从神观念到礼文化自然演化的过程。由于礼及礼文化在实践中的不断运用和流行，又反过来推动了神观念的进一步演进和发展。“由原始社会的礼文化发展到阶级社会的礼文化，性质也就发生了实质的变化。这意味着开始才从原始社会纯粹对神的一种顶礼膜拜已逐渐异化为阶级统治手段上的一种文化精神，礼也就同时就是这种文化精神的载体。”④ 和神观念、礼文化相对应，法文化代表了奴隶社会思想政治教育“化成天下”的生态价值。从人神可以沟通并且融合了祖宗崇拜和上天崇拜的思想观念中产生出来的神权法文化和宗法法文化，共同构成了中国古代法文化的主体内容。如果再从社会发展进程的角度进行细分，夏商时期的神权法文化和宗法法文化并存，但占主导地位的是神权法文化。它是统治者根据神本位的礼文化精神，对于法律的制定、执行完全借助于神的意志和力量予以实现的。到了西周时期，虽然法律的实践活动仍然是借助于神力的神权法文化，但不同的是“这种法文化只在形式上成立，但在实质上已退出人们的文化视野。”⑤ 相对应于西周社会的“关照现实社会的人”的人本礼文化，“重人”的法文化也相应地得到高度的张扬。可见，随着社会生产力的不断提高，

---

① 范立舟．伏羲、女娲神话与中国古代蛇崇拜．烟台大学学报（哲学社会科学版），2002（4）：454—458.

② 杨义．山海经的神话思维．中山大学学报（社会科学版），2003（3）：1—10.

③ 马克思恩格斯选集第1卷．北京：人民出版社，1995：98.

④ 方潇．自然缠绵的姻缘：神观念、礼文化和法文化．政法论坛（中国政法大学学报），2002（6）：175—181.

⑤ 同上。

人们的认识开始从原始初民的那种对自然神灵的无限恐惧和敬畏向人类对自己遵循自然、利用自然甚至力图控制自然的自信而要么亲近神要么疏远神的转变。

其次，自秦统一中国至辛亥革命的爆发，中国的封建社会绵延了两千多年。“在这漫长的历史中，封建地主阶级不仅将儒家思想进行发掘整理使之上升为官方的意识形态，而且还通过政治教化、科举取士、敦风化俗、道德修身等多种形式，开展以巩固封建专制制度和维系血缘宗法秩序为目的的思想政治教育。”① 在儒家思想中，关于人与自然关系的深刻洞见蕴含着丰富的思想政治教育生态价值，其中天人合一思想就是集中的体现。正如张世英先生所言，这里的天不仅包含意志之天、命运之天、义理之天，也包含自然之天、天地之天、物质之天。“封建统治阶级为了把自己的伦理观念和道德原则绝对化、神圣化，就把它说成是如同天经地义的自然规律一样不可改变的天理，强迫人民去遵守。”② 因此，意志之天、命运之天、义理之天都是基于对自然之天的理解展开，是一个不断由原始社会、奴隶社会自然之天的“神性”向道德化的“世俗性”转变的过程。

以儒家思想为例，在孔子、子思、孟子天人关系思想的基础上，到了汉代，汉武帝独尊儒术，董仲舒提出了“天人之际，合二为一”的思想，并将其作为国家统治的意识形态。不过他的“天人感应”学说，带有迷信的色彩。到了宋代，张载在其《西铭》中完整具体地表达了天人合一的思想。他说道：“民为同胞，物吾与也”，同时“为天地立心，为生民立命，为往圣继绝学，为万世开太平。”其后，王阳明进一步发展了仁者“与天地万物为一体”的泛爱万物的思想（《大学问》）。在众多思潮中，还有《中庸》的“能尽人之性，则能尽物之性；能尽物之性，则可以赞天地之化育；可以赞天地之化育，则可以与天地参矣”的参赞原则。另外，除了儒家思想之外，道家也是主张“天人合一”思想的。在道家看来，人必须顺应自然，不能人为干预自然。如老子的“人法地，地法天，天法道，道法自然”（《老子》第二十五章）以及庄子所说的“天地与我并生，而万物与我为一”（《庄子·齐物论》）。

总的来说，中国古代思想政治教育生态价值是一个由原始社会思想政治教育自在萌芽阶段向奴隶社会、封建社会思想政治教育自觉认识发展的过程。尽管以“天人合一”思想为例的封建社会思想政治教育包含有不同的内容和角度，但是整体上都是以道德教化的自觉形式围绕意志之天、命运之天、义理之天表现出来的。然而，自然之天的意蕴并没有被代表统治阶级利益的思想家们所重视并被开拓成一条引向现代社会关于人与自然关系处理的路向。因而，可以说封建社会的思想政治教育生态价值路向中表现出的也就仅是以过分注重人伦道德为特点的“天人合一”思想的价值内容及价值理念，它忽视了对自然的认识以及在此基础上对自然的实际变革和改造，这也是造成中国古代科学技术和社会生产力发展受到阻碍的重要原因。

---

① 《思想政治教育学原理》编写组．思想政治教育学原理．北京：高等教育出版社，2016：52.

② 张世英．中国古代的“天人合一”思想．求是，2007（7）：34—37＋62.

三、曲折与发展：近现代社会中国思想政治教育生态价值的建构与实现

从所经历的前所未有的变革来看，中国政治社会经历了三次历史性巨变[①]：第一次是晚清时期发生在中国新旧社会体制更替过程中的以“求强、求富”为目标的洋务运动、以“变法图存”为口号的“百日维新”运动以及辛亥革命。它揭开了近现代中国政治社会历史性变革的序幕。第二次是中华人民共和国的成立，这意味着中华人民共和国的诞生在半殖民地半封建社会的中国开创了社会主义建设道路。第三次是以改革开放为标志的方针政策，它引领着中国现代化建设的历史潮流，并紧密围绕着“经济建设”这个中心卓有成效地开展政治、经济和文化等相关领域的变革。在这个过程中，中国思想政治教育生态价值可谓是经历了艰难曲折的发展，进而向新时代中国特色社会主义生态文明关照中建构并实现的过程。

以近代中国为例，伴随着西方列强的坚船利炮，西方资产阶级意识形态对中国新兴资产阶级的思想政治教育变革逐步产生影响。作为西方近代自然科学的重要成果的哥白尼的太阳运动理论，牛顿的绝对时空观，康德、拉普拉斯的星云假说，达尔文的进化论，微耳的细胞学说，马赫和莱布尼茨的单子论，爱因斯坦的相对论等自然科学理论以及力学、电学、声学、光学、热学、数学、化学、天文学、地理学、地质学、生物学等具体学科知识都为揭示自然界和人类社会的起源和发展规律，为解释种种貌似神秘的自然异常现象，提供了科学依据。“尤其是星云假说、细胞学说、进化论三大学说的传播，使中国思想界对宏观世界和微观世界以及对人类自身的认识发生了质的飞跃。”[②] 于是，中国新兴资产阶级和爱国仁人志士将西方自然科学知识进行各种形式的积极宣传、奔走呼号，进行文化启蒙，从而对传统的五行说、阴阳说、天人合一、天人感应观念、天命观、风水观都形成了有力的冲击，无形中动摇了人们对自然神的信仰，起到了思想启蒙的作用。

俄国十月革命一声炮响，为中国送来了马克思主义。1921 年 7 月，中国共产党正式成立，标志着党的思想政治教育的开端。经过艰苦卓绝的争取民族独立自主的革命战争阶段，1949 年中华人民共和国成立，极大地鼓舞了全国各族人民团结奋斗、实现国家富强的信心。在中华人民共和国成立之初，党的首要任务就是带领人民巩固新生政权，恢复国民经济，完成社会主义改造，实现国家性质由新民主主义向社会主义的转变。在全面建设社会主义时期，党的思想政治教育一方面继续取得重要进展，另一方面指导思想上受“左倾”错误思想的影响干扰了党的思想政治教育对于正确路线的正确落实，中华人民共和国经历了历史上最为严重的生态破坏问题。由于这个时期的思想政治教育在政治社会变革过程中表现出过分“征服自然”的自信，“与天斗与地斗其乐无穷”的片面价值观念给经济社会发展和自然生态环境等带来了无法挽回的严重后果。1958 年大炼钢铁运动等一系列错误的指导思想使森林、矿产等自然资源遭受严重的损失。森林资源的

① 孙涛．中国近现代政治社会变革与生态环境演化之思．兰州学刊，2016（1）：77—85.

② 饶明奇．近代中国自然神崇拜淡化的原因及历史意义．郑州大学学报（哲学社会科学版），1999（7）：19—22.

乱砍滥伐，矿山资源的随意开采及其草场资源的无序垦荒，导致资源浪费和严重破坏。“文化大革命”期间，“向湖泊要地”“围海造田”等口号不仅使粮食生产没有得到有效的提高，而且让湖畔近海等湿地的生态环境遭受严重破坏。

“文化大革命”结束后，中国共产党为了结束“两个凡是”错误方针对拨乱反正的阻挠，全国范围内开展了真理标准问题大讨论的思想解放运动。1978 年，党的十一届三中全会的召开，停止了“以阶级斗争为纲”的口号，将党和国家的工作中心转移到经济建设上，开启了新时代党的思想政治教育。基于对我国生态环境严峻性的深刻反思以及对国外生态环境理念的认识，中国共产党开启了环境保护工作的规划，出台了相应的法律并制定一系列相关措施。然而，尽管如此，伴随着改革开放以来中国的经济发展所取得的伟大成就，生态环境问题日益凸显，为党的发展事业提出了严峻挑战。为此，生态环境问题的应对与挑战被党和国家提上了议程。于是，自党的十五大报告明确提出可持续发展战略，党的十六大报告提出了建设生态文明的发展理念和战略举措，党的十七大报告进一步对生态文明提出新的要求，党的十八大报告首次提出“美丽中国”概念，并将生态文明建设与经济建设、政治建设、文化建设、社会建设作为“五位一体”总体布局的重要组成部分理论创新的重要成果，这也意味着生态文明建设战略地位被提升到了国家发展战略目标。党的十九大报告将美丽与富强、民主、文明、和谐一起作为社会主义现代化强国的五大规定并写入党章，并且指出，“我国生态环境保护任重道远”，“建设生态文明是中华民族永续发展的千年大计”，“我们要牢固树立社会主义生态文明观，推动形成人与自然和谐发展现代化建设新格局，为保护生态环境作出我们这代人的努力！”“生态文明建设关键在人。”① 站在建设美丽中国这一国家现代化战略目标的高度，以培养具有生态化人格的中国特色社会主义建设者接班人为宗旨的思想政治教育正是题中之意。

（作者系江苏大学马克思主义学院讲师，博士）

① 刘湘溶．十九大报告对生态文明思想的创新．中国特色社会主义研究，2018（2）：15—19.

实现高校思想政治理论课的“四个融合”

——全面推动习近平新时代中国特色社会主义思想进教材进课堂进头脑

骆　徽

摘　要：把中国梦作为一条主线贯穿于高校思想政治理论课全过程，将原有的高校思想政治理论课的四门主干课程分别以“中国梦之文化篇”“中国梦之哲学篇”“中国梦之历史篇”“中国梦之发展篇”重新呈现在当代中国大学生面前，并通过“四个融合”——高校思想政治理论课与隐性课程的融合，高校思想政治理论课与中华优秀传统文化的融合，高校思想政治理论课与社会主义核心价值观的融合，高校思想政治理论课与中国梦的融合，以期推动高校思想政治理论课改革的实质性突破，实现习近平新时代中国特色社会主义思想进教材、进课堂、进头脑的目的。

关键词：价值观；显隐融合；高校思想政治理论课；教学改革

党的十八大以来，以习近平同志为核心的党中央高度重视高校发展与高校思想政治工作。习近平同志在全国高校思想政治工作会议上发表的重要讲话，在全国教育战线持续引发热烈反响。习近平同志有针对性地提出了当前思想政治教育工作者都要面对的四大挑战：“马克思主义指导思想面临多样化社会思潮的挑战，社会主义核心价值观面临市场逐利性挑战，传统教育引导方式面临网络新媒体的挑战，培养社会主义事业建设者和接班人面临敌对势力渗透争夺的挑战。”[1]

前教育部长袁贵仁同志在2016年两会上就对“西方价值观不适合课堂”的问题答记者问在网上引起热烈讨论，笔者在这里谈一下我个人比较粗浅的看法。由于“西方”和“东方”现在不是地理概念而是政治概念，所以马克思主义虽然源于欧洲，但并不是一般意义上的西方价值观，相反却是典型的东方价值观，是社会主义价值观的主要成分。那什么样的价值观适合当前我国的大学课堂呢？习近平同志在2016年全国高校思想政治教育工作会议上提出：“要坚持不懈培育和弘扬社会主义核心价值观，引导广大师生做社会主义核心价值观的坚定信仰者、积极传播者、模范践行者。”[2]对于高校思政课综合改革创新，我个人的思考和设想就是把原有重显性教育的高校思想政治理论课教育转变成显隐教育相结合的“中国梦与社会主义核心价值观的专题化教育模式”。

习近平同志指出：“要用好课堂教学这个主渠道，思想政治理论课要坚持在改进中加强，提升思想政治教育亲和力和针对性，满足学生成长发展需求和期待，其他各门课都要守好一段渠、种好责任田，使各类课程与思想政治理论课同向同行，形成协同效应。”[3]我们应当从学生引导、教育理念、教学方法、教材编写、课程体系等几个方面综合加以改进，争取达到满意效果。

一、将中国梦作为一条主线贯穿于高校思想政治理论课全过程

习近平同志在十九大报告中阐述新时代中国共产党的历史使命时说，实现中华民族伟大复兴是近代以来中华民族最伟大的梦想。因此，我们主张将中国梦作为一条主线贯穿于高校思想政治理论课全过程，在原有高校思想政治理论课的四门主干课程基础之上，分别以“中国梦之文化篇”“中国梦之哲学篇”“中国梦之历史篇”“中国梦之发展篇”这一全新的四大篇章呈现在当代中国大学生面前。

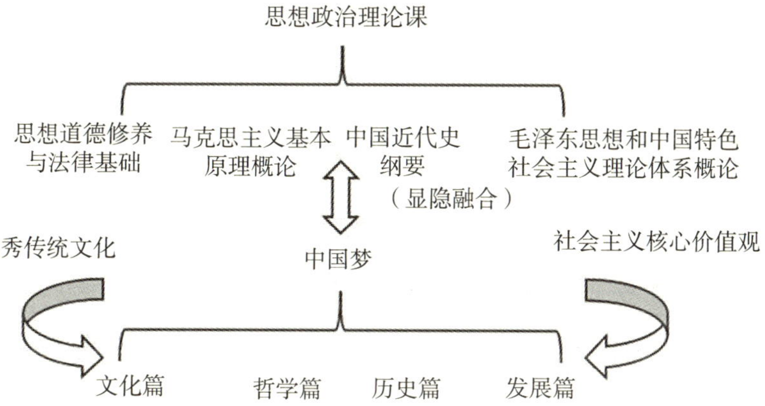

（一）坚持问题导向原则，实施专题教学

提高思想政治理论课课堂教学质量，首先要确保教学内容有针对性，才有可能在结果上产生实效性。习近平同志指出，“要用好课堂教学这个主渠道，思想政治理论课要坚持在改进中加强，提升思想政治教育亲和力和针对性，满足学生成长发展需求和期待”。[4]

现行的思想政治理论课教材尽管是马克思主义理论研究和建设工程重点教材，且经过多次修订，但是在内容上仍然忽视了大学生关心的热点和敏感问题，缺乏针对性和实效性，不能满足社会发展和意识形态工作的需要。刘云山在2015年3月同部分高校党委书记校长座谈时强调，“对准现实问题，着力解疑释惑，增强思想政治理论课的实际效果。”[5]要判断思想政治理论课教材是不是好教材，不能仅仅看教材是否具有严密的逻辑和完整的结构体系，更不能仅仅看教材是由哪些知名专家编写、审定、批准的或是由哪个知名出版社出版的。关键要看教材是否解答了大学生最为关心的热点和敏感问题，是否能够为大学生的培育和成才提供“正能量”。

习近平同志认为，共产党人“从来都是为了解决中国的现实问题”[6]。思想政治理论课也必须抓住“问题”进行改革。“要有强烈的问题意识”，社会上各种热点和敏感问题都是思政课需要回答的问题。一些反马克思主义、非马克思主义的矛头都直接指向“四项基本原则”以及党的领导和社会主义制度。如果对这些非主流意识形态听之任之，就会潜移默化地使非主流意识形态转变成主流意识形态。

要使中国特色社会主义理论体系和习近平同志系列重要讲话精神有效地进教材、进

课堂、进头脑，首先不能回避社会上的热点和敏感问题，要理直气壮地从正面回答。教材是教学的“指挥棒”，如果教材回避这些问题，教师自然也就会回避问题。因此，编好教材是“三进”的前提。思想政治理论课教材没有解决“针对性”问题，那么这个任务就只能由思政课教师通过“问题导向”，科学设置教学专题来承担和完成。

目前我国大学本科开设的思想政治理论课有“思想道德修养与法律基础”“马克思主义基本原理概论”“中国近现代史纲要”“毛泽东思想和中国特色社会主义理论体系概论”，可以分别改为“中国梦之文化篇”“中国梦之哲学篇”“中国梦之历史篇”“中国梦之发展篇”等，各门教材内容在课堂上不再以章节的形式出现，而是把现实中的热点和敏感问题经过分类梳理，分别编排在上述四个篇章中以专题形式进行解答。课堂上不是为讲“原理”而讲“原理”，“原理”只是用来解疑释惑的工具，从而确保发挥高校思想政治理论课功能，使大学生看到党和国家、民族的希望，坚定马克思主义的理想信念，坚持共产党的领导和中国特色社会主义道路。

（二）坚持实事求是原则，设置教学专题

邓小平同志在1992年的南方谈话中对学习马克思主义的重要论述，仍然是我们今天从事思想政治理论课专题化教学的重要指导原则。他说，第一，“学马列要精，要管用。”第二，学马列要抓住精髓。他说，马克思主义的精髓是“实事求是”。他就相信“实事求是”。第三，要提倡实事求是，他常说他是“实事求是派”。过去我们打仗“靠实事求是”，现在搞建设、搞改革也“靠实事求是”[7]。

上好思想政治理论课，除了要实事求是地正视和回答社会上的热点和敏感问题以外，还要按照“少”而“精”的原则，打破传统的以章节形式形成的逻辑体系，以全新的“中国梦和社会主义核心价值观的专题化教育模式”，在四门思想政治理论课中，集中探索和回答习近平同志提到的“五个”问题——什么是马克思主义，如何对待马克思主义；什么是社会主义，如何建设社会主义；建设什么样的党，如何建设党；实现什么样的发展，如何发展；什么是中国梦，如何实现中国梦。

“马克思主义基本原理概论”教材涵盖了马克思主义理论体系的三个重要组成部分——马克思主义哲学、马克思主义政治经济学和科学社会主义，分别从不同层次揭示了人类社会的发展规律，从自然规律分析到社会规律，从社会发展的一般规律分析到社会主义的特殊规律，但是教学不能“大”而“全”，一定要“少”而“精”。应当在专题化教学基础上，调整和创新教材内容，以唯物主义历史观为核心，用大学生普遍接受的语言把马克思主义精髓讲透彻，把人类社会发展规律和社会主义建设规律讲明白，把什么是马克思主义和怎样对待马克思主义讲清楚。运用矛盾分析方法，让学生明确“新时代我国社会主要矛盾是人民日益增长的美好生活需要和不平衡不充分的发展之间的矛盾”[8]。

“中国近现代史纲要”不能只是纵向讲解历史，更不能在纠缠史实中、在讲故事中度过，应该从唯物史观出发，以史实为基础，回答和总结中国近现代史的发展规律。以专题化教学的形式，讲清楚实现中华民族伟大复兴的中国梦，必须坚持选择马克思主义，选择共产党，选择社会主义，选择改革开放。“明确中国特色社会主义最本质的特征是中国共产党领导，中国特色社会主义制度的最大优势是中国共产党领导，党是最高政治领导力量"[9]。只有这样，才能坚定大学生对马克思主义的信仰，始终坚持党的领导的自觉性，坚定不移地走中国特色的社会主义道路。

"毛泽东思想和中国特色社会主义理论体系概论"绝不能用板块形式空洞地解读理论问题，必须贯彻"少"而"精"的原则，要充分体现邓小平所说的改革如何"靠实事求是"的问题。采用专题化教学，要讲清楚走中国特色社会主义道路是实现中华民族伟大复兴的中国梦的关键之所在。"明确坚持和发展中国特色社会主义，总任务是实现社会主义现代化和中华民族伟大复兴"。[10]要让大学生明白，改革开放的成功与中国特色社会主义的活力都充分体现了马克思主义的成功、遵循人类社会发展规律和社会主义建设规律的成功，从而让大学生能够自觉培育和践行社会主义核心价值观，自觉投身于实现中华民族伟大复兴的宏伟事业中去。

二、将隐性课程融入高校思想政治理论课

高校思想政治理论课仍是当前大学生接受社会主义理想信念教育的主要途径，但同样也说明了高校价值观培育渠道相对单一这一事实。途径的单一在一定程度上影响了社会主义核心价值观培育和理想信念教育的实效。同时，高校思想政治理论课往往忽视教育的非理性发展的功能，把价值观的培育当做一种知识来灌输，当做一种技能来训练，不重视潜移默化的个体觉悟，最终导致知行脱节。

一直以来，我们都比较重视发挥显性课程的作用，对隐性课程的功能不够重视。如果能够系统开发思想政治理论课中的隐性课程资源，可以丰富教育手段和途径，把课堂上、教材中、学习过程中、整个校园中所有潜在的隐性课程都转变为积极有效的具有教育性的因素，从而使社会主义理想信念的培育真正回归生活，最终起到拓展社会主义核心价值培育领域的作用，更加利于大学生理想信念的培育。

显性课程（explicit curriculum）是指为实现一定的教育目标而正式列入学校教学计划的各门学科以及有目的、有组织的课外活动。高校思想政治理论课有着明确的教学目标，即帮助学生掌握马克思主义的世界观和方法论，树立科学的人生观和价值观，确立建设有中国特色社会主义的理想信念。但是对于理想信念的培育仅仅停留在知识层面是远远不够的。理想信念的培育实际上是一个由自发到自觉，由外在引导到内在认同的过程，这也是当前思想政治理论课在培育大学生树立正确的理想信念的过程中所面临的巨大挑战。

隐性课程（hidden curriculum）与显性课程概念相对，是指学生在学校情境之中以内隐的方式获取知识、情感、信念、意志、行为和价值观等正式课程以外的非计划、非预期的教育课程。具有非预期性、潜在性、多样性、不易觉察性等特征。

隐性课程与显性课程的区别主要是从对于学生发生作用的方式来划分的，二者虽然作用方式不同，但是可以相融的，在显性课程的教学中可以并且需要包含隐性课程的因素，隐性课程促进大学生价值观的形成和发展的功能同样可以在课堂教学中实施。而且，显性课程与隐性课程之间的界限并不是静止不变的，是完全可以相互融合的。

基于隐性课程在培育大学生理想信念过程中的独特优势，充分挖掘思想政治理论课中的隐性资源加以开发与利用，同时又整合传统的显性课程优势，力图做到"显隐结合，明暗共示"，遵循"潜移默化，熏陶渗透；内化于心，外化于行"的路径，将社会

主义理想信念的培育融入思想政治教育和教学全过程，既改变了原有的教学方式与教学理念，同时也达到了培育社会主义核心价值观的实效性。

（一）树立教师师德示范

习近平同志指出："要加强师德师风建设，坚持教书和育人相统一，坚持言传和身教相统一，坚持潜心问道和关注社会相统一，坚持学术自由和学术规范相统一，引导广大教师以德立身、以德立学、以德施教。"[11]

开发高校隐性课程，一方面要求每位教师提高"育人"意识和自身人格魅力，加强师德修养，必须对于马克思主义理论、社会主义核心价值观以及马克思主义信仰真学、真懂、真信、真用，以身体道，行教化之学；另一方面要求高校必须加强整体教师队伍建设，强化师德实践，加大师德建设力度，规范师德评价体系，开展各式各样的学术文体活动、社会公益活动、社会调查访问等，使广大教师通过这些道德实践，完善人格，提升道德境界，同时也能够使学生受到影响和熏陶，引导学生的人格和志趣向着健康方向发展。

（二）把"教育性教学"融入学科教学

习近平同志指出："其他各门课都要守好一段渠、种好责任田，使各类课程与思想政治理论课同向同行，形成协同效应。"[12]强调了不包括思想政治理论课在内的各学科教学内容都应具有道德价值。不同学科除了为学生的发展提供该领域的专业知识外，还需要为学生发现问题、认识问题、解决问题提供一种唯有在该学科中才可能获得的独特思维方法和经验体会。

在高校思想政治理论课教学全过程中，打破单纯进行知识传授的局限，全过程融入道德、理想、信念、价值观的教育内容。将课堂组织教学与教书育人结合，将知识传授与做人做事结合，将学生的课堂行为与道德的培养结合。本着教育性教学的目的开展教学，真正使学生学有所得，逐步养成正确的世界观、人生观和价值观。

教师要全面利用各学科的隐性课程资源，灵活消除教育痕迹，提升价值观教育的艺术性，实现价值观的内化效力。着眼于培养学生健康成长成才，教师要充分挖掘现有学科的独特育人价值，让学生在课堂内外的各种活动中都能够获得深刻的思想感悟和充分的情感体验；不仅要让学生掌握以书本知识为主的显性知识，还要深刻了解伴随着学习过程所产生的情感、态度、价值等各种隐性知识，从而使学生能够从不同学科的教学过程中获得更多的营养，满足他们成长和成才的需要。

（三）校园文化隐性课程的设计和开发

高校校园文化具有显性教育和隐性教育的双重功能，显性教育功能一般是通过有目的有计划的日常教育教学活动实现。而隐性教育功能则是通过整个学校的校园文化和环境氛围等，向学生施加潜移默化的影响和教育。教师需要在课程实施过程中营造和谐的教育环境和充满活力的课堂氛围，为学生提供丰富的精神生活状态，同时对学生严格要求，科学开展课程教学，监督管理课堂纪律，引导与督促任课班级形成严于律己、严谨求学的优良班风学风，让学生得到深刻的思想感悟和充分的情感体验。

此外，在良好班风、学风形成的过程中，参与到整个校园文化的构建过程，在与学生课内与课外的互动过程中采用新型媒体与平台，充分利用网络资源，设计形式丰富多样的网上文化活动；还可以建立专门的虚拟社区和网站，使学生在校园网上能够接触健康向上的文化生活方式，并受到潜移默化的影响，促进校园网络文化的健康发展。

三、将中华优秀传统文化融入高校思想政治理论课

教育部在2014年印发的《完善中华优秀传统文化教育指导纲要》中指出，要“促进思想政治教育与中华优秀传统文化教育的紧密结合”[13]。思政课教师必须充分认识到中华优秀传统文化与高校思想政治理论课在教育功能上的互补性，找准二者的结合点，充分发挥各自的特点和优势，展现合力育人的功能。在思政课堂上，教师不仅可以引用经典作家的理论和思想作为依据，而且可以在教学过程中适当融入中华优秀传统文化，以此丰富教学内容，弘扬中华优秀传统文化。

（一）深入挖掘中华优秀传统文化中蕴含的丰富思想政治教育资源

我国当前的主流文化是中国特色社会主义文化，它是以马克思主义文化为指引，以中华优秀传统文化为根基，多种文化和谐共生的文化。可见，中华优秀传统文化本身就是当前中国特色社会主义文化的重要组成部分，实现中华优秀传统文化与马克思主义文化在内容上的完美对接具有现实可行性。

我们可以从中华优秀传统文化中挖掘出许多有益的和宝贵的育人资源。比如在“马克思主义基本原理概论”的具体教学实践中，可以通过揭示中华优秀传统文化与马克思主义的内在契合性，加深学生对马克思主义基本原理的体会与领悟。

在马克思主义哲学部分的教学中，教师要深入挖掘中华优秀传统文化中所蕴含的丰富哲学智慧。通过介绍古代神话故事，让学生了解中国古人对自己生活着的这个世界充满了探索的渴求。通过介绍中国古代经典著作，让学生增强文化自信，提高学生对中华优秀传统文化的学习兴趣和理性认识，并深入思考中华优秀传统文化的智慧思想。

在马克思主义政治经济学部分的教学中，教师要充分挖掘蕴含在中国传统文化中的各种经济思想。比如中国古代一直存在着“重农抑商”的倾向，但是在解决民生和发展经济的问题上，古代先哲们也形成了独特的“经商之道”，并积极探索经济运行与发展规律。比如春秋时期的范蠡提出：“论其有余不足，则知贵贱。”他认为物价变化是可预测的、有规律的。而在马克思主义政治经济学中所揭示的价值规律的表现形式正是“受供求关系影响，商品的价格围绕价值自发波动”。可见，尽管中国古人的“经商之道”与马克思主义政治经济学的价值规律在表述形式上略有不同，但在本质上是一样的。

在科学社会主义部分的教学中，教师要重视中国传统的“大同社会”一类的重要社会理想资源。如《礼记·礼运》中提到：“大道之行也，天下为公。选贤与能，讲信修睦。”后来的康有为和孙中山等也分别阐释了各自的“大同理想”，他们的思想观点与马克思主义的科学社会主义理论也存在一定内在契合性。虽然他们所谓的“大同社会”有美化资本主义制度的某些痕迹，但是对当时中国社会形成了较为普遍的影响，是中国本土关于未来社会理想的典型代表。

（二）实现高校思想政治理论课对中华优秀传统文化的批判继承

大学阶段是学生形成正确世界观、人生观、价值观的关键时期，教师要充分考虑当

代大学生的认知特点，恢复学生的主体地位，把传统的灌输式教学变为自主探究式教学，把中华优秀传统文化融入高校思想政治理论课，引导学生使用理性思考方式对中国传统文化进行批判继承。

采取专题式教学方式，专门讲授中国哲学史，增强学生对中华传统文化的理性思考能力与批判继承能力。以中国哲学史的历史分期为线索，通过介绍哲学史上可圈可点的哲学家和思想家，引导学生辩证地看待中国传统文化，客观地评价中国古代思想家对社会发展所做的重大贡献。

比如在“中国近现代史纲要”中讲到历史观时，涉及对历史人物的评价，可以引入真实存在的并且争议比较大的历史人物或事件，比如慈禧与清朝灭亡、李鸿章与洋务运动、林则徐与禁烟运动等等。一方面，培养学生主动思考问题的能力，对历史问题形成自己的观点和看法；另一方面，引导学生从对历史人物的批判转变到对封建制度的批判，并在批判封建制度的同时，正确对待封建社会中的优秀传统文化。

除了在课堂上以历史人物与事件举例外，还可以介绍中国传统文化中的不同哲学观点。比如讲人的本质时，介绍孟子的性善论、荀子的性恶论、告子的性非善非恶论等，一方面分析古代思想家的哲学观点的合理之处；另一方面引导学生学会用辩证法的观点去看待不同阶级的思想家对人的本质的不同理解，并与马克思的“人的本质是一切社会关系的总和”观点加以比较，进一步强调阶级社会中的人性是具有阶级性的。

四、将中国梦和社会主义核心价值观融入高校思想政治理论课

党的十八大从国家、社会、个人三个不同层次，高度概括了社会主义核心价值观的要义，实现了马克思主义与社会主义现代化建设的有机结合，与中华优秀传统文化和人类文明优秀成果相承接，与中国特色社会主义发展要求相契合。教育部在2014年印发的《关于在各级各类学校推动培育和践行社会主义核心价值观长效机制建设的意见》中提出，要把社会主义核心价值观落实到教育教学全过程。

习近平同志在党的十九大报告中深刻阐述了社会主义核心价值观的丰富内涵和实践要求，对培育和践行社会主义核心价值观作出许多新的重大部署，充分反映了我们党在价值理念和价值实践上达到了一个新的高度，对于实现中华民族伟大复兴的中国梦有着极为重要的现实意义。“中国梦”的本质内涵就是实现国家富强、民族复兴、人民幸福。“中国梦是民族的梦，也是每个中国人的梦。”习近平同志关于中国梦战略思想的重要论述，规划了中国特色社会主义的前进方向和奋斗目标，反映了近代以来中华民族的百年梦想。

高校在社会主义核心价值观教育中具有突出地位，同时承担重大责任，不仅是人才培养和文化传承的主阵地，也是社会价值引领和意识形态培育的重要场所。价值观是一个人对真善美的认知，对荣辱廉耻的界定，以及对是非曲直、人际关系处理、道德价值取向的判断。高等教育决定青年一代价值观的基本走向，高等教育给学生注入什么样的价值观，就决定了把学生培养成什么样的人。

（一）开展关于“中国梦与社会主义核心价值观”的课堂理论教育活动

习近平同志指出：“正确认识时代责任和历史使命，用中国梦激扬青春梦，为学生点亮理想的灯、照亮前行的路，激励学生自觉把个人的理想追求融入国家和民族的事业

中，勇做走在时代前列的奋进者、开拓者。”思想政治理论课教学必须依据社会形势的不断变化，适当调整课程的教学目标、计划和内容，创新教学方式与手段，把“中国梦与社会主义核心价值观”教育及其相关内容以灵活多样的形式呈现出来。此外，还要结合不同专业学生的学科特点，指导学生进行相关社会实践，从而促使学生真正了解中国梦和社会主义核心价值观的内涵。

（二）开展关于“中国梦与社会主义核心价值观”的课内主题教育实践活动

习近平同志指出：“要更加注重以文化人以文育人，广泛开展文明校园创建，开展形式多样、健康向上、格调高雅的校园文化活动，广泛开展各类社会实践。”思想政治理论课教师可以组织学生进行关于“个人梦”与“中国梦”的主题演讲、知识竞赛、图片展览、影视赏析、知识讲座等形式多样的活动，大力宣传社会主义核心价值观，引导和教育大学生用自己的实际行动去践行社会主义核心价值观。

（三）开展关于“中国梦与社会主义核心价值观”的课外主题教育实践活动

学校要有目的、有计划地组织开展有特色的社会实践主题活动，或是各种具有社会公益性的实践活动，使大学生能够收获各种有意义的亲身体验。思想政治理论课教师应有目的地指导学生开展各种形式的社会实践活动，让学生亲身参与、切身体会、内心认同；让学生通过体验生活来了解社会和认识社会，从而增强他们的社会责任感。

通过各种实践活动，加强大学生之间的交流，进而产生情感共鸣，真正起到学校思想政治教育的作用。引导学生加强对实践活动效果的思考，加强对集体责任精神和道德关系的理解和体验。让学生通过感受社会实践的过程和效果，丰富思想情感，完善人格特征，从而在潜移默化中明辨是非，担当责任，学会关心他人、关心社会，当发生利益冲突时，学会顾全大局，集体利益先于个人利益。

注　释

［1］［2］［3］［4］［11］［12］［14］［15］习近平在全国高校思想政治工作会议上的讲话 . http：//www. moe. edu. cn/jyb _ xwfb/s6052/moe _ 838/201612/t20161208 _ 291306. html，2016－12－08.

［5］刘云山：认真落实责任，积极改进创新，切实做好高校党的建设和思想政治工作．人民日报，2015－03－29（2）.

［6］十八大以来重要文献选编（上）．北京：中央文献出版社，2014：90.

［7］邓小平文选（第3卷）．北京：人民出版社，1993：382.

［8］［9］［10］习近平．决胜全面建成小康社会　夺取新时代中国特色社会主义伟大胜利．北京：人民出版社，2017－10－18.

［13］完善中华优秀传统文化教育指导纲要 . http：//www. gov. cn/xinwen/2014－04/01/content_ 2651154. htm.

（作者系温州大学马克思主义学院讲师，博士）

习近平新时代中国特色社会主义思想融入高职院校思想政治理论课的探讨

郭 旭 杨 磊

摘 要：习近平新时代中国特色社会主义思想是新时代党和国家的强大思想武器，理所当然也是新时代思想政治教育应坚持的指导思想。结合国家的教育大计和当前高职院校思想政治理论课的现实情况与当前高校育人的总体目标要求，深入分析习近平新时代中国特色社会主义思想融入思想政治理论课的现实可能性，并深入分析需要格外注意的教学内容，有针对性地提出相应的具体路径，以促进习近平新时代中国特色社会主义思想融入高职院校的思想政治理论课教学，用党的最新理论成果武装青年大学生头脑。

关键词：习近平新时代中国特色社会主义思想；社会主义核心价值观；思想政治理论课；高职院校

党的十九大鲜明提出并深刻阐述了习近平新时代中国特色社会主义思想。习近平新时代中国特色社会主义思想是新时代党和国家各项工作的强大思想武器，理所当然也是新时代思想政治教育创新发展应坚持的指导思想。思想政治教育在中国革命、建设和改革的各个时期始终服务于党和国家事业发展，是党的优良传统和政治优势。改革开放以来，中国共产党保持和发扬思想政治教育的优良传统，紧紧围绕坚持和发展中国特色社会主义的时代主题，推动思想政治教育理论与实践发展进入新阶段、新境界，开创了中国特色社会主义思想政治教育。党的十九大是在全面建成小康社会进入决胜阶段、中国特色社会主义进入新时代的关键时期召开的一次十分重要的大会，党的十九大报告中提出的新表述、新论断、新思想，为新时代思想政治教育创新发展提供了根本遵循，明确了时代要求和指导思想，以及目标、内容、方法等。以党的十九大精神为根本遵循，推动新时代思想政治教育创新发展，既是当前深入学习研究、贯彻落实党的十九大精神的必然要求，也是促进新时代思想政治教育发展的一项重要战略任务。

一、习近平新时代中国特色社会主义思想融入高职院校思想政治理论课的必要性

“百年大计，教育为本”，大学生的成长直接关乎民族的希望，祖国的未来，而高职院校的大学生作为大学生群体当中的特殊群体，有着自身的特征。新时代如何用党的最新理论成果武装大学生头脑，切实引领高职学生深入学习习近平新时代中国特色社会主义思想，是改进、加强与创新高职院校思想政治教育工作的现实需要，对于高职院校培育和弘扬社会主义核心价值观具有很强的理论意义和实践意义。

首先，习近平新时代中国特色社会主义思想对高职院校的思想政治理论课起到巨大的引领作用。思想是时代的光芒，习近平新时代中国特色社会主义思想作为马克思主义中国化的最新理论成果，对各方面工作都有巨大的引领作用，而高校作为意识形态工作的前沿阵地，必须加强新思想对高校课堂尤其是思想政治理论课的巨大引领，才能够巩固马克思主义在高校意识形态工作的指导地位。

其次，思想政治理论课只有与时俱进才能富有活力和生命力。中国特色社会主义已经进入新时代，这是我国全新的历史方位，习近平新时代中国特色社会主义思想作为当代中国社会的主流意识形态，与高校思想政治理论课具有内在一致性，思想政治理论课需要立足时代坐标，把握时代主题，体现时代精神才能够迸发出强大的生命力。

二、习近平新时代中国特色社会主义思想融入高校思想政治理论课的现实可能性

首先，自党的十九大以来，全国上下掀起了学习十九大精神的热潮，广大师生也在这片热潮中领略了新思想的独到之处，为高职院校习近平新时代中国特色社会主义思想融入思想政治理论课做了很好的基础工作。

其次，一些高校在思想政治理论课的教学方面积极进行改革探索，为习近平新时代中国特色社会主义思想融入积累了丰富经验。当前高职院校思想政治课程设置模式为其融入提供了课程体系方法的保障。比如各大高校都开设了“形势与政策”课程，带领学生把握时代前沿，而该课程的一些教学任务和目标又与思想政治理论课有异曲同工之妙。

三、以习近平新时代中国特色社会主义思想为引领的新时代思想政治理论课的内容

新时代思想政治教育内容创新发展，就是要与时俱进，既要继承传统，更要运用时代孕育创造的新思想、新理论开展教育。新时代思想政治教育的时代内容主要有习近平新时代中国特色社会主义思想、坚定“四个自信”、树立正确的人生观、社会主义核心价值观教育等。

（一）认真学习习近平新时代中国特色社会主义思想

习近平新时代中国特色社会主义思想是马克思主义中国化的最新理论成果，开启了马克思主义的新境界，是新时代党和人民共同奋斗的精神旗帜，更是我们实现中华民族伟大复兴的行动指南。立足新时代，思想政治理论课需要把新思想作为理论学习的重中之重，引导学生以强大的理论为指导，深入学习生活实践。

（二）加强高职学生“四个自信”的教育

中国特色社会主义是在马克思主义中国化的过程中产生的，中国特色社会主义是道路、理论体系、制度、文化的辩证统一。首先，改革开放以来，我们党提出要走自己的路的号召，四十年来风雨兼程，我们走出了一条中国特色社会主义的康庄大道。在新时代，我们要继续走好这条中国道路，并且实现中国特色社会主义道路的伟大胜利。走好这条道路离不开青年学生的参与共建，这就需要青年学生树立走这条道路的信心，因此，高校加强青年学生的道路自信教育至关重要。其次，在社会主义现代化建设的实践

中，我们产生的中国特色社会主义理论体系，是在实践中千锤百炼产生，并且经过实践检验的真理，长期以来指导着我们伟大的政党、伟大的国家、伟大的中华民族深入开创中国特色社会主义伟大事业，中国特色社会主义理论体系也在实践中不断发展和完善，大学生应该时刻以中国特色社会主义理论体系来武装自己的头脑，做与时俱进的时代青年。而高职学生作为大学生中的一部分，相对之下理论高度有所欠缺，这就需要在高职院校的思想政治理论课上加强对学生的理论教育。再次，走中国特色社会主义道路，必须坚持正确的政治方向，中国政治制度的根本是坚持党的领导、人民当家做主、依法治国的有机统一，在大学生思想政治理论课中，需要我们更深层次地带领学生感受中国特色社会主义制度的优越性，培养学生的制度自信心。最后，我们之所以道路自信、理论自信、制度自信，是因为我们有高度的文化自信，这个文化是中国特色社会主义文化，这是亿万中华儿女共同的强大精神力量，是凝聚十四亿人磅礴伟力的兴国之魂，在高职院校的思想政治教育过程当中，只有培养高职学生强大的文化认同感、文化自信心，才能够更好地坚持道路自信、理论自信、制度自信的教育。

（三）引领高职学生树立正确的人生观

怎样才能不虚度人生，这是每一位青年学生的心头之问。面对世情国情之变，身处中国特色社会主义新时代的大学生们已经逐步步入成年，他们即将面临的是学业、职业、事业、恋爱、婚姻、家庭等等一系列的人生大事。大学生需要在科学的理论指导下树立正确的人生观，在实现社会价值的同时实现自己的人生价值，把自己的人生追求同国家复兴、人民幸福的伟大梦想统一起来，树立“服务人民，奉献社会”的高尚的人生追求，创造有意义的人生。习近平同志在2018年春节团拜会上讲：“幸福是奋斗出来的。奋斗本身就是一种幸福。只有奋斗的人生才称得上是幸福的人生。”① 青年学生要有共建共享的意识，树立正确的幸福观，幸福都是努力奋斗的结果，努力奋斗的过程其实也是一种幸福，只有在为社会和他人做贡献的过程中才能够产生更大的幸福感。大学生思想政治理论课的教学，要更加注重培养学生树立正确的人生观、价值观，让大学生在成长过程中做迎难而上、艰苦奋斗的时代新青年。

（四）引导高职学生培育和践行社会主义核心价值观

一个国家，一个民族立足于世界民族之林，最为持久和深层的力量来自于这个民族所追寻的共同价值标准，也就是核心价值观。习近平同志在中国共产党第十九次全国代表大会上的报告指出：“社会主义核心价值观是当代中国精神的集中体现，凝结着全体人民共同的价值追求。”② 青年的价值取向不仅关系自身的健康成长，也关系到国家未来的整个价值取向，大学生作为青年中的一个高知群体，对整个民族和国家的未来起到至关重要的作用。而高职学生的大学生时光相对比较短暂，基本上是三年的时间，而社会主义核心价值观的养成绝非一日之功，如何让短暂的三年光阴迸发出影响一生的光彩，成为高职教育的关切点，“少成若天性，习惯之为常”，高职院校的思想政治理论课需要

① 习近平．在2018年春节团拜会上的讲话．人民日报，2018-02-15.

② 习近平．高举中国特色社会主义伟大旗帜 为夺取新时代中国特色社会主义伟大胜利而不懈奋斗——在中国共产党第十九次全国代表大会上的报告．北京：人民出版社，2017.

积极引导学生培育和践行社会主义核心价值观，引导学生扣好人生的扣子，做勤学、修德、明辨、笃实的社会主义合格建设者。

四、习近平新时代中国特色社会主义思想融入高职院校思想政治理论课的实现路径

将习近平新时代中国特色社会主义思想融入思想政治理论课不仅要讲清楚何以必须，是否可能，更要分析其如何融入，也就是具体实现路径。

首先，坚持以推进“思想道德修养与法律基础”和“毛泽东思想和中国特色社会主义理论体系概论”两门思政课程为基础，把习近平新时代中国特色社会主义思想融入的结合点分散到两门基础课程之中。这两门课程是高职院校思想政治理论课的必修课，习近平新时代中国特色社会主义思想“八个明确”的内容和“十四个坚持”的基本方略已经分散到两门必修课的各个章节之中，比如贯彻新发展理念的内容在“毛泽东思想和中国特色社会主义理论体系概论”中的第十章，加强道路自信在第九章，社会主义核心价值观的内容在“思想道德修养与法律基础”中的第四章，等等。在思想政治理论课的教学过程当中，要把新思想、新理念积极贯彻到思政课堂之中，带领学生把握前沿，用最新的理论武装头脑。

其次，合理规划高职院校思想政治理论课在习近平新时代中国特色社会主义思想教育中的实践教学内容，根据学生的专业以及职业教育的特征制订相关的实践教学计划，设计实践教学方案，开展多种形式的实践教学，开辟实践教学基地，使习近平新时代中国特色社会主义思想教育的实践教学制度化、常态化。以天津海河教育园区为例，党的十九大胜利召开之际，天津海河教育园区迅速组建了思想政治教育实践基地（红馆）建设小组，把党的最新理论成果以图文、模型、VR、APP等方式展现出来，配合声光电的有效运用，以天津海河教育园区的十所职业院校为主要服务对象，以现有的学术研究成果为支撑，以现实问题为突破口，从目前海河教育园区各高职院校思想政治理论课的开展情况分析着手，根据职业院校学生理论底子薄、创造性思维活跃、动手能力强等特点，着重调动学生主动参与思想政治理论课的积极性，把学生从第一课堂带进第二课堂，第二课堂以有效地辅助第一课堂的方式，加强思想政治理论课的实践教学。天津海河教育园区思想政治教育实践基地（红馆）的内容划分为四个部分：新时代新思想、沿红路寻初心、道德与法治、大国工匠四个部分。走进红馆、走进实践，让思想政治理论课更加生动起来。

（作者分别系天津现代职业技术学院讲师；天津职业技术师范大学高级附属技术学校教师）

自媒体时代高职院校思想政治教育工作对大学生网络舆情引导对策的探索

高　峰

摘　要：自媒体时代高职院校大学生网络舆情有着不同于普通高校的特点，这对高职院校的思想政治教育工作产生了全方位的影响，对每一位高职思想政治教育工作者提出了新挑战。思想政治教育工作者需要采取科学的措施，对高职大学生的思想状况和价值观念加以积极的引导。

关键词：自媒体；高职院校；网络舆情；思想政治教育

自媒体（We Media）时代是以个人为主体的传播时代，主要的平台有微博、微信、BBS和百度贴吧等。高职院校大学生对某些热点问题进行讨论，通过这些平台发表意见和观点，逐渐形成带有倾向性和影响力的言论，就形成了高职院校大学生网络舆情。这种网络舆情对高职院校思想政治教育工作会产生较大的影响，也是对高职思想政治教育工作者提出的新挑战。

一、自媒体时代高职院校大学生网络舆情的特点

一般来说，大学生网络舆情往往具有内容丰富多元性、传播即时迅速性、主体隐匿性、校园和社会影响力广泛等特点，而高职院校大学生因为办学理念、生源特点、社会环境等原因，网络舆情除了具有普通高校大学生的共性外，还具有自己的特点，主要表现在以下几个方面。

（一）盲目跟从性较多

高职院校的办学理念大多侧重于职业教育，开设的课程更注重提高学生的职业素养和职业技能，因此往往忽视学生人文素质的培养，这就造成了很多高职院校大学生知识结构单薄，知识面不宽，当面对有争议的网络舆情时，就会缺少冷静的心态和理性的分析，表现出比普通高校大学生更多的盲目跟从性。

（二）复杂多变性更强

高职院校因为招生的原因，学生来源也比较复杂。有的是来自中职对口升学专业，有的是来自单独招生，也有通过高考录取的学生，这些学生大多文化分数不是很高，文化基础较差，这些因素会导致高职院校大学生们的利益诉求存在着多元化的特征，网络舆情出现后，学生们的情绪立场观点也很难协调统一，与普通高校相比，舆情会变得更

加复杂多变。

（三）受社会影响更多

由于我国高职建设起步较晚，很多高职学校的培养特色和专业设置跟不上社会发展要求，导致社会对高职教育也缺少正确的认识，这也让一些高职学生对自己所学专业缺少信心，对未来的就业前景比较焦虑。因此与普通高校大学生相比，高职大学生往往自我认同感较弱，理性认识和判断能力相对不足，舆情中传递正面积极的信息较少，传递负面消极的信息较多。

二、自媒体时代高职院校大学生网络舆情对思想政治教育工作的影响

自媒体时代高职院校大学生网络舆情对思想政治教育工作的影响是全方位的，既有对思想政治教育工作方式方法的冲击，也有对思想政治教育工作进行创新思考和尝试的有利条件。

（一）自媒体时代高职院校大学生网络舆情对思想政治教育工作的冲击

1. 对高职院校思政课老师提出了更高的要求

现在高职院校很多思政课老师承担的教学任务比较重，教学压力也比较大，所以对网络舆情的研究不是很深入，实践探索也较少。而在自媒体时代，网络舆情对高职学生的影响越来越大，这就需要思政课老师了解他们关注的热点话题，从中找到他们的兴趣爱好和身心需要。如果老师对学生的网络舆情不能给予及时的了解和引导，就很难解决学生的思想困惑。

2. 对高职院校思想政治教育工作方式的冲击

当前高职院校针对大学生网络舆情的引导和教育手段并不是很多，大多数思想政治教育工作者仍然采取说教和灌输的方式，这种方式显然已经跟不上日新月异的自媒体时代，现在网络已经成为价值观念和意识形态传播的主阵地，学生可以通过网络了解各种信息，自由地表达自己的看法和观点。所以传统的说教式思想政治教育工作方法不仅效果不明显，甚至可能会引起学生的逆反心理，结果适得其反。

3. 对高职学院思想政治教育网站建设的影响

高职院校大学生们每天都会上网浏览各种网站，而每个学校基本都有思想政治教育的网站，如思政课网、共青团网等，但是关注和浏览这些网站的大学生却并不是很多，究其原因，很多思想政治教育网站缺少丰富多彩的形式和材料，对学生的吸引力不强，因此这种网站建设的效果也无法体现出来。

（二）自媒体时代高职大学生网络舆情对思想政治教育工作创新提供的有利条件

1. 为高职院校思想政治教育工作者提供了更多与学生交流的平台和积极性

自媒体时代为高职院校的思想政治教育工作者提供了各种与学生交流的平台，通过主动参与大学生网络舆情，与大学生进行平等的交流沟通和评价，全面了解他们的所思所想，从而可以避免思想政治教育工作出现盲区。

2. 为高职院校思想政治教育工作者提供了更多及时、多角度的信息

高职院校大学生网络舆情包括了学生关注的国内国际热点问题、与学生自身利益相

关的问题和校园的突发事件等。思想政治教育工作者通过掌握高职院校大学生的网络舆情就可以随时了解他们的心理情绪和价值观念的变化，增加思想政治教育工作的针对性。

三、自媒体时代高职院校思想教育工作对大学生网络舆情的引导对策

高职院校大学生网络舆情反映了他们所关注的热点问题和他们的喜怒哀乐，在一定程度上成为他们思想动态的晴雨表。思想政治教育工作者应采取正确的措施，对高职院校大学生的思想状况和价值观念加以积极的引导。

（一）改进教学方法，引入先进手段，科学设置教学内容

高职思想政治教育工作者要积极主动地关注大学生网络舆情，在传统教学方式的基础上，改进教学方法，引入多种教学手段，在理论教学中采用情景体验法、案例教学法等，在实践教学中利用各种网络平台，对正面事件进行弘扬，不回避社会和校园生活中有争议、有负面影响和有矛盾的话题，讲好两面理，对网络舆情进行科学的引导和判断，形成正确的舆论价值导向，与大学生进行积极有效的沟通。

（二）加强高职院校大学生网络道德和自律教育

由于网络的虚拟性，学生的道德意识会降低，甚至可能会产生一些违反伦理道德的行为，因此，高职院校思想政治教育工作者要利用各种途径如主题班会、座谈会、讲座等对大学生的网络舆情进行伦理道德和网络自律的教育，使他们了解网络道德的要求，抵制谩骂、诽谤、造谣等不道德的网络行为，提高网络自律意识。

（三）培养网络意见领袖

网络意见领袖是那些能够提出鲜明的观点、经常性地发表意见而且语言文字生动幽默的大学生，他们更容易引起大学生们的关注，在网络舆情中处于中心位置。高职思想政治教育工作者要有意识地发现和培养大学生的网络意见领袖，在网络舆情中通过他们把学生的思想引向积极的方向，引导高职网络舆论的良性发展。

（四）提高高职思想政治教育工作者自身队伍的建设

高职思想政治教育工作者自身队伍的建设是正确引导大学生网络舆情的基本保障，这就需要加强思想政治教育工作者应对大学生网络舆情的培训，制订相应的培训计划，同时还需要加大经费和硬件的投入，从而为思想政治教育工作者引导大学生的网络舆情提供必要的软件和硬件的支持。

参考文献

［1］王丽霞．基于网络舆情引导的高职思想政治教育创新．教育与职业，2014（26）：61—62.

［2］李新萍．自媒体时代高职院校网络舆情的现状特点．湖北省社会主义学院学报，2015（3）：63—65.

［3］张志科．网络舆情的高职生思想教育有效性机制构建探讨．教育管理，2015（5）：185—186.

[4] 张君弟．自媒体时代高职院校网络舆情引导策略研究．当代职业教育，2015（9）：61—62.

[5] 戴媛．基于网络舆情引导的高职思想政治教育创新．求知导刊，2016（3）：9—10.

（作者系马鞍山职业技术学院思政部讲师）

把实践贯穿高校思想政治理论课教学始终

——以马鞍山师范高等专科学校为例

喻长志

摘　要：马鞍山师范高等专科学校从确定“3 +3 +n +e”思想政治理论课教学实践模式、实施“6 +2”全学年思政课实践整体模块、改革思政课教学考核评价方式等方面全面设计高校思想政治理论课教学实践活动，形成了具有马鞍山师范高等专科学校自主特点的思想政治理论课实践体系；因势利导，因地制宜，精心组织各类思政课教学实践活动；发挥互联网优势，双向互动，把思想政治理论课教学实践延伸到课堂之外。

关键词：高校思想政治理论课；教学；实践

改革和加强高校思想政治工作，是新时代高校坚持社会主义办学方向，培养德智体美等方面全面发展的社会主义建设者和可靠接班人的根本要求和迫切需要，是习近平新时代中国特色社会主义思想的重要组成部分。高校思想政治理论课作为思想政治工作的主渠道，在立德树人中，起着重要的、不可替代的作用。[1]思想政治理论的教学效果如何，直接影响着思政课程育人的效果，也影响着大学生对马克思主义、毛泽东思想和中国特色社会主义理论体系以及社会主义核心价值观的认同度和实践效果。而要让高校思想政治理论课受到大学生欢迎，使正确的理论真正能够“入脑”“入心”，内化为大学生的思想和行动指南，就必须切实提升思想政治理论课教学质量和效果，把实践贯穿在思想政治理论课教学的始终。

一、全面设计高校思想政治理论课教学实践活动

高职高专人才培养方案，规定了思想政治理论课的必修课为“思想道德修养与法律基础”“毛泽东思想和中国特色社会主义理论体系概论”和“形势与政策”。[2]在多年的教学实践中，我们发现如果不注重实践环节，大量的纯理论教学，刻板的教学模式，就会使课堂教学僵化，老师照本宣科，学生感觉思政课枯燥无味，没有吸引力，就出现老师苦口婆心，学生低头玩手机、睡觉，甚至“翘课”的现象。长此下去，学生们更加不喜欢思政课，产生排斥心理，正确的道理和科学的理论听不下去，大学生的思想政治素质和品德修养就会滑坡，后果是很严重的。

为此马鞍山师范高等专科学校从2008年起，坚持改革创新，对思想政治理论课进行全面规划设计，打破常规，将实践环节作为思想政治理论课的重要组成部分，与大学生实际、理论知识、专业素养有机统一起来。并且进行不断实践，不断完善，形成了具有

马鞍山师范高等专科学校自主特点的思想政治理论课实践体系，在全校的思政课教学中，作为制度要求，全面推广使用。

（一）确定“3+3+n+e”思想政治理论课教学实践模式

在学期开始，学校就制订好思政课实践教学计划，供思政课教师参考使用，并且向学生广泛宣传，提高他们的学习兴趣，激发他们参与思政课实践的积极性，以及评价思政课教师落实思政课程育人的有效性。第一个“3”是指每学期思政课校外实践有3次，根据不同的季节、不同的课程、不同的专业，教师与学生共同设计，共同实施。第二个“3”是指校内思政课实践也有3次，立足校内，运用校内教育资源，近距离，以身边人和事，开展思政课实践活动。“n”是指平时思政课课内实践，紧密联系教学内容、大学生成长实际，以及当时的经济社会发展形势，开展“新闻播报”“小讲坛”“面对面”“小辩论”“焦点关注”等实践活动，短小精悍，及时增强思政课效果，增加大学生对思政理论教学的参与度。“e”是指思政课教师与学生共同建立微信群、QQ群，进行网络实践。教师及时推送适合大学生阅读的文章和有关政策法规，师生随时互动，加深情感交流，增进大学生对思政理论的理解，促进他们成长、成才。

（二）实施“6+2”全学年思政课实践整体模块

为了避免寒暑假社会实践活动流于形式，发挥育人功能，我们把学期思政课实践教学与寒暑假社会实践有机结合起来，由思政课教师与学工部门、辅导员共同实施。“6”是指每个学期各3次的校内外社会实践；“2”是指寒暑假活动，寒假主要是以孝老爱亲、传承中华民族传统文化与美德为主题的社会实践活动，暑假以家乡社会调查为主题，针对一些热点问题开展调查。活动的成果及时在网上呈现。这样使思想政治理论课的效果在学校以外得到延伸，从实施的情况来看，效果较好。

（三）改革思政课教学考核评价方式

采取多种方式综合考核学生对所学内容的理解和实际运用，注重考查学生运用马克思主义的立场、观点、方法分析、解决问题的能力，力求全面、客观地反映学生的马克思主义理论素养和思想道德品质。[3] 注重思政课教学过程考核，重视平时教学评价和实践教学评价。积极探索开放式个性化考核，合理区分学生考核档次，比如考核“毛泽东思想和中国特色社会主义理论体系概论”“形势与政策”可以写一篇千字论文，考核“思想道德修养与法律基础”主要是材料分析题。平时成绩、实践成绩、考试成绩按照“4+4+2”比例计入总分，这样一来学生不再是死记硬背，而是活学活用，把功夫用在平时，在平时的教学和实践中受益。

二、因势利导，因地制宜，精心组织各类思政课教学实践活动

在把实践纳入整个思政课教学计划的基础上，根据不同的时期、不同的主题和不同的专业，设计不同的教学实践活动。实践活动开始前，制订活动方案，明确活动目的，以及组织形式和安全防范措施。实践结束后，注重活动体验分享交流和成果展示转化。安排好3次校外实践，譬如“毛泽东思想和中国特色社会主义理论体系概论”课的其中一次校外实践活动，是以结合当地经济社会的改革发展成就，参观市容市貌、考察现代

化企业或绿水青山的社会主义新农村建设，就近取材。这样既能把教学内容有机耦合在实践中，思考发展的根本原因和内在动力，又能让学生徜徉在新鲜的环境氛围中，激发灵感和生活学习的热情。另一次校外实践活动是结合中国特色社会主义的总体布局这个主题，组织大学生们到当地或附近的博物馆、纪念馆、烈士陵园、文化基地、红色旅游基地，让大家在实践中接受革命文化、中华传统文化熏陶，接受社会主义核心价值观的教育。还有一次校外实践活动是结合所学专业，以职业理想、职业道德和职业规划为主题的“双实践”活动，思想政治理论课实践与专业实践相结合，发挥思政和专业“双基地”的作用，让大学生置身于未来所要从事工作的现实环境中，接受职业道德、职业操守以及相关的职业能力初步教育，使思政课“接地气”，切切实实与专业紧密挂钩。3次校外教学实践活动可以根据实际情况调整次序。在实践中，让学生自己组织，发挥班集体作用，给予必要的指导，培养大学生的团队意识和民主、公开处事方式。报方案审批、租车、住宿、就餐、与旅游公司洽谈等，都是由班集体自己完成。在活动进行的过程中，抓住大学生喜欢新媒体的特点，让学生拿起手机，把所见所闻用随手拍的方式，传到微信群或 QQ 群，集体讨论见闻后的所思所想。必要时以小论文的方式呈现出来，选择优秀者，发表在我校思想政治工作专用微信公众号“思政之窗”上，供大家共同探讨。

校内实践也是大学生喜欢、组织起来比较方便的实践方式。高校一般面积比较大，专业门类比较多，学生人数也比较多。往往学生们对本系、本专业的情况了解比较多，而对此以外的情况知之甚少。而高校中充满着思想政治教育资源，理所当然应立足高校校园，开展思政课的校内实践活动。如了解校史校情，参观校史陈列馆，请老校友、老教师做创业发展的历史方面的讲座报告，可以激发大学生爱国、爱校激情，追求真理，崇尚科学，把个人发展与专业需求以及社会的期望有机统一起来。再譬如“思想道德修养与法律基础”校内思政课实践教学，设计了学雷锋志愿者活动，利用校团委、学生会组织的“青春论坛”，开展“为什么要学雷锋?”“怎么样学雷锋?”等具有时代特色的讨论活动，明辨是非，弄清道理。最后落实在学雷锋要从“我”做起，从身边的事情做起，打扫干净自己的教室、寝室、实训室，帮助打扫图书馆、公共区域的卫生，树立“我为人人，人人为我”的理念。为了让男女同学相互促进，特意组织男生代表检查参观女生寝室、女生代表检查参观男生寝室，同学们之间增进了了解和友谊。让大学生了解本专业以外的其他专业，组织学前教育专业的学生参观服装设计专业学生的成果和实训室，参观旅游专业学生的中国茶文化实训室。组织旅游英语专业的学生，亲身体验食品加工技术专业的西式糕点的制作、焙烤全过程。组织学生到校电视台，参观新闻播报制作过程，自己上镜，制作“新闻播报”节目，提升“形势与政策”课每周一次由学生自主进行的“新闻播报”的积极性和选播水平。思政课校内实践教学活动，近距离、低成本，时间灵活机动，不牵涉调课等环节，而且效果较好，深受教师和学生的欢迎。

思政课内实践活动，作为常规性活动，随机进行。每一节课都有实践的主题，实践的方式主要是以互动式、问答式、讨论式进行。必要时也可以用小品式、检测式进行。这种实践活动短小精悍、生动活泼，既能调动大学生探究学习的热情，又能活跃课堂气氛，避免教师“一言堂”、学生“一片倒”（睡觉、看手机）的尴尬现象。而且这种课内实践，既有准备好的主题，又有及时添加进去的新话题。这就要求教师广闻博识，有较强的课题把控能力，让“大道理”在“小实践”中得到具体诠释，让科学的理论“入脑”“入心”。如文明礼仪教育，可以用学生无意识进入课堂，与有意识设置必要的情景相结合，检测学生的文明行为。在进行社会主义核心价值观关于“诚信”教育时，开展手机资费调查、寝室水电费分摊情况调查，用身边的事教育身边的人。思政课课内教学实践，容易组织，与课堂内容、个人实际联系紧密，频率高，条件低，效果好，是增强思政课教学效果不错的方式。

三、发挥互联网优势，双向互动，把思想政治理论课教学实践延伸到课堂之外

互联网时代，是现代文明时代。大学生们接受新生事物快，对互联网给人们带来生活、学习、工作方面的便利非常认同，特别是对便捷、开放、平等、隐秘新媒体的互动性十分感兴趣。以微信、微博、QQ 为代表的交流平台，绝大多数大学生都参与其中。所以我们的思想政治工作，绝对不能轻视对互联网上活动的引导、运用和控制，不能简单地采取排斥手机、互联网的保守态度。习近平同志在全国高校思想政治工作会议上强调，“要运用新媒体新技术使工作活起来，推动思想政治工作传统优势同信息技术高度融合，增强时代感和吸引力”。[4]

加强互联网上思政课教学实践，是马鞍山师范高等专科学校近年来重点建设的环节。

（一）打造学校官方媒体，形成覆盖全体师生的无形舆论媒场

在办好学校网站和校广播电台、校电视台的基础上，用“中央厨房”的理念，开办学校微信公众号、学校微博，以及校团委的微博、学生自律委员会的微信公众号，此外，为了加强思想政治工作，学校专门开通“思政之窗”微信公众号，与学校微信公众号及其他校内新媒体互联互通。

（二）学校党委与宣传部、思政部、学工部建立专门网络

思政课教师建立专业微信群、QQ 群，每一位思政课教师与所任教的班级建立微信群或 QQ 群，辅导员也在其中。

（三）积极发挥互联网作用

思政课教师经常与学生在群内开放交流，及时推送有关时政热点新闻资料，或自己撰写文章，谈人生，谈理想，谈对社会现象和思潮的看法。上课时遇到热点问题或需要查阅的知识点，教师让学生拿出手机，自己上网搜索，主动学习，参与讨论。学生通过互联网，交作业或小论文，发送自己感兴趣的问题，与老师、同学讨论共同关心的热点问题。实践教学，让学生发送实践中感兴趣的照片，作为素材，供讨论使用。学生好的小论文或作业，在“思政之窗”上发表。这样思想政治理论课教学不再受课内课外、白天晚上、工作日与节假日的影响，而是随时随地，紧紧贴近形势和大学生实际，利用互联网移动手机终端，及时有效沟通。而且也并不因为思政课教学结束，而解散了建立起来的微信群、QQ 群，而是长期交流下去，即使学生毕业离开学校走向社会，也依然能得到来自母校的关心和引导。学校也能从毕业生反馈的信息里，掌握社会的需求和学校

需要改进和加强的有关意见和建议，有着很好的溢出效应。

把实践贯穿在思想政治理论课教学始终，是富有成效、深受大学生欢迎的有效途径。改革和加强高校的思想政治工作，需要全员育人、全程育人、全方位育人的共同努力。中共教育部党组2017年12月印发了《高校思想政治工作质量提升工程实施纲要》，明确提出了课程、科研、实践等十个方面的育人要求。而思想政治理论课作为思政工作主渠道，必须切实加强改进，进一步提高影响力和教学效益，力争通过努力，使高校思政课教学能够受到广大大学生的普遍欢迎，成为广大青年学生坚持正确政治方向，成长、成才强有力的抓手。近几年来，马鞍山师范高等专科学校把实践贯穿于思想政治理论课教学过程中，总结实践经验，立足实践升华理论，加强理论研究，提升思想政治理论课教学团队整体实力，立项建设思想政治理论课方面的教育部和省级项目8项，其中2017年教育部高校示范马克思主义学院和优秀教学科研团队建设项目（重点选题）1项，2015年安徽省弘扬核心价值观名师工作室建设项目2项（2016年度、2018年度建设各1项），2014年安徽省思政课精品资源共享课程1项，2013年安徽省思政课教学团队项目1项，2013年、2008年安徽省高校教学研究项目各1项，2011年教育部人文社科一般项目1项。

注　释

［1］中共中央国务院印发《关于加强和改进新形势下高校思想政治工作的意见》．人民日报，2017-02-28（01）．

［2］中共中央宣传部教育部关于印发《〈中共中央宣传部教育部关于进一步加强和改进高等学校思想政治理论课的意见〉实施方案》的通知（教社政〔2005〕9号）．

［3］教育部关于印发《新时代高校思想政治理论课教学工作基本要求》的通知（教社科〔2018〕2号）．

［4］习近平在全国高校思想政治工作会议上强调把思想政治工作贯穿教育教学全过程　开创我国高等教育事业发展新局面．人民日报，2016-12-09（01）．

（作者系中共马鞍山师范高等专科学校党委书记）

思政理论课程“3342”全流程实践教学模式探索与应用

张博萍

摘　要：重庆建筑工程职业学院自2012年开始探索思想政治理论课实践教学改革的路径，逐步形成了思想政治理论课程“3342”全流程实践教学模式[①]，即：“实践教学的教学设计立足三个需求，实施过程抓好三个环节、运用四种手段，考核方式采取两种考核”，涵盖课前设计、课中管理、课后评价的全流程的教学模式。经过近六年的实践探索，实践结果显示该模式立德树人的成效正逐步显现，毕业生的职业精神、专业能力、发展潜力均有提升，同时也存在一定问题。为此，我们拟继续完善顶层设计，健全保障机制，提高师资水平，优化实践教学全流程管理和实现路径，优化该教学模式。

关键词：职业院校思想政治理论课；实践教学；模式探索；模式应用

思想政治理论课是全面贯彻党的教育方针、落实立德树人根本任务的主干渠道和核心课程，是加强和改进高校思想政治工作、实现高等教育内涵式发展的灵魂课程。2017年2月，中共中央、国务院印发《关于加强和改进新形势下高校思想政治工作的意见》强调，把思想价值引领贯穿教育教学全过程和各环节，形成实践育人等“十育人”长效机制，提出要注重理论教育和实践活动相结合，提高工作科学化精细化水平。2018年4月，教育部印发的《新时代高校思想政治理论课教学工作基本要求》中明确，“从本科思想政治理论课现有学分中划出2个学分、从专科思想政治理论课学分中划出1个学分，开展本专科思想政治理论课实践教学”。文件还强调，新时代高校思想政治理论课教学工作“坚持全流程管理，贯穿思想政治理论课课前、课中、课后各环节”，讲清讲透习近平新时代中国特色社会主义思想的时代背景、重大意义、科学体系、精神实质、实践要求，全面推动习近平新时代中国特色社会主义思想进教材进课堂进学生头脑，打牢大学生成长成才的科学思想基础，引导大学生树立正确的世界观、人生观、价值观，不断提高大学生对思想政治理论课的获得感。这些要求为高校思想政治理论课实践教学进一步的改革探索提出了要求，指明了方向。

---

① 3342全流程实践教学模式是重庆建筑工程职业学院的实践教学模式。该模式结合学院的专业特色和自身培养定位对实践教学模式开展探索和实践。

一、思想政治理论课程“3342”全流程实践教学模式的构建

重庆建筑工程职业学院自2012年开展思想政治理论课实践教学改革探索，经过近六年多的摸索，依托国情、市情、校情逐步形成了“思想政治理论课程‘3342’全流程实践教学模式”，即：覆盖实践教学的设计、实施、评价的全流程，实践教学设计立足三个需求，实践教学抓好三个环节，运用四种手段，实践教学采取两种考核，把单纯的课堂理论说教和丰富生动的实践教学结合起来，让青年学生把视野放到广阔的社会变迁中去，放到波澜壮阔的时代洪流中去，放到自己的职业发展中去，用实践教学带动理论，用行为深化信仰。

（一）“3342”模式中实践教学内涵界定

实践教学是高校思政课课程体系的重要组成部分，在大学生的价值观养成过程中具有独特作用。

高校思政课，是传播和贯彻党的指导思想和执政理念，对大学生系统地进行马克思主义理论和思想政治教育的主渠道，其目的是引导大学生树立科学的世界观、人生观和价值观，坚定理想信念。要实现这一目的，不仅要对学生进行系统的理论知识传授，还要使受教育者能够将所学理论知识内化于心，外化于行，知行统一，提升他们的思想政治素养以及观察和分析问题的能力。而实现这一教育教学目标的桥梁和中介就是实践教学环节。高校思政课实践教学环节是为了配合课堂理论教学，培养学生运用理论分析问题和解决问题的能力，促进学生综合素质和实践能力的提高而设置的以实践形式为手段的教学环节。

作为思政教育工作者，我们不仅要借助于课堂实践、校园实践、社会实践这些传统的实践教学形式，还要与时俱进，借助网络等现代通信技术，拓展实践教学平台，开展虚拟实践教学。

（二）思想政治理论课程“3342”全流程实践教学模式构建依据

首先，“3342”全流程实践教学模式必须坚持以中国特色社会主义权威理论为指导，全面贯彻党的教育方针，“高校思想政治工作关系高校培养什么样的人、如何培养人以及为谁培养人”这个根本问题，培育中国特色社会主义的建设者和接班人。构建“3342”全流程实践教学模式，着眼于培育、践行社会主义核心价值观，培养德才兼备、全面发展的拥护和支持习近平新时代中国特色社会主义思想的建设者和接班人。

其次，要符合高校思想政治教育规律，符合大学生成长成才的一般规律，做到实践教学“因事而化、因时而进、因势而新”，不断提高工作能力和水平。“3342”全流程实践教学模式所确定的实践模式，搭建的运行机制，确定的对策措施，必须符合新形势下的教学规律和学生实际，确保实践教育可以付诸实施，并且行之有效。

最后，要确保思想政治理论课教育教学模式选择的方法可以做到“围绕学生、关照学生、服务学生”①。构建“3342”全流程实践教学模式，我们强调以学生为中心，尊重

① 《普通高等学校辅导员队伍建设规定》，2017年，中华人民共和国教育部令第43号。

学生个性差异，确立实践标准、实践育人的思想；坚持系统设计、整体规划，突出实践的综合性、系统性，全员覆盖，全程育人、全方位育人；坚持思政课程教学供给侧改革思路，运用互联网思维和多元信息技术，加强教学管理，提高教学效率；坚持全员性与全程性相统一、集中与分散相统一。

二、思想政治理论课程“3342”全流程实践教学模式内涵以及实践

成长于多元文化和信息时代的“九五后”大学生，无论是思想观念、行为方式和心理诉求，还是接受教育的途径和习惯，都出现了新的变化。他们的主体观念、独立意识更加强烈，自我学习、自我选择、自我建构的愿望更加迫切。面对抽象的价值观理论，我们尝试让实践教学设计满足三个需求，增强实践教学的吸引力和针对性。

（一）立足三个需求

高等职业教育既是高等教育也是职业教育，以培养生产、建设、服务、管理第一线的高端技能型专门人才为主要任务，采取工学结合、校企合作、顶岗实习等人才培养模式。如何结合高职教育特征和人才培养模式，有针对性地开展思政课实践教学，切实提高思政课实践教学的实效性，是职业院校需要解决的问题。重庆建筑工程职业学院思想政治课实践教学从学院自身办学需要和定位出发，提出思政课实践教学设计必须要满足“立足三个需求”，即：

一立足于职业院校的行业发展需求，贴合学生今后的职业发展规划，借鉴专业集群建设理念，依托行业发展需求选取实践教学主题和教学资源，将思想道德能力培养与行业的需求和发展主动融合，提高学生的职业道德、职业素养，服务学生将来的职业发展。

二立足于国家发展战略规划，贴合国家对人才的素养需要，引导学生认清社会发展和国家发展趋势和现状，探索和完善思想政治理论课程实践教学与学生专业实践教学有效结合的机制与途径，使思想政治理论课程实践教学切合国家和社会发展需要，因材施教，引导学生向专业专家学习，向优秀的校友学习，不断提高思想政治理论课实践教学的现实性和实效性。

三立足于社会的需求，瞄准社会的“热点”和“痛点”，解决学生的疑惑和困扰，选择社会热点话题和焦点话题，引导学生思考社会问题，增强辨识能力，增强自己分析问题、理解问题、解决问题的能力。用所学了解社会，服务社会，使学生体会所学专业的社会性，为未来的专业学习和实践做足思想上的准备。通过各种实践教学活动，培养学生正面理解现实问题，促进他们成长成才。

（二）抓好三个环节

“三个环节”：思政课实践教学过程中的“社会调研、校内实践、校外实践”三个环节是有机统一的。实践教学课程由社会调研、校内实践和校外实践三个环节构成，学生在思政课教师的动员、培训、指导下，按照提交申请、完成选择的活动、提交实践报告的流程完成任务，可以获得课程成绩。社会调研选题由学生根据“正方教务”“重庆市教学资源平台”“蓝墨云班”等教学资源平台公布参考选题及要求确定题目，提前于暑

期或寒假完成调研；校内实践由学生必选（研读马列经典、学习重要文献共2项）1项，任选（阅读经典著作、时事新观察、聆听学术讲座、校园采访报道、主题微电影、观看红色影视共6项）2—3项，在每学期第12周前完成；校外实践由学生必选（人物采访、宣讲活动、纠风行动、传承文明、发现之旅共5项）1项和任选（真相探究、学工活动、学农活动、学商活动、植树活动、公益劳动、志愿服务、学雷锋活动、科普活动和参观学习共10项）2项，在每学期第18周前完成。

（三）运用四种手段

“四种手段”：思政课实践教学“课程化、信息化、一体化、自主化”，同步确保实践教学完成任务。将实践教学作为一门独立的必修课，可以实现思政课实践教学的全员覆盖，保证实践教学的严肃性。该部分课程依托“数字校园”和“正方教务系统”“蓝墨云班”，采用无纸化、信息化运行方式。师生通过网络学习教学相关内容，学生提交申请和报告，教师审核学生的申请和报告。重庆建筑工程职业学院“3342”全流程实践教学模式整合各门思政课的实践教学资源和师资力量，实现了实践教学和理论教学的教学供给的一体化、教育教学内容的系统化；学生根据教师在网站公布的教学任务及要求撰写申请书，经教师审核通过后即可实施，实现了学生自主选择实践内容，自主开展实践活动的目的。

（四）认可两种考核

教学考核是一项重要的工作，如果教学考核不落到实处，那么实践教学就仅仅是“走过场”，达不到考核的目的，考核的作用也就难以实现。对学生思政课实践教学成绩的考核，我们将“思政课实践教学的作业状况与专业实践教学表现；实践教学期间生活表现相结合、多元主体评价”作为考核关键，学生既可以通过完成教师的要求完成考核，也可以通过提交自己的思政课程实践佐证材料活动成绩这两种考核方式来获得成绩。

三、优化思想政治理论课程“3342”全流程实践教学模式的建议

近六年来，依托“思想政治理论课实践课程”的教学和改革探索，重庆建筑工程职业学院“3342”全流程实践教学模式在教学实践过程中产生了较好的教学效果，在同类职业院校中形成了创新实践示范效应。从2012年至今，重庆建筑工程职业学院有200多支队伍参加思政课团队实践，1万余名大学生参加个人实践，很多学生从“要我做”转变为“我要做”，收到良好效果。同时，也有效调动了建筑科研院所、相关企事业单位、各级党政机关参与大学生社会实践的积极性，吸引更多社会资源投入人才培养，实现了院校、用人单位之间的良好互动。

同时，对于存在的问题，我们经过反思认为未来将从以下几个方面继续做好该教学模式的优化。第一，要制订详细、切合实际的实践教学大纲和教学计划，强化分散式实践教学的建设和管理，建立实践教学年度总结制度和完善的考核体系。第二，增强思政课实践教学的针对性和实效性，坚持专业教学和人格培育相统一、专业能力和综合素质相统一、理论学习和社会实践相统一的原则。第三，加强思政课实践教学师资培养，引

进专业教师参加实践教学，组织教师、学生两级培训。第四，建立若干专业性的社会实践基地，构建体验式教学、访谈式教学、组织学生优秀实践报告会等模块。

参考文献

［1］习近平在全国高校思想政治工作会议上强调：把思想政治工作贯穿教育教学全过程　开创我国高等教育事业发展新局面．人民日报，2016—12—09.

［2］刘晓东．大学生社会实践理论与实务．北京：高等教育出版社，2014.

［3］方晓珍．高校“立德树人”的理论指导与实践路径．理论教育导刊，2013(6).

（作者系重庆建筑工程职业学院思政课讲师，硕士）

基于新媒体的高校学生思政教育发展策略初探

杨亚楠

摘　要：新媒体的出现彻底改变了传统的信息传播方式，从而对高校思政教育也产生了一定的影响，在这样的背景之下，高校必须加强新媒体的研究，并采取相应的策略才能促进思政教育效率的提升。基于此种情况，本文首先对新媒体的概念与内涵进行了分析，并指出了新媒体的基本特征，并从学生人际交往能力发展、思想价值观念发展以及思政教育环境三个方面指出了新媒体对思政教育的影响，最后认为当前阶段高校必须要从新媒体思政教育平台、思政教育体系与内容改革以及教师队伍建设三个方面入手完善新媒体教学。

关键词：新媒体；高校；思政教育

根据现阶段关于新媒体用户的调查发现，高校学生是新媒体的主力用户，几乎100%的高校学生都具有上网的经历，超过96.2%的学生将新媒体作为获取信息的重要渠道。新媒体已经影响到高校学生的思想价值观念、生活方式、思维方式，这无疑也会影响到高校思政教育。现阶段高校思政教育必须要充分认识到新媒体对高校思政教育所产生的影响，并制定相应的解决策略。

一、新媒体的概念、内涵与特点

虽然现阶段新媒体几乎已经深入每个人的生活，但是目前阶段统一的新媒体概念仍然未出现，但是大部分人都认为新媒体是区别于传统媒体如报纸、杂志、电视、广播的新型媒体，主要是以数字技术与信息技术发展起来的即时通信媒体、社交媒体等信息媒体。

新媒体与传统媒体之间存在着较大的差异，其特点具体表现在以下几个方面：第一，新媒体的出现创造了一种完全不同的信息环境，实现了信息的多元化传播，在传统媒体时代，受众只能被动地接受信息，而无法有效地实现信息反馈，新媒体的出现彻底改变了这种单向的信息传播方式，受众在接受信息的同时也能反馈相关信息，因此，信息传播呈现出明显的自由性与多元化。第二，新媒体中的信息呈现出明显的“碎片化”特征[1]。由于新媒体允许大部分用户发送相关信息，其中绝大部分用户都并非是专业的媒体人，因此，其所传输的信息必然是“碎片化”的。第三，新媒体在信息传播效率方面具有较强的优势。新媒体是以信息技术为基本载体，因此在信息传播效率方面具有明显的优势，可以实现信息的即时传输，也能在极短的时间内实现较大的社会效应。

二、新媒体对高校思政教育的影响分析

（一）成为使用最为广泛的沟通交流方式

由于新媒体在信息传播效率方面具有明显的优势，同时信息交流的费用也较为低廉，因此，它已经成为现阶段高校学生使用最为广泛的沟通与交流方式。

（二）不利于高校学生人际交往能力发展

新媒体的过度使用会严重影响高校学生的人际交往能力。通过新媒体实现与他人的沟通与交流，其本质并不属于人与人之间的沟通与交流，而属于一种人与机器之间的沟通与交流。长期使用这种方式进行与他人之间的沟通与交流，会导致高校学生在实际生活中的沟通与交流能力发展受到较为严重的阻碍，严重的还会使得大学生产生冷漠、意识淡薄等一系列问题。

（三）不利于高校思想价值观念与思想发展

首先，由于新媒体都是建立在互联网的基础之上的，以现在的科技力量并无法有效实现对互联网信息的全面监控与处理，这就必然导致新媒体上传播的信息质量参差不齐。其次，随着社会开放程度的不断提升，社会对多元文化的包容性也明显提升，这就必然导致在新媒体当中存在着多种不良意识形态与价值观念，如黄色、暴力、拜金主义等，长期生活在这种环境中高校学生的思想价值观念形成与思想发展必然会受到较大的阻碍。根据笔者的调查研究发现，现阶段在高校学生群体中黄色思想与拜金主义思想较为严重，已经严重影响了高校学生的进一步发展。

（四）影响高校思政教育环境

思政教育的目的在于改善学生在思想与心理方面所存在的问题，其中教育环境对于学生的思想与心理会存在直接的影响，一直以来高校思政教育都较为注重思政教育环境的塑造，从而达到思政教育的根本目的，但是在最近几年当中随着新媒体在高校学生群体中渗透力度的不断提升，高校学生所生活的环境已经发生了彻底的转变，即媒体环境已经成为大部分高校学生最重要的生活环境，高校所塑造的思政教育环境对学生的影响力已经开始逐渐减弱，这就必然导致高校思政教育的效率受到严重的影响。

三、新媒体背景下的高校思政教育策略

新媒体对高校思政教育已经产生了深远的影响，传统高校思政教育不论是在教育内容还是在教学方法方面都无法满足现阶段思政教育的实际需求。当前阶段高校思政教育必须要充分认识到新媒体对思政教育的影响，并抓住新媒体的技术优势，提升思政教育的有效性，具体来说主要需要从以下几个方面入手。

（一）建立新媒体思政教育平台，创造良好的思政教育环境

当前阶段高校必须要充分认识到新媒体在高校学生群体中的渗透力度，利用新媒体建立思政教育平台，实现思政教育环境的塑造。例如，高校可以将新媒体建设与校园文化建设融合起来，充分利用微博、微信等新媒体进行校园文化建设，同时利用新媒体中

已有的资源完善高校思政教育资源。

首先，高校在进行新媒体思想教育平台时必须要以社会主义核心价值观为基本导向，丰富校园新媒体环境。例如，现阶段高校可以建立校园文化微信公众号，将思政教育相关内容融入微信公众号中，并通过微信公众号将相关内容推送到学生群体当中，从而实现思政教育信息的有效传输。其次，高校还必须要以新媒体思政教育平台为手段进行思政教育，例如，通过新媒体思政教育资源库为学生提供教学，允许学生通过新媒体进行学习，提高学习效率。最后，在进行新媒体思政教育平台建设中还必须要加强信息技术的应用，丰富思政教育资源。例如，可以利用动画技术、PS 技术进行思政教育资源建设，为学生提供质量更高的学习资源，为思政教育提供强有力的支撑。

（二）完善思政教育体系，改革思政教育内容

新媒体环境与传统校园环境之间存在明显的差异，传统高校思政教育体系已经逐渐无法满足新媒体环境下的思政教育需求。基于此种情况，当前阶段高校思政教育工作者必须要积极主动地对新媒体环境下的思政教育体系进行探索，并结合新媒体的具体内涵对思政教育体系进行完善[2]。例如，针对现阶段大部分高校学生在信息鉴别方面所存在的问题，在思政教育当中增加信息鉴别能力方面的教学，提升学生对新媒体信息的鉴别能力，引导学生自觉抵制不良信息的诱惑。在进行思政教育体系完善的过程当中必须要尊重学生的主体性，即教育内容必须要与学生的认知能力与心理发展相适应，只有这样的教育内容才能获得学生的认可，才能真正促进学生的发展。最后，在进行思政教育体系完善与思政教育内容改革的过程当中必须要以思政教育的根本目的为基本出发点，即结合新媒体的具体环境对已有思政教育内容进行完善。

（三）加强教师队伍建设

在任何教育活动当中师资力量都是极为重要的内容，在新媒体环境当中，依然必须要充分发挥思政教师的作用，通过教师队伍建设促进思政教育的进一步发展。从总体上来说现阶段大部分高校的思政教育教师对新媒体的认识还存在着一定的局限性，无法有效胜任新媒体环境下的高校思政教育。具体来说教师队伍的建设必须要从以下几个方面入手：第一，加强教师新媒体应用能力培训。虽然现阶段新媒体已经深入人们的日常生活，但是大多数人对于新媒体的功能认识依然不够全面，大部分思政教师也是如此，尤其是一些年龄较大的教师，基本无法利用新媒体开展思政教育[3]。因此，现阶段高校必须要为思政教育教师提供必要的培训，提升其新媒体应用能力。第二，在进行思政教师招聘时需要充分考查教师的新媒体应用能力，在其他条件基本相同的情况之下，优先录取具有一定新媒体应用能力的教师。第三，加强对教师新媒体能力的考核，高校在制定思政教育教师考核指标时必须要将新媒体教学能力融入考核指标[4]。

结　语

新媒体的出现对高校思政教育来说是一把“双刃剑”，虽然为高校思政教育带来了一定的负面影响，但是如果高校能够把握住新媒体的优势则必然可以提升思政教育的有效性。在本文当中，笔者结合自己的实际工作经验对新媒体背景下高校思政教育策略进

行了分析，希望能对高校思政教育有所启发。

参考文献

［1］王文霞．多学科视野下思政教育载体创新——评《思想政治教育的文艺载体研究》．中国教育学刊，2014（11）：124.

［2］李浩．网络自媒体的使用与满足——基于高校大学生微信使用的实证研究．浙江学刊，2014（5）：127—131.

［3］吴建军，石菊红，段江燕．新媒体在研究生思政教育中的应用与问题分析——以山西师范大学为个案．中国教育信息化，2013（22）：5—8.

［4］郭峰，付娟．新媒体环境下大学生思想政治教育的方向与路径探索——从思政教育接受主体角度展开的思考．中国报业，2013（2）：134—135.

（作者系马鞍山师范高等专科学校助教）

浅析“十九大精神”进课堂的必要性、现实基础与基本路径

卢保婷

摘　要：本文从“十九大精神”在当前国家政治生活的重要性、当代大学生思想教育的重要性方面谈了“十九大精神”进课堂的必要性；从中国高校当前思想政治理论课的基础、中国社会学习“十九大精神”的热忱、当代大学生对新知识和理论学习的渴望等方面谈了“十九大精神”进课堂的现实基础；从提供“丰富、完整、成体系且形式多样”的教材、“十九大精神”首先要进入高校思想政治教育教学老师头脑、要尊重当代大学实际和大学生实际等方面，谈了“十九大精神”进课堂的方式、方法、要求。

关键词：十九大精神；进课堂；必要性；现实基础；基本路径

党中央明确指出，学习和实践十九大精神是今后一个时期党和国家的最大政治任务。十九大精神总揽全局，从政治、经济、民生、军事、社会、生态、外交及党的建设等各方面对今后一个时期的发展和变革指明了思路和方向、要求，是今后一个时期国家建设的总纲领。

当代大学生是中国社会知识青年的主体，代表着国家最活跃的力量和社会建设的未来生力军。他们的本领硬不硬、政治强不强、素养高不高，既是当前高校教育工作成效的主要标志，也关系着党和国家事业百年大计之人才之本的重要保障。我们作为高校思想政治教育教师，怎么样以当代大学生喜闻乐见的方式，将“十九大精神”引入课堂教学，让学生们喜欢听、主动听、听得懂、能领会，并最终融入自己的学习生活和社会实践，是我们要研究的课题。

本文的结构安排和核心论述，就是要围绕“十九大精神”进课堂，分析该项工作的必要性、现实基础及基本路径，或者说具体方式。

一、“十九大精神”进课堂的必要性

（一）“十九大精神”在当前国家发展建设和政治生活中的重要程度

改革开放40年来，为了富民强国的目的，几代中国人不懈奋斗。这期间，既有内部建设中的波折与阶段性成果，也有国际风云变幻带来的机遇或者种种困扰。40年后的今天，建设成果充分说明了40年来的改革及建设方向、方式是正确的。虽然，也有弯路，也有失误，但我们的努力还是把我们带到了新的高度和新的起点。经济总量位居世界第二，制造业规模世界第一，国民人均生产总值基本达到中等收入国家水准，民生得

到改善，“精准扶贫”工程正在推进科技创新能力和科技对发展贡献率得到显著提高，等等。

如果要发展，我们不能只谈成绩，还要直面问题。任何发展方式都有副作用，特别是如果存在发展失误的话，更会给社会进步带来新的问题。经济总量上去了，但是结构矛盾突出，经济结构不合理；随着反腐败力度的加大，政治生态得到净化，然而腐败的反弹形势不容乐观；新的政治、经济形势给社会生态带来了新变化，社会治理面临新情况；生态文明建设压力仍然很大；科学技术的发展日新月异，但是，与发达国家特别是美国比较我们的差距还很大，科技原创能力还很不足；随着中国的整体崛起，国际社会对中国的态度发生微妙变化，再加上国际环境自身的变革，我们已经面临新的国际格局，如何化解风险，继续为国家建设、发展谋求有利的国际环境，是摆在我们面前的重大课题。而这些问题，“十九大精神”都有针对性的论述和发展、建设、改革思路。

十九大精神是新时期特别是国家发展模式转换的关键时期，党对改革、发展、建设等问题的重要总结和认识，是对国家大政方针的重要明确。

（二）当代大学教育中“政治教育”和“形势教育”的不可缺失性

青年强，则国家强。当代大学生是当代青年中最有知识和力量的群体，如何教育和增强这一部分年轻人的力量，是国家百年发展之大计。当代大学生的教育中，思想政治教育是重要的组成部分。国家选用人才讲究以德为先、德才兼备。其中的“德育”部分国家观、世界观、人生观的教育影响更深远、更关乎全局。当代大学生思想活跃，接受新知识新事物速度快，但是，也存在涉世不深，世界观和人生观没有完整成熟地建构起来的问题。特别是随着互联网的发展、发达，各种社会思潮甚至国际敌对势力的传播元素都有可能给当代学生带来深刻影响。如何解决当代大学生的思想和观念建构问题？这是一项实实在在关系到国家发展百年大计和党的建设稳固之基的问题。

思想和意识形态观念的培养领域存在着争夺战。谁能够占领主渠道、主阵地，拥有更广覆盖面和更深刻影响力，谁就是思想传播的强音。“十九大精神”是党和人民对中华人民共和国成立以来，特别是改革开放40年来，“改革”“发展”“建设”等经验的总结，是对今后一个时期国家发展、建设诸多方面布局的总体规划。站在国家建设的新时期开局之时，如此重要的战略谋划怎能不为广大青年所熟知，并得到深刻教育呢？“十九大精神”的学习和践行是当前和今后一个时期党和国家最重要的政治任务，理应成为社会舆论的强音，理应占领思想传播的主渠道和主战场，拥有最广泛的覆盖面和最深刻的影响力。那么，作为当代青年的精英团体，当代大学生的思想范畴更应响起十九大精神学习和宣传及践行的主旋律，构成主战场，占据主渠道。

谁能影响青年谁就能影响社会和国家的未来！我们一定要站在党和国家百年基业长青的高度看待当代大学生思想政治建设的重要性，确保当代大学生思想观念领域的主战场和主渠道是党的声音、人民的声音，是社会的正能量和“十九大精神”这样的主旋律的反映。

二、“十九大精神”进课堂的现实基础性元素

中国共产党是百年政党，中国特色社会主义建设是中国道路的核心元素，马列主义

和马克思主义中国化理论教育和指导了中国人民一个多世纪。而“十九大精神”是中国共产党对于中国特色社会主义道路，通过马克思主义中国化而取得的阶段性经验总结。“十九大精神”进课堂有着历史和现实，以及政治、经济、社会、民生、生态、外交等等方面的基础。

（一）中国大陆高校有着完整的中国特色社会主义理论体系教育的积累

中华人民共和国是中国共产党领导下的社会主义国家，中华人民共和国成立初期就将马列主义、毛泽东思想等理论体系作为学校思想政治教育的重要教材内容。改革开放以后，邓小平理论、“三个代表”重要思想、科学发展观等等一系列马克思主义中国化或者说中国新时期的马克思主义成果逐渐成熟，并逐步走入校园，走进教材，搬上课堂，给广大学生的思想教育领域提供了完整的、成体系的思想理论，并深入了广大学生的思想认知。无论是中考、高考，还是研究生考试，包含“中国特色社会主义理论体系”的政治课都是考试考查的重要方面。广大学生均深入系统地学习了这些理论。这些理论是“十九大精神”内容和思想的重要发源地。

同时，衔接党的理论供给和学生学习动力之间的，是全中国千万思想政治理论课教师。中国高校活跃着一批理论功底扎实、思想活跃、教学方式方法丰富，且政治涵养较高的“中国特色社会主义理论体系”教育、教学的教师。这些老师有能力、有本领将党的新总结和新布局的“十九大精神”很好地与原有理论衔接，通过学生喜闻乐见的方式讲授给当代大学生，完成理论与受众的再次完美衔接。

（二）中国社会已经形成了学习和实践“十九大精神”的浓厚氛围

“十九大精神”发布后，在全社会引起强烈反响。无论是政界、军界、理论界，还是企业界、科技界、农民、工人等社会大众，都表示“十九大精神”很好地总结了党的经验，并对未来国家的治理和建设高屋建瓴、纵览全局式地给出了一系列重大部署、重大论断、重大创新，纷纷响应党的号召要抓紧学习领悟“十九大精神”，结合当前自身工作实际，在现实中学好“十九大精神”，领悟好“十九大精神”，并用“十九大精神”中的论断和布局指导自己的具体工作，争取以自己一颗螺丝钉的角色助力十九大开局之年的国家建设，助力中国梦的实现，助力中国的崛起和腾飞。

（三）广大大学生群体拥有学习“十九大精神”热情和能力

当代大学生思想活跃，且渴望进步，希望获得先进思想和先进认识，有意愿奉献社会并助力国家建设和民族腾飞。经过多年教育，他们头脑中的思想结构也可以很好地衔接到“十九大精神”中的精神内核。一些关系到国家经济、政治、科技、民生、生态等方面的重大部署，本身就是对对应专业大学生学习和实践的具体指导和教育，可以让他们很好地认识到党和国家将开展的一系列重大举措。得到这些认识，大学生们可以结合自己所学和实践所得，很好地规划出自己职业发展路径，并与国家建设步伐有机统一起来。

三、“十九大精神”进课堂的基本路径和基本方式

“十九大精神”进课堂是一项教育工作，是对当代大学生的思想教育，自然要遵从

教育的规律、思想育人的规律，并尊重当前大学实际和当代大学生思想、素养、心理等方面的实际。

（一）“十九大精神”进课堂，首先要进教材

丰富、完整、体系化，且形式多样的教材是课堂教学的重要抓手。首先，教材要丰富。“十九大精神”的学习要进入高校思想教育的主渠道和主阵地，要成为主旋律。这就要求它的传播渠道要多样且丰富，如果在教材的层面过于单一，是无法占领这些主渠道和主阵地，并形成主旋律的。其次，教材要完整且成体系。中国特色社会主义理论是一个体系，“十九大精神”同样也是一个体系。当然，“十九大精神”最终要融入中国特色社会主义理论体系。只有完整且成体系的教材，才可以完整地呈现出“十九大精神”的纵览全局和高屋建瓴。最后，教材要形式多样。当代大学生的思维和喜好丰富多彩，不同的类型喜欢不同的教授方式。这就要求传授“十九大精神”的教材也要采用丰富多彩的形式，来满足学生的喜好和衔接他们的认知特征。

怎么样的教材才是“完整、丰富、成体系且形式多样”的呢？不久前中央电视台的《焦点访谈》栏目录播了一期关于大学思政课改革的节目，很好地向广大高校展示了思政课的丰富多彩形式和教材样式。思政课的教育不仅仅是一本政治思想的宣讲，它可以结合历史，可以结合专业，也可以结合现实，形式上甚至可以是一首歌曲，或者一部音乐剧，等等。

（二）“十九大精神”进课堂，首先要进教师头脑

如果说教材是“十九大精神”进课堂的抓手，那么，教师就是“精神”进课堂的重要载体。教材需要讲授，教师就是将教材活灵活现的载体。其一，广大思政课教师要深入学习领会“十九大精神”内容、内涵，并结合自己积累和工作感悟，将“十九大精神”的深刻意义转化为自己的教学语言。其二，广大思政课教师要创新教育、教学方式。一方面，教师本身就是教材改革的主力军。广大思政课教师要响应时代号召，站在让“十九大精神”在学生中深入人心的高度，编写或者说创造出丰富、完整、成体系且形式多样的，适用当代大学教育的教材；另一方面，广大思政课教师要完成教材转化和课堂形式的创新。结合“十九大精神”内容和当前国家发展、建设实际，总结出将教材活灵活现且学生喜闻乐见的实践方式。其三，广大思政课教师要做好调研，从社会实践中要素材、要方法。“十九大精神”本身就来自实践总结，同时，又指导了具体实践。所以广大思政课教师在理论性地学习了“十九大精神”后，要深入社会实践中去，从党、政、军、工、农、医等各界人士的日常工作中，找实例、找理解、找素材、找方向。其四，广大思政课教师要做好教学评估。从实践中来，到实践中去，是党的基本工作方法，同样适用于教学和教学改革。思政课教师要在教学实践通过“实践、检验、反思、改革、再实践、再检验等”不断轮转的方式检验“十九大精神”进课堂的实际成果。

（三）要注意使用新媒体、新渠道的课堂形式

随着互联网技术，特别是移动互联网技术的进步，一些基于该技术进步的网络工具已经深入中国人的生活、工作、学习的方方面面，比如微信。“十九大精神”的传播要

结合这些新形式和新媒介，利用新媒体的功能开辟围绕“十九大精神”而又发挥新媒体特征的新课堂。特别是思维活跃的当代大学生，更喜欢新媒体，更接受新媒体。新媒体的传播特征将给大学生学习“十九大精神”带来新场景。

（四）“十九大精神”进课堂，要尊重当代大学生的思想特征和喜好氛围，并努力发挥学生的主观能动性

其中，最重要的就是要尊重当代大学生的思想多元性和学习生活的多彩性。无论是教材的设置，还是课堂的呈现，一方面要围绕“十九大精神”的内容、内涵，另一方面要围绕当代大学生的思想现状和性格多样及喜好多样。

（五）要重视理论课程与实践课程相结合

学习“十九大精神”起于领悟，重在实践。“十九大精神”传播的课堂教学，既要注重理论课程的设置和理论教学的投入，更要将“十九大精神”内容与实践相互结合，与学生的具体学习、生活相结合，活学活用。

学习和实践“十九大精神”是当前和今后一个时期党和国家最重要的政治任务。当代大学生是当代青年的中坚，是国家未来的希望。探讨让“十九大精神”走进当代大学生课堂的方式、方法，既有理论意义，也有现实意义，是当前和今后一个时期全国高校思想政治教育的主要内容和重要方面。

参考文献

［1］习近平．决胜全面建成小康社会　夺取新时代中国特色社会主义伟大胜利．人民日报，2017－10－19.

［2］习近平．习近平谈治国理政：第1卷．北京：外文出版社，2017.

［3］王书香．十九大精神进校园进课堂——立德树人德法兼修．http：//news. youth. cn/gn/201712/t20171230_ 11224893. htm.

［4］朱健，李厚锐．推动党的十九大精神进教材、进课堂、进头脑要确立四个指导意识．思想理论教育导刊，2018（2）.

［5］尹江铖，周晓阳．高校思政课实施十九大精神“三进”新工程的思考．学周刊，2018（5）.

（作者单位：重庆建筑工程职业学院）

思想政治理论课教材话语向教学话语转换的策略研究

胡晓迪

摘　要：思想政治理论课教材话语向教学话语转换是提升教学针对性和亲和力，增强大学生获得感的重要抓手，这就要求广大思想政治理论课教师要增强话语转换的自觉性，以教材为基本遵循，以大学生认知规律为依据，以多样化的教学话语形式为着力点，努力实现教材的理论话语、政治话语、结论性话语向生活话语、文化话语、过程性话语的转换。

关键词：思想政治理论课；教材话语；教学话语；转换

高校思想政治理论课，是大学生的必修课，是帮助大学生树立正确的世界观、人生观和价值观的重要途径。为了推进党的十九大精神和习近平新时代中国特色社会主义思想“三进”工作，根据中宣部要求，高校思想政治理论课几门课程均已完成了教材的全面修订。由于教材从编写到修订都有其特定的要求和考虑因素，再加上思政课本身所具有的意识形态性，教材在对话语系统的选择上会主要运用理论话语、政治话语、文件话语，我们称这种语言为“教材话语”。教材话语可以用于教师的备课，也可用于学生的研读，但却不宜直接用于课堂讲授。若广大的思想政治理论课教师照本宣科，把教材语言在课堂上死板地宣读一遍，毫无创造发挥，自然是不可能收到好的教学效果的。

相对于教材话语，思想政治理论课教学话语则具有简洁、形象、生动的特点，它是思想政治理论课的教育教学为了完成其自身的任务并实现自身的功能而构建起的一整套语言形式，其核心任务是在一定的语境之下如何表达思想政治理论课的内容，推动教师和学生之间的沟通和交流。① 也就是说，教学话语是对教材话语的一种再创造，教材话语向教学话语的转换就是要实现教材的抽象语言向课堂教学的通俗语言的转换，也就是在思政课的教学过程中，教师要用学生更爱听、更易懂、更能被接受的话语，去演绎、推理以及叙述思政课的内容，以提高学生的学习兴趣，增强学生对思政课的获得感。

教育家叶圣陶曾说：“教材即使编得非常详尽，也不过是某一学科的提要，加上一些必要的范例罢了。因此，教材只能作为教课的依据，要教得好，使学生受到实益，还

① 吴艳东．高校思想政治理论课教学话语面临的困境与对策．思想理论教育，2014（11）：69—72.

得靠老师的善于运用。”① 叶圣陶先生这里所说的“善于运用”实际上就蕴含了要对教材话语进行转换的工作。如何将严肃、严谨的教材语言转换为学生听得进、听得懂的教学语言并通过这种转换最终内化为学生自身的素养和品格，需要教师在教材话语向教学话语转化的原则和策略上多下工夫。具体而言，一个优秀的思政教师，应始终注意在话语体系的转换中把握以下原则和策略。

一、以教材为基本遵循

实现思想政治理论课教材话语向教学话语转换的前提就是吃透教材。如何吃透教材？首先，要尊重教材，领悟新教材的重点和精髓，尤其是新教材所体现出的修订理念。其次，把握新教材相对旧教材在内容体系上所做的变动，明确新教材对教师在教学上提出的新要求。只有吃透教材，才能跳出教材并创造性地使用教材。实现思想政治理论课教材话语向教学话语的转换既非偏离和抽空教材原有话语内容，也不是要淡化和消解教材话语的意识形态性和思想理论性，而是在深刻认识和领会教材话语的精神实质与思想内涵的基础上进行话语内容重构与话语表达创新。因此，广大思政课教师在教学实践中要理直气壮地宣讲马克思主义理论以及党的路线方针政策，旗帜鲜明地批判各种错误思想和观点，突出思政课教学的理论性和政治性，切不可将教材内容完全抛开，自辟蹊径。事实证明，完全根据教师本人的学术兴趣、专业特长构建出的教学话语体系抽空了教材原有话语内容，是违背教材编写精神和课程教学理念的。真正把教材话语转化为教学话语，把理论通俗化，是一种创造性的劳动，是一种创新性的转化，绝不会因此而降低教材思想理论应有的品格和品质，矮化和歪曲原有的理论观点。

当然，强调以教材为基本遵循并不是要思想政治理论课教师拘泥于教材，而是要求我们在教学中以教材为基本遵循，真正做到融会贯通、熟练驾驭、精辟讲解，一方面把握好教材话语的内容承袭，另一方面处理好对教材话语的形式转换，真正使转换之后的各种教学话语形态形变而神不变。

二、以大学生认知规律为依据

以大学生认知规律为依据，使用更加贴近学生思想和生活实际的话语来教学，不断满足学生成长发展的期待和需求，是实现思政课教材话语向教学话语转换的关键环节。2017 年是教育部确定的“思政课教学质量年”，教育部组织了 200 余位专家深入全国 2 516 所普通高校，随机听了 3 000 堂思政课，随机邀请 3 万多名学生参与调查。调研发现，86. 6% 的受访学生表示非常喜欢或比较喜欢上思政课，91. 8% 的受访学生表示非常喜欢或比较喜欢自己的思政课老师，91. 3% 的受访学生表示在思政课上很有收获或比较有收获，这些成果的取得与近年来思政课教学坚持“贴近学生”存在密切关系。

高校思政课不仅是单纯意义上的知识传授，更是社会意识形态的培养。只有用贴合学生认知规律的教学话语创造出有利于课堂教学的语境，才能较好地进行课堂教学。尤其今天的“九五后”大学生成长在一个社会结构转型、社会价值观日益多元化的时代，

① 叶圣陶. 关于探讨教材教法的几点想法. 课程·教材·教法，1981（创刊号）.

他们朝气蓬勃、好学上进、开放自信、视野宽广，对思想政治理论不再是单一地选择被动接受，而是会主动而开放地进行思辨和批判。因此，传统说教已无法满足学生实际需求。思政课教师要想使自己的教学话语为学生所接受，就要努力把握好教学话语的可接受度，对于学生在学习生活、社会实践、舆论热议乃至影视作品中遭遇的真实困惑要能够通过教学及时给予回应，真正为学生解答好人生应该在哪里用力、对谁用情、如何用心、做什么样的人。①

我们所面临的教育对象从小学到中学已经初步接受过各种形式的道德法治以及思想教育，他们对思政理论已经有了初步的浅显的认识，但大都所学不深。因此，教师在运用教学话语时应以让学生可接受和能理解为原则。若言之过简，学生听之索然无味；若言之过难，学生必然昏昏欲睡。在教学话语交流方式上，也应做到既重灌输，更重交流；既重说教，更重引导，要充分考虑“九五后”大学生的新特点，采用他们喜闻乐见的话语风格和交流方式深入浅出地阐明教材内容。这样的交流方式更加符合大学生的认知规律和思维特点，必定能为大学生接受和认可。

三、以多样化的教学话语形式为着力点

在课堂教学活动中，话语无疑是师生交流的重要媒介。面对全媒体的时代境遇，高校思想政治理论课要切实做到以理服人，不仅要考虑“说什么”，更应重视“怎么说”的问题。这就要求教师在教学过程中要能够运用合理的教学话语形式去完成对教材话语的转换，实现教材的理论话语、政治话语、结论性话语向生活话语、文化话语、过程性话语的转换。

（一）将理论话语还原为生活话语

作为对大学生进行马克思主义教育的主渠道，高校思想政治理论课涉及的基本概念、基本原理和基本观点等都是马克思主义中国化的理论成果结晶。众所周知，马克思主义理论是来源于实践，经得起实践检验的理论。根据其实践性，从实践来源出发，我们完全可以将理论话语还原为生活话语。

教育家陶行知先生说过“生活即教育”②，对理论进行生活化解读才能让其真正融入现实，发挥其应有的作用。理论话语的抽象性和晦涩性，决定其往往不易被大学生理解和接受。相比之下，生活话语则具有生动、鲜活的特征，完全可以借以实现对理论话语的解读和阐释。这就要求广大思政课教师在教学过程中主动避免就理论讲理论的枯燥形式，只有将理论加以生活化的还原，让学生认识到这些理论就是人群中实实在在的生活问题，才能让他们真正产生兴趣去了解理论。例如，教师在对《毛泽东思想和中国特色社会主义理论体系概论》第五章关于改革开放理论的教学中可以围绕“40 年来被改革开放改变的生活”，让学生从他们日常生活最为熟悉的衣、食、住、行几个方面和改革开放前相比较的变化中去感受改革开放理论的科学性，进而认知和理解“改革是中国的第二次革命”。教师在教学中也可以结合教学内容，借助互联网平台对老一辈革命家、

① 习近平首次点评“95 后”大学生．人民日报，2017—01—03（02）．

② 陶行知．生活即教育．乡村教师，1930（9）．

“国家千人计划”科学家的访谈、电视对话等内容进行宣传和普及，让学生感性直观地了解理论背后的现实意义，知道理论也是有血有肉、鲜活现实的呈现，进而引发学生的情感共鸣，增强理论的感染力、说服力和渗透力。

对于成长于新媒体时代的“九五后”大学生，网络生活必不可少。有调查显示，当前大学生95%以上的信息来源都是依赖于网络，网络语言也自然而然地成为备受大学生们青睐的时尚语言。广大思政课教师在教学中若能合理而巧妙地对其进行甄别和运用，必定能够增添课堂教学的时尚色彩，使思政课的教学话语“潮”起来，并借此在一定程度上实现对教材抽象理论的通俗化阐释和解读，推进与学生思想上的互动和共鸣。例如“贾君鹏，你妈妈喊你回家吃饭”这句能普遍吸引学生眼球的网络语言可以和《毛泽东思想和中国特色社会主义理论体系概论》第十章内容相结合，围绕“台湾，你哥哥喊你回家团圆”来帮助学生认知和理解台湾问题的由来、实质以及党的十八大以来对台工作取得的新进展。

当然，以其昏昏岂能使人昭昭？教师只有自己首先钻研了理论，领会了其中的真谛，才能在理论话语转化为生活话语的过程中做到深入浅出、运用自如，真正实现理论话语和生活话语的有机统一。如在对“毛泽东思想和中国特色社会主义理论体系概论”课的教学中，既不能从理论到理论，缺乏相关历史史料和实践案例的支撑，又不能就生活论生活，缺少清晰的逻辑分析和深度的理论思考。实践证明，完全离开理论去进行阐释的生活话语必定浅薄乏力，完全没有利用现实生活进行解读的理论话语难免抽象乏味。只有将两者有机结合起来，才能让思政课教材话语向教学话语的转换更加有效。

（二）运用文化话语转换政治话语

钱穆先生说过：“凡是一个国家，一个民族，都有他的生命，这生命就是他的文化，这文化就是他的生命。”① 2013年3月，习近平同志在中央党校建校80周年庆祝大会上发表讲话时指出：“中国传统文化博大精深，学习和掌握其中的各种思想精华，对树立正确的世界观、人生观、价值观很有益处。”② 2014年2月，习近平同志在中共中央政治局第十三次集体学习时的讲话中又指出：“培育和弘扬社会主义核心价值观必须立足中华优秀传统文化。”③ 因此，高校思想政治理论课应积极探索将中国传统文化融入课程教学的有效途径，在运用文化话语转化政治话语上多做努力和尝试，力争使教学话语植根于优秀文化的土壤之中，更接地气、更具说服力。

作为一门融思想、理论、知识、文化于一体的综合性课程，高校思想政治理论课所涵盖的传统文化内涵是丰富多彩的。如“天下兴亡，匹夫有责”“知行合一”“经世致用”“民为邦本”“仁者爱人”“自强不息”“厚德载物”“和而不同”“己所不欲，勿施于人”“兼爱非攻”等。对这些中华传统文化之精华，广大思政教师在教学中可以适当引入。如“思想道德修养与法律基础”课在关于人生观、价值观的教学中可引入儒家的

① 钱穆．中国文化传统之演进//蔡尚思．中国现代思想史资料简编，第4卷．杭州：浙江人民出版社，1983：374.

② 习近平谈治国理政．第1卷．北京：外文出版社，2018：405.

③ 习近平谈治国理政．第1卷．北京：外文出版社，2018：163.

家国思想、和谐思想，在政治观的教育中可引用儒家民本思想，在道德观的教学中可增加儒家道德修养的话语内容，以此连接和沟通古代传统文化精髓与当代学子的心灵，让传统文化的智慧之灯照亮他们的人生之途；“毛泽东思想和中国特色社会主义理论体系概论”课在关于生态文明建设的教学过程中亦可强调我国自古就重视“天人合一、道法自然”，在关于坚持和平发展道路的教学中也可以适当利用文化话语让学生充分领略和感受我国传统文化中由来已久的和平、和谐思想。教师在教学过程中若能充分吸取传统文化的有益营养，合理运用文化话语转化政治理论，春风化雨般借用文化话语滋润、涵养大学生，安顿大学生的心灵，必将有助于提高本课程的教学效果，真正实现“以文化人”“以文育人”。

当然，思想政治理论课教师在教学中运用文化话语转化政治话语的最终目的不在于要让学生精通和掌握多少优秀传统文化的内涵要义，而是在于挖掘和传承优秀传统文化的精神价值。转化的过程本身也并非是针对传统文化理论去进行教学，而是侧重传统文化对学生的情感和精神教育。中华优秀传统文化教育的道德感召力与思想政治教育的科学说服力，恰能优势互补、相得益彰。① 需要指出的是，在这种转换过程中，教师要坚持和固守政治话语的思想性，始终以阐释和传递政治话语的思想价值为目标，防止因文化话语泛化导致思想政治理论课教学话语的泛专业化或泛娱乐化。

（三）实现结论性话语向过程性话语转换

思想政治理论课教材在编写上言简意赅，提纲挈领，有不少浓缩性的结论和观点尚未充分展开。这就要求思政课教师在教学中要借助丰富的历史史实以及生动的社会实践去将相关结论和观点的形成发展阐释清楚，实现由结论性话语向过程性话语的转换，如《思想道德修养与法律基础》第三章关于“爱国主义和爱社会主义相统一”的教学内容，教材在话语表达上使用了结论性话语“社会主义在中国不是一句空洞的口号，而是集中代表着、体现着、实现着国家、民族和人民的根本利益”，教师在教学中对此结论若不充分阐释，一味照本宣科，就很容易出现教师“言之谆谆”，学生“听之藐藐”的尴尬局面。具体而言，教师在此教学内容上实现结论性话语向过程性话语的转换，可以一方面结合中国近代史讲清楚中国走上社会主义道路是中国近代历史大浪淘沙的结果，是人民的选择，另一方面再结合我国社会主义建设实践让学生认识到在中国特色社会主义的引领下我们的社会主义建设所取得的伟大成就有目共睹。这样，学生便能更好地理解爱国主义与爱社会主义的统一既是历史的选择也有现实的必然。当学生真正懂得了“只有社会主义才能救中国，只有中国特色社会主义才能发展中国”，才能坚定爱社会主义中国的基本立场和态度。总之，教师在教学中借助过程性话语不仅可以解释教材结论性观点的内涵，还可增强其历史感和鲜活性。值得注意的是，实现结论性话语向过程性话语转换时，我们也切不可喧宾夺主，使相关结论和观点被海量的史料史实和数据信息所遮蔽，甚至完全解构。

综上，思想政治理论课教材话语向教学话语的转换是提升教学针对性和亲和力，增强大学生对思政课获得感的现实需要和重要抓手。广大思想政治理论课教师要增强话语

① 孙正林．完善中华优秀传统文化教育的几个关键环节．中国教育报，2014-06-30（4）．

转换的自觉性，从以上三个方面狠下功夫。当然，话语转化要始终注重科学性、准确性和规范性，遣词造句要严谨练达，数据、事实要精准无误，防止出现教学话语在表述上的庸俗、媚俗、低俗现象。“路漫漫其修远兮”，广大思政课教师还需继续努力！

（作者单位：重庆建筑工程职业学院）

红色文化融入高校马克思主义信仰教育的逻辑与进路

朱觉萍　李　云

摘　要：红色文化与马克思主义信仰有着千丝万缕的关系，将红色文化融入高校马克思主义信仰教育关键有三点。首先，探究红色文化与高校马克思主义信仰教育的关联，这是逻辑起点。其次，遵循认知、情感、行为相统一的马克思主义信仰形成规律，实现逻辑构建。最后，通过充分挖掘红色文化资源、科学宣传红色文化的价值观念、颂扬英模群体的光辉形象等途径，帮助大学生树立并坚定马克思主义信仰。

关键词：红色文化；大学生；马克思主义信仰教育

由于马克思主义具有科学性、革命性、实践性和阶级性等特质，我们党把马克思主义庄严地写在我们的旗帜上，从此中国人民有了强大的精神动力。在艰辛探索的过程中，中国共产党在实践中创造红色文化。进入新时代，党中央高度重视中国优秀传统文化的转化和发展。信仰与文化有一定的关系，信仰属于文化的一部分，信仰决定了文化的取向，文化表现出信仰的景象，因此信仰教育必须依赖文化。红色文化是中国文化体系的重要构成部分，将红色文化融入马克思主义信仰教育，探究这两者的逻辑和进路，有利于提高马克思主义信仰教育的实效性。

一、红色文化融入高校马克思主义信仰教育的逻辑起点

红色文化融入高校马克思主义信仰教育，先要找到红色文化与马克思主义信仰教育之间的关联性，两者是相互联系、相互作用的关系，这是逻辑起点。

（一）红色文化的思想理论基础和马克思主义信仰的思想内核具有共同性

红色文化是中国共产党在马克思主义指导下，在领导中国革命、建设和改革的实践中凝结的先进文化，同时以物质、精神和制度等形态呈现出来。由此，红色文化的思想理论基础是马克思主义理论，其固有属性是马克思主义意识形态，这也意味着红色文化具有先进性，激励着全国各族人民为实现中华民族伟大复兴而奋斗。

马克思主义信仰发展的过程印证了中国历史前进的足迹。五四运动后，整个中国学界各种思想激烈碰撞，人们身处于思潮的旋涡之中。先进的中国人经过了大浪淘沙式的比较，选择了马克思主义，这也意味着我们选择了马克思主义信仰。中华人民共和国的成立预示着马克思主义政党——中国共产党掌握了国家政权，实现了马克思主义上升为社会的主导信仰。我们坚定地坚持马克思主义信仰，实现马克思主义的中国化、民族化

和大众化，形成了两大理论——毛泽东思想和中国特色社会主义理论。在马克思主义信仰的指引下，中国共产党带领全国各族人民从站起来、富起来到强起来，走上了复兴之路，道路越走越光明。

总而言之，红色文化与马克思主义信仰在思想基础、理论渊源等具有共同性，这两者都是马克思主义这一母体之下的不同形态。红色文化融入高校马克思主义信仰教育，能坚定大学生的马克思主义信仰，它蕴含的实事求是、艰苦奋斗等品质，能帮助大学生在多元文化中拨开迷雾，增强他们的文化认同。

（二）红色文化的创造主体和马克思主义信仰的信奉者具有同一性

红色文化的创造主体，不是别人，正是承载着伟大革命精神和民族精神的中国共产党和革命英雄，他们浴血奋战，不怕牺牲，始终坚定马克思主义信仰，为中国革命和发展谱写了一首首赞歌。他们是历史的创造者，是真正的英雄，他们创造红色文化。红色文化凝聚的是中国共产党和革命人民的心血和精神，具有时代性和民族性。

习近平同志指出："中华民族是崇尚英雄、成就英雄、英雄辈出的民族，和平年代同样需要英雄情怀。"① 我们要铭记历史，勿忘历史，缅怀千千万万前赴后继的革命烈士和革命先辈，感悟革命先烈精神。他们不仅是马克思主义的传播者，而且是马克思主义信仰的实践者。实现中华民族伟大复兴，是老一辈革命家和众多革命先辈毕生奋斗追求的目标。我们今天的幸福和强大的综合国力来之不易，是英雄和前辈用鲜血和生命换来的。对生于并成长于和平年代的大学生而言，我们要始终崇尚英雄、缅怀先烈，铭记英雄和前辈为了共产主义而奋斗的坚定信仰，在历史记忆里，从英雄的故事中，汲取并内化革命精神，传承红色基因。

（三）红色文化的内涵与马克思主义信仰内容具有一致性

红色文化是以中国共产党人为代表的近现代先进分子在革命实践过程中，创造和凝练的精神理念和价值体系。红色文化代表着坚定信念、艰苦奋斗、实事求是、全心全意为人民服务、自力更生、不怕流血牺牲等精神，是中国共产党价值追求和中华民族精神内涵最生动的象征。随着时代的变迁，红色文化被赋予了新的内涵，它具有政治价值、经济价值、社会价值。

在纪念马克思诞辰200周年大会上，习近平同志指出："我们纪念马克思，是为了向人类历史上最伟大的思想家致敬，也是为了宣示我们对马克思主义科学真理的坚定信念。"② 在新时代，马克思主义信仰作为科学的信仰，它的内容主要有：一是加强对马克思、恩格斯创立的理论体系的理解；二是增强对中国共产党的信任；三是提升大学生对"四个自信"的价值认同；四是引导大学生为实现中华民族伟大复兴的中国梦而奋斗。

在各种社会思潮的激荡下，大学生出现以下的问题：第一，一部分大学生忽略远大理想，仅仅为个人目标而奋斗，忽略人类发展的最终目标。第二，一些大学生的责任感缺失，淡化自我责任感、对集体和他人的责任感、对家庭的责任感以及对社会和国家的责任感。第三，享乐主义、拜金主义、极端个人主义等错误思想和腐朽观念影响着大学

① 习近平春节前夕赴江西看望慰问广大干部群众．人民日报，2016－02－04.

② 习近平．在纪念马克思诞辰200周年大会上的讲话．人民日报，2018－05－05.

生群体，导致个别大学生胸无大志、金钱至上，甚至为了自身的利益不惜损害他人的利益。为了解决问题，提升大学生价值选择能力，我们有必要帮助大学生树立和建构马克思主义信仰，用科学信仰抵制错误思潮。红色文化蕴含的丰富精神内涵，譬如全心全意为人民服务的集体主义价值观念、爱国主义精神等，则可以引导大学生走出极端个人主义泥潭，兼顾个人利益和集体利益。

二、红色文化融入高校马克思主义信仰教育的逻辑构建

马克思主义信仰教育是指提升受教育者对马克思主义的认知和信任，形成科学的“三观”，对马克思主义信仰产生情感皈依，并将马克思主义信仰内化为自身的理想信念的一种特殊的教育活动。[①] 加强大学生马克思主义信仰教育，可以引领大学生重塑马克思主义信仰，把握大学生马克思主义信仰认同的形成过程和规律。

（一）认知认同——马克思主义形成的基础

大学生在接受马克思主义之前，首先要对其进行认知，认知认同是形成马克思主义信仰的基础，只有通过思维活动对马克思主义进行初步了解和掌握，并在推理、判断基础上进行价值选择和价值判断，在已有价值观基础上对其过滤和改造，才能达到从感性认知向认知认同发展的阶段。

按照认知的发展规律，坚持知行统一，知是基础。受西方的历史虚无主义、“普世价值”“宪政”等思潮影响，大学生的信仰认知模糊。所以高校思想政治教育要引导大学生全面、系统学习马克思主义理论，使大学生认知马克思主义理论的真理性。马克思主义是科学的、人民的、实践的、不断发展的开放的理论，[②] 大学生应找到自我价值和社会价值，并自觉地树立和构建马克思主义信仰。

（二）情感认同——马克思主义信仰形成的中介

马克思主义信仰的情感认同，实质上就是大学生将马克思主义信仰植根于自身的情感体系中，产生满意、喜爱以及肯定的态度，从思想上对马克思主义产生崇敬感、神圣感、敬畏感等，并内化为自己的思想和言行。情感认同是连接认知和行动的中间环节，起到桥梁的作用。

红色文化既是对中华传统文化的继承与发展，也是对西方文明取其精华、去其糟粕的结果，与马克思主义具有相关性，具备了情感认同的动力，满足大学生情感的需要。情感认可激发大学生进一步探索的兴趣，并强化认知，转化为内在意志。不管遇到什么不良思潮，什么诱惑，具有马克思主义信仰的大学生都能自觉抵制。

（三）行为认同——马克思主义信仰形成的标志

马克思主义信仰的形成要通过行动表现出来，在一定程度上行动也可以强化马克思主义信仰。辩证唯物主义认识论认为，物质和精神是可以相互转化的，而这种转化需要通过实践的途径才能实现。认同认知使大学生在理智上认可马克思主义，情感认可是在

---

① 张霞，邓淑华．论高校马克思主义信仰教育的四个维度．毛泽东思想研究，2015（4）．

② 习近平．在纪念马克思诞辰200周年大会上的讲话．人民日报，2018－05－05．

情感上肯定马克思主义，在行动上认可马克思主义信仰，其说服力更强。行为认可主要凭借“外源性”（外部环境）和“内生性”（主体反应、选择、内化等等）这两大作用，两大作用共同形成合力，并贯穿于马克思主义信仰形成过程的始终。

三、红色文化融入高校马克思主义信仰教育的基本方略

红色文化与马克思主义教育有着紧密的联系，将红色文化的继承、颂扬与构建和固化马克思主义信仰相互融合，二者存在相通性。充分挖掘红色文化资源，探究红色文化与马克思主义信仰教育的契合点，结合大学生的特点，在大学生群体大力传播和弘扬红色文化，探索马克思主义信仰教育新模式。

（一）充分挖掘红色文化资源，创新马克思主义信仰教育内容

首先，高校教师要加强自身的政治素养，提高人格魅力，用敏锐的眼光挖掘红色文化资源，把红色文化资源以视频、音乐等形式融入有关课堂教学和专业学习中。其次，为了增强马克思主义信仰教育的实效性，满足学生对选修课的需求，有必要在全校范围内开设红色文化教育的选修课，重视弘扬和宣传地域红色文化，把红色文化教育贯穿于大学生的社会主义核心价值观和理想信念教育的全过程，让大学生充分感受红色文化的浓厚的历史底蕴和丰富的内涵。最后，针对一些高校出现马克思主义信仰教育课程边缘化的问题，各个高校应该提供制度保障，出台相关的政策，深度发掘马克思主义信仰教育的资源，发挥育人效应，加强高校课程体系“同向同行、协同育人”体制机制建设。

（二）科学宣传红色文化的价值观念，增强马克思主义信仰教育的实效性

1. 文以化人，以红色文化丰富马克思主义信仰教育新内涵

校园文化是马克思主义信仰教育的重要载体，占领校园文化有助于占领马克思主义信仰教育阵地，牢牢掌握意识形态领导权。高校除了加强红色网络、报刊等的建设，还要精心打造红色校园文化精品项目，充分展现当代青年对红色文化的诠释和理解，在校内外营造崇尚英雄、学习英雄的良好氛围。举办讲好中国英模故事的活动，引领学生弘扬革命精神和中华优秀传统文化，增强文化自信，实现马克思主义信仰教育的常态化。此外，高校可以建造红色文化景观，充分发挥红色文化的熏陶能力，构建和固化大学生对马克思主义信仰的认可。

2. 知以晓人，以红色文化贯穿马克思主义信仰教育全过程

红色文化融入马克思主义信仰教育，不仅要发挥第一课堂的作用，专业知识教育与马克思主义信仰教育协同育人，更重要的是积极开展第二课堂，以多种多样的方式展开教育。首先，完善马克思主义信仰教育体系，创新马克思主义信仰教育模式，邀请知名红色文化研究者做专题报告，引导大学生对有关红色文化专题进行独立思考，开展自主性学习，在一定程度上有利于形成浓厚的红色文化研究氛围。其次，组织开展各种形式的活动深化马克思主义信仰教育内容，师生共同开展有关红色文化的主体调研，多维度、立体化地开展马克思主义信仰教育活动。

3. 行以觉人，以红色文化拓展马克思主义信仰教育新渠道

实践是检验真理的唯一标准，也是自觉内化信仰的必由之路。理论学习固然重要，但是第二课堂的学习也非常重要，只有在实践中接受红色文化的洗礼，才能更深刻地理

解和掌握马克思主义，才能更加坚定马克思主义信仰。因此，马克思主义信仰教育要秉持“贴近实际，贴近生活，贴近学生”的重要原则。首先，高校应该为学生提供制度、资金等条件，鼓励和支持广大大学生参与红色文化之旅，感受红色文化的魅力。其次，教师要积极开展红色文化现场实践教学，带领大学生参观革命旧址、重走红军路、献花圈等，给大学生实地讲授艰难困苦、玉汝于成的马克思主义中国化史，讲述一批真信仰、真奋斗、真奉献、真牺牲的杰出人物，使大学生情感上产生共鸣，感悟革命先辈们的艰苦奋斗和团结互助的高尚品德，使他们成为中国红色精神的守护者和实践者。最后，坚持红色文化与大学生社会实践相结合，不仅丰富大学生的课余生活，而且大学生潜移默化地接受理想信念、爱国主义的教育，从而升华理想。

（三）颂扬英模群体的光辉形象，促进大学生马克思主义信仰的构建

“今天，中国正在发生日新月异的变化，我们比历史上任何时期都更加接近实现中华民族伟大复兴的目标。实现我们的目标，需要英雄，需要英雄精神。”① 学习英雄，学什么？习近平同志指出：“要学习英雄人物、先进人物、美好事物，在学习中养成好的思想品德追求。榜样的力量是无穷的。大家要把他们立为心中的标杆，向他们看齐，像他们那样追求美好的思想品德。”② 树立英雄榜样，有利于他们模仿学习。树立典型榜样需要注意以下几个方面：一要加强英模事迹的正面宣传教育。“历史上都写着中国的灵魂，指示着将来的命运。”引导大学生通过模拟的、情景的、心理的、感同身受的方法，结合新时代主流价值，感受中国历史。充分利用纪念馆、战争遗址等红色文化资源，晓之以理，动之以情，正面宣传英雄事迹，传播正能量。二要加强英模人物的研究。党的十九大报告指出：“推动中华优秀传统文化创造性转化和创新性发展，继承革命文化。”如何创造性转化和创新性发展？首先，档案部门加强与多方部门合作，集中精力收集史料档案，深入地方挖掘历史人物的相关史料。其次，学者和科研人员充分发挥主观能动性，运用唯物史观，应在细致分析翔实和丰富史料的基础上研究历史人物，极大丰富中国革命史、中共党史等领域的研究成果。研究成果要与大学生共享，让大学生真真切切地感受英模的伟大精神，并把英模精神深深融入民族的基因血脉中，理解英雄、缅怀英雄和崇尚英雄。三要全面把握好“实事求是”原则。颂扬英模的形象应该坚持实事求是、客观的原则，不能诋毁或夸大英模的形象。引导大学生心系国家和人民，弘扬自力更生、艰苦奋斗、顽强拼搏等革命精神，培育和践行社会主义核心价值观，摒弃精致利己主义。颂扬英模就是要大学生产生认同进而转化为“红色基因”，在拜金主义、享乐主义等的一片喧嚣中洞穿时空迷雾，坚定理想信念。

“人民有信仰，国家有力量，民族有希望。”进入新时代，我们要牢记初心，充分利用红色文化，坚定大学生的马克思主义信仰，深刻感悟和把握马克思主义真理力量，使大学生自觉地投身于社会主义建设的伟大事业中来。

（作者单位：右江民族医学院马克思主义学院）

① 习近平．在颁发“中国人民抗日战争胜利70周年”纪念章仪式上的讲话．人民日报，2015－09－03.

② 习近平．在北京市海淀区民族小学主持召开座谈会时的讲话．人民日报，2014－05－31.

高职院校拓展学生职业素质的研究

闫 颖　　田 甜

摘 要：高职院校的主要任务是为社会培养出具有良好职业素质的人才，以就业为基本导向，依据企业实际需求培养相关人才，提升企业的市场竞争力。本文主要阐述高职学生职业素质相关概念，分析高职学生职业素质类型及当前国内高职院校拓展学生职业素质的现状，提出引起相关问题的主要原因，进而提出拓展学生职业素质的有效对策。

关键词：高职学生；拓展；职业素质；研究

随着近几年我国产业结构的变化，劳动力市场也发生了相应改变，如何促进学生就业成为高职院校面临的主要问题。为了培养具备良好就业能力和职场适应性的高职毕业生，高职院校必须进一步拓展学生的职业素质，在教育过程中加强对其职业素质的提升，最终使其顺利毕业并具备良好就业优势，在未来工作岗位中发挥更大作用。

一、相关概念阐述

（一）素质的概念

素质（Quality）是指人的先天生理解剖特点，主要指神经系统、脑的特性及感觉器官和运动器官的特点。素质是心理活动发展的前提，离开这个物质基础则谈不上心理发展。

（二）职业素质的概念

职业素质（Professional Quality）是劳动者对社会职业了解与适应能力的一种综合体现，其主要表现在职业兴趣、职业能力、职业个性及职业情况等方面。

（三）高职生职业素质的概念

高职生的职业素质主要是指从高职院校培养出来的人才所具备的职业素质，这类人才的职业素质通常比未接受职业教育的人相对较高。

二、高职生职业素质类型

高职院校的根本目标是为社会培养出具有良好综合能力的高职业素质人才，不同类型的就业岗位对高职生职业素质的要求也有所不同。目前国内高职生职业素质类型通常指专业性和非专业性职业素质两个方面[1]。

（一）专业性职业素质

专业性职业素质主要指高职生在企业岗位上应该具备的相关专业理论知识及应用技能等。

1. 专业理论知识

对于不同专业的高职生而言，为了获得更好的工作机会和职业发展空间，必须具有完善的专业理论知识和扎实的专业根底，全面掌握相关专业理论要点。

2. 专业应用技能

高职生应该具有将专业理论应用于实践的能力，确保在实际工作中切实将理论发挥至最佳水平，能够在实践中验证理论，并以理论丰富实践。

（二）非专业性职业素质

高职生非专业性职业素质有职业道德、职业人格和职业通用能力三个方面。

1. 职业道德

职业道德是确保高职学生顺利走向工作岗位并获得自身工作价值的基本前提，同时也是其立足职场的关键基础。每一个企业对人才的首要要求都是其具有良好的职业道德，在职场生活中能以合理的道德规范自我，进而具备更优良的发展空间。

2. 职业人格

高职学生在进入职场之前，就应该注重对自身职业人格的培养，因为健康正确的人格是其职场发展的重要支撑，每类企业都希望获得具有优良人格的人才。职业人格越良好的人才进入工作岗位后的适应能力越强，并且更有利于发挥自身职业价值。

3. 职业通用能力

当前高职院校开展的课程中非常重视对学生职业通用能力的培养，这一能力主要是指学生的自我提升能力，即其在学习或工作过程中可以普遍应用的能力类型，一般包括学习、交流、适应、创新等方面的能力[2]。

三、当前国内高职院校拓展学生职业素质的现状

当前我国高职院校普遍意识到学生职业素质培养的关键性，也会从不同角度开发其培养途径。但在实践中仍呈现出不少问题，其中最明显的包括以下几个方面。

（一）职业素质拓展观念不到位

目前大多数高职院校还无法从根本上意识到学生职业素质培养对其职业发展的影响，同时也没有到位的职业素质拓展观念。很多相关院校忽略了素质教育核心，在实施过程中没有顾及职业素质教育的市场性和职业性，在开展相关教育工作时也没有充分结合学生的就业岗位需求，整体职业素质拓展方向有所偏离[3]。所以当前大部分高职院校开展的职业素质拓展活动都有重特长轻职业的特点，无法塑造学生合理的职业适应能力、实践能力和执行能力，对高职学生未来职业发展贡献不大。

（二）职业素质拓展形式较单一

因为受到很多因素的限制，不少高职院校虽然具有丰富的职业素质拓展理念，但是无法大范围实施，所以这些高职院校只能使用传统的课堂理论教学模式。从结果来看，

这种形式相对单一，无法让学生从相关实践或真实案例中体会到各类职业素质的内涵。再加上高职院校综合地位无法与高等院校相比，所以整体师资力量和政府扶持作用都偏低，这更进一步导致其职业素质拓展活动无法开发更多新形式。

（三）职业素质拓展内容不全面

笔者在实际调查中发现，在走访调查的高职院校拓展学生职业素质的过程中，只有少数高职学生提前考虑到自己的就业问题，而大部分学生都是在临近毕业的前一年才意识到职业方向的确定与选择，而教师也没有将职业指导放在职业素质教育的核心位置，只顾传授相关理论知识，缺少对学生职业能力的测试及职业规划的指导，导致学生职业素质拓展内容全面性差，对于学生的发展非常不利。另外，在开展职业素质拓展教育活动时，多数高职院校都有重理论轻实践的现象，导致大部分学生无法及时掌握相关职业技能，也不知如何为未来的职业做准备，更难谈及择业方向及职业理想。

四、引起高职学生职业素质拓展问题的原因分析

引起高职学生职业素质拓展问题的原因有很多种，最主要的原因包括以下几个方面。

（一）高职院校教育体系自身有缺陷

随着近几年经济市场的快速发展，各类产业领域对职业人才的需求量越来越大，因此迅速出现了大量的高职院校，这类院校在短时间内为各类企业输送不同专业人才。但在其发展过程中，由于数量及规模增长过快，导致校内不少设施设备及师资力量都没跟上实际需求，此类教育体系自身出现明显缺陷。这些缺陷主要体现在两个方面，一是学科性过强，职业性偏弱，不少高职院校的职业素质教育仍采用传统高等院校的人才教育模式，注重学科性，却未顾及相关职业性，实践教学条件不佳，无法确保培养出的人才符合职业市场需求。二是市场适应能力差，不少高职院校为了提升自身教育地位，在未经过充分市场调查的情况下开设过多专业，导致很多专业无法与市场对接，冷门专业毕业生进入社会后难以发挥预期作用，浪费大量时间成本与资金成本，对高职院校教育体系的进一步发展也十分不利[4]。

（二）高职院校可利用的资源力量有限

当前我国高职院校实施学生职业素质拓展过程中面临的主要挑战包括政府调控不到位、产教整合性不佳等方面，这导致此类院校可利用的资源力量有限。在实施学生职业素质拓展教育活动时，高职院校遇到问题无法像其他高等院校一样通过政府力量解决，并且难以找到合适的政策法规，所以这类院校一旦面临各类市场挑战，很难有合适渠道借助国家政策全面解决，这对其职业素质拓展带来很多不便。另外，大部分高职院校教师综合素质相对欠缺，特别是在职业经验方面非常匮乏，很多教师自身缺乏必要的职场经验和实践能力，在培养学生的职业素质时，通常也以单纯的理论指导为主，无法利用实践经历和企业资源帮助学生拓展职业素质。

（三）高职院校学生自身个性存在不足

在调查中发现，当前国内高职院校中的学生以“九〇后”和“〇〇后”为主，这些

年代的学生普遍为独生子女，他们中的一些人具有自我意识过强、个性较突出、道德观念差、心理素质低等特点，所以在为其拓展职业素质的过程中，可能难以在短时间内让他们建立良好的职业道德和团队合作能力等，这会大大增加职业素质拓展难度，对高职院校整个教育活动带来一定阻碍[5]。

五、高职院校拓展学生职业素质的对策

结合我国高职院校教育现状来看，其拓展学生职业素质的对策主要包括五个方面。

（一）丰富高职院校师资力量和教学资源

在高职院校拓展学生职业素质的教学过程中，需要具备专业知识和一定实践基础的教师，所以应该进一步强化高职院校的师资实力，在不影响正常教学工作的前提下，鼓励教师到企业参观调研，并为教师提供参与企业项目实施的机会，提高其教与学共同发展的能力，进而使其合理转变教育观念，同时培养有条件的教师接受各类相关项目技术培训，使其获得更多专业技能和高级职业资格，在拓展学生职业素质教学过程中发挥更好的作用，为社会培养更多符合市场与企业需求的高素质专业人才。

同时，要想从根本上加快高职院校拓展学生职业素质的进度及教学的效果，必须切实加大资金投入，丰富相关教学资源，建立职业素质教学专用教室，为学生学习职业相关理论与实践提供场地。并且应该建设校内外实训基地，确保各类职业素质教学可以直接在实训基地开展，使学生直观体会到职业素质的实用性，提高职业素质教学的实效性。

（二）采用现代化教学方法

每个时代都有与其相适应的教育模式，在知识经济时代环境下，针对高职院校教育也应该采取相配套的教学方法。结合当今时代特点我们发现高职教育过程中，各类教学方法的应用与探索都呈现出更加多元的状态。我国应该积极借鉴其他各国的有效教学方法，将其与我国国情全面结合，开发出适合我国高职院校特色的教学方式。从实践效果来看，当今最有效的教学方法之一是项目教学法。项目教学法最早起源于德国，这种以行动为导向的教学方法得到很多国家教育人员的青睐与推崇，并被快速引入各个国家职业教育体系中。项目教学法是一种现代化新型职业素质教育方法，具有良好的实践性、明确性、自主性和开放性，可以同时培养高职学生的理论能力与实践能力[6]。在应用此教学方法的过程中，教师必须充分理解其本质，以发展性眼光看待并应用此教学方法，调动学生的主体性，加强师生互动，并应该针对不同学生提出的项目相关问题进行耐心解答与分析，使学生保持探索欲望与学习兴趣，同时还应该从根本上认识到在项目教学过程中考核评价的重要性，及时在项目教学的不同阶段对学生进行评价考核，确保项目教学的高质高效性，进而全面提升学生的综合职业修养。

（三）加强校企合作

为了提倡职业素质拓展教育活动的多元性与适应性，高职院校还应该进一步加强校企合作，积极与企业沟通配合，在教学过程中引入更多企业的实际操作项目，并与企业合作为高职院校学生提供相应实习机会，使职业素质教育从院校模式向企业模式转变。

还可以邀请企业项目人才参与高职院校拓展学生职业素质的教学活动，进一步提高职业教育的实效性及其与企业衔接的针对性，依据企业的实际需求制订学生职业素质培养方案，进而培养出更符合企业客观需求的高职类人才。

（四）培养高职学生的团队精神

高职学生最终要进入企业岗位，在工作岗位中最基本的职业素质之一即为团队精神，所以必须在高职院校教学活动中就加强对其团队精神的培养。团队精神的本质就是服务精神、协作精神与大局意识的有机融合，其作用要点是以个人兴趣与团体目标为出发点，通过各个成员间的共同合作形成有效凝聚力，进而达到个人利益与团体利益的高效统一。当前具备良好的团队精神已是进入职场的基本条件之一，高职院校作为发展优秀职业人才的重要力量，在其职业教育过程中培养学生团队精神已成为一项首要任务，针对高职院校学生培养团队精神不仅能够全面提升学生的思想道德水平，同时还能够让学生更深刻地认识到团队精神在职场及社会发展中的重要意义，进而促进其从校园角色向社会角色的转变。

可以通过组织班级活动、校园活动及社会实践活动三种方式培养高职学生的团队精神。比如，首先，班会是高职院校学生最喜欢的活动之一，所以在班会上融入团队精神对于提升学生团结协作能力很有效果。在班会上可以先针对班级内最近出现的问题进行分析与总结，并确定一个班会主题，让不同学生针对这一主题展开讨论，还可以将不同观点的学生组合成若干个小组，由各个小组间进行辩论探讨，这种方法不仅能提高高职学生在班会上发言的兴趣，同时还能让他们在小组间形成良好的合作意识，进而树立班级荣誉感，全面强化学生的团队精神。其次，校园文化对于高职学生的全面发展也有很大作用，校园属于学生的第二课堂，通过鼓励高职学生以代表班集体的形式参加校园活动能够让他们从根本上认识到自己在班集体中的地位，并从精神层面树立起集体意识。通过参加这类活动不但能大大提高学生的自信心，而且能增加学生之间的感情，并在合作中认识到团体凝聚力的作用，充分发挥团队精神，为班级带来成绩，为其进入职业岗位打下良好基础。最后，高职院校培养学生职业素质的最终目标是为企业输送具有合格职业素养的综合技能型人才，所以这类学生毕业后会直接进入企业，可以在职业素质教学过程中与企业合作，适当开展一定的实习活动，让学生通过社会实践活动验证实际工作中团队精神的重要性，并在实践过程中巩固其团队精神，促使他们在未来学习与工作中更重视对自身团队精神的培养。

（五）建立完善的职业素质拓展保障机制

为了确保高职院校学生职业素质拓展效果，应该建立完善的职业素质拓展保障机制，由院校各个组织机构、政府及企业共同参与，建立相应保障机制，全面监督高职院校职业素质拓展工作进展情况，利用三方合作模式提升学生的综合职业素质，并加强政府与企业的参与。同时，以学生为主体开展职业素质拓展评价，在不同时期内对学生的职业素质提升情况进行评估，鼓励学生提出自身学习感受，全面促进高职院校职业素质拓展工作顺利实施。

为了从根本上拓展高职学生职业素质，广大高职教育者应认识到当前的相关教育现状，充分理解此教育活动的实施要点和遇到的困难，并结合实践选择最有效的拓展对策，努力从根本上提高学生的职业素质，使其在企业和社会中发挥更大作用。

注　释

［1］黄爱明，胡俊．高等职业院校职业素质教育体系构建与实践．大家，2010（4）．

［2］林丽萍．高等职业院校文化素质与专业素质教育关系辨析．学校党建与思政研究，2013（6）．

［3］王昆．对高职素质教育的认识与实践．职业教育研究，2013（2）．

［4］杨伟柱，何宇．新时期广东高职学生职业素质教育探索．中国成人教育，2013（3）．

［5］庞文禄．高职生职业素质现状及培养模式的研究．辽宁教育行政学院学报，2013（8）．

［6］孙晓玲．核心价值观视域下的高职职业素质教育论．中国职业技术教育，2014（31）：50—55．

（作者单位：天津渤海职业技术学院）

农林高职院校思想政治理论课实践教学模式研究

——山西林业职业技术学院思想政治理论课“一化六制九平台”实践教学模式的探索与实践

李建中

摘 要：针对农林高职院校思想政治理论课在实践教学中存在的突出问题，山西林业职业技术学院通过全面推行“一化六制九平台”实践教学模式，即教学专题化，问题导向制、情境教学制、小组学习制、课堂互动制、教学竞赛制、弹性考核制，分课程搭建实践教学平台，在一定程度上丰富了实践教学内涵，创新了实践教学方式，拓展了实践教学渠道，激发了学生学习兴趣，从而增强了教学实效。

关键词：思想政治理论课；教学模式；实践教学

2017年12月，中共教育部党组在《高校思想政治工作质量提升工程实施纲要》（教党〔2017〕62号）中指出：“坚持理论教育与实践养成相结合，整合各类实践资源，强化项目管理，丰富实践内容，创新实践形式，拓展实践平台，完善支持机制，教育引导师生在亲身参与中增强实践能力、树立家国情怀。”开展思想政治理论课实践教学模式探索，既是贯彻落实党中央关于加强实践育人要求的行动响应，也是助力大学生成为创造性实践性主体的重要举措，更是学校、领导和教师将思想政治理论课建设成大学生“真心喜爱、终身受益”课程的价值追求。

山西林业职业技术学院是山西省唯一的一所林业类高职院校。党的十八大以来，学院全力加强和推进思想政治理论课教学改革与创新，紧密围绕立德树人根本任务，为打造思想政治理论课“一化六制九平台”实践教学模式做了积极的探索与实践。

一、思想政治理论课“一化六制九平台”实践教学模式的依据

教学模式是在一定教学思想或教学理论指导下建立起来的较为稳定的教学活动结构框架和活动程序，包括理论依据、教学目标、操作程序、实现条件、教学评价等要素，具有指向性、操作性、完整性、稳定性、灵活性等特征。

思想政治理论课实践教学是一项系统工程，涉及思想政治理论课教育教学的各个方面，延伸到学校育人体系的各个环节。构建实践教学模式，必须紧紧围绕人才培养目标要求，从以下几个方面综合研判。

一是院校行业特征研判，不同行业对从业者有着不同的能力素质要求，分析行业特征是解析人才培养目标的前提。如农林行业所具有的生产周期长、自然因素影响大、就

业环境艰苦、薪酬水平低等对人才培养目标的影响。

二是人才素质结构研判。根据社会、行业和企业需求，学生素质可分为社会素质和职业素质两个方面，细分为思想政治素质、基础人文素质、身心健康素质、职业道德素质、科技创新素质和专业技能素质六大模块。依据各类课程任务分类，思想政治理论课重点培养学生思想政治素质、职业道德素质。

三是思想政治理论课教学目标研判。高校思想政治理论课的育人功能主要体现在三个方面：学理论，系统掌握马克思主义基本理论；学方法，基本掌握马克思主义立场观点和方法，并努力指导实践、推进工作；学人格，学习伟大导师的崇高品格，志存高远，努力成才，报效祖国，建功立业。此三方面辩证统一于教学实践中，但各课程功能宜各有侧重，“思想品德修养与法律基础”课重在培养学生树立正确的“三观”，“毛泽东思想和中国特色社会主义理论体系概论”课重在培养学生坚定“四个自信”，“形势与政策”课重在培养学生强化“四个意识”，多维施教，重点发力，各课程形成实现思想政治理论课整体教学目标的合力。

四是思想政治理论课培养目标研判。高校人才培养目标是培养中国特色社会主义事业的合格建设者和可靠接班人，而思想政治理论课在这一目标实现中处于主阵地和主渠道的重要地位。思想政治理论课教学必须以理想信念教育为核心，以社会主义核心价值观为引领，重在培养学生四个方面素质：培养政治定力，坚决拥护以习近平同志为核心的党中央集中统一领导，拥护党的路线方针政策；培养政治能力，掌握马克思主义认识论和方法论，能够运用马克思主义立场、观点和方法观察世界、分析世界；培养政治敏锐性和政治辨别力，能够经受复杂形势考验，具备驾驭风险能力，在政治原则、政治问题和重大是非面前立场坚定、旗帜鲜明；培养政治底线思维，严守政治纪律，做到对党忠诚。

五是学生学情研判。研究农林高职院校学生的家庭教育情况、个人成长环境、入学成绩状况、学习能力状况、自制能力状况、专业热爱度、成才渴望度等成长因子对学生健康成长的影响。

依据上述方面的分析，确定思想政治理论课教育教学方案及实践教学模式。

二、思想政治理论课“一化六制九平台”实践教学模式的内涵

根据党中央、国务院《关于加强和改进新形势下思想政治工作的实施意见》部署，山西林业职业技术学院紧紧抓住“思想”关键、“政治”核心、“理论”基础，不断加强思想政治理论课建设，强化教学育人功能。同时借鉴温州大学“一化六制”教学模式，积极探索、勇于实践，逐步创立了思想政治理论课“一化六制九平台”实践教学模式，增强了育人针对性，提升了教学实效性，增加了学生对思想政治理论课的获得感。

（一）服务学院“2＋0.5＋0.5”人才培养方案改革，教学组织推行专题化教学模式

采用专题化教学模式，教研室组建各专题组，各系分年级组建授课组。专题组通过集体备课方式，集中研讨学情，核定教学内容、教学设计、教学方法、教学手段，在每个专题模块内集教学目标、能力目标、价值目标“三位一体”，理论教学、实践教学“双线并进”；依据工作职责，构建了组内专家牵头抓纲，党务干部与思想政治理论课教

师分工协作的运行机制；授课组以系为单位、以年级为基础设立，统筹协调理论教学、实践教学、自主学习、考核、成绩统计等工作。形成了授课组与专题组分工协作、紧密配合、互相协作的常态化机制，推动了教学工作的有序运行。

（二）适应专题化教学需要，教学实施推行“六制”模式

第一，问题导向制。山西林业职业技术学院思想政治理论课，从学院领导到任课教师，均坚持深入研究学生所思所想，从学生最为关心的重点、难点、热点、焦点问题出发，实施教学，形成了深入调研问题、科学分析问题、精心解决问题的问题导向常态化机制，使学生当堂获益、终身受益。

第二，情境教学制。山西林业职业技术学院坚持以情境教学为模式开展思想政治理论课实践教学。一是课内情景模拟教学。教师将每学期课内实践教学时数与形式列入授课计划、精心组织实施，指导学生通过辩论、讨论、表演等多种形式巩固理论知识。二是赴外现场教学。思政部与组织部、宣传部、学工部、团委等密切配合，组织学生赴敬老院开展关爱老人、弘扬传统文化活动，赴贫困县脱贫攻坚一线开展国情教育，赴烈士陵园进行革命文化教育，赴林区林场进行林情教育等。情境教学形式丰富了思想政治理论课教学手段，增强了学生实践锻炼，强化了学生获得感。

第三，小组学习制。在教学中，为调动学生参与教学活动，真正发挥学生的主体作用，授课教师从授课班级学情出发，将学生分成若干学习小组。课前，学习小组按教师布置的预习作业分工协作，查找资料，制作小课件；课堂上，学习小组在教师引导下开展小组讨论、发言，形成讨论记录；课后，学习小组共同讨论并完成教师布置的作业。

第四，课堂互动制。为彻底扭转学生被动听课的局面，山西林业职业技术学院思想政治理论课坚持“让学生动起来，让课堂活起来”，从教学设计入手，将课堂教学内容与学生的思想、学习、生活、语言等紧密联系起来，激励学生针对教学内容各抒己见，碰撞出思想火花，教师主动引导、及时纠偏、点评总结。

第五，教学竞赛制。思想政治理论课上，为激励学生主动思考，教师以重要知识点为主题，每个小组在规定的时间内围绕主题进行探究式学习并形成“小教案”，最后，小组以抽签方式登台展示，教师以小组对知识点的掌握程度、设计是否合理等为标准进行现场点评并打分。同时，针对不同的教学内容，教师会以小组发言、文艺表演、才艺展示等多种形式引导学生在丰富多彩的形式中轻松掌握知识，丰富了教师教学形式，调动了学生学习热情，增强了思想政治理论课教学实效性。

第六，弹性考核制。为使思想政治理论课考核方式更加符合学生实际，山西林业职业技术学院实施了思想政治理论课考核评价方式改革。改革以“注重三观引导，突出道德践行”为目标，适当削减终结性考核比例，扩大过程性考核比例，增设实践教学考核比例，将各系学生操行考核成绩纳入本课程考核，实现了课上课下相结合、理论教学与实践教学相融合、课程教学与学生日常表现相联系，促进了学生综合素质教育。

（三）围绕提高思想政治理论课教学实效性目标，实践教学推行“九平台”联动模式

“思想道德修养与法律基础”课程：上半年以中华民族优秀传统文化教育为主题开展公益活动；在国家宪法日期间，组织开展学宪法、讲宪法主题宣传教育系列活动；以

培育和践行社会主义核心价值观为主题，每年开展6—8次道德讲堂活动。

“毛泽东思想和中国特色社会主义理论体系概论”课程：上半年带领学生赴牛驼寨、蔡家崖等红色基地进行革命文化教育；每年“七一”前夕，开展党的知识竞赛活动；每年12月，开展毛泽东诞辰纪念日主题系列教育活动。

“形势与政策”课程：开展脱贫攻坚国情教育活动，省博物馆省情教育活动，寒假家乡社情调研活动。

历经数年探索，已形成党的知识竞赛、学宪法讲宪法竞赛、纪念毛泽东诞辰日主题教育活动、道德讲堂等校内实践教学品牌，发挥了较好的政治引领、实践导向作用。

“一化六制九平台”模式构建了山西林业职业技术学院思想政治理论课建设的总体框架。其中，“一化”是核心，是统领，决定着课程教学组织的方向和内容；“六制”是方法，是手段，承担着理实一体、双线递进的课程教学实施；“九平台”是载体，是媒介，多维并举，综合施策，实现着思想政治教育任务的落实落地。总体看，本模式体现着理论为基础、实践导向、多策育人的理念，蕴涵着思想政治理论课知识体系、能力体系、价值体系与专业人才培养目标的内在统一，涵盖了教学目标、教学组织、教学实施、教学考核、教学评价、教学反馈等各个环节，贯通着第一课堂与第二课堂、理论与实践、学校与社会等各个领域，联结着领导与师生、教师与学生、工农与学生各个主体，育人目标具有引领性，教学内容具有针对性，教学组织具有严整性，教学实施具有操作性，较好地激发了领导、教师、学生、社会各主体的活力，增强了思想政治教育的实效性。

三、实施思想政治理论课“一化六制九平台”实践教学模式的措施

为使思想政治理论课实践教学有序推进并取得实效，山西林业职业技术学院以教师能力建设为中心，着力加强队伍建设、规范制度运行、提振职业信心。

（一）坚持思想政治理论课教师“立德、博学、求是、树人”八字师训

以“八字师训”为导向，引导思想政治理论课教师加强理论学习、提高政治素质，加强业务研究、提高师能素质；坚持以德立身、以德立学、以德施教，注重师德养成、做到为人师表；坚持问题导向，实现教学内容与时代特色、社会关注的焦点、学生成长需求有机结合，做到课程“配方”新颖；坚持教法研究、提高教学能力，实现教师、学生、课堂主题深度融合，做到“工艺”精湛；坚持学习并运用微信、QQ、微课等现代技术手段，不断创新教学模式，做到“包装”时尚；严守政治纪律，强化责任担当，努力奉献作为。多措并举，努力提高思想政治理论课教师素质能力。

（二）坚持“三位一体”思想政治理论课教师队伍

在学院党委的领导和各部门支持下，山西林业职业技术学院组建了院领导、党务干部、思想政治理论课专任教师“三位一体”的思想政治理论课教师队伍。党委委员全部承担教学任务、主动登台，党群职能部门负责人、各系党总支书记、专业教研室主任专题授课，形成了全院同上思政课的良好氛围。同时，多方邀请行业、地方党政领导干部、英雄模范、专家学者、往届校友来校讲学，基本形成了校厅共建、校地共建的思想

政治教育机制。

（三）坚持集体备课、专题研讨、听课观摩、督导考核四项制度

学院长期坚持运用教学反思方法提高教师能力。以教学反思为核心，建立健全四项制度。开展课程教研室集体备课，专兼职教师齐聚一堂，共同研究教学内容，研讨教学设计、教学方法、教学手段，集思广益；开展学情专题研讨，于学期初，组织学生学情调研，各课程教研室专题研讨学情、写出分析报告，任课教师依据学情分析拟订该系该级学生的针对性授课计划；开展听课观摩、随堂点评、同行指导，运用教学反思方法完善教学环节、提升师能素质；严格督导考核，院部督导组、各教研室依计划开展督导检查、绩效考核，促进任课教师主动提升素质能力，帮助青年教师迅速成长。

注重教师师德师能建设，引导思想政治理论课教师努力培植大爱的"温度"、学科的"厚度"、专业的"精度"、科研的"力度"、人格的"高度"，努力成为优秀的思想政治理论课教师。

四、实施思想政治理论课"一化六制九平台"实践教学模式的效果

一是增强了学生对思想政治理论课的获得感。学生普遍反映，实践教学使学生主体地位得以彰显，积极性、主动性、创造性得以体现，思想政治理论课成为最受欢迎的课程之一。学生评教中思想政治理论课满意度连年均在86%以上。

二是提振了思想政治理论课教师职业信心。过去感到思想政治理论课难讲、学生难教，现在师生融为一体，情感交融，教师作用得以发挥，人生价值得以体现。

三是提升了部门建设水平。学院思政部2016年、2017年连续两年获学院年度工作目标责任制考核"先进单位"，2016年获学院先进基层党组织、标准化党支部，2017年获山西省林业厅先进基层党组织，成为学院思政教育的"领头雁""排头兵"。

四是推进了学院思想政治工作。思想政治理论课教师以身作则、为人师表，树立师德典范；精心设计、认真谋划，为各专业课程思政提升育人内涵；主动作为、全程介入，为院系及各部门思想政治工作提供理论支撑。思政部全体教师人人争当表率，事事干在前面，为构建学院"大思政"教育格局做出了贡献。

参考文献

[1] 陈红，宋成坤．思想政治理论课实践教学品牌化研究．黑龙江高教研究，2015（11）.

[2] 熊晓琳，杨增岽．高校思想政治理论课社会实践制度化建设：困境与突破．学校党建与思想教育，2015（7）.

[3] 谢璐妍．高校思想政治理论课实践教学的"三化"研究．思想理论教育导刊，2017（8）.

（作者单位：山西林业职业技术学院）

信息时代语境下的大学生自我认同的反思

王世军

摘　要：信息社会语境下，大学生在重构自我认同的过程中，存在着大学生现实—虚拟之间角色换位中的自我认同的缺失、大学生身份自我认同的缺失、大学生生理自我认同的缺失、大学生爱情的自我认同误区等方面的危机与缺失。面对这些危机与缺失，我们应该从国家层面、大学学校教育层面、家庭教育层面、个体自我认同层面予以构建，让大学生在自我认同的过程中得到科学指导，理顺大学生的大学路。

关键词：信息社会；语境；自我认同；大学生

一、信息时代语境下的大学生

进入21世纪后，网络普及率和覆盖率在中国当下越来越高，整个社会被编织成一幅幅美妙的网络社会图景，传统意义上的社会生活和生产方式由此发生巨大变化。面对这种变化，基于人类市场经济理论中最大效能理论和最大利益化的博弈理论前提，人们选择改变自身原有的生活方式、生产方式等方方面面，使得整个社会原有的运行机制被打破。社会上的每个人都处在网络社会中的每一个节点上，每一个节点的幸福感和自我认同感的波动都会传导给周围的节点，从而影响整个社会的人际网络的运行秩序和状态。网络时代语境下，人民对于幸福的认知和考量，不再局限于狭小的熟人圈子，而是波及整个网络社会节点上的每一个独立的单元（每一个单元或是独立人格的个体或者由个体构建成的集合单元）。大学生作为网络社会中的一个独特的群体，基于他们的求知欲和接受力，特别是从他们所处的年龄段和生理、心理成熟度考量，他们对于网络社会语境下自我认同的指数和幸福感波动的敏感度最高，并能把这种抽象表达快速地量化到他们未来的各项具体的自我表达（行为表达、语言表达、审美表达等）中。这种潜在的自我表达实际上就是他们在不断地调整自我认同，摆脱由于生理和心理成熟、社会因素等影响所造成的自我认同的危机，并塑造出新的自我认同这样一个过程。在这种再塑造中，他们会对过去的自我认同的危机进行自我审视和反思（当然，这种自我审视和反思是受网络新时代语境的冲击碰撞后的产物），改变由于个体生理、个体人生环境、个体认知、个体效能还有网络社会语境等因素造成这种自我认同的不认同，摆脱自我认同的危机，完成大学生在其人生阶段上的自我认同。这种认同在这个人生阶段越强，大学生对于自身幸福感指数的关注就越强烈。这种强烈的关于幸福感的关注，会促使大学生为获得这种强烈的幸福感去寻找满足自身幸福感的道路。当然，由于每一个大学生都是一个独立的个体（虽然都是整个网络社会中相连的节点，都处在一定的链条中），他们选择实现幸福感的道路是不一样的，这种差异造成每一个大学生都有自己独特的行为、语言、审美、效能等表达方式，从而塑造出一个个符合每一个大学生自我认同感的个性鲜明的个体。

网络社会语境下，当网络语言成为大学生时尚的语言表达，当网络表情成为大学生脑海中的情绪表达，当网络行为固化为大学生现实生活中真实的行为表达，当网络交易融为大学生生活的主题，当网络文化渗透进每一个大学生的骨髓血脉中，当一切的一切，在网络化的虚拟媒介中演化成了大学生的人生时，大学生的自我认同也受网络时代语境的影响变得网络化、虚拟化、多元化。随之到来的就是，大学生的个性化愈发明显，对自我认同的形成过程就显得越复杂和难以捉摸，大学生对自身幸福感的诉求也就呈现出复杂化和多元化的态势。

二、大学生在网络时代语境下自我认同的缺失

在信息社会里，大学生作为一个特殊的群体，扮演着重要的角色，是整个网络社会的支撑，他们把网络转化成自身生产生活的最重要的部分，对网络的依赖程度最高，当然他们也对网络社会的秩序重建和运行起着重要的作用。据2015年中国互联网发布的数据统计，96%以上的大学生是网民。网络已经渗入大学生生活的方方面面，对大学生这样一个处在特殊人生阶段的主体来说，他们的自我认同就具有了十分重要的意义，甚至直接决定着大学生的幸福指数，也撑起了大学生未来人生的脊梁。

在网络时代语境下，大学生受到从传统社会到网络社会这一社会语境转变的影响，他们遇到的不仅是他们在这个生长期的生理上自我认同的危机，而且也遇到了在这个特殊的年龄段下的网络时代语境到来的自我认同的危机，在这种双重自我认同危机下，大学生由于网络语境带来的种种社会的新转变，导致他们必须摆脱原有的狭隘的自我认同，在大学校园这一特殊人生环境和大学生这一特殊身份认定的语境下，重塑符合他们大学校园这一环境和大学生身份定式的自我认同。但是由于大学生对过去高中生身份的固化和新的人生环境的陌生感，他们在重塑大学生自我认同的过程中，往往会造成自我认同的缺失，造成比摆脱自我认同危机更大的危机。这种自我认同的缺失，直接必然的结果就是，大学生在大学生活的幸福感指数不高。以下就大学生自我认同缺失以及因此造成大学生幸福感指数不高的状况，进行分析。

（一）在网络时代语境下，大学生现实—虚拟之间角色换位中的自我认同的缺失

网络时代语境下，网络终端设备（如手机、笔记本、电脑、平板电脑等电子产品）越来越多地渗透进人们的生活，大学生作为这一先进终端设备的受众，越来越过分依赖这些设备带来的超感体验。在大学课堂上，大学生经常安静地低着头，手指却在手机屏幕等设备上不停地滑动，甚至是走在路上，手中永远也是一部手机，成为校园“低头族”。是什么让这些大学生罔顾现实，沉浸在虚拟的世界中不可自拔？通过与大学生的接触，他们给出了明确的答案。他们认为，在网络时代，大学生的人格塑造越来越依靠网络来完成，而这种塑造往往造成大学生角色的错位，有些大学生开始习惯于虚拟网络中的角色，用虚拟角色活在现实世界中，把虚拟角色中的各种属性现实化。如有些大学

生在遇到挫折的时候，往往沉迷于游戏世界，在游戏世界里完成大学生自身在现实中不可能做到的事情，完成在现实中无法完成的自我认同。他们通过游戏角色不断地实现自我诉求，塑造其内心的虚拟自我认同，获得短暂的快乐。等他们把这种虚拟世界的效能感量化到现实生活中去的时候，往往发现，由于角色的这种错位，大学生的自我效能感不高，甚至于无。此时的大学生个体所遭受的，恰是自我认同感虚拟角色的错位，导致的必然是现实生活中大学生个体主观幸福感指数的降低。为了持续不断地获得短暂快乐（或者是大学生错置的幸福），他们开始抛弃现实角色的自我认同，转而不断地习惯于虚拟角色的自我认同，错把一时的快乐，当作了永恒的幸福，造成了自我认同感的缺失，幸福感的流失。

（二）在网络时代语境下，大学生身份自我认同的缺失

网络大潮的冲击，信息时代的到来，革新了大学生的对整个世界的认同，特别是随着信息时代不断向纵深发展，大学生对网络的依赖不断加强。许多大学生开始对于大学课堂的网络知识与现实课堂的课堂教学之间的衔接要求产生迷茫。在大学生看来，他们高中艰苦奋斗，杜绝了网络休闲与娱乐，埋首于题海之中，独立地隔绝于世俗社会之外，就是为了考上大学。他们存着等上了大学就可以放纵自己的认知与行为的念头，这些认知与行为的背后其实是大学生高中阶段的自我认同的延续。当然，大学生在高中阶段，对大学的大多认知也来源于网上的一些负面的信息，如出现军训期间大学生教官的不当行为，大学生逃课、大学生裸贷等现象。当大学生迈入了大学校门，他们就逐渐地把高中时代的对大学的认同转化为现实的大学自我认同，把一些在网络中获得的不良的信息转化为实际的大学生的行为，开始消极地对待大学生活的主要任务——学习，错置了大学生活中学习与爱情、智育与体育、智育与德育的位置，分不清大学到底要干什么，不清楚为什么要上大学，以及怎样安排自己的大学生活，造成了大学生身份自我认同的缺失。大学生身份自我认同的缺失，造成的后果有以下方面：一方面，大学生开始厌学，寻求网络的个体快感与刺激，沉迷于网络游戏中的英雄角色，远离了现实的课堂教学及同学间的人际关系，塑造大学生的消极堕落的网络生活，不能正确对待网络与现实的差距，成为生活中的“低头族”。另一方面，由于大学生身份的缺失，大学生不能正确看待大学学习与高中学习的不同，还是一味地“等”“靠”“要”。不仅不能正确地使用网络来形成大学生对学习的自主系统的建构，而且盲目地依赖课堂知识的灌输，不去主动地思考问题，更缺乏解决问题的能力。至于大学生涯的规划，更是无从谈起，有着得过且过的消极生活的理念。等到大学毕业了，才发现，除了考试不及格、玩游戏等，一无所成，大学生的就业问题成了“老大难”问题。因此，在网络时代语境下，大学生身份自我认同的缺失，主要表现为大学生不能正确地运用网络和不良的网络信息所带来的消极后果。

（三）在网络时代语境下，大学生生理自我认同的缺失

在网络时代语境下，各种对“美”的审视纷纷出炉，生理性外形美的概念开始得到延伸，网络上各种各样的选美比赛、腿秀、直播等活动普及了社会的每一个角落。大学不再是大学生文雅教育的“象牙塔”，而是充斥网络小贩式的集市，在网络贩卖着大学

生的所有：梦想、青春、爱情、生活甚至是身体。在这种全社会的网络贩卖中，大学生对于外在美或者生理因素产生出一定层次的定性认同，形成美与丑、协调与畸形的价值评判，并把这种评判运用于自身，形成大学生对自我的认同或者不认同，从而实现自我生理认同带来的优越感或者自卑感，这种感觉的产生，直接导致的是，大学生的幸福感指数的提升或者降低。

在当下，网络上每个终端设备的节点，连接着的是每个活生生的现实的个体。在这些网络节点上，大学生成为这些节点最活跃的因素。他们处在人生及心灵发育的关键时期，他们开始关注自身的各种生理状态变化，尤其是年龄、五官、形体、身高、肤色等外在生理体征。这种生理上的自我认同，带来的是大学生在社会生活中的自信、自尊和自强的生理体验。在网络上，有些大学生在网络上贩卖着自己的生理性的美，炒作着或美或丑的形体表达的认可。期待通过这种贩售和炒作，实现现实中的某种商业的金钱价值，改变自己所不认同的生活，追逐所谓的梦想。这种在网络语境下生理自我认同的缺失，往往会导致大学生形成自卑的心理暗示，在当下激烈的市场竞争中处于劣势地位，不利于大学生未来的各项发展。有调查数据显示，生理上自我认同感良好的人，在就业、升职、爱情、婚姻家庭等各方面都有独特的优势，更容易获得他人的好感和理解，从而在其人生发展轨迹上更接近成功。但现实是，在网络时代，由于某些内在或外在的因素，有部分大学生在生理上存在某些缺陷，如驼背、畸形、形体过胖或者过瘦、五官不端正、男生身高过矮，女生身高过高、肤色黝黑等生理缺陷，这些缺陷通过网络对美的审视以及个体周围他人出于某种目的有意或者无意的目的，把个体的这些生理缺陷放大，造成主体自身人生环境中感觉和认知上的不协调。这些不协调导致有些大学生对自我生理上产生厌弃和自卑情绪，最终结果是自我认同在生理上的缺失。大学生个体生理上幸福感的降低，甚至有个别大学生因自我生理上的这种不认同，产生出通过剥夺他人幸福感而完善自身幸福感的极端畸形的想法。

（四）在网络时代语境下，大学生爱情的自我认同误区

随着网络的普及，各种社交软件层出不穷，极大地影响了青年一代特别是大学生的社交观念。网络上商家出于商业价值的考量，推出了满足大学生各种需要的社交软件和平台。这些软件和平台，一方面实现信息的即时流通，实现了信息在大学生人际交往中的价值；另一方面，一些粗制滥造的或者只为了达到商业经济价值的考量，推出了一些诸如同城约、色情信息、裸贷等影响大学生成长的软件和平台。某些不良信息的传播，对处于爱情观形成关键期的大学生来说，注定是灾难式的颠覆。在网络普及的今天，各种爱情宣言纷纷出笼，各种形式的表达爱情的方式趋于新颖，每个大学生都在幻想着属于自己的一份不同的爱情。于是，《非诚勿扰》《爱情保卫战》《非常完美》《金牌调解》等一系列相亲节目纷纷出炉，吸引了很多大学生观众和参与者，也潜移默化地影响着大学生对于爱情和婚姻的态度。“闪婚闪离”“爱情快餐”“爱情速配”“网恋”等方式，激起了每一个大学生关于爱情和婚姻的幻想。但在这些速配、网恋现象的背后，爱情真的是这个样子吗？特别是网络上关于爱情和婚姻中过于物质化的宣传和赞美，给本来纯洁的爱情和婚姻沾染上了一层腐朽的铜臭味。在此影响下，甚至有些大学生把爱情、婚姻当成改变自己命运的砝码。这说明当前网络社会下，对于爱情，一些大学生的自我认

同感出现了误区，片面地追求形式，耽于享乐，追逐名利，最终在爱情的世界里，空留下青春年华逝去的背影。

除了以上几个方面外，大学生自我认同的缺失还表现在专业认同、学习认同、竞争与合作的认同、择业就业的认同等等方面。这些自我认同在现实生活中的不同程度的缺失，也导致了大学生幸福感指数不同程度的降低。

三、在网络时代语境下，建构大学生自我认同，提升大学生的幸福指数

网络社会的当下，大学生自我认同出现了一些缺失，如上述的大学生现实角色—网络角色换位的缺失、大学生身份认同的缺失、大学生生理自我认同的缺失、大学生爱情婚姻认同的误区等等。这些自我认同缺失的现象背后，离不开前述的网络社会这一大的背景因素，除了这一因素外，主要有以下几个因素：我国当下处于转型的关键期这一社会因素；就业前景、专业设置、文化素养培育等教育政策的变动；大学生自身面对社会问题时明辨是非能力不强；错误的家庭观点和坏的社会言论等的影响等等因素。面对这些问题，应该重点建构大学生自我认同，提升大学生的幸福指数。笔者认为，这种建构主要体现在以下几个方面。

（一）从国家层面看

在网络时代语境下，国家要着重根据当下变化了的形势，针对国家信息化发展的趋势，做好网络环境的净化和服务工作，为大学生建构科学的自我认同奠定社会性制度保障。信息化是社会发展的趋势和潮流，面对这样的形势，国家对在网络上出现的不实言论、色情暴力音像与游戏、欺诈等不文明网络现象进行净化，为网络立法，给网络上的负面信息、言论等套上法律的笼子，界定网络言论自由的界限，对于超出了法律的网络问题，一定及时查纠，公布事件真相，正确引导舆论。对于打着言论自由行不良举动的谈论“出轨”“煽动”“闹事”“反动”的事件，要利用政权的力量，坚决打击。同时，政府或者政府委托相关组织，对于上网的各种信息、言论、音像视频、交易建立事先备案、事中检查、事后监督的全方位监督机制。发动广大网民自发检举不实信息、言论、音像视频等，对于检举被证实的，给予一定的物质奖励和精神奖励，把净化网络的这场战争演化成一场人民群众的自觉行动，从而给大学生成长成才准备一个健康的、积极的、幸福的大环境。

（二）从学校教育层面

学校根据网络化的发展趋势，净化大学生成长成才的人生环境。一方面，大学教育在传统教育基础上，积极探索适应信息化时代背景的传道授业解惑之道，摒弃那种传统固化教学模式，让学生紧紧围绕课堂教学动脑筋，增强教学的吸引性，把学生的心从丰富多彩的手机娱乐中转移到课堂教育中去。这就要求当下的教师要具有较高的教学技巧。当然这也有助于大学生在课堂学习和课堂网络娱乐之间形成新的自我认同，认同自我选择的课堂教学和授课教师，一旦形成这样的自我认同，学习时间不再是大学生的娱乐时间了，而是充满人生启迪、增长见识、开拓视野的舞台。另一方面，学校也要适当采取措施，净化大学课堂的网络秩序。让他们知道对大学生进行网络知识方面的教育，

教会他们网络最大的效能，以及沉迷网络的后果，应该怎样正确使用网络。只有大学生在充分认识网络功效的利弊之后，寻找出适合自身的网络使用之道，才能确立其自身对网络使用的科学自我认同，让网络发挥出信息时代语境下信息在大学教育中的价值。

学校教育是大学生自我认同的重要场所，关系着大学生自我认同的重塑，也关系着大学生自我认同成什么样。既然大学教育这样重要，那么，要提升大学生自我认同感，摆脱自我认同危机，重塑自我认同，就得重新诠释信息时代语境下的大学学校教育的职能，提升高校教师的素养，净化校园网络环境。只有这样，才能使大学成就大学生自我认同，才能使教师成为塑造大学生自我认同的引路人。

（三）从家庭环境层面

家庭教育对大学生自我认同的塑造，意义重大。我们在调查过程中发现，大学生一般通过两种方式，来描述他的家庭教育对他的现在各种行为的影响：一是肯定了家庭教育中父母的社会角色；二是否定式地抛弃了已经定型了的父母认同的角色，走向了家庭教育的反面，这种反面是大学生个体在长期反抗父母所预设的认同中的不认同。这两种家庭教育的模式，都造成了现在大学生个体在自我认同的过程中，或多或少地留有父母认同的痕迹。如假设有的家长总是在网络世界中游荡，忽视了父母言传身教对孩子的影响，这类家长在批判孩子沉迷网络的时候，难道不应反省一下，自己是否科学地运用了网络？既然家庭教育凸显了大学生在成就自我认同、摆脱自我认同危机的关键地位，那么大学生的父母，就要为他们建构一个健康、积极、良性的家庭环境。特别是在网络条件下，家庭教育的正确引导更为重要。

（四）从大学生个体层面

我们总说时移世易，总强调网络潮流下，大学生面对越来越多的抉择（价值观的抉择、人生观的抉择、就业的抉择、爱情选择、地域选择、专业选择等）。抉择本身就是大学生主体自我认同在特定语境下的显现，但在抉择的过程中，由于可选择项的增多，大学生出现了抉择恐惧感而无所适从，而此时，大学生作为自我认同的主体，建构起适应不断变化了的自我认同机制，就显得尤为重要。只有这样，大学生才能适应不断变化了的人生环境，应对突如其来的各种自我认同的危机。此外，构建自主、终身学习的学习机制和辨别是非对错的辨别选择机制。在这种机制的训练下，大学生塑造出更能符合自身认同的认同机制和幸福感确立机制，完成自身对自我认同感的提升，提升大学生主体的幸福感。

大学生作为一个特殊群体，又处在人生的关键阶段，摆脱旧的人生环境下的自我认同危机，确立新的人生环境下的自我认同，显得十分重要。我们对此不仅从上述国家层面、学校教育层面、家庭教育层面、大学生个体层面来考虑，更要从大学生所面临人生选择的选择误区和盲区去思考，对于大学生自我认同这一问题作出更细致的思考，为大学生这个特殊群体的和谐成长，解其困惑，助其幸福。

参考文献

[1] 陈磊．微时代社会交往与大学生自我认同研究——以微信为例．教育教学论

坛，2016（37）.

［2］王楠楠．浅析当代大学生思想异化现象．大学教育，2014（5）.

［3］［加拿大］查尔斯·泰勒．自我的根源：现代认同的形成．韩震等译．南京：译林出版社，2013.

［4］［法］格罗塞．身份认同的困境．王鲲译．北京：社会科学文献出版社，2010.

［5］敖洁，邓治文，岳丽英．大学生自我认同的状况与特征研究．教育研究与实验，2009（3）.

［6］顾海根．大学生因特网成瘾障碍研究．北京：中国科学技术大学出版社，2008.

［7］［英］安东尼·吉登斯．现代性与自我认同．赵旭东等译．北京：生活·读书·新知三联书店，1998.

（作者单位：青岛理工大学）

引导高职高专学生掌握抓主要矛盾的方法*

李军民

摘　要：引导高职高专学生掌握抓主要矛盾的方法，对其掌握习近平社会主要矛盾的重要论述，正确理解习近平新时代中国特色社会主义思想，分析和解决自身成长成才中的新矛盾新问题，争做担当民族复兴大任的时代新人，有重要意义。

关键词：引导；抓主要矛盾；方法

对离开中学阶段步入人生新阶段——大学阶段的高职高专学生来说，他们身处社会主要矛盾发生变化的中国特色社会主义新时代，面临一系列复杂的人生新课题、新问题、新矛盾。如何认识社会主要矛盾变化及其要求，怎样解决自身面临的矛盾和问题，成为高职高专学生亟待解决的问题。引导他们掌握抓主要矛盾的方法（以下简称“引导”），对其掌握习近平关于社会主要矛盾的重要论述，正确理解习近平新时代中国特色社会主义思想，分析和解决自身成长成才中的新矛盾新问题，争做担当民族复兴大任的时代新人，有重要意义。故应研究引导高职高专学生掌握抓主要矛盾方法的意义、路径、内容。

一、引导之意义

（一）引导有助于高职高专学生深入学习、理解包括社会主要矛盾思想在内的习近平新时代中国特色社会主义思想

引导学生掌握抓主要矛盾的方法建立在引导学生准确认识和把握习近平社会主要矛盾重要论述的基础上。关于社会主要矛盾重要论述是习近平新时代中国特色社会主义思想的核心内容之一。通过教育引导，学生要掌握社会主要矛盾变化的重大判断，知道中国社会主要矛盾变化的含义，理解其依据，明确其要求，澄清相关认识误区。这些都是习近平社会主要矛盾重要论述的重要内容。

（二）引导有助于改进思想政治理论课教学工作，提高教学实效

思想政治理论课教学必须适应新时代社会主要矛盾变化的要求，必须回应学生解决一系列新课题、新问题、新矛盾的呼声。现在的大学生就是未来的中国特色社会主义的

* 本文是重庆工程职业技术学院党的十九大精神及习近平新时代中国特色社会主义思想专项研究课题重点项目“引导大学生正确认识和把握我国社会主要矛盾的变化研究”（项目编号：YX2018040）的研究成果。

建设者和接班人，中国特色社会主义的发展要靠他们来推进，人民日益增长的美好生活需要靠他们的发展成果来满足。中国社会主要矛盾的变化要求学生树立“以人民为中心”的理念，同时提高自己“为人民服务”的本领，如习近平同志所说的“有理想、有本领、有担当”。要做到这一点，挑战性很大，思想政治理论课如“思想道德修养与法律基础”课的教学内容充满了一对对既对立又统一的范畴，如理想与现实、个人与集体、权利与义务、自由与纪律等，学生理解不易，实践更难。思想政治理论课教师要用抓主要矛盾的方法改进自己的教育教学工作，引导学生掌握并运用抓主要矛盾的方法在学好思想政治理论课的同时面对并解决自己学习和生活中遇到的问题和矛盾，这样既改进了教，也改进了学，提高了教学效果，有利于达成教书育人目的。

（三）引导有助于高职高专学生解决新矛盾新问题，尽快适应大学生活，健康成长成才

中国特色社会主义进入新时代，我国社会主要矛盾已经由“人民日益增长的物质文化需要同落后的社会生产之间的矛盾”转化为“人民日益增长的美好生活需要和不平衡不充分的发展之间的矛盾”。在这个大背景下进入大学的学生面临一系列复杂的人生新课题、新问题、新矛盾，如：怎样处理好理想与现实、个人与集体、权利与义务、亲情友情与爱情、学习与生活、就业与创业等方面的关系和矛盾，如何思考人生的意义与价值、道德与法律等问题。这些问题、矛盾纷繁复杂，亟待解决，关键是用什么方法解决。毛泽东同志在《矛盾论》中曾说：“万千的学问家和实行家，不懂得这种方法，结果如堕烟海，找不到中心，也找不到解决矛盾的方法。”这种方法是什么呢？简单地说，就是抓主要矛盾的方法，这是一种带共性的解决方法。引导学生掌握了抓主要矛盾的方法，能帮助大学生自己勇于并善于找到、分析和解决成长发展中的主要矛盾和问题，尽快适应大学生活，健康成长成才。

（四）引导对高职高专学生很有必要

高职高专思想政治理论课程设置的情况及抓主要矛盾方法的重要性决定对高职高专学生进行抓主要矛盾方法引导很有必要。抓主要矛盾方法的重要性上文已述，高职高专思想政治理论课程设置的情况怎样呢？讲主要矛盾原理及方法论的内容主要体现在“马克思主义基本原理概论”课中，这门课在本科阶段作为必修课开设，高职高专现在未开设。高职高专学生要学习相关内容，必须经过专门教育引导。

二、引导之路径

引导对象为高职高专学生，路径可以多样，建议全校统筹，灵活引导。大致有如下路径：一是由思想政治理论课教师在《思想道德修养与法律基础》的“绪论”教学中专题引导。二是由思想政治理论课教师在“形势与政策”课中设专题引导。三是由思想政治理论课教师在《毛泽东思想和中国特色社会主义理论体系概论》第八章的教学中引导。四是由班主任、辅导员等思想政治工作者在日常思想政治工作如班会中进行引导。

三、引导之内容

社会主要矛盾内容丰富，应根据学生实际和教育教学实际围绕教育教学目的进行设

计，妥善选择引导内容。

（一）习近平关于新时代中国社会主要矛盾变化的重要论述

应要求学生原原本本地学十九大报告、教材（指《毛泽东思想和中国特色社会主义理论体系概论》，该课程高职高专一般安排在“思想道德修养与法律基础”课程之后），也可阅读《习近平新时代中国特色社会主义思想三十讲》之“第六讲　我国社会主要矛盾的变化是关系全局的历史性变化”，掌握以下内容。

第一，习近平关于社会主要矛盾重大的科学判断。中国特色社会主义进入新时代，我国社会主要矛盾已经转化为人民日益增长的美好生活需要和不平衡不充分的发展之间的矛盾。

第二，社会主要矛盾变化的内涵。社会主要矛盾由“人民日益增长的物质文化需要同落后的社会生产之间的矛盾”转化为“人民日益增长的美好生活需要和不平衡不充分的发展之间的矛盾”。

第三，社会主要矛盾变化的现实依据。现实依据是：经过改革开放 40 年的发展，我国社会生产力水平总体上显著提高，人民生活水平显著提高，使原有的社会主要矛盾双方的内容都发生了很大变化。一方面，因为人民“美好生活需要”日益广泛，不仅对物质文化生活提出了更高要求（层次），而且在民主、法治、公平、正义、安全、环境等方面的要求日益增长（范围），所以，用“美好生活需要”取代“物质文化需要”，更能真实反映人民群众的愿望和要求。另一方面，因为我国社会生产力水平总体上显著提高，社会生产能力在很多方面进入世界前列，所以“落后的社会生产”的提法已经不能真实反映我国发展的现状。现在突出的问题是发展不平衡不充分，这已经成为满足人民日益增长的美好生活需要的主要的制约因素。主要指各区域、各领域、各方面发展不平衡，制约了全国发展水平提升。主要指一些地区、一些领域、一些方面还存在发展不足的问题，发展的任务仍然很重。

第四，澄清两个认识误区。一是社会主要矛盾变了就变了，没有什么大不了的。二是社会主要矛盾变了，我国就脱离了社会主义初级阶段，是发达国家了。第一个误区，错在没有认识到社会主要矛盾变化非常重要！对社会主要矛盾的科学判断是制定党的路线方针政策的基本依据。社会主要矛盾变化，是关系全局的历史性变化，对我们的工作提出了许多新要求。2018 年中美贸易摩擦形势严峻，这与特朗普抓住我国主要矛盾下狠手有关系，我们发展不平衡不充分，很多关键核心技术尚未突破！中华民族要实现伟大复兴，必须真正强起来；要强起来，必须抓准并解决社会主要矛盾，实现更平衡更充分的发展。第二个误区，错在没有认识到虽然发展让我国主要矛盾变化了，我国“不发达”的状况有了极大改善，但还没有达到发达阶段，这种发展变化相对我国宏伟发展目标和发达国家水平，还是“量”的积累、变化，最多只是“阶段性质变”，而不是“质”的根本性改变。所以说，虽然社会主要矛盾“变”了，但社会主义所处历史阶段“没有变”。我国仍处于并将长期处于社会主义初级阶段的基本国情没有变，我国是世界最大发展中国家的国际地位没有变。从现有部署看，2035 年基本实现社会主义现代化，进入发达阶段还需要近 20 年时间；从国际比较看，与发达国家相比差距还很大，不是发达国家，以 GDP 为例，中国自 2010 年开始 GDP 总量超过日本，至今稳居世界第二，这是很大的成就，但从人均 GDP 来看，中国 2017 年接近 9000 美元，仅位居世界第 70 位，与发达国家相比差距还很大。我国所处历史阶段“不变”，要求党和人民戒骄戒躁、理性清醒，不能“妄自尊大”，要牢牢把握社会主义初级阶段这个基本国情，牢牢立足于社会主义初级阶段这个最大实际，牢牢坚持党的基本路线。

第五，如何解决新矛盾？我们要找准并围绕主要矛盾下工夫，不断发展生产力，实现更平衡更充分的发展，以满足“人民日益增长的美好生活需要”，解决新矛盾，推动社会进步。具体来说，要解决新矛盾，必须做到以下三点。一是要坚持以人民为中心的发展思想，不断促进人的全面发展、全体人民共同富裕，这是发展的目的。二是要贯彻新发展理念。发展是解决我国一切问题的基础和关键，发展必须是科学发展，必须坚定不移贯彻创新、协调、绿色、开放、共享的新发展理念。三是要坚持全面深化改革，在保持适当发展速度的基础上提高发展质量效益。

（二）要抓好主要矛盾

复杂事物（包括社会）是由多种矛盾构成的，不能把这些矛盾平均看待，必须把它们区分为主要矛盾和次要矛盾，不能对它们平均用力，而应着重把握主要矛盾。矛盾体系中处于支配地位、对事物发展起决定作用的是主要矛盾；处于从属地位、对事物的发展起次要作用的是次要矛盾。

抓主要矛盾的方法是指面对复杂事物和问题，要在全面观察分析的基础上全力找出并解决主要矛盾的方法。将主要矛盾和次要矛盾的辩证关系运用到实际学习、工作和生活中，一方面要全面地看，看到矛盾体系中既存在着主要矛盾，又存在着次要矛盾；另一方面要用全力去找出它的主要矛盾，着重把握主要矛盾，并以此作为解决问题的出发点，抓住了这个主要矛盾，一切问题就迎刃而解了。

（三）主要矛盾会发生变化

掌握抓主要矛盾的方法，还必须动态地看主要矛盾。主要矛盾（含社会主要矛盾）不是一成不变的，它在一定条件下会发生变化。抓主要矛盾不是一劳永逸的，必须善于观察，及时判断。社会主要矛盾变化包含两种情况：一是原有社会主要矛盾双方的内容发生一定变化而导致的社会主要矛盾变化；二是主要矛盾和次要矛盾相互转化而导致的社会主要矛盾变化。新时代我国社会主要矛盾发生的变化就属于第一种变化。

正确认识和把握社会主要矛盾，是我们党正确判断形势和确立工作重心的客观依据。历史证明，我们党善于识别社会主要矛盾及其变化，勇于抓住并解决主要矛盾，以此带动其他矛盾的解决，从而推动事业发展和社会进步。

（四）掌握并运用抓主要矛盾的方法，能解决国家社会发展的重大问题

十八大以来，以习近平同志为核心的党中央推动党和国家事业取得了全方位开创性的历史性成就，发生了深层次根本性的历史性变革。其中有一个很重要的原因是习近平同志具有实事求是正视矛盾的勇气和驾驭矛盾解决问题的智慧，他掌握了主要矛盾及其变化规律，运用了抓主要矛盾的方法，解决国家社会发展中的重大问题。比如：在全面从严治党上，率先启动的是“抓关键少数”，以“打虎”为主要内容；随着反腐败斗争压倒性态势的逐步形成，推动“打虎”“拍蝇”“猎狐”一体设计、同步实施，效果

显著。

（五）掌握并运用抓主要矛盾方法，能解决个人成长发展中的问题

要引导学生认真学习习近平同志关于社会主要矛盾的重要论述，掌握抓主要矛盾方法。

引导学生运用抓主要矛盾的方法思考国家社会的主要矛盾是什么，思考包括自己在内的人民的美好生活需要、满足需要的障碍及解决方法，思考自己能为解决这些矛盾做什么准备，做什么贡献。

大学阶段相比中学阶段，大学生面临的人生课题、矛盾、问题更多更复杂；相比工作阶段，大学生精力更充沛、时间更充裕。大学阶段是人成长积累的关键时期，可时间又是如此短暂的几年。高职高专学生在这期间要想过得充实，有所成长，为以后的工作和生活做好充分的知识、素质和能力准备，就不应只凭个人好恶，不应无所事事，不应花大量时间和精力在鸡毛蒜皮的小事烦事上；就应该尽快掌握抓主要矛盾的方法，抓住并围绕主要矛盾，坚定理想信念，确定自己的主要任务，行动中有取有舍，有所为有所不为，不断解决个人成长发展中的问题，不断成长进步，早日成为担当民族复兴大任的时代新人。

（作者单位：重庆工程职业技术学院马克思主义学院）

超越“自由”与“因果”的“对峙”

——论马克思伦理思想的内在张力

曾　俊

摘　要：分析学界长期以来所激烈争论的“马克思正义观念”问题，反映了存在于伦理学研究中关于“自由”与“因果”之间“对峙”困境。自休谟、康德以来的相关理论探索，要么将二者进行彻底的“二分”，要么主张用“因果律”取代“自由律”；抑或是用“自由律”取代“因果律”。历史唯物主义从“现实的个人”立场出发，在对现实社会的客观规律的批判中，寻求“人的自由解放”之路，从而实现了“自由”与“因果”的“和解”，并进而展现出马克思伦理思想的内在张力。

关键词：自由；因果；历史唯物主义

历史唯物主义作为一门研究社会发展客观规律的“历史科学”，寻求“历史性必然性”是其重要特征。同时，马克思主义又以寻求“人的自由解放”为最高价值旨趣，对实现自由的不懈追求成为马克思伦理思想研究的出发点。那么，追求“自由解放”的价值旨趣与历史唯物主义的基本原理之间是否存在冲突？换言之，西方近代伦理学自诞生以来就一直存在着的“自由”与“因果”之间的“对峙”，在历史唯物主义的理论体系中是否同样存在？这一问题将是本文关注的焦点所在。

一、“塔克－伍德”命题：“自由”与“因果”命题在历史唯物主义理论中“显现”

思想史上人类对“自由”与“因果”之间缠结关系的思考，提出了一个沉重的问题：在“因果律”面前，人对“自由”的追求是否不值一提？而当我们将这一问题引入历史唯物主义的研究时，就会发现：生产力决定生产关系，经济基础决定上层建筑的基本社会发展规律，与“人的自由解放”的价值追求之间是否存在着矛盾？而这也成为英美分析马克思主义所提出的“塔克－伍德”命题理论根源。

20世纪70年代兴起的英美分析马克思主义学派，其争论的核心围绕“马克思主义有没有正义理论”而展开。这一问题最先被分析马克思主义者罗伯特·塔克在其著作《马克思的革命理念》中提出，继而被艾伦·伍德总结为：“马克思并不认为资本主义是不正义的”[①]。由此引发了大量关于“马克思与正义”的争论，从而被学界称之为“塔克－伍德”命题。围绕这一命题，分析马克思主义者的理论观点泾渭分明，一派主张马

① 李惠斌，李义天．马克思与正义理论．北京：中国人民大学出版社，2010：4.

克思的思想体系中没有正义观念，马克思对资本主义的批判是根据对客观历史规律的把握来展开，这一派别被称之为“反对派”。另一派则针锋相对地指出，历史唯物主义并不拒斥“道德”“正义”等观念，马克思在其著作中多次对资本主义制度进行了道德上的批判，虽然马克思批判的出发点并非是对资本主义进行道德谴责，但这并不代表马克思认为资本主义制度是正义的，而且道德批判是马克思对资本主义批判的一个不可或缺的环节，这一派别被称之为“赞成派”。两派论争的焦点在于，资本主义生产方式作为一种客观的社会经济制度，究竟有没有“伦理上的恶”的问题。

针对这一问题，我们首先需要明确分析马克思主义的两个派别——“反对派”与“赞成派”——所依据的共同理论基础。分析马克思主义的两派虽然对“塔克－伍德”命题的看法大相径庭，但二者却有着共同的话语基础——历史唯物主义的基本理论。无论是对马克思道德伦理思想持消极态度的艾伦·伍德、米勒等人，还是对马克思伦理思想持积极态度的柯亨、胡萨米等人，都强调生产力相对于生产关系、社会意识形态的优先性这一基本原理。如伍德在《卡尔·马克思》中明确指出：“我不认为这是一个错误的看法——历史唯物主义的真理是：相比较于其他因素，影响社会生活的变化的主要因素是物质生产。”[①] 与伍德观点截然相反的柯亨，在论述“生产力的首要性”问题时也明确指出“这一章提到的首要性是指生产力对于生产关系的首要性，或对生产关系组成的经济结构的首要性。这个首要性命题是，一种生产关系的性质是由它所包含的生产力的发展水平来说明的”[②]。也就是说，分析马克思主义学派对“道德”“正义”等问题的看法都是以历史唯物主义的基本原理为出发点。认为生产力对社会关系的建构、意识形态的建构起着决定性的作用。这一理论态度决定了他们都将这一决定作用视为一种客观的、必然的“因果律”来理解，并在此基础上展开对马克思与正义问题的讨论。

分析马克思主义两派的分歧主要集中在正义、道德与政治经济学批判的关系问题上。毫无疑问，马克思将其包括《资本论》在内的政治经济学研究称之为“历史科学”。生产力水平的发展、演进是不以个人的主观意志为转移的客观社会现实，具有客观上的“必然性”。那么问题在于，在生产力发展这一“必然性”框架内，伦理学所涉及的自由问题的位置何在？对此，以塔克、伍德等为代表，否定马克思有正义观念的研究者认为：“马克思自己谴责资本主义的理由，包含在他关于资本主义生产方式的历史起源、组织功能和未来趋势的综合理论中，这一理论本身并非道德理论，也不包括任何诸如此类的特定的道德原则”[③]。因此历史唯物主义必须彻底贯穿“生产力决定生产关系”的原则，强调历史规律的“客观性”“必然性”。道德理论在与历史唯物主义之间不存在关联。这种思路进一步延伸之后，也就自然而然得出了“资本主义剥削不是非正义的”“共产主义社会不是一个正义社会”等等结论。

与伍德等人针锋相对的是胡萨米、柯亨等人，虽然他们同样坚持生产力发展原则在历史唯物主义理论体系内的基础性、优先性地位，但他们却不主张因此而取消道德、正

① Allen W. Wood. Karl Marx. London，Boston，Henley：Routledge & Kegan Paul，1981：65.

② ［英］G. A. 柯亨．卡尔·马克思的历史理论——一个辩护．岳长龄译．重庆：重庆出版社，1988：146.

③ 李惠斌，李义天．马克思与正义理论．北京：中国人民大学出版社，2010：38.

义等概念在批判资本主义社会制度过程中所发挥的作用。他们认为应该将马克思所反对的资产阶级道德与马克思所赞同的无产阶级道德区分开来，并且认为无产阶级的道德优于资产阶级道德，马克思是站在无产阶级道德原则的高度上对资本主义社会进行批判——“在马克思的表述中，无产阶级及其代言人运用无产阶级的正义标准批判资本主义的分配活动，这是有效的”①。资本主义制度正是一种使人“不自由”的“不道德”“不正义”的社会制度，与历史唯物主义所追求的“人的自由解放”价值相违背。因此，在历史唯物主义中，探索历史规律的“必然性”逻辑与寻求自由解放“应然性”价值追求具有内在的一致性。共产主义社会就是要实现客观的“历史规律”与自由解放的价值追求相统一。

对于分析哲学的这些结论，国内学界较为倾向于后者——也就是认为马克思拥有自己正义观的柯亨、胡萨米、尼尔森等人的意见，相关分析研究已经较为充分，在此不再赘述。但与评价分析马克思主义两大派别孰是孰非相比，探讨隐藏在“塔克-伍德”命题之后的伦理学问题或许更为重要——生产关系与生产力相适应的“客观规律”与人的自由发展的价值追求是否矛盾？简而言之，就是在历史唯物主义理论框架内，“自由”与“因果”之间的关系问题。这一问题的产生并非偶然，自近代以来，西方哲学家、伦理学家也在密切关注“自由”与“因果”之间的关系问题，其源起可以追溯到康德所提出的将“自然因果律”与“自由因果律”进行“二分”的观点上。

二、自然因果律与自由因果律的“对峙”

事实上，自然因果律与自由因果律之间的“二分”，是康德为了解决所谓的“休谟提示”所提出的命题。而我们现在需要了解的是，“自由”与“因果”的“对立”如何产生，为了解决这种“对立”，哲学家与伦理学家又做出了何种努力，这种努力产生了什么样的理论后果等几个方面的问题。

随着自然科学迅速发展，其方法论、研究思路与理论态度不断对近代哲学的发展产生影响，由此产生的一个问题就是自然科学遵循的自然规律与道德哲学、伦理学所追求的自由规律之间的矛盾。自然科学不断膨胀的“事实逻辑”不断挤压传统伦理学的“价值逻辑”。休谟首先意识到了这一矛盾，对此矛盾的认知起源于其对“理性”与“价值”的二分之中——就是将人的理性与理想、情感等价值性因素严格区分开来——“人如果宁愿毁灭全世界而不肯伤害自己一个指头，那并不是违反理性。如果为了防止一个印第安人或与我是完全陌生的人的些小不快，我宁愿毁灭自己，那也不违反理性。我如果选择我所认为较小的福利而舍去较大的福利；并且对于前者对于后者有一种更为强烈的爱好，那也同样不是违反理性”②。休谟认为作为人类理性的核心要素的因果律是不能被带入伦理学领域用于解决道德问题的，因为如果人的道德行为遵循因果律，那么就会出现两种情况，要么宇宙中每一个有理性者都遵循着“必然性”而行动，人没有选择的自由；要么，任何行为都是被一连串因果链所确定下来，人行为的责任要由这条因果链

① 李惠斌，李义天．马克思与正义理论．北京：中国人民大学出版社，2010：47.

② ［英］大卫·休谟．人性论（下卷）．关文运译，郑之骧校．北京：商务印书馆，1980：454.

上的“终极原因”“终极创造者”——神来承担。由此造成的后果就是“要么，那些行为不是罪行；要么，对这些行为负有责任的，是神而不是人。可是，这两种意见都是荒谬的、渎神的”①。可见，在伦理学研究中不能从“因果性”角度来思考道德问题，“因果”与“自由”必须彻底“二分”。

以上问题正是休谟之后的康德想要解决的问题。康德同样承认，自然因果逻辑的不断膨胀，对道德哲学研究构成了“遮蔽”——比如道德认识、道德规范、道德原则、道德行为以及道德实践、道德意志等问题。这种遮蔽可能导致的后果是人们会用“科学思维”去解决道德问题，或者说，用适用于自然科学研究的自然因果律，来解决事关人类命运、自由的伦理学“道德自由律”问题。但其与休谟的不同点在于，休谟通过让理性与道德、“自由”与“必然”彻底“二分”，来为伦理研究留下空间。但康德则希望重建自然因果律的客观认识论基础，同时又不希望出现“哲学科学化”的倾向，进而为“未来形而上学”的发展清理地基。为此，康德首先将因果关系划分到与感性领域不同的经验领域，并将其归结为知性十二范畴之一；同时对于“自由”来说，康德将“自由”归结为“自在之物”，是人在理性领域的思考对象。由此，休谟在《人类理解研究》中所提出“自由和必然”之间的关系问题，事实上是试图用知性范畴中的“因果关系”，去认识作为“自在之物”的“自由”，由此产生了二律背反，也就是康德所提出的四个二律背反中的第三个：“正题：按照自然律的因果性并不是世界的全部现象都可以由之导出的唯一因果性。为了解释这些现象，还有必要假定一种由自由而来的因果性。反题：没有什么自由，相反，世界上一切东西都只是按照自然规律发生的”②。因此，康德认为休谟不过是犯了将知性范畴运用于对“自在之物”进行理解的谬误，而“自由”不能与“因果”并列或与之相对应。

那么，康德在其体系中是如何解决自由与自然因果性之间关系的问题，同时又避免陷入“谬误”之中呢？对此康德首先将二者进行了如下区分。康德认为，因果关系解决的是经验世界中的自然规律问题，而自由解决的是超验界的“意志”问题，二者不能混同。其次，自然界中因果关系规定的是“无理性者”，而超验界中的自由规范的对象是有着“意志”的“有理性者”——“意志是有生命东西的一种因果性，如若这些东西是有理性的，那么，自由就是这种因果性所固有的性质，它不受外来原因的限制而独立地起作用；正如自然必然性是一切无理性东西的因果性所固有的性质，它们的活动在外来的影响下被规定”③，二者所针对的对象不能混同。再次，自然界中因果关系处理的是经验的问题，而超验界中自由处理的是意志问题，前者的客观性在于由“因”及“果”，后者的客观性在于纯粹理性中的先天法则。最后，自然界中的因果关系是事物受外界因素的影响，是他律的；而超验界中的自由是人的意志受理性存在自身的影响，是自律的。

在进行了以上区分之后，康德同时又认为，沟通二者的关键是“人”，在康德看来，

① 大卫·休谟．人类理智研究．周晓亮译．北京：中国法制出版社，2011：83.

② 康德．三大批判合集（上卷）．邓晓芒译，杨祖陶校．北京：人民出版社，2009：327.

③ 康德．道德形而上学原理．苗力田译．上海：上海人民出版社，2002：100.

人既是现象的存在，同时又是超验的存在。人即在现象界中生存，也在超验界中存在，因此人是沟通“自由”与“因果性”之间的“桥梁”。但这并不意味着人能够在思辨领域中认识作为“自在之物”的“先验自由”。对自由讨论，只有在实践理性之中，将“自由”作为人道德行为的范导性原则才有可能，因此康德指出“自由概念对于一切经验论者都是一块绊脚石，但对于批判的道德学家也是开启最崇高的实践原理的钥匙”①。因此，在康德看来，在现象世界与超验世界中就存在着两种不同的因果规律，即在自然界中“按照自然律的因果性”，即自然因果律，与在超验物自体世界中的“由自由而来的因果性”，即自由因果律。而这两种因果律在人的不同活动领域发挥着作用，当人在现象世界中与自然打交道时，自然因果律帮助我们确立各种现象之间的因果关系；而当人在人类社会中与他人打交道时，自由因果律帮助我们理解并无条件地服从道德法则，甚至自由因果律本身就可以作为道德法则。故而，两种因果律都在人的实践领域中实现了“互补”。

此外，康德也明确区分了人的两种实践活动——“技术实践”与“道德实践”——所遵循的不同规则。“不过，这样的实践（技术实践）规则并不叫做法则（例如像物理学的法则那样），而是仅仅叫做规范；确切地说之所以如此，乃是因为意志并不纯然服从自然概念，而是也服从自由概念，它的诸原则与自由概念相关时就叫做法则，并且连同其推论构成了哲学的第二部分，亦即实践的部分”②。这两种实践活动也分别遵循着以上两种因果律，在自然领域进行的技术实践遵循的是“自然因果律”；而在道德领域进行的道德实践遵循的是“自由因果律”。但同时我们也应该看到，两种因果律在康德哲学中所处的地位并不是平等的，康德认为基于“自然因果律”所产生的技术实践法则被称之为“规范”；而基于“自由因果律”而产生的概念被称之为“法则”。道德规范具有经验性的性质，而道德法则则是超验的，它为道德规范提供超验根据——也就是基于人内在的“自律”，或者说道德命令。由此可见，在康德的道德哲学体系中，基于“自由因果律”的道德实践法则是基于“自然因果律”的道德实践规范的基础。“人的自由”在康德眼中具有高于“自然因果”的基础性地位。这也符合康德哲学“人是目的”的思想主轴。

康德通过为自然因果律与自由因果律“划界”的方式，试图解决“因果”与“自由”之间的矛盾，但康德进行的努力并没有从根本上解决二者之间的紧张。因为康德的先验哲学从整体上呈现空洞性、形式性的特征，先验自由、道德法则的空洞性导致其难以和道德实践的具体实际相结合，正如黑格尔所批判的：“这种自由首先是空的，它是一切别的东西的否定；没有约束力，自我没有承受一切别的东西的义务。所以它是不确定的；……但什么是这个道德律的内容呢？这里我们所看见的又是空无内容。因为所谓道德律除了只是同一性、自我一致性、普遍性之外不是任何别的东西。形式的立法原则在这种孤立的境地里不能获得任何内容、任何规定”③。与这种空洞性相对应的，还有自

① 康德．三大批判合集（下卷）．邓晓芒译，杨祖陶校．北京：人民出版社，2009：19.
② 康德．康德全集（第五卷）．李秋零主编，北京：中国人民大学出版社，2010：180—181.
③ 黑格尔．哲学史讲演录．贺麟，王太庆译．北京：商务印书馆，1978：322.

然因果规律与自由因果规律的"二分"所导致的理性与现实的分离，从而使得现代哲学、伦理学的发展失去外在客观基础，无法超越主体哲学的意识内在性的"地平"。

康德之后的现代哲学发展仍然体现出两者之间的对立。以"逻辑实证主义"为代表的哲学"科学主义"思潮，以及现代"人本主义"哲学对真理实体性的"怀疑"，都是"自然因果律"与"自由因果律"在现代哲学中"对峙"的表征。

康德之后的自然科学取得更大的进展，并成为改变整个世界面貌的根本性力量。以"逻辑实证主义"为代表，希望借助科学手段改造哲学、厘清传统哲学因"语言误用"而引发的矛盾和问题的理论发展思路成为哲学研究的重要趋势。也就是说，要以一种科学化的视野来解决"哲学问题"。典型的如马赫主义的主张——"一切形而上学的东西必须排除掉，它们是多余的，而且会破坏科学的经济性"①。同时，石里克则认为，世界图景由自然科学所决定，同时，哲学是运用概念进行思维的学科，但概念的形成必须以自然科学的方法作为最高标准。故而"典型的科学方法有助于揭示真实性，而哲学的努力则指向意义的阐明。这样，自然哲学的任务就是解释自然科学命题的意义"②。在此背景下，"实证主义"的哲学倾向试图将哲学改造为一门精确的科学。同时，在伦理学研究中，对伦理学的定位开始出现转变，要么将伦理学作为自然科学的"附庸"，或者干脆将伦理学从理性的知识体系中剔除出去，比如早期维特根斯坦在《逻辑哲学论》中就明确表示："哲学中的正确方法是：除了可说的东西，即自然科学的命题——也就是与哲学无关的某种东西之外，就不再说什么"③，故而"作为伦理主体的意志不可说"④。至此，在这种"科学主义"思潮的影响下，呈现出遵循"自然因果律"逻辑的自然科学，不断蚕食研究"自由因果律"逻辑的伦理学、道德哲学研究空间的现实。但是，随着人们对科学、理性等概念反思的不断深入，便自然而然开始思考"自然因果律"的本质，也就是所谓"科学的"自然规律是否具有客观性的问题。科学规律到底是一种外在于人的"实在"，还是只是人的世界观的一种方式。对这一问题的反思形成了与"科学主义"截然相反的"人本主义"思潮。

与科学主义试图运用科学的"自然因果律"逻辑统一整个思想研究领域不同，"人本主义"则主张批判科学、理性所存在的"限度"。现代哲学的语言转向，导致对"真理"的"实在性"问题展开讨论。当代分析哲学家罗蒂明确提出："真理是被制造出来的，而不是被发现到的。"⑤ 作为"自然因果律"重要"承诺"的"真理"，其本身的客观实在性就开始遭到质疑。现代语言分析哲学将"语言"作为人把握世界的唯一工具，同时又是人把握世界不可逾越的"界限"。"真理"作为"语言"的一个部分，是否具有超越语言之外的本体论基础？这一问题无论是用实证的，还是思辨的方式都难以证明。恰恰相反，现代哲学通过进行语言分析，不断地证明"语言之外无真理"。对此最典型的观点莫过于蒯因的"本体论承诺"——"一般来说，何物存在并不依赖人们对语

① 马赫．感觉的分析．洪谦，唐钺，梁志学译．北京：商务印书馆，1986：3.
② 石里克．自然哲学．陈维杭译．北京：商务印书馆，1984：6.
③ 维特根斯坦．逻辑哲学论．贺绍甲译．北京：商务印书馆，1996：104.
④ 维特根斯坦．逻辑哲学论．贺绍甲译．北京：商务印书馆，1996：103.
⑤ 理查德·罗蒂．偶然、反讽与团结．徐文瑞译．北京：商务印书馆，2003：11.

言的使用，但是人们说何物存在则依赖于其对语言的使用”[①]。这意味着，真理的“客观性”无法超越语言的客观性，“真理”此时只是代表这特定语境下的“本体论承诺”。在此背景下，“真理”被证明无法逾越人类的语言框架，那么，同样“自然因果律”也难以拥有“语言”之外的“客观确证性”。而科学主义的“自然因果律”逻辑之所以试图取代“自由因果律”，一个重要的理由就是“自然规律”所具有的清晰、直观性。然而现在，科学规律的这种所谓的“明晰性”被证明不过是一个“幻象”，一个“承诺”。那么随之而来的问题，科学的“自然因果律”逻辑的“客观性”被取消之后，人的知识、理性的“客观性”何以能够保证？人本主义思潮的这种“相对主义”倾向广泛存在于各种语言分析理论中，对此很多伦理学家——包括希拉里·普特南、伯纳德·威廉姆斯等人都在拒斥传统形而上学的同时，试图重塑“真理”的“客观性”，为伦理学的发展奠定基础。

综上所述，现代哲学、伦理学的发展仍然一直处于“自然因果律”与“自由因果律”的“对峙”阴影之下。具有实证主义传统的哲学流派希望用自然科学的思维方法——也就是遵循“自然因果律”的逻辑来改造哲学；但进入20世纪后半期，人本主义的崛起，又消解了科学主义引以为傲的“客观性”基础，从而不断开始向伦理虚无主义、伦理怀疑主义靠近。以近代哲学、伦理学发展的这一脉络为背景，我们再回头审视分析马克思主义中的有关马克思对道德问题、正义问题看法的争论时，就不难发现，后世对历史唯物主义的阐释中，也存在着“自然因果律”与“自由因果律”之间的“对峙”。这种“对峙”就表现在对马克思历史唯物主义基本原理的看法上。历史唯物主义到底是不是一门纯粹的“科学”？道德、正义、自由、解放等伦理概念是否在历史唯物主义理论体系中有自身的位置？这些问题正是通过分析马克思主义对有关“正义”问题的争论而凸显出来。而对这一问题阐释也反映了马克思伦理思想的内在张力。

三、马克思伦理思想的内在张力：超越“自由”与“因果性”之“对峙”

事实上，对分析马克思主义所提出的“马克思与正义”问题的回应中，最关键的部分不是拘泥于对“马克思是否有正义观”这样的传统伦理学问题的回答，而是在于马克思是否突破了“自由”与“因果”相互“对立”的现代哲学“地平”。对此，我们可以从“历史必然性”对“自然因果律”的扬弃，人的历史与自然的历史的相统一，以及“现实的个人”三个方面，来透析马克思对“自由”与“因果”之间“对峙”关系的超越。

首先，“历史必然性”概念对“自然因果律”概念的扬弃，是历史唯物主义超越“自由”与“因果”之间“对峙”的理论基础。马克思在此问题上继承了黑格尔对康德的批判，黑格尔指出康德“先验自由”的空洞性在很大程度上是由于对现实历史研究的“悬搁”而导致的，康德在对自由的研究中指出历史性的缺失导致了“道德法则”难以同人类社会的现实相结合。黑格尔指出：“自由本身便是它自己追求的目的和‘精神’

---

① 威拉德·蒯因．从逻辑的观点看．江天骥，宋文淦，张家龙，陈启伟译．上海：上海译文出版社，1987：7.

的唯一的目的。这个最后目的便是世界历史。”① 马克思批判继承了黑格尔的历史必然性思想，这种“批判继承”首先表现为对黑格尔带有唯心主义色彩的“绝对精神”的扬弃，历史不是在人的自我意识世界的精神运动，而是在人的现实中的人的实践活动——经典理论家早在《神圣家族》中就指出“历史不过是追求着自己目的的人的活动而已”②。同时，马克思又继承了黑格尔历史性思维，将人对自由的追求视为一个历史发展的过程——而不是如康德所主张的那样是依据道德法则而展开的抽象、非历史的实践，尽管这一历史发展的过程是受到人所处的现实的社会关系制约的。因此，历史唯物主义中的“历史必然性”既包括了对自然必然性，也就是对“自然因果律”的承认，同时，也包含了人在历史中追求自由的实践——对“自由因果律”的彰显。所以“历史必然性”不是“自然因果律”逻辑中的“机械”“无人身”的“必然性”，而是人历史实践活动的必然性——“宣布二乘二等于四，鸟有喙，或诸如此类的东西为永恒真理的，只是这样一些人，他们企图从永恒真理的存在得出结论：在人类历史的领域内也存在着永恒真理、永恒道德、永恒正义等等，它们都要求同数学的认识和运用相似的适用性和有效范围”③。因此，马克思所认为的历史必然性具有比自然因果律更为广泛的涵盖范围，并且由于“自由”与“因果”之间存在着辩证统一的关系——自由的实现是奠基于对于历史因果律的认识与把握基础之上——故而不能简单将历史因果律与自然因果律等同起来，特别是不能将历史因果律视为自然机械因果律的“衍生物”。分析马克思主义所存在的一个重要问题就是将“历史必然性”与自然界的机械因果律相等同，忽视辩证法在历史唯物主义理论中所起到的重要作用。对此科西克评论道：“非批判的反映思维直接地（即不做辩证的分析）在固定的观念和同样固定的环境之间寻找因果联系，并把这种‘原始思维’方式当作对观念的唯物主义分析……所以教条主义者认为，一旦找出与观念相对应的经济的、社会的和阶级的等价物，他便‘科学地’分析了这些观念。”④ 因此，以辩证的、历史的观点看待马克思的“历史必然性”概念，将其与自然科学的机械因果律区分开来，才能为理解马克思的“自由”与“因果”关系奠定基础。

其次，“人类史”与“自然史”相统一，是历史唯物主义超越“自由”与“因果性”之间“对峙”的重要视角。马克思恩格斯在《德意志意识形态》中明确指出：“我们仅仅知道一门唯一的科学，即历史科学。历史可以从两方面来考察，可以把它划分为自然史和人类史。但这两方面是密切相联的：只要有人存在，自然史和人类史就彼此相互制约。”⑤ 自然界与人的关系在历史唯物主义的语境之下从来都不是“二元对立”的关系，自然史同时也是人认识自然的历史，人类史同时也是人所从事的实践活动的历史，因此——“整个所谓世界历史不外是人通过人的劳动而诞生的过程，是自然界对人

① 黑格尔．历史哲学．王造时译．上海：上海世纪出版集团上海书店出版社，2006：58.

② 马克思恩格斯全集．第2卷．北京：人民出版社，1957：118—119.

③ 马克思恩格斯全集．第20卷．北京：人民出版社，1973：98.

④ 卡莱尔·科西克．具体的辩证法——关于人与世界问题的研究．傅小平译．北京：社会科学文献出版社，1989：7—8.

⑤ 马克思恩格斯全集．第3卷．北京：人民出版社，1956：20.

来说的生成过程"[①]。历史唯物主义的历史观不是古典历史哲学那种"无人身"的历史"宿命论"："人的行动本身没有自己的意义和理性，只是从天意的蓝图和理性中获得了意义和理性……历史是一个辩证的过程，而人民不过是历史辩证法的工具"[②]，在这种"消极"的历史决定论面前，人只能获得"斯宾诺莎"式的"自由"——"只要心灵理解一切事物都是必然的，那么它控制情感的力量便愈大，而感受情感的痛苦便愈少"[③]。同时，马克思所追求的"自由解放"也不是某种"天意规定"——"《共产党宣言》所描述的全部历史程序，反映了犹太教—基督教解释历史的普遍图式，即历史是朝着一个有意义的终极目标的、由天意规定的救赎历史"[④]。历史唯物主义中的"历史"是人与自然互动的一个过程，推动这一过程不断前进的就是人对"自由解放"的不断追求。人在对"自然因果律"的把握中，展开寻求"自由解放"的实践活动，这一过程构成了人的"历史"，因此，"历史必然性"来自于人认识自然、改造自然实践活动的必然性——"自然界的人的本质只有对社会的人来说才是存在的；因为只有在社会中，自然界对人来说才是人与人联系的纽带，才是他为别人的存在和别人为他的存在，才是人的现实的生活要素；只有在社会中，自然界才是人自己的人的存在的基础"[⑤]。在历史唯物主义的框架内，从"自然史"与"人类史"相统一的视角分析，"自然因果律"与"自由因果律"只是人类实践活动在不同的领域展现出的不同面貌，而不是相互"二分"，甚至相互"对立"的范畴。

最后，"现实的个人"是历史唯物主义超越"自由"与"因果"之间"对峙"的关键出发点。事实上，自提出"自然因果律"与"自由因果律"之间的"二分"命题之后，康德就试图将两种规律统一于"人"这一范畴之下，因为人既是现象的存在，也是超验的存在；这恰好与"自然因果律"发挥作用的"现象界"，以及"自由因果律"发挥作用的"超验界"相对应，但先验哲学的形式性与空洞性，使康德始终难以将"现象界"的个人与"超验界"的个人真正统一起来。而马克思则使用"现实的个人"概念将人的"现实性"存在与人的"超验性"存在相统一。人对自由的"超验性"追求根源于——"人类的特性恰恰就是自由的自觉的活动"[⑥]；但同时另外一个方面，"人们自己创造自己的历史，但是他们并不是随心所欲地创造，并不是在他们自己选定的条件下创造，而是在直接碰到的、既定的、从过去承继下来的条件下创造"[⑦]，人的"现实性"就在于人的实践活动都处于一定的社会关系当中。人的自由活动表现在人的自觉的实践活动中，而这种实践活动是以客观世界——包括自然界、人类社会为基础，故而人的"自由自觉活动"始终是在一定的关系中展开。因此，不存在独立于客观世界的抽象的

---

① 马克思恩格斯全集．第42卷．北京：人民出版社，1979：131.

② 卡莱尔·科西克．具体的辩证法——关于人与世界问题的研究．傅小平译．北京：社会科学文献出版社，1989：177.

③ 斯宾诺莎．伦理学．贺麟译．北京：商务印书馆，1958：243.

④ 卡尔·洛维特．世界历史与救赎历史——历史哲学的神学前提．李秋零，田薇译．北京：生活·读书·新知三联书店，2002：53.

⑤ 马克思恩格斯全集．第42卷．北京：人民出版社，1979：122.

⑥ 马克思恩格斯全集．第42卷．北京：人民出版社，1979：96.

⑦ 马克思恩格斯选集．第1卷．北京：人民出版社，2012：669.

自由，而是恰恰相反，自由的实现恰恰是建立在对客观世界的实践基础之上。人的“自由解放”正是在人的现实性与超验性之间产生的巨大张力中，不断获得向前发展的动力。故而，历史的必然性就产生于这样的理论“张力”当中——“由于这些条件在历史发展的每一阶段上都是与同一时期的生产力的发展相适应的，所以它们的历史同时也是发展着的、为各个新的一代所承受下来的生产力的历史，从而也是个人本身力量发展的历史”①。总之，对于一个“现实的个人”而言，追求“自由解放”只有通过对“历史必然性”认识与把握来实现，同时，人对“自由解放”的不懈追求，又构成了“历史必然性”的现实内容。只有在“现实的个人”身上，“自由”与“因果”，才能扬弃“对峙”，实现真正的“和解”。

结　语

“哲学的秘密在于人。”② 破解“自由”与“因果”之间“对峙”的难题，只有在人真正享有“主体性”之时——“在真实世界中，事物、意义和关系被设定为社会的人的产物，而人本身则表现为社会世界的真正主体”③；只有在确立了人对于世界的主体性地位的前提下，谈论对“自由”与“因果”的超越才成为可能。而这也恰恰与马克思所创立的历史唯物主义的根本价值旨趣相呼应。无论是青年马克思所展开的“人道主义批判”，还是其转向政治经济学研究之后的“政治经济学批判”，人的自由与解放都是贯穿于马克思思想的内在“主线”，但同时，马克思一直致力于为人类社会发展的客观规律与基础。因此，自由价值与客观规律之间在历史唯物主义理论中存在着天然的“统一性”。

分析马克思主义之所以将历史唯物主义框架内的“价值因素”——如自由解放、道德、正义，与历史唯物主义的基本原理相互“对立”起来，归根结底就是因为在处理“自由”与“因果”这一元伦理学问题时，将“历史必然性”与“机械因果律”等同起来，同时囿于语言分析的方法，悬搁了对作为二者之间中介的“现实的个人”的研究。诚如伽达默尔所指出的：“语言并非仅仅是指称对象整体世界的符号系统。语词并非仅仅是符号。在某种较难把握的意义上，语词几乎就是一种类似摹本的东西。”④ 故而，其对马克思理论的研究停留在对文本的语言分析之上，导致“管中窥豹，只见一斑”的结果。同样，马克思之前的康德、马克思之后的现代西方哲学，在处理“自由”与“因果”问题的关系时，要么将“自由因果律”与“自然因果律”彻底“两分”（康德），要么试图用“自然因果律”取代“自由因果律”（逻辑实证主义），或者用“自由因果律”取代“自然因果律”（人本主义）。这些思潮所面临的共同问题，就是在其理论视野中，要么将“现实的个人”悬置；要么用“抽象的”“超验的”“非历史的”“鲁滨逊

① 马克思恩格斯全集．第3卷．北京：人民出版社，1956：81.

② 高清海．哲学的憧憬——《形而上学》的沉思．长春：吉林大学出版社，1995：1.

③ 卡莱尔·科西克．具体的辩证法——关于人与世界问题的研究．傅小平译．北京：社会科学文献出版社，1989：8—9.

④ 汉斯·格奥尔格·伽达默尔．真理与方法——哲学诠释学的基本特征（下卷）．洪汉鼎译．上海：上海译文出版社，1999：532.

式的个人”来取代“现实的个人”。从而无法真正解决“自由”与“因果”之间的对峙问题。

与之相反，历史唯物主义从“现实的个人”出发，以“人”为出发点，将对现实世界的历史规律的“因果性”进行分析，与对人自由解放的价值追求结合在一起。为人的有关自由、道德、正义等伦理价值，寻找现实的客观基础。这种努力非但不会造成“道德规律”与“历史规律”之间的“悖论”，反而可以作为建构全新意义上的伦理学的出发点。而这也正是马克思伦理思想研究的内在“张力”所在——“在这个必然王国的彼岸，作为目的本身的人类能力的发展，真正的自由王国，就开始了。但是，这个自由王国只有建立在必然王国的基础上，才能繁荣起来”①。

（作者系云南民族大学讲师，吉林大学哲学社会学院在读博士）

① 马克思恩格斯全集．第25卷（下）．北京：人民出版社，1974：927.

《共产党宣言》生命力的真善美维度阐释

张 薇

摘 要：《共产党宣言》的生命力在于揭示了人类社会历史发展的基本规律，提出了实现人的自由全面发展的价值诉求，明确了共产党的历史使命，体现了人类实践活动真善美三个维度的辩证统一。

关键词：《共产党宣言》；生命力；真善美

《共产党宣言》是马克思主义诞生的标志性著作，是全部社会主义文献中传播最广和最具有国际性的著作，也是在中国翻译最早的马克思主义著作。诞生 170 年以来，《共产党宣言》成为指导无产阶级革命运动的行动纲领和精神旗帜，至今仍然闪耀着真理的光辉，照亮着人类认识世界和改造世界的征程。《共产党宣言》的生命力在于揭示了人类社会历史发展的基本规律，提出了实现人的自由全面发展的价值诉求，明确了共产党的历史使命，体现了人类实践活动真善美三个维度的辩证统一。

一、真的维度：揭示了人类社会发展的基本规律

"真"即合规律性，反映主客体之间的认知关系，是主体对客体本质及其规律的正确反映。真的内涵要求主体与客体相一致、相统一，主体与客体相统一即为真；相反，主体对客体的偏离或歪曲即为假。真理尺度是人的实践活动的外在尺度，求真的目的是获得对客体的本质及其客观规律的正确把握，并为主体改造世界的实践活动提供科学的世界观和方法论。求真要求符合真理尺度，要求人们必须服从客观事物的本质和规律，按照客观规律去认识世界和改造世界。马克思、恩格斯创立了唯物史观，科学揭示了人类社会也同自然一样，有其不以人的意志为转移的客观规律，为人类提供了一把认识历史的"钥匙"。正如恩格斯曾指出，马克思的第一个伟大发现，就在于发现了人类历史的发展规律，找到了一条"用人们的存在说明他们的意识，而不是像以往那样用人们的意识说明他们的存在"① 的道路。《共产党宣言》贯穿着唯物史观的基本思想，体现了马克思、恩格斯求真的历史唯物主义精神和马克思主义的批判精神，是在实践中被证明了的真理，这是《共产党宣言》生命力"真"的维度。

《共产党宣言》贯穿着唯物史观的基本思想。首先，阐明了社会存在与社会意识的辩证关系。社会存在决定社会意识的产生和发展，社会意识"随着人们的生活条件、人

① 马克思恩格斯选集．第 3 卷．北京：人民出版社，1995：365.

们的社会关系、人们的社会存在的改变而改变”。[①] 社会意识反映社会存在，任何一个时代的统治思想始终都不过是统治阶级的思想。在阶级社会，统治阶级掌握着生产资料，控制着整个社会产品的生产、分配和消费等活动，占据着整个社会的经济、政治、文化等资源。为了维护自身的统治地位，统治阶级必然一方面通过国家这一暴力机器对被统治阶级实行统治、剥削，另一方面，还决定着社会思想文化的生产。科学阐明社会存在与社会意识的关系，是坚持唯物史观的基本前提。其次，阐述了社会基本矛盾的思想。马克思、恩格斯强调，“每一历史时代的经济生产以及必然由此产生的社会结构，是该时代政治的和精神的历史的基础”[②]，即生产力与生产关系、经济基础与上层建筑的矛盾是社会的基本矛盾，是社会发展的根本动力。再次，提出了社会形态历史演进的基本规律。马克思、恩格斯依据唯物史观来分析当时资本主义的产生及发展过程，提出了“两个必然”的论断，即资本主义必然灭亡和社会主义必然胜利。资本主义自身固有的矛盾即生产资料私人占有制和社会化大生产之间的矛盾决定了其必然灭亡的历史趋势。社会主义必然胜利是资本主义必然灭亡的结果。最后，提出了“世界历史”思想。“资产阶级，由于开拓了世界市场，使一切国家的生产和消费都成为世界性的了。”[③] 资本主义生产力和社会分工的迅速发展，打破了民族的和地域的界限，开拓了世界市场，促进了不同民族不同地域人的相互往来和相互依赖，把落后民族和国家都卷入现代文明中来，有力推进了民族的地域的历史向世界历史的发展。

《共产党宣言》体现了马克思、恩格斯求真的历史唯物主义精神和马克思主义的批判精神。马克思、恩格斯生活的时代，正是资本主义早期的自由竞争阶段，经济危机、阶级矛盾等充分暴露，当时社会的经济、政治发展提出了两个重大的课题：“资本主义究竟向何处去”“无产阶级斗争向何处去”的问题。马克思、恩格斯同时代的思想家往往从资产阶级立场出发，因此并没有对以上历史课题做出科学解答。《共产党宣言》关于人类社会发展规律的科学认识，是马克思、恩格斯在总结工人运动经验的基础上，从事了大量艰苦的科学理论研究，并同当时流行的各种非科学、反动的思潮进行斗争的结果。早在《莱茵报》期间，马克思相继发表了《关于林木盗窃法的辩论》《摩塞尔记者的辩护》等多篇文章，抨击普鲁士政府的统治，捍卫农民的利益，就已经表现出其捍卫真理的精神和对资本主义的批判精神。1844 年，马克思、恩格斯合写的《神圣家族》揭示了黑格尔思辨的唯心主义的实质，提出了人民群众在历史中起决定作用。1845 年，马克思在“包含新世界萌芽的第一个天才文件”——《关于费尔巴哈的提纲》中对以费尔巴哈为代表的旧唯物主义的缺陷进行了揭露和批判，确立了科学的实践观，为解决历史观的基本问题奠定了理论基础。1846 年马克思、恩格斯合著的《德意志意识形态》中，发现历史也就是通过“现实的人”的活动——实践而不断生成的历史，标志着唯物史观的确立。1847 年马克思写了《哲学的贫困》，首次运用唯物史观的分析方法开始分析具体的问题，批判了蒲鲁东颠倒了物质生活与经济范畴之间的相互关系的唯心史观，进一

---

① 马克思恩格斯文集．第 2 卷．北京：人民出版社，2009：50—51.

② 马克思恩格斯文集．第 2 卷．北京：人民出版社，2009：9.

③ 马克思恩格斯文集．第 2 卷．北京：人民出版社，2009：35.

步阐述了马克思主义的基本观点。在《共产党宣言》的第三章中，马克思、恩格斯批判了反动的社会主义、保守的或资产阶级的社会主义，批判了空想的社会主义和共产主义，分析了产生这些思潮的社会阶级根源。通过对这些思潮的批判，马克思、恩格斯认识到，无产阶级才是实现社会主义的真正阶级力量。可以说，无产阶级的政治立场和对资本主义的批判精神决定了马克思、恩格斯能够超越同时代思想家，科学解答“资本主义究竟向何处去”“无产阶级斗争向何处去”的历史课题，揭示人类社会发展的基本规律。马克思、恩格斯求真的历史唯物主义精神和马克思主义的批判精神激励着后来继承者们，特别是中国共产党人在社会主义革命、建设和改革的实践中坚持一切从实际出发、实事求是的科学态度。

《共产党宣言》是在实践中被证明了的真理。170 年来，《共产党宣言》鼓舞着全世界最广大的人民争取自由解放的实践活动，影响了世界社会主义的发展，改变了世界历史的进程。在科学社会主义的指引下，列宁领导俄国十月革命取得伟大胜利，建立了世界上第一个社会主义国家，将科学社会主义理论变为现实。《共产党宣言》也对中国社会的发展产生了深远的影响。中国共产党高擎马克思主义的真理火炬，注重马克思主义基本原理与中国革命、社会主义改革和建设的具体实际相结合，取得了社会主义革命的胜利，探索出了一条适合中国国情的社会主义发展道路——中国特色社会主义道路，实现了中华民族由站起来、富起来到强起来的伟大飞跃。实践没有止境，理论创新也没有止境。党的十八大以来，以习近平同志为核心的党中央在带领中国人民在中国特色社会主义建设的实践中，攻坚克难，创新并发展了马克思主义，形成了习近平新时代中国特色社会主义思想。这一新思想是全党全国人民为实现中华民族伟大复兴而奋斗的行动指南。《共产党宣言》发表 170 年来的实践证明，马克思主义只有与各国国情相结合，才能焕发出强大的生命力、创造力和感染力。《共产党宣言》的生命力正如德文版序言所言，这些原理的实际运用，随时随地都要以当时的历史条件为转移。马克思主义作为真理，是绝对性与相对性的统一。一方面，马克思主义科学揭示了人类社会发展的基本规律，是对社会本质的客观认识，具有绝对性，因此，要在中国特色社会主义实践中坚持这一真理。另一方面，马克思主义诞生以来的一个多世纪中，世界发生了深刻的变化，对马克思主义提出了新的要求，这是马克思主义真理相对性的表现，要求我们不断在实践中创新发展马克思主义。

二、善的维度：提出了人的自由全面发展的价值诉求

“善”即合目的性，反映主体与客体的价值关系。求“善”是把主体的价值尺度运用到对象上去，通过改造客体实现主体的价值。价值尺度也是人的内在尺度，包括人的需要、目的、利益以及由此产生的自由和创造性的本质力量，体现主体与客体之间的价值关系。作为历史的、现实的人，其实践活动受客观规律的制约，但人并非动物那样消极被动地适应自然、服从规律，与自然直接同一，人懂得发现、掌握和运用规律，通过实践活动与自然交互作用。人能够按照内在尺度进行生产实践，将自己的目的、需要等转化为现实，从中获得美的感受和自由的体验。《共产党宣言》的价值诉求就是改造现实世界，实现人的解放、促进人的自由全面发展。因此，“善”也是《共产党宣言》生

命力的一个重要维度。

《共产党宣言》将自由确立为人类实践活动的最高价值诉求。自由是人类的实践活动不断克服自然和社会必然性的制约，获得的一种自觉自主状态。人类历史就是一个从必然走向自由的过程。马克思在《1857—1858 年经济学手稿》中按照历史主体的发展状况，将人由自然向自由的发展划分为三个阶段：“人的依赖关系（起初完全是自然发生的），是最初的社会形式，在这种形式下，人的生产能力只是在狭小的范围内和孤立的地点上发展着。以物的依赖性为基础的人的独立性，是第二大形式，在这种形式下，才形成普遍的社会物质变换、全面的关系、多方面的需要以及全面的能力的体系。建立在个人全面发展和他们共同的、社会的生产能力成为从属于他们的社会财富这一基础上的自由个性，是第三阶段。第二个阶段为第三个阶段创造条件。”① 这三种社会形态的特征分别是“人的依赖关系”“物的依赖性”和“自由个性”。“人的依赖关系”阶段相对应于原始社会、奴隶社会、封建社会，属于前资本主义社会。在这个阶段，生产力和社会分工发展缓慢，人与人之间以血缘为彼此联系的纽带，个人从属于氏族公社、农村公社、家长制家庭等共同体，缺乏独立性。随着生产力水平的提高和社会分工的快速发展，人的生产能力突破了狭窄的范围和孤立的地点，人们的历史发展过渡到“以物的依赖性为基础的人的独立性”阶段，即资本主义社会。“普遍的社会物质变换”形成了“全面的关系”“多方面的需求”以及“全面的能力”，人的独立表现为单子一样的分离，人与人的社会关系采取了物与物的关系的虚幻形式，人异化为物的奴隶。因此，“人的依赖关系”和“物的依赖性”两个阶段没有人的真实自由。

《共产党宣言》揭示了资产阶级“自由”的狭隘性。在资本主义社会，“资本具有独立性和个性，而活动着的个人却没有独立性和个性”②。在资产阶级生产关系的范围内，所谓自由就是以“资本”为媒介的“自由贸易”“自由买卖”以及对外扩张。工人阶级只有出卖劳动的自由，没有个性的自由和发展的自由，他们隶属于整个资本主义体系，并在劳动中异化为资本的奴隶。《共产党宣言》深刻分析了资本主义生产方式及其分工体系所造成的人的异化和片面发展现象，“由于推广机器和分工，无产者的劳动已经失去了任何独立的性质，因而对工人也失去了任何吸引力。工人变成了机器的单纯的附属品，要求他做的只是极其简单、极其单调和极容易学会的操作”③。对此，马克思、恩格斯无情地揭露和批判资产阶级所宣扬的自由是“毫无意义的”。共产主义将消灭资产阶级虚假的自由，并为无产阶级和全人类的自由解放创造条件。在消灭资本主义之后，建立自由人联合体，即共产主义社会，“在那里，每个人的自由发展是一切人的自由发展的条件”④。这是人类历史发展的第三个阶段。共产主义社会是人类社会发展史上崭新的社会制度，也是人类历史上最美好的社会，将实现“个人全面发展”和人的“自由个性”。在共产主义社会中，由于阶级和阶级对立被消灭，私有制也不存在，每个人将摆脱旧式分工的束缚和被奴役的状态，从而获得发展的自由时间，成为社会的主人，

① 马克思恩格斯全集，第 30 卷．北京：人民出版社，1995：107—108.
② 马克思恩格斯文集．第 2 卷．北京：人民出版社，2009：46.
③ 马克思恩格斯文集．第 2 卷．北京：人民出版社，2009：38.
④ 马克思恩格斯文集．第 2 卷．北京：人民出版社，2009：53.

拥有自由发展个人才能的物质条件和政治保障，智慧和才能都能得到充分的发展。自由人的联合体将实现“个人自由”与“必然的联合”的统一。联合体“不是为个人的发展设置障碍，而是提供个人发展所需要的条件”[①]。联合体还将消灭牺牲一些人的利益来满足另一些人的需要的情况，由于人们的根本利益和目标一致，每个人的自由发展并不相互对立，而且彼此需要和相互促进。

《共产党宣言》提出了实现人的自由全面发展的基本条件。首先，无产阶级是资产阶级的“掘墓人”和人类解放的“物质武器”。因为，无产阶级是在资本主义体系内部孕育产生的，是代表先进生产力的新事物，具有强大的生命力和远大的发展前途，因此，是不可战胜的。无产阶级是历史上最后一个阶级，作为资本主义“掘墓人”和实现“两个必然”的“物质武器”，其自身的解放与全人类的解放是完全一致的，而且只有解放了全人类才能解放自己。其次，资本主义快速发展的生产力为人类社会向更高形态演进提供了物质基础。机械化生产的使用和社会分工的快速发展，促使资产阶级在它的不到一百年的阶级统治中所创造的生产力，比过去一切时代创造的全部生产力还要多，还要大。巨大的生产力、增加的社会财富以及世界市场的开拓，为人类社会向更高形态演进创造了物质基础。最后，共产党能够担负起领导无产阶级实现人类自由发展的历史使命。因为，共产党是无产阶级的政党，代表无产阶级和广大人民群众的根本利益，为工人阶级的最近的目的和利益而斗争。

三、美的维度：明确了共产党担负的历史使命

“美”即合感受性，反映主体与客体的情感关系，是主体通过象征性地对象化自身才能，而在对象化过程和结果中获得自我欣赏的无限自由感。马克思在《1844 年经济学哲学手稿》中揭示了美的本质和规律，“动物只是按照它所属的那个种的尺度和需要来建造，而人懂得按照任何一个种的尺度来进行生产，并且懂得处处都把内在的尺度运用于对象；因此，人也按照美的规律来构造”[②]。可见人的实践活动具有审美的维度，美是人的内在尺度，体现了合目的性与和规律性的统一。《共产党宣言》将“每个人的自由发展”作为最高价值追求，将共产主义理想作为共产党的最崇高理想。共产党的历史使命就是用科学社会主义理论武装无产阶级的头脑，组织无产阶级联合起来，推翻资产阶级的统治并夺取和掌握国家政权，用生产资料公有制取代生产资料私有制，建立每个人自由全面发展的新社会——共产主义社会。这是《共产党宣言》生命力“美”的维度。

为何共产党能够担负起领导无产阶级实现人类自由发展的历史使命呢?《共产党宣言》从共产党具备最鲜明的政治立场、最先进生产力的代表、最坚定的政治信仰三个方面给出了解答。

共产党是整个无产阶级的政党，具备最鲜明的政治立场。这一点是通过与资产阶级政党及其他无产阶级政党的比较得出的结论。《共产党宣言》指出：“共产党人不是同其

① 张薇．唯物史观视阈下的马克思恩格斯分工理论研究．哈尔滨：黑龙江大学出版社，2014：90.

② 马克思恩格斯选集，第 1 卷．北京：人民出版社，1995：46—47.

他工人政党相对立的特殊政党。他们没有任何同整个无产阶级的利益不同的利益。”[①]《共产党宣言》旗帜鲜明地指出了共产党的政治立场，就在于代表无产阶级和广大人民群众的根本利益。是否站在无产阶级和最广大人民群众的立场上，是甄别马克思主义政党与资产阶级政党的试金石。资产阶级政党代表整个资产阶级，维护生产资料私有者的根本利益，这个政党站在人民的对立面，与人民的根本利益相矛盾。共产党不是高高在上凌驾于人民群众之上的政党，他与人民群众的根本利益和价值目标是一致的，具有鲜明的人民性。共产党是马克思主义政党，是无产阶级的政党，是最广大人民群众的政党。《共产党宣言》还指出了共产党人同其他无产阶级政党不同的地方，“一方面，在无产者不同的民族的斗争中，共产党人强调和坚持整个无产阶级共同的不分民族的利益；另一方面，在无产阶级和资产阶级的斗争所经历的各个发展阶段上，共产党人始终代表整个运动的利益”[②]。正是因为共产党没有地域性、民族性的局限，代表世界各民族无产阶级的整体利益，因此能够站在全人类的立场，带领无产阶级按照人类社会发展的基本规律改造现实世界，消灭旧的以阶级对立和剥削为基础的资产阶级社会和建立新的以生产资料公有制和自由平等为基础的新社会，即以美的尺度构建“自由人的联合体”，在那里实现人类的解放和自由发展。

共产党是历史上最先进生产力的代表。《共产党宣言》指出，共产党之所以能够领导无产阶级实现人类的自由解放，是由于这个政党代表历史上最先进的生产力。在马克思、恩格斯看来，无产阶级处于资本主义社会的最底层，他们在政治上没有参与政治的权利和自由；在经济上，无产阶级不占有任何生产资料；在产品的生产和分配上处于被动状态。无产阶级是革命最坚决、最彻底的阶级，也是人类历史上最后一个阶级。因此，无产阶级革命不仅解放自己，也解放全人类，无产阶级也只有解放全人类才能最终解放自己。共产党是无产阶级的政党，其根基在无产阶级，与无产阶级同呼吸共命运。因此，作为最先进生产力代表的共产党，在带领无产阶级夺取政权、争得民主以后，必然要把一切生产工具集中在国家即组织成为统治阶级的无产阶级手里，并尽可能地增加生产力的总量。由于生产资料公有制取代了资本主义私有制，新的生产关系为生产力的快速发展开辟了广阔空间。社会创造出更多的物质财富并为人的发展提供更多的自由时间，社会主义的优越性得以体现。随着生产力的不断发展，社会主义将逐步过渡到共产主义社会。在这个过程中，无产阶级终将失去锁链，获得整个世界。

共产党是用科学社会主义武装起来的政党，具有最坚定的政治信念。正如马克思所指出的，哲学把无产阶级当做自己的物质武器，同样，无产阶级也把哲学当做自己的精神武器。《共产党宣言》是马克思、恩格斯为无产阶级革命斗争撰写的革命纲领，为全世界无产阶级夺取革命的胜利提供了强大的理论武器。共产党是用科学社会主义理论武装起来的，比工人群众和其他工人政党要站得更高，看得更远，因而共产党在实践斗争中更自觉、更坚决，是坚持无产阶级国际主义的党，坚持共产主义的党。这个政党是在领导工人反抗资产阶级的斗争的革命实践中形成的，其成员主要来自工人及其知识分

① 马克思恩格斯文集．第2卷．北京：人民出版社，2009：44.

② 马克思恩格斯文集．第2卷．北京：人民出版社，2009：44.

子，因此这个政党是历史上最先进生产力的代表，是最具革命性和理论性的组织，代表整个无产阶级的共同利益，这个共同利益没有阶层和民族的区别，共产党人没有任何与整个无产阶级不同的利益，没有任何自己的私利，这就决定了共产党能够领导无产阶级运动。马克思、恩格斯还在《共产党宣言》中强调，共产党人要不断培养工人阶级反对资产阶级的斗争意识，“共产党一分钟也不忽略教育工人尽可能明确地意识到资产阶级和无产阶级的敌对的对立”①。共产党不仅要加强自身的理论建设，还要时刻注意加强对工人阶级的理论教育，这是共产党领导无产阶级斗争取得胜利的前提条件。

《共产党宣言》从“真”的维度揭示了人类社会发展的基本规律，从“善”的维度提出了人的自由全面发展的价值诉求，从“美”的维度明确了共产党担负的历史使命，是其生命力跨越时空的确证。170 年来，《共产党宣言》的真理光辉和强大生命力没有因时代的变迁而褪色，反而为更多的人所理解和认识。《共产党宣言》的精髓要义为新时代中国特色社会主义实践提供了理论依据，其生命力也必将在中国特色社会主义实践的创新发展中得到升华。

（作者系哈尔滨商业大学宣传部讲师，博士，硕士生导师）

① 马克思恩格斯文集．第 2 卷．北京：人民出版社，2009：66.

“互联网＋”时代高校思政课教学中的师生互动初探

和春红

摘　要：“互联网＋”不仅改造着思想政治理论课的教学环境，也对思想政治教育活动最重要的两个“人”的要素：思政课教师与大学生产生着既深且巨的影响。无论从现代教学理论的演化，还是从高校思政课教学的实践来看，师生互动都可以成为高校思政课教学适应“互联网＋”时代的可行路径。“互联网＋思政课”尚处于探索期，思政课教师应从高校思政课教学目标的设计、教学内容的组织、教学方法的选取、教学实效的评价的全过程，运用师生互动来提高思政课教学的时代感、吸引力与实效性。

关键词：“互联网＋”；思政课教学；师生互动

高校思政课是对大学生系统进行思想理论教育的主渠道和主阵地。“全员全过程全方位育人”既对高校思想政治工作与思政课教学提出了更高要求，也为高校思政课教学创新提供了三维视角和实践路径。但是“一些高校对思想政治课重视程度不够，相关课程内容上空洞乏味、形式上陈旧落后，严重制约了课程的教学效果”①。

近年来研究“互联网＋”与高校思政课教学改革、教学模式及运用的相关文章，以宏观研究居多。针对“互联网＋”与新媒体对思政课教学的挑战及应对、思政课教学中的课堂互动等问题，国内亦有相关著述，但是也存在偏于宏观、应用型不强的问题。也有一些学者论及了具体某门思政课中的课堂互动问题。

国内外的研究成果为相关研究提供了理论基础和文献来源，但是学界的研究现状和趋势也表明：第一，作为思想政治教育活动最重要的两个“人”的要素，在“互联网＋”时代的教育理论与实践中，师生互动的必要性和重要性进一步凸显；第二，“互联网＋”对高校思政课教学的冲击与影响将是持续的，因此宏观的泛泛而论是远远不够的，针对性的具体分析尤为必要；第三，“全过程育人”视阈下的高校思政课教学，也亟待突破概念模糊、过于宏观的问题。

高校思政课既需要适应“互联网＋”时代网络与信息技术的时代性变迁，也需要运用新媒体新技术创新思政课的教育教学方法。突破“课堂互动”的传统模式，考察教学“全过程”中的师生互动，不仅具有现实基础与可行性，也将是增强思政教育的时代感和吸引力的可靠路径。

---

① 葛慧君．做好高校思想政治工作的着力点．人民日报，2016－01－25.

一、现代教学理论演化中的师生互动

教学过程中“教师为单一主体”，还是“教师为主导，学生为主体”，或者“教师与学生双主体”，国内学界在理论和实践上的分野并非泾渭分明。沈壮海先生所指出的“就整体而言，我们不能笼统地以主客体或双主体等词汇来表示思想政治教育者与教育对象”①，公认更为客观和中肯。但是沈壮海先生又特别强调了思想政治教育者与教育对象之间的关系在诸思想政治教育要素关系中占主导地位，并发挥主导作用，并且其“主导地位的确立及其主导作用的发挥程度，直接关系到思想政治教育有效性的实现及其实现程度”②。

几百年来传统的教育理论，从夸美纽斯的《大教学论》到赫尔巴特的《教育学讲授大纲》都强调知识的灌输和背诵，因此，个体的学习过程就成为主体被不断教化的过程。在此理论背景下，课堂上教师几乎独享话语权利，学生“失语”“哑语”成为常态，教师课堂上的话语霸权剥夺了学生的话语权利，使课堂失去生机与活力，也抑制了学生的创新意识和个性发展③。现代教学论指出，教学过程是师生交往、积极互动、共同发展的过程。卡罗尔（Carroll，1963）在他的“学校学习模式”中界定了五个影响学生所能达到的学习程度的主要变量：①学生的毅力，②允许学习的时间，③教学质量，④学生的能力倾向，⑤学生的学习能力④，3/5 的变量都直接与学生相关。网络时代的教育理论与实践越来越强调，课堂教学不仅重在知识的传递，更在于培养学生发现、分析与解决问题的能力。曾经写过《教育思想的演进》的社会学大师涂尔干认为，现代教育的核心是引导学生运用自己的理性，通过反思、反身等作用寻求自己的自主性⑤。

国外的课堂教学中一直较为重视教学互动及其运用。从苏格拉底（Socrates）的对话式教学到弗莱雷（Paulo Freire）的解放教学观，从班杜拉（Bandura）的社会学习理论到莱夫、温格（Lave & Venger）的情景认知，互动一直被视为教育中的重要元素。目前较为流行的建构主义学习理论认为“知识不是通过教师传授得到，而是学习者在一定的情境即社会文化背景下，借助其他人（包括教师和学习伙伴）的帮助，利用必要的学习资料，通过意义建构的方式而获得”⑥，无论是其“情境”“协作”“会话”还是“意义建构”，教学互动的重要性都显而易见。加涅在《教学设计原理》中也曾指出，“要把课分解成教学事件和（或）学习活动……学习活动是课时计划的构成成分，由一些具体的事件或一些过程构成，在这些事件或过程中，学习者在学习中进行主动反应与建构”⑦。

---

① 沈壮海．思想政治教育有效性研究．武汉：武汉大学出版社，2016：143.

② 沈壮海．思想政治教育有效性研究．武汉：武汉大学出版社，2016：142.

③ 孙茂华，董晓波．从霸权到共享：知识经济时代课堂话语的对话性．现代教育管理，2014（2）：75.

④ ［美］R. M. 加涅．教学设计原理（第 5 版）．王小明等译．上海：华东师范大学出版社，2007：4.

⑤ 高国希．关于思想政治教育方法的思考．思想政治教育研究，2011（3）：32.

⑥ 何克抗．建构主义——革新传统教学的理论基础（一）．学科教育，1998（3）：30.

⑦ ［美］R·M·加涅，等．教学设计原理（第 5 版）．王小明等译．上海：华东师范大学出版社，2007：27.

广义的教学互动可以涵盖在教学过程当中，师生之间、生生之间、师师之间、学生与学习内容之间，通过对信息的交流、沟通和分享，而产生相互影响、相互作用的方式和过程。其中师生互动是最为核心和重要的教学互动，指的是“教师和学生都作为自由、平等的主体共同参与教学活动（包括课堂内外）全过程并在其中发生相互作用和影响”①。这意味着师生在一个完整的教学过程当中，共同作为教学活动的主体，并“分别以对方及其他相关思想教育要素为客体”②，从教学素材的选取和准备，到课堂教学，再到教学评价与反馈，一直存在相互的认知与沟通。

二、“互联网+”时代高校思政课的师生互动

从夸美纽斯17世纪最早从理论上详细阐述班级授课制，课堂教学便在教育活动中树立了不可撼动的核心地位，也奠定了师生之间“一对多”的教学模式。作为教学活动中两个核心的“人”的要素，师与生之间的互动，可以说一直都存在于教育活动中。随着数百年以来的时代变迁，在“互联网+”的今天，师生互动更应当与时俱进，在教育活动中发挥必要的作用。

（一）“互联网+”对思政课教师、大学生与思政课教学环境的影响

国务院《关于积极推进“互联网+”行动的指导意见》中，对“互联网+”的释义主要集中在经济社会领域：“互联网+”是把互联网的创新成果与经济社会各领域深度融合，推动技术进步、效率提升和组织变革，提升实体经济创新力和生产力，形成更广泛的以互联网为基础设施和创新要素的经济社会发展新形态③。“互联网+”时代的一个显著特点便是“万物互联”，那么“互联网+思政课”是否可以形成思想政治理论教育的新形态？

首先，“互联网+”改写了思政课教育活动所面临的教学环境与生态。据中国互联网络信息中心（CNNIC）发布的第39次《中国互联网络发展状况统计报告》，截至2017年12月，中国网民规模达7.72亿人，互联网普及率为55.8%，其中手机网民规模达7.53亿人，网民中使用手机上网人群占比由2016年的95.1%提升至97.5%，再创新高。网民中的学生群体规模最大，截至2017年12月，学生群体占比25.4%；同时网民中20—39岁年龄段占比最高，为30.0%④。也就是说，在“互联网+”时代，网络的边界进一步无限延伸，并覆盖了广泛的人群。在海量、共享的信息洪流中，信息的即时性与交互性更为突出，呈现出随时随地的信息流动与互动化表达的需要。比如，各大视频媒介都纷纷推出了“弹幕”进行实时互动。“互联网+”时代涌现的新媒体除了自如地囊括文字、图片、声音、影像等等传统媒体的要素之外，还呈现出高度的媒体融合度，

---

① 曾毅红．主题性参与互动式教学方案的设计与应用探讨——以“概论”课“新民主主义革命理论”一章的教学为例．思想理论教育导刊，2010（5）：89.

② 沈壮海．思想政治教育有效性研究．武汉：武汉大学出版社，2016：143.

③ 新华社．国务院关于积极推进“互联网+”行动的指导意见．http：//news.xinhuanet.com/politics/2015-07/04/c_1115815944.htm.

④ 中国互联网络信息中心．第41次中国互联网络发展状况统计报告．http：//www.cnnic.net.cn/hlwfzyj/hlwxzbg/，2018.

可以通过网络端、移动手机端及其延伸更加多维地呈现各类信息。在“互联网+”环境下，人们主动、自主选择所需信息，媒体使用与内容选择更具个性化。

其次，对思政课教师来说，跨越时空的“互联网+”环境下，信息与资源高度集聚，获取知识的路径和平台进一步丰富和细化，这无疑可以开阔思政课教师的视野，并为思政课教学改革和创新增添新的动力。与此同时，“互联网+”时代去中心化、“碎片化”的信息呈现，冲击着思政课系统的知识体系；思政课教师只局限于教材内容愈加不合时宜，“填鸭”式教学也愈加难以激发学生的兴趣和主体性；传统的课堂教学的主体和核心地位亦受到冲击，“翻转课堂”“慕课”等新型网络课堂已经势不可当地进入大众的视线。提高思政课的时代感和吸引力是“互联网+”时代的思政课教师面临的迫切任务。

再次，作为思政课教育对象的大学生，被称为“网络原住民”的他们，在中国网民中的群体分布和年龄分布中都占有很大比重，对网络与媒体的运用可能比教师还要得心应手。大学生处于“三观”的形成期，自我意识的发展完善期，他们从网络或新媒体获取即时信息的能力与鉴别、批判性思考的能力不成正比。“互联网+”时代的新媒体是各种社会思潮集中呈现、碰撞的平台，成为呈现“舆情”的重要窗口，这其中潜在的风险在于：如果学生一味追求个性，有所偏颇地搜寻、获取信息，可能会成为与主流意识形态和社会主义核心价值观相背离的思潮或观点的拥趸。

根据教育部哲学社会科学发展报告建设项目“中国大学生思想政治教育发展报告”的整体设计，武汉大学2016年度的大学生思想政治状况的调查研究表明，社会现实、思想舆论和网络环境对大学生群体思想政治状况具有重要影响，相关数据显示有关社会思潮和网络舆论环境一定程度冲淡了大学生的政治认同。受相关社会思潮影响越大，大学生对中国共产党，中国特色社会主义制度、理论、指导思想以及共同理想的认同度越低；每天上网时间越长，大学生的政治认同度也越低①。

可见，对于“互联网+”时代思政课教育活动所面临的教学环境与生态，“互动”性是显著特征之一。思政课教师在知识体系中的核心地位受到冲击，必须改善教学的时效性、新颖度、针对性、丰富性，方能真正站稳思想理论教育的阵地。在教学活动中，合理引导学生的参与及个性化表达的需要，盘活思政教育活动中两大“人”的要素，不失为适应“互联网+”时代的有效路径。

（二）教学互动可以改善学生对思政课的兴趣与思政课的教学实效

总体而言，学生对思想政治课缺乏兴趣，主要由于以下具有代表性的原因：①教师的教学过程只注重理论灌输，脱离学生实际；②教学内容回避或者缺乏对现实问题的分析；③教学方式传统、不灵活，难以调动积极性；④教学效果上看，没有从根本上解决学生的困惑②。“重灌输”“脱离学生实际”“教学方式不灵活”，一方面与思政课教学内容的理论性、严肃性有关，另一方面却完全可以通过教师运用新媒体手段、精心设计教

① 沈壮海，肖洋. 2016年度大学生思想政治状况调查分析. 思想理论教育导刊，2017（1）：111.

② 基于山东大学本科教学研究中心张树永教授于2015年8月31日所做的题为“基于OBE理念推进思政教育入脑入心”的演讲，笔者做了总结和修改。

学互动，让学生富有实效地参与课堂来加以改善。“回避或者缺乏对现实问题的分析”“没有从根本上解决学生的困惑”等诟病，则显示出思政课教师在“互联网+”时代所面临的现实挑战，对新形势认识不足、应对不够。因此，在“互联网+”时代，思政课教师在呈现教学内容的时候，要有“互联网+”意识、“新媒体”思维，并且要了解学生在“互联网+”及新媒体环境下可能接触到的信息，在教学内容、教学形式、教学过程方面均做好充分准备，以便针对性解惑。思政课教师如果结合“互联网+”及新媒体与学生有效互动，那么教学实效性的改善应当是可以预见的。

三、以教学“全过程”中的师生互动提升高校思政课的实效性

对于思政课教学中的师生互动，课堂教学是主要但不是唯一的阵地。课堂教学是“教育教学全过程”的中心环节，但是真正实现“全程育人”“全方位育人”，视野不应仅仅局限在课堂教学中。高校思政课教学“全过程”，指的是高校思政课教学目标的设计、教学内容的组织、教学方法的选取、教学实效的评价的全过程。“互联网+思政课”尚处于探索期，“摸着石头过河”，可能会出现一些值得注意的问题。

第一，高校思政课教师对“互联网+”及“互联网+”时代的新媒体理论、技术手段和实践操作尚在探索期。这是一个颇具普遍性的问题，也会存在地域性差异，比如经济较为发达、人员及信息流动较快、教育资源密集的“北上广”地区，在探索教育领域的“互联网+”方面可能会走在前面。

第二，结合“互联网+”及新媒体所设计的教学互动形式大于内容。如果教师过于迎合学生的趣味，寻求表面的“热闹”，反而会舍本逐末，弱化实际教学内容的传授。

第三，学生过分依赖网络与新媒体，挑战思政课教师的课堂话语权。有少数人借助新媒体技术，打着“学术研究”和“还原历史”的旗号，不断消解马克思主义在高校意识形态领域的话语权，这对人生经验和政治经验尚不足的高校青年学生，会产生直接的负面影响①。“打铁还需自身硬”，要在高校站稳思想政治教育的主导阵地，高校思政课教师必须对这一问题有清醒的认知、做充分的准备。

针对上述已经出现的或潜在的问题，未来高校思政课的师生互动需要考虑到以下因素。

第一，普及对高校思政课教师的“互联网+”及新媒体的相关培训。“互联网+思政课”的理念与实践，需要全国的思政课教师群策群力，也需要自上而下的顶层设计、普及与引导。如何将教育领域的“互联网+”及新媒体转化为思政课教师可以理解和采用的手段与平台，需要政府自上而下的教育投入，也需要鼓励商业资本和人员参与其中。

第二，教学目标方面。根据“互联网+”时代的特点，未来的思政课教学应当是线上线下均可进行的，除了站稳传统课堂之外，建立各种形式的思政课线上学习平台将是大势所趋，既可以是教学单位的整体线上学习平台，也可以是思政课教师个人所探索的个性化的网络学习社群。教师在设计教学目标时，一方面要将综合运用网络与新媒体手

---

① 肖华平．新媒体时代更应全面激发高校思政课活力．中国社会科学报，2016—01—21.

段作为目标之一列入其中，另一方面要提前设想、了解学生的思想动向以及可能从网络与新媒体上接触到的信息，在此基础上设计具体的教学目标。

第三，教学内容与教学方式方面。“课堂、网络、实践相结合”的教学体系①方能真正体现思政课教学的吸引力和实效性。思政课教学也应包括教师指导下的第二课堂或实践教学。师生互动除了按照教学目标和教学内容，采用灵活的课堂互动形式之外，网络学习平台或线上学习社群上的师生互动、实践教学中的师生互动都是值得探索的领域。

第四，教学效果方面。由于教师在设计教学目标时已经综合考虑了“互联网+”与新媒体的因素，因此建议对教学效果的评估应该结合两个方面进行：一为教师参照教学目标对教学进行对照评估，一为学生根据学校的教学评估指标对教师进行教学评价。教学效果的评估量表应当与时俱进，既有课程内容的相关指标，也有教学形式、师生互动方面的指标。

第五，引导学生提升在“互联网+”时代的信息洪流中的扬弃、思考、分析、判断能力。网络与新媒体所传递的信息良莠不齐，学生在接触这些信息的过程中一定会有困惑，思政课教师应当承担起解惑的责任，在课堂教学、实践教学及课外的交流讨论中，有意识地引导、帮助学生正本清源。

传统的思政课教学比较注重教师对知识点的讲授，教学形式比较单一，不太注重教学互动，以教师的单方面灌输居多。在“互联网+”时代，比起教师不遗余力地全盘“灌输”，巧用、妙用师生互动，不仅可以帮助思政课教师循序渐进地应对“互联网+”时代的挑战和冲击，并且有利于提高学生的学习兴趣，增强高校思政课教学的实效性。

“互联网+”不仅在经济社会领域引发持续性的变革，也在不断改变着人们的思维方式。“互联网+思政课”不是要颠覆传统的思政课教学，而是要给思政课教学注入新鲜血液，带来新理念、新平台、新方法。高校思政课教师需要主动学习、迎难而上，站稳思想政治教育的主导阵地、创新教学的方式方法、搭建利于教学的平台机制。在“互联网+”时代的师生互动中，思政课教师可以借助新媒体手段进一步了解学生的所思所想，也可以在一定程度上满足学生的自主性和个性化的需求，“师”与“生”并肩应对“互联网+”时代思政教学环境与生态的变化，共同谱写思想政治理论教育富有时代感和吸引力的新篇章。

［作者系山东大学东南亚研究中心副研究员，马克思主义学院（威海）讲师］

① 高国希．高校思政课教学如何提升吸引力实效性．解放日报，2016—06—28（14）．

提高政治站位　强化政治担当
着力推进十九大精神“三进”落地生根

肖春艳

摘　要：党的十九大是在我党我国历史上具有划时代、开创性的重要里程碑意义的大会，推进十九大精神进教材、进课堂、进头脑是高校思想政治理论课教师义不容辞的政治责任和使命，必须提高政治站位，增强行动自觉；强化政治担当，构建阐释体系；着眼通俗易懂，创新教学方法，真正让十九大精神在人才培养中落地生根。

关键词：党的十九大精神；政治意识；人才培养；落地生根

党的十九大是在我国全面建成小康社会决胜阶段、中国特色社会主义进入新时代的关键时期召开的一次十分重要的大会。大会选举产生了以习近平同志为核心的新一届中央领导集体，再次明确了习近平在全党的核心地位；把习近平新时代中国特色社会主义思想确定为我们党长期坚持的指导思想；描绘了从现在起到本世纪中叶，我国发展的宏伟蓝图；决定了全面建成小康社会；开启了全面建设富强民主文明和谐美丽的社会主义现代化强国新征程。大会在政治、理论和实践三个方面取得了重大成果。大会的主要精神和历史贡献集中体现在十九大报告、中央纪委工作报告、党章修正案以及习近平同志在十九大闭幕会上和十九届一中全会上的重要讲话和大会的各项决议等中。如何把十九大取得的这些重大政治成果、理论成果和实践成果以及大会的主要精神和历史贡献切实转化为高校思想政治理论课的理论体系、方法指导和学科成果，真正让十九大精神“进教材、进课堂、进头脑”落地生根，使学生树立对党和人民的正确立场、培养对党和人民的真挚感情，是今后一个时期高校思想政治理论课教师的首要政治任务和义不容辞的政治责任。高校思想政治理论课教师必须带头学透悟准十九大报告和党章中每一个论断、判断和提法的实践性、理论性、思想性和指导性，努力掌握党的十九大精神的政治意义、历史意义、理论意义和实践意义，切实提高政治站位，强化政治担当，坚定做马克思主义的“布道者”、“中国逻辑”研究阐释的构建者和“通俗易懂”教学方法的创新者，自觉在政治立场、政治方向、政治原则、政治道路上同以习近平同志为核心的党中央保持高度一致，促进十九大精神深入人心，在人才培养当中落地生根。

一、提高政治站位，增强行动自觉

党的十九大是一次不忘初心、牢记使命、高举旗帜、团结奋进的历史性盛会，在党、国家和民族发展史上具有划时代的里程碑意义。认真学习宣传贯彻党的十九大精神，事关党和国家工作全局，事关中国特色社会主义事业长远发展，事关最广大人民根本利益，是当前和今后一段时期全党全国的首要政治任务。高校作为培养中国特色社会主义事业建设者和接班人的重要阵地，高校的思想政治工作对青年的人生成长非常关键，具有奠基性作用，尤其是高校思想政治理论课更是高校思想政治工作的主渠道，具有明确的意识形态属性，承担着坚持不懈传播马克思主义科学理论，抓好马克思主义理论教育，为学生一生成长奠定科学的思想基础的政治任务，必须在学习贯彻上走在前列，这是高校尤其是思想政治理论课教师牢固树立政治意识、大局意识、核心意识、看齐意识，在政治立场、政治方向、政治原则、政治道路上同以习近平同志为核心的党中央保持高度一致最实际的体现，是牢牢掌握高校意识形态工作领导权，牢固确立习近平新时代中国特色社会主义思想指导地位，推进马克思主义中国化时代化大众化，建设具有强大凝聚力和引领力的社会主义意识形态，凝聚焕发强国富民磅礴力量的时代要求。

今天，我们比历史上任何时期都更接近、更有信心和能力实现中华民族伟大复兴的目标，这既意味着我们已经积累起促成质变的历史性成果，也意味着我们到了最艰巨的攻坚阶段，不可避免地会遇到许多重大挑战、重大风险、重大阻力、重大矛盾。面对敌对势力加紧对我国实施西化、分化战略，面对意识形态领域的尖锐较量，面对激烈的国际政治斗争，面对艰巨繁重的改革发展稳定任务等，都需要高校思想政治理论课教师提高政治站位，强化政治担当，增强斗争精神，敢于亮剑、敢于碰硬、敢于攻坚、敢战能胜，用习近平新时代中国特色社会主义思想占领学校思想文化阵地，旗帜鲜明地反对和抵制各种错误观点，引导青年学生更加自觉地承担起中华民族伟大复兴的历史重任。

高校思想政治理论课教师要以高度的政治责任感和使命感，立足新的政治站位，认真研读党的十九大报告和党章，准确领会把握党的十九大精神的思想精髓、核心要义，原原本本、原汁原味地学习好党的十九大精神。要在全面系统的基础上突出重点、抓住关键，把着力点聚焦到习近平新时代中国特色社会主义思想是党必须长期坚持的指导思想上，聚焦到五年来党和国家事业取得的历史性成就和发生的历史性变革上，聚焦到中国特色社会主义进入了新时代、我国社会主要矛盾已经转化为人民日益增长的美好生活需要和不平衡不充分的发展之间的矛盾等重大论断的深远影响上，聚焦到贯彻落实党的十九大的重大决策部署上，聚焦到习近平同志是全党拥护、人民爱戴、当之无愧的党的领袖上，切实增强对习近平新时代中国特色社会主义思想的政治认同、思想认同、理论认同和情感认同，切实做习近平新时代中国特色社会主义思想的坚定信仰者、忠实执行者、模范践行者，做共产主义远大理想和中国特色社会主义共同理想的坚定信仰者和忠实实践者，以理论上的清醒保证政治上的坚定，坚决维护权威、维护核心，更加紧密地团结在以习近平同志为核心的党中央周围，高举中国特色社会主义伟大旗帜，坚定道路自信、理论自信、制度自信、文化自信，为实现推进现代化建设、完成祖国统一、维护世界和平与促进共同发展三大历史任务，为决胜全面建成小康社会、夺取新时代中国特色社会主义伟大胜利、实现中华民族伟大复兴的中国梦、实现人民对美好生活的向往继续奋斗。

二、强化政治担当，构建阐释体系

习近平新时代中国特色社会主义思想是党的十九大报告的灵魂，是我们党划时代的重大理论创新，是马克思主义中国化的最新成果。学习贯彻党的十九大精神，最核心和最关键的就在于要高举习近平新时代中国特色社会主义思想旗帜，以构建不同于西方的“中国逻辑”，把习近平新时代中国特色社会主义的历史逻辑、理论逻辑、实践逻辑、人民逻辑讲清楚、讲明白作为使命担当，自觉学、思、践、悟习近平新时代中国特色社会主义思想，深入研究阐释，及时更新完善现行思想政治理论课课程体系，丰富和发展马克思主义中国化理论成果以及中国特色社会主义理论体系的主要内容，把研究阐释的成果及时转化为教学计划、教学内容，融入教室、第二课堂、社会实践、实验室等课堂之中；转化为学生对党和人民的正确立场和真挚感情，真正内化于心、外化于行，成为真学真懂真信真用的典范。

（一）从世界社会主义发展的历史逻辑中深刻理解习近平新时代中国特色社会主义思想的历史地位

从1516年英国人托马斯·莫尔发表《乌托邦》至今已有500多年，社会主义思想的提出先后经历了空想社会主义产生与发展、马克思和恩格斯创立科学社会主义理论体系、列宁领导十月革命胜利并实践社会主义、苏联社会主义模式逐步形成、中华人民共和国成立后我们党对社会主义的探索和实践以及我们党做出改革开放的历史性抉择、开创和发展中国特色社会主义六个阶段。回望世界社会主义产生与发展的历程，应该看到没有世界社会主义的源头就不会有中国社会主义的由来；没有世界社会主义的迂回曲折，就不会有中国社会主义的崭新创造；只有充分汲取世界社会主义实践的经验教训，才能取得中国特色社会主义的全面建设成功；只有建设中国特色社会主义取得越来越多的成就，才能越来越有力地推进世界社会主义重新振兴。时代是思想之母，实践是理论之源。伴随着世界社会主义发展的历史进程，世界社会主义运动与实践先后产生了马克思主义并指导了国际共产主义运动，产生了列宁主义并指导了伟大的十月革命和俄国社会主义建设，产生了毛泽东思想并胜利地指导了中国革命和社会主义建设，产生了中国特色社会主义理论体系包括邓小平理论、“三个代表”重要思想和科学发展观并指导了伟大的改革开放，成功开辟了中国特色社会主义道路，使社会主义制度优越性得到了集中展现。现在中国已站在世界社会主义运动的最前沿，中国在很大程度上决定了世界社会主义运动的命运。为了坚持和发展中国特色社会主义，以习近平同志为核心的党中央接过历史接力棒，紧密联系世情、国情、党情，结合党史、国史和中华文明史，把握历史、现实和未来，针对突出矛盾、破解现实难题，在开辟中国特色社会主义新时代的同时，也产生了为新时代提供思想武器和行动指南的新理论。这个新理论就是习近平新时代中国特色社会主义思想。习近平新时代中国特色社会主义思想是马克思主义中国化的最新成果，也是世界社会主义运动与实践产生的最新理论，它不仅昭示着中国未来的前进方向，更决定着世界社会主义的命运与未来。党的十九大将习近平新时代中国特色社会主义思想确立为党的指导思想，在党章中明确习近平同志的核心领导地位，对决胜全面建成小康社会作出战略部署，描绘全面建设社会主义现代化国家的宏伟蓝图，必将极大增强中华民族的凝聚力、向心力，必将极大提振世界社会主义运动的生机与活力，成为我国党史、国史上的重要里程碑，也将成为世界社会主义运动史和人类社会发展史上的重要里程碑。

(二)从马克思主义中国化历史进程中深刻理解习近平新时代中国特色社会主义思想的政治意义

回顾中国共产党近百年奋斗历程，中国共产党人在马克思主义真理之光照耀下，一次又一次地冲破重重思想枷锁，实现了马克思主义中国化的三次历史性飞跃，形成了“三大理论成果”。围绕系统回答和解决“什么是新民主主义革命”“怎样进行新民主主义革命”这两个基本问题，我们党产生了引领中华民族“站起来”的伟大理论——毛泽东思想；围绕系统回答和解决“什么是社会主义”“怎样建设社会主义”这两个基本问题，我们党产生了引领中华民族“富起来”的伟大理论——邓小平理论、“三个代表”重要思想、科学发展观；围绕系统回答“坚持和发展什么样的中国特色社会主义”“怎样坚持和发展中国特色社会主义”这两个基本问题，我们党产生了引领中华民族“强起来”的伟大理论——习近平新时代中国特色社会主义思想。习近平新时代中国特色社会主义思想，针对中国发展实际，汲取人类社会一切优秀文明成果特别是政治成果来实现治党治国治军能力的大提升，深刻回答了强党、强国、强军等一系列根本性问题，是指导全面建设中国特色社会主义强国的伟大思想，这是对马克思主义中国化的一个巨大发展，具有强大的政治影响力。可以说，党的十八大以来的五年，党和国家各项事业之所以能开新局、谱新篇，根本原因就在于有习近平新时代中国特色社会主义思想的科学指引。

(三)从与时俱进的党的指导思想重大创新中深刻理解习近平新时代中国特色社会主义思想的理论意义

我们党之所以能够不断从胜利走向胜利，根本在于坚持把马克思主义基本原理同中国具体实际相结合，与中华传统文化精华相融合，不断实现党的指导思想的与时俱进。十八大以来的五年，是我们党和国家发展进程中极不平凡的五年。五年来，面对世情、国情、党情的深刻变化，以习近平同志为核心的党中央始终坚持马克思主义的立场、观点、方法，始终坚持实事求是的思想路线，始终坚持把人民对美好生活的向往作为奋斗目标，紧密结合新的时代条件和实践要求，以全新的视野着力解决和系统回答实践和时代提出的新课题，创立了习近平新时代中国特色社会主义思想这个新的理论。这个新的理论讲了许多老祖宗没有讲过的新话，具有强烈的时代气息和现实针对性，是反映新时代发展要求、发展特征和发展规律，并指导新时代发展的系统完整、逻辑严密、内在统一的新理论。这个新理论既贯穿了马克思主义的基本原理、基本立场、基本观点、基本方法，体现了同马克思主义的一脉相承；又坚持把马克思主义与新时代中国发展实际相结合，提出了一系列新理念、新思想、新观点、新论断，有力开辟了中国特色社会主义理论体系的新境界，开辟了马克思主义发展的新境界。既有继承性，更有创新性；既有马克思主义与时俱进的品格，又有社会主义创新发展的品格，具有强大的理论创造力。

(四)从党和国家事业发展的历史性变革中深刻理解习近平新时代中国特色社会主义思想的实践意义

党的十八大以来，我们党团结带领人民推动党和国家事业发生了全方位、开创性、深层次、根本性的历史性变革，解决了许多长期想解决而没有解决的难题，办成了许多过去想办而没有办成的大事，我国经济实力、科技实力、国防实力、综合国力、国际影响力和人民获得感显著提升，党的面貌、国家的面貌、人民的面貌、军队的面貌、中华民族的面貌发生了前所未有的变化。之所以取得如此举世瞩目的成就，最重要、最关键的是有以习近平同志为核心的党中央运筹帷幄，有习近平新时代中国特色社会主义思想的科学指引。习近平新时代中国特色社会主义思想，是马克思主义中国化的最新成果，是中国特色社会主义理论体系的重要组成部分，是被实践证明了的科学真理，是进行伟大斗争、建设伟大工程、推进伟大事业、实现伟大梦想的实践指南，是中国共产党人新时代的精神支柱和力量源泉，是我们必须长期坚持的指导思想。当今中国，党和国家事业发生历史性变革，中国特色社会主义进入了新时代。我们要把新时代中国特色社会主义推向前进，要在迅速变化的时代中赢得主动，要夺取伟大斗争、伟大工程、伟大事业、伟大梦想的全面胜利，必须高举习近平新时代中国特色社会主义思想旗帜，使之成为照耀新时代、拓宽新视野、指引新征程的明亮灯塔。因此，这个思想源于实践又指导实践，具有强大的实践指引力。

三、着眼通俗易懂，创新教学方法

推进十九大精神进教材、进课堂、进头脑，核心是进头脑，必须结合大学生的思想特点，不拘一格地创新思想政治教育形式，着力增强思想政治理论课教学的针对性、生动性、思想性，把党的十九大精神讲清楚、讲明白，让学生听得懂、能领会、可落实。这是新时代高校思想政治理论课的首要政治责任和义务，这就要求高校思想政治理论课教学必须树立以学生为主体的理念，着眼通俗易懂，创新教学方式和平台载体，探索方法手段，努力增强学习宣传党的十九大精神的针对性和实效性。当前，处于新时代的大学生，其成长的环境、获取信息的方式都发生了深刻变化，获取的知识信息呈现出海量与碎片化、去中心化与多中心化的特点，因此，这就要求高校思想政治理论课教学特别要注重运用大众化的语言，以通俗易懂的方式达到良好的教学效果。

（一）围绕学生的思想需要安排教学内容，实现教学内容与学生思想要求的对接

毛泽东同志指出："做宣传工作的人，对于自己的宣传对象没有调查，没有研究，乱讲一顿，是万万不行的。"要使党的十九大精神真正让学生入脑入心，必须首先了解学生的实际需求，把握学生的思想脉搏，根据学生的思想状态，着眼于解决学生关注的理论困惑和热点问题，安排教学内容，实现教学内容与学生思想要求的对接。当前，主要是围绕把习近平新时代中国特色社会主义的历史逻辑、理论逻辑、实践逻辑、人民逻辑讲清楚、讲明白这个关键问题，寻找习近平新时代中国特色社会主义思想、教材教学内容与学生思想实际之间的结合点，并将它们作为教学的重点和难点，安排相关专题教学内容；再补充具体的、生动的、典型的案例和数据等资料，按照一定的逻辑进行编制、组合，把党的十九大精神的学习、宣传、贯彻，特别是习近平新时代中国特色社会主义思想的学习武装与教材教学内容、课堂教学要求有机结合起来，从而使专题教学内容具有鲜明的针对性、契合性，真正为学生学懂、弄通、做实党的十九大精神释疑解惑，引导学生全面、准确、完整地把握习近平新时代中国特色社会主义思想理论脉络和历史文化源流，并掌握其蕴含的哲学方法和科学精神，用心学习、用心体会，在学、思、践、悟中融会贯通，在考验磨砺中提高觉悟，真正内化于心、外化于行。

（二）围绕学生的语言特点，寻找理论话语、学术话语与生活话语特别是学生话语的契合点，进一步增强党的十九大精神入脑入心的效果

一般而言，思想政治理论课的教学语言应准确严谨、简练明白，体现出规范性和思想性。在当前网络语言迅速发展，且深刻影响大学生的情况下，教师应该走近学生的话语空间，了解学生的语言特点，使教学语言体现出丰富性、生动性，拉近教师与学生的距离，推动师生之间实现有效的思想交流与沟通。这就要求教师必须用学生喜闻乐见的方式，紧紧围绕习近平新时代中国特色社会主义思想这个主线，讲清楚党的十九大的鲜明主题，讲清楚习近平新时代中国特色社会主义思想的丰富内涵，讲清楚党的十八大以来党和国家事业发生的历史性变革，讲清楚中国特色社会主义进入新时代的重大意义，讲清楚我国社会主要矛盾变化的深远影响，讲清楚“两个一百年”奋斗目标，讲清楚坚定不移全面从严治党的重大部署，把广大学生的思想和行动统一到党的十九大精神上来。

（三）围绕学生获取信息的习惯，创新思想政治理论课教学模式

当前，互联网和手机等移动端已成为大学生获取信息的主要方式，由此提出了思想政治理论课教学突破现实场景、进入网络空间的要求。尽管不能将提升思想政治理论课教学效果的抓手局限于技术手段，但运用新媒体新技术使工作活起来，推动思想政治工作传统优势同信息技术高度融合，确实是适应时代发展、提升教学实效的必然要求。高校思想政治理论课教学要改变教学信息“师→生”单向流动的状态，以多种教学方法，如专题讨论、案例分析、情景模拟、影像教学、实践活动等，营造互动氛围，积极探索“多微实践模式”让十九大精神进思政课堂的新路径，积极开展网络宣传，用好“两微一端”等新技术新手段，充分调动学生网民参与的积极性，增强网络宣传的实效性和影响力。同时，要开发建设各种类型的慕课，以拓展思想政治教育的时空，更要探索如何在慕课的教学中推进教学目标的达成。鼓励学生自主设计一些教学环节，实现学生的自我教育，从而推动学生主动对教学内容进行判断、接受和内化。

参考文献

[1]《中共中央关于认真学习宣传贯彻党的十九大精神的决定》，新华社 2017 年 11 月 2 日。

[2] 王沪宁：《在学习贯彻党的十九大精神中央宣讲团动员会上的讲话》，新华社 2017 年 11 月 1 日。

[3] 王岐山：《开启新时代　踏上新征程》，《人民日报》2017 年 11 月 7 日。

[4] 陈希：《培养选拔干部必须突出政治标准》，《党的十九大报告辅导读本》，人民出版社、党建读物出版社 2017 年版。

[5] 刘云山：《深入学习贯彻习近平新时代中国特色社会主义思想》，《人民日报》2017 年 11 月 6 日。

[6] 栗战书：《全面把握中国特色社会主义进入新时代》，《人民日报》2017 年 11 月 9 日。

[7] 陈一新：《高举习近平新时代中国特色社会主义思想旗帜》，《长江日报》2017

年 10 月 26 日。

[8] 魏彧、刘雅坤：《李鸿忠到南开大学宣讲党的十九大精神》，《天津日报》2017 年 11 月 4 日。

[9] 杨军、和亚飞：《把立德树人作为高校思想政治理论课改革的中心环节》，《红旗文稿》2016 年 12 月 23 日。

（作者系湖北经济学院马克思主义学院教授、博士）

“两山思想”嵌入“两课”教学的理论架构与现实路径探析

汪　浩

摘　要：处理好经济发展、社会进步与生态环境保护之间的关系，使人与自然的关系合理化，是体现社会主义内在价值的必然要求。“两山思想”的提出与发展有其现实依据与理论渊源。“两山思想”包含丰富的内涵，其融入高校“两课”教学，是实行公民生态文明教育的一种重要途径。“两山思想”既可以嵌入“两课”教材，又可以结合课外多种形式的实践教学，通过“两山思想”学科建设与师资队伍的培养来弥补教学短板。

关键词：“两山思想”；生态文明教育；“两课”

“绿水青山就是金山银山”（简称“两山思想”）是习近平同志对经济发展与生态环境保护双赢理念的生动比喻。“两山思想”的提出反映了我国发展理念和价值取向不断进步的过程，是从优先发展经济到重视生态治理的过程，标志着我国发展理念的深刻变革、价值取向的深度调整和发展模式的根本转换。2015 年 3 月 24 日，习近平同志主持召开中央政治局会议，通过了《关于加快推进生态文明建设的意见》，正式把“坚持绿水青山就是金山银山”的理念写进中央文件，成为加快中国推进生态文明建设的重要指导思想。守望绿色，走可持续发展道路，进行生态文明建设是实现中华民族伟大复兴的重要内容。把“两山思想”融入“两课”教学，对大学生进行生态文明教育，有利于提高大学生的生态文明素养，促进大学生全面发展，为我国现代化建设提供丰富的人力资源。

一、“两山思想”的理论释义

2005 年 8 月，习近平同志在浙江省安吉县余村考察时，提出了“绿水青山就是金山银山”的科学发展理念。余村抛弃矿山，保住绿水青山，发展乡村旅游，创建美丽乡村的做法得到肯定。“生态环境优势转化为生态农业、生态工业、生态旅游等生态经济的优势，那么绿水青山也就变成了金山银山。”① “绿水青山”是自然生态的形象化表达，“金山银山”是经济财富的形象化表达，对“绿水青山”与“金山银山”关系的认识主要经历了三个发展阶段：一是用绿水青山去换金山银山；二是既要金山银山，也要绿水

① 习近平．之江新语．杭州：浙江人民出版社，2015：153.

青山；三是绿水青山就是金山银山。这是处理生态环境与经济发展关系的过程，同时也是人与自然关系不断调整、趋向和谐的过程。“绿水青山”的存在是获取“金山银山”的条件，没有“绿水青山”，就会出现生态环境悬崖危机，人们将会失去存在和发展的基础。既要发展生产，又要守住生态环境保护底线，二者是辩证关系。2013 年 9 月，习近平主席在哈萨克斯坦纳扎尔巴耶夫大学发表演讲并回答学生提问时进一步指出：“我们既要绿水青山，也要金山银山。宁要绿水青山，不要金山银山，而且绿水青山就是金山银山。”要按照尊重自然、顺应自然、保护自然的理念，贯彻节约资源和保护环境的基本国策。“两山思想”指出了今后经济发展方式的标准选择问题，只有正确处理好经济发展、社会进步和生态治理之间的矛盾，才能使人与自然的关系和谐，从而体现社会主义的内在价值。

具体来讲，“两山思想”萌芽于习近平同志在陕北工作期间，7 年的知青下乡工作经历，使习近平同志认识到自然环境对农业生产乃至经济发展的作用。“两山思想”形成于习近平同志在福建、浙江工作期间，闽浙的“绿水青山”等自然地理条件为当地经济发展与社会进步提供了基础。“两山思想”的不断发展完善则是习近平同志主政浙江与上海期间，浙江等省的“两山思想”获得实践成功，这种地方实践经验具有推广价值。① 任何一种理论的产生都不是凭空臆造的，它不仅需要具备特定的人、物方面的主客观条件，还需要建立在一定的理论基础上。“两山思想”的产生有其深刻的理论渊源。

“两山思想”继承与升华了中国传统文化中的生态智慧。管子思想具有朴素的生态观，《管子·牧民》中提到“不务天时，则财不生；不务地利，则仓廪不盈；野芜旷，则民乃菅”，阐释了自然与人之间的利害关系。儒家思想体系蕴含着丰富的生态伦理思想，在自然观上，儒家提倡“天人合一”，强调人与自然的统一、人的行为与自然相协调，道德理性与自然理性相一致。孔子在《论语·述而》中指出：“子钓而不纲，弋不射宿。”儒家的“天人合一”强调尊重自然和万物的运行规律，这是对自然规律的朴素认同。“道”是道家哲学的核心范畴，“道”被视作万物的总根源、总法则。“人法地、地法天、天法道、道法自然”，“天道”与“人道”是一致的。面对人与自然的关系，道家主张“无为”，人与自然看似“天人分离”，实则内含尊重自然、顺应自然之义，有敬畏自然之心，这样就可以保护自然，使其休养生息。佛家主张众生平等，“山川草木悉皆成佛”，万物之差别尽是佛性的不同表现，其本质乃是佛性的统一。针对人与自然，佛家注重因果关系，强调人类要善待自然，否则必然会受到自然的惩处。现在，现代技术经济实践对自然的破坏性后果已达到了惊人的程度，我国在实现现代化的进程中，要善待自然，注重人与自然关系的和谐，减少人对自然的无序破坏。“两山思想”提倡保护“绿水青山”，旨在维护生态平衡，使经济发展与节约资源、保护生态环境相一致。

“两山思想”丰富发展了马克思恩格斯人与自然和谐的思想。马克思恩格斯认为，人本身是自然界的产物，是在自己所处的环境中并和这个环境一起发展起来的。马克思恩格斯在思考经济发展和生态环境保护二者关系时，从实践论角度出发认为，人们在处理人与自然关系过程中，人具有主观能动性，人能够利用自然、改造自然，并造福人类

① 阮朝辉．习近平生态文明建设思想发展的历程．前沿，2015（1）：105—107.

自身。但是，马克思恩格斯也一直在强调，只有人与自然和谐一致时才能达到人类全面而自由发展，才能实现共产主义。正如恩格斯在《自然辩证法》所指出的那样，“我们不要过分陶醉于我们人类对自然界的胜利。对于每一次这样的胜利，自然界都对我们进行报复”。[①] 马克思也曾告诫：“不以伟大的自然规律为依据的人类计划，只会带来灾难。”[②] 人们普遍认为，关于马克思主义人与自然关系问题有三个基本观点：一是唯物主义的生态自然观；二是实践辩证的历史自然观；三是未来社会是人、自然与社会和谐统一的新社会或“资本主义社会的历史性替代”。[③] “两山思想”不是仅仅停留在马克思主义生态自然观与实践辩证的历史自然观基础之上，而是要在经济发展、社会进步和人的全面发展时，处理好人与自然、人与人、人与社会的关系，这是“两山思想”的理念要义。

“两山思想”对西方生态文明思想的借鉴。西方一些发达国家已经成功完成了从农业文明、工业文明到生态文明的转型，其公民大都具有良好的生态环境保护意识，养成了保护生态环境的习惯。但是，在这些国家或地区依然存在诸多生态环境保护问题，许多非政府组织和社团在为保护生态环境而努力，这也是“生态马克思主义”和建设性后现代主义研究存在的社会基础。生态马克思主义学者约翰·贝拉米·福特斯认为，以美国为首的西方发达国家的政府不可能提出生态文明建设战略，因为国家受到大财团的控制，这些大财团只会追求可持续发展的利润，而不可能是生态文明理念下的可持续发展。西方的民主、法治和私有制不可能从根本上解决生态文明建设问题，而只要求民主和法制对私有制无限地妥协、退让与溺爱。福特斯认为，反而中国政府有可能主导并实现生态文明建设，原因有两个：一是中国有传统的优秀文化，在家国同构理念与农耕文明的长期影响下，守住“绿水青山”，进行“美丽乡村”与“美丽中国”建设是互为因果关系的；二是中国已经认识到西方工业现代化的弊端与危害，中国不能走西方“先污染后治理”的老路，要走“新型工业化道路”。建设性后现代主义则是对西方的现代化和发展进行反思，对材料、工艺以及设计等方面提出了生态环保要求，增强人们生产、生活与消费方面的生态理性。因此，我国的“两山思想”实践与生态文明建设需要结合生态马克思主义和建设性后现代主义，这样才能有助于找到解决生态危机的思路。

改革开放以来，我国用30年的时间完成了发达国家200多年的工业化进程。在经济快速发展的同时，出现了经济增长方式粗放、资源环境代价过高、资源约束趋紧、环境污染严重、生态系统退化现象，现在某些行业依然存在着高投入、高消耗、高排放、不循环的特征。“绿水青山就是金山银山”的系列表述，旨在中国背景和语境下推进社会主义生态文明建设，在逐渐解决目前所面临的严重生态环境难题的同时，找到一条通向中国特色社会主义的人与自然、社会与自然关系的现实道路。[④] 因此，“两山思想”的形

---

① 中共中央马克思恩格斯列宁斯大林著作编译局．马克思恩格斯选集：第4卷．北京：人民出版社，1995：383.

② 中共中央马克思恩格斯列宁斯大林著作编译局．马克思恩格斯全集：第20卷．北京：人民出版社，1976：624，519.

③ 潘岳．马克思主义生态观与生态文明．学习时报，2015－07－13（8）.

④ 郇庆治．生态马克思主义研究回顾与展望．中国社会科学报，2016－04－12（1）.

成与发展对于落实“四个全面”与“五大发展战略”，促进我国生态文明建设具有重要的理论意义和现实意义。

二、“两山思想”嵌入“两课”教学的理论架构

我国在社会主义初级阶段要实现经济富强、政治民主、文化繁荣、社会和谐与生态文明，进而实现国家现代化。“两山思想”理念的实践契合国家“五位一体”的现代化建设体系。“两山思想”的绿色发展理念，从保护和发展生产力、激活经济发展角度来讲，是一种财富观；“两山思想”强调利用法治思维与法治方式进行生态治理，是促进民主政治发展的治理观；“两山思想”的实践离不开中国历史悠久传统文化的推动，也是我国生态伦理、生态哲学与生态文化的传承，是一种文化观；“两山思想”的“金山银山”给百姓带来福祉，是一种民生观；“两山思想”保护好“绿水青山”，改善了人们生活环境，是一种幸福观。“两山思想”蕴含的丰富理念嵌入“两课”教学，对高校大学生进行“两山思想”教育是时代发展的必然。

“两山思想”与生产力发展。生产力发展要依靠劳动者、劳动资料与劳动对象的结合，先进的生产力发展则通过高素质的劳动者利用先进的劳动工具作用于劳动对象。“两山思想”进一步拓展了生产力发展概念的内涵和外延，丰富了马克思主义生产力理论。劳动者具有“绿水青山就是金山银山”的绿色发展思维，认为保护“绿水青山”就是保护生产力，改善生态环境就是发展生产力，理解了生态环境与生产力之间的辩证关系，可以更好地发展生产力。劳动对象不是“恶水穷山”而是“绿水青山”，那么良好的生态环境自然会给予劳动者丰厚的回馈。采用绿色发展、循环发展和低碳发展的经济增长方式来发展生产力，走可持续发展道路。“尊重自然、顺应自然、保护自然”，对自然有敬畏之心，处理好人与自然的关系，则会促进生产力的发展，否则不但阻碍生产力发展，还有可能受到自然的惩罚。正如恩格斯在《自然辩证法》中提到的：“美索不达米亚、希腊、小亚细亚以及其他各地的居民，为了得到耕地，毁灭了森林，但是他们做梦也想不到，这些地方今天竟因此而成为了不毛之地。”① 自然界是客观的，人必须尊重自然，不能违背自然的客观性。

“两山思想”与生态治理。“两山思想”注重生产力的发展，这是我国经济发展和社会进步的基础，这是由我国社会发展阶段和国情决定的。但是，随着我国经济发展，生态治理问题被紧急地提到国家治理日程上来。若生态环境继续恶化而不加以有效治理，那么其必然会成为制约经济发展的瓶颈，而且会危及政治、文化、社会及生态现代化，会严重侵蚀我国改革开放成果。由此，生态治理就成为政府责任的重要选项，由政府主导进行生态治理现代化就成为各级政府不可推卸的责任。我国在过去的生态治理过程中欠账太多，而且存在诸多问题：一是生态治理实践大大落后于理念；二是政府主导不够，缺乏顶层设计与制度创新；三是责任落实不到位，责任主体、客体及生态治理内容不清晰，监督与追责力度不够；四是协同治理机制不成熟，公民参与不够广泛；五是相

① 中共中央马克思恩格斯列宁斯大林著作编译局．马克思恩格斯全集：第20卷．北京：人民出版社，1976：624，519.

关法律法规的制定和执行不够彻底。[①] 总体上讲，与一些西方发达国家相比，我国生态治理比较落后，但是生态治理的理念教育要先行。由此看来，对大学生进行“两山思想”教育，提高大学生的生态文明意识和生态文明行为具有现实紧迫性。

“两山思想”与生态文化。生态治理问题被提出来主要是因为我们面临着生态危机，而出现生态危机的深层次原因则来自于生态文化危机。人类为了自身的生存，违背自然规律，不断向大自然过度开发利用，强行索取，过度逐利，导致人类自身行为失范，甚至遭到自然界的惩罚。人类的失范行为受到人类中心主义的影响。人类中心主义的长期存在则取决于这种落后的生态文化、生态道德与生态价值观。生态危机实质上是生态文化的危机。消除生态危机就要解决文化危机，要提升人的生态文明素质，培育人的生态伦理意识，就要确立生态伦理底线。[②]

“两山思想”与民生价值。2013 年，习近平同志在海南考察时强调：“良好生态环境是最公平的公共产品，是最普惠的民生福祉。”保住“绿水青山”，维持自然生态系统平衡，既留住了人们赖以生存的经济发展资源，又提高了人们的生活质量。我国人民在经历了农业文明、工业文明之后，必然会对生态文明建设的期望值越来越高。人们在解决了吃饱穿暖等基本生存问题后，就会对政府供给的公共产品和公共服务提出更多要求，例如水是否干净，空气是否清新，食品是否安全，环境是否优美等。各级政府是否能够长期秉持“两山思想”理念，走可持续发展战略，将关系到广大人民群众的根本利益，关涉到中华民族的长远利益。《诗经·大雅·民劳》云：“民亦劳止，汔可小康。”强调多谋民生之利，多解民生之忧。无论是加大环境治理力度，实现绿色发展，还是打赢脱贫攻坚战，实现亿万人民的小康梦想，都符合民心民意。浙江省的自然地理特点是“七山二水一分田”，这里的人们没有因为耕地少而气馁退缩，反而因势利导，走“绿色浙江”“生态浙江”“美丽浙江”三大发展战略，使“绿水青山”变成了“金山银山”，给百姓带来实实在在的利益，切实提高了人们的生活水平，改变了人们的精神面貌。浙江民生的普惠发展，使浙江省城乡发展差距之小多年来一直居于全国首位。浙江省的“两山思想”成功实践案例完全可以嵌入“两山思想”教学之中。

“两山思想”与生态环境保护。山、水、林、田、湖是一个生命共同体，人的命脉在田，田的命脉在水，水的命脉在山，山的命脉在土，土的命脉在树。人虽是万物之灵，但自然是先于人而存在的，自然是人生存之本、发展之基和生命之源。人与自然是生命共同体，人们要保护“绿水青山”，拥有“绿水青山”。一旦经济发展与生态环境保护发生矛盾冲突时，必须毫不犹豫地把保护生态环境放在首位。目前在进行生态环境保护和生态文明建设时，必须理念先行：要用整体思维看待“尊重自然、顺应自然、保护自然”理念；用辩证思维看待“绿水青山就是金山银山”理念；用市场思维解决“自然价值和自然资本”之困；用协同思维保持生态系统平衡；用系统思维深化对“山水林田湖是一个生命共同体理念”的理解；用底线思维深化对“空间均衡理念”的理解；用法

---

① 杜飞进．论国家生态治理现代化．哈尔滨工业大学学报（社会科学版），2016（3）：1—14.

② 李景平．两座山理论，历史性创新——读习近平《之江新语》记．环境经济，2015（Z5）：30.

治思维约束和规范生态治理难题。①

三、“两山思想”嵌入“两课”教学的现实路径探析

生态文明教育程度是衡量一个国家文明程度的重要尺度。现阶段我国大多高校都没有“两山思想”与生态文明教育的独立课程、教材，没有相应的教学体系，我国生态文明教育已然滞后。因此，整合各生态文明教育资源与要素，建立高校生态教育共同体势在必行。“两课”教学课时充足、时间跨度长，教师整体素质高，具备一定通识教育和博雅教育能力，把“两山思想”嵌入“两课”教学也是加强公民生态文明教育的一种重要途径。

（一）把“两山思想”与“两课”教材融会贯通

首先，“两山思想”与“马克思主义基本原理概论”课程内容相融合。第一，在本门课程中要加强马克思恩格斯生态哲学思想的教育。早在150多年前马克思恩格斯就高度关注了生态环境保护问题。马克思恩格斯反对极端的人类中心主义，对人与自然关系的异化现象进行了批判，对西方资本主义在资本积累过程中忽视生态环境保护状况提供了清晰的思路。第二，在马克思主义辩证法教学中，可以运用普遍联系的观点、矛盾论、因果关系等论证人与自然的关系；运用实践论论证人与自然的主客体关系等，引导学生理解“绿水青山就是金山银山”理念，使学生理性、辩证地思考“两山思想”所蕴含的哲学原理。第三，在马克思主义唯物论教学中，让学生认识到“两山思想”的践行要依靠广大人民群众，人民群众是历史的创造者，人民群众是历史发展的决定力量。

其次，“两山思想”与“思想道德修养与法律基础”课程内容相融合。可以分为两个模块，即关于“两山思想”的思想道德教育和法律法规教育。在进行思想道德教育过程中，结合“三义、三观、三德”中的内容，对大学生进行生态思想、生态道德、生态伦理、生态的生活方式和消费模式、生态文明价值观等进行引导，帮助大学生学会判断人与自然关系中的是与非、善端与恶果，正确选择与调整自己的行为，确立生态伦理底线思维，使大学生承担未来生态文明建设责任。健全的生态法律制度，既是生态文明的标志，也是生态保护的屏障，它不仅为生态环境管理和生态环境监督提供了法律依据，也为人民享受生态环境权利、履行生态环境义务提供了法律准则。而要让大学生遵守生态法制，就必须要加强生态法制的宣传与教育。增强大学生对各种保护自然、保护环境的法规与条例的了解度，可以有效遏制其污染环境、破坏生态的冲动，使他们的生态行为有法可依，从而多角度地树立其正确的生态法治观念。我国已经颁布多部环境保护和资源保护法律、法规，以及多项环境标准，但是如何选择翔实典型、对比效果明显且关联到大学生自身的案例来触动学生心灵，使教学效果得到优化还是一个需要深度思考的问题。

再次，“两山思想”与“毛泽东思想和中国特色社会主义理论体系概论”课程内容相融合。“毛泽东思想和中国特色社会主义理论体系概论”这门课程第一章“马克思主义中国化进程中的理论成果”中，“毛泽东思想”和“中国特色社会主义理论体系”内

① 陈宗兴．生态文明——绿色变革带来的深刻调整．光明日报，2016-01-22（11）．

容都对马克思主义生态哲学思想有所继承与发展，尤其是“科学发展观”；第八章第一节“建设中国特色社会主义经济”中也有关于“转变经济发展方式”“走新型工业化道路”，建设“两型”社会等许多涉及经济发展、节约资源与环境保护的内容；第八章第五节的题目则是“建设社会主义生态文明”。因此，“两山思想”融入该门课程具有理论先决条件。安吉县是“两山思想”提出的发源地，安吉县又是“美丽乡村”国家标准示范者，在课堂上展示浙江安吉县的“两山思想”实践案例，既有助于开拓学生的知识视野，又有利于增强学生的自豪感。

再其次，可以结合“毛泽东思想”和“中国特色社会主义理论体系”内容与学生深度探讨一个问题，即“两山思想”的实践主体问题。过去我国伟大的革命、建设和改革事业都离不开农民，现在，我国进行深化改革，践行“两山思想”显然也离不开农民。“两山思想”的实践就是让具备“绿水青山”条件的地方达到农业更强、农村更美、农民更富的境界。从这个意义上说，“两山思想”是我国实现农业现代化的一条重要路径。

最后，“两山思想”与“中国近现代史纲要”课程内容相融合。要根据历史学科的内容特点，在史实材料基础上，总结生态环境保护与经济协调发展的经验，吸取历史失误的教训，以史为鉴，增强当代大学生的生态忧患意识和责任意识，帮助大学生形成科学合理的生态世界观。“中国近现代史纲要”这门课程涉及生态环境教学的内容有：第一，人类战争对生态环境保护造成的巨大破坏。例如，日军在中国掠夺并过度砍伐原始森林；日军对我国残酷地采取细菌战和化学战；还有美军对日军惩罚性使用的核弹等。第二，失误的经济发展政策破坏了生态环境保护。例如，抗战期间我国大后方难民移垦对生态环境不合理或者过度开发，还有“大跃进运动”中毁掉大量山林大炼钢铁等。第三，可以整理一些历史人物的生态思想。如清末左宗棠对近代西北生态环境的治理，在一定程度上改善了当时西北地区的生态环境。① “中国近现代史纲要”这门课程可以给学生预设“两山思想”的理念相关专题，引导学生搜集整理客观历史材料，独立完成作业，以促进“两山思想”教育。

另外，“形势与政策”没有单列为一门课程，而是以讲座形式授课，虽然这门课程课时量不多，但是覆盖面较广，可以结合关于“两山思想”的理念，灵活地对学生进行生态文明教育。

（二）把“两山思想”嵌入“两课”教学，除了强化课堂教学之外，还要注重其他教学形式，这样才能提高教学效果

狭义的“两山思想”教育，主要指“两山思想”课堂教学，是教师通过教材等教学内容与学生教学互动后完成的课程教学。广义的“两山思想”教育，还涵盖课堂教学以外的实践教学，包括高校学生工作部、校团委、校党委宣传部门主导的以及学生自身主动参与的有关“两山思想”教育的校内外活动。例如，举办有关“两山思想”教育的知识性讲座、主题班会、知识竞赛；学生实地参观、考察、调研、撰写调研报告等；鼓励大学生报名参加“两山思想”教育课题立项，帮助大学生树立正确的生态文明观；招募

① 涂雪峰，李萍凤．在中国近现代史纲要课教学中融入生态文明意识教育的思考．大学教育，2013（11）：73—74.

志愿者，成立大学生“两山思想”宣讲团；进行生态校园建设；建立“两山思想”教育网站与微信平台，充分利用新媒体的便利性提高大学生参与的积极性等。另外，师生们也可以广泛参与一些其他场所活动，例如“两山思想”教育馆、“两山思想”教育推广协会、生态教育休闲农场、生态教育与环境中心、生态教育园区、生态社区等。这些课外的教学资源与活动有助于培养大学生的生态文明责任。在当下社会转型时期，中国传统的生态文明观、中国现代的生态文明观、西方的生态文明观与马克思主义生态文明观难免有冲突和碰撞，只有通过整合有效资源，对大学生进行有效教育、引导，才能使他们摆脱迷惘，形成自己正确的生态文明观。

（三）在“两山思想”教学中，加强学科建设与师资队伍建设

在“两课”教学中嵌入“两山思想”内容，凸显“两山思想”教学效果，这无形会给本已承担繁重教学任务的“两课”教师施加了压力。为了保证“两山思想”教学质量，有必要进行“两山思想”学科建设，通过实行集体备课，为“两课”教师打造一个有效教学平台。各高校马克思主义学院、思想政治理论教学与研究部、社会科学基础部等统一组织起来，研究教学内容，制订教学目标、教学计划、教案、教学效果评价与绩效考核机制等。这样可以减少“两山思想”教学资源分散浪费、专题缺乏、内容重复、表述不一等现象。高校可以出台措施鼓励相关教师进行有关“两山思想”的教学与科学研究，使教学与科研相结合。有条件的高校可以通过成立生态文明研究院或者研究所，为教师的“两山思想”学术研究提供条件。进行“两山思想”学科建设离不开师资队伍建设。高校应通过“师资培训中心”或者“教师教育教学发展中心”等机构，激励“两课”教师参加“两山思想”教育培训，大力支持教师参加“两山思想”学术研讨会，增强“两课”教师的科研水平与教学能力。这样还能使许多教师平时零散和不自觉的“两山思想”教育工作得以聚焦，从而有效地提高“两山思想”教学效果。

现在我国的生态文明教育还存在许多问题，原因也复杂多样。把“两山思想”嵌入“两课”教学，无疑将推动我国高校生态文明教育事业不断向前发展。我国要成为生态文明教育大国，成为对生态文明建设负责任的强国，我们还有很长的路要走，还要面临一系列的困难与问题，这些现状和问题都迫使我们必须加强对生态文明教育的研究。

（作者系湖州师范学院讲师、博士）

把党的十九大精神融入思想政治理论课研究

——以“毛泽东思想和中国特色社会主义概论”课程为例

陈新芝

摘　要：思想政治理论课肩负着巩固马克思主义在高校意识形态领域指导地位的责任，是推进马克思主义中国化的重要阵地，是全面贯彻落实党的教育方针，培养新时代中国特色的社会主义事业合格建设者和可靠接班人，落实立德树人根本任务的主干渠道，是进行社会主义核心价值观教育、帮助大学生树立正确世界观、人生观、价值观的核心课程。党中央高度重视思想政治理论课的建设和发展，要建设好、发展好思想政治理论课，就必须坚持与时俱进。高校思想政治理论课是否坚持与时俱进，坚持以十九大精神为指导，事关意识形态工作大局，事关中国特色社会主义事业后继有人，事关实现中华民族伟大复兴的中国梦。因此，高校思想政治理论课必须始终把最新的十九大精神纳入课程教学之中，并摆在突出位置，重点加以学习和贯彻落实。

关键词：十九大精神；思想政治课；新时代

我国高校开设思想政治理论课是对大学生进行系统的马克思主义理论教育和思想政治教育的主渠道和主阵地。目前，高校思想政治理论课主要包括“马克思主义基本原理概论”“毛泽东思想和中国特色社会主义概论”“中国近现代史纲要”“思想道德修养和法律基础”“形势与政策以及当代世界经济和政治”五门公共课程。对于如何把党的十九大精神融入思想政治理论课中，引领高校广大的师生进行学习研究，本文主要以“毛泽东思想和中国特色社会主义概论”这门课程为例来进行研究和探讨。

一、十九大对思想政治理论课的新定位

高校思想政治理论课坚持以马克思列宁主义、毛泽东思想、邓小平理论、“三个代表”重要思想、科学发展观为指导，深入贯彻落实党的十八大和十八届三中、四中全会精神，深入贯彻落实习近平同志系列重要讲话精神，深入贯彻落实《关于进一步加强和改进新形势下高校宣传思想工作的意见》精神，全面贯彻党的教育方针，立足坚定大学生对中国特色社会主义的道路自信、理论自信、制度自信，以人才培养为核心，以问题为导向，以教育教学实效性为评价标准，落实思想政治理论课在高校立德树人工作中的战略地位，把培育和践行社会主义核心价值观融入教书育人全过程。高校思想政治理论课不仅是培养新时代建设中国特色社会主义现代化事业的合格建设者和可靠接班人，也是进行社会主义新时代、新思想教育的主要途径，更是在新的时期帮助大学生树立正确

的世界观、人生观、价值观的核心课程。在十九大报告中，习近平同志明确指出，提升思想政治教育亲和力和针对性，满足学生成长发展需求和期待，是新形势下提高高校思想政治工作实效性的关键。思想政治理论课（以下简称思政课）作为高校思想政治教育主阵地，应顺应时代发展，从大学生发展需求和新的期待出发，坚持在改进中加强、在创新中提高，在价值引领中增强大学生的获得感，努力让思政课充满活力。思政课作为以价值引领为主要任务的课程，依托马克思主义理论学科专业优势，在训练科学思维方法和能力、培育积极生活理念和健康生活态度等方面，主动与专业课程教育、社会实践等环节相衔接和呼应，把立德树人、规范管理的严格要求与春风化雨、润物无声的灵活方式结合起来。思政课肩负着知识传授与价值观引领双重使命，不仅要引导大学生树立正确的世界观、人生观、价值观，还必须科学讲解马克思列宁主义、毛泽东思想、中国特色社会主义理论体系，特别是习近平同志系列重要讲话精神及十九大精神的基本内涵、基本立场、基本方法，让学生能够用科学理论分析和解答经济社会发展中的现实问题，让学生知其然，更知其所以然。这对思政课提出了新的时代要求，也对思政课教师提出了更高的要求。思政课教师只有具备深厚的理论素养和学术积淀，才能把理论问题讲准、讲全、讲透。高校思政课不应局限于校园，而应走进社会，与实务部门、文化单位、居民社区合作，建设第二课堂，增强课程的生动性、实践性。充分利用互联网、大数据和新媒体，开展形式多样的教育，打造学生喜爱的网络教育平台，实现资源共享、优势互补，共同推动高校思政课再上新台阶，为实现"两个一百年"奋斗目标、实现中华民族伟大复兴中国梦发挥应有的作用。

二、把十九大精神融入思政课中

十九大召开以后，学习宣传贯彻党的十九大精神是当前和今后一段时期学校首要的政治任务，而高校思政课教师在学习宣传贯彻党的十九大精神方面发挥着不可替代的作用，因此要切实做好党的十九大精神"进教材、进课堂、进头脑"的工作离不开思政课教师。为深入贯彻落实习近平同志在全国高校思想政治工作会议上的重要讲话精神及十九大报告的重要指导思想，必须把十九大精神融入思政课中，重点加以学习研究。为了提高研究的针对性、实效性，本文选取最具代表性和时代性的"毛泽东思想和中国特色社会主义概论"课程为例，融入十九大提出的新时代、新矛盾、新思想、新征程等几方面的内容。

（一）把中国特色社会主义新时代的主要内容融入"毛泽东思想和中国特色社会主义概论"课程中

经过长期努力，中国特色社会主义进入了新时代，意味着近代以来久经磨难的中华民族迎来了从站起来、富起来到强起来的伟大飞跃，迎来了实现中华民族伟大复兴的光明前景。在《毛泽东思想和中国特色社会主义概论》教材的第五章主要介绍建设中国特色社会主义的总依据，包括社会主义初级阶段的理论及基本路线和基本纲领。党的十九大对社会主义初级阶段有了新的方位，我国已经进入中国特色社会主义新时代。新时代是继续夺取中国特色社会主义伟大胜利的时代，是决胜全面建成小康社会，进而全面建设社会主义现代化强国的时代，是全国各族人民团结奋斗、不断创造美好生活、逐步实现全体人民共同富裕的时代，是全体中华儿女勠力同心、奋力实现中华民族伟大复兴中国梦的时代，是我国日益走进世界舞台中央、不断为人类做出巨大贡献的时代。新的时代意味着有新的方略、新的布局和新的目标。十九大报告提出了十四个基本方略和七个发展战略，其中七个发展战略包括科教兴国战略、可持续发展战略、人才强国战略、军民融合发展战略、创新驱动发展战略、区域协调发展战略、乡村振兴战略等。新时代新的总布局是从经济、政治、文化、社会、生态、国防和军队、“一国两制”和祖国统一、外交、党建九个方面分析的。新的奋斗目标是从全面建成小康社会到全面建成社会主义现代化强国。十九大提出的这些新的内容必须纳入《毛泽东思想和中国特色社会主义概论》教材之中，实现教材相应章节内容的更新与完善，引导全体社会成员及全校师生重点学习和研究。

（二）把中国特色社会主义新矛盾纳入“毛泽东思想和中国特色社会主义概论”课程中

中国特色社会主义进入新时代，我国社会主要矛盾已经从人民日益增长的物质文化需要与落后的社会生产之间的矛盾转化为人民日益增长的美好生活需要和不平衡不充分的发展之间的矛盾。我国稳定解决了十几亿人的温饱问题，总体上实现小康，不久将全面建成小康社会，人民美好生活需要日益广泛，不仅对物质文化生活提出了更高要求，而且在民主、法治、公平、正义、安全、环境等方面的要求也日益增长。同时，我国社会生产力水平总体上显著提高，社会生产能力在很多方面进入世界前列，更加突出的问题是发展不平衡不充分，这已经成为满足人民日益增长的美好生活需要的主要制约因素。首先，发展不平衡，主要包括城乡不平衡、地区不平衡、人群不平衡。发展不平衡的本质，是人民需求与社会供给不匹配，特别体现在就业、教育、医疗、居住、养老等民生领域，满足不了各类人群的需求。产品质量、服务质量、环境质量、食品药品安全质量等问题仍十分突出。其次，发展不充分，既体现在发展质量和效益还不高，也体现在中国制造需要向中国创造、中国智造升级等方面。

社会矛盾在本质上讲的是需要和供给之间的矛盾。从需求侧看，美好生活日益多样化，不仅包括物质方面，而且还包括民主、法治、公平、正义、安全、环境等非物质需求；从供给侧看，虽然落后的社会生产已经实现质的飞越，社会生产能力在很多方面进入世界前列，但仍然不能满足近 14 亿人对不同产品结构和各种服务的需求。追求发展上的平衡和充分，是社会发展到一定阶段才会出现的现象。过去矛盾的主要方面是生产规模与人们物质需求的不匹配，现在转向为生产质量与人们需求的不匹配。这是从温饱社会迈入小康社会，进而向共同富裕社会前进的国情使然。新中国成立的时候，需要建立以公有制为主导的经济体系，所以主要矛盾是无产阶级和资产阶级之间的矛盾；社会主义改造已经完成，重心任务是实现工业化和解决温饱，主要矛盾是人民对于建立先进的工业国的要求同落后的农业国的现实之间的矛盾，是人民对于经济文化迅速发展的需要同当前经济文化不能满足人民需要的状况之间的矛盾；在改革开放之初，我国社会的主要矛盾是人民日益增长的物质文化需要同落后的社会生产之间的矛盾。十九大对社会主要矛盾变化作出的重大判断，抓住了新时代中国基本国情的主要特征。社会主要矛盾的转化，从全局上决定着党和国家发展工作重点的转变。当然，主要矛盾的变化没有改变我们对我国社会所处的历史阶段的判断。这样的重大历史判断，必须纳入“毛泽东思想和中国特色社会主义概论”课程中去，尤其是教材第五章第二节讲到的社会主义初级阶段的主要矛盾，内容要结合十九大做出的重大判断，即社会矛盾的新变化、新矛盾进行更新融合，引导高校教师对新矛盾产生的历史背景和时代要求进行研究，并在深入研究的基础上开展教学，引导大学生对当前存在的新矛盾进行研究和学习。

（三）把习近平新时代中国特色社会主义思想融入“毛泽东思想和中国特色社会主义概论”课程中

习近平同志系列重要讲话和治国理政新理念新思想新战略，形成了习近平新时代中国特色社会主义思想。这一思想形成的背景是时代是思想之母，实践是理论之源。习近平新时代中国特色社会主义思想的核心是八大明确。第一，明确坚持和发展中国特色社会主义，总任务是实现社会主义现代化和中华民族伟大复兴，在全面建成小康社会的基础上，分两步走在本世纪中叶建成富强民主文明和谐美丽的社会主义现代化强国。这部分内容正是《毛泽东思想和中国特色社会主义概论》教材第六章涉及的社会主义本质和建设中国特色社会主义总任务的内容，因此，必须在这一章节中融入十九大提出的总任务的新内容。第二，明确新时代我国社会主要矛盾是人民日益增长的美好生活需要和不平衡不充分的发展之间的矛盾，必须坚持以人民为中心的发展思想，不断促进人的全面发展、全体人民共同富裕。这部分内容正是《毛泽东思想和中国特色社会主义概论》教材第五章涉及的社会主义初级阶段的主要矛盾的内容，因此，必须在这一章节中融入十九大提出的新矛盾的主要内容。第三，明确中国特色社会主义事业总体布局是“五位一体”、战略布局是“四个全面”，强调坚定道路自信、理论自信、制度自信、文化自信。这部分内容正是《毛泽东思想和中国特色社会主义概论》教材第八章涉及的建设中国特色社会主义总布局的内容，因此，必须在这一章节中融入十九大提出的总布局的新内容。第四，明确全面深化改革总目标是完善和发展中国特色社会主义制度、推进国家治理体系和治理能力现代化。这部分内容正是《毛泽东思想和中国特色社会主义概论》教材第七章第二节涉及的全面深化改革的内容，因此，必须在这一节中融入十九大提出的全面深化改革的新内容。第五，明确全面推进依法治国总目标是建设中国特色社会主义法治体系、建设社会主义法治国家。这部分内容正是《毛泽东思想和中国特色社会主义概论》教材第八章第二节涉及的全面依法治国的内容，因此，必须在这一节中融入十九大提出的依法治国的新内容。第六，明确党在新时代的强军目标是建设一支听党指挥、能打胜仗、作风优良的人民军队，把人民军队建设成为世界一流军队。这部分内容正是《毛泽东思想和中国特色社会主义概论》教材第十一章第四节涉及的建设巩固国防和强大军队的内容，因此，必须在这一节中融入十九大提出的新时代强军目标的新内容。第七，明确中国特色大国外交要推动构建新型国际关系，推动构建人类命运共同体。这部分内容正是《毛泽东思想和中国特色社会主义概论》教材第十章涉及的中国特色社会主义外交和国际战略的内容，因此，必须在这一章节中融入十九大提出的外交战略的新内容。第八，明确中国特色社会主义最本质的特征是中国共产党的领导，中国特色社会主义制度的最大优势是中国共产党的领导，党是最高政治领导力量，提出新时代党的建设总要求，突出政治建设在党的建设中的重要地位。这部分内容正是《毛泽东思想和中国特色社会主义概论》教材第十二章涉及的建设中国特色社会主义的领导核心的内容，因此，必须在这一章节中融入十九大提出的领导核心的新内容。

习近平新时代中国特色社会主义思想，是对马克思列宁主义、毛泽东思想、邓小平理论、“三个代表”重要思想、科学发展观的继承和发展，是马克思主义中国化最新成果，是党和人民实践经验和集体智慧的结晶，是中国特色社会主义理论体系的重要组成部分。马克思主义的理论品质就在于它是一个随着时代变迁，随着共产主义运动的发展不断自我发展、自我完善的开放的理论体系。毛泽东思想是马克思主义的有机构成，邓小平理论、“三个代表”重要思想和科学发展观是马克思主义的有机构成，现在党的十九大提出来的习近平新时代中国特色社会主义思想，当然也是马克思主义的有机构成，是马克思主义中国化的最新成果，是当代中国的马克思主义，因此习近平新时代中国特色社会主义思想必须融入《毛泽东思想和中国特色社会主义概论》教材相应的章节中进行重点研究和学习。

（四）把中国特色社会主义新征程融入“毛泽东思想和中国特色社会主义概论”课程中

改革开放之后，我们党对我国社会主义现代化建设做出战略安排，提出“三步走”战略目标。解决人民温饱问题、人民生活总体上达到小康水平这两个目标已提前实现。在这个基础上，我们党提出，到建党一百年时建成经济更加发展、民主更加健全、科教更加进步、文化更加繁荣、社会更加和谐、人民生活更加殷实的小康社会，然后再奋斗三十年，到新中国成立一百年时，基本实现现代化，把我国建成社会主义现代化国家，决胜全面建成小康社会，开启了全面建设社会主义现代化国家新征程。从现在到 2020 年，是全面建成小康社会决胜期。要按照十六大、十七大、十八大提出的全面建成小康社会各项要求，紧扣我国社会主要矛盾变化，统筹推进经济建设、政治建设、文化建设、社会建设、生态文明建设，坚定实施科教兴国战略、人才强国战略、创新驱动发展战略、乡村振兴战略、区域协调发展战略、可持续发展战略、军民融合发展战略，突出抓重点、补短板、强弱项，特别是要坚决打好防范化解重大风险、精准脱贫、污染防治的攻坚战，使全面建成小康社会得到人民认可、经得起历史检验。我们既要全面建成小康社会、实现第一个百年奋斗目标，又要乘势而上开启全面建设社会主义现代化国家新征程，向第二个百年奋斗目标进军。

综合分析国际国内形势和我国发展条件，从 2020 年到本世纪中叶可以分两个阶段来安排。第一个阶段，从 2020 年到 2035 年，在全面建成小康社会的基础上，再奋斗 15 年，基本实现社会主义现代化。到那时，我国经济实力、科技实力将大幅跃升，跻身创新型国家前列；人民平等参与、平等发展权利得到充分保障，法治国家、法治政府、法治社会基本建成，各方面制度更加完善，国家治理体系和治理能力现代化基本实现；社会文明程度达到新的高度，国家文化软实力显著增强，中华文化影响更加广泛深入；人民生活更为宽裕，中等收入群体比例明显提高，城乡区域发展差距和居民生活水平差距显著缩小，基本公共服务均等化基本实现，全体人民共同富裕迈出坚实步伐；现代社会治理格局基本形成，社会充满活力又和谐有序；生态环境根本好转，美丽中国目标基本实现。第二个阶段，从 2035 年到本世纪中叶，在基本实现现代化的基础上，再奋斗 15

年，把我国建成富强民主文明和谐美丽的社会主义现代化强国。到那时，我国物质文明、政治文明、精神文明、社会文明、生态文明将全面提升，实现国家治理体系和治理能力现代化，成为综合国力和国际影响力领先的国家，全体人民共同富裕基本实现，我国人民将享有更加幸福安康的生活，中华民族将以更加昂扬的姿态屹立于世界民族之林。以上十九大提出的新征程的内容正是《毛泽东思想和中国特色社会主义概论》教材第六章第三节中国特色社会主义的发展战略所涉及的内容，因此，必须在这一节中融入十九大提出的发展战略的新内容。

三、把十九大精神融入“毛泽东思想和中国特色社会主义概论”课程的全过程

（一）以教材为基础，十九大精神为依托，更新完善“毛泽东思想和中国特色社会主义概论”课程教学内容

1. 大力推进《毛泽东思想和中国特色社会主义概论》教材内容的更新和使用

根据十九大精神和教学实际需要，坚持与时俱进的原则，及时修订“毛泽东思想和中国特色社会主义概论”课程教学大纲，组织制定“毛泽东思想和中国特色社会主义概论”课程要点。建立教材使用情况即时监测制度，跟踪分析师生对教材使用的意见建议，把师生评价作为教材修订的重要标准，吸收学习研究十九大精神的一线教师参与教材修订工作。建立《毛泽东思想和中国特色社会主义概论》教材研究中心，加强对教材内容的更新和表述方式的研究，加强对思政课学术话语体系的研究，推动提高思政课教材编写的质量和水平。依据十九大精神编写马克思主义理论学科本科生和研究生核心课程教材，各地各高校要确保思政课教学使用统编教材。

2. 编写完善融入十九大精神的教学系列用书

组织编写与《毛泽东思想和中国特色社会主义概论》教材相配套并且融入十九大精神的教师参考书、以十九大为时政热点的疑难问题解析、教学案例解析、十九大精神学生辅导读本、时政手册等教学用书，更好地促进学生对统编教材更新内容的理解和把握。组织编发“毛泽东思想和中国特色社会主义概论”课程教学活页。把十九大精神、《习近平同志系列重要讲话读本》《中国特色社会主义学习读本》《马克思主义哲学十讲》和《世界社会主义五百年》等作为“毛泽东思想和中国特色社会主义概论”课程教学的重要参考书。开展对教材更新的重点难点研究，完善教学系列用书编写体例，创新编写模式。加强编写队伍建设，形成老中青年相结合、学科背景相补充的梯队。各地各高校，特别是民族地区可以依据对十九大精神的学习情况，组织编写符合实际需要的“毛泽东思想和中国特色社会主义概论”课程教学参考用书。

3. 切实推进“毛泽东思想和中国特色社会主义概论”课程的优质教学资源共享

推进建设“毛泽东思想和中国特色社会主义概论”课程网站，建立网站建设机制，优化栏目设置，使之成为全国“毛泽东思想和中国特色社会主义概论”课程教师共建共享共管的平台。成立全国思政课网站信息共享联盟，整合各地各高校优质网络教学资源。推动思想政治理论教育网络期刊建设，探索建立思想政治理论教育类优秀网络文章在科研成果统计、职务评聘方面的激励机制。建立文献共享资源库。建设一批教学资源研究实验室，系统总结优质教学资源。建立大学生思政课十九大精神时政主题学习网站

和微信公众号学习平台，使之成为宣传展示十九大精神的阵地。各地各高校要积极参与相关网站建设，采取切实措施推动本地本校教学资源共建共享。

（二）切实提高专职教师整体素质，集中“毛泽东思想和中国特色社会主义概论”课程教师学习十九大精神

1. 建立“毛泽东思想和中国特色社会主义概论”课程教师学习和考核制度

制定“毛泽东思想和中国特色社会主义概论”课程教师任职资格标准，把理论水平和政治立场作为教师聘用的首要标准，严把教师聘用政治关。建立新进教师宣誓和专任教师定期网络注册学习制度。严格教师管理，在事关政治原则、政治立场和政治方向上不能与党中央保持一致的，或理论素质、教学水平达不到相应课程要求的，不积极参与学习实现自我提升的，不得继续担任“毛泽东思想和中国特色社会主义概论”课程教师。各高校要结合“毛泽东思想和中国特色社会主义概论”课程教师岗位实际，合理确定选聘条件，加强后备人才储备，充分保障“毛泽东思想和中国特色社会主义概论”课程教学和科研用人需求。

2. 进一步完善“毛泽东思想和中国特色社会主义概论”课程教师培养培训制度

逐步健全完善国家示范培训、省级分批轮训、学校全员培训紧密衔接、相互补充的三级培训体系。以十九大精神为指导，统筹规划培训内容，系统设计培训形式，组织编写培训教材，形成满足不同层面需要的菜单式培训方案。中宣部、教育部举办骨干教师、新进教师、新修订教材使用、社会实践研修等示范培训。鼓励教学科研骨干教师参与学习和培养。在高校哲学社会科学教学科研骨干研修班中增加“毛泽东思想和中国特色社会主义概论”课程教师培训名额。实施教学科研团队择优支持计划。加强教育部高校思政课教师社会实践研修基地建设。将思政课教学科研骨干培养与干部队伍建设结合起来，支持教学科研骨干、马克思主义学院负责人到相关部门挂职或实践锻炼。探索运用网络开展远程培训，运用微信公众号开展微培训，增强培训灵活性、时效性，扩大培训覆盖面。各地各高校要认真贯彻落实《普通高等学校思想政治理论课教师队伍培养规划（2013—2017 年）》，研究制订具体实施计划。各高校每年对“毛泽东思想和中国特色社会主义概论”课程教师至少培训一次，并组织“毛泽东思想和中国特色社会主义概论”课程教师对十九大精神的新思想进行系统学习。

3. 建立“毛泽东思想和中国特色社会主义概论”课程特聘教授制度

设立“毛泽东思想和中国特色社会主义概论”课程兼职教师岗位，制定“毛泽东思想和中国特色社会主义概论”课程特聘教授任职标准，聘请符合条件的专家学者、党政领导干部和先进人物等兼任“毛泽东思想和中国特色社会主义概论”课程教师。教育部建立思政课特聘教授资源库，为各地各高校提供优质教师资源。规范思政课特聘教授管理，建立完善思政课特聘教授巡讲机制。各地各高校要根据实际制定相应政策，加大经费投入，实施好特聘教授制度。高校所有校领导要带头讲思政课。鼓励支持辅导员、班主任骨干兼任“毛泽东思想和中国特色社会主义概论”课程教师，鼓励支持“毛泽东思想和中国特色社会主义概论”课程教师从事辅导员、班主任工作，推动两支队伍的有机融合。鼓励支持哲学社会科学教师参与“毛泽东思想和中国特色社会主义概论”课程教学。

（三）积极培育和推广优秀教学方法，建立形式多样、与时俱进的“毛泽东思想和中国特色社会主义概论”课堂教学模式

1. 培育推广优秀教学方法

选取若干所高校建立“毛泽东思想和中国特色社会主义概论”课程教学改革试验基地，统筹课堂教学、实践教学、网络教学建设，充分发挥课堂教学的主渠道作用和实践教学、网络教学的有效补充作用，积极开展“毛泽东思想和中国特色社会主义概论”课程综合改革试点探索。依托教学指导委员会制定教学方法改革建议，鼓励创新教学模式。实施教学方法改革项目“择优推广计划”，遴选和培育形式新颖、效果良好、受学生欢迎的优秀“毛泽东思想和中国特色社会主义概论”课程教学方法改革项目，完善项目遴选、培育和推广机制。各地各高校要积极推进专题教学，更新提炼教学内容，强化问题意识，构建重点突出、贴近实际的教学体系。探索网络教学试点，开发“毛泽东思想和中国特色社会主义概论”在线课程，组织大学生开展十九大精神的学习活动，开发一批名师名家网络示范课，推进优质网络教学资源建设。建立覆盖面广、代表性强的教学方法改革信息库，加强对教学方法改革的分析和研究。

2. 不断深化“毛泽东思想和中国特色社会主义概论”课程教学与理论研究

实施“毛泽东思想和中国特色社会主义概论”课程教学攻关行动计划，统筹社会专家资源建立教学改革智库，开展教学重点问题研究，结合十九大精神建立教学热点难点定期搜集解答制度，为深化教学改革、增强教学效果提供有力支撑。实施集体备课制度，深入开展多种形式的教学讨论和辩论，加强对“毛泽东思想和中国特色社会主义概论”课程教学设计的研究，加强对更新内容衔接的研究。加强对教案编写、课件制作、课堂教学组织的研究，努力形成一批精彩教案、精彩课件，打造一批精彩课堂。推出优秀的“毛泽东思想和中国特色社会主义概论”课程教学学术专著。各地各高校要积极鼓励广大教师开展理论研究，研究回答重大理论和现实问题。

3. 切实加强“毛泽东思想和中国特色社会主义概论”课程教学管理

严格落实“毛泽东思想和中国特色社会主义概论”课程的学分规定，不得以任何形式变相压减课时。合理设置教学规模，推行中班教学，班级规模原则上不超过 100 人。充分运用网络等现代技术手段，探索中班上课的教学模式。科学安排教学时间。实施教师听课互评互学制度，开展“毛泽东思想和中国特色社会主义概论”课程教学观摩活动。坚持知行合一原则，创新考试考核办法，探索建立科学全面准确评价学生“毛泽东思想和中国特色社会主义概论”课程学习效果的评价体系。各高校要健全学生评教制度，完善评教方式，合理运用评教结果。

（四）强化实践教学，加强与“毛泽东思想和中国特色社会主义概论”课堂教学相互促进的第二课堂教学

1. 着力培育学习研究十九大精神的理论骨干和理论社团

实施卓越马克思主义理论人才培养计划，加强十九大精神的理论研究骨干培养。各地各高校要鼓励“毛泽东思想和中国特色社会主义概论”课程名师担任青年马克思主义者培养工程培训专家。举办理论学习夏令营，开展“理论之星”评选活动，鼓励学生学习十九大精神及马克思主义经典著作。加强对学生理论社团的引导，每个理论社团配备

一位“毛泽东思想和中国特色社会主义概论”课程教师担任指导老师。开展“高校优秀学生理论社团评选活动”，引导和鼓励学生通过自我学习、自我教育的方式拓展课堂教学成果。

2. 着力提高校园文化建设的理论品质

实施高校学生十九大精神自主学习行动计划，充分发挥学生理论学习的主体作用。结合“毛泽东思想和中国特色社会主义概论”课程学习，组织学生开展形式多样的文化艺术活动，举办十九大精神学习沙龙。围绕“毛泽东思想和中国特色社会主义概论”课程学习，开展高校学生多媒体创作展示活动。围绕“毛泽东思想和中国特色社会主义概论”课程热点难点问题，组织开展全国高校学生以十九大精神为主题的理论学习讨论会，让学生围绕十九大在讨论中增进价值认同，增强理论自信。

3. 整合资源强化“毛泽东思想和中国特色社会主义概论”课程实践教学

制定印发《高校思想政治理论课实践教学大纲》，进一步规范实践教学。推动“毛泽东思想和中国特色社会主义概论”课程实践教学与大学生社会实践活动有机结合，整合“毛泽东思想和中国特色社会主义概论”课程教师和辅导员队伍，共同参与组织指导实践教学。各高校要健全组织管理方式，逐步形成学校思政课教学科研机构、宣传部、教务处、学工部、团委等部门协调配合的实践教学工作机制。积极争取社会各方面支持，整合实践教学资源，拓展实践教学形式，建设一批相对稳定的思政课实践教学基地。注重总结实践教学成果，把优秀调研报告等作为“毛泽东思想和中国特色社会主义概论”课程教学的补充材料。

（作者系昭通学院管理学院助教）

浅析习近平关于青年思想政治教育的重要论述

李瑶瑶

摘　要：青年思想政治教育历来都是中国共产党非常重视的一项工作。十八大以来，以习近平同志为核心的党的新的领导集体，把青年思想政治教育工作摆在了更突出更重要的位置，在十九大报告中，习近平同志也强调青年是国家未来发展的希望。本文主要从形成的理论基础、具体内容，以及在当代的意义三个方面浅析习近平关于青年思想政治教育的重要论述。指出在中国特色社会主义事业的发展中，应高度重视青年思想政治教育工作。

关键词：习近平；新时代；青年思想政治教育思想

一、十八大之前的青年思想政治教育的思想

（一）马克思主义经典作家关于青年思想政治教育的思想

早在马克思主义经典作家生活的那个时代，青年思想就备受关注，马克思、恩格斯、列宁等都曾对青年教育做出过精辟的论述。

马克思主义者认为："青年是现实社会中最活跃的力量，是社会各个阶级、各种利益集团极力争取的对象。青年是个别的、具体的，又是整体的。"① 马克思在读中学的时候，他就有"青年要为人类的福利和美好生活而劳动"这样异于常人的伟大思想。

马克思对青年的关注很早就开始了，他曾发出感叹："他们自己没有能力保护自己，因此社会有责任和义务保护他们。"② 同时，马克思还十分重视对青年的教育，他指出："最先进的工人完全了解他们阶级的未来，从而也是人类社会的未来，完全取决于正在成长的工人一代的教育。"③ 恩格斯在青年时期也曾提出"到青年工人中当革命先锋"。列宁在对关于青年的论述中也指出："我们是未来的党，而未来是属于青年的。"④ "我相信青年们一定会健康成长起来，到未来的世界革命成熟的时候就能够完全胜任自己的

① 共产主义青年团中央团校．马克思恩格斯列宁斯大林论青年．北京：中国青年出版社，1980：68.

② 马克思，恩格斯．马克思恩格斯全集：第4卷．北京：人民出版社，1961：217.

③ 共产主义青年团中央团校．马克思恩格斯列宁斯大林论青年．北京：中国青年出版社，1980：68.

④ 列宁．列宁选集：第1卷．北京：人民出版社，1995：123.

任务……只有把青年的学习、培训结合起来，用教育加以根本改造，我们才能做到这一切。”[①] 列宁还强调：“在社会主义条件下，思想政治教育必须保证无产阶级的意识形态占领学校阵地，加强对青年学生的思想政治教育。”[②] 在对青年进行教育时，列宁进一步指出：“需要青年的力量，必须更广泛和更大胆地、更大胆和更广泛地、再更广泛和再更大胆地把青年组织起来，不要对青年存戒心。”[③]

（二）毛泽东关于青年思想政治教育的重要论述

毛泽东同志是中国共产党的第一代领导集体的核心，他不仅关心青年的成长，还特别关心青年的思想政治教育问题。毛泽东同志把青年看作是最有希望的一代，是朝气蓬勃的青年一代。青年不仅要学习文化知识，还要注重思想政治教育，所以，他认为，对青年进行思想上的教育是必要的也是迫切的。除此之外，毛泽东还特别重视对青年艰苦奋斗的教育，提出“没有艰苦奋斗的工作作风，也就不能执行坚定正确的政治方向”。[④] 这样的教育是必要的，可以使青年一代明白今天的幸福生活来之不易，是无数先烈前辈辛辛苦苦打拼下来的，告诫青年一代要学会感恩，并且要珍惜现在拥有的幸福生活。最重要的是，毛泽东同志还强调青年一代的政治取向要和国家的发展相一致，因为他们的取向与国家的发展息息相关。

（三）邓小平关于青年思想政治教育的重要论述

改革开放以来，邓小平同志以其超于寻常人的智慧，带领全国人民进入了一个全新的历史阶段。在这一阶段中，如果仔细研读邓小平理论，我们不难发现，他对青年的教育也是非常重视的。在改革开放之前，由于种种原因，我们国家对青年一代的教育忽视了，造成了巨大损失。邓小平同志在回顾这一段历史的时候，无不惋惜在这十年里最大的失误就是教育，而这里主要讲的就是思想政治教育。“我们最大的失误在教育，对年轻娃娃、青年学生教育不够。”[⑤]

理想信念方面的教育，是邓小平对青年思想政治教育的重点，他说道：“为什么我们过去能在非常困难的情况下奋斗出来，战胜千难万险使革命胜利呢？就是因为我们有理想，有马克思主义信念，有共产主义信念。”[⑥] 除此之外，针对当时社会中出现的一些不良现象，他提出了对青年的纪律教育与法制教育，“四有新人”中的“有纪律”就是邓小平提出来的。“没有纪律，就会像旧中国那样一盘散沙。”[⑦]

（四）江泽民关于青年思想政治教育的重要论述

江泽民同志对青年的思想政治教育也没有放松过，“抓好教育和青少年的思想工作

① 共产主义青年团中央团校．马克思恩格斯列宁斯大林论青年．北京：中国青年出版社，1980：87.

② 列宁．列宁选集：第4卷．北京：人民出版社，1995：283.

③ 列宁．列宁选集：第4卷．北京：人民出版社，1995：123.

④ 毛泽东．毛泽东选集：第3卷．北京：人民出版社，1991：1039.

⑤ 邓小平．邓小平文选：第3卷．北京：人民出版社，1997：327.

⑥ 中共中央文献研究室．邓小平论教育．北京：人民教育出版社，1995：145.

⑦ 邓小平．邓小平文选：第3卷．北京：人民出版社，1993：111.

……关系到我国社会主义现代化能否取得成功”① 是他对年青一代发出的呼吁。首先，是对青年进行马克思主义理论教育，注重青年的意识形态教育；其次，是对青年进行理想信念教育，要时刻提醒青年树立坚定的理想信念，不断使自己前进；最后，“要加强对青少年学生进行爱国主义、集体主义、社会主义思想教育”。② 使青年在受到当今社会各种思潮冲击的时候，能够保持清醒的头脑，热爱祖国。

（五）胡锦涛关于青年思想政治教育的重要论述

胡锦涛同志对青年思想政治教育中道德引导、政治理论教育更为重视。认为青年一代除了要不断学习马克思主义理论之外，他还首次提出了社会主义核心价值体系教育。2007 年，在党的十七大报告中，首次将建设社会主义核心价值体系纳入其中。“积极探索用社会主义核心价值体系引领社会思潮的有效途径，增强社会主义意识形态的吸引力和凝聚力。”③ 为了使其具体，胡锦涛同志创新性地提出了“八荣八耻”社会主义荣辱观。为了使教育效果显著，胡锦涛同志提出了“贴近实际，贴近生活，贴近群众，把宣传思想工作做实做活做深”④ 的具体做法和原则。

二、习近平关于青年思想政治教育的重要论述

十八大以来，以习近平同志为核心的党中央，在把握新时代国际国内社会发展的大势，实现“国家富强、民族振兴、人民幸福”的伟大中国梦的道路上，提出了新时代青年的思想政治教育思想。当然，我们在研读习近平同志关于青年思想政治教育思想的时候，不难发现，党中央的领导人提出的思想有着密切的联系，例如，在对马克思主义理论学习方面，对青年艰苦奋斗的教育、对青年理想信念的教育、对青年价值观的教育等方面，这些思想不仅在前人的思想中可以找到，在习近平同志的思想中也可以看出来，而且更加具体详细。

（一）对青年以中国梦为基础的理想信念的教育

青年的理想信念，历来都受到党中央以及社会各界的关心，无论是在马克思主义理论中，还是在我国领导人的具体思想中，对青年的理想信念教育从未停止过。坚定的理想信念在困难时期我们需要，坚定的理想信念在当今的社会生活中，我们同样需要。

2013 年 5 月 4 日，习近平同志在同各界优秀青年代表座谈会上，提出的第一点要求，就是要有坚定的理想信念，他指出如果没有坚定的理想信念，精神上就会“缺钙”得“软骨病”，习近平同志也曾回忆说：“年轻的我，在当年陕北贫瘠的黄土地上，不断思考着‘生存还是毁灭’的问题，最后我立下为祖国、为人民奉献自己的信念。”⑤ 也

---

① 江泽民．江泽民文选：第 2 卷．北京：人民出版社，2006：591.

② 江泽民．江泽民文选：第 2 卷．北京：人民出版社，2006：590.

③ 胡锦涛．高举中国特色社会主义伟大旗帜　为夺取全面建设小康社会新胜利而奋斗——在中国共产党第十七次全国代表大会上的报告．人民日报，2007－10－15.

④ 胡锦涛．坚持用“三个代表”重要思想统领宣传思想工作　为全面建设小康社会提供科学理论指导和强大舆论力量．人民日报，2003－12－18.

⑤ 习近平．习近平伦敦演讲追忆在陕北的 7 年时光．http：//hsb. hsw. cn/system/2015/1023/20995. shtml/，2015－10－23.

正是有了这样坚定的理想信念，使他度过了7年艰苦的知青岁月，促使他有足够的能力带领中国继续前行。而面对如今社会中的一些不良现象，青年一代在各种社会思潮的冲击下，很多人迷失自我，找不到自己真正的理想信念，尤其是“九〇后”的一些年轻人，更是以获得金钱、获得权力作为自己的奋斗目标，把实现共产主义的伟大理想作为信念的仅仅是少数人。这不禁令人担忧、令社会担忧，青年一代到底是怎么了？理想信念是我们生活中不可或缺的部分。

（二）对青年核心价值观的教育

核心价值观是一个国家、一个民族长足进步中不可忽视的重要精神力量，“如果一个民族、一个国家没有共同的核心价值观，莫衷一是，行无依归，那么这个民族、这个国家就无法前进”。[①] 2006年10月，党的十六届六中全会第一次明确提出了“建设社会主义核心价值体系”的重大命题和战略任务，并把社会主义核心价值观作为其内核。2012年11月，十八大报告中对社会主义核心价值观做出了最新概括，概括为24个字，富强、民主、文明、和谐、自由、平等、公正、法治、爱国、敬业、诚信、友善，积极培育社会主义核心价值观。十八大以来，习近平同志特别重视我国的社会主义核心价值观培育与践行工作，多次专门针对这方面内容发表过多次重要讲话。习近平同志强调：“把培育和弘扬社会主义核心价值观作为凝魂聚气、强基固本的基础工程。”[②] 随后党中央又做出了社会主义核心价值实践的具体实施方案等，如《关于培育和践行社会主义核心价值观的意见》等。

青年是思想活跃的群体，青年正确的世界观、人生观和价值观在这一时期的形成又显得尤为重要，青年的价值取向及认知决定着未来国家的价值取向。青年易受到社会各种思潮的影响，有时候会缺乏相应的判断能力，而青年一代又是国家和民族未来的希望，他们的思想关系到国家未来的发展，正是由于青年是这样的特殊群体，国家领导人对其就尤为重视，2014年5月4日，在北京大学的师生座谈会上，习近平同志发表了《青年要自觉践行社会主义核心价值观》的讲话，指出青年正处在价值观形成和确立的时期，抓好这一时期的价值观养成十分重要。如果没有对青年的思想政治教育重视，那么不仅是青年的损失，更是国家的损失，如何加强社会主义核心价值观的教育，是新时代社会各界的面临的共同任务。

（三）对青年“四个自信”的教育

2016年7月1日，习近平同志在庆祝中国共产党成立95周年大会上明确提出：中国共产党人“坚持不忘初心、继续前进”，就要坚持“四个自信”，即“中国特色社会主义道路自信、理论自信、制度自信、文化自信”。不难发现，在当前的一些青年中，崇洋媚外的思想确实较为严重，无论是制度、理论、道路以及文化，都认为西方的要好于中国的，就拿一个现象来说，外国的节日受欢迎的程度，远远高于中国的传统节日。对于这一现象，不得不引起社会各界的广泛关注。如何缓解这一现象，就需要加强对青年的“四个自信”的教育。习近平同志在2013年的五四青年节与2014年的五四青年节

① 习近平．习近平谈治国理政．北京：外文出版社，2014：168.
② 习近平．习近平谈治国理政．北京：外文出版社，2014：163.

的讲话中，两次对青年明确提出要不断增强道路自信、理论自信、制度自信的要求。习近平同志进一步指出，讲“三个自信”时，“要有坚定磐石的精神和信仰力量，也要有支撑这种精神和信仰的强大物质力量”。[①] 所以，我们在给青年进行思想政治教育的时候，首先，要让青年知道，我们的自信源自于哪里；其次，在此基础上，对青年进行理论教育，弄清具体的自信是什么；最后，需要把理论与自信的实践结合起来，这样的理解才会深刻长久。

（四）对青年进行法治教育

在经过了多年的努力与改革，我国已经逐渐地从人治社会向法治社会转变，法治国家的建设不仅需要成文的法律来做约束，更需要对整个社会的法治观念进行培养。对青年一代法治观念的培养，也是中国共产党历来重视的事情。十八大以来，习近平同志尤为重视我国的法治建设工作的推进，同时也特别关注全社会以及青年这类重点群体的法治观念的形成与培养问题。紧接着在2014年10月20日召开了十八届四中全会，这也是第一次以专题的形式讨论了依法治国等问题的专门性会议，全会听取和讨论了习近平同志受中央政治局委托做的工作报告，并审议通过了《中共中央关于全面推进依法治国若干重大问题的决定》，其中就特别强调法治意识的培养要从青少年时期就抓起，“推动全社会树立法治意识，坚持把全民普法和守法作为依法治国的长期基础性工作。深入开展法治宣传教育”。[②]

加强青年的法治教育，习近平同志进一步强调，要在他们中树立法治意识与观念，必须要培养他们的规则意识。要“由易到难、循序渐进不断增强青少年的规则意识”。[③] 无规矩不成方圆，无规则不成体统。

（五）对青年进行生态文明教育

随着我国经济的迅速发展，伴随着的环境问题也日益显著，2012年党的十八大首次将生态文明纳入“五位一体”总体布局，建设“美丽中国”要求提出以来，习近平同志在不同场合发表过超过60多次对生态文明的讲话、论述。习近平同志指出：“全社会都要按照党的十八大提出的建设美丽中国的要求，切实增强生态意识，切实加强生态环境保护。”[④] 在十九大上，习近平同志也再次强调，要把我国建设成富强、民主、文明、和谐、美丽的社会主义现代化国家。环境在当今已被放在了突出的位置，2015年3月24日，习近平同志主持召开中央政治局会议，审议通过《关于加快推进生态文明建设的意见》，其中的第二十九条明确指出要提高全社会公民的生态文明意识，着重强调生态文明意识要从娃娃和青少年抓起，要积极培育生态文化、生态道德，让生态文明成为社会主流价值观。习近平同志强调：“要加强生态文明宣传教育，增强全面节约意识、环保意识、生态意识。”[⑤] 所以对青年进行生态文明教育，应从“三个意识”出发，引导他

① 习近平．习近平谈治国理政．北京：外文出版社，2014：93.

② 中共中央关于全面推进依法治国若干重大问题的决定．人民日报，2014－10－29.

③ 习近平．加快建设社会主义法治国家．求是，2015（1）：1—5.

④ 习近平．习近平谈治国理政．北京：外文出版社，2014：207.

⑤ 习近平．习近平谈治国理政．北京：外文出版社，2014：211.

们树立“三个意识”。这“三个意识”也正是青年缺少的。

三、习近平关于青年思想政治教育的重要论述的意义

（一）理论意义

1. 对马克思主义青年思想政治教育思想的继承与发展

习近平同志关于青年思想政治教育思想是在继承前人的基础上，结合时代的需要而提出来的，不难发现，在许多会议上多次谈到对青年的关心与殷切希望。青年是国家的希望，要赢得未来必须先赢得青年。毛泽东同志曾说：“世界是你们的，也是我们的，但归根结底是你们的。”① 他认为青年是最有希望的一代，是最有活力的一代，是充满希望的一代。邓小平同志对于青年也一向是寄予很高的希望的，他说：“我们毫不怀疑青年将是我们的希望和我们的将来。”② 江泽民同志曾指出：“青年是祖国的未来，是民族的希望。”③ 胡锦涛同志也指出：“祖国的未来属于中国青年，民族的光荣属于中国青年。”④ 习近平同志继承与发展了马克思主义者对青年群体重视的思想，他在2013年5月4日与各界优秀青年代表讲话时就曾强调：“在革命、建设、改革各个历史时期，中国共产党始终高度重视青年、关怀青年、信任青年，对青年一代寄予殷切期望。”⑤ 随后在众多重要场合，习近平同志也明确提出，青年就是希望，青年意味着未来，并进一步将青年与实现“中国梦”仅仅联系在一起，对于青年的关怀与重视提到了新的历史高度。

2. 为新时代青年思想政治教育顺利进行奠定了理论基础

思想政治教育历来受到我党的重视，过去现在未来都是如此。特别是新时代，青年一代思想活跃，又受到当前社会各种思潮的冲击，在面对困难时能把握正确的姿态，是非常困难的，如何才能在新时代这样的环境中不被打倒，就需要时刻保持清醒的头脑。习近平同志站在历史的高度，统筹全局，提出了新时代青年思想政治教育的思想，为社会各界顺利开展思想政治工作奠定了理论基础。当我们略览十八大以来的有关思想政治教育的报纸杂志或者其他新闻媒体等，习近平同志关于青年思想政治教育的思想是重中之重，还有学界诸多学者都发表了关于思想政治教育的文章；当我们认真研读学习并领会十九大精神的时候，可清晰地认识报告的力量与伟大。这些都为我们在新时代对青年进行思想政治教育奠定了理论基础。

（二）实践意义

实践是认识的来源，实践是认识发展的目的和归宿。任何伟大的思想产生都离不开实践这股源泉，同时也要运用于实践。习近平青年思想政治教育思想是根据我们新时期

① 毛泽东．在莫斯科对青年学生讲话．http：//my. tv. sohu. com/us/3217901/1040620. shtml，1957－11－17.

② 中共中央文献研究室．邓小平论教育．北京：人民教育出版社，1995：8.

③ 江泽民．江泽民文选：第3卷．北京：人民出版社，2006：479.

④ 胡锦涛：在纪念中国共产主义青年团成立90周年大会上的讲话．http：//my. tv. sohu. com/us/3217901/1040620. shtml，2012－05－04.

⑤ 习近平．习近平谈治国理政．北京：外文出版社，2014：50.

新的历史实践而产生的，而认识又要回到实践当中去指导新的实践活动，习近平青年思想政治教育思想形成之后对于我们最新的青年思想政治教育实践活动有着极大的指导作用，产生了巨大的实践价值。习近平同志关于青年思想政治教育的重要论述最重要的就是指引青年成长成才。

在习近平同志的系列重要讲话中，我们都可以看到他对青年的关心与殷切希望。在习近平新时代中国特色社会主义思想理论体系中，我们可以看到他为青年提供了明确、科学的途径，指引着青年成长。因为在他看来，青年的成长与成才，绝不仅仅是个人的事情，更是整个国家与民族的未来和希望。因而，我们要对青年进行正确的思想引导，树立承担民族兴旺、国家富强的责任意识，挑起实现中国梦这副大梁的实际担子，为实现全面建成小康社会、全面实现社会主义现代化、把我国建成富强民主文明和谐美丽的社会主义现代化国家的目标而奋斗。

（作者系山西大学马克思主义学院思想政治教育专业研究生）

新时代高校思想政治理论课教师教学能力提升的路径探究

——以“互联网+”为背景

汪碧霞

摘　要：科技的飞速发展使互联网渗透到社会生活的各个方面。在“互联网+”背景下，高校思想政治理论课呈现出教学的时间和空间持续拓展、教学内容不断丰富、交流平台更加先进、教学时效性进一步增强的新特征，但与此同时，也从教师的主体地位、教学内容、教学方法、综合素质等方面对高校思想政治理论课教师教育教学素养和能力提出了更高的要求。面对新挑战，必须从转变教学理念、创新教学内容、增强教学针对性、提高教师新媒体素养等方面探求提升高校思想政治理论课教师教育教学素养和能力的新路径。

关键词：“互联网+”；思想政治理论课教师；教学能力

随着移动互联网的广泛普及，“互联网+”已经成为当代大学生学习、生活的重要载体，对大学生的价值取向、思想观念、生活方式都产生了巨大的影响，同时也给高校思想政治理论课教师的教育教学能力提出了更高的要求。2016年12月，习近平同志在全国高校思想政治工作会议上发表重要讲话，指出：“做好高校思想政治工作，要因事而化、因时而进、因势而新，要用好课堂教学这个主渠道，思想政治理论课要坚持在改进中加强，要运用新媒体新技术使工作活起来，推动思想政治工作传统优势同信息技术高度融合，增强时代感和吸引力。”①“互联网+”思想政治教育已成为高校思想政治理论课教学的大势所趋。

一、“互联网+”背景下高校思想政治理论课的新特征

“互联网+思想政治教育”是“互联网+”环境下高校思想政治教育理论课的一种新形态。“互联网+”时代的来临，使高校思想政治教育有了新特征。

（一）“互联网+”进一步拓展了大学生思想政治教育的时间和空间

互联网的超时空性，对高校大学生获取和表达信息的方式产生了巨大的影响，便于

① 《习近平在全国高校思想政治工作会议上强调把思想政治工作贯穿教育教学全过程开创我国高等教育事业发展新局面》，http：//news. Sina. com. cn /o/2016 －12 －09/doc －ifxypizk0074337. shtml，2016 －12 －09。

拓宽当前高校思想政治理论工作的时间和空间。一方面，以往的思想政治教育活动必须要在有固定互联网接入的地方才能开展，教育活动的开展空间十分有限，而且需要选择老师和学生都能到场的固定时间，这就导致老师和学生很容易发生时间冲突，浪费了很多碎片化的、零散的时间。在“互联网＋”环境下，手机等移动终端体积小巧、便于携带，只要可以连接网络，师生就可以不受时空限制，按照个人喜好，凭借手机的各种社交软件进行交流互动，及时传播想要传达的信息。与此同时，学生也可以通过网络，随时随地了解自己想要学习的内容。另一方面，以往课堂上的教育载体，例如固定电脑、电视等，由于自身实体限制，很难被学生充分共享，随时随地享用更是天方夜谭。而凭借移动互联网，学生只要将手机终端接入互联网就能马上获取丰富的信息，并且学生可以将认为有价值的资源储存到手机内存中，互联网真正实现了师生之间的资源共享。

（二）“互联网＋”进一步丰富了大学生思想政治教育的内容

书籍、报刊等是以往思想政治教育资源的主要获取渠道，但其因出版发行有固定周期、更新速度慢、内容篇幅小、信息量低等原因使思想政治理论课教师的讲授内容缺乏时效性。移动互联网是移动通信和传统互联网相融合的结果，涵盖范围广泛，同时移动网络信息更新速度极快，极大弥补了传统媒体更新慢的缺陷，学生只要联网就能立即获取丰富的思想政治教育的内容。它延续了传统互联网的共享开放性，突破了传统教学资源的有限性和被动性，学生可以随时随地在掌握最新、最快的信息后，进行师生之间或者同学与同学之间的讨论，这在提高学生学习热情和主动性的同时，为高校大学生思想政治教育提供了丰富的教育资源。同时，思想政治教育理论教师也可以借助手机微信、视频等形式，通过生动活泼的形式与学生分享思想政治教育资源。移动互联网由于其即时性、开放性，大大充实了大学生思想政治教育的内容。

（三）“互联网＋”为大学生思想政治教育提供了更加先进的交流平台

在以往的思想政治教育过程中，教育主要围绕课堂展开，学生对老师充满敬畏感，电子书写和个别谈话是师生沟通的主要方式。逐层的信息传递过程难免出现信息衰减或失真，信息传播的速度和范围受到影响。同时，这种单一的教学模式和沟通渠道使学生始终处于被动接受状态，时效性不强。而网络的虚拟性减弱了教师的绝对权威形象，师生的身份都被符号替代，使得双方交流在一个相对隐秘的空间中进行，双方关系更加平等，自主性更强，实现了真正意义上的平等互动。学生可以在法律允许的范围内，在互联网上自由发表言论，将自己平时不方便说、不愿意说或者不敢说的话，通过新平台充分表达。互联网的诞生，让师生之前的信息沟通从数量上和氛围上都有了极大的改善。根据调查，学生与老师的主要沟通方式中，有34%的学生平常采取“发短信或打电话的方式”，有44%的学生希望用“发送电子邮件或QQ聊天”的方式，只有18%的学生愿意找老师进行面对面的交流。这说明当学生遇到现实困难时，更愿意用移动互联网的方式寻求帮助。移动互联技术为开展有针对性的思想政治教育工作提供了有利条件。

（四）“互联网＋”进一步增强了大学生思想政治教育的实效性

在以往的师生交流中，由于受传统思想的影响，学生对老师普遍存在敬畏心理，既不愿意也不敢把自己的实际想法告诉老师，这使得老师和学生之间的交流不足，老师很难准确掌握学生的思想动态，错过了思想政治教育工作高效开展的有利时机，而借助互联网这一新媒体的超时空性和多媒体融合性，老师可以通过QQ、微信、微博等新渠道，改变以往必须在固定的时间或地点才能实施的教育手段。互联网的虚拟性淡化了老师始终处于绝对权威的形象，使得互动双方处于一个相对隐秘的空间，交流更加坦率。老师一条简单的微博评论、QQ语音、微信聊天的效果甚至比长时间的课堂教学还有效得多，这极大提高了大学生思想政治教育的实效性。

此外，移动互联终端设计小巧，便于携带，信息更新周期快，通过网络人们可以高效便捷地依照自己的兴趣，了解世界各地发生的各种事情，这种信息传播方式的及时性和高效性非常有助于高校思想政治理论课教师第一时间获取信息，随时了解学生动态，进行学生教学管理，为学生解难答疑，有效解决了传统教学中信息传播渠道不畅通、师生交流不充分等问题。学生在遭遇挫折时，也能够在第一时间运用移动互联网向老师或同学寻求帮助。互联网为高校思想政治教育工作取得实效开通了新渠道，使思想政治教育工作更加快速高效和具有针对性。

二、"互联网+"背景下高校思想政治理论课教师面对的挑战

"互联网+"的时代特征在给高校思想政治理论课教学带来巨大便利的同时，也对教师的主体地位、教学内容、教学方法、综合素质等提出了更高的要求。

（一）教师主体地位弱化，教学管理和引导的难度加大

尽管在高校思想政治理论课中，"互联网+"的信息传播优势为师生之间平等关系的构建提供了有利的条件，但也带来了许多问题。首先，由于受自身新媒体能力和工作时间等多种因素的限制，高校的思想政治理论课教师往往不能对最新的信息进行获取，这就导致其在教学中所使用的信息很多都是学生已知的信息，也就使学生在学习中无法接收更多新信息，教师的权威性面临挑战。其次，"互联网+"的条件使学生信息获取的平台和方式更加丰富，并且许多新媒体平台也使学生能够针对同一信息内容跟不同的网友分享不同的观点。这就使学生对同一信息的理解变得更加多样化。因此，在思想政治理论的学习中学生也开始改变学习的方式，不再被动地接受，并且对学习中的内容也有了自己的观念认知。这使得高校思想政治理论课教师的权威受到一定的消解，在教学过程中所占的主导地位也受到挑战。

（二）教师教学内容多元化，专业素质要求提高

传统思想政治理论课的教学内容，都会经过相关教育部门的严格筛选后呈现或者传达给大学生。教师会提前设计出教学模式，很多教育资源是教师独占的，学生无法提前获取，这也就控制了信息的传播渠道，增强了思想政治教育工作者的权威性。但是在"互联网+"环境下，一方面，移动互联网使信息资源的平等交流和传递成为可能，完全改变了信息逐层传递的模式。学生不但可以和老师同时取得教育资源，甚至有可能比老师知道的还多、还早，学生不仅仅是教育信息的接收者，更是教育信息的传播者。另一方面，学生积极参与课堂讨论的主体意识在互联网信息传播的及时性和开放性中被激发。传统的思想政治理论课以老师讲、学生听的模式展开，这就容易导致学生即使对老

师的观点有质疑也必须在课后探讨。而移动互联网由于可以随时随地上网，对于老师在课堂上提出的问题，学生只要有疑虑就可以即时利用手机查询、核实，在课堂上找出问题，提出思路，这为学生提供了更多发言和积极参与课堂互动的机会，激发学生主动学习的积极性，但也为思想政治教育工作增加了难度。我国正处于社会转型的关键时期，美国等西方资本主义国家凭借其网络技术优势，将其价值理念、霸权思想等渗透到网络空间，有些青年大学生由于认知程度还不够高，对他们的思想和行为方式产生了很多不良影响。有些社会主义信念不坚定的大学生因为受到西方国家意识形态的影响，对社会主义制度产生了怀疑，这也对思想政治理论课教师的专业素质提出了更高的要求。

（三）教师教学对象虚拟化，教学针对性难度增强

对高校学生而言，“互联网＋”条件下信息的隐蔽性、网络身份的虚拟性能让他们通过网络表达自己真实的情感，这往往为高校思想政治理论课教师更加全面地了解学生的思想动态等提供了更加有力的途径。然而，也正是由于信息的这种隐蔽性和虚拟性，教师往往在了解学生的真实情感和想法后无法对学生个体进行目标的锁定，也无法对学生进行针对性的引导，这也在一定程度上加大了高校思想政治教育的难度。因此，采取有效的方式来更加有针对性地对学生的信息状态和真实情感进行了解，并在日常的教育过程中对学生进行更加有针对性的引导，已然成为现阶段高校思想政治理论课教师工作中急需解决的问题。

（四）教师教学方法老化，媒体素养急需提升

高校大学生是移动互联网的使用主体。大学生由于对新事物的好奇心和本身思想观念的开放性，对新事物易于接受，因此成了手机上网的主要群体。调查显示：有71.3%的大学生认为高校思想政治理论课教师需要有运用移动互联网手段进行教育教学的能力。但现在，高校思想教育政治理论教师的年龄主要在35岁到60岁间，由于年龄的差异、精力有限，他们对移动互联等现代媒体工具的接受和运用能力要明显落后于青年大学生。许多思想政治理论课教师除了要完成日常的教育教学工作外，还要进行大量的管理、科研等，没有太多的时间和精力去研究、掌握新事物，这就使他们对互联网和手机的许多功能知之甚少，从而导致移动互联网无法充分发挥其思想政治教育的功能。因此，抓紧培养出一批既有扎实的思想政治教育专业素养和理论基础，又具备熟练操作移动互联网新技术的复合型思想政治理论师资队伍，是当前加强高校大学生思想政治理论教育的重要途径。

三、“互联网＋”背景下高校思想政治理论课教师教育教学素养和能力的优化路径

“互联网＋”的发展日新月异，面对新环境给思想政治理论课教师带来的机遇和挑战，从转变教学理念、创新教学内容、增强教学针对性、提高新媒体素养等方面进行探索，是促使思想政治理论课教师积极适应新形势的必由之路。

（一）适应时代要求，转变教学理念

在“互联网＋”时代，教师要充分认识到“互联网＋”技术对思想政治理论课教学带来的转变，发挥它对传统教学模式的补充和辅助作用，树立“互联网＋”的教学理

念。首先，坚持引导为主。学生不仅是思想政治理论课教学的客体，也是积极学习的主体，但是学生主体地位的实现依然依赖教师的积极引导。在“互联网+”时代，在网络世界里，教育者和被教育者都是参与的主体，通过与学生的平等对话，思想政治理论课教师可以及时发现学生的真实困惑和问题。因此，教育者应该树立自由、平等、和谐的新理念，这样既不因教育关系而影响彼此的主体地位，也不因思想政治教育理论教师的地位而居高临下，可以更好地提高大学生的积极性、参与性和主动性。其次，坚持内容为王。无论教育技术、教学形式或教学手段如何先进，都应该为教学内容服务。不能过度放大夸大互联网教学平台的作用，也不能完全用线上的学习替代课堂上教师对学生的教学，许多教学内容只有在教师对学生的言传身教中才能内化于心，外化于行，让学生真正领会。再次，坚持共建共享。信息化时代应坚持优质课程、优质师资的共建共享理念，实现思想政治理论教育的均衡化发展。最后，坚持学科支撑。课程建设为学科建设提供了载体和渠道，学科建设为课程建设提高了深度与力度，二者相辅相成。任何学术研究都必然蕴含着价值立场、道德关怀和实践诉求，这为课程建设带来了丰盈的思想政治教育资源和严谨的思想政治理论逻辑。

（二）利用新兴平台，创新教学内容

“互联网+”让教育资源从个体独享走向大众共享，学习模式从被动接受转化为主动探索。通过对时间和空间的调控，“互联网+”思想政治教育可以最大限度地对教学资源进行优化配置；通过对线上与线下的整合，“互联网+”思想政治教育可以最大可能地推动教学手段的优势互补。要深化“互联网+”时代的思想政治理论课教学改革，必须建设“互联网+”教学平台，以便于教师拓宽思想政治理论内容和空间；此外，还可以制定个性化、有针对性的教学模式和内容，通过网络平台无时限、零距离的沟通形式加强师生互动。在内容上，教师要充分挖掘教学资源。很多中央政策、时事热点、社会思潮都可以及时成为思想政治理论课的教学素材，例如在中国共产党第十九次全国代表大会上，针对思想政治理论课就提出了很多新观点、新思想，对这些教学资源的及时吸收采纳有助于提升教学内容的即时性和生动性。在形式上，教师要充分利用各种新兴的在线学习平台和在线学习方式。除了大规模在线课程之外，学校可以针对思想政治理论课各门课程的特点，开发与教学大纲相得益彰的网络教学在线平台，从基本原理、社会实践、解惑答疑、知识链接等方面，以学生认知、青年在线、专家视点为视角，构建立体化课程体系，以充实教师的教学资源，使教学形式多样化。此外，以微信公众平台为代表的跨平台移动学习媒介能够在多个移动终端使用，应该使其成为提高和丰富大学生思想文化内涵的重要手段。通过设计出具有专业化、生动化、大众化的微信公众平台来进行课后或线上的思想政治理论教学，可以大大提高学生学习的主动性。在技术上，必须科学利用现代教育技术，不仅要保证思想政治理论课教学平台的平稳运行，还要立足各校专业优势对网络社交媒体进行二次开发和功能拓展，实现线上学习与线下讨论的积极互动。

（三）运用新型技术、增强教学针对性

随着“互联网+”时代的到来，对大数据分析等手段的使用也日益广泛。大数据对个体的学习、工作、生活等各个方面达到前所未有的可量化程度，甚至思想、偏好等的量化研究也成为可能。“在大数据的支持下，教师的教学内容将更具有影响力与说服力，大数据统计下的教学评价体系将更具有权威性与科学性，大数据预测下的学生培养将更具实效性与针对性。”大数据分析系统可以准确记录学生的学习过程，科学评价学生的知识水平，并分析出学生的学习兴趣和行为，从而便于教师因材施教，增强教学效果。大数据分析系统也可以根据教师的备课记录、教学设计、教学反馈等内容，准确评价教师的教学水平和教学效果，为提高教学实效性和针对性提供数据参考。因此，教师要注重收集自身和学生的教育数据，建立起学校和教育机构的数据库，同时将这些数据应用于整个教学过程中，使教育过程更加信息化，师生测评与考核更加数据化，形成利用数据决策、管理、创新的数据思维。

（四）加强师资培训、提高综合素养

思想政治理论课教师是教学活动的主体，影响教学效果的关键因素，教师必须积极挖掘教材理论素材，紧密联系社会现实问题，形成为学生解惑答疑的教学理念，不断提高教学素养。在“互联网+”的背景下，专业知识素养和专业能力素养是教师必须具备的基本的素养。此外，教师的素养结构大致可以分为媒介素养、业务素养和情意素养三个层次，三种素养各有所长，相互作用，共同构成了开放的、动态的、可持续发展的教师素养系统。“互联网+”时代对思想政治理论课教师的媒介素养能力提出了更高的要求，教师必须掌握应用信息技术的能力，促进现代信息技术与思想政治理论课的充分融合。教师应该在全面了解“互联网+”思想政治教育教学规律的基础上，实现角色转变和确定角色定位。教师要从传道授业者的角色转化为解难答疑者，能够依照教学目标、教学内容和学生的学习规律，把与之有关的能力、知识、价值观等内容有机结合起来，立足于大学生所关注的时事热点和思想疑点，运用马克思主义的世界观和方法论，以及思想政治教育的相关内容，完整、及时、准确地回答学生存疑的重大理论和现实问题。因此，一方面，要加强对青年教师信息化能力的培训，提高制作短视频、简易课件的能力，熟练运用微课、慕课、翻转课堂等线上教育平台，提高教师的新媒体素养。同时，必须加强教学基本功的培训，提高青年教师的思想引导能力和理论辨析能力，以熟练的教学技巧和扎实的理论素养提高思想政治理论课本身的理论魅力。最后，还应该建立一支包括思想政治理论课教师、党政干部、辅导员、学生骨干、高校媒体宣传管理人员在内的媒体团队，对上到学校、下到班级的社交媒体平台进行规范化、高效化的管理运营，确保校园舆论引导的可控性和导向性，提高意识形态的主导权和话语权，也为教师便捷运用新媒体提供技术支持。

党的十九大上，习近平同志强调，“青年兴则国兴，青年强则国强。青年一代有理想、有本领、有担当，国家就有前途，民族就有希望。”① “互联网+”的发展日新月异，高校思想政治理论课教师担负着培养社会主义建设者和接班人的重要使命。因此，

① 习近平：《决胜全面建成小康社会　夺取新时代中国特色社会主义伟大胜利——在中国共产党第十九次全国代表大会上的报告》，http：//new s. xinhuanet. com/poli tics/19cpcnc/2017 - 10/27/c_1121867529. htm，2017 - 10 - 27。

必须着眼于时代发展的需求，在抓住机遇的同时，迎接信息技术带来的挑战，从多方面不断增强自己的教育教学素质和能力，担负起大学生思想政治教育主力军的责任与使命。

参考文献

[1] 杨银付．“互联网 + 教育”带来的教育变迁与政策响应．教育研究，2016（6）．

[2] 蒋广学，王志杰．“互联网 +”环境下青年思想教育的传承创新．思想理论教育导刊，2016（12）．

[3] 胡弼成，邓杰．大数据时代的教育变革：挑战、趋势及风险规避．教育科学研究，2015（6）．

[4] 穆肃，王孝金，周腾．多样化教育教学背景下的开放在线课程．现代远距离教育，2016（4）．

[5] 陈秋怡．“互联网 +”环境下教师素养结构分析．现代教育，2016（18）．

[6] 杨凯．高校思想政治教学方法研究．北京：光明日报出版社，2016.

[7] 丁晓娟，赵亮．新时期大学生思想政治教育．北京：中国人事出版社，2016.

[8] 魏永秀．网络媒介素养教育的意义和方法．新闻界，2011（8）．

[9] 黄永斌．自媒体发展对高校思政工作者的挑战及其应对分析．昌吉学院学报，2013（3）．

[10] 宫淑红，张洁．媒介素养教育理论与实践．济南：山东人民出版社，2010.

[11] 陈军，张云德．高校思想政治理论课中的大学生主体性探析．思想政治理论课教学研究，2011（4）．

（作者系中央民族大学马克思主义学院思想政治教育方向 2017 级硕士研究生）

结合新时代中国大学生价值观特点
改革思想政治课程教育

田　磬　张　玲

摘　要：根据中国共产党第十九次全国代表大会上习近平同志首次提出“新时代中国特色社会主义思想”的内容，对新时代思想政治课程内容的建设与创新，提出了严格而又细致的要求，本文以对新时代大学生的价值观分析为依据，着重提出加强改进高校思想政治理论课程的创新模式，充分发挥思想政治理论课的主渠道作用，全面提高高校思想政治理论课程的学科建设，改进教学方式方法，使思想政治课成为促进当代大学生形成正确核心价值观的主阵地。

关键词：新时代中国特色社会主义；大学生；价值观；思想政治教育；改革

一、新时代大学生价值观的主要特点与表现形式

进入21世纪以来，国家发展速度飞速提升。十九大报告提出，中国特色社会主义进入新时代，我国社会主要矛盾已经转化为人民日益增长的美好生活需要和不平衡不充分的发展之间的矛盾，这种矛盾的变化和时代的转变赋予了新时代大学生更多新的使命，也表明了新时代的大学生在国家发展历史新时期应有的举足轻重的作用。目前从总体情况上看，新时代大学生的主流思想意识形态以及政治发展状况是正面积极向上的，他们非常关心国家政治发展的前途和时代命运，例如会主动运用媒介平台、网络资讯、电视媒体等获取大量信息；与此同时，新时代的大学生在大学学习方式和校园生活方式上更具有新时代的特征，传统的理论课堂讲授已不能满足大学生对知识信息的渴望与需求，多年前“象牙塔”中的莘莘学子如今用更多的时间和学习方式去拓展自己的知识需求，积极探索，主动参与社会实践。随着新时代中国特色社会主义的环境的不断变化以及多年来高校教育的发展，新时代的大学生在许多方面开始发生着微妙的心理发展变化，具体表现在以下几个方面。

（一）个人意识为中心，集体观念淡化

新时代大学生大多都是“九〇后”网络时代出生的子女，一方面他们受父辈人的主流思想的影响，民族观得以继续传承，在和平年代以及改革开放的大潮中幸福成长，对祖国的发展充满了信心与希望；另一方面随着新时期网络信息时代的发展，受市场经济不断发展以及西方各类思想文化渗透的影响，新时代大学生的个性化意识也在不断增强。这造成他们思维活跃，包容性强，好奇心重，通过各种渠道与方式获取新信息，具

有乐于接受新思想新潮流的特征。在认识新事物的过程中形成的浓厚的个人主观意识，造成了新时代部分大学生在大学学习过程中时常出现缺乏团队意识，以个人为中心的情况。他们在处理个人、集体之间的关系时，往往表现出个人意识浓厚与集体观念淡薄的特点。

（二）自我管理与自我控制能力较差，心理健康问题频发

新时代的大学生大部分家庭环境优渥，衣食无忧，普遍缺乏吃苦耐劳的精神，对家庭以及学校产生了较高的依赖性，中学时期的应试教育模式使他们缺乏独立思考的精神与批判思维。尤其在进入大学后，新时期的网络媒体和各类媒介信息的渗透，使他们在面对繁杂的各类信息时无法做到集中精神学习，很容易动摇信念与意志。缺乏自主学习能力和自我管理能力，一方面源于中学时期对学校的依赖性，另一方面源于外界的干扰与诱惑，尽管新时代的大学生独立意识强，但独立管理自我能力弱，对自我行为的约束力差，当遇到困难和问题时，很多大学生的控制能力和调节能力很容易出现偏差，出现心理问题。若无法正确疏导自己的心理问题，会采取逃避的态度，甚至出现休学等严重后果。

（三）功利心重，信仰偏离与缺失

十九大报告中所谈的社会主要矛盾的变化是关系全局的历史性变化，对党和国家工作提出了许多新要求，而且是因为社会主要矛盾的变化，意味着中国特色社会主义进入了一个新时代。社会主要矛盾的变化展现出新时代的物质条件已得到了极大的改善，人民生活水平与之前相比有很大的提高。在这样的物质条件背景下，不少大学生在成长过程中出现了看重物质、喜爱攀比、思想肤浅、不愿意吃苦与奉献的特征。加之他们刚成年，价值观尚未稳定，极易受到周围环境的影响，而他们生活的环境正是国家经济发展飞速的历史新时期，物质条件的极大丰富使他们在信仰问题上出现缺失与偏离。以部分大学生入党为例，把加入中国共产党作为崇高的人生理想的大学生依然居多，但也不乏小部分学生把是否有利于个人利益作为入党的先决条件，这种功利心使他们摒弃了社会主义核心价值观以及共产主义的信仰，导致信仰缺失与严重偏离。

二、思想政治理论课程教育目前存在的问题

（一）理论教学为主，与新时代大学生价值观教育脱节

当前部分高校依然普遍存在的问题是在课程定位中将思想政治理论课程定位为纯粹的“理论教学”，忽视了思想政治教育本身是一门实践性应用性互动性很强的课程，目前大多数的思想政治教育类课程在教学环节的设计上，并没有将理论与实践进行融合，老师在讲台上讲，学生在下面听，思想政治教育本身的教学目的没有达到，学生也只是填鸭式学习，在教学过程中没有任何的主观能动性，使当下的思想政治课程在教学过程中处于被动地位。

（二）依旧停留在应试教育阶段的传统考核形式

根据调查发现，当前高校思想政治课程考核方式依旧以传统笔试为主，思想政治教育课程虽然进了教室却没有进学生的大脑，这种应试教育的方式使学生对思想政治课程的理解只停留在字面意思而没有提升到思想意识，多数通用思政课考试也只是考查学生对思想

政治理论的理解与掌握，而并没有在意学生对马克思主义思想、中国特色社会主义理论体系的认同感体验感。这样的考核形式不仅没有达到思想政治课程本应有的教学目的和教学要求，也使学生被动地接受理论知识，无法体会获得知识的认同感与成就感。

（三）教学形式的落后与单一

当前高校思想政治教育课程中的教学形式依旧是你讲我听，教师处于绝对主导地位，学生被动接受课程知识，缺乏创新性的教学方式与难以互动的大课堂传统教学，使许多思想政治教育课程的教学效果弱化了许多，先进的教学设施与设备无法运用在思政课的教学课堂上，机械化的课件展示与传统的板书依然是思政课的主要教学形式。

三、运用十九大精神推进思政课改革，引导新时代大学生形成正确的价值观

（一）准确把握思政课教学内容的最新思想

十九大报告中，习近平同志指出，我们要牢牢把握我国发展的阶段性特征，牢牢把握人民群众对美好生活的向往，提出新的思路、新的战略、新的举措，继续统筹推进“五位一体”总体布局、协调推进“四个全面”战略布局，决胜全面建成小康社会，夺取中国特色社会主义伟大胜利，为实现中华民族伟大复兴的中国梦不懈奋斗。在今天，贯彻“两个牢牢把握”最重要的，就是要牢牢把握十九大关于社会主要矛盾的科学论断。因为这一科学论断集中反映了我国社会发展的阶段性特征，是中国特色社会主义进入新时代的根据。根据中央最新的内容，思政课程教育也要与时俱进，通过认真学习十九大报告，充实思想政治教育课程最前沿的内容，以新时代大学生价值观为起点，充实丰富新时期更加贴近大学生发展的实际内容，教育内容既要与新时代中国特色社会主义思想保持一致，也要能使学生对课程内容真正感兴趣，乐于听取、参与。提高教师服务意识，为新时代大学生的学习生活与兴趣爱好，创建新时期社会实践活动，强化思想政治理论教育与实践教学的融合，让新时代的大学生通过参加思想政治课程的社会实践环节，更加深入地了解新时代中国社会、中国国情，深化对国家发展及党政知识的理解，在培养新时代中国特色社会主义优秀大学生品格的同时，懂得努力回报社会，加强对当代核心价值观思想以及新时代中国特色社会主义思想的正面理解与广泛传播。

（二）用改革创新思维和办法来改进思政课教学方法

十九大报告指出，“全面深化改革总目标是完善和发展中国特色社会主义制度、推进国家治理体系和治理能力现代化”，等等，这些新思想是以习近平同志为核心的新一届中央领导集体在实践基础上对中国特色社会主义改革理论的丰富和拓展，具有很强的理论奠基性和实践指导性。我们应该深入学习贯彻习近平新时代中国特色社会主义思想，坚定改革信心，凝聚改革共识，汇聚改革力量，努力在推动解决改革重大问题上不断取得新突破。

在思想政治课程教学中，要用十九大改革创新的思维来推进思想政治课程的改革。增强思想政治教育课程的吸引力和实效性是我们改革的动力，要采用真实政事、时事要闻、国家五年来的发展成果等新事件提高学生政治敏锐性，调动学生听课的积极性。实行“一次课一梳理、一个月一盘点、一学期一汇总”，使思政课的真实性实效性改革任

务落到实处、见到实效。根据国家发展现状以及十九大提出的发展规划，提出学生感兴趣的话题，适时采用案例讨论、课堂提问、演讲比赛、案例分析、实践环节等方法，多渠道给予学生机会发表自己的观点，刺激课堂上的有效交流，形成良性互动。

（三）通过高校辅导员的思想政治教育，用习近平新时代中国特色社会主义思想凝心聚力

除了课堂授课的老师，高校辅导员作为教育工作者，也要在政治立场、政治方向、政治原则、政治道路上同以习近平同志为核心的党中央保持高度一致，尤其要认真学习领会习近平新时代中国特色社会主义思想的历史地位和丰富内涵。除了课上教师要尊重大学生在课堂教学过程中的表达权和话语权，辅导员老师也要与教师统一思想，主动把思想政治教育工作各方面融入大学生的学习与生活中。课后辅导员老师也要时刻把握大学生的生活动向和思想动向，把理论研究和理论宣传结合起来，现实中时刻与学生们紧密联系，在与学生交流沟通的过程中主动融入社会聚焦问题，融入新时代中国特色社会主义发展问题。时刻关注学生周边的点滴小事，遇到问题及时答疑解惑，为大学生的主流意识思想把握宏观方向，增强大学生的国家政治观、民族意识感，形成师生之间融洽的关系，让大学生在遇到思想问题时，会主动与教师和辅导员取得联系，通过积极疏导与思想政治教育，帮助大学生积极面对困难与问题，形成良好的正面积极的价值观。

（四）积极开展第二课堂如网络课堂、微课等

党的十九大报告首次提出“现代化经济体系”，数字经济作为一种新的经济形态，正成为推动经济发展质量变革、效率变革、动力变革的重要驱动力，也是全球新一轮产业竞争的制高点和促进实体经济振兴、加快转型升级的新动能。互联网、云计算、大数据、物联网、金融科技与其他新的数字技术应用于信息的采集、存储、分析和共享过程中，改变了社会互动方式。数字化、网络化、智能化的信息通信技术使现代经济活动更加灵活、敏捷、智慧。习近平同志在网络安全和信息化工作座谈会上指出，我国有7亿个网民，这是一个了不起的数字，也是一个了不起的成就。我国经济发展进入新常态，新常态要有新动力，互联网在这方面可以大有作为。

互联网作为新的传播媒体，为新时代的大学生接收信息以及高校思想政治课教育拓宽了渠道，要积极运用互联网的传播优势，突破传统思想政治教育的时空困境和教学限制，微信平台、QQ空间、公众号、微博、校园论坛等多方位的教学渠道，为思政课填补了传统教育的短板，互联网平台本身具有“开放、自由、共享、互通”的特点，这些特点恰好符合新时代大学生的心理需求，思想政治课程要积极运用互联网平台带来的正面作用，要着力推动互联网和思想政治教育深度融合发展，以信息流带动思想流、意识流，在促进资源配置优化，为教学提供诸多手段的同时，寻求积极有效的模式去影响大学生的价值观，在互联网与传统课程之间形成“你中有我，我中有你，你离不开我，我离不开你”的数字生态发展模式。

青年兴则国家兴，青年强则国家强。习近平同志在党的十九大报告中强调，中华民族伟大复兴的中国梦终将在一代代青年的接力奋斗中变为现实。大学生是建设中国特色社会主义的生力军、接班人，大学是他们形成正确世界观、人生观和价值观的关键时期，因此他们尤其需要理论的浸润。新时代大学生处在中国社会经济政治逐步完善发

展、知识更替的时代，肩负着祖国伟大复兴、实现中国梦的历史重任，价值观的正确与否会直接影响他们的发展。作为思想政治工作者，不论教师还是辅导员都应明确自己的职责，时刻牢记自己的身份，要把坚定理想信念作为党的思想建设的首要任务，教育引导大学生解决好世界观、人生观、价值观这个“总开关”问题，自觉做共产主义远大理想和中国特色社会主义共同理想的坚定信仰者和忠实实践者。在新的时代条件下，学习贯彻宣传党的十九大精神，践行社会主义核心价值观，培养社会主义合格建设者和可靠接班人，积极努力不断加强自身学习，改进思想政治课程教育体系、创新教学模式、改进教学方式、开展第二课堂，深入开展教育工作，把思想教育工作做到实处，倡导创新文化，培养青年人才。帮助学生树立四个自信，提供全方位公共就业服务，促进高校毕业生等青年群体就业创业，使高校毕业生都有通过辛勤劳动实现自身发展的机会。要关心和爱护大学生，为他们实现人生理想搭建舞台，真正帮助大学生形成正确的核心价值观，使新时代的大学生坚定理想信念，志存高远，脚踏实地，勇做时代的弄潮儿，在实现中国梦的生动实践中放飞青春梦想，在为人民利益的不懈奋斗中书写人生华章。

参考文献

[1] 张高丽．开启全面建设社会主义现代化国家新征程．人民日报，2017－11－08（003）．

[2] 盛世豪．新时代：中国发展新的历史方位．浙江日报，2017－10－30（007）．

[3] 王双群．社会主义核心价值观融入思想政治理论课的教学方式研究．学校党建与思想教育，2014（4）：50—53．

[4] 沈壮海．把准社会主义核心价值观培育和践行的着力点．光明日报，2013－01－05（1）．

[5] 刘云山．着力培育和践行社会主义核心价值观．求是，2014（2）：2．

[6] 唐昆雄，杨斌．大众传媒与当代大学生价值观困惑问题浅析．甘肃社会科学，2008（1）．

[7] 十九大报告的新思想、新论断、新提法、新举措．红岩春秋，2017（10）．

[8] 王绍玉，冯佰侠．当代大学生的价值取向．中国青年研究，2002（5）．

[9] 白玫．抓住新矛盾着力解决发展不平衡不充分难题——“十九大”报告学习体会之新矛盾篇．价格理论与实践，2017－11－10．

[10] 梁仲明．论习近平新时代中国特色社会主义思想——中华民族伟大复兴的行动指南．党政研究，2017－11－09．

（作者单位：湖北省第二师范学院马克思主义学院）